历史上各民族交往交流交融研究

史金波 著

**LISHISHANG
GEMINZU**

*Jiaowang Jiaoliu Jiaorong
Yanjiu*

甘肃文化出版社

中国·兰州

图书在版编目（CIP）数据

历史上各民族交往交流交融研究 / 史金波著. -- 兰
州：甘肃文化出版社，2024.10
ISBN 978-7-5490-2776-7

Ⅰ. ①历… Ⅱ. ①史… Ⅲ. ①中华民族 — 民族历史 —
文集 Ⅳ. ①K28-53

中国国家版本馆CIP数据核字(2023)第143446号

历史上各民族交往交流交融研究

史金波 ｜ 著

责任编辑 ｜ 党　昀
装帧设计 ｜ 石　璞
出版发行 ｜ 甘肃文化出版社
网　　址 ｜ http://www.gswenhua.cn
投稿邮箱 ｜ gswenhuapress@163.com
地　　址 ｜ 兰州市城关区曹家巷1号 ｜ 730030(邮编)

营销中心 ｜ 贾　莉　　王　俊
电　　话 ｜ 0931-2131306

印　　刷 ｜ 西安国彩印刷有限公司
开　　本 ｜ 889毫米×1194毫米　1/16
字　　数 ｜ 985千
印　　张 ｜ 34.75
版　　次 ｜ 2024年10月第1版
印　　次 ｜ 2024年10月第1次
书　　号 ｜ ISBN 978-7-5490-2776-7
定　　价 ｜ 258.00元

序

陈育宁

  2010年10月23日，中国社会科学院民族学与人类学研究所举办的纪念史金波先生70寿辰"薪火相传——西夏学国际学术研讨会"在该所学术报告厅内举行，国内外许多知名的西夏学及民族史专家应邀参加，气氛热烈，除了学术交流外，在这个以"薪火相传"为命题的会议上，大家对史先生的"道德"与"文章"给予了高度评价。

  我在会上的发言，主要是结合史先生对西夏研究的突出贡献，以及对宁夏大学西夏学学科建设、人才培养给予的指导和支持，还有对我个人学术上、工作上的帮助，谈了我的体会。我当时谈到，史先生是"文化大革命"前培养的我国第一位专攻西夏学的研究生，他从进入这个"绝学"领域的那天起，就一直无怨无悔地坚守在这个阵地上，克服困难，守望不弃。几十年来，史先生一直居于西夏学复苏、兴起与发展的前沿，起着重要的骨干、带动和引领作用，是西夏学界名副其实的领军人物。我还谈到，在与史先生的交往中，他所具有的中国知识分子的一些传统品德给我留下深刻印象，作为学人楷模，他当之无愧。我的这个发言，被该所收入《薪火相传——史金波先生70寿辰西夏学国际学术研讨会论文集》中作为"代序"（中国社会科学出版社2012年出版）。

  2017年，史先生给我发来一部书稿，是他和关志国先生所著《中国民族史学史纲要》，并嘱我作序（中国社会科学出版社2018年出版）。一般来讲，史学史是研究和阐述史学本身发展历史的一个学术体系，它包括对历史文献和记载的分析评价，对史学家思想与源流的探索，对史学本身发展规律的概括，以及对历史编纂理论与方法的总结等。没有对中国民族史全面的了解和研究，是很难驾驭这个大课题的。我认真阅读书稿，强烈意识到，史先生的学术研究虽擅长于西夏学领域，但他是把西夏置于中国民族史的大背景下观察研究的，多民族多地域的实地考察，以及理论和方法的不断积累，使他有着宽阔的视野和扎实的功底，为全面观察认识中国民族史及民族史学的发展历程，打下了厚实的基础，所以他能够厘清中国民族史学史的发展脉络，把握史学史的基本内容和功能，完成现代学术意义上第一部完整系统的中国民族史学史专著。我还特别注意到，在论述改革开放以来民族史研究的成就时，该著作认为民族史学理论研究的深入和突破是一个重要标志。他还指出，国外有的学者在中国民族史研究中多强调"东亚""北亚""亚洲""欧亚""内亚"等因素，论述内亚史与中国史的关系意在消解历史上的华夷秩序，从而忽视了各民族的向心力，以及古代中原王朝对周边民族或国家的巨大影响。我们要与这种西方唯心史观划清界限，坚持正确的学术方向。

  时间过得真快。今年，史先生又将一部60篇论文约100万字的论文集《历史上各民族交往交流交融研究》发给我，再次嘱我作序。离2010年为纪念史先生70岁学术讨论会文集作序已经过去了13年；离2017年为史先生所著《中国民族史学史纲要》作序也过去了6年。如今史先生已是83岁高龄，我也近80岁了。没有想到，他在这个年龄，又花巨大精力，整理选编了自己长期深入研究的三个学科领域——西夏学、中国民族古文字研究、中国民族史研究的部分代表性论文，正如他在前言中所说："这些论文是我长期调查、思考、研究民族历史文化的一些心得，涵盖了我一以贯之的基本观点和论从史出的理念，这些文章对理解中国的民族历史文化、民族间的交往交流交融和铸牢中华民族共同体意识，凝聚中华民族认同或有些许参考价值。"这些论文也从一定程度上反映了近几十年我国民族史研究几个重要领域的进步与发展，具有代表性。

从这部内涵丰富的论文集可以看出，史先生在中国民族史领域的研究深度和广度的确达到了一个很高的境界，他的学术成就在国内外学术界有着广泛影响。在这里，我不是对这部论文集的成果再作评价，而是想到了这样一个问题，即他所取得突出的学术成就一定与他所走过的学术道路、他的治学方法紧密相连，这是更值得年轻学人们学习的地方。我想用"三个结合"来概括我对史先生几十年治学道路的一点认识。

一、知与行结合

这里所指的知与行主要是指学术研究与社会实践。史先生所从事的民族及民族史研究，有明确的方向、内容和目的，也采用学术研究一般的规律和方法，如收集辨析资料，通过考据、比较、分析、归纳、结论等程序，形成研究成果，这就是"知"。从史先生的学术经历又可以感到，他特别重视社会实践，重视实地考察，要亲力亲为，特别是在民族史领域内，从古到今留下的众多的遗址遗迹、文化传承、文物典籍、语言文字及风俗习惯等，对这些遗存和活化历史的亲身感受，不仅和文献记载相印证补充，解决文献考据中难以解决或有误的问题，而且会增强情感，写出来的文章是内心体悟的表达，是有感染力的。我们从史先生所写的前言中几乎可以列出一张他涉足民族地区实地调查体验生活的年表：1961 年，彝族地区实习；1964 年，随同王静如、常书鸿先生考察莫高窟、榆林窟；1965 年，内蒙古土默特左旗；1967 年，海南黎族苗族自治州；1976 年，西夏故地陕西、宁夏、甘肃、内蒙古、新疆、青海等地；1980 年，安徽合肥、安庆调查西夏后裔；1990 年，广西壮族地区考察；1992 年，西藏地区调查；1993 年、1995 年，彝族地区调查等。这并不是一张完整的年表，据我所知，进入 21 世纪后，他还多次到宁夏、甘肃、内蒙古等民族地区做实地考察，每次考察，都会仔细记录拍照，并与同行的人商讨。这种"行"已成为他学术活动不可缺少的组成部分。他在前言中还说："全国各省、市、区的博物馆绝大多数我都参观过，有的多次参观学习。通过这些实地考察，我对民族历史文化有了较为深入的了解，对少数民族文化在中华优秀传统文化中的地位和作用有了比较深刻的认识，也更加坚定了自己的学术志向。""知行合一"的古训和"读万卷书，行万里路"的学风在史先生身上得到了很好的体现。

二、守正与创新结合

这里所说的守正，主要是指善于领悟和继承我国治学的许多优良传统和方法。史先生作为"文化大革命"前我国最早培养的民族史专业的研究生，有机会师从王静如这样的前辈学者，以及聆听如翁独健、林耀华、翦伯赞等名家的教诲，能跟随常书鸿、宿白这样的老专家实地考察，在这些前辈身上，体现着我国传统治学的许多正确的理念、优良的学风和严谨的方法，这对于善于学习和思考的史金波先生来讲，成为终身受益的学术动力，并且融为他扎实的学术功底和耐得住寂寞"坐冷板凳"的治学精神。最能体现这一点的就是史先生对西夏文的攻坚和对西夏文文献的释读研究。西夏文是西夏"绝学"的突破口，史先生就是从这个突破口开始，从 1962 年开始研习破解西夏文，坚持了整整 60 年。在基本掌握西夏文的基础上，他同时积极收集西夏文文献，哪怕是一册、一页、残片都尽力收集，尤其是他多次赴俄罗斯，克服困难，整理出版俄藏黑水城文献，并下功夫对中外发现的各类西夏文文献一册册、一页页、一句句的考据释读研究，解析其内涵，弄清其价值，几十年间从未间断。这方面的成就，学界已多有了解。这种治学的态度和方法，正是我国传统治学精要的体现。

改革开放使我国的学术研究活动发生了很大变化，史先生正是在这种转折变化中，在继承优良学术传统的同时，积极借鉴和吸收新的思想、理论和方法，给学术研究注入新的活力，体现了在学术上的守正创新、承前启后。

新的时代条件下，中国民族史发展的关键是理论创新，是坚持民族史研究的正确方向。史金波先生对民族史学新思想、新理论、新观点的研究也一直是走在前面。在1988年费孝通先生提出"中华民族多元一体格局"理论观点以后，他紧密结合西夏研究、民族古文字研究，以及整个民族史的实际，对围绕"多元一体"这个核心思想的诸多认识问题、理论问题做了深入探讨，发表多篇论文，特别是对历史上少数民族与中原汉族交往交流交融共铸中华民族的历史进程、少数民族政权为多民族国家统一所作出的贡献，做出了有说服力的解释。

党的十八大以后，习近平总书记在总结和肯定"多元一体"理论研究成果的基础上，提出了中华民族共同体、铸牢中华民族共同体意识的创新思想，为民族史的研究更加明确了方向。史先生结合自己的研究实践，深刻阐述了这些新思想、新观点。辽宋夏金民族政权分立割据时期的民族关系、民族政权、统一与分裂等问题，是学界长期探讨并有不同认识的问题，史先生在中华民族历史观的指导下，以大量的史实为依据，指出宋辽夏金各朝都自视为中华文明的继承者，四个王朝都争用"中国"名义，自称"中国"，相互间往往以南、北、西、东方位相称呼。辽夏金都大力借鉴、吸收中原地区的先进文化，把中原王朝的文化影响以更深的程度推向了更大范围。中国历史上几次政权分立时期，是各民族交往最迅速、最深入、最密切的时期。宋辽夏金时期民族大流动、大迁徙、大交流、大融合是各民族共性增加最快的时期。他在收入本论文集的《对中华民族的认同自古有之》《深入推进宋辽夏金史研究的思考》等文中，充分论证了中国历史的这一主要特征："中国即使在王朝分立时期，也能充分表现出中华民族的多元一体，体现出各民族逐渐趋同的大趋势，这凸显了中华民族是一个血肉相连的整体，各民族都自觉认同中华民族。"这些创新的思想观点，为推动民族史学建设作出了新的贡献。

三、学者与师者结合

史先生是一位学术成就卓著的学者，同时也是一位非常优秀的师者。在他的学术道路上，一直非常注重对年轻人的培养，视薪火相传为己任，这是他学术活动必不可少的组成部分。他一直认为，对少数民族的研究总体上基础薄弱，有两个比较大的困难，一个是资料的建设，一个是人才队伍的建设。我们一定要用相当的精力，致力于人才的培养，包括对少数民族专业人员的培养。他在给中央民族大学青年专业人员讲治学问题时谈到，年轻学者要有攀登学术高峰的勇气，选择那些最有价值、学术界最需要、费时费力多的课题入手。这样虽起点高、难度大，但学术价值高。假以时日，学有所成后，也就占领了学术制高点。他要求青年学者，要在书斋坐冷板凳的同时，还要多学、多思、多走，不断提出有创新价值的课题。在注重基础研究的同时，也要加强应用研究，关注和回应国家与社会的现实关切和需要。他特别强调，在当前学术风气普遍浮躁的情形下，年轻学者更应该踏踏实实地做学问，不炒冷饭，不搞歪风邪气。这一番话是他对青年人的希望，也是他的切身体验。

面对西夏学的发展状况，他更强调培养后续力量的必要。他认为，只招一个研究生，成活率低，有条件可以多招几个。国内懂西夏文的人仍然很少，能站在学术前沿进行精确释读、深层次研究的更显缺乏。因此，培养有较高水平的西夏文人才是西夏学进一步发展的关键。在他主持的国家社科基金重大特别委托项目"西夏文献文物研究"的规划中，他提出通过译释西夏文文献和专题研究提高现有西夏研究人员的理论、翻译和写作水平，培养更多的、较成熟的中青年西夏研究专家；通过招收研究生，定向培养青年西夏研究人员；通过举办西夏文学习班、读书班，培训各地区、各部门有志于学习西夏文的青年人才；改善过去没有西夏文教材的状况，出版比较成熟的西夏文教材。通过多种渠道和措施解决西夏文人才匮乏的瓶颈。2011年以来，在宁夏大学西夏学研究院举办了三次西夏文研修班，史先生担任主讲，还编印出版了《西夏文教程》。据我所知，在学术研讨会上，对年轻科研人员的论文他仔细阅读，认真听发言，提出意见。青年专家当面向他求教，他耐心作答，平易近人。这是我所接触的许多年轻科研人员普遍的感受。学者和师者结合，史先生是典范，值得我们学习。

我能够有机会三次为史先生的著作写序，每一次都是我的学习机会，都有新的认识和提高，也使我进一步了解了史先生的学术研究领域、成就价值及其治学精神。

史先生在这部著作的前言中说："我虽年至耄耋，但对为国家尽力之事，为民族研究尽责之举，无不欣然承诺效力。"他真是身体力行，令人感动！

我祝愿史先生学术长青，更祝愿他健康长寿！

2023年6月

前　言

　　中国自古以来就是多民族国家。中国共产党主张各民族一律平等，加强民族团结，共同进步，共同繁荣，维护祖国统一。1949年9月29日，各民族一律平等的原则被载入《中国人民政治协商会议共同纲领》，后又载于《中华人民共和国宪法》。长期以来，民族平等、民族团结之理念，贯彻于实践，深入于人心。

　　我现已过朝杖之年，回顾一生，与民族结下不解之缘。

　　我祖居河北省保定市的高碑店，这是一个汉族、回族、满族杂居的小镇，各民族嵌入式交错为邻，关系密切。我家与回族邻里都以亲戚相称，叫男性长辈为舅，女性长辈为姨。上小学时，汉族、回族、满族学生同在一班，亲密无间。家长常叮嘱我们，要照顾回族的特殊生活习惯。逢年过节，比邻回族家庭的汉族住户，主动不吃大肉。而回族乡亲则说，你们吃吧，没关系，并在开斋节后给我们送油香、馓子。可以说自小就受到民族一家亲的熏陶，尊重其他民族的风俗习惯。

　　1958年我考入中央民族学院（今中央民族大学）语文系彝语班，所学为凉山彝族自治州喜德县（彝语北方方言的标准音点）的彝语。我们班有两位老师，一位是汉族李民老师，一位是彝族罗伍阿什老师。在中央民族学院不仅系统学习有关民族理论和民族政策，还领略了中华民族大家庭缩影的多民族风采。这里几乎有中国各民族的学生。为准备十一国庆游行，我们各民族同学事先多次在大操场排练，欢声笑语，其乐融融。十一当日，我们穿着各民族服装，整齐列队走过天安门广场，无比高兴。每年农历十月过彝族年时，彝语班的师生邀请在民族学院学习的彝族同学欢聚，一起过年。我们用刚学到的并不熟练的彝语与彝族同胞交谈，既亲切又新鲜。后来我担任了院学生会的秘书长，参与组织学生会文艺节目，并多次带队参加高校会演，中央民族学院的各民族歌舞总是受欢迎的压轴节目。

　　1959年，西藏达赖集团叛乱，妄图将西藏从祖国大家庭中分裂出去。中央迅速平定叛乱，并适时进行民主改革，解放了百万农奴，维护了祖国统一。记得当时国家民委组织了有关西藏农奴制和平叛展览，我们参观后对西藏农奴的地位和悲惨生活印象深刻。当时中央民族学院请到西藏军区司令员、平叛总指挥张国华将军来学院大礼堂做报告，使我们受到加强民族团结、捍卫祖国统一的教育，还领略到语言生动、挥洒自如的大将风采。

　　1961年夏天，我们按学校计划学习三年后，全班到彝族地区实习半年。在两位老师的带领下，我们先乘3天火车到成都，后两天又集体乘坐敞篷大卡车到喜德县城，再步行一天到米市区，最后再徒步一天到达实习目的地额尼尔古乡的一个小寨子，开始了我们和彝族老乡一起生活的日子。这里男人、女人按不同年龄阶段穿着不同形式的民族服饰，说着标准的彝语。这里生活条件十分艰苦，群众以洋芋（土豆）为主食，每日两餐，皆为煮土豆蘸辣椒汤，苞谷、燕麦等都属细粮之类，平时难以吃到。当地彝族住房多是土打墙，房顶铺一块块木板，上压石块以固定。房中靠右是火塘，旁有三块石头支锅做饭，火塘旁是主人睡觉处。他们多无被无褥，睡觉时和衣而卧。这里民风淳朴，群众十分好客，待我们如亲人。我的房东是兄弟俩，我们朝夕相处，关系十分亲密。晚上我和他们一起谈生活，说民俗，讲笑话，背尔比（彝族格言）。他们经常纠正我的发音和语句错误。我们每天参加农田劳动和乡村基层工作，同时在劳动、工作中学习语言，记录语言资料。实习快结束时，我已说得一口流利的彝语，并能为当地召开的县人代会做翻译。我在这里心灵得到净化，思想得到升华，感到这里是我的另一个故乡，这里的群众也是我的乡亲，同时也深感作为一个未来民族工作者的责任。20世纪90年代初，国家开展希望工程后，我心系凉山彝族，便申请资助一位凉山彝族的小学生，并与资助学生及其所在学校有书信联系。

1962年大学毕业后，我考取了中国科学院民族研究所的西夏文研究生，彝语和西夏语有亲缘关系。我的同班同学则大多分派到凉山彝族地区工作，有的在政府机关，有的在学校做教员，都是工作骨干。我和他们一直保持联系。他们或在当地结婚，或把家属调到凉山，在那里扎根，为彝族地区贡献了一生。同学刘海林后来担任凉山彝族自治州民委副主任兼州扶贫办公室主任，对凉山扶贫作出了很大贡献。同学郭景祥后担任《凉山报》主编，同学罗世昌担任凉山州党校副校长，他们都为凉山的经济、文化发展作出了毕生的贡献，他们也是促进民族团结、与少数民族同甘苦共进步的践行者。

我长期工作在民族研究所，可以说一直沉浸于民族研究的氛围中。初期，我在学习西夏文的同时，还有幸参加国家民委民族文化历史工作指导委员会组织的有关民族问题的讨论会，聆听到一些大专家的报告、发言，如国家民族理论专家、国家民委副主任刘春，著名历史学家、北京大学副校长翦伯赞，著名历史学家、我所副所长翁独健，著名民族学家、中央民族学院林耀华先生等，他们对民族理论和民族历史的见解，对我们初出茅庐的年轻人似饱饮甘霖，如醍醐灌顶。

1964年，由我的导师、民族研究所王静如先生与敦煌文物研究所所长常书鸿先生合作组成莫高窟、榆林窟西夏洞窟考察组，我参与其中。在敦煌的3个月内，除考察与西夏相关的洞窟外，还观览了各历史时期、各民族修建的洞窟，其中除中原地区风格外，还有少数民族如阗、鲜卑、吐蕃、党项、蒙古族等各民族的艺术风采。可以说，敦煌石窟是多民族大家庭的艺术缩影。这次考察无异于一次多民族艺术史的实践学习。

1965年，民族所派大批人员到内蒙古自治区土默特左旗参加"四清"工作。我被分到把什公社萨尔沁"四清"工作队，并担任副队长。萨尔沁是由3个自然村组成的大队，是一个蒙古族和汉族杂居的地区，这里的蒙古族很多，但因长年与汉族共居一处，都已不说蒙古语，皆操当地汉语。我事先在北京买了《蒙古语教程》，准备在当地向蒙古族老乡学习蒙古语，竟未能如愿。我们工作队里的大学生中也有蒙古族。春节前大部分工作队员都返回家乡过年，上级要求每个工作队要有两名队员春节留守，于是我和工作队的一名蒙古族大学生吴业喜留守。我们在春节期间与蒙古族、汉族老乡一起过年吃饺子，还组织返乡中学生排练文艺节目，春节期间给老乡们演出。蒙古族、汉族共同欢度春节，其乐融融。

1966年"文化大革命"开始，大家都被卷入其中，业务全部停止。当时时兴"大串联"，我们民族所的5个年轻人便于1967年1月至2月到南方几省串联考察，最后从广州越海到达海南岛，专程到海南黎族苗族自治州考察，除首府通什外，还到基层保亭县南圣等地，实地了解黎族的生活、居住、生产及学习汉语的情况。这虽是一段插曲，但在那段特殊时期能有机会体察民族实情，也是幸运之事。

1970年初，我们被送至河南省息县的"五七干校"，边劳动，边"运动"。6月，我便借回京探亲之际，把西夏业务书籍带到干校。后来干校移至明港镇，"运动"稍有淡化，时间松动，我便晚上放下蚊帐偷偷研习西夏文，领略西夏文化风采，进入另一个古代民族世界。

1976年，"文化大革命"尚未结束，业务已经开展。6月，我和同事白滨开始了为期4个月的西夏故地考察，除主要考察陕西、宁夏、甘肃、内蒙古、新疆、青海等西夏故地和相关文献文物外，还尽量顺路浏览各民族文物、风情，以增长见识。我们先后考察了内蒙古阿拉善左旗巴彦浩特的蒙古族王爷府、青海省西宁市藏传佛教的塔尔寺，考察黑水城遗址时到额济纳旗蒙古族的蒙古包中做客，在哈密市观览大街上维吾尔族驾驭满街跑的毛驴车。

改革开放以后，民族研究工作步入正轨。我在着力整理、译释西夏文献的同时，注重研究西夏历史社会，包括很多人关注的西夏后裔下落。我根据正史、文集和地方志资料得知元代名人西夏后裔余阙的后人可能居住在安徽合肥，便于1980年与同行吴峰云一道到安徽合肥一带调查，经辗转查找终于寻觅到两位西夏后裔（老人）。当我们与传承七八百年、已成为汉族的西夏后裔坐在一起谈话时，恍如穿越时空隧道。这是第一次找到有确切依据的西夏后人。后来在合肥小南门外找到了余氏集聚点，并看到赓续数百年的《余氏宗谱》，我们非常兴奋。这使我体会到一些当年势力强大的少数民族是怎样在历史车轮的带动下，与汉族关系越来越紧密，并自然而然地融汇其中，从而看到民族关系中的一种历史轨迹。

后来我担任了民族研究所历史研究室主任，1988年开始担任民族所副所长，先后主管历史研究室、民族学研究室、民族语言研究室工作，还兼任中国民族古文字研究会会长、中国民族史学会常务副会长、中国民族学学会副会长、中国少数民族哲学思想史学会副会长等职，这就促使我更加关注民族研究并研究一些宏观的问题，特别是著名民族史学家翁独健和白寿彝两位先生先后担任中国民族史学会首任和第二任会长，我作为他们的学生和学会的常务副会长，与他们有过甚密的来往，常常亲聆他们的教诲。在他们的耳提面命下，我对中国民族史的认识和治学方法有了新的提升。在与诸前辈和同辈专家们的共同努力下，中国民族史学会开展了一系列学术活动，对中国民族史研究作出了应有贡献。我的学术领域从西夏文史延伸到中国民族史和中国民族古文字及其文献，有时也涉及民族理论和民族政策。

1986年，我出版了第一部个人著作《西夏文化》。这部书对西夏历史文化做了系统探讨，除使用传统历史文献外，尽量使用当时能见到的西夏文文献和文物资料，探求西夏文化意蕴。在此书的结语中，我总结出4条意见：1.西夏文化有着浓郁的民族特点；2.西夏文化和整个中华民族文化有着内在的、紧密的联系；3.西夏文化的发展和西夏的历史发展密切相关；4.西夏文化对中华民族历史文化有着重要的贡献。现在看来这些论点还经得起时间的检验，仍有一定参考价值。

我在研究民族历史过程中，深刻体会到中国传统史学有丰富而深邃的经世致用理念，马列主义的历史唯物主义理论更加注重史学对社会发展的借鉴作用。我通过民族历史研究实践，在1990年发表了《中国民族史学的社会功能》一文，论述了中国民族史学具有三大功能：1.丰富历史知识，提高民族素质；2.维系民族团结，弘扬爱国主义；3.借鉴历史经验，参酌制定政策。希望"民族史学工作者在当前建设社会主义、振兴中华的大潮中，应迎浪而上，以科学的精神肩负起时代所赋予的历史使命，使这一学科发挥出更大的社会能量，起到更多的作用，开创出新的局面"。同时决心以此自持。

费孝通先生于1988年在香港中文大学做了著名演讲，系统阐述了中华民族多元一体格局理论，后整理成《中华民族的多元一体格局》一文于1989年正式发表。我认真学习、体味费先生大作的内涵和精义，于中国民族历史和现实的考量有很大提升。1990年5月，国家民委民族问题研究中心在北京召开了民族研究学术研讨会，研讨"中华民族多元一体格局"问题，我也被邀参加会议，并发表了《从西夏看中华民族多元一体》的报告，将西夏研究与中华民族整体历史文化有机联系起来。

1993年，民族研究所开展"中国少数民族现状和发展调查"。我当时作为主管副所长负责大调查组织工作，同时兼任彝族地区和藏族地区两个调查组的组长。彝族地区所选调查点是我实习的邻县昭觉县。到调查点村寨调查时，我还能用彝语和彝族老乡做日常用语对话、问卷，他们感到很惊奇，也感到很亲切。1995年，我们又到当地做后续补充调查。30年间彝族地区发生了翻天覆地的变化，生产力水平有很大提高，人们生活也大为改善。然而，凉山地区毕竟受历史条件制约，底子薄，大部分县仍是国家或省定贫困县，特别是交通不便的山区，贫困状态更为突出，甚至仍处于一日两餐吃洋芋的困苦窘地。后来我们出版了《中国少数民族现状与发展研究丛书·昭觉县彝族卷》一书。为反映彝族地区的实际情况，我还撰写了《略论凉山彝族地区人口和社会发展》《重视家支问题吸收德古参政议政》（"德古"是凉山彝族民间有威望的老人）、《凉山地区吸毒贩毒问题》等针对社会现实问题的调查报告。这些文章主要写的是存在的问题和解决问题的途径，代表了我的心声，也是我对彝族同胞的真挚情感。2020年11月，四川省批准凉山彝族自治州7个县退出贫困县序列，大凉山正式整体脱贫。被称为"中国最贫困角落"之一的大凉山摆脱了贫困枷锁，这是中国脱贫攻坚的一个典型事例。我写了一篇随笔《魂牵梦萦大凉山——有感于大凉山脱贫》祝贺，此文发表在《中国社会科学报》上，其中写道："四川大凉山，总是牵动着我的心弦。那是我的第二故乡。除我的家乡外，大凉山的村寨是我居住最久的地方。近年来，有关大凉山脱贫的报道屡见报端。每次看到这样的消息，我总是喜不自禁！"各民族团结一致，共同繁荣发展，已经成为各民族的共同心声。作为与大凉山有不解之缘的我，对大凉山整体脱贫更是感触颇深。

20世纪90年代，由于达赖集团的恶意炒作，西藏人权成为人们关注的一个焦点。1992年中国社会科学院把"西藏人权研究"作为院重点项目，我作为课题组组长主持这一项目，并带队到西藏实地调查，同时连带进行上述"中国少数民族现状和发展调查"中的藏族调查。课题组多由藏学家组成，大家一起熟悉人权理论，查阅人权文献，组织专题座谈会，做了比较充分的准备后，于1992年深入西藏农村、牧区、工厂、寺庙、机关调查。所选调查点是20世纪50年代民族大调查时的调查点，这样便于做30多年来的内容对比，其中包括拉萨市及附近的堆龙德庆县和日喀则附近的拉孜县。西藏1959年民主改革后，社会发生了翻天覆地的变化。我们访问过原来的农奴，他们在民主改革后已获得应有的人权，有的已成为各级领导干部。群众都住上了漂亮的房子，生活无忧，有医疗保证，有宗教信仰自由，过上了勤劳、富裕而舒适的日子。我们既为西藏人权的巨大进步、人民生活的迅速改善欢欣鼓舞，又感到完善人权任重道远。1993年，我们又进藏进行补充调查。1999年，课题组出版了《西藏人权研究》一书，实事求是地为西藏人权的进步谱写时代弦歌。此书于2006年后获得中国藏学珠峰奖。根据在西藏调查的感受和国际上对人权立法的认识，我写出了《研究西藏人权要注重西藏人权立法的研究》的报告，此报告得到中央领导的批示和国务院新闻办公室的重视，并支持我们课题组完成了《西藏人权研究参考文献汇编》的编辑和出版，为西藏人权研究汇集了新的资料，使国内外能系统地了解到我国关于西藏人权立法的巨大进展和突出成就。

民族研究所也是一个多民族成员组成的研究机构。仅历史研究室就有回族、满族、藏族、维吾尔族、柯尔克孜族、白族等少数民族专家。全所少数民族专家更多。我曾长期与壮族民族语言专家陆绍尊同住一室，如同家人；与蒙古族专家、副所长道布同一办公室多年，关系密切。1991年我所一位柯尔克孜族专家在土耳其讲学期间意外去世，我代表社科院和民族所陪同其夫人到土耳其安卡拉处理后事，事后不远万里接回遗体，又从北京转至乌鲁木齐，按民族习俗安葬于公墓。前后半个月时间辗转于国内外，如给自己亲人办事，最后功德圆满。

1997年，我与从国外访问归来的本所维吾尔族语言学家雅森·吾守尔博士交谈业务心得，当时我正在研究西夏文活字印刷，雅森·吾守尔则在法国考察早年流失到那里的回鹘文木活字，很有收获。我们交换意见后感到，如果将西夏和回鹘的活字印刷结合在一起研究，会使中国早期的活字印刷认识得到升华，并可回答当时国外一些专家对中国发明活字印刷术的质疑。于是我们决定合写一篇专题论文。当年8月，《光明日报》用整版发表了我们合作的文章《西夏和回鹘对活字印刷的重要贡献》，以文献资料和实物论证活字印刷是中国发明的，中国的少数民族在活字印刷的早期实践和传播方面成就卓著、贡献巨大，此文也为维护中国活字印刷的发明权作出了贡献。

2007年，国务院开展全国古籍保护工作，成立了全国古籍保护中心和全国古籍保护工作专家委员会，我作为专家委员会副主任，主要负责少数民族文字古籍工作，其中一项重要工作是在全国范围内开展古籍普查登记，这是第一次同时进行汉文古籍和少数民族文字古籍全国性的大规模普查，是民族文化发展的一件大事。我也先后以全国古籍保护专家委员会委员的身份到多地考察古籍。另一项重要工作是开展了国家珍贵古籍名录评审。专家委员会对珍贵古籍名录分组评审，其中由我牵头负责"民族语文文献组"民族文字古籍的评审。我们先后6次评审，接触了全国各地区各民族大量珍贵古籍，共评出民族文字珍贵古籍1000余种，包括汉文和少数民族文字的珍贵古籍名录皆由国务院批准公布，这是弘扬民族文化发展的一件大事。我在此重大国家文化工程中，增长了知识，开阔了眼界，看到中华民族琳琅满目的古籍风采。

我长期做民族研究工作，并多次到少数民族地区做调查研究，调研足迹遍及5个自治区和多个民族省份，有的是较为长期的调查研究，有的是短期的考察。如1990年11月我到广西壮族自治区的三江侗族自治县、广西龙胜各族自治县短期考察，了解了当地的经济、文化、民俗及民族之间的关系，增长了见识。我每到一地，都尽可能参观当地博物馆，考察一些相关的文物遗址，全国各省、市、区的博物馆绝大多数我都参观过，有的还多次参观学习。通过这些实地考察，我对民族历史文化有了较为深入的了解，对少数民族文化在中华优秀传统文化中的地位和作用有了比较深刻的认识，也更加坚定了自己的学术志向。

然而我们也清醒地看到，有一些民族分裂分子在西方国家势力的怂恿和支持之下，宣扬民族分裂，肆意制造恐怖事件，并歪曲历史，企图制造民族分裂。同时我们也注意到个别专家发表的论文表现出过分强调民族特性，忽视各民族共性，漠视各民族交往交流交融的倾向。我虽非民族理论专业，但也和多数民族研究工作者一样，在事关大是大非面前，不容坐视，适时撰文申明意见，表明立场，如在2013年发表的文章中，我明确提出："我们民族研究工作者要做祖国统一和各民族团结的促进派，要做各民族经济、文化、社会发展的促进派，要做各民族互相交流、学习，共同发展、繁荣的促进派。"（《西夏的汉族和党项民族的汉化》，《中南民族大学学报》2013年1期）后来又进一步指出："史学工作者在宣传正确的祖国观、历史观、民族观方面，负有重要责任。当前应该在民族平等的前提下，提倡增强中华民族一体的观念，在保护各少数民族传统文化的同时，要重视和加强中华民族文化的共性，强化祖国意识、公民意识，加强民族团结，进一步增强国家的凝聚力，促进各民族共同发展，大力改善民生，使国泰民安。"（《中国史研究》2017年1期。中国人民大学复印报刊资料《历史学》2017年7期转载）2013年受广西壮族自治区原副主席、《壮族通史》（增订版）主编张声震先生的邀请，参加《壮族通史》（增订版）的审稿会，会上明确提出研究、撰写少数民族历史要依据历史文献和考古资料，加强论述少数民族和中原汉族地区的关系要实事求是地论证中原王朝对少数民族的影响，同时也要写好少数民族对中华民族作出的贡献。

自20世纪90年代，我考虑应编写一部《中国民族史学史纲要》，因为我认识到，梳理、研究中国民族史学史可以更深刻地了解五千年的中华文明史，更准确地认识、总结中国民族史，用科学的观点审视中国历史上的民族问题，从民族的角度审视历史和现实，从而更有力地促进和发展中国民族史研究，丰富中国史学史的研究内涵，为发展和繁荣中国史学作出贡献，同时也可作为历史镜鉴，或有补于对民族问题的考量。于是我开始搜集基本资料，并做了一些前期的研究工作，搭建书稿框架，撰写大纲。2011年关治国博士进入民族所博士后流动站，我任合作导师。我们二人便合作进行民族史学史研究，进一步挖掘、补充资料，调整结构，增加内容，提炼观点，于2018年出版了《中国民族史学史纲要》。编写这部书使我开拓了新视域，思考了新问题，取得了民族历史方面的新收获。在此书的最后还特别指出：民族史研究中应尊重历史事实，同时也要有现实政治的考虑。近年来，国外学者在中国民族史研究中多强调"东亚""北亚""亚洲""欧亚""内亚"等因素，如在研究元史、清史时强调"世界"或"北亚""内亚"意识，论述内亚史与中国史的关系，其意在消解历史上的华夷秩序，从而忽视了各民族的向心力，以及古代中原王朝对周边民族或国家的巨大影响。有的研究意在解构古代中原王朝与周边民族的朝贡关系，而构建所谓东亚的国际关系，在民族史研究中渗透着政治意识形态的气息。学术界要注意利用优良的历史资源，客观认识传统的民族史观及民族史记述模式的成因，在研究中形成中国的学术话语。

2019年，习近平总书记在全国民族团结进步表彰大会上的讲话中强调：我们辽阔的疆域是各民族共同开拓的，我们悠久的历史是各民族共同书写的，我们灿烂的文化是各民族共同创造的，我们伟大的精神是各民族共同培育的。并明确指出："各族人民亲如一家，是中华民族伟大复兴必定要实现的根本保证。实现中华民族伟大复兴的中国梦，就要以铸牢中华民族共同体意识为主线，把民族团结进步事业作为基础性事业抓紧抓好。我们要全面贯彻党的民族理论和民族政策，坚持共同团结奋斗、共同繁荣发展，促进各民族像石榴籽一样紧紧拥抱在一起，推动中华民族走向包容性更强、凝聚力更大的命运共同体。"2021年，习近平总书记在中央民族工作会议上进一步强调："做好新时代党的民族工作，要把铸牢中华民族共同体意识作为党的民族工作的主线。"

近几年来，国家有关部门根据中央的精神，加强了历史研究，注重考古学的发展，重视基础研究，加大了对包括民族文史在内的冷门绝学研究，也加大了民族交往交流交融和铸牢中华民族共同体意识的研究。2019年，成立中国历史研究院，我受聘为学术咨询委员会委员。2020年，国家民委和国家文物局联合编纂出版《中国少数民族文物图谱》，我被聘为编纂出版专家委员会成员。2021年，国家民委组织编纂《中华民族交往交流交融史》，我被聘为编纂委员会学术顾问。2022年，我完成《中国少数民族文物图谱》4个省份的初编稿的审阅任务，对每卷都认真审读，做出评价，提出修改补充意见。我虽年至耄耋，但对为国家尽力之事，为民族研究尽责之举，无不欣然承诺效力。

近年来，我根据习近平总书记的重要讲话精神，结合自己的研究领域，撰写了一些论文，如《略论中国历史上民族政策演变趋势》（《光明日报》2020年6月22日）一文，从中国历史上对少数民族地区所实行政策的发展变化，梳理出一些规律性的认识，显示出对少数民族地区治理政策的演变趋势：1.随着各民族的交往日益深入，中央王朝管辖范围逐步扩大，少数民族地区与中央王朝的关系越来越紧密；2.随着社会的进步和发展，中央王朝对民族地区管理越来越直接、具体、细密；3.随着各民族交往交流交融的增强，各民族在传承、保留一定民族特点的同时，共性越来越多。最后提出：在新时代我国各民族应该顺应历史发展大势，加强、深化交流与融合，提倡、促进各民族间经济、文化互动合作，不断铸牢中华民族共同体意识，促进各民族共同发展，共同实现中华民族伟大复兴的中国梦。

60多年来，我发表的论文中有一部分是有关中国历史上的民族状况、民族关系、民族政策、民族文化、民族间交往交流交融等内容，其中有不少文章联系到当前的民族现实问题。这些论文是我长期调查、思考、研究民族历史文化的一些心得，涵盖了我一以贯之的基本观点和论从史出的理念，这些文章对理解中国的民族历史文化、民族间的交往交流交融和铸牢中华民族共同体意识，凝聚中华民族认同或有些许参考价值。

2019年中华人民共和国成立70周年，我对与我密切相关的三个学科——西夏学、中国民族古文字研究、中国民族史研究70年来取得的巨大成就，特别是三大体系建设方面的进展做了总结和前瞻，分别撰写了论文：《砥砺奋进　发展繁荣——中华人民共和国成立70年来中国西夏学"三大体系"建设刍议》《开拓创新，成就辉煌——中国民族古文字研究70年》《经世致用　砥砺前行——中国民族史研究七十年》。这些文章或许对了解上述三个学科的发展，对探讨民族间交往交流交融的研究有所助益。

感谢甘肃文化出版社热情鼓励，筹划此论文集的刊印出版，给了我一个与同行和读者交流的机会。本集选取我发表的论文中与民族交往交流交融有关的论文60篇，分3个部分编排：中国民族史、中国民族古文字与历史文化、中华民族视域下的西夏。各部分大体以发表时间先后排列。各文基本以原样排印。原注释有页下注和文末注两种，现皆统一为页下注，注文依旧。原文发表时或因排版困难、或因篇幅限制省略了图版，现趁此重新刊印机会予以补充。在不同的论文中有的论述和图版不免有些重复，为维持论文的完整性，不再做出调整。文中有不妥之处，敬请同好斧正。

史金波

2023年3月29日

目　录

壹　中国民族史

贰 中国民族古文字与历史文化

叁 中华民族视域下的西夏

壹　中国民族史

中国民族史学的社会功能

中国民族史学是中国民族研究的一个重要学科，是中国历史学的一个特别分支。它研究中国境内包括汉族和古今各少数民族的族别史、民族关系史、地区民族史，也研究分科的民族政治史、民族经济史、民族文化史、民族教育史、民族法律史、民族宗教史、民族哲学史、民族文学史、民族科技史等内容。我国是一个多民族的国家，有注重研究民族历史的优良传统。1949年以后，我国的民族史学工作者以马列主义的历史唯物主义为指导，把民族史置于中国历史研究的重要位置上，以民族平等的态度去研究民族历史，取得了引人注目的成绩，推动了中国历史研究的发展，成为中国史学发展进步的一个显著标志，特别是近十年来，有了更好的科研工作环境和条件，实事求是的学风开始恢复和发展，民族史研究人员坚持四项基本原则，认真思索，勤于笔耕，克尽厥职，投入了更多的精力，取得了更为显著的、丰硕的成果。中国民族史学的成果发挥着有形、无形的社会功能，对中国各民族经济、文化建设的发展起到了直接和间接的推动作用。我们应该通过民族史学的总结，回顾已往，展望将来，加深对民族史研究的认识，进一步重视和加强这一学科的研究工作。

中国正处在改革、开放的时代。这个多民族的国家正发生着深刻的、历史性的变化。商品经济发展的浪潮冲击着各个领域，包括民族史学在内的中国史学正面临着新的挑战。作为中国史学的一部分，民族史学自然也受这种局面的影响和制约。然而由于民族史学在中国史学中还是一个年轻的学科，且由于民族观的发展进步，很多民族历史上的问题需要重新认识。由于民族历史知识教育和解决民族问题的需要，加之大量民族历史资料及大批少数民族文字文献的发现和整理等多方面的原因，当前民族历史研究仍然保持着稳步发展的势头。面对这种形势，我们应该审时度势，进一步研究民族史学的社会功能，并探讨民族史学如何进一步增强社会意识和时代感，以适应社会主义发展的需要。

一、丰富历史知识 提高民族素质

民族素质的高低往往反映着这个民族经济、文化发展的水准和兴旺的程度，同时也决定着各个民族今后发展的能力和速度。作为一个多民族的国家，本国各民族历史知识是民族素质中不可缺少的一个重要方面。民族是一个社会存在。民族形成以后，人类的发展都是以民族历史的形式发展着。现今包括56个民族在内的中华民族，在过去的漫长岁月中，是由处在不同社会发展阶段的众多人民共同体发展、嬗变而形成的。各民族人民在中国广袤的土地上勤奋开发，互相学习，风雨同舟，共同前进，对中华民族的发展，对祖国版图的形成，都作出了历史性的贡献。在历史上形成的这种各民族的发展史，各民族之间密不可分的民族关系史，是我们中华民族巨大的知识宝库，是民族文化的重要源泉。这种历史知识博大精深，其中既有专家学者们可尽情探索的宏观、微观多种研究课题所需要的专业知识，也有具有一定文化素养的中华民族成员所应具备的一般民族历史知识。各民族都有自己优秀的历史文化传统。很多民族有自己的思想家、文学家、教育家、科学家，他们给我们留下了宝贵的文化遗产。

一个发展的民族及其每个有成熟思维和生活能力的成员，都有了解本民族历史、本民族和其他民族关系的愿望。人们这种对民族历史知识的渴求表明了民族史学的一种社会满足功能。这是民族史学能传之久远的一个重要原因。一个由于缺乏民族历史知识，带有狭隘民族主义情绪的人，就不能正确认识本民族，当然也不能正确理解其他民族，以及各民族之间的关系，这也是一种民族素质的不完善。民族历史知识的贫乏是民族虚无主义和狭隘民族主义的土壤和源泉之一。一个人没有足够的、正确的民族历史知识，会影响他认识水平和才能的提高。比如一个国家工作人员，特别是和处理民族问题有关的干部，具有丰富的、必需的民族历史知识，就有助于认识和处理民族问题，倘若民族历史知识贫乏或认识上错谬，就会导致工作的失误。对各民族群众来说，正确反映各民族历史的优秀作品，能提高民族素质，使人们得到民族道德教育，增强中华民族的凝聚力。因此文艺工作者也应具备较丰厚的民族历史知识，否则，文艺作品中不正确的民族观就会影响到广大的读者和影视观众。

我国正集中力量进行经济建设，要努力提高生产力水平。而作为生产力首要因素的人，要有一定生产经验和劳动技能，同时也要有包括民族历史知识在内的社会科学知识。要建设国家，要振兴民族，必须增加新的知识，新的经验。在改革、开放的时代，各民族经济、文化发展迅速，交往频繁，民族历史知识是不可或缺的。

过去在"左"的政策的影响下，民族历史知识由于不能直接"为政治服务"而得不到重视。在当前讲求经济效益的环境下，又往往为短期行为所左右，像民族历史这类不能直接显现出经济效益的学科，又被一些人视若等闲，似乎史学已被挤到不被重视的角落。过分地追求所谓"效益"，忽视民族知识的积累，轻视民族传统的教育，会造成文化选择方面的倾斜，导致大民族主义、民族虚无主义的滋长或泛滥，从而损害中华民族长远的利益。

近十年来，国内出版了有关民族历史方面的专著约200部，特别是50多种少数民族简史系列的出版，使每一个少数民族都有了自己系统的、比较科学的成文历史书，成为中国民族史研究发展到新阶段的重要标志。在此期间，还发表了有关民族历史论文近万篇。这些研究成果蕴含着很多新的知识，深化了对民族历史的理解，丰富了各族人民民族知识的内涵，提高了人们的文化素养。由于这些科研成果的衍化和影响，一批反映民族历史实际的优秀电影、电视剧、戏剧、小说等文艺作品被推向社会，使中华民族的民族历史知识得到更大范围普及。这是难以用经济效益估量的知识储存，它将为中华民族素质的提高起到重要作用。

民族历史研究的深入有利于中华民族文化水准的提高。中国各民族多源多流、互相交错影响，你中有我、我中有你的历史实际，为中华民族文化的多元性提供了充分的材料和依据。中国少数民族人口占全国人口的6.7%，民族自治地区占全国版图的60%以上。我们在研究中国历史文化和考虑中国整体发展战略时不能忽视这个重要问题，不能把少数民族历史放在陪衬的或可有可无的地位。中国各民族对中国历史都作出了自己的贡献。过去对中国少数民族的历史贡献研究、宣传是很不够的。今后应加强这方面的工作。至于那种无视民族历史传统，否定各民族对中国历史乃至世界历史作出贡献的人，只能表明他们对民族历史的无知。对中国民族历史的深刻理解，将进一步开拓中国文化的知识领域。

中国古今民族具有多种类型、多种层次、多种关系、多种发展途径的特点，它本身就是一个人类发展的巨大博物馆。中国保存着民族历史发展的原始社会、奴隶社会、封建社会和半殖民地半封建社会极为丰富的资料。现代的各民族中，由于所处社会发展阶段的差异，还保留着不少反映不同历史发展阶段活的文化遗存。加强中国民族史的研究不仅可以为中华民族的发展研究提供极有价值的研究资料和课题，还可以为人类社会发展研究作出特别的贡献，为人类文化提供新的知识。寻找人类社会发展的一般规律，是许多社会科学家苦心孤诣地追求的目标，也是推动社会发展，创造世界未来的客观需要。这一宏伟目标离开民族历史的研究是不可能完成的。马克思在《德意志意识形态》中指出："我们仅仅知道一门唯一的科学，即历史科学。"①这一著名论断有助于我们理解民族历史学科丰富的内涵和它在认识人类社会中举足轻重的作用。民族历史知识给人以智慧和启迪，给人以信心和力量。广义地说，人类的知识都属于包括民族历史知识在内的历史知识。

二、维系民族团结　弘扬爱国主义

中华民族要以与自己相称的人口和幅员立于世界民族之林，就需要尽快地发展自己的经济和文化。而经济、文化的发展要依靠举国一致的民族大团结。民族团结是四化大业成功的基本保证。我国各民族和衷共济、患难与共、共同发展的历史是全国各民族大团结的纽带和基础。深刻地了解中国民族历史，就能充分地理解到各民族团结的必要性和重要性，就能珍惜这个团结的局面，增强中华民族的凝聚力。中国民族历史告诉我们，汉族在形成过程中吸收了很多少数民族成分，少数民族中又往往有汉族和周围其他民族的成分。汉族和各少数民族唇齿相依、荣辱与共，谁也离不开谁。中国民族史学负有宣扬各民族密切关系，增进民族团结的神圣使命。

中国各民族在历史发展的长河中，以自己的勤劳和智慧共同缔造了伟大的中华民族。各民族人民应以强烈的民族自豪感和民族自尊心积极地投入社会主义建设的伟业中。同时各民族之间更要互相理解、互相信任、互相帮助、互相爱护、互相尊重彼此的民族风习和宗教信仰，以历史和现实的眼光，以高瞻远瞩的姿态大力促进民族之间的团结。

我们的国家是历史上形成的统一的多民族国家。全国地势西高东低，河流顺势流淌奔腾，东临大海，形成了一个完整的自然地理环境。各民族人民世世代代生活、繁衍在这片广袤的土地上，披荆斩棘，勤奋开发，在经济、文化上已经成为一个不可分割的整体。各民族如百川归海，汇聚成伟大的中华民族。在历史上，中原地区的农产品、丝绸、茶叶、手工业品和汉族文化不断输入少数民族地区，而少数民族地区的畜牧产品、特有的工艺品和有民族特色的文化又不断输入中原地区。各民族地区实际上已经形成互相依赖、互相补充、难以分离的态势。这种情况随着各民族经济的发展而越趋明显。即便是在分成几个王朝统治的时期，这种经济、文化上的一体化趋势也是显而易见的，比如宋辽西夏时期，宋辽各据一片河山，以南、北朝互称，通过聘使往来，榷场贸易和民间买卖双方都有大量的经济联系和贸易，双方贸易物品多为国计民生所必需，如从宋输入辽的有茶叶、银器、药材等，而从辽输入宋朝的则为畜牧产品，其中以羊为最多。②西夏称宋为南国，视辽为北国，称吐蕃为西羌，而自称大夏。西夏不断从宋朝得到粮食、绢帛、茶叶，而输送给宋朝的是畜产品和青白盐。西夏没有宋朝的粮食则难以为继，宋朝山西、陕西地区人民缺乏西夏质好价廉的青白盐也无法生活。③这种民族地区不可分割的联系，就是在战争期间双方统治者屡禁而不可遏止。各民族间经济、文化上形成的有机整体，表现了中华民族极强的向心力、聚合力，在世界各民族历史上是非常突出的。1949年以后，党和政府实行民族区域自治政策，坚持民族平等和民族团结，在历史的基础上建立了新型的社会主义民族关系。

民族历史研究工作者经过辛勤劳动所发表的大量有关民族历史的著述，追溯了各民族在各历史

①《马克思恩格斯选集》第1卷，第21页注。
②蔡美彪等：《中国通史》第六册，人民出版社，1979年。
③吴天墀：《西夏史稿》，四川人民出版社，1982年。

时期共同发展、团结进步的足迹，指出了各族人民在漫长的历史岁月中，共同创造了光辉灿烂、举世瞩目、有特色的东方文明，并汇聚成不可分割的中华民族的历史过程，同时也如实地反映出历史上民族之间的矛盾、冲突乃至战争，以及这些民族冲突和战争给社会、各族人民带来的不幸。从不同的角度研究民族历史，可以多侧面反映出处理好民族问题、加强民族团结的重要性。总结我国的民族历史经验可以看出，民族问题处理不当，民族团结就会遭到破坏，社会就会动荡和不安，经济、文化发展就要受到阻碍，人民要经受苦难，甚至会给外国侵略者以可乘之机，使民族遭到屈辱，国土为之沦丧，而受害最深、最直接的往往是少数民族。我们要集中力量进行四化建设，认真搞好两个文明建设，需要一个安定、团结的局面。一般来说，少数民族地区经济、文化发展水平和汉族地区有不同程度的差距，有很多地区差距还很大，更需要一个安定、团结的环境，需要国家、汉族地区的大力支援。

中国各民族之间情同手足，密不可分，各族人民居住、生活的土地都是中国领土不可分割的一部分，中国的领土必须要保持完整。这个道理早为各族人民所认识。在中国民族历史上，不少志士仁人为维护祖国统一和领土完整谱写了大量可歌可泣的爱国主义篇章。仅从近代史来看，就有各族人民反抗帝国主义侵略的鸦片战争，有反对沙俄侵占东北国土的斗争，有在新疆反对阿古柏侵略和分裂的斗争，有西藏江孜军民的抗英斗争等，特别是20世纪30—40年代各族人民共同反抗日本侵略者的斗争，表现了从北方到南方各族人民的大团结，表明了各族人民维护祖国领土完整和民族尊严救亡图存的坚强决心。在历次保卫祖国统一的斗争中，特别是一百多年以来反抗帝国主义侵略和压迫的斗争中，涌现出大批为国家、为民族献身的人物，他们义薄云天、气壮山河的壮举成为各族人民宝贵的精神财富。他们作为中华民族的英雄将流芳万古。

过去由于统治者的腐败和软弱，我国的领土曾遭到鲸吞蚕食，而所失掉的土地多为少数民族聚居地区。这些民族历史上不堪回首的记忆，使每一个有民族自尊心的人都有切肤之痛，难以忘怀。丧权失地的惨痛教训是教育各族人民团结互助、奋发图强、保卫祖国的精神力量。

民族历史的资料和研究成果不仅系统地说明祖国版图形成的过程，而且它还为我国领土的归属提出确凿的证据。比如，史书档案中的大量资料证明，自元代以来中央政府就对西藏地区行使有效的管辖权。[①]又比如，原立于黑龙江北岸近海口地方一方用汉文、女真文、蒙古文书写的明代碑刻，是黑龙江北岸久属中国的铁证。[②]总之，研究和熟悉民族历史可以为维护祖国的统一和完整提供历史的证据。

我国和十二个国家接壤，北部、西部和西南部二万一千多公里的陆地边防线，绝大部分为少数民族居住区。历史上的边疆问题往往和民族问题牵扯在一起。我国的民族历史证明，中国的少数民族对保卫边疆、巩固国防、维护祖国统一起着极为重要的特殊作用，民族地区是与邻国友好往来，进行经济、文化交往的重要地区。在当前我国西部、北部实行双向开放的政策，民族地区将会在国内外经济生活中显示出日益重要的作用。

我们应该发挥民族历史的纽带功能，使各族人民尽量多地了解民族历史，提高对伟大祖国形成的认识，增强维护祖国统一的亲和力，激发人们爱国主义热情。毛泽东同志曾经指出："国家的统一，人民的团结，国内各民族的团结，这是我们的事业必定要胜利的基本保证。"[③]民族团结和国家

①西藏社会科学院、中国社会科学院民族研究所、中央民族学院、中国第二历史档案馆：《西藏地方是中国不可分割的一部分》，西藏人出民版社，1986年。
②钟民岩、那森柏、金启孮：《明代奴尔干永宁寺碑记校释》，《中央民族学院学报》1976年第1期。
③毛泽东：《关于正确处理人民内部矛盾的问题》，人民出版社，1958年。

的统一高于一切，这是我国民族关系史发展的必然，也是社会主义现代化建设所必需。

三、借鉴历史经验　参酌制定政策

马列主义史学的重要功能是提炼、总结历史发展规律，为推动社会新的进步提供理论上的指导和历史的经验教训。恩格斯把历史看成是"人的启示"。中国的史学历来就有参与社会的优良传统。人们常常把历史置于教科书的地位，特别是历代统治者不断组织编辑史书，希望起到劝惩和垂训的作用。远在西周初年周天子就提出："我不可不监于有夏，亦不可不监于有殷。"①宋朝的司马光写了一部纵贯1300多年的编年史，宋神宗赵顼赐名《资治通鉴》。这部书从内容到名称都体现了以史为鉴的深意。历代杰出的政治家对民族历史经验十分看重，他们中的一些人对民族问题的认识和对民族问题的处理往往有独到之处。唐太宗李世民认为"盖德泽洽，则四夷可使为一家，猜忌多，则骨肉不免为仇敌"，并进一步指出："自古皆贵中华，贱夷狄，朕独爱之如一。"②由于历史的局限，唐太宗的上述言论和他的实际作为当然不可能完全一致，但不能否认唐太宗处理当时复杂的民族问题确有不少妙招儿，对唐初的社会稳定和发展作出了贡献，形成了唐初的"贞观之治"。清代的康熙皇帝推行满汉一体，联络蒙藏的做法，采取了比较积极的民族政策，使全国各民族地区政治形势比较稳定，社会经济也得到较大发展，为清初的"康乾盛世"打下了基础。我国历史上统治阶级中有的人能够依据当时的历史条件和少数民族的具体情况，制定和推行比较适宜的民族政策，在客观上起到维护国家统一，使各民族之间关系缓和，在经济、文化上都起到一定程度的发展作用。有的统治者没有总结和吸取历史上的经验教训，实行了错误的政策，伤害了民族感情，加剧了民族矛盾，甚至导致民族间的战争，给各民族带来灾难和痛苦，影响社会的发展和进步。历史上民族政策的成败得失，都是今天的宝贵财富。我们应该总结历史经验，重视民族历史在民族工作中的借鉴功能。历史证明，忽视历史上的经验教训，缺乏历史的依据，违反历史发展规律的民族政策，都会付出昂贵的代价。

使民族历史参与现实、服务现实、为现代化建设提供历史借鉴的时候，要充分注意到时代的不同、社会性质的差异，不能食古不化、照搬过去的经验，应因时因地制宜，择善而从。但历史的发展有其延续性，并有螺旋式上升的趋势，有时历史和现实在某些问题上使我们感到似曾相识。这时历史的经验就显得更为重要。我国是一个多民族的大国，历史上的各民族常处在不同的发展层次上，表现出各自不同的特点。历史上成功的经验是，对少数民族地区要因地制宜，实行不同的政策，团结少数民族领袖治理民族地区，对民族间的问题采取慎重的态度和疏导的办法，把民族的团结和国家的统一作为治国的根本予以高度重视。

现在中国各民族除具有中华民族的共性外还有其个性。具有不同历史沉积、处于不同环境的民族，形成了各不相同的经济、文化状态，其发展速度和运行轨迹各有差异，各民族间存在着不平衡性。各民族不同的政治、经济、文化基础和特点，决定了在我国社会主义初级阶段不同民族有自己的发展起点。实践证明，不能把较为先进的民族地区的政策套用在其他民族头上，也不能用一种模式去"规范"各个不同民族的发展方式。任何揠苗助长、削足适履的做法都会产生欲速则不达的严重后果。

近些年的经济文化发展情况表明，东部较发达地区和西部少数民族地区的差距不仅没有缩小，而且在继续拉大。长此以往不仅少数民族地区的经济建设会受到很大影响，甚至也会拖住整个中国

---

①《尚书正义》卷15，《十三经注疏》上册，第213页。
②《资治通鉴》卷197、198，中华书局校点本。

经济发展的后腿，影响民族的发展和团结。在制定全国经济发展战略时，必须把少数民族地区放到十分重要的地位。在制定少数民族地区经济发展战略时，则必须熟悉少数民族地区政治、经济、文化发展的历史，掌握民族历史发展规律，注重历史上形成的民族特点，比如相当一部分少数民族在历史上长期以畜牧业为主，或农牧兼营，形成了有特色的经济生活方式。由于历史的原因，很多少数民族居住在偏远地区，山川阻隔，交通不便，历史上商品经济很不发达。有些少数民族受着脱胎母体的传统制约，在经济文化上还没有完全脱离封建农奴制、奴隶制甚至原始公社制残余的影响。不少民族有千百年来形成的宗教信仰传统，并在政治、经济、文化生活中打上深深的烙印。很多少数民族与邻近的民族有传统的经济、文化交往，有的则与土壤相邻国家的民族有悠久的贸易、文化往来，甚至边界两侧即为同一民族。诸如此类的特点从不同的侧面反映了各民族的历史传统。这种历史传统有很大的稳固性和延续性，并且和现在民族的生产生活乃至心理状态交织在一起。要繁荣发展少数民族的经济文化，就必须充分重视这些特点，在原有的基础上因势利导、循序渐进。如果不注重历史的特点和现在的基础，不是经过一个较长时期艰苦的工作过程，而是用急功近利的方法期望在短时期内改变少数民族地区的落后面貌，是难以成功的。过去我们在少数民族地区政策上的失误和忽视民族历史特点有极大关系，给少数民族经济文化的发展带来了不可弥补的损失。因此，政府有关部门，特别是民族工作领导部门在考虑民族地区战略发展超前设想、制定民族政策时，不仅要向政治学家、经济学家、文化教育专家、法律专家进行咨询，也应重视民族历史学家的意见，从历史的视角吸取有价值的营养，接受历史的智慧和经验。历史是现实的一面镜子，只有对历史有深刻的认识，才有可能对现在与未来做出准确的判断，才有可能对发展规划做出科学的论证。因此，民族史学也要加强对策性研究。研究课题可以由民族历史学家根据民族地区政治、经济、文化的改革发展提出，也可以由国家有关部门根据制定民族政策或具体发展计划的需要，提出民族历史方面的课题，请历史学家进行研究论证。

近十年来民族史研究日趋活跃，民族史学家中的有识之士为适应社会主义现代化建设的需要，顺应历史潮流，认真思索，努力把握研究方向，适时地调整和充实研究课题，增强了民族史研究对社会主义建设事业的参与意识，试图在一些重要方面为国家提供历史的借鉴和决策的依据。20世纪80年代初期以来，民族史学界集中地对中国历史上的民族关系进行了多方面的深入探讨，取得了显著成果，这对当前和今后处理民族关系问题有重要意义。[①]近年来学界逐步加强了历史上对少数民族政策问题的讨论和研究，将会对我国制定和贯彻民族政策产生深远影响。

目前，时代的进步、科学技术的飞速发展和世界各地区民族问题的突出，使民族史学家开阔了视野，同时在明确研究方向、选择课题项目、改进研究方法等方面，也给民族史学界提出了新的要求。民族历史研究需要拓展研究领域，加强宏观的、综合性的、系统性的、对比性的研究，要以战略眼光设置新的课题，增加对策性的研究项目，在积累和占有尽可能多的资料基础上，注重系统的分析和归纳，加强量的统计和运用。总之，民族历史学家应该增强使命感、时代感，尽量保持与现代化发展同步。一个学科能否繁荣发展，最终是由社会对这个学科需要的程度决定的。

为了更好地发挥民族史学的社会功能，需要提高对中国民族史学的总体认识水平。我们需要宏观地把握、揭示中国各民族发展的规律，增强马列主义民族历史理论和实践方面的导向作用。同时我们也要认真做好搜集资料、鉴别真伪、考订史实的基本工作。要以严谨和科学的态度弄清史情。历史不能以现实的某种"需要"而被不恰当的剪裁，也不能随意把历史与现实做生硬的联系和比

---

①翁独健主编：《中国民族关系史研究》，中国社会科学出版社，1984年。中国民族史学会编：《中国民族关系史论集》，青海人民出版社，1988年。

附，更不能把历史当成随心所欲的玩偶，任意歪曲篡改。十年动乱时期林彪、"四人帮"为了反党、反社会主义的目的，妄图把史学引入歧途，玷污了神圣的史学殿堂，妨碍了史学功能的正常发挥，是不足为训的。我们还需要加强各民族近现代史的研究。今天存在的许多民族问题与中国各民族近现代历史发展有着更为直接、更为密切的关系。过去由于种种原因，这方面的研究十分薄弱。各有关部门应为民族历史学家创造更好的条件，使之能对重要的、与当代人物事件有关的、往往是比较敏感的问题从不同的角度进行深入探索。

民族史学工作者在当前建设社会主义、振兴中华的大潮中，应迎浪而上，以科学的精神肩负起时代所赋予的历史使命，使这一学科发挥出更大的社会能量，起到更多的作用，开创出新的局面。

（原载《民族研究》1990年第1期）

试论中国历史上的民族政策

　　　　民族政策是一个国家政权总政策的重要组成部分。中国历史上的民族政策，内容宏博、纵横交织、纷繁复杂，本文对此进行了具体的分析，认为中国历史上的民族政策本质上是不平等的、民族剥削和民族压迫的政策，但从当时的历史条件看，一些成功的民族政策对推动当时的社会进步，增强中华民族的凝聚力，维护祖国的统一和发展民族地区的政治、经济、文化，也起到了积极的作用。

　　民族政策是一个国家政权总政策的重要组成部分。中国历史上的民族政策，包括我国境内最初形成国家至1949年前各中原王朝，以及各民族、各地方所建王朝、政权所实行的民族政策。在这一漫长的历史时期中，我国处于阶级社会时代，因此，中国历史上的民族政策本质上是不平等的、民族剥削和民族压迫的政策。但从当时历史条件看，这些政策有其社会背景和条件，其中有很多成功的民族政策，也有失败的民族政策。成功的民族政策对推动当时的社会发展，增强中华民族的凝聚力，维护祖国统一，发展民族地区的政治、经济、文化，起到了积极的作用。

　　我国从夏朝开始，就有了"夷夏之别"，也就是夏和东夷、北狄、西戎、南蛮的区别，这样也即有了民族和民族政策问题。夏商周时期，以"五服"之制处理天子与夏族诸侯国及其他民族的关系。五服为甸服、侯服、绥服、要服、荒服，依其顺序，居前者距京畿越近，与天子的关系越加密切。其中要服、荒服就是治理不同于夏族的其他民族，即夷蛮等族。天子要四方民族修贡职和朝觐。①在周朝，随着社会的发展和统治机构、统治政策的加强，又有所谓"九服"的规定，"职方氏掌天下之图，以掌天下之地，辨其邦国、都鄙、四夷、八蛮、七闽、九貉、五戎、六狄之人民，与其财用九谷、六畜之数要，周知其利害。乃辨九州之国，使同贯利"②。可见其对四方民族的区分和统治更为精细、具体。夏商周王朝在与"四夷"保持和加强隶属关系，实行有限度的安抚统治的同时，也常为了各自的统治利益与"四夷"发生冲突，甚至进行战争。这一阶段可视为中国民族政策的初始阶段。

　　秦朝建立了多民族国家，凭借强大的军事力量，北逐匈奴而设县，南去百越而设郡。秦始皇三十二年（前215年）"使将军蒙恬发兵三十万人北击胡，略取河南地"，"三十三年发诸尝逋亡人、赘婿、贾人略取陆梁地，为桂林、象郡、南海以适遣戍。西北斥逐匈奴。自榆中并河以东，属之阴山，以为四十四县，城河上为塞。又使蒙恬渡河取高阙、阳山、北假中，筑亭障以逐戎人。徙谪，实之初县"。③这些举措对建立多民族国家起了应有的历史作用，却激化了内外矛盾，加速了秦朝的

---

　①《史记》卷2《夏本纪》，卷6《秦始皇本纪》，第251—254页。以下引正史皆中华书局校点本。
　②《周礼注疏》卷33，《十三经注疏》上册，第861—862页。
　③同①。

灭亡。

汉朝初立，由于长期战乱，社会遭到严重破坏。当时北方匈奴强大，对其边疆形成严重威胁。汉初，高祖北击匈奴，被围于平城（今山西大同东北）。高祖死后，吕后受匈奴冒顿单于之辱书。然而汉朝统治者能审时度势，权衡利弊，采取了与匈奴和亲的政策，以宗室女为公主嫁给匈奴单于，年给匈奴实物，约为兄弟。①此种政策有一定的屈辱性，而汉朝则坚持这一政策达60余年，加之对南方少数民族的通使和安抚方针，使四方民族和平相处，为"文景之治"繁荣局面的形成创造了条件。汉武帝时期国势强盛，不再安于"安内和外"的政策。名义上要对匈奴造成的"平城之忧"和高后时的"单于书绝悖逆"进行报复，实际上是对周边民族从积极防御转而进行扩张。汉武帝经过40多年的战争，在四边增置26郡，对多民族国家发展起了重大作用。张骞两次出使西域，加强了中原和西域少数民族的联系，进一步发展了汉朝与中亚各地经济、文化交流，促进了丝绸之路的形成和发展。汉武帝无休止的征伐使国家虚耗过甚，给各族人民带来了深重的苦难。②武帝晚年深悔已往之策，又想休息养民。认为"当今务在禁苛暴，止擅赋，力本农，修马复令，以补缺，毋乏武备而已""由是不复出军。而封丞相车千秋为富民侯，以明休息，思富养民也"。③这是武帝在位几十年，经过曲折反复才得出的经验教训。武帝以后的80年间，汉朝基本上采取了与民休息，与其他民族和平相处的政策，使社会稳定，生产发展。王莽称制后，托古"变革"，倒行逆施，对四方民族采取高压和武力征服政策，将"四夷潜称王者皆更为侯"，把"匈奴单于"改为"降奴服于"或"恭奴服于"，把高句丽改为"下句丽"，换徽印绶，改"玺"为"章"。王莽目的是加强自己的统治，但心余力绌，好大喜功，激起了各民族的不满和反抗，加剧了民族矛盾，使天下大乱，促使其政权瓦解。④东汉初年，在中原地区遭到严重破坏的形势下，光武帝对四边民族采取了"不言兵事""息事宁人"的政策，对少数民族主动要求"都护"的请求，亦能冷静和审慎处理。⑤当后汉的社会得到恢复和发展时，自汉明帝起，又对少数民族地区使用武力。后由于阶级、民族矛盾激化，国力衰微，而对少数民族地区实行较为平和的政策。

秦汉时期匈奴是我国北方的主要民族，自3世纪建立了匈奴奴隶制国家，逐渐强大，先后破灭东胡，西击月氏，南并楼烦、白羊、河南王，又挥师北上征服丁零等五国，占领了贝加尔湖以西及阿尔泰山以北的领土，后又向西域地区扩张，并汉初多次对汉朝用兵。由于统治集团内部尖锐的矛盾和斗争，特别是汉武帝对其侵扰活动的抗击和武力征讨，使之国力衰弱下去。匈奴内乱后，呼韩邪单于归服汉朝。汉甘露三年（前51年），他来到长安，朝见了汉宣帝。汉元帝时，将王昭君嫁给呼韩邪单于，开创了汉匈奴之间60多年的和好时期。东汉时期匈奴分裂为南北两个对立的政权。南匈奴依附汉朝，北匈奴与汉时战时和，后在汉朝和鲜卑的打击下向西远迁。匈奴统治者对其他民族基本实行了武力扩张和掠夺政策。

总之，秦汉时期我国民族关系进一步密切，民族交往显著增加，是我国民族政策正式形成和发展时期。

魏晋南北朝时期，我国民族关系进入一个新的历史时期。当时处于王朝鼎峙，甚至政权林立时期，不仅汉族分别建立了不同的政权，许多力量较强的少数民族，如鲜卑、匈奴、羯、氐、羌等部族不断内迁，也先后建立国家。复杂多变的政治局面使民族关系和民族政策呈现出多样性和复杂

---

①《前汉书》卷94《匈奴传》，第3753—3756页；卷6《武帝纪》，第165—212页；卷94、95《匈奴列传》，第3765—3771页。
②同前注。
③《前汉书》卷96《西域传》（下），第3912—3914页；卷99《王莽传》，第4077—4196页。
④同前注。
⑤《后汉书》卷1《光武纪》，第56—94页。

性。汉族所建王朝，以华夏正统自居，其民族政策为剪灭对立政权、统一中国总政策的一部分，或征服、迁徙，或怀柔、安抚。如曹魏征乌桓稳定了北方，有利于对吴蜀争霸。蜀诸葛亮提出"西和诸戎，南抚夷越"的主张，在出兵中南少数民族地区时，采纳"攻心为上，攻城为下，心战为上，兵战为下"[1]的办法，使当地夷帅和方土大姓归附，并利用他们对当地进行统治，形成了"不留兵、不运粮，而纲纪粗定，夷汉粗安"的统治政策和经验。东晋南迁后，北方多为少数民族所建政权，尽管当时的汉族王朝统治者认为是"四夷乱华"，然而少数民族政权统治者大多也以继承华夏正统自居，他们仰慕汉族文化，他们既有统治民族的优越感，又有经济、文化较为落后的自卑感。他们也多采用镇压和安抚两种民族政策。对本民族部分保留原有统治方法，并逐步加强汉制统治，推行汉化。对汉族则重用士人以适应统治中原地区。对其他少数民族则是因俗而治，以夷制夷。当时力量强大的少数民族政权也把统一天下视为己任。前秦皇帝苻坚曾说："吾统承大业垂二十载，芟夷通秽，四方略定，唯东南一隅未宾王化。吾每思天下不一，未尝不临食辍哺，合欲起天下兵讨之。"他把东晋看成是偏安一隅的小国，兴兵征伐，企图完成"混一六合"的"大同之业"。[2]北魏是鲜卑贵族拓跋氏所建，它统一了北方，君临中原。其统治者标榜祖先为黄帝后裔，称其他诸族为"荒服小国"或"东南岛夷"，对周边民族施以刚柔相济、恩威并用的方法，于沿边设置州郡，推行大民族主义统治。北魏孝文帝进一步实行改革，将国都内迁至洛阳，改定礼仪、官制，将姓氏改为汉族元氏，提倡着汉服、说汉语、与汉族通婚，促使鲜卑族汉化，以适应统治广大汉族地区的需要。这种政策加速了一些少数民族与汉族的融合，甚至走向消亡。北魏王朝很快变得强大和稳定，洛阳成北方政治、经济、文化中心。[3]总之，魏晋南北朝时期发展了"因俗而治"的政策。这种政策适应各民族不同经济、文化传统，便于统治，对后世有重要影响，但它在客观上又妨碍了各民族之间的交往，使一些民族闭塞于边远，长期处于落后状态。

魏晋南北朝时期我国民族关系有了重大发展，许多强大的少数民族在当时的历史舞台上十分活跃，我国的民族政策有了更丰富的内容，开创了少数民族政权统治中原地区的政策，积累了经验，使我国民族政策步入了一个新的发展时期。

隋朝统一了南北朝后，先后招抚了岭南各族和吐谷浑等族，扩大了统治范围。对北方强大的突厥则采取武力征伐和分化瓦解政策。隋朝利用突厥可汗和四部小可汗的矛盾，拉拢贿赂小可汗，集中力量对付大可汗，取得了成效。隋文帝早年生活在鲜卑族地区，其家世与少数民族关系密切。他执政后能对周边民族实行怀柔政策，多次运用和亲政策解决民族矛盾，特别是对突厥和亲，是在打败了突厥以后进行，且下嫁的不是宫女而是真正的皇室宗亲，可以说是发展了和亲政策，具有远见卓识。[4]隋炀帝时贪图边功，穷兵黩武，倒行逆施，特别是不断对高句丽大规模用兵，激化了国内阶级矛盾和民族矛盾，是政策上的重大失误，加速了隋朝的灭亡。隋朝短祚，在民族政策上也是个过渡时期。

唐代是中国封建社会的兴盛时期，也是中国多民族国家在更大规模上统一的时期，其民族政策有着更为丰富的内容。唐朝在建国之时，曾向强大的突厥借兵、称臣。唐统一中原后，对突厥采取积极防御以求和平的方针。唐太宗时国家稳定强盛，渐对突厥从防御变为进攻。先后征服东、西突厥和吐谷浑，声威远播，被各族尊为共主，称之为"天可汗"[5]。唐太宗还在少数民族地区建立了

---

①《三国志·蜀书》卷35《诸葛亮传》，第919—921页。

②《晋书》卷114《苻坚载记》（下），第2911—2919页。

③《魏书》卷7《高祖纪》，第135—190页。

④《隋书》卷84《突厥传》，第1863—1876页。

⑤《旧唐书》卷194《突厥传》，第5153—5194页。

一套完整的羁縻府州制度，"自太宗平突厥，西北诸蕃及蛮夷稍稍内属，即其部落列置州县。其大者为都督府，以其首领为都督、刺史，皆得世袭。虽贡赋版籍，多不上户部，然声教所暨，皆边州都督、都护所领，著于令式"①。当时先后设羁縻府州800多个。这是对"因俗而治"政策的又一次发展。唐代又发展了和亲政策，多次与回鹘、吐谷浑、突厥、契丹、奚族通婚。唐太宗曾提出："朕为苍生父母，苟可利之，岂惜一女。"②唐代吐蕃势力强大，唐太宗也采取和亲政策，以文成公主嫁吐蕃松赞干布，促进了唐蕃关系的发展和经济文化的交流。③唐朝注重各民族之间的贸易往来，互通有无，促进了中原和民族地区的繁荣。李唐先祖世代在鲜卑族所建王朝为高官。唐太宗的外祖母、母亲和妻子皆为鲜卑族人，他较少民族偏见，有较为进步的民族观，曾说："夷狄亦人耳，其情与中夏不殊。人主患德泽不加，不必猜忌异类。盖德泽洽，则四夷可使如一家，猜忌多，则骨肉不免为仇敌。""自古皆贵中华，贱夷秋，朕独爱之如一，故其种落皆依朕如父母。"④唐太宗能认真总结前代有关民族政策的成功经验，因时因地制宜，加以发展，又能吸取以往的失败教训，引为戒惧，还能反思纳谏，接受魏征等有识见的大臣所提出的"偃革兴文，布德施惠，中国自安，远人自服"的意见。他为有利于王朝的统治，根据各民族实力大小，控制政治格局，使几个较大的民族互相制衡，以大小民族互相牵扯。作为封建社会的政治家，唐太宗所实行的民族政策本质上还是民族压迫性质的，他也是以武力征服、镇压和怀柔、抚纳相结合的，甚至也曾说过"戎狄人面兽心"，"夷狄人岂知思义"，反映出他对少数民族的歧视观念。唐朝中期，吐蕃向东、向北扩张，夺取了唐朝大片领土的统治权，唐处于守势。此时唐朝对北方的突厥、东北的渤海、西南的南诏都采取和平相处的政策。唐玄宗宠信胡人出身的安禄山，并委以重任。安禄山为讨好玄宗，对北部契丹、奚等少数民族用兵，恣意杀虏，最后叛唐，造成"安史之乱"⑤。唐朝后期，经历了安史之乱、农民起义、藩镇割据，逐步走向没落。此时回鹘兴起于北方并建立政权，曾助唐平定安史之乱。唐多次下嫁公主与之和亲，发展了与回鹘的经济文化往来。唐对南方以乌蛮为主体建立的南诏国，一般采取和平之策，但因双方力量的消长，以及唐朝所派大臣实行民族歧视和武力胁迫政策，也发生过战争。吐蕃一度很强大，并曾攻占长安，但因长期实行黩武政策，外斗内耗，国力衰落，后采取与唐和好政策。

唐代，特别是唐代前期的民族政策，集历代成功的民族政策之大成，吸取了正反两个方面的经验教训，多方面地发展了民族政策，是我国民族政策的成熟发展时期。

唐亡后，经过五代时期，汉族和少数民族政权的军阀混战，赵宋统一了"诸夏"和南方民族，其统治者以中国正统自居。而当时还有许多少数民族建立的政权。北有契丹族建立的辽国与北宋对峙，后来女真族建立的金国灭掉辽国，与南宋对峙，可以说是我国历史上第二个南北朝时期。西北还有党项族建立的西夏王朝，以第三势力与宋及辽、金形成鼎足之势。此外，西北地区有回鹘族建立的诸政权，青藏高原有吐蕃族建立的诸政权，南方有白族建立的大理国和壮族建立的南天国。这种政治格局和民族分布态势对当时的民族观和民族政策，都产生了重大影响。北宋统治者极端歧视少数民族，侮称之为"虏"，甚至视为禽兽，希图以武力攻取辽国和西夏，以统一中国，但均以失败告终。契丹统治者也认为继承了中华正统，辽太祖耶律德光说契丹"举渤海，立敬塘，破重贵，

---

① 《新唐书》卷43《地理志七》（下），第1119页。
② [唐] 吴兢：《贞观政要》卷9《征伐第三十五》。
③ 《新唐书》卷216《吐蕃传》。
④ 《资治通鉴》卷197，太宗贞观十八年十二月戊午条，中华书局，1963年，第6216—6216页；卷198，太宗贞观二十一年二月辛卯条，第6249页。
⑤ 《新唐书》卷5《玄宗纪》，第148—154页；卷225（上）《安禄山、史思明传》。

尽收周、秦、两汉、隋、唐文物之遗余而居有之"①，由于形势的发展，宋朝统治者对民族问题有了新的认识。如宋朝大臣富弼在《上仁宗河北守御十三策》中认为"契丹自得燕蓟以北，拓跋（指西夏）自得灵、夏以西，所生英豪，皆为其用。得中国土地，役中国人民，称中国位号，仿中国官属，任中国贤才，读中国书籍，用中国车服，行中国法令"，"中国所有，彼尽得之，彼之所长，中国不及"，因此不能以"古之夷狄"轻看他们。②辽、西夏也先后攻掠宋朝，皆以相持不下而媾和。宋、辽在"澶渊之盟"后两国皇帝称为兄弟。宋朝改变了以老大自居的方针，采取了维持和好的现实政策，契丹则是第一个被汉族王朝承认的、有正式盟约的少数民族统治中国的北方王朝。这在中国民族关系和民族政策上都是一次重大调整和突破，但由于中原地区和少数民族地区经济文化基础的不同，辽、西夏和金朝对宋朝有很大的依赖性。宋朝为对付辽、金、西夏，对吐蕃和大理采取了怀柔政策。辽国发展了"因俗而治"的政策，逐步形成和完备了南北官制，"官分南、北，以国制治契丹，以汉制待汉人"。对其他民族也采取相应的、灵活的治理办法，如对征服较早的奚族，因其与契丹习俗相近，采取与契丹相近的管理办法，对力量较大、民族特色较强的渤海国，在征服后改称东丹国，以太子任其国王，而四相及百官由渤海人，契丹人分任。③金朝也想以自己为中心，主张"天下一家""中外一统"。在民族政策上基本继承了辽的旧制。最初采取"以汉治汉"的政策，册宋降臣张邦昌、刘豫为傀儡政权楚、齐之帝，后进行直接统治。绍兴和议后，南宋向金称臣。金朝还把各族人民编入猛安谋克。④为分散各族的力量，使各族离开原住地迁往他乡。这虽然在客观上促进了各族的融合和交流，但人民也饱尝了颠沛流离和改变风俗习惯之苦。西夏皇族为党项族，地位最高，在其统治阶层中党项、汉、吐蕃皆有地位，各族文化传统都有发展，境内民族矛盾不甚尖锐。

综观宋、辽、西夏、金时期，中国处于分裂状态，一些力量强大的民族建立了王朝，与汉族所建王朝分庭抗礼，冲击了传统的大汉族主义观念，丰富了我国民族政策的内容，提供了新的经验，使我国民族政策的制定和实行进入一个新的历史时期。

蒙古兴起时不断吸附周围各部族，壮大了自己，在统一过程中实行刚柔并济、威德兼施的政策，一方面以强大武力征服各族，另一方面则争取和利用西夏、金、宋归降的大臣、将帅。元朝实现了中国又一次大统一，为多民族国家的发展作出了重要贡献。元朝根据对蒙古降服的先后，分为蒙古、色目、汉人、南人四等。蒙古人政治地位最高，元世祖曾诏命"以蒙古人充各路达鲁花赤，汉人充总管，回人充同知，永为定制"⑤。蒙古人为各地军政最高长官。在法律上蒙古人也享有特殊权利。元朝实行了赤裸裸的民族等级压迫制度，使民族矛盾十分尖锐。世祖时，山东汉人军阀李璮叛乱，蒙古统治者增加了对汉族的疑虑，强化了对汉族的压抑政策。⑥元朝为适应经济文化较为落后的蒙古族统治较为先进民族的情势，制定了较成功的民族政策，如对中原地区实行"汉法"，尊崇儒学，重用儒士，给儒士以高官厚禄；与畏兀儿、吐蕃上层联姻；对吐蕃地区扶植重用藏传佛教首领。元世祖宠任萨迦法王八思巴，"尊为国师，授以玉印，任中原法主，统天下教门"，后又"升为帝师，更赐玉印，统领诸国释教"⑦。元朝设宣政院"掌释教僧徒及吐蕃之境"，以帝师管领，使西藏正式纳入中央王朝管辖之下，促进了政教合一制度的形成，起到了"因其俗而柔其人"的效

①《辽史》卷55《仪卫志一》，第899页。

②《国朝诸臣奏议》卷135，影印宋刻明印本，第4616—4617页。

③《辽史》卷2《义宗信传》，第1209—1210页。

④《金史》卷3《太宗纪》，第56—64页。

⑤《元史》卷6《世祖本纪》，第106页；卷4、5《世祖本纪》，第82—93页。

⑥《元史》卷206《李璮传》，第4591—4596页。

⑦《释氏稽古略续集》卷1载《大正新修大藏经》卷，第49页。

果，对后世的民族政策有重大影响。元政府对云南、湖广、四川等少数民族地区采用土官制度，以当地民族上层人物任地方官。元朝承认多民族文化的存在，元末曾在居庸关镌刻梵、藏、汉、回鹘、西夏、八思巴六体文字石刻。

元朝民族政策的主要特点是民族等级压迫和"因俗而治"的政策，为统一的多民族国家民族政策的制定和实施提供了经验和教训。作为中国境内只有一个王朝的时代，我国民族政策发展到一个有特点的新阶段。

明朝统治者是汉族地主阶级的代表，有强烈的大汉族主义民族观，明朝统治者讨元时提出"驱逐胡虏，恢复中华"的口号，还认为"非我族类，其心必异"[1]，在中原"胡服、胡语、胡姓一切禁止"[2]。另一方面，明统治者在诏谕中也有"华夷一家""一视同仁"的提法，虽以武力逐灭元朝，但在太祖洪武初年仍为元世祖立庙塑像。在用人方面也提出"不分等类，验才委任"，因此明代也有不少少数民族文臣武将为朝廷效力。面对复杂的政治形势，明朝统治者的民族观和民族政策表现出明显的二重性。基于以中华正统自视，明朝对各民族地区实行征伐、统一政策。明朝首先对蒙古用兵，希图统一，前后争战70余年，先胜后负，于土木堡明英宗被俘后转入防御。[3]明朝还以武力统一西北、西南和南方，并残酷镇压各族的反抗。明朝对少数民族也采取招降和安抚政策，使之"怀恩报义，安生乐业"。明初，北元统治者仍想以武力恢复其对中国的统治，常与明朝冲突，明朝对北方蒙古等族设置九边防御体系，实行封锁政策，阻碍了北方各族与中原王朝的正常往来。对已归顺的蒙古、藏族地区"多封众建，以分其势"，使一个民族内部不能形成特别强大的势力。在西北和西南地区推行土司制度，土司、土官皆世袭。随着社会经济的发展和中央对地方管理的加强，在一些地方开始实行"改土归流"政策，废除府、州、县土官，改以朝廷委派的流官担任。对少数民族宗教采取优容和利用政策，使佛教和伊斯兰教都迅速发展。对藏传佛教改变了元朝倚重萨迦派的做法，各教派均加以利用，对宗喀巴的宗教革新和格鲁派的兴起给予重视和支持。对不同的民族设置马市、木市和茶市，开展贸易，互通有无。终明之世，民族问题一直是困扰明朝的一个重要问题，特别是明朝后期政治腐败，卫所、屯田、改土归流等制度遭到破坏，加速了明的覆亡。明朝后期，蒙古右翼土默特部首领俺答汗和其妻三娘子与明通贡互市，促进了蒙古地区的稳定和发展。

明代的民族关系内外影响，纵横交织，十分复杂，其民族政策既有积极的进取又有重大失误，还积累了不少新的经验，是从统一的元朝到统一的清朝的过渡时期。

清朝是以满族为主、联合汉族上层人士和蒙古贵族组成的王朝，在民族和边疆政策上，实行了进取的方针，恩威并用，不断扩大版图，增进了全国统一，加强了对边疆民族的管理。清朝皇帝认为统治民族满族为"国家根本，宜加轸恤"[4]。满族贵族世袭爵位，身居要职，占有大量庄园和人丁，满族八旗兵丁也受到抚恤照顾。为防止汉化，规定满族要坚持"国语骑射"，保持民族特点，还规定"旗民有别"，使八旗人员和民人分区居住。清朝下令使汉人剃发易服，这种政策给汉族人民带来了难以磨灭的心理伤害，这是其民族政策的消极方面。清朝在实行民族剥削压迫政策过程中，也有很多符合社会发展的民族政策，它吸取和发展了历代民族政策的成功经验，使之制度化、系统化。清朝提倡"满汉一家"，在职官上满汉并用，清初还提倡通婚。清朝优遇蒙古，对其贵族封授爵位，互为婚姻，发展经济往来，建立盟旗制度以分其势，并利用格鲁派，以安众蒙古。清朝

①《明太祖实录》卷41，洪武二年四月丁丑；卷30，洪武元年二月壬子条。
②同上注。
③《明史》卷11《英宗前纪》，第138—139页。
④《清圣祖实录》卷44。

对新疆采取招抚和进兵之策，直接统辖新疆，对其经济也有长远筹划和具体措施，促其发展，使之安定。①清朝对新疆个别上层人物勾结国外势力对我国进行分裂活动，如张格尔的叛乱和阿古柏的侵略给予平定，是维护祖国统一的政策，但对当地人民不分青红皂白屠杀和对人民起义的残酷镇压则突出地反映了其民族压迫政策。清政府使西藏直隶中央，建立了必要的基本制度，特别是制定《藏内善后章程》全面规定了西藏地方主要制度，如官吏、铸钱、租税、司法、外事等，在授予达赖喇嘛很大政治、宗教权力前提下，取消了其"专主"地位，缩小其权限，最重要的是大大提高了驻藏大臣的权力和地位，使之比达赖、班禅有更大的发言权，实际上掌握了西藏地方的军政大权。②清朝对南方诸族逐步实行"改土归流"政策，反映了当时民族地区的经济发展，符合统一的多民族国家各族人民经济文化加强交往的大势，但其残酷镇压手段应予否定。③清朝进兵台湾，使之纳入中央政府管辖，并改社为厅，促进了高山族经济文化的发展。清朝十分重视少数民族管理，在中央政府设置理藩院，掌管蒙古、西藏、新疆等地少数民族事务，主政令、爵禄、朝会、刑罚。清朝的很多民族政策都以法律形式确立下来，《理藩院则例》是其中内容最丰富、适用最广泛的民族法规。这些政策加强了清朝对少数民族地区的统治。清政府着意笼络少数民族上层人物，尊重民族宗教信仰。最典型的是清初在第二个政治中心承德先后仿西藏、新疆等地寺庙建外八庙，以接待少数民族领袖，收到了很好的效果。清朝在明朝四夷馆的基础上建四译馆，掌边疆民族地区和部分外国贡使来京翻译事务。这一时期多种民族文字对照的文献、碑文和翻译著作问世，说明随着各民族交往的频繁和关系更加密切，统治者的语言文字政策也做了相应调整。

清朝是少数民族为统治民族、统一的多民族王朝，是我国封建社会最后一个王朝。尽管它实行的依然是民族压迫政策，有时甚至表现得十分残酷，但比较起来，有清一代，特别是清朝前期的民族政策是成功的。它系统地总结并吸收了前代成功的经验，在很多方面都有新的建树，其民族政策已经法律化、系统化，具有继承性、稳定性和创造性。

建立民国以后，民主革命先行者孙中山十分重视少数民族问题，在所倡导的三民主义中把民族主义摆在首位，维护国家统一，反对民族分裂，主张"合汉、满、蒙、回、藏诸地为一国"，设蒙藏事务局管理民族事务，后改名蒙藏院，1928年以后又改称蒙藏委员会。这一时期对少数民族实行民族歧视和压迫政策，但也采取了一些措施维护对西藏、新疆、蒙古和台湾的管辖。

综观中国历史上的民族政策，经历了漫长的历史时期，内容宏博，纵横交织，纷繁复杂，积累了很多历史经验。其中既有各族人民的智慧结晶，也包含着很多杰出政治家的创造性实践活动总结，这些都是我国的重要文化遗产。历代有作为的政治家对民族政策都十分重视，把它视为国家治乱兴衰的大事。国家的统一和各民族凝聚力的加强是中国历史发展的大势，是各族人民的共同愿望，为历史上有见识的政治家所标榜和追求。维护祖国统一，捍卫祖国领土完整会受到人民的尊敬，破坏祖国统一，制造民族分裂无不受到各族人民的唾弃，成为历史的罪人。促进各民族经济文化的发展和交流，发展少数民族地区的生产力，使之得到实惠，这有利于民族地区的发展，边疆稳定和全国的统一、繁荣。对经济文化基础不同，风俗习惯不同的民族，根据实际情况，实行不同的民族政策，采取不同的管理方法，也是成功的民族政策之一。不注意民族发展的不平衡性，不顾及民族特点，用简单化一的政策去治理不同的民族地区，往往会造成重大失误。在制定和实行民族政策时要统摄全局，高屋建瓴，保持有效政策的持续和稳定，又要审时度势，能随着形势的发展变化

---

① 《清高宗实录》卷673。
② 同上。
③ 《清史稿》卷512、514，515。

把握时机，对政策加以调整和改革。能否正确对待民族领袖人物和民族上层人士是民族政策成败的一个重要问题。因为他们在民族地区有实际的影响和相当的代表性。他们当中的一些人才对当地的政权建设，社会、文化、宗教生活都有着举足轻重的作用，由他们参加或领导民族地区的管理，能收到事半功倍的效果，起到别人难以替代的作用。我国不仅是一个多民族的国家，而且也是一个多宗教的国家，一个民族往往信仰这种或那种宗教。民族问题和宗教问题交织在一起，互相影响，为历来有见识的统治者所重视，把少数民族宗教政策视为民族政策的重要组成部分。民族心理素质是一个民族社会经济、历史传统、生活方式，以及地理环境的特点在民族精神面貌上的反映，具有很强的稳定性。历史的经验是在制定民族政策时对此应充分重视，处理具体问题时要通情达理、因势利导、细致谨慎。在我国历史发展过程中，各民族在政治、经济、文化诸方面的关系日益紧密，凝聚力、向心力日益加强，已经发展成你中有我、我中有你，谁也离不开谁的局面，在考虑民族政策时，对中华民族这种发展的大势应作为基本的、规律性的认识给予充分重视。

1949年以后，我国实行各民族一律平等，共同繁荣、发展、团结、进步的民族政策，这与旧社会民族压迫、民族剥削的政策有着本质的不同。但是，由于历史发展的内在联系性，各民族传统的继承性，当代的民族问题与历史的民族问题往往有着千丝万缕的联系，因此在制定、完善和实施民族政策时，可以而且应该借鉴历史上民族政策的可贵经验，继承我国不断总结历史上民族政策的优良传统，充分利用历史这面镜子，推敲利弊，审视得失，使几千年的民族智慧结晶成为服务于现实的有用经验。

（原载《思想战线》1991年第4期）

论少数民族近、现代史研究

最近，江泽民在给李铁映、何东昌同志的信中，就进行中国近代史、现代史及国情教育问题发出了重要指示，不仅明确提出了教育的大致内容，还特别着重指出："目的是要提高人民特别是青少年的民族自尊心、民族自信心，防止崇洋媚外思想的抬头。"这一指示关系到我国社会主义事业的百年大计，具有重要的理论意义和实践意义。我们要认真学习和贯彻这一重要指示。其中少数民族近代史、现代史的研究和教育工作是不可缺少的一环。

一、少数民族近、现代史是中国近、现代史的重要组成部分

19世纪中叶，帝国主义列强乘清朝腐朽没落之机，对中国进行公开的侵略。自1840年第一次鸦片战争开始，拉开了中国近代史的序幕，从此中国进入半殖民地半封建社会。

鸦片战争时期，在英国侵略军于沿海进攻广州受挫，北上窜扰浙江沿海时，有一支2000余人的藏族队伍，开赴浙东，支援海防。他们先后参加了宁镇战役，很多藏族战士壮烈牺牲。另一支藏族部队协同陕甘军和四川军参与了宁波附近的大宝山战役。充分表现出各族人民共御外侮的团结意志。西藏阿里地区受到来自英国东印度公司支持的克什米尔武装侵略时，我国由前、后藏派出的3000余人的藏族军队驰援阿里，与入侵者奋战三天，全歼敌军主力，给入侵者以有力打击。

鸦片战争后，清政府向列强妥协投降，对人民加重压榨，阶级矛盾、民族矛盾激化，各族人民不甘忍受压迫和剥削，终于爆发了轰轰烈烈的太平天国革命运动。很多少数民族直接参加了这一伟大的革命运动。1843年洪秀全创设"拜上帝教"，其总部就设在壮族贫农卢六家，他牺牲后被追封为"嘏王"。金田起义的两万多名太平军中，壮族战士占四分之一左右。壮族农民萧朝贵首先提出"同心合力，同打江山"的革命口号，作战勇敢，屡立战功，被封为"西王"。壮族谭绍光起义后，南征北战，曾率太平军攻克苏州，被封为"慕王"，后多次率军打击英国的洋枪队和清军，歼灭戈登的"常胜军"200多人，大长了太平军的威风。瑶族、侗族、布依族等很多群众也都积极参加太平军，转战各地，与汉族人民一道立下了丰功伟绩。

在太平天国革命胜利展开的同时，由布依族、苗族、侗族、水族、彝族、回族、瑶族、仡佬族、汉族组成的30多支起义队伍遍及贵州高原，攻克全省绝大多数城地。云南回族杜文秀领导回族、汉族各族人民起兵反清，他宣布遥奉太平天国号召，于1856年在大理建立元帅府，被推为"兵马大元帅"，成为太平天国的同盟军。与此同时，云南哀牢山地区爆发了以彝族李文学为首的农民起义，成立帅府，李文学被推举为"夷（彝）家兵马大元帅"，后与哈尼族田以正的起义军联合，统一了哀牢山的农民武装力量。在太平军和捻军的影响和支持下，爆发了反对阶级压迫的斗争，最多时达20万人，后甘肃、青海等地的回族、东乡族、撒拉族人民也纷纷响应，形成了几个反清斗争中心。与此同时，内蒙古伊克昭盟的蒙古族群众不断掀起以"独贵龙"为独特组织形式的反抗斗争，反对封建王公和清政府的横征暴敛。1860年以白凌阿、弥勒僧格为首发动了东北、内蒙古地区

的各族人民起义，一度占领很多旗县，有力地策应和配合了太平天国和捻军起义。新疆各族人民也于1864年举行起义，第二年起义烽火燃遍全疆。

1883年爆发了法帝国主义侵略中国和越南的中法战争。首先投入战斗的黑旗军，就是由壮族、汉族、瑶族各族人民组成的队伍，其中主要将领吴凤典、黄守忠等20多人都是壮族。他们英勇作战，击毙法军司令和主帅，给入侵者以迎头痛击。滇军也分两路从滇、桂出击。这些队伍中有很多白族、彝族将士。法军在入侵我国云南时，苗族青年项崇周于1884年春组织了一支以苗族青年为基干，有汉族、瑶族、壮族参加的农民队伍，以简陋的武器与侵略者展开英勇斗争，保卫了边疆。

19世纪末，日本加紧了对中国和朝鲜的侵略，1894年爆发了中日甲午战争。在战争中回族将领左宝贵负责守卫平壤，连战四夜，为中朝人民献出了宝贵生命。由于清朝政府腐败，签订了丧权辱国的《马关条约》，将台湾及澎湖列岛、辽东半岛割让给日本，加深了中国的半殖民地化和民族危机。台湾高山族人民和汉族人民一道共同抵抗日本侵略者，在扼守曾文溪的战斗中，就有700余名高山族壮士英勇参战，其间台湾人民击毙、击伤日军32000多人，日寇统帅能久亲王也被击毙。

1900年，中国人民掀起了反对帝国主义的义和团运动。帝国主义为了镇压义和团，乘机瓜分中国，组成八国联军侵华，迫使清政府签订了屈辱的《辛丑条约》。在八国联军进袭北京时，一支主要由回族士兵组成的部队和友军一起到廊坊抗敌，奋勇打退敌人进攻。当沙俄单独派兵侵占中国东北的海兰泡时，一支由500名鄂伦春官兵组成的马队与俄兵交战，十分勇敢，给气势汹汹的沙皇侵略军以迎头痛击。1904年，大批英军在曲米森谷地方包围我江孜守军时，藏族官兵誓死捍卫每一寸土地，后来因饮水断绝，枪弹耗尽，他们顽强地用石块投掷敌人，表现出藏族人民捍卫祖国领土完整的坚强决心。

1911年，为推翻反动、腐朽的清政府，爆发了孙中山先生领导的中国资产阶级民主主义革命——辛亥革命。中国少数民族在这一革命运动中，作出了杰出的贡献。参加武昌首义的就有很多回族革命志士。西安新军的下级军官马玉贵，积极参加和领导了陕西起义，陕西成为武昌起义后最早摆脱清朝统治的一个省。此外，上海、南京、河南、新疆的起义，都有回族参加，并起了重要作用。苗族人民杰出的革命家王宪章，早年参加、组织革命，直接参加武昌起义，后任革命军师长，为辛亥革命作出了重要贡献。贵州彝族知识分子黄济舟领导彝族、苗族、汉族人民1000多人参加革命，攻占府城。以满族人张榕为首的革命派在沈阳成立了"联合急进会"，他的得力助手满族人宝昆积极从事革命活动，后来壮烈牺牲。联合会还派人到凤城联络满族人鲍化南发动起义，当地满族纷纷响应，剪掉辫子，拿起武器，组成革命队伍，奔袭凤城。蒙古族中的先进分子经权、云亨等，最早参加同盟会，在内蒙古西部与汉族革命者一起，开展革命活动，策应北上革命军顺利攻下萨拉齐厅，为革命作出重要贡献。

辛亥革命虽然推翻了清政府和中国两千年的封建君主专制，但被袁世凯窃取了政权，革命遂告失败。在俄国十月革命的影响下，中国的五四运动和中国共产党的诞生吹响了反帝反封建的号角，中国开始了新民主主义革命。

五四运动一开始就得到各族人民的热烈响应。北京、天津等城市的回族先进分子和爱国青年积极投入运动，其中最优秀的代表是马骏、郭隆真和刘清扬。马骏是天津学生联合会副会长，郭隆真和刘清扬与邓颖超等组织了"女界爱国同志会"。他们都是周恩来同志领导的"觉悟社"创始人。他们作为学生代表到北京总统府请愿，领导游行。五四运动时期，清华大学的学生领袖施滉、李大钊领导的"马克思学说研究会"发起人之一王复生、与周恩来一起在法国建立"旅欧中国少年共产党"的张伯简、云南妇女运动先驱赵琴仙都是白族优秀儿女。

第一次国内革命战争时，在北伐军中有很多少数民族，如在第七军中就占半数以上。第二次国内革命战争中，各族人民也作出了巨大贡献。广西壮族韦拔群在右江地区建立了1000余人的农民武装。1929年12月，邓小平、张云逸同志组织和发动广西右江两岸的壮族、汉族、瑶族等人民，举行了著名的百色起义，成立了红七军，韦拔群同志任第三纵队司令，红军解放了11个县，建立了工农民主政府。当时很多少数民族群众积极参加革命根据地和红色政权的建设，比如贺龙同志领导的湘鄂西革命根据地，就有很多土家族、苗族群众参加。苗族青年杨清轩投身革命，任三县边防司令，后壮烈牺牲。1930年5月，朝鲜族人民在党的领导下，以延边为中心，开展了"红五月斗争"，从罢工、集会、示威游行发展成为反封建压迫、反对日本帝国主义的武装暴动，声势浩大。同年8月，敦化和延吉铁路沿线的朝鲜族群众，又发动了更大规模的"八一吉敦暴动"。与此相呼应，1930年10月，我国南部台湾岛上爆发了由雾社高山族领袖摩那·罗达奥领导的"雾社起义"，起义军很快发展为1500余人，迅速攻占11处日警驻在所，击毙日寇数百名。

中国工农红军在伟大的二万五千里长征途中，得到少数民族的热情支持，并在少数民族地区播下了革命的火种。长征红军第一、二、四方面军分别通过了云南、四川、西康、甘肃等省境内的藏族聚居地区，各地藏族人民为保护革命干部、保护红军、支援红军，作出了巨大贡献。1936年在甘孜地区成立了"中华苏维埃中央博巴自治政府"，出现了藏族人民的地方革命政权。红军经过甘肃、宁夏回族居住区时，遵守纪律，宣传革命，很多回族人民参加了革命。1936年5月建立了"陕甘宁省豫海县回民自治政府"，回民第一次获得了当家作主的权利。这是我党民族区域自治政策的早期体现。

九一八事变后，侵华日军占领东北三省大部分地区。七七事变后，中华民族已经到了危亡时刻。中国共产党赤胆忠心、力挽狂澜，组织民众坚持抗日。最早受日本侵略者残害、奴役的包括朝鲜族、满族等少数民族在内的东北人民。1932年在共产党的领导下，建立了抗日游击队和根据地。后组织东北抗日联军，很多朝鲜族、满族同志参加，朝鲜族的李红光、李东光、李福林，满族的陈翰章等人皆为抗联的重要领导人，他们出生入死、浴血奋战，为祖国献出了宝贵的生命。白族共产党员周保中奔赴东北抗日前线，参加组织领导抗日民主联军，领导汉族、朝鲜族人民，坚持敌后斗争十年之久，立下了不朽功勋。鄂伦春族、鄂温克族人民不仅积极参加抗联，还用各种形式打击日寇，消灭敌人。乌兰夫等同志把内蒙古的一支起义部队——蒙旗独立旅，变成党控制的蒙古族抗日武装，对发动蒙古族、汉族各族人民抗日救亡、阻击日寇南下起了重要作用。1939年，蒙古族干部领导的蒙古抗日游击队，袭击伪军，打击日寇，屡建战功。在河北有马本斋率领的2000余人的回民支队；在山东也有1000余人的回民抗日武装；在陕甘宁边区正式组成了回民抗日骑兵团等，全国总计有数十支回族武装部队，都是八路军、新四军的一部分。他们以满腔的爱国热忱，英勇杀敌，重创日伪军。

抗日战争胜利以后，内蒙古人民在党的领导下，经过艰苦的工作，促进了团结，在1947年率先成立了以乌兰夫为主席的内蒙古人民政府，这是蒙古人民革命解放运动的伟大胜利，是我国民族区域自治的伟大实践。回族人民反对国民党的内战政策，保卫胜利果实，积极参加解放全中国的战争。山东的渤海回民支队调到东北后，多次参战，在主攻长春机场的战斗中，发挥了重要作用。满族人民积极参军参战，有成千上万的满族青年入伍。关内满族也掀起参军热潮，有的满族聚居点参军人数占满族青壮年的90%。西南各少数民族地区在党的领导下，反对国民党图谋把西南各省变为反共基地，并开展了各种形式的斗争。1949年初，很多白族青年参加的"滇桂黔边区纵队第一支队"，解放了元江县城。云南宣布和平解放后，白族人民受到极大鼓舞，人民军队迅速摧毁反动政权，建立了15个县（市）的人民政府。1944年，随着全国革命形势的发展，在中国共产党的影响下，在新疆地区爆发了有维吾尔族、哈萨克族、蒙古族、柯尔克孜族、锡伯族和回族、汉族等人民参加的伊犁、塔城、阿勒泰三区革命，建立了三区革命政权。它是中国人民民主革命的一部分，配合了解放战争，促进了新疆的和平解放。1949年前夕，新疆省政府主席包尔汉和驻新疆国民党将领陶峙岳宣布起义，新疆和平解放。当1949年解放军向大西南进军时，西康巴塘藏族青年与地下党建立联系，为解放西康和西藏作出了贡献。昌都解放后，以阿沛·阿旺晋美为代表的西藏地方政府与中央人民政府谈判，于1951年5月达成关于和平解放西藏办法的"十七条协议"，达赖喇嘛和班禅额尔德尼分别致电中央，一致拥护协议。从此，藏族人民进入了一个崭新的历史阶段。

通过以上对内容丰富的中国少数民族近、现代史举例式的简说，不难看出，中国少数民族近、现代史是中国近、现代史的重要组成部分，具有不可忽视的重要地位。

二、中国少数民族近、现代史的特点

中国少数民族近、现代史作为中国近、现代史的一部分，有其值得注意的特点。

第一，在中国近、现代，少数民族受阶级压迫、民族压迫最重、苦难最深。由于历史的原因，少数民族地区一般发展比较落后，相当一部分民族在近、现代尚处于地主经济初步发展阶段，又保留有前地主制经济残余形态，有的具有封建领主制经济形态，有的甚至处于奴隶制社会形态和原始社会末期或由原始社会向阶级社会过渡阶段。生产力水平低下，经济文化十分落后，人民生活十分困苦。相当多的劳动人民受地主、封建领主或奴隶主残酷的阶级压迫，过着牛马般的生活，特别是由于反动统治者对少数民族地区进行压榨、掠夺、限制、封锁，致使少数民族地位低下，困苦不堪。清朝末年，从军阀混战到国民党统治时期，都奉行大民族主义，加之列强入侵，社会动荡，少数民族地区发展缓慢，有的地区长期停滞。在中国半殖民地半封建社会中，少数民族处于社会的最底层，生活在水深火热之中。

第二，少数民族受帝国主义列强侵略最早、最直接，时间长，受害深。中国近、现代史是一部帝国主义列强的侵华史。帝国主义入侵中国，特别是从陆路入侵时，由于中国的北部、西部、西南部边疆都是少数民族居住地区，所以少数民族往往首当其冲。少数民族人民为保卫祖国、保卫家园对入侵者进行反抗时，常遭到侵略者的武力镇压。入侵者在被占领的少数民族地区烧杀奸淫、为非作歹、巧取豪夺、无所不为。他们疯狂掠夺当地资源，残酷地盘剥当地人民。如日本侵略者为了日本移民而强占延边朝鲜族居住地区59%的土地；被迫为日寇做劳工的伤亡工人被抛进万人坑；被征用到军事工地干活的大多数人在工程结束时，往往被集体屠杀。在日本法西斯统治下，朝鲜族居住地区变成了人间地狱。又如在日本统治台湾期间，对高山族人民进行所谓讨伐达120多次。高山族人民居住的大部分村落、房舍被焚烧，无数人民被杀害，仅仅在嗜杀成性的日本总督佐久间统治期间，就有四五万高山族人民被杀害。侵略者还利用传播宗教、推行奴化教育来麻痹人民。帝国主义的入侵使我国少数民族地区遭到十分严重的破坏。

第三，少数民族反抗统治者的压迫、剥削，反抗帝国主义的侵略十分坚决，特别是在保卫祖国，打击入侵者的斗争中立下了不朽功勋。我国少数民族人民，在祖国灾难深重的时刻，以祖国安危大局为重，率先挺身而出，守御门户，保卫边防，恪尽职守。他们往往在艰苦的条件下，坚持斗争，不畏牺牲，在保卫祖国领土完整的斗争中谱写了一曲曲惊天地，泣鬼神的英雄乐章。很多少数民族同胞在枪林弹雨中，在敌人的刺刀面前舍生忘死、大义凛然，表现出保卫祖国的赤子之心和义薄云天、气壮山河的英雄气概。中国少数民族近、现代史也是一部革命斗争史。各族人民为争取民族解放，为整个中华民族的发展，为祖国的统一和完整都作出了历史性的卓越贡献。比如在抗日战争中，朝鲜族人民20个人中就有一个烈士。目前在朝鲜族居住区村村都有烈士纪念碑。

第四，在中国近、现代，各族人民同呼吸、共命运，表现出中华民族团结奋进的精神。少数民

族人民和汉族人民团结一致，共同反对反动统治者，共同抵御外侮，一方有难，八方支援，一地起事，各地响应，在斗争中风雨同舟，荣辱与共，生死相依，增强了各民族间血肉相连的团结纽带，使中华民族的凝聚力和向心力得到加强，特别是中国共产党诞生以后，代表了各民族人民的根本利益，实行各民族一律平等的政策，组织和领导各族人民不屈不挠地进行反对阶级压迫、民族压迫和外国侵略者的斗争，披肝沥胆，千钧负重，使各族人民的团结逐步进入到一个新的历史时期，使中华民族的凝聚力得到进一步加强。

第五，中国少数民族在近、现代进行革命斗争时，有时采取具有民族特色的斗争方式。这些特殊的斗争方式符合民族传统习惯，结合本民族的实际情况。如蒙古族地区以"独贵龙"这种特殊方式进行革命活动，用严密的民族组织形式，保护革命带头人，以对付统治者的分化瓦解和高压政策。红军长征路经彝族地区时，彝族领袖和红军领导人用喝鸡血酒、拜为结盟兄弟的传统民族方式，建立和巩固了红军与彝族兄弟的团结。抗日战争中，在河北、山东等地建立了很多回民支队，使参加抗日的回族战士的特殊风俗习惯得以照顾，使回民抗日斗争蓬勃发展。其他很多少数民族也往往采用本民族特有的组织形式、活动方式或独特的武器进行革命斗争，推动了革命斗争的发展。

第六，在推翻三座大山的斗争中，凡是置国家、民族的根本利益于不顾，出卖民族利益、损害民族团结、破坏祖国统一的人，都会给祖国和人民、给革命斗争带来重大损失。比如举国上下团结抗日时，在日军的导演下，建立了傀儡式的"伪满洲国"，与日本侵略者沆瀣一气，给东北和全国的抗日斗争造成极坏影响。又如日本在蒙古地区先后建立了傀儡地方政权"蒙古联盟自治政府"和"蒙疆联合自治政府"，成为日本推行侵华的军事基地。在整个近、现代史过程中，阶级斗争、民族斗争十分尖锐复杂。国家、民族处于多事之秋。在这风云变幻的时代，难免泥沙俱下。历史的经验证明，那种不顾民族大义、丧失国格、开门揖盗、引狼入室、投靠敌人、认贼作父、为虎作伥、卖国求荣的人，都是中华民族的不肖子孙，是历史的罪人，最后将身败名裂，受到全国各族人民的谴责、唾弃和惩罚。

三、进行少数民族近、现代史研究、教育的重要意义

对全国各族人民，特别是对青少年进行包括少数民族近、现代史在内的中国近、现代史教育，对于提高人民群众的政治文化素质，对于加强爱国主义、社会主义教育，增强各民族团结，维护祖国统一，对于总结历史上的经验教训、更好地建设有中国特色的社会主义有重要的现实意义。

在中国近、现代，各族人民饱受反动统治者的剥削和压迫，遭受帝国主义列强的侵略和欺侮，少数民族更是苦不堪言。我们的先辈对此都有切肤之痛。这样一部创巨痛深的血泪史我们应该牢牢记住。只有在中国共产党的领导下，推翻了压在各族人民头上的三座大山，建立了中华人民共和国，彻底摆脱了帝国主义的压迫，中国各族人民才能够扬眉吐气，挺胸立于世界民族之林。各少数民族摆脱了被歧视、被压迫的地位，成为祖国大家庭的平等成员，在党和政府领导下各族人民共同维护着祖国的主权。这种翻天覆地的变化，是来之不易的，是多少年来中国人民自强不息、前仆后继、英勇奋斗得来的。没有共产党就没有少数民族的今天。

各族人民在近现代进行了英勇顽强、惊心动魄的革命斗争，在无数次反抗阶级压迫、民族压迫、反抗帝国主义侵略的革命活动中，出现了很多可歌可泣的动人事迹，涌现出一批批的革命志士和民族英雄，表现出中华民族优良的革命传统和高度的爱国主义精神，对此我们应该铭刻在心，永志不忘。重温和学习近、现代史是很有必要的。一方面了解国际资本主义、帝国主义的侵略本质，认清帝国主义是不甘心中国人民走上独立自主的道路的，是要千方百计对中国进行控制的。另一方面要发扬中华民族的爱国主义传统，继承祖辈们为翻身解放、为求得民族独立、为维护祖国统一而

英勇斗争、不畏牺牲的大无畏革命精神。各族人民正是在爱国主义的旗帜下，才求得人民的解放和祖国的统一。各族人民应该发扬爱国主义光荣传统，自觉地反对国外资本主义势力的侵蚀，抵制和平演变的攻势，沿着有中国特色的社会主义道路前进。

通过学习近、现代史可以看到，民族团结是国家稳固、繁荣昌盛的一个基本条件。民族不团结、一盘散沙，就没有力量，就会给统治阶级、外国侵略势力以可乘之机。各族人民应该把保卫山水相连的祖国、维护血肉相连的各民族之间的团结，视为中华民族的最高利益，要像爱护自己的生命一样爱护民族团结，要居安思危，对危害团结的行为要保持高度的警惕。

少数民族近、现代史还告诉我们，民族经济的发展是至关重要的。一个国家、一个民族，生产力落后，经济不发展，不仅人民的生活水平得不到提高，国家的实力自然也不会加强，边防也不会得到巩固。很多少数民族地区处于边陲要地，在战略上十分重要，另外这些地区一般经济发展落后，自然条件、交通状况较差。改革开放以来，少数民族地区经济文化有了很大发展，但与全国其他地区相比，发展速度和水平相对滞后。因此，重视和加强少数民族地区的经济建设成为我国十分重要的任务之一。这关系到国家盛衰荣辱的大事，不可掉以轻心。全国各族人民，特别是青年要继承和发扬前辈为国家、为民族不畏艰险、励精图治的革命精神，不怕困难，奋发图强，为加快少数民族地区的四化建设贡献自己的力量。

过去的一段时间，我们对中国近、现代史的宣传、教育和研究有所忽视，而对中国少数民族近、现代史的宣传、教育和研究更显不足。少数民族近、现代史的资料整理和研究有其特殊的困难和复杂性，比如有关少数民族近、现代史的资料除汉文文献外，还有大批少数民族文字资料和外文资料，这就需要有专门的人才去整理研究才行。少数民族近、现代史不仅离不开近、现代史的人物和事件，还牵涉当代的人物和事件；不仅会涉及国内各民族之间的关系，还会牵涉与外国的关系，其复杂性和难度是可想而知的。党的十一届三中全会以后，恢复和发展了马克思主义实事求是的学风，贯彻百花齐放、百家争鸣的方针，使包括少数民族近、现代史在内的社会科学有了很大的发展。现在我们少数民族历史研究工作者，应把少数民族近、现代史研究摆在十分重要的位置上，并做好普及宣传、教育工作，使更多的人民，特别是青少年得到系统的爱国主义、社会主义教育，提高民族自尊心和民族自信心，以更加饱满的热情加入社会主义建设。

（原载《云南社会科学》1991年第6期）

积极开展历史上的民族政策研究
认真总结历史经验教训

一

民族问题一直是多民族国家政治生活中的重大问题。近些年来，国际上风云变幻，在一些国家中民族问题变得更加突出，更加复杂。如何调整民族关系，制定什么样的民族政策，已经成为多民族国家的当务之急。

中国是一个幅员辽阔、历史悠长、民族众多的国家。1949年以后，根据各民族一律平等的原则，实行了符合中国实际的民族区域自治政策，出现了各民族共同发展、团结进步的局面。总的来说，民族问题解决得是好的，但是由于几千年来剥削阶级思想沉积的影响，历史上遗留下来的各民族发展的不平衡，以及在制定和执行政策过程中的失误，特别是"左"思想的干扰和破坏，我们国家的民族问题仍然是复杂的，因此改善民族关系，不断调整和完善民族政策的任务还十分艰巨。

中国现在的民族是由中国历史上的民族发展、演变而来，现在的民族关系与历史上的民族关系有着千丝万缕的联系，现在所实行的民族区域自治政策也能从中国历史上找到它的演变渊源。当我们遇到民族问题或制定、实施民族政策时，往往会看到历史遗存的强大影响，比如历史上的民族关系，传统的生产方式和文化、宗教习俗，长时间形成的民族心理，以及历史上实行的民族政策的影响等。有时遇到的问题在历史上似曾相识，使我们更感到历史经验的可贵。尽管现在我们的社会制度和作为指导思想的民族观与旧社会有着本质的不同，但我国历史上民族政策的丰富内容和经验教训还是可资借鉴的、极为宝贵的财富。

研究和总结我国历史上的民族政策，对解决我国现实的民族问题、正确制定和完善民族政策，并顺利贯彻实施这些民族政策具有重要的现实意义，应该引起我们的高度重视。

中国历史上有作为的统治者，往往把民族政策与国家的治乱兴衰联系在一起。他们遇到重大民族问题时，在决策之前常常朝议、廷争、上疏奏本、各抒己见。其态度之认真，辩论之激烈，都使人感到他们对民族政策的高度重视。汉惠帝三年（前192年）匈奴冒顿单于以调戏口吻致书吕后，吕后召丞相陈平及大将樊哙、季布等商议。吕后的妹夫樊哙发大话说："臣愿得十万众，横行匈奴中。"季布则认为樊哙的主张是"欲动摇天下"，并建议将樊哙斩首。当时江山甫定，处多事之秋，国力不足。朝廷最后采纳了季布的策略，好言回复匈奴。后又以宗室女为公主嫁单于和亲。[①]唐初贞观年间，太宗击败突厥颉利可汗后，对如何处置来降突厥部众，十分重视，下诏议安边之术。朝臣多发议论，有的认为应"分其种落俘之河南充豫之地，散居州县，各使耕织，百万胡虏可得化为百姓"。中书令温彦博认为可置于五原塞下，"全其部落，得为捍蔽，又不离其土俗，因而抚之"。

---

① 《汉书》卷94《匈奴传》（上）。

秘书监魏征等所持意见与此针锋相对，认为不能使突厥居于肘腋之地，以免酿成心腹之患。两人往复辩争，十分激烈。最后唐太宗采纳了温彦博的意见。①宋太平兴国七年（982年），党项首领、夏州留后李继捧向宋太宗献夏、绥、银、宥、静五州地，太宗令李继捧缌麻以上亲属皆来宋京师居住，实际上是作人质。李继捧族弟定难军都知蕃落使李继迁在这去留存亡之际，与弟李继冲、亲信张浦共议大计。李继冲欲"乘夏州不备杀诏使，据绥银"。而张浦则提出"走避漠北，安立室家，联络豪右，卷甲重来"的策略。李继迁采纳了他的意见并制定了具体策略。②这次与宋朝抗衡总方针的确定，为后世西夏的立国奠定了基础。宋宝元元年（1038年）西夏正式立国，引起了宋朝统治者的很大震动，宋仁宗征询对西夏之策，很多大臣先后上书答对，当时的名臣富弼、范仲淹、张方平、陈执中、田锡等都向皇帝阐述了系统的看法。当时为了对付西夏，还采纳张方平建议，调整官制，"合枢密之职于中书，以通谋议"③。最高统治者对民族政策的取舍，往往牵涉臣宰的进退，而制定和实行民族政策的成败利钝，在民族问题比较突出的时期，不仅会牵涉大臣的升黜，宰辅的易位，还会影响政权的强弱、存亡，乃至民族间的团结和国家的统一。

在中国历史上，统治阶级十分重视总结前代民族政策的经验，以为龟镜。人们常常把历史置于教科书的地位。中国丰富的史籍中有很多关于民族状况、民族关系、制定民族政策、处理民族问题的记载。像《贞观政要》这种记录唐太宗和大臣们问对的政书中，也包括了民族政策问题。记录和总结历史上民族政策的书，至后世日益增多。历代统治者在讨论和决策当时的民族政策时，往往引证前代故事，或参酌以前的经验拟定时策，或比照前朝的教训避免失误，以此来加强自己的论据，阐发自己的论点。

真正全面、系统、客观地研究历史上的民族政策还是1949年以后的事，特别是十一届三中全会以来，包括历史上民族政策在内的民族历史研究，走上了正常发展的道路。以马克思主义的历史唯物主义和各民族一律平等的民族观作为指导，站在全国各族人民共同利益的基础上来研究历史上的民族问题和民族政策，这和过去统治阶级站在狭隘的、剥削阶级的立场上总结民族政策是根本不同的。四十年来我国已经培养出一批民族历史专家和优秀的民族理论干部。各民族专家、学者共同研讨历史上的民族政策，各展所长、推敲利弊、审视得失、切磋经验，这是历史上任何时代都不可能有的有利条件。它不仅在学术上有集思广益、共同提高的优势，还可以避免旧社会遗留下来的民族主义思想的影响。我们现在有条件开展有计划、有组织、有领导的重大课题研究，可以全面系统地进行深入研究，可以实行各部门、各地区的合作、协作或专家们的集体研究。这和过去历史上个人的、分散的、应时的、即兴的研究有着完全不同的形势，当然也就有明显不同的结果。这几年由于国家有关部门的重视和提倡，在这方面取得的成绩十分显著，是一种很好的证明。

对我国历史上民族政策的研究，范围应该是比较宽的。中国历史上的民族政策包括了历代中原王朝对所辖境内民族的政策、中原王朝对中国范围内未被纳入势力范围的民族或与之同时并立的民族王朝的政策，各少数民族王朝或政权对中原王朝和其他王朝、政权的政策，各少数民族王朝或政权对所辖境内民族的政策。还可以从不同的角度、不同的层面研究历史上的民族政策，比如全国性的民族政策和地区性的民族政策；某一历史时期、某一朝代、某一人物当政时期或某一历史事件的民族政策；总体的、综合性的民族政策和具体的政治、经济、军事、文化、宗教等方面的民族政策；历史上各种不同方式的民族政策，如羁縻、招抚、镇压、同化、等级压迫、土司制度、改土归

①《旧唐书》卷194《突厥传》（上）。
②［清］吴广成：《西夏书事》卷3。
③《宋史》卷313《富弼传》，卷314《范仲淹传》，卷318《张方平传》，卷285《陈执中传》，卷293《田锡传》。

流、和亲、联姻、屯垦等。此外，历史上民族政策的发展演变和管理民族事务的机构，也是历史上民族政策研究的重要方面。各不同历史时期、不同朝代，以及同一朝代不同时期民族政策的对比研究，也应是我们研究的重点。总之，对历史上的民族政策可拓宽领域多方位地展开，较全面地反映中国历史上十分复杂的民族问题和民族政策的实际，使研究工作钩深致远，取得为社会所需要的科研成果。

近几年来，在中国民族史研究蓬勃发展的同时，作为民族史研究的一个重要方面，历史上的民族政策研究已经引起一些专家学者的高度重视。中国社会科学院民族研究所历史室已经把中国历史上的民族政策问题列为重要研究课题。国家民委民族问题研究中心也将其列为研究课题之一，由民族研究所承担，去年已完成研究报告。1988年，在昆明召开的中国民族史学会第二次学术讨论会上，以此作为研究中心议题之一，专家们提交大会的有关论文有30余篇。三年来报刊上登载研讨历史上民族政策的论文大幅度增长。在中国民族史学坛上，已经形成了注重研究历史上的民族政策，认真分析总结历史上的经验教训，自觉为现实社会需要服务的良好态势。

二

纵观历史上的民族政策，纷繁复杂，纵横交织，内涵深邃。近些年来，不少专家学者在总结历史上民族政策的经验方面做了大量工作。

中国作为民族众多，地域辽阔的文明古国，各民族的团结、国家的统一已成为历史发展的大势。团结统一是各族人民共同的生命线。这一趋势随着历史的延伸而日益加强，至近现代尤为突出。各民族生活、繁衍在中国这个地势西高东低，东临大海的自然环境中，政治、经济、文化交往日益加强，逐渐形成了你中有我，我中有你，谁也离不开谁的情势。维护团结统一符合各族人民的共同利益，已成为各族人民共同的行为准则。历史上的统治者，特别是占据中国较大地区，以天子自命、以正统自居的统治者，其中包括入主中原的少数民族统治者，都把统一看成是国家盛衰荣辱的大事。尽管他们考虑问题的角度是本阶级的利益，如从扩大统治地域，增加剥削对象或满足扩大统治范围的自尊心等方面出发的，但只要他们的言行是维护中国统一和民族团结，就客观上就符合了整个中华民族的利益。统治者往往以维系各族，统一海内相号召，来加强自己的中心地位，提高威望。比如从汉击匈奴、通西域，唐降突厥、和吐蕃，元时期统一西辽、西夏、金、大理、宋、吐蕃等王朝政权，统一海内，到清朝平定三藩，削除蒙藏割据势力，遏止沙俄侵略东北等一系列措施，都起到了维系和加强祖国统一的历史作用。有作为的统治者对制造分裂，破坏统一，特别是勾连外国侵略势力的分子，态度鲜明，从不手软，只要力所能及，一定严惩不贷。而那种为了自身的地位、利益制造民族不和，出卖民族利益，勾结投靠国外势力的人则会不得人心，最后陷于孤立，下场可耻，成为千古罪人。当然，有的统治者在统一和平叛过程中，不分青红皂白，大肆杀戮，造成新的民族矛盾与纠纷，这也是历史上民族政策的一种创巨痛深的教训。

中国各民族的发展具有明显的不平衡性。由于历史渊源、自然条件、社会发展环境、发展轨迹和速度的差异，在同一时期各民族往往处于不同的社会发展阶段或处在同一社会发展阶段的不同层次上。因此，统治者往往制定不同的民族政策，采取不同的措施，以适应不同民族的政治制度、经济结构和文化、心理传统。如唐朝对于吐蕃采取甥舅联姻会盟的和蕃政策，开创了唐蕃关系密切的新局面。而对西北、西南的民族地区则设置羁縻府州。"以其首领为都督、刺史，皆得世袭。虽贡赋版籍，多不上户部，然声教所暨，皆边州都督、都护所领，著于令式"①。对羁縻府州的特殊政

_____
①《新唐书》卷43《地理志》（七）（下）。

治、经济措施，收到了一定的效果。又如辽朝实行"因俗而治"的政策，"以国制治契丹，以汉制待汉人。国制简朴，汉制则沿名之风固存也"。设置南面官、北面官两重体制。"北面治宫帐、部族、属国之政，南面治汉人州县租赋、军马之事"①。就是对原东北地区较早归附的各族也有不同政策。如征服了东、西二部奚族后，采取"扶其帐部，拟于国族"的政策，因奚与契丹族相近，故对待其部族政策与契丹部族相近。而渤海被辽征服后，则因其经济文化发展水平高于契丹，且有较强的民族意识，又采取特殊政策，将渤海改为东丹国，存其国家，保留一部分政治、经济、外交权利，由契丹人任东丹国王，四相及百官由渤海人和契丹人参半任职。②这种依据不同的实际情况而制定的民族政策，常被有见识的政治家所采纳，因为它比较符合实际情况而能收到良好的效果。也有的统治者不能审时度势，因势利导，而是采取强求一致，乃至动辄使用武力，强迫同化的办法，结果往往引起动荡和对抗。如唐代对乌蛮建立的南诏原采取羁縻友好方针，关系融洽，后采取军事进攻政策，致使南诏联合吐蕃，与唐分庭抗礼。宋太宗时改变羁縻政策，收取党项族统治了近200年的五州之地，致使李继迁率众抗宋，其后代建立西夏，前后与宋对立200余年。清代初期在京一带实行圈地，引起了强烈反抗，后不得不终止。当时所行强迫剃发措施，也激起了汉族的长期反抗。总之，根据不同民族、地区的实际情况，照顾当地民族的切身利益，尊重其风俗习惯，是实行成功的民族政策的重要经验。

一般来说，一个时代有一个时代的民族政策，不可能有超出这个时代的民族政策。民族政策受着时代、阶级的局限。从这个角度上说，民族政策有时代的规定性。另一方面，民族政策还受着制定和执行民族政策统治者的主观认识的巨大影响，比如统治者对民族地区实际情况的了解，对自己力量的估计，以及对民族问题重要性的认识，甚至决策人的才智、好恶，对突发性问题处理的应变能力等。在这方面决策人的主观能动性和预见性可以得到充分的发挥。因此民族政策有优劣之别，有成败之分，有比较适宜的民族政策，有错误的民族政策。比如唐朝和清朝前期，统治者很注重民族问题，有远见卓识。唐太宗曾提出："自古皆贵中华，贱夷狄，朕独爱之如一。"③由于历史的局限，他的上述言论和他的认识、实际行动不可能完全一致，但他这种提法，对当时民族政策的制定具有很大影响。他能统摄全局，善于把握时机，措置得当，实行了比较积极、稳妥的民族政策，客观上起到维护国家统一，保持社会稳定和发展，使各民族之间关系趋向缓和的作用。他自己也成为各族的共主，被尊为"天可汗"。又比如王莽称帝时，想加强自己的统治，将四夷称王者皆更为侯，把匈奴单于改为"降奴服于"或"恭奴善于"，换缴印绶，改"玺"为"章"。王莽心余力绌，好大喜功，实行了一系列民族歧视、压迫和武力征服的错误政策，致使西域匈奴、西南夷、西羌各民族起来反抗，天下骚动，促使王莽政权加速灭亡。④蒙古兴起于漠北后，在统一中国的过程中，对一些民族的上层采用笼络、重用的办法，特别是对西藏地区更是实行照顾民族宗教传统，拉拢宗教上层的灵活做法，收到良好的效果。另一方面又对很多民族实行高压政策，甚至对反抗蒙古军的地区进行屠杀。而在统一中国后，尽管也实行了一些有益的民族政策，但人为地把各民族分为蒙古、色目、汉人、南人四等，赤裸裸地实行民族歧视和民族压迫政策，结果使民族矛盾激化，导致中原地区反抗活动连续不断。蒙古族统治者曾以强大的军事力量展现出其赫赫战功，而元朝在中国历史上也只是个短命的王朝。显然，元朝的民族等级压迫制度是其国祚不永的一个重要原因。

当一种民族政策比较适宜，实践也证明行之有效时，当政者要保持政策的持续和连贯，使各民

①《辽史》卷45《百官志》（一）。
②《辽了》卷72《义宗倍传》。
③《资治通鉴》卷198。
④《汉书》卷99《王莽传》。

族地区长期安定、发展，增强其信任感和向心力，切不可以局部的情势变化影响到全局政策的大起大落，也不可以一时的小利小害废长远政策而改弦更张。也就是说，民族政策应保持长期的稳定性。另一方面，社会在不断前进，全国和各民族地区的政治、经济形势也会发生变化，原来适宜的民族政策应随着形势的发展变化而做出调整，原来不适宜的民族政策经过实践的检验也需要加以改变，特别是遇到偶然、突发的事变，还要有很强的应变能力和灵活技巧。也就是说，要注意到民族政策的可变性。稳定性和可变性的掌握要适度、适时，绝不可掉以轻心，否则会引起重大失误。元世祖忽必烈在进行征战、治理国家、继承汗位的过程中，网罗了一批各民族有才能的上层人士，其中包括汉族的文人和地方武装集团首领。元世祖中统三年（1262年）降附于蒙古的山东军阀李璮，乘忽必烈与阿里不哥作战之机，起兵反抗，旋被攻灭。李璮之乱只限益都、济南一隅，且时间短暂，但此事在很大程度上影响、改变了忽必烈的民族政策。忽必烈由此对给了他很大支持的汉人幕僚集团和有实力的地方武装集团产生疑虑，渐渐不信任、疏远，有的被贬黜、杀戮，有的被削去兵权，同时他也提高了色目人的地位。这样引起统治集团中蒙古人、汉人、色目人之间的重重矛盾，长期纷争不已，内乱不时发生，甚至此事对元朝民族等级压迫制度的形成也不无影响。[①]

在民族政策中，如何对待民族领袖和民族上层人士是一个至关重要的问题。民族领袖和上层人士在一个民族地区的政权建立、社会生活，以及宗教、文化生活中都有着传统的影响，起着举足轻重的作用，在很多方面是他人难以替代的。这里不仅包括如何对少数民族上层人士，也包括少数民族为主体的政权如何对待汉族的上层人士。羁縻政策的一个基本内容就是任用少数民族领袖、上层对当地进行管理。唐朝建立羁縻之州八百，其数目超过了当时正州数目的两倍有余。各羁縻府州皆擢拔当地民族领袖任都督、刺史，并准世袭。可见当时民族上层受唐王朝委任之众。宋太祖和太宗初期对党项族首领承认其实际地位，加官晋爵，进而封王赐号，保持了中央和地方的关系，使党项族内部也增强了向心力；后改弦易辙，终酿成大乱。蒙古族重用西夏降将出力灭亡西夏，并使之从征金、宋之地，起了很大作用。元朝还用西夏人经理原西夏都城中兴府，使西夏降将世守肃州（今甘肃酒泉）直至元末，在一定程度上起到了安定一方的作用。清朝统治者为了使蒙古族、藏族地区稳定，与蒙古族上层世代通婚，对其族领袖恩宠有加。最典型的是在清初第二个政治中心承德避暑山庄先后建外八庙，以笼络接待少数民族领袖。如仿西藏三摩耶庙建普宁寺，以宴请和分封厄鲁特四部上层；仿伊犁固尔札庙而建安远庙，以为满足迁居热河的达什达瓦部的宗教信仰；建普乐寺以供哈萨克族、布鲁特族上层人物觐见；仿照布达拉宫建普陀宗乘之庙以接待蒙古上层；仿日喀则的札什伦布寺建须弥福寿之庙，以接待西藏班禅六世前来承德。康熙、乾隆两朝为笼络蒙古族、藏族上层的良苦用心由此可见。民族领袖和民族上层在民族地区有实际的影响和相当的代表性，由他们来参与或领导民族地区的管理，能收到事半功倍的效果。

中国是一个多宗教的国家，除本土产生的各种宗教外，还有从国外输入的佛教、基督教、伊斯兰教。作为一个多民族的国家，中国社会对各种不同的宗教文化有很大的吸附性和包容性。历史上的宗教政策往往和民族政策交织在一起，为统治者所重视。在解决民族问题时能掌握得当的宗教政策往往会收到良好的效果，否则就可能因为复杂而敏感的宗教问题而牵涉民族问题，甚至影响到全局。在蒙古统一中国的过程中，宗王阔端镇守凉州，曾于13世纪中叶遣使至吐蕃，召请藏传佛教萨迦派首领萨迦班智达到凉州。会见时萨迦班智达表示归顺蒙古，双方议定了归附条件。萨迦班智达致书吐蕃僧俗首领，利用宗教首领的影响，劝说归附蒙古，确立了蒙古对吐蕃的统治。此举为西藏归入元朝作出了重要贡献。后元世祖忽必烈又尊崇萨迦派新法王八思巴，八思巴也表示效忠元

---

①《元史》卷4、卷5《世祖纪》，卷206《李璮传》。

朝。后忽必烈封八思巴为国师，任中原法王，统天下释教，并管理吐蕃僧俗政务，后升号为帝师。元朝通过对吐蕃地区宗教领袖的任用，以及建立中央和地方机构等宗教政策，加强了对吐蕃的统治。16世纪中叶卫拉特蒙古和硕特部首领固始汗进据青海后，为了进一步统治西藏，亲至拉萨会见达赖五世和班禅四世，后在西藏宗教领袖支持下兴兵入藏，掌握了西藏地方政权，当时对稳定西藏地方与密切西藏与清朝的关系起了一定的作用。清初康乾之世对多种宗教，特别是对藏传佛教的尊崇，对宗教领袖的礼遇，以及前述在承德避暑山庄修建的不同民族、宗教风格的寺庙，都表明了当时为解决民族问题所实行的有效的宗教政策。历史上的统治者往往利用宗教作为麻痹人民斗争意志的工具，而被压迫者由于传统信仰的束缚和历史条件的限制，也常在宗教的幻想世界中求得精神上的慰藉，有时又以宗教形式进行反抗。作为一种社会意识形态，宗教具有历史发展的长期性和信仰的群众性。至今不同类型的宗教在不同的民族地区仍然有着强大的影响。在民族政策中，宗教问题是否处理得当不仅直接关系到精神文明建设，甚至也会影响到经济的发展和社会的稳定。

在制定民族政策时应充分注意到各民族不同的民族心理素质。民族心理素质是一个民族社会经济、历史传统、生活方式，以及地理环境的特点在民族精神面貌上的反映，具有很强的稳定性。过去实行的因俗而治、羁縻统治等都在一定程度上适应了当地的民族心理。民族领袖人物管理本民族的事务或处理重要问题及解决民族纠纷等，容易得到本民族心理上的认同。过去封建统治者对其他民族名称使用侮称、蔑称，引起了其他民族人民的极大反感，加剧了民族矛盾，[1]如西夏在翻译汉文典籍时遇到用"夷""胡"称呼时，往往把"夷"译为"小国"或"小姓"，把"胡"字译成"回鹘"[2]。这徒然增加民族矛盾，于社会的稳定、民族的团结都十分不利，应引为鉴戒。民族心理素质涉及方面较广，各民族又有不同的特点，对待这一问题应揆情度理、细致谨慎，处理不好会使民族间心存芥蒂，产生民族隔阂。

中国历史上民族政策的经验教训异常丰富，只要我们站在历史的高度，以科学的态度不断求索，条分缕析、深思熟虑、认真总结，就能加深我们的认识，提炼出古代智慧的结晶，总结出可资借鉴的经验。

三

既然研究历史上的民族政策十分重要，可以从中取得很多有益的知识和经验教训，起到垂训和借鉴的作用，我们就应该高度重视这件工作，认认真真做出成效。那么，怎样研究历史上的民族政策？在这个工作中应注意什么问题？便成了我们民族史学界共同关心的问题。

首先，以什么样的指导思想，以什么观点来研究历史上的民族政策，这是最为紧要的。诚然，我们大家都同意以马列主义的历史唯物主义为指导思想，以民族平等的观点来研究中国民族史和历史上的民族政策，而且这种指导思想、观点已经在我们的研究实践中占据了主导地位。但是，我们也应该看到，几千年来剥削阶级民族歧视、民族压迫所造成的不正确的民族主义影响，还是十分顽固的。比如大民族主义不仅在社会上而且在史学界也还时有表现，"内中华、外夷狄""中华正统、夷狄窃踞"的观点尽管没有公开的市场，但其流毒影响还不能说已经绝迹。如不能站在历史的高度，以各民族的发展、团结、凝聚为出发点，而是站在狭隘的大汉族主义立场上，对有利于汉族或汉族所建王朝的政策就津津乐道，视其为正确；对于不利于汉族所建王朝的政策则贬斥批评，视其为错误，就难以得出科学的结论，下的功夫再大也徒劳无益。这方面有些问题还值得进一步探讨。

---

①《晋书》卷104《石勒载记》（上）。
②史金波、黄振华、聂鸿音：《西夏文本〈类林〉译文试析》，《固原师专学报》1992年第2期。

比如4世纪后半期，东晋与氐族所建前秦并立，东晋占据江南，前秦则统辖中原、北方和西域，其地域几乎是东晋的四倍。我们应该怎样看待当时的中国形势，是否一定要把东晋看成是中国的中央王朝？当时前秦的皇帝苻坚说："吾统承大业垂二十载，芟夷通秽，四方略定，惟东南一隅未宾王化。吾每思天下不一，未尝不临食辍哺。"①可见他是以辖地广大、统一天下为己任的正统自居，把东晋视为偏安一隅的小国。从当时总的形势看，似乎不无道理。当然淝水一战，形势骤变，则应另当别论了。对于辽、宋、西夏、金时期中国的形势分析，也应该以民族平等的观点给予实事求是的分析。北宋几次伐辽，均告失败，自澶渊之盟后，宋辽成为兄弟之国。南宋与金对峙，一般南宋处于守势，绍兴和议后，南宋向金称臣。在这一时期，西夏势力较弱，但能在与辽、宋、金角逐中自立自保，成为鼎足之一方。因此，抛开大民族主义的影响，很难把宋朝视为左右中国形势的中央王朝。现在还有人认为西夏"从北宋王朝分裂出去，背离中华民族大家庭"，把西夏排除出中华民族之外，把宋朝和中华民族画上等号。用这种态度来分析历史上的民族问题，研究历史上的民族政策，只能导致认识上的混乱。同时我们对地方民族主义、民族分裂主义的思想影响也应引起注意。对复杂的历史事件和历史人物的评论不能简单化，应通过认真地研究，做出经得起历史检验的客观评估。在研究历史上的民族政策时，特别是在评价历史事件和人物时，不能把凡是反抗汉族中原王朝的人和事都认为是"起义"，是"反对民族压迫"。因为其中有的明显是破坏民族团结、挑起民族纠纷、妨碍本民族进步发展，甚至是投敌叛国的性质。总之，我们要坚持以民族平等的观点研究历史上的民族政策，才能廓清历史事实，并在此基础上进行总结。

民族政策错综变化，我们既要注意研究其总体发展变化大势，又要注意各个不同的历史时期的变化和特点。不仅各朝代有不同的民族政策，就是同一朝代的前后期，甚至某一人当政时期也会出现民族政策明显变化的情况。如西汉二百年间民族政策就曾发生了多次变化。初期，始定离乱，举步维艰，北有匈奴，南有南越，皆很强大，当时需要恢复和稳定，因此采取了"安内和外"的政策，以赢得时间，巩固统治。至汉武帝时，经过文景之治，海内殷富，国力强大，实行了对四方民族武力征讨的政策，武帝以后又基本上实行以和为主的政策。至王莽主政，则对各民族采取高压政策。武帝一朝的民族政策也有先后的不同。开始对匈奴作战尚具防御性质，后来才是征服性质，至武帝晚年，由于长达四十年的征战使国困民穷，又不得不实行休养政策。分析历史上各王朝统治者民族政策的变化可分为不同的类别。在农民起义的基础上建立的王朝，开始时多用休养生息的办法，对待各民族也相应地采取和缓、安抚政策。而当统治力量强大以后，则往往采取武力统一的方针，如汉、唐皆是。明朝由于取代蒙古族统治的元朝，而对北逃的元顺帝所建北元则视为元朝残余势力欲削弱，从一开始即进行了征讨战争。少数民族建立的王朝，往往一开始不太了解中原地区政治经济特点，也没有认识到适宜的民族对政策巩固统治的重要性，因此常用治理本民族的方法治理汉族地区，以露骨的民族歧视、民族压迫和划分民族等级的政策进行强化统治。当统治者认识到这一政策的失误后，则会有所改变，而采取缓和民族矛盾的政策，如辽、金、元、清等皆是。由此可见，统治者制定民族政策，往往有一个认识过程。研究民族政策的发展变化和认识过程，对总结民族政策的经验教训，也是很有益的。

在研究历史上的民族政策时，要全面地看问题，要多侧面、多角度地观察分析。对统治者的政策和政策指导思想，不能仅凭史籍所载的言论，还要看当时政策的实施情况和实际效果。史书的记载固然重要，这是我们借以分析问题的依据，但要注意将记载中统治者的言、行比较，有时有不一致的情况，有时有溢美的成分。如唐太宗曾以唐高祖称臣于突厥倍感痛心，但因雪耻时机未到，又

---

①《晋书》卷114《苻坚载记》（下）。

亲自与突厥颉利可汗和盟，结为秦晋之好，随后又与背叛突厥的薛延陀、回纥、拔曳固等铁勒诸部联合，挟制突厥。贞观元年（627年）时逢突厥大雪，羊马皆死。唐朝一些大臣建议唐太宗乘机讨灭突厥。唐太宗说："匹夫一言，尚须存信，何况天下主乎！岂有亲与之和，利其灾祸而乘危迫险以灭之耶？诸公为可，朕不为也。纵突厥部落叛尽，六畜皆死，朕终示以信，不妄讨之；待其无礼，方擒取耳。"[1]但时过两年即发大军征讨，贞观四年擒颉利，灭其国家。唐太宗讨灭突厥是其既定之策，上述信誓旦旦的话或是说给大臣们听的，或是故布疑阵。"待其无礼，方擒取耳"已为后来攻讨突厥埋下了伏笔。后来太宗对被擒的颉利可汗说："论尔之罪状，诚为不小，但自渭水曾面为盟，从此以来，未有深犯。"[2]唐太宗认为颉利之罪状主要是和盟以前，和盟以后并无大过。可见唐太宗上述的言论和他所行政策差别很大。他所行的民族政策还是以大民族主义为基础的。但我们不能因此否定他在处理民族问题上的远见卓识和诸多建树。又如明代，也实行"因俗而治"的政策，完善土司制度，部分地区实行改土归流，在藏族地区利用各种教派，在贵州安抚水西罗罗都收到了好的效果，但它对少数民族的歧视和压迫还是显而易见的，《大明律》中就规定了少数民族不能"自相嫁娶"[3]，这是民族强迫同化的典型。因此尽管明太祖说过"番人即吾人"[4]的话，也还不能说他是实行民族平等，反对民族歧视的。此类情况历史上很多，不能不察。在分析一个时期的民族政策时，可以做多方面的观察和探讨，开阔视野，拓展思路，既要分清主次，又不要以偏概全。比如我们都知道元朝实行了民族等级压迫制度，使阶级矛盾、民族矛盾都十分尖锐。另一方面也应该看到，元朝的一些统治者在笼络其他民族上层、照顾民族感情方面也采取了不少措施，其中既包括很多属于色目人的上层，也包括不少汉族的上层。这些上层人物在元朝统一中国的军事战争中和在其后治理国家、地方的政务活动中，甚至在元末镇压农民起义军的过程中，替元朝出力、卖命、守节，尽力维护元朝的统治。元朝还在北京西北郊区通往上京的居庸关口上，雕刻了居庸关云台门洞内的六体文字石刻，其中有汉文、梵文、藏文、回鹘文、西夏文、八思巴文。这也是当时元朝民族政策的一种实际反映。

　　研究历史的目的是寻求历史发展的客观规律，以服务于当今，科学地指导未来。对一朝一代，一人一事，一族一地的民族政策进行研究，固然能有助于总结经验，探讨规律。然而还应注重和加强另一层次的研究，即总体的、宏观的民族政策研究，这种工作需要在前一层次研究的基础上，做较深入的综合分析和理论概括，要抽象总结出更有条理的经验教训。这种研究对提炼规律性的认识显得更为重要。只有更多的专家在这方面作出新的贡献，才能使历史上民族政策的研究升华到一个新的高度。今后应加强这方面的工作，制定计划，设置课题，培养人才，使之成为民族研究工作的一个重点，使科研工作更好地为社会现实服务。

　　对比研究能使各研究对象的特点更加突出，便于揭示其本质特征，在对比中得出新的认识。因此应该开展各民族政权之间、各不同时期、各统治集团之间、不同人物之间有关民族政策的对比研究。我们可以看到，以汉族为主体建立的王朝多尊崇汉族文化，推行儒学，并以此"教化"少数民族；而以少数民族为主体的王朝则在强调本民族文化的同时，也接受汉族文化和其他少数民族文化。两种或两种以上的民族文字合璧的文物、文献多出于这些王朝。如吐蕃王朝藏文、汉文合璧的唐蕃会盟碑，辽代的契丹文、汉文对照的墓志，西夏时期的西夏文和汉文合璧的凉州感通塔碑，金代的女真文、汉文合璧的大金得胜陀颂碑，元代的居庸关和敦煌的六体文字石刻，以及多种八思巴

①《旧唐书》卷194《突厥传》（上）。
②《旧唐书》卷194《突厥传》（上）。
③《大明律户律》，见《玄览堂丛书》三集。
④《明史》卷330《西域传》（二）。

文和汉文合璧碑文等。由此我们可考虑实行怎样的民族文化政策，才能充分发扬包括汉族和各少数民族在内的中华民族的优秀文化传统，使各民族加强团结，促进文化交流，共同繁荣进步。明清两朝四夷馆、四译馆的设置，多种语言、文字对照的《华夷译语》《五体清文鉴》，以及多种民族文字碑文和翻译著作的问世，说明随着时代的变迁，国内各民族政治、经济、文化交往的增多，统治者的语言、文字政策也做了某些调整。这种民族文化政策的改变，反映了中华民族各民族之间政治、经济、文化交往加强的总趋势。从明清至现在，在反对封建统治者、抵抗外国的侵略、进行革命和社会主义建设过程中，各民族之间的团结日益加强，交往日益增加，少数民族的自信心和参与意识有很大提高，各民族的凝聚力显著增强，形成了谁也离不开谁的新局面，出现了平等、团结、互助的社会主义新型民族关系。我们的民族政策，包括民族文化政策在内应符合这种发展趋势，适应新的局面。把中国的情况和外国相比较，也能受到很多启发。现在很多多民族国家，甚至民族种类较单纯的国家都建有民族博物馆，而我们中国这样一个有悠久历史的多民族国家，在首都北京尚没有一个民族博物馆。建设一个国家民族博物馆对展示各民族的优秀文化，弘扬中华民族文化传统，增强各民族之间的团结，促进民族学科的研究和国际的学术交流是完全必要的，从一个多民族的大国地位来看，也是必需的。在进行对比研究时，一方面要总结、吸取经验教训，为提高民族工作的科学性服务；另一方面又不能做硬性的、不恰当的比附。因为不同的民族、不同的地区、不同的时期都有各自不同的特点。我们进行民族政策的对比研究，能增加知识，深化认识，充实经验，提高分析问题、解决问题，以及处理临时应变的能力，而不是照搬照抄。

总之，以马克思主义历史唯物主义为指导，探讨、总结历史上民族政策的成败得失，指出民族歧视和民族压迫对各民族发展的危害，不仅是开展马克思主义民族观宣传教育的一个组成部分，还能为社会主义初级阶段民族政策的贯彻和不断完善，为巩固和发展平等、团结、互助、和谐的社会主义民族关系作出新的贡献。

（原载《中国民族史学会第三次学术讨论会论文集》，改革出版社，1991年10月）

西藏现代化和西藏人权问题

一、西藏实现现代化是历史发展的必然

和平与发展是当代世界的两大主题。随着科学技术的进步，人类社会以过去任何历史时期都不能比拟的速度向前发展着。各个国家、各个民族都在努力寻求自己迅速发展的最佳途径。现代化已经成为世界性潮流。

中国作为发展中国家，在科学技术水平、人民生活水平方面，与发达国家相比都存在着很大的差距。中国共产党的十一届三中全会明确提出以经济建设为中心，尽快全面实现现代化，这既符合中国各族人民的共同意愿，又顺应世界历史发展的大潮，受到举国一致的拥护和支持，也得到国际上有识之士的赞赏。

作为中国一部分的西藏，由于特殊自然条件的限制，尤其是民主改革前长期存在的封建农奴制度，使西藏处于落后、封闭状态，生产力水平、人民生活水平都十分低下。西藏和平解放以后，特别是1959年实行民主改革以后，政治、经济、文化各方面都有了很大发展。但是西藏毕竟基础差、底子薄，尽管国家已经给了西藏以其他地方所没有的特殊照顾，西藏的发展与全国其他地区相比差距仍然十分明显。世界发展的历史潮流，中国经济建设的蓬勃发展，为西藏地区的现代化建设提供了难得的机遇，同时也向西藏人民提出了艰巨的任务。

中国实行各民族一律平等的政策和民族区域自治制度，这为包括藏族人民在内的全国各少数民族的发展提供了极为有利的条件。国家不仅对西藏继续实行多种照顾、优惠政策，而且在如何使这些政策收到更好的效益方面，积累了越来越多的经验。四十多年来，西藏的建设已经有了相当的基础，特别是近十年来发展更快。不少在西藏现代化建设中起重要作用的关键项目，有的已经完成，有的正在加紧建设，有的正在规划当中。更为重要的是，西藏广大干部和群众都明确认识到，依靠中央改革开放的政策，依靠自己的努力和兄弟民族的团结互助，尽快实现西藏的现代化是西藏人民最迫切、最重要的任务。事实上，西藏在现代化建设过程中发生的令人鼓舞的巨大变化，西藏人民生活水平的大幅度提高，使西藏人民从显而易见的事实中也自然地总结出：西藏地区和全国各地一道，尽早实现现代化是历史发展的必然。西藏人民切身体会到，要适时地把握住当前难得的机遇，认真地把西藏的经济建设搞上去，就决不允许以任何借口去干扰和冲击这项中心工作。我们对西藏的一个普通乡村——堆龙德庆县乃琼乡的实地调查和村民问卷统计表明，那里的农民最关心生产的发展和生活水平的提高，他们对政府的政策十分满意，有很高的生产积极性。凡是真正热爱本民族的人、关心本民族命运的人，就一定会关心本民族的经济文化发展。凡是真正关心西藏人民的人，就一定会赞同西藏人民努力把现代化建设搞好。

正当广大西藏人民集中精力、热火朝天地进行社会主义现代化建设之时，西藏分裂主义集团却在国外别有用心人的指使下，处心积虑地妄图制造分裂，策动骚乱。尽管他们把自己打扮得像救世

主一样，仍掩盖不了梦想恢复他们已经失去的"天堂"的用心。他们的所作所为，无论从主观动机上还是从客观效果上，都是在阻碍西藏现代化的进程。西藏分裂主义集团的主要人物在旧社会都是西藏地区实权在握的显要，当时他们最感兴趣的是自己生活的"现代化"，并不去关心占人口95%以上农奴、奴隶的生活、民主和人权。对此，西藏分裂主义集团的代表人物总是支支吾吾，讳莫如深。作为与西藏的进步、发展休戚相关的西藏人民却没有忘记，他们在农奴制度下的悲惨生活。西藏分裂主义集团的头面人物至今仍然在干扰包括西藏在内的中国经济建设。1993年5月，美国总结克林顿在延长中国最惠国待遇时附加了条件，这本来是一项干涉中国内政妨碍中国经济贸易发展的错误决定，分裂主义集团的头目却为此叫好，认为这是"最好、最适当的决定"。这说明他们并不真正欢迎包括西藏在内的中国经济建设事业的发展。

国外的某些反华势力，一方面继承了老牌帝国主义侵略中国、分裂中国，妄图把西藏分裂出去的衣钵，另一方面出于当前特殊的政治目的，加强进行所谓"西藏独立"的活动。他们制造种种谎言，把过去十分落后的西藏描绘成人间天堂、西方乐土，而把现在发展、进步的西藏说得一团漆黑。他们不断变换手法，打起"保护西藏传统文化""保护西藏宗教""保护西藏人权"的旗号，反对西藏发生的一切变化。究其实质，还是妄想把西藏从中国分裂出去，达到他们破坏中国统一、破坏中国社会主义建设的目的。某些外国势力策划西藏独立由来已久，中华人民共和国成立以后这种非法活动从来没有停止过。据1992年7月8日台湾《民众日报》披露，据档案材料证实，自1956年起，曾由美国中央情报局主持，联合某外国当局"协助西藏独立运动"。

西方国家中有些人士奉行一种理论，即一个民族应保留其原来的面貌，反对人为地促进其发展。在当代各民族争先恐后地向现代化社会迈进的时候，这种理论是很不合时宜的，特别是世界上很多发展中国家和地区的民族是难以接受这种理论的。有的学者对西藏的过去和现状缺乏了解，也没有到过西藏，只是听到或看到一些不真实的报道，误以为西藏过去是一个和谐、美满的社会，西藏的发展破坏了原来所谓的传统。其实，世界上各国、各民族都在不断地发生着变化，近现代的变化更大，而西方发达国家由于科技经济的发展，社会变化也十分明显。每一个民族、每一个国家都有自己的发展权，在发展中采取什么形式，走什么样的道路，怎样使自己的传统文化和现代化建设相适应，都是本民族、本国自己的事。事实上，凡是到过西藏地区的人都会发现，现在的西藏一方面以前所未有的速度向现代化迈进，一方面又保留着很浓厚的优秀传统文化，民族的繁荣发展和优秀文化的继承在自然地协调。我们调查的堆龙德庆县乃琼乡的农村，既种植着传统的青稞、小麦等作物，又培育了过去从未种过的各种蔬菜，甚至从国外引进经济作物"南美黎"等；农牧民既以传统的方式过雪顿节、望果节、藏历年，又在家中添置了收音机、录音机、电视机等，丰富着自己的社会文化生活；一方面多数人还信仰着藏传佛教，多数家庭设有经堂，做着各种佛事活动；一方面又发展了现代化的小学、中学乃至于大学教育，大搞科学种田，甚至在一定条件下，对佛教不杀生的信条给以通融，在地里撒药杀虫，目前一些农民有了自己的汽车、拖拉机。我们看到的是一张张幸福、满意的笑脸，一个个和谐的、发展的村庄。

二、西藏现代化与保护西藏人权相一致

人权问题的提出本来是一个社会进步现象，它是针对封建和奴役制度的。尊重和保护人权、尽量完善人权是人类社会发展的重要目的。人权绝不是资产阶级的专利。包括西藏人民在内的中国人民对人权是十分重视的。在旧社会，有帝国主义、封建主义和官僚资本主义三座大山压在中国人民头上，人权没有保障。中华人民共和国成立以后，中国人民的人权状况有了根本改善。随着社会的发展和人类的进步，人权的概念在发展，人权的范围在扩大。而世界上对人权的解释并不一致，

《大英百科全书》在"人权"条下特别说明"并无一个能为所有的人广泛接受的人权定义"。近几十年来，在世界范围内对人权的认识已从个人的权利、政治权利扩及经济、社会和文化权利。发展中国家根据自己的国情，更重视全体人民的生存权和发展权。人权一方面要靠法律来保障，靠政权执行法律去保护，一方面要靠社会的进步和发展来完善。存在着压迫、剥削的地方，自然会经常发生侵犯人权的事，在经济贫困、文化落后的地方也不会有完善的人权。

西藏民主改革前，不足5%的西藏农奴主掌握着西藏的政治、经济、文化特权，而95%的农奴、奴隶被剥夺了多种人权。封建社会的基本特征是等级特权。西藏农奴制还带有奴隶社会人权状况的性质，即非人待遇的合法化。西藏的广大农奴、奴隶都受农奴主的奴役和侵犯，被剥夺了不受奴役、不受侵犯的权利；他们在悲惨的状况下劳动，挨打挨骂是经常的事，他们被剥夺了不受虐待的权利；他们与农奴主没有平等可言，见到农奴主必须低头、弯腰、吐舌，有的还要做农奴主的上马凳，他们被剥夺了不受歧视的权利。旧西藏绝大多数人生活水平低下，医疗卫生条件很差，加之僧侣数量很大，人口逐步减少，使整个民族处于衰败、没落的境地，民族的正常生存和发展受到严重威胁。现在的西藏分裂主义集团，大喊大叫要维护"西藏人权"，西藏人民听了觉得十分滑稽可笑。乃琼乡乡长次仁顿珠过去是一个穷苦的奴隶，他只能和农奴主的驴子住在一起。他说："过去的农奴主从来没有给过我们人权，现在他们又喊'人权'，反正'人权'总在他们手里。"国外的有识之士对此也有客观的评论。1993年6月17日，德国《新德意志报》刊登维尔纳·比尔恩施蒂尔的文章说西藏分裂主义集团的头面人物"却想让人们忘记，这个偏远的高原在他们治理的时候，曾是一个特别落后的封建统治的地区，直到50年代，那里占统治地位的还是奴隶制和农奴制"。维尔纳·比尔恩施蒂尔还一针见血地指出：西藏分裂主义集团宣扬"给所有西藏人自由"，实际上不过是虚构而已。

新中国是人民当家作主的国家，政府的主旨是为人民服务，是致力于改善人权的。旧西藏是人权保障最差的地区之一，解放以后，特别是民主改革后，西藏是人权改善最明显的地区。西藏的经济有了令世人瞩目的发展变化。西藏的农业生产从过去二牛抬杠式耕田，有的地方甚至还是刀耕火种的种田方式，现在已发展到有相当一部分地区使用机器，经营讲求科学种田，普遍使用良种、化肥和农药，粮食由民主改革前每年产15万吨，到1992年已达到65.5万吨，是原来年产量的四倍多。工业生产更是从无到有，很多关系到国计民生的工厂、企业在国家扶持下发挥着越来越重要的作用。1992年工业总产值比上年增长8.2%，创造了历史上最高水平。40多年来，中国政府对西藏地方的财政拨款和基本建设投资达180亿元。西藏人民住房条件也得到很大改善，拉萨市有三分之一的人迁入新居，仅藏式住宅楼就兴建了20万平方米。总之，由于西藏地区在现代化进程中经济长足发展，使广大群众在衣、食、住、行各方面都得到了很大的改善。以我们实地调查过的堆龙德庆县乃琼乡为例，那里人民的生活与旧社会相比，发生了翻天覆地的变化。我们访问了村民才且央吉（女），她父亲在旧社会是差巴（农奴的一种），过着缺吃少穿的贫困生活，在民主改革前的1956年，调查组曾调查过她的父亲，记录了他家的真实情况。36年以后调查组又到她家做客。他们住上了四大间宽敞的新房，有半仓房粮食。居室内陈设整齐，传统的佛龛和现代化的电视机等有序地摆放在四个精制、考究的描花漆柜上。靠墙放着三个藏式坐垫，上面铺着柔软、舒适的深色花织羊毛卡垫，上面放着闪亮的锦缎被子。她家承包着7亩地，粮食产量每亩七八百斤，他们还办起了磨面和轧面房，每年有四五千元的现金收入。他们的生活富足、幸福、愉快。我们从这个村庄和村庄的住户看到了西藏人权状况的根本变化。

每个民族都有保留和发扬本民族优秀文化传统的权利。现在藏族人民保留、丰富了自己的节日、服饰、饮食习惯及其他多种文化习俗。如一年一度的雪顿节比原来更加丰富多彩，藏戏在继承优秀传统的同时也有了新的提高。有些习俗则随着经济的发展而改善，如喝酥油茶是藏族人民的饮食习惯，但过去很多穷人因买不起酥油而喝不起，现在家家户户天天都有酥油茶喝了。有的习俗随着社会的演进而变化，如西藏人民的服饰更加多样化，更加绚丽多彩，但在传统节日还是穿着传统的藏族服饰。

宗教信仰自由是人权的一个重要方面，西藏是一个绝大多数人信仰藏传佛教的地方，宗教信仰自由在这里更显出其重要性。中国政府实行宗教信仰自由政策，西藏各族人民可以自由地信仰宗教，从事各种宗教活动。据我们去年在堆龙德庆县调查，农牧民的宗教信仰得到了满足，信教群众的家中藏式立柜上都供有佛龛，他们按时祈祷、点酥油灯，有时还请喇嘛到家中念经，他们对政府的宗教政策十分满意。现在西藏有1400多座寺庙、经堂，全西藏200多万藏族人口中有近4万僧人，约占总人数的2%。国家拿出大批资金维修寺庙。闻名中外的布达拉宫年久失修，国家一次拨款5000万元进行大规模维修，1994年维修工作全部完成。我们在拉萨拜访了西藏佛教协会副会长策墨林五世活佛，他向我们详细介绍了西藏僧俗信仰宗教的情况、当前管理办法和今后要做的工作，他坦诚地告诉我们：群众和广大僧尼对政府的宗教信仰自由政策是满意的，那种认为"西藏没有宗教信仰自由"的说法是没有根据的。凡到过西藏的人都会感到藏传佛教从多方面影响着藏族人民的生活，西藏保持着浓重的佛教气氛。

人权中很重要的一项是受教育的权利。解放前西藏极少数贵族或僧人能学习藏文，受不同程度的教育。解放以后人民政府很重视西藏的教育，尊重和关心西藏人民受教育的权利，教育事业蓬勃发展。至1992年全区小学在校学生19.2万人，普通中等学校在校人数2.3万人，普通高等学校在校人数2239人。儿童入学率从旧西藏的不足2%上升到62.7%。在我们调查的堆龙德庆县学龄儿童入学率已达到83%，在农区已接近100%。西藏教育事业的发展，大大提高了人民的素质，对促进科技进步和经济发展起了重要作用。

医疗卫生事业对保障人们的生存权和发展权是十分重要的。旧西藏人民生活贫困，缺医少药，有病无法医治，死亡率很高，解放军进藏后对群众实行免费医疗，这一办法长时间实行，收到良好的效果。近些年来藏医也受到重视，得到很好的发展。堆龙德庆县有县医院，还有11个卫生院，89个行政村每村都有1名村医。县医院除西医外还有9名藏医。西藏人口不断增长，摆脱了长期停滞的状态。解放前西藏人口仅有100万，1962年达到130万，1990年增长到219.6万，其中藏族有209.6万，占西藏人口的95.5%，1992年又增长到225万，其中藏族为217万，约占西藏人口的96%。这一统计数字表明，藏族人口发展较快，在西藏地区藏族占绝大多数。西藏人的人均寿命已从20世纪50年代的35岁提高到现在的64岁，严重危害西藏人民健康的各种疾病已得到有效控制。藏族人民的生存权得到了保障。中国由于人口过多，过高的出生率会极大地妨碍中国经济、文化的发展和人民生活水平的提高，所以中国在一般地区实行计划生育政策。中国实行对少数民族促其发展、给以照顾的政策，在计划生育方面根据少数民族实际情况没有像汉族那样的要求。对藏族干部要求不像对汉族干部那样只生一胎，而是可以生两胎；对藏族农牧民则没有严格的要求。据我们在堆龙德庆县农村调查，多数生三胎，有的生到四胎或五胎。当地干部和群众越来越多的人认识到西藏自然条件受到限制，可耕地不多，人口增加太快会影响当地经济发展，并直接影响人民的生活。很多人生了三胎以后，主动采取措施节制生育。美国俄亥俄州克利夫兰大学人类学系主任、西藏研究中心主任梅尔文·C·戈德斯坦教授1985—1988年在西藏进行实地考察后，发表了《中国在西藏自治区实行的节育政策——神话与现实》（原载《亚洲综览》第31卷第3期，1991年3月；译载《民族译丛》1993年第3期），他通过调查得出结论：拉萨市藏族干部和群众一对夫妇可以生育两胎，农牧区计划生育"公开受到赞扬"，"但绝对没有任何用统一的计划生育方式来控制家庭规模的压力"，

"西藏自治区实际上正处在一个人口高出生率阶段，而并不存在一个导致人口下降和威胁藏族人继续生存的所谓强制性严厉控制人口的政策"。西藏人口的发展和人民生活水平的大幅度提高与医疗卫生保健工作的卓越成绩分不开。当然，随着社会的进步，更多的人会认识到西藏的自然资源和环境不能承受太多的人的生存和发展。

很明显，西藏人民从各个方面取得了以前难以得到的人权。西藏地区从乡、县到自治区都有人民选举产生的人民代表大会，而人民代表大会任命的各级政府都在认真、有效地工作着，人民行使着当家作主的权利。然而分裂主义头面人物在1990年12月一次答记者问时却准备"依据活佛转世制度，成为西藏人的领袖"。这无疑是对西藏人权的公然践踏。

值得注意的是，西方一些人总是对所谓"西藏人权问题"指手画脚，制造事端。他们当中一些人以政治商人的手段把西藏作为他们国际斗争的筹码，用教师爷的身份来干涉他国内政；一些人以现代绅士的眼光来欣赏落后的旧西藏，想以此把自己打扮成"人权卫士"；也有一些人是为了掩盖本国的种族问题和民族问题来利用所谓西藏问题的。这些人不是真正关心西藏人权问题，也不关心西藏的现代化问题，并且往往把所谓的"西藏人权问题"与西藏的进步、西藏的现代化对立起来。那些不断发动人权攻势、妄图以人权问题干涉他国内政的国家是否不存在人权问题呢？回答是否定的。

在前不久召开的世界人权大会上，美国前总统卡特明确指出美国就有人权问题。据1992年2月10日美国刑事研究组织发表的报告表明，美国是目前世界上按人口计算监禁犯人最多的国家，平均10万人中就有455人被关押在监狱中，10万男性黑人中就有3370人是犯人。美国的黑人、印第安人大多数生活水平、教育水平低下，在不公正的"公平竞争"情况下，很多人失业。黑人失业率是全国平均失业率的2倍。将近三分之一的黑人生活在贫困线以下，1992年美国洛矶事件后，5月4日奥地利的《萨尔茨堡新闻》发表了一篇文章，认为美国的许多黑人面临灭绝的威胁。美国的印第安人被从原居住地赶到所谓"保护区"去居住，过去他们的祖先被屠杀、被驱赶，现在他们居住地的天空被有钱人买走了航空权，地下的石油也被剥夺了，他们认为失业问题、贫困问题、医疗问题等都是联邦政府造成的。口口声声大喊人权的美国，至今未加入联合国大会1965年通过的《消除一切形式种族歧视国际公约》、1966年通过的《国际人权公约》（即《经济、社会、文化权利公约》）。

可以说世界各国都存在着改善和完善人权问题，贫困、落后的国家和地区固然存在着人权问题，某些发达国家由于贫富悬殊、社会不公正也存在着人权问题，在有些方面还显得十分突出。某些西方国家搞人权外交、利用人权问题干涉他国内政的做法越来越不得人心。1993年3月，在日内瓦举行的联合国人权委员会第49次会议上，决定对美国等西方国家提出的《中国人权状况》决议草案不采取行动，给了蓄意借口人权问题干涉中国内政的人又一次打击。1993年4月召开的世界人权会议亚洲区域筹备会议通过的《曼谷宣言》表示不赞成任何人利用人权作为提供发展援助的条件，强调尊重国家主权和领土完整，不干涉他国内政，以及不利用人权作为施加政治压力的手段等原则，重申国家不论大小，都有权决定他们的政治制度，控制和利用其资源，并自由谋求其经济、社会和文化发展。近期一些不发达国家首脑不断发表谈话，明确表示反对西方一些国家把自己制定的人权标准强加给具有不同经济、文化类型的国家头上。1993年4月，印度总理拉奥在曼谷说"印度在人权问题上不需要外界帮助""我们知道该怎么办""这是我们的权利"。

真正关心人权的人，真正关心中国，包括西藏人权的人，应该到中国来，到中国的西藏来了解实际情况，把包括藏族人民在内的中国人民所关心的现代化和人权问题联系起来进行实事求是的分析，多做一些具体的、有益于完善人权的事。对此，藏族人民和其他各族人民是热情欢迎的。1993

年7月初，澳大利亚国家党领袖蒂姆·费希尔率团访问了中国，其间代表团到西藏进行了考察。8月8日代表团在堪培拉发表了一份声明（新华社堪培拉8月9日英文电），其中写道："访问西藏期间，代表团进行了很多官方和非官方的会晤，察看了很多寺庙和其他设施。代表团到了拉萨以外的一些地方。费希尔先生以代表团团长的身份参观了拉萨的主要监狱。世界上某些组织和政治家经常散布说，中国政府在西藏所作的每一件事都是破坏性的，错误的，残酷的，压制性的。公平地说，必须指出的是，中国政府的某些行动和活动已给普通西藏人带来益处、现代化，并改善了他们的生活方式，但是显然还有很长一段路要走。"声明还说："可以眼见的证据显示，中国政府在西藏的保健、教育和基础设施建设上投入巨资。显然制定有一项明确的旨在提高西藏生活水平的计划。"尽管该代表团对西藏的了解还很不够，声明措辞很审慎，但它毕竟在这一问题上开始了良好的交流，代表团了解到了一些情况，对西藏的人权状况和现代化进程有了新的认识。

三、西藏人权立法与西藏现代化建设

众所周知，旧西藏长期以来在严酷的封建农奴制的统治下，人剥削人、人压迫人的现象普遍存在。统治西藏的三大领主为维护自己的统治，利用旧的成文法《十三法典》《十六法典》和习惯法，依靠手中掌握的司法权和法庭、监狱、军队等保护这个不平等、不公正、人权没有保障的社会制度。法律将人分为三等九级，上层与下层无平等可言，杀人赔偿命价也有高低之分。当时的各级政府都把政府驻地最下层、最阴暗的房子作为监狱，农奴主可以在自己的庄园里设立监狱，甚至大的寺庙也设有监狱，用残酷的刑罚来对付农奴和奴隶，这种践踏人权的状况一直延续到民主改革以前。

西藏和平解放后，中国共产党和中央人民政府为改善西藏人权状况，在没有改变西藏农奴制的情况下做了大量工作，认真贯彻中国宪法中规定的各民族一律平等和民族区域自治政策，筹备成立西藏自治区。在1956年9月全国人大常委会批准的《西藏自治区筹备委员会组织简则》中明确规定："依照法律的规定保护西藏各民族、各阶层僧俗人民的生命财产"，"实行宗教自由，保护喇嘛寺庙及其收入"。同年10月自治区筹委会做出"关于大力培养藏族干部"的决议，使藏族干部能尽快成长，将来更好地参加藏族地区的管理。党和政府十分关心和尊重藏族人民的风俗习惯和宗教信仰。1957年6月西藏工委办公厅和自治区筹委会办公厅发出通知："藏历四月是佛祖释迦牟尼诞生、转法轮、涅的纪念日，故在全月禁止杀生"，并"通知全体工作人员在此间严格禁止杀生"。1959年平息叛乱后，根据广大藏族人民的意愿，进行民主改革，以从根本上改善西藏的人权状况。7月，自治区筹委会通过了"关于进行民主改革的决议"，其中规定："保护宗教信仰自由，保护爱国守法和有历史意义的寺庙和文物古迹"。9月自治区筹委会通过的《关于西藏地区土地制度改革的实施办法》中规定："废除农奴主的土地所有制，实行农民的土地所有制；废除人身依附，解放农奴和奴隶，借以解放生产力，发展生产，逐步改善人民生活，建设民主和社会主义的新西藏。"后来在20世纪60年代和70年代有关部门还做出了发展经济、寺庙管理、森林管理、植树造林、保护野生动物等促进经济发展、保护西藏生态环境的规定。

党的十一届三中全会以后，重视、加强了法制建设，西藏自治区通过并实施了一系列决定、条例、办法等地方性法规，这些法规的实施促进了西藏地方的经济、文化发展，加速了西藏现代化的进程，进一步改善了西藏的人权状况。比如1981年通过了《西藏自治区施行〈中华人民共和国婚姻法〉的变通条例》，1982年公布施行了《西藏自治区森林保护条例》，1983年通过了《西藏自治区实施〈中华人民共和国民事诉讼法（试行）〉的若干变通办法》，1986年通过了《拉萨市环境卫生管理条例》和《拉萨城市绿化管理条例》，1987年通过了《西藏自治区学习、使用和发展藏语的

若干规定（试行）》，1989年制定了《西藏自治区资源税试行办法》，1990年通过了《西藏自治区文物保护管理条例》，1992年批准通过了《西藏自治区（中华人民共和国野生动物保护法）实施办法》，同年还通过了《西藏自治区环境保护条例》。西藏自治区通过并实行的、适合西藏具体情况的法规共计数十项，涉及西藏地区的经济建设、土地使用、税收、资源开发、城镇建设、人民选举、法制建设、森林、野生动物、植物、生态环境保护、藏语文的使用、文物保护管理、宗教信仰自由、婚姻法的变通等方方面面。不难看到，在西方某些人大喊大叫所谓"西藏人权"问题之时，中国共产党、中国政府和西藏自治区党政部门早就为根本改善西藏人权状况脚踏实地做了大量卓有成效的工作，为西藏人民群众的生存和发展提供了越来越优越的条件和法律保证。西藏自治区贯彻执行的全国人大的有关法律、法规，以及自治区人民代表大会通过的地方法规的内容完全符合世界人权宣言和联合国宪章有关人权的阐述。

西藏人民过去缺乏政治权利和个人权利、绝大多数没有自由的农奴听命于少数三大领主的摆布，现在人民成了社会的主人，有了自己民选的立法机关——各级人民代表大会。人代会代表人民行使着立法和监督权利。堆龙德庆县有县级人大代表96人，其中有农民、牧民、干部，也有民主改革前的上层人士和宗教界的人士。在每次县人代会上，代表们都提出几十项提案，大家讨论后提交县政府和法院、检察院，由他们研究处理后答复给代表。1991年县财政超支，县人大召开常委会，向政府提出：要设法调整，1992年政府采取了措施控制经费开支。人民代表发现县内个别地方对森林保护不够，有乱砍滥伐现象，县人代会研究做出保护森林决议，杜绝了这种现象。1993年县政府换届选举时，依据代表们投票的结果两名副县长候选人落选。这充分证明，西藏人民真正成了主人，有了当家作主的权利，并且能根据多数人的意愿选择政府的官员。这种主人翁意识大大调动了西藏人民参与社会主义建设的积极性。由此不仅可以反映出西藏人民的良好人权状况，也说明了西藏的立法和立法机关对西藏社会主义现代化建设的重要关系。

由于中央政府和西藏自治区政府十分重视西藏地区的现代化建设和人民生活，由于中国的宪法和各种法律，以及西藏所制定的各种法规的保障，使西藏人民的人权日臻完善，西藏地区的社会发生着日新月异的可喜变化。西藏人民在实践中深切体会到，只有在中国共产党领导之下，在祖国大家庭中，依靠国家的法律保证，通过自己不懈的努力，加上全国各族人民的帮助，实现西藏的现代化，才能够进一步完善自己的人权。

（原载《民族研究》1995年第4期）

构建和谐社会　关注省区际区域社会经济发展

当前，在全面建设小康社会、落实科学发展观、构建社会主义和谐社会的重要时期，很多专家对国家社会经济区域提出了各自的意见。有专家把我国划分为八个"经济区"，也有专家着眼于"经济带"的划分，有的则强调"城市群"的作用，各有见地。然而还有一些不被注意，但对建设社会主义和谐社会有特别意义的区域，那就是各省（市、自治区）交界区域。这些区域社会经济发展有其共同之点，社会、经济、文化发展滞后，生产力水平低下，群众生产、生活困难很大，值得给予特别关注。

一、省区际区域社会经济的特点

省区交界区域在自然条件、人文环境、社会形态、经济发展等方面往往有共同的特点：

（一）各省（市、自治区）交界地带，山水相连、人口构成相似，除部分东部省区外，多是山区。如湖南、广东、广西交界的岭南地区，广西、贵州交界的九万大山地区，重庆、湖北、湖南、贵州交界的武陵山地区，四川、云南交界的大小凉山地区，江西、湖南交界的罗霄山地区，福建、江西之间的武夷山地区，河北、山西、河南交界的太行山地区，陕西、宁夏、甘肃交界的六盘山地区，四川、陕西、湖北交界的大巴山地区，河南、安徽、湖北交界的大别山地区等，西部的青藏高原和云贵高原省区之间是更多的崇山峻岭。

（二）这些地区很多是社会发展缓慢的少数民族地区，其经济文化发展不仅受到自然条件的限制，还受到社会历史发展遗留的严重制约。其中有如武陵山土家族、苗族地区，大小凉山彝族地区，岭南瑶族、侗族地区，九万大山苗族、侗族、水族地区。这些地区中很多是土地革命时期、抗日战争时期、解放战争时期的根据地，是革命老区，当地人民群众为革命作出过重大贡献，付出了极大的代价和牺牲。

（三）这些省区际边缘地区，生产力发展水平相当。由于自然和历史的原因，经济文化长期处于落后状态。改革开放以来，这些地区经过扶贫开发都有不同程度的发展，但还没有根本改变经济文化滞后的局面，特别是与其他地区相比，差距不断拉大。这些地区基础设施落后，交通条件差，通信不便，电力短缺。当地一般教育落后，学龄儿童入学率低，成人文盲比例高。很多地区人口增长快，人口增长和贫困恶性循环，人民生活水平低下，贫困人口集中，很多属于国家、省区的贫困县，甚至是特困地区。长此以往不仅会影响群众的生产和生活，还会造成长期处于贫困状况的群众出现心理失衡，造成一系列社会和政治问题。

（四）这些地区有特殊的资源。有些山区森林覆盖率较高，有很好的林业和野生植物资源。有的地区山高水深，河流落差大，有丰富的水电资源。有的地区则有丰富的矿物资源。有的地区自然环境优美，生态环境良好，有旅游资源。有的老区保存有革命遗址，是革命圣地，有红色旅游资源。

（五）这些地区由于远离所在省区经济中心，形成经济发展的边缘化现象。省际地区受中心城市的经济辐射力弱，与各自行政省区的经济中心联系不强，往往出现跨省交界处的"三不管"（不愿管、无力管、不好管）现象。

（六）这些一块块自然和人文条件相同的区域，由于受行政管辖的制约和经济利益的驱使，无法与交界省区的相近地区建立良好的经济联系。由于受到行政区划的分隔，制约着统一资源的利用，这些地区往往无法协调发展，甚至为了各自的经济利益相互封锁，人为制造经济发展障碍，形成地方保护主义，严重妨碍着当地经济文化的发展。这既不符合社会化大生产条件下区域产业分工与协作的规律，也违背市场经济条件下市场正常发育的基本要求。

在当前改革开放不断深入、国家实行西部大开发战略的形势下，这些地区的发展不仅关系到该地区整体经济社会的全面发展，而且关系到西部大开发战略目标的实现，还关系到国家发展的全局。尽快促进这些省际边缘地区的社会经济发展，改变当地的落后面貌，是当地群众的迫切要求，是协调城乡、工农、地区关系的重点，是党和政府义不容辞的重要责任。要构建以人为本的社会主义和谐社会，必须高度重视这些边缘化的地区和当地的弱势群体。

二、重视省区际区域社会经济发展

当前区域经济备受关注，无论在世界范围内还是在全国范围内，都引起了各方面的重视。从全国范围看，长三角、京津冀、武汉—长沙—株洲、泛珠三角等区域已成为经济发展的热点，在一个省区中也多注重以省会为中心的若干较大城市，即中心地区的发展。而省区之间的边缘地区，一般投入产出比低，对全省区的GDP的指标影响不大，往往不被重视。实际上，这些地区是真正需要国家关怀、帮助、扶持的地区。只有这样的地区落后面貌改变了，才算改变了整个省区的面貌，只有这些地区的群众富裕起来，才算全面的富裕，这样的地区达到全面建设小康社会指标之日就是全地区达到全面小康社会之时。在建设、开发区域经济时，这些省区之间的不发达地区应作为重点之一。国家及各有关省区应充分重视这些地区的社会经济发展问题。

（一）国家有关部门在考虑发展区域经济时，将这些特殊的、较为落后的地区列入重点，深入调查研究，具体分类指导。必要时建立省区际的协调、协作组织，按照政府引导、市场化运作的方式，协调有关省区制定发展计划，推动这些地区的经济联动和经济力量整合。在改革政府官员政绩考核制度时，应考虑到官员在这些边缘地区的实际政绩。研究部门应设置专项课题，对这些区域进行研究。

（二）有关省区在全面研究、部署本地区发展规划时，应加大力度关注省际边缘地区，关注弱势群体，把这些地区的发展提到重要位置，踏踏实实地为这些地区的社会经济发展和人民的富裕做实事。要打破省界壁垒，突破各自为政的局限性，取消地方保护，主动与相关省区联合，积极制定切实可行的发展规划，认真解决存在的困难和问题，通过市场运作，达到双赢多赢，共生共进的效果。省区之间的区域经济建设是一件复杂、长期的重要综合工程，要坚持科学发展观，既要抓紧规划实施，又要防止急于求成。

（三）在这些地区的经济建设中，特别是在基础建设时，应加大资金和技术的投入，对交通、通信、电力等方面，给投资开发以优惠政策。对涉及多省区的河流、水利资源的利用，要统筹规划，全面考虑上下游的利益。要保护好环境，做到有序地联合开发，全面考虑山上、山下的利益。要逐步改变当地经济结构层次低、增长方式粗放、经济增长质量不高的局面。对这些地区的产业结构不搞小而全，应有所为，有所不为。搞工业要特别慎重，对矿产资源要科学规划，合理开发，防止环境污染。

（四）在这些地区注重发挥特有的环境优势，发展林业及相关产业，发展绿色农牧业，特别是生态农业及其产品加工，逐渐形成特色经济。一些不合时宜的产业，造成污染的行业，要及时关、停，而原来的人员要适时转产。如小凉山大渡河水运局改为大渡河造林局，组织近千赶漂人（负责将被砍伐的原木在河流中运输者）就地沿江造林，建设万亩纯天然有机茶园工程就是成功的一例。而在武陵山地区开采锰矿，不仅未给当地群众带来任何好处，还造成了严重的环境污染。各相关省区可共同协调，交流经验，方便交通，打造特色产业，开拓共同市场，形成规模经济。

（五）在有条件的地区要努力发展红色旅游、自然旅游、文化旅游、民族风情旅游。环境决定旅游的竞争力。在省际开展区域内的联合旅游，打开省区界限，拓展旅游路线，疏导、改善省区间的交通，共同打造旅游环境。避免那种眼界狭小、设置壁垒、不顾大局的地方保护主义。例如2004年开通广州—郴州—炎陵—井冈山的红色旅游专列，经广东、湖南、江西三省，取得了良好的社会经济效益。

（六）在环境建设中更要注意区域的一体化，保证当地的可持续发展。生态环境较好的地区，在开发旅游等项目的同时，要特别注意保护生态环境。有的地区应创造条件，建立自然保护区。在生态环境较差，甚至生态环境恶劣的地区，要加强生态建设，防止生态环境继续恶化。对省区之间环境特别恶劣的特殊地区，例如贵州、广西、广东交界喀斯特地貌严重石漠化地区，应实行退耕还林及有效的水土保持措施，对石山、半石山地区进行综合治理和建设。完全不适宜生存的地区，应做好移民、转产工作，以改善群众的生活，并防止环境的继续恶化。

三、省区际区域社会经济发展与社会思想

要解决省区之间区域的社会经济发展问题，首先应解决思想认识方面的问题，特别是涉及面较宽的社会思想问题。党中央关于建设社会主义和谐社会的理论是一次重大的理论创新，为分析、研究和解决省区之间区域的社会经济发展问题提供了明确的理论和指导方向。

（一）坚持以人为本的思想，重点关怀贫困群众的疾苦。构建社会主义和谐社会，发展生产力，努力提高人民群众的生活水平是我们一切工作的出发点和落脚点。那种中心地区发展起来会自动带动边缘地区的理论，已被实践证明难以行通。我们的工作重点是发展经济，而重中之重是主动、有意识地注重边缘地区、贫困地区和贫困群众，因此应从思想上高度重视，工作上要重点倾斜。为官一任，为官一地，要造福一方，要为边缘和贫困地区雪中送炭。能否真正地发展生产力，能否真正使贫困的群众富裕起来，是检验地方政府和干部的最重要的试金石。不少地方政府和干部把工作重点放到边远地区，放到贫困地区，统筹安排，较快地改变了贫困、边缘地区的落后面貌，得到群众的好评，他们在人民群众中是称职的人民政府和好干部。那种在部分地方和干部当中流行的单纯的为GDP的增长，不顾社会协调发展，不顾群众生活水平改善的做法，都是罔顾群众根本利益的错误思想，是与党和群众的要求相违背的。这种错误思想若在干部中流行，不仅腐蚀了部分干部，同时也腐蚀了我们党的肌体，从根本上损害了群众的根本利益。树立正确的思想，坚持立党为公、执政为民的思想，是解决省区之间区域的社会经济发展的关键。

（二）发扬为群众办实事、朴实无华、艰苦奋斗的思想作风。发展省区际区域社会经济是一件长期的艰巨任务，这就需要地方政府和干部有为人民群众办实事的服务思想。一些关系到边缘地区发展的重要举措，不是一届政府、一任干部所能完成的，要一届一届地持续坚持下去，使贫困地区和贫困群众逐步得到实惠。要坚持实事求是的思想作风，不做表面文章。在部分干部中流行的那种不顾社会经济、文化发展的实际需要和可能，一味追求形象工程、政绩工程，只给中心城市"锦上添花"的做法；那种在经济建设中好大喜功，在上报材料时弄虚作假，不深入基层访贫问苦、不务

实际的做法；那种一味追逐个人名利，混学位、要职称，在不熟悉的学术领域出版书籍、充当主编、写序言（多为他人代笔）、冒充学者的做法，都是忘记党和人民交给自己的主要任务，不关心群众疾苦的个人主义名利思想作怪。这种思想对于党的干部来说是不允许的。干部应通过对共产党员先进性教育，树立正确的政绩观。有关部门要用全面的、实践的、群众的观点看待政府和官员的政绩，大兴求真务实之风，在政绩考核时必须强调，并采取可行措施，使干部关注多数人的利益，尤其是弱势群体的利益。

（三）树立大局观念和协调发展观念。从思想观念上认识到，在全国范围注重协调发达地区与欠发达地区的发展的重要性，对一个省区或几个相关省区应引导和调控好省区际区域发展。要从区域大局出发，以邻为友，不要以邻为壑，应打破省区界壁垒，打破地区行政分割体系，应该改变那种"鸡犬之声相闻，而老死不相往来"的局面。在思想上要突破各自为政的局限性，要避免地方保护主义。要有足够的耐心和灵活的方法进行省区际间方方面面的协调，务实地解决区域统筹发展中面临的各种矛盾和问题，避免各个省区都力求形成"门类齐全"的独立体系，将区域之间的合作由产业合作拓展到功能合作，实现区域的协调发展和合作共赢，这是实现公共服务的重要方面。这些地区多是农村，政府和干部要时刻心里装着农民。农民是否逐步富裕，是否安居乐业，对建设和谐社会具有举足轻重的作用。在思想上要重视解决好"三农"问题，坚持统筹城乡发展，充分发挥中心城市、山区周围城市对边远农村的辐射和带动作用，充分发挥工业对农业的支持和反哺作用。

（四）坚持科学发展观，强化保护生态环境观念，增强可持续发展观念。这些地区生态环境有优越的一面，有脆弱的一面。要从思想上高度重视生态环境保护，不能有急功近利、不顾子孙后代生活环境的思想。要想到环境受到严重破坏，人们的生产、生活环境恶化，资源能源供应高度紧张，经济发展与资源能源矛盾尖锐，那是与广大群众的根本利益背道而驰的，是与建设人类的和谐社会背道而驰的。要引导全社会树立节约资源的意识，以优化资源利用、提高资源产出率、降低环境污染为重点，加快推进清洁生产，大力发展循环经济，加快建设节约型社会，促进自然资源系统和社会经济系统的良性循环。要增强全民族的环境保护意识，在全社会形成爱护环境、保护环境的良好风尚。注重发展省区际社会经济发展，不是盲目上项目，特别是那些资源高消耗、环境高污染的项目一定要禁止。

（五）牢固树立发展的观念，在这些地区要特别提倡改革开放思想。建设和谐社会，做到可持续发展的核心是发展，要始终坚持发展是硬道理的战略思想。解决我国经济社会发展面临的许多矛盾和问题，包括构建社会主义和谐社会面临的许多矛盾和问题，关键还是要靠发展。在这些社会经济发展有特殊优势和困难的地区进行建设，更要有改革的精神，开放的思想。干部要带领群众勇于接受新鲜事物。有条件创业的要有创业精神，要破除保守思想，破除安于现状的思想，大胆地走向市场经济。有条件走出去的要破除安土重迁的思想，走出大山，学习建设本领，学习创业经验。对这些贫困地区一方面政府要积极主动帮助、扶助，另一方面这些地区的干部、群众也要摆脱等、靠、要的思想，摆脱得过且过的不求上进的思想，要发扬自力更生的精神，广开脱贫致富门路，依靠当地资源，依靠自己的双手真正做到脱贫致富。

（原载《中国少数民族和谐思想研究——中国少数民族哲学与社会思想史学会2005年年会暨"中国少数民族传统文化与构建和谐社会"研讨会论文集》，内蒙古大学出版社，2008年1月）

历史上华北地区的民族变迁

【摘　要】华北地区历来是少数民族活动的重要地区，是汉族和少数民族接触、交往、融会之地。历史上匈奴、氐族、羯族、鲜卑、突厥、奚、契丹、党项、女真、蒙古族、回族、满族等民族都曾在这里繁衍生息，留下了生动的历史和丰厚的文化。华北地区还是中国民族融合的重要地区，这里是很多在历史上有重大影响的民族重要归宿地。北京成为中国的政治中心与少数民族贡献极大。这里留下了大量多民族的宝贵文化遗存，应认真保护，并深入发掘其内在的历史、学术、艺术价值。

【关键词】华北地区；民族变迁；文化遗存

一、历史上华北地区的少数民族

中国自古以来是一个多民族国家，汉族和各少数民族人民为祖国的缔造与发展都作出了重要贡献。中国的历史是以汉族和各少数民族，包括历史上存在后来已经消亡的民族形成、发展、共同前进的历史。

中国的华北地区包括华北平原和蒙古高原，这里历来是汉族和少数民族接触、交往、融会之地。华北是中国古代少数民族活动的重要地区，发生了很多有影响的重要事件。研究这一地区历史上的民族变迁对深入了解这一地域的历史和文化具有重要意义。

（一）先秦至两汉时期

原始社会时期，中国尚未有民族之分，但后来民族的先民逐渐有了历史传说和记载。如著名的黄帝和蚩尤的战争。在4000多年以前，黄帝战胜炎帝后，在今河北涿鹿县境内与蚩尤部落大战，蚩尤战死，东夷、九黎等部族融入了炎黄部族，形成了今天中华民族的最早主体。[①]在中国的商、周时期，民族历史有了新的发展，关于民族的记载也渐渐多起来。在殷商的甲骨文与周代的铭文中，都有关于民族先民的记录。

春秋战国时期，华北地区已出现突出的民族问题。编年体史书《左传》记载了华族与华族以外各民族的分布和互相之间的关系，以及互相接近甚至融会的过程。该书记载晋悼公和大臣魏绛讨论如何对待山戎之事。晋应属现今的华北地区。魏绛坚持"请和诸戎"，认为"和戎有五利焉。狄戎荐居，贵货易土，土可贾焉，一也；边鄙不耸，民狎其野，穑人成功，二也；狄戎事晋，四邻振动，诸侯威怀，三也；以德绥戎，师徒不勤，甲兵不顿，四也；鉴于后羿，而用德度，远至迩安，

---

①《史记》卷1《五帝本纪》。

五也"①。晋悼公最终接受了魏绛的建议，达到了"和诸戎狄以正诸华"的效果。魏绛考虑到当时的民族关系，提出了如何对待少数民族的思想和适当的民族政策，在当时是很有见地的。

赵国是战国时期位居今华北地区的一个诸侯国。赵武灵王向少数民族学习，推行"胡服骑射"，增强了国力，减弱了鄙视胡人的心理，拉近了民族间的距离，进而推进了社会发展和民族融合。这一发生在华北的有名历史事件，是中原华夏族借鉴北方游牧民族优秀文化的成功例证，突出地表明了少数民族对中华民族发展的贡献。②

秦汉时期汉族逐渐形成。秦朝统一了中原，管辖着中国的东部和南部。当时东北的扶余、北部的匈奴、西北的月氏、西部的羌，都是有较大势力的少数民族。秦朝时期华北北部为东胡和匈奴控制。东胡也是强盛一时的北方民族，原与中原的燕国和赵国接触比较频繁，汉初被匈奴击败。匈奴是古代蒙古戈壁草原的游牧民族，分布地域很广，华北是其重要活动地区。秦始皇曾派大将蒙恬率大军北击匈奴，主要在今山西、内蒙古一带。③

两汉时期华北北部是鲜卑和匈奴统治。西汉时匈奴是汉朝北方最大的威胁。高祖时韩王韩信曾在马邑（今山西代县西北）降匈奴。后匈奴攻晋阳（今山西太原），引发著名的平成（今山西省大同市）之役，以汉高祖狼狈逃遁告终。④可见当时匈奴在这一带的强大势力。后来汉朝采取和亲政策，缓和了与匈奴的关系。汉武帝时国力强盛，开展了与匈奴的战争，其中华北的山西一带仍是重要战场之一。⑤后匈奴分裂为北匈奴和南匈奴，南匈奴进入中原内附，主要在今山西北部和内蒙古中西部一带。⑥汉元帝时王昭君被选到匈奴和亲，成为呼韩邪单于阏氏（王妻）。⑦王昭君的墓在今内蒙古呼和浩特市市郊。

秦汉王朝与北方匈奴的民族关系是影响当时社会发展的重大问题，双方或征战，或和谈，都表现出少数民族在中华民族形成过程中的地位越加重要。而华北地区正是汉朝和匈奴相邻、往来最密切的地区。

（二）三国魏晋南北朝时期

三国时期魏、蜀、吴三分天下。魏居北方，与乌桓、鲜卑关系密切。分久必合的中国在三国的分裂局面后，统一于晋。晋朝时匈奴内迁，鲜卑南进，吐谷浑西移，形成了少数民族大迁徙的局面。从东汉到晋朝，华北地区的少数民族主要是鲜卑，其势力进至今河北、山西、内蒙古一带。⑧

短暂的晋朝中后期又发生了新的分裂。这一时期少数民族在中国政治舞台上影响扩大，地位提高，进入所谓十六国时期。十六国中有十三个是少数民族政权，其中有匈奴三，巴氐一，羯一，鲜卑五，氐二，羌一。有的已进入中原建立政权，如匈奴建立的前赵，羯族建立的后赵，鲜卑族建立的前燕、后燕和西燕，氐族建立的前秦等。他们当中时间最长的不足50年，但其存在本身在中国民族史上具有重大意义。其中对华北影响最大的是北部的鲜卑和进入中原建立前秦的氐族。鲜卑是北方势力最大、占据地域最广的民族，因其不断南迁和西徙，拓跋鲜卑和东部鲜卑都占据着华北北部部分地区，晋咸康四年（338年）拓跋什翼犍在繁峙（今山西省浑源县西南）建代国。⑨前秦为氐

①《左传》卷29，襄公四年。
②《战国策》卷19《赵策二》。《史记》卷43《赵世家》。
③《史记》卷6《始皇本纪》。
④《汉书》卷94《匈奴传上》。
⑤《汉书》卷6《武帝本纪》。
⑥《后汉书》卷89《南匈奴列传》。《资治通鉴》卷47《汉纪》。
⑦《后汉书》卷89《南匈奴列传》。
⑧《三国志·魏书》卷30《鲜卑传》。
⑨《魏书》卷1《帝纪第一昭成帝传》。

族苻健所建，都长安（今陕西西安），盛时疆域东至大海，西抵葱岭，南控江淮，北极大漠，东南以淮、汉与东晋为界，包括了整个华北地区，是中国历史上第一个统一北方的少数民族政权。①羯族建立的后赵、鲜卑建立的后燕也包括了华北广大地区，后赵建都襄国（今河北邢台），后燕定都中山（今河北定州）。②

东晋灭亡（420年）后中国进入南北朝时期，基本是汉族和少数民族政权的对峙。南朝的辖地为中原和南方，继东晋后有宋、齐、梁、陈相继前后承接；北朝则建立了影响很大的北魏王朝。先是鲜卑拓跋部游牧于云中（今内蒙古托克托），后都于盛乐（今内蒙古和林格尔）。东晋太元十一年（386年）道武帝拓跋珪称帝，北魏登国十年（395年）在参合陂（今山西大同东南）大败后燕军，并乘胜南下夺取中山（今河北省定州市）、邺（今河北临漳西南）等重要城镇，拥有黄河以北地区，成为北方的强大势力之一。魏天兴元年（398年）拓跋珪定国号为魏，迁都平城（今山西大同）。拓跋珪奖励农业生产，其奴隶主贵族也逐渐汉化转化为封建地主。他招纳汉族大地主参加统治集团，加快了鲜卑拓跋部的汉化进程。魏太平真君元年（440年），太武帝拓跋焘以强大的武力灭匈奴赫连勃勃所建夏国，收北燕，取凉州，败柔然，完成统一北方大业。孝文帝拓跋宏大力改革，颁布均田令，迁都洛阳，提倡汉族文化，经济发展，国力大增。③作为以少数民族鲜卑族为主体的王朝，北魏占据北方广大地区，与南方的宋（后为齐）形成南北朝局面。北魏存在近一个半世纪，是少数民族在中原建立的地域宽、时间长、影响深远的王朝。北魏实行的胡人汉化政策，使少数民族迅速汉化，促进了包括华北地区在内各民族的接近和融合。

后来北魏社会矛盾、民族矛盾加剧，酿成大起义，分裂为东魏与西魏，后又分别演化为北齐、北周。这些政权都是鲜卑族为统治者，都有部分领土在华北，特别是位于东部地区的东魏和北齐几乎包括了今河北和山西全境。北齐定都邺城（今河北临漳），历代皇帝几乎每年都来往于晋阳（今山西太原西南）、邺城之间，晋阳被称作"别都"。两地都是华北重镇。

魏晋南北朝时期国家处于分裂、混乱局面，少数民族长期管领北方，往往以中国正统自居，这种格局对民族历史的认识和史书的撰述产生了重要影响。

（三）隋唐时期

自6世纪末，中国又走上统一的发展路程，再一次反映出中国这个多民族国家强大的凝聚力。隋唐时期虽也是以武力为后盾实行民族压迫政策，但其政策比较和缓。隋唐的皇室都有北方少数民族血统。唐朝对少数民族的羁縻政策已经系统、成熟，和亲政策也行之有效。其北制突厥，西连回纥，封回纥首领吐迷度为都督，开丝绸之路；南和吐蕃，实行和亲。

隋唐时期北方以突厥势力最强。突厥原与北周保持着和亲的良好关系。隋初时与突厥关系开始紧张，隋开皇二年（582年），突厥军曾进攻隋朝的平州（今河北卢龙北），突厥派出的五个可汗所属骑兵40万人进入长城。④

唐朝初期太宗进攻东突厥，一部分突厥人远徙西北，有10万人归降唐朝。唐朝保存了他们的部落，不改其风俗习惯，将他们安置在今河北、山西、陕西、宁夏一带，设立定襄都督府、云中都督府管辖。这一带成为少数民族聚居之地。⑤

①《晋书》卷112《载记十二苻健传》、卷113《载记十三苻坚传上》、卷114《载记十三苻坚传下》。
②《魏书》卷95《羯胡石勒传》。《晋书》卷104《载记四石勒传上》、卷105《载记五石勒传下》、卷123《载记二十三慕容垂传》、卷111《载记十一慕容暐传》、卷124《载记慕容宝传》。
③《魏书》卷2《太祖道武帝纪》、卷7《高祖孝文帝纪》。
④《资治通鉴》卷175。《隋书》卷53《达奚长儒等传》。
⑤《新唐书》卷215《突厥传》。

薛延陀是唐朝时期北方地区另一个有影响的游牧民族，自称"铁勒部人"，风俗大体与突厥族相同。居于漠北，先后从属于东突厥。有时也进入漠南。贞观十五年（641年）其可汗发兵20万进攻东突厥，来到漠南，到达今呼和浩特以南地区。[1]

唐朝北部少数民族众多，唐室为便于统治，倚重能通多种胡语及了解少数民族风习的胡将。身为突厥族的安禄山身兼范阳、平卢、河东三节度使，掌控今华北地区。天宝十四载（755年）安禄山趁唐朝内部空虚腐败，联合同罗、奚、契丹、室韦、突厥等民族15万士兵，在河北范阳（今河北涿州）起兵，河北州县立即望风瓦解。翌年安禄山占领洛阳称帝，又攻入长安。后其部将突厥人史思明降唐，被唐封为归义王，任范阳节度使。后史思明起兵再叛唐朝，乾元二年（759年）拔魏州（今河北大名），称大圣燕王，后还范阳称帝，更国号大燕，不久被儿子杀死，长达七年的安史之乱才告结束。[2]唐代安史之乱以后，社会动荡，民族关系紧张，形成藩镇割据局面。藩镇中不乏少数民族政权，华北地区仍有多种少数民族存在。

（四）宋辽夏金时期

五代时期朝代更替频繁，梁、唐、晋、汉、周相继登场，其中有两朝统治者是少数民族。沙陀族人李克用之子李存勖灭梁，建后唐。此后沙陀人刘知远在晋阳（太原）称帝，辽兵北退后，他进入洛阳和开封，并在开封建都，史称"后汉"。当时又有十国、民族问题更为突出。此时契丹和奚族在华北北部有很大势力。

有宋一代，北宋与辽、西夏对峙，南宋与金、西夏鼎足。同时代还有西北的回鹘、西部的吐蕃唃厮罗政权、西南的大理政权，在约三个世纪的时间是汉族和少数民族王朝分立时期，这种民族关系的新格局对中国历史产生了深刻影响。

契丹首领耶律阿保机于907年统一契丹各部，并征服了奚、室韦、阻卜等部落，称汗建国，国号"契丹"。契丹神册三年（918年）建都皇都（今内蒙古巴林左旗南的波罗城）。后率兵亲征渤海国，改渤海国名为东丹国，册立皇太子耶律倍为东丹国王。[3]天显十一年（936年），后唐河东节度使石敬瑭以称子、割让燕云十六州为条件，乞求耶律德光出兵助其反对后唐。华北地区归入契丹统治。辽太宗耶律德光率五万骑兵，在晋阳城下击败后唐军，后率军南下上党（今山西长治），助石敬瑭灭后唐。太宗耶律德光采取"因俗而治"的统治方式，实行南北两面官制度，分治汉人和契丹。又改幽州（今北京西南）为南京，云州（今山西大同）为西京，燕云十六州成为进一步南下的基地。耶律德光率军南下，会同十年（947年）攻克后晋首都东京（今河南开封），灭后晋，定国号为"辽"[4]。辽景宗前期与宋朝聘史往还。宋太宗统一江南后，于太平兴国四年（979年）亲征北汉，辽派数万兵支援北汉。后太宗进攻幽州（今北京），与辽军大战于高梁河（今北京西北），宋军大败，太宗仅以身免。辽统和二十二年（1004年）萧太后与辽圣宗率大军深入宋境，宋、辽在澶州（今河南濮阳）对战，最后双方订立和约，成为兄弟之邦。[5]从此两朝和好达一百多年之久。辽朝的南京道、西京道、中京道都在华北地区。南京在析津府（今北京），西京在大同府（今山西大同），中京在大定府（今内蒙古宁城县西）。两朝的边界在今河北、山西中部一带。华北北部为契丹人和汉人杂居的地区。

女真族勃兴于今东北黑龙江、松花江流域，其领袖太祖完颜阿骨打首先在东北地区建立政权，

①《资治通鉴》卷196。
②《旧唐书》卷9《玄宗纪下》，卷200上《安禄山、史思明传》。
③《辽史》卷1《太祖纪上》，《辽史》卷2《太祖纪下》。
④《辽史》卷3《太宗纪上》，《辽史》卷4《太宗纪下》。
⑤《宋史》卷7《真宗纪一》，《辽史》卷15《圣宗纪五》。

收国元年（1115年）称帝建国。随后展开南下灭辽之战，先用5年时间攻占东北全境，金天辅六年（1122年）进入华北，先后克辽中京、西京、南京。阿骨打去世后，其弟太宗即位，乘胜利锐势继续追击辽部残余势力，天会三年（1125年）灭辽，五年灭北宋，与南宋形成南北对峙王朝。①金朝的势力比辽朝更向南扩展。金朝最早的都城是上京会宁（今黑龙江省哈尔滨市阿城区南），贞元三年（1155年）设中都路首府大兴府为中都（今北京），西京路首府大同府为西京（今山西大同），北京路首府大定府为北京（今内蒙古宁城县西），南京路首府开封府为南京（今河南开封）。华北地区此时尽入金国版图。金先迁都中都，再迁都至南京，历经120年。天兴三年（1234年）在蒙古与南宋联合进攻下灭亡。

这一时期华北地区先后有契丹族、女真族为主的少数民族生活，分布范围广，持续时间长。一方面这些少数民族在与汉族接触过程中不免趋于汉化，以至于少数民族统治者忧心忡忡地要本民族恢复原有的语言和风俗习惯，另一方面少数民族的文化和风习也影响着汉族。

（五）元代

以蒙古族为主体建立的元王朝，结束了中国又一次分立，形成了盛大的统一王朝。中国历史上第一次出现了由少数民族掌握全国政权的格局。元时期实行民族等级压迫制度，将境内人分为蒙古、色目、汉人和南人四等，以蒙古、色目为优。大一统的王朝方便了各民族的接触和交往，特别是随着行政管理、军事驻军等政府行为的实施，蒙古族及以色目人为主的北方各民族分布全国各地。早在蒙古伐金时期，蒙古、色目人已进入华北。如唐兀（党项族）大将察罕是率军协助成吉思汗攻金、伐宋的主将之一，他从成吉思汗"略云中、桑乾"②。这些地方都在华北地区。

元代建都大都（今北京），这使以北京为中心的华北地区成为再一次少数民族汇聚之地。元大都聚居着蒙古皇室、各级官员、商人和其他居民，其中除蒙古人外，还有很多唐兀、乃蛮、汪古、回、畏兀儿、康里、钦察、阿速、哈剌鲁、吐蕃等色目人，以及契丹、女真等族人。

元大都还是少数民族文化中心，北京的白塔寺（大圣寿万安寺）当时是蒙文佛经翻译刻印中心，同时也印刷回鹘文佛经。这里聚集有多民族的翻译、编辑、出版人才。元朝的皇家乐队也有色目人，从世祖至元七年（1270年）后，每年在大明殿启建白伞盖佛事时，"仪凤司掌汉人、回回、河西三色细乐"③。回回乐应指新疆少数民族音乐，河西乐则指西夏乐，可见大都已有少数民族乐人居住。

蒙古军队原以怯薛军为主力。元世祖忽必烈建立元朝后，中央禁军称为宿卫军，宿卫军又分皇帝亲自掌握的"怯薛军"和由枢密院统领的侍卫亲军。元世祖除保留原来的四怯薛军，又抽调各地精锐，建立前、后、左、右、中五卫亲军，作为中央禁军，直接隶属于枢密院，设亲军都指挥使统领，编组为皇帝的护卫军和京城防守军。又签发各族丁壮组成21卫亲军，驻守京城附近地区。宿卫军中有蒙古军队，色目军队立卫的有阿速、贵赤、钦察、唐兀等卫。每军达数千人至万人左右。驻军卫所的蒙古、色目人士兵多以军户著籍，"即营以家"，北京一带的蒙古、色目军人及其家属数量可观。

元代少数民族地位高于汉人的政策改变了人们对国内民族关系的认识，以汉族为中心的传统思维受到极大冲击。由于元代各民族交往频繁，近距离接触，使长期在中原居住的一些少数民族迅速走上被同化的道路，元代是契丹人、女真人、党项人走向消亡的重要时期。其中很多少数民族融合

---

①《金史》卷1《世纪》，卷2《太祖纪》，卷3《太宗纪》。
②《元史》卷120《察罕传》。
③《元史》卷77《祭祀志》。

在华北地区。

（六）明代

元末农民起义推翻了元朝，建立了明朝。元灭明兴，是朝代的嬗替，但在相当一部分汉族人思想上是从中原驱逐了"夷狄"。尽管明朝也是多民族王朝，但并未完全统一中国。明代中国的北方仍由势力颇大的蒙古族统治，形成与明朝南北对峙的局面。

明朝始都南京，成祖迁都北京。明初太祖朱元璋提出"不分等类，验才委任"①的政策，任用了一些少数民族为官。攻下元都后，洪武元年（1368年）太祖曾下诏："蒙古、色目人有才能者，许擢用。"②延揽少数民族中的人才。但后来实行的《大明律》中规定：蒙古、色目人"不许本类自相嫁娶，违者杖八十，男女入官为奴"③。这实际上是对少数民族实行民族歧视和强迫同化的政策。

明太祖时为联系少数民族敕撰《华夷译语》。明成祖在北京东安右门外设四夷馆，是明代培养外国与国内少数民族语言翻译人才和翻译外国与民族地区朝贡文书的专门机构，它的主要任务之一是培养合格、优秀的翻译人才为皇家服务。另一任务是接续敕编少数民族文字和汉文对照的工具书《华夷译语》。四夷馆始有八馆：蒙古、女真、西番、西天、回、百夷、高昌、缅甸，其中虽兼及外国，但以少数民族为主，其教师不少为少数民族。④四夷馆的设立和《华夷译语》编纂对当时少数民族政治、经济、文化交流起到了重要作用。明代的北京是各少数民族络绎来朝的地方，四夷馆更是少数民族文化荟萃之地。

明朝军队当中也有少数民族。当时镇守北方的燕王朱棣的军队中就有蒙古阿速部人、兀良哈三卫人，对燕王夺取帝位起到重大作用。

明朝时，蒙古族首领也先统一了蒙古各部，占据广袤的领土，其南部为华北的今内蒙古地区。也先伺机南下，给明朝造成严重威胁。正统十四年（1449年）蒙古军分四路向明朝发动进攻，其中也先亲率大军攻明朝重镇大同（今山西大同），另一支攻重镇宣府（今河北宣化），直逼明朝心脏之地。还有两路分别攻辽东、陕西。明英宗在把持朝政的太监王振怂恿下，御驾亲征，在狼山西路土木堡（今河北怀来县城东）全军覆没，英宗被俘。⑤也先率蒙古军兵临北京城下，列阵于西直门、德胜门和彰义门外。后也先将英宗送回。这次"土木堡之变"发生在华北地区，对明朝和蒙古的关系影响深远。

明朝后期，蒙古在达延汗和俺答汗祖孙的统治下，势力再次强大。蒙古版图向南扩展，大同已成为明朝和蒙古的边界。俺答汗开发丰州滩（大青山以南、河套以东地区），振兴土默特，发展牧业、农业，修筑城镇。首先在丰州滩西部建筑大城镇"大板升城"，后又仿大都修筑库库河屯（即呼和浩特），明神宗赐名"归化"⑥。这为华北地区增加了一座重要新城，此后呼和浩特一直是漠南政治、经济、文化中心，是连接中原和蒙古的纽带。有明一代华北的一半是蒙古的天下。

（七）清代

明末，满族崛起于东北，首领努尔哈赤统一各部，后其继承者入关统一中国，又一次建立了少数民族统治的大一统王朝。在少数民族为统治民族的清朝，一方面继承传统文化，重视儒学和史学；另一方面反对轻视夷狄，特别是对满族的回护，冲击了大汉族主义观念，造成了新的民族主义

---

①《明太祖实录》卷53。

②《明史》卷2《太祖本纪二》。

③《大明律》卷6。

④［明］吕维祺辑，［清］许三礼、霍维翰增辑，曹溶、钱綎后辑：《四译馆增定馆则》。

⑤《明史》卷328《瓦剌传》。

⑥《明神宗实录》卷48。

的高压政策。

满族入关，首先占领华北地区，以北京为首都。北京继续作为全国政治、经济、文化中心。清初在基本控制全国局势后，采取了一些稳定统治秩序的政策，如更定内外官制、制定清律、主持地主收回"祖业"，确定赋税制度等。同时也实行了多项危害很大的民族压迫政策，如圈地、投充、逃人法、剃发、易服五大弊政。从顺治元年（1644年）开始在京畿一带大规模圈地，设立皇庄、王庄和八旗官员庄田及兵丁份地，占地17万余顷，将民间田地强迫拨给"东来满洲"①。这样使很多汉族农民逃亡在外，而大批满族人入驻华北地区。至今华北一带仍有很多满族人，仅河北省就有承德丰宁、围场、宽城三个满族自治县，秦皇岛市有青龙满族自治县。隆化县总人口42万，境内有满族、蒙古族、回族等少数民族人口近23万人，占总人口数一半以上。河北省高碑店市保留有虎贲驿村，"虎贲驿"是当时的驿站，至今仍有满族人居住。

在清代实行八旗制度中，满洲人全部入旗，成为满洲八旗，后来又有蒙古八旗。满洲八旗中也有部分汉人，主要是通过掠夺、购买获得的附属于家主户下的汉人包衣，②后来大批汉人、汉军进入满洲八旗。清军入关后又建立汉八旗，人数众多。进入八旗的汉人逐渐满化，满族的人口迅速增加。由于满族人进入汉族聚居地区，长期杂居，钟情汉族的先进文化，学习汉语、汉文，甚至与汉族互为婚姻，逐步缩小了满汉差别，使满族汉化，后来这一过程变得更为迅速。华北地区是满汉民族之间接近、融会的重要地区。

由于京师处于华北地区，这里保存有不少满族和其他少数民族的特殊建筑。清朝康熙时期为锻炼军队，保持满族风俗传统，在距北京不远的河北省承德市围场县开辟皇家猎苑——木兰围场，传承着满族的狩猎风习。在清代康熙到嘉庆的140多年里，在这里举行木兰秋狝一百零五次。

地处华北的承德避暑山庄是中国清朝皇帝的夏宫，是一座皇室、皇家园林和宏伟壮观的寺庙群所组成的综合建筑，也是清朝皇帝为安抚、团结边疆少数民族，巩固国家统一而修建的带有浓厚政治色彩的建筑。在避暑山庄的东面和北面，建有十一座寺院，分属八座寺庙管辖，被称为"承德外八庙"。在寺庙中有藏传佛教形式，也有藏传和汉式混合形式，供西方、北方少数民族的上层朝觐皇帝时礼佛之用。避暑山庄兴建后，清帝每年都有大量时间在此处理军政要事，接见外国使节和边疆少数民族政教首领。这里发生的一系列重要事件，存世的重要遗迹和重要文物，都成为中国多民族统一国家的历史见证。

清王朝的皇陵分为东陵和西陵。东陵在河北省的蓟县，是中国现存规模最大、体系最完整的古帝陵建筑，共建有皇陵5座——顺治的孝陵、康熙的景陵、乾隆的裕陵、咸丰的定陵、同治帝的惠陵，以及东（慈安）、西（慈禧）太后等后陵4座、妃园5座、公主陵1座，计埋葬14位皇后和136位妃嫔。西陵在河北省易县，包括雍正的泰陵、嘉庆的昌陵、道光的慕陵和光绪的崇陵。此外还有3座后陵，以及若干座公主、妃子园寝。

清代的华北北部依然是蒙古族聚居之地，清政府以盟旗制度治理。蒙古族上层与清朝皇室联姻，两族关系密切。在统一的清王朝内，蒙古族和中原地区不再是像明朝那样的对立关系，华北地区成为蒙汉交流最重要的地区。

华北的回族始于元代的回回，后通过驻防、经商、迁徙等方式人口逐渐增多，分布较广，几乎各地都有聚居或杂居的回族。以今北京、天津和河北的沧州、保定、定州人数最多。

北京市门头村还有世居的苗族人。他们是清朝乾隆年间湘黔苗族起义领袖石三保和他的兵将的

①《清世祖实录》卷25。
②《清圣祖实录》卷82。

后代，祖籍在湖南省花垣县。他们起义失败后被押送至京城，编入军户，受八旗管辖，世代养马，后子孙繁衍至今。

北京市现有2个满族乡，2个回族乡，1个满族蒙古族乡。另有117个民族村，包括满族、回族、蒙古族、苗族、壮族、瑶族等。现北京市少数民族约7万人。整个华北地区少数民族成分更多，人口数量更大。

清代继明代四夷馆设四译馆，因"夷"字为清朝所忌讳，改为"译"字。明王朝灭亡，明四夷馆32名官员亦随之投诚，被留用成为四译馆的最早成员。清随明制，四译等馆职责与明代相同。"四译馆之所掌凡三十余国，统以八馆列为东西，爰择师儒分馆教习，而设少卿以董之"①。至乾隆十三年（1748年）与会同馆合并，改属礼部，更名会同四译馆。会同四译馆成立后，编撰了一批《译语》。北京当时是边疆少数民族与中央政府联络中心，不少少数民族领袖到北京觐见皇帝，办理各种事务，一些商人也到这里经商。

二、历史上华北地区少数民族特点

（一）华北地区是个多民族地区

华北地区位于中原与北方、东北、西北交界处，是中原通往北方的津梁，是北方的民族走廊。这里历来是民族杂居、民族往来、民族沟通的重要地区。历史上很多民族在这里繁衍生息，留下了他们生动的历史和丰厚的文化。有的民族继继绳绳，存留至今；有的与其他民族交融，加入新的民族行列；有的像是这里的匆匆过客，转移他乡。

（二）华北地区是个民族大熔炉

从历史上看，华北地区是中国民族融合的重要地区之一，很多少数民族消失在这一地区。一些在历史上有重大影响的民族，其兴盛、发展、消亡都与华北地区有重要关系，如匈奴、乌桓、鲜卑、奚族、契丹、女真、党项等，这里成为他们活动的历史舞台和重要归宿地。

有些民族作为一个族群消失了，但作为该民族的个体后裔还可能传承下来。如北京有女真族的完颜氏后裔。完颜氏因系金朝皇族后裔，故在清朝受到特殊优遇，被列入上三旗。《八旗满洲氏族通谱》载："完颜氏本列二十八卷，奉高宗特旨，用虞宾义，列为第一。"②这表明清王朝对金朝皇族后裔身份的确认。北京安定门内交道口北之北兵马司胡同有其宗祠旧址。现在北京仍有完颜氏后裔，他们已改姓王氏或汪氏。又如在山西省安邑县房子村和三家庄村，至今聚居着一批仝姓的女真遗裔，他们保存的《仝氏家谱》修于清乾隆年间，后于民国十六年（1927年）重修，重修谱序云："仝氏之先，出自大金夹谷氏，嗣遭元灭，遂易今姓。元初有讳庆成者，为本邑令，因家焉。"夹谷氏是女真望姓之一，载《金史》附《国语解》。河北的武邑、邢台，山西的临汾、洪洞都有女真族后裔粘氏居住。

有的民族在过去强大时期与华北无涉，但后来他们的后裔来到这里。西夏主体民族党项羌在西北地区建国近两个世纪，西夏被蒙古攻灭后，党项人在元时期被称为唐兀人，属地位较高的色目人。元朝灭亡后他们走上了迅速消亡之路，但在明朝仍能见到党项族后裔。河北保定郊区韩庄曾出土两座明代的西夏文经幢，据其题款可知建幢时间皆为明弘治十五年（1502年），其题款中有很多西夏时期的党项族姓氏，证明当时当地有党项族聚居，有的还有较高的官职。③这是目前有确切年

---

① [清]江蘩：《四译馆考》10卷，康熙刻本。
② [清]弘昼、鄂尔泰、福敏、徐元梦等编纂：《八旗满洲氏族通谱》卷28。
③ 史金波、白滨：《明代西夏文经卷和石幢初探》，《考古学报》1977年第1期。

代可考的、最晚的有关西夏后裔的石刻文物，证明华北地区融入了党项族的血液。

（三）北京成为中国的政治中心与少数民族关系极大

北方少数民族趋向中原，辽、金势力的南移，确立了北京大王朝的政治中心地位。北京位于华北平原北端，东南与天津相连，其余为河北省所环绕，与北方少数民族有天然的联系。北京建城有3000余年的历史，但成为王朝的首都应自金朝开始。此前北京作为辽朝的重要城市南京，已为其成为王朝的中心城市做了实质性的铺垫，金朝进一步将北京提升为大王朝的政治、经济、文化中心的都城中京，完成了由地方中心城市向都城的转变。

元代继承和发展了北京的都城地位，使北京成为全国性的政治中心，成为将全国更紧密地联系在一起的纽带。明、清两朝延续北京作为首都的作用，特别是清朝使北京成为联系国内各民族的中心，影响深远。不难看出，少数民族对确立北京的地位作出了最重要的贡献。

三、华北地区有大量少数民族文化遗存

对于多民族大家庭来说，华北地区有特殊的地理空间和民族历史布局，给后世留下了大量多民族的宝贵文化遗存。这些文化遗存是各民族共同发展的历史见证，是民族智慧的结晶，也见证了华北古往今来的多民族历史。华北有关少数民族的历史文化遗存难以计数，例如：

——有古史传说"黄帝战蚩尤"的河北省涿鹿县境内，现存有轩辕丘、蚩尤坟、黄帝泉（阪泉）、蚩尤三寨、蚩尤泉等遗址遗存。

——从春秋战国开始，秦朝大规模修筑，至明代完善的长城，在其横贯九省（市、自治区）中，华北占据河北、天津、北京、内蒙古、山西五省。长城的重要关隘山海关、居庸关、慕田峪关、井陉关、紫荆关、娘子关、雁门关、平型关、古北口、喜峰口、张家口等都在华北。

——内蒙古呼和浩特市的王昭君墓见证了汉代匈奴和汉朝的民族关系。

——被称为中国四大石窟艺术宝库之一的云冈石窟，展示出五六世纪鲜卑族所建北魏王朝杰出的佛教石窟艺术，是中国佛教艺术第一个巅峰时期的经典杰作。

——北京西有辽代的天宁寺塔。河北涿州市城内东北隅有辽代双塔，其中智度寺塔始建于辽太平十一年（1031年），云居寺塔始建于辽大安八年（1092年）。山西应县木塔建于辽清宁二年（1056年），金明昌六年（1195年）增修完毕，是我国现存最古老、最高大的纯木结构楼阁式建筑。河北省永清、雄县和霸州等地，均清理发掘出了辽代地下古战道。内蒙古自治区巴林左、右两旗内有辽陵。祖陵位于巴林左旗，系辽太祖耶律阿保机、贞烈皇太后、齐天太后的陵寝；太宗耶律德光的怀陵在今巴林右旗，穆宗耶律璟附葬于此；圣宗耶律隆绪的永庆陵、兴宗耶律宗真的永兴陵、道宗耶律洪基的永福陵合称庆陵，也在今巴林右旗。

——位于北京市房山区车厂村至龙门口一带的金陵遗址，共葬金代17位皇帝、后妃及诸王，是北京地区第一个皇陵。

——北京有元大都遗址，城内有元代白塔。北京市昌平居庸关有建于元至正五年（1345年）的过街塔，是中国现存最大的台塔。其门洞内用梵文、藏文、八思巴文、回鹘文、汉文、西夏文六种文字题刻的《陀罗尼经咒》和《造塔功德记》。

——北京有明清两代修建的故宫，河北有清东陵、西陵和直隶总督府，承德有避暑山庄、木兰围场等。

——少数民族文字文物除上述居庸关六体文字石刻、西夏文经幢外，华北地区还有很多契丹文墓志铭、八思巴字石碑、蒙古文和满文石碑等。

——河北省的很多地名、村名都保存有少数民族的印记。

华北地区有关少数民族的文物和文献很丰富，是这一地区历史上各民族发展的真实写照，是各民族交往的历史见证，是各民族创造力的重要体现，也是研究这一地区民族历史的珍贵资料，应给予高度重视，并加以认真保护和整理发掘。

过去对少数民族文物了解、重视不足，有些文物未能很好保护，甚至使之遭到破坏。高碑店是北京通往保定的必经之路，元代著名宰相安童和拜住祖孙皆葬于此，这里矗立着记述他们事迹的高大墓碑，高碑店的地名即源于此。《元史》中安童和拜住的传即以此碑为主要参考资料。①民国时此碑被当地官员破毁。

1949年以后，政府十分重视文物、考古工作，华北地区很多有关少数民族的文物被列为全国重点文物保护单位，总计不下数十处。其余省级或县级有关少数民族的重点保护单位更多。

近些年又陆续新发现了不少与少数民族有关的文物和文献。仅以辽代为例，1974年在山西应县木塔的释迦像中发现一批佛经，为久已失传的《契丹藏》刻本。1976年在河北省丰润县天宫寺塔第四至八层塔心室内也发现了《契丹藏》部分刻本。辽代曾在北宋雕刻的大藏经《开宝藏》天禧修订本的基础上雕印《契丹藏》，共5000余卷，历时30余年刻成。但《契丹藏》这一重要大藏经刻本久已失传。上述两种《契丹藏》的发现填补了印刷史上实物空白。又如契丹文石刻近年陆续发现，其中契丹大字墓志有1988年在内蒙古巴林左旗出土的《耶律习涅墓志》、1993年在内蒙古阿鲁科尔沁旗出土的《耶律祺墓志》、2000年在内蒙古巴林左旗出土的《永宁郡公主墓志》；契丹小字石刻有1994年在内蒙古巴林左旗发现的《泽州刺史墓志》残石、1995年出土于内蒙古赤峰市喀喇沁旗的《耶律永宁郎君墓志》、内蒙古通辽市扎鲁特旗出土的《耶律敌烈墓志》、内蒙古巴林左旗出土的《韩高十墓志》和《韩敌烈墓志》、1996年出土于内蒙古哲里木盟扎鲁特旗的《耶律弘辨墓志》、1997年出土于内蒙古巴林右旗的《宋魏国妃墓志》等。

华北地区少数民族文物十分丰富。我们对这些文物首先要给予重视，认真做好保护工作，并在此基础上进行深入研究，发掘其内在的历史、学术、艺术价值，为进一步认识华北地区少数民族历史作出新的贡献。

（原载《河北学刊》2011年第4期 人大复印报刊资料《历史学》2011年第11期转载）

---

① 《元史》卷126《安童传》，《元史》卷136《拜住传》。

辩证地看待中国历史上民族问题[*]

党的十八大报告指出，到21世纪中叶，我国要实现从全面建成小康社会到基本实现社会主义现代化的宏伟战略目标，这代表了全国各族人民的共同意志。实现中国社会主义现代化和中华民族伟大复兴，需要各族人民共同推动社会主义精神文明和物质文明全面发展，需要了解我国五千年的文明史，并从中汲取有益的经验。辩证地看待历史上的民族问题，对于全面、正确地认识中华民族形成和发展的历史，进而发展和促进各民族的团结、进步、和谐有重要现实意义。

一、汉族和少数民族的地位

我们应以马克思主义民族平等的原则看待历史上的民族问题。一方面要重视中华民族一体化特征，重视汉族的主体地位，同时也需注意到各少数民族在历史上应有的地位，要正确地看待以中原地区为主的汉族和四周的少数民族。

汉族是中国的主体民族，是对中国的形成与发展起决定作用、历史悠久的民族。汉族以其长期的稳定性，强大的凝聚力和吸引力，逐步在与其他民族大交流、大融合中发展、形成，汉族的起源是多元的，而且既有主源又有支源。其形成和发展的大体脉络是：

从原始社会末期至春秋战国时期，逐渐形成中原的华夏族和周边的四夷，华夏族为汉族形成的中心。秦汉时期中国建立了统一的多民族国家，通过经济、文化交流，战争兼并，杂居共处，互相通婚，部分同化，华夏族迅速发展扩充，在汉朝成为人口最多、地域最宽、实力最强、影响最大的民族，"汉"逐渐成为中国主体民族的称谓，汉族逐步形成。汉族在魏晋南北朝和隋唐时期与少数民族地融合与交流有更大发展。很多少数民族进入中原地区，经过不断融合，不少民族融入汉族，汉族人口、地域、势力不断扩大。汉族在宋、元、明、清时期与少数民族的交流和融合越加广泛而深入。宋代中原王朝与几个少数民族王朝并立，很多少数民族进入中原地区，后来更多的少数民族融入汉族。在元朝和清朝，汉族是被统治民族，但在社会发展中仍起重要作用，民族的交往和融汇仍在持续发展。近代中国在半殖民地半封建社会中，在抵御外国侵略的斗争中，汉族仍然起着中坚和主力作用。

汉族形成和发展对中国历史的进程有决定性影响。汉族在我国民族关系史中处于主体地位。几千年来中国在以汉族为主体的中央集权制度之下，多种类、多层次的管理制度与多种类型的社会经济文化制度并存，保证中国政治、经济、文化有差异的民族能够统一于一个国家之内，内聚形成了中华民族多元一体格局。中原物产最为丰富，经济最为发达，而各边疆地区的经济往往比较单一。这样的地域差异利于各少数民族和以汉族地域为中心的物资上的互通有无。由于生产和生活的需要，使各少数民族都有与其他地区，特别是与中原地区进行经济交流的强烈要求。中原地区因此也

---

*本文为创新工程项目《中国民族史学史纲要》中期研究成果之一。

得到了自己所缺乏的畜牧业等产品。这种经济上的联系，形成了一种自然的凝聚力，是少数民族向中原联系、发展的动力，也进一步加强了中国各民族之间日益密切的关系。中华民族文化在世界上独树一帜，源远流长，以汉族儒学为主体的文化和其他各少数民族特色文化互相影响、交流、交融，形成了世界上独具特点、光辉灿烂的中华文明。中国以汉族为主体的各民族经过不断迁徙、杂居、通婚和各种形式的交流，在文化上互相学习，在血统上互相混合，形成你中有我，我中有你，团结进步，共同发展的局面。①

少数民族在中国历史上也有着举足轻重的历史地位。过去封建社会统治者和历史文献多主张"内中华，外夷狄"，"重中华，轻夷狄"，甚至是"贵中华，贱夷狄"。我们应该摈弃封建社会统治阶级的民族歧视、民族压迫的观念和政策，而代之以民族平等的、辩证的观点来看待少数民族的地位。

这一问题看起来并不复杂，但有些重要具体事例，仍需要积累资料，加强研究，重新考虑，科学定位。比如历史上先秦和秦汉时期的匈奴，是北方的一个强大的政权，但古籍中多是将匈奴作为入侵中原地区的民族来记载，未能给他一个恰当的地位。实际上，匈奴在上古时期（约在3世纪前），经原始部落，到氏族部落，再到部落联盟，逐步发展；从前3世纪末到1世纪中叶，是匈奴建立强大的奴隶制国家时期，统治地域广大，两个多世纪与秦、汉王朝分庭抗礼。②匈奴不仅是一个民族名称，也是一个王朝的名称。2—5世纪，匈奴社会由奴隶制转为封建社会，匈奴统治者统治着汉族、匈奴及其他各族，在黄河流域建立了3个政权，即十六国时期的前赵、北凉和夏。后来才逐渐衰微，并融入其他民族。这样长的时间，在中国历史上有重大影响的匈奴应肯定其相应的重要地位。随着考古工作的巨大进展，很多有关匈奴的重要文物不断被发现，但对匈奴的地位仍显研究不够、认识不足。其他关于鲜卑、柔然的研究也是如此。

古代，以契丹民族为主体的辽朝、以党项族为主体的西夏、以女真族为主体的金朝先后建立，统治中国北方达3个多世纪。此时西北还有回鹘、西部有吐蕃、南方有大理等政权。元代修史时经过多年的讨论，确立了辽、宋、金"三国各与正统，各系其年号"的修史方案，承认了辽、金的正统地位。③这可以说是中国历史上民族观的一大进步，这一进步是与当时元朝是蒙古族为统治民族有极大关系。当时并未将统治西北近两个世纪、有十代皇帝的西夏列入修史行列。元朝灭亡后，明代掀起了承认还是否定辽、金正统地位的争论。实际上，后来否定辽、金正统地位的观点一直延续下来。追其根源，不外是大民族主义作祟。

二、少数民族在历史上对中华民族的贡献

汉族主要开发了中原地区，并以其先进的生产技术影响和帮助少数民族。少数民族主要开发了边疆。上述匈奴较早地统一了北方广大地区，包括东胡部落、丁零部落等东部和西部地区。鲜卑、柔然也是如此。南部和西部的百越、蛮、羌等都有开发和统一部分地区的重要贡献。

北方和西部的少数民族利用当地广袤草原的条件，发展了畜牧业，逐步形成了对畜牧业生产的先进技术、经验和管理制度，使这些地区成为畜牧业基地。一些重要牲畜如马、驴、骡、骆驼的驯养和使用自少数民族地区开始。长期以来中原地区向北部少数民族地区购买马匹等畜产品。少数民族往往能组成训练有素、灵活机动的优秀骑兵队伍，形成强大的军事力量。少数民族的骑射技术直

---

① 翁独健主编：《中国民族关系史纲要》"绪论"，中国社会科学出版社，1990年。
② 《史记》卷110《匈奴传》。
③ ［元］权衡：《庚申外史》卷上。

接影响到中原地区，如战国时期的"胡服骑射"就是从北方少数民族引进到赵国，并逐渐推广开来。[1]

水稻的栽培也产生于南方少数民族地区，主要是古代百越地区。在岭南地区、长江流域、云南等少数民族地区都有悠久的水稻栽培技术，并由此衍生出有关衣食住行等"稻作文化"，从物质上、精神上都丰富了中华民族的历史文化内涵。不仅如此，稻作文化还远传到东南亚、印度，以及世界其他地区，对世界的经济、文化起到推动作用。

很多少数民族把当地盛产的农作物品种和种植方法传播到中原地区乃至全国各地。如高粱、玉米、花生、芝麻、蚕豆、棉花、麻、葱、蒜、黄瓜，以及过去熟知的胡萝卜、胡椒、苜蓿、葡萄、石榴等作物皆来自少数民族地区。

不少民族的手工业皆有自己的特色，有的还流传到中原地区。少数民族的织物，如壮族的壮锦，苗族的蜡染都享誉国内外。又如铁器的制造（如匈奴的铁器冶炼）和风箱的制作、使用等。榆林窟西夏洞窟中的《锻铁图》，描绘了为锻铁炉鼓风用的竖式双木扇风箱，是当时颇为先进的鼓风设备。[2]

少数民族的生活方式和生活用品各式各样，很有特色，其中不少为全国人民所接受，对全中国的物质文化生活产生了深远影响。如清朝的马褂、旗袍成为长期流行后世的中国传统服饰。在饮食方面，汉朝以前中原地区没有面食，后由少数民族地区传入；少数民族地区传统的火锅及羊肉串对近代全国的食品产生了重要影响；全国人民日常须臾离不开的桌、椅等是少数民族发明的。

少数民族文化具有很高的成就，不断为中华民族文化注入新的血液，增添活力。在我国不同的历史时期，一些少数民族陆续创制了约三十种文字，并用这些文字记录了大量文献资料，成为我国文化宝藏中的重要组成部分。

少数民族音乐或悠扬悦耳或节奏鲜明，很有特色，且有很多独特的乐器，南方和北方的民族音乐对中原音乐的发展变化起了很大作用。民族歌舞或粗犷豪放或曼妙动人，广为流传，至今仍吸引着国内外的广大观众。我国的传统杂技有相当一部分由西域传入中原。少数民族历史上的诗歌、民间故事脍炙人口，彝族的《阿诗玛》、傣族的《召村屯》等被改编成电影、戏剧，成为各族人民家喻户晓、喜闻乐见的文艺作品。少数民族的民间说唱体长篇英雄史诗有藏族的《格萨尔》、蒙古族的《江格尔》、柯尔克孜族的《玛纳斯》，并称为中国少数民族的三大英雄史诗，影响广泛，已被译成多种外文。

在我国历史上少数民族宗教对全国宗教的发展演变起了重要作用。佛教的最初传入首先通过西域和河西走廊少数民族地区，当时很多高僧是少数民族。藏传佛教是佛教和藏族地区的苯教结合的产物，其宗教领袖八思巴、宗喀巴是颇具影响的人物。后来藏传佛教经过西夏的接受、过渡，流传到中原很多地区。伊斯兰教的传播也主要是在大大小小的少数民族聚居区。这些年对佛教、伊斯兰教及萨满教的深入研究表明，只有对少数民族宗教史进行全面研究，才能系统地、全面地研究中国宗教史。

特别值得提出的是少数民族在科学技术上的卓越贡献。藏族医学发展到今天已是中国医学的一个重要组成部分，藏族医学的代表作《四部医典》等有很高的医学成就。[3]在彝文文献中发现了几百年前的医书，现已整理出版了《彝药志》。[4]蒙古族的医学，特别是外科、骨科对满族、汉族都有

---

[1]《史记》卷43《赵世家》。
[2] 史金波：《西夏社会》（上），上海人民出版社，2007年，第127页。
[3] 玉妥·允丹贡布著，李永年译：《四部医典》，人民卫生出版社，1983年。
[4] 云南省楚雄彝族自治州卫生局药检所：《彝药志》，四川民族出版社，1983年。

重要影响。彝族、傣族的天文、历法学或有重要建树或广采博收，都有很高的成就。元代波斯人札马鲁丁在北京建立的天文台，是当时世界上最先进的天文台之一。清代著名蒙古族学者明安图吸收西方知识，在历算和地理测绘方面作出了重要贡献。清代满族数学家辈出，成绩很大。少数民族的居室建筑风采各异，适宜当地自然环境。北京城是世界上最伟大的建筑杰作之一，它的最初设计者是元代回鹘人也黑迭儿丁。[①]中国少数民族在中外科技交流方面，还起着桥梁作用，在发展中国科学技术上作出了特殊的贡献。

少数民族在更大的范围内传播中原地区的先进文化和科学技术。隋唐以后中原王朝科举成为教育和选官的主要制度。南北宋时期，辽、西夏、金都推行科举制度，把中原的儒学扩大到更广阔的地区。科学技术如天文历算、印刷术、医学等也有密切交流。西夏不仅接受了中原地区成熟的雕版印刷，还推广了在中原地区并未广泛流行的活字印刷；在存世的西夏文文献中，不仅发现了《维摩诘所说经》等一批泥活字印本，还发现了很多木活字印刷品如《吉祥遍至口合本续》等。这些都是目前世界上现存最早的活字印本。西夏成功创制了木活字印刷，并保存有最早的木活字版本，比元代王祯应用木活字约早1个世纪，又一次改写了印刷史。[②]

少数民族是中外文化交流的重要中转地区。丝绸之路北路和南路都经过少数民族地区，是中外交流最重要的通道，中国优质的丝绸通过民族走廊运输至世界各地。印刷术也通过西北少数民族地区向西方传播。而棉花的种植从中亚地区通过新疆、河西走廊等少数民族地区传入中原。

三、少数民族是中国边疆的坚定捍卫者

中国是汉族和各少数民族共同开发的结果，同时汉族和各少数民族也是中国的共同保卫者。中国的陆地边疆，从北部、西部到南部，几乎都是少数民族居住地区。少数民族在开发边疆、保卫边疆方面起到了特殊的历史作用，不能忽视，以近代尤为突出。

鸦片战争时期，在英国侵略军于沿海进攻广州受挫，北上窜扰浙江沿海时，有一支2000余人的藏族队伍，开赴浙东，支援海防。他们先后参加了袭取被占领的宁波、镇海两城的宁镇战役，很多藏族战士壮烈牺牲。另一支藏族部队协同陕甘军和四川军，参与了宁波附近的大宝山战役。充分表达出各族人民共御外侮的团结意志。西藏阿里地区受到来自英国东印度公司支持的克什米尔武装侵略时，我国由前、后藏派出的3000余藏族军队，驰援阿里。与入侵者奋战三天，全歼敌军主力，给入侵者以有力打击。

1883年，法帝国主义侵略中国和越南，造成中法战争。首先投入战斗的黑旗军，就是由壮族、汉族、瑶族各族人民组成的队伍，其中主要将领吴凤典、黄守忠等20多人都是壮族。他们英勇作战，击毙法军司令和主帅，给入侵者以迎头痛击。滇军也分两路从滇、桂出击。这些军队中有很多白族、彝族将士。法军在入侵我国云南地区时，苗族青年项崇周于1884年春组织了一支以苗族青年为基干，有汉族、瑶族、壮族各族参加的农民队伍，以简陋的武器与侵略者展开英勇斗争，保卫了边疆。

19世纪末，日本加紧了对中国和朝鲜的侵略，1894年爆发了中日甲午战争。在战争中回族将领左宝贵负责守卫平壤，连战四昼夜，为中朝人民献出了宝贵生命。由于清朝腐败，签订了丧权辱国的《马关条约》，将台湾及澎湖列岛和辽东半岛割让给日本，加深了中国的半殖民地化和民族危

①丁国勇：《回族史话》，宁夏人民出版社，2006年。也黑迭儿丁——北京城最早的设计和工程主持人。
②牛达生：《西夏文佛经〈吉祥遍至口和本续〉的学术价值》，《文物》1994年第9期。史金波：《现存世界上最早的印刷品——西夏活字印本考》，《北京图书馆馆刊》1997年第1期。

机。台湾高山族人民和汉族人民一道，共同抵抗日本侵略者，在扼守曾文溪的战斗中，就有700余名高山族壮士英勇参战，其间台湾人民击毙、击伤日军32000多人，日寇统帅能久亲王也被击毙。

1900年中国人民掀起了反对帝国主义的义和团运动。帝国主义为了镇压义和团，乘机瓜分中国，组成八国联军侵华。在八国联军进袭北京时，一支主要由回族士兵组成的部队和友军一起到河北廊房抗敌，奋勇打退敌人进攻。当沙俄单独派兵侵占中国东北的海兰泡时，一支由500名鄂伦春官兵组成的马队，与俄兵交战，十分勇敢，给气势汹汹的沙皇侵略军以迎头痛击。1904年大批英军在曲米森谷地方包围我江孜守军时，藏族官兵誓死捍卫疆土，后来饮水断绝，枪弹耗尽，他们顽强地用石块投掷敌人，表现出藏族人民捍卫祖国领土完整的坚定决心。

七七事变后，中华民族已经到了危亡时刻。中国共产党赤胆忠心，力挽狂澜，组织民众，坚持抗日。最早受日本侵略者残害、奴役的是包括朝鲜族、满族等少数民族在内的东北人民。早在1932年，在共产党的领导下，建立了抗日游击队和根据地。后组织东北抗日联军，很多朝鲜族、满族同志参加，朝鲜族的李红光、李东光、李福林，满族的陈翰章等人皆为抗联的重要领导人，他们出生入死、浴血奋战，为祖国献出了宝贵的生命。白族共产党员周保中奔赴东北抗日前线，参加组织领导抗日民主联军，领导汉族、朝鲜族人民，坚持敌后斗争十年之久，立下了不朽功勋。鄂伦春族、鄂温克族人民不仅积极参加抗联，还用各种形式打击日寇，消灭敌人。乌兰夫等同志把内蒙古的一支起义部队——蒙旗独立旅，变成党控制的蒙古族抗日武装，对发动蒙汉各族人民抗日救亡、阻击日寇南下起了重要作用。1939年蒙古族干部领导的蒙古抗日游击队，袭击伪军，打击日寇，屡建战功。在河北有马本斋率领的2000余人的回民支队，在山东也有1000余人的回民抗日武装，在陕甘宁边区正式组成了回民抗日骑兵团，等等，总计全国有数十支回族武装部队，都成为八路军、新四军的一部分。他们以满腔爱国热忱，英勇杀敌，重创日伪军。

至今中国少数民族这种保卫边疆的作用仍十分突出。中华各民族同仇敌忾、团结一致抵御外国侵略者的英勇行为，可歌可泣，这种精神应发扬光大。

四、正确地认识中国的民族关系

历史上的民族有的一直在原地延续至今，也有一些民族迁徙异地，各民族之间有密切交往、相互联系、相互影响，甚至深度融合，有的民族融入其他民族之中。

民族史学界对什么是中国历史上民族关系的主流进行了深入讨论。著名史学家白寿彝教授认为："主流是什么呢？几千年的历史证明，尽管民族之间好一段、歹一段，但总而言之，是许多民族共同创造了我们的历史，各民族共同努力，不断地把中国历史推向前进。"[1]著名史学家翁独健教授认为："中国民族间的关系，从本质上看，是在漫长的历史进程中，经过政治、经济、文化诸方面愈来愈密切的接触，形成一股强大的内聚力，尽管历史上各民族间有友好交往，也有兵戎相见，历史上也曾不断出现过统一或分裂的局面，但各族间还是互相吸收、互相依存、逐步接近，共同缔造和发展了统一多民族的伟大祖国，促进了中国的发展，这才是历史上民族关系的主流。"[2]经过进一步研究讨论，很多专家认为这些提法阐明了我国历史上民族关系的主流和本质，表达了1949年以来民族关系史研究的新成果，对今后的研究具有指导意义。

中国从历史上就是一个多民族的国家，同时也是一个多语言、多方言、多文字的国家。历史上，各民族之间有密切的交往，总在自动地、不断地相互吸收、借鉴、融会，这成为中华民族发展

①白寿彝：《关于中国民族关系史上的几个问题》，《中国民族关系史研究》，中国社会科学出版社，1984年。
②翁独健：《在中国民族关系史研究学术座谈会闭幕会上的讲话》，《中国民族关系史研究》，中国社会科学出版社，1984年。

的主流。当前我们更要站在维护祖国统一、增强民族团结的高度，加强国家认同，加强中华民族认同，在保障各民族权益、保障各民族使用自己语言、文字权利的同时，注重各民族之间的交流，互相尊重、互相学习、互相帮助，避免人为地在各民族间设置交往障碍，影响民族之间的交流。

我们民族研究工作者要为祖国统一和各民族团结，为各民族经济、文化、社会发展，为各民族互相交流、学习，共同发展、繁荣不懈努力，起到促进作用，作出应有的贡献。

在2010年1月中央召开第五次西藏工作座谈会上，胡锦涛同志强调指出，要毫不动摇地坚持和完善党的民族理论和民族政策，坚持和完善民族区域自治制度，把有利于民族平等团结进步、有利于各民族共同繁荣发展、有利于民族交往交流交融、有利于国家统一和社会稳定作为衡量民族工作成效的重要标准，推动各民族和睦相处、和衷共济、和谐发展。

今年初习近平总书记指出："中国特色社会主义是社会主义而不是其他什么主义，科学社会主义基本原则不能丢，丢了就不是社会主义。"又指出："我们既要坚定走中国特色社会主义道路的信念，也要胸怀共产主义的崇高理想，矢志不移贯彻执行党在社会主义初级阶段的基本路线和基本纲领，做好当前每一项工作。革命理想高于天。没有远大理想，不是合格的共产党员；离开现实工作而空谈远大理想，也不是合格的共产党员。"这对我们正确认识民族问题、认识民族交往交流交融，做好民族工作同样具有重要指导意义。

〔原载《中华民族复兴与民族哲学发展研究》（中国少数民族哲学及社会思想史学会2013年年会论文集），Russian Buryat Scientific Center Press，2014年5月。转载于《宗教信仰与民族文化》（第八辑），社会科学文献出版社，2016年6月〕

中华民族是多元一体的

在漫长的历史发展中，我国各民族相互依存、休戚与共、水乳交融，繁衍生息在中华大地上，形成了中华民族多元一体的格局。只有深入研究这种多元一体格局的发展历史，才能更加深刻地认识我国是统一的多民族国家，进一步巩固和发展平等团结、互助和谐的社会主义民族关系。这里以10—13世纪的中国为例，当时虽然辽、宋、夏、金分立，以少数民族为主体建立的王朝取得了前所未有的政治地位，但仍表现出强烈的中华民族多元一体性。

继承中华正统意识。这一时期，少数民族建立的王朝虽与中原宋王朝分庭抗礼，但都逐渐产生了不自外于中国的华夏正统观念，甚至以中国正统自居，并以中国传统的"德运"之说进行解释和争辩。中国历史上各王朝以金、木、水、火、土五德传承，这是华夏正统观的重要内容。辽、宋、夏、金各朝自诩中国正统，德运分别为水、火、土、金。这证明当时各朝虽主体民族不同，但都认同中国的帝统，视本朝为其支脉。这是对中华民族政治和文化的高度共同认知。

政治趋同，经济交往密切。这一时期，各政权之间既有相互征战的一面，又有和平相处的一面；既有矛盾斗争的一面，又有经济文化交流的一面。从政治上看，辽夏金各朝都接受了中原地区的政治制度，同时各王朝参照中原法典制度制定法律，丰富了中华法系的内容。这就使中原地区先进的政治制度推广到更大范围，表现出明显的政治制度延展性和趋同性。在经济上，辽金夏进一步开发了北方、东北、西北地区，学习中原地区先进的农业和手工业技术。各王朝通过边界権场进行贸易，互通有无。同时，各王朝聘使所带赠送和还赐的礼物很多，多是互补物资，也具有经济交流的作用。此外，使团往往在沿途做大宗的交换、贸易。这种既有交流又有阻隔的格局，既使各王朝发展了特色经济，又通过相互交流提高了生产力水平。

民族文化互相借鉴和融会。儒学主张的"德治"和"仁政"，是中华传统文化的主脉，对维护国家统一、稳定社会秩序起着积极作用。辽太祖崇拜孔子，尊孔子为"大圣"；西夏接受儒学，翻译儒家经典，中后期更加重视汉学，建立大汉太学，尊孔子为文宣帝；金朝对儒学和儒士也十分重视，拜被俘的汉族官吏和儒士为师，聘为高官，请其授以汉族文化。这样，儒学在少数民族中也出现了大传播、大普及、大推广局面。文字是文明社会形成的重要标志，辽、宋、夏、金时期，汉文使用范围仍然最广，各少数民族王朝都使用汉文。而这一时期最具特色的是少数民族王朝创制和使用本民族文字，成为中国历史上多种文字争奇斗艳的时代，对弘扬民族文化起到了重要作用。

民族之间深度交往交流交融。辽、宋、夏、金都是多民族王朝，民族之间交往频繁。宋朝对境内的少数民族采取因俗而治的怀柔政策。辽采取南北两面官制治理不同民族地区。金也曾实行南北两面官制，前期还有民族等级，后来实行"仁政"，民族界限逐步淡化。西夏没有实行民族等级制度和严厉的民族压迫政策，境内民族关系相对稳定。辽夏金逐渐从本民族单一治理向多民族治理转变，特别是在吸收中原制度和文化方面，皆得益于汉族士人的辅佐，学习并接受了多民族治理的观念。三个少数民族王朝先后完成封建化过程，在统治、影响其他民族的同时接近汉族，在汉文化习俗的熏陶下渐次汉化。尽管这一时期民族矛盾突出，但民族间交流、借鉴、融合依然是主流。

　　元代大一统后，党项族、契丹族、女真族虽然仍是当时的重要民族，但因失去了政权支撑变得相对弱势，本民族特点更加式微，形成民族融合的新趋势。明清以降，他们都消失在中华民族的大熔炉之中。以历史唯物主义观点看待这样的民族交往交流交融，这种民族间的自然同化是多民族社会发展的一种必然现象，是一种进步趋向，促进了统一多民族国家的发展。

　　（原载《人民日报》2015年8月26日"大家手笔"，作者原标题为"从辽宋夏金时期看中华民族多元一体"）

丝绸之路上的少数民族

【摘　要】 丝绸之路历史上是一个多民族地区，各民族对丝绸之路的形成和发展都发挥着重要作用，作出了历史性贡献。通过丝绸之路东西方在经济、科学技术方面密切交流，推动了沿线社会的发展，有助于世界文明的进步。丝绸之路各民族在文化上互相学习、渗透、吸收，在语言和文字上相互交流、借鉴，出现了很多翻译作品和双语人才。丝绸之路是各民族互相吸收、交融的典型地区，总的趋势是民族逐渐减少，各民族共同点越来越多。丝绸之路的巨大贡献是通过和平交往，对沿线各国、各民族都带来福祉。中国提出共建"一带一路"的倡议，借用丝绸之路的历史经验，推动横跨亚洲、非洲和欧洲的地区发展合作框架，符合历史发展规律，顺应国内外的民心民意。

【关键词】 丝绸之路；少数民族；语言文字；交流交往交融；和平交往

著名的丝绸之路起始于古代中国，是连接亚洲、非洲和欧洲的古代商业贸易路线。它以长安（今西安市）为起点，经河西走廊到敦煌，再分为南路和北路：南路经楼兰、于阗、莎车，穿越葱岭到大月氏、安息，再向西至条支、大秦；北路经交河、龟兹、疏勒，穿越葱岭到大宛，再向西经安息至大秦。在中国境内所经之地除汉族地区外，很多为少数民族地区。了解丝绸之路上的少数民族对深刻认识丝绸之路的过去、现在和未来有不可忽视的重要意义。

一、丝绸之路上的少数民族及其贡献

丝绸之路历史上是一个多民族地区，可以说是一个民族走廊。当地各民族对丝绸之路的形成和发展都发挥着各自的重要作用。

秦、汉时期，匈奴是中原北部的强邻。匈奴以畜牧和狩猎为主，重视商贸。匈奴冒顿单于击败大月氏，控制了西域。"以夷灭月氏，尽斩杀降下之。定楼兰、乌孙、呼揭及其旁二十六国，皆以为匈奴。诸引弓之民，并为一家"①。汉初，匈奴称霸西域后与西域诸国关系更加密切，开辟并发展了草原丝绸之路，将中国与欧亚大陆草原联系在一起，使中国和欧亚大陆交往进入了新的时期。匈奴一方面将匈奴人迁到被其侵占的地方，另一方面强迫被征服的部族迁移到匈奴。汉武帝于建元二年（前139年）派张骞出使西域，后到达大宛等地，目的是了解、联络少数民族。张骞在西域获得了有关各民族的大量资料。②后汉武帝时多次击败匈奴。汉宣帝时与乌孙联合夹击匈奴，对匈奴打击巨大。宣帝神爵二年（前60年），西汉政府设置西域都护府，这一带开始直接隶属中央管辖。

---

① 《史记》卷110《匈奴列传》。
② 《史记》卷123《大宛列传》。

这一时期的少数民族及其建立的王国有鄯善、焉耆、龟兹、月氏、乌孙等。

鄯善王国在今新疆若羌县一带,位于丝绸之路南道,旧都是楼兰城,后迁都扜泥城(今新疆若羌附近),在西汉时是西域三十六国之一,东汉时期又兼并了一些小国,成为丝绸之路上一个比较重要的王国,与汉朝有着密切的友好关系。鄯善有沙漠南缘的绿洲,农业生产发达,物产丰富,也有较发达的制造业。若羌地区还出产铁,有较发达的冶炼和制造业,当地制造的兵器很有名。汉明帝永平十六年(73年),班超奉命出使西域,首先到达鄯善,重新打通丝绸之路。①鄯善王国中吐火罗人占统治地位,与大月氏有密切关系。②

佛教由印度东传至中国,首先通过丝绸之路传到西北少数民族地区。东汉明帝年间,派遣使者经由丝绸之路上的大月氏国,请来印度僧人迦摄摩腾和竺法兰。这两位僧人为便于传播佛教,将他们从西域带来的梵文佛经翻译成汉文。③在东汉时期译经的还有来自安息的安世高王子和来自大月氏的支娄迦谶。佛教通过丝绸之路上的少数民族地区传到中原,对此后的中国宗教信仰,乃至中国的文化都产生了重要影响。

魏晋南北朝、隋唐时期,丝绸之路上西域一带有突厥、于阗、粟特、回鹘、吐蕃等族。唐初在西域设置龟兹、于阗、碎叶、疏勒四镇,后又设立安西都护府和北庭都护府。④

突厥人于6—8世纪在蒙古高原上建立突厥汗国,统一了中亚草原、蒙古草原。⑤当时突厥人把从中原获得的丝绸等转手卖到西方市场,赚取丰厚利润。突厥汗国的联系远到波斯帝国、东罗马帝国。583年,突厥分裂为东、西两个汗国。唐初,降服东突厥,西突厥在西域称雄,控制丝绸之路。唐高宗显庆二年(657年)征服西突厥;唐天宝四载(745年),在唐朝军队和回纥等民族联合攻击下,后突厥汗国也退出了历史舞台。⑥

于阗王国历史悠久,是西域一大强国。早在西汉时期与中原王朝就有联系,三国至南北朝时期来往频繁,隋唐时常遣使进贡,是唐代安西四镇之一,其国王领安西节度副史名号。⑦于阗是西域诸国中最早缲丝养蚕的国家之一,后来成为西域诸国的丝绸之都。新疆地区考古发现了大量丝绸,其中包括当地生产的丝绸。⑧于阗后与喀喇汗王朝和高昌回鹘汗国鼎足而立。于阗王朝前后历经13个世纪,与中原王朝联系不断,朝贡不绝。于阗是佛教东传的要道,大乘佛教的理论中心。隋末、唐初于阗国尉迟跋质那和尉迟乙僧,将独具魅力的西域绘画新技法带到中原。

粟特人在隋唐时期的丝绸之路上很活跃。这一地区分布着大小不等的绿洲,构成了许多国家,中国史书称之为“昭武九姓”⑨。粟特人是一个擅长经商的民族,“善商贾,好利,丈夫年二十去旁国,利所在无不至”⑩。粟特人从东汉时期直至宋代,长期往来活跃在丝绸之路上,对其他民族的文化善于吸收、传授。粟特人有多种宗教信仰,佛教、基督教、摩尼教、祆教在粟特人中都有信徒。

鲜卑族在东汉、魏晋以后,占有草原丝路亚洲部分的大部,建都平城(今山西省大同市)后,

①《后汉书》卷47《班超列传》。
②《后汉书》卷88《西域传》。
③[唐]靖迈:《古今译经图记》卷1。
④《资治通鉴》卷195《唐纪十一》,唐太宗贞观十四年九月乙卯条。
⑤《周书》卷50《异域传·突厥》。
⑥《隋书》卷84《突厥传》。《旧唐书》卷194、195《突厥》(上、下)。
⑦《旧唐书》卷198《于阗传》。
⑧李文瑛:《新疆境内考古发现的丝绸文物》,《东方早报》2015年11月11日。
⑨《晋书》卷97《四夷传》;《三国志》卷30《魏书·乌丸鲜卑东夷传》。《北史》卷2《魏本纪二》。
⑩《新唐书》卷221《西域传下》。

丝路重新畅通，西域诸国纷纷向北魏遣使朝献，频繁往来。[①]平城一带保存有不少通过丝绸之路输入的文物，如金银器、鎏金铜器、玻璃器、波斯银币等。[②]迁都洛阳后，北魏继续掌控河西走廊与西域一带，通使国家更多。[③]

回鹘人的祖先是丁零人。在唐代丁零的一部回鹘逐渐强大后，建立回鹘政权，与唐朝一直保持友好关系。[④]安史之乱后，丝绸之路传统路线受阻，丝路北移，回鹘凭借地处要冲之优势，控制了东西方交通的命脉。在粟特人的帮助下，回鹘把从唐朝换回的丝绸大量运销中亚和欧洲，获取厚利。

家喻户晓的玄奘取经，自丝绸之路的起点长安出发，经河西走廊，循北道出玉门关，经伊吾，后转至高昌回鹘，受到高昌王热情接待，后继续西行，经焉耆、龟兹、姑墨、越葱岭，到碎叶城，得见西突厥的肆叶护可汗，再经昭武九姓国、吐火罗国，而至天竺，沿途多是少数民族支持、帮助。

吐蕃人在唐代安史之乱、藩镇之祸后，趁机向东、向北扩展，取得了陇右、河西，790年，吐蕃占据北庭、安西，控制了丝绸之路。后来吐蕃王朝削弱，中心北移，在河陇地区西部，逐渐联合成有一定实力的政权，仍把控着丝绸之路的重要部分。[⑤]同时还开辟了青海河源地区至吐蕃的唐蕃古道，形成高原丝绸之路。唐代西行求经的僧徒，有的从河源入吐蕃，经尼波罗到达天竺。同样，这一通道也为文明的传播作出过重大贡献。

辽、宋、夏、金时期，中国处于多个王朝分立时期，在丝绸之路上有影响的少数民族有契丹、党项、回鹘等。

契丹族建立的辽朝，在太祖耶律阿保机时曾经率军西征，使西域诸国相继臣服。辽朝统治长城内外和西域广大地区，使南北沟通，农牧结合。辽朝发展了草原丝绸之路，通过漠北贯通东西，远及西部的大食、波斯等地。[⑥]金朝灭辽后，辽将耶律大石到达可敦城（今蒙古国布尔干省青托罗盖古回鹘城）建立西辽王国，称霸中亚，其辖区囊括了丝绸之路上西域及其以西地区，开展了与西部地区的贸易，将丝绸等物品与中亚和西亚的珠宝、玉器和香料等进行交换。

党项族原居住在青藏高原东麓，唐代受吐蕃的挤迫而向北迁徙，唐末、五代时期在今陕北一带逐渐强大，宋初占领银川平原和河西走廊，建立西夏王国，与宋、辽鼎立。西夏控制着丝绸之路的要害，与西部大食、西州通使、贸易。西夏实行商业优惠政策，做转手贸易，居间得利。[⑦]这一时期，丝绸之路受到西北民族政权分立历史环境的制约，影响了中原与西方的经贸联系，促使宋朝发展了海上丝绸之路。

元时期，成吉思汗及其后代蒙古汗王发动了三次大规模西征，征服了包括丝绸之路的欧亚大部分地区，并对西夏、金朝和南宋进行南征。蒙古军队的征伐给各地、各民族带来了灾难，同时也扫清了丝绸之路上的障碍。自窝阔台汗开始实施"站赤"（驿传）制度，忽必烈时期在丝绸之路上兴修了约1500个官办驿站，形成了空前庞大严密的欧亚交通网络体系，使丝绸之路更加畅通。[⑧]元朝

---

①《魏书》卷4《世祖太武帝纪》。

②王银田：《丝绸之路与北魏平城》，《暨南学报》2014年1期。

③《魏书》卷7《高祖孝文帝纪》。

④《旧唐书》卷195《回纥传》。

⑤《旧唐书》卷196《吐蕃传》。

⑥武玉环、程嘉静：《辽代对草原丝绸之路的控制与经营》，《求索》2014年7期。

⑦史金波、聂鸿音、白滨译著：《天盛改旧新定律令》第七"敕禁门"，法律出版社，1999年12月。彭向前：《西夏王朝对丝绸之路的经营》，《宁夏大学学报》（人文社会科学版）2006年第2期。

⑧《元史》卷101《兵志四·站赤》。

与西方之间的经济交流频繁，丝路上商队往来如织。欧洲和中、西亚商人携带金银、珠宝、药物、奇禽、异兽、香料、竹布等来到中国，从中国购买丝绸、缎匹、金锦、绣彩、茶叶、瓷器、药材等。此外还通过进贡与赏赐方式进行朝贡贸易。诸汗国向元朝贡献的为奢侈品、特产品，元朝回赐钱币、缎帛等。①

明朝从未打开陆上丝绸之路，丝绸之路所在的中国的北部和西北部，仍在蒙古的控制之下。后来明朝发展了海上贸易，明成祖至宣宗时期，回族人郑和历时28年先后7次下西洋，将先进的中华物质文化、精神文化、政教文化等远播海外，通过海上丝绸之路推行经贸和文化交流。

此后欧洲诸国因陆上商路的中断，不断探索、开辟海上商路，形成了所谓"大航海时代"，打开了海上贸易通道，陆上丝路逐渐式微。

从以上丝绸之路部分民族及其贡献不难看出，丝绸之路是各民族共同开辟的贸易交往和文化交流通道，是古代亚洲、欧洲、非洲互通有无，促进友好往来的友谊之路，各民族之间的交往交流交融不断加深，很多民族都作出了重要贡献。

二、丝绸之路是各民族交往交流交融的典型地区

中国历史上各民族互相交流、互相吸收、互相依存，促进了各民族的共同进步和发展，这是中国民族关系的主流。丝绸之路因其地域和历史功能的特殊性，长期以来都是民族交往交流交融十分频繁的地区。

1. 通过丝绸之路东西方在经济、科学技术方面密切交流，推动了沿线社会的发展，有助于世界文明的进步。

古代中国的中原地区，经济繁荣，文化昌盛，农业、手工业都发展到很高的水平。通过丝绸之路，中原地区将养蚕、缫丝、冶铁、造纸、印刷术、凿井、灌溉等技术带到中亚、西亚和欧洲，中国的丝绸大量转运至约两万里以外的大秦（罗马帝国）。②这样不仅在物资上满足了西方的需要，也推动了当地生产力水平的提高，对这一带广大地区的经济和社会发展作出了重大贡献。中国的造纸技术至少在8世纪就传到阿拉伯地区，后来又从阿拉伯地区传往欧洲。中国的活字印刷技术也通过丝绸之路西夏和回鹘地区传到西方，对西方的文明产生了很大影响。③

西部的少数民族也将自己的特产经由丝绸之路向中原地区输送。以种植业为例，西部地区特有的葡萄、核桃、石榴、蚕豆、黄瓜、芝麻、无花果等食品传到东部，丰富了中原地区的作物品类。同时还将狮子、犀牛、良马等动物传进了中原。在音乐、舞蹈、绘画、雕刻等文化艺术方面，中原地区的文化艺术也大量吸收了通过丝绸之路传来的各民族有特色的营养，而变得更加丰富多彩、赏心悦目。

2. 丝绸之路各民族有自己的文化，并在相互交往中互相学习、渗透、吸收。作为具有交际功能的语言及记录语言的文字，在丝绸之路上也出现深刻的交流，当时有不少熟悉双语的人才。④

匈奴在汉朝北部势力曾很强大，但至今未发现当时匈奴有自己文字的记载，匈奴与汉朝书信的往来用汉字。匈奴既有熟悉汉语的匈奴人也有熟悉匈奴语的汉人。

鄯善王国的主体民族吐火罗人，使用的语言属于印欧语系印度语族西北俗语的一支，被称为鄯

①《元史》卷3《泰定帝本纪二》，参见蒋致洁《蒙元时期丝绸之路贸易初探》，《中国史研究》1991年2期。
②《后汉书》卷88《西域传》。
③史金波、雅森·吾守尔：《西夏和回鹘对活字印刷的重要贡献》，《光明日报》1997年8月5日。
④史金波：《中国古代双语文献及双语教育》，《双语教学与研究》第七辑，中央编译出版社，2010年9月。

善俗语。吐火罗人用由阿拉美文字演变而来的佉卢字母记录自己的语言。①新疆出土的佉卢字文献分属鄯善王国和于阗王国。佉卢字在鄯善王国得到了广泛的使用。佉卢字传到于阗，但在于阗民间并不通用，只用于王国上层和宗教人士中间。2世纪时，由于民族之间商贸交换的需要，在当地铸造了一种钱币，后被称为和田马钱。这种钱币一面用汉文篆字标明币值，另一面正中为一马或骆驼图案，周围一圈是佉卢字母，意为"大王，王中之王，伟大者：矩伽罗摩耶婆（之钱币）"②，钱币上王的名字因铸造时代不同而有所不同。这是丝绸之路很早的双语钱币，反映出当时汉族和少数民族在经济、文化上的密切关系。

3世纪开始在今新疆库车、焉耆、吐鲁番等地，使用一种用印度婆罗米文中亚斜体作字母的文字，原被称为吐火罗文。这种文字拼写的语言是印欧语系伊朗语族东支中的两种方言。吐鲁番一带的方言被称为甲方言，古龟兹（今库车）地区的方言称之为乙方言。③有的专家又将记录这两种方言的文字定为焉耆—龟兹文。此外，车师和楼兰地区的居民所讲的语言是印欧语中的另一种方言。当时这一带民族语言种类很多，文字也互相借鉴。近代发现的吐火罗文《弥勒会见记》，成书在5—6世纪，内容是弥勒菩萨上兜率天，以及在弥勒净土的各种趣事见闻，被称为中国历史上最早的剧本。④这也是丝绸之路上文化交流的典型作品。

居住在这里的粟特人文化很高，他们的语言属印欧语系伊朗语族。由于粟特人生活在彼此隔离的绿洲，形成不同的方言。粟特文属于阿拉美字母系统，有几种不同的形式，用于书写不同宗教的文献，主要有书写佛经的佛经体，书写景教经典的古叙利亚体和书写摩尼教经典的摩尼体。《大唐西域记》中最早提到这种文字。⑤粟特文随着粟特人的消亡而逐渐退出历史舞台，但粟特文有很强的衍生能力。回鹘文源于粟特文，在回鹘文的基础上又创制出老蒙古文和蒙古文，后满族又借鉴蒙古文创制出满文。以上几种文字大量文献留存于世，成为中国的重要文化遗产。

于阗人操东伊朗语，也属印欧语系伊朗语族，称为于阗语或于阗塞语。汉朝通西域后，于阗地区与中原关系密切，汉文一直是当地的通用文字。后来于阗人用印度婆罗米文的一种变体记录于阗语，称为于阗文。使用于阗文后，汉文的主导地位逐渐被于阗文取代，但并未被废止，汉文对于阗文产生了很大的影响。在于阗文中有大量汉语借词，有的文献还在于阗文中夹写汉字。近代考古发现的文献中有《汉语—于阗语词汇》《突厥语—于阗语词汇》等，表明了当时使用双语的实际情况。⑥

记录突厥语的突厥文是一种音素、音节混合型文字，使用时间在7—10世纪。19世纪末，在蒙古鄂尔浑河流域的和硕柴达木湖畔发现了两块石碑，上面除突厥文外，另一面还刻有汉文。后来的研究表明两块石碑分别是《阙特勤碑》和《毗伽可汗碑》，是古代突厥人的遗存。关于这段历史和立碑事始末汉文文献有详细记载。⑦原来与唐朝保持和好关系的毗伽可汗被害，唐玄宗闻讯为其辍朝三日表示哀悼，并派使者前往后突厥汗国，为毗伽可汗立碑建庙，唐玄宗亲笔御书碑文。⑧这两块御制碑的背面和侧面，用突厥文铭刻了死者生平事迹和显赫武功。此汉文、突厥文合璧碑见证了

---

①马雍：《古代鄯善、于阗地区佉卢文字资料综考》，《中国民族古文字研究》，中国社会科学出版社，1984年。
②夏鼐：《和阗马钱考》，《文物》1962年2期。马雍：《古代鄯善、于阗地区佉卢文字资料综考》，《中国民族古文字研究》，中国社会科学出版社，1984年，第6—49页。
③李铁：《焉耆—龟兹文的研究》，《中国民族古文字研究》，中国社会科学出版社，1984年，第56—63页。
④季羡林：《吐火罗文〈弥勒会见记剧本〉译文》，《语言与翻译》1992年第3期。
⑤[唐]玄奘：《大唐西域记》卷1。
⑥黄振华：《于阗文研究概述》，《中国民族古文字研究》，中国社会科学出版社，1984年，第64—68页。
⑦《新唐书》卷215《突厥》（下）。
⑧[宋]王钦若：《册府元龟》卷975《外臣部·褒异三》。

唐朝和突厥的密切关系。

吐蕃人使用的藏语属汉藏语系藏缅语族，藏文是7世纪吐蕃大臣通米桑布扎参照印度梵文设计的一套文字，一直使用到今天。吐蕃王朝与中原汉族地区有广泛的文化往来，丝绸之路上敦煌石室出土了很多藏文文献，其中有译自汉文的典籍，藏文《今文尚书》就是其中之一，存《泰誓中》《泰誓下》《牧誓》《武成》等篇，最末为"《尚书》第六卷完"。此外还有《战国策》藏文译本。[1]在敦煌藏文写卷中有一种特殊的长卷，是用古藏文音译汉字的写本，又有汉藏对音《千字文》和《大乘中宗见解》本。这些都反映了当时汉藏民族文化交流的事实。敦煌吐蕃文献中还有其他相关民族的历史书，如《吐谷浑大事记年》等。

契丹族属阿尔泰语系蒙古语族，曾先后创制契丹大字和契丹小字。辽朝翻译了不少汉文典籍，如史书《贞观政要》《五代史》《通历》，以及《阴符经》《方脉书》《辨鸡录》等。[2]甚至辽朝皇帝也参加译书，辽圣宗耶律隆绪曾翻译白居易的《讽谏集》。[3]然而契丹文使用可能并不广泛。辽代崇佛，曾刻印了著名的汉文《大藏经》《契丹藏》，还在北京城西南的云居寺继隋唐之后续刻石经，但并未将佛经译为契丹文。看来在契丹汉文化有更大的影响。

党项族建立了西夏王朝，党项语属汉藏语系藏缅语族语言。西夏借鉴汉字创制了记录党项语的文字，后世称为西夏文。党项族善于吸收其他民族的文化，与汉、藏、回鹘民族之间的文化交流十分热络。西夏翻译了中原地区的儒学经典，如《论语》《孟子》《孝经》，还翻译史书《贞观政要》《十二国》，兵书《孙子兵法》《六韬》《三略》《将苑》，类书《类林》等。西夏编纂的西夏文—汉文词语集《番汉合时掌中珠》，是党项人、汉人互相学习对方语言文字、培养双语人才的一部工具书，首创双语、双解辞书形式，是丝绸之路民族文化深入交流的典型例证。西夏还将本朝编纂的西夏文著作译成汉文。西夏崇信佛教，借助回鹘高僧，依据汉文《大藏经》翻译成西夏文《大藏经》，又据藏文典籍翻译藏传佛教佛经，还用藏文为西夏文佛经注音。西夏在丝绸之路上培育出多民族文化融合的西夏文化。[4]

蒙古族属阿尔泰语系蒙古语族，借鉴回鹘文创制了记录蒙古语的文字——蒙古文。元代编纂的《至元译语》是帮助汉人学习蒙古语的工具书，将与汉文词对照的蒙古语词用汉字写出注音，而不写蒙古文。元代在民族文化交流方面也有很多可圈可点的成果。如新疆维吾尔族翻译家安藏，习儒、释二家文书，通维吾尔、汉、蒙多种语言，先后将汉文典籍《尚书·无逸篇》《贞观政要》《资治通鉴》等译成蒙古文献给忽必烈。[5]回人察罕将《贞观政要》《帝范》译为蒙古文，又将蒙古文《秘史》《圣武开天纪》《太宗平金始末》译为汉文，促进了民族文化的双向交流。元朝忽必烈时期由国师八思巴借用藏文字母创制了一种蒙古新字，世称"八思巴蒙古新字"。忽必烈下诏令指出要以此种文字"译写一切文字"。当时曾用八思巴字翻译《孝经》《贞观政要》《大学衍义》，择要翻译《资治通鉴》等，从现有文献可以知道八思巴字除拼写蒙语外，还记录了汉语、藏语、梵语、回鹘语等语言。比较重要的八思巴字文献有《百家姓》《蒙古字韵》《八思巴字字汇》，以及藏传佛教文学名著《萨迦格言》等。八思巴字文献涉及多民族文化及其相互之间的交融。[6]

明代由政府设置专门的少数民族语文翻译机构"四夷馆"，分为8个馆：西天、鞑靼、回、女

①李铁：《焉耆—龟兹文的研究》，《中国民族古文字研究》，中国社会科学出版社，1984年，第63—65页。
②《辽史》卷103《萧韩家奴传》，卷72《宗室传》，卷98《耶律庶成传》。[宋]陈振孙：《直斋书录解题》卷5。
③[宋]叶隆礼：《契丹国志》卷7。
④史金波：《西夏文概述》，《中国民族古文字研究》，中国社会科学出版社，1984年，第142—168页。
⑤顾红艳、王志银：《杰出维吾尔族翻译家安藏》，《时代人物》2008年第6期。
⑥照那斯图、杨耐思：《八思巴字研究》，《中国民族古文字研究》，中国社会科学出版社，1984年，第374—392页。史金波、黄润华：《中国历代民族古文字文献探幽》，中华书局，2008年，第171—180页。

直、高昌、西番、缅甸、百夷，后又有所增补。①这些翻译机构涉及的语言，多与丝绸之路民族语言有关。四夷馆通过翻译和教学实践，编撰了一套《译语》。《译语》内容分"杂字"和"来文"两部分。"杂字"将常用词分门别类列出，以外文或少数民族文字与汉文对照；"来文"将辖管地区的朝贡文书选辑成册，加以汉文翻译而成。《译语》的编纂方便了各民族双语的学习。清代的"四译馆"是继明代四夷馆而来，因"夷"字为清朝所忌讳，改为"译"字。清四译等馆职责与明代相同。清代也编撰了一批《译语》，则是以南方少数民族和域外国家语言为主。

3. 历史上各民族之间总在自动地、不断地相互借鉴、吸收、融会。丝绸之路是多民族交往的走廊，也是各民族互相吸收、交融的典型地区。

民族的交融是一个渐进的过程，既有民族间互相学习、互相接近的需要，也与当时政府的政策有关。如北魏孝文帝实行改革，加速了北魏社会在经济、政治、风俗习惯的变化，中原地区的文化逐渐成为北魏社会文化的主体，鲜卑族的文化最终融入汉族和其他民族文化中。

民族的交融往往是双向的。隋唐时期随着丝绸之路的繁盛，长安成为繁荣的大都会，来自各民族地区、各国的使者、僧人、艺人、商人会集于此，有的流寓侨居成为常住人口，后来就融于中原。唐初仅突厥人入居长安的就近万家，其中最多的是商人。另一方面，长安城内汉族"胡着汉帽，汉着胡帽"成为常见现象。皇太子承乾"好效突厥语及其服饰，选左右貌类突厥者五人为一落，辫发羊裘而牧羊，作五狼头纛及幡旗，设穹庐，太子自处其中，敛羊而烹之，抽佩刀割肉相啖"②。至开元前后，长安不仅很多男子着胡服，妇女也着胡服，扮胡人男装。③在西安唐代墓葬中出土的牵驼、牵马俑和骑马狩猎俑都形象地反映出当时民族融汇的事实。西域胡乐在唐代也很盛行，当时整理出的十部乐，多属丝绸之路上的西域诸国。西域各民族的舞蹈也风行长安，以胡腾、胡旋、拓枝舞最为盛行。④汉族无论是在血统上还是在文化上都不断从各民族吸收营养。

随着经济文化的交流，丝绸之路上各民族有延续，有迁徙，有融合。不少民族血统上互相渗透、交融。一些早期属印欧语系的民族如吐火罗人、焉耆人、龟兹人、于阗人等消失了，一些影响较大的民族如匈奴、鲜卑、柔然、契丹、党项等民族也消失了。一些民族得以继续发展，形成今天丝绸之路上的各民族。

在消失的民族中，有的在历史记载中还能找到一些消失的痕迹。西夏被蒙古灭亡后，党项族虽然民族地位较高，但失去了往日西夏政权的呵护，一部分人入居中原，融入汉族，大部分留居西北故地，逐渐融入当地。据存世的《大元肃州路也可达鲁花赤世袭之碑》记载，元代肃州路一直由党项人阿沙及其子孙任最高地方长官，从元初至元末在河西走廊一带，其家族势力不小。⑤但后来就不见这些党项人的记载，他们已悄悄融入了其他民族。

丝绸之路一带是一个多民族、多语言、多文字的地区。随着社会的发展、进步和各民族越来越密切的交流，民族总的趋势是逐渐减少，各民族共同点越来越多。

丝绸之路也是多宗教的地区，而民族宗教信仰不是一成不变的。如现在的维吾尔族曾信仰过萨满教、摩尼教、景教、祆教和佛教，至10世纪部分人开始信仰伊斯兰教，16世纪才普遍信仰。又如藏族原来信仰苯教，后信仰佛教。党项人原来信仰原始宗教，后来又信仰佛教和道教。

外来宗教传入中国后往往会逐渐本土化，甚至发生世俗化。佛教传入后为适应在中国的发展，

---

①［明］郎瑛：《七修类稿》卷12《国事类》。
②《资治通鉴》卷196《唐纪十三》，太宗文武大圣大广孝皇帝中之中贞观十七年（癸卯）三月。
③《旧唐书》卷49《舆服志》。
④韩保全：《汉唐西安与丝绸之路》，《西安日报》2013年10月14日。
⑤白滨、史金波：《〈大元肃州路也可达鲁花赤世袭之碑〉考释》，《民族研究》1979年第1期。

寺庙建筑不同于印度佛寺建筑，成为中国宫殿式的建筑群，为中国广大佛教信仰者所认同。佛教的塑像、绘画也趋向中国化。佛教的禅宗是接受了中国世俗文化影响后形成的新教派。伊斯兰教的清真寺建筑也同样深刻地反映出本土化特点。北京牛街、宁夏同心县等著名清真寺都是结合了中国传统宫殿式建筑的典范。河北定州元代的《重建礼拜寺记》有以儒学阐释伊斯兰教的记载。①

三、和平交往是丝绸之路发展的历史趋势

丝绸之路在历史上的巨大贡献就是通过经济、文化的和平交往，对沿线各国、各民族都带来福祉，互利双赢，推动丝绸之路一带，乃至全世界的进步和发展。历史实践证明，凡和平、安定时期，丝绸之路发挥的作用就大，相关地区都会受益。否则，若产生冲突甚至战争，不仅会阻隔丝绸之路，使其作用减弱，甚至使当地人民遭受战乱之苦，颠沛流离，民不聊生。

在丝绸之路贸易中，总体上属于"以其所有，易其所无"的平等交换，本质上是互通有无、取长补短、共享文明成果，体现了平等交往、和平友好、双赢发展的开放精神。政府的对外贡使贸易，也是通过赠送、回馈，把丝绸、瓷器等作为传达和平友好的礼物，带往沿途各国。由于丝绸之路的沟通，使亚洲、欧洲，乃至非洲众多国家、民族加深了相互了解，相互沟通，有时甚至起到化解矛盾、避免冲突的作用。"化干戈为玉帛"突出地体现了丝绸之路和平交往精神，是世界上国家与国家、民族与民族之间互利交往的宝贵经验。

清朝中后期实行闭关锁国政策，经济上彼此隔绝，政治上因循自守，不重视对外贸易。清晚期政治腐败，积贫积弱，帝国主义列强从海上、陆路入侵中国，把中国变成半殖民地半封建社会。

1949年以后，不仅境内的民族更加密切了政治、经济、文化交往，还通过丝绸之路与沿线国家发展友好往来，特别是中国实行改革开放政策，经过30多年，创造了历史的奇迹，经济高速发展，成为世界第一大贸易国、第二大经济体，为全面建成小康社会，进一步发展成为高收入国家打下了良好基础。

时代越发展，各国、各民族交往越来越密切。中国提出的建设"一带一路"倡议，借用古代丝绸之路的历史标志和历史经验，推动自东向西横跨亚洲，直达非洲和欧洲的地区发展合作框架，借鉴了历史经验，符合历史发展规律，顺应国内外的民心民意。丝绸之路将焕发出新的活力，与境内外合作更加深入、广泛，将会发挥出更为巨大的作用。

（原载《历史教学》2016年第6期）

---

① 马娟：《试析元代汉人对伊斯兰教的"解读"——以定州〈重建礼拜寺记〉碑为例》，《世界宗教研究》2005年第1期。

宋辽夏金时期的民族和文化[*]

10—13世纪的中国处于辽、宋、夏、金王朝分立的时期。契丹族首领耶律阿保机建立的辽朝与北宋对峙，女真族首领完颜阿骨打建立的金朝与南宋抗衡。同时代还有以党项族首领元昊建立的西夏王朝，前期与辽、北宋鼎立，后期与南宋、金并列，加之西北的回鹘、西部的吐蕃唃厮啰政权、西南地区以白族为主的大理政权，形成了少数民族政权长期与中原汉族为主体的王朝分立的局面。这种民族关系的新格局对中国历史的进程产生了深刻影响。

一、少数民族王朝的地位及正统意识

两宋时期各民族之间关系呈现比较复杂的情况。以汉族、契丹、党项、女真、吐蕃、回鹘、白蛮、乌蛮等族和他们建立的政权之间的关系为当时民族关系的主要内容。各民族政权之间，既有相互征战的一面，又有和平相处的一面；既有经济文化交流的一面，又有矛盾斗争的一面。

这一时期少数民族建立的政权与中原宋王朝分庭抗礼，形成了魏晋南北朝以后中国的又一次民族政权分立时期。少数民族以新的姿态出现在中国历史舞台上，无论是辽、金，还是西夏，接近或进入中原地区后，都逐渐产生了不自外于中国的华夏正统观念，甚至以中国正统自居，并以中国传统的"德运"之说进行解释和争辩，[①]特别是辽朝与宋朝成为平等的兄弟之国，而金朝使南宋称臣，取得前所未有的政治地位，更以正统相标榜。中国历史上王朝金、木、水、火、土五德传承，是华夏正统观的重要内容。辽夏金各朝都重视德运，以此表明自己的正统地位。

辽代前期，契丹人以"蕃"自居，并无"正统"意识。辽朝统治者在接受华夏文明之后，"中国"意识逐步产生。从辽兴宗重熙年间起，辽朝开始以北朝自称。道宗末年修成的《皇朝实录》"称辽为轩辕后"[②]，这无疑是对中国传统的明确认同。辽代继承石晋的金德，称本朝德运为水德。

金朝自进入中原地区后，不断吸收中华文明，特别是自熙宗改制后，汉化趋向更为明显。至海陵王时代，女真统治者已形成中国正统王朝观念。宋、金对峙时期，双方都以华夏正统自居。南宋因受金的侵扰，退据南方，力争恢复山河。而金朝入据中原后，汉化趋势明显，加之为统治中原地区寻求合理化的解释，逐步萌生华夏观念和中国正统意识。这种思想意识在金代文学中有着系统而鲜明的表现。[③]金朝也持德运之说，原定为金德，后更定为土德。

西夏景宗元昊继祖、父两代之成就，坐拥西北一隅，地接中原，早沐华风，其立国称帝时向宋朝所上表章即蕴含正统意识，如"臣祖宗本出帝胄，当东晋之末运，创后魏之初基"，"称王则不

---

*本文为中国社会科学院民族学与人类学研究所创新工程项目《中国民族史学史纲要》中期成果。

①刘浦江：《德运之争与辽金王朝的正统性问题》，《中国社会科学》2004年第2期。

②《辽史》卷63《世表序》，第949页。

③宋德金：《正统观与金代文化》，《历史研究》1990年第1期。赵永春：《试论金人的"中国观"》，《中国边疆史地研究》2009年第4期。

喜，朝帝则是从"，"伏望皇帝陛下，睿哲成人，宽慈及物，许以西郊之地，册为南面之君"。表中追续北魏正统之缘，自诩为"南面之君"，以与宋辽抗衡。①西夏也遵循中国历代"德运"相胜相继之说，称"我国家纂隆丕褅，銶启中兴，雄镇金方，恢拓河右"②，可知西夏为金德。西夏文《圣立义海》记载的"国属金"也证实此说。③检索西夏文献，多讳言宋、辽、金国号，如在著名的《凉州碑》中提到宋朝时，西夏文碑文中以"东汉"代之，汉文碑文中则直接以"南国"表述。西夏法典《天盛改旧新定律令》（以下简称《天盛律令》）中，也以"汉""契丹"指称宋朝和辽朝。④而在各种文献中自称为"大夏"或"大夏国"，独居正统的意味昭然可见。西夏将其以儒学为主的最高学府称为"国学"，也可透露出不自外于中国的正统心境。

辽夏金各朝都有皇帝专属的名号，也是自称正统的重要表征。各朝除国号外，皇帝都有尊号，死后有庙号、谥号，建陵后有陵寝号。如辽开国皇帝耶律阿保机尊号为嗣圣皇帝，庙号辽太祖，谥号大圣大明神烈天皇帝。西夏开国皇帝元昊的尊号不止一个，有世祖始文本武兴法建礼仁孝皇帝、武烈皇帝等，庙号景宗，谥圣文皇帝，陵号泰陵。西夏还有一种带有"城"字的尊号，如元昊为"风角城皇帝"，惠宗为"珍陵城"皇帝，仁宗为"珠城"皇帝。金朝开国皇帝完颜阿骨打尊号大圣皇帝，庙号太祖，谥武元皇帝，陵号睿陵。确定年号纪年，是奉正朔的一种表示，辽夏金皆有自己的年号，辽金皆用二字年号，西夏除二字年号外，前期还用四字或六字年号，如景宗的天授礼法延祚，毅宗的延嗣宁国、天祐垂圣、福圣承道，惠宗的天赐礼盛国庆、天安礼定，崇宗的天仪治平、天祐民安。中国历史上的年号多为二字或四字，西夏的"天授礼法延祚"和"天赐礼盛国庆"为六字，创下中国使用年号以来最长的纪录。此外西南的大理国（包括后理国）也多有庙号、谥号、年号。

辽夏金各朝自诩中国正统，证明当时各朝虽主体民族不同，但都认同中国的帝统，视本朝为其支脉，这是对中华民族政治和文化的高度共同认知。

二、民族关系和民族融合

辽、宋、夏、金时期民族关系呈现出错综复杂的局面，但也有共同的特点和相似的发展趋势。

1. 中原王朝统治者，历来有"内中华，外夷狄"，"贵中华，贱夷狄"的大民族主义思想，并践行这样的民族政策，宋朝也不例外。宋朝国力不强，未能真正统一中国，澶渊之盟后，宋、辽成为兄弟之国。宋仁宗时期西夏抗宋立国，几经征战，皆以宋朝失利告终，宋朝只得承认西夏的实际地位。金朝兴起后，北宋沦陷，徽、钦二帝北狩。这使中原王朝汉族统治者和史学家有强烈的屈辱感和忧患意识。北宋的著名政治家王安石曾说："内则不能无以社稷为忧，外则不能无惧于夷狄，天下之财力日以困穷，而风俗日以衰坏，四方有志之士，谡谡然常恐天下之久不安。"⑤宋朝对境内的民族采取了传统的因俗而治的怀柔政策。

在阶级社会中，统治阶级的民族不平等、民族歧视观念根深蒂固，取得优势地位的少数民族统治者也不例外。

辽朝采取南北两面官制治理不同民族地区，"辽国官制，分北、南院。北面治宫帐、部族、属

---

①《宋史》卷485《夏国传》（上），第13995—13996页。

②《夏国皇太后新建承天寺瘗佛顶骨舍利碑》，见管律纂《嘉靖宁夏新志》卷4。

③［俄］克恰诺夫、李范文、罗矛昆：《圣立义海研究》"腊月之名义"，宁夏人民出版社，1995年，第55页。参见王炯、彭向前《"五德终始说"视野下的大白高国》，《青海民族学院学报》2007年第3期。

④史金波、聂鸿音、白滨译注：《天盛改旧新定律令》第9，法律出版社，2000年1月，第320页。

⑤［宋］王安石：《王文公文集》卷1，上海人民出版社，1974年，第1页。

国之政，南面治汉人州县、租赋、军马之事。因俗而治，得其宜矣"①。汉人、渤海人依《唐律》《唐令》，契丹与其他游牧部族则依"治契丹及诸夷之法"，同罪不同罚。②死刑保留生瘗、投崖、射鬼箭等契丹族原有刑罚。

金代也存在明显的民族压迫，在前期还有民族等级。金太祖至熙宗时期，各民族间不平等最为明显，海陵王以后，民族界限逐步淡化，而民族间不平等仍在延续。金朝也曾实行南北面官制，执行严刑峻法，保留奴隶制，至世宗时才系统吸收儒家思想，实行"仁政"③。

西夏境内也不例外地体现出主体民族的优势和封建社会的民族不平等。西夏初期创制西夏文字时，"汉"字由"小"和"虫"字组成便是证明。西夏初期强制颁行秃发令，"三日不从许众共杀之"④，但这种带有血腥味的措施只在党项民族中实行，并未涉及其他民族。西夏对党项族以外的其他民族没有实行严厉的民族压迫政策，没有划分为高低不同的等级，进行强力统治。西夏境内民族关系相对稳定，在近两个世纪的历史中，未发现大规模民族对抗和起义，唯一一次有记载的大规模起义是以党项族为主要力量。西夏法典《天盛律令》没有明显的民族等级和民族歧视条款，境内各族人皆可从政为官，官员排序以官品高低而不以民族划线，只是官品完全相同时才以番族为先。⑤

这种特殊情况的形成可能和民族发展、迁徙的历史有直接关系。契丹、女真族强大后，以武力占领、管理他们从未涉足、也不熟悉的中原地区，只能采用南北两种官制，开始甚至用破坏生产力的圈地、掠夺其他族人为奴的方法，使民族关系骤然紧张，引发汉族的强烈反抗，爆发民族起义。而党项族于唐代陆续内迁陇右、河西一带，历经五代、宋初，300多年间始终作为中原王朝的属民与汉族和其他民族杂居相处，互有往来。即便在11世纪初党项族首领建国时，当地居民结构和生活方式仍未出现剧烈变化。

2. 这一时期辽夏金朝在发展壮大中逐渐从本民族单一治理，向多民族治理转变，在统治理念上发生了很大变化，特别是在吸收中原制度和文化方面，皆得益于汉族士人的辅佐，体现多民族治理的观念。

从辽初开始，即重视从汉族人中选用治国人才。如辽太祖朝汉人韩延徽献胡汉分治、恢复垦耕之策，官拜左仆射。太宗时收抚赵延寿，战功累累，授枢密使。景宗时任用汉臣韩德让，征为南院枢密使，景宗死后又辅佐圣宗，后拜大丞相。这些举措符合当时辽朝发展需要，在辽朝历史发展中起到重要作用，既建立和加强了辽朝的中央集权制度，实现了对汉人聚居区的有效管辖，也促进了生产力水平的提高和文化教育的发展，同时还促进境内各民族间的交流融合。文献记载上层民族之间的吸收、交流很多，下层民众之间的往来、交流、通婚则更为广泛。

在西夏，汉族处于特殊、微妙的地位，特别是西夏初期因与以汉族为主体的宋朝不断战争，对汉族有敌视情绪。但汉族经济、文化相对比较发达，汉族士人的统治经验比较丰富、文化素养较高，西夏历代统治者多能从大局着眼，从实际需要出发，吸收、利用汉族人才。西夏王朝各代中党项人和汉人皆有重臣位列朝堂，如早期的杨守素，景宗时期的张元、吴昊，毅宗时期的景询等。宋朝旧制，殿试皆有黜落。张元黜落后以积愤投归元昊，成为西夏谋主，酿成宋朝大患。宋朝由此事总结教训，归咎于殿试黜落制度，于是在宋嘉祐二年（1057年）诏进士与殿试者皆不黜落，此后成

---

① 《辽史》卷45《百官志一》，第685页。
② 《辽史》卷61《刑法志上》，第937页。
③ 《金史》附录《进金史表》，第2899页。
④ [宋]李焘：《续资治通鉴长编》卷115，仁宗景祐元年十月丁卯条。
⑤ 《天盛改旧新定律令》第10"事过问典迟门"，第378页。

为定制。[①]

在西夏不仅上层有汉族，在普通居民中更有大量的汉人。在西夏传统的农业区中应是以汉族为多数。即便在西夏新兴的地区中，也有不少汉族。黑水城是西夏始建的城市，那一带牧业发达，因引黑水灌溉，农业也兴盛起来。在黑水城出土的户籍中，其中除有党项族以外，还有杨、浑、潘、罗等汉姓户主，证明当时黑水城地区的民众是党项人和汉族杂居的。[②]

党项族来到汉族文化底蕴很深的西北地区后，不仅在生产方面，还在吃、穿、用等方面都有很大改变。在婚姻方面变化尤其明显。隋唐时期党项族的婚姻还保留着群婚的残余。至西夏时期，党项族的婚姻已经受汉族影响，是父母之命、媒妁之言的封建婚姻关系。尽管党项族还保存着姑舅表婚的特点，但已经靠近了汉族的婚姻习俗。[③]西夏婚俗显著的变化是番汉两个民族之间的族际通婚，进行民族间的自然融合。西夏皇室就不断与其他民族结亲。李继迁、元昊和乾顺曾先后娶契丹皇室女为妻。西夏皇帝娶汉族女为妻也不乏其人。如崇宗乾顺之妃曹氏为汉族，生子仁孝，是为仁宗；仁宗妃罗氏也为汉族，生子纯祐，是为桓宗。西夏皇族中汉族的血统成分越来越多了。上述黑水城出土的西夏文户籍表明，西夏底层社会存在着更为普遍的番汉通婚现象。黑水城出土的一些借贷契约中借贷者和同借者不少是夫妻关系，有的夫妻一个是汉族，一个是党项族。[④]

金朝进入中原，深入汉族中心地区，与汉民族交流更是频繁。金朝也网罗汉族如蔡松年、宇文虚中进入朝廷，委以重任。金太宗时迁大批女真至今华北，将汉人迁往女真故地。金熙宗习汉文化，采用唐代官制，继续将大批女真、契丹人迁往中原。海陵王推进女真社会封建化，多用契丹、渤海、汉人掌权，迁都中都后，继续迁女真到中原。熙宗和海陵王两朝对汉文化的全盘接受，大大推动了金朝的汉化。儒家经典的传播使汉文化得以普遍在女真族中传播，很多女真人在思想、风俗、生活习惯上也逐渐发生变化，改用汉姓，穿汉族服装，仿效汉族儒士赋诗、弈棋、焚香、品茶等。金世宗不同于前代皇帝，有强烈的民族意识，不满女真人迅速汉化的趋势，提倡保存女真习俗，提倡"国语骑射"，将很多汉籍译为女真文并大量刊印。[⑤]大力提倡女真语，在宫中命歌者用女真语唱歌。[⑥]金章宗一方面也喜好汉文化，善诗词修刑法，改官制，促使猛安谋克制度崩溃，另一方面也采取了一些保护女真民族习俗的措施。但社会的发展与世宗愿望相反，女真人汉化趋势有增无减，证明汉族先进文化对女真人具有强大影响力。金朝后期猛安谋克制度崩溃，给女真人的汉化创造了更加有利的条件，女真族的彻底汉化成为不可逆转的结果。[⑦]

契丹、女真、党项三个民族进入中原或与之接近地区，逐步走上汉化道路，为此后全部或大部融入其他民族，特别是汉族创造了条件。

三、汉文和其他民族文字

文字是文明社会产生的标志，往往是一个民族发展、进步到一定历史阶段才有的文化现象。文字的创制有其实用功能，特别是民族发展壮大后，其内部交流和与外界交往，都需要记录语言的实用文字。此外文字的产生也往往标志着政治功能，统治者对内可借文字有效地宣示政令、军令，上传、下达各种必要的信息，同时对外表示本民族达到高度文明的程度。

①[宋]王栐：《燕翼诒谋录》卷5，中华书局，1981年，第52页。
②史金波：《西夏户籍初探》，《民族研究》2004年第5期。
③史金波：《西夏党项人的亲属称谓和婚姻》，《民族研究》1992年第1期。
④史金波：《西夏粮食借贷契约研究》，《中国社会科学院学术委员会集刊》第1辑(2004年)，社会科学文献出版社，2005年3月。
⑤《金史》卷8《世宗本纪》(下)，第184页。
⑥《金史》卷7《世宗本纪》(中)，第159页。
⑦刘浦江：《女真的汉化道路与大金帝国的覆亡》，《国学研究》第7卷，北京大学出版社，2000年。

辽、宋、夏、金时期汉文仍保持最广泛的使用范围。这一时期少数民族王朝文化建设中，最具特色的是创制和使用本民族文字。这一时期在中国历史上是多种文字流行、各民族文字及其文献相互争奇斗艳的时代。

1. 汉族使用的汉文，至宋代至少已有2000多年的历史，源远流长，赓续不断。这一时期随着几支势力较大的民族接近或进入中原，汉文的使用逐步发展到少数民族之中，不仅进入中原的少数民族开始使用汉文，随着部分汉族进入少数民族地区，一些原来不大流行汉文的边远地区也开始使用汉文。以汉字为媒体的汉文化也随之传播四方，兴盛发达。

辽太祖阿保机本人通晓汉语，十分重视发展汉文化，当时虽用契丹文翻译了很多汉文书籍，但契丹文使用的范围并不广泛，很多契丹文人习惯使用汉文。辽朝用汉文出版了大量书籍。清宁元年（1055年）刊印汉文五经，咸雍十年（1074年）又印刷《史记》《汉书》等。清宁十年（1064年）辽政府下令禁止民间私自刻印文字，证明当时辽朝印刷业发达，连民间也兴起了书籍印刷。①此外，还印刷有蒙书、医书等。辽代崇佛，对佛经进行大规模的校勘、编纂和刊印，刻印了著名的汉文《大藏经》《契丹藏》，也称《辽藏》，还在北京城西南的云居寺继隋唐之后续刻石经。

西夏境内汉语、汉文的影响普遍存在。景宗元昊就通晓汉文。西夏国家大法《天盛律令》有西夏文和汉文两种文本，在《颁律表》中有"合汉文者""译汉文者""译汉文纂定律令者"可以证明。②特别是西夏文《天盛律令》条文中在一些词下特意以小字标明汉语读音，如"鸟足黄"下注："汉语石黄"；"舆辇"下注："汉语轿子"等。③《天盛律令》中记录西夏政府职员中有"译语"一职；西夏汉文本《杂字》"论语部"中也有"译语"一词。西夏文、汉文双语双解词语集《番汉合时掌中珠》每一词语皆有西夏文、相应的汉文、西夏文的汉字注音、汉文的西夏字注音四项，是当时西夏番人和汉人互相学习对方语言的工具书。④此书作者骨勒茂才认为"不会汉语则岂入汉人之数"。在作为西夏首都的中兴府（今宁夏银川）、西部的沙洲（今甘肃敦煌）、北部的黑水城（今内蒙古额济纳旗）等处都发现了这部书的刻本，证明它曾经广泛流传，也反映出汉语在西夏社会中的特殊地位。西夏虽在前期已将汉文《大藏经》翻译成西夏文，但在境内西夏文和汉文《大藏经》同时流行，因为国内党项族和汉族都有很多佛教信众。在民间西夏番人懂汉语、汉人懂番语的人都不少。

金代对汉文及其文献十分重视。早在金太祖天辅五年（1121年），阿骨打便下令"若克中京，所得礼乐仪仗图书文籍，并先次津发赴阙"⑤。天会四年（1126年）攻下北宋首都开封，更将北宋国子监所藏图书、书版尽数劫去。金天德三年（1151年）设国子监，除培养士子外，还负责出版教学用的儒家经典，如九经、十四史，还有《老子》《荀子》《扬子》等书。金朝在山西平阳设有刻书机构，主要出版汉文典籍。除官家刻印图书外，还有很多私人书铺也刻印了不少图书。金朝建国之初，女真人一般都不通汉语、不识汉文，故多以契丹人或汉人为通事，"金国之法，夷人官汉地者，皆置通事"⑥。然而随着金朝汉文化的发展，女真人多习汉语文。大定年间，参知政事梁肃上疏"论生财舒用八事"，其一曰"罢随司通事"⑦。大概当时女真人会汉语者较多，不再需要通事。接受汉文化最快、汉化程度最深的是文化水平较高的女真上层。自熙宗以来，汉文、女真文和契丹文

①《辽史》卷22《道宗本纪》（二），第264页。
②《天盛改旧新定律令》"颁律表"。
③《天盛改旧新定律令》第7"敕禁门"，第282页；第12《内宫待命等头项门》，第432页。
④[西夏]骨勒茂才著，黄振华、史金波、聂鸿音整理：《番汉合时掌中珠》，宁夏人民出版社，1989年。
⑤《金史》卷76《完颜杲传》，第1737页。
⑥[宋]洪皓：《松漠记闻》卷上，丛书集成初编本，第11页。
⑦《金史》卷89《梁肃传》，第1985页。

一直是金朝的三种法定文字，现存金朝仅有的几种女真字碑刻多是有对应汉文，如《大金得胜陀颂碑》《海龙女真国书摩崖》等。金朝信奉佛教，但并未用女真文翻译汉文《大藏经》，而是用汉文刊印了著名的《金藏》（《赵城藏》）。至世宗大定初，在政治体制和文化教育方面，金朝与中国传统的王朝已无根本差异。

2. 辽太祖称帝后，于神册五年（920年）正月命耶律突吕不和耶律鲁不古等创制契丹文字。这种文字受汉字影响，沿用汉字的横平竖直、拐直弯的书写特点，还直接借用一些笔画简单的汉字，共有3000多个，称为契丹大字。最早记载契丹字的《五代会要》载："契丹本无文记，刻木为信。汉人之陷番者，以隶书之半加减，撰为胡书。"①陶宗仪《书史会要》记载："辽太祖多用汉人，教以隶书之半增损之，制契丹字数千，以代契木之约。"②《辽史》记载：神册"五年春正月乙丑，始制契丹大字"。九月"壬寅，大字成，诏颁行之"③。契丹大字中有的像汉字一样一字一个音节，有的则是数字一个音节，每字代表一个音素，也有一部分是多音节的单词，应是一种音节—音素混合文字。契丹大字并不适应契丹语词音节较多、语法中有黏着词尾的特点，所以到天赞年间（922—926年），辽太祖之弟迭剌借鉴回鹘文法创制了另一种契丹文字，史称契丹小字。④契丹小字是一种拼音文字，属音素文字，在契丹文字史上是一个进步。后世研究者称其最小读写单位为原字，契丹小字都是用1~7个不等的原字拼成的单词。

契丹大小字创制后，与汉文同时流行于辽国，据《辽史》记载，萧韩家奴译《贞观政要》《五代史》《通历》，耶律倍译《阴符经》，耶律庶成译《方脉书》等。⑤其他文献中也有以契丹文翻译汉文典籍的记载，如曾译《辨鹪录》。⑥甚至辽朝皇帝也参加译书，辽圣宗耶律隆绪曾翻译白居易的《讽谏集》。⑦契丹字还用于外交书函、著诸部乡里之名、书写诗歌、刻石记功，甚至还用于考试。但契丹文使用的范围并不广泛，很多契丹文人习惯使用汉文。金灭辽后，契丹字还通行一段时间，金明昌二年（1191年），金章宗下令废止契丹字。此后，西辽地区仍使用这种文字，蒙古灭掉西辽后被废弃。

辽代刻印的汉文、契丹文图书除辽藏等个别印本后来被发现外，其他都没有流传下来，其中的原因，除当时刻印较少、后代特别是金、元二代加以禁灭外，辽朝自己实施的书禁政策也是一个重要原因。目前能见到的契丹文主要存于考古发现的墓志等碑刻之中。

3. 西夏文是记录党项羌语言的文字，为元昊时期所创造。《宋史》记载："元昊自制蕃书，命野利仁荣演绎之，成十二卷，字形体方整类八分，而画颇重复。"⑧从社会实用、民族心理，以及文化、宗教发展各方面看，元昊时期创造文字已成为社会所必需，是大势所趋。在西夏境内西夏文作为国字广泛流行，它使党项族历史上第一次有了自己的文字，大大提高了党项族的文化素质，强化了党项族在西夏的主体地位。

西夏文与汉文一样，属于表意性质的方块字，借鉴汉字的结构和笔画构成，文字形式和汉字相近，共有6000多字。西夏字由横、竖、点、拐、撇、捺等笔画构成。西夏语和汉语同属汉藏语系，西夏文字形式适宜记录西夏语言，因此西夏文创制后得到广泛应用。而宋朝对西夏创制文字则持反

---

① ［宋］王溥：《五代会要》卷29，上海古籍出版社，1978年，第457页。
② ［明］陶宗仪：《书史会要》卷8，上海书店，1984年，第351页。
③ 《辽史》卷2《太祖纪》（下），第16页。
④ 《辽史》卷64《皇子表》，第968—969页。
⑤ 《辽史》卷103《萧韩家奴传》，第1450页；卷72《宗室传》，第1211页；卷89《耶律庶成传》，第1349页。
⑥ ［宋］陈振孙：《直斋书录解题》卷5，上海古籍出版社，1987年，第140页。
⑦ ［宋］叶隆礼：《契丹国志》卷7，上海古籍出版社，1985年，第71页。
⑧ 《宋史》卷485《夏国传》（上），第13995页。

对态度，西夏给宋朝的文书若以西夏文书写，宋朝则拒绝接受，宋朝大臣甚至称西夏文为"妖书"。

已经发现的大量西夏文文献表明，西夏文使用范围宽泛，其中有官署文书、法律、文契、账目、文学、历史、字典、碑刻、印章、符牌、钱币，以及译自汉文的典籍和译自汉、藏文的佛经等。西夏文使用地区囊括了当时西夏的全境，元、明时期，一部分党项人东移，中原一些地方也使用西夏文。西夏文延续时间长，在西夏前后使用了190多年，直至西夏灭亡前夕西夏文仍在西夏广泛流行，甚至在西夏灭亡后，党项族后裔一直沿用至明朝中期，共有460余年。西夏文与其他文字汉文、藏文、回鹘文同时流行，境内有很多掌握双语的人，西夏语文研究水平高，编印了多种不同类型的西夏文字典、辞书。存世文献相当丰富，总计不下数千万字，丰富了我国民族古文字的文献宝库。

4. 女真族原本无文字，在与辽宋交战过程中一些人学会了契丹文和汉文。有的人聪颖好学，掌握外族语文能力很强，如"宗雄能以两月尽通契丹大小字"①。金太祖完颜阿骨打建国后，命丞相完颜希尹创制文字。女真文字是在契丹文字的直接影响下，在汉文字的间接影响下创制而成的。据史载，完颜希尹依仿汉人楷字，因契丹字制度，合本国语，制女真字。天辅三年（1119年）八月，字书成，太祖大悦，命颁行之。②女真字有大字、小字两种，但传世的女真字只有一种，难以判定其为大字还是小字。当时规定女真、契丹、汉人各用本字，所以女真字制成后与契丹字、汉字在境内同时流通，金章宗明昌二年（1191年）"诏罢契丹字"，只准用女真字和汉字。金朝为推行女真字，在上京和各路府设立专门学校，置教官教授文字。据统计，各路府学达22所之多。这些学校中学习女真语的课本是完颜希尹编撰的《女真字书》。为培养女真官吏，自大定十一年（1171年）起，专设女真进士科，选拔官吏。两年后又设女真国子学，学习女真文翻译的儒家经学。③

金朝为加强对女真人的教育，女真文字图书的翻译也十分兴盛，世宗时特地建立译经所，弘文院也是负责译书的机构，编译的女真文图书多为儒家经典。当时女真文译本有《易经》《书经》《孝经》《论语》《孟子》《老子》《刘子》《扬子》《列子》《文中子》等典籍，④还有史籍类图书《贞观政要》《新唐书》《史记》《汉书》《盘古书》《孔子家语》《太公书》《伍子胥书》《孙膑书》《黄氏女书》等。有的女真文译书发行量较大，如大定二十三年（1183年）翻译的《孝经》一次就印刷了上千部，分赐给护卫亲军。

在10—13世纪的中国，除上述几种主要文字外，在西部的藏族使用着从7世纪创制的藏文，西北部的回鹘民族使用着8世纪开始应用的回鹘文，西南地区的彝族、白族、纳西族和傣族的先民分别使用不同时期创制的古彝文、古白文、纳西东巴文和傣文。当时各民族创制民族文字，一是实用，二是文化，甚至政治上的宣示，是一种民族标志性符号。而汉文则由于具有广大的分布地区和负载着先进的文化优势，成为主体文化代表，流行更为广泛。同时由于民族之间联系加强，接触密切，双语需要增加，出现了像《番汉合时掌中珠》这样的特殊工具书。在中国大地上形成多文种群星灿烂，汉文光耀群星的局面。

四、儒学和科举

在中国历史上，儒学发展的水平和科举制度的实施往往是一个王朝政治和文化发展最重要的尺度。儒学讲求修身、齐家、治国，具有世俗性的功能和特点，是中国封建社会文化的典范。自隋唐

---

①《金史》卷66《完颜勖传》，第1558页。
②《金史》卷73《完颜希尹传》，第1684页。
③《金史》卷51《选举志》，第1133页。
④《金史》卷8《世宗本纪》（下），第184页。

以后，为选拔官吏的科举考试皆以儒学经典为标准。宋朝完善了科举制度，辽、西夏、金在执政的过程中，为治国需要，都尊崇儒学，礼事孔子，建立学校，实行科举。

1. 宋朝是中国古代儒学发展到一个新的更为成熟的时代，特别是产生于北宋，盛行于南宋的理学，既继承了历史上的儒学传统，又适应当时社会经济、政治发展的需要，同时还批判并融摄了佛、道哲学。宋朝是当时儒学传承、实践、发展、传播的中心。当时中原地区的儒学对各民族政权和后世都产生了很大影响。

作为中国历代封建王朝通过考试选拔官吏的科举制度，其考试内容以儒学经典为主，因此科举对儒学发展具有强大的推动力，是以儒治国的重要标志。宋朝是中国科举制度承前启后、臻于成熟和逐步完善的朝代。宋朝前期的科举制度基本上承袭唐和五代，依旧是常科和制科两大系统。宋朝完善了科举制度，确立考试内容，有很多新的变革，引领着当时的科举潮流。

2. 辽朝文化发达，注重吸收汉族的先进文化。辽朝立国之初就吸取汉族统治者利用儒学进行统治的成功经验，大力提倡儒学。太祖崇拜孔子，尊孔子为"大圣"，主张祭祀孔子，称孔子宜为万世所尊，并不断向汉族统治区域派遣人员学习。[①]辽先后于上京建国子监，在府、州、县设学校，传授儒家学说。辽宗室更是钦慕汉人文化，如辽圣宗常阅读《贞观政要》，道宗爱看《论语》。辽道宗能文善诗，自称"吾修文物，彬彬不异中华"[②]。辽圣宗发展儒学，开科取士，创辽朝文化全盛时期。兴宗好儒术，开创御试之制，颁行法典《新定条例》，甚至建立西辽的耶律大石也通契丹文、汉文。

辽朝用汉文出版了大量儒学书籍。清宁元年（1055年）刊印汉文五经，当时用契丹文翻译了有关儒学书籍。唐代吴兢编撰的《贞观政要》是一部被历代统治者十分看重、流传很广的重要著述。辽朝将《贞观政要》作为治国之纲要，由著名契丹学者萧韩家奴翻译成契丹文。[③]辽朝中后期各地修缮孔庙，儒学的地位有了更大的提高，成为辽朝统治阶级意识形态和施政的指导思想，在国家治理、思想文化及社会生活中发挥越来越多的作用，加速了辽朝契丹族及其他少数民族的汉化过程。

辽朝还接受中原地区传统，建立科举考试体系，吸收尊奉儒学的知识分子参与统治。辽太宗时，他得到燕云十六州后，为了拉拢汉人，从中选拔官员，于会同年间，在此地实行科举制度。保宁八年（976年），辽景宗时下令恢复南京礼部试院，计划实行科举考试。[④]至辽圣宗时，在境内进行封建化改革，十分注重对汉文化的吸收，在境内普遍实行科举制度，各地也纷纷建州学和孔庙，全国形成尊儒学、重科考之势。

3. 西夏所处地域本为中原王朝领土，原来即以儒学为政治理念，儒学已经流行。西夏占据这些地区后，便顺理成章地沿袭以儒治理传统。西夏贯彻以儒学为主的统治思想和方法比同时期少数民族掌政的辽、金更为彻底。

西夏创制西夏文后，首先翻译的文献主要是儒家典籍，"元昊自制蕃书，……教国人纪事用蕃书，而译《孝经》《尔雅》《四言杂字》为蕃语"[⑤]。《孝经》是儒学九经之一。《尔雅》是中国最早解释词义的专著，后世经学家常用以解释儒家经义，唐宋时成为儒学十三经之一。现存的西夏文文献中有西夏译自汉文的《论语》《孟子》《孝经》等儒学经典，西夏还将《贞观政要》节译为西夏文本，名为《德事要文》，现存有刻本。[⑥]毅宗对中原文化更是情有独钟，奲都五年（1061年）向宋朝

①《辽史》卷72《义宗倍传》，第1209页。

②［宋］洪皓：《松漠记闻》卷上，第6页。

③《辽史》卷103《萧韩家奴传》，第1450页。

④《辽史》卷8《景宗纪》（下），第96页。

⑤《宋史》卷485《夏国传》（上），第13995页。

⑥史金波、魏同贤、克恰诺夫主编：《俄藏黑水城文献》第11册，上海古籍出版社，1996年，第133—141页。

求儒家书籍："毅宗……表求太宗御制诗章隶书石本，且进马五十匹，求《九经》《唐史》《册府元龟》及宋正至朝贺仪，诏赐《九经》，还所献马。"①西夏统治者向宋朝求索《九经》等儒家经典，说明意图在境内张扬儒学。而作为儒学发祥地的中原王朝也乐得赐予，这既是友好往来，又可对"外蕃"宣扬教化。

西夏前期虽然受汉族文化特别是儒学的强大影响，但西夏境内的系统儒学教育并不正规。至崇宗时士人风气日坏，崇宗感到忧患。贞观元年（1101年）御史中丞薛元礼上书，建议重汉学。②这正合崇宗之意，于是命于蕃学外特建国学，设弟子员三百，立养贤务以廪食之。③西夏将弘扬儒学的最高学府称为"国学"，使儒学在西夏奠定了崇高地位，为其后仁宗时大力发展儒学、开办多种类型的儒学教育打下了基础。西夏前期经历了"蕃礼"与"汉礼"的严重斗争，其实质往往反映出接受儒家治国方针的皇族与保守势力支持的后族之间的政治斗争。④自夏崇宗以后，这种斗争不见于史籍记载，原因可能是崇宗已经接受汉文化，"汉礼"已经取得了治国地位。

仁宗时在皇宫内建立小学，使皇室子孙有了更为优越的条件学习儒学和礼法，又令各州县立学校，弟子增至3000人，还建立大汉太学，仁宗亲临太学祭奠先圣先师孔子。人庆三年（1146年）尊孔子为文宣帝，并"令州郡悉立庙祀，殿庭宏敞，并如帝制"。⑤这证明西夏和中原地区一样，也在推行庙学，即在学校中建立圣庙，成为学校的典范，使庙学一体，以达到推行儒学教育的目的。"文宣帝"是中国历史上对孔子空前绝后的尊号，他产生在少数民族当政的西夏王朝，证明西夏崇儒之盛，实不亚于中原。

文献记载，西夏仁宗人庆四年（1147年）"策举人，始立唱名法"⑥，证明西夏仿中原选举制度策举人，立进士科，实行唱名法。其实西夏的科举制度可能早于仁宗时期。文献记载西夏著名学者和宰相斡道冲5岁时中童子举，天盛三年（1151年）为蕃汉教授，推想他中童子举时至少要在15~20年前，由此可知西夏在崇宗时就已经有童子科之设了，说明这时科举制度已进入西夏。⑦直至西夏末期仍实行科举制，第八代皇帝神宗遵顼原为宗室子弟，曾进士及第。

4. 女真统治者对儒学书籍很看重，前述金太宗攻陷宋开封后将宋朝国子监所藏图书、书版劫走。金朝对儒学和儒士也十分重视，对俘虏中的汉族官吏和儒士拜之为师，聘为高官，请其为金朝制定法令制度，甚至扣留宋朝使臣，请其授以汉族文化，金朝用女真文翻译大量儒家经典及史书等。金天德三年（1151年）设国子监，除培养士子外，还负责出版教学用的诸多儒家经典，如《九经》《十四史》，还有《老子》《荀子》《扬子》等书。金朝在山西平阳还设有刻书机构，平阳在金代成为中国北方的出版中心。除官家刻印图书外，有很多私人书铺也刻印了不少图书。

金朝科举，略如辽、宋，太宗天会元年（1123年）始开科取士，五年为南北选，十一年，创女真进士科，熙宗天眷元年（1138年）以经义、辞赋两科进士，海陵天德二年（1150年）始增设殿试制度，置经义、测试两科。熙宗时始有武举，章宗定为制度。金代科举中还设立"女真学"。有金一代共举行进士考试43次，共约取士15000人，共出状元74名。⑧

辽、宋、夏、金时期儒学有了更大的发展，不仅在中原地区发扬光大，在少数民族中也出现了

①《宋史》卷485《夏国传》（上），第14002页。
②[清]吴广成：《西夏书事校证》卷31，甘肃文化出版社，1995年，第395页。
③《宋史》卷486《夏国传》（下），第14024页。
④蔡美彪等：《中国通史》第6册，人民出版社，1979年，第164—174页。
⑤《宋史》卷486《西夏传》（下），此条只见《西夏书事》卷36，第417页，《宋史》中无记载。
⑥《宋史》卷486《西夏传》（下），第14025页。
⑦[元]虞集：《道园学古录》卷4《西夏斡公画像赞》，四部丛刊本。
⑧周腊生：《金代贡举考略》，《四川大学学报》1997年第3期。

大传播、大普及、大推广的局面，在中国更大范围内发展了科举制度。

五、史观和修史

中国历史上有记录和修撰王朝历史的优良传统，修史的状况也是王朝成熟的程度和文化发展的水平之重要标志。

1. 宋朝继承中国后代纂修前代史书的惯例，重视编写前代史书，并取得丰硕成果，是中国封建时期史学的鼎盛期。宋初，薛居正等编成《五代史》。仁宗时欧阳修编成《新唐书》，并重撰《五代史记》（即《新五代史》）。此外还编有《唐会要》《五代会要》《西汉会要》《东汉会要》，以及《九国志》《南唐书》等。

宋朝沿袭中国史学传统，编纂本朝官修系列史书《实录》。《宋实录》包括太祖至理宗北南宋14朝实录，共3000卷。[①]《宋实录》主要来源于宋朝官方从中央到地方的原始档案和文献，以及《起居注》《时政记》等。作为当时史料的汇总《宋实录》成为宋朝所修本朝纪传体《国史》，即北宋《三朝国史》《两朝国史》《四朝国史》和南宋《四朝国史》的主要资料来源，也是王称所撰的《东都事略》、李焘编著《续资治通鉴长编》取材的来源，后世编写《宋史》又以上述国史等著述为基础。[②]《宋实录》虽未完整地保存下来，但其主要史料是通过其他史书流传至今。

特别是司马光主编的第一部编年体通史《资治通鉴》，不仅内容极为丰富，其体裁也成为后来编年史通用范例。南宋袁枢编成《通鉴纪事本末》，李焘继《资治通鉴》后编撰当代编年通史《续资治通鉴长编》。宋人编撰的当代史还有《三朝北盟会编》和《建炎以来系年要录》。两宋之际郑樵以人物为中心修撰纪传体《通志》，宋元之际马端临修撰《文献通考》。宋代方志的著述达到了前所未有的水平，如《太平寰宇记》《元丰九域志》《东京梦华录》《武林旧事》《梦粱录》等。金石学是中国考古学的前身，是宋代史学领域新开辟的园地。

2. 辽朝建立以后，承袭中原历代传统制度，重视修史。太祖时创制契丹大字，直接目的就是用本族文字记本族历史。《辽史》载："太祖制契丹国字，鲁不古以赞成功，授林牙，监修国史。"[③]辽朝仿照中原王朝于门下省下置起居舍人院，设专官掌修起居注，负责记录君主的言行，其官有起居舍人、修起居注、知起居注、起居郎；又于翰林院下置国史院，其官有监修国史、同修国史、史馆修撰、修国史等，根据《起居注》纂修实录等。耶律俨、耶律成、萧韩家奴等都是当时著名的契丹族史学家。辽代史学撰著不少，今多已亡佚，其中有正史、编年、起居注、载记、杂史等多种。如耶律俨有70卷的《皇朝实录》，萧韩家奴著述更多，有与耶律成合编的辽先祖事迹20卷。翻译汉文史籍《五代史》《通历》等。[④]辽朝还注重借鉴中原王朝的史书，咸雍十年（1074年）又印刷《史记》《汉书》等。[⑤]

宋朝欧阳修著《五代史》将契丹史编入《四夷附录》中，引起辽朝史学家的不满。史馆修撰刘辉进言："宋人赖我朝宽大，许通和好，得尽兄弟之礼。今反令臣下妄意作史，恬不经意。臣请以赵氏初起事迹，详附国史。"[⑥]此议得到皇帝的赞许。由于宋辽双方是兄弟之国，辽朝认为在修史上也要体现对等的思想。

3. 西夏无正史，史料记载缺乏，修史状况不甚明了。但通过一些文献记载可以看到，西夏统

①［元］苏天爵：《滋溪文稿》卷25《三史质疑》，中华书局，1987年，第424页。
②谢贵安：《〈宋实录〉史料的来源与流向》，《武汉大学学报》2009年第4期。
③《辽史》卷76《耶律鲁不古传》，第1246—1247页。
④《辽史》卷103《萧韩家奴传》，第1450页。
⑤《辽史》卷23《道宗纪》（三），第276页。
⑥《辽史》卷104《刘辉传》，第1455—1456页。

治者也重视历史。在开国皇帝元昊给宋朝所上表章中就用简练的语言表述了其前代的历史:"臣祖宗本出帝胄,当东晋之末运,创后魏之初基。远祖思恭,当唐季率兵拯难,受封赐姓。祖继迁,心知兵要,手握乾符,大举义旗,悉降诸部。临河五郡,不旋踵而归;沿边七州,悉差肩而克。父德明,嗣奉世基,勉从朝命。真王之号,凤感于颁宣;尺土之封,显蒙于割裂。臣偶以狂斐,制小蕃文字,改大汉衣冠。衣冠既就,文字既行,礼乐既张,器用既备,吐蕃、塔塔、张掖、交河,莫不从服。称王则不喜,朝帝则是从。辐辏屡期,山呼齐举。伏愿一埃之土地,建为万乘之邦家。"①这里元昊首先将本族历史接续后魏的正统,再强调先祖于唐代拯难之功,又讲述祖、父的丰功伟业,最后宣扬了自己改弦更张的业绩和称帝的意愿,提纲挈领地撰写了西夏前期的历史。

西夏和中原王朝一样设有修史机构秘书监,有管理经籍图志,修撰史书,编辑实录之责。西夏法典《天盛律令》规定番汉大学院、秘书监的地位都相当次等司。②《天盛律令》卷首有《颁律表》,后列参与编纂《天盛律令》的人名,其中有一人为"枢密承旨、御史正、秘书监、汉大学院博士、内宫走马杨□",可见当时参与编纂《西夏法典》的人员中有任职秘书监的官员。仁宗天盛十三年(1161年)设立翰林学士院,以著名文人焦景颜、王佥等为学士,负责修纂实录。③

西夏汉文本《杂字》"司分部十八"有"天监",应是"司天监"的简称。④在《天盛律令》中有卜算院,是掌管天文历法的政府机构,属中等司。⑤西夏永安元年(1099年)月犯东井,太史奏"主兵丧"⑥。大德五年(1139年)正月太白、荧惑合于井。司天谓不利用兵,崇宗不听。⑦也证明至少在西夏崇宗时已有太史、司天之设。在黑水城出土的文书中有一纸印本西夏文历书残页,其中有3行小字,有的字迹不清,译文为:"光定甲戌四年十月日太史令及卜算院头监大书修纂者□□授□臣杨师裕卜算院头监臣时国胥卜算院头监臣□□□"⑧这些都证实西夏政府设有与修史、推算历法相关的机构和官员。

在西夏末期,大臣罗世昌历经桓宗、襄宗、神宗、献宗四朝,官居观文殿大学士,辞官后撰著《夏国世次》20卷,惜早已不存。⑨蒙古军队进攻西夏时,"诸将争取子女金帛,(耶律)楚材独收遗书及药材大黄"⑩可见耶律楚材还收集到西夏书籍。

一件出土于黑水城的西夏文文献残本,简略记载了西夏几位皇帝的事迹,其中有他们的名号,生卒年,主要事迹及评价,如对德城皇帝,即德明的评价是"国民富足,母卧儿安","山河坚固,战争不行,羌汉恭敬,兵器不用",虽不无溢美之词,也反映出德明时期的国势特点。又对风角城皇帝,即元昊的评价是"意才深广,如海广大;巧行志明,如山高耸"⑪。显然这是一件西夏史的重要资料,可惜所存很少。

当时宋朝也编纂了多种西夏史书。宋刘温润曾著《西夏须知》一卷,记西夏境内杂事,又撰写《羌尔雅》,分类记录、解释西夏语词。又宋孙巽纂《夏国枢要》二卷,记西夏兵屯会要、土地肥

①《宋史》卷485《夏国传》(上),第13995—13996页。
②《天盛改旧新定律令》第10"司序行文门",第364页。
③《宋史》卷486《夏国传》(下),第14025页。
④史金波:《西夏汉文本〈杂字〉初探》,《中国民族史研究》第二辑,中央民族学院出版社,1989年。
⑤《天盛改旧新定律令》第10"司序行文门",第363页。
⑥《西夏书事》卷30,第350页。
⑦《西夏书事》卷35,第405页。
⑧《俄藏黑水城文献》第10册,第143页。
⑨《金史》卷62《交聘表下》,第1466、1480、1487页;卷110《杨云翼传》,传中没有关于罗世昌的事迹。
⑩《元史》卷146《耶律楚材传》,第3456页。
⑪《俄藏黑水城文献》第10册,第189—194页。

饶、井泉涌溉、谷粟窖藏、酋豪姓氏、名位司存，与夫咸池之完缺、风俗之所向，并上报朝廷。[①]
北宋任颛曾为西夏毅宗谅祚册礼使，他采摭西夏风物、山川、道里、出入攻取之要，著《治戎精
要》三篇。[②]北宋、南宋之交的郑骧，在熙河为官时，著《拓边录》十卷，并将蕃汉杂事为《别录》
八十卷，图画西蕃、西夏、回鹘、卢甘诸国人物图书为《河陇人物志》十卷。[③]可惜这些记录西夏
历史社会的重要资料，没有保存下来。王稱所作《东都事略》中有两卷专门记载西夏事迹，有幸流
传至今，可谓凤毛麟角。

记录西夏的原始资料早已亡佚，但仍留下一些蛛丝马迹。据明代姚士麟《见只编》记载："兰
溪魏寓吾，尝语余云：'曾客华关中州王槐野祭酒家，架上有夏书数册，凡阅三旬始遍。'"[④]又清
人钱谦益《黄氏千顷斋藏书记》云："庆阳李司寇家有西夏实录，其子孔度屡见许而不可得。"[⑤]近
人柯劭忞为戴锡章《西夏记》所作序有："犹忆光绪辛巳（1881年）予与福山王文敏公（懿荣）俱
客成都。文敏言有得西夏国史数册者，皆梵字也。属文敏购之，其人秘为鸿宝，不肯售。"[⑥]据以上
记载，西夏的史籍可能有的也传至后世。

4. 金朝重视修史，所设国史院为独立的修史机构，内有各族（女真人、汉人和契丹人）各级
史官，掌修国史及《辽史》；又在尚书省下之右司有"兼带修注官"，下有各种译史多人，曾译《史
记》《西汉书》《新唐书》等。金朝科举考试中史书内容占很大比重，这无疑推动了史学的发展。

金朝承续历朝传统，编修本朝实录，如完颜勖撰写《太祖实录》20卷，纥石烈良弼成《太宗实
录》《睿宗实录》等，实录的编写一直延续直至金末。此外，佚名作者撰《大金吊伐录》4卷，依年
次编录金国国书、誓诏、册表、文状、指挥、谍檄等案籍161件，资料真实、宝贵。

金朝还按历代后朝编修前朝历史的传统，编纂《辽史》。耶律固、萧永琪撰成《辽史》30卷，
后耶律履、党怀英、陈大任等编修成第二部《辽史》。金朝末年，国运衰落，史学家更以"亡国作
史"为己任，著书以为后世修史用。著名史学家元好问认为"不可令一代之迹泯灭不传"，其著作
《野史》和《壬辰杂编》以亲历为实录，记金末丧乱事，惜已散失；又作《中州集》，其中汇集当时
诗人200余人，2000多首诗，特别是为每位诗作者都有小传，不啻一部纪传体金史，颇为后世史家
所重。[⑦]刘祁撰著《归潜志》14卷，据见闻所及记当时金末、元初事。另有叶隆礼奉敕撰写的《契
丹国志》（一说元人伪托）27卷。又有宇文懋昭撰写的《大金国志》（一说宋元人伪托）40卷。两
书成书时间接近辽、金王朝，保存了很多契丹史和女真史的原始资料，可补其他文献之所无。

这一时期中国民族史发展到了崭新的阶段。辽夏金三朝的主体民族原无文字，自然也无修史之
说。随着少数民族稳固政权的建立，以及民族文字的创制、民族历史意识的增强，三个少数民族为
主体的王朝便产生了修史意识，对修史十分重视，都设有专门的修史机构，王朝修史蔚然成风。

六、余论

通过以上对辽、宋、夏、金各王朝民族和文化的分析，可以看到：

1. 这一时期是中国多王朝并立、多政权存在的时期。宋朝结束了五代的军阀混战，统一了中
国大部重要地区，经济实力雄厚，但军力不强，对辽夏金用兵多次失败，往往以岁币换取和平。

---

①［宋］马端临：《文献通考》卷200《经籍考》27，中华书局，1986年，第1673页。
②［宋］李焘：《续资治通鉴长编》卷166，仁宗皇祐元年五月丁酉条，中华书局，2004年，第3999—4000页。
③《宋史》卷448《郑骧传》，第13203页。
④［明］姚士麟：《见只编》卷中，丛书集成初编本，第145页。
⑤［清］钱谦益：《牧斋有学集》卷26"黄氏千顷斋藏书记"，上海古籍出版社，1996年，第995—996页。
⑥戴锡章编撰，罗矛昆点校：《西夏纪》柯劭忞序，宁夏人民出版社，1988年。
⑦《金史》卷126《元好问传》，第2742—2743页。

辽、金与宋正式签订盟约，取得与宋对等，甚至更高的地位。西夏虽与宋、辽、金为属国关系，被封王袭爵，但自帝国中，具备王朝所有要素。大理国也被宋封王，坐拥西南。回鹘臣服宋、辽，吐蕃唃厮啰政权被宋封为节度使，但宋鞭长莫及，往往只能遥相呼应。这一时期以少数民族为主体建立的王朝取得了前所未有的政治地位，各王朝都为中华民族的发展作出了贡献。当然少数民族王朝向中原进攻时，对社会生产力产生的破坏作用，战乱对人民生活造成的损失也是不容忽视的。

2. 这一时期各王朝分立，但中华正统意识普遍存在，并逐步增强。这也是中国历史上"中国而用夷礼则夷之，夷而进于中国则中国之"华夷观念的实践和延伸。还可以看到各王朝正统观念的表达和实践与其实力，特别是与占据国土的幅员有直接关系，同时接受汉文化的程度对正统观念也有重要影响。

少数民族王朝虽与中原宋朝对抗，但都自认为是中国正统，各寻渊源，各设德运，各有名号。四朝皆奉德运之说，宋为火德，辽为水德，夏为金德，金为土德，这一时期中国大地竟出现不同德运，却同继中华的四个王朝。这说明各王朝都继承中国历史政治传统，都不自外于中国，都承认自己是中国的承续者。

3. 契丹族、女真族、党项族先后统一、开发了东北、北方、西北地区，并陆续进入中原或接近中原地区，先后完成封建化进程，在统治、影响其他民族的同时，在各民族交往、交流的大背景下，近距离接近汉族，在中原地区强大的汉文化习俗的熏陶下，他们学习中原地区先进科学技术，接纳儒学，濡染汉风，逐步掌握汉语文，大幅度地改变了自己，差别逐步缩小，渐次汉化。尽管这一时期民族矛盾突出，但民族交往交流融合是主流。当一个民族失去统治民族地位后，就会更快速地走上民族融合的道路，融入其他民族（主要是汉族）。元代大一统后，党项族、契丹族、女真族虽然仍是当时的重要民族，但因失掉了政权主导支撑作用，变成相对弱势，本民族特点更加式微，形成民族融合的新趋势。明清以降，他们都消失在汉族的大熔炉之中。以历史唯物主义观点看待这样的民族交往交流交融问题，这种民族间的自然同化是多民族社会发展的一种必然现象，是一种进步的趋向，促进了统一多民族国家的发展。

4. 各民族在社会发展过程中，特别是在势力强大到足以建立王朝之时，往往有创制民族文字、发展民族文化、跻身文化强族的强烈要求，而统治者则成为创制民族文字的倡导者和强力推手。民族文字的创制和使用对弘扬民族文化会起到重要作用，形成少数民族文字文献，并在历史上保留有重要价值的民族文化遗产。民族文字使用范围的狭阔，使用时间的久暂，会受到民族所在地域宽窄、势力大小的左右，特别是进入中原地区的程度往往起到关键作用。此外，所创文字是否与语言协调，文字推行是否有力也有极大关系。

契丹、党项、女真民族汉化过程中，特别是民族王朝灭亡后，民族文字渐行衰微，最后成为无人可识的死文字。民族文字的死亡，往往是这些曾叱咤风云的民族消失的重要标志。一些民族文字成为死文字，在历史文化发展中也是正常现象。

5. 儒学在政治上主张"德治"和"仁政"，是中国传统文化的主脉，是中华民族文明发展的主流，为维护国家的统一，稳定社会秩序起着积极作用。辽、宋、夏、金时期各民族都不约而同地崇尚儒学，学习、模仿中原地区，吸收其长于入世进取的精髓；各王朝皆实行科举，发挥其治理国家、稳定社会的功能。中国境内的儒学布局大体上是以东部宋朝为基础，辽、西夏和金跟进效法，西夏接受更多，西部回鹘、吐蕃则影响相对较小。这一时期少数民族文化也进入中原地区，少数民族对汉族或少数民族之间都产生了一定影响。

6. 辽、夏、金朝修史有其特点：主要由本民族史学家撰写本民族历史，也有其他民族专家参与；用本民族文字记录本民族历史；认同中国历史，修史以中国正统自居。

后世列入"正史"的"宋史""辽史""金史"是元代纂修的。元朝初期就有修辽、金史之议，但因宋、辽、金三朝的关系是以宋为主，载记辽、金是以南北朝的形式叙述宋史和辽金史未能确定，至元朝后期才将体例确定为"各国称号等事，准《南北史》"，"金、宋死节之臣，皆合立传，不须避忌"①。把宋、辽、金视为平等的王朝，正式肯定了少数民族王朝的历史地位。这种民族史观重要原则的确立，与历史上同为"夷狄"的蒙古族执政有重大关系。《辽史》《金史》保存了大量契丹、女真和它们建立王朝后的史料，反映了中华各民族交往、矛盾、走向融合的历史进程，推进了民族史学的发展。

7. 元朝编写宋、辽、金三史时，未同时编撰西夏史。西夏立国近两个世纪，传十代帝王，典章制度齐备，可独立编史。但西夏史仅作为外国传附于三史之后，其原因可能是西夏比起宋、辽、金三朝势力较小，名义上为三朝的属国，自元初首议修史时就未提及西夏；元灭西夏时首都中兴府破坏很大，典章图籍散失殆尽，当时虽有《夏国枢要》这样的史书，但资料仍显缺乏；西夏文广泛使用，西夏很多典籍以西夏文书写，即便有遗留书籍，但翻译使用困难。还有一种可能是元朝把西夏的主体民族党项族（当时称为唐兀人）列为色目人，民族地位较高，入元后很多党项人用蒙古族名字，元朝不把党项人建立的西夏视为独立的国家，而与回鹘、吐蕃同样对待。无论如何，当时未修西夏史，没能汇集、保存更多更系统的西夏史料，为后世造成了很大的遗憾。

（原载《中国辽夏金研究年鉴（2014）》，中国社会科学出版社，2016年7月）

---

①《辽史》"附录·三史凡例"，第1557页。

中国历史上民族关系刍议

【摘　要】在中国，民族关系始终处于重要地位。中华民族发展趋势是各民族的交流越来越频繁，交往越来越密切，交融越来越明显。从统一和分裂看中国民族关系，在统一时期，无论是汉族还是少数民族为统治民族，都是中国的统一；在分裂时期，是同一个国家内的纷争。从历史上民族政策看民族关系，多种管理制度与多种类型的社会经济文化体制并存，保证了民族共聚于一个国家之内。历史上的民族政策适应了中国社会进步发展和民族交往日益频繁的需要，使中央政府与各民族的关系日益紧密，管理逐步趋向同一，共同性不断增加。历史上各民族交融随着时代的进步越来越显著。历史经验证明，各民族只有互相交流、互相吸收、互相依存才能促进各民族的进步和发展。

【关键词】民族关系；政策；民族交融

中国作为一个多民族国家，在政治和社会生活中民族关系始终处于重要地位。多角度地分析历史上的民族关系，寻求规律性的认识，对分析当前的民族关系和民族问题会有一定的借鉴作用。

一、从中华民族发展趋势看中国的民族关系

纵看历史，中华民族的形成和发展是一个长时期的历史过程。从中华民族发展的大趋势可以看到中国民族关系的历史演变。

中国古代的民族（或部族）很多，先后不啻数百个之多。中国传说时代华夏和九黎共存。商周时期除了华夏先民，还有戎、狄、羌人。春秋战国时期，华夏先民从黄河中下游向周边延伸，北方则有狄、戎、胡，南方有百濮、蛮、越，西方有羌、月支、氐等。先秦时期华夏共同体基本形成，出现了"内诸夏而外夷狄"，"裔不谋夏，夷不乱华"，"用夏变夷"等思想。当时出现了"中国"与"四夷""五方之民"等观念。①

秦统一中原，华夏先民势力进一步扩大，秦汉时期汉族形成。当时扶余、匈奴、月氏、羌都有较大势力。汉朝沟通西域，经营匈奴，征服西南夷，版图扩大，各民族密切交往。后南匈奴渐与汉族混同，东胡等族也渐衰亡。汉代强调夷、夏有别，发展了先秦"五方之民"的论述。司马迁在《史记》中以黄帝为诸夏共祖，将汉族和少数民族的历史看作一统政治秩序的组成部分，体现了民族大一统的思想。②

---

① [清] 阮文校刻：《十三经注疏》，《礼记》卷第12《王制》，中华书局，1980年，第1338页。黄怀信、张懋镕、田旭东：《逸周书汇校集注》，上海古籍出版社，1995年，第970—983页。
② 《史记》卷1《五帝本纪》，中华书局，1959年，第3—6页；卷130《太史公自序》，第3317—3318页。

　　三国魏晋时期，匈奴内迁，鲜卑南进，吐谷浑西移，形成少数民族大迁徙局面。十六国时期，有13个少数民族政权，有的已进入中原。南北朝时期，南朝辖中原和南方，北朝鲜卑族建立北魏，匈奴、乌桓等民族式微。此时期第一次有了少数民族王朝的正史，南朝为晋室的延续，自诩正统所在，北朝占据中原，自以为中国。各王朝史家以本民族为正统。①

　　隋唐统一中国，北制突厥，西连回纥，开丝绸之路；南和吐蕃，实行和亲。鲜卑、柔然逐渐消亡。唐初四夷宾服，唐太宗提出"自古皆贵中华，贱夷狄，朕独爱之如一，故其种落皆依朕如父母"②的主张，对各民族也有一定的包容性，体现出华夷一体思想。但唐代更多的士大夫坚持华夏正统论和华夷之别。隋唐时期所修正史立有民族列传，基本按东夷、南蛮、西戎、北狄记述各族历史，正史中的四夷体系化记述模式确立。③唐末五代藩镇割据，朝代更迭频仍，少数民族政权勃兴，契丹强大，吐蕃崛起，南诏建国，出现分立局面。

　　辽、宋、夏、金时期，汉族和少数民族王朝鼎立，同时还有回鹘、吐蕃、大理，形成了中国又一次政权分立时期。宋朝以正统自居，华夷之辨空前的严格。辽夏金接近或进入中原地区后，都逐渐产生不自外于中国的华夏正统观念，也以中国正统自视。辽宋"澶渊之盟"后，互称南北朝。④当时中国出现了多"中国"并存的现象。

　　蒙古族建立的元王朝，第一次出现了由少数民族掌握全国政权的局面。曾建立辽夏金王朝的契丹、党项、女真族逐渐消亡。元朝对历史上民族政权的评价较为开放，承认其正统地位。元朝对修撰前朝历史，将体例确定为"各国称号等事，准《南北史》"，"金、宋死节之臣，皆合立传，不须避忌"⑤，较前代的历史观念发生了很大变化和进步。

　　明朝并未完全统一中国。先是北方的蒙古，后是东北的女真，都对明朝构成威胁。明朝重视边患，突出"中华"地位。统治者为求政权的稳定，视"兴兵轻伐"为不祥。⑥当时注重民族地方的管辖和治理，如对土司的设置与管理，并通过"制夷"之道，总结处理民族问题的经验。

　　清朝又一次以少数民族统一中国，满族确认自己"为中国主"⑦。康熙、雍正、乾隆三朝发展至鼎盛，中后期政治僵化、文化专制、闭关锁国。鸦片战争后，中国进入半殖民地半封建社会，帝国主义对中国边疆少数民族地区进行领土蚕食，经济掠夺，文化渗透。晚清时一些学者开始从"中国"的角度撰述民族史，四夷成为"中国"之内的民族，初步形成"中华民族"是中国境内各民族共同称谓的思想。⑧这是民族史观的巨大转变。

　　民国时期，孙中山在1912年《临时大总统宣言书》中提道："合汉、满、蒙、回、藏诸地为一国，则合汉、满、蒙、回、藏诸族为一人，是曰民族之统一。"抗日战争时期各民族救亡图存，共同抗日。这一时期出现多种以"中国民族史""中华民族史"为题的论著。

　　1949年后，国家实行各民族一律平等的政策和民族区域自治制度，坚持民族团结，发展少数民族地区经济文化事业，使用和发展少数民族语言文字，尊重少数民族风俗习惯，保护少数民族宗教信仰自由，注重培养少数民族干部，形成了"统一多民族国家""中华民族多元一体格局"等新的

---

①《魏书》卷1《序纪》，中华书局，1974年，第1—17页；卷95《列传序》，第2042—2043页。
②《资治通鉴》卷198，太宗贞观二十一年，中华书局，1956年，第6247页。
③《晋书》卷97《四夷传》，中华书局，1974年，第2531页。《周书》卷1《文帝纪上》，中华书局，1971年，第921页。
④［元］马端临：《文献通考》卷346《四裔考》，浙江古籍出版社，1988年。
⑤《辽史》"附录·三史凡例"，第1557页。
⑥［明］朱元璋：《皇明祖训》序，中华再造善本，2002年。
⑦《大义觉迷录》，《清史资料》第四辑，中华书局，1983年，第85页。
⑧梁启超：《历史上中国民族之观察》，《新民丛报》杂志第65、66号，1905年3—4月。杨度：《金铁主义说》，《中国新报》1907年5月20日。

民族理论认识。

总之，在中国先后登上历史舞台的民族（部族）众多。随着社会的发展进步和民族间的密切交流，民族的数量总的趋势是减少。不光是一些小的民族，甚至一些在中国历史上有过重要影响的民族，如匈奴、东胡、鲜卑、柔然、羯、氐、渤海、契丹、党项、女真等也都消失了。一些民族延续下来，成为中华民族大家庭的成员，直至目前中国有56个民族。汉族不断吸附糅杂各民族成分，成为中国人口最多的民族。

中国历史发展脉络表明，各民族之间交流越来越频繁，交往越来越密切，交融越来越明显，关系越来越密切。人们对民族关系的认识由"华夏"和"四夷"的对立，到"华夏"范围不断扩大，"四夷"渐趋边缘化，再到中国包括所有民族，形成中华民族大家庭。

二、从统一和分裂看中国民族关系

中国的历史上，有统一，有分裂。《三国演义》开宗明义就写了一段精彩的论断："话说天下大势，合久必分，分久必合。"从中国历史来看，这个论断有深刻的道理。在中国五千年文明史中，虽历经多次战乱、分裂，但依然归为一统，主要是由中国特殊的文化传统决定的。而世界历史上一些曾有强大势力和影响的国家，分裂、灭亡后再也不能恢复统一。中国有"合"的趋势，有强烈统一的理念。这种理念的基础是各地区、各民族之间日益紧密、难以分割的关系，使各民族对"中国"的认识不断升华。

"中国"作为一个历史叙述单元，有一个发展的过程，这与各民族的共同发展密切相关。"中国"的名义、"中国"的正统对各民族显得越来越重要。

南北朝时期"中国"已成为正统的代名词。《魏书》称北魏是"中国""皇魏""大魏"，并宣称魏乃"神州之上国"。历史上各王朝以金、木、水、火、土五德传承，是华夏正统观的重要内容。北魏孝文帝下诏定德运为水德，[①]是继承"中国"的重要标志。北魏称东晋为"僭晋"，称南朝宋、齐、梁为"岛夷"，从名义上标榜拓跋魏的正宗地位。而南朝正史则视北魏为"虏"。

辽、宋、夏、金时期也是中国分裂时期，但各王朝都不自外于中国，争抢"中国"名义，并以"德运"之说维护自己的正统。宋受周禅，为火德。辽朝统治者在接受华夏文明后，"中国"意识逐步产生。辽兴宗重熙年间开始以北朝自称，道宗末年修成的《皇朝实录》"称辽为轩辕后"[②]，这是对中国传统的明确认同。辽承石晋的金德，称本朝为水德。西夏景宗立国称帝时向宋朝所上表章即蕴含正统意识，如"臣祖宗本出帝胄，当东晋之末运，创后魏之初基"[③]。西夏也遵循"德运"之说，定为金德。金朝自熙宗改制后，汉化更趋明显。至海陵王时代，以华夏正统自居。金朝也持德运之说，原定金德，后更定为土德。[④]辽、宋、夏、金各朝自诩中国正统，德运分别为水、火、金、土，证明当时各朝虽主体民族不同，但认同中国的帝统。宋与辽、金互称南北朝，实际上都承认是中国。西夏称东部的宋朝为"东汉"，称西部的吐蕃为"西羌"，也显示出自己的地位和各政权同属中国的思想。这一时期虽是各朝分立，但对中华民族政治和文化皆有高度共同认知。

元代依民族设置等级：蒙古人、色目人、汉人和南人。元代后期在居庸关云台门洞两侧镌刻佛经，使用了六种文字，分别为汉文、梵文、八思巴字、藏文、回鹘文、西夏文。汉人虽在元代民族地位低下，但汉文化代表主体、先进文化；梵文是佛经的原始文字，代表佛教文化；八思巴字代表

---

① 《魏书》卷108《礼志一》，中华书局，1974年，第2744—2745页。
② 《辽史》卷63《世表序》，第949页。
③ 《宋史》卷485《夏国传》（上），第13995—13996页。
④ ［金］佚名编：《大金德运图说》，文渊阁《四库全书》。

主体民族蒙古族的文化；藏文、回鹘文、西夏文则代表了第二等级色目人的文化。此外，在敦煌的速来蛮西宁王碑、甘肃省永昌圣容寺附近的石壁上都有这六种文字镌刻的六字真言。这证明以上六种文字是当时政府认可、流行的文字。当时虽仍有大量契丹人和女真人，但其文字无缘进入这些石刻之中，反映出这两个民族的政治、文化地位，折射出当时的民族关系。

总之，中国在发展过程中，无论与中原王朝分立的少数民族王朝，还是统一了全国的王朝，都力图接续中原王朝的正统，继承五行德运，认为自己是中国或中国的一部分。中国历史上的分立政权，实质往往不是民族之争，而是政权之争。中国历史上的统一，无论是汉族为统治民族还是少数民族为统治民族，都是中国的统一。中国历史上的分裂，属于同一个国家内的纷争，是兄弟阋墙。

近代随着帝国主义列强对中国的侵略，有的分裂活动带有严重的外国干涉或操纵色彩。如日本侵华时期建立的伪满洲国、伪蒙疆联合自治政府，都是日本侵略者与汉奸勾结的傀儡政权。他们的分裂活动随着抗日战争的胜利而彻底破产。当代的"藏独""疆独"也无不受到外国势力的指使，应当引起全国各族人民特别是当地民族的高度警惕。当然，他们的分裂活动也一定会遭到彻底失败。

三、从历史上的民族政策看民族关系

民族政策是一个国家总政策的重要组成部分。中国历史上的民族政策本质上是不平等的、民族剥削和民族压迫的政策，但其中成功的民族政策对推动当时的社会进步，增强中华民族凝聚力，维护祖国的统一和发展民族地区的政治、经济、文化，也起到了积极的作用。

中国历史上对少数民族地区采取因俗而治的政策，后来演化成羁縻制度，宋代及以后又实行土司制度，明、清时期部分民族地区又实行改土归流。

羁縻制度是在少数民族地区设立特殊行政单位，保持原有的社会组织形式和管理机构，承认其首领的统治地位，在政治上隶属于中央王朝，并向朝廷朝贡。唐代在少数民族地区建立了一套完整的羁縻府州制度，在西北、南方等地列置羁縻都护府、都督府、州、县四级。当时先后设羁縻府州800多个，官职世袭。[1]这是对民族地区"因俗而治"的又一次发展。唐代前期的民族政策，集历代成功的民族政策之大成，吸取了正反两个方面的经验教训，是我国民族政策的成熟发展时期。

土司制度是南宋及以后各朝在部分少数民族地区分封各族首领世袭土司官职，以统治当地人民的一种政策。土司制度至明代达到兴盛。土司的职衔分武职和文职两种。[2]土司"袭替必奉朝命，虽在万里外，皆赴阙受职"[3]。

无论是在羁縻制度下，还是在土司制度下，各民族地区的羁縻府、州名称和土司名称，皆以地域称名，基本不冠以民族名称。历史上各民族地区民族成分往往并不单一，随着时代的发展，民族地区中的民族成分越趋复杂，因此以地域命名能够更准确地反映实际情况。这种历史经验值得后世借鉴。

改土归流是明、清时期在部分少数民族地区实行的政策，即随着部分少数民族地区与汉族交往的增加，社会不断发展，在那里废除少数民族上层世袭府、州、县土官，改由朝廷任命的流官统治，实行和汉族地区相同的政治制度。清朝"至雍正初，而有改土归流之议"[4]。改土归流反映了当时民族地区的社会发展，顺应了各族人民经济文化加强交往的大势，加强了边远地区和中原的联

①《新唐书》卷43《地理志七·下·羁縻州》，第1119页。

②《明史》卷76《职官五》，中华书局，1974年，第1875—1876页。

③《明史》卷310《土司传》，第7981页。

④《清史稿》卷512《土司一》，中华书局，1977年，第14204页。

系，也强化了中央对边远地区的管理。

从中国历史上先后实行的民族政策看，多种类、多层次的管理制度与多种类型的社会经济文化体制并存，保证了中国政治、经济、文化有差异的民族共聚于一个国家之内，内聚形成了中国统一的格局。适当的民族政策能适应社会进步发展的客观需要，适应各民族之间交往日益频繁的需要，使各民族关系日益紧密，共同性不断增加。

四、历史上民族关系的主流和发展趋势

中国各民族人民都为祖国的缔造与发展作出了重要贡献。汉族在中国处于主体地位，对中国的形成与发展起了决定作用。汉族在与各民族的交往中，吸纳了很多民族的优长之处，融入了不少其他民族的成分，与各少数民族血肉相连。汉族分布地域广，人口众多，经济文化发达，以其先进性、稳定性和强大的凝聚力，形成不可替代的中心地位，对中国历史的进程有核心和压舱石的重大作用。

少数民族在中国历史上也有着举足轻重的历史地位。少数民族开发了中国边疆地区。中国的陆地边疆，从北部、西部到南部，几乎都是少数民族繁衍、开发地区。北方和西部的少数民族利用当地广袤草原的条件，发展了畜牧业。少数民族的骑射技术影响到中原地区，战国时期的"胡服骑射"就是从北方少数民族引进到赵国，并逐渐推广开来。[①]水稻的栽培产生于南方少数民族地区。很多少数民族把当地盛产的农作物品种和种植方法传播到全国各地。如高粱、玉米、花生、芝麻、蚕豆、棉花、麻、葱、蒜、黄瓜、胡萝卜、胡椒、苜蓿、葡萄、石榴等作物皆来自少数民族地区。不少民族的手工业皆有特色，有的流传到中原地区。日常须臾离不开的桌、椅等为少数民族发明。少数民族文化具有很高的成就，不断为中华民族文化注入新的血液。历史上一些少数民族陆续创制了30多种文字，记录了大量文献资料，成为我国文化宝藏中的重要组成部分。历史上少数民族宗教对全国宗教的发展演变起了重要作用。少数民族在更大范围内传播中原地区的先进文化和科学技术，还在医学、印刷术、天文、历法、建筑等方面作出了卓越贡献。少数民族在保卫边疆方面起到了特殊的作用，特别是近代反抗帝国主义侵略的斗争中，各民族同仇敌忾抵御外国侵略者的英勇行为，可歌可泣。至今中国少数民族这种保卫边疆的作用仍显得十分重要。

中国各民族在长期共同发展中，形成了很多共性。随着时间的推移，各民族的共性不断增强。中华民族文化源远流长，在世界上独树一帜。历史上以儒学为主体的文化不仅覆盖着汉族地区，也浸润着各少数民族地区。汉族文化和各少数民族特色文化互相影响、交流、交融，形成了世界上独具特点、光辉灿烂的中华文明。各民族经过不断交往、迁徙、杂居、通婚等各种形式的交流，经济互相补充，文化互相学习，人员不断交融，形成你中有我，我中有你，团结进步，共同发展的局面。

对于中国历史上民族关系的主流，20世纪60年代和20世纪80年代在学术界进行过两次认真的讨论。著名历史学家白寿彝教授认为：主流是"许多民族之间共同创造了我们的历史，各民族共同努力，不断地把中国历史推向前进"[②]。著名历史学家翁独健教授认为："尽管历史上各民族间有友好交往，也有兵戎相见，历史上也曾不断出现过统一或分裂的局面，但各族间还是互相吸收、互相依存、逐步接近，共同缔造和发展了统一的多民族伟大祖国，促进了中国的发展，这才是历史上民

①《史记》卷43《赵世家》，第1806—1808页。
②白寿彝：《关于中国民族关系史上的几个问题》，《中国民族关系史研究》，中国社会科学出版社，1984年。

族关系的主流。"[1]1988年著名社会学家费孝通发表《中华民族的多元一体格局》的长篇演讲，论述了中华民族多元一体格局的形成过程，认为它的主流是由许许多多分散存在的民族单位，经过接触、混杂、联结和融合，同时也有分裂和消亡，形成我中有你、你中有我，而又具有个性的多元统一体。在这个多元统一的格局中，华夏——汉民族是各民族凝聚的核心，把多元结合成一体。[2]中华民族多元一体理论的提出，在学术界引起很大反响，并逐渐为学界所认同和接受。

历史上各民族之间的交往总在不间断地进行，交流越来越热络频繁，交融越来越显著，各民族之间从来没有严格的壁垒。世界历史的发展证明，民族在不断融合，民族越来越少，民族语言越来越少。中国历史经验证明，各民族只有互相交流、互相吸收、互相依存才能促进各民族的共同进步和发展，特别是当前迈向现代化的过程中，中国各民族更应加强、深化交流，提倡、促进各民族间经济、文化的合作，不能在民族间的交流方面设置障碍。改革开放30多年的实践证明，这一时期是各民族快速发展的时期，也是各民族交往交流交融更为频繁的时期。

在建设有中国特色的社会主义新时期，各民族之间紧密团结，共同进步，共同发展，携手迈进小康社会，已成为各族人民的共同追求，实现中华民族的伟大复兴是各民族共同奋斗的目标。今后各民族还会有更加广泛、更为深刻的交往交流交融，互相吸收、互相依存、互相接近会更为显著，以达到更高层次的共同繁荣发展。

史学工作者在宣传正确的祖国观、历史观、民族观方面，负有重要责任。当前应该在民族平等的前提下，提倡增强中华民族一体的观念，在保护各少数民族传统文化的同时，要重视和加强中华民族文化的共性，强化祖国意识、公民意识，加强民族团结，进一步增强国家的凝聚力，促进各民族共同发展，大力改善民生，使国泰民安。

（原载《中国史研究》2017年第1期。中国人民大学复印报刊资料《历史学》2017年第7期转载，又转载于《中国社会科学院民族学与人类学研究所建所60周年纪念文集》上卷）

---

[1]翁独健：《在中国民族关系史研究学术座谈会闭幕会上的讲话》，《中国民族关系史研究》，中国社会科学出版社，1984年。
[2]费孝通：《中华民族多元一体格局》，《中华民族多元一体格局》，中央民族大学出版社，1989年，第1—2页。

中国繁荣和发展传统文化事业的新成就

中国是具有五千年文明、历史悠久的国家，拥有很多珍贵的传统文化遗产，有大量的文物古迹，有卷帙浩繁的古代文献典籍，还有很多非物质文化遗产，这些优秀传统文化负载着中华民族的历史和文明，具有很高的学术价值和传承意义。

中国历来重视传统文化。自中国共产党的第十八次代表大会以来，更加重视对传统文化的保护和繁荣发展。

2013年习近平总书记指出："要系统梳理传统文化资源，让收藏在禁宫里的文物、陈列在广阔大地上的遗产、书写在古籍里的文字都活起来。"他在中国共产党第十九次全国代表大会上做的报告中更强调指出，要"加强文物保护利用和文化遗产保护传承"。这是对传统文化的科学论述，也是对传统文化专业工作者的热情期待，给传统文化工作以巨大鼓舞和推动。

一、文物普查和保护工作的新进展

文物是国家不可再生的文化资源。文物普查是国情国力调查的重要组成部分，是确保国家历史文化遗产安全的重要措施，是中国文化遗产保护的重要基础工作。

中国第一次全国文物普查从1956年开始，那时，普查规模小，不规范，没有留下统计数据。第二次全国文物普查自1981年秋至1985年，其规模和成果均超过第一次，但受资金、技术等制约，仍然有漏查。第三次全国文物普查在2007年6月至2011年12月，与前两次普查相比，此次普查规模大、涵盖内容丰富，信息网络、数码相机、GPS卫星定位仪等现代科技手段运用其中，普查成果更加丰富、真实。

近年来，中国又开展了第一次全国可移动文物普查，从2012年10月开始，2016年12月结束。截至2016年10月31日，全国成立3600多个普查机构，投入10.7万名普查人员、12.45亿元经费，调查102万个国有单位，普查全国可移动文物共计10815万件（套）。其中按照普查统一标准登录文物完整信息的国有可移动文物2661万件（套）（实际数量6407万件），纳入

图1 甘肃省武威博物馆普查可移动文物现场

图2　浙江省普查专家正在诸暨市图书馆进行文物认定

普查统计的各级档案机构的纸质历史档案8154万卷（件）。普查摸清了我国可移动文物资源总体情况，新发现一批重要文物，健全国家文物资源管理机制，建立起国家文物身份证制度，建设了全国文物资源数据库，夯实我国文物基础工作，全面提升我国文物保护管理水平。[①]

二、古籍保护工作的新成就

中国至少有三千多年的文字历史，拥有卷帙浩繁的古代文献典籍。这些古籍记载着中华民族的传统历史文化，是极为宝贵的精神财富，具有很高的学术价值。

中国历来重视古籍的整理和保护工作。改革开放以后加强了古籍整理和保护工作，特别是2007年1月中国国务院办公厅下达《关于进一步加强古籍保护工作的意见》，由文化部牵头，9个部委参加，推行此项工作。随即建立了全国古籍保护中心，并成立了全国古籍保护工作专家委员会。随后在全国各省市自治区建立古籍保护中心，按计划开展古籍保护标准。当年文化部派出督导组分头到各地检查古籍保护中心成立及计划落实工作。笔者曾带队到浙江、安徽、江西三省进行督导。

古籍保护工作主要是全面开展古籍普查登记工作；建立《国家珍贵古籍名录》，形成完善的古籍保护制度；改善古籍保管条件，命名全国古籍重点保护单位；加快古籍修复，提高古籍修复水平；加强古籍整理、出版和研究水平。

其中一项重要举措是评选和建立全国珍贵古籍名录。截至2016年，已在全国范围内评选了5批珍贵古籍，其中既有大量汉文典籍，也有多种少数民族文字古籍。全部共评审出国家珍贵古籍12274种，先后由国务院公布，并以图录的形式分5次出版《国家珍贵古籍名录图录》。这些具有代

[①]国务院第一次全国可移动文物普查领导小组办公室、国家文物局：《第一次全国可移动文物普查工作报告》，2015年4月7日。

图3 《第一批全国珍贵古籍名录图录》

表性的古籍展示出中国几千年的优秀历史文化。①

在评审过程中，标准科学、严格。首先制定国家珍贵古籍的评选标准，由文化部成立评审委员会，聘请简帛、碑帖、敦煌文献、佛经、汉文古籍、民族语文古籍等各学科专家，对全国各地申报的大量古籍进行初审，再经评审委员会反复研究、审议，确定名录的推荐名单，再由文化部办公厅向全国古籍保护工作部际联席会议成员单位及各省、市、自治区文化厅局发函，就名录推荐名单征求意见。评审委员会根据征求的意见对名单做相应调整，后再在《中国文化报》及中国古籍保护网上向全社会进行公示。根据公示意见，经评审委员会再次研究进行调整。最后由国务院正式公布。此外，全国有180家单位被命名为"全国古籍重点保护单位"。

图4 2011年作者一行考察青海玉树灾区藏文古籍

①中国国家图书馆、中国古籍保护中心编，李致忠主编，史金波、朱凤瀚副主编：《第一批国家珍贵古籍名录图录》（8册），国家图书馆出版社，2008年；《第二批国家珍贵古籍名录图录》（10册），2010年；《第三批国家珍贵古籍名录图录》（8册），2012年；《第四批国家珍贵古籍名录图录》（6册），2014年；《第五批国家珍贵古籍名录图录》（6册），2016年月。

　　笔者作为全国古籍保护工作专家委员会副主任，全程参加了国家珍贵古籍名录图录的评审工作和《国家珍贵古籍名录图录》的编纂工作，以及2014年受国家古籍保护中心委托，带队到陕西、宁夏、甘肃三省区考察古籍修复工作，还多次为全国古籍保护中心举办的培训班做学术讲座。

　　此外，国家对临时发生的、涉及古籍保护的事项，都能及时、妥善处理。比如2010年青海玉树地区发生地震，当得知玉树地区仓央家族藏有一批藏文古籍时，及时予以妥帖保护。国家保护中心还派出考察组到实地进行考察，具体了解古籍的数量、时代、版本和内容，提出进一步保护的意见。笔者参加了此次考察。

　　2017年9月文化部发布《"十三五"时期全国古籍保护工作规划》，这是中国古籍保护工作方面的首个五年规划。到2020年，中国的古籍保护工作将有更大发展，更多成就。

三、申报世界文化遗产的新收获

　　源远流长的历史使中国继承了一份十分宝贵的世界文化和自然遗产，这些文化遗产是中华民族的瑰宝，也是人类共同的宝贵财富。

　　中国自1985年加入世界遗产公约。中国规定每年6月的第二个星期六为"文化遗产日"。至2017年7月，共有52个项目被联合国教科文组织列入《世界遗产名录》，与意大利并列世界第一。其中世界文化遗产32处，世界自然遗产12处，世界文化和自然遗产4处，世界文化景观遗产4处。中国是世界上拥有世界遗产类别最齐全的国家之一，也是世界自然与文化双遗产数量最多的国家，其中首都北京拥有6项世界遗产，是世界上拥有遗产项目数最多的城市。

　　这些年中国加大了申请世界文化遗产工作的力度，做了大量实质性的工作。近五年中被批准了9项世界文化遗产，还有一些正在积极申报当中或正在认真地做申报准备工作。

　　中国自古以来就是一个多民族国家，中国的《世界遗产名录》中有反映中华民族多民族文化的遗产。如长城，是人类文明史上最伟大的建筑工程，建于2000多年前，后连成万里长城。大运河，开凿于1600多年前，是世界建造时间最早、使用最久、空间跨度最大的人工运河，是中国东部平

图5　1992年作者在西藏布达拉宫

图6　2014年作者在鼓浪屿

原上的伟大水利建筑工程。甘肃敦煌莫高窟，是一处由建筑、绘画、雕塑组成的博大精深的综合艺术殿堂，是世界上现存规模最宏大、保存最完好的佛教艺术宝库，被誉为"东方艺术明珠"。故宫是明、清两代的皇宫，有24位皇帝相继在此登基执政，至今已近600年，是世界上现存规模最大、最完整的古代木构建筑群。

有的反映出不同民族的文化特点，如西藏的布达拉宫，始建于7世纪，是藏王松赞干布为远嫁西藏的唐朝文成公主而建，是达赖喇嘛生活起居和政治活动的场所。云南丽江古城，是历史悠久和文化灿烂的名城，也是中国罕见、保存相当完好的少数民族地区的古城。中国土司遗址，是湖南、湖北、贵州多民族地区的"土司"的行政与生活中心聚落遗存，展现了中国中央政权与地方族群在民族文化传承和国家认同方面的人类价值观交流。云南红河哈尼梯田，总面积约100万亩，是哈尼族人民1300多年来生生不息地"雕刻"的山水田园风光画，表现出哈尼族地区农田种植和管理的特点。

在申报世界文化遗产名录的过程中，中国从中央到地方政府及有关部门十分重视，对遗址精心保护，恢复原貌，搜集资料，认真研究，严密论证，使已经申报成功和准备申报的遗产都得到很好的维护。

近年来，随着中国共建"一带一路"倡议的提出，有关陆上丝绸之路和海上丝绸之路的遗产申报更加受到重视。2014年，"丝绸之路：长安—天山廊道路网"由中国、哈萨克斯坦和吉尔吉斯斯坦联合申报成功，线路跨度近5000公里，沿线包括代表性遗迹共33处。世界遗产委员会认为，丝绸之路是东西方之间融合、交流和对话之路，近两千年以来为人类的共同繁荣作出了重要的贡献。

2017年厦门鼓浪屿成功入选《世界遗产名录》。鼓浪屿现存931座展现本土和国际不同风格的历史建筑、园林、自然景观和历史道路网络，体现了现代人居理念和当地传统文化的融合。世界遗产委员会认为，鼓浪屿是中国在全球化发展的早期阶段实现现代化的一个见证，具有文化多样性特征和现代生活品质。

四、非物质文化遗产的新传承

根据联合国教科文组织的《保护非物质文化遗产公约》定义：非物质文化遗产指被各群体、团体、有时为个人所视为其文化遗产的各种实践、表演、表现形式、知识体系和技能及其有关的工具、实物、工艺品和文化场所。根据《中华人民共和国非物质文化遗产法》规定：非物质文化遗产是指各族人民世代相传并视为其文化遗产组成部分的各种传统文化表现形式，以及与传统文化表现形式相关的实物和场所。包括：（一）传统口头文学以及作为其载体的语言；（二）传统美术、书法、音乐、舞蹈、戏剧、曲艺和杂技；（三）传统技艺、医药和历法；（四）传统礼仪、节庆等民俗；（五）传统体育和游艺；（六）其他非物质文化遗产。

自从2005年开始，中国已建立起县级、市级、省级、国家级的四级非物质文化遗产保护

图7　京剧大师梅兰芳剧照

名录，现审批通过的国家级非物质文化遗产已经达到了1372项。其中，中国已有39个项目跻身世界级非物质文化遗产，项目总数位居世界第一。人类非物质文化遗产代表作名录31项，急需保护

图8　黎族传统纺染织绣技艺

的非物质文化遗产名录7项，非物质文化遗产优秀实践名册1项。因为中国历史悠久、幅员辽阔、民族众多，非物质文化遗产项目分布广泛，仍有很多非遗项目已经或者濒临失传，需要我们进一步进行有效的保护和传承。

中国的非物质文化遗产十分丰富，表现出中华民族文化的灿烂多姿。有表现中原地区汉族文化的，如京剧、昆曲、中国古琴艺术、中国蚕桑丝织技艺、安徽宣纸等；还有很多表现各少数民族文化遗产的，如新疆维吾尔木卡姆艺术、蒙古族长调民歌、贵州侗族大歌、《格萨尔》史诗、青海热贡艺术、藏戏、新疆《玛纳斯》、蒙古族呼麦、朝鲜族农乐舞、羌年、黎族传统纺染织绣技艺等。

总之，中国近些年加大了对传统文化遗产的保护力度，在过去的基础上，使更多的文物、文献等物质文化遗产和非物质文化遗产得到保护和传承，使更多的文化遗产"活起来"，使文化遗产在当代文化建设中发挥更大的作用；同时也提高了社会各界对传统文化遗产重要价值的认识，出现了前所未有的认知和保护文化遗产的新形势，进一步增强了文化自信，促进了传统文化事业的进一步繁荣和发展。然而中国是一个历史悠久、幅员辽阔、民族众多的国家，文化遗产十分丰富，分布非常广泛，有很多文化遗产仍需认真调查，精心保护和传承，有的文化遗产甚至还处于濒危状态或者濒临失传，更需要进一步实行有效保护和传承。

（原载《Українська Орієнталістика》《乌克兰东方学研究》（基辅）2018年第9期，又载《文史知识》，2018年第9期）

"中华民族多元一体格局"
理论的形成背景和当代价值

【摘　要】论述费孝通先生"中华民族多元一体格局"理论提出的背景和意义，以中国中古辽、宋、夏、金时期为例探讨这一理论提出的历史依据，并从这一概念在学术界、社会各界被广泛应用，甚至成为党和国家正式场合的用语来看待这一理论的当代价值。最后以这一理论分析当前的民族问题，提出要铸牢中华民族一体，加强交往交流交融；要加强中华民族认同，大力促进民族团结。今后各民族还会有更加广泛、更为深刻的交往交流交融，互相吸收、互相依存、互相接近会更为显著，达到更高层次的共同繁荣发展。

【关键词】费孝通；中华民族多元一体；民族关系；当代价值

1988年费孝通教授提出"中华民族多元一体格局"这一重要理论后，产生了广泛而深远的影响，至今已经走过了30个年头。回顾以往，展望未来，越发觉得这一理论不仅是中国民族历史研究、民族理论研究带有总括性的重大成果，还对今后民族问题的研究和考量具有重大参考，甚至指导价值。以下就"中华民族多元一体格局"理论的形成背景和当代价值，谈一些感悟，以就教各位同仁。

一、"中华民族多元一体格局"理论提出的背景和意义

中国是一个多民族国家，民族问题始终是社会关注的重大问题。1949年后，国家实行各民族一律平等政策，实行民族区域自治制度，各族人民都成了国家的主人，促进了民族团结，维护了国家的统一，逐步实现各民族共同发展，共同繁荣。

费孝通教授提出"中华民族多元一体格局"的年代，是中华人民共和国成立近40年，"文化大革命"结束10年多以后，中国已经走上了改革开放的道路。新的时代需要理论。改革开放以后，哲学社会科学很多领域都随着时代的进步有了重大突破。民族研究也需要随着时代的进展有新的提升，既要面对民族之间交往进一步增强，以及同时出现的新问题情势，还要应对国际上民族主义浪潮影响等新的动向，针对新的情况需要做出新的研判和对策。

费孝通先生青年时代在国外学习人类学，回国后曾到少数民族地区调查，熟悉民族研究工作。1949年后，担任中央民族学院副院长、中国科学院哲学社会科学学部委员，还参加全国人民代表大会民族委员会组织的少数民族社会历史调查组，深入民族地区进行社会历史调查。"文化大革命"后，费先生恢复了学术青春和政治活力，先后担任中国社会科学院民族研究所副所长、中国社会科学院社会学研究所所长和中国社会学学会会长，1983年当选为中国人民政治协商会议副主席，后来又当选为全国人大常委会副委员长。费先生既是著名的人类学家、民族学家、社会学家，有着长期

研究民族问题、社会问题的深厚学识并取得巨大成就，他还是热心的社会活动家、勤勉的国务活动家，心系祖国，热爱人民，矢志不渝地将自己的智慧和力量贡献给社会。作为学识广博的学者，费先生有具体而微、善于调研的基础，又能跨越学科进行宏观综合思考。他以人民福祉、国家兴旺为己任，能从国家前途、社会发展的高度提出、考虑、解决重大问题，把学术研究、社会活动与提炼思想、指导工作密切结合起来，积极参与党和国家大政方针的协商，提出既符合实际，又具有全局意义的重要发展思路与具体建议，为国家社会经济发展和民族工作提供智力支持。

早在1978年3月，刚成立不久的中国社会科学院在北京召开了全国民族研究工作在京同志座谈会，由民族研究所组织，副院长邓力群同志出席，除民族所的牙含章、翁独健、秋浦、傅懋勣等专家外，还约请了费孝通、白寿彝等所外专家出席，共数十人与会，费先生就民族问题做了重要讲话。

1981年，中国民族研究学会和中国社会科学院民族研究所在北京组织召开了"中国民族关系史学术座谈会"，有130余位民族史学者参加了会议。这次会议对历史上的中国、历史上民族关系的主流、少数民族政权与历史疆域、民族战争、民族英雄等问题进行了讨论。翁独健和白寿彝两位先生都对中国历史上民族关系的主流和本质发表了成熟意见，在学术界取得了重要共识。会后出版了论文集。①当时国家民族事务委员会政策研究室还从新中国成立以后各种报刊上发表的论文中，选编了《中国民族关系史论文集》（上、下集）出版。②

1983年，中国民族史学会成立后，多次召开学术研讨会讨论中国历史上的民族关系、中华民族问题。1985年，在厦门召开第一届中国民族史学术研讨会上，主要讨论了中国历史上民族政权分立的魏晋南北朝与宋辽金夏时期民族关系问题。

1986年，张博泉教授提出并论证了"中华一体"理论。他认为，中华民族形成和发展的历史，先后经历了"前天下一体""天下一体"及"前中华一体""中华一体"这样两个时期四个阶段。"前天下一体"是指秦以前，"天下一体"是指秦汉到隋唐；"前中华一体"是指辽宋金，"中华一体"是指元明清。不管是"天下一体"，还是"中华一体"，都包括以汉族为主体的各民族在内。③

经过反复调研和深思熟虑，费孝通先生于1988年在香港中文大学"泰纳讲演"（Tanner Lecture）会上，发表了著名演讲，系统阐述中华民族多元一体格局理论，后整理成《中华民族的多元一体格局》一文。④这篇著名论文论述了中华民族多元一体格局的形成过程，认为它的主流是由许许多多分散存在的民族单位，经过接触、混杂、联结和融合，同时也有分裂和消亡，形成我中有你、你中有我，而又具个性的多元统一体。在这个多元统一的格局中，华夏——汉民族是各民族凝聚的核心，把多元结合成一体。费先生对中华民族的形成及其结构特点，做了高层次的理论概括，在学术界、理论界引起了广泛影响。1989年，费先生主编的《中华民族多元一体格局》由中央民族学院出版社出版，其中首篇即经过整理、修订的费先生的论文《中华民族多元一体格局》。

《中华民族多元一体格局》主要论点可概括为：一、中华民族是包括中国境内56个民族的民族实体，并不是把56个民族加在一起的总称，因为这些加在一起的56个民族已结合成相互依存的、统一而不能分割的整体，在这个民族实体里所有归属的成分都已具有高一层次的民族认同意识，即共休戚、共存亡、共荣辱、共命运的感情和道义。多元一体格局中，56个民族是基层，中华民族是

①翁独健主编：《中国民族关系史研究》，中国社会科学出版社，1984年。

②国家民族事务委员会政策研究室编：《中国民族关系史论文集》（上、下），民族出版社，1982年。

③张博泉：《"中华一体"论》，《吉林大学社会科学学报》1986年第5期。

④费孝通：《中华民族的多元一体格局》，《北京大学学报》（哲学社会科学版）1989年第4期。费孝通等著：《中华民族的多元一体格局》，中央民族学院出版社，1989年。

高层。中华民族称民族，56个民族也称民族，在科学上和政治上都是可以成立的。二、形成多元一体格局是一个从分散的多元结合成一体的过程，在这过程中必须有一个起凝聚作用的核心。汉族就是多元基层中的一元，它发挥凝聚作用把多元结合成一体。三、高层次的认同并不一定取代或排斥低层次的认同，不同层次可以并存不悖，甚至在不同层次的认同基础上可以各自发展原有的特点，形成多语言、多文化的整体。所以高层次的民族实质上是既一体又多元的复合体，其间存在着相对立的内部矛盾，是差异的一致，通过消长变化以适应于多变不息的内外条件，而获得共同体的生存和发展。[①]

1990年5月国家民委民族问题研究中心在北京召开了"民族研究学术研讨会"，由费孝通先生主持，中心是研讨"中华民族多元一体格局"问题，笔者也参加了这次会议。会后将大家的论文结集出版，名为《中华民族研究新探索》，于翌年由中国社会科学出版社出版。这是社会学、人类学、历史学学者共同研究中华民族的第一部论著。[②]在费先生"中华民族多元一体格局"理论的理解推介、组织学术研讨方面，中央民族大学陈连开教授作了很多贡献。

1991年7月中国民族学会在吉林省延吉市召开"中国民族学学科建设研讨会"，费先生在闭幕式上发表了长篇讲话，强调中华民族多元一体是多元认同的一体，并提出民族研究要研究汉族，对少数民族要下去深入调查，要成为风气。

"中华民族多元一体格局"理论的提出在学术界引起很大反响，得到普遍认同并迅速传播，逐渐为学界所认同和接受，成为近30年中国民族研究最重要的成果之一。

二、"中华民族多元一体格局"的历史依据

费先生在其大作《中华民族多元一体格局》中，对中华民族的历史发展脉络引用了大量历史文献资料和调查资料，做了多角度的梳理和广博考证。比如以丰富的考古资料分析了多元的起源，新石器文化的多元交融，凝聚核心汉族的出现，地区性的多元统一和中原地区民族大混杂、大融合，汉族与北方民族、南方民族、西北民族的交融等，为这一理论提供了坚实的历史基础，准确地反映出中国历史上的民族关系。

关于中国历史上民族关系的主流，在1981年白寿彝先生指出："主流是什么呢？几千年的历史证明：尽管民族之间好一段、歹一段，但总而言之，是许多民族共同创造了我们的历史，各民族共同努力，不断地把中国历史推向前进。"[③]翁独健先生认为："中国民族间的关系从本质上看，是在漫长的历史进程中，经过政治、经济、文化诸方面愈来愈密切的接触，形成一股强大的内聚力，尽管历史上各民族间有友好交往，也有兵戎相见，历史上也曾不断出现过统一或分裂的局面，但各族间还是互相吸收、互相依存、逐步接近，共同缔造和发展了统一多民族的伟大祖国，促进了中国的发展，这才是历史上民族关系的主流。"[④]这些民族史学大家对中国各民族之间关系的研究和提炼，对此后认识、理解费先生的中华民族多元一体格局有积极意义。

作为多民族国家，中国境内各民族的历史发展演变证实了中华民族多元一体格局的真实性。以下以中国古代王朝分立的辽、宋、夏、金时期为例做简要论述。

10—13世纪的中国，辽、宋、夏、金分立，以少数民族为主体建立的王朝取得了前所未有的政治地位，但仍表现出强烈的中华民族多元一体性。

---

①陈连开：《怎样理解中华民族及其多元一体》，《中华民族研究新探索》，中国社会科学出版社，1991年。
②费孝通主编：《中华民族研究新探索》，中国社会科学出版社，1991年。
③翁独健主编：《中国民族关系史研究》，中国社会科学出版社，1984年，第9页。
④翁独健主编：《中国民族关系史研究》，中国社会科学出版社，1984年，第24页。

各王朝都继承中华正统意识。这一时期，少数民族建立的王朝虽与中原宋王朝分庭抗礼，但都逐渐产生了不自外于中国的华夏正统观念，甚至以中国正统自居，并以中国传统的"德运"之说进行解释和争辩。中国历史上各王朝以金、木、水、火、土五德传承，这是华夏正统观的重要内容。辽、宋、夏、金各朝自诩中国正统，德运分别为水、火、金、土，这证明当时各朝虽主体民族不同，但都认同中国的帝统，视本朝为其支脉，这是对中华民族政治和文化的高度共同认知。

政治趋同，经济交往密切。这一时期，各政权之间既有相互征战的一面，又有和平相处的一面；既有矛盾斗争的一面，又有经济文化交流的一面。从政治上看，辽夏金各朝都接受了中原地区的政治制度，同时各王朝参照中原法典制度制定法律，丰富了中华法系的内容。这就使中原地区先进的政治制度推广到更大范围，表现出明显的政治制度延展性和趋同性。在经济上，辽、金、夏进一步开发了北方、东北、西北地区，学习中原地区先进的农业和手工业技术。各王朝通过边界榷场进行贸易，互通有无。同时，各王朝聘使所带赠送和还赐的礼物很多，多是互补物资，也具有经济交流的作用。此外，各王朝使团往往在沿途做大宗的货物交换、贸易，这使各王朝在发展特色经济的同时，也吸收其他民族先进生产方式，通过相互交流提高了生产力水平。

民族文化互相借鉴和融会。儒学主张的"德治"和"仁政"，是中华传统文化的主脉，对维护国家统一、稳定社会秩序起着积极作用。辽太祖崇拜孔子，尊孔子为"大圣"；西夏接受儒学，翻译儒家经典，中后期更加重视汉学，建立大汉太学，尊孔子为文宣帝；金朝对儒学和儒士也十分重视，拜被俘的汉族官吏和儒士为师，聘为高官，请其授以汉族文化。这样，儒学在少数民族中也出现了大传播、大普及、大推广局面。文字是文明社会形成的重要标志。这一时期少数民族王朝分别创制记录主体民族文字契丹文、西夏文和女真文，成为中国历史上多种文字争奇斗艳的时代，对弘扬民族文化起到了重要作用。当然，在辽宋夏金时期，各少数民族王朝都大量使用汉文，汉文在辽朝和金朝都是社会上的主流文字。

民族之间深度交流交融。辽宋夏金都是多民族王朝，民族之间交往频繁。宋朝对境内的少数民族采取因俗而治的怀柔政策。辽采取南北两面官制治理不同民族地区。金也曾实行南北两面官制，前期还有民族等级，后来实行"仁政"，民族界限逐步淡化。西夏没有实行民族等级制度和严厉的民族压迫政策，境内民族关系相对稳定。辽夏金逐渐从本民族单一治理向多民族治理转变，特别是在吸收中原制度和文化方面，皆得益于汉族士人的辅佐，学习并接受了多民族治理的观念。三个少数民族王朝先后完成封建化过程，在统治、影响其他民族的同时近距离接近汉族，在汉文化习俗的熏陶下渐次汉化。尽管这一时期民族矛盾突出，但民族间交流、借鉴、融会是主流。

元代大一统后，党项族、契丹族、女真族虽然仍是当时的重要民族，但因失去了政权支撑，变得相对弱势，本民族特点更加式微，形成民族迅速交融的新趋势。明清以降，他们都消失在中华民族的大熔炉之中。以历史唯物主义观点分析，这样的民族间自然同化是多民族社会发展的一种必然现象，是民族交往交流交融的进步趋向，促进了统一多民族国家的发展。[①]

中国历史上，像辽、宋、夏、金这样王朝分立的时期，都能充分反映出中国各民族的多元一体现象，体现出中华民族逐渐趋同的大趋势，这一点与世界上很多国家、民族很不相同，也很有特点，凸显了中华民族是一个血肉相连的整体，而不是各民族简单相加的松散联合。

三、"中华民族多元一体格局"理论的当代价值

费孝通先生提出的中华民族多元一体格局这一重要理论，成为当代阐述中国历史和现实民族状

---

①史金波：《辽宋夏金时期的民族和文化》，《辽夏金研究年鉴》（2014），中国社会科学出版社，2016年，第3—20页。

况、民族关系、民族格局等领域科学、简明、通用的概念，不仅在学术界，也在社会层面被广泛应用，甚至成为党和国家阐述民族问题的正式用语。

在2005年召开的中央民族工作会议暨国务院第四次全国民族团结进步表彰大会上，胡锦涛同志的讲话中提道："在漫长的历史进程中，我国各族人民密切交往、相互依存、休戚与共，形成了中华民族多元一体的格局，共同推动了国家发展和社会进步。"在2009年国务院第五次全国民族团结进步表彰大会上，胡锦涛同志又提道："在长期发展进程中，我国各民族密切交往、相互依存，形成了中华民族多元一体的格局。"在2014年中央民族工作会议暨国务院第六次全国民族团结进步表彰大会上，习近平总书记强调指出："我国历史演进的这个特点，造就了我国各民族在分布上的交错杂居、文化上的兼收并蓄、经济上的相互依存、情感上的相互亲近，形成了你中有我、我中有你，谁也离不开谁的多元一体格局。"

连续三次中央民族工作会议都提到中华民族多元一体格局，可见中华民族多元一体的格局在现实的政治生活、社会生活中起到的重要作用。

中华民族多元一体的格局理论最重要的一点，是将中华民族看成一个有机的整体，而不是一个松散的联合体。费先生强调指出："我将把中华民族这个词用来指现在中国疆域里具有民族认同的十一亿人民。"[①]（1988年中国是11亿人）。

在前不久召开的中国共产党第十九届全国代表大会上，习近平总书记所做的报告中，数十次提及"中华民族"，有的虽用"民族"一词，也多指称整个中华民族，如民族复兴、全民族、实现民族独立、国家和民族、伟大的民族等。这里"民族"也即指称"中华民族"或"全民族"。这种表达方式反映出当前的一个共识：中华民族是一个整体。

应该特别提出的是，在前不久召开的第十三届全国人民代表大会对《宪法》进行了修改，其中有一项内容值得重视，即两次提到"中华民族伟大复兴"，也将"中华民族"正式载入《宪法》。

四、以"中华民族多元一体格局"分析当前的民族问题

改革开放40年来，是各民族快速发展的时期，也是各民族交往交流交融更为频繁的时期。在建设有中国特色的社会主义的新时期，实现中华民族的伟大复兴是各民族共同奋斗的目标，特别是对相对落后的少数民族地区来说，是改变落后面貌难得的历史机遇。

随着改革开放的深入开展，以及国内外出现的新形势、新变化，民族工作越来越成为人们的关注点，民族问题不仅关系到各民族民生的重要问题，也是关系到民族团结和国家统一的大事。

1. 深化中华民族多元一体理论，加强民族之间交往交流交融

近些年来，学术界就我国民族理论、制度和相关政策进行反思和讨论。要引导各族民众深化对中华民族多元一体理论的认识，加强交往交流交融。对中华民族和中华民族多元一体的认识也随着时间的推移在不断深化，"中华民族多元一体"理论仍然有着现实的意义。

从中国历史上民族关系的发展可知，各民族只有互相交流、互相吸收、互相依存才能促进各民族的进步和发展，特别是当今全世界都在加强经济、文化合作，作为统一的多民族国家大家庭的各民族更应加强、深化交流，提倡民族间经济、文化的合作，促进人才互动，在民族间交流方面起到积极推动作用。民族间的自然接近、自然交融是历史发展的常态。

党的十九大报告明确指出："全面贯彻党的民族政策，深化民族团结进步教育，铸牢中华民族共同体意识，加强各民族交往交流交融，促进各民族像石榴籽一样紧紧抱在一起，共同团结奋斗、

---

①费孝通等著：《中华民族的多元一体格局》，中央民族学院出版社，1989年，第1页。

共同繁荣发展。"各族人民特别是民族理论研究工作者，要做各民族互相交流、学习的促进派，要做各民族经济、文化、社会共同发展的促进派。

2. 加强中华民族认同，大力促进民族团结

费孝通先生明确提出，中华民族这个词用来指现在中国疆域里具有民族认同的所有各民族人民，当前仍具有重要意义。

在中国管辖范围内的地区，历史上都是中国的领土，历史上各民族都认为是中国的组成部分。要在尊重各民族、贯彻各民族一律平等原则的前提下，提倡增强中华民族一体的观念，在保护各少数民族传统文化的同时，要重视和加强中华民族文化的共性，在各民族中强化祖国意识、公民意识，大力培育和践行社会主义核心价值观，增强中华民族的凝聚力。

2014年，中央民族工作会议明确了我国民族工作的目标，"让各族人民增强对伟大祖国的认同、对中华民族的认同、对中华文化的认同、对中国特色社会主义道路的认同"。同时强调"加强中华民族大团结，长远和根本的是增强文化认同，建设各民族共有精神家园，积极培养中华民族共同体意识。文化认同是最深层次的认同"。这里明确提出要加强各民族彼此之间的"文化认同"。

普通话是中国法定的全国通用语言。《中华人民共和国宪法》规定："国家推广全国通用的普通话。"应该创造条件使少数民族学习汉语，汉族特别是在少数民族地区工作的干部要学习当地少数民族语言。

费孝通先生指出："在工业化的过程中，各民族人民生活中共同的东西必然会越来越多，比如为了信息的交流，必须有共同的通用语言，但这并不妨碍各民族用自己的语言文字发展有自己民族风格的文学。通用的语言可以帮助各民族间的互相学习、互相影响而促进自己文学的发展。"①

语言的发展、变化有其内在的规律。一方面要做好少数民族优秀文化的传承和发展，另一方面也要全面、正确地理解部分少数民族语言和方言趋向萎缩和消亡现象。

对已经消失的民族语言，要尽力做好文献的整理、保存和研究工作；对目前使用较少的民族语言要认真做好声像记录，并进行认真整理研究。

3. 坚持统一和自治相结合，坚持民族因素和区域因素相结合

作为主体民族的汉族，在经济、文化等方面较为先进，应尽力帮助少数民族和少数民族地区发展。政府对相对落后的少数民族地区应实行倾斜政策。如果该地区是多民族地区，应依据实际情况对各民族都实行平等的倾斜政策。

在自治地方坚持统一和自治相结合，对各民族的民主权利、本地资源享用、民生改善、民族文化传承等方面不断加大改善力度。一些特殊照顾政策应以当地社会发展水平、城乡、农牧等方面区分，不刻意以民族区分。纵观中国历史上无论羁縻制度还是土司制度，对实行这种制度的地方皆以地区命名，不以民族命名，因为差不多各民族地区都是多民族杂居，这样可以避免以民族命名带来的不确定和矛盾。②

费孝通先生指出："自从1949年新中国成立以后，民族平等已成为根本性的政策，而且明确地写入了宪法。"他还指出："如果我们要坚持在中华民族里各民族平等和共同繁荣的原则，那就必须有民族间互助团结的具体措施。这正是我们当前必须探索的课题。"③

中国的民族区域自治制度，是在中国统一的前提下的民族区域自治。在中华民族"多元一体"

---

①费孝通等著：《中华民族的多元一体格局》，中央民族学院出版社，1989年，第35页。
②史金波：《中国历史上民族关系刍议》，《中国史研究》2017年第1期。
③费孝通等著：《中华民族的多元一体格局》，中央民族学院出版社，1989年，第34页。

的格局中，要重视"一体"，强调统一，这个格局才是完整的，符合各民族长远利益的。在实际工作中只强调民族因素，而忽视了地域因素，不但不能解决问题，还会产生不必要的民族矛盾。如在扶贫工作中同一地区有多种民族，同样贫困，应有同样的扶贫政策和扶贫方法，不应以民族划线。2014年的民族工作会议强调："要坚持统一和自治相结合、民族因素和区域因素相结合。"实际上对这类问题给予了正确的回应。

今后各民族还会有更加广泛、更为深刻的交往交流交融，互相吸收、互相依存、互相接近会更为显著，达到更高层次的共同繁荣发展。

（原载《中央民族大学学报》2018年第5期）

加强民族史研究　重视"绝学"
维护民族团结和国家统一

　　从民族的角度研究中国历史，对增加和完善历史知识，借鉴历史经验，加强民族团结，促进各民族交往交流交融，维护国家统一，具有十分重要的学术和现实意义。

　　中华人民共和国成立后，特别是改革开放40年来，史学研究繁荣发展，其中民族史研究的成就令人瞩目，是中国历史研究的亮点之一。在马克思主义历史唯物主义理论和各民族一律平等民族政策指导下，20世纪50年代开展了大规模民族社会历史调查，在此基础上编纂《民族问题五种丛书》，其中包括《中国少数民族简史丛书》，并逐步建立起中国民族史专业及研究和教学机构。1961年根据国务院指示，国家民族事务委员会设立民族历史研究工作指导委员会，多次组织专家座谈，根据当时的需要就历史上诸多重要民族问题进行深入研讨。全国各地陆续对有关中国民族史的资料进行整理，新的研究成果不断推出，包括各民族专史、地方民族史、民族关系史、全国性民族史，以及民族政治、经济、文化、法制、宗教等专门史的大量著述，在丰富历史知识、提高民族素质，维护民族团结、弘扬爱国主义，借鉴历史经验、提供政策参考等方面，发挥了重要作用。

　　中国社会科学院民族研究所设有民族历史研究室，多年来不断有代表性的研究成果问世，如组织并参与编写多种少数民族简史，出版《中国民族关系史纲要》（翁独健主编）、《中国历代民族史丛书》8卷本（田继洲、白翠琴、罗贤佑等著）、《中国少数民族历史大辞典》（高文德主编）等。近年又出版了《中国少数民族革命史》（方素梅、蔡志纯等编著）、《先秦两汉时期民族观念与国家认同研究》（彭丰文著）、《中国民族史学史纲要》（史金波、关志国著）等，引领、推动了民族史的深入研究。同时还积极承担国家重要辞书《辞海》民族史分科的主编任务，后来又承担了《大辞海》民族史部分的编纂撰稿任务，还完成了国家重点文化工程《中华大典·民俗典·地域民俗分典》（史金波主编）的编纂工作。参与这些重要辞书和重点文化工程，为民族历史的普及和资料的汇集作出了应有贡献。

　　民族研究所的史学工作者，积极响应国家号召，对时代要求的重点、热点问题组织力量进行深入研究。如西藏民主改革后，特别是西藏人权问题受到关注后，及时出版了《达赖喇嘛传》和《班禅额尔德尼传》（牙含章编著）、《西藏佛教发展史略》（王森著），以及《西藏地方与中央政府关系史》（黄玉生、车明怀、祝启源等编著）、《西藏近三百年政治史》（伍昆明著）等重要著作。这些凝聚着史学工作者心血的著述，为国内外提供了深刻了解西藏历史的平台。民族所还组织西藏人权研究课题组，查阅大量国内外资料，深入西藏实地考察，编写出国内第一部专门研究西藏人权的著作《西藏人权研究》（史金波、姚兆麟、李坚尚等著）；又将西藏解放后50多年来发布的有关西藏人权立法文件搜集编纂，出版《西藏人权研究参考文献选编》。两书以大量实际调查资料和客观分析，揭露在西藏农奴制度下人权遭到践踏的悲惨情景，反映了中国致力于改善西藏人权的决心和有力措施，对研究和宣传西藏人权的进步作出了积极贡献。

1983年成立了中国民族史学会，由民族研究所代管，30多年召开了20次学术研讨会，就历史上的民族关系、民族政策、近现代民族史、国家认同、中华民族多元一体等问题展开学术交流，总结历史经验，探讨历史发展规律，提高对历史上民族问题的认识。比如历史上少数民族的羁縻制度、土司制度的前提都是国家认同。又如即便在历史上各不同民族政权分立时期，各王朝都自认为是中国的一部分。辽、宋、夏、金时期四个不同民族为主体的王朝都认为是中国的继承者，都承续中国特有的以五行顺序相生的德运。历史经验证明，只有加强各民族之间的交往交流交融，维护好民族团结，保障国家统一，才能有中华民族的共同繁荣发展。

少数民族文献和文物是中国优秀传统文化的重要、有特色的组成部分，既是中国各民族的历史文化载体，也充分反映出各民族之间密不可分的血肉联系。

习近平总书记在哲学社会科学工作座谈会上指出："要重视发展具有重要文化价值和传承意义的'绝学'、冷门学科。"中国社会科学院学科比较齐全，其中包括多种"绝学"学科。近十多年来，中国社会科学院两次启动特殊学科建设，有力地推动了相关学科的传承和发展。民族研究所有多种有关民族的特殊学科，如西夏文、契丹文、女真文、古藏文、东巴文等。

民族研究所在20世纪80—90年代，在西夏文及其文献扎实研究的基础上，1993年又在院领导和科研局、外事局的关怀下，与俄国相关部门合作，将100多年前俄国探险队盗掘走的大量西夏文献整理、出版，现已出版《俄藏黑水城文献》28册，[①]实现了流失国外文献大规模再生性回归，为开创西夏研究的新局面奠定了丰厚的资料基础。

我们在出土的西夏文文献中，发现了一批西夏活字印刷实物，结合在敦煌莫高窟出土的回鹘文木活字，进行深入研究，出版了《中国活字印刷术的发明和早期传播》（史金波、雅森·吾守尔著），证实在北宋毕昇发明活字印刷术以后，西夏和回鹘地区继承、使用、发展活字印刷，以实物补充了中国早期活字印刷的空白，中国各民族衣钵相传，为世界文明作出了重要贡献。

2011年，"西夏文献文物研究"项目被批准为国家社科基金特别委托项目，中国社会科学院西夏文化研究中心承担研究任务，史金波为首席专家，与宁夏大学西夏学研究院等单位合作，整合全国相关学术力量和资源集体攻关，8年来已有一大批阶段性成果问世，在诸多领域有重要建树和突破。此项目先后出版14种研究专著及大型文物图集《西夏文物》3编22册。[②]又突破西夏文草书译释大关，翻译、研究了大量西夏文经济、军事文书，出版了《西夏社会》和《西夏经济文书研究》。这些著述在一定程度上复原了神秘西夏的历史，是使古文献、文物"活起来"的一项成功实践。近年又组织出版《西夏学文库》，被批准为"十三五"国家图书出版项目和国家出版基金项目，首批推出西夏学著作20种。[③]去年还将八国联军入侵北京时被法国人掠走的国宝级西夏文文献在国内出版。[④]现已有多种著作获国家级或省部级奖项，有5部西夏研究优秀著作被列入国家社会科学基金成果文库出版，有两种被批准为国家和社科院的外译项目。我们举办了3期西夏文研修班，培养了不少人才，出版了西夏文教材《西夏文教程》。在众多西夏学专家的持续努力下，西夏研究呈现统一布局、专家合力、发展态势良好的局面，从冷门逐渐变为热点，为国家优秀文化遗产的传承和发展作出了贡献，增强了学术自信，具有中国特色、中国气派、中国话语权的西夏学科建设取得

---

①俄罗斯科学院东方研究所圣彼得堡分所、中国社会科学院民族研究所、上海古籍出版社编：《俄藏黑水城文献》，第1—28册，上海古籍出版社，1996—2018年。

②《西夏文物》总主编为史金波，"内蒙古编"4册（塔拉、李丽雅主编），"甘肃编"6册（俄军主编），"宁夏编"12册（李进增主编），中华书局、天津古籍出版社出版。"石窟编"8册（樊锦诗主编）、"综合编"4册（杜建录主编）即将出版。

③史金波、杜建录主编：《西夏学文库》（首批20部），甘肃文化出版社，2018年。

④史金波、［法］克丽斯蒂娜·克拉美罗蒂主编：《法国吉美国立亚洲艺术博物馆藏西夏文献》，中华书局、天津古籍出版社，2018年。

了重大进展。

民族研究所的其他古文字研究也取得了很大进展，如契丹文研究也成就显著，在20世纪80年代出版了《契丹小字研究》（清格尔泰、刘凤翥等著），近期又出版了《契丹文字研究类编》（刘凤翥编著）等。

目前民族史研究、"绝学"研究，都在一定程度上存在着理论研究欠缺、宏观研究薄弱、对现实问题关注不够的问题。在学科建设上则有研究和教学人员萎缩、后继乏人的现象。

最近，习近平总书记给中国社会科学院中国历史研究院成立的贺信，大大激发了史学研究工作者的积极性。历史研究工作者应乘中国历史研究院成立的东风，为加强民族史研究和教学队伍建设，为构建民族历史学学科体系、学术体系、话语体系做出不懈努力。要贯彻习近平总书记关于"基础研究和应用研究相辅相成、学术研究和成果应用相互促进"的指示精神，夯实史识与史学功底，继承优良传统，扩充研究视角，深耕厚植，收获更多有深邃内涵的原创性成果，在新时期为维护民族团结和国家统一，为中华民族的伟大复兴作出新贡献。

（原载《民族研究》2019年第2期）

略论中国历史上民族政策演变趋势

【编者按】"一部中国史，就是一部各民族交融汇聚成多元一体中华民族的历史。"中国是一个统一的多民族国家，自古以来重视对少数民族地区的治理。从中国历史上对少数民族地区所实行政策的发展变化，可以梳理出一些规律性的认识，显示出对少数民族地区治理政策的演变趋势。诸如：随着各民族的交往深入，中央王朝管辖范围逐步扩大，少数民族地区与中央王朝的关系越来越紧密；随着社会的进步和发展，中原王朝对民族地区管理越来越直接、具体、细密；随着各民族交往交流交融的增强，各民族在传承、保留一定民族特点的同时，共性越来越多，等等。历史经验证明，各民族只有互相交流、互相吸收、互相依存才能促进各民族的共同进步和发展。中国古代民族政策蕴含着历史发展的轨迹和前人的智慧，提炼借鉴其中带有规律性、趋向性的认识，可以为今天处理民族问题和制定民族政策，不断铸牢中华民族共同体意识，共同实现中华民族伟大复兴的中国梦提供历史启迪。

习近平总书记在全国民族团结进步表彰大会上的讲话中强调指出："一部中国史，就是一部各民族交融汇聚成多元一体中华民族的历史。"这一重要论断揭示出中华民族历史发展的本质特征。他在论述各民族共同开拓辽阔的疆域时，还特别提到中国历史上对民族地区的治理："秦代设置南海郡、桂林郡管理岭南地区，汉代设立西域都护府统辖新疆，唐代创设了800多个羁縻州府经略边疆，元代设宣政院管理西藏，明代清代在西南地区改土归流，历朝历代的各族人民都对今日中国疆域的形成作出了重要贡献。"

中国是一个统一的多民族国家，自古以来重视对少数民族地区的治理，至唐朝实行羁縻制度，在边疆少数民族地区设置带有自治性质的地方行政机构羁縻州府，通过羁縻制度维系中央集权制度的统治，加强中央与民族地区的关系。宋辽夏金时期，几个不同民族建立的王朝鼎足而立，但他们都认同中原文化，并对所辖少数民族地区实行羁縻制度。宋元时期，对民族地区的政策也逐渐发生变化，形成了土司制度，这是一种治理少数民族地区的自治政策。元明时期，广置土司，对少数民族地区进行绥抚管理。明清之际，中央政府加强了对土司的控制，并逐渐实行改土归流政策，加强了对少数民族地区的治理。

从中国历史上对少数民族地区所实行政策的发展变化，可以梳理出一些规律性的认识，显示出对少数民族地区治理政策的演变趋势。

随着各民族的交往日益深入，中央王朝管辖范围逐步扩大，少数民族地区与中央王朝的关系越来越紧密

作为一个统一的多民族国家，汉族居住的中原地区自然条件较好，人口众多，经济发达，文化先进。随着各民族长期、深入的交往，中原文化影响越来越大，以汉族为主体民族建立的中原王朝统治范围越来越宽广。

中国疆域的东部、东南部平原较多，抵临大海，西部、北部多高山、草原。商周王朝所辖范围基本在黄河中下游及淮河一带。秦朝除中原地区外，西部在今兰州、成都以西一带，北部大体以长城为界，在南部少数民族地区设置了南海郡、桂林郡。汉朝管辖地区通过河西走廊大大向西拓展，直达西域，在那里设置西域都护府，统辖管理今新疆一带。

唐朝版图进一步扩大，北至贝加尔湖一带。当时设立羁縻州府，见于记载的有856个，主要统辖于单于、安北、安西、北庭、安东、安南六大都护府，其中安西、北庭都护府管辖西域各羁縻州府；安北、单于都护府管辖北疆的各羁縻州府；安东都护府管辖东北边疆的羁縻州府；安南都护府则辖有南疆各羁縻州府。有的羁縻州府离唐朝统治中心长安（今陕西西安）并不遥远。

宋辽夏金时期，宋朝是以汉族为主体民族的王朝，辽、西夏、金都是以少数民族为主体民族的王朝，各王朝内也都是多民族共处。当时在中国还有西南部的吐蕃，南部的大理，西部的回鹘等政权。宋朝是这一时期中国的核心，而辽夏金也都以正统自居，并实行中原地区早已成熟的政治制度和文化制度，对其属国、属地的少数民族实行羁縻政策。

元朝正式将西藏纳入版图，领土再次扩大。此时期在少数民族地区广泛设置土官，实行土司制度。土司制度兴盛于明代，其范围包括了中国的西南、西北和湖广等地的少数民族地区。土司"袭替必奉朝命，虽在万里外，皆赴阙受职"。但原来实行羁縻政策的关中地区、陕西南部、河南北部等地区，已成为汉族为主的地区，纳入正常的路、州建制，不再属于土司制度范围。

明朝为加强中央政府管理，在部分实行土司制度的少数民族地区推行改土归流政策，把少数民族土司管理的方式改为政府官员管理方式。清朝奠定了中国版图的基础。随着统一的多民族国家的巩固和发展，以及中央王朝统治势力逐步深入，朝廷对土司辖区大力实行改土归流政策，将湖南、

唐代阎立本《步辇图》（局部），表现了吐蕃使者禄东赞来唐迎亲并受到唐太宗召见的场面（资料图片）

位于云南省德宏傣族景颇族自治州梁河县的南甸宣抚司署，是至今保存较
为完好的土司衙门之一（资料图片）

湖北、四川、贵州、云南、广西等地的土司管辖地区归政中央。自清代实行改土归流政策后，虽仍保留了部分土司管辖地区，但由少数民族治理的土司地区大大缩小。

纵观中国历史，特别是在统一王朝时期，可以明显地看到中央王朝直接管辖范围逐步扩大，少数民族地区与中央王朝的关系越来越紧密。这是各民族历史发展的必然趋势。

随着社会的进步和发展，中原王朝对民族地区管理越来越直接、具体、细密

唐朝实行羁縻政策，由当地少数民族首领充任刺史或都督，并允许世袭其职。羁縻地区还有财政上的自主权，但必须接受唐朝在地方设置的最高行政机构都护府的监领，体现了唐朝对少数民族采取笼络政策和松散管理的方针。羁縻州府户籍一般不上报户部，多数也不承担赋税，仅部分羁縻州府临时向唐朝中央政府有所贡献。宋代在西南部分地区设置了羁縻州、县、峒，也是一种松散的统治制度。

后来实行的土司制度与羁縻州府政策有了较多的区别，由原来松散的统治变为趋于严格的控制。在承袭、纳贡、征调等政策方面，对土司均有具体规定。北宋时期一些土司所辖区域开始缴纳赋税。交纳的方式为不丈量土地，不编丁口，纳赋税定额为归附时自报认纳之数。明代更加重视对民族地区赋税的征收，作为增加经济收入的一种手段，也是土司接受中央王朝统治的一个重要标志。清朝参照明代赋税额度定数，并有所增加。

原来实行羁縻政策地区的少数民族军队只有戍守当地职责，但随着土司制度完备和与中央王朝关系越来越密切，在明代土司管辖下的士兵成为朝廷的重要兵源之一。明代的土司还区分为武职和文职。武职归都指挥使管辖，统隶于兵部武选司；文职归布政司管辖，统隶于吏部验封司。清代对土司的承袭和考核更为严密和完备，并采取一些措施分割或缩小土司辖区及限制土官权力，防止其势力尾大不掉。

在土司制度下，土司仍是世袭其土，世有其民，对辖区土民进行统治，有的不断扩充势力，相互仇杀，甚至与中央王朝分庭抗礼。于是中央王朝利用招抚与镇压的方法，逐步实行改土归流政

策，改过去的间接统治为直接统治。政府采取具体措施，收缴土司的印敕，设府、厅、州、县，委派有任期的流官进行统治管理，逐步推行与中原一致的制度，如戍兵、编查户口、立保甲、丈量土地、征收赋税及组织乡勇等。这反映了当时民族地区的社会发展趋向，顺应了各族人民经济、文化交往的大势，加强了边远地区和中原的联系，强化了中央对边远地区的管理。

中国历史上各王朝对民族地区的行政管理机构有不同的命名，但是总的来看有一个共同的特点，那就是以地域或地方政权名称命名。羁縻制度下的各民族地区皆以地域称名。如唐代对突厥颉利可汗旧部设立定襄、云中两个都督府，对突厥葛逻禄三个部落设立阴山、大漠、玄池都督府，对奚族地区设饶乐都督府，对靺鞨族地区设黑水都督府等。在土司制度下各民族地区也多以地域命名，如在西藏有乌思藏纳里速古鲁孙等三路宣慰使司，在贵州水西彝族地区设贵州省宣慰使司等。这是因为各民族地区多为民族杂居，以地域命名更为贴切。

不难看出，随着社会的进步和发展，中原王朝对民族地区管理形式越来越直接，方法越来越具体，措施越来越细密。

随着各民族交往交流交融的增强，各民族在传承、保留一定民族特点的同时，共性越来越多

中华各民族之间越来越密切的来往是各民族发展的需要，是历史发展的必然。这是一个自然的过程，也是一个长期动态发展的过程。

在中国历史发展中，一些民族，特别是一些影响比较大的民族先后融合到其他民族中，主要是融入经济、文化发展水平较高的汉族中，如秦汉时期的匈奴，东汉至南北朝时期的鲜卑、柔然，隋唐时期的突厥，宋代的契丹、党项和女真等。此外，各民族在密切交往交流中，族际通婚成为常态。不仅汉族吸收、融入了很多少数民族的成分，各少数民族中也往往有汉族和周围其他民族的成分。各民族之间的杂居地带呈不断扩大趋势。从血缘上看，各民族之间相互交融，形成你中有我，我中有你的态势。

在政治上，各少数民族逐步纳入中央王朝的政治体制，不同形式、不同层次地实行中央政府的官制。中央和民族区域地方的政治关系由松散趋于紧密，由间接趋于直接。在王朝分立的辽宋夏金时期，各王朝都以"德运"之说认同中国的帝统，以维护自己的统治。中国无论在统一时期，还是政权分立时期，都是各民族共聚于一个国家之中。

在中国历史上，各民族志士仁人为维护祖国统一和领土完整谱写了可歌可泣的爱国主义篇章，在近代，各民族爱国主义精神日益增强，共同抵御外国侵略，其中有鸦片战争，有反对沙俄侵占东北国土的斗争，有在新疆反抗阿古柏侵略和分裂的斗争，有西藏江孜军民的抗英斗争等，特别是20世纪30—40年代，各族人民共同反抗日本侵略者的斗争，表现了从北方到南方各族人民的大团结，显示出各族人民维护祖国领土完整和民族尊严的坚强决心，涌现出大批为国家、为民族献身的各民族爱国志士。

在经济上，中原王朝以黄河、长江流域的农耕经济为主逐步发展，周边的少数民族开拓边疆，发展了游牧和山地经济，作出了重要贡献。少数民族的骑射技术影响到中原地区，战国时期的"胡服骑射"就是从北方少数民族引进到赵国，并逐渐推广开来。一些少数民族由原来单纯从事畜牧业，逐步转变为经营农业。中原王朝也往往通过边疆屯田戍守，使当地加强了农业生产。很多少数民族把当地盛产的农作物品种和种植方法传播到全国各地。如高粱、玉米、花生、芝麻、蚕豆、棉花、麻、葱、蒜、黄瓜、胡萝卜、胡椒、苜蓿、葡萄、石榴等作物皆传自少数民族地区。中原地区科技发展较快，手工业兴盛，建筑、印刷术、瓷器等为少数民族学习、接受。各民族之间通过朝贡、设置榷场，互通有无。中原地区的农产品、丝绸、茶叶、手工业品不断输入少数民族地区，而少数民族地区的畜牧产品、特有的工艺品不断输入中原地区。中国各民族以自己的勤劳和智慧，互学互补，已经成为不可分割的整体。

在文化上，各民族之间相互影响更为明显。中原地区先进的文化为少数民族地区广为接受，其中以儒学对各民族影响最大。儒学作为中国传统主流文化，在中国思想、政治、文化、社会各方面发挥着主导作用，不仅是中原各王朝统治的思想文化基础，也深刻地影响着少数民族，各民族都不同程度地受到儒学的影响。很多少数民族人士参加中央王朝的科举考试，一些少数民族为主体建立的王朝也实行科举。少数民族在更大的范围内传播中原地区的先进文化和科学技术。少数民族文化也具有很高的成就，不断为中华民族文化注入新的血液，如在医学、印刷术、天文、历法、建筑等领域作出了卓越贡献，显示出民族特色。很多少数民族除使用自己的语言外，还使用汉语，形成大量的双语现象。有的少数民族直接使用汉语、汉文，作为自己的语言文字。历史上一些少数民族陆续创制了30多种文字，记录了大量文献资料，成为我国文化宝藏中的重要组成部分。有的民族在创造记录本民族语言的文字时，借用了汉字笔画和构字方法，形成了以汉字为典范的表意文字体系。中国的历史文献中有很多汉文和民族文字合璧的文献，还有包括多种文字的文献。西夏时期出版了世界上最早的两个民族互相学习对方语言文字的双语、双解字典《番汉合时掌中珠》。

中国本土宗教道教和后来传入的佛教对汉族和不少少数民族影响很大。宋元时期传入的伊斯兰教被一些少数民族接受。少数民族的宗教信仰对全国宗教的发展演变起了重要作用。外来宗教传入中国后逐渐本土化，也不同程度的世俗化。全国包括节日在内的各种风俗，很多是多民族共有的。除1949年以后中华民族共有的国庆节、劳动节、妇女节、儿童节等以外，传统的春节、中秋节、端午节等也成为各族人民共享的节日。各民族关系越来越密切，共性越来越多。在社会快速发展中，各民族原有的生产、生活方式有了很大改变，他们学习、接受了更为先进的、各民族共有的方式，一些不符合社会发展、有碍民族进步的习俗不断被淘汰。

历史上，中国古代的民族（或部族）很多，先后不啻数百个之多。随着社会的发展进步和各民族越来越密切的交流，民族的数量总的趋势是减少。不仅北方的匈奴、东胡、鲜卑、柔然、突厥、羯、氐、渤海、契丹、党项、女真等都已消失或融合，南方的一些民族也有不少消失或合并。就全世界而言，各国、各民族交往越来越密切，共性的增加，民族数量的减少，也是历史发展的客观事实。

总之，中国古代民族政策反映了中华民族具有多种类型、多种层次、多种关系、多种发展途径的特点，它本身贮藏着历史发展的轨迹和前人的智慧。历史经验证明，各民族只有互相交流、互相吸收、互相依存才能促进各民族的共同进步和发展。纵观中国历史，提炼其中带有规律性、趋向性的认识，借鉴历史经验，可以为当前处理民族问题和制定民族政策提供历史启迪。在新时代我国各民族应该顺应历史发展大势，加强、深化交流与融合，提倡、促进各民族间经济、文化互动合作，不断铸牢中华民族共同体意识，促进各民族共同发展，共同实现中华民族伟大复兴的中国梦。

（原载《光明日报》2020年6月22日）

深入推进宋辽夏金史研究的思考

【摘　要】20世纪70年以来，宋辽夏金史研究成果累累，成就突出，整体认知有质的提升。其中漆侠主编的《辽宋西夏金代通史》是一部成系统的优秀学术成果。研究这一时期历史应注重强调宋辽夏金各朝都自视为中华文明的继承者，为此后中国的大一统准备了条件。宋朝在全国政治、经济、文化中具有核心地位，是当时各民族发展的压舱石。各少数民族王朝互学互鉴，为构建"中华民族多元一体"格局，共同缔造中华文明作出了历史性贡献。应继续发掘传统和出土历史资料，包括少数民族文字文献，将历史学和文献学紧密结合，让文物、文献、古文字活起来，夯实资料基础。将宏观与微观研究相结合，总结这一时期带有规律性的认识，汲取智慧，发挥历史经世致用的作用，促进构建各民族共有精神家园。

【关键词】《辽宋西夏金代通史》；宋朝的核心地位；辽夏金的历史贡献；出土文献；宏观和微观研究

中国10—13世纪宋辽夏金时期是中国历史上非常重要、很有特点的时期，从隋唐的大一统时代，经过五代，进入了多个王朝并立时代。习近平总书记最近在全国民族团结进步表彰大会上的讲话中，论述各民族共同书写中国历史时，还特别提道："分立如南北朝，都自诩中华正统；对峙如宋辽夏金，都被称为'桃花石'……"高度概括了中国两个王朝分立、对峙的时代特点。

中国这一时期，包括宋辽夏金王朝，以及当时回鹘、吐蕃、大理等政权的全部历史，可以称为"宋辽夏金史"，根据立国先后顺序也可称为"辽宋夏金史"。在这一时期，宋朝是以汉族为主体民族的王朝，辽、西夏、金都是以少数民族为主体民族的王朝，各王朝内又都是多民族共处。

1949年前，对这一时期的历史往往统称为"宋史"，一些著述把辽、金王朝称为"外国""外族"或"异族"。对文献记载缺乏的西夏，更是采取漠视的态度，多不予撰述。

中华人民共和国成立70年来，对这一时期的历史研究成绩显著，成果累累，在很多领域都有突出建树，对中国历史研究作出了重要贡献。中国实行各民族一律平等的民族政策，史学界以马克思主义唯物史观为指导，以民族平等的立场研究历史，特别是作为史学研究的一个分支学科的民族史学科蓬勃发展，给这一段历史研究增添了新的活力，不仅在具体问题上有很多创新，在对这一时期历史整体认知方面更有明显的提升。比如蔡美彪等著的《中国通史》第四编第五、六、七册名为"宋辽金元时期"，将辽金王朝与宋朝并列，虽然题目中仍没有西夏，但在第六册的三章中，辽夏金的历史各为一章。同时还在"第六册说明"中，特别指出"在这个时期里，契丹、党项、女真等族人民都对我国历史的发展，作出了自己的贡献"。又说："中华民族的悠久的历史，是由各族人民共同创造的。契丹、党项、女真族人民和汉族人民一起，开发了我国北部的广大地区，发展了社会生产，也创立了绚丽多彩的文化。"①在中国通史类著作中，这是第一次对宋辽夏金王朝史做出比较准确的论述。

近些年来，辽宋夏金史有了更突出的成就，优秀著述迭出，其中在邓广铭倡议下，著名宋史学家漆侠先生主编的《辽宋西夏金代通史》更为引人注目，编委包括了国内60多位专家。该书分7卷（8册），共380余万字。②这是一部全面研究宋辽夏金史的集大成之作。从书名即可看到全书将辽、宋、夏、金四个王朝并列，体现了历史的真实，反映出对这一时期历史认识的新的提升。全书以中华大一统和各民族平等的理念为指导思想，致力于探讨这一时期多民族共同创造中华文明的历史业绩，特别是突破了以往对各王朝分别写作的惯例，以宏阔的时空观将各王朝历史依时间先后顺序论述，将当时中国全境内各民族的历史揉为一体，使各民族的历史社会清晰地展示出来，增强了对这段纷繁复杂历史的总体把握和深刻认识。

笔者认为，当今之宋辽夏金史研究尤应重点关注以下几个问题。

一、宋辽夏金各朝都自视为中华文明的继承者

研究历史，胸怀要宽广，视域要广阔，应站在全国的高度审视中国历史，甚至还要从世界的大视域下俯视中国的历史。我们要准确把握我国统一的多民族国家历史情况，把宋辽夏金时期各不同民族建立的王朝都视为中国的一部分，把他们之间的关系客观地认定是一个国家之内的兄弟关系，即便是王朝之间发生的战争也是一家之内的兄弟阋墙，不能只将宋朝说成中国，将其他王朝说成是中国以外的所谓"内亚"国家。

当时各王朝尽管都称其他王朝为"外国"，但都不自外于中国。四个王朝都争用"中国"名义，自称"中国"，都以"德运"之说维护自己的正统。所谓德运即五德终始之说，各王朝按照木、火、土、金、水五德，相胜相代，循环往复。这成为从秦汉到这一时期王朝更迭的主要理论来源，以此强化君权神授的理念，证明本王朝的正统性，以利巩固自己统治。宋朝受后周禅让为火德，辽承后晋为水德，西夏可能认为继承了唐朝的土德为金德，金灭北宋承续土德，都无一例外地认同中国的德运，表示继承中国的帝统。③这反映出中国在这一多王朝并立的特殊时期，虽主体民族不同，但都认同中国的王朝体系，视本朝为其支脉，表现出各民族对中国政治体制深层次的认同，对中国和中华民族文化的高度认同。

宋辽夏金各朝都有皇帝专属的名号，也是自认承袭中国正统的重要表征。各朝皇帝都有尊号，死后有庙号、谥号，建陵后有陵寝号。如宋朝开国皇帝宋太祖赵匡胤尊号为应天广运立极居尊圣文神武明道至德仁孝皇帝，谥曰为启运立极英武睿文神德圣功至明大孝皇帝，庙号太祖，葬永昌陵。辽朝开国皇帝耶律阿保机尊号为大圣大明天皇帝，庙号太祖，谥号大圣大明神烈天皇帝。西夏开国皇帝李元昊的尊号有始文英武兴建法礼仁孝皇帝、武烈皇帝等，庙号景宗，谥号武烈皇帝，陵号泰陵。金朝开国皇帝完颜阿骨打尊号大圣皇帝，庙号太祖，谥武元皇帝，陵号睿陵。确定年号纪年，也是奉中国正朔的一种表示，宋辽夏金四朝各代皆按中国历代王朝建有自己的年号。

这一时期的前段，主要是辽宋对立，双方有战有和。宋景德元年十二月（1004年）辽宋订立澶渊之盟，约为兄弟之国，形成对等关系。此后双方百年间不再有大规模的战事，礼尚往来，通使殷勤，互使共达380次之多，其间辽朝边地发生饥荒，宋朝派人在边境赈济。宋真宗崩逝，辽圣宗

①蔡美彪、周清澍、朱瑞熙、丁伟志、王忠：《中国通史》第六册，人民出版社，1979年，第1—3页。
②漆侠主编：《辽宋西夏金代通史》，人民出版社，2010年。
③刘浦江：《德运之争与辽金王朝的正统性问题》，《中国社会科学》2004年第2期。王炯、彭向前：《"五德终始说"视野下的"大白高国"》，《青海民族学院学报》2009年第3期。

"集蕃汉大臣举哀，后妃以下皆为沾涕"。西夏地处西偏，依辽抗宋，与宋、辽周旋，以战求和，于宋庆历四年（1044年），宋夏达成协议，夏向宋称臣，西夏上书自称"兀卒"，西夏语"皇帝"之意。宋朝赐给西夏银、绢、茶皆数以万计，实际上许其自置官属，承认了元昊"帝其国中自若"的状态。这样在同一中国境内，形成宋、辽、西夏三朝并立的局面。金朝灭辽后，南宋、金和西夏共存，再次出现三朝鼎立的格局。当时在中国西南部还有吐蕃，南有大理，西有回鹘等政权。

从当时各王朝互相之间的称呼可以看到，他们之间的关系是同一中国内不同王朝的关系。宋朝和辽朝互称南朝、北朝，都称西夏为夏或西夏。而在西夏法典《天盛改旧新定律令》中，凡指称宋、辽时皆以民族名称"汉""契丹"称呼。在西夏凉州感通塔碑中有内容大体相同的西夏文和汉文碑文，在西夏文碑铭中称宋朝为"东汉"，在"汉"之前加上了地理方位词。在该碑的汉文碑铭中，相应部分用"南国"称呼宋朝。[①]这也表示出当时中国境内南为宋朝，北为辽朝，西为西夏的格局。

由于以契丹族为主体民族的辽朝在中国的北面，在其更北面的俄国等欧洲国家，便将具有中国文化特质、临近他们的契丹看成是中国，泛称中国为"契丹"。至今还有近十个国家称呼中国为契丹，如俄语中的Китай。这说明当时北方的外国人把契丹或契丹及其以南的地方都认为是中国。

前引习近平总书记提到的"桃花石"一词是古代中亚人对中国的称呼。在成吉思汗二十二年（1227年），长春真人邱处机应成吉思汗之召去中亚，途经阿里玛城（今新疆霍城县境内），看见当地"农者亦决渠灌田。土人却以瓶取水，载而归。及见中原汲器，喜曰：'桃花石诸事皆巧。'桃花石谓汉人也"。[②]"桃花石"是当时中亚人对以汉族为代表的中国人的称谓。

文化认同是深层次的认同。中国传统文化是中国文明历史绵延五千年的产物，在中国各民族间不断发展，不断交流，不断融通，在新的条件下达到更高的层次和新的水平。宋辽夏金时期，中国传统文化影响不断加大，共同的历史基因增强。各王朝出于巩固王朝统治的需要，对博大精深的中国传统文化多方面的学习、继承，除前述继承德运传统，设置年号、尊号等外，各朝都尊崇儒学，实行科举；继承中华法系，仿效中原官制；分别借鉴汉字创制契丹文、西夏文，女真文，翻译中原典籍；承袭修史传统，编撰实录；学习文学艺术，因袭中原风俗习惯；师法科学，步武手工业技术等。当时各王朝在继承中华传统优秀文化的基础上，各自又对中华文明有新的发展和弘扬，加强了民族间的大交流，大融合，对中华民族文化作出新的贡献。

这一时期，各民族王朝在版图、政治、文化、精神方面都有了新的嬗变和发展，实际上存在一个凌驾于各王朝之上的"中国"，为此后中国的大一统准备了条件，为同是少数民族为统治者的元朝以中华正统身份承袭中国做了思想、理论和实践的准备，打下了少数民族高度认同中国的厚重基础。

二、宋朝在全国政治、经济、文化中具有核心地位

随着中国历史的发展，依据自然地理、政治制度、历史发展和经济文化各方面条件，逐渐形成了一个中国的核心，就是以汉族为主的中原地区，以汉族为主体建立的中原王朝。

从全国范围来看，地势西高东低。中原王朝占据自然条件优渥的东部黄河和长江中下游，人口众多，发展了以农耕为主的先进经济，形成了高度发展的文化和科学技术，建立了适合中国国情的日益完善的政治制度，自然而然形成中国的核心，成为各民族发展、进步的压舱石。即便是宋辽夏

---

① 史金波：《西夏佛教史略》，宁夏人民出版社，1988年，第242、248、251页。
② [元]李志常著，尚衍斌、黄太勇校注：《长春真人西游记校注》卷上，中央民族大学出版社，2016年，第129页。

金时期，辽和北宋平起平坐，金朝进入更南部的地域，宋朝仍然起着全国政治、经济、文化的核心作用。中原历来被视为中国政权的正统之地，谁占据了中原谁就掌握了全国的政治、经济命脉，这也是辽夏金各朝都接受和尊崇"中国"概念，想占据中原的原因。[①]

宋朝是中国文化史上的鼎盛时期，在中国历史发展进程中具有重要的地位和作用，为中华文明的发展作出了重要贡献。

其一，宋朝社会生产迅猛发展，经济一直处于全国主体和领先地位，有先进的生产力。其农业、手工业、商业的发展水平达到新的高度，形成中国经济发展的又一高峰期。宋朝作为当时社会支柱产业的农业及手工业都为辽、夏、金所效法。宋朝贸易发达，在世界上最早发行纸币。宋朝还是海上贸易大国之一，输入品大多是原料，而输出品大多是手工业产品，这突出地反映了宋朝的经济地位。

其二，宋朝科学技术领先，就举世闻名的中国四大发明而言，其中印刷术、火药、指南针等，开发应用的主要阶段都在宋代。当时很多高度发达的技艺被辽夏金借鉴，如对文化发展推动很大的印刷术方面，雕版印刷臻于完美，宋版书被历代称道，至今仍备受推崇。宋朝首创活字印刷，后远播域外，对世界文化的传播发展作出了重要贡献。[②]

其三，宋朝政治制度成熟，其政治体制、法律体系、科举制度等都被辽夏金所吸收。辽夏金各朝承袭宋朝职官制度，接受管理国家方法；参照中原法律制定律法和审刑制度，承袭中原王朝"德主刑辅""礼法结合"的法制思想；沿袭宋朝选举方法实行科举，培养治国人才。中原王朝的基本制度已在各王朝落地生根。就连基层实用的户籍、账目、契约等也遵循着中原已有的程式，在形式与内容方面高度契合。

其四，宋朝文化影响深远，儒学思想在宋朝发展到新的阶段，成为其他王朝学习和遵循的思想体系。世代传承的儒学是各王朝礼仪规范的依据，文化认同的根基。各王朝都无一例外地通用汉语文，并从汉文文献中吸取营养。辽夏金王朝先后创制的本民族文字都受汉字影响，并用以翻译中原地区的经史典籍，在本民族中传播儒学思想。

其五，宋朝文学艺术流光溢彩，达到新的高峰，被其他王朝所景仰、效法。当时宋朝流行的文章、诗词都有很高的造诣，为其他王朝社会所接受。耳熟能详的名句"凡有井水处，皆能歌柳词"乃是西夏人描述宋朝著名词人柳永作品深得民间喜爱的情景。[③]黑水城出土有供官员写作书信时参考西夏文书仪，其最后部分有八句七言赞诗，平仄、格律是比较典型的传统七言律诗格式，可以看到中原传统文学对西夏的深刻影响。[④]

国学大师陈寅恪认为"华夏民族之文化，历数千载之演进，造极于赵宋之世"[⑤]。宋朝不仅是那一时代中国文明的中心，在当时世界上很多领域也居于领先地位，对人类文明作出了重大贡献，产生了深远影响。[⑥]

充分认识宋朝在当时全国政治、经济、文化的核心历史地位，对理解中国中原地区，中国的汉族始终是中华民族的主体和核心有重要价值。

---

①李华瑞：《人们为什么关注宋史》，《光明日报》2017年2月20日。

②史金波、雅森·吾守尔：《中国活字印刷术的发明和早期传播——西夏回鹘活字印刷术研究》，社会科学文献出版社，2000年，第54—56页，第137—139页。

③[宋]叶梦得：《避暑录话》卷下（丛书集成初编本），商务印书馆，1939年，第49页。

④史金波：《俄藏No.6990a西夏书仪考》，《中华文史论丛》2018年第1期。

⑤陈寅恪：《邓广铭〈宋史职官志考证〉序》，《读书通讯》1943年第62期。

⑥徐光春：《论两宋文化》，《中原文化研究》2017年第4期。

三、各少数民族王朝对中华文明作出了历史性贡献

中国悠久的历史和灿烂的文化是各民族共同锻造的。中国历史上各王朝在崛起时，都有杰出的领袖人物出现，少数民族王朝也不例外。宋辽夏金时期，各少数民族王朝，无论辽太祖耶律阿保机，西夏景宗嵬名元昊，还是金太祖完颜阿骨打，都能领导本民族大力吸收先进文化，进行社会改革，促进民族转型发展，推动社会快速进步，使自身力量不断壮大。

以中国东部、南部地区为主的农耕文明和北部、西部为主的草原文明，成为中华文明的主要组成部分。北方少数民族长期依托于草原游牧，对构建草原文明作出了重要贡献。

广袤的草原孕育了北方民族勇武、豪爽、重义的精神。契丹人精于骑射，勇敢强悍，崇智尚武。"有事则以攻战为务，闲暇则以畋鱼为生"①。党项族"民俗强梗尚气，重然诺，敢战斗"②，具有勇敢剽悍、质直尚义、浑朴忠厚的性格，有"忠实为先，战斗为务"的强硬民风。女真人在长期的狩猎生活中，养成勇敢善战、吃苦耐劳的性格，"俗勇悍，喜战斗，耐饥温辛苦，骑上下崖壁如飞，济江河不用舟楫，浮马而渡"③。北方民族的这种勇敢坚强、侠义直率、热烈奔放的气质，融入了中华民族的血脉，与农耕民族的勤劳奋勉、忠厚质朴、仁义诚信的精神一起，构成了中华民族特有的伟大民族精神。

北方草原上的民族以畜牧业为主。辽朝原来主要从事畜牧业，南进后逐渐形成南农北牧的农牧并举经济格局。在畜牧业中对牲畜牧养和草原牧场实行有效的管理。除契丹等族外，汉人、渤海人也兼营牧业，所谓"蕃汉人户，亦以牧养多少为高下"。由于畜牧业发展，"群牧滋繁，数至百有余万"，"自太祖及兴宗垂二百年，群牧之盛如一日"④。直到辽朝后期，契丹马仍有数万群，每群不下千匹，可见当时畜牧业的繁盛。西夏的畜牧业十分发达，党项马在唐朝就十分有名。唐代诗人元稹曾有"北买党项马，西擒吐蕃鹦"的诗句。⑤西夏时期党项马更是驰誉当时，被大宗卖到中原地区。辽夏金都仿照宋朝设有群牧使或群牧司，其职能比宋朝的群牧司经管军事马政要宽，掌管其国的畜牧业。北方民族的畜牧业经济承前启后，为草原经济发展作出了突出贡献。辽夏金各王朝农业经营范围进一步扩大，有的地区农牧业兼营，各民族互学互补，共同繁荣发展。各王朝贸易往来频繁，互通有无。辽朝、西夏，以及回鹘地区继承原来中原王朝贸易体系，延续丝绸之路贸易，与西方很多国家有频繁的贸易往来。

各王朝都是多民族政权，都进行了大幅度的社会改革，适时转型发展，实行了既有共性又有自己特点的政治治理制度和民族政策，特别是在对少数民族地区管理方面积累了多方面的经验，取得历史性进步。辽朝开创了"以国制治契丹，以汉制待汉人"的因俗而治的政治制度。⑥这种制度不仅对当时的社会稳定和发展起了重要作用，也对后世中国不同民族、不同地域采取不同的治理方法积累了经验，留下宝贵的政治遗产。后来辽朝由"一国两制"而渐趋华夷同风，又显现出中华民族强大的向心力和凝聚力。

辽夏金先后形成稳定政权后，都大力借鉴、吸收中原地区的先进文化，取得了巨大进步，把中原王朝的文化影响以更深的程度推向了更大范围，如三个王朝都把科举制度扩大到更为边缘的地区，一些远离中原的地区也在纳入科举范围之内，有人跻身进士行列。中原地区的儒学普及到更为

---

① 《辽史》卷31《营卫志上》，第361页。
② 《金史》卷134，《外国传·西夏》，第2877页。
③ [宋]宇文懋昭撰，崔文印校证：《大金国志校证》卷39《初兴风土》，中华书局，2011年，第551页。
④ 《辽史》卷60《食货下》，第932页。
⑤ [宋]郭茂倩编：《乐府诗集》卷48《清商曲辞五·西曲歌·估客乐(元稹)》，中华书局，1979年，第701页。
⑥ 《辽史》卷45《百官志》。

边远的地区，不少中原王朝的经学、史学著作被翻译成少数民族文字，少数民族得以直接接受先进文化。以儒学思想为基础的法律为各王朝所吸收和遵循，使少数民族地区法治观念和实践得到跨越式发展。

在科学技术方面，辽夏金王朝都在学习中原王朝的基础上有所发展，有所创新。比如辽、金两朝发展医学，出现了名医和医学著作。辽朝出现了一代名医直鲁古，撰著医学名著《脉诀》和《针灸书》等。[1]金朝更是名医辈出，医学名著迭出。名医成无己是第一个注释《伤寒论》的人，所著《注释伤寒论》19卷使得《伤寒论》广为流传。[2]在印刷术史方面，辽夏金都继承发展了宋朝的精美雕版印刷，特别是金朝的平阳，印刷技术上乘，成了北方的印刷中心。西夏继承宋朝泥活字印刷，留存有世界上最早的活字印刷品，并首创木活字印刷，还雕印了最早的藏文印刷品，对印刷术作出突出贡献。[3]

在都城建设方面，少数民族王朝也有重大贡献。辽朝有五京之设，在原来幽州地方置南京（又称燕京，今北京西南），开泰元年（1012年）改为析津府，为辽的陪都，至今北京西南部还保留着辽代的天宁寺塔。金朝天德五年（1153年）改燕京为中都，成为金朝新的都城，至今留存有金代太液池遗址等。辽金在北京的立都，对北京建设成为元明清历朝的首都，以及当代北京首都地位的确立有着奠基的重要作用。现在的西北重要城市银川市，是西夏王朝的首府，是在河外九镇之一的怀远镇的基础上，经过西夏多次修建而成为首都。没有西夏的建设、经营，就没有今天的银川。

纵观中国历史上几次政权分立时期，是各民族交往最迅速、最深入、最密切的时期。宋辽夏金时期民族大流动、大迁徙、大交流、大融合，是各民族共性增加最快的时期。通过各民族之间的进一步密切交往和深度交融，淡化了民族和空间因素。辽夏金王朝的主体民族契丹、党项、女真族与各民族交往加速，民族畛域弱化，特点逐渐消失，经过元代民族更大范围的交流，后来多融汇于汉族及其他民族之中。而汉族则融入了更多的少数民族成分，吸收了更多民族的营养，进一步壮大。

辽夏金三朝在汲取中华文明力量的同时，对中华文明作出了多方面的贡献，印证了中华文明古往今来是全国各民族互学互鉴、共同缔造的事实。继续挖掘、充分认识各民族对中国的形成和发展作出的历史性贡献，仍然是中国史学界的重要任务。

当然在民族王朝分立颉颃时期，民族矛盾加剧，战乱频仍，消耗大量社会资源，生产受到严重破坏，各族人民都遭受苦难。这也给后世很大警示，各族人民应该加强交往交流交融，和睦相处，珍惜民族团结，共同维护祖国统一。

四、继续发掘传统和出土历史资料是研究进展的基础

因元代编撰了《宋史》《辽史》和《金史》，加之留存下来的当时各种文献，有关宋辽金的传统汉文文献史料非常丰富，是取之不竭的资料宝库，历代的研究专家已大量利用。应该注重在新的认识基础上，对海量存藏的传统文献认真爬疏，以新的视角进行分析和研究，继续发掘其中的有价值史料，使老资料发挥新作用，以期不断有新的收获，形成有价值观点的资料支撑。此外，还要注重文献背后的历史，包括应该记载但历史资料没有记载的问题，也应注意分析，探究其原委，讨论与此相关的史实。

开拓新资料是新时代赋予我们的重要责任。这一时期的少数民族政权纷纷创制记录主体民族语

---

[1]《辽史》卷108《直鲁古传》，第1475—1476页。
[2]漆侠主编：《辽宋西夏金代通史》"教育科学文化卷"，第513—514页。
[3]史金波、雅森·吾守尔：《中国活字印刷术的发明和早期传播——西夏和回鹘活字印刷术研究》，社会科学文献出版社，2000年，第28—59页。史金波：《最早的藏文木刻本考略》，《中国藏学》2005年第4期。

言的文字契丹文、西夏文、女真文，同时代的吐蕃、回鹘、于阗等早有文字使用。各民族文字留存下多少不等的文献，这些文献所记录的是各民族的第一手资料，往往为汉文资料所缺，有特殊的史料价值。西夏研究专家经长时间的不懈努力，将大批流失海外的资料整理出版，《俄藏黑水城文献》《英藏黑水城文献》《中国藏西夏文献》等大型文献丛书陆续面世，实现了流失海外文献的再生性回归，为西夏学增添了大量崭新、重要的资料，突出了新资料优势，夯实了学术发展的基础，为西夏研究开辟了广阔的科研前景。[1]当代西夏研究的重要成就和主要突破点多来源于这批黑水城出土的文献。在近些年中国各朝代历史研究中，西夏研究新资料的收获成就显著，受到学界的赞赏。这些民族文字文献的研究，已被国家有关部门列为"绝学"，得到进一步的重视，应继续加大力量整理、翻译和利用。

有关这一时期的考古资料也非常丰富，也应加大整理、出版力度，为深入研究提供更多有价值的资料。近些年来，辽上京考古不断取得重要成果，近期由中国社会科学院考古研究所和内蒙古自治区文物考古研究所联合组成的辽上京考古队，对辽朝首都辽上京遗址进行考古发掘，清理出两座保存较好的大型宫殿遗址和大量文物，为研究辽代历史提供了最新的成果。[2]契丹文大小字的碑刻、墓志陆续出土不少，专家已有系统整理研究。[3]宋朝的文物更是丰富多彩，层出不穷。北宋东京汴梁城（今河南开封市）和南宋都城临安（今浙江杭州市）的考古有重大进展，宋陵及遍布各地的寺庙、石窟、佛塔、地道、瓷窑，以及大量出土文物为宋史研究提供了大量实物资料。金朝的上京会宁府（今黑龙江省阿城市）和中都大兴府（今北京市），金陵（北京市房山区）和众多贵族墓葬，以及大量出土文物，显示出考古资料十分丰富。[4]西夏陵的考古有很多新的进展，西夏陵、黑水城和西夏瓷窑的考察与发掘大大丰富了西夏的文物。经过近十年的努力，西夏文物已系统普查、整理，共分5编出版，现已出版《西夏文物·宁夏编》12册、《西夏文物·甘肃编》8册、《西夏文物·内蒙古编》4册，共24册。[5]近期《西夏文物·石窟编》8册、《西夏文物·综合编》4册即将出版。希望宋辽金朝的文物也能尽快普查、结集出版。总之，要将历史学和文献学紧密结合，让文物、文献、古文字活起来，夯实资料基础，以利进一步深入开展宋辽夏金史研究。

五、宏观与微观研究相结合，总结带有规律性的认识

一部中国史，就是一部各民族交融汇聚成中华民族多元一体的历史，就是各民族共同缔造、发展、巩固统一的伟大祖国的历史。

研究历史，首先要发挥历史学的知识功能。研究历史要尽可能多地揭示历史事实，使我们的认识越来越接近历史的真实，为增加历史知识作出贡献。宋辽夏金时期的历史知识都是从传统历史文献和出土文物、文献中获取的。传统历史文献记载比较系统，但也需要甄别、考据、校证、筛选。有的文物资料要进行断代、对比、揭示其历史内涵。出土文献是反映当时社会的第一手资料，具有

①俄罗斯科学院东方研究所圣彼得堡分院、中国社会科学院民族研究所、上海古籍出版社编，史金波、魏同贤、克恰诺夫主编：《俄藏黑水城文献》第1—29册，上海古籍出版社，1996年12月—2019年。西北第二民族学院、上海古籍出版社、英国国家图书馆编纂，李伟、吴芳思主编：《英藏黑水城文献》第1—4册，上海古籍出版社，2005年；第5册，2010年。宁夏大学西夏研究中心、国家图书馆、甘肃五凉古籍整理研究中心编，史金波、陈育宁总主编：《中国藏西夏文献》第1—20册，甘肃人民出版社、敦煌文艺出版社，2005—2007年。

②勿日汗：《内蒙古辽上京发现两座大型宫殿遗址》，新华网2019年10月12日。

③刘凤翥：《契丹文字研究类编》（4册），中华书局，2014年。清格尔泰、吴英喆、吉如何：《契丹小字再研究》（3册），内蒙古大学出版社，2017年。

④宋大川主编，于璞著：《北京考古史》（辽代卷），丁利娜著：《北京考古史》（金代卷），上海古籍出版社，2012年。

⑤塔拉、李丽雅主编：《西夏文物》"内蒙古编"（4册，2014年），俄军主编：《西夏文物》"甘肃编"（6册，2014年），李进增主编：《西夏文物》"宁夏编"（12册，2016年），中华书局、天津古籍出版社。

重要学术价值，但往往缺乏系统性，有的残损，有的甚至是一些残片。而解读难题的密码，历史的真实可能就存藏于这些碎片中，因此也要下功夫整理、研究。少数民族文字文献，如辽夏金时期的契丹文、西夏文、女真文的文献，则需专门人才进行翻译、整理、研究，以便提供鲜为人知的重要历史知识。总之应重视资料工作，加强基础研究，发掘更多、更有价值的历史真相。

研究历史，还要发挥历史学的教育功能，通过各种手段将历史知识传递到社会，使民众尽可能多地了解真实的历史，增强对统一多民族国家历史的认识。首先，认真梳理宋辽夏金时期的历史，将这一民族政权分立时期各民族往来密切、矛盾复杂、共认中国、高度融汇的史实研究好，认识好，宣传好。其次，在学术成果的积淀下，让客观准确的历史知识进入教科书，使青少年得到正确的历史知识和历史观的教育与熏陶。我们的教科书基本上是符合真实历史的，但在新时代对历史研究应该与时俱进，提供新时代所需求的优秀传统文化知识。

宋辽夏金时期的历史还要通过现代化传媒及时送到民众当中。一些民众对这一时期历史的认识是通过电视剧、戏曲、评书等形式获得的。而通过这些文艺形式表达的内容有的缺乏民族平等的观念，过多地渲染民族矛盾和民族之间的战争，对民族之间的友好往来和各民族在历史中的积极贡献多予忽视，这并不符合历史的真实，不利于维护与促进民族团结和统一。希望文艺工作者在史学界研究成果的基础上，多创作一些真实反映宋辽夏金时期历史，传递中华民族真正精神意蕴的新作品。我们应在各族群众中加强正确的历史教育，牢固树立正确的国家观、民族观、文化观、历史观，深刻理解各民族之间你中有我，我中有你，谁也离不开谁，和谐共进的民族关系。

中国的史学鼻祖司马迁曾以其名言"究天人之际，通古今之变，成一家之言"，道出了史学的价值和作用。习近平总书记在致第二十二届国际历史科学大会的贺信中强调："重视历史、研究历史、借鉴历史，可以给人类带来很多了解昨天、把握今天、开创明天的智慧。所以说，历史是人类最好的老师。"这一论断，把历史研究的意义提高到有助于人类发展的高度。

研究宋辽夏金的历史，应注重发挥史学的借鉴功能，寻找有价值的规律性认识，以作为历史镜鉴。我们要在所获得的具体历史知识基础上，登高望远，站在全中国的高度，而不是某一民族的狭隘视角来审视这一时期的历史。一要提升对当时历史宏观的认识，将宏观研究和微观研究有机地结合起来，从绵密的史料考证提升到恢宏而深刻的阐释，发挥历史经世致用的作用。二是要认真总结各王朝的政治、经济、文化的特点，梳理各王朝之间的民族关系及民族政策得失，总结在王朝分立、竞争博弈时期人心思定，求稳求治，化解战争，寻求和平，订立和盟的理念与方式。三是要探讨在增强中华民族凝聚力方面值得汲取的经验教训，寻求促进各民族经济互相补充，文化互相学习，人员不断交融的途径。当然，还有很多丰富的命题值得发掘，需要我们与时代同频共振，深入探索、深度创作。

总之，宋辽夏金史具有重要的史学价值和当代现实意义。我们应以历史唯物主义为指导，以传承中华文明为旨归，通过深入研究这一时期的历史，自觉地多方面总结认识，提炼规律，汲取智慧，深入解析中华民族团结进步的密码，促进构建各民族共有精神家园，为新时代社会的全面发展，为中华民族的伟大复兴，为各兄弟民族团结和祖国统一提供智力支撑。

（原载《河北学刊》2020年第5期，《新华文摘》2020年第24期转载）

考古发现展示中华民族历史丰富内涵

中国是一个悠久的文明古国，有十分丰厚的历史文化遗产资源。中国的考古学取得了巨大成就，特别是近些年来不断有重大考古发现，有重要研究成果问世。

最近习近平总书记关于努力建设中国特色、中国风格、中国气派的考古学的重要讲话，深刻阐明了考古学的重要文化和政治意义，对考古工作提出了明确的要求，这对考古学乃至整个历史学都具有重要指导意义。

一、考古资料助写中华民族共同发展史

中国是一个统一的多民族国家。自古以来中国各族人民共同开拓广阔疆域，书写文明历史，创造灿烂文化，培育民族精神。无论在全国是一个王朝时期，还是多王朝分立时期，各王朝都自认为是中国或中国的一个组成部分，都为中华民族发展作出了历史性贡献。以10—13世纪宋、辽、夏、金时期为例，当时从隋唐的大一统时代，经过五代，进入了多王朝并立时代。考古资料和传统历史文献证实，四个王朝都争用"中国"名义，自称"中国"，均以中国传统的"德运"之说维护自己的正统体制。宋、辽、金三朝都有关于本朝继承德运的记载，但缺乏西夏有关德运的资料。黑水城出土的西夏文文献《圣立义海》记载西夏"国属金"，做了重要补充，证实西夏也遵循中国王朝德运的传统。这反映出中国在这一特殊时期，虽各王朝主体民族不同，但都认同中国的王朝体系，视本朝为其支脉，表现出各民族对中国政治体制深层次的认同，对中国和中华民族文化的高度认同。

这一时期中国传统文化影响不断加大，共同的历史基因增强。各王朝出于巩固王朝统治的需要，对博大精深的中国传统文化多方面学习、继承。出土文物和文献表明，各王朝都承袭中国传统，设置年号、尊号；尊崇儒学，实行科举；继承中华法系，仿效中原官制；分别借鉴汉字创制契丹文、西夏文、女真文，翻译中原典籍；承袭修史传统，编撰实录；发展文学艺术，因袭中原风俗习惯；学习中原科学技术，繁荣手工业技艺。当时各王朝在继承中华传统优秀文化的基础上，各自又对中华文明有新的发展和弘扬，加强了民族间的大交流、大融合，对中华民族文化的繁荣作出新的贡献。

二、历史文物反映中国各民族之间的密切关系

考古发现有助于对中华民族多元一体格局的理解。近代在新疆发现了一种特殊的钱币。2世纪时，由于民族之间商贸交换的需要，在当地铸造了一面用汉文篆字标明币值，另一面周围一圈是佉卢字母、正中为一马或骆驼图案的钱币，后被称为和田马钱。佉卢文为当地国王的名字，因铸造时代不同而有所不同。这种双语钱币反映出中国中原王朝在这一带影响深广，以及当时汉族和少数民族在经济、文化上的密切关系。

在新疆还发现不少于阗语文献资料，这些文献对于阗历史、语言文化，以及于阗与敦煌的交往

和民族关系的研究意义重大，特别是其中的《汉语—于阗语词汇》《突厥语—于阗语词汇》，表明当时丝绸之路上中原王朝对当地的重要影响，也反映出各民族使用双语、文化密切交流的实际情况。

矗立在西藏拉萨市大昭寺前面的唐蕃会盟碑，有1000多年的历史，上刻汉、藏两体对照文字，盟辞反映了汉藏两族"欢好之念永未沁绝""立碑以更续新好"的誓愿。会盟以后，两族人民的友好往来与经济文化交流更为频繁密切，为13世纪西藏正式划入祖国版图打下了基础。此碑体现了汉藏两族友好关系的进一步加强，反映出中国各民族之间友好而密切的往来符合各族人民的愿望，顺应了历史的潮流。

西夏故地还出土了一部西夏文—汉文词语集《番汉合时掌中珠》，是当时党项人和汉人互相学习对方语言、文字的辞书，为两民族之间架起了一座互通文化的桥梁。此书是中国最早的双语双解四项词典，反映出古代各民族之间互相学习对方语言文字、加强密切联系的热忱和有效举措。

图1　汉文—佉卢文合璧钱

在河西走廊有三通与西夏有关的碑刻，一是西夏崇宗时期甘肃武威的凉州感通塔碑，碑铭一面汉文，一面西夏文，内容记佛塔感应故事；二是西夏仁宗时期张掖的黑水建桥碑，一面汉文，一面藏文，内容记为黑水河患祭祀诸神；三是元朝末期在酒泉的肃州达鲁花赤世袭之碑，一面汉文，一面回鹘文，内容记西夏后裔自西夏灭亡至元末一直任当地的最高军政长官事。三通记载历史事件的碑文，都是一面使用汉文，另一面分别使用一种少数民族文字，突出地反映出各民族在历史上的紧密联系，更体现出汉族作为中华民族的主体文化地位。

三、考古发现显示中华民族对世界的重要贡献

各民族共同创造和发展了丰富多彩的中华民族文化，并对世界文明作出了突出贡献。中国的传统文化内涵辐射中国周边一些国家。一些国家借鉴中国的儒学思想体系，实行科举，效法中华法系制定法典，接受中国的传统礼仪等。至今中国和周边一些国家还保存着中国对有关国家良好影响的文物遗存，证明中国向世界贡献了深刻的思想体系和相关制度。

图2　汉文—藏文合璧唐蕃会盟碑

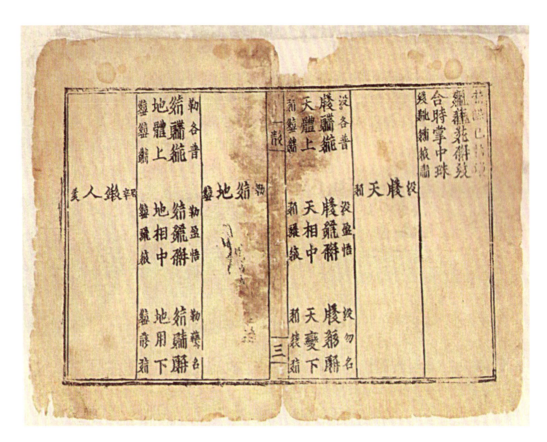

图3   西夏文—汉文对照词语集《番汉合时掌中珠》

考古发现证明，中华文明还远播海外。历史文献明确记载，北宋庆历年间，布衣毕昇发明了活字印刷。然而遗憾的是尚未发现宋代的活字印刷实物。但考古资料证明，当时活字印刷术很快传播到西夏。多种出土的西夏文献证实西夏学习、推行泥活字印刷，并成功实现木活字印刷。宁夏贺兰山西夏方塔出土的西夏文活字本《吉祥遍至口合本续》和甘肃武威出土《维摩诘所说经》等是中国最早的活字印刷实物。在敦煌莫高窟又发现了很多早期回鹘文木活字。大量的印刷实物成为中国发明活字印刷有力的实物证据，展示出中国的汉族和少数民族在活字印刷领域，衣钵相传，争奇斗艳，对活字印刷术的发明和发展共同作出了重要贡献。西夏和回鹘相继使用活字印刷，从使用时间上填充了印刷术西传中两个世纪的过渡时期，从地域上由中原地区向西推进了2000多公里。这为此后中国活字印刷术向西方传播打下了基础。此后中国的活字印刷术通过丝绸之路向西方传播，推动了世界文明的发展。

四、探索未知，揭示本源，让历史文物活起来

文物承载文明与文化，维系着民族精神与时代价值。让文物活起来可以增进中华民族的文化认同，坚定文化自信，凝聚共同发展力量。

过去因有关西夏的文献稀少，对西夏的认识模糊朦胧，往往被称为"神秘的西夏"。20世纪初，在中国黑水城遗址发现了大量考古资料，不幸被国外探险队席卷而去。改革开放以来，中国加大了搜集整理流失海外文物的力度，中国社会科学院民族研究所与存藏大量黑水城出土文献的俄罗斯有关部门合作，全面整理、出版存于俄国圣彼得堡的黑水城出土文献，陆续出版大型文献丛书《俄藏黑水城文献》，使流失文物实现再生性回归，为西夏学提供了大量新的重要资料。近些年西夏研究的重要成就和主要突破点，多以这批黑水城出土的文物为基础资料，融通相关学科，逐步揭开了西夏神秘的面纱，是使"书写在古籍里的文字都活起来"的典型成功例证。

　　近些年来，在中国社会科学院和国家文物局的指导和支持下，由中国社会科学院西夏文化研究中心、宁夏大学西夏学研究院、甘肃省古籍编译中心联合宁夏、甘肃、内蒙古文博部门和敦煌研究院等30多个单位，在国家社会科学基金特别委托项目"西夏文献文物研究"下设置重大课题，全面普查、认真整理、研究藏于国内的西夏考古资料，集中力量攻关，编辑《西夏文物》5编34册（已出版3编22册），将收藏在博物馆里的文物、陈列在广阔大地上的遗产刊布出来，其中包括很多新的文物资料，填补了不少历史认识上的空白，为丰富西夏的历史内涵、完善中国历史的链条、活化中国多民族历史场景作出了新的贡献。

　　坐落在银川市贺兰山下的西夏陵，分布有9座帝陵，270余座陪葬墓，规模宏伟。过去是一片荒凉，不明其就里。自20世纪70年代，宁夏考古部门在国家文物局的批准和指导下，加强了文物考古和保护工作。西夏陵吸收唐宋陵之长，并具有西夏的建筑特点，形成中国陵园建筑中既有中国传承又别具一格的形式。西夏陵陆续出土了很多重要文物，文物工作者出版了一批研究成果，如

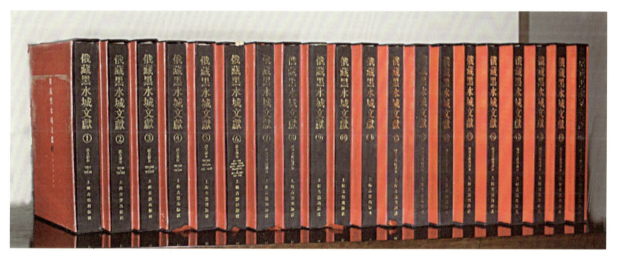

图4　已出版的部分《俄藏黑水城文献》

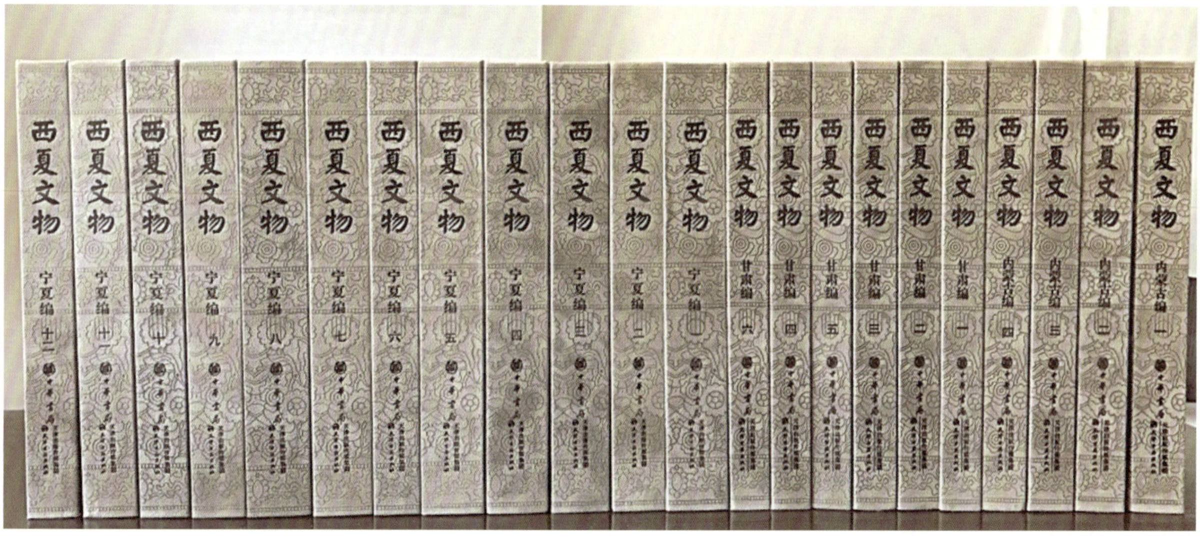

图5　已出版的《西夏文物》

图6　西夏陵3号陵

《西夏陵》《西夏三号陵》《西夏六号陵》《西夏陵突出普遍价值研究》等，填补了不少西夏历史的空白。1988年西夏陵列为全国重点文物保护单位，2006年列入中国国家自然与文化双遗产预备名录，2011年启动西夏陵国家考古遗址公园和世界文化遗产申报工作，2012年西夏陵被国家文物局列入中国世界文化遗产预备名单，2017年12月2日西夏陵被列入第三批国家考古遗址公园。西夏陵的考古工作使过去鲜为人知的西夏王朝逐渐受到国内外的青睐。

　　中国丰富多彩的文物，越来越多的考古成就，不仅为国人增加了很多历史知识，也增强了中华民族的自信。为弘扬中华优秀传统文化，近年我在出国访问时以"中国繁荣和发展传统文化事业的新成就"为题，向国外介绍中国文物考古事业的发展成就，主要包括：1.文物普查和保护工作的新进展。2.古籍保护工作的新成就。3.申报世界文化遗产的新收获。4.非物质文化遗产的新传承。中国考古事业的发展，丰富了全社会历史文化，为弘扬中华优秀传统文化、促进国际文化交流提供了坚强支撑。

　　总之，考古学有利于认识源远流长、博大精深的中华文明，有利于维护祖国统一和加强民族团结，今后应更加重视和加强考古工作，为弘扬中华优秀传统文化提供坚强支撑。

（原载《中国社会科学报》2020年11月16日）

增强凝聚力　开启新征程

党的十九届五中全会通过了《中共中央关于制定国民经济和社会发展第十四个五年规划和二〇三五年远景目标的建议》（以下简称《建议》），这标志着中国共产党领导全国各族人民，团结一致，凝心聚力，在"十三五"时期全面建成小康社会取得决定性成就的基础上，开启了全面建设社会主义现代化国家的新征程，吹响了向第二个百年奋斗目标的进军号角。

一

《建议》指出"十三五"时期，国家各项事业都取得了重大进展，综合国力跃上新的大台阶，特别是脱贫攻坚成果十分显著。中国如期完成了新时代脱贫攻坚目标任务，5575万农村贫困人口实现脱贫，贫困县全部摘帽，消除了绝对贫困和区域性整体贫困，这是世界脱贫史上前所未有的伟大成就，举世瞩目。其中少数民族地区脱贫攻坚难度更大，得到党和政府的特别重视，取得的成就更为突出。

由于历史的原因，很多少数民族地区处于贫困状态，有不少地区属于极端贫困地区。60年前我曾到四川大凉山彝族地区参加实习调查。那里在民主改革前还处于奴隶制社会阶段。民主改革后，奴隶翻身成为主人，但生产力水平依然很低，人民生活十分困苦。县以下没有公路，从区、乡到村寨，只有崎岖难行、上下攀爬的山间小路。农民终年以洋芋（土豆）为主食，连苞谷（玉米）都属细粮。当地住房多是土打墙，用手工劈开的薄木板铺在上面当作屋顶，压上石块以固定。房中没有窗户，地下火塘旁用三块石头支锅做饭。火塘旁是全家睡觉的地方，无床、无被褥，晚上全家和衣而眠。房屋内另一边圈养牲畜，用木棍栅栏使人、畜隔开，实际上人、畜仍同住一室。当地没有厕所，人们于无人处随意"方便"。当地老乡一件披衫或披毡往往要穿若干年，甚至穿一辈子。平时在家、出门干活都打赤脚，出远门才穿草鞋。我第一次了解到，中国竟还有这样贫穷落后的地区。

这里的群众勤劳、淳朴、善良，我与他们结下了深厚的情谊。在后来的岁月中，我总惦记着大凉山的彝族老乡们。党和政府一直在领导当地群众进行社会改革，发展经济，尽力改善人民生活。早在20世纪50年代，国家即开始建设贯穿大凉山地区的成昆铁路，至1970年成昆铁路全线开通运营，结束了大凉山不通火车的历史，大大改善了交通状况。1978年凉山彝族自治州与西昌市合并，这是国家促进凉山州发展的又一项重要举措。后来国家在民族地区加大扶贫力度，凉山州设立扶贫办公室。国家为使这一特殊贫困地区尽快摆脱贫困，不断寻求社会经济发展路径，持续向各贫困县投入大量扶贫资金。由于自然条件的恶劣，基础的薄弱，虽有很大提高，但比起其他地区，仍然相当落后。

1993年，由民族研究所组织实施的中国社会科学院的重大科研项目"新时期的民族大调查"，大凉山最贫困县中的昭觉县是此次调查地之一。我作为调查组的负责人再一次来到阔别30多年的大凉山，发现这里发生了翻天覆地的变化。昭觉县县城里建起了楼房，兴办起多种类型的工厂；田地里的庄稼不再是稀稀疏疏，而是茂密茁壮；人们穿着整洁，不再愁吃愁喝；小学教育已基本普及，文盲率大大下降……。大凉山已经融入中国现代化社会建设行列，其间有跨越式的前进，也有发展中的反复和阵痛。凉山社会在不断进步当中，但仍然存在不少问题，比如自然条件依然恶劣，人口增长过快，人均收入依然很低，特别是高山地区困难更多，给凉山的社会发展带来了很大的干扰。在我们的调查报告《中国少数民族现状与发展调查研究丛书·昭觉县 彝族卷》中，对昭觉县的历史、现状、发展和存在的问题都做了解析。作为对凉山彝族有着深厚感情的人，我深为凉山的发展和人民生活水平大幅度提高感到由衷的高兴，同时也为凉山很多地区仍未摆脱贫困，感到牵肠挂肚，忧心忡忡。

党的十八大以来，政府加大了扶贫力度，为实现2020年全面脱贫展开了攻坚战。近些年来习近平总书记多次深入民族地区调研，与各民族乡亲们共商脱贫致富大计。大凉山属典型的贫困地区，特别是前几年昭觉县"悬崖村"的报道备受关注。习近平总书记知道后，对此"感到很揪心"。2018年2月习近平总书记到大凉山昭觉县考察，同当地干部群众共商精准脱贫之策，并深情地指出："小康路上一个都不能少。"此后大凉山扶贫成绩的报道不绝于耳，我似乎听到了大凉山的乡亲们迈向小康之路的铿锵脚步声。最近喜报不断传来，在大凉山广大干部、群众艰苦奋斗和全国各地的大力支持下，最后大凉山的7个连片贫困县全部脱贫。

全国的喜讯更加振奋人心，2020年全国剩余52个贫困县集中的新疆、云南、四川、宁夏、广西、甘肃、贵州7个省区全部清零。这些长期、深度贫困的民族地区跟上了中国扶贫战略的步伐，在今年中国脱贫收官之年顺利脱贫。这向国内外证实，中国为了亿万群众民生得到有力保障而实行的扶贫战略，取得了令世人瞩目的伟大胜利，为今后顺利实现"十四五"时期经济社会发展奠定了重要基础。

二

党的十九届五中全会既描绘了2035年基本实现社会主义现代化的远景目标，又具体规划了"十四五"时期经济社会发展的方针原则、主要目标和重点任务，提出要使经济发展取得新成效，改革开放迈出新步伐，社会文明程度得到新提高，生态文明建设实现新进步，民生福祉达到新水平，国家治理效能得到新提升，人民生活更加美好，人的全面发展、全体人民共同富裕取得更为明显的实质性进展。党中央全国各族人民描绘的蓝图激励人心，催人奋进。在这伟大的新征程中，民族地区的发展具有重要地位。

在全国国土面积中，155个民族自治地方占64%。少数民族地区由于自然条件、历史发展等方面原因，在经济和社会发展中有不可避免的特殊性。为此，《建议》指出，我国发展不平衡不充分问题仍然突出，重点领域关键环节改革任务仍然艰巨。在我国区域发展的不平衡主要是东部与西部的发展不平衡，而西部多是民族地区，并且与此相关的城市与农村发展的不平衡、发达地区与欠发达地区不平衡，也往往在民族地区很突出。尽管民族地区已经全部脱贫，但那里的基础还是相对薄弱，加之这些地区教育相对滞后，专业技术人才紧缺，发展理念差距明显等因素，形成民族地区在新的发展阶段的短板。《建议》在论述推动区域协调发展时指出，要推动西部大开发形成新格局，要支持民族地区加快发展，接续推进脱贫地区发展，健全防止返贫监测和帮扶机制。这些地区是特别需要国家持续关怀、帮助、扶持的地区，各有关地区应给予高度重视和协调，列入发展重点，深入调查研究，具体分类指导。要打破省界壁垒，突破各自为政的局限性，积极制定切实可行的发展规划，认真补齐短板，尽力缩小东西部的差距，为解决我国发展不平衡问题作出实质性贡献。《建议》强调加快构建国内大循环。民族地区在国内大循环中是相对薄弱环节，应充分利用自然环境特点、产业特色、消费需求空间巨大等优势，逐步蓄足力量，使民族地区成为经济内循环的重要增长点，形成整体推进改革开放的重要领域。

2019年9月27日，习近平总书记在全国民族团结进步表彰大会上的讲话中强调指出，"各族人民亲如一家，是中华民族伟大复兴必定要实现的根本保证"。民族地区的发展主要靠当地干部群众自己的努力，但也需要各部门特别是先进地区的帮扶。在过去民族地区的脱贫攻坚战中，一些地区和部门的精准帮扶起到了很好的作用，今后应加强各种帮扶措施，使"自主造血"和"外部输血"相结合，继续使刚刚脱贫的民族地区巩固脱贫成果，向新的征程前进。《建议》提出要在西部地区脱贫县中集中支持一批乡村振兴重点帮扶县，增强其巩固脱贫成果及内生发展能力。要坚持和完善东西部协作和对口支援、社会力量参与帮扶等机制。这样才能使少数民族和民族地区同全国一道实现"十四五"时期经济社会发展主要目标和重点任务。

《建议》强调要完善民族区域自治制度，全面贯彻党的民族政策，铸牢中华民族共同体意识，促进各民族共同团结奋斗、共同繁荣发展。要完善大统战工作格局，促进政党关系、民族关系、宗教关系、阶层关系、海内外同胞关系和谐，巩固和发展大团结大联合局面。要实现中华民族伟大复兴战略，必须要坚决维护和发展全国各族人民的大团结。一些民族地区处于维护民族团结、维持国家稳定的前线，是严密防范和严厉打击敌对势力渗透、破坏、颠覆、分裂活动的最重要地区。这就要求全国各族人民一定要做到对伟大祖国、对中华民族、对中华文化、对中国共产党、对中国特色社会主义的认同，加强边疆地区建设，加强各民族之间的交往交流交融，推进兴边富民、稳边固边，使中华民族凝聚力进一步增强，为维护祖国的长期稳定与安全作出新的贡献。

三

"繁荣发展文化事业和文化产业，提高国家文化软实力"。《建议》具体指出要"传承弘扬中华优秀传统文化，加强文物古籍保护、研究、利用，强化重要文化和自然遗产、非物质文化遗产系统性保护，加强各民族优秀传统手工艺保护和传承"。

中国是历史悠久的国家，拥有很多珍贵的传统文化遗产，有大量的文物古迹，有卷帙浩繁的古代文献典籍，还有很多非物质文化遗产，这些优秀传统文化负载着中华民族的历史和文明，具有很高的学术价值和传承意义。中国历来重视传统文化。2013年习近平总书记指出："要系统梳理传统文化资源，让收藏在禁宫里的文物、陈列在广阔大地上的遗产、书写在古籍里的文字都活起来。"

中国是一个统一的多民族国家，少数民族和少数民族地区保存着丰富的、有特色的优秀传统文化资源。以世界文化遗产为例，自1987年至今，中国陆续有58项被列入世界遗产名录，其中有很多是少数民族文化遗产或与少数民族有直接关系的遗产。中国列入世界自然遗产名录的有14处，其中多是在少数民族地区。除已经列入世界自然遗产名录的自然遗产外，中国还有更多的重要自然遗产，其中大量自然遗产位于民族地区。

近些年来国家加强了古籍保护工作。为建立完备的珍贵古籍档案，确保珍贵古籍的安全，提高公民古籍保护意识，促进国际文化交流和合作，开展了珍贵古籍名录评审工作。从2008年开始至今进行了6次评审，以国务院名义陆续发布六批《国家珍贵古籍名录》，共含13000多种珍贵古籍，包含1100多种少数民族文字珍贵古籍，还有不少包括多文种的珍贵古籍。

历史文献、出土文物反映中国各民族之间的密切关系。在新疆博物馆我看到有一面用汉文篆字标明币值，另一面周围一圈是佉卢字母的钱币。这种双语钱币反映出2000年前中国中原王朝在这一带影响深广，以及当时汉族和少数民族在经济、文化上的密切关系。在西藏拉萨市大昭寺前，我见到矗立在那里的唐蕃会盟碑，有1000多年的历史，上刻汉、藏两体对照文字的盟辞，反映了汉藏两族"欢好之念永未沁绝""立碑以更续新好"的誓愿,体现了汉藏两族友好关系的进一步加强,反映出中国各民族之间友好而密切的往来符合各族人民的愿望,顺应了历史的潮流。在出土的西夏文献中有一部西夏文—汉文词语集《番汉合时掌中珠》,是当时党项人和汉人互相学习对方的语言、文字的辞书,为两民族之间架起了一座互通文化的桥梁。此书是中国最早的双语双解四项词典,反映出古代各民族之间互相学习对方语言文字、加强密切联系的热忱和有效举措。保存在故宫博物院和雍和宫的《御制五体清文鉴》是清朝乾隆年间编写的一部满文、藏文、蒙古文、维吾尔文和汉文5种文字对照的分类官修辞书。该书不仅显示出中国多民族、多语言、多文字的实际,反映出中国各民族之间文化上的紧密关系,更体现出各民族之间谁也离不开谁的血肉联系。

近几年来,国家社科基金特别加强了冷门"绝学"研究的资助,包括敦煌学、藏学、西夏学、蒙古学、少数民族史、少数民族语言文字研究、特色地域文化研究、非物质文化遗产研究、历史地理学、边疆史、边海防史、周边外交及中外交往史、中小国家国别史、简牍学、音韵学、考据学、古文字学、古天文学、古籍及特色文献整理与研究、外语小语种等研究方向,其中不少与民族文化遗产有关。

习近平总书记指出:"一部中国史,就是一部各民族交融汇聚成多元一体中华民族的历史,就是各民族共同缔造、发展、巩固统一的伟大祖国的历史。"文化认同是民族团结的根脉,是最深层的认同。今后应根据《建议》的要求,加强包括民族优秀传统文化在内的民族研究工作,推动各民族文化的传承保护和创新交融,树立和突出各民族共享的中华文化符号和中华民族形象,增强各族群众对中华文化的认同感和归属感,铸牢中华民族共同体意识,使中华文化的凝聚和纽带作用得到进一步的升华。

(原载《民族研究》2021年第1期)

中国少数民族地区城市文化遗产刍议

【摘　要】中国作为统一的多民族国家，城市文化遗产非常丰富，值得特别重视。这些文化遗产反映着中华民族绚烂多姿的历史文化特色，显示出各民族之间血肉相连的密切关系。少数民族地区的古代城市遗址，承载着中国不同时代的历史，保存着民族发展和彼此联系的历史文化物质形态，是中华民族共同发展的可靠记忆，对研究中华民族的历史具有特别重要的意义。有的遗址时代久远，是研究中国边远地区中华文明的重要文物；有的是古代王朝的政治中心，显示出历史文化特色；有的出土了大量文物、文献，填补了历史空白；有的还反映出国家对少数民族的治理政策；有的更早的古代城市遗址反映出中国历史更深远的文化底蕴和多元一体的特征。1949年后，城市文化遗产保护工作取得了巨大成就。今后应进一步加强认识，把各民族地区城市文化遗产保护视为中华民族文化发展、中华民族认同、中华民族文化认同的大事来抓，切实做好保护规划，使分布在广大土地上的文化遗产"活起来"。

【关键词】少数民族；城市；遗址；文化遗产；保护

文化遗产是一个国家、一个民族的根脉，是历史文化的见证，是现代文明的渊薮，更是未来创新的基础，应该倍加珍惜。城市文化遗产是国家文化遗产的重要组成部分，也是文化遗产非常集中的地区，显得格外重要。

中国是一个多民族国家，很多城市显示出多民族的文化特征，如首都北京市除有全国性的长城、汉墓等重要文物外，还有辽代的天宁寺塔，金代的金中都建筑遗址和金陵遗址，元代翻译多民族文献的妙音寺白塔和镌刻有六种文字的居庸关过街塔等，都具有多民族文化特色。又如中国历史文化名城承德市有清代建造的避暑山庄，又有依照西藏、新疆、蒙古藏传佛教寺庙的形式修建的寺庙群，显示出多民族的文化特征，反映出清朝对少数民族地区的治理政策，特别是中国的少数民族地区的城市文化遗产非常丰富，是中国城市文化遗产的重要而具有特色的组成部分，值得特别重视。习近平总书记2019年9月在全国民族团结进步表彰大会上的讲话中指出："一部中国史，就是一部各民族交融汇聚成多元一体中华民族的历史，就是各民族共同缔造、发展、巩固统一的伟大祖国的历史。"认真梳理中国少数民族地区城市文化遗产，对深入了解各中华民族多元一体伟大祖国的历史有重要意义。

一、少数民族地区城市文化遗产的重要性和特殊性

中国少数民族地区的城市主要分布在北部、西部和南部广大地区，负载着大量的历史文化遗产，这些文化遗产具有特殊的重要价值。

1. 反映着中华民族绚烂多姿的历史文化特色

由于各民族地区自然条件的差异，历史发展的不同轨迹，其城市文化遗产也表现出多样性的特点，使中华民族历史文化丰富多彩，博大精深。

如西藏自治区的拉萨市，海拔3650米，是世界上海拔最高的城市，被誉为"日光城"，唐代就建成吐蕃的都城，是藏传佛教圣地。[1]其中的布达拉宫有近1400年的历史，是集宫殿、城堡和寺院于一体的宏伟建筑，也是西藏最庞大、最完整的古代城市宫堡建筑群。新疆维吾尔自治区的乌鲁木齐市，是世界上距离海洋最远的内陆城市，是中原与西域经济文化的融合处。[2]内蒙古自治区的呼和浩特市，被称为"青城"，是典型的草原文化的代表城市，是游牧文化与农耕文化的结合体。宁夏回族自治区的银川市，位于河套地区，称为"凤凰城"，被誉为"塞上江南"，曾经是神秘西夏王朝的首都。广西壮族自治区

图1　1992年笔者与同事访问拉萨大昭寺和尼玛
次仁喇嘛合影

的南宁市，有近海、近边、沿江的特点，属于古代百越之地，是"铜鼓之乡"。

其他的一些城市，如西藏的日喀则市、林芝市，新疆的吐鲁番市、和田市，内蒙古的赤峰市、鄂尔多斯市，宁夏的吴忠市、固原市，广西的桂林市、柳州市等也都有各自的历史文化特色。此外，如云南省的昆明市、大理市、丽江市、景洪市，贵州省的贵阳市、遵义市、毕节市，甘肃省的武威市、敦煌市、张掖市、酒泉市等，也都有很丰富的多民族历史文化遗产。

少数民族地区城市还有绚丽多彩、琳琅满目的非物质文化遗产，从不同角度，以不同内涵反映出各民族灿烂的历史文化。很多非物质文化遗产是多民族共有的，乃至于是全中华民族共有的，更彰显了中华民族多元一体的文化内涵。

2. 反映着中华民族血肉相连的密切关系

以上城市有的是自治区首府，有的是省区有特色的城市。这些城市有不少历史文化遗产，还多建有存藏和展示历史文物的博物馆。很多历史文化遗产都展示着中国各民族之间交往交流交融的密切关系和共同发展历程。

---

①《藏族简史》编写组：《藏族简史》，西藏人民出版社，1985年，第24页。
②冯霞：《具有延续特点的乌鲁木齐三大历史文化现象》，《新疆社科论坛》2000年第1期。

图2　1981年笔者考察内蒙古呼和浩特市昭君墓

如新疆博物馆所藏和阗马钱，一面有佉卢文，一面有汉文，反映出2000年前中原地区和西域少数民族地区的密切经济、文化关系。[1]呼和浩特市郊区的昭君墓，传递着汉朝和匈奴友好往来的故事。拉萨市大昭寺前的唐蕃会盟碑，一面汉文，一面藏文，真切地记录了唐朝和吐蕃密切友好往来的关系。银川市西郊西夏陵出土的西夏文、汉文碑文，反映出西夏王朝深度借鉴中原地区典章制度的史实。南宁市的五通庙相传是当地少数民族为祭祀汉朝大将周亚夫所建，也彰显出很早以前中原地区与南方少数民族的亲密关系。

二、古代城市遗址负载着中国历史上重要而特殊的文化记忆

在少数民族地区，除现有的城市外，还有很多古代城市遗址。古代一些城市随着政治、经济、文化中心的转移，以及自然环境的变化，逐渐走向没落，最终变成死城，仅留存荒凉的城市遗址。在中国的北部和西部广大地区，由于人烟稀少，遭到破坏的程度较低，城市遗址保留较好；这些地区地域宽广，旧城不用，另选其他地区新建城市，这样古城遗址的破坏相对较少；此外这些地区气候干燥，古城遗址的建筑材料或其他文物不易腐朽；有些地区风沙较大，城市遗址被沙掩埋，也起到保护遗址的作用。

古代城市遗址承载着中国不同时代的历史，保存着各民族发展和彼此联系的历史文化物质形态，是中华民族共同发展、血肉联系的可靠记忆。中国少数民族地区古代城市遗址对研究中国多民族国家的历史具有特别重要的意义。

1. 有的遗址时代久远，是研究中国古代文明，特别是边远地区中华文明的重要文物

新疆是古代丝绸之路最重要的地区之一，也是中国多民族地区，分布着不少年代久远的古代城市遗址。

在南疆塔克拉玛干沙漠南北有两座古城，都是反映古代丝绸之路上中华文明的重要古城遗址。

著名的尼雅遗址位于新疆民丰县，是丝绸之路南道、塔克拉玛干沙漠南缘规模最大的聚落遗址群，是古代于阗"精绝国"故地。遗址分布于南北长25公里，东西宽5~7公里的区域内。遗址中有残存的佛塔、佛寺、房舍、墓地，还可见当年的农田、林带、渠系和冶炼遗址。出土的来自汉朝蜀

---

[1]夏鼐：《和阗马钱考》，《文物》1962年第2期。

图3　2002年笔者在吐鲁番市高昌古城考察

地的织锦上绣有"五星出东方利中国"8个隶书汉字，堪称锦中绝品，真实地反映出当时多民族文化交流和中原文化对边疆民族文化的影响。遗址出土的佉卢文文书是尼雅考古中最重要的发现。800件佉卢文书木简，有文告、信函、指示等，多层面地反映着精绝王国的社会生活。①遗址本身和出土的大量文物证实此地为中原文化和其他多民族文化交汇之处，揭示出中原汉晋王朝与西域尼雅地方的密切关系，深化后人对丝绸之路南道的认识。

同为著名古城遗址的楼兰王国故城遗址，位于新疆若羌县，在塔克拉玛干沙漠北缘罗布泊沿岸。古城平面呈正方形，边长330米，总面积10万平方米，城垣残存，城分两区，城外有佛寺、烽燧等遗址，出土有汉晋时期珍贵文物多种，以及汉文和佉卢文简牍。楼兰有着盛极一时的历史和灿烂的绿洲文化，经济繁荣，是汉代中原通西域丝绸之路南线上的要冲，在东西方文化交流上起过重要作用，是研究丝绸之路历史文化和亚洲内陆生态变化的重要城址。②

尼雅遗址和楼兰遗址都有2000多年的历史，皆为全国重点文物保护单位。

在新疆的北疆也有十分重要的古城遗址。吐鲁番市东西两侧各有一座著名古城遗址。高昌故城坐落在吐鲁番市东面约40公里处，平面略呈不规则的正方形，分为外城、内城和宫城三部分，总面积约200万平方米。此城是西汉王朝于公元前1世纪在车师前国境内的屯田部队所建，5世纪已成为吐鲁番盆地的政治、经济、文化中心，在唐朝为西域最高军政机构安西都护府所在地，后为回鹘民族的统治中心。③高昌故城曾是西域最大的商业和宗教中心，是中原地区连接中亚、欧洲的枢纽，是吐鲁番地区千年沧桑史的历史见证，具有重要的文物价值。

位于吐鲁番市以西的交河故城，南北长1600余米，东西最宽处约300米，分为寺院、民居、官署等部分。公元前2世纪前后，姑师（后为车师）人已将交河作为政治活动中心之一，公元前1世纪，西汉政府派士卒屯戍交河，5世纪末设交河郡，7世纪唐朝以其地为西州。唐朝在西域的最高军政机构安西都护府也曾设在这里。高昌王国时期，交河是军事重镇之一。13世纪后回鹘高昌势力日衰，交河故城逐渐毁弃。④交河作为丝绸之路上的历史名城，在东西方文化交流中起过十分重要的作用。

①史树青：《谈新疆民丰尼雅遗址》，《文物》1962年第2期。王博、祁小山：《丝绸之路上的庞贝——尼雅遗址考古》，《新疆人文地理》2012年第4期。
②侯灿：《楼兰遗址的文化遗存》，《丝绸之路》2001年第1期。
③贾应逸：《高昌故城》，《新疆大学学报》（哲学社会科学版）1983年第1期。
④联合国教科文组织驻中国代表处、新疆文物事业管理局、新疆文物考古研究所编著：《交河故城——1993、1994年度考古发掘报告》，东方出版社，1998年。

这两处遗址也保存着2000多年的都市遗迹，1961年同被列为首批公布的全国重点文物保护单位。2014年作为中国、哈萨克斯坦和吉尔吉斯斯坦三国联合申遗的"丝绸之路：长安—天山廊道的路网"中的遗址点，都被列入《世界遗产名录》。两个古城遗址对研究东西方文化交流、丝绸之路历史、中亚文明史、中国民族关系史，以及中国古代城市建筑、宗教、艺术等有重大科学价值。

2. 有的遗址是古代重要王朝的发祥地或政治中心，显示出历史文化特色

渤海国上京龙泉府遗址。此遗址位于黑龙江省东南部宁安市，南临镜泊湖，北环牡丹江，是唐代渤海国首府，平面呈长方形，东西约4.68公里，南北约3.47公里，周长近16.3公里。由外城、内城（包括内苑）和宫城组成。出土遗物以建筑材料最多，佛教遗物以泥塑和铜铸佛像最多，同时出土铁、铜、漆、银器、丝织品、珍珠、料珠等，此外还有较多的石雕、石刻，以及一方"天门军之印"①。此遗址的发现，为了解渤海国的政治、经济、文化面貌及其与唐文化的关系，提供了重要的实物资料。1961年，其被中华人民共和国国务院公布为全国重点文物保护单位。

图4　2002年考察渤海国上京龙泉府遗址

图5　2013年8月笔者考察内蒙古赤峰市辽上京遗址

辽上京遗址。此遗址位于内蒙古赤峰市，是辽朝的政治中心之一，在内蒙古自治区巴林左旗林东镇南，地处乌尔吉木伦河与沙力河汇合处。辽太祖耶律阿保机于神册三年（918年）开始兴筑，初名皇都，天显元年（926年）扩建，十三年（938年）改称上京，并设立临潢府，为辽代五京之首。现存遗址规模宏大，气势雄伟，周长13公里，共分南北十城，主要有皇城、汉城。其中皇城是契丹皇族、贵族的宫殿，周长7公里，汉城呈正方形，是汉人的居住地。无独有偶，辽朝有五京，赤峰就占了两座，除上述辽上京临潢府外，还有同在赤峰市的辽中京大定府（今宁城县大明城）。辽朝的主体民族契丹族原以游牧为主，居无定所。辽朝建立都城表明契丹族在发展过程中游牧文化和农耕文化相互融合，是对中原王朝汉文化的吸收，也是辽朝"以国制治契丹，以汉制待汉人"的实际体现。②1962年辽上京遗址被列为全国重点文物保护单位。

---

①陈显昌：《唐代渤海上京龙泉府遗址》，《文物》1980年第9期。

②刘凤翥：《辽上京和辽中之政治地位》，《东亚都城和帝陵考古与契丹辽文化国际学术研讨会论文集》，科学出版社，2016年，第85—89页。

图6 2006年笔者考察哈尔滨市金上京遗址　　　　图7 1976年笔者考察西夏陵

金上京会宁府遗址。此遗址位于黑龙江省哈尔滨市阿城区城南2公里的阿什河左岸，依山傍水，由毗连的南北二城和皇城组成。南北二城均呈长方形，城墙周长22里。金上京会宁府是金代的五京之首，为金大定年间（1115—1234年）的都城，是金朝前期的首府，有近900年的历史，也是迄今保存较为完好的唯一一处金代都城遗址。12世纪初，新兴的女真族，把中原地区和燕山南北成熟的先进文化带入黑龙江流域，并使得上京会宁府成为当时东北亚地域最繁荣的都市文明区。近百年来，在上京古城内及其周边地区，出土了大量宋、辽、金、西夏等国的精美文物，充分证明金上京已经成为当时东北亚及中国北部的政治、经济中心。①现在所保留的皇城午门及宫殿建筑，因未经人为修缮，更能体现历史文物的价值。1992年，金上京会宁府遗址被列为全国重点文物保护单位。

西夏陵园。此陵园位于宁夏银川市西郊贺兰山东麓，规模宏大，陵区分布在南北长10公里，东西宽5公里，总面积约50平方公里的范围内，存帝陵9座，陪葬墓253座。西夏陵凸显了西夏皇帝陵园建筑的特点，也反映了西夏建筑的高超水平。西夏陵继承了唐宋陵园的基本制度和长处，但并非单纯模仿，而是有创新和发展，特别是其陵台是密檐式多层实心高塔，以夯土筑成平面呈正八边形的高台，从下至上分层逐级内收，每层收分处出檐木结构，并挂有瓦当、滴水、屋脊兽等建筑材料，夯土台外部砌砖包裹，装饰十分华丽。西夏陵丰富了中国皇陵的类型和内容，使之成为中国历史陵园中一种具有民族特点的独特景观。②

3. 有的古代城市遗址出土了大量文物、文献，价值珍贵

荒废了多年的古代城市遗址因无人居住，往往保存着不少文物，或在遗址中埋藏着很多文献、文物。这些文物、文献是古代历史的真实记忆，多能补充历史文献的缺载，填补历史的空白。

如西藏西部的古格城，是在10世纪由吐蕃王朝末代赞普朗达玛的重孙吉德尼玛衮在王朝崩溃后，率领亲随逃往阿里地区所建。古格王国弘扬佛教，抵御外侮，延续了七百年，历经中原王朝的五代、两宋、元，以及几乎整个明朝，传承20余代国王，在17世纪与古格同宗的西部邻族拉达克人战争中灭亡，距今有1300年的历史。古城遗址在西藏自治区阿里地区札达县札布让村象泉河畔

①王禹浪、王宏北：《女真族所建立的金上京会宁府》，《黑龙江民族丛刊》2006年第2期。
②史金波：《西夏的都城、帝陵和寺庙建筑》，《东亚都城和帝陵考古与契丹辽文化国际学术研讨会论文集》，科学出版社，2016年，第90—106页。

图8　西藏自治区阿里地区古格王朝古城遗址

的一座土山上，占地约18万平方米，是一座规模宏伟、面积浩大的高原古城。①遗址建筑共有房屋洞窟300余处、佛塔3座、寺庙4座、殿堂2间及地下暗道2条，分上、中、下三层，依次为王宫、寺庙和民居。外围建有城墙，四角设有碉楼。近几十年间，在遗址周围不断发掘出造像、雕刻和文献等。遗址中的壁画遗存数量最多，风格独特，气势宏大，特别是其中的人物用笔简练，性格突出。壁画较全面地反映了当时社会生活各层面，显示出西藏西部璀璨的文化现象。具有灿烂文明史的古格王城遗址在西藏吐蕃王朝以后的历史上有重要地位，为研究西藏历史和古代建筑提供了重要的实物资料，是全国第一批重点文物保护单位之一。

又如，内蒙古自治区西部额济纳旗的黑水城遗址，始建于11世纪，是西夏西北部的重要农牧业基地和边防要塞，为西夏十二监军司之一黑水监军司治所，后又是元代河西走廊通往岭北行省的驿站。当时有黑水河流经此地，东流形成内陆湖居延海。城址呈长方形，全城面积超过18万平方

图9　1976年9月笔者考察额济纳旗
黑水城遗址

图10　俄罗斯科学院东方文献研究所藏黑水城出土西夏文文献

①曾凡祥、范军、胡儒富：《探寻古格古文明》，《世界遗产》2012年第1期。

米。黑水城是一座经济、文化都较为发达的繁荣城市，城内有官署、民居、店铺、驿站、佛教寺院，以及印制佛经、制作工具的各种作坊等。黑水城在元朝为亦集乃路。明以后城渐废。遗址出土大量文献和文物，仅文献就有数千卷，其中绝大部分是西夏文文献，有8000多号，也有相当数量的汉文及部分其他民族文字文献，这些文献大部分被盗掘流失俄国、英国。①黑水城遗址发现的文献是20世纪继甲骨文、汉魏简牍、敦煌文书以后又一次重大文献发现，具有难以估量的学术价值和文物价值，催生了西夏学的形成和发展。现今额济纳旗成为居延遗址和黑水城保护基地，也成为旅游风景区。

4. 有的遗址不仅反映着历史上当地民族的社会状况，还反映出国家对少数民族的治理政策

中国自古以来是一个多民族国家，不同时期对少数民族地区实行相应的民族治理方法，如羁縻制度、土司制度和改土归流政策等。在羁縻制度下，少数民族地区设置带有自治性质的地方行政机构都护府，下辖各羁縻府州。前述新疆交河故城即唐代西域最高军政机构安西都护府所在地。元朝开始在少数民族地区设置土官，实行土司制度。明代土司制度更为兴盛，其范围包括了中国的西南、西北和湖广等地的少数民族地区。②在土司制度下，一些少数民族地区兴建规模宏大的土司城，形成一种特殊的城市。后经明清时期的改土归流政策，土司城逐渐没落，成为背负民族历史文化的土司城遗址。

湖南省永顺县老司城遗址，位于湘西土家族苗族自治州永顺县城东20余公里处的灵溪镇老司城村，是宋绍兴五年（1135年）至清雍正二年（1724年）永顺彭氏土司的政治、经济、军事、文化中心。老司城分内罗城、外罗城，有纵横交错的八街十巷，原来人户稠密，市店兴隆。老司城是土司制度的物化载体，是中国古代民族区域自治制度历史文化的典型遗存，具有重要的历史文化价值。

老司城遗址总面积25平方公里，城区面积25万平方米，保留了大体完整的城墙和建筑基础，

图11-1　湖南永顺老司城遗址

①史金波：《西夏古籍略说》，《传统文化与现代化》1996年第3期。
②史金波：《试论中国历史上的民族政策》，《思想战线》1991年第4期。

以及一系列军事关隘和防御设施。城址包括宫殿区、衙署区、街巷区、墓葬区、宗教区、苑墅区等几个部分。老司城留存遗址主要有祖师殿、彭氏宗祠、土司德政碑、翼南牌坊、土司地宫、土司古墓群等。其他文物和遗迹还有摆手堂、地下雨道、铜钟、石马、土司官印、若云书院遗址等。老司城遗址于2001年被公布为第五批全国重点文物保护单位。2010年被列入中国第一批国家考古遗址公园立项名录。2015年7月4日，永顺老司城遗址与湖北恩施唐崖土司城遗址、贵州遵义海龙屯土司遗址联合代表的

图11-2　2015年9月笔者考察湖南永顺老司城遗址

"中国土司遗产"被列入世界文化遗产名录。

作为老司城遗址的姊妹遗址，海龙囤土司遗址位于贵州省遵义市主城区20公里的汇川区高坪镇大山深处，曾为杨氏土司的"夏宫"和战时军事中心，始建于宋宝祐五年（1257年），现存主要是明万历年间（1573—1620年）的遗存，总面积5平方公里，核心区域1.59平方公里，遗址区面积含遗产区和缓冲区共12.9平方公里，主要包括城防设施、行政及生活设施、手工业设施、交通设施，以及水井遗址5处，城垣、城门、月城（瓮城）、衙署、军营、校场坝、敌楼等最核心的遗迹坐落于中央偏西处的两组规模庞大的建筑群，居南者当地人称"老王宫"，居北者为"新王宫"。海龙囤土司遗址更加突出军事防御设施，也是保存最好的古城堡建筑遗迹之一，是宋元明时期西南播州杨氏土司文化的重要遗存，反映了宋明时期西南地区的历史文化、建筑技术和社会状况。2015年7月与永顺老司城遗址、湖北恩施唐崖土司城遗址一起以"中国土司遗产"被列入世界文化遗产名录。

5. 一些更早的古代城市遗址，反映出中国历史更深远的文化底蕴和多元一体的特征

中国是一个幅员辽阔、历史悠久的国家。过去研究表明，中国有5000年文明史。中国的历史

图12　2016年3月笔者考察遵义市海龙
囤土司城遗址

图 13-1 四川省广汉市三星堆
出土青铜面具

图 13-2 2010年5月笔者考察
三星堆遗址

是从远古到夏商周，再绳绳继继传至当代的历史。近些年的考古又有新的重要发现，在距中原地区较远的南部地区，发现了年代久远的古代人类居住中心。

如位于四川省广汉市西北的三星堆古遗址，距今已有5000~3000年历史，是迄今在西南地区发现文化内涵最丰富的古城、古国、古蜀文化遗址。位于四川省成都市西部的金沙遗址，是一处商周时代遗址，是3000多年前长江上游古代文明中心古蜀王国的都邑。三星堆文化和金沙文化有相似性，金沙文化约为三星堆文化的最后一期，可能表示了古蜀的一次政治中心转移。①金沙遗址已进入世界文化遗产预备名录，为全国重点文物保护单位，国家AAAA级旅游景区，国家一级博物馆，国家考古遗址公园。

浙江省的河姆渡遗址位于浙江省距宁波市区约20公里的余姚市河姆渡镇，面积约4万平方米，其中有大量榫卯结构干栏式建筑，出土的文物表明当时已经大规模种植稻米，并已使用舟船，已能制作并使用纺织品、陶器等，是中国已发现的最早的新石器时期文化遗址之一，距今约7000年的历史，真实地反映了长江流域早期繁荣的史前文明，证明了长江流域也是中华民族远古文化的发祥地。②

良渚文化遗址位于杭州城北18公里处杭州市余杭区，总面积约34平方公里，是新石器时代晚期人类聚居地，距今5300~4300年，有村落、墓地、祭坛等各种遗存，出土很多陶器，以及大量精美玉器琮、璧等和磨制精细的工具，是长江下游良渚文化的代表性人类文化遗址。2019年，良渚遗址申报《中国世界文化遗产名录》成功。历史文献记载这一地区后来是古越人活动的地区，在今苏南浙北一带为"吴越"。良渚文化与后来"吴越"的关系，值得关注。

在中国的中原地区有特别重要的古城遗址，如位于河南省安阳市的殷墟遗址，是中国商朝晚期

①王毅、张擎：《三星堆文化研究》，《四川文物》1999年第3期。 刘道军：《从金沙"太阳神鸟"看金沙遗址文化》，《青海民族研究》2007年第1期。
②费国平：《浙江余杭良渚文化遗址群考察报告》，《东南文化》1995年第2期。

图 14-1 浙江省杭州市良渚遗址 　　　　　　　　图 14-2 2017年11月笔者考察良渚遗址

都城遗址，是中国历史上第一个有文献可考，并为考古学和甲骨文所证实的都城遗址，具有异常重要的历史文化价值。

三、少数民族地区的城市文化遗产保护的成就和前瞻

1949年后，国家对包括城市文化遗产在内的文物保护工作十分重视，取得了巨大成就。

1949年1月16日，中央军委向解放北平的前委发出关于保护北平古城的电报："必须做出精密计划，尽力避免破坏故宫、大学及其他著名而有重大价值的文化古迹。"1950年，中央人民政府发出政令，做出《关于保护古建筑》的批示。中国从1956年起先后进行四次大规模的文物普查，其中都包括城市文化遗产。1961年，国务院根据《宪法》颁布了《文物保护管理暂行条例》，并开始陆续公布了八次全国文物重点保护单位，其中有不少是城市文化遗产。1982年，国家公布了第一批文化历史名城。同年，全国人大常委会通过了《中华人民共和国文物保护法》。1984年，国务院公布了《城市规划条例》，规定要切实保护城市文物古迹。1989年，全国人大常委会通过了《中华人民共和国城市规划法》。

此后国家对文物保护越加重视，公布了很多文物保护法律法规和条例，其中包括《历史文化名城保护规划编制要求》《历史文化名城保护规划规范》《历史文化名城名镇明村保护条例》等。可见国家对城市历史文化遗产的高度重视。中国已经从"文物保护"走向"文化遗产保护"的历史性转型，文化遗产保护的内涵逐渐深化、范围不断扩大，呈现出更加向好的发展趋势。截至2018年，国务院共批复了134座城市或地区列为国家历史文化名城，其中很多在少数民族地区或与民族文化遗产有关，如华北地区的北京市、承德市、大同市、呼和浩特市，西北、西南地区的少数民族历史文化名城更为集中，仅新疆维吾尔自治区就有喀什市、吐鲁番市、特克斯县、库车县、伊宁市5个城市，云南省有昆明市、大理市、丽江市、建水县、巍山县、会泽县6个历史文化名城。

在国家的高度重视和采取重要措施下，少数民族地区的城市保护取得了很大进展，特别是各少

数民族地区陆续建立的各类文物管理保护机构文物局，以及文物考古研究所、博物馆等，各部门做了大量具体的城市文化遗产保护工作，对一些古代城市遗址也多建立博物馆或保管所，进行具体管理。

以西藏为例，在1990年制定了《西藏自治区文物保护管理条例》，在"总则"中明确规定境内一切具有历史、艺术、科学价值的古文化遗址、古建筑、古墓葬等各种文物，均受国家保护，其中当然包括古城及古城遗址。条例中还规定了核定各级文物保护单位。[1]西藏现有国家级重点文物保护单位70处，其中包括古城建筑遗址，如拉萨市的布达拉宫、古格王朝故城等。截至2017年底，西藏有自治区级文物保护单位616个，县级文物保护单位753处，其中不少是城市或城市遗址，有些是在城市之中的重要文物，如很多历史悠久的藏传佛教寺庙。2013年公布了《拉萨市老城区保护条例》，2019年公布了《拉萨历史文化名城保护规划》。这些保护古城的有力措施目的是更好地保护拉萨古城的宝贵历史文化遗产，处理好城市历史文化遗产保护和改造开发利用的关系，为拉萨古城报世界文化遗产名录做好充分的准备工作。

建立少数民族地区的城市文化遗产保护机制。根据国家对城市文化遗产的相关政策和规定，各少数民族地区都对境内包括城市文化遗产在内的文物做出了更为具体的规定，并采取了很多具体的措施进行有效的保护。

以内蒙古自治区为例，该区于1990年4月14日，在内蒙古自治区第七届人民代表大会常务委员会第十三次会议上通过了《内蒙古自治区文物保护条例》，后于1993年3月、2005年12月两次经自治区人民代表大会常务委员会对此条例进行修订，进一步加强对区内文物的保护。其中第七条规定：文物特别丰富或者有重要文物遗存的苏木、乡镇，应当设置文物保护组织或者专、兼职文物保护管理人员。第十二条对不可移动文物规定：应根据他们的历史、艺术、科学价值，分别确定为国家级、自治区级、盟市级、区县级文物保护单位，特别是第十九条对历史文化名城和城市中的历史文化街区（浩特）的保护和建设规划，做出了专门规定。该条例第四章为"民族文物"，强调了对反映少数民族社会、文化的文物应当予以重点保护。

各地文物部门加大了城市博物馆的建设力度。内蒙古自治区建立了大量博物馆，其中国家一级博物馆有内蒙古博物院、鄂尔多斯博物馆2座，国家二级博物馆有阿拉善博物馆等9座，国家三级博物馆16座，此外无级别博物馆多达170座。这些博物馆大多数陈列着各地区、各城市的文物，其中以与少数民族相关的文物居多。

与此同时，各地还加强了对重点城市文化遗产的保护、管理和维修。过去西藏拉萨市的布达拉宫年久失修，出现多处险情，有的建筑木檩已经承受不起殿顶的重压，出现裂痕，整个布达拉宫需要维修的地方不少，隐患严重。1989年为保护中华民族文化瑰宝，国务院拨专款3500万元，对布达拉宫进行重点维修。为保证圆满完成这一宏大古典建筑的维修任务，成立了由国务院领导同志为名誉组长，西藏自治区人民政府、国家文物局部门领导人员参加的维修布达拉宫领导小组，下设西藏自治区维修工程协调领导小组和施工办公室。维修工程的施工力量由西藏自治区组织；技术指导和施工质量由国家文物局专家与西藏古建技术人员共同负责。维修工作的原则是：精心设计，精细施工，加强领导，万无一失。同时按照文物保护法关于"不改变文物原状"的规定，整旧复原，保持布达拉宫的原有结构和整体风貌。维修方法采取了藏族建筑的传统工艺，比如对屋顶的维修和加固就用了藏族传统"打阿嘎"方式。"打阿嘎"是藏族传统建筑中为使屋顶牢固、防雨而采用的一种有民族特色的建筑方法：先把一种特殊的黏土"阿嘎"捣细，拌水，铺敷在建筑物的顶部，由众

---

①中国社会科学院西藏人权研究课题组编：《西藏人权研究参考文献选编》，中国藏学出版社，2004年，第314—324页。

多的男女青年各持夯杆将"阿嘎"夯紧砸实。他们在屋顶上列队边唱边舞，边用力以夯杆夯地，极具民族特色。1994年8月9日，布达拉宫维修竣工庆祝大会在拉萨市布达拉宫的德央厦举行。

此后，对布达拉宫的维修不断加强，后又进行第二期维修。2002年6月14日，国务院第131次总理办公会议批准了布达拉宫、罗布林卡和萨迦寺三大重点文物保护维修工程项目可行性研究报告，并同意开工建设。整个维修工程总投资3.33亿元，布达拉宫1.79亿元，罗布林卡6740万元，萨迦寺8660万元，并加大了维修力度。

宁夏回族自治区银川市西郊的西夏陵，原无人管理，荒凉破败。20世纪70年代，经国家文物局批准由宁夏博物馆进行调查和部分发掘，1982年建立了银川市西夏陵园管理处，对西夏陵区进行专门保护和管理。1988年西夏陵区被国务院列为全国重点文物保护单位、国家级风景名胜区。1998年9月西夏博物馆建成，这是中国第一座以王朝帝陵为背景，比较全面系统反映王朝历史的专题博物馆。近年来，西夏陵园管理处在自治区政府和国家文物局的指导下，积极开展西夏陵申请世界文化遗产名录工作，为达到"妥善保存和科学研究西夏陵珍贵出土文物，充分揭示和广泛传播其文物价值，系统地向公众展示遗址的历史文化内涵"的申遗要求，在科学论证的基础上建设新的西夏博物馆，并于2019年6月落成开馆。目前国家文物局已启动西夏陵2021年世界文化遗产申报工作。

多年来，尽管在城市文化遗产和保护方面已经有了很大成绩，但仍然需要加强对少数民族地区城市文化遗产保护重要性的认识。一般来说，少数民族地区经济、文化发展不如东部地区，在文化遗产保护的观念上需要继续强化认识。有的地方由于认识不足，工作不力，对被列入全国重点文物保护单位的城市文化遗产，不履行维修计划，致使遗址建筑物出现险情；有的受单纯的经济利益驱动，只注重城市开发改造，对地上地下的文化遗存时有影响，甚至破坏；有的城市遗址被盗掘，造成部分城市记忆的消失；有的为了经济利益，盲目发展商业店铺，造成环境污染和安全隐患，影响城市文化遗产保护；有的在城市建设过程中，模仿一些外来建筑，失去了本民族的特色。

此外，由于少数民族地区经济发展相对滞后，财力有限，而又地域宽广，需要保护的城市文化遗产和古城遗址很多，显得财力捉襟见肘，城市文化遗产保护经费欠缺。有的地区古城遗址偏远，没有将其纳入保护范围，没有设置保护、管理机构，无专门机构、人员管理。

今后需要采取切实可行的措施，使少数民族地区的历史文化遗产保护工作在原有巨大成就的基础上，有更大的提升。

——进一步加强对少数民族地区城市文化遗产保护的认识，从思想上增强民族自豪感，自信心和责任心，把文化遗产保护视为中华民族文化发展、中华民族认同、中华民族文化认同的大事来抓。

——各少数民族地区应切实做好城市文化遗产和保护规划，严格执行，全面参与，全民监督，避免一时的利益驱动而损害不可再生的历史和文化遗产。

——加大财力、人力支持，应给予少数民族地区以特殊照顾，地方也应尽力在人、财、物等方面大力支持。

——全面加强文物保护调查研究，力争在保护第一的前提下，依法合理开发和利用，特别是做好优秀传统文化的深入研究、宣传、介绍和传承工作，以使分布在广大土地上的文化遗产都能"活起来"，为后代留下中华民族文化瑰宝的千秋神韵。

（原载《河北学刊》2021年第5期）

对中华民族的认同自古有之

在中央民族工作会议上，习近平总书记首次提出"坚持正确的中华民族历史观"。我理解，正确的中华民族历史观，就是以历史唯物主义的观点，客观准确地认识、理解、看待中华民族形成和发展的历史，从而形成铸牢中华民族共同体意识的思想观点。

对中华民族形成起决定作用的是对中华民族共同体的认同

中国是一个历史悠久的统一的多民族国家，各民族血脉相连，文脉相通，共同缔造了伟大的中华民族，形成了中华民族多元一体的格局。各民族在历史发展长河中，都作出了自己的贡献。汉族人口众多，在政治、经济、文化中起着主体作用，各少数民族也以本身的特色丰富了中华民族的经济和文化。中原王朝先后实行羁縻制度、土司制度，对民族地区进行因俗而治的管理。明清之际逐渐实行改土归流政策，对民族地区的管理进一步加强。

从中国历史发展趋势看，随着各民族交往深入，中央王朝管辖范围逐步扩大；随着中华民族的进步和发展，中原王朝对民族地区管理越来越直接、具体、细密；随着各民族之间交流的增强，各民族在传承、保留一定民族特点的同时，共性越来越多。正如习近平总书记强调指出的，"一部中国史，就是一部各民族交融汇聚成多元一体中华民族的历史"。

今天我们所说的中华民族是包括中国境内所有56个民族的共同称谓，而不是把56个民族简单加在一起的称呼。中华民族中的各民族已结合成相互依存、统一而不能分割的整体，是具有更高层次的民族认同意识的实体，形成了各民族血肉相连、情感深厚、休戚与共的命运共同体。

中国有连绵不断的五千多年文明史，有持续修纂史书的文明传统。司马迁的《史记》作为中国第一部纪传体通史，不仅系统记录了中央王朝的历史，其中的《匈奴列传》《西南夷列传》等还记载了中国北方和南方少数民族地区的历史，从修史传统反映出多元一体的中华文明。

中国在长期历史发展中，逐渐形成了以儒学为代表的精神文化。儒学主张"德治"和"仁政"，儒家思想总体上为我国封建社会两千多年统治秩序和社会秩序提供了精神支撑，对维护国家统一、社会稳定起着积极作用。以儒学典籍为标准的科举考试，是中国自古以来形成的包括朝廷制度、郡县制度、土地制度、税赋制度、科举制度、监察制度、军事制度等各方面制度在内的国家制度和国家治理体系的一部分。中国不仅在统一时期的王朝实行科举制度，在多民族王朝分立时期，各王朝也纷纷实行科举制度。如宋辽夏金时期，各王朝都实行科举制度，把这一以儒学为基准选拔官吏的制度推向更边远的地区。同时，各民族也在中华文明总的文化氛围下，发展了自己的民族文化。比如辽、夏、金三个王朝都仿照汉字创制了民族文字。而各王朝创制民族文字后，首要的都是翻译《论语》《孝经》等儒学经典著作，同时也记录本民族的历史文化。元朝和清朝都全面赓续儒学文化，实行科举制度，并都以汉文为最主要的通行文字，继承并弘扬了中华传统文化。琳琅满目的各民族文字文献，其中包括以汉文为主干的两种或两种以上文字的合璧文献，都是多元一体的中华文明的历史见证。

在中华民族形成和发展进程中，朝代不断更迭，但对中国的认同连绵不断。无论哪个民族入主中原，都以统一天下为己任，都以中华文化的正统自居。中国历代形成了五行德运之说，各王朝讲究五行相生，用五行中的一个字为代表，标识正统。不仅中国统一时期的王朝有德运，分立时期各王朝也都争相确立本朝德运用字，以标榜继承中国正统。如，南北朝时期，南朝宋、齐、梁、陈的德运分别为水、木、火、土，北朝的北魏、东魏、西魏皆为水德。宋、辽、夏、金各朝的德运分别为火、水、金、土。这证明，当时各王朝虽然是由不同民族建立的，但都将自己视为统一多民族国家的正统或支脉。宋朝和辽、夏、金王朝都认同中国，相互间往往以南、北、西、东方位相称呼。辽、夏、金都接受了中原地区的政治制度，并参照中原王朝的法典制度制定法律，丰富了中华法系的内容。这是对中华民族政治和文化的高度共同认知，是对中华民族认同的突出表现。

正如习近平总书记指出的那样，"分立如南北朝，都自诩中华正统；对峙如宋辽夏金，都被称为'桃花石'"。中国即使在王朝分立时期，也能充分表现出中华民族的多元一体，体现出各民族逐渐趋同的大趋势，这凸显了中华民族是一个血肉相连的整体，各民族都自觉认同中华民族。

从中华民族共同体的高度把握历史叙述权和话语权

一部中华民族史，就是中国各民族共同缔造、发展、巩固统一的伟大祖国的历史，就是各民族日益密切的交往交流交融史。身处中华民族大家庭内的各族人民，对此有深切体会。历史文献，包括汉文和少数民族文字文献对此有大量生动记载。比如，出土的西夏户籍账，明确记载了党项族和汉族通婚的事实，是民族交融的典型例证。一些在中国历史上有重要影响的民族，如匈奴、鲜卑、契丹、党项、女真族等虽都消失了，但其血脉融入了中华民族大家庭，更表现出民族交融的大势。

中国的历史学家们在研究中华民族史方面作出了重要贡献。在新时代，应继续夯实资料基础，在重视汉文文献的同时，注重挖掘各民族文字资料，使文献和文物资料"活起来"。应从中华民族共同体的高度，加强对统一多民族国家形成和发展的研究，加强宏观性、综合性和对比性研究，对重要问题进行针对性研究，注重研究与民族史密切关联的宗教问题，在构筑中华民族共有精神家园方面发挥更大作用。同时，要加强中华民族史优秀著作外译出版工作，在国际交往中提升话语权。

（原载《中国民族报》2022年1月4日《理论周刊》）

经世致用 砥砺前行
——中国民族史研究七十年

习近平总书记最近在民族团结表彰大会上的讲话中，高屋建瓴地总结了中华民族的历史，精辟地论述了中国辽阔的疆域、悠久的历史、灿烂的文化和伟大的精神都是各民族共同缔造的，强调指出，"一部中国史，就是一部各民族交融汇聚成多元一体中华民族的历史"。这一重要论断揭示出中华民族历史的本质特征，也体现出中国民族史学的当代价值和现实意义。

中国是一个统一的多民族国家，中国民族史研究是中国历史研究的重要组成部分。从民族的角度研究中国历史，对加强民族团结，促进各民族交往交流交融，维护国家统一，借鉴历史经验，实现中华民族的伟大复兴，具有十分重要的学术价值和现实意义。

1949年后，以马克思主义民族理论为指导，将各民族一律平等的内容先后载入《共同纲领》和《宪法》，并实行民族区域自治制度，中国民族史的研究走上了新的发展阶段，特别是改革开放40年来，中国民族史研究的成就令人瞩目，是中国历史研究的一大亮点。

一、学科体系的确立和发展

在1949年之初，民族史研究十分薄弱。当时国家特别关注民族和民族历史问题，并进行民族识别。国家的需要促进了民族史学科的建立和发展。

中国从20世纪50年代便开展了大规模民族社会历史调查，在老专家的带领下，一大批包括民族史专家在内的研究人才锻炼成长，促进了中国民族史专业研究和教学机构的建立和发展。中国民族史在相关高校及科研机构逐步设立为一个学科，纳入新的教育与科研体系。

1951年，中央民族学院成立，集中了一大批各民族专家、学者。一些民族地区也组建了民族学院，设立了民族学、历史、人类学、社会学等专业。1955年，根据第一个五年科学规划，马长寿在西北大学历史系建立了西北少数民族史研究室。1955年，云南大学历史系建立了中国民族史教研室和研究室。1961年，创办"中国少数民族史专门化"，为中国高等院校第一个中国民族史专业。当时开设了"中国民族史""云南民族史"等课程，编写《中国民族史讲义》《云南民族史讲义》等民族史教学资料。从1959年开始，中国民族史教研室方国瑜、江应樑等招收了三届中国民族史专业四年制副博士研究生。1959年，云南大学首创中国民族史本科专业并招生。

1956年，中央民族学院报请国家高教部批准增设了历史学系，设置少数民族历史与民族学两个专业，面向全国招收本科生和研究生。1958年6月，中国科学院成立了民族研究所，具体主持正在开展的全国民族社会历史调查工作。该所建立社会历史研究室，专门进行少数民族社会历史调查研究工作。

国家对民族史研究特别重视。1961年根据国务院指示，国家民族事务委员会设立民族历史研究工作指导委员会，著名学者翦伯赞、范文澜、吕振羽、翁独健、林耀华、白寿彝、向达、方国瑜、韩儒林、马长寿等是其中的领导成员。该委员会多次组织专家座谈会，根据当时的需要就历史上诸多重要民族问题进行深入研讨，发挥了民族史研究的指导作用。

改革开放以后，民族史学科建设有了长足的发展。很多高等院校和科研部门先后设立民族史博士点，培养更高层次的研究人才。20世纪80年代，云南大学、中央民族学院、中国社会科学院民族研究所等先后设立了中国民族史专业的博士点。

"中国少数民族史"在1997年列入民族学下的二级学科目录，历史学的二级学科"专门史"中也设立了民族史方向。一些高等院校开设了中国民族史课程，通过硕士点、博士点、博士后流动站，形成完善的中国民族史专业研究人员的培养机制。

1983年4月，中国民族史学会成立。学会挂靠在中国社会科学院，由民族学与人类学研究所代管。三十多年来，学会组织国内民族史学家召开了20多次学术研讨会，就历史上的民族关系、民族政策、近现代民族史、国家认同、中华民族多元一体等问题展开学术交流。各地的中国民族史学术团体陆续成立，如中国蒙古史学会、中国百越民族史学会等，有效地促进了民族史学的研究。

学术界不断对中国民族史学科建设进行探索，1988年召开中国民族史学会第二次学术讨论会，主要议题是当代中国民族史学的任务、基本理论和研究方法，深化了民族史学科的建设。由中国社会科学院民族学与人类学研究所主办的《民族研究》和中央民族大学主办的《中央民族大学学报》等一批杂志，发表了大量有关民族历史的重要论文，对民族史学科建设起到了推动作用。随着中国民族史学研究的蓬勃开展，涌现了一批知名专家学者，中国民族史学科不断得到发展。

特别值得一提的是，2019年中国社会科学院成立了中国历史研究院，在聘请的41位学术咨询委员会委员中，有多位是主要从事民族史研究工作的专家。中国历史研究院开始编纂《（新编）中国通史》，其中分断代史和专门史，专门史中有《中国民族史》一卷。

二、学术体系的构建和完善

中国民族史研究在科研思想理念、学术理论和研究方法上，都形成了自己的特点，使学术体系的构建不断完善。

中国的民族史学家坚持马克思主义历史唯物主义，继承历史学"经世致用"的传统，自觉地肩负起开启智慧、借鉴经验、为更好地认识和处理当今的民族问题提供有益参考的历史任务。他们怀着为国为民的理念，克服学科基础薄弱、资料搜集整理难度大、民族历史问题复杂的重重困难，迎难而上，砥砺奋进，不断取得新的成就，为学科的发展作出显著贡献。

1949年之初，国家急需全面了解民族情况，先是向少数民族地区派出中央访问团，后又由国务院有关部门组织专家到少数民族地区进行民族识别。专家们不畏识别工作的繁难，急国家所急，到少数民族地区了解实际情况，查阅历史资料，分阶段完成了这一艰巨任务。

1956年，为系统了解中国少数民族的社会和历史情况，由毛泽东主席倡议组织了全国少数民族社会历史大调查。调查工作由彭真负责，全国人大民族委员会主持（后由中国科学院民族研究所主持），第一批组建了内蒙古、新疆、西藏、云南、贵州、四川、广西、广东8个调查组，抽调包括历史学家在内的多学科专家、干部和大专院校师生200多人参加。他们长时间深入到交通不便、条件艰苦的少数民族村寨、牧场，搜集第一手资料。调查组人员最多时达到近千人。至1964年共写出调查资料340多种，计2900多万字；整理档案资料和文献摘录100多种，计1500多万字；拍摄少数民族科学纪录片10余部。此外还搜集了一批少数民族的历史文物。在调查研究的基础上，编写出少数民族《简史》等五套丛书。

面对纷繁复杂的中国民族史，史学家们运用马克思主义民族史学理论与研究方法，并借鉴苏联与西方民族史学的有益成分，从民族平等的立场、观点出发，进行了深入的理论探索。当时学术界注重运用经济基础学说、社会矛盾分析方法和阶级分析方法来研究中国民族史问题。他们认识到中国各民族复杂和曲折的发展过程，从中国历史实际出发，批判了汉族王朝正统论，扬弃了苏联对民族概念的刻板标准，形成了有中国特色的民族和民族史观点，对若干重要民族史理论问题提出了越来越成熟的看法，其中主要有：

1. 怎样认识中国的民族。1953年，苏联历史学家根据当时苏联的理论模式，认为中国的汉民族形成于19世纪与20世纪之间，此前的汉族是部族而不是民族。1954年，范文澜发表重要论文，根据中国的历史实际做出了新的探索，突破了在资本主义社会之前没有民族的藩篱，认为汉族在秦汉时期就已形成。这种反映中国特色的理论对当时正在进行的民族识别和后来开展的民族社会历史大调查起到了指导作用。

2. 怎样理解历史上多民族国家的"中国"。经过反复讨论，大家认为，中国不是专指哪一族的国家，而是各民族共同的国家。历史上的中国不仅包括中原王朝，而且也包括中原王朝以外的少数民族建立的政权。不能把历史上的中国与历代中原王朝相等同，更不能将少数民族建立的政权看成是中国以外的国家。

3. 历史上中国民族关系的主流。在20世纪中期讨论的基础上，1981年，在翁独健、白寿彝等学者的召集下，召开了"中国民族关系史学术座谈会"，翁独健总结了大家的共识，指出中国各民族间的关系从本质上看，是在漫长的历史过程中，经过政治、经济、文化诸方面愈来愈密切的接触，形成了一股强大的内聚力，历史上各民族间有友好交往，也有兵戎相见，历史上也曾不断出现过统一或分裂的局面，但各民族间还是互相交往，互相吸收，互相依存，越来越接近，从而共同缔造和发展了统一多民族的伟大祖国。历史上民族之间战争，都应以国家的内部矛盾对待。1990年，翁独健主编的《中国民族关系史纲要》出版，全面论述了中国民族的形成、中国的概念和含义、国家的统一与分裂、民族压迫与民族平等、爱国主义与民族英雄、历史上的民族融合与同化、民族关系的主流等理论问题，确定了中国民族关系研究的基本框架。

4. "中华民族多元一体"理论的构建。费孝通先生经过长期研究，在1988年发表了著名演讲，阐述了中华民族多元一体格局理论，对中华民族的形成及其结构特点，做了高层次的理论概括，奠定了中国民族史研究的整体史观。他提出中国是由许多分散存在的民族单位，经过接触、混杂、联结和融合，形成我中有你、你中有我，而又具个性的多元统一体。在这格局中，华夏——汉民族是各民族凝聚的核心。此后"中华民族多元一体"成为中国民族史研究的基本共识。后来专门召开"中华民族多元一体"研讨会，并出版论文集。

中国民族史在长期发展进程中，形成了有特色的研究方法。

第一，用民族平等的原则去分析、对待历史上的民族关系。对于民族的事件和人物，应用一个标准衡量与评价。应当肯定各民族在开发和建设祖国中的伟大功绩，发掘并研究少数民族对于祖国的重要贡献，阐明各民族共同缔造祖国的历史，充分肯定各民族人民对中国历史发展所起的推动作用。在肯定各民族在中国历史上重要贡献的同时，也应当承认汉族在中国历史上的主导作用。

第二，重视整理文献资料，特别是发掘和利用少数民族文字文献资料。传统的汉文文献中有关民族史的资料十分分散，除"正史"以外，在政书、类书、志书、别史、杂史等都有很多的民族史资料，在各民族的口碑资料中也有重要的历史叙述。因此需要十分认真地在各种类型的史籍中爬梳拣选，核对甄别，才能得以使用。

利用少数民族文字记载的历史资料是民族史学的一大特点。中国一些少数民族创制、使用过民族文字，形成了丰富的民族文字文献。以民族文字撰写的历史文献，多是第一手资料。如敦煌石室发现的藏文历史文书、黑水城发现的西夏法典和社会文书，都是真实反映当时历史的珍贵史料。民族史学家们十分重视往往被称为"绝学"的民族文字文献，他们不惧艰难，不畏冷清，努力搜集整理，使大量流失海外的文献再生性回归，并殚精竭虑地译释和研究，使这些古文字、死文字"活起来"，发掘了大量有学术价值的资料，成为新的学术增长点。

第三，将文献搜集利用和实地调查相结合。中国自古以来有系统记录历史的优良传统，也有修史过程中实地调查的范例。中国的民族史研究继承并发扬了实地调查的传统。在第一次全国少数民族社会历史调查后，民族史学家到民族地区进行实地调查已经成为一种常态。很多有分量的民族史著作是在案头工作和调查工作密切结合的基础上形成的。

第四，注重与相关学科的交流和借鉴。民族史学科本身就是历史学和民族学的交叉学科，同时又与文献学、考古学、人类学、宗教学、法学、经济学、民族古文字学等发生密切联系，还与敦煌学、西夏学、藏学、蒙古学等有着天然的关联。民族史学科作为一个新兴的学科，不仅大量吸收相关学科有价值的资料和成果，还勇于借鉴各学科成熟的研究方法，不断使本学科得到充实和提高。

中国民族史研究服务国家的思想理念、不断完善的学科理论和有特色的研究方法，使中国民族史学的研究得到迅速发展，逐步建立起中国民族史学学术体系。

三、话语体系的确立和创新

1949年以来，由于民族史研究不断取得新成就，在学术界，在社会上产生了广泛影响，在国内外确立并扩展了表达学术理念和成果的话语权。

第一，丰富了历史知识，为提高民族素质作出重要贡献。过去社会上国内外对中国的民族和民族历史了解甚少。通过民族史学家们不懈的工作，撰著了大量民族史学著述，在各民族《简史》基础上，又有不少民族的详史问世。

20世纪90年代，先后出版了几部中国民族史，如江应樑主编《中国民族史》（上、中、下）（民族出版社，1991）、王锺翰主编《中国民族史》（中国社会科学出版社，1995）。

中国社会科学院民族研究所主持编纂的《中国历代民族史丛书》，构筑了一部多卷本中国少数民族通史。

以中国社会科学院民族研究所为主，编纂、出版了《中国少数民族史大辞典》，吸收最新研究成果，为学术界和人民群众提供了解中国民族历史的工具书。此外，关于民族史学史也有新的著作《中国民族史学史纲要》问世。

此外，族别史、地区性民族史、近现代民族史、民族关系史成果层出不穷，琳琅满目；民族经济史、法制史、文化史、宗教史等研究成果也不断问世，丰富多彩。

大量民族史知识进入大、中、小学课堂，不少被转化成新闻、电影、电视等作品，大大丰富了有关民族和民族史的科学知识，使人们认识到，包括56个民族在内的中华民族，勤奋开发，互相学习，风雨同舟，对中华民族的发展，对中国版图的形成，都作出了历史性的贡献，提高了人们的文化素养。

第二，维系民族团结，弘扬爱国主义，反对民族分裂。民族史学工作者始终将时代提出的重点、热点问题，作为自己深入研究的课题。1959年，达赖集团叛乱后，西藏实行民主改革，西藏问题受到国内外广泛关注。著名藏学家牙含章编著的《达赖喇嘛传》和《班禅额尔德尼传》应运而生。《西藏佛教发展史略》《西藏地方与中央政府关系史》《西藏近三百年政治史》等重要著作陆续问世。这些著述提供了深刻了解西藏真实情况的平台。当达赖集团在国际上打出"西藏人权"的招牌后，中国社会科学院的专家们组织西藏人权研究课题组，查阅大量国内外资料，深入西藏做实地考察，撰写出第一部研究西藏人权的著作《西藏人权研究》，此后又出版了《西藏人权研究参考文献选编》。两部著作揭露了西藏农奴制度下西藏人权遭到践踏的悲惨情景，反映了中国共产党致力于改善西藏人权的决心和有力措施，展示出西藏人权不断进步的现状，反驳了达赖集团和国外别有用心的人对西藏人权状况的严重歪曲，对认识和宣传西藏人权的真实情况作出了积极贡献。近年由近百位藏学专家撰著的《西藏通史》，共8卷13册，内容十分丰富，不仅实事求是地叙述了西藏的历史，还针对性地驳斥了达赖分裂集团和西方反华学者谬论，有助于广大群众正确认识西藏的历史。近些年来，专家们写出了很多有说服力的论著，从历史发展的角度论证了西藏、新疆是中国领土不可分割的组成部分，为维护国家的统一，反对民族分裂作出了重要贡献。国务院新闻办公室发布的关于西藏问题和新疆问题的白皮书，都吸收了大量民族史学家长期研究的成果。

民族史学家们发挥专业特长，使各族人民增强了维护祖国统一的亲和力，激发了人们的爱国主义热忱，旗帜鲜明地反对破坏民族团结和祖国统一的行为，为铸牢中华民族共同体的思想基础作出了突出贡献。

第三，中国的民族史学家重视民族历史的借鉴功能，积极使民族史研究对社会主义建设事业，对维护民族团结和国家统一提供历史借鉴和决策依据。20世纪80年代初期以来，民族史学界集中对中国历史上的民族关系进行了多方面的深入探讨，对处理民族关系问题有重要借鉴意义。20世纪90年代，逐步加强了历史上对少数民族政策问题的讨论和研究。我国历史上有依据当时历史条件和少数民族的具体情况，制定和推行比较适宜的民族政策的范例。历史上民族政策的成败得失，都是今天的宝贵财富。进入21世纪后，民族史学家们更加关注加强民族认同、反对民族分裂的问题，深入研究中国多民族国家的形成和发展，为维护祖国的统一和领土完整提供历史的依据。

中国民族史学界通过不懈努力，以所获大量民族史研究的创新成果，贡献人民，服务社会，提炼了中国历史上有关民族问题的很多重要认识，发挥了重要的学术影响力、社会影响力和决策影响力，显著提升了中国民族历史的话语权。

四、新时代的新使命

习近平总书记指出："重视历史、研究历史、借鉴历史，可以给人类带来很多了解昨天、把握今天、开创明天的智慧。"在新时代，随着国家的快速发展和世界各地区民族问题的突出，给民族史学家提出了新的使命。

民族历史研究需要进一步明确树立为人民研究历史的理念，增强使命感、责任感、时代感，凝心聚力，广泛、深入搜集资料，继续发掘民族文字资料和考古资料，以科学的态度和严谨的治学精神，认真考证、思索、研究、提炼，锻造出国家和人民群众需要的民族史创新成果。

要注重拓展研究领域，加强宏观的、综合性的、系统性的、对比性的研究，要以战略眼光设置新的课题，增加对策性的研究项目，充分发挥民族史学的教育、纽带和镜鉴功能，揭示出有真知灼见的规律性认识，增强理论和实践的导向作用。

1. 注意研究中国民族史上多元一体格局的形成和发展，研究各民族历史上的交往交流交融，挖掘新资料，提出新见解。

2. 注意研究与民族史密切关联的宗教问题，注重民族史研究成果的普及。我国的民族问题与宗教问题交织在一起，一些民族分裂分子用宗教观念和歪曲的民族史观来叙述民族历史，对民族史料任意曲解，以宣扬其分裂主张，这就需要学术界加强民族史的研究，在理论上不断创新，在史料上深入发掘，对错误的民族史观应坚决予以批驳，同时，也要注重民族史研究成果的普及工作，这是中国民族史学研究的新领域。

3. 注意周边国家的历史研究。周边国家基于历史和现实政治的原因关注中国民族史的研究，应予以重视。同时，也要关注世界上多民族国家在本国民族史研究中进展，如俄罗斯、美国这些民族众多的国家如何面对民族史问题，这虽然超出了中国民族史学史的范畴，但我们应借鉴这些研究成果。

4. 民族史研究要有现实政治的考虑。近年来，国外学者在中国民族史研究中多强调"东亚""北亚""亚洲""欧亚""内亚"等因素，如在研究蒙元史、满清史时强调"世界"或"北亚""内亚"意识，论述内亚史与中国史的关系，[1]其意在消解历史上的华夷秩序，从而忽视了各民族的向心力，以及古代中原王朝对周边民族或国家的巨大影响。有的研究意在解构古代中原王朝与周边民族的朝贡关系而构建所谓东亚的国际关系，在民族史研究中渗透着政治意识形态的气息。学术界要注意利用优良的历史资源，客观认识传统的民族史观及民族史记述模式的成因，在研究中形成中国的学术话语。

应加强全国统筹协调，改变某些领域力量分散的现象；要提倡刻苦钻研，打造高质量的创新成果，纠正急于求成的浮躁作风；要注重培养人才，补足一些领域后继乏人的短板；注意加强宏观考量，防止碎片化倾向；在学习国外有益理论和方法的同时，要注重发挥主体性，增强学术自信，防止迷信外来学说的历史的虚无主义倾向；要加强对"五个认同"的研究和宣传，反对破坏民族团结和国家统一的分裂主义行为。

总之，要坚守初心，攀登新的学术高峰，使民族史这一学科发挥出更大的社会能量，在建设中华民族共有精神家园方面发挥更大的作用。

（原载《国学学刊》2021年第3期）

---

① 罗新：《内亚传统作为一个方法》，《黑毡上的北魏皇帝》，海豚出版社，2014年。

贰

中国民族古文字与历史文化

中国民族古文字和中华民族文化

中国的文字，应当包括汉文和各少数民族的文字。中国的古文字应该包括汉文古文字和各种少数民族古文字。汉文源远流长，使用人数众多；少数民族文字种类繁多，各具特色，也有广泛的使用范围。这是中国民族多元、文化多元所形成的多文字格局。因此，在谈到中国的文字时，既要重视汉文，也应重视各种少数民族文字。

一般认为汉文古文字包括甲骨文、金文、六国古文、大篆和小篆，其时间下限大体在秦汉之际。中国少数民族古文字（一般称中国民族古文字）的界定则由于文种的不同、创制时间、发展演变的不同，而难以一概而论。一般我们以以下几点作为民族古文字划定范围的基础：1.古代创制的民族文字，经长期使用后，渐废弃不用的。如佉卢字、焉耆—龟兹文、于阗文、粟特文、突厥文、回鹘文、契丹文、西夏文、女真文、八思巴字、白文、满文等；2.古代创制的民族文字，在长期使用过程中，有了明显的发展变化，现今仍使用同一体系文字，但形成了古今之别。如古藏文、回鹘式蒙古文、察合台文、老傣文等；3.古代创制的民族文字，由于各种原因目前尚难以区分出明显的变化，但保存有较古老的文字形式，或有较早的民族文字古籍，如纳西文、尔苏沙巴文、彝文、方块壮字等；4.文字创制后，通行范围不广，后基本上不用，如水书、古瑶文、方块苗文等。

多种多样的中国民族古文字，以及用这些文字记录的丰富多彩的文献，是中华民族文化宝库中的重要组成部分。研究中国民族古文字在中华民族文化中的地位和作用，对重视和加强中国民族古文字及其文献的研究，进一步弘扬中华民族文化是很有意义的。

一、民族文字是民族社会文化发展到一定阶段的产物

人类以语言作为互相交际和交流的工具，但话语说完后随即消逝，既不能传之于远处，又不能保存到将来。随着人类社会的发展，人们需要更为广泛的交际，要把重要的事情和互相间需要共同认可的事情记下来，把知识传授下去。于是，结绳记事、刻木记事出现了，记物、记事图画出现了。这是很多民族都产生过的社会文化现象。实际上这往往是文字创制的先声。汉族在上古曾有过结绳记事。《周易》的《系辞传》记载："上古结绳而治，后世圣人易之以书契，百官以治，万民以察。"[1]藏族在松赞干布时期以前无文字，"其俗刻木结绳"[2]。契丹人也"本无文字，惟刻木为信"[3]。蒙古人"俗尚简古，刻木为信，犹结绳也"[4]。古代的瑶族以"木契"和"打木格"作为记事和传授知识的方法。宋人曾详细地描绘了广西灵川县瑶族用"木契"进行诉讼的情景：控诉人在一块长约一尺的木板上，左边刻一大痕表示"仇人带领着几十人"；板中间又刻一支箭形表示"用

---

①《周易》卷8《系辞下》，载《四库全书》第七册，上海古籍出版社影印，第108页。
②《册府元龟》卷961，外臣部，土风(三)。
③[宋]王溥《五代会要》卷29，契丹条。
④[元]盛熙明《法书考》，《字源》。

箭射";又用火烧一块痕迹表示"火速"。还在板旁钻有十几个小洞,每个洞内穿有打结的短杆表示"几十头牛"。木契的全部内容是"仇人带领数十人用箭射我,我要求判决仇人,用几十头牛赔偿我的损失,希望火速施行"[1]。这种方法,不仅用于诉讼,也用于作战、买卖、借贷、传授知识和婚丧事宜,在瑶族社会生活中曾起过很大作用。由于我国民族文化发展的不平衡性,有的民族到近现代仍未创制出记录本民族语言的文字,他们仍采用结绳或刻木的方式记事。1949年前仍处于原始社会末期村社发展阶段的鄂伦春族,虽然没有文字,但很善于借助于一定的符号来表达思想,进行交际。他们出外狩猎时,要在经过的路口插上木棍,棍端指向前进的方向。迁移时,要在原住处的"斜仁柱"中间篝火位置上斜插一根二尺左右长的木棍,棍尖指示迁移方向。木棍下部还刻上豁口以示距离的远近。刻一个豁口表示较近,刻两个豁口表示稍远,刻三个豁口表示很远。用这种方法把自己的行踪转示他人。他们还用结绳方法记时日,用一根绳子串上三十根小木棍表示一个月,过一天便拔一根木棍。[2]赫哲族也有以削木、裂革、插草记事的习俗。川、滇交界的普米族,在建筑纯木结构的木垒房子时,普遍使用一种刻画符号。[3]有的地区还曾使用过简单的图画文字,字数虽然不多,已可看出文字的萌芽状态。直到1949年前,处于从原始社会向阶级社会过渡时期的佤族,仍以木刻和实物记事或传递信息。村寨间发生重大事件时,送甘蔗、芭蕉、黄蜡、草烟、牛肋骨和盐巴等,表示友好;送辣椒表示气愤;送鸡毛表示事情紧急;送火炭表示要烧对方的寨子;送子弹或火药表示要打对方。[4]分布在西藏东南部的珞巴族记数、记事一直停留在木刻、结绳阶段。[5]我国大量的民族学资料证明,当一个民族发展到原始社会末期,要进入文明的门槛的时候,人和人之间、集体和集体之间的交往逐渐增加。随着社会的发展,经济往来和交换成为经常的行为,初期的宗教和占卜形成比较复杂的、固定的仪式,人们需要了解和传送更多的消息。所有这些都使人们越来越觉得要用一种方法补充语言这种重要交际工具,设法使语言所表达的内容传于异地,留于后世。于是,由结绳、刻木记事向刻画符号、图画文字发展,经过悠长岁月,最后终于创制出了记录有声语言、可以诵读的符号,这样,文字就诞生了。

汉文古文字中最早的、成体系的文字是甲骨文,已有3000多年的历史。甲骨文已经是相当成熟的文字,此前应有初期阶段的汉文。山东莒县陵阳河遗址出土的陶器上的象形符号,可能是汉字原始文字,距今约为4000年。西安半坡仰韶文化遗址、青海乐都马家窑文化遗址出土的陶器上也刻有一些文字性符号,距今5000~6000年。这些符号是否为汉字的雏形还有待解读。我国少数民族中倒保留有比汉文甲骨文更为初始的文字形态。形态古朴的尔苏沙巴文还是一种图画文字,它可以阅读,但形体较少,只在天文历法等较窄的范围内使用,还不能说是一种成熟的文字。居住在川、滇交界的纳西族摩梭人,其达巴(巫师)使用一种卜书,只有数十个原始文字符号,也表明了文字形成过程中的一个阶段。[6]纳西族东巴文是一种很古老的文字,保留着象形,甚至图画文字的特点,直至晚近仍在使用,是一种很有研究价值的古文字化石,纳西语称这种文字为"森究鲁究",意思是"木石之痕迹",说明这种文字产生年代很早,它起源于刻画木、石。古人曾有评价:"么些(即纳西族)有字迹,专象形,人则图人,物则图物,以为书契。"[7]真正意义上的文字应是记录有声语言的符号,即使用这种文字的人们能用同一语言或方言来诵读。纳西东巴文已经基本上具备了这一

---

①[宋]周去非:《岭外代答》卷6。
②《鄂伦春族调查材料之一》,第46页。
③严汝娴:《普米族的刻画符号》,《考古》1982年第3期。
④《佤族简史》编写组:《佤族简史》,云南教育出版社,1985年,第78页。
⑤《珞巴族简史》编写组:《珞巴族简史》,西藏人民出版社,1987年,第98页。
⑥杨学政:《摩梭人的达巴卜书及原始符号研究》,《史前研究》1986年第3—4期。
⑦余庆远:《维西见闻录》。

特点。对东巴文中的图画、符号，东巴经师们都有了大体一致的读法。但这种文字也存在着图像不稳定、书写行款不固定、有些读音不一致的情况，这正表明了东巴文是一种还带有前文字性残余的古老文字，也反映出由于社会交际的需要，文字产生和渐进的过程。作为本民族自己创制的文字，东巴文使用范围较宽，不仅用它书写宗教经典，还记录了哲学、文学等方面的知识，但它基本上用于宗教，并只为东巴经师所掌握。后来又从象形的东巴文发展成一种表音的哥巴文，但使用时仍以东巴文为主。

彝文也是一种古老的文字。有的专家考订在汉代就有了彝文，也就是说，彝文可能已有2000年左右的历史。近年在彝族地区发现的陶瓦符号为探明彝文的产生提供了更新的资料，它们是否是彝文的初始胚胎，也有待考证。在云南发现的一种彝文宗教示意著作，内有部分变体字，有人认为，这是彝文前身图画文字。还有的专家认为西安半坡陶器符号与彝文多有相近之处。现在我们所见的彝文已是一种成熟的文字，它没有那种复杂的图画式形体，已经都是比较简约的符号。除部分象形、会意、指示字外，同音假借字很多。它的使用范围更为广泛，由于经年累月的使用，记录的各类文献相当丰富。

我国的民族古文字一部分是本民族自己独创的（自源文字），大部分是借鉴其他民族的文字而创制的（借源文字）。我国新疆地区是丝绸之路的重要地段。随着汉朝对西域的开通和经营，丝绸之路更为畅通，作用更为扩大。这一带的古代少数民族经济、文化发展较快，民族内部和民族之间的交往日益频繁，一些民族文字便应运而生了。2世纪于阗使用了由贵霜帝国传入来源于阿拉美文字的卢字母，这种字母在3世纪又传入鄯善王国。两地在使用这种字母时，字体上也有所变化。这是我国古代少数民族借用其他民族文字记录本族语言最早的例证。5世纪以后于阗地区塞克族又使用源于印度婆罗米字的于阗文。

魏晋南北朝时期，我国很多少数民族迅速发展，积极参与政治生活，有的建立了政权，有的向中原迁徙。各民族交往显著增加。经隋唐的统一，社会进一步繁荣发展，很多少数民族的经济、文化有了长足的进步。一些民族为适应本民族日益扩大的交际需要，陆续创制了自己的民族文字。7—8世纪在丝绸之路的焉、龟兹两地已经使用中亚婆罗米斜体字书写的两种语言，一种为焉语，或称吐火罗语A，一种为龟兹语，或称吐火罗语B。6世纪突厥兴起，并建立强大的突厥汗国。7—10世纪突厥语借鉴阿拉美文字创制了一种音节音素混合文字，称为突厥文，回鹘、黠戛斯等族也使用过这种文字，或称如尼文、鄂尔浑—叶尼塞文，流行于我国的新疆、甘肃的一些地方，以及漠北广大地区。7世纪回鹘兴起于漠北，8世纪势力发展，建立回鹘汗国，囊括了原东、西突厥疆域，与唐王朝关系十分密切。这时的回鹘人以粟特文为基础创制了回鹘文。7世纪居住在我国西南地区的吐蕃人，在其首领松赞干布的领导下，统一各部，建立了强盛的奴隶制王朝，在政治、经济、文化发展过程中，逐渐引进唐朝的先进文化，并与天竺（今印度）、泥婆罗（今尼泊尔）有密切的交往。于7世纪参照梵文的一种字体创制了藏文。聚居在云南西南边疆的傣族可能也在这一时期使用了源于梵文字母的傣文。

五代、宋朝时期我国民族关系进入了一个新的时期。契丹、党项、女真等民族先后强大起来，他们有的进入中原地区，有的迁徙到靠近中原的地区，和汉族混杂居住，受汉族文化影响强大。他们先后建立了强大的国家。契丹（辽）、西夏和金王朝，并能与以汉族为主体的宋朝相抗衡。他们先后在10世纪、11世纪、12世纪分别创制了契丹文、西夏文、女真文。这几种文字都不同程度地受到汉字的影响，特别是西夏文形体笔画受汉字影响最大。12世纪末蒙古族迅速发展，在成吉思汗的领导下，统一了蒙古各部。13世纪初在正式建立蒙古帝国前两年，开始采用回鹘字母拼写自己的语言，称为回鹘式蒙古文。13世纪中期元世祖忽必烈推行藏传佛教，尊吐蕃僧人八思巴为国师，以藏文字母为基础创制八思巴字，译写一切文字。女真的后裔在 15 世纪曾用蒙古文，16 世纪末至 17 世纪初形成了新的民族共同体——满族，其首领努尔哈赤创立八旗制度，使政治、军事、经济、文化都有了大的发展。于 16 世纪初在蒙古文字母的基础上创制了满文。

我国的一些少数民族由于文化发展的需要，利用汉字的形体增减笔画，改变字形来记录本民族语言，如方块壮字、古瑶文、方块苗文等。这些文字多流行于民间，所记语言与汉语同属词根语，是汉字文化圈内一种特有的文化现象。[①]

总之，社会发展的进步，交际需要的增加，是创造文字的动力。如果一种民族文字创制后不能很好地完成它的实际功能，那么这种文字也就没有生命力，就会终止。如契丹大字这种表意字创制后，可能不适宜契丹语这种词尾附加成分较多的黏着语，所以不得不再创制拼音的契丹小字。当然，有的民族消亡了，交际的需要没有了，文字也就寿终正寝了。如契丹文、西夏文即属此类。文字是人类社会发展的积极成果。当文字创制后，特别是得到广泛应用时，对该民族社会的进步，文教的发展又会起巨大的推动作用，显示出文字满足社会要求方面的巨大功能。世界上不是所有的民族都有文字，但当一个民族已经使用了比较成熟的文字时，文字对这个民族便不是可有可无，而是十分必需的了。不难想象一个发展的民族，如果停止了文字的使用，那将是一个什么样的社会。

二、民族文字的创制在民族文化发展史中的地位

文字的产生、创制对一个民族来说是一件大事，对一个民族的文化发展往往起着划时代的作用，积极地推动着社会的发展。很多民族对本民族文字的创制都给予高度重视，作为破天荒的重要历史事件加以描绘、记录或传说，对文字的创制者给予极高的荣誉，甚至对创制过程或创制文字的代表人物加以神化。

云南丽江纳西族土司的《木氏官谱》中，提到东巴文产生时说"牟保阿琮生七岁，不学而识文字。及长尝通百蛮各家诸书，以为神通之说，且制本方文字"[②]。东巴经师们又根据东巴经中的某些记载，认为纳西东巴文系由其教祖丁巴什罗所创，所叙近于神话。

彝文的创制传说不一。哀牢山彝文典籍记彝文是赋有神性的尼施所创。也有的文献记载彝文的创制或整理者为阿呵，是一位了不起的伟人。藏文的创制者相传为松赞干布时的七贤臣之一屯米桑布札。屯米为氏族名，桑布札为梵语，意为"西藏贤哲"，是人们对他的尊称。他曾赴印度留学，后遵照松赞干布的旨意而创制藏文正楷和草书，被后世奉为字圣。至今还被藏族人民尊敬，在布达拉宫、大昭寺都有其塑像。[③]契丹字的创制被正式记载于《辽史·太祖本纪》和有关创制者的本传。契丹文名义上是辽太祖耶律阿保机造，但实际造大字者为突吕不和耶律鲁不古，二人造字后，均被升授显官。造小字者为皇弟迭刺，皆可见当时统治者重视的程度。[④]西夏文的创制者名义上是第一代皇帝元昊，但真正的创制者是当时的重臣野利仁荣，他秉承元昊的旨意创制了番字（西夏文），群臣上表称颂，景宗下令改元，尊为国字，颁行境内。野利仁荣死后赠富平候。至第五世皇帝仁宗时，为表彰其造字之功，追赠为广惠王。[⑤]有一件西夏时期献给西夏文字创造者野利仁荣的颂诗，

---

①中国民族古文字研究会编：《中国民族古文字研究》，中国社会科学出版社，1984 年。《中国民族古文字》，天津古籍出版社，1987 年。

②和志武：《纳西象形文字和东巴经》，《民族文化》1980 年第 1 期。

③王尧：《吐蕃文化》，吉林教育出版社，1987 年 9 月，第 135 页。

④《辽史》卷 2《太祖本纪》，卷 75《突吕不传》，卷 76《耶律鲁不古传》，卷 64《皇子表·迭刺》。

⑤《宋史》卷 485、486《西夏传》。

将他比作"天上文星"，"我等国中野利老师，天上文星东方出，带来文字照西方"①。金朝建国后，"国势日强，与邻国友好、乃用契丹字"，十分不便，于是，金太祖完颜阿骨打命大臣完颜希尹创女真字，太祖大悦，命颁行国内，并赐予马匹、衣服等物。后依仓颉立庙例，祠于上京纳里浑庄，岁时致祭，令其子孙膜拜。以后金熙宗又颁行女真小字。②元世祖忽必烈命国师八思巴制蒙古新字，即八思巴字，元政府采取一系列行政措施推行新字，后八思巴升为有元一代第一位帝师，加封大宝法王，倍受尊崇。③由上可知很多民族把文字创制和改革者视为超群拔俗的伟人，是对本民族文化发展有巨大贡献的代表。由各民族对文字创制者的尊崇，可以看出文字的使用在一个民族发展中所占的突出地位。

各民族文化发展史表明，民族文字创制并比较广泛地推行使用后，文字的意义已不单单是用书面的形式记录语言，而是从多方面促进了民族文化迅速发展，使民族文化发展到一个崭新的阶段。民族文字进入社会生活的各个领域后，使社会生产、生活达到更高的文明。一般来说，广泛使用文字的民族比没有文字的民族更为发展，更为进步，更为成熟。

民族文字不仅扩大了人们之间的实际往来，书写契约文书，载定国家政权的成文法规，记录宗教经典和仪式等，还能把人们世世代代的生产、生活经验、科学技术知识传之后代，惠及子孙，传之远方，成为全民族、全国乃至全世界的共同财富，使人类知识的积淀越来越丰厚，社会的进步越来越迅速。中国各少数民族在不同的历史时期对祖国、对人类作出了极为重要的贡献，其中有很多都以民族文字作为传播手段。民族文字已经成为各民族内部、民族与民族之间联系、交流、团结、互助的有力媒介。

多种多样的民族古文字，极大地丰富了中华民族文化，使之异彩纷呈，内涵深邃。本民族独创的文字，以及受汉文、阿拉美文字、婆罗米文字影响而创制的各种民族文字，和历史悠久、使用广泛的汉字一起，编织成了多姿多彩的中华民族文字画卷，它本身就是全国，乃至世界范围内文化大交流的结晶，同时也是全国、全世界文化的重要组成部分。中国民族古文字在中华民族文化中占有不可忽视的地位。

汉文在甲骨文之前，有什么样的发展阶段，至今仍是一个需要探求的问题。中国少数民族古文字类型较为齐全，有图画文字、象形文字、表意文字、表意音节混合文字、音节文字、音节音素混合文字、音素文字等。在世界范围内难得有一个国家有这样类型齐全的文字，可以说中国是多种文字的天然展厅。对这些不同类型文字的研究，可以探讨文字纵向发展的历史过程和一般规律，也可以给汉字初始阶段的探求以有益的启迪。不难看出，中国民族古文字对中国乃至世界文字发展史的研究具有特殊的意义。

文字有其相对稳定性和历史演变性。有的文字于长期使用实践中，在使用者悟性认识基础上自发的演变；有的在文字专家们的指导、组织下，根据实际需要，进行自上而下的文字改革。我国的很多种民族古文字，随着民族的进步，社会的发展，不断改进、丰富、完善。④有的一直延续使用至今，成为行之有效的现代文字。这些文字在当前我国社会主义物质文明和精神文明的建设中发挥着巨大的作用，在交流思想、传授知识、宣传教育、科学研究、发展经济、增强民族团结、加强国

---

①[苏] E·И·克恰诺夫：《献给西夏文字创造者的颂诗》，《中国民族史研究》（第二辑），中央民族学院出版社，1989年。笔者对译文有所改动。

②《金史》卷73《完颜希尹传》；卷4《熙宗本纪》。

③《元史》卷202《八思巴传》。

④史金波：《中国历史上少数民族文字改革刍议》，《中央民族学院学报》1990年第1期。

际交往等方面，都是必不可缺的工具和手段。

总之，民族文字在我国民族发展，特别是民族文化发展方面占有重要的地位，充分表现出社会性特征，因此，我们不仅要重视汉字的作用和地位，也要重视少数民族文字的作用和地位。在当前少数民族经济、文化发展相对落后的形势下，更应给予特别的注意。

三、中国民族文字是中华民族历史文化的重要载体

中华民族文化绚丽多姿，光辉灿烂，博大精深。由于中华民族历史悠久、地域广阔、民族众多，因而中华民族文化具有源远流长、多民族、多地区的多源多流特点。各具特色的中国各民族文化，纵横交织，汇成了中华民族文化的汪洋大海。在我们认识、继承中华民族历史文化时，除利用一些民间传说和保存至今的文化实物外，主要是利用民族文字记录的大量资料。汉文文献中不仅有汉族的历史文化，还有很多少数民族的历史文化内容。同样，各种少数民族文字文献中不仅有少数民族的历史文化，也记载着汉族的历史文化。可见，少数民族文字是中华民族文化的重要载体。我们可以通过中国民族古文字及其文献更多地了解中华民族历史文化的奥秘，进入广阔而瑰玮的民族知识殿堂。

少数民族古文字文献中记录了古代少数民族对社会、对世界、对宇宙的认识，有的实际上是有价值的古代哲学著作。如彝文的《宇宙人文论》阐述了彝族先民对宇宙、人类，以及万物产生和发展的知识，论述阴阳、五行、天干、地支、宇宙八角（即"八卦"）、五生十成（即"河图"）"十生五成"（即"洛书"）的道理。其中的《清浊二气运行图》记载了彝族在长期实践中创造的清浊二气运行产生四季八节的理论。彝文的《西南彝志》也记述了彝族先民对宇宙、人类和事物发展，起源的认识。纳西东巴文的《创世纪》反映了人类认识史上的初期发展阶段。傣文的《戛雅桑哈雅》讲述有关各种事物和社会现象起源的解释。《玛弩萨罗》是讲述人类起源和人体构造的。两书都反映了傣族先民对各种自然现象和社会现象的朴素理解。这些民族文字古籍闪耀着少数民族朴素的哲学智慧光芒。

一个民族进入文明社会以后，统治阶级为了加强统治，逐渐将原来不成文的习惯法演进为成文的法律。少数民族文字古籍中保留有不少不同历史时期的法律文献。保存至今的吐蕃时期的藏文法律文献，反映了当时诸法合体、等级森严、刑罚严酷的特点。12世纪西夏修订的《天盛改旧新定律令》，以西夏文刻印流传，共20章，1200多页，是保存至今最早的一部较完善的少数民族政权法典，在中国法律史上占有重要地位。用老傣文书写的《芒莱法典》是13—14世纪制定的，共21页，在西双版纳地区长期保持法律效力。用蒙古文书写的明代蒙古法典有《俺答汗法典》《白桦法典》和明末清初有名的《卫拉特法典》，后者有法律条文21条。《满文老档》中记载了满族入关前的法律情况。此外，卢伕字、于阗文、回鹘文、彝文、纳西文的文献中也有关于民族法律的记载，其中大多数为汉文文献所缺载，对研究民主法制和中国法制都是极其宝贵的资料。

宗教文化是民族文化的重要组成部分。记录宗教祭祀仪式和占卜是早期民族文字最重要的功能。后来又逐渐形成了种类繁多的宗教经典。纳西东巴文的典籍多数为东巴经，数量众多，可分为十大类，保存至今的有1000多种，2000多册，其内容除记录东巴教的教义、仪式外，还涉及纳西族从原始社会、奴隶社会到初期封建社会物质文明和精神文明的各个方面，是古代纳西族社会文化的资料宝库。纳西族还用东巴文记载了一些经典。彝族的经典也很丰富，其中可分为祭祀经和占卜经两大类，共有数百种。如《献酒经》《作斋经》《百解经》《除经》《解冤经》《指路经》《鸡骨卜经》《签卜经》《解梦经》《算命经》等，有不少经书涉及彝族的发展、迁徙、社会面貌及天文历法，有的还具有文学特色。佛教是很早经过新疆一带的少数民族地区传入中国的，因此保存至今的焉耆—龟兹

文、于阗文、粟特文、回鹘文都有不少佛教经典。另外印度佛教传入藏族地区后和当地的苯教结合形成了有特色的藏传佛教。用藏文翻译和撰写的藏文大藏经，分为《甘珠尔》和《丹珠尔》两大部，共有书4000余种，内容十分丰富。西夏统治者大力推行佛教，用数十年的时间把汉文佛经译为西夏文，形成3000多卷的西夏文《大藏经》，后又将部分藏文佛经译为西夏文，留存于世的经典数以千卷。傣文的大部分文献是别具一格的佛教贝叶经。此后，我国又用蒙文、满文翻译佛经，形成蒙文大藏经和满文大藏经。用少数民族文字记载的有关各种宗教流传、仪式、经典著作，种类繁多，卷帙浩繁，内容极为丰富。

民族历史是各民族人民都十分重视的。用民族文字记述的历史著作反映了少数民族各历史时期的社会情况，具有重要的科学价值。用佉卢文、粟特文、焉耆—龟兹文、于阗文书写的大量文书，记载了西北地区一些民族和民族王国的社会历史情况。敦煌石室所出5000多件藏文手卷中，有不少关于吐蕃王朝王统演变、典章制度、经济关系、社会结构、民族关系等历史资料。元代以后的藏文历史专著更为丰富，不胜枚举，这些著作往往和藏族佛教史混合叙述。用彝文记载的史书也很丰富，《六祖诗史》《西南彝志》《古文通鉴》《玄通大书》《母书》《公书》，以及彝族农民起义史册等皆有极为重要的史料价值。傣文历史文献较多，主要有两类：一类是史书，其中重要的有《西双版纳历代编年史》《车里宣慰世系》《大勐笼人民起义史册》；另一类是各时期政府文牍，如委任状、收租清册、修水利令等。用蒙古文著述的历史著作也很多，其中最著名的是三大历史著作《蒙古秘史》《蒙古黄金史》和《蒙古源流》。以察合台文书写的重要历史著作，如《拉西德史》《玛哈木特·卓罗斯史》《和卓传》等书分别记述了从12世纪直至近代的维吾尔族历史。著名的《满文老档》是满文编年体史书，共40册，记录了满族早期历史，以及与周围民族的关系。此外，用突厥文、回鹘文、西夏文、契丹文、女真文、藏文、彝文、方块壮字、回鹘式蒙古文、八思巴字、满文镌刻的金石碑刻，也是很有价值的历史资料，有的还是闻名遐迩的全国重点文物保护单位。用民族文字记载的历史资料范围很广，岁月悠长，价值很高，十分贵重。

我国少数民族文学具有鲜明的特色，它生动而形象地反映了少数民族的社会生活，同时也极大地丰富了人们的精神生活。用少数民族文字记载的文学作品，琳琅满目，五彩缤纷。有的质朴无华，意味深远；有的如花似锦，赏心悦目；有的匠心独运，别具一格。焉耆文的剧本《弥勒会见记》流传于五六世纪，长达27幕，是中国古代戏剧史上的重要成就。回鹘文文学写本《真理的入门》，全书14章，命意深刻，是维吾尔族黑汗王朝时期的重要作品。用回鹘文记录的民歌短小精悍，常用比兴和想象的手法，很有特色。察合台文有《先知的故事》《爱情与苦难》《四部诗集》《五部长诗集》等名篇佳作。西夏文有60多页的谚语集及数种诗歌，反映了西夏时期的文学水平。傣文的长篇叙事诗有500多部，内容非常广泛，有创世纪一类的神话《布桑盖与亚桑盖》，人们很熟悉的《召树屯》以《孔雀公主》为名已搬上银幕。傣族不仅长诗多，而且还有论傣族诗歌的专著《吐雷麻约甘哈傣》。彝文文学有名篇巨著《妈妈的女儿》《阿诗玛》等长篇叙事诗，笔致古雅清新，后者已译成英、俄、法等文字出版，还改编成电影，早已家喻户晓。彝文的古籍中有不少谚语格言，语句精炼，想象丰富，多用比喻，感染力强，为群众喜闻乐见。白文的《词记山花·咏苍洱境》碑铭，是一种有民族风格的特殊诗体。纳西东巴文经书中也有很多情节动人、语言生动的文学作品。纳西族东巴古典舞谱《蹉姆专书》记载360多种舞蹈和数百种跳法，是世界上用古文字记录的最早舞谱。方块壮字的《智城洞碑》和长篇故事诗歌《毛洪》都是重要的文学作品。敦煌所出藏文文献中有赞谱、大臣之间的会盟唱词和富于生活气息的诗歌。总之，用民族文字记载的文学作品在我国文学园地中占有特殊的重要地位。

语言文字学著作是少数民族文字文献中重要组成部分，我国很多少数民族古文字记录的文献，负载着各时代的民族语言，保留有古代民族语言的特点，是研究各民族语言发展史，进行语言历史比较的珍贵资料，特别是有的民族已经消亡，语言已不复存在，记录这种语言的民族文字文献就显得更有价值。我国的少数民族古文字涉及的语言较多，其中有汉藏语系的藏缅语族、壮侗语族，阿尔泰语系的突厥语族、蒙古语族和满—通古斯语族中的多种语言，甚至还涉及一些印欧语系的语言。有的民族还编撰了语言文字学专著，这些著作反映了民族语文使用、发展、规范和研究的水准，显示出民族文化达到了相当高的水平。西夏文韵书《文海》以韵系字，对每字都有形、义、音的注释；字书《音同》以声列字，共收6000余字；《五音切韵》则以图表形式分析西夏语言。藏文的《授记根本三十颂》和《性入法》是两部偈颂体的藏文文法经典著作。傣文的《戛拉乍散》分析傣文字母的发音方法、发音部位及拼写规则和韵律；《萨菩阐提》为音韵注释书，都是有价值的语文学著作。彝文的《字汇全集》，约有12万字，是研究彝文古字、古音和彝文演变的重要文献。我国是多民族大家庭，民族之间有密切的往来，为了便于民族之间的交流，两种民族语文对照的词典便应运而生了。较早的有龟兹语—回鹘语、梵语—龟兹语对译字书、汉语—于阗语词汇、突厥语—于阗语词汇。古藏文有梵、藏、汉对照字书。西夏时期曾编了著名的西夏文—汉文双解语汇集《番汉合时掌中珠》，西夏人还编了一种特殊字典《要集》，它以汉语注释西夏文字义，而释字汉语则用西夏字注音。八思巴字与汉语注音的范本《蒙古字韵》，对研究八思巴字和元代汉语都十分重要。纳西东巴文注音的汉文《三字经》写本，《蒙汉合璧孝经》、八思巴字蒙古文《百家姓》等也都很有价值。《大清全书》是一部成书最早的满汉文对照字典。明清两代编纂的汉文和多种少数民族文字对照的词汇、公文汇编总集《华夷译语》，不仅是当时我国民族关系进一步发展的真实写照，也是研究民族语文的珍贵文献。元代所刻敦煌莫高、北京居庸关梵、藏、汉、西夏、八思巴、回鹘六体文字石刻和清代满、藏、蒙、维、汉五种文字对照的《五体清文鉴》不仅是多种语言文字研究的稀有资料，也是研究当时民族关系和民族政策的典型例证。此外，各民族文字之间的翻译作品也是种类繁多，涉及社会的方方面面，是各民族文化广泛交流的结晶。

医学著作是少数民族文字文献中的重要组成部分。我国各族人民在实践中掌握了各具民族、地方特点的医疗、医药知识，这些宝贵的知识用文字记录下来、成为珍贵的医学遗产，丰富了我国的医学宝库。焉耆—龟兹文、于阗文、回鹘文都有医学文献。藏文的医学著作更为丰富，医学巨著《四部医典》有文有图，有病症、病源和治疗方法，是系统的医学著作。西夏文文献中有关于内科、外科、针灸、兽医等医学和药方。明代的彝文医药书有10000余字，内记85种疾病的治疗方法和300多种动植物药物，以及简易外科手术和关于难产、肿瘤等症的治疗，至今还在应用，被誉为"哀牢明珠"。清代的彝文药典记病症80例，多为彝族地区常见病、多发病，书中记有200多种动植物药名、药方。傣文的药典种类较多，所记药物多为当地植物、动物、矿物，表现了民族的地方特点。察合台文《突厥医典》记载了突厥诸族多种疾病及其治疗药物。总之，我国少数民族文字记载的医书，表现出少数民族医学具有悠久的历史传统和浓郁的民族特点，对研究少数民族医药史，乃至中国医学史，发展我国传统医学都具有重要科学价值。

随着人们生产、生活的需要，各民族的天文、历算知识越来越丰富，有些民族在这方面有很高的成就，民族文字的天文、历算著述很多。傣文《纳哈答勒》是有关天文分野思想的专著，《苏定》是天文历法专著，此外还有傣文星图、十二宫图等都是罕见的傣文天文学资料。傣族将汉族的干支纪时法与中南半岛通行的小历纪元纪时法融为一体，形成了独特的傣族天文历法。彝文典籍《宇宙人文论》有关于彝族古代天文历算的记载，其中有阴阳合历和太阳历。《撒尼历法》内容有六十甲子、二十四节气歌。有的专家认为，彝族的十月太阳历是一种独具特色的、简明而科学的历法，在中国历法史和世界历法史上都占有重要地位。尔苏沙巴文历书《虐曼史答》，共360幅画面，用以推算天象及气候变化。水书的历法和天文书都有图示。满文的康熙五十九年《时宪历》吸收了西方的天文、数学知识。此外，焉耆—龟兹文、粟特文、回鹘文、藏文、西夏文文献中都有关于历算的记载。少数民族文字的记载对我国天文学、历法学作出了特殊的贡献。

除此以外，还用少数民族文字记录了有关政治、经济、军事、地理、数学、建筑、水利等多方面的内容，都是很有价值的文化遗产。不少少数民族文字文献是多学科的综合性著作，如近年发现的罗平彝文著作，约13万字，内容有天文、历法、哲学、历史、民俗、卜卦、地理、医药等。①

由此不难看出中国民族古文字所负载的民族文化是何等丰富，其内容何等重要。我们对中华民族文化的重要载体——举世瞩目的中华民族古文字及其文献，应给予高度重视。

四、重视和加强中国民族古文字及其文献研究，弘扬中华民族文化

中华民族具有历史悠久、光辉灿烂的历史文化。继承和发扬我国优秀的历史文化传统，对当前物质文明和精神文明建设都具有重要意义。中国是世界上文字学传统最悠久的国家，文字学研究有广阔的领域。中国民族古文字及其文献是中华民族文化的重要组成部分，因此，努力研究中国民族古文字及其文献，弘扬其精髓，吸收其滋益，应用于现实，是民族语文工作者的一项重要任务。

在我国广袤的大地上创制、使用过的各种古今民族文字，据目前所知，至少有50多种。这些文字无论从形体来源、表现功能和发展阶段上都有多种类型。这为我们深刻地认识中国乃至世界文字发展史提供了得天独厚的条件，使我们有可能对文字的起源、发展、性质、体系、文字形、音、义的关系、使用的情况等方面，求得更多规律性的认识。这对有文字的民族如何更好地使用、规范、改进、改革文字，对没有文字的民族是否创制、怎样创制民族文字，都能提供历史的借鉴和科学的依据。一个民族要兴旺发达，要积极参加祖国大家庭的经济文化建设，就必须掌握现代的科学技术文化知识，要做到这一点，当然离不开文字这个重要工具。因此，文字问题也是关系到少数民族发展和祖国四化大业的重要问题。现代的电话、广播、录音、录像、电影、电视的发展，扩大了语言的交际功能，部分地弥补了语言不能传之异地、异时的缺陷，这非但没有削弱文字的社会作用，反而随着科技的发展，文字的使用不断扩展，在社会生活中的作用愈益重要。

中国民族古文字及其文献荷载着中华民族文化的重要内容。作为弘扬中华民族文化的一项迫切任务，少数民族古籍整理已经开展了卓有成效的工作。自从1983年国家民委召开了民族古籍整理座谈会，1984年国务院批准正式成立中国少数民族古籍整理出版规划领导小组以来，民族古籍整理取得了不少成绩，其中很大一部分是少数民族文字古籍。已经整理的民族文字古籍比起数以千万计的民族文字古籍来说，只是一小部分。应该说这项工作仅仅是个开端。民族文字古籍由于长期的自然损毁，人为破坏，加上帝国主义列强的掠夺，损失、流失相当严重。留存于世的古籍就像璞玉浑金需要雕琢冶炼一样，需要搜集、整理、分析、鉴别、研究、翻译、注释、出版，以便有效地发挥民族文字古籍的作用。这就需要有一批熟悉民族古文字和民族历史文化的专家到民族地区实地考察搜集，伏案整理研究。可以说，民族古文字及其文献的研究，对民族古籍整理工作是必不可少的。

民族文字文献记载着哲学社会科学和自然科学的丰富知识。它不仅对研究各学科的发展史有直接的意义，而且很多知识对现实社会都有着直接或间接的功用。民族文字古籍中有关民族、宗教的记载，经科学、系统的研究，有助于民族、宗教政策的制定，对民族工作提供有价值的参考意见。有关民族历史和民族之间关系的记载，可以激发少数民族的自尊心和自信心，并使全国人民正确理

---

① 中国民族古文字研究会编：《中国民族古文字图录》，中国社会科学出版社，1990年。同时参考了许多专家的著作，恕不一一列举。

解历史上民族关系的实质，深切了解各民族紧密联系，谁也离不开谁的历史根据和客观现实，以增进各民族的友好团结。有关民族地区开发、历史地理，以及各民族与中原王朝关系的记载，确凿地说明了我国少数民族地区，包括边疆地区与祖国大家庭血肉相连、密不可分的关系，是中国领土不可分割的一部分。有的少数民族文字文献能从少数民族自身的角度为维护祖国领土完整和国家统一提供令人信服的依据。少数民族文学艺术为全国人民喜闻乐见，在国内文化生活中占有越来越大的比重，极大地丰富了人们的生活。其中不少脍炙人口、沁人心脾的作品是从民族文字文献中提炼出来的。少数民族文字文献中丰富的医药知识沿用至今，恒久不衰，是中国医学一个重要的、尚未被很好开发的宝库。有的文字至今仍在使用，在传递信息、宣传教育，文化娱乐方面发挥着重要作用。总之，中国民族古文字有悠久的历史、有较多的文种、有极为丰富的文献，具有重要的科学价值。中国民族古文字及其文献的研究与当前我国两个文明建设有密切关系。

我国老一辈的民族古文字研究学者，早就认识到这一学科的重要性，并做了大量开创性的工作，披荆斩棘，筚路蓝缕，功不可没。1949年以来，随着各民族一律平等政策和具体的语言文字政策的实施，以及民族古文字文物、文献的陆续被发现，民族古文字研究不断有所进展，特别是近十年来，由于得到各有关部门的重视和专业、业余民族古文字专家们的不懈努力，这一学科有了显著的、突飞猛进的发展。1980年在季羡林、翁独健等老一辈专家的倡导和组织下，以傅懋勣教授为会长的中国民族古文字研究会成立了。十年来研究会组织和联系了分布在全国各地的200多位民族古文字专家，积极有效地开展了多项工作；先后召开了六次学术讨论会，在1980年与国家民委文化司、民族文化宫共同举办过一次颇有影响的中国民族古文字展览，先后出版了六种民族古文字著作。最近还出版了由中国民族古文字研究会编，中国社会科学出版社出版的《中国民族古文字图录》，研究会还举办了中国民族古文字知识讲座。十年来民族古文字研究者讲求实效，刻苦钻研，面向社会，团结合作，在学术上有了很大进展。大家以苦为乐，甘愿为多民族文化发展作出贡献，因此，创造了丰硕的科研成果，共发表论文800余篇，专著100余部，在国内外学术界产生了良好的反响。专题研究不断深入，取得了多方面的进展，综合研究和对比研究也有了一个良好的开端，文献的整理研究取得了引人注目的成就。民族古文字研究已经形成了民族古文字结构民族古文字语言、民族古文字文献、民族古文字文物等分支学科。总之，这一过去不被人重视的学科，已经走上了繁荣发展的新阶段。

我们应该始终站在弘扬中华民族文化的高度，重视和加强中国民族古文字研究。要把民族古文字及其文献的整理、研究作为振兴民族文化，发扬民族文化传统，增强民族自尊心和自信心，加强各民族团结，有利于四化建设的重要事情来对待。今后我们不仅要继续深入地开展各种专题研究，大力进行民族文字古籍整理、研究工作，还应加强对中国民族古文字宏观的综合性研究，重视理论的探讨和总结，提高我们对民族古文字及其文献的认识，尽可能在民族文字的产生、使用、发展、改革、作用方面，在民族文字文献的形成、遗存、保管、整理、翻译、研究方面，在更好地利用民族文字及其文献弘扬民族文化、加强民族团结、促进精神文明建设方面，找出更好的规律性认识，以指导我们今后的研究工作和实际工作。我们应十分重视民族文字载体的保护，建议有关部门，特别是民族地区的文化、文物管理部门，加强对民族文字文献、文物的管理和保护。

在中国民族古文字研究工作中要注意提高研究水平，改进研究方法。我们既要不怕困难，勇于探索，又要踏踏实实、循序渐进，把研究工作的开创性与科学性、严肃性结合起来。要加强纵向的和横向的比较研究，尽量使用科学的数量分析方法，逐步尝试把现代化的电子技术用到古文字及其文献的研究中来。近些年来一些专家应用新的方法，使用现代化的电脑技术，对汉字进行系统的研究，不仅大大提高了汉字的使用效率，而且也改变了对汉字的认识。有些专家认为，汉字不是像过去所说的那样是一种难认、难记、难写的文字，而是世界上一种便于记忆、便于使用的文字，甚至提出21世纪是汉字发挥威力的时代。①对汉字的重新认识或许为民族文字的研究有某种提示、启迪作用。我们也可以考虑，用新的方法，从不同的角度研究民族古文字，有可能使我们的认识水平和科研成绩都有一个大的提高，对世界文化作出新贡献。

　　我们已经有了一支很好的民族古文字研究队伍，其中有很多位作出过杰出贡献、蜚声学坛的老一辈专家，也有不少成绩卓著、年富力强的中年专家，还有一批基础扎实、训练有素、初露头角的青年研究人员。这支队伍中有相当数量的少数民族专家，他们熟悉本民族语言、文字，热爱民族文化，对民族文字及其文献的研究有强烈的责任感，他们已经做出了令人瞩目的工作。但是，目前民族古文字研究的现状、民族文字典籍的庞大数量、发展民族文化的现实需求，都要求我们必须重视新一代民族古文字研究工作者的培养。我们整个队伍平均年龄过高，相当多文种的研究人员在50岁以上，有的文种没有35岁以下的研究人员，有的文种没有专业的研究人员。这一情况值得各有关地区和部门的高度重视。我们相信，只要各有关方面给予应有的指导和帮助，经过各学术单位的认真组织和民族古文字专家们勤勤恳恳的工作，民族古文字研究会更加兴旺发达，对中华民族文化的振兴、发展会起到更积极的推动作用。

　　　　（原载中国民族语言学会编《民族语文研究新探》，四川人民出版社，1992年10月）

---

　①袁晓园主编：《二十一世纪：汉字发挥威力的时代》，《重新认识汉语汉字》，光明日报出版社，1988年。

汉族和少数民族文字书籍印刷出版互动

中国是一个多民族国家。自古以来，各民族分别形成了各自的民族文化，各民族文化不断互相接触、交流、融会，推动了民族文化的发展，同时也丰富、发展了共同的中华民族文化。在少数民族文字书籍印刷出版方面各民族的互动有生动的反映。由于汉族文化的先进和强势地位，对少数民族的影响更为突出。

一、中国汉字对少数民族文字的影响

中国很多少数民族在不同的历史时期创制并使用了本民族文字，这不仅在民族的文化发展中起到了举足轻重的作用，同时也为中华民族历史文化宝库增添了重要内容。

早期的少数民族文字多出现在中国的西部和北部。这些文字由西部传入。由阿拉美文字转变而来的佉卢字母，在公元前就已经传入中国；焉耆—龟兹文来源于印度婆罗米文中亚斜体，有5世纪时的文献；粟特文也属于阿拉美字母系统，有2—3世纪的铭文；于阗文是印度婆罗米文的笈多王朝变体，存世的文献多为7—10世纪的遗物；突厥文源出阿拉美文的粟特文字发展而来，存有8—10世纪的文献；回鹘人在粟特文的基础上创制了回鹘文，从8世纪就开始使用这种文字。7世纪吐蕃参照印度的梵文创制藏文，一直使用到今天。这些文字都不是汉字系统，但在书籍的编纂方面也都受到汉文化的强大影响。10世纪后，中国的少数民族在中国的政治舞台上扮演了更为重要的角色，一些强大的少数民族建立了与中原王朝分庭抗礼的王朝，并大力发展文化，创制文字，而这些文字的创制往往受到汉字的强烈影响。

1. 文字创制的影响

宋朝前期是北宋、辽朝、西夏三足鼎立，后期是南宋、金朝、西夏互相对峙，此外还有回鹘、吐蕃、大理等少数民族政权。这一时期少数民族在中国的影响加强，契丹、党项、女真族先后建立起强大的辽国、夏国和金国，不仅发展了社会生产，也创造了具有时代和民族特色的民族文化。辽、夏、金建国前后，政府和社会对本民族文化的发展和文字的创制都有迫切需求，作为强大民族政权的主体民族，创制民族文字也是民族自尊、自信之表现。三个王朝都在皇帝的倡导下分别创制了民族文字契丹文、西夏文、女真文，并以政府的力量推行使用，在中国北方形成了前所未有的少数民族文字使用热潮。

契丹、党项、女真族创制记录本民族语言的文字时，都以突出民族文化相标榜，然而在创造民族文字时，则不同程度地受到了汉族文化的强大影响。

辽太祖耶律阿保机称帝后，于神册五年（920年）制契丹大字，"五年春正月乙丑，始制契丹大字"。九月"壬寅，大字成，诏颁行之"[①]。契丹人耶律突吕不和耶律鲁不古等参与创制契丹文

[①]《辽史》卷2《太祖记》。

字。①契丹大字的创制受到了汉族文人的影响，汉族文人参与了创制契丹大字，创制时参照了汉字。最早记载契丹字的汉文史书《五代会要》载："契丹本无文字，唯刻木为信。汉人之陷番者，以隶书之半，就加增减，撰为胡书。"②陶宗仪《书史会要》记载辽太祖"多用汉人，教以隶书之半增损之，制契丹字数千，以代刻木之约。"③从存世的契丹文字文献看，这种文字受汉字影响很大，沿用了汉字的横平竖直、拐直弯的书写特点，还直接借用了一些笔画简单的汉字。契丹大字中有的像汉字一样，一字一个音节者；有的则是数字一个音节，每字代表一个音素，应是一种音节—音素混合文字。后来又创制了契丹小字。契丹小字也借鉴了汉字的笔画，并从同是黏着语的回鹘语中学习拼音法规则，基本上是音素文字。契丹文的书写规则也与汉文一样，自上而下成行，自右而左成篇。

西夏文的创制也受到汉字的直接影响。《宋史》记载："元昊自制蕃书，命野利仁荣演绎之，成十二卷，字形体方整类八分，而画颇重复。"④"八分"是汉字的一种书体。西夏文和汉字一样，属于表意性质的方块字，文字形式和汉字相近，由横、竖、撇、捺、点、拐等笔画构成。其文字构成也受汉字会意、形声等造字方法的影响。西夏文书写也同汉文，自上而下书写，自右而左移行。西夏文也有楷书、行书、草书、篆书。一篇西夏文文献乍看就像一篇汉文。从这些都能看到汉字、汉文化对西夏文化的强烈影响。因西夏语和汉语同属单音节词根语，与汉字性质相同、形体相近的西夏文可以顺利使用。

女真族原来只有本族语言，而无文字。在与辽、宋交战过程中一些人学会了契丹文和汉文。当时随着交往的增加，文化的交流自然密切，各民族中都有一些掌握双语的人才。对汉文化的仰慕与追求自王室至百姓都成为风尚。女真统治者对俘虏中的汉族官吏和知识分子拜之为师，聘为高官，请其为金朝制定法令制度，甚至扣留宋朝使臣，请其授以汉族文化。《宋人轶事汇编》载洪皓出使金国被扣十余年，辞不就官，为金人所敬。他将《论语》《孟子》《大学》《中庸》默写于桦树皮上，教当地女真人读书，被称为"桦皮四书"⑤。

当时女真与契丹为邻，受契丹文化的影响很大，汉文化对其也有深远影响。女真文字是在契丹文字的直接影响下，在汉文字的间接影响下创制而成的。据史载完颜希尹："依仿汉人楷字，因契丹字制度，合本国语，制女真字。天辅三年（1119年）八月，字书成，太祖大悦，命颁行之。"⑥当时规定女真、契丹、汉人各用本字，所以女真字制成后与契丹字、汉字在金朝境内同时流通，金明昌二年（1191年）"诏罢契丹字"，只准用女真字和汉字。

当时在三个王朝中都是多种语言、文字同时流行。这种文化的互动促进了各民族的文化交流，也促成这三个民族很快与其他民族融合。当这些王朝灭亡后，民族逐渐消亡，其中文化的互动、融合，是促使民族消亡的重要因素。

除北方外，南方少数民族也陆续创制、使用、记录自己语言的文字。借鉴汉字的有多种。

其中有方块白文。白族有自己的语言，属汉藏语系藏缅语族彝语支。由于汉族和白族的交往密切，白族人长期学习汉族先进文化，白语含有大量汉语词，是汉语、藏缅语混合语言类型。白族从唐代开始曾经使用过以汉字为基础的方块白文，记录白语。白文流行于云南大理一带，是白族使用的一种土俗文字。方块白文一部分是借用汉字的形和音，不取义；一部分是借用汉字的形和义，不

---

①《辽史》卷75《耶律突吕不传》，卷76《耶律鲁不古传》。

②王溥：《五代会要》卷29。

③陶宗仪：《书史会要》卷8。

④《宋史》卷485《夏国传上》。

⑤丁传靖：《宋人轶事汇编》卷16，中华书局，1981年。

⑥《金史》卷73《完颜希尹传》。

取音，这些类似形声字或会意字。还有一部分是取汉字的某些部件按汉字的造字法而创造的新字。有时全用汉字的形、义，实际是汉字白读。①

另有方块壮字。壮族民间曾经模仿汉字创制过壮族文字，俗称"土字"或"土俗字"，现一般称"方块壮字"或"古壮字"。在与汉族密切接触、交往，广泛深入地学习吸收汉字文化的过程中，壮族人借用汉字造字创造了方块壮字。其中有的直接借用汉字，有的利用汉字重新组合，或对汉字加以改造，也有类似象形、会意、形声等字类。

最近在土家族地区又发现一批文献，其中皆是改制汉字而形成的一种文字，可能是土家族过去使用的文字。由于汉文化的广泛传播，还有不少少数民族曾尝试着利用汉字或汉字的变体来记录自己的语言，其文字形式类似方块壮字，而比方块壮字更为简约，甚至没有形成体系，这些字仅用于民间，如布依族、侗族、苗族、瑶族、哈尼族等都有借用汉字而创造的文字。

2. 文字使用的影响

创制契丹文后即用来修纂本国历史，这也是受到以汉族为主体的中原王朝传统的影响。辽太祖耶律阿保机和中原王朝皇帝一样，十分重视本朝历史的修纂。《辽史》载："太祖制契丹国字，鲁不古以赞成功，授林牙，监修国史。"②后仿照宋朝成立国史院，设国史监修官。所修国史包括起居注、日历、实录等。创制契丹文另一个目的是用契丹文翻译汉文书籍，所译书籍包括汉文的史书和医书。据《辽史》记载，萧韩家奴译《贞观政要译》《五代史译解》《通历》，耶律义宗译《阴符经》，耶律庶成译《方脉书》等。③其他文献中也有以契丹文翻译汉文典籍的记载，如曾译《辨鸩录》④。甚至辽朝皇帝也参加译书，辽圣宗耶律隆绪曾翻译白居易的《讽谏集》⑤。这种译书活动使契丹族更直接地受汉族的文化影响。

西夏文创制后，首先用来翻译汉文著作，"教国人记事用蕃书，而译《孝经》《尔雅》《四言杂字》为蕃语"⑥。"蕃书""蕃语"皆指西夏文。《孝经》《尔雅》《四言杂字》应是最早的西夏文书籍。夏毅宗谅祚曾于嘉祐七年（1062年）向宋朝求赐字画和经史书籍："夏国主谅祚上表求太宗御制诗章隶书石本，欲建书阁宝藏之。且进马五十匹，求《九经》《唐史》《册府元龟》，及本朝正至朝贺仪。诏赐《九经》，还其马。"⑦可见宋朝在西夏前期曾应西夏之求，赐给其《九经》。西夏是否将《九经》全部翻译成西夏文，不得而知。但在现存的西夏文文献中已经发现了刻本《论语》，写本《孟子》和《孝经》。从已经发现的西夏文献可知，西夏翻译或编译了很多中原地区的书籍，如史书《贞观政要》，类书《类林》⑧，兵书《孙子兵法三注》《六韬》《黄石公三略》等。⑨

西夏大力提倡佛教，佛教始终是西夏的第一宗教。西夏在11世纪30—70年代，曾先后六次向宋朝赎取《大藏经》。西夏建国初期用了50多年的时间将《大藏经》翻译成西夏文，称作"蕃大藏经"。这部《大藏经》共有820部，3579卷。它是西夏王朝翻译数量最大的著作，是中国少数民族文字大藏经中最早的一种，在西夏书籍史中占有重要地位，在中国佛教史上也有特殊的地位。⑩后来，西夏又补译了不少佛经，其中也包括从藏文翻译的藏传佛教经典。西夏还将一些藏传佛教经典

---

①徐琳、赵衍荪：《白文〈山花碑〉释读》，《民族语文》1990年第3期。
②《辽史》卷76《耶律鲁不古传》。
③《辽史》卷103《萧韩家奴传》，卷72《宗室传》，卷98《耶律庶成传》。
④陈振孙：《直斋书录题解》卷5。
⑤《契丹国志》卷7。
⑥《宋史》卷485《夏国传上》。
⑦[宋]李焘：《续资治通鉴长编》卷196，嘉祐七年四月己丑条。
⑧史金波、黄振华、聂鸿音：《类林研究》，宁夏人民出版社，1993年。
⑨《俄藏黑水城文献》第11册，第156—221页。
⑩史金波：《西夏文〈过去庄严劫千佛名经〉译证》，《世界宗教研究》1983年第1期。

译成汉文，形成了党项、汉族、藏族三角的互动影响。

金代对汉族文化典籍十分重视，早在金太祖天辅五年（1121年），完颜阿骨打便下令"若克中京，所得礼乐仪仗图书文籍，并先次津发赴阙"[①]。天会四年（1126年）攻下北宋首都开封，将北宋国子监所藏图书、书版尽数劫去。金朝立国后中央政府直接刻印出版图书，金天德三年（1151年）设国子监，除了培养士子外，还负责出版教学用的儒家经典，如《九经》、十四史，还有《老子》《荀子》《扬子》等书。

由于文化教育的需要，女真文字的翻译出版也十分兴盛，从编译的女真文图书内容来看，大多为儒家经典，这与金代对女真人进行儒学教育是分不开的。为了使不懂汉文的女真人学习儒家经典，特地建立了译经所。弘文院也是负责译书的机构，《金史》载："弘文院知院，从五品。同知弘文院事，从六品。校理，正八品。掌校译经史。"[②]当时女真文译本有《易经》《书经》《孝经》《论语》《孟子》《老子》《刘子》《扬子》《列子》《文中子》等典籍，[③]还有史籍类图书《贞观政要》《新唐书》《史记》《汉书》《盘古书》《孔子家语》《太公书》《伍子胥书》《孙膑书》《黄氏女书》等。显然汉文化对金国书籍影响之大。

二、中国汉族地区和少数民族印刷术的互动

中国在隋唐之际发明了雕版印刷，北宋时期又发明了活字印刷。汉族地区发明印刷术以后，汉文化对少数民族的影响更为强劲。在汉族先进文化的影响和带动下，少数民族也形成和发展了印刷出版事业，出版了大量的图书，少数民族文字的印刷出版也从这时走向繁荣。各民族还在印刷事业中互相影响，有很多重要创举推动了中国出版印刷术的进一步发展，推动了各民族之间的文化交流，使中华民族的文化更加丰富多彩。

辽朝统治者仰慕汉族文化，提倡儒学，修建孔庙，设立太学，实行科举，从宋朝输入大量汉文印刷典籍。同时，辽朝在境内也发展汉文印刷，刊印汉文五经，又出版《史记》《汉书》等。此外，还印刷有蒙书、医书。

辽朝大力提倡佛教，继宋朝出版汉文《大藏经》后，也刊印了汉文《大藏经》《辽藏》，或称《契丹藏》。辽朝的南京（今北京）设有印经院，是当时印刷的中心。由于印刷业的发达，民间也有私刻、私印书籍者。但因辽代书禁甚严，辽朝文书典籍传入中原绝少，加以金灭辽时破坏惨重，文化典籍毁灭殆尽。辽朝曾用契丹文翻译了很多书籍，这些书籍是否刻板印刷，史无明载。根据当时辽文化发达的程度和汉文书籍刻印水平，有能力印刷契丹文字书籍，但至今未见刻印的契丹文书籍，这可能与辽朝严禁契丹文字书籍出境有关。[④]

西夏刻印书籍从技术到内容都受到汉族的直接影响。西夏出版了很多译自中原的著作，存世的有《论语》《十二国》《经史杂抄》《德事要文》《德行集》《孙子兵法三注》《六韬》《黄石公三略》《类林》等。西夏编著出版的世俗著作如语言文字类的韵书《文海宝韵》、字书《音同》，法律类有王朝法典《天盛改旧新定律令》、军事法典《贞观玉镜统》、官阶封号表、识字蒙书《番汉合时掌中珠》《三才杂字》，志书《圣立义海》，谚语《新集锦合词》，诗歌集，劝世文《贤智集》等。[⑤]刻印的佛教著作更是种类繁多。西夏书籍的刻印量不等，以佛经印刷量最大，如在一次法会上便"散施

————————
①《金史》卷76《完颜杲传》。
②《金史》卷56《百官志》。
③《金史》卷8《世宗传八》。
④李致忠：《历代刻书考述》，巴蜀书社，1989年，第111—131页。
⑤史金波：《西夏古籍略说》，《传统文化与现代化》1996年第3期。

番汉《观弥勒菩萨上生兜率天经》一十万卷，汉《金刚经》《普贤行愿经》《观音经》等各五万卷"，共25万卷，可见当时印刷规模之大。

西夏人在汉族的影响下发展了活字印刷出版。在北宋毕昇发明泥活字印刷不久，西夏人就开始使用。目前已发现西夏活字印刷书籍十多种，其中有泥活字印本如《维摩诘所说经》《大方广佛华严经》等。西夏开创了木活字印刷。毕昇曾实验过木活字印刷，但没有完全成功。[1]从西夏木活字印刷品来看，当时已达到很高的水平，印刷质量也大大超过泥活字印刷。比元代王桢的木活字印刷要早一百多年。如黑水城出土的西夏文《三代相照言文集》《德行集》《大乘百法明镜集》《圣大乘守护大千国土经》等；[2]宁夏贺兰县拜寺沟方塔废墟中出土的《吉祥皆至口和本续》等九卷；[3]敦煌北区洞窟发现的西夏文《地藏菩萨本愿经》《诸密咒要语》等。黑水城文献中的汉文历书《西夏光定元年（1211年）辛未岁具注历》残页是目前所知最早的汉文活字印刷品。[4]西夏的活字印刷品是世界上最早的活字印刷实物，表明西夏在活字印刷出版方面，与中原地区衣钵相传，互相影响，作出了突出贡献。

西夏还刻印多种汉文典籍，多为佛经，其中不少印制精美。[5]有年代可考的西夏汉文刻本世俗书籍发现很少，已知刻本有《西夏乾祐十三年壬寅岁（1182年）具注历》。[6]

西夏灭亡后，在元时期党项人为色目人，民族地位较高。当时仍出版西夏文文献，全是佛经。国家图书馆藏有刻本西夏文《金光明最胜王经》，雕刊完毕时间是定宗贵由丁未二年（1247年）。[7]元代最重要的西夏文文献印刷是由政府雕印西夏文《大藏经》。元世祖时就着手刻印西夏文《大藏经》，元成宗即位后曾一度"罢宣政院所刻河西大藏经板"[8]。不久又恢复刻印。[9]元代西夏文《大藏经》的刻印先后经过30年的时间，才在杭州万寿寺中完成。当时印行西夏文《大藏经》至少4次。[10]除刻印西夏文《大藏经》外，还刻印西夏文单部佛经。包括整藏的西夏文《大藏经》和单部西夏文佛经印刷后"施于宁夏、永昌等寺院，永远流通"，看来主要是散施到西夏故地宁夏、甘肃等地。

金代在山西平阳（今临汾）设有刻书机构，平阳在金代成为中国北方的出版中心。除了官家刻印图书外，有很多私人书铺也刻印了不少图书。金国不仅翻译了大量汉文典籍，还刻印了很多书籍，有的女真文译著发行量还较大，如大定二十三年（1183年）翻译的《孝经》一次就印刷了上千部付点检司，分赐给护卫亲军。当时除了国家刻印图书外，私人也刻印了不少书籍。

吐蕃文化发达，对书籍有大量需求，20世纪初在敦煌石室中发现了大量唐代藏文佛教和世俗写卷，然而过去一直未能发现15世纪以前的藏文印刷品。

西夏与藏族来往密切，并接受了藏传佛教，西夏境内有很多藏族居住，也流行藏文。西夏发达的印刷事业为藏文佛经的刻印创造了条件。在西夏黑水城出土的文献中发现了多种藏文刻本，如《顶髻尊胜佛母陀罗尼功德依经摄略》等，佛经中很多处出现藏文厘定前的反i字，证明其为古藏

①[宋]沈括：《梦溪笔谈》卷18，技艺·板印书籍条。
②史金波：《现存世界上最早的活字印刷品——西夏活字印本考》，《北京图书馆馆刊》1997年第1期。
③牛达生：《西夏文佛经〈吉祥遍至口和本续〉的学术价值》，《文物》1994年第9期。
④史金波：《黑水城出土活字版汉文历书考》，《文物》2001年第10期。
⑤《俄藏黑水城文献》第1—6册。
⑥邓文宽：《黑城出土〈宋淳熙九年壬寅岁（1182）具注历日〉考》，《华学》第四辑，紫禁城出版社，2000年6月。
⑦史金波：《西夏文〈金光明最胜王经〉序跋考》，《世界宗教研究》1983年第3期。
⑧《元史》卷18《成宗纪》。
⑨史金波：《西夏文〈过去庄严劫千佛名经〉译证》，《世界宗教研究》1981年第1期。
⑩史金波：《西夏佛教史略》，宁夏人民出版社，1988年，第207页。

文，[1]是12—13世纪初的藏文印刷品，是迄今为止最早的藏文印刷品。[2]这些刻本雕刊精细，是很成熟的印刷品。证明印刷出版从中原、西夏到藏族地区的辐射路线。

元朝的大一统局势，有力地推动了藏族地区文化事业的发展。当时西藏能从元大都获得大量纸、墨，使藏文书籍的刻印和流通在西藏地区兴盛起来。

元世祖命达玛巴拉等高僧在大都勘校藏汉文佛教典籍，编制《至元法宝勘同总录》。当时由藏、汉、畏兀儿等民族的学者一道，对藏、汉两种文字的佛经认真核对，校勘异同。校出佛经5386卷，至大德十年（1306年）才刻板流行。元朝僧录管主八于大德六年（1302年）曾印装西番字（藏文）《乾陀般若白伞》30余件，经咒10余部，散施西藏等处。这是元代较早地刻印藏文书籍的记录，但这些印刷品也没有保留下来。当时除佛经外，也刻印藏文世俗著作。如八思巴的弟子汉僧胡将祖将《新唐书·吐蕃传》和《资治通鉴·唐纪》译成藏文，由仁钦扎国师于泰定二年（1325年）在临洮刻板印行，印本也未传世。[3]

回鹘王国地处中西交通要冲，文化发达。原信仰摩尼教，后信仰佛教。早期曾使用突厥文，后被以粟特字母为基础的回鹘文所代替。11—12世纪回鹘民族已经使用回鹘文进行雕版印刷。回鹘人还创制了回鹘文活字印刷。1908年法国伯希和在莫高窟北区181窟发现了960多枚回鹘文木活字，收藏于法国吉美博物馆。后敦煌研究院又先后发现54枚，藏于敦煌研究院。由于回鹘语和汉语属于不同类型的两种语言，汉地活字印刷术不能简单地应用到回鹘文的印刷上。回鹘人在设计活字时，考虑到回鹘文是拼音文字和回鹘语是黏着型语言的性质。更为重要的是，回鹘文活字中有大量的以语音为单位的活字，这些回鹘文活字是包含字母活字在内的混合类型活字，开创了字母活字的先河。[4]回鹘文活字印刷在印刷史上开创了新的里程碑，为世界印刷术的发展作出了重要贡献。[5]

元世祖忽必烈使国师八思巴以藏文字母为基础创制蒙古文字，又称八思巴字，至元六年（1269年）作为官方文字正式颁行，用来"译写一切文字"，除拼写蒙古语外，也拼写汉、藏、畏兀等语。现存八思巴字拼写蒙语和汉语的碑铭各有20余通，拼写藏、畏兀语只有少量佛教文献。保存至今的八思巴字刻本不多。传世抄本《蒙古字韵》是八思巴字与汉字的对照字典，原来是否有刻本问世，尚难断定。《事林广记》所收《蒙古字百家姓》为八思巴字、汉字对照。因《事林广记》多次刻印，《蒙古字百家姓》也就有多种版本，比较常见的有元至顺年间（1330—1333年）、元顺帝至元六年（1340年）、明永乐十六年（1418年）、日本元禄十二年（1699年）等多种刊本。[6]20世纪初在吐鲁番地区发现刻本八思巴字《萨迦格言》，共4叶，3叶藏于德国，1叶藏于芬兰。近些年在敦煌北区洞窟中也发现一纸残叶。刻本《书史会要》中有八思巴字字母，也应是八思巴字刻本的一种。西夏黑水城出土的文献中也有八思巴字刻本残叶。还有一种蒙古文—八思巴字合璧的刻本佛经《五守护神大乘经·守护大千国土经》，为元代刊本。[7]

在成吉思汗时，就开始在蒙古贵族中传授以回鹘字母书写蒙古语，系大臣塔塔统阿首倡，称为回鹘式蒙古文。[8]天历二年（1329年）创立艺文监（后改为崇文监），专门主持蒙文翻译，先后翻译

①俄罗斯冬宫博物馆：《丝路上消失的王国》（台湾中文版），1996年，第274—278页。
②史金波：《早期藏文雕版印刷考》，2004年中国少数民族科技史年会报告论文。
③该书序：元世祖"皇帝……念藏典流通之久，蕃汉传译之殊，特降纶言，溥令对辩。谕释教总统合台萨里，帝师拔合思八、叶琏国师……汉土义学衮理二进主庆吉祥及畏兀儿斋牙答思、翰林院承旨旦压孙藏等，集于大都，自至元二十二乙酉春至二十四年丁亥夏，各秉方言，精加辩质，顶踵三龄，铨仇乃毕"。
④雅森·吾守尔：《敦煌出土回鹘文活字及其在活字印刷术西传中的意义》，《出版史研究》第三辑，1998年。
⑤史金波、雅森·吾守尔：《西夏和回鹘对活字印刷的重要贡献》，《光明日报》1997年8月5日。
⑥照那斯图：《八思巴字和蒙古语文献》，日本东京外国语大学亚非言语文化研究所，1991年。
⑦照那斯图、牛汝极：《蒙古文—八思巴字〈五守护神大乘经·守护大千国土经〉元代印本残片考释》，《民族语文》2000年第1期。
⑧《元史》卷124《塔塔统阿传》。

出版了《孝经》《尚书》《贞观政要》《百家姓》《千字文》《大学衍义节文》《帝苑》《忠经》等书籍。此外至元六年十二月（1269年）还定制命诸路府官子弟入学，"以蒙古字译写《通鉴节要》，颁行各路，俾肄学之"①。

至元元年（1264年）"敕选儒士编修国史，译写经书，起馆舍，给俸以赡之"。至元五年（1268年）"敕从臣秃忽思等录《毛诗》《孟子》《论语》"。至元十九年（1282年）"刊行蒙古畏吾儿字所书《通鉴》"②。汉文经书的蒙译本主要用来教学，③也用来颁赐王公大臣。有的对当时的汉文书用回鹘式蒙古文印刷的典籍多已不存，传世的仅有汉文、蒙古文合璧的《孝经》残本，今藏北京故宫博物院。据史书记载，中书左丞孛罗铁木儿以国字《孝经》进呈武宗，武宗命中书省刻板模印，"诸王而下皆赐之"④。可见当时刻印曾广泛流传。

元代随着蒙藏关系的发展，在西藏萨迦派喇嘛法光的主持下，由吐蕃、回鹘、蒙古、汉族僧人参与，将《大藏经》译成蒙古文，并于大德年间（1297—1307年）在西藏开雕，印刷流行。⑤

满族早期曾利用蒙古文记录满族语言，但使用很不方便。明万历二十七年（1599年），努尔哈赤命额尔德尼和噶盖以蒙古字母为基础，结合女真语，创制了满文。⑥后又有所改进。⑦满文的创制是满族社会进步、文明发展的标志。

在关外时期就用满文翻译了很多汉籍，皇太极时期翻译规模更大，并成立了专门机构，初名为"笔帖赫包"，意为书房，后改名为"笔帖赫衙门"，乾隆年间又改为"文馆"。译成满文的书籍有《素书》《刑部会典》《三略》《万宝全书》《通览》《六韬》《孟子》《三国志演义》《大乘经》等。还有选择地翻译了《四书》《辽史》《宋史》《金史》《元史》等书。这样在满族人中间掀起了学习文化的热潮。这些早期满文书籍是否刻印，史无明载。但传世的刻本中有汉文《后金檄明万历皇帝文》，约刻于天命四年（1619年）。又有崇德三年（1638年）蒙文《军律》刻本。当时作为本民族文字的一些满文书籍很有可能会刻印。史载皇太极"患国人不识汉字，罔知政体，乃命文成公达海翻译《国语》《四书》及《三国志》各一部，颁赐耆旧，以为临政规范。"⑧"颁赐"的书应是印本。

随着满族民族文化的发展，官刻本和民间坊刻本都出现了繁荣的局面。清朝自嘉庆、道光时期，国力开始下降，满族文化出现逐步弱化的趋势，满文的印刷也随之式微。除继续按惯例刊印前代皇帝的满文《圣训》外，还刻印了满文《理藩院则例》《回疆则例》等不多的几种书。一些地方官衙也刊印了满文图书，如《清文指要》《清文总汇》《钦定辽金元三史国语解》等。在东北满族集中的地区满语、满文有较多地使用。⑨

清初就已出现了少数坊刻本，如南京听松楼刻印的《诗经》。康熙朝坊刻本开始繁荣，仅北京就有10家刊印满文的书坊，刊印了《大清全书》等书。后雍正、乾隆时期刊印满文的书坊增多。当时的二酉堂、天绘阁、尊古堂、三槐堂、聚珍堂都是刻印满文书籍的老字号，印过不少实用的书籍。当时书肆出版已有明确的版权意识，在书籍的牌记上标明"翻印必究"的字样来维护自己的版权。⑩

---

①[明]王圻：《续文献通考》卷50。

②《元史》卷12《世祖本纪九》。

③《元史》卷88《百官志四》。

④《元史》卷22《武宗纪》。

⑤道布：《回鹘式蒙古文献汇编》，民族出版社，1982年。

⑥《清太祖武皇帝实录》卷2、3。

⑦《清史稿》卷228《额尔德尼、噶盖、达海等传》。

⑧[清]昭梿：《啸亭续录》卷1《翻书房》。

⑨西清：《黑龙江外记》卷4、5、6。

⑩史金波、黄润华：《中国民族古籍版本》，江苏古籍出版社，2003年。

　　彝族有悠久的历史，有灿烂的文化。彝族很早就创制了民族文字——彝文。彝文文献十分丰富。用彝文书写的古籍多达几千卷，保存了古代彝族从原始社会、奴隶社会到封建社会各历史时期有关哲学、历史、文学、天文、地理、语言、文字、医学、农技、工艺、礼俗、宗教等内容。彝族刻印书籍起于何时，难以遽定。在《水西大渡河建桥记》碑中记载："木刻竹简，多如柴堆。"这里所记是否指彝族早有雕刊木版印刷书籍还难以断定，但彝族至少在明代已经有木版印刷。在所见到的文献中，彝文的刻本《劝善经》可谓凤毛麟角。

　　彝文《劝善经》，彝语称"尼木苏"，内容为汉文《太上感应篇》的译文。刻本彝文《劝善经》是彝文古籍中内容丰富、字数较多的最早彝文木刻本。据马学良先生考证，成书约在明水西罗甸王国时代，刊印时间为万历三年（1575年）。[1]该书共57页，不少页的版心页码以彝文、汉文合璧刻写，又其中第28页补添1页，成为两个28页。在第二个28页的版口折线两侧分别以彝、汉文写"后添"二字，或可证明此书的刻印有彝汉人共同参与。此书20世纪中叶发现于云南省禄劝、武定等县。据说当年收集包括《劝善经》在内的译文经典时，还有若干块刻板，但至今未能查到。另一部重要彝文书籍《玛牧特依》，可译为《教育经典》，为彝文教科书。此书有雕版印刷本，上半部书刻于清代，下半部刻于民国时期，先后两次才完成全书的雕刻。这是继明代雕印《劝善经》后的又一次雕版印刷彝文书籍。

　　纳西族有悠久的历史，有辉煌的文化。纳西族很早创制、使用的东巴文，是图画记事和表意文字中间发展阶段的象形文字符号系统，至近代仍在使用。纳西族人用东巴文书写了大量的典籍。纳西文还有一种音节文字是哥巴文，其产生年代晚于东巴文，其经书的数量也远不及东巴文。[2]可喜的是，1973年于云南中甸县白地乡发现东巴文木刻版，无刻写年代和制作人名。板长约33厘米，宽12厘米，厚1厘米。木刻内容为"阮可超荐经是也"，是目前仅有的东巴文经卷夹板木刻。另有东巴文和哥巴文对照词汇刻板。此板制作于20世纪初，系云南省丽江长水乡东巴和泗泉制作。今仅存两块雕版，梨木制成。一块两面，为序言；另一块板内容系关于人类、人体的字词。该版具有重要价值，今存云南省丽江纳西族自治县博物馆。

　　中国汉族发明的印刷术很快影响、流传到少数民族地区。有的少数民族刻本的刻工既有少数民族，又有汉族；版心的书名、表卷次和版次的数字，以及页码有的用少数有民族文字，也有的用汉字。可能雕刊这些民族文字的刻工有少数民族也有汉族。少数民族与汉族一起发扬光大雕版印刷和活字印刷术，使之成为当时的先进文化，不仅传播到邻国，还远播至世界各地，为世界文明的进步作出了重大贡献。

三、汉族与少数民族在书籍装帧形式上的互动

　　书籍的装帧形式很引人注目，是书籍出版的一部分。中国的中原地区自纸张发明后，先后出现了卷装、蝴蝶装、经折装、黏叶装、缝缋装、梵夹装、线装等形式。中国的少数民族书籍也有自己的装帧形式，比如于阗文书籍装帧形式主要有两种：一种是梵夹装，纸页左侧中间有一圆孔，以便用绳相连；另一种是卷轴装，纸的宽幅不等，这种图书往往是汉文与于阗文合璧。这两种不同的装帧形式反映出汉文化与印度文化在于阗地区的影响与结合。

　　印刷出版很发达的西夏，从其书籍的装帧形式看，基本上借鉴了中原地区的装帧方法，几乎囊

　　①马学良、张兴等：《彝文〈劝善经〉译注》，中央民族学院出版社，1986年。
　　②和志武：《东巴文和哥巴文》，《中国民族古文字图录》，中国社会科学出版社，1990年。

括了中国古代出版图书的各种形式，如卷装、蝴蝶装、经折装、黏叶装、缝缋装、梵夹装、线装等。西夏书籍是研究中国古代印刷、装帧、出版不可多得的资料。蝴蝶装是宋朝才开始出现的一种新的装订方法，是册页装订的最早形式，它比卷装翻阅方便，流行于宋、元时期，是书籍装帧史上的一大进步。西夏的世俗刻本书籍多是蝴蝶装，而刻本佛经多是经折装，一些写本佛经则采用卷装、梵夹装或缝缋装。

黑水城出土的藏文刻本有梵夹装、蝴蝶装，是一种较古老的书籍装帧方式，从装帧的角度证明这种藏文刻本是很早的刻本。

藏文是自左向右横写，自上而下移行。藏族原来采用从印度传来的方法，把佛经文字记录在贝叶上，简称为"贝叶经"。直到中原地区的造纸术传入西藏地区后，才开始把藏文写在纸上。吐蕃时期的写本多是卷子式，在一张纸上横写，一纸写完再续黏一纸，有的长达几米。后来为了书写和保存的方便，出现了藏族特有的长条书式。长条书由很多规格相等的长方形纸页组成。这种装式大约起源于印度的贝叶书。

黑水城出土的藏文文献中有两种刻本：一种是蝴蝶装，这种书籍是在西夏地区发现的，其装帧形式直接借鉴于西夏，间接受惠于汉族，如藏文《顶髻尊胜佛母陀罗尼功德依经摄略》，形式是典型的蝴蝶装，版心有汉文页码。只是这种蝴蝶装被改造了，它适应了藏文的书写方式，与汉文、西夏文蝴蝶装自右而左成行、自上而下书写、先书写右半面、后书写左半面不同，而是自左而右书写、自上而下成行，更为特殊的是每行写到版心时，不是移到下一行书写，而是越过版心继续书写，也即同一页左右两面的同一行是通读的。这是蝴蝶装在横写的少数民族文字中的灵活运用，是蝴蝶装的新发展，也是一种创新，表现出民族间文化的交融和吸收。[①]目前这种书籍在世上是绝无仅有的。另一种是仿贝叶装式的梵夹装，如写本《圣般若波罗蜜经》，有的叶中还有仿贝叶经用于穿绳线的圆孔。[②]

源于印度的梵夹装又影响到西夏，使西夏文文献出现了梵夹装，这种装帧形式可能是西夏人向藏族学习的。西夏文书籍的梵夹装又不同于藏文的长条书。藏文的长条书是自左向右横写、自上而下排行的。西夏文的梵夹装是自右向左排行，自上而下竖写，这是由于两种文字书写方式不同的缘故。这种书纸质较厚，皆为两面书写。一种是写完第一面后，向上旋翻，在背面继续书写；另一种是写完第一面后，向右旋翻，在背面继续书写。目前这种装式只在黑水城出土的俄藏文献中保存。如《慈悲道场忏法》，向上旋翻；《大方广佛华严经》，向上旋翻；《圣大悟阴王随求皆得经》，向右旋翻。此外还有《种咒王阴大孔雀明王经》《圣大乘守护大千国土经》《圣摩利天母总持》等。这种把用来书写横行拼音文字的长条书式改进成书写竖行方块字书籍的装帧形式，是西夏人的一种创造，它丰富了中国书籍的装帧形式。

回鹘文也有多种装帧形式，以卷轴装和梵夹装为主。不同的装帧形式具有不同的时代特点，据此，可以帮助我们断代。卷轴装的回鹘文献多属早期，梵夹装和经折装则在其后。如在敦煌藏经洞发现的《佛说天地八阳神咒经》即为卷轴装，被斯坦因携至英国，现藏英国图书馆。《菩萨大唐三藏法师传》则为梵夹装，这种装帧的书页在左侧都有一个红色的圆圈，圈的中间则是一个洞，以便用绳子穿过扎紧。也有个别是每页双圈双洞的。[③]除了这两种常见的装帧形式外，还有册页装。如《阿毗达摩俱舍论实义疏》，原藏于敦煌藏经洞，现存英国图书馆，此书分装两册，第一册67叶，

---

① 俄国藏黑水城出土文献 XT.67。
② 俄国藏黑水城出土文献 TK24。
③ 冯家升：《回鹘文写本菩萨大唐三藏法师传研究报告》，《考古学专刊》（丙种一号）1953年第6期。

第二册82叶。此外亦有经折装，这种装帧形式多为刻本佛经，大多数回鹘文印刷品都是元刻本。

中国书籍的装帧形式中，卷装、蝴蝶装、经折装、黏叶装、缝缋装、线装等是从中原地区形成和发展的，后陆续影响到少数民族地区，成为多数民族地区书籍装帧的主流。而梵夹装则是由印度的贝叶书传入西域、西藏，演变为纸质的梵夹装书籍，再继续东传到河西一带，成为主要流行在部分少数民族地区一种特殊的书籍装帧形式。汉族和少数民族在书籍的装帧形式上的互动，使一些装帧形式嬗变成新的亚种。

（原载《文献》2006年第1期，中国人民大学复印报刊资料《民族问题研究》2006年4期转载）

少数民族文字古籍与国学

【摘　要】中国少数民族文字古籍与国学关系密切，历史上少数民族不断引进、刊印中原典籍，特别是建立政权的少数民族都大力倡导国学。一些少数民族文字的创制借鉴了汉字。很多民族利用民族文字翻译中原地区文献，学习中原汉族地区的先进文化，同时也撰著大量记录本民族历史文化的典籍，包括经学、史学、政法、文学、辞书、医学、宗教等方面，大大丰富了中国国学的内涵。民族古籍在国学体系中有重要地位，在很多方面对国学的发展作出了重要贡献，在国学中占有重要地位。民族文字古籍所记少数民族历史文化资料，直接、具体地再现了少数民族和少数民族地区的历史，具有不可替代的作用。它不仅是汉文资料简单的内容延长，范围的延伸，它还能以自我的角度观察本民族的历史文化，观察包括汉族和少数民族在内的各民族之间的关系。民族文字古籍对国学还起到拾遗补阙、另辟蹊径、填补空白、提供佐证的重要作用。少数民族文字古籍是国学资料的重要来源之一，是国学的一个重点研究对象。中国民族古文字及其文献研究兴起较晚，但从起步时便得到中国国学巨匠们的热切关心和积极参与，当时国学研究的重要园地如《国学季刊》《北平图书馆馆刊》等都刊登了研究少数民族文字古籍的重要著述。1949年后，民族文字文献的整理和研究进入一个新的历史时期，特别是改革开放以后，少数民族古籍的保护、整理和研究受到政府、学术界和社会更多的关心、重视。少数民族文字古籍的深入整理研究，不仅是国学研究的重要组成部分，更是促进国学发展，振兴学术的不可或缺的动力。加强少数民族古籍的整理、研究，对繁荣包括少数民族文化在内的中华优秀传统文化，对增进各民族之间的相互理解，对加强民族团结，对维护国家的统一都具有现实意义。

目前国学已经成为中国社会，特别是学术界的热门话题。重视国学，振兴国学，是继承和弘扬中华优秀传统文化的自觉表现，值得大力提倡。关于国学的定义至今并没有完全一致的意见，但多数学者用以指称中国传统学术文化。

在对国学的热议中，关于国学研究范围的讨论是重点之一，如国学与儒学的关系，国学与传统学科分类的经、史、子、集的关系等，但鲜见论及国学与少数民族文化，特别是与少数民族文字古籍之关系者。笔者认为少数民族文字古籍与国学关系密切，少数民族文字古籍是国学资料的重要组成部分，也是国学的重要研究对象，应给予足够的重视。

中国是一个统一的多民族国家。自古以来，各民族分别形成和发展了各自的民族文化，同时也丰富、铸就了共同的中华民族文化。不少民族在不同的历史时期创制、使用了本民族文字，对各民族文化发展起了重大的推动作用，同时也丰富了光彩夺目的中华民族历史文化宝库。现在行用（包括试行）的中国少数民族文字有蒙古文、藏文、维吾尔文、哈萨克文、朝鲜文、傣文、锡伯文、壮文、苗文、彝文、布依文、侗文、哈尼文、傈僳文、佤文、拉祜文、纳西文、景颇文等。此外还有在历史上创制、使用，但后来不再使用或基本上不再使用的少数民族文字，如佉卢字母、焉耆—龟兹文、于阗文、古突厥文、回鹘文、契丹文、女真文、西夏文、回鹘式蒙古文、八思巴字、察合台文、东巴文、哥巴文、古壮字、方块白文、尔苏沙巴文、满文等。同时形成了种类多样、数量巨大、内容丰富多彩的民族古籍文献。这些少数民族文字及其文献对该民族的文化发展产生了深刻影响，在加强和完善社会交际、传播知识和各民族文化交流方面都起到了重要作用，同时丰富和发展了中华民族文化，成为中华民族传统优秀文化的重要组成部分。

过去论及中国古文字，一般只会提到甲骨文、钟鼎文、大小篆字等，其实这仅是中国古文字的一部分，是属于汉字系统的古文字。过去论及中国的古籍，多会提到从先秦至明清历朝的汉文印本、写本，乃至更早的甲骨、简牍、帛书，然而这也仅是中国古籍的一部分，是汉文系统的古籍。实际上，中国的古籍既包括汉文文献，也包括少数民族文字文献。这样才能算全面地认识了中国的文献，也才能算全面地认识了中华民族文化。现在在讨论概括中国传统学术文化的国学问题时，理应认真研究少数民族文字及其文献与国学的关系。

一、少数民族与国学

在中国，汉族多居住于中原和东部一带，少数民族多居住在北部、西部地区，也有很多地区是两种或多民族杂居一起。历史上少数民族有的在中央政府直接行政管理之下，有的在中央政府羁縻管理之下，有的则形成自己的政权，与中原王朝分地而治，有的则成为统一多民族国家的统治者。无论是何种形式，少数民族与中原地区交流不断，少数民族文化与中原地区以汉族为主的文化产生了千丝万缕的联系。由于中原地区文化发展水平很高，少数民族更多地借鉴中原地区的文化成果，来充实、发展本民族、本地区的文化。当然中原地区也吸收少数民族文化，使之更加多样、丰厚。少数民族与国学的关系，突出表现在以下几个方面：

1. 引进中原典籍

自古以来，很多少数民族和少数民族地区引进中原地区的汉文典籍，这些典籍传播了中原地区的先进文化。

唐代吐蕃王朝的赞普松赞干布十分注重文化事业，重视与当时有先进文化的唐朝的友好往来。他先后两次派遣大臣赴唐朝请婚，迎娶了唐太宗李世民的宗女文成公主。文成公主入藏时，唐朝皇帝赐予很多物品，其中有大量书籍，如儒学经书、佛教经典、占卜书、营造与工技书、医书等。这些典籍对发展吐蕃的经济、文化起了积极作用。松赞干布还从唐朝引入纸、墨等生产技术，派遣贵族子弟到首都长安（今陕西省西安市）学习诗书，聘请汉族文人入吐蕃代写表疏，与唐朝在政治、经济、文化等方面保持了十分密切而友好的关系。[1]8世纪初，吐蕃赞普赤德祖赞也派遣官员到长安请婚，唐朝以金城公主赐婚。金城公主入蕃时又携带大量物品和人员，其中也有多种书籍。金城公主入蕃后于开元十九年（731年）向唐朝求得《毛诗》《春秋》《礼记》等汉文典籍，唐朝如请赐予，对吐蕃文化的发展起到积极影响。[2]这两次联姻进一步加强了唐朝与吐蕃在政治上的亲密关系，也

---

① 《旧唐书》卷196《吐蕃传上》，中华书局，1975年，第5221—5222页。（以下引二十四史、《资治通鉴》《续资治通鉴长编》皆中华书局校点本）。《资治通鉴》卷196，贞观十五年正月甲戌条，第6164页。

② 《旧唐书》卷196《吐蕃传上》，第5226—5227页。《资治通鉴》卷213，开元十九年正月辛未条，第6794页。

促进了藏族文化的发展和汉藏文化的交流。

契丹族建立的辽朝出版了大量汉文书籍。清宁元年（1055年）刊印汉文五经，咸雍十年（1074年）十月又颁行《史记》《汉书》等。①此外，还印刷有蒙书、医书。辽代崇佛，对佛经进行大规模的校勘、编纂和刊印，约在辽兴宗（1031—1054年）时开雕著名的汉文《大藏经》《契丹藏》，也称《辽藏》。它在宋《开宝藏》天禧修订本的基础上增收了当时流传于北方的特有经论译本，历时30余年刻成，现存于北京西郊大觉寺内。辽咸雍四年（1068年）燕京天王寺志延所撰《阳台山清水院创造藏经记》记载，这部藏经共579帙。此外，辽代还在北京城西南的云居寺继隋唐之后，大规模续刻石经。

西夏是以党项族为主体建立的封建王朝，也重视汉族文化的吸收。第一代皇帝元昊本人通汉文字，在强调本民族特点的同时，接纳汉族文士，大力吸收汉族文化。第二代皇帝毅宗对中原文化更是情有独钟，奲都五年（1061年）向宋朝求儒家书籍：

> 毅宗……表求太宗御制诗章隶书石本，且进马五十匹，求九经、《唐史》《册府元龟》及宋正至朝贺仪，诏赐《九经》，还所献马。②

在宋代《九经》包括《易经》《书经》《诗经》《左传》《礼记》《周礼》《孝经》《论语》《孟子》。西夏早期就向宋朝求索《九经》等儒家经典，说明西夏统治者意在境内张扬儒学。而作为有深厚儒学传统、以儒学治国的中原王朝也乐得赐予，这既是友好往来，又可对"外蕃"宣扬教化。西夏自宋天圣九年十二月（1031年）至宋熙宁六年十二月（1073年），40多年间先后六次向宋朝求赐汉文《大藏经》。当时宋朝已刊印了大藏经《开宝藏》，共480帙，5048卷。对西夏这样大量的汉文佛教典籍求赐，宋朝每次都满足要求。③

女真族建立的金朝对汉文典籍也十分重视。早在金太祖天辅五年（1121年），阿骨打便下令"若克中原，所得礼乐图书文籍，并先次津发赴阙"④。天会四年（1126年）攻下北宋首都开封，将北宋国子监所藏图书、书版尽数劫走。金朝中央政府直接刻印图书。天德三年（1151年）设国子监，除培养士子外，还负责出版教学用儒家经典，如《九经》《十四史》，以及《老子》《荀子》《扬子》等书。

金朝对汉文化的仰慕与追求自王室至百姓皆成风尚。女真统治者拜俘虏中的汉族官吏和知识分子为师，聘他们为高官，请其为金朝制定法令制度，甚至扣留宋朝使臣，请其授以汉族文化。《宋人轶事汇编》载洪皓出使金国被扣十余年，辞不就官，传授文化，为金人所敬：

> 皓留金时，以教授自给。无纸则取桦叶写《论语》《大学》《中庸》《孟子》传之，时谓桦叶四书。⑤

元朝是中国第一个以少数民族建立的全国性王朝，统治民族是蒙古族。元世祖忽必烈时设兴文

①《辽史》卷22《道宗本纪》，第276页。
②《续资治通鉴长编》卷198，仁宗嘉祐八年四月丙戌条，第4802页。《宋史》卷485《夏国传上》。
③《续资治通鉴长编》卷109，仁宗天圣八年十二月丁未条，第2549页。[宋]欧阳修：《欧阳文忠全集》卷86《内制集》卷5。《宋史》卷486《夏国传下》载：熙宁五年"十二月，遣使进马赎大藏经，诏赐之而还其马"，第14009页。史金波：《西夏佛教史略》，宁夏人民出版社，1988年，第59—63页。
④《金史》卷76《完颜杲传》，第1773页。
⑤[清]丁传靖辑：《宋人轶事汇编》卷16，中华书局，1981年，第879页。

署，专事雕印出版图书。"置令丞并校理四员，厚给禄廪，召集良工刊刻诸经、子、史，以《通鉴》为起端"①。可见当时刊印了不少包括《资治通鉴》在内的汉文典籍。后又出版了大型类书《玉海》，将见于经史子集的名物制度、文献典故等收入其中。②元代各地也出版了很多汉文典籍，如浙江、江西行中书省奉旨开雕《辽史》《金史》，江东建康道雕印《汉书》至《北史》《南史》等正史，江浙行省印行《四书集义精要》《春秋本义》等经书，集庆路出版《乐府诗集》等。此外，各地书院也出版大量汉文典籍。

满族建立的清朝，也是全国性统一政权。清太祖努尔哈赤本人通晓汉语文，能阅读《水浒传》一类汉文书籍，并聘有汉族文人作自己的幕宾。康熙皇帝更是大力提倡经学、理学、史学、文学，"留意典籍，编定群书"，除按例编修《实录》《圣训》等书外，还组织编纂经、史、文图书。康熙时皇家刻书业发展的一个标志是武英殿修书处的设立。武英殿修书处建于康熙十九年（1680年），隶属于内务府，专门编撰和刊印宫内各种图书。武英殿修书处规模大，分工细，下设监造处、校刊翰林处、档案房等，所印图书称为"殿板"。雍正、乾隆两朝还用铜、木活字排印了不少书，雍正朝铜板活字版《古今图书集成》告成，乾隆朝木活字称"聚珍本"。据统计，武英殿修书处从建立到清末，共整理、校注、辑佚、汇编古籍和编纂新书达700余种，其中半数印刷成书。③

身为满族的乾隆皇帝，提倡和实际组织编纂《四库全书》是中国文化史上的一件大事。《四库全书》汇集从先秦到清代前期的历代典籍，共收录3460多种，是现今中国保存最完整、抄写最统一、内容最浩大的一套丛书。

2. 倡导国学，建立科举制度

中国的少数民族和汉族在共同交往、发展中，文化上互相交流，取长补短，相得益彰。少数民族在保留、发展本民族文化的同时，接受中原地区高度发展的文化，提倡国学成为一种潮流。在各少数民族王朝中建立科举制度，也是文化发展的大势所趋和重要举措。

辽朝取得燕云十六州以后，即在汉人聚居区开科取士。圣宗统和六年（988年），辽政府参照唐宋之制，逐渐将科试制度化。科目以辞赋为主，考试分乡试、府试、省试，亦尝试用殿试之制。在推行科举制的前二十年中，每科不过取数人，后逐次增加，多至一百数十人，后期三年一试，基本成为定制。辽政府禁止契丹人应试。但从西辽德宗耶律大石曾于天庆五年（1115年）举进士一事可知，至辽末上述禁令实已废弛，契丹人亦可参加科举。

西夏既能发展党项族的民族文化，也善于吸收其他民族的文化特长充实自己。西夏向有蕃礼、汉礼之俗，也有蕃学、汉学之设。西夏建国之初即建蕃汉二学院。西夏前期虽然受汉族文化，特别是儒学的强大影响，但西夏境内的系统儒学教育仍未正规。60多年后，至崇宗时国中由蕃学进而为官者多，由汉学进者寡，士人风气日坏，崇宗感到忧患。贞观元年（1101年）御史中丞薛元礼上书，建议重汉学。④于是崇宗命在当年于蕃学外特建国学：

乾顺始建国学，设弟子员三百，立养贤务以廪食之。⑤

"国学"在中原王朝早已有之，指国家最高学府，如太学、国子监，是政府弘扬儒学之所在。

①[清]丁丙：《善本室藏书志》，光绪二十七年。
②[宋]王应麟：《玉海》，江苏古籍出版社、上海书店，1987年影印光绪九年浙江书局本，前附《元刻玉海指挥》
③杨玉良：《武英殿修书处及内府修书各馆》，《故宫博物院院刊》1980年第3期。
④[清]吴广成：《西夏书事》卷31，清道光五年刊本。
⑤《宋史》卷486《夏国传下》，第14019页。

西夏地处西偏，又是少数民族当政，也将最高学府径直称为国学，其主旨也是弘扬汉学。此举是西夏文化史上一件划时代的大事。

西夏仁宗对儒学的提倡和人才的培养更加大了力度。人庆元年（1144年）在皇宫内建立小学，凡宗室子孙7岁至15岁都可以入学，专门请教授讲课，仁宗和皇后罔氏也常前往训导。又令各州县立学校，弟子员增至3000人，等于崇宗最初建立国学时设弟子员的十倍。人庆二年（1145年）西夏又建立大汉太学，仁宗亲临太学祭奠先圣先师孔子。人庆三年（1146年）尊孔子为文宣帝，并"令州郡悉立庙祀，殿庭宽敞，并如帝制"①。这证明西夏和中原地区一样，也在推行庙学，即在学校中建立圣庙，成为学校的典范，使庙学一体，以达到推行儒学教育的目的。人庆四年（1147年）西夏进一步接受中原王朝的科举制度，也实行唱名法，仿中原选举制度立进士科。其实西夏的科举制度可能早于仁孝时期。文献记载西夏著名学者和宰相斡道冲5岁时中童子举，推知西夏在崇宗时就已经有童子科之设。

西夏崇尚儒学受到史家的赞赏，《宋史·夏国传》结语有：

乾顺建国学，设弟子员三百，立养贤务；仁孝增至三千，尊孔子为帝，设科取士，又置宫学，自为训导。观其陈经立纪，《传》曰："不有君子，其能国乎？"②

《金史·西夏传》赞语也褒扬西夏：

能崇尚儒术，尊孔子以帝号，其文章辞命有可观者。③

金代采取科举形式擢用汉士，始于灭辽之前，初无定数，亦无定期。天会六年（1128年）定"南北选"制。辽朝旧土儒士试辞赋，北宋旧土儒士试经义，分别称为"北选"和"南选"。不久又定三岁一试之制。考试分为乡试、府试和会试三级。金熙宗时，南北选各以经义、辞赋两科取士。海陵王时，增设殿试，并南、北选为一，并一度罢废经义科。章宗时取消乡试。1160年后取录进士人数每次都在500人以上，最多时达到900余人。取士科目除正科（即辞赋和经义）外，还有制举、宏词科及杂科。世宗时又设立女真进士科，以女真文字试策、诗，同汉人进士三年一试之制，称"策论进士"④。原在开封郊外宴台有《女真进士题名碑》，又名《宴台女真国书碑》，系金哀宗正大元年（1224年）刻。碑一面为女真文，记金哀宗御隆德殿举行女真科进士考试及进士名录。该碑现藏开封博物馆。

蒙古早期较多地吸收回鹘文化，而在忽必烈即位后，蒙古统治中心从漠北的哈剌和林移到燕京，后更名大都，国号取《易经》中"乾元"之义，改为"大元"。忽必烈大力推行汉法，延揽儒士，以儒治国，很多宿儒为忽必烈进讲过儒家经典。世祖访求到金朝末年状元王鹗，为自己讲解《孝经》《书经》《易经》。⑤忽必烈还尊孔兴学，使更多的蒙古贵族子弟接受汉文化教育。至元八年（1271年）在京师设立蒙古子学，请学者许衡等担任教习。至元二十四年（1287年），设立国子监，

①《宋史》卷486《西夏传下》，第14024—14025页。[清]吴广成：《西夏书事》卷35、卷36。
②《宋史》卷486《夏国传下》，第14030页。
③《金史》卷134《外国上·西夏》，第2877页。
④《金史》卷11《章宗本纪三》，第252页；卷98《完颜匡传》，第2165—2166页。
⑤《元史》卷160《王鹗传》，第3756页。

除祭酒等官员外，"生员百二十人，蒙古、汉人各半"①。

元朝前期曾多次议行科举，但都未实行。至仁宗皇庆二年（1313年），才正式宣布恢复科举制度，次年即举行考试。此后大体每三年一次，分乡试、会试、殿试三道。全国共设17个乡试科场，分布在京城、中书省直属行政区及各行省省治所在地。每次共录取300人，其中蒙古人、色目人、汉人、南人各75名。会试在乡试次年举行，定额100人，蒙古人、色目人、汉人、南人各25名。次月举行殿试，分两榜公布，蒙古人、色目人为右榜，汉人、南人为左榜，各分三甲，赐进士及第、进士出身及同进士出身，并授以官职。考试命题答卷，基本上以程朱理学对儒家经典的阐释为依据。蒙古人、色目人必须以汉文应试，但试题较汉人、南人为易。至元末蒙古族和色目人有1100余人被取为进士，参加考试的人数则更为可观。科举应试大大刺激了民族文字翻译著作的发展，对少数民族接受汉族文化起到重要促进作用。

这一时期其他少数民族也推行国学。如纳西族与中原文化有了更多的接触和交流，开始设立汉学。

清朝自太宗、世祖起，均尊孔崇儒，到康熙时，更是把崇儒尊道作为文化国策。康熙本人具有相当高的文化素养，融满汉两种文化为一身，对西方科学技术也有浓厚兴趣。清顺治二年（1645年）实行科举取士，既承明制又有所发展，成完备形式，包括文科、武科、制科和翻译科。开科取士也按满汉分榜考试。文科考试分童试、乡试、会试和殿试四级，沿袭明代的制度，专取四书、五经命题，按八股作文，称为八股文。在内容方面，必须代圣人立言，不仅要依据四书、五经等儒家经典，而且要遵守一定的注释。

二、少数民族文字与国学

少数民族文字有悠久的历史，至少在汉代已经出现了少数民族文字，比较晚近的满文从创制至今也经过了近400年；有较多的文种，先后计有30余种少数民族文字使用；有不同的文字类型。世界各种文字一般分为象形、表意和表音三种类型，表音文字又分为音节文字、音素文字和混合类型文字。这些类型在我国少数民族古文字中都能找到。

从发生学的角度分析中国少数民族古文字，其中有在长时间发展过程中独创的民族文字，而绝大多数是在其他民族文字影响下创制的。后者来源可分为四类，分别受汉字、波罗米文字、阿拉美文字、阿拉伯文字影响。后三类皆源于腓尼基文，所以又可说，中国民族古文字除本民族创造者外，可分为受汉字和腓尼基字母影响两大类。中国少数民族古文字不少是在汉字的影响下创制的。如：

1. 契丹文

辽朝文化发达，最具特色的是创制和使用契丹文字。耶律阿保机称帝后，命耶律突吕不和耶律鲁不古等创制契丹文字。《辽史》记载：

（神册）五年春正月乙丑，始制契丹大字。…九月…壬寅，大字成，诏颁行之。②

契丹文受汉字影响很大，沿用了汉字的横平竖直、拐直弯的书写特点，还直接借用了一些笔画简单的汉字。契丹大字中有的像汉字一样，一字一个音节；有的则是数字一个音节，每字代表一个

---

① 《元史》卷14《世祖本纪十一》，第296—297页。
② 《辽史》卷2《太祖纪下》，第16页。

音素，应是一种音节—音素混合文字，但也有一部分契丹大字是多音节的单词。契丹文有 3000 多个。契丹大字的创制不但参照了汉字，也受到汉族文人的影响，汉族文人参与了创制契丹大字。最早记载契丹字的汉文史书《五代会要》载：

> 契丹本无文字，唯刻木为信。汉人之陷番者，以隶书之半就加增减，撰为胡书。[①]

陶宗仪《书史会要》记载：

> 辽太祖多用汉人，教以隶书之半增损之，制契丹字数千，以代契木之约。[②]

契丹大字并不适合契丹语词音节较多、语法中有黏着词尾的特点，所以至天赞年间（922—926 年）辽太祖之弟迭剌又创制了契丹小字。契丹小字是一种拼音文字，过去人们一直理解为契丹小字是直接从回鹘文因袭而来，但随着契丹小字文献不断出土，发现这种文字与回鹘文在外形上迥然不同，倒是与汉字相接近。所以说契丹大字和契丹小字都是借鉴汉字创制的。两种契丹文都与汉文一样，直行竖写，自右向左成文。

2. 西夏文

西夏文教兴盛，其突出特点是西夏文字的创制和使用。西夏文在景宗元昊的倡导和支持下于西夏正式立国前两年（1036 年）创制，是记录西夏主体民族党项羌语言的文字，由大臣野利仁荣制成。《宋史》载其文字类汉字的八分体：

> 元昊自制蕃书，命野利仁荣演绎之，成十二卷，字形体方整类八分，而画颇重复。[③]

所谓"蕃书"就是西夏文。野利仁荣著作的十二卷蕃书，应是最早的西夏文书籍。

西夏文属表意性质的方块字，仿汉字笔画创制，形式近汉字，若乍看一篇西夏文似乎很像汉文，可见其文字相类程度。但西夏文和汉字无一字雷同。西夏文由横、竖、撇、捺、点、拐等笔画构成，共有 6000 余字，多以会意合成和音义合成方式构成，书写与汉字同，自上而下成行，自右而左成篇。西夏文有楷书、行书、草书、篆书。楷书方正匀称，多用于书写和刻印；行书自由舒展，多用于日用和抄写；草书云龙变换，多用于文书和医方；篆书屈曲婉转，用于印章和碑额。在西夏境内，西夏文作为国字广泛流行：

> 元昊既制蕃书，尊为国字，凡国中艺文诰牒尽易蕃书。[④]

3. 女真文

金朝也重视文化建设，创制了记录主体民族女真族的文字。太祖完颜阿骨打建国后，命丞相完颜希尹创制女真文。女真当时与契丹为邻，受契丹文化的影响很大，汉文化对其的影响也很深远。女真文字在契丹文字直接影响下，在汉文字间接影响下创制而成。据史载，完颜希尹：

①［宋］王溥：《五代会要》卷 29。
②［明］陶宗仪：《书史会要》卷 8。
③《宋史》卷 485《夏国传上》，第 13995 页。参见《续资治通鉴长编》卷 119，仁宗景祐三年末，第 2813—2814 页。
④［清］吴广成：《西夏书事》卷 12。

依仿汉人楷字，因契丹字制度，合本国语，制女真字。天辅三年（1119年）八月，字书成，太祖大悦，命颁行之。[1]

女真字有大字、小字两种，但传世的女真字仅有一种，难以判定其为大字还是小字。当时规定女真、契丹、汉人各用本字，所以女真字制成后在金朝境内与契丹字、汉字同时流通。金章宗明昌二年（1191年）"诏罢契丹字"，只准用女真字和汉字。金朝为推行女真字，在上京和各路府设立专门学校，置教官教授文字。据统计，各路府学达22所之多。这些学校中学习女真语的课本是完颜希尹编撰的《女真字书》。为培养女真官吏，大定十一年（1171年）专设女真进士科。十三年设立女真国子学，学习女真文翻译的儒家经学。[2]

女真字字形为方块字，采用汉字的横、竖、竖勾、撇、捺、拐、点等笔画构成。早期女真字有的直接用契丹字和汉字字形，但多数是将契丹字、汉字加笔、减笔、变形及参考原音或原义制成。女真文直行竖写，自右向左成篇。

4. 方块白文

居住在云南西北部的白族，历史悠久，素有"文献之邦"的雅称。白族人除使用本民族语言外，多数通晓汉语，并作为与其他民族的交际工具。白族历史上使用汉文、方块白文。

白族从唐代开始使用以汉字为基础的方块白文，以记录白语。白文流行于云南大理一带，是白族使用的一种土俗文字。为了和1949年后创制的拉丁字母白文相区别，人们通常称之为"方块白文"。方块白文借源于汉字，一部分是借用汉字的形和音，不取义；一部分是借用汉字的形和义，不取音。这些类似形声字或会意字。还有一部分是取汉字的某些部件按汉字造字法而创造的新字。古代用白文书写的《白古通记》等已失传，现存的白文有纸本文献、石刻碑文和铜器铭文，时间约在10—15世纪。方块白文的使用并不广泛。[3]

5. 古壮字

壮族主要居住在广西壮族自治区，以壮语为主要交际工具，半数以上的人兼通汉语。历史上，壮族模仿汉字创制壮族文字，俗称"土字"或"土俗字"，现一般称"古壮字"或"方块壮字"。在古壮字文献中，一半以上直接用汉字表达。所以乍看起来一页古壮字文献就像一篇汉文。古壮字构造比较复杂，有时一个古壮字由两个汉字组成。所用汉字有繁体字，也有民间流行的简体字。部分古壮字是按汉字形声字造字法创造的，如用一个汉字的读音来表达壮语相同或相近的读音，用另一汉字或汉字的偏旁所表示的意义来表达该字意。有的字以一个汉字表示形符，另一个汉字表示声符，但表声符的部分并不按照汉字读音，而是按照它所表示的壮语词来读。有的由两个读音相同或相近的汉字组成，两个汉字都表声，是双声造字法。有的由两个都表示形符的汉字组成，是会意字。有的字中一个汉字或汉字的偏旁取其壮语读音的声母，另一个汉字取其壮语读音的韵母，系采取反切方法。一部分属于借用汉字一类，只取汉字的形和音，不取义或只取形和义不取音。[4]

由于壮语存在各种方言与土语，各地壮语语音差别较大，古壮字在各地读音也不同。壮字出自

---

[1]《金史》卷73《完颜希尹传》，第1684页。

[2]《金史》卷51《选举志一》，第1130—1134页。

[3]石钟健：《论白族的白文》，《中国民族问题研究集刊》第六辑，1957年。徐琳、赵衍荪：《白文〈山花碑〉释读》，《民族语文》1990年第3期。杨应新：《方块白文辨析》，《民族语文》1990年第5期。

[4]张元生：《方块壮字》，《中国民族古文字》，天津古籍出版社，1987年。梁庭望：《壮字及其文献新探》，《中国民族古文字研究》第3辑，天津古籍出版社，1991年。

多人之手，往往互相不识对方文字。虽然用古壮字书写的壮语经书很多，能看懂的人却很少，甚至掌握经书的布摩也只能读懂出自同一师爷的师兄、师弟的经书，读不懂其他布摩的经书。因此，古壮字未能成为壮族规范通用的文字。

6. 水书

水族主要聚居在贵州省南部，少数散居在广西壮族自治区的西部。水族先民创制的文字，称为"水书"，所记录的是水语。水书称为"泐虽"，"泐"为文字，"虽"即水家。水文形状类似甲骨文和金文，流行在贵州三都县一带水族地区。现存水书只有400~500个单字，且多用于宗教巫术活动。

水书的创制与汉族关系密切。水书可以分成改制汉字和自创符号两类，笔画简单，形体古朴。水书具有悠久的历史，有的专家认为，可能在秦汉之际，受中原文化的影响，水文有了一定的发展。[①]后来由于战争、迁徙等各种原因，它的发展受到限制，多为民间占卜、择日所用。水书是水族人民固有的文化，是研究水族社会历史和哲学思想的重要资料。

水书结构大体可分为象形、会意、指事和假借四种。象形字占比较大，一般攫取事物的典型特征，然后运用简单构图表示，如"虎"字在简化的头型上突出双耳，"豹"字则在虎字基础上延长颈部和突出双目表示。其中借用汉字的方式有"反书"一种，很有特点，即把现成的汉字颠倒过来书写识。水书自上而下竖行直书，自右而左排行。

7. 其他文字

由于中原汉文化的广泛传播，不少少数民族都曾尝试着利用汉字或汉字变体记录自己的语言，其文字形式类似古壮字，而比古壮字更为简约，甚至没有形成体系，这些字仅偶然用于民间，如布依族、侗族、瑶族、苗族、哈尼族等都有借用汉字字形构成类似古壮字的文字。[②]

三、少数民族文字古籍与国学

在历史发展过程中，形成了极为丰富的少数民族文字古籍。保存至今的各种民族古籍，数量惊人。敦煌所出古藏文手卷有5000卷之多，黑水城出土存世的西夏文写本和印本达数千卷之巨，已搜集到的彝文书籍有数万册，纳西文典籍有三万余册，水书有近两万册，傣文、察合台文、蒙古文文献也十分丰厚，年代较近的满文文献以数量巨大的档案和书籍著称于世。此外还有很多以少数民族文字镌刻的金石文献。这些民族文字文献大大丰富了我国图书、文物的宝库，是我国丰富多彩的精神文化财富的重要组成部分，为研究中国历史文化提供了宝贵资料。分析这些少数民族古籍类型和内容可知其与国学的联系，他们应属于国学研究范围。

1. 翻译中原地区文献

中原地区文化发达，汉文典籍十分丰富，很多少数民族用本民族文字翻译汉文典籍，以便学习、借鉴。其中经、史、子、集都有。

藏文

在松赞干布时期始创藏文后，随即用以翻译部分佛教经典。当时将梵文、汉文、于阗文等文种的主要佛教经典译成藏文。文成公主从中原携带的最著名的医学著作《汉公主大医典》，由汉地和

①王品魁译注，贵州省民委古籍办、黔南州民委、三都县委编：《水书》（正七卷、壬辰卷），贵州人民出版社，1994年。
②吴启禄：《布依族古籍中的方块布依字》，《中国民族古文字研究》第3辑，天津古籍出版社，1991年。赵丽明：《汉字侗文与方块侗字》，《中国民族古文字研究》第3辑，天津古籍出版社，1991年。赵丽明、刘自齐：《湘西方块苗文》，《民族语文》1990年第1期。魏文栋：《解开城步苗文之谜》，《贵州文史丛刊》1993年第2期。黄贵权：《瑶族的书面语及其文字初探》，《民族学》1990年第2期。

尚二人译成藏文，这是吐蕃历史上最早的一部医学著作。①

吐蕃王朝与中原地区有广泛的文化往来，翻译了中原地区不少经典著作。仅敦煌石室出土的藏文文献中就有多种。《今文尚书》，存《泰誓中》《泰誓下》《牧誓》《武成》等篇；《战国策》，共有4个片段，存《魏策》6篇。以上两种译著与汉文原著并非严格对应，有时译文简述大意，文字生动流畅，应是藏族的手笔。②又有汉藏对音《千字文》本，汉文竖写，字左侧注藏文对音。还有《大乘中宗见解》汉藏对音本。

回鹘文

回鹘族信奉佛教，用回鹘文翻译了很多佛经。《金光明最胜王经》是一部流传很广的重要佛教经典，有多种汉文译本。10世纪回鹘著名学者、僧人胜光法师将唐朝三藏法师义净译的十卷本《金光明最胜王经》译成回鹘文，成为回鹘文译经中最有代表性的经典。《妙法莲华经》也是在回鹘地区传播较广的一部经典，根据鸠摩罗什汉译本译成回鹘文。③现已知有10多个写本和残叶。据文献形式多为卷装的情况推断，此经应属元代之前的早期回鹘文献。

佛教人物传记也译成了回鹘文，如东晋慧远及弟子僧济传等。令人瞩目的是回鹘文《菩萨大唐三藏法师传》（简称《玄奘传》），为典型的早期梵夹装本，此书明确记载："由幸福、伟大的中国中精通三藏经的慧立大师受教用汉语制成，名叫彦棕法师的经师扩展之。又别失八里人僧古萨里都统重新从汉语译为突厥语。"可知《玄奘传》是据慧立著汉文本《大慈恩寺三藏法师传》翻译为回鹘文的。译者僧古萨里回鹘僧人胜光是一位水平很高的著名译经大师。④

契丹文

辽朝用契丹文翻译了很多汉文书籍。据《辽史》记载，圣宗统和六年（988年）四月"枢密请诏北府司徒颇德译南京所进律文，从之"⑤。可见当时曾以契丹文翻译中原法律书籍。又宗室耶律倍曾译《阴符经》，萧韩家奴奉诏译《通历》《贞观政要》《五代史》。⑥为发展医学，"善辽、汉文字"的耶律庶成，奉旨译《方脉书》：

上命庶成译《方脉书》，行之。自是人皆通习，虽诸部族亦知医事。⑦

其他文献中也有以契丹文翻译汉文典籍的记载，如佚名氏曾译《辨鴂录》八篇。⑧甚至辽朝皇帝也参加译书。圣宗耶律隆绪曾翻译白居易的《讽谏集》，译成后，"召番臣等读之"⑨。可见当时契丹族中不少能识读契丹文。遗憾的是上述契丹文书籍皆未保存下来。

西夏文

西夏自中原地区引进、翻译了大量世俗著作和宗教经典。西夏创制文字后，"教国人记事用蕃书，而译《孝经》《尔雅》《四言杂字》为蕃语"⑩。所译《孝经》《尔雅》《四言杂字》应是西夏最早的翻译著作。前述西夏毅宗曾向宋朝求赐《九经》等书，西夏是否将《九经》全部翻译成西夏

①《智者喜宴》第7品，第68页；《智者喜宴》第17品，第46页。转引自《藏族简史》，西藏人民出版社，1985年。
②王尧主编：《法藏敦煌藏文文献解题目录》，民族出版社，1999年。
③杨富学：《西域敦煌宗教论稿》，甘肃文化出版社，1998年，第191页。
④冯家昇：《回鹘文写本菩萨大唐三藏法师传研究报告》，《考古学专刊》（丙种一号）1953年第6期。
⑤《辽史》卷10《圣宗本纪》，第110页。
⑥《辽史》卷72《宗室传》，第1211页。《辽史》卷103《萧韩家奴传》，1450页。
⑦《辽史》卷89《耶律庶成传》，第1349页。
⑧［宋］陈振孙：《直斋书录题解》卷5。
⑨［宋］叶隆礼：《契丹国志》卷7。
⑩［清］吴广成：《西夏书事》卷13。参见《宋史》卷485《夏国传上》。

文，不得而知。但在现存的文献中有西夏文刻本《论语》、写本《孟子》《孝经》。文献记载西夏仁宗时国相、党项人斡道冲"八岁以《尚书》中童子举，长通五经，为蕃汉教授"①当时《尚书》可能已译成西夏文，并进入学校教学。

由于西夏统治者和社会的需要，中原地区影响较大的史书、类书和兵书多被翻译或节译为西夏文本。西夏把《贞观政要》节译为西夏文本，名为《德事要文》，刻印出版。②西夏后期番大学院教授曹道安将中原古代经史中有助于治国安邦的言论编译出版，名为《德行集》。

还有一部同名西夏文《德行集》，其书末题款有"此《德行集》者原本是汉本"，但至今未能找出它的汉文本。其内容以儒学的观点阐述为人处世之道，是劝世著作。③叙述春秋时代历史的《十二国》也编译成西夏文刻印流行。此外还编译了引用20多种汉文古籍的佚名著作。④《类林》是唐代于立政编撰的一部重要类书，西夏时期该书被译成西夏文刻印出版。⑤西夏以武力兴国，对用兵特别重视，将中原地区的主要兵书《孙子兵法三注》《六韬》《黄石公三略》《将苑》译成西夏文刻印流行，特别是《孙子兵法三注》不仅有刻本，还有写本。⑥此外西夏还将汉文的医书、历书等翻译成西夏文。⑦

西夏大力提倡佛教，佛教是西夏的第一宗教。在以党项族为主体的西夏王朝中发展佛教，只有汉文佛经而没有西夏文佛经难以推行。西夏多次赎取《大藏经》的目的一是珍藏供养，二是作为翻译西夏文的底本。西夏文创制不久，便开始大规模翻译佛经。西夏早期用了50多年的时间将《大藏经》翻译成西夏文，称作"蕃大藏经"，共有820部，3579卷。它是西夏王朝数量最大的西夏文文献，在中国佛教史上占有特殊地位。⑧

女真文

金朝大力推行汉学，女真文字图书的翻译也十分兴盛。从编译的女真文图书内容来看，大多为儒家经典。金朝特地建立译经所翻译汉文文献，以供不懂汉文的女真人学习。此外，弘文院也是负责译书的机构。⑨女真文文献多是金世宗在位时（1161—1189年）翻译和刻印的。世宗为宣扬仁义道德：

朕所以令译五经者，正欲女真人知仁义道德所在耳。⑩

当时译经所翻译成女真文的译本有《易经》《书经》《论语》《孟子》《老子》《扬子》《文中子》等典籍，⑪还有史书《新唐书》《史记》《汉书》《盘古书》《孔子家语》《太公书》《伍子胥书》《孙膑书》《黄氏女书》等。有的女真文译书印量还较大，如大定二十三年（1183年）翻译的《孝经》，一次就印制上千部付点检司，分赐给护卫亲军。山西平阳是金代的刻书中心，除国家刻印图书外，私

①［元］虞集：《道园学古录》卷4《西夏相斡公画像赞》。

②史金波、魏同贤、克恰诺夫主编：《俄藏黑水城文献》第11册，上海古籍出版社，1999年，第133—141页。［俄］克恰诺夫：《吴兢〈贞观政要〉西夏译本残叶考》，《国家图书馆学刊》增刊（西夏研究专号），2002年。

③《俄藏黑水城文献》第10册，第195—200页。

④《俄藏黑水城文献》第11册，第82—111页。

⑤史金波、黄振华、聂鸿音：《类林研究》，宁夏人民出版社，1993年。《俄藏黑水城文献》第11册，第221—232页。

⑥《俄藏黑水城文献》第11册，第156—221页。英国国家图书馆、西北第二民族学院、上海古籍出版社，谢玉杰主编：《英藏黑水城文献》第二册，上海古籍出版社，第217—219页。

⑦《俄藏黑水城文献》第10册，第211—219页。

⑧史金波：《西夏文〈过去庄严劫千佛名经〉发愿文译证》，《世界宗教研究》1981年第1期。

⑨《金史》卷56《百官志二》，第1279页。

⑩《金史》卷8《世宗本纪下》，第184—185页。

⑪同上。

人也刻印了不少书籍。女真文图书有一部分也可能是在平阳刻印的。

回鹘式蒙古文

学习儒家经典,对进入中原地区的蒙古人来说最困难的是语言文字。为此,忽必烈擢用一批通晓蒙语的汉族文人翻译儒家典籍。早在蒙古国时期,在燕京便设有专门学校,教授汉人和色目人学习蒙古语文,培养翻译人才。《黑鞑事略》载:"燕京市学,多教回字及鞑人译语;才会译语,便做通事。"①当时有一批汉族儒生通晓蒙古语,最受世祖赏识的是赵璧。赵璧将《大学衍义》译成蒙古语在马背上为尚在"潜邸"的忽必烈讲说,忽必烈还选派10名蒙古青年跟从赵璧学习。赵璧还受命将《论语》《大学》《中庸》《孟子》等书译为蒙古文,供忽必烈及其他蒙古贵族子弟学习。《道园学古录》载赵璧:

> 以国语释《论语》《大学》《中庸》《孟子》诸书而教授焉,然后贵近之从公学者,始知圣贤修己治人之方矣。②

赵璧的蒙古文水平深得忽必烈欣赏,忽必烈读其译文后赞叹不已:"汉人乃能为国语深细若此!"③此外,王遵、史弼、马充实等也是一批"能练习国体,通晓译语"的翻译人才,许多儒家经典的蒙文译文都出自他们之手。

忽必烈即位后,在上都设翰林国史院供译写经书,下令组织翻译了许多书籍。具体兴办的是秘书监下的兴文署。天历年间所设奎章阁学士院下属的艺文监也辖此事,"专以国语敷译儒书"④。至元元年(1264年)二月"敕选儒士编修国史,译写经书,起馆舍,给俸以赡之"⑤。至元五年(1268年)春正月"甲辰,敕从臣秃忽思等录《毛诗》《孟子》《论语》"⑥。至元十九年(1282年)"刊行蒙古畏吾儿字所书《通鉴》"⑦。从汉文史料记载看,被译为蒙古文的还有《百家姓》《千字文》《大学衍义节文》《忠经》《尚书》《贞观政要》《帝范》等典籍。《孝经》也被译为蒙古文,如中书省曾刊印蒙古文《孝经》。对当时的一些典章也做了翻译,如泰定元年(1324年)"敕译《列圣制诏》及《大元通制》,刊本赐百官"⑧。

以蒙古文翻译的典籍有的反复译过多次。忽必烈时代译者多为汉人,后期多为蒙古族或蒙、汉人士合译,说明通晓汉籍的蒙古士人已经增多。汉文经书的蒙译本主要用来教学,也用来颁赐王公大臣。元代将重要汉文图书译成蒙古文,培养了一批新的蒙古族文士,汉文化在蒙古族中的传播更为广泛和深入。

八思巴字

元代除使用回鹘式蒙古文外,又创制八思巴字。中统元年(1260年)忽必烈即大汗位后,即命藏族僧人八思巴创制蒙古新字。至元六年(1269年)创制成功,忽必烈下诏"颁行于天下","为蒙古新字,译写一切文字"⑨。即用八思巴字不仅书写蒙古语,还要书写其他民族语,从现有文献可

---

① [宋]彭大雅:《黑鞑事略》。
② [元]虞集:《道园学古录》卷12《中书平章政事赵璧谥议》,《四部丛刊》,第8—9页。
③ 同上。
④ 《元史》卷88《百官志四》,第2222—2223页。
⑤ 《元史》卷5《世祖本纪二》。
⑥ 《元史》卷6《世祖本纪三》,第120页。
⑦ 《元史》卷12《世祖本纪九》,第242页。
⑧ 《元史》卷29《泰定帝本纪一》,第643页。
⑨ 《元史》卷202《释家传》,第4518页。

知除拼写蒙语外，还记录了汉语、藏语、回鹘语，以及梵文等。

元朝用八思巴字蒙古语翻译了许多图书。至元八年（1271年），将《通鉴节要》译成八思巴字，在京师蒙古国字学中作为教材，并"颁行各路，俾肄习之"①。忽必烈去世后，元朝各代皇帝仍重视八思巴字蒙古语的翻译。武宗于大德十一年（1307年）曾翻译、刻印《孝经》。②元至大四年（1311年）六月，翰林侍讲阿林铁木儿翻译《贞观政要》。③延祐元年（1314年）四月仁宗诏令将《资治通鉴》择要翻译成蒙古文。④《大学衍义》也译了两次，一次是仁宗为太子时的大德十一年（1307年）六月，一次是仁宗延祐四年（1317年）四月。⑤元代八思巴字蒙古语译本绝大部分已经散失，至今尚能见到的八思巴字图书只有寥寥几种，如《萨迦格言》和用八思巴字转写的汉语《百家姓》等。

彝文

彝族有悠久的历史和文化。彝文是流行于西南彝族地区，记录彝族语言的文字，汉文史籍中称之为"夷经""爨文""韪书""倮倮文"等。彝文是自源文字，起源很早，一般认为创始于汉代。彝文由一定的基本笔画组成，有点、横、竖、斜、弧、圆、横折竖、竖折横等。其结构方式有上下结构、上中下结构、左右结构、左中右结构和全包围结构。造字方法有象形、指意、变体造字法等。⑥

彝文存留有很多古籍。其中有一部《劝善经》是木刻本，彝语称"尼木苏"，是汉文《太上感应篇》的译本，它还在每一章节之后结合彝族的具体情况加以发挥，逐节逐条讲解释义，反映出彝族宗教礼俗、心理情态、社会思想、伦理道德、风俗习惯，劝说人们要行善戒恶。据专家推定译书年代为明万历三年（1575年）。⑦

满文

满文的创制和颁行，是满族文化发展史上的一个重要里程碑。清太祖努尔哈赤不仅是一个马上取天下的开国皇帝，也很注重文治主。明万历二十七年（1599年）二月，努尔哈赤下令创制以蒙古文为基础记录满语的文字，被称为"老满文"。创制后便开始翻译汉籍《三国演义》，译者是被称为满族圣人的达海。⑧皇太极继汗位后，设立文馆译书，译成满文的汉籍有《刑部会典》《素书》《三略》《万宝全书》《通鉴》《六韬》《孟子》《三国志》及大乘佛教典籍。⑨

清军入京后，满文书籍的翻译进入一个新的时期。清代官修图书由翰林院负责编撰。翰林院官员除大量汉族文人外，还集中了一批满族官员和文人，参与满文或满汉文图书的翻译、编撰。⑩为适应汉籍满译工作的需要，专设翻书房，直至咸丰年间仍有此机构。⑪顺治三年（1646年）刊印了满文《辽史》《金史》《元史》，这是清入关后首次刊印的满文书籍。⑫同年还刊印了满文《洪武宝训》。顺治七年（1650年）又刊印了《三国演义》满译本。《三国演义》早在关外时曾由达海译过，

---

①《续文献通考》卷50。
②《元史》卷22《武宗本纪》，第486页。
③《元史》卷24《仁宗本纪》，第544页。
④《元史》卷25《仁宗本纪二》，第565页。
⑤《元史》卷24《仁宗本纪一》，第536页；卷26《仁宗本纪三》，第578页。
⑥武自立、陈英：《彝文》，《中国民族古文字图录》，中国社会科学出版社，1990年。
⑦马学良、张兴等：《彝文〈劝善经〉译注》，中央民族学院出版社，1986年。参见《贵州通志》"艺文志"，明万历二十五年刊本。
⑧王钟翰点校：《清史列传》卷4《本传》，中华书局，1987年。
⑨《清史稿》卷228，中华书局标点本，第31册，第9256页。[清]弘昼等编：《八旗满洲氏族通谱》卷44，辽海出版社，2002年。
⑩张德泽：《清代国家机关考略》，学苑出版社，2000年，第153—157页。
⑪[清]昭梿：《啸亭续录》卷1《翻书房》。
⑫《清史稿》卷4《世祖纪一》；卷145《艺文一》；卷232《希福传》。

入关后遵摄政王多尔衮谕旨，由大学士祁充格等组织重译。清朝入关前后两次翻译《三国演义》，主要是以此书为兵略的考量。

康熙一朝翻译了很多图书。康熙亲政后，延请宿儒大臣进行日讲，从康熙十六年（1677年）开始陆续刊印了《日讲四书解义》《日讲书经解义》等书，康熙帝亲自撰写序言。当时还将自春秋迄唐宋文章共693篇，分64卷，由内阁大学士兼礼部侍郎教习庶吉士徐乾学等奉敕编纂、翻译，名为《御制古文渊鉴》，于康熙二十四年（1685年）在武英殿刊刻，有汉、满两种文本。这是清代大规模翻译汉族古代散文的第一部集子，对后世影响很大，如道光年间译的《古文观止》，咸丰年间的《翻译古文》都受此书影响。

乾隆认为前朝翻译的书籍，有的翻译过早，不很规范；有的"对音乏旧，未尽翻意"，于是下令对一批儒家经典重新翻译。如乾隆六年（1741年）的四书，乾隆三十三年（1768年）的《诗经》，乾隆四十八年（1783年）的《礼记》，乾隆四十九年（1784年）的《春秋》等一批儒家经典译作相继问世。

清朝还把《大藏经》翻译为满文。乾隆三十八年（1773年）开始翻译满文《大藏经》，至乾隆五十五年（1790年）告成。乾隆将翻译满文《大藏经》与编纂《四库全书》看作是其六旬后办的两件大事。为翻译满文《大藏经》，特在宫中设立清字经馆。满文《大藏经》是汉文《大藏经》的满文选编本，共选699部佛籍，计108函，2535卷。乾隆深谙佛学，满汉文兼通，亲自发起并参与其事，所以满文《大藏经》称为"御制"[①]。

2. 撰著大量文献

少数民族不仅用本民族文字翻译汉文典籍，还编撰了范围广博、内容丰富的书籍，记录了丰富多彩的少数民族的历史文化，成为中华民族文化的重要组成部分。这些文献大致可分为以下几类。

经书

西夏人不仅翻译儒学经典，还为中原地区有影响的儒学著作注释解义。西夏仁宗时国相斡道冲曾注释汉文经书：

> 译《论语注》，别作解义二十卷，曰《论语小义》，又作《周易卜筮断》，以其国字书之，行于国中，至今存焉。[②]

斡道冲所作的《论语小义》和《周易卜筮断》属于西夏学者以中原经书为基础撰著的书籍。

音韵书属于经书的小学类。西夏为发展民族文化、规范和扩大西夏文字的使用，编印多种类型的字书和韵书。西夏文韵书《文海宝韵》，又有解释文字构造的内容，具有《切韵》和《说文解字》的共同特点。[③]这种韵书的编辑形式在中国韵书中尚无先例。西夏文字书《音同》将所有西夏字以声母分为9类：重唇音、轻唇音、舌头音、舌上音、牙音、齿头音、正齿音、喉音、来日舌齿音，系借用当时中原地区对汉语声母分类的方法。[④]包括韵图和韵表的《五音切韵》是西夏另一重要西夏文韵书。[⑤]这些书籍的编纂既效法中原，也显示出自己的特点。

①[清]土观·洛桑却吉尼玛著，陈庆英、马连龙译：《章嘉国师若必多吉传》，民族出版社，1988年

②[元]虞集：《道园学古录》卷4《西夏相斡公画像赞》，《四部丛刊》，第20—21页。

③史金波、白滨、黄振华：《文海研究》，文物出版社，1983年。《俄藏黑水城文献》第7册，第122—176页。

④史金波、黄振华：《西夏文字典〈音同〉的版本与校勘》，《民族古籍》1986年第1期。《俄藏黑水城文献》第7册，第1—121页。

⑤[日]西田龙雄：《西夏语韵图〈五音切韵〉的研究》（上、中、下），京都大学文学部研究纪要，1981年3月—1983年3月。《俄藏黑水城文献》第7册，第259—398页。

元大德十一年（1307年），第一部论述蒙古文语法的著作《心箍》（也称《蒙文启蒙》）问世，这是著名的蒙古语言学家、畏吾儿人搠思节斡节儿的作品。他首次归纳整理了蒙古书面语语法，在确定蒙古文的正字法和正音法方面作出了重大贡献，为以后的蒙古语规范化奠定了基础。①

清顺治皇帝亲政后，以皇帝的名义撰写、编纂了一批宣扬儒家思想的书籍，并往往以满汉两种文本同时刊印，如顺治十年（1653年）的《劝学文》，顺治十二年（1655年）的《御制人臣儆心录》《资政要览》《劝善要言》，顺治十四年（1657年）的《御纂内政辑要》《太上感应篇》等。

史书

创制文字的少数民族大多编撰了自己的史书。

彝族有丰富的历史著作。著名的"四大创世史诗"，即大小凉山彝区流传的《勒俄特依》、云南彝区流传的《阿细的先基》《查姆》和《梅葛》。《勒俄特依》可译为《史传书》，分《母史传》《公史传》《子史传》，共15篇，书中描述天地万物的形成、改天造地的经过及彝族先民迁徙状况和彝族两大支系——古侯、曲涅的谱系，是彝族史诗性著作。②彝文《六祖诗史》记述彝族从慕折至笃慕的父系31世和继笃慕之后六祖以下的主要家支世系的核心人物及历史事件，还反映出彝族古地名、山川、风土人情等。这一题材的著作还有《尼祖谱系》《彝族源流》《彝族氏族部落史》等。

藏文的史书很丰富。早期古藏文著作保存于敦煌出土的吐蕃文献中。其中受到学术界重视的有《吐蕃历史文书》，此书由3个主要卷子组成，此外还包含一组时代相近、事实相关的几件卷子。其中《小邦邦伯与家臣和赞普世系表》记述吐蕃之前青藏高原各部落邦国，以及它们之间互相征战吞并的情况，涉及17个部落邦国和地区的17位君长、23名辅臣，对研究吐蕃以前青藏高原历史、地理及邦国关系有重要价值。吐蕃历史文书中最重要的《赞普传记》有10篇，是研究吐蕃历史的重要文献。另一种是《吐蕃世系牒》，为吐蕃王朝的编年史，记录吐蕃王朝每年的大事，包括会盟、狩猎、征战、税收等。另一件编年史记载自羊年（743年）至龙年（764年）的历史。③此书是了解吐蕃历史最重要的文书。除反映藏族历史和社会文书外，还有其他相关民族的历史书，如《吐谷浑大事记年》，记载吐蕃灭掉吐谷浑后附蕃的吐谷浑王室和国家在706—715年（一说634—643年）发生的大事。

苯教是西藏地区古代盛行的原始宗教，其部分仪式和内容也被佛教吸收，成为藏传佛教的一种来源。藏文《苯教源流》（作者是芭·丹杰桑布，）约成书于11—12世纪，系统地叙述了苯教的起源、发展、教义、佛苯之争和苯教兴衰时期的断代年限，其中对苯教在吐蕃的发展和苯教史上五大伏藏的形成和发掘过程等记述尤详，有很多鲜为人知的资料，对后世苯教史地研究和撰述产生了很大影响。④

元明时期编撰的藏族史学著作迭出，令人目不暇接。《善逝教法史》（即《布顿佛教史》）为藏传佛教夏鲁派创始人布顿·仁钦珠著，成书于1322年。其中有佛教在印度、尼泊尔发展、流传的历史，有佛教在藏族地区传播史，特别是对藏传佛教后弘期直至元代初期的历史记载详细，在藏族史学上具有极高的历史价值。⑤索南坚赞（福幢）所著《西藏王统记》（又名《王统世系明鉴》）影

---

①此书已失传，18世纪人丹津达格巴的语法名著《心箍注疏·虚空宝》之中留存了下来。

②巴胡母木（冯元蔚）、俄施觉哈、方赫、邹志诚整理、翻译：《勒俄特依》，四川省民间文艺研究会编辑：《大凉山彝族民间长诗选》，四川人民出版社，1960年。冯元蔚整理、翻译：《勒俄特依》（彝文本），四川民族出版社，1982年；（汉文本）四川民族出版社，1986年。

③王尧、陈践：《敦煌本吐蕃历史文书》，民族出版社，1980年10月，1992年增订本。

④芭·丹杰桑布：《苯教源流宏扬明灯》，中国藏学出版社，1991年。

⑤［元］布顿·仁钦朱著，郭和卿译：《布顿佛教史》，中国藏学出版社，1989年。

响很大。①此外还有《西藏王统世系明鉴》《红史》《红史续集》《白史》等。《红史》于至正二十三年（1363年）成书，宗教成分较少，汉文史料较多，突出了汉藏关系。②由噶举派僧人管氏家族译师廓诺·熏奴贝（意桑则巴）（1392—1481年）撰著的《青史》，成于明成化十二至十四年（1476—1478年）。③明宣德九年（1434年）达仓宗巴·班觉桑布著《汉藏史集》，对萨迦派的历史、元朝对西藏的军事、赋税、驿站、法律、委派本钦等有详细记载。④此外还有纪传体史书《米拉日巴传》等。⑤明嘉靖十七年（1538年）班钦·索南查巴著作的《新红史》，巴卧·祖拉陈哇（1504—1566年）著作的《贤者喜宴》都是重要的史学著作。⑥崇祯二年（1629年）阿旺贡噶索南扎巴坚赞著《萨迦世系史》，记载了萨迦款氏家族的数十个人物的事迹，其中多数是萨迦派的宗教首领，所以也可以看作是萨迦派高僧的一部合传。⑦

有的少数民族各王朝仿效中原王朝编纂《实录》。辽朝效仿宋朝成立国史院，设国史监修官。所修国史包括起居注、日历、实录等。西夏天盛十三年（1161年）仁宗"立翰林学士院，以焦景彦、王佥等为学士，俾修《实录》"。⑧

《蒙古秘史》是蒙古族最早的一部用回鹘式蒙古文写成的官修编年体史书，从蒙古起源的原始传说至窝阔台汗统治时期，前后凡500年，内容丰富，元太宗十二年（1240年）成书，是研究蒙古古代史的第一手珍贵史料。⑨除《蒙古秘史》外，著名的回鹘式蒙文史书还有《金册》《白史》等。另有一部内容与《蒙古秘史》相近的史书《圣武亲征录》，其蒙古文原书已经失传。《阿勒坦汗传》是现存用蒙文撰写的明代蒙古历史的最早著作，成书于1607—1611年。⑩此外还有成书在1604—1627年的《黄金史纲》、成书于1662年前的《黄史》等。⑪

傣族有编写地方史志的传统。傣文编年史书《车里宣慰使司地方志》，又名《泐史》，傣文名"囊丝本勐伇"，内容记当地统治者召片领的各代世系和地方政事，始编于南宋淳熙七年（1180年），后历代陆续累计，各抄本终讫时间不一，有的抄本写至1950年。⑫

满族在未入关前即编著实录性质的《满文老档》，康熙后各朝皆依律编修《实录》《圣训》等书。从康熙年间始，每次用兵后，皆成立专门机构，将有关军事行动的谕旨奏报编纂成集，是谓"方略"。乾隆帝在即位前就熟读史书，深知"以史为鉴"的重要性，所以对史书的编修十分重视。乾隆一朝，用兵较大规模者有十次之多，乾隆帝因之自号"十全老人"，他仿照康熙纂修方略、纪略，满文有乾隆三十五年（1770年）的《平定准噶尔方略》，乾隆四十五年（1780年）的《平定金川方略》等。此外还有乾隆二十九年（1764年）用满文刻印《宗室王公功绩表传》，乾隆五十一年（1786年）的《大破明师于萨尔浒》《开国方略》，乾隆六十年（1795年）的《外藩蒙古回部王公表传》等历书。

---

①[明]萨迦·索南坚赞著，陈庆英译：《西藏王统记》，辽宁人民出版社，1985年。
②[元]蔡巴·贡噶多杰著，东噶·洛桑赤列校注，陈庆英译：《红史》，西藏人民出版社，1988年。
③[明]廓诺·熏奴贝著，郭和卿译：《青史》，西藏人民出版社，1985年。
④[明]达仓宗巴·班觉桑布著，陈庆英译：《汉藏史集》，西藏人民出版社，1986年。
⑤[明]桑杰坚赞著，刘立千译：《米拉日巴传》，四川民族出版社，1985年。
⑥[明]班钦·索南查巴著，黄颢译：《新红史》，西藏人民出版社，1984年。[明]巴卧·祖拉陈哇著，黄颢译：《贤者喜宴》，民族出版社，1986年。
⑦[明]阿旺贡噶索南：《萨迦世系史》，民族出版社，1986年。
⑧《宋史》卷486《夏国传下》，第14025页。
⑨策·达木丁苏隆编译，谢再善译：《蒙古秘史》，中华书局，1957年。格什克巴图译，策·阿拉腾松布尔、苏雅拉达来注释，孟克宝音拉丁注音：《格什克巴图译元朝秘史》，内蒙古人民出版社，2000年。
⑩张碧波、董国尧：《中国古代北方民族文化史》，黑龙江人民出版社，2001年，第941页。
⑪朱风、贾敬颜：《黄金史纲》，内蒙古人民出版社，1985年。乌力吉图校注：《黄史》，北京出版社，1983年。
⑫张公谨：《傣族文化》，吉林教育出版社，1986年，第52—53页。

政书、法典

建立统治政权的民族很重视政书和成文法的制定和编纂。

吐蕃保存至今最早的藏文法律是敦煌出土文书中的法律文献，其中有《狩猎伤人赔偿律》《纵犬伤人赔偿律》《盗窃追偿律》。由这些法律可知吐蕃建立了相当完备的经济赔偿法律制度。元、明、清时期西藏地方政权先后制订《十五法》《十六法》和《十三法》。

西夏编撰了王朝法典，仁宗时进行修订，名为《天盛改旧新定律令》。此法典从形式到内容都接受了中原王朝成文法的成熟经验，《唐律疏义》和《宋刑统》都对其产生了重大影响。然而西夏所修律令在内容上具有民族和地方的特色，更为丰富，在形式上也与唐、宋律有显著不同，是研究西夏历史、社会的重要资料，在中国法制史上具有特殊重要意义。

傣族最早的一部法典是《芒莱法典》，以西双版纳傣文书写，为13—14世纪作品。芒莱是西双版纳第四代召片领的外孙，曾在景线为王。该法典在西双版纳地区有法律效力。

回鹘式蒙古文产生后，成吉思汗任命蒙古帝国最高行政长官失吉忽秃忽为也可扎鲁忽赤（大断事官），根据蒙古部落的习惯法和成吉思汗的法令（蒙语为札撒）审断刑狱、登记人户、掌管赋敛等，并记录在青册上，成吉思汗作为蒙古帝国最高领袖所发布的种种法令、军令、训言、格言（蒙古语"必力克"）也记录于青册上，成为"札撒大典"。"札撒大典"平时珍藏在统治者的库房中：

> 每逢新汗登基、大军调动或诸王会集共商国事和朝政，他们就把这些卷帙拿出来，仿照上面的话行事并根据其中的方式去部署军队，毁灭州郡、城镇。[①]

这些成文法典在成吉思汗时代具有无上权威性，也是回鹘式蒙古文的第一批文献。

蒙古族不仅在其统治的元朝颁行国家大法，在明代北方，蒙古统治者也仍然颁布了许多法令、法规和法典，有的是各部自行规定，有的是会盟时制定。现存最为著名的有16世纪的《阿勒坦汗法典》（《俺答汗法典》）、17世纪的《白桦法典》和《卫拉特法典》等。这些法典是研究16—17世纪蒙古社会的政治、经济、文化、宗教等方面的重要文献。

清朝在建立全国性政权后，各项行政法规制度逐渐建立健全。康熙认为"一代之兴，必有一代之治法"，于康熙二十三年（1684年）下令编撰《清会典》，至康熙二十九年（1690年）完成，内容自崇德元年（1636年）起至康熙二十五年（1686年）止，是清朝典章制度纲领性政书体官书，乾隆称之"于国家之大经大法，官司所守，朝野所遵，皆总括纲领，勒为定书"[②]。康熙时期修纂的重要满文政书还有康熙九年（1670年）的《大清律集解附例》，康熙十九年（1680年）的《刑部新定现行例》，康熙二十五年（1686年）的《太祖圣训》，康熙四十八年（1709年）的《亲征平定朔漠方略》等。雍正年间也编纂政书，如雍正三年（1725年）刻本《大清律集解附例》《吏部铨选官员则例》《吏部处分则例》，雍正十年（1732年）的《大清会典》（雍正十年刻本）等。另一类是雍正帝的言论文章，如雍正二年（1724年）的《圣谕广训》，雍正二年、十年（1724年、1732年）的《雍正上谕》等。

文学著作

藏族的文学著作很多，其中《萨迦格言》在西藏文学史上占有重要地位。它不仅在藏族中广为流传，且在国内外都有一定的影响。《萨迦格言》是哲理诗集，在艺术上运用丰富的比喻、推理来

---

① [伊朗] 志费尼：《世界征服者史》（上），内蒙古人民出版社，2003年，第28页。
② 乾隆十二年上谕，《乾隆会典》卷首。

说明主题，在人民群众中广泛流传，被誉为生活的教科书。[①]

西夏重视民族文化，把流行于社会的谚语，编辑整理成《新集锦合辞》。此书于乾祐七年（1176年）梁德养初编，于乾祐十八年（1187年）增补，共有364条谚语，每条谚语由两句前后对仗的文字组成，反映出西夏的道德观念和社会习俗，具有浓厚的地方、民族、时代特点，其宣扬民族文化、开启民智的意图显而易见。用西夏文撰写的诗歌集包括《赋诗》《大诗》《月月乐诗》《道理诗》《聪颖诗》等，乾祐十六年（1185年）刻印。[②]这些诗作是透视西夏诗歌最重要的窗口。

回鹘文文学作品《乌古斯可汗的传说》是在古代回鹘人中广泛流传的一部英雄史诗，大约产生于9—10世纪。《恰希塔那王的故事》是根据佛教故事折叱王勇斗妖魔改编的一部文学作品，情节生动，语言优美，是高昌回鹘民间故事的代表作。[③]

蒙古族创作的《江格尔》是流传于西部蒙古的传统英雄史诗，被称为中国三大长篇史诗之一，是研究蒙古族文学、历史、语言、民俗等方面的重要文献。[④]《格斯尔故事》由藏族史诗《格萨尔》演变而来，与蒙古自己的史诗相融合，产生了蒙古文版的《格斯尔》。《乌巴什洪台吉》是一部散文诗式的小说，写于16世纪末—17世纪初，以东西蒙古之间的战乱为背景，描写了一名牧童与封建领主的斗争，反映当时东西蒙古封建领主常年混战的历史。

明代的西域广泛通行察合台文。文学方面的著作有长篇叙事诗《古丽和诺鲁兹》，作者鲁提菲（1366—1465年）著述甚丰，撰写了涉及哲学、文学、历史等方面共20多部作品。现只有《古丽和诺鲁兹》和抒情诗集《鲁提菲集》存世。与鲁提菲齐名的作者阿塔依有《阿塔依诗集》，语言隽永，节奏明快，艺术水平很高。纳瓦依（1441—1501）是另一位伟大诗人、思想家，其作品《纳瓦依诗集》（亦称《思想的宝库》）是察合台文献中有影响力的代表，对维吾尔族文化、艺术的发展产生了深刻的影响。

辞书、类书和蒙书

于阗文是新疆于阗地区发现的一种古文字，记录的是于阗语或于阗塞语。于阗文献多属3—11世纪初。于阗文中有大量汉语借词，有的文献还在于阗文中夹写汉字。新疆出土有《汉语—于阗语词汇》《突厥语—于阗语词汇》等书籍，表明当时使用双语的实际情况。[⑤]

敦煌石室出土有吐蕃时期的藏汉对照词语表，藏语在前，汉语在后，汉语全为藏文译音，未注汉字。另一种汉藏对译词汇集属于归义军时期，先写藏文，后写对应汉文，汉文竖书，藏文横写，内容包括常用词，汉、蕃、回鹘等部族及首领名，以及一些动物名称。

西夏文—汉文双解词语集《番汉合时掌中珠》，编纂于乾祐二十一年（1190年），将常用词语按天、地、人分类，每一词语都有四项，中间两项分别为西夏文和相应意义的汉文，左右两项分别为中间西夏文和汉文的相应译音字。懂汉语文不懂西夏语文的人可通过此书学习西夏语文，而懂西夏语文不懂汉语文的人也可通过此书学习汉语文。这是方便番人、汉人互相学习对方语言文字的一部工具书。[⑥]这应是世界上最早的双语双解的辞书。西夏编纂了大型西夏文类书《圣立义海》，它记录了西夏的自然状况和现实社会制度与生活。该书为5册，15卷，每卷分为不同的类，每类中有若干词语，每一词语下有双行小字为之解释。[⑦]西夏文蒙书《新集碎金置掌文》，全文1000字，每句五

①唐景福：《中国藏传佛教名僧录》，甘肃民族出版社，1991年，第231—232页。

②《俄藏黑水城文献》第10册，第267—315页。

③杨富学：《回鹘文献与回鹘文化》，民族出版社，2003年，第78页。

④仁钦道尔吉整理：《〈江格尔〉论》，内蒙古大学出版社，1999年。

⑤《耿世民新疆文史论集》，中央民族大学出版社，2001年，第76页。

⑥《俄藏黑水城文献》第10册，第1—37页。黄振华、聂鸿音、史金波整理：《番汉合时掌中珠》，宁夏人民出版社，1989年。

⑦[俄]克恰诺夫、李范文、罗矛昆：《圣立义海研究》，宁夏人民出版社，1995年。《俄藏黑水城文献》第10册，第243—267页。

言。编者巧妙地将1000个不重复的西夏字编成了长达200句、100联的五言诗，编排方法和叙事列名的顺序与汉文《千字文》相仿，只不过本书每句五言，《千字文》每句四言。①用西夏文编纂的《三才杂字》内容包括西夏语常用词语，以天、地、人分为三品，每品分为若干部，每部包括若干词。②西夏人还别出心裁地编撰了一部奇特的西夏文辞书，名为《纂要》。该书以事门分类，其中每一个西夏文词语都用汉语注释，但这种注释并不用汉字，而是用译音的西夏字。③

明成化十二年（1476年）西藏恰译师觉顿蒙珠·仁钦扎西著《丁香帐》，全称《藏语新旧词辩异·丁香帐》。书中收有摘自藏文厘定前的文献新旧词语1000多条，其中古今语词对照的有800余条，是解读古藏文文献的一部重要工具书，有多种刻本传世。④

清康熙四十七年（1708年）编纂的《御制清文鉴》，是一部百科全书性质的满文分类辞典，包括天文、地理、军事、礼乐、饮食、器物等共280类，12000余条，附有总纲（即索引），为满文译学中第一部纲领性巨著，开创了清代编纂官修辞书的先河。因译经的需要和社会交往的扩大，还编纂了许多蒙文和藏、梵、满、汉等语言对照的辞书。如康熙五十六年（1717年）在《清文鉴》的基础上，加注蒙文，成为《满蒙文鉴》。后来还出版了《御制满洲蒙古汉字三合切音清文鉴》《御制五体清文鉴》《西域同文志》等。乾隆还亲自指导编纂了一系列满文、满文与其他语文相对照的工具书，如乾隆三十八年（1773年）编成的《御制增订清文鉴》，比原书增加约二分之一，并将全部词条译成汉文。后来在《增订清文鉴》基础上，又发展到四体清鉴和五体清文鉴。乾隆后期编纂的《五体清文鉴》的五体为满、汉、蒙、藏与察合台五种文字。此书是官修的重要辞书，其当时未正式刊印，有抄本传世。乾隆十五年（1750年）完成的《西域同文志》将中国西北地区的地名和一部分人名用汉文、满文、蒙古文、藏文、托忒蒙古文、维吾尔文六种文字对照汇编，是研究清代西北地区地理历史和语言文字的重要资料。

蒙古族学者在清代编纂了许多蒙语语法图书和蒙语辞书。《蒙文启蒙》是一部蒙文早期语法著作，包括蒙古文字史、字法、语音类别三部分，雍正年间拉布金巴·丹赞达格巴根据现已失传的同名著作编写。《蒙文指要》《蒙文总汇》是清代蒙古族学者赛尚阿编著的蒙文语法、词汇图书，在蒙语语法研究和词典编纂方面有重要参考价值。

明、清两朝为加强朝廷与少数民族的沟通，设立四夷馆、四译馆，通过翻译和教学实践，编撰了一套《译语》，由十个馆分别编写，内容分两部分，一是"杂字"，二是"来文"，以少数民族文字（也包括部分外国文字）与汉文对照。四夷馆编的译语原书在"译语"之前冠以所编撰馆的馆名，如《女真馆译语》《鞑靼馆译语》《高昌馆译语》等。清代会同四译馆所编《译语》只有杂字，没有来文，除一种外均有民族文字，涉及四川、云南、西藏一带的民族文字共31种。⑤

医书

藏文经典医学著作《四部医典》初成于吐蕃时期。12世纪中期《四部医典》作者玉妥·云丹贡布的后人宇妥萨玛·云丹贡布得到《四部医典》的伏藏本，加以增订注释，使《四部医典》广泛流行于世。12世纪玉妥·云丹贡布的14世孙新玉妥·云丹贡布进一步充实丰富了《四部医典》内容。《四部医典》展示了藏族医学的特点和水平，以及汉藏医学的互相影响，同时也反映了对印度古代

---

①史金波、聂鸿音：《西夏文本〈碎金〉研究》，《宁夏大学学报》1995年2期。
②聂鸿音、史金波：《西夏文〈三才杂字〉考》，《中央民族大学学报》1995年第6期。史金波：《敦煌莫高窟北区出土西夏文文献初探》，《敦煌研究》2000年第3期。
③《俄藏黑水城文献》第10册，第38—39页。
④[明]觉顿蒙珠·仁钦扎西：《丁香帐》，民族出版社，1982年。
⑤冯蒸：《"华夷译语"调查记》，《文物》1982年第2期。

医学的吸收。[1]15世纪后，藏医药学形成南北两个学派。绛达南杰扎桑著有《八支集要如意珍宝论》《医学本续论》《医宗宝灯》《体系派历算广论》《推算日月食难点广论》等，发展成为藏医药学的北方学派。舒卡哇·年美多吉著有《四部医典广注·水晶彩函》《珍宝药物识别》《药味论》等，发展成为藏医药学的南方学派。两派都根据《四部医典》的内容，绘制了风格不同的医学挂图。[2]

西夏重视医学和医药。出土的西夏文献中有多种医书，如西夏文《治热病要论》主要内容是治疗妇女病、恶疮病等，中有病名、药品、药量、煎法、服法，似属单方、验方之类。又有封面题《明堂灸经》的医书，首页标题《新译铜人针灸经》，其序言提有"依孙思邈明堂经中说"，应是西夏据中原医书改编的著作。还有多种西夏文医方残卷，每一药方中都有所治病症，若是成药还有药名，后列所用中药名及所用药量，最后是制作方法和服用注意事项。[3]西夏的医书表明其医学知识主要是学习中原的传统医学。

彝文著作中有医药专书，有很高的医学价值，是研究彝族医药史的重要资料。发现于云南的一部医药书用平棉纸书写，外包羊皮，作于明嘉靖四十五年（1566年），书中共记载85种疾病的药物治疗方法，以及300多种动植物药物，此外还记录了简易的外科手术，特别是对难产、肿瘤等症的治疗方法，其法沿用至今。

此外，少数民族古籍中的宗教研究著作、历法著作、占卜著作等也十分丰富。

上述列举仅是少数民族文字古籍中的一小部分，但管中窥豹，亦不难看出民族文字古籍对国学研究有多么重要。

四、少数民族古籍在国学体系中的地位

翻检少数民族文字古籍，会发现这些古籍不仅与国学关系密切，通过国学发展了本民族文化，同时在很多方面对国学的发展作出了重要贡献，占有重要的一席之地。

1. 发展创新

内容丰富、数量巨大的汉文文献是研究中国历史文化极为宝贵的资料。而少数民族文字古籍是记录少数民族历史文化的第一手资料，它更直接、更具体地再现了少数民族和少数民族地区的历史，在展示少数民族历史文化方面有其不可替代的优势。它不仅是汉文资料简单的内容延长，范围的延伸，它还能以自我的角度观察本民族的历史文化，观察包括汉族和少数民族在内的各民族之间的关系，令人耳目一新，甚至振聋发聩。

敦煌出土的古藏文文书中不但有前述大量不见于汉文史书记载的珍贵历史资料，还有不少直接来自吐蕃官府文书，如诏书、盟会告牒、催粮榜、述职状、求职书、过所文书、纳粮牒、赋税名簿等，也有来自社会基层的文书，如诉状、买卖契约、雇工契约、入破历、寺庙名簿、寺产帐等。无疑，这些都为研究早期藏族社会历史、藏族与汉族及其他民族史提供了关键的、难得的新资料。

西夏统辖西北广大地区，享国近两个世纪，但元朝修前朝史时，仅修《宋史》《辽史》《金史》而未修西夏史，致使西夏史料缺乏。前述西夏法典《天盛改旧新定律令》包括西夏刑法、诉讼法、行政法、民法、经济法、军事法的内容，反映出西夏政治、职官、军事、经济、文化、宗教、习俗等多方面的内容，极大地补充了西夏的社会历史内容。该法典在形式上全部为统一格式的律令条目，既无唐宋法典中条后附赘的注疏，也没有条外另加的令、格、式、敕，这样使律条眉目清晰，

---

①王尧主编：《法藏敦煌藏文文献解题目录》，民族出版社，1999年。

②蔡景峰：《藏医学通史》，青海人民出版社，2002年。

③《俄藏黑水城文献》第4册，第174—189页。史金波：《〈甘肃武威发现的西夏文考释〉质疑》，《考古》1974年第6期。

易于查找，也避免了律外生律、轻视本条的弊病；还一改唐宋律各条顶格书写的传统，首创分层次书写的条款形式，在法律文献编纂上有新突破。可惜后世元明清各朝编纂法典均未吸收西夏法典的创新，仍因循旧制，只是到了清末受到西方法律的影响，才进行改革，出现了分层次的条目形式。近些年又从出土文献中发现一大批西夏文社会文书，计有1500余号，包括户籍、账籍、军抄状、契约、告牒、书信等直接反映西夏社会的珍贵原始资料，无论在其数量、内容上皆可与敦煌社会文书相媲美，有的文书内容和形式的特点为汉文文书所未见，对研究、认识西夏社会有极高的学术价值。

享誉世界的《蒙古秘史》是一部记述蒙古民族形成、发展、壮大之历程的历史典籍，它从成吉思汗22代先祖写起，直至窝阔台十二年（1240年）为止，记载了蒙古族五百多年的历史，其中前面的11世为《元史》所缺。《蒙古秘史》有父系氏族制时代的狩猎生活，以及与之相关的图腾崇拜现象，也有从氏族发展成部落、又从部落发展成部落联盟再发展成为一个民族的历史脉络，有从狩猎转变为游牧的历史文化，还有成吉思汗及其将领们奋争崛起、成就霸业的史实。《蒙古秘史》受到学术界的重视并融合其他史料后，蒙古学研究出现了最重大的突破。

2. 拾遗补阙

丰富的西夏文文献中还保存了汉文文献中所缺乏，甚至遗失的珍贵资料。

西夏时期以西夏文将重要唐代私家类书《类林》翻译刊印，印书时间乾祐十二年（1181年），已近西夏晚期。后来在中原地区《类林》汉文本失传。近代在敦煌石室出土有汉文本《类林》残卷，但内容很少，不足以窥《类林》全貌。而西夏文本《类林》的发现并转译成汉文本，恢复了古《类林》本，起到了使《类林》失而复得的作用。《类林》中所引用的一些早期汉文古籍早已失传，《类林》的恢复也增添了部分佚失文献的内容。[①]

出土的西夏文《孝经》据宋绍圣二年（1095年）吕惠卿注本译出，中有朱笔及墨笔校改，系西夏仁宗年间译稿，基本完整。前5页为吕惠卿注《孝经》序的译文，内记吕氏姓名、官职及宋"绍圣"年号。[②]吕惠卿是中国历史上著名的改革家，学识渊博，著作甚丰，其著作多贯彻其改革思想。他身后被《宋史》列入"奸臣列传"，著作多被毁没。包括吕注《孝经》在内的众多著述皆已失传。不难想见，吕注《孝经》的内容完整地保存在西夏文文献中，使久已失传的重要的经学著述失而复得，这对宋代的经学研究甚至对王安石变法的研究具有重要意义。

3. 另辟蹊径

少数民族古籍由于其独特的性质，有时可以在国学研究中找到新的路径。

汉字是记录汉语的文字，但由于汉字是表意文字，不是表音文字，而语言又随着时间的推移不断变化，因此尽管历史上有很多关于汉语的著述，皆用表意的汉字解释汉字语音，对古代汉语的语音只能分出类别，对其实际音值就很难确定，显得力不从心。

藏文是表音文字。敦煌石室发现了一批古藏文汉文音译本，有的属于童蒙读物，如《千字文》《杂抄》《九九表》，还有敦煌地区流行的佛经，如《金刚般若波罗蜜多经》《阿弥陀经》《般若波罗蜜多心经》《妙法莲华经普门品》《八阳天地神咒经》《瑜伽师地论》《道安法师念佛赞》《大乘中宗见解》等。这些译音材料反映了当时藏汉语的历史语音实际，是研究藏汉语历史及藏汉语比较的宝贵资料，也是研究、构拟古代河西一带汉语方言的可靠依据。

八思巴字属表音体系，用以拼写的汉字保存了元代的读音，这为当时汉字正音提供重要的参考

---

①史金波、黄振华、聂鸿音：《类林研究》，宁夏人民出版社，1993年。《俄藏黑水城文献》第11册，第221—232页。
②《俄藏黑水城文献》，第11册，第2—46页。

价值。如元代的汉语有无入声字、入声带不带辅音收声,是一个长期争论的问题。用八思巴字译写汉语的韵书《蒙古字韵》按汉语的音韵分为15个韵部,收录八思巴字856个,是八思巴字拼写汉字的范本。根据此书,上述问题很容易得到澄清。可见用八思巴字拼写的汉语文献可比较准确地拟定当时的汉语语音,在这方面具有无可替代的重要意义。[①]

西夏文—汉文双解词语集《番汉合时掌中珠》的注音更加准确,有时在注音字旁加注文字和符号。西夏境内的汉语应是古代的西北方言。尽管汉文和西夏文都是表意文字,但这种两种文字互助语音的材料,对研究当时的西夏语和汉语的西北方音也有重要参考价值。

显然,少数民族文字古籍中为汉字注音的材料,为研究古代汉语开辟了新的途径。

4. 关键佐证

中国各民族历史上有着紧密的政治、经济、文化联系。民族间的往来,不仅有汉文的文献证明,更有少数民族文献印证。有些少数民族文字文献具有更强的说服力。如唐朝和吐蕃的友好关系,在藏文文献中有比汉文文献更细致、具体的记载。藏族地区的碑刻也记载了汉藏之间的友好关系。唐长庆元年(821年)唐朝和吐蕃会盟于长安,翌年又会盟于逻些(今西藏拉萨),三年在逻些立汉藏文合璧的《唐蕃会盟碑》,又称《甥舅和盟碑》,碑文赞美了汉藏之间的友谊,追述了唐朝的历史,记录了会盟的经过。此碑千百年来一直受到藏汉人民的敬仰,现竖立在拉萨大昭寺门前,为全国重点文物保护单位。

明永乐十一年(1413年)建于黑龙江下游特林地方的《永宁寺碑》,用四种文字镌刻,阴面女真文、蒙文各15行,女真文700多字,两侧为汉文、女真文、蒙文、藏文四体六字真言。碑文真实反映明代对当地管辖的史实。清朝吉林将军1885年曾派候选州判曹廷杰调查,见到此碑并予拓录。此碑现在海参崴博物馆。

中国早在11世纪就由发明家毕昇创造了活字印刷术,是世界印刷史上划时代的里程碑。沈括在《梦溪笔谈》中记载了毕昇发明泥活字印刷术的情况,在记录活字印刷的工艺流程后,又写道:"昇死,其印为余群从所得,至今保藏。"[②]可知,毕昇死后,他所使用的泥活字当时可能没有再继续使用。在南宋和元代有使用毕昇泥活字方法印刷书籍的记录。[③]遗憾的是,这些早期活字印刷品都没有保存下来。近些年有人对中国发明活字印刷提出疑义。为更确切地证明中国是活字印刷的发明国,需要有早期活字印刷实物来证明,而这种证明来自少数民族古籍。在毕昇发明活字印刷后,西夏继承并发展了活字印刷,并保存下多种西夏文活字印刷品。其中有《维摩诘所说经》《三代相照言集文》《德行集》《大乘百法明镜集》《圣大乘守护大千国土经》《吉祥遍至口和本续》《妙法莲华经要集义镜疏》《圆觉注之略疏》《占察善恶业报经》《诸密咒要语》《地藏菩萨本愿经》《大乘大集地藏十轮经》《月灯三昧经》《大方广佛华严经》等。这样多宋元时期珍贵活字版古籍的发现,毋庸置疑地确证活字印刷术为中国发明。中国的汉族和少数民族在活字印刷方面,衣钵相传,发明创新,后向东西方传播,显示出中华民族在印刷领域对世界文化发展的重要贡献。[④]

五、少数民族古籍研究与国学

中国民族古文字及其文献是中国古代的优秀文化遗产,但作为一门学问没有经学、史学、文学

①照那斯图、杨耐思:《八思巴字研究》,《中国民族古文字研究》,中国社会科学出版社,1984年,第374页。

②[宋]沈括:《梦溪笔谈》卷18,技艺·板印书籍条。

③[宋]周必大:《周益国文忠公全集》,卷198"札子"第十。[元]姚燧:《牧庵集》,卷15"中书左丞姚文献公神道碑"。

④史金波:《现存世界上最早的印刷品——西夏活字印本考》,《北京图书馆馆刊》1997年第1期。史金波、雅森·吾守尔:《中国活字印刷术的发明和早期传播——西夏回鹘活字印刷术研究》,社会科学文献出版社,2000年。

那样久远。它大体上兴起于20世纪初。当时中国国力屡弱，社会动乱，随着列强入侵，国外所谓"探险队"纷至沓来，到中国很多地区特别是边疆少数民族地区考察、探险，掠走了一批又一批少数民族文献。这引起中国学者的广泛注意，一些专家想方设法极力保护这些文献，调查流失海外的文献；一些专家认识到这些少数民族文献的重要价值，从而不避繁难，进行文献资料的搜集、整理和研究，为中国民族古文字文献的研究奠定基础。当时中国国学巨匠如王国维、陈寅恪、赵元任、罗振玉等，都关注并参与这一新兴领域的研究，筚路蓝缕，成绩斐然。

西夏文献在20世纪初有两次重大发现。在著名的敦煌藏经洞被发现不久，1908—1909年以俄国科兹洛夫（П.К.Козлов）为首的探险队，于中国的黑水城遗址（今属内蒙古额济纳旗）发现了大量文献和文物，其中绝大部分是西夏文文献，有数千卷册，也有相当数量的汉文及其他民族文字文献。1917年在灵武县（今属宁夏灵武）也发现了上百卷西夏文文献，后大部分入藏中国国家图书馆。这些文献引起众多学者的关注，几位国学大师都参与西夏文释读和研究。20世纪20—30年代初，王国维、陈寅恪撰文研讨，[1]罗振玉辑刊西夏文资料，罗振玉之子罗福苌撰著《西夏国书略说》。[2]著名佛学专家周叔迦整理西夏文佛经目录。[3]著名西夏文专家王静如潜心研究，撰著《西夏研究》三辑，作为台湾"中央研究院"历史语言研究所单刊甲种出版。[4]1932年北京图书馆出版《西夏文专号》，由中、俄、日三国专家撰稿，中国专家除西夏学专家王静如、罗福成、罗福苌外，还有周叔迦、向达等学者加盟，反映出当时的最高水平。[5]

中国学者对契丹文的介绍、研究始于罗振玉，他在1914年的《历代符牌图录》中收录一个契丹字鱼符拓本，1916年又在《古镜图录》中收入了一枚契丹字圆铜镜和一个契丹字铭文拓本。[6]早期研究契丹文的著名学者厉鼎煃发表论文《热河契丹国书考》，成为释读契丹字的先声，后出版专著《契丹国书略说》。[7]此后王静如、罗福成、陈述等都有著述发表。历史学家、考古学家金毓黻编辑《辽陵石刻集录》6卷。[8]

3—9世纪在今新疆库车、焉耆、吐鲁番等地，使用一种用印度婆罗米文中亚斜体字母文字，过去被称为吐火罗文，20世纪80年代中国学术界改称为焉耆—龟兹文，吐鲁番一带的方言被称为甲方言，古龟兹（今库车）地区的方言称之为乙方言。1943年季羡林在德国东方学会杂志上发表《吐火罗文本福力太子本生故事》，对考证甲方言的《福力太子因缘经》版本译著和词汇语源方面都有独到之处，为欧洲语言学界所重视。1982年他又发表了重要论文《吐火罗文A中的三十二相》，后又花费十年的时间对新疆出土古代抄本焉耆文《弥勒会见记》进行研究，以中、英文写成专著，将焉耆—龟兹文研究提升到一个新的台阶。[9]

佉卢字是一种字母，由阿拉美文字演变而来，后来传入于阗、鄯善地区，拼写当地居民使用的一种语言。至少在2世纪中已传入于阗地区，3世纪中传入鄯善（尼雅）地区。著名的和田马钱就是2世纪在于阗铸造的。这种钱币一面用汉文篆字标明币值，另一面正中为一马或骆驼图案，周围

---

①王国维：《元刊本〈西夏文华严经〉残卷跋》、陈寅恪：《西夏文佛母大孔雀明王经夏梵藏汉合璧校释序》《斯坦因Khara-khoto所获西夏文大般若经考》，《西夏研究》第1辑，1932年，台湾"中央研究院"历史语言研究所单刊甲种之八。

②罗振玉辑刊：《西夏官印集存》，1927年。罗福苌：《西夏国书略说》，东山学社印，1914年。

③周叔迦：《北平图书馆藏西夏文佛经小记》，《辅仁学志》第2卷第2期，1930年。

④王静如：《西夏研究》（1、2、3辑），历史语言研究所单刊甲种之八、十一、十三，1932—1933年。

⑤国立北平图书馆馆刊编辑部：《国立北平图书馆馆刊》4卷3号《西夏文专号》，1932年。

⑥罗振玉：《历代符牌图录》，1914年9月刊；《古镜图录》2卷，1916年刊。

⑦厉鼎煃：《热河契丹国书考》，《国学季刊》第3卷第4号，1932年12月；《契丹国书略说》，仁声印刷所，1934年5月。

⑧金毓黻：《辽陵石刻集录》6卷，奉天图书馆刊，1934年4月。

⑨季羡林：《吐火罗文A中的三十二相》，《民族语文》1982年第4期；《吐火罗文〈弥勒会见记〉译释》，《季羡林文集》第11卷，江西教育出版社，1998年。

一圈佉卢文字，为当时王的名字，因铸造时代不同而有所不同。于阗马钱更将汉字、佉卢字融于一体，表明汉族和少数民族源远流长的文化互动关系。著名考古学家夏鼐曾作《"和阗马钱"考》。①

藏文文献是专家们关注的重点之一。著名语言学家于道泉早年为研究藏文住进雍和宫，向喇嘛学习藏语文，还学会了蒙古文。他将在雍和宫发现的六世达赖喇嘛仓央嘉措情歌的手抄本译成汉文，于1930年刊布，开辟了藏族重要文学著作仓央嘉措情歌的研究。书中不仅附以汉英两种文字的情歌译词和注释，而且还有著名语言学家赵元任为歌词所配的藏语拉萨话记音。赵元任在此书中所写《记音说明》是用现代语言学方法和理论阐述藏语语音的首篇文章。现为国际语言学界所普遍采用的"四段五点字母式声调符号"就是他在本书歌词记音时所创造。②著名语言学家罗常培利用敦煌千佛洞所藏藏文译音佛经写本《阿弥陀经》残卷、《金刚经》残卷、《千字文》残卷、《大乘中宗见解》和注音本《开蒙要训》，以及唐蕃会盟碑拓本，深入研究唐五代西北方言，1933年出版《唐五代西北方音》，取得重要成果。③

罗常培还从1938年开始研究八思巴字，后与蔡美彪合作编著《八思巴字与元代汉语》④。著名学者韩儒林也发表过研究八思巴字的文章。早年韩儒林、岑仲勉对突厥碑铭做过介绍和研究，用力颇勤。著名民族史学家冯家昇研究回鹘文文献，发表《回鹘文大唐三藏法师研究报告》《元代畏吾儿文契约二种》《回鹘文善斌（斌通）卖身契》，很有创获。

研究彝文及其文献的有著名学者杨成志、丁文江、闻宥、江应梁、马学良等。特别值得提出的是地质学家丁文江对彝文文献整理作出了重大贡献。1930年冬中国地质调查所所长丁文江在贵州考察地质，发现彝文及其文献有重要价值，于是约请贵州彝族知识分子罗文笔翻译整理出彝文《千岁衢碑记》《说文〈宇宙源流〉》《帝王世经（人类历史）》《献酒经》《解冤经》《玄通大书》《天路指明》《权神经》《夷人做道场用经》《武定罗婺夷占吉凶书》等重要经典，最后由丁文江把译稿汇编为《爨文丛刻》，于1936年由商务印书馆出版，编入台湾"中央研究院"历史语言研究所专刊之十一。⑤该书使学术界认识到彝族地区有大量珍贵文献存在，引起重视，同时这种汇编黔、川、滇文献和四行译体方法对后来彝文古籍编译、整理产生了重大的影响，开辟了科学翻译、整理彝文古籍的先河。著名语言学家马学良教授于1938年到云南彝族地区向彝族毕摩学习彝语和彝文，并对收集到的2000多册彝文古籍进行整理研究，与禄劝彝族毕摩张文元一起翻译彝文《作斋经》和《作祭献药供牲经》，分别于1945、1947年发表。

纳西东巴文是在云南丽江纳西族地区流行的文字，是处于图画记事和表意文字中间发展阶段的象形文字符号系统，是人类文字发展史上的一个典型范例，是世界上至今唯一仍在使用的象形文字，是"文字的活化石"，在文字发展史上占有极为重要的地位。著名学者方国瑜、李霖灿、傅懋勣对纳西东巴文的整理、研究都作出了卓越贡献。纳西族学者方国瑜于1933年从北京大学研究所受命回云南丽江调查东巴文化，翻译东巴文纳西族传说《人类起源》及若干经书的章节。后来他在赵元任、李方桂先生的指导下用国际音标为纳西文字标音，编成第一部翔实、科学的《纳西象形文字谱》，得到国学大师章太炎先生的赞赏，并欣然为之作序。⑥李霖灿于1939年到云南丽江，花费四年时间考察、搜集、研究东巴经，1946年完成译注《么些经典译注六种》，由著名语言学家张琨

①夏鼐：《"和阗马钱"考》，《文物》1962年第7、8期合刊。
②于道泉：《第六代达赖喇嘛仓央嘉措情歌》，台湾"中央研究院"历史语言研究所单刊甲种之五，1930年。
③罗常培：《唐五代西北方音》，台湾"中央研究院"历史语言研究所单刊甲种之十二，1933年。
④罗常培、蔡美彪编著：《八思巴字与元代汉语》，科学出版社，1959年；增订本，中国社会科学出版社，2004年。
⑤丁文江编：《爨文丛刻》，上海商务印书馆，1936年。马学良主编，罗国义（彝族）审定：《增订爨文丛刻》（1—3册），四川民族出版社，1986—1987年。
⑥方国瑜编撰，和志武参订：《纳西象形文字谱》，云南人民出版社，1981年。

记注语音，纳西族东巴和才录写文字。后此书1957年于台湾出版。李霖灿为便于释读、整理东巴文古籍，还编辑《么些象形文字字典》，也由和才读音，张琨记音，中央博物院筹备处于1945年在四川南溪县李庄石印出版。①著名语言学家傅懋勣于1945—1946年到丽江纳西族地区调查纳西文书籍，用语言学、文字学方法整理研究，其力作《丽江么些象形文"古事记"研究》系解读东巴文经书的重要成果，于1948年出版。②后傅懋勣又作《纳西族图画文字〈白蝙蝠取经记〉研究》，对经书中每一个单体字形和复合字形都做了认真研究和解读。③

此外，著名学者罗福成、周肇祥、金毓黻对女真文进行了整理、研究。④1933年李德启、于道泉编的《满文书籍联合目录》，收录北平图书馆和故宫博物院馆藏满文文献500余种。

国学大家们竞相涉足少数民族文字及其古籍的探索，将其视为国学的重要一翼，作为国学中的疑难奋起攻关，展示出他们勇于解读科学难题的精神、出众的学术才华和令人瞩目的成果。当然，不少国外专家也投身中国民族古文字研究，有的甚至是某一文种研究的开创者或解决关键问题者，他们在中国少数民族古文字及其文献研究方面作出了重要贡献。

当20世纪初期国学研究蓬勃兴起之时，国学研究刊物也应运而生，其中最著名的是北京大学胡适主编的《国学季刊》。其《发刊宣言》认为："国学"是研究中国的一切过去的文化历史的学问。这中间当然也包括对中国少数民族文字及其文献的研究。《国学季刊》贯彻了这一宗旨，刊登过重要的相关论文。如罗福成有关女真文字的两篇论文《宴台金源国书碑考》《〈华夷译语〉中女真语音义》就发表在该刊上。⑤该刊还发表厉鼎煃关于契丹文的论文《热河契丹国书考》和孟森的《辽碑九种附跋尾》。⑥外国专家关于中国少数民族文字的论文也收入发表，如苏联专家伊凤阁（A. И. Иванов）所著《西夏国书说》就是其中之一篇。⑦不难看出，当时的国学包括了少数民族文字及其古籍的研究。

北京图书馆出版的馆刊中刊登过很多有分量的国学著述，其中不乏少数民族文字文献研究，如第三卷第四号有罗福成的《女真国书碑跋尾》，第四卷第五号有于道泉的《达赖喇嘛于根敦珠巴以前之转生》，第八卷第五号有罗福成的《高昌译谱》等，其中也有外国专家研究中国少数民族文字的论文，如第四卷第六号日本内藤虎次郎的《明奴儿干永宁寺碑考》，第九卷第二号苏联聂利山的《关于西夏国名》等。该刊还出版过三种专号，其中之一是第四卷第三号的《西夏文专号》（其他两种专号是第二卷第三、四号合刊的《永乐大典专号》和第七卷第三、四号合刊的《圆明园专号》）。由此可见该刊重视少数民族文字古籍的研究。

当时台湾"中央研究院"历史语言研究所的集刊，是国学研究的重要园地，其中也刊载过不少少数民族文字文献研究的重要著述，特别是一些专著以单刊的形式出版，扩大了少数民族文字文献的研究阵地，如前述于道泉的《第六代达赖喇嘛仓央嘉措情歌》为单刊甲种之五，罗常培的《唐五代西北方音》为单刊甲种之十二，王静如的《西夏研究》（一、二、三辑）为单刊甲种之八、十一、十三。

国外研究中国的学问，也逐渐从"汉学"（Sinology）向"中国学"（中国研究 Chinese Studies

①李霖灿编著：《纳西族象形标音文字字典》，云南民族出版社，2001年。
②傅懋勣：《丽江麼些象形文〈古事记〉研究》，武昌华中大学，1948年。
③傅懋勣：《纳西族图画文字〈白蝙蝠取经记〉研究》，日本东京外国语大学亚非言语文化研究所，1981—1983年
④罗福成编：《女真译语》正编、二编，清宫大库旧档整理处刊印，1933年11月。
⑤罗福成：《宴台金源国书碑考》，《国学季刊》第1卷第4期，1923年；《〈华夷译语〉中女真语音义》，《国学季刊》第1卷第4期，1932年。
⑥孟森：《辽碑九种附跋尾》，《国学季刊》第3卷第3期，1932年9月。
⑦［俄］伊凤阁：《西夏国书说》，《国学季刊》第1卷第1期，1923年12月。

或China Studies）改变。汉学已不能涵盖，也不能科学地表述中国传统的学问。这一变化除学术上的社会科学化和多学科整合外，与对中国多民族国家认识的深化、少数民族研究越来越受到重视有很大关系。

1949年后，实行各民族一律平等的民族政策，少数民族文化得到充分的尊重，宪法保障了民族语言文字使用的权利，民族文字文献的整理和研究进入新的历史时期，特别是改革开放以后，少数民族古籍的保护、整理和研究受到政府、学术界和社会的关心、重视。1979年由著名学者季羡林、翁独健等16位老专家共同发出倡议书，建议加强中国民族古文字研究，筹备创建中国民族古文字研究会。1980年8月在翁独健教授的主持下中国少数民族古文研究会正式成立，由包尔汉、季羡林任名誉会长，傅懋勣任会长。从此，中国少数民族古文字及其文献的研究步入一个新的阶段。1984年国务院批准成立中国少数民族古籍整理规划出版小组，全国各地民族古籍整理工作在政府领导下有组织地开展起来。2007年《国务院办公厅关于进一步加强古籍保护工作的意见》特别提及少数民族古籍。2008年1月国务院公布《国家珍贵古籍名录》，其中包括少数民族文字古籍110部。

少数民族文字古籍的深入整理和研究，不仅是国学研究的重要组成部分，更是促动国学发展，振兴学术不可或缺的动力。加强少数民族古籍的整理、研究，对繁荣包括少数民族文化在内的中华优秀传统文化，对增进各民族之间的相互理解，对加强民族团结，对维护国家的统一都具有现实意义。对少数民族古籍的整理和研究不能忽视、不能轻视，相反，要给予足够的重视。近年来中国社会科学院提出扶持和发展带有"绝学"性质的学科，扶持和发展特殊学科，依靠专家，培育新秀，其中包括少数民族古文字等诸多学科，无疑是带有学术战略性质的重要举措。而欲收实效，则有待于多方的共同努力。

（原载北京大学国学研究院中国传统文化研究中心编《国学研究》第二十五卷，北京大学出版社，2010年6月）

中国古代双语文献及双语教育

多民族国家的双语现象是普遍现象。作为历史悠久、幅员辽阔的中国，当然普遍存在着双语，甚至多语现象。中国东临大海，西靠高山，各族居民相对稳定。随着社会发展进步，历史上各民族密切接触，政治、经济、文化交往日益频繁。操不同语言的民族相互交流离不开双方语言的媒介。由于汉族人口众多，居住地域广阔，占据中心地带，更因其经济、文化的先进，汉语往往在双语中处于优势或中心地位。

中国不仅是多民族、多语言的国家，还是多文字的国家。不少民族在不同的历史时期创制并使用了本民族文字，这不仅对各民族文化发展起到重大推动作用，同时也为光彩夺目的中华民族历史文化宝库增添了重要内容。中国历史上创制和使用的少数民族文字不下30余种，如佉卢字母、焉耆—龟兹文、于阗文、突厥文、藏文、回鹘文、西夏文、契丹大小字、女真大小字、回鹘式蒙古文、蒙古文、托忒蒙古文、八思巴字、察合台文、满文、锡伯文、彝文、4种傣文、东巴文、哥巴文、方块壮字、方块白文、方块布依文、尔苏沙巴文等。在各历史时期，少数民族文字在加强和完善社会交际、保存文化、传播知识和交流文化方面都起到了重要作用，对该民族的文化发展产生了深刻影响，显示出其重要的社会功能，同时也形成并保存下丰富的少数民族文字文献。有些文献还突出地反映出历史上的双语现象和双语教学，是认识、总结、借鉴历史上双语现象和双语教学的宝贵资料，值得认真研究和特别珍视。

一、早期的双语文献

中国对双语现象的记载可追溯到久远的先秦时代。《周礼注疏》引《礼记·王制》篇记载："五方之民，言语不通，嗜欲不同，达其志，通其欲，东方曰寄，南方曰象，西方曰狄鞮，北方曰译。"[①]寄、象、狄鞮、译都是不同地区对翻译的称谓。不难看出双语现象和翻译由来尚矣。古代中原王朝与周边民族、国家交往时，在不同时期将翻译人员称为"象胥""译""典客""舌人""译官""译语""通事"等。若从文献考察则中国的双语记载应在少数民族使用文字之后，一般在汉代就有了可考的资料。

1. 佉卢字母是中国汉代至魏晋南北朝时期，在今新疆和田、鄯善一带居民使用的一种字母，系由阿拉美文字演变而来。当时居民属于阗王国和鄯善王国，操印度语支中的西北俗语。[②]近代出土的佉卢字和汉字合璧的钱币，即所谓著名的和田马钱，就是2世纪在于阗铸造的。这种钱币一面周围用汉文篆字标明币值，另一面正中为一马或骆驼图案，周围一圈佉卢文字，为犍陀罗语"Maharajasa, rajatinajasa, Mahatasa Gugramayasa"，意为"大王，王中之王，伟大者：矩伽罗摩耶婆（之

①《周礼注疏》卷37，"大行人条"，《十三经注疏》本，中华书局影印本（上册），1980年，第892页。
②马雍：《新疆所出佉卢文书的断代问题》，《文史》第7辑，1979年；马雍：《古代鄯善，于阗地区佉卢文字资料综考》，《中国民族古文字研究》，中国社会科学出版社，1984年，第6页。

钱币）"①钱币上王的名字因铸造时代不同而有所不同。于阗马钱表明在1800年前汉族和少数民族源远流长的经济、文化互动关系。这大约是中国最早的双语实物资料。

宗教的传播往往越过国界，不同民族之间宗教传输会形成宗教经典的翻译。佛教传入中国时间较早，从印度通过大夏、安息，沿丝绸之路向西域于阗、鄯善、龟兹、疏勒、莎车、高昌等地区传播，继而向中原纵深渗透。可以说新疆地区是中国信仰佛教最早的地区，也是向中原地区传播佛教的通道。当时西域很多民族接受佛教，并以各自不同的文字翻译佛经。佛经的大量翻译便是双语交流的结果。19世纪末在和田发现的一种写在桦树皮上佉卢字佛教经典《法句经》残卷，是2世纪的文献，译自巴利文，上有写者题记。②这比三国时期《法句经》翻译成汉文要早一个世纪。

2. 焉耆—龟兹文是3世纪及其以后一段时期，在今新疆库车、焉耆、吐鲁番等地使用的一种文字，用印度婆罗米文中亚斜体作字母，也被称为吐火罗文。由于地域不同，吐鲁番一带的方言被称为甲方言，古龟兹（今库车）地区的方言称之为乙方言。现已发现并刊布的焉耆—龟兹文文献种类较多，数量丰富，包括佛经、文学作品、公文档案、经济账目、辞书、医书和洞窟中的题记、铭刻等。其中还有梵语—龟兹语对照字书、龟兹语—回鹘语对照字书。这说明当时由于社会经济、文化发展交流的需要，已经开始有不同语言文字之间的对照字书，表明双语现象引起了更多的社会关注，更多的人需要学习、掌握双语，双语教育已经见诸教科书式的文献。这是迄今见到的最早两种文字对照的字典。

1974年新疆出土的吐火罗文《弥勒会见记》译自梵文，是长达27幕的剧作，成书在5—6世纪，被称为中国历史上最早的剧本，其中保存在新疆维吾尔自治区博物馆的页面最多。③

3. 于阗文是印度婆罗米文的笈多王朝变体，记录的是新疆于阗地区的于阗语（或称于阗塞

图1　焉耆文《弥勒会见记》　新疆博物馆藏

①夏鼐：《"和阗马钱"考》，《文物》1962年第2期。
②林梅村：《汉唐西域与中国文明》，文物出版社，1998年，第151页。
③季羡林：《吐火罗文〈弥勒会见记剧本〉译文》，《语言与翻译》1992年第3期。20世纪初德国探险队曾发现吐火罗文《弥勒会见记》，后从新疆携往德国，内容比新疆博物馆藏要少。

语）。于阗语属印欧语系伊朗语族。自汉武帝通西域后，于阗地区与中原关系密切，经济、文化交流密切，汉文一直是当地的通用文字。6世纪于阗文传入当地后，当地通行汉文与于阗文两种文字。后汉文的主导地位逐渐被于阗文取代，但并未被废止，汉文对于阗文还产生了很大的影响。在于阗文中有大量汉语借词，有的文献还在于阗文中夹写汉字。已发现的《汉语—于阗语词汇》《突厥语—于阗语词汇》《梵语—于阗语词汇》等书籍，表明了当时这一地区使用双语的实际情况。[①]

从于阗文的装帧形式看，主要有两种：一是梵夹装，一种是卷轴装，卷轴装的图书往往是汉文与于阗文合璧。这种双语文献反映出汉文与于阗文在当地的流行与相互影响。

4. 粟特文是粟特人使用的文字，属于阿拉美字母系统。粟特人是古代丝绸之路上的一个民族，语言属印欧语系伊朗语族。大多数粟特文文献的时代在6—11世纪，多是纸质抄本，也有一些木牍和羊皮书。存世的粟特文碑铭中，最重要的是蒙古布古特发现的6世纪碑铭，正面及左右两侧均刻粟特文29行，内容系突厥可汗事迹，背面是婆罗米文字，今藏蒙古国杭爱地区博物馆。[②]表明两种语言的交流。

5. 南北朝时期鲜卑族势力壮大。北齐统治者为鲜卑族，在北齐多使用鲜卑语等。北齐社会中汉人为多。在统治者强势政治影响下，汉人中也流行鲜卑语，出现"双语热"。北齐颜之推的《颜氏家训》中有一些反映当时风俗的内容，其中记载了官员子弟学鲜卑语伏事公卿事。书中还讽刺当时两"名士"各种学问、技艺皆不精通，其中包括鲜卑语和胡书也是半吊子学问。此亦可见，当时学习鲜卑语已成汉人时尚。[③]所谓"胡书"，有人以为是鲜卑文，但史书未见其他创制、使用鲜卑文的记载，也未发现鲜卑文文献，或为北方其他少数民族文字，待考。但当时鲜卑语成强势语言，社会流行双语应是不争的事实。《北齐书》在《孙搴传》中记载，孙搴以"又能通鲜卑语，兼宣传号令。当烦剧之任，大见赏重"。《祖珽传》中记范阳汉族人祖珽，有才学，"并解鲜卑语"[④]。可见当时士大夫阶层懂鲜卑语者不是个别人。《隋书·经籍志》著录有《国语》十五卷、《国语》十卷、《鲜卑语》五卷、《国语物名》四卷（后魏侯伏侯可悉陵撰）、《国语真歌》十卷、《国语杂物名》三卷（侯伏侯可悉陵撰）、《国语十八传》一卷、《国语御歌》十一卷、《鲜卑语》十卷、《国语号令》四卷、《国语杂文》十五卷、《鲜卑号令》一卷（周武帝撰）、《杂号令》一卷，这13种书有的很明确是鲜卑语，而"国语"又指何种语言？《隋书》在其后解释："后魏初定中原，军容号令，皆以夷语。后染华俗，多不能通。故录其本言，相传教习，谓之'国语'。"[⑤]原来在当时，鲜卑人进入中原，仍使用自己的语言，后与汉族接触渐多，便学习汉语，而逐渐不用鲜卑语，当时有人记录其语言用于教学。既然教不懂鲜卑语的鲜卑人学习鲜卑语，当时又无鲜卑文，这种记录当是汉文，也即用汉字记鲜卑语语音，并用汉字注明其词义。这是很早的鲜卑—汉语双语字书，可惜这些珍贵资料今已不存。

二、隋唐时期的双语文献

隋唐时期中原地区和边疆少数民族地区联系、交流更加密切，各民族语言的互动更为广泛。这种现象在文献中有明显反应，如用少数民族文字翻译中原地区的典籍数量增加，范围扩大；少数民族文字和汉文对照的词典，以及两种文字合璧的文献也层出不穷。

①林梅村：《新疆和田出土汉文于阗文双语文书》，《考古学报》1993年第1期。
②龚方震：《粟特文》，《中国民族古文字图录》，中国社会科学出版社，1990年，第54—56页。
③［南北朝］颜之推：《颜氏家训》"教子第二""省事第十二"。
④《北齐书》卷24《孙搴传》；卷39《祖珽传》。
⑤《隋书》卷32《经籍志一》。

1. 突厥文是突厥汗国使用的一种文字，是一种音素、音节混合型文字。6—8世纪在蒙古高原上建有突厥汗国。唐玄宗时期是突厥与唐朝关系最好的时期，突厥毗伽可汗及其弟左贤王阙特勤为此作出了贡献。阙特勤死后唐玄宗撰辞刻于碑。[①]不久毗伽可汗被害，唐玄宗又为毗伽可汗立碑建庙，亲笔御书碑文。[②]阙特勤侄子药利特勤为纪念这两位先人的英雄伟绩，在这两块御制碑背面和侧面，用突厥文铭刻了死者生平事迹和显赫武功，形成了汉文和突厥文两种文字的碑刻，见证了唐朝和北方少数民族之间的友好关系，也是当时双语的典型例证。

斯坦因在敦煌发现突厥文纸质文献有《突厥格言》，行间插有汉字。文字内容为警句格言，写在一份汉文文书背面，汉文文书是同光三年（925年）后唐庄宗遣郭崇韬伐蜀时的奏文，可见这份文献应写于10世纪中后期。[③]当时纸张是珍罕之物，利用书写汉文纸张背面书写突厥文，形成负载两种文字的文献。

2. 回鹘文是回鹘人使用的文字。回鹘是一个有悠久历史的民族，维吾尔族的先民。回鹘人用回鹘文记录、创作了很多作品，翻译了大量经典。在9世纪前后已有大量回鹘文文献形成，包括许多借据、地契合同等社会经济文书。一种9—10世纪写经体回鹘文摩尼教寺院文书上有汉字篆文朱色方印11处，为高昌回鹘王国颁给吐鲁番地区摩尼教寺院的文书，其中规定了该寺院的种种特权。这种文书不仅证明两种文字的共用，也反映两个民族在经济生活的关系。文书现存中国国家博物馆。

回鹘著名僧人胜光法师根据汉文释慧立所著《大慈恩寺三藏（传）法师传》翻译《玄奘传》。前述从梵文译成吐火罗文的《弥勒会见记》，再由智护法师译为回鹘文。这些都是为宣扬佛法而形成的双语翻译文献。

3. 藏文是7世纪吐蕃大臣通米桑布扎参照印度梵文创制的文字，一直使用至今。藏族古代称吐蕃。吐蕃赞普松赞干布十分注重文化事业，重视与当时有先进文化的唐朝的友好往来。他迎娶唐太宗李世民的宗女文成公主入藏时，唐太宗赐予大量书籍，如儒学经书、佛教经典、占卜书、营造与工技书、医书等。这些典籍与技术的引进，对发展吐蕃的经济、文化起了积极作用。松赞干布还从唐朝引入纸、墨等生产技术，派遣贵族子弟到首都长安（今陕西省西安市）学习诗书，聘请汉族文人入吐蕃代写表疏，这反映出当时两种语言在双方交往密切的情况下有频繁地互动。当时的长安已有学习双语的学校。后金城公主入藏后，又向唐朝求得《毛诗》《礼记》《左传》《文选》等汉文典籍。此后有《今文尚书》《礼记》《战国策》等古藏文译本传世。[④]这是系统翻译中原典籍较早的记载。这些举措有力地促进了藏族文化的发展和汉藏文化的交流。

藏文创制后即用以翻译部分佛教经典，将梵文、汉文、于阗文等文种的主要佛教经典译成藏文。在8世纪后期大规模开展翻译佛经，当时在赞普赤松德赞大力扶持下，兴建桑耶寺，从印度迎请大师，选送青年学者到印度、中原学习语文、佛法。这些双语人才回归吐蕃后，与延请到吐蕃的印度、尼泊尔学者和中原法师们合作创办译场，开始长时间的译经活动。唐文宗大和二年（828年）按墀祖德赞命令，编纂已翻译成藏文的佛教经论的目录，并以三所殿堂命名，分别称《庞塘目录》《秦浦目录》《登迦目录》。《登迦目录》收录经典有六七百种之多，共分27个门类。内中明确指出有31种译自中原。[⑤]这是少数民族政权组织大规模译经的双语活动。

---

①《新唐书》卷215下《突厥下》。
②[宋]王钦若：《册府元龟》卷975《外臣部·褒义第三》。
③张公瑾主编：《民族古文献概览》，民族出版社，1997年，第360—361页。
④王尧主编：《法藏敦煌藏文文献解题目录》，民族出版社，1999年。
⑤[元]布顿·仁钦竹：《布顿佛教史》，中国藏学出版社，1989年。

图 2　唐蕃会盟碑碑文　拉萨大昭寺前

　　著名的《汉公主大医典》是流传于藏族地区最早的医学著作。值得提出的是《汉公主大医典》系经中原和尚二人译成藏文，成为吐蕃历史上最早的一部医学著作。当时还由中原医生、大食医生和天竺医生三人共同编著长达7卷的医书《无畏武器》。在墀德祖赞时，由中原地区和尚、医生和三名藏族人翻译了有115品之多的《索马热咱》，在藏医史上称之为《月王药诊》，这是汉藏两族翻译家合作的结晶，也是藏族早期的医书。[①]可见，借鉴中原地区的医学和医术，需要依靠两种语言文字的搭桥过渡。

　　在敦煌藏文写卷中有用古藏文音译汉字的写本长卷，全部用古藏文音译各种佛教文献。有汉藏对音《千字文》本，汉文竖写，字左侧注藏文对音。还有《大乘中宗见解》汉藏对音本，其中一半有藏文对音。这些都是当时的双语教材，也成为研究古代汉语和藏语的重要资料。著名的语言学家罗常培先生据此类文献撰写了《唐五代西北方音》这样的经典著作。

　　吐蕃时期的藏文文献资料中还有十分珍贵的碑文和钟铭，其中也有汉文、藏文和合璧者。如《唐蕃会盟碑》系唐长庆三年（823年）在逻些（今拉萨）立，又称《甥舅和盟碑》。碑四面有字。正面，西向，为会盟盟词，汉、藏文两体对照，左半藏文，横书，76列，右半汉文楷书6行，直书，存464字。文义相同。北面为吐蕃与盟官员17人名单，藏、汉文对照，上为藏文，40列。南面为唐廷与盟官员位次18人名单，也有藏语译音49列。东面为藏文，78列，赞美了汉藏之间的友谊，追述了唐朝的历史，记录了会盟的经过。碑文不仅有重大的政治意义和深远的历史意义，也是汉族和藏族双语互动的历史见证。此碑现竖立于拉萨大昭寺门前，千百年来一直受到藏汉人民的敬仰。

---

　　①《智者喜宴》第7品，第68页；《智者喜宴》第17品，第46页。转引自《藏族简史》编写组《藏族简史》，西藏人民出版社，1985年。

三、宋、辽、夏、金时期的双语文献

有宋一代，中国的少数民族在政治舞台上扮演了更为重要的角色。契丹、党项、女真族先后建立辽、夏、金国，同时创制、使用了各自的民族文字契丹文、西夏文、女真文，并尊为国字。这三个王朝皆与宋朝有密切来往，且境内汉族居民很多，因此都存在双语现象，有很多双语文献。

1. 契丹文分大字和小字。大字是耶律阿保机称帝后于神册五年（920年）命耶律突吕不和耶律鲁不古等创制，应是一种音节—音素混合文字。天赞年间（922—926年）辽太祖之弟迭剌又创制契丹小字。当时用契丹文翻译了很多汉文书籍，其中有萧韩家奴译《贞观政要》《五代史》《通历》，耶律倍译《阴符经》，耶律庶成译《方脉书》等。①《辨鹕录》也被译成契丹文，②甚至辽朝皇帝也参加译书，辽圣宗耶律隆绪曾翻译白居易的《讽谏集》③。翻译典籍既需要专业知识，更需要熟悉契丹文和汉文的双语人才。上述文献皆已失传，现所能见到的是大量的契丹文石刻，石刻中契丹文和汉文合璧者居多，形成双语双文的特殊园地。其中契丹大字与汉文合璧的碑、墓志有：《大辽大横帐兰陵郡夫人建静安寺碑》《萧孝忠墓志》《耶律延宁墓志》《萧袍鲁墓志》等。契丹小字与汉文合璧的石刻有：《仁懿皇后哀册》《道宗皇帝哀册》《宣懿皇后哀册》《许王墓志》《耶律宗教墓志》《耶律智先墓志》等。另有出土于内蒙古巴林右旗索博日嘎苏木瓦林茫哈辽墓的《宋魏国妃墓志》，志盖台面中央刻篆体契丹小字原字四行，志石刻契丹小字24行，与之同时出土的还有汉文《宋魏国妃墓志铭》一合，虽与上契丹字不对译，但依然反映了当时辽朝的双语现象。④

2. 西夏文是记录西夏主体民族党项羌语言的文字，属于表意性质的方块字，文字形式和汉字相近，创制于西夏立国前两年（1036年），在景宗元昊的倡导和支持下，由大臣野利仁荣制成。西夏文创制伊始，既教国人记事用蕃书，还翻译汉文《孝经》《尔雅》《四言杂字》为西夏文。从出土文献可知西夏还翻译儒学书籍《论语》《孟子》，兵书《孙子兵法三注》《六韬》《三略》，类书《类林》，史书《贞观政要》等书。⑤政府很快又着手翻译佛经为西夏文，历经4朝，坚持53年译成西夏文《大藏经》3579卷。西夏在翻

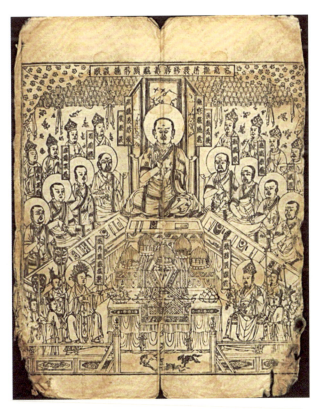

图3 西夏译经图 国家图书馆藏

---

①《辽史》卷103《萧韩家奴传》；卷72《宗室传》；卷98《耶律庶成传》。
②［宋］陈振孙：《直斋书录题解》卷5。
③［宋］叶隆礼：《契丹国志》卷7。
④清格尔泰、刘凤翥、陈乃雄、于宝林、邢复礼：《契丹小字研究》，中国社会科学出版社，1985年。刘凤翥：《契丹大字六十年之研究》，载香港中文大学《中国文化研究所学报》新第7期，1998年。
⑤史金波：《西夏文化》，吉林教育出版社，1986年。

译佛经时还请熟悉佛经的回鹘人主持。①可见西夏译经牵涉多民族、多语言的交流。

在西夏境内，西夏文与汉文、藏文、回鹘文同时并用。这和西夏居民多民族构成相一致。西夏双语文献非常丰富，其形成显系社会发展、民族交往的强力推动。已发现的西夏社会文书中不仅有大量西夏文文书，还有汉文文书、布告、请假申请书、欠款单、便条等。西夏法典《天盛改旧新定律令》原有西夏文、汉文两种版本。西夏历书不仅有西夏文、汉文本，还有西夏文、汉文两种文字合璧互用本。②莫高窟中有西夏文、汉文两种文字并书的题记。就连西夏皇帝陵墓的碑亭中，也是西夏文碑和汉文碑并立。西夏崇宗天祐民安四年（1093年），由皇帝、皇太后发愿重修凉州感通塔及寺庙，第二年完工后立碑赞庆，该碑即现存于武威著名的重修护国寺感通塔碑，也是西夏文—汉文合璧碑。西夏的钱币也有西夏文和汉文两种。

值得称道的是西夏编纂了多种类型的双语工具书，其中最重要、影响最大的当属西夏文—汉文双解词语集《番汉合时掌中珠》。此书共37页，以天、地、人分类，将社会上常用词语按天形上、天相中、天变下、地体上、地相中、地用下、人体上、人相中、人事下分为九类，其中以人事下内容最多。每一词语都有四项，中间两项分别为西夏文（番文）和相应意义的汉文，左右两项分别为中间西夏文和汉文的相应译音字。懂汉语文不懂西夏语文的人可通过此书学习西夏语文，而懂西夏语文不懂汉语文的人也可通过此书学习汉语文。此书是番人、汉人互相学习对方语言文字的工具书。正如作者在序言中说："然则今时人者，番汉语言，可以具备。不学番言，则岂和番人之众；不会汉语，则岂入汉人之数。番有智者，汉人不敬；汉有贤士，番人不崇，若此者由语言不通故也。"作者还直接阐明编纂此书的原则和目的："准三才集成番汉语节略一本，言者分辨，语句昭然，言音未切，教者能整。语句虽俗，学人易会，号为《合时掌中珠》。"③此序末记载时间为乾祐二十一年（1190年），属西夏后期，距西夏灭亡仅37年，但仍有修订，现所见至少有两种版本。此书应是世界上最早的双语双解的辞书。

另有西夏文《新集碎金置掌文》（简称《碎金》），全文1000字，每句五言。编者巧妙地将1000个不重复的西夏字编成长达200句、100联的五言诗，编排方法和叙事列名顺序与汉文《千字文》相仿。书中正文开始是自然现象、时节变化等，后为人事，包括帝族官爵、

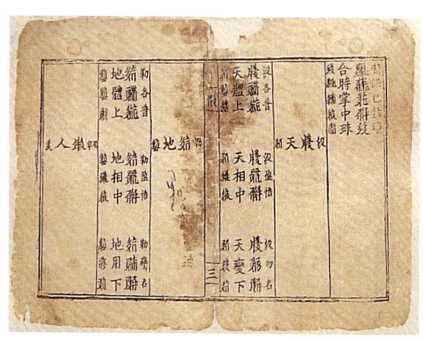

图4 西夏文—汉文双解词语集《番汉合时掌中珠》

①史金波：《西夏文〈过去庄严劫千佛名经〉发愿文译证》，《世界宗教研究》1981年1期。
②史金波：《西夏的历法和历书》，《民族语文》2006年第4期。
③史金波、魏同贤、克恰诺夫主编：《俄藏黑水城文献》第10册，上海古籍出版社，1999年，第1—37页。黄振华、聂鸿音、史金波整理：《番汉合时掌中珠》，宁夏人民出版社，1989年。

番姓和汉姓、婚姻家庭、财务百工、禽兽家畜、社会杂项等。令人叫绝的是在第39联后有12联120个汉姓，不仅有姓氏本身的意义，还有隐含的双关意义。如"金严陶萧甄，胡白邵封崔"，隐含着"金银大小珍，琥珀少翡翠"；"曹陆倪苏姚，浑酒和殷陈"，隐含着"秋露宜酥油，浑酒和茵陈"①。此书在用西夏文记录的汉姓中，拼凑汉语诗句，匠心独运，形成特点。这是只能在双语现象比较普遍、基础较好的语言环境中才有的特殊现象。

西夏人还别出心裁地编撰了一部奇特的西夏文辞书，名为《纂要》。该书以事门分类，其中每一个西夏文词语都用汉语注释，但这种注释并不用汉字，而是用为汉字注音的西夏字。此书对懂得汉语又粗通西夏文的人了解西夏词语的准确含义很有帮助。这样的辞书表明当时西夏境内西夏语、汉语两种语言同时使用、互相交流的需要，也反映了编著者的匠心。②

西夏时期反映西夏文和藏文互动、互注的文献也有多种。西夏仁宗时所立甘州（今甘肃省张掖）黑水河建桥碑一面汉文、一面藏文，显示出西夏西部地区多民族文化交织的现象。西夏佛经中还有一种特殊的佛经，在手写的西夏文佛经中每一个字旁边用藏文为其注音。③这种特殊的以藏文注音西夏文佛经可能是为了懂藏文的人学习和诵读西夏文佛经所用。此外斯坦因还在黑水城遗址发现有"汉文而用西藏文注释"的残页。由此可以推想，当时西夏境内几种主要民族在文化交流中相互学习、相互影响的多边密切关系。

由上可见西夏时期不仅将双语，甚至多语的应用范围大大拓宽，也显示出西夏双语的使用已超出一般社会层面，从民间的需要上升为政府倡导和组织的国家行为。这种双语或多语氛围的形成，可能与西夏较宽松的民族政策有关。西夏虽也有民族压迫，但没有像辽、金、元那样严重的民族歧视和民族等级政策，民族矛盾不很尖锐。西夏王朝中自上至下有很多掌握双语的人。西夏中央、地方政府机构中有各民族官员，特别是党项族和汉族的官员较多，文书的行用和沟通非常重要。崇宗时宗室濮王仁忠、舒王仁礼"俱通蕃汉字"。西夏后期有宰相斡道冲，曾译《论语注》，又撰写论语解义二十卷，名为《论语小义》，还著作《周易卜筮断》④。他是一位卓有成就的双语专家。翻译典籍需要双语人才，特别是将数千卷佛经译为西夏文本，需要大量掌握两种语言、文字的翻译人才。出土的西夏文户籍表明同一社区中有党项族和汉族一起居住，这给基层双语的使用自然创造了前提。⑤

3. 女真文是记录金朝统治民族女真族语言的文字，在契丹文字的直接影响下，在汉文字的间接影响下创制而成。⑥当时规定女真、契丹、汉人各用本字，所以女真字制成后与契丹字、汉字在金朝境内同时流通，后"诏罢契丹字"，只准用女真字和汉字。金朝为推行女真字，在上京和各路府设立专门学校，置教官教授文字。据统计，各路府学达22所之多。这些学校中学习女真语的课本是完颜希尹编撰的《女真字书》。⑦

由于文化教育的需要，女真文字图书的翻译也十分兴盛，编译的女真文书籍大多为儒家经典，这与金代对女真人进行儒学教育分不开。为使不懂汉文的女真人学习儒家经典，特地建立译经所，翻译儒学著作。⑧当时儒学著作女真文译本有《易经》《书经》《孝经》《论语》《孟子》《老子》《刘

①史金波、聂鸿音：《西夏文本〈碎金〉研究》，《宁夏大学学报》1995年第2期。

②《俄藏黑水城文献》第10册，第38—39页。

③《国立北平图书馆馆刊》4卷3号（西夏文专号），1932年，第7—21页，第241—244页。

④[元]虞集：《道园学古录》卷4《西夏相斡公画像赞》。

⑤史金波：《西夏户籍初探》，《民族研究》2004年第5期。

⑥《金史》卷73《完颜希尹传》。

⑦《金史》卷51《选举志》。

⑧《金史》卷56《百官志》。

子》《扬子》《列子》《文中子》等典籍，还有史籍类《贞观政要》《新唐书》《史记》《汉书》《盘古书》《孔子家语》《太公书》《伍子胥书》《孙膑书》《黄氏女书》等。有的女真文译书发行量较大，如大定二十三年（1183年）翻译的《孝经》一次就印刷上千部。女真文书籍多为金世宗在位时（1161—1189年）翻译、刻印。

金世宗有强烈的民族意识，大力发展民族文化。他提倡将汉籍译为女真文，"欲女真人知仁义道德所在"[①]。他要求女真人保持"国语骑射"等固有习俗而避免汉化。进入中原的女真族原有习俗发生了很大变化，女真语也越来越少有人使用，这使金世宗不得不大力提倡女真语，但汉族先进文化对女真人的吸引力是难以割断的，儒家经典的翻译使汉文化中的仁义道德观念深入女真人心，使汉文化得以普遍在女真族中传播。随着金朝的灭亡，行用一百多年的女真文也逐渐走向衰落。从金朝初年女真族由操女真语，到世宗时多数人操汉语，半个多世纪过程中，是女真族由单语（女真语）向双语（女真语、汉语）转变，再向单语（汉语）转变的过程。

女真文文献留存至今的主要是金石资料，其中也有双语合璧者。《大金得胜陀颂碑》碑身阳面刻汉文，碑阴刻女真文。此碑是迄今保留汉、女真两种文字对照的唯一碑铭，也是保留女真字最多的碑铭，对研究早期金史和女真字有重要价值。《奥屯良弼饯饮碑》主要部分为汉文，左下方为3行女真文字跋文，60余字。《昭勇大将军同知雄州节度使墓碑》刻女真文1行21字，另有汉字记载墓主人身份和生卒年份，也是双语碑刻。

4. 回鹘人的文字在这一时期发生了重大变化。由于伊斯兰教的传播，阿拉伯语也传入喀喇汗王朝，于是回鹘人开始用阿拉伯字母来取代原来的回鹘文字母，逐渐形成了一种用阿拉伯字母拼写的回鹘语文字，称为哈喀尼亚语，成为王朝主要官方书面语。回鹘文在一段时间内仍然并用。喀喇汗王朝有一大批哲学家、思想家、文学家、历史学家，熟练地用回鹘语、阿拉伯语、波斯语等进行写作、翻译，出现了大批具有很大影响的作品，最有代表性的是《福乐智慧》《突厥语大词典》《真理的入门》等作品。

《福乐智慧》的内容十分广泛，作者是著名的诗人和思想家优素甫·哈斯·哈吉甫，现有3个抄本，其中一种用回鹘文抄写，另外两种用阿拉伯字母抄成。[②]

马赫穆德·喀什噶里编写的《突厥语大词典》是第一部完整、系统的词典，将突厥语与阿拉伯语置于平等的地位加以比较研究，从中可以了解到突厥语和阿拉伯语、波斯语比较语言学知识，反映当时民族间多种语言的联系与沟通，在语言学上有特殊的地位。

阿合买提·玉格乃克撰写的《真理的入门》语言富有鲜明的时代特色，它使用的是回鹘语，但其中有很多察合台语因素，两者混用显示出正从回鹘语向察合台语过渡的进程，表现出喀喇汗王朝后期语言的特点。现有三个较全的抄本：一是回鹘文抄本，二是回鹘文与阿拉伯文合璧抄本，三是阿拉伯文与维吾尔文合璧抄本。[③]

5. 傣族创制了傣文，用于记录傣族语言，在13—14世纪开始随着小乘佛教传播而在傣族地区流行，分地区有4种傣文。

傣族古籍中数量最多的是翻译的《大藏经》，号称84000部，现在仅存一部分。傣文《大藏经》是部派佛教南传上座部巴利语系大藏经之一，有西双版纳傣文、德宏傣文和傣绷文三种不同的方言

---

① 《金史》卷8《世宗本纪下》。
② 1942—1943年土耳其语言学会将三个抄本分别影印出版。此书已有多种文字的译本。中国出版了此书的拉丁字母标音转写和现代维吾尔语的会译本（民族出版社，1984年，维文版）；后又出版了汉译本（民族出版社，1986年）。
③ 1915年经整理后在土耳其出版。1981年分别译成现代维吾尔文和汉文在中国出版。

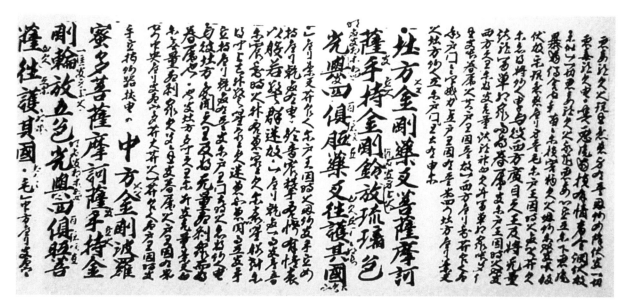

图5　汉文、方块白文合璧《仁王护国般若波罗蜜多经》　藏云南省图书馆

文字写刻本。其内容和其他文字的巴利语系《大藏经》基本一致，保存了小乘佛教经典较早期的面貌。

6. 白族有自己的语言，属汉藏语系藏缅语族彝语支，也有专家认为白语是单独的一个语支。由于汉族和白族的交往，白族人长期学习汉族先进文化，所以白语里含有大量汉语词，甚至在语法方面也有很多变化。白语的发展过程就是两个民族之间接触密切、两种语言影响渗透的典型，是双语现象的特殊例证。

白族人民从唐代开始曾经使用过以汉字为基础的方块白文，以记录白语。白文流行于云南大理一带，是白族使用的一种土俗文字，人们通常称之为"方块白文"。方块白文借源于汉字。云南大理市仪凤县发现的古本佛经中，南昭大理国时期的写本经卷夹写方块白文，有的在汉文经文的右侧写注白文，在卷尾还有白文注疏。最有代表性的是写经《仁王护国般若波罗蜜多经·嘱果品第八》，正文有汉字1800多个，旁注方块白文1700个，白文疏记4300字。这种汉文、古白文双语文注疏本极为罕见。

四、元代的双语文献

元朝是中国第一个以少数民族为主体建立的全国性王朝，主体民族是蒙古族。它结束了多个政权长期并立的局面，建起空前规模的统一多民族国家。元朝的建立使少数民族文化得到强化，中国又诞生了两种民族文字：回鹘式蒙古文和八思巴字，形成了新的民族文字文献。元朝统治者还大力吸收和发展汉族及其他民族文化，兴学立教，尊经重儒。

1. 回鹘式蒙古文是回鹘人塔塔统阿创制。塔塔统阿精通回鹘文，成吉思汗使其"教太子诸王以畏兀儿字书国言"①。这样书写蒙古语的畏兀儿文字成为回鹘式蒙古文。

元朝除大量吸收以畏兀儿文化为主的西域文明外，更接受中原的汉文化。早在蒙古国时期，在燕京便设有专门学校，教授汉人和色目人学习蒙古语文，培养翻译人才。《黑鞑事略》载："燕京市

①《元史》卷124《塔塔统阿传》。

学，多教回回字及乣人译语；才会译语，便做通事。"①当时燕京的双语学校应社会急需，培养了一批人才。忽必烈重视汉法，其核心是尊儒兴学。对蒙古人来说学习儒家经典最困难的是语言文字。因此，忽必烈擢用一批通晓蒙语的汉族文人翻译儒家典籍。这批人是当时可贵的双语人才，其中最受忽必烈赏识的是赵璧。赵璧将《大学衍义》译成蒙古语在马背上为尚在"潜邸"的忽必烈讲说。忽必烈还选派10名蒙古青年向赵璧学习。赵璧还受命将《论语》《大学》《中庸》《孟子》等书译为蒙古文，供忽必烈及其他蒙古贵族子弟学习。②忽必烈对赵璧的蒙古语文水平甚为欣赏，读其译文后赞叹不已："汉人乃能为国语深细若此！"③看来赵璧是汉语和蒙古语双语高手。除赵璧外，还有一批"能练习国体，通晓译语"的翻译人才，许多儒家经典的蒙文译文都出自他们之手。

忽必烈即位后，下令翻译了很多经史典籍。至元元年（1264年）"敕选儒士编修国史，译写经书，起馆舍，给俸以赡之"④。至元五年（1268年）"敕从臣秃忽思等录《毛诗》《孟子》《论语》"⑤。至元十九年（1282年）"刊行蒙古畏吾儿字所书《通鉴》"⑥。从汉文史料记载看，被译为蒙古文的还有《百家姓》《千字文》《大学衍义节文》《忠经》《尚书》《资治通鉴》《贞观政要》《帝范》等汉文典籍。有的当代汉文书籍也做了翻译，如泰定元年（1324年）"敕译《列圣制诏》及《大元通制》，刊本赐百官"⑦。以儒家经典为主，包括一批重要的汉文图书被译成蒙文。忽必烈时代译者多为汉人，后期多为蒙古族或蒙汉人士合译，说明通晓汉籍的蒙古士人已经增多，高级双语人才从汉族转为蒙古族。元代的汉籍蒙古文译本虽然很多，但传世的回鹘式蒙文图书现在只有汉文蒙古文合璧的《孝经》残本。⑧

元大德年间（1297—1307年）于西藏开雕蒙古文《大藏经》，在萨迦派喇嘛法光主持下，由藏族、回鹘、蒙古、汉等僧众共同参与，将藏文《大藏经》译成蒙古文。在元政府中，有负责译经的专门机构。元朝政府还组织力量用回鹘式蒙文翻译了很多佛教经典。⑨这些元代蒙文译经都未流传下来。

参与蒙文佛经翻译的，除蒙古族外畏吾儿人也发挥了重要作用。元代有很多著名畏吾儿翻译家，最著名的译经师必兰纳失里于元皇庆年间奉命将五六种汉、梵、藏文的佛经译成回鹘式蒙文。另一位著名的翻译家是畏吾儿人迦鲁纳塔思，忽必烈时代受翻译家安藏的推荐到大都讲法。他精通佛教，懂梵、藏等多种文字。⑩由此可见当时有一支多民族双语专家队伍。

2. 八思巴字是元朝国师八思巴依照忽必烈旨令创制的拼音文字。至元六年（1269年），新文字创制成功，"为蒙古新字，译写一切文字"，"凡有玺书颁降者，并用蒙古新字，仍各以其国字副之"⑪。八思巴字除拼写蒙语外，还记录了汉语、藏语、回鹘语及梵语等。

忽必烈认为必须加强文治，方显自己的统治才能，文治的重要标志是文字。元朝地域辽阔，民族众多，语言使用情况复杂。这使忽必烈认为应有一种统一的文字能书写各种语言。这大约是创制八思巴字的主要原因。

---

① [宋]彭大雅：《黑鞑事略》。
② 《元史》卷159《赵璧传》。
③ [元]虞集：《道园学古录》卷12《中书平章政事赵璧谥议》。
④ 《元史》卷124《塔塔统阿传》。
⑤ 《元史》卷6《世祖本纪三》。
⑥ 《元史》卷12《世祖本纪九》。
⑦ 《元史》卷29《泰定帝本纪一》。
⑧ 道布：《回鹘式蒙古文》，《中国民族古文字图录》，中国社会科学出版社，1990年，第295页。此书藏于故宫，关于回鹘式蒙古文《孝经》的版本问题学界还有一种意见，认为此书有可能为明刻本。
⑨ 《元史》卷35《文宗本纪四》。
⑩ 《元史》卷134《迦鲁纳答思传》。
⑪ 《元史》卷202《释家传》。

　　八思巴字创制后，用行政手段大力推行，在大都和各地州、郡设立学校，教蒙古贵族子弟和百姓中的优秀子弟学习。至元二十四年（1287年）又设国子监，生员达120人，蒙古人、汉人各半。在国子监中培养出来的蒙古贵族子弟后来有很多是熟悉汉文化、懂汉语的元代高官名臣。当时的国子监实际上是实行"民汉兼通"的高级双语教育学校。

　　为推行八思巴字，并使京师和各地学校有足够的教材，元朝翻译了许多八思巴字蒙古语图书。忽必烈下诏将《通鉴节要》译成八思巴字，作为教材。[①]忽必烈去世后，各代皇帝继续重视八思巴字蒙古语的翻译，如《孝经》《贞观政要》《资治通鉴》《大学衍义》等，都已译成八思巴字。[②]

　　元代八思巴字典籍绝大部分已散失，至今尚能见到的仅有寥寥几种。一是《百家姓蒙古文》，二是《蒙古字韵》，都用八思巴字译写汉语，为双语文献。

　　元代皇帝曾多次向西藏颁发八思巴字圣旨，申明保护寺庙，不征税收。有5件八思巴字蒙古语圣旨，分别保存于西藏自治区文物管理委员会和西藏自治区档案馆。[③]广东曲江南华寺藏有元仁宗于1312—1317年间颁赐给南华寺的两道护寺圣旨，以八思巴字拼写蒙古语。

　　八思巴字除用于拼写蒙古语、汉语外，还用于书写藏语、梵语和回鹘语等。有《萨迦格言》残本，是藏传佛教萨迦派四世祖萨班·贡噶坚赞的名著，译为蒙古语八思巴字刊印。元代吐鲁番的回鹘人曾使用八思巴文来拼写回鹘语。吐鲁番出土八思巴文和回鹘文的双语文献残片。土耳其伊斯坦布尔大学图书馆收藏波斯文写本《奇闻录》中，有一页是八思巴蒙古语和回鹘文双语对照抄写的忽必烈汗遗训，反映了元代蒙古族与回鹘人的密切关系。[④]

　　留存至今的八思巴字文献有不少碑铭。碑铭内容绝大多数是元代各朝皇帝或太后的圣旨、懿旨，总数达60种左右，其中拼写蒙古语的有近30种，另有30种左右拼写汉语。分别保存于全国很多省区。

　　八思巴字蒙古语文献是研究中世纪蒙古语的可靠依据，对研究元代蒙语的白话体和元代汉语中的蒙古语借词，以及蒙汉两种语言的相互影响都有重要价值。[⑤]八思巴字拼写汉语文献更具有独特的、无可替代的重要意义。汉字不是拼音文字，对其实际音值就很难确定。而八思巴字的汉语文献可以用来比勘当时汉语音韵资料，能够解决这一难题。[⑥]

　　除纸质文献和碑铭外，八思巴字在玺印、钱币和一些宗教建筑上也得到较多地使用。如内蒙古科尔沁右翼中旗出土八思巴字等五体文字夜巡牌，这一多种文字的牌符引起学术界广泛注意。

　　3. 元代在多语言文字的使用方面还有一个特别值得注意的现象。北京市北郊居庸关云台，是元至正五年（1345年）修建的居庸关过街塔，云台座下部有南北向拱券，门洞宽洞内壁由巨石砌成，上镌刻六种文字，有梵文、汉文、藏文、八思巴字、西夏文、回鹘文，内容为佛经经题和三种陀罗尼。另至正八年（1348年）速来蛮西宁王在敦煌莫高窟建造像碑，碑上也用上述六种文字镌刻"唵嘛呢叭咪吽"六字真言。又甘肃省永昌圣容寺附近的山石上也凿刻了这六体文字真言。这三处不同时间、不同地点但文种相同的石刻绝非偶然，它证明除作为佛教特殊的梵文外，其他五种文字应是官方承认的通行文字和语言，使用这些语言的民族除汉族外，都属于蒙古人或色目人。这有助于理解当时的民族政策，特别是民族语文政策。

　　4. 元世祖忽必烈时，命人编撰蒙、汉语对译辞书《至元译语》，将蒙古语词按天文、地理、人

　　①《续文献通考》卷50。
　　②《元史》卷22《武宗本纪》；卷24《仁宗本纪》；卷36《文宗本纪五》；卷25《仁宗本纪二》；卷24《仁宗本纪一》；卷26《仁宗本纪三》。
　　③西藏自治区档案馆编：《西藏历史档案荟萃》，文物出版社，1995年。
　　④照那斯图、牛汝极：《元代畏兀儿人使用八思巴字述略》，《西北民族研究》2002年第3期。
　　⑤罗常培、蔡美彪：《八思巴字与元代汉语》，科学出版社，1959年。
　　⑥照那斯图、杨耐思：《八思巴字研究》，《中国民族古文字研究》，中国社会科学出版社，1984年，第374页。

事、器物分类，以汉字录写蒙古语词语，再写出相应的汉语释义。尽管未用少数民族文字录出民族语言，仍然起到双语词典作用。①这是一种特殊形式的双语对译字典，为明清时期大规模编纂《华夷译语》开了先河，在双语教育方面具有重要的标志性意义。

元代八思巴字的创制和译写多种语言文字、以官方刻石的方式确认五种通行语言、编纂《至元译语》，在中国双语、多语史上具有独特的意义。

5. 回鹘文在元代继续使用，留存了一批回鹘碑铭，这些碑铭的外形大多为汉族传统形式，并多是回鹘文、汉文双语合璧。重要碑铭有：《有元重修文殊寺碑铭》，阳面汉文26行，阴面回鹘文亦26行；②《亦都护高昌王世勋碑》，碑身一面刻汉文36行，另一面回鹘文分栏刻字，文多漫漶不清；③《大元肃州路也可达鲁花赤世袭碑》，回鹘文、汉文合璧，记元代西夏后裔世袭肃州路达鲁花赤事。④

元代还保存一通藏文、汉文合璧碑刻，即山东省长青县大灵岩寺《大元国师法旨碑》⑤。

五、明代的双语文献

明代少数民族经济、文化有了进一步发展，双语问题也进入一个新的阶段。明朝政府出台一项重大举措是设置专门的少数民族语文翻译机构四夷馆，并由其编纂《华夷译语》，成为当时国家双语现象的主要标志和重要内容。

1. 明初洪武十五年（1382年）翰林院侍讲火源洁、编修马沙亦黑奉敕将蒙文本《蒙古秘史》译成汉文，此译本蒙古文用汉字译音写出，每个词旁译注汉文词义，每节附有内容意译择要，被称为汉字标音本。这部特殊的双语文献因蒙古文原本遗失显得更加珍贵，现今所见《蒙古秘史》皆由此而来。

同年明太祖又命火源洁、马沙亦黑等编撰《华夷译语》，后于洪武二十二年刊行。所编只有蒙古译语一种，包括蒙古语原文、汉字、汉字音译蒙古语三项。可见明初国家已开始编纂当时政府和社会最需要的双语教材。明朝初期与北元时战时和，后局势较为稳定，双方来往更多，语言文字翻译显得十分重要。《华夷译语》是用汉文与蒙古文对照的词语和公文汇集，分为"杂字"和"来文"两部分，作为蒙、汉语翻译的课本，提供给学习蒙古语文的汉族学生使用。此《华夷译语》给明清两代编撰同类图书提供了范例，产生了深远影响。

2. 随着民族交往，特别是政府与各民族地区交流的增加，成立专门翻译机构成为迫切需求。四夷馆是明代培养外国与国内少数民族语文翻译人才和翻译外国与民族地区朝贡文书的专门机构。其主要任务是培养合格、优秀的翻译人才为皇家服务。永乐五年（1407年）明成祖命礼部选国子监生38人学习译书，规定这些学生开科时仍可参加科举考试，这38人便成了中国历史上第一批四夷馆学生。四夷馆当时分为8个馆：西天、鞑靼、回、女直、高昌、西番、缅甸、百夷。⑥后来又有增补。政府需到相关边远地区寻访合适四夷馆教师。教师若未婚，经申请可允其在京与相应军民之家成婚。其亡故后，在宛平、大兴二县安葬，其子孙可进馆学习。后因从边远地区引进教师有困难，各馆教师大多由资深汉族专业人士担任。又因番文难学，允许四夷馆教师亲世业子弟报考，使

---

①贾敬颜、朱风合编：《〈蒙古译语〉〈女真译语〉汇编》，天津古籍出版社，1990年。
②耿世民：《耿世民新疆文史论集》，中央民族大学出版社，2001年，第383页。
③耿世民：《耿世民新疆文史论集》，中央民族大学出版社，2001年，第400页。
④白滨、史金波：《〈大元肃州路也可达鲁花赤世袭之碑〉考释》，《民族研究》1979年第1期。耿世民：《碑阴回鹘文释文》（同期）。
⑤蔡美彪：《元代白话碑集录》，科学出版社，1955年。
⑥[明]郎瑛：《七修类稿》卷12《国事类》。

部分教师成为世袭。四夷馆的官生在生活上有较为优厚的待遇。除教学外四夷馆另一重要任务是翻译外国与少数民族地区的来文和皇帝的敕谕及朝廷回函。四夷馆所属各馆事务繁简不同，鞑靼馆是事务最为繁忙的一馆。

明代四夷馆通过翻译和教学实践，编撰了一套《译语》，供各馆使用。这些《译语》由十个馆分别编写，内容继承了明初《华夷译语》，分两部分，一是"杂字"，二是"来文"，不同的是有外文或少数民族文字与汉文对照，成为真正的双语双文文献。

明代《华夷译语》除上述为洪武本、永乐本外，还有会同馆本。会同馆本是明

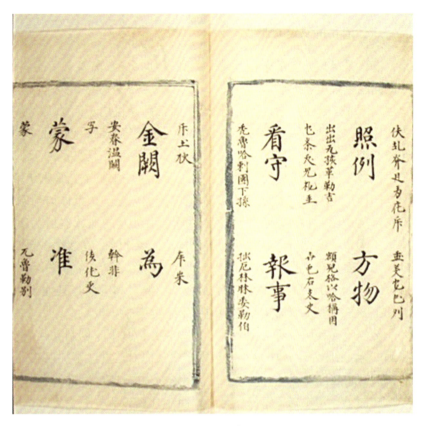

图6 明抄本《女真馆杂字》 国家图书馆藏

末茅瑞徵辑，只有汉语和汉字音译诸蕃语言，没有诸蕃语言的原文，而且缺少"来文"部分。[1]

明朝还把藏文佛经译成蒙古文，由政府印蒙古文《甘珠尔》，参与这项翻译工程的有蒙、藏、汉的学者，他们多是熟练掌握双语的学者。[2]

3. 彝族有悠久的文化，有自创的民族文字，形成了很多有价值的文献。其中也有译自汉文的作品。彝文《劝善经》是汉文《太上感应篇》的译文，又在每一章节之后结合彝族的具体情况加以发挥，逐节逐条讲解释义，是现存彝文古籍中最早彝文木刻本。[3]

彝族有的重要石刻也是双语合璧。如坐落在贵州大方县的《新修千岁衢碑》，系明嘉靖二十五年（1546年）兴建，碑记彝族罗甸水西摄职彝君长、贵州宣慰使安万铨捐资修筑千岁衢事，碑面右幅刻汉文，左幅刻彝文。又如同是大方县的《水西大渡河建石桥记》，立于明万历二十年（1592年），桥头竖石碑二方，一碑刻彝文，一碑刻汉文。汉文记述水西安邦母子身世，赞扬他们捐资修桥的善举；彝文内容主要叙述彝族德施氏后裔罗甸水西的历史和经历建桥的有关人名。尽管这两件事皆为彝族的事物，但仍然以彝、汉两种文字书写，反映了当地彝族、汉族关系密切，两种语言文字并用的实际情况。

4. 明代也留下了多文种的石刻。永乐十一年（1413年）建于黑龙江下游特林地方的《永宁寺碑》（又名《奴儿干都司永宁寺碑》），阴面女真文、蒙文各15行，两侧为汉文、女真文、蒙文、藏文四体六字真言。

①［明］吕维祺撰，［清］许三礼、霍维翰增辑：《四译馆增定馆则》20卷，［清］曹溶、钱綖辑：《新增馆则》2卷。明崇祯刻本，清袁懋德重修本。

②《中国大百科全书·宗教卷》，中国大百科全书出版社，1988年，第264—265页。

③马学良、张兴等：《彝文〈劝善经〉译注》，中央民族学院出版社，1986年。《贵州通志》"艺文志"，明万历二十五年刊本。

六、清代的双语文献

清代是满族建立的全国性统一封建王朝，少数民族文字的应用和出版得到政府强有力的支持。双语问题呈现出新的形式。

1. 清代继承明代的传统，仍设置语言翻译机构。因"夷"字为清朝所忌讳，将明代四夷馆改为四译馆，又称会同四译馆。顺治元年（1644年）清兵攻占北京，明四夷馆官员被留用。清四译馆职责与明代相同，下设回回、缅甸、百夷、西番、高昌、西天、八百、暹罗八馆，各馆设正教序班、协教序班各一人作为教师，下有译字官生若干。至光绪末年裁撤。

四译馆也编撰了一批《译语》，范围更加广泛。这批译语与明代《华夷译语》相比，只有杂字，没有来文。除一种外均有民族文字。译语所涉及的地域包括四川、云南、西藏一带共31种，另有琉球、暹罗、缅甸、印度和欧洲等外国语言共11种。[1]这批重要的双语文献在语言学、民族学和文献学等方面具有重要意义。

2. 满族创制了自己民族文字满文，用满文和满文与其他文字合璧出版了品种繁多、印刷精良的图书。这一时期双语文献达到高度繁荣。

努尔哈赤在明万历二十七年（1599年）二月下令创制满族的文字，被称为"老满文"或"无圈点满文"。天聪六年（1632年）皇太极命达海对这种文字加以改进。清代尊满语为"国语"，满文又称清文。

中国第一历史档案馆保存有崇德四年（1639年）后金户部刻印示谕官民禁绝烟草的布告，系满

图7　满汉合璧刻本《三国志》　国家图书馆藏

---

①冯蒸：《"华夷译语"调查记》，《文物》1982年第2期。

汉文合璧，左为满文，右为汉文。年款"崇德四年六月二十六日"满汉文各一行。这是早期满文、汉文合璧的双语文告，表明满族统治者在入关前就重视双语文书。

清朝在入关前既开始翻译汉文典籍，所译汉籍有十余部之多，有《刑部会典》《素书》《三略》《万宝全书》《通鉴》《三韬》《孟子》《三国志》《礼部会典》及一部分大乘佛教典籍。[1]昭梿在《啸亭续录》中提到皇太极将达海所译《三国志》和四书各一部"颁赐耆旧，以为临政规范"。为了适应汉籍满译的需要，专设翻书房，"拣择旗员中谙习清文者充之，无定员"[2]。这些人都是满汉兼通的双语人才。

顺治三年（1646年）刊印满文《辽史》《金史》《元史》，为清入关后首次刊印的满文图书，译者为内弘文院学士希福等人。这可能出于当时清朝统治者急于借鉴少数民族政权统治中原的政治考量。大量翻译典籍自然使双语人才受到重视，译者希福就是通满、汉、蒙多种语言、文字专家。[3]

清朝编辑、出版了很多满文书籍，同时也刊印各书的汉文本，形成了同一种书有两种文字版本的格局，如《日讲四书解义》《日讲书经解义》《性理精义》等经书，《清会典》《大清律例》《大清会典》等政书，《御制古文渊鉴》等文学图书，以多种方略为代表的史书。

康熙时编印了几部规模宏大的语言类书籍对后世影响深远。值得提出的是《御制清文鉴》，前后经35年方告完成，是一部百科全书性质的满文分类辞典，共280类，12000余条，是学习、使用满语文的应用教材和辞书，为满文译学中第一部纲领性巨著。此书开创了清代编纂官修辞书的先河，乾隆时期编纂的各类清文鉴皆以此为楷模。

清代把崇奉藏传佛教列为国策，主要目的是稳定蒙藏地区，保障中央政府的有效统治。乾隆三十八年（1773年）上谕将《甘珠尔》译成满文，即所谓满文《大藏经》，乾隆五十五年（1790年）告成。乾隆帝将翻译《甘珠尔》与编纂四库全书等同看作其六旬后所办两件大事。他明确告示翻译满文《大藏经》并非以祸福趋避教人，而是因当时没有满文《大藏经》，与作为统治者的满族地位不相称。他还有更深一层考虑，即将佛经译为满文后，便于中外人等学习满文，进而可教化众人"知尊君亲上，去恶从善"。这实际上是将翻译满文《大藏经》和双语教育结合起来。为此，特在宫中设立清字经馆。实际负责满文《大藏经》翻译的是章嘉呼图克图，习称章嘉活佛，是内蒙古地区藏传佛教格鲁派最高转世活佛，其地位仅次于达赖、班禅。[4]满文《甘珠尔》是满、蒙、藏、汉僧俗学者集体智慧的结晶，是双语推行的成果。

为适应双语教育的需要，有清一代刊印满汉合璧的书籍成为时尚。康熙四十九年（1710年）刻印过满汉合璧的《西厢记》，雍正二年（1724年）刊印过满汉合璧《圣谕广训》，雍正八年（1730年）刻满汉合璧《满文启蒙》，乾隆六十年（1795年）又刻过《六部成语》，乾隆三十七年（1772年）刻《清汉对音字式》，道光二十年（1840年）刻满汉合璧《音韵逢源》，道光二十八年（1848年）刊印满汉文相间的《聊斋志异》。光绪三十三年（1907年）北京石印馆刻了满汉蒙三体合璧《分类汉语入门》。直至宣统元年还出版了石印本《满蒙汉合璧教科书》。

清代留下了很多满文与其他文字合璧的碑刻，如题名《大金喇嘛法师宝记》的碑刻，立于辽宁省辽阳市太子河喇嘛园村，碑阳面为满汉合璧，满文为无圈点满文，亦称老满文，碑阴有汉文20行。这种老满文的碑刻存世很少。

3. 由于清王朝的满族统治者与蒙古贵族特殊满蒙联盟关系，蒙文图书在清代达到空前繁荣发

①［清］弘昼等编：《八旗满洲氏族通谱》卷44，辽海出版社，2002年。
②［清］昭梿：《啸亭续录》卷1《翻书房》。
③《清史稿》卷4《世祖纪一》；卷145《艺文一》；卷232《希福传》。
④［清］土观·洛桑却吉尼玛著，陈庆英、马连龙译：《章嘉国师若必多吉传》，民族出版社，1988年。

展时期。清代用蒙古文翻译了很多著述。

翻译、刊印《甘珠尔》《丹珠尔》是清代蒙文官刻图书的大工程。《甘珠尔》的蒙译工作在阿拉坦汗和林丹汗时期已完成，但只有抄本。康熙二十二年（1683年），即命刊刻《如来大藏经》，组织了庞大机构进行，有总理监修，下有监修官，下设对勘喇嘛，为首者是章嘉胡图克图，又设校阅经文喇嘛，做具体编译工作的"对读经字喇嘛"。序言与目录是满、汉、蒙、藏四体合璧，参与校阅、翻译、誊录的有十余人，多是双语僧人。

康熙五十六年（1717年），康熙帝发布谕旨翻译蒙文《甘珠尔》，历经三年终于译成。①乾隆五年（1740年）章嘉三世奉敕将藏文《丹珠尔》225函译成蒙文，有200余名喇嘛学者参加，费时8年刊印。章嘉三世同时编成《蒙藏合璧字典》，显示了他在佛学和语言文字学方面的才华。

清代蒙古僧人和文人翻译了许多藏文、汉文、满文图书，丰富了蒙古族的文化宝库，许多翻译著作成为蒙古民族精神生活的重要组成部分，加强了各民族间的文化交流。

随着佛经的蒙译，许多作品也译成蒙古文，广为流传，如《萨迦格言》《尸语故事》《育民甘露》《米拉日巴传》《三十二个木偶的故事》等。一些医学著作也被译为蒙古文，如《医学四部基本理论》《蒙藏合璧医学》《脉诀》《药五经》等。这些印、藏著作的翻译者多是谙熟藏文的僧人，有的还通梵文，是多语种专家。

清代汉文著作的蒙译早在皇太极时代就开始了，崇德四年（1639年）奉皇太极之命，在大学士希福主持下，将辽、金、元史译为蒙古文。后又翻译《圣谕广训》《四书》《孝经集注》《三字经笺注》《黄石公素书》《吏治辑要》等。

清代早中期汉文书籍的蒙译者大多是官员或是官方色彩较浓的文人，所译作品大多以儒家经典和正史为主。19世纪以后，汉籍蒙译从以官方为主逐渐变成以民间为主，译者从以官方文人过渡到以闲散文人为主。这种变化表明民间民族交流更为广泛，需要更多的汉文图书译成蒙文，汉文化对蒙古族的影响逐渐加大。道光朝后，出现了一批精通蒙汉双语的人才，他们将大量汉文名著典籍译成蒙古文，如《新译红楼梦》《水浒传》等。蒙文翻译图书可分为两大类，一类是受印藏文化影响翻译创作的作品，另一类是汉文图书翻译作品。前者的著译者多为喇嘛，其中有些是学问渊博的高僧大德。后者的著译者大多为文人，也有一些笔帖式或有文化的喇嘛，由这些可见双语人才的集中群体。由上可知汉籍蒙译的双语翻译人员在时间和图书类别方面的差异。

光绪年间石印技术传入中国。石印便于文字的原版印刷，因此当时石印图书多为双语或三语（满、蒙、汉）词汇集和教科书，如《成语词林》《分类汉语入门》《三合教科书》等。

4. 清代维吾尔人继续使用察合台语作为统一的书面语，其中也有一批翻译著作，如毛拉穆罕默德·铁穆耳在1709年将15世纪波斯文名著《善人之道德》译成察合台文，于1717年根据波斯文翻译印度古典名著《卡里来与笛木乃》。《一千零一夜》是阿拉伯的文学名著，约在18世纪阿布杜拉汗·马合苏将其译为察合台文，在维吾尔族中有很大影响。

历经元、明，到18世纪末至19世纪初，大量的察合台文作品开始涌现，标志着维吾尔作家用波斯语、阿拉伯语写作的时代已经结束。察合台文中用以表述抽象概念的波斯语、阿拉伯语借词逐渐减少，而汉语、满语的借词逐渐增多。

5. 东巴文是在云南丽江纳西族地区流行的象形文字，记录的是纳西语的西部方言，一般用来抄写纳西族的经书。根据东巴经的说法，东巴文字是由东巴教祖"丁巴什罗"创造出来的，因此推测东巴文也在同一时期出现。有的专家认为，东巴文的产生不晚于11世纪。纳西东巴文是处在图

---

① 李保文：《关于康熙版蒙古文〈甘珠尔〉经的刊刻》，《故宫博物院院刊》2002年第5期，第79页。

画记事和表意文字中间发展阶段的象形文字符号系统，是人类文字从图画向符号过渡阶段。

东巴文经书《人类迁徙记》，又名《创世纪》，纳西语名"崇邦统"，被称为纳西族的史诗，内容有人类的起源、血缘家庭、父子联名、刀耕火种、陪嫁奴隶、迁徙路线和民族关系等，歌颂了纳西族祖先崇仁丽恩的英雄事迹和英雄气概。国家图书馆藏有东巴文和汉文对照的《创世纪》写本，十分稀见。

6. 清代使用多文种对照文字、编纂多文种辞书是当时双语的亮点。清代第二个政治中心承德避暑山庄，其正门为"丽正门"，门楣使用满、汉、蒙、藏、察合台五种文字镌刻。北京大高殿等处下马碑也是上述五种文字并用。康熙五十六年（1717年）

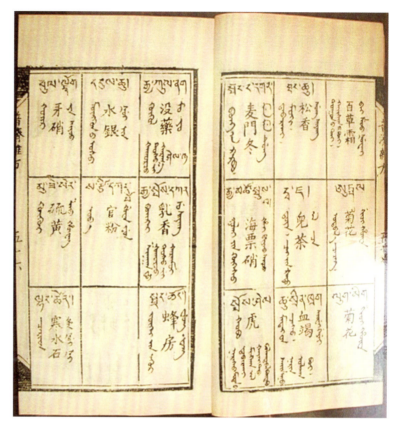

图8　清蒙汉藏满等多文种文刻本《普济杂方》
国家图书馆藏

在《清文鉴》的基础上，加注蒙文，成为《满蒙文鉴》，这是清代成书最早的官修双语辞书。乾隆三十六年（1771年）出版了《御制满洲蒙古汉字三合切音清文鉴》。乾隆三十八年（1773年）编成《御制增订清文鉴》，在康熙朝所编《清文鉴》基础上改编增订，并将全部词条译成汉文，成为满汉合璧的双语文献。后来又发展到四体文清鉴和五体清文鉴。乾隆朝后期编纂成的《五体清文鉴》，有满、汉、蒙、藏与察合台五种文字，仅有抄本。乾隆帝钦定的《西域同文志》（乾隆十五年完成）把中国西北地区的地名和一部分人名用汉文、满文、蒙古文、藏文、托忒蒙文、察合台文六种文字对照汇编，是研究清代西北地区地理历史和语言文字的重要资料。这是中国双语、多语辞书的新发展，是多民族语言交流新形势下的产物。

七、结语

双语是历史久远、普遍存在的语言现象。历史上的双语现象远比文献中反映的要广泛、深刻、频繁、生动，但仅从上述文献资料也可看出，中国的双语现象和双语教育确实丰富多彩，值得认真总结。

——双语是一种随着社会发展、民族交往自然和必然的趋势，双语是语言交流的产物，同时它又推动了语言文化的发展，并促进各民族政治、经济、文化方方面面的互动、借鉴、合作与发展。

——中国的双语在特定的自然和历史环境中表现出明显的历史延续性、动态渐进性和相对稳定性。

——中国历代展现出双语发展的各自时代特点。双语现象和当时的社会历史、民族状况有很大关系。中国早期多表现出局部的、地方的双语特色；隋唐时期中央政府开始重视，并有所作为；宋代因辽、夏、金各少数民族建立强大王朝，而使双语出现强势发展；元朝是蒙古族为主体的大一统王朝，创制出译写一切语言的文字，形成官方的6种文字合璧石刻；明清两朝则由中央政府设置专门双语翻译和教学机构，并大量编纂双语乃至多语种教材。

——中国历史上的双语文献、双语教材非常丰富，这是中国双语史的重要特点，在世界上占有特殊地位，这份宝贵文化遗产值得特别珍视。

——中国历代政府在双语问题上有很多举措，其经验应认真总结。1949年后，实行各民族一律平等的民族政策，在新的形势下双语教学蓬勃发展。在当前社会快速发展的新时期，我们应深入了解历代双语现象，总结、汲取历代双语应用和教学经验，顺应历史潮流，发挥引领、促进作用，进一步推动双语教育健康发展。

（原载中国少数民族双语教学研究会编《双语教学与研究》第七辑，中央编译出版社，2010年9月。《中国少数民族双语教学研究会通讯》2009年第1期上择要转载）

丝绸之路出土的少数民族文字文献
与东西方文化交流

【摘　要】古丝绸之路上很多民族有自己的语言和文字，并形成了大量文献，是真实记录历史的第一手资料，展示出丝绸之路形成和发展的历程，反映了各民族对发展丝绸之路的贡献。丝绸之路造就了各民族的文化大师，他们为发展丝绸之路文化、促进民族文化交流作出了巨大贡献。展示出丝绸之路是各民族共同开辟的贸易交往和文化交流通道及丝绸之路多民族、多语言、多文种、多宗教现象，促进了东西方文化大交流；同时也显示出这一带文化交流中民族融合、语言消亡、文字灭寂、宗教转换现象，体现出中国境内各民族文化的本土化趋向，形成相互间密不可分的关系。

【关键词】丝绸之路；少数民族；出土文献；文化大师；东西方文化交流

丝绸之路是连接亚洲、欧洲和非洲的古代商业贸易和文化交流路线，起始于古代中国，以长安（今陕西省西安市）为起点，经河西走廊到敦煌，再分为南路和北路：南路经楼兰、于阗、莎车，穿越葱岭到大月氏、安息，再向西至条支、大秦；北路经交河、龟兹、疏勒，穿越葱岭到大宛，再向西经安息至大秦。所经之地除汉族地区外，还有很多境内少数民族地区和境外各民族地区。中国传统文献中对丝绸之路不乏记载，主要是从中原王朝的角度对这一地区的介绍和诠释。近代在丝绸之路沿线出土了大量多种民族文字文献，对这一地区做了写实性记录，往往是更贴近历史的第一手资料，这些文献对深刻认识丝绸之路的过去、现在和未来有不可忽视的重要意义。

一、丝绸之路出土多种民族文字文献及其贡献

中国传统史籍对丝绸之路记载很丰富，如《史记》中的《大宛列传》，记载了汉代丝绸之路开拓者张骞出使西域的经过，以及大宛、乌孙、康居、奄蔡、大月氏、安息诸地的情况。[1]《史记》的《匈奴列传》中也有涉及丝绸之路的资料。[2]在《前汉书》中有丝绸之路地区的《西域列传》[3]。《后汉书》中有开拓和维持汉代与西域关系重要人物的《班超列传》[4]。《后汉书》中也有《西域列传》，此后正史中对西域的记载绳绳继继，绵延不绝。

其他汉文史籍中也有对丝绸之路的重要记载。如唐朝玄奘述，辩机撰文的《大唐西域记》，记玄奘至天竺求佛经的经历，其中所记诸国地理、风俗、服饰、幅员、物产等，成为了解丝绸之路历

---

[1]《史记》卷123《大宛列传》，中华书局，1959年，第3158—3163页。
[2]《史记》卷110《匈奴列传》，中华书局，1959年，第2879—2920页。
[3]《汉书》卷96《西域传》（上、下），中华书局，1962年，第3871—3932页。
[4]《后汉书》卷47《班超列传》，中华书局，1965年，第1571—1586页。

史文化的重要史料。中国传统汉文史籍对丝绸之路的记载具有开拓性、系统性、真实性，有巨大的史学价值。

近代以来，在丝绸之路沿线陆续出土了很多文献、文物，以其当地、当时记录的真实性、具体性，更加丰富了关于丝绸之路的历史认知，具有独特的历史价值。

丝绸之路沿线出土的文献包括汉文文献和其他民族文字文献。在20世纪中国四大文献发现中有三项都在丝绸之路沿线，其中包括居延汉简、敦煌吐鲁番文书和黑水城文献。此外丝绸之路其他一些地区也发现了不少古代各民族文字文书。

丝绸之路沿线出土的汉文文献数量最多，内容最丰富，以真实的记载补充了传统历史文献，很多文献增补了十分重要的历史事实。

在简牍文献中，如破城子遗址（内蒙古自治区额济纳旗）出土的《传置道里簿》木牍，记录了王莽时期长安到张掖郡氏池的20个置之间的里程；在悬泉置遗址（甘肃省敦煌）出土的《传置道里簿》木牍，记录了武威郡仓松到敦煌郡渊泉间12个置之间的里程。这两件木牍可以复原西汉时期从长安到敦煌的驿道和驿站设置情况，补充了对汉代丝绸之路的认识。[1]

敦煌文书中有不少直接反映出丝绸之路一带的历史文化状况和各民族交流史实，包括具有珍贵史料价值的官私文书符、牒、状、帖、榜文、判词、过所、公验、度牒、告身、籍账等。如敦煌出土写本《沙州图经》《西州图经》具体记载了丝绸之路各段的驿站。[2]又如永泰元年至大历元年《河西巡抚使判集》，天宝年间敦煌郡敦煌县六个乡的差科簿等，是了解唐代河西的政治法律制度和西北地区社会状况的宝贵资料。[3]

黑水城出土文书时间上接续敦煌文书，其中以西夏文文献为多数，也有很多反映宋朝、金朝、元朝乃至北元时期西北地区历史文化的重要汉文资料，如军政文书、榷场文书、牒状、账簿、契约、经书、史书、历书、蒙书、医方，以及大量宗教经典等。反映了多王朝、多民族在政治、经济、文化上的密切交往交流。[4]

丝绸之路历史上是一个多民族的民族走廊。当地各民族对丝绸之路的形成和发展都发挥着各自的重要作用。古丝绸之路上的民族都有自己的语言，有的还创制、使用了记录本民族语言的文字，形成了大量文献。然而很多民族文字文献都没有被保存、传承下来。直至近代，随着文物考古事业的发展陆续出土了很多民族文字文献，其中包括不少双语和多语文献。由于使用这些民族文字的民族有的已经消亡，有的已改用其他文字，因此一些文字成为无人可识的死文字，有的成为难以解读的古文字。

出土的少数民族文字文献，以其文字种类多样、涵盖地域广泛、内容丰富多彩而引起学术界的瞩目。解读这些久已失传的古文字文献往往需要比较长的过程，专家们需要付出大量精力，多被称为"绝学"。

佉卢字文献

佉卢字记录鄯善王国主体民族吐火罗人的语言。鄯善王国在今新疆若羌县一带，位于丝绸之路南道，在西汉时是西域三十六国之一，是丝绸之路上比较重要的王国，与汉朝有着密切的友好关

---

①何双全：《汉代西北驿道与传置——甲渠侯官、悬泉汉简〈传置道里簿〉考述》，《中国历史博物馆馆刊》1998年第1期。张国藩：《居延、悬泉汉简〈传置道里簿〉》，《档案》2014年第5期。

②荣新江：《出土文献所见丝绸之路概说》，《北京大学学报》2016年第1期。

③安家瑶：《唐永泰元年（765年）—大历元年（766年）河西巡抚使判集（伯二九四二）研究》，《敦煌吐鲁番文献研究论集》，中华书局，1982年，第232—264页。王永兴：《敦煌唐代差科簿考释》，《历史研究》1957年第12期。

④孙继民等著：《俄藏黑水城汉文非佛教文献整理与研究》（上），前言，北京师范大学出版社，2012年，第1—14页。

系。西汉宣帝神爵二年（前60年），西汉政府设置西域都护府，这一带开始直接隶属中央管辖。这一时期的少数民族及其建立的王国有鄯善、焉耆、龟兹、月氏、乌孙等。汉明帝永平十六年（73年），班超奉命出使西域，首先到达鄯善，重新打通丝绸之路。[①]

吐火罗人使用的语言属印欧语系印度语族西北俗语的一支，被称为鄯善俗语。吐火罗人用阿拉美文字演变而来的佉卢字母记录自己的语言。佉卢字文献大都属于3—4世纪，出土地点在新疆的尼雅、安得悦、楼兰、和田等地，分属鄯善王国和于阗王国。佉卢字在鄯善王国被广泛地使用。佉卢字文献的材质有木质、桦树皮、皮革、绢和纸等，也有写在壁画上的题记。最常见的是木牍，大量国王诏令、公文信函，以及居民财产、诉讼、纳税账目、水利灌溉、户口登记等都用墨笔写在木片上。

2世纪时，由于民族之间商贸交换的需要，在当地铸造了一种钱币，后被称为和田马钱。这种钱币一面用汉文篆字标明币值，另一面正中为一马或骆驼图案，周围一圈是佉卢字母，意为"大王，王中之王，伟大者：矩伽罗摩耶娑（之钱币）"[②]钱币上王的名字因铸造时代不同而有所不同。这是丝绸之路很早的双语钱币，反映出中原王朝在这一带影响深广，以及当时汉族和少数民族在经济、文化上的密切关系。[③]

焉耆—龟兹文文献

魏晋南北朝、隋唐时期，丝绸之路西域一带有突厥、于阗、粟特、回鹘、吐蕃等族。

出土文献表明，3世纪开始在今新疆库车、焉耆、吐鲁番等地，使用一种文字，拼写印欧语系伊朗语族东支中的两种方言，原来被称为吐火罗文，1980年中国民族古文字学者根据季羡林先生的意见，将其定为焉耆—龟兹文。

现已发现并刊布的焉耆—龟兹文文献种类较多，数量丰富，包括佛经、文学作品、公文档案、经济账目、辞书、医书和洞窟中的题记、铭刻等。[④]

焉耆—龟兹文已有较多的纸质文献，说明中原地区的造纸技术已传到西域，这比佉卢字来说是一大进步。另外一种载体还是传统的木牍。

近代在吐鲁番地区发现的焉耆文《弥勒会见记》，成书在5—6世纪，内容是弥勒菩萨上升兜率天，以及在弥勒净土的各种趣事见闻，被称为中国历史上最早的剧本，反映出丝绸之路上多民族文化的交流。[⑤]

在今新疆拜城、库车一带的克孜尔龟兹石窟中有汉文题记和龟兹文题记，这表明丝绸之路上中原地区的汉民族和边疆地区民族之间文化的共存和交流。

于阗文文献

于阗王国历史悠久，是西域一大强国。早在西汉时期与中原王朝就有联系，三国至南北朝时期来往频繁，隋唐时常遣使进贡，是唐代安西四镇之一。[⑥]于阗是西域诸国中最早缫丝养蚕的国家之一，后来成为西域诸国的丝绸之都。[⑦]于阗王朝后来与喀喇汗王朝和高昌回鹘汗国鼎足而立，前后

①《后汉书》卷47《班超列传》，中华书局，1965年，第1571—1586页。

②夏鼐：《和阗马钱考》，《文物》1962年第2期。马雍：《古代鄯善、于阗地区佉卢文字资料综考》，《中国民族古文字研究》，中国社会科学出版社，1984年，第6—49页。

③马雍：《新疆所出佉卢文书的断代问题》，《文史》第7辑，1979年；《古代鄯善、于阗地区佉卢文字资料综考》，《中国民族古文字研究》，中国社会科学出版社，1984年，第6页。

④李铁：《焉耆—龟兹文的研究》，《中国民族古文字研究》，中国社会出版社，1984年，第56—63页。

⑤季羡林：《吐火罗文〈弥勒会见记剧本〉译文》，《语言与翻译》1992年第3期。

⑥《旧唐书》卷198《于阗传》，中华书局，1975年，第5305—5306页。

⑦李文瑛：《新疆境内考古发现的丝绸文物》，《东方早报》2015年11月11日。

历经13个世纪，与中原王朝联系不断，朝贡不绝。

于阗人说东伊朗语，也属印欧语系伊朗语族，称为于阗语或于阗塞语。后来于阗人用印度婆罗米文的一种变体记录于阗语，称为于阗文。汉文一直是当地的通用文字。

近代敦煌石室出土的于阗文文献表明，汉文对于阗文产生了很大的影响，在于阗文中有大量汉语借词，有的文献还在于阗文中夹写汉字。新疆和田地区也发现了于阗文文献。

于阗语文献内容主要有佛教经典、文学作品、医药文书、使河西记等，这些文献对于阗历史、语言文化，以及于阗与敦煌的交往和民族关系的研究意义重大，特别是《汉语—于阗语词汇》《突厥语—于阗语词汇》，表明当时丝绸之路上中原王朝对当地的重要影响，也反映出当地各民族使用双语、文化密切交流的实际情况。[①]

粟特文文献

粟特人是一个擅长经商的民族，在隋唐时期的丝绸之路上很活跃。[②]史载粟特人"善商贾，好利，丈夫年二十去旁国，利所在无不至"[③]。粟特人从东汉时期直至宋代，长期往来活跃在丝绸之路上，对其他民族的文化善于吸收、传授。粟特人有多种宗教信仰，佛教、基督教、摩尼教、祆教在粟特人中都有信徒。

粟特人有很高的文化，语言属印欧语系伊朗语族。粟特文属于阿拉美字母系统。《大唐西域记》中最早提到这种文字。[④]

大多数粟特文文献发现于甘肃的敦煌和新疆的吐鲁番一带，时代在6—11世纪，大都是纸质抄本，也有一些木牍和羊皮书。在塔吉克斯坦的穆塔山也发现了大批粟特文文献，其中有佛经，大多译自梵文、汉文和焉耆—龟兹文，属8—9世纪。另有摩尼教经典则译自钵罗婆语和安息语，年代为8—10世纪。景教经典则从古叙利亚语经典中译出，年代为6—11世纪。[⑤]通过粟特文文献可见，丝绸之路上中国中原地区、西域地区，以及印度、安息、古叙利亚等地密切的文化交流。

粟特文随着粟特人的消亡而逐渐退出历史舞台，但粟特文有很强的衍生能力。回鹘文源于粟特文，在回鹘文的基础上又创制出老蒙古文和蒙古文，后满族又借鉴蒙古文创制出满文。以上几种文字的大量文献留存于世，成为中国的重要文化遗产，也成为丝绸之路上文化交流、传承的典型例证。

突厥文文献

突厥人于6—8世纪在蒙古高原上建立突厥汗国，统一了中亚草原、蒙古草原。[⑥]当时突厥人把从中原获得的丝绸等转手卖到西方市场，赚取丰厚利润。突厥汗国的活动范围远到波斯帝国、东罗马帝国。唐朝先后征服西突厥和后突厥汗国。[⑦]

记录突厥语的突厥文是一种音素、音节混合型文字，使用时间在7—10世纪。19世纪末，在蒙古鄂尔浑河流域的和硕柴达木湖畔发现了两块石碑，上面除突厥文外，另一面还刻有汉文。后来的研究表明两块石碑分别是《阙特勤碑》和《毗伽可汗碑》。关于这段历史和立碑之事始末汉文文献

①黄振华：《于阗文研究概述》，《中国民族古文字研究》，中国社会科学出版社，1984年，第64—86页。

②《晋书》卷97《四夷传》，中华书局，1974年，第2531—2552页。《三国志》卷30《魏书·乌丸鲜卑东夷传》，中华书局，1964年，第831—864页。《北史》卷2《魏本纪二》，中华书局，1974年，第41—86页。

③《新唐书》卷221《西域传》（下），中华书局，1975年，第6243—6266页。

④[唐]玄奘著，章巽校点：《大唐西域记》卷1，上海人民出版社，1977年，第2页。

⑤龚方震：《粟特文》，《中国民族古文字图录》，中国社会科学出版社，1990年，第54页。

⑥《周书》卷50《异域传下·突厥》，中华书局，1971年，第907—911页。

⑦《隋书》卷84《北狄传·突厥》，中华书局，1973年，第1863—1875页。《旧唐书》卷194、195《突厥》（上、下），中华书局，1975年，第5153—5194页。

有详细记载。①原来与唐朝保持和好关系的毗伽可汗被害，唐玄宗闻讯为其辍朝三日表示哀悼，并派使者前往后突厥汗国，为毗伽可汗立碑建庙，唐玄宗亲笔御书碑文。②两碑的背面和侧面，用突厥文铭刻了死者生平事迹和显赫武功。此汉文、突厥文合璧碑，见证了唐朝和突厥的密切关系，也反映出丝绸之路上民族密切交往的真实情景。

回鹘文文献

在唐代丁零的一部逐渐强大后，建立回鹘政权，与唐朝一直保持友好关系。③安史之乱后，丝绸之路传统路线受阻，丝路北移，回鹘控制了东西方交通的命脉。回鹘把从唐朝换回的丝绸大量运销中亚和欧洲，获取厚利。

回鹘人在840年西迁后，逐渐废弃了在漠北使用的突厥文，创制了回鹘文。回鹘文以粟特文字母草体拼写回鹘语。考古发现8世纪已用这种字母铸成突骑施钱币。20世纪50年代在蒙古国乌兰浩特发现了一方碑刻，上有8行回鹘文，记载布哈孜特勤王子生平武功。这是蒙古高原发现的第一块回鹘文碑铭，说明回鹘人在西迁之前已在使用这种文字了。④

近代新疆吐鲁番和甘肃敦煌出土了许多回鹘文文献，表明回鹘人用这种文字记录、创作了大量作品，书写了一些借据、地契合同等社会经济文书，翻译了大量佛教经典。20世纪30年代黄文弼先生在新疆发现了早期草书体回鹘文书信残文，为9—10世纪的遗物。回鹘文也有双语文献。保存至今的壁画中供养人像旁有回鹘文汉文合璧题款。在敦煌莫高窟北区出土一件汉文—回鹘文合璧《六十甲子纳音》残片，表明由阴阳五行合流与律历合体为标志的中原文化已对回鹘地区产生了重要影响，在丝绸之路上不同民族间流传。⑤

敦煌莫高窟出土的1000多枚回鹘文木活字，是中原地区活字印刷术传到西夏、回鹘地区后，再沿着丝绸之路向西传播的历史见证。⑥

吐蕃文文献

吐蕃人在唐代安史之乱、藩镇之祸后，向东、向北扩展，进入陇右、河西一带，790年，吐蕃占据北庭、安西，进一步控制了丝绸之路。后来吐蕃王朝削弱，中心北移，在河陇地区西部，逐渐联合成为有一定实力的政权，仍把控着丝绸之路的重要部分。⑦同时还开辟了青海河源地区至吐蕃的唐蕃古道，形成高原丝绸之路。

吐蕃人使用的藏语属汉藏语系藏缅语族。藏文是7世纪创制的一套记录藏语的文字，一直使用至今。吐蕃王朝与中原地区有广泛的文化往来，敦煌石室出土了很多藏文文献，其中有译自汉文的典籍，如藏文《今文尚书》就是其中之一，此外还有《战国策》藏文译本。在敦煌藏文写卷中有一种特殊的长卷，是用古藏文音译汉字的写本。又有汉藏对音《千字文》和《大乘中宗见解》本。这些都反映了当时汉藏民族文化交流的事实。敦煌吐蕃文献中还有其他相关民族的历史文书、诏书、盟会告牒、官吏述职状、驿递文书、过所文书、纳粮牒、赋税名牒、财产账等，如《吐谷浑大事记年》等，⑧其中很多反映出藏族和丝绸之路其他民族的经济、文化密切交流。

①《新唐书》卷215下《突厥》（下），中华书局，1975年，第6051—6070页。

②[宋]王钦若：《册府元龟》卷975《外臣部·褒义第三》，中华书局，1960年，第11453页。

③《旧唐书》卷195《回纥传》，中华书局，1975年，第5195—5218页。

④耿世民：《回鹘文》，《中国民族古文字研究》，中国社会科学出版社，1984年。

⑤张铁山：《汉—回鹘文合璧〈六十甲子纳音〉残片考释》，《敦煌学辑刊》2014年第4期。

⑥史金波、雅森·吾守尔：《中国活字印刷术的发明和早期传播——西夏和回鹘活字印刷术研究》，社会科学文献出版社，2000年，第137—139页。

⑦《旧唐书》196《吐蕃传》，中华书局，1975年，第5219—5268页。

⑧《藏族简史》编写组：《藏族简史》，西藏人民出版社，1985年，第83—85页。王尧：《吐蕃文献叙录》，《中国民族古文字研究》，中国社会科学出版社，1984年，第210—221页。

西夏文文献

辽、宋、夏、金时期，中国处于多个王朝分立时期，在丝绸之路上有影响的少数民族有契丹、党项、回鹘等。党项族占领银川平原和河西走廊，建立西夏王国，与宋、辽鼎立。西夏控制了丝绸之路的要害，与西部大食、西州通使、贸易。西夏做转手贸易，居间得利。[①]因通向西方的陆上丝绸之路受到西夏的阻隔，影响了中原与西方的经贸联系，促使宋朝发展了海上丝绸之路。

党项族语言属汉藏语系藏缅语族。西夏借鉴汉字创制了记录党项语的文字，后世称为西夏文。黑水城遗址出土了大量西夏文文献，武威、敦煌、灵州、银川等地也出土有很多西夏文文献。出土文献表明，西夏翻译了中原地区的经书《论语》《孟子》《孝经》，还翻译史书《贞观政要》《十二国》，兵书《孙子兵法》《六韬》《三略》《将苑》，类书《类林》等。

西夏编纂的西夏文—汉文词语集《番汉合时掌中珠》，是党项人、汉人互相学习对方语言文字的工具书，是丝绸之路民族文化深入交流的典型例证。西夏法典《天盛改旧新定律令》中不仅全面反映出西夏的政治、经济、文化实际状况，也有西夏与丝绸之路地区贸易的条款。《天盛改旧新定律令》有西夏文和汉文两种版本。西夏借助回鹘高僧及党项族和汉族僧人，将汉文《大藏经》译成西夏文，还将藏传佛教佛经译为西夏文。这些都反映出丝绸之路上党项、汉、吐蕃、回鹘等民族文化的交流和融汇。[②]

后世陆续发现的有关西夏的三大碑刻：西夏崇宗时期的重修凉州护国寺感通塔碑，一面汉文，一面西夏文；西夏仁宗时期的张掖黑水建桥碑，一面汉文，一面藏文；元末记述西夏后裔事迹的肃州路也可达鲁花赤世袭之碑，一面汉文，一面回鹘文。这些碑刻突出地展示出丝绸之路上中国境内中原地区文化主体性和多元性的统一。

蒙古文文献

元时期，成吉思汗及其后代蒙古汗王发动了三次大规模西征，征服了包括丝绸之路的欧、亚大部分地区，并对西夏、金朝和南宋进行南征。蒙古军队的征伐给各地、各民族带来了灾难，同时也扫清了丝绸之路上的障碍。自窝阔台汗开始实施"站赤"（驿传）制度，至忽必烈时期在丝绸之路上兴修了1500多个官办驿站，形成了空前庞大严密的欧亚交通网络体系，使丝绸之路更加畅通。[③]元朝与西方之间的经济交流频繁，丝路上商队往来如织。欧洲和中、西亚商人携带当地物品来到中国，从中国购买丝绸、缎匹、金锦、绣彩、茶叶、瓷器、药材等。此外还通过进贡与赏赐方式进行朝贡贸易。[④]

蒙古族属阿尔泰语系蒙古语族，借鉴回鹘文创制了记录蒙古语的文字——蒙古文。最早使用的回鹘式蒙古文，称老蒙古文，后来又经过改进。蒙古文文献记载了大量有关语言文字、社会、历史、经济、医药、宗教等多方面内容。[⑤]重要蒙古族典籍《蒙古秘史》（又称《元朝秘史》）留下汉文注音本。[⑥]元代编纂《至元译语》用汉字为蒙古语词注音，是帮助汉人学习蒙古语的工具书。这些文献都表明蒙古族和汉族的密切关系。

元朝忽必烈时期由国师八思巴借用藏文字母创制了一种蒙古新字，世称"八思巴蒙古新字"。

---

①史金波、聂鸿音、白滨译著：《天盛改旧新定律令》，法律出版社，1999年，第284—285页。彭向前：《西夏王朝对丝绸之路的经营》，《宁夏大学学报》（人文社会科学版）2006年第2期。

②史金波：《西夏文概述》，《中国民族古文字研究》，中国社会科学出版社，1984年，第142—165页。

③《元史》卷101《兵志四·站赤》，中华书局，1976年，第2583—2593页。

④《元史》卷30《泰定帝本纪二》，中华书局，1976年，第667—692页。蒋致洁：《蒙元时期丝绸之路贸易初探》，《中国史研究》1991年第2期。

⑤道布：《回鹘式蒙古文研究概况》，《中国民族古文字研究》，中国社会科学出版社，1984年，第362—373页。

⑥乌兰：《〈元朝秘史〉版本流传考》，《民族研究》2012年第1期。

忽必烈下诏令指出要以此种文字"译写一切文字"。当时曾用八思巴字翻译《孝经》《贞观政要》《大学衍义》，择要翻译《资治通鉴》等，从现有文献可以知道八思巴字除拼写蒙语外，还记录了汉语、藏语、回鹘语及梵语等。比较重要的八思巴字文献有《百家姓》《蒙古字韵》《八思巴字字汇》，以及藏传佛教文学名著《萨迦格言》，此外还有很多碑刻。八思巴字文献涉及多民族文化及其相互之间的交融。①

察合台文文献

从14世纪开始，新疆和中亚地区的突厥语民族在喀喇汗王朝维吾尔语的基础上逐步形成了一种共同的、超方言的书面语，这种书面语受到阿拉伯语和波斯语的影响。由于这种文字通行于察合台汗国，是察合台汗国的官方书面语，故称之为察合台文。②

在察合台文通行的几百年中，出现了许多著名的思想家、文学家、诗人和科学家，留下大量的文献资料，其内容涉及哲学、宗教、文学、历史和自然科学等方面。

东察合台汗国时期文学创作十分繁荣，这一时期诗人辈出，作品如雨后春笋，层出不穷，在汗国早期主要的作品有：《先知传》《爱情篇》等，明代有《纳瓦依诗集》、史书《拉失德史》，后世有《安宁史》等。③察合台文文献多是传世作品。

明代中国的北部和西北部仍在蒙古的控制之下，明朝未打开陆上丝绸之路，后来发展了海上贸易，明成祖至宣宗时期，郑和历时28年先后7次下西洋，将先进的中华物质文化、精神文化、政教文化等远播海外，通过海上丝绸之路推行经贸和文化交流。

丝绸之路上出土的各民族文字文献，真实地记录了当地历史的第一手资料，展示出丝绸之路形成和发展的历程，填补了传世文献所缺载的大量史实，使我们了解到丝绸之路上多民族文化繁荣发展、相互影响的图景，反映了丝绸之路上各民族繁衍、交流、交往、交融的真实历史和对发展丝绸之路所作的贡献。

二、丝绸之路造就了各民族的文化大师

历史上丝绸之路的特殊文化，形成了多民族、多语言、多文字的特殊地域，在语言、文字深入交流中，造就了一代一代不同民族的文化大师，他们或创制民族文字，或谙熟双语文字，或著述、译介文献，为发展民族文化，促进丝绸之路文化交流作出巨大贡献。

加叶摩腾、竺法兰

二人原为天竺（印度）人。佛教由印度东传至中国时，首先通过丝绸之路传到西北少数民族地区。东汉明帝年间，遣蔡愔等十八人为使，到大月氏国求佛法，永平十年（67年）请得迦叶摩腾和竺法兰二僧。他们用白马载着佛像和经典来到洛阳。翌年，明帝建白马寺，令迦叶摩腾、竺法兰讲经，并请他们将梵本佛经译为汉文，自此佛教开始传入中国，并开创了中国佛经的翻译历程。④至今洛阳白马寺中有迦叶摩腾和竺法兰两位高僧的墓。

在东汉时期译经的还有来自安息的安世高王子和来自大月氏的支娄迦谶。佛教通过丝绸之路上的少数民族地区传到中原，对此后的中国宗教信仰乃至中国的文化都产生了重要影响。

①照那斯图、杨耐思：《八思巴字研究》，《中国民族古文字研究》，中国社会科学出版社，1984年，第374—392页。史金波、黄润华：《中国历代民族古文字文献探幽》，中华书局，2008年，第171—180页。

②安瓦尔·巴依图尔：《察合台文和察合台文文献》，《中国民族古文字研究》，中国社会科学出版社，1984年，第114—126页。哈米提：《察合台文》，《中国民族古文字图录》，中国社会科学出版社，1990年，第86—88页。

③史金波、黄润华：《中国历代民族古文字文献探幽》，中华书局，2008年，第217—220页、第312—321页。

④[唐]靖迈：《古今译经图记》卷第一，《中华大藏经》第54册，中华书局，1992年，第907—908页。

鸠摩罗什

生于西域龟兹国（今新疆库车县），原籍天竺，曾游学天竺诸国，遍访名师大德，深究妙义。前秦世祖苻坚派大将吕光出西域，伐龟兹，于建元二十年（384年）俘获鸠摩罗什。此后十八年间，鸠摩罗什生活在凉州（今甘肃省武威市），精习汉语文。

后秦弘始三年（401年），文桓帝姚兴迎其抵长安，以国师之礼待之。此后十年间，鸠摩罗什潜心钻研佛学，将梵文佛经数百卷译成汉文，成为中国佛典汉译之泰斗，并广收门徒，著名弟子有道生、僧睿、道融、僧肇等。鸠摩罗什对于佛教的发展，对丝绸之路的文化交流作出了很大贡献。[①]

玄奘

唐代著名高僧，为探究佛学于唐贞观元年（627年），自丝绸之路的起点长安出发，经河西走廊，循北道出玉门关，经伊吾，转至高昌回鹘，后继续西行，经焉耆、龟兹、姑墨，越葱岭，到碎叶城，得见西突厥的肆叶护可汗，再经昭武九姓国、吐火罗国，终至天竺，行程五万里，历经艰辛，沿途多获各民族支持、帮助。在印度前后十七年，遍学大小乘佛教各种学说，成为佛学大师。

玄奘带回佛经论657部，后受命在长安从事佛经翻译。他带领弟子共译出佛典75部，1335卷，被尊称为"三藏法师"[②]。他是中外文化交流的杰出使者，为佛经的翻译和佛教在中国的发展作出了巨大贡献。

通米桑布扎

吐蕃人，15岁时奉藏王松赞干布之命前往天竺求学，拜师访友，历经七年学习古梵文、诗学、佛经。641年回到拉萨，潜心研究三年后，在传承原有象雄文化的基础上，参照印度梵文并结合藏语实际，创制了记录吐蕃语的文字吐蕃文（今藏文），被藏族誉称"字圣"。他创制的藏文一直使用至今。[③]

吐蕃文的创制和使用不仅发展了藏族文化，也为中国的多民族文化增添了新的色彩。同时藏文在丝绸之路沿线产生了广泛影响。在河西走廊一带，特别是敦煌石室出土了大量古藏文文献，为解读7—10世纪丝绸之路的历史提供了珍贵资料。

野利任荣、斡道冲

野利任荣是西夏党项人，西夏景宗元昊称帝之初，以其为谋士。在元昊的倡导和支持下，他创制了记录西夏主体民族党项族的文字"蕃文"（西夏文），"教国人记事"[④]。此后又翻译汉文典籍，主办蕃学，为西夏文化事业的开创和发展作出了不朽贡献。他死后元昊曾三次前往哭吊，给以厚葬，赠为富平侯。西夏仁宗时期他被追封为广惠王，以褒扬他在西夏文化上的开创之功。[⑤]

在西夏境内西夏文应用范围十分广泛。近代在河西走廊沿线，如武威、敦煌等地都出土了很多西夏文文献，特别是在黑水城遗址（今内蒙古额济纳旗）出土了大批西夏文文献，为复原西夏历史起到了至关重要的作用，为丝绸之路文化增光添彩。

斡道冲也是西夏党项人，先世灵武（今宁夏灵武）人，世代掌修夏国史，5岁时以《尚书》中童子举，精通五经，谙熟西夏文和汉文，后译《论语注》，作《论语小义》二十卷，又作《周易卜筮断》，以西夏文写成，流行夏境，为在西夏传播儒学作出了重要贡献。天盛三年（1151年）为蕃

---

①［南朝梁］慧皎：《高僧传》卷2，《高僧传合集》，上海人民出版社，1991年，第11—14页。

②《旧唐书》卷191《僧玄奘传》，中华书局，1975年，第5108—5109页。

③罗秉芬：《藏文》，载中国民族古文字研究会编：《中国民族古文字》，1982年。

④《宋史》卷485《夏国传上》，中华书局，1977年，第13995页。

⑤《宋史》卷486《夏国传下》，中华书局，1977年，第14025页。

汉教授。他在权臣任得敬篡权被诛后，于乾祐二年（1171年）被擢为中书令，后又任国相，辅佐仁宗稳定政局，发展文化。他为相十数年，"家无私蓄，卒之日，书数床而已"①。

他去世后，西夏仁宗图画其像，从祀于学宫，并使郡县遵行。西夏灭亡后，元代斡道冲的后人在凉州还见到斡道冲的画像，并临摹下来，请当时著名文人虞集为画像作赞。赞语颂扬斡道冲的业绩，同时描绘了西夏的崇儒之风。②斡道冲是在丝绸之路上颇有影响的兼通番、汉文化，传承儒学的一代宗师。

耶律楚材

契丹人，从小就受到儒家思想的熏陶，精通汉文，年轻时即"博及群书，旁通天文、地理、律历、术数及释老医卜之说，下笔为文，若宿构者"。蒙古军攻占燕京，成吉思汗派人向他询问治国大计。后随成吉思汗西征，常晓以征伐、治国、安民之道，备受器重。随成吉思汗征西夏，谏言禁止州郡官吏擅自征伐杀戮。窝阔台汗即位后，倡立朝仪，被誉为"社稷之臣"。初执掌中原地区赋税事宜，设立州郡长官，使军民分治；制定初步法令，反对改汉地为牧场；建立赋税制度，设置燕京等处十路征收课税所。任中书令后，积极恢复文治，逐步实施"以儒治国"的方案，主张尊孔重教，在政治、经济、文化各方面殚精竭虑，创举颇多。③

耶律楚材随成吉思汗西征时，著《西游录》，记载了关于西域的所见所闻。

萨迦班智达、八思巴

萨迦班智达是藏传佛教萨迦派领袖，是学识卓越、修正有成的佛教大师，著有《三律仪论》《正理藏论》《智者入门》《萨迦格言》等众多名著。他63岁时，带着10岁的八思巴和6岁的恰那多吉两个侄子，从萨迦寺动身前往凉州，经过两年跋涉，终于在1246年8月抵达凉州。1247年，蒙古王子阔端代表蒙古汗廷，萨迦班智达作为西藏地方代表举行了著名的"凉州会谈"，确立了西藏正式纳入中国版图，也确认了藏传佛教的地位。④凉州会谈对藏传佛教在蒙古族地区传播和在以后全国流行都有重要影响。

八思巴年少时能讲喜金刚续本，名声大噪。他至凉州后仍随萨迦班智达学习佛教知识。萨迦班智达在凉州圆寂后，年仅17岁的八思巴成为萨迦派教主，后谒见忽必烈，被封为上师。1258年在上都举行的佛道辩论会上，八思巴应对得体。1260年忽必烈任命八思巴为国师，授以玉印，统领释教，为全国佛教领袖。在八思巴的支持下，忽必烈建了一条从青海通往萨迦地区的驿道。八思巴还奉忽必烈之命创制"八思巴字"，次年又升号"帝师"，进封"大宝法王"⑤。

萨迦班智达、八思巴对建立蒙藏关系，确立西藏的归属，乃至对丝绸之路文化和宗教的发展都起到了十分重要的作用。

安藏

畏兀尔人，习儒、释二家文书，通维吾尔、汉、蒙多种语言。他向忽必烈进献佛典《宝藏论元演集》十卷，深得欣赏。他又将汉文典籍《尚书·无逸篇》《贞观政要》《申鉴》《资治通鉴》等翻译为蒙古文，成为世祖制定政策法令的借鉴。安藏还翻译《难经》《本草》等中医经典。安藏是元代畏兀儿著名学者、翻译家，一生译著丰富。⑥

---

① [清]吴广成：《西夏书事》卷36，第8页；卷38，第9页。清道光五年小砚山房刻本。
② [元]虞集：《道园学古录》卷4《西夏相斡公画像赞》，上海涵芬楼影印明景泰本，1911年，第20—21页。
③ 《元史》卷146《耶律楚材传》，中华书局，1976年，第3455—3464页。
④ 石硕：《西藏文明东向发展史》，四川人民出版社，1994年，第168—174页。史金波：《凉州会盟与西夏藏传佛教——兼释新见西夏文〈大白伞盖陀罗尼经〉发愿文残叶》，《中国藏学》2016年第2期。
⑤ 《元史》卷202《释老传》，中华书局，1976年，第4517—4519页。
⑥ [元]程矩夫：《秦国文靖公神道碑》，《雪楼集》卷9，张文澍校点《程钜夫集》本，吉林文史出版社，2009年，第93—94页。

安藏逝世后，元世祖派遣大臣前去祭奠，并在宛平县为他修塔藏其身骨，下诏收集他的遗书，得到歌、诗、偈、赞、颂、杂文数十卷，命人刻梓付印流传于世。元仁宗时，追封安藏为秦国公，谥文靖。

丝绸之路的多民族文化背景，形成各民族文化交流的圣地，是产生各民族文化巨匠的优渥环境。上列各民族诸文化大师仅是丝绸之路文化发展交流的一部分代表人物。各民族文化大师对民族文化的发展、交流起到了重要推动作用，作出了巨大贡献。

三、丝绸之路沿线民族文化特点

丝绸之路由于其特殊的地理位置，特殊的历史发展，特殊的经济、文化形态，才得以形成大量多种民族文字文献及多民族的文化大师们，并由此显示出这一地区的文化特点。

1.丝绸之路是各民族共同开辟的贸易交往和文化交流通道，是中国、印度、欧洲、伊斯兰文明交汇之地，是古代亚洲、欧洲、非洲互通有无、促进友好往来的友谊之路。这里随着东西方多民族经济、文化的大交流，呈现出多种文化交流、交融的广阔大平台。各地区、各民族之间的交往交流交融不断加深，很多民族都作出了重要贡献。丝绸之路在中国的部分起着始发、引领和基础性作用，中国在丝绸之路上有着举足轻重的地位。

2.丝绸之路在中国的部分是中华民族多元一体格局的一个典型地段，是中华民族共同体形成与发展的重要地区，是联系多民族的一条政治、经济纽带，促进了中国境内各民族的共同发展与祖国的统一，深化了和各族人民唇齿相依、不可分离的亲密关系。各民族在长期交往交流交融中，增进了相互的了解，增强了对中国的认同感和民族之间的亲和感，形成了你中有我、我中有你的格局。

3.文化是贯通丝绸之路的血脉和经络。这一地带多民族、多语言、多文种、多宗教已成常态现象。2000多年来，这一带出现了不下数十个民族，各有各的语言，不少民族创制了自己的文字，各种语言、文字共存，相互交汇，双语现象习以为常。宗教有佛教、祆教、摩尼教、景教、伊斯兰教等，有时同一王朝两种甚至多种宗教同时并存。儒学在这一带有深刻而广泛影响，很多民族文字翻译汉文儒学典籍，汉文往往与其他民族文字构成合璧文献。

4.这一带的社会和文化是动态发展、互动前进的。尽管这种变化往往是渐进的，但变化很显著。维吾尔族的先民曾使用突厥文、回鹘文、察合台文，曾信仰过萨满教、摩尼教、景教、祆教和佛教，至10世纪部分人开始信仰伊斯兰教，16世纪才普遍信仰。又如藏族原来信仰苯教，后信仰佛教。党项人原来信仰原始宗教，后来又信仰佛教和道教。这里民族的融合，语言的消亡，文字的灭寂，宗教信仰的转换比其他地区更为频繁。吐火罗人、焉耆人、龟兹人、粟特人、于阗人都消失在丝绸之路上，建立强大政权的匈奴、鲜卑、契丹、党项也消失了，他们的语言也随之销声匿迹，契丹、党项所用文字变成死文字。

5.丝绸之路在中国境内部分接受外来文化后，往往发生本土化嬗变。外来宗教传入中国后，在本土化过程中会发生世俗化倾向。如佛教自印度传入后，为适应在中国的发展，寺庙建筑不同于印度佛寺建筑，成为中国宫殿式的建筑群，为中国广大佛教信仰者所认同。佛教的塑像、绘画也趋向中国化。佛教的禅宗是接受了中国世俗文化影响后形成的新教派。伊斯兰教进入中国后，不断吸收中国主流文化因素，发生了儒化过程，经历了自身的再造。[①]伊斯兰教的清真寺建筑也同样深刻地反映出本土化。宁夏同心县等著名清真寺就是结合了中国传统宫殿式建筑的典范。

---

① 金宜久：《伊斯兰教在中国的地方化和民族化》，《世界宗教研究》1995年第1期。

四、余论

出土的各民族文字文献，负载着丝绸之路上跨民族、跨国界的经济文化发展、交流的丰富内涵，有助于丰富丝绸之路地区历史的深刻认识。这种丝绸之路上的重要历史文化符号，反映着丝绸之路经济文化发展的主旋律，是当前共建"一带一路"重要的文化和历史基础，在共同打造政治互信、经济融合、文化包容命运共同体方面具有重要历史参考和借鉴价值。

结合出土的各民族文字文献，回顾丝绸之路形成和发展的轨迹，寻求特点，总结历史经验，有利于发展丝绸之路沿线国家间的经济文化交流，有利于促进和发展国内民族团结和社会进步。

回眸丝绸之路历史上民族关系的主流可知，各民族只有互相交流、互相借鉴、互相吸收、互相依存，才能使各民族共同受益，特别是当今全世界都在加强经济文化合作，作为统一的多民族国家的各民族，更应大力促进、深化交流，提倡民族间经济文化的合作，消弭民族间交流方面的障碍，促动各民族共同进步和发展。

中国各民族要借鉴交往交流交融的历史经验，在各民族一律平等的前提下，促进血肉相连、休戚与共的密切关系，增强中华民族一体的观念，在保护各少数民族传统文化的同时，要重视和加强中华民族文化的共性，在各民族中强化祖国意识、公民意识，加强对祖国的认同感，大力培育和践行社会主义核心价值观，增强国家的凝聚力。

文化是沟通观念、感情和民心的桥梁。借鉴丝绸之路各民族文化交往的经验，创造条件，大力进行文化交流。要提倡少数民族学习汉语，汉族特别是在少数民族地区工作的干部，要学习当地少数民族语言。对已经消失的民族语言，要尽力做好文献的整理、保存和研究工作；对目前使用较少的民族语言要认真做好声像记录和保存。应全面、正确地理解部分少数民族语言和方言趋向萎缩和消亡现象。中国历史和世界历史发展趋势表明，民族和民族语言越来越少。语言的发展、变化有其内在的规律，不以个人意志为转移。

要继承丝绸之路上政教分离的优良传统。应全面贯彻宗教信仰自由政策，坚持政教分离的原则。要保护和传承优秀传统文化，维护历史上宗教本土化、世俗化的优秀成果，对宗教建筑、宗教习俗等要给予思想、政策的引导。要认清历史发展大势，顺应社会进步趋势，大力提倡、发展现代文化，尊重信教群众过现代化生活的意愿，使宗教真正与社会主义建设相适应。

在丝绸之路上乃至中国历史上各民族都涌现出不少优秀人物，他们或在开发边疆、祖国统一方面取得卓越成就，或在加强民族交往、维护民族团结方面作出重大贡献，或在发展经济、科技发明方面有突出成绩，或在文化传承、推行教育方面有显著业绩，或在保卫边疆、抵御外侮方面有可歌可泣的事迹。对这些有贡献的人物要认真发掘，大力宣传，树立榜样，以传承、弘扬中华民族的风骨、精神。

（原载《敦煌研究》2020 年第 5 期）

中国近代出土文献的文字学、语言学和历史学价值

【摘　要】中国近代出土的文献包括汉文和各种少数民族文字文献，种类繁多，内容丰富。其中不仅有汉文早期文字形式甲骨文，还有多种少数民族文字，包括已经消亡的死文字，不仅丰富了中国文字学内容，深化了各文种的具象研究，也推动了文字学的起源、体系和比较等系统研究，为中国乃至世界文字学研究作出了重要贡献。出土文献记录了多种不同类型的语言，包括汉藏语系、阿尔泰语系和印欧语系的语言，使已知的语言增加了大量新语料，还发现了很多过去未知的语言，揭示了很多少数民族古代语言语音、词汇、语法的面貌，有力地推进了语言的系属研究、对比研究和语言史研究。出土文献真实地记录了历史上各民族、王朝的社会历史，很多是珍贵的档案资料，可以补充存世传统文献记录的不足，甚至还可订正其中的误记，具有特殊的历史学价值。出土文献对文字学、语言学和历史学都提供了大量新资料，具有十分重要，甚至是不可替代的学术价值，是了解历史上丝绸之路的钥匙，是中华民族文明的重要载体。

【关键词】出土文献；少数民族；文字学；语言学；历史学

中国近代出土了大批文献，包括汉文和多种少数民族文字文献。时间自商代始，绳绳继继有3000多年的历史。材质包括甲骨、金石、简牍，以及大量纸本文献。这些文献种类繁多，内容丰富，具有十分重要的学术价值。

中国有经过长期积累保存下来极为丰富的传世文献，这些文献的史料价值不言而喻。出土文献作为后起之秀与传世文献一起，构成中国丰富多彩的文献资料宝库，成为中华民族文明的重要载体。

国学大师王国维1925年在《古史新证》中指出，"吾辈生于今日，幸于纸上之材料外更得地下之新材料，由此种材料，我辈固得据以补正纸上之材料，亦得证明古书之某部分全为实录"[①]。另一位国学大师陈寅恪也对地下出土材料高度重视，在1934年为《王国维遗书》写的序中概括二重证据法时指出：一是取地下之实物与纸上之遗文互相释证，二是取少数民族典籍与汉文古籍互相补正。[②]两位大师着重说明出土文献对史学的价值，也强调了出土的汉文和少数民族文献与中国传统典籍互相补证的作用。近代出土的汉文和少数民族文字文献对文字学、语言学和历史学的研究具有十分重要的，甚至是不可替代的学术价值。

---

① 王国维：《古史新证》，第一章"总论"，清华大学出版社，1994年，第2页。
② 陈寅恪：《〈王国维遗书〉序》，《王国维遗书》，上海书店出版社，1983年，第1页。

一、出土文献的文字学价值

在没有近代出土文献之前，对中国文字主要是通过汉文和几种少数民族文字及其文献进行了解的。过去早期的汉文文献主要是唐代写本和宋元刻本，传世不多，属凤毛麟角。大量的还是明、清及其以后的文献，此外还有一些存世的金石碑刻等。

近代出土的文献在文字学方面屡掀波澜，甲骨文、钟鼎文、简牍文、帛书等破土而出，使人们大开眼界，对文字学的认识大为改观。这些文献中的文字对汉字的认识，既可溯源而上，又能趁流而下，对汉字发展史的认识显然有重大意义。出土的甲骨文表明，原来汉字还有像甲骨文这样早、这样形式的文字。经过很多专家的不懈解读，甲骨文研究有了很大进展，丰富了汉文文字学的内容。[1]甲骨文的发现和研究开创了早期汉文研究的全新时代，深化了以前对汉文的认知。然而至今仍有不少甲骨文不能识读，为汉文古文字研究留下了巨大研究空间。

图1 甲骨文 商代

从出土的汉文简牍所见，那一时代正值汉字发生激烈变化的时期。汉字由战国时期的多国异形，至秦趋于统一，但同时字体又由篆而隶，与之平行发展的还有草书，汉代又产生楷体之萌芽，展示了汉字形体演变的大部分过程。这些都是随着出土文献的研究才取得新的认识。简牍还在不断出土，新资料在不断增加。

敦煌出土文献的汉文多为隶书、楷书，字体多种多样，特别是其中俗体字很多，反映出魏晋六朝以至五代宋初社会基层文字使用的特点，对中国文字发展史、流变史研究具有重要意义，显示出特殊的文字学价值。

更为引人注目的是出土文献有种类多样的少数民族文字。过去了解少数民族文字也是通过传世的或还在应用的少数民族文献，如藏文、蒙古文、维吾尔文、满文、彝文等，但随着近代的"探险"和考古，陆续发现了多种早已消失的民族文字，令人目不暇接。[2]

古代的少数民族文字多数在中国史书中有简单的记载，但因很多文字随着使用该文字民族的消亡早已经不存于世，这些文字是何形态、有何价值无人知晓，甚至成为千古之谜。

比如佉卢字，在中国古籍中，有"佉楼""佉留""佉路瑟吒""佉卢虱底"等译称。梵文Kharostha意思是"驴唇"。在中国古籍中将佉卢字意译为"驴唇书"。如隋代那崛多译本《佛本行集经》

①裘锡圭：《殷墟甲骨文在文字学上的重要性》，韩国中国古文字学会编：《古文字学论集第一辑·甲骨学特集》，1995年。
②史金波：《中国民族古文字概说》，《民族研究》1984年第5期。

图2　和田佉卢文马钱（二十四铢，正面、背面）

中提到"佉卢虱吒书"，其下注"隋言驴唇"①。唐段成式《酉阳杂俎》也提道："西域书有驴唇书。"②但这种名为"驴唇书"的文字是什么样的文字，谁也不知道。

近代在新疆地区，发现这种文字的文书。新疆出土的佉卢字文献分属于阗王国和鄯善王国。佉卢文字至少在2世纪中已传入于阗地区，3世纪中传入鄯善（尼雅）地区。1892年法国人杜特雷依（J.L.Dutreuil）在和田购到了一种写在桦树皮上的写本残卷，经研究认出这是写于2世纪的佉卢文佛教经典《法句经》。③著名的和田马钱，就是2世纪在于阗铸造的。这种钱币一面用汉文篆字标明币值，另一面正中为一马或骆驼图案，周围一圈佉卢文字，记佉卢国王名字。④钱币上王的名字因铸造时代不同而有所不同。还有不少佉卢文木牍，记录了当时的社会状况。通过出土文献终于见到了消失了一千七八百年的佉卢字的形象，这是由阿拉美文字演变而来、从右向左书写的一种文字。

突厥文在中国古代史书中也早已提到。据《隋书·突厥传》记载，北齐僧人惠琳被突厥所俘，在惠琳的宣传影响下，突厥国佗钵可汗皈依佛教，建立寺庙，并派人向北齐请经。⑤北齐的刘世清通晓少数民族语言。齐后主命刘世清将《涅槃经》翻译成突厥语送给突厥佗钵可汗。⑥在《周书·突厥传》中也记载"其书字类胡"⑦，但这种文字到底是什么样子，千百年来一直是个谜。

直至19世纪末叶以后，研究者解读了在西伯利亚发现的突厥文碑铭，才揭开了这种文字的谜底。很多这种文字的碑铭发现于鄂尔浑河流域和叶尼塞河流域，因此又称为"鄂尔浑—叶尼塞文"。19世纪欧洲人发现这种文字时，觉得它与北欧日耳曼民族使用的卢尼文（Runic）外形很相似，所以又叫它为"突厥卢尼文"，此外还有"蓝突厥文""西伯利亚文"等名称。

突厥文是一种音素、音节混合型文字，一般有38~40个字母，但在不同时期不同地区字母的形式和数量有所不同，突厥文通常从右向左横写，也有从左向右书写的。从现有的文献来看，突厥文使用时间在7—10世纪。自1891年发现第一方突厥文碑铭，三年后被丹麦学者汤姆森（C.J.Thom-

---

① [隋]阇那崛多译：《佛本行集经》卷第11。
② [唐]段成式：《酉阳杂俎》卷11"广知"。
③ 黄振华：《佉卢字》，《中国民族古文字图录》，中国社会科学出版社，1990年，第1—11页。
④ 夏鼐：《和阗马钱考》，《文物》1962年第2期。
⑤ 《隋书》卷84《突厥传》，中华书局，1973年，第1865页。
⑥ 《北齐书》卷20《斛律羌举传》附刘世清传，中华书局，1972年，第267页。
⑦ 《周书》卷50《异域传·突厥》，中华书局，1971年，第910页。

sen）成功解读。这样"其书字类胡"的突厥文的谜底
被揭开，并为文字学增添新的类型。

契丹文的创制在中国史书中有明确记载，并分契
丹文大小字两种。最早记载契丹字的汉文史书《五代
会要》载："契丹本无文记，唯刻木为信。汉人之陷番
者，以隶书之半加减，撰为胡书。"①陶宗仪《书史会
要》记载"辽太祖多用汉人，教以隶书之半增损之，
制契丹字数千，以代刻木之约"②。《辽史》记载：神
册"五年春正月乙丑，始制契丹大字"。九月"壬寅，
大字成，诏颁行之"③。从13世纪初到20世纪20年代，
契丹字似乎已经退出人们的记忆，除宋人王易在《燕
北录》中描摹的符牌上留下五个很不规范的契丹字外，
不再有任何契丹字的信息。④矗立在陕西乾陵的《大金
皇弟都统经略郎君行记》已经历了800多年风雨，可能
是因为此碑立于金代，也可能是望文生义，明清两代
的金石学大家赵崡、王昶、钱大昕、毕沅等一直将此
碑上的五行非汉字当作女真文。

直到1922年，比利时传教士凯尔在内蒙古巴林右
旗庆陵发现辽兴宗及仁懿皇后哀册，1930年又发现了
道宗皇帝和宣懿皇后的哀册后，契丹字的真容方被了
解，用确切无误的出自辽墓的哀册与《郎君行记》碑
对照，方知上面的文字不是女真文，而是契丹文，纠

图3 突厥文《翁金碑》

正了几百年的误识。辽庆陵契丹字的发现在学术界引起了极大的轰动，被认为是考古学、历史学和
语言学上的重大发现。两种契丹文字都是仿汉字笔画创制的文字，契丹小字已是一种带有方块字形
的拼音文字，为文字学中一种特殊品类。⑤

西夏文字创制于西夏正式立国前两年（1036年），在开国皇帝元昊的倡导和支持下，由大臣野
利仁荣制成。西夏文制成后便有了西夏文书籍。《宋史》载："元昊自制蕃书，命野利仁荣演绎之，
成十二卷，字形体方整类八分，而画颇重复。教国人记事用蕃书，而译《孝经》《尔雅》《四言杂
字》为蕃语。"⑥西夏时期广泛使用西夏文，西夏灭亡后，文献典籍渐被湮没，西夏文成为死文
字。

直到清嘉庆甲子年（1804年），甘肃著名学者张澍在武威寺庙中发现了被长期砌封的"重修凉
州护国寺感应塔碑"，才第一次揭开神秘西夏文字的面纱，成为世上第一个知道什么是西夏文的人。
他于1837年将此发现收入《养素堂文集》中刊出。⑦张澍的发现没有引起学术界的重视。1870年英
国学者伟烈（AWylia）见到居庸关六体石刻中的西夏文仍认为是女真文。

①［宋］王溥：《五代会要》卷29，中华书局，1998年，第349页。
②［元末明初］陶宗仪：《书史会要》卷8，上海书店出版社，1984年，第351页。
③《辽史》卷2《太祖纪》，中华书局，1974年，第16页。
④［元末明初］陶宗仪：《书史会要》卷8转录，上海书店出版社，1984年，第351页。
⑤刘凤翥、于宝林：《契丹文》，《中国民族古文字图录》，中国社会科学出版社，1990年，第1—11页。
⑥《宋史》卷485《夏国传》（上），第13995页。
⑦［清］张澍：《书西夏天祐民安碑后》，《养素堂文集》卷19，清道光十七年刊本。

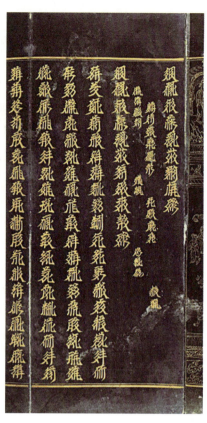

图4　契丹小字耶律弘用墓志铭　　　　　　图5　西夏文泥金写《妙法莲华经》

　　清朝末期政治腐败，列强入侵。1900年八国联军入侵北京时，法国驻北京公使馆官员将六卷西夏文佛经掠走。1908年俄国探险家科兹洛夫（П.К.Козлов）受沙皇指派率领蒙古—四川考察队来到中国北部考察，1909年6月打开了黑水城遗址（内蒙古额济纳旗）西城外的一座佛塔，塔内从上部到基座摆满了大量文物、文献，他们似乎找到了一座古代的博物馆和图书馆。

　　西夏文文献的大量发现使人们了解到，古代的西夏王朝广泛地使用西夏文字。西夏文属于表意性质的方块字，文字形式和汉字十分相近，由横、竖、点、拐、撇、捺等笔画构成，与汉字比较斜笔较多，一般四角饱满，字体匀称。近代西夏文文献的发现，展现出久违的西夏文的真面目，证实了西夏文类似汉字隶书八分体的记载。在借源于汉字诸民族文字中，西夏文是创制最成功、使用最广泛的一种。

　　此外，中国史书上对于阗文、粟特文、女真文等都有记载，但随着时代的变迁，都早已不知他们的真面目，也只有直至近代见到出土文献，才一一与历史文献记载对号衔接，认识到众多不同类型的新文字种类。

　　有的文字有传世文献，但近代出土的文献发现有更古老的文字形式。如藏文是藏族一直使用的文字，传世的藏文文献十分丰富，主要是明清及以后的文献，也有部分元代文献。近代敦煌及新疆地区陆续出土了不少更古老的藏文，多为吐蕃时期8—9世纪的典籍，被称为吐蕃文或古藏文。古藏文与现在使用的藏文是同一种文字的不同历史阶段应用的文字。古藏文于唐宋时代使用，与元代以后的藏文有显著差别，懂得现代藏文的人难以阅读古藏文。释读古藏文，分析古今藏文的差别和特点是藏文文字学中的重要课题。[①]

出土的各民族文字文献使中国文字类型丰富多彩，使人们对中国文字的认识有了极大的提升。中国多种类型的文字分属于不同的文字类型，为文字学研究提供了丰厚的资料。从发生学的角度分析中国少数民族古文字，其中有在长时间发展过程中独创的民族文字，称为自源文字，其中除中华民族通用的汉文外，还有彝文、纳西东巴文。而绝大多数文字是在其他民族文字影响下创制的，称为借源文字。其来源可分为四类：

1. 受汉字影响，如契丹文、西夏文、女真文。

2. 受波罗米文字影响，如佉卢字、焉耆—龟兹文、于阗文、古藏文。

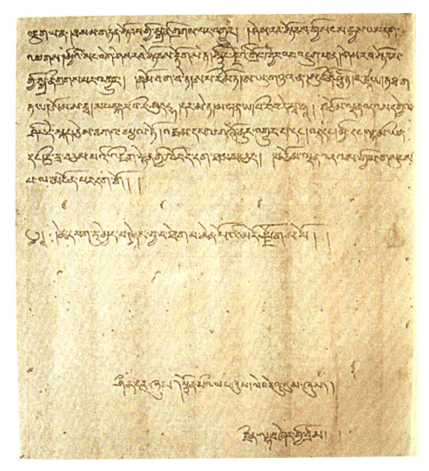

图6 古藏文《大乘无量寿经》

3. 受阿拉美文字影响，如粟特文、回鹘文、蒙古文、满文。

4. 受阿拉伯文字影响，如察合台文等。

世界各种文字又可分为象形、表意和表音三种类型，表音文字又分为音节文字、音素文字和混合类型文字。这些类型在我国民族古文字中都能找到，很多都是近代出土文献中的古文字、死文字。

从出土的文献中，还可看到很多文字经历了嬗变、改革、厘定，在不同的历史阶段有不同的形态，如藏文曾经历了三次文字厘定。[②]有的文字在使用过程中出现了不同的字体，多数文字有正体和草体的区别，有的文字如西夏文和汉字一样，有楷书、行书、篆书、草书。出土的西夏文草书文献很丰富，留存下的中国古代最丰富的草书文献，呈现出西夏文草书在西夏社会基层普遍使用的情况。有一种西夏文刻本文献，竟然出现西夏文刻印草书，应该是中国最早的刻本草书资料，具有特殊的文字学价值。[③]

不难看出，出土的各民族文字文献极大地丰富了中国文字学内容，不仅深化了各文种的具象研究，也推动了文字学的起源、体系和比较研究，为中国乃至世界文字学研究作出了重要贡献。

---

①王尧：《古藏文》，中国民族古文字研究会编《中国民族古文字图录》，1990年，第137—139页。

②史金波：《中国历史上少数民族文字改革刍议》，《中央民族学院学报》1990年第1期。

③史金波：《略论西夏文草书》，《西夏学》第十一辑，上海古籍出版社，2015年，第7—20页。

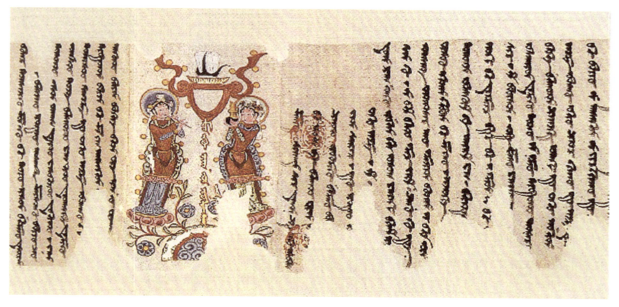

图7　粟特文书信

二、出土文献的语言学价值

文字是记录语言的。出土的各种民族文字文献记录了中国很多种不同类型的语言。有的文字记录汉藏语系语言，如汉文记录汉语，古藏文记录吐蕃时期的藏语，西夏文记录西夏主体民族党项族的语言；有的记录阿尔泰语系语言，其中有突厥语族，如突厥文记录古代突厥人的语言，回鹘文记录维吾尔先民回鹘人的语言，察合台文是古代察合台汗国的超方言的书面语；有蒙古语族，如蒙古文记录蒙古语，契丹文记录辽朝主体民族契丹族的语言；有满—通古斯语族，如女真文记录金朝主体民族女真族的语言，满文记录满族的语言。而八思巴字在元代创制时声称"译写一切文字"，从现有文献可知八思巴字除拼写蒙古语外，还记录了汉语、藏语、回鹘语及梵语等。还有几种记录的是印欧语系的语言，如佉卢字、焉耆—龟兹文、于阗文、粟特文等，分别记录了印度语族和伊朗语族的语言。

从出土文献可知，中国古代有这样多种类的语言丰富了中国的语言种类，提供了很多过去完全没有的、珍贵的语言资料。

如出土的汉文金文、帛书、简牍文献等，具有研究汉语语言学的价值。专家对出土战国文献中虚词用例进行深入研究解析，对完善古代汉语的虚词理论体系有新的建树，有助于纵向考察汉语史，为古汉语语法研究作出重要贡献。①

出土文献的珍贵语料不仅是研究各种语言的宝贵资料，也是语言比较的重要资料。比如过去研究古代汉语，只有汉文资料，现在又有很多出土的古藏文、西夏文与古汉语对音语料，对研究古代的汉语很有价值，特别是藏文是拼音文字，对于古代汉语研究具有特殊的价值。

罗常培先生的《唐五代西北方音》利用了6种古藏文资料，其中5种是敦煌莫高窟所藏佛经写本和识字课本：1.藏文译音《阿弥陀经》残卷；2.藏文译音《金刚经》残卷；3.汉藏对音《千字文》残卷；4.汉藏对音《大乘中宗见解》残卷；5.注音本《开蒙要训》。另外一种是拉萨《唐蕃会盟碑》

---

①张玉金：《出土战国文献虚词研究》，人民出版社，2011年。

拓本。前4种材料根据发现地点和写本字体可以推定为唐五代写本，反映了当时在西北流行的一部分方音。第5种汉字注音只供作旁证。唐蕃会盟碑有纪年，能够据以考证前4种汉藏对音材料的时代顺序。用这几种汉藏对音的材料同《切韵》比较，推溯其渊源，再同西北方音比较，来探其流变，构建出唐五代时期的汉语西北方音。①这是利用出土古藏文文献进行古汉语方音研究的开创性研究，树立了利用出土文献研究语言的典范。

近年有专家对敦煌莫高窟石室所出古藏文文献，从语法的角度进行系统梳理和深入的分析研究，取得了很大进展。作者运用功能语言学等研究方法对敦煌藏文语法中的词类、体词、谓词、构词法、句法结构、格标记和介词等进行了梳理和分析，对全面认识古代吐蕃时期的藏语作出了新贡献。②

出土文献对系属语言研究、追溯古代语言渊源有特殊的学术价值。如过去古代的汉藏语系语言的资料仅有汉文资料，现在又从出土文献中得到同属汉藏语系古代语言的藏文和西夏文资料，为构拟古代汉藏语系语言特点、探讨语源提供了新的参照、对比资料，形成了多语言、多角度支撑的新局面。

出土的西夏文文献中，不仅有大量的西夏语语料，还有多种西夏语韵书、字书、辞书，以及西夏文和汉文对照的文献，如西夏文韵书《文海宝韵》、字书《音同》、韵图《五音切韵》，以及西夏文—汉文词语集《番汉合时掌中珠》等，显示出西夏王朝语言研究水平，为西夏语语音的构拟提供了扎实的基础资料。大量的西夏文语料是研究西夏语词汇和语法的丰富资源，依据大量西夏文例词、例句，不仅识读出西夏文词语，还解析出西夏语的构词，特别是突破了西夏语语法难关，在西夏语动词前缀、存在动词和动词的人称呼应等方面都取得了重大进展。③西夏语的语音、词汇和语法研究的全面进展，使西夏语有了比较系统的认识，可以构建出已消亡西夏语的面貌，使死亡西夏语又"活起来"④。在新出土文献基础上的西夏语研究新进展，促进了汉藏语系藏缅语族羌语支、彝语支语言的研究。

近代以来陆续出土了不少契丹文字资料，主要是契丹大小字的墓志和碑

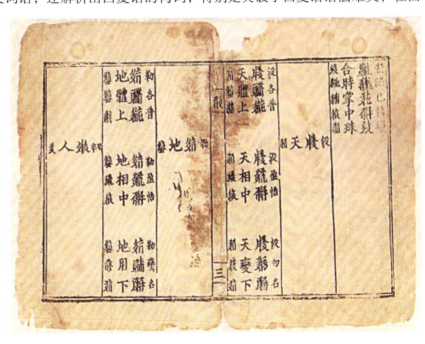

图8　西夏刻本《番汉合时掌中珠》

①罗常培：《唐五代西北方音》，台湾"中央研究院"历史语言研究所，单刊甲种之十二，1933年。又见商务印书馆，2012年。

②王志敬：《敦煌藏文语法研究》，中国藏学出版社，2012年。

③[苏联] 克平、顾莉宁：《唐古特语表示动作方向的范畴》，《语言研究》1984年第2期。史金波：《西夏语的存在动词》，《语言研究》1984年第1期。龚煌城：《西夏语动词的人称呼应与音韵转换》，《语言暨语言学》2001年第2期。

④Кепинг. К. Б. Тангутский язык—морфологи Издательство Наука, Москва, 1985. 史金波：《西夏文教程》，社会科学文献出版社，2013年9月。

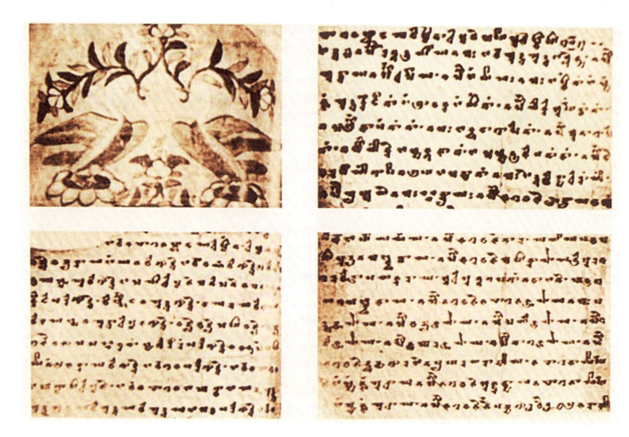

图9 于阗文《佛顶尊胜陀罗尼经》

文。契丹文所记录的契丹语也属于消失的死语言。经过近几十年专家的努力钻研，契丹语的研究在语音、词汇和语法方面都有一定进展，特别是对契丹小字语音的研究有了可喜的成绩，现已破译出契丹大字不少语词，其中包括年号和纪年、天干和地支、数字、国号和朝代名、时令和朔闰、官名、称号和爵位、姓名、亲属称谓、日常用语等，同时也构拟出部分契丹大字的音值。对契丹小字语词的解读收获更多，除上述类别外，还有部族名、地名、书名、方位等。对契丹小字中原字的音值拟音也有了很大进展，已拟出200多个原字的音值，超过总原字数的一半。在契丹语语法方面也有一定进展，已知契丹语有元音和谐律，有性、数、格的区分等。①但契丹文字至今未能基本释读，仍然是未解之谜，契丹语研究依然任重道远，使人们抱持期待。将来契丹文字得到解读、契丹语面目清晰之日，当是阿尔泰语系蒙古语族研究获得重大进展之时。

此外，对粟特文、于阗文等文献的解读，再现了已消亡的多种印欧语系语言，使古代活跃在西域一带的民族语言面貌逐步清晰，展示出古代丝绸之路上多民族、多语言的真实图景。有的研究已很深入，如对于阗语文献的释读，可以确定语词词义，探讨复合式关系代词，以及于阗语方言问题。②

不难看出，出土文献不仅使已知的语言增加了大量新语料、特别难得的古语言资料，还发现了很多过去未知的语言，揭示了很多少数民族古代语言分语音、词汇、语法面貌，有力地推进了语言的系属研究、对比研究和语言史的研究。

①刘凤翥：《契丹文字研究类编》（第2册），中华书局，2014年，第431—509页。
②段晴：《于阗语无垢净光大陀罗尼经》，中西书局，2019年。

三、出土文献的历史学价值

近代出土的各民族文字文献，种类繁多，数量巨大，皆是当时当地土生土长的资料，真实而具体地记录了各时代的社会历史风貌，很多资料是没有人为整理加工的第一手档案资料，可以补充传统文献记录的不足，甚至还可订正其中的误记，具有特殊的历史学价值。

出土的历代汉文文献，历时绵长，内容丰赡，史学价值不菲。如居延汉简对汉代河西四郡设置年代的确定，对屯田、赋税认识的深化，以及对烽火制度研究都提供了新资料，起到了填补历史空白、丰富历史知识、纠正记载错误的作用，具有重要史学价值。①

一些出土文献真实地反映了当时一些民族的特点，如古代西域一带粟特族善于经商，他们的足迹遍布各地。出土的吐鲁番文书资料记载了粟特商人进入唐朝的实际状况、活动范围、在唐朝的身份地位，以及唐朝政府对粟特商人的政策等，表明唐代的粟特商人在朝贡贸易和互市贸易中所起的重要作用。由此可知，在丝绸之路的商业活动中，粟特人是一支重要的力量。②

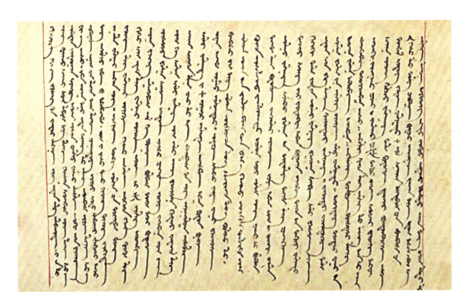

图10 回鹘文《十姓回鹘王及其疆域记录》

敦煌石室遗书中有大量史书、政书、地志、氏族志等，如唐《律疏》《公式令》《神龙散颁刑部格》《水部式》等，对唐代法制中的律、令、格、式有了新的诠释和认识。又如《慧超往五天竺国传》《沙州都督府图经》等，对考释丝绸之路地理有重要价值，特别是其中的大量"官私文书"，包括符、牒、状、帖、榜文、判词、过所、公

图11 佉卢文木牍

①刘进宝：《居延汉简的发现及其学术价值》，《文史知识》1994年第4期。
②［日］荒川正晴、陈海涛：《唐帝国和粟特人的交易活动》，《敦煌研究》2002年第3期。

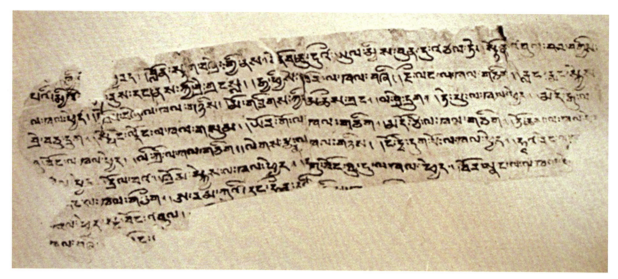

图12 若羌、米兰遗址出土藏文手卷

验、度牒、告身、籍账和租佃契、典地契、借贷契、买卖契、雇佣契等，渗透着浓浓的社会情愫，对于研究唐五代及宋初的社会经济都是全新的重要史料，凸显其直解当时社会的历史学价值。

黑水城遗址出土文献中，也有大量汉文文献，其中有不少反映宋朝、西夏、元朝乃至北元时期历史的真实资料，如宋朝的军政文书、牒状，西夏的榷场、材植文书、账簿、契约，元朝的亦集乃路总管府文书、钱粮文书等官私文书，都是记录当时社会状况的第一手档案文献，复原了很多传统历史文献缺载的文书形式，增加了很多令人耳目一新的重要历史内容，具有十分重要历史学价值。①

特别是出土的少数民族文字文献，更是提供了很多过去闻所未闻的鲜活史料，能更真实地反映出各民族的社会历史及各民族之间的密切关系，开辟了史学研究的新领域。

在新疆尼雅、楼兰遗址中出土有大量2—4世纪的佉卢文木牍和木简，文字内容包括国王敕谕、官府文书、买卖契约、书信等，涉及政治、经济、文化、军事、法律、社会生活等各方面，是研究于阗王国和鄯善王国最重要的资料，也是研究汉晋时期西域历史文化的重要实物资料。②其中数十件佉卢文土地、人口买卖的契约，反映西域古代鄯善国的社会经济状况，也体现出其契约吸收汉文契约形式，反映出鄯善国与汉朝、晋朝在政治、经济上日益紧密的关系。③

莫高窟敦煌石室中有很多少数民族文字文献，以藏文文献最多，其中有关史学的资料甚为丰富，如受到学术界重视的有《吐蕃历史文书》《小邦邦伯与家臣和赞普世系表》《赞普传记》《吐蕃世系牒》等，都是了解吐蕃历史的最重要史书。另有法律文书，如《狩猎伤人赔偿律》可了解当时的法律，透视其社会生活和等级制度。还有与其他相关民族的历史书，如《吐谷浑大事记年》记录了当时的吐谷浑历史和邻近的民族关系。此外，还有相当数量的诏书、盟会告牒、官吏述职状、驿递文书、过所文书、纳粮牒、赋税名牒、财产账及大量契约，属千年揭秘档案。在新疆的诺羌、米兰也发现了吐蕃文写卷、木简等。这些文书皆为没有被统治者和历史学家过滤、改造的真实资料，更能反映吐蕃时期真实的历史，也是研究中国历史上多民族经济、文化及其互相影响的实物资料，

---

①孙继民等著：《俄藏黑水城汉文非佛教文献整理与研究》（上、中、下），北京师范大学出版社，2012年。

②马雍：《古代鄯善、于阗地区佉卢文字资料综考》，《中国民族古文字研究》，中国社会科学出版社，1984年，第6—49页。

③乜小红、陈国灿：《对丝绸之路上佉卢文买卖契约的探讨》，《丝绸之路出土各族契约文献研究论集》，中华书局，2019年，第1—21页。

具有特殊的历史学价值。①

出土文献中的少数民族文字社会文书，集中反映出各民族的社会生活状况，具有特殊的史学价值。反映各民族的社会生活，如在敦煌、吐鲁番、哈密、库车、莎车等地相继出土的数百件回鹘文社会经济文书中，内容涉及古代回鹘人文化生活、土地制度、赋役制度、高利贷、阶级关系、民族关系、社会习俗及宗教诸多方面，对研究9—14世纪回鹘社会历史有重要价值，深受国内外学术界重视，取得很多重要研究成果。②

出土的少数民族文字文献能填补历史记录的空缺。如元朝修前代史书时，未编修西夏史，使这一时期的重要王朝无正史，造成传统历史文献有关西夏历史记载稀缺，西夏王朝在历史上往往缺席或失语，被称为"神秘的西夏"。这一缺憾因黑水城遗址出土的大量西夏文文献得以弥补。如出土的文献中有以西夏文刻印的《天盛改旧新定律令》，是一部基本完整的西夏王朝的法典，其中有关于西夏时期的政治、经济、文化、宗教各方面系统的法律条文，比较全面地反映了当时的社会情况，揭开了西夏社会历史的神秘面纱。③

特别是大量的西夏社会文书，集中地显示出西夏基层的社会状况。这些文书共计有1000余号，1500余件，包括户籍、账册、契约、军籍、告牒、书信等，其中以经济文书最多。这些文书多以西夏文草书书写。经过多年努力，西夏文草书释读取得重大进展，激活了一大批西夏社会文书。在译释经济文书的基础上，结合西夏法典和其他资料进行研究，可以再现西夏社会的人口、土地、税收、买卖、交换、租佃、借贷、众会（社条）等具体情况，并进一步研究西夏的社区组织、基层军事组织、民族关系、经济关系，以及农业、牧业和手工业状况，能够比较全面地谱写西夏社会，甚

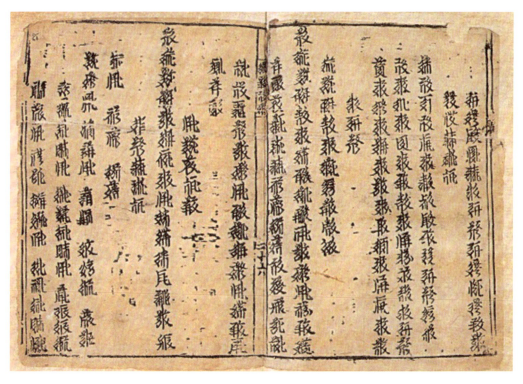

图13 西夏文刻本《天盛改旧新定律令》卷10

①王尧、陈践：《敦煌本吐蕃历史文书》，民族出版社，1992年增订本。
②杨富学：《回鹘文社会经济文书研究百年回顾》，《敦煌研究》2000年第4期。
③史金波、聂鸿音、白滨译注：《天盛改旧新定律令》，《中国（华）传世法典》之一，法律出版社，2000年。

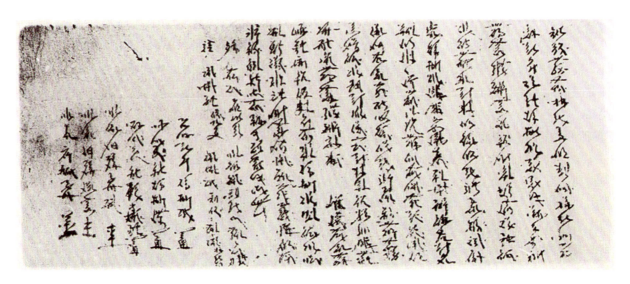

图14 西夏文草书卖人口契

至可以再现西夏黑水城地区经济生活的鲜活场景。不难看出，这些十分难得的珍贵原始历书资料，开拓了西夏学的新领域，推动了西夏历史研究的新进展，是开启神秘西夏社会大门的锁匙。①西夏的军籍文书反映出西夏男子全民皆兵的军籍制度，每年进行各社区每一首领之下的兵丁详细登记，其中包括姓名、年龄、马匹武器装备等，是中国历史上仅有的具体军籍文书实物。

出土文献反映各民族宗教。有关宗教的文献占出土文献的绝大部分。少数民族文字文献表明，历史上翻译了不同的宗教典籍，如摩尼教、佛教、景教、伊斯兰教经典，反映出中国，特别是边疆地区的多宗教特点。宗教文献中的序、跋、发愿文、题记有不少关于重要的宗教史内容。有的同一民族在不同时期先后信仰不同的宗教，出土的文献有明确反映，说明一个民族的宗教信仰不是一成不变的。

出土文献中有不少记载了各民族之间的密切往来，反映各民族之间的文化交流关系，如吐蕃文献记载吐蕃与于阗、吐谷浑的关系。出土文献中有很多双语文献，如汉文和佉卢字的和田马钱，说明在汉代西域地区汉族的影响；已发现的《汉语—于阗语词汇》《突厥语—于阗语词汇》等书籍表明了当时使用双语的实际情况，特别是西夏文—汉文双解词语集《番汉合时掌中珠》，每一词语都有四项，中间两项分别为西夏文和相应意义的汉文，左右两项分别为中间西夏文和汉文的相应译音字，懂汉语文不懂西夏语文的人可通过此书学习西夏语文，而懂西夏语文不懂汉语文的人也可通过此书学习汉语文。这部用于番、汉民族学习对方语言、文字的通俗著作，是世界上最早的双语双解的辞书。又如有西夏文注释的西夏译经图，是保留至今的唯一一幅中国古代译经的图像，其中回鹘高僧以国师身份主持翻译西夏文佛经，反映出回鹘佛教兴盛，回鹘高僧佛学水平很高，对佛教传播发展贡献很大，突出地表现出西夏和回鹘密切的宗教关系。②

出土文献以其鲜明的真实性、鲜活性与传统文献的历时性、系统性互相配合、补充、印证，相得益彰，大大推动了史学前所未有的长足进展，使中国史学研究进入了一个崭新的阶段。

这些文献多出土在丝绸之路沿线，对了解历史上丝绸之路上的文字、语言和历史，对总结丝绸之路发展的历史经验，以为当下提出的"丝绸之路经济带"构想可以提供历史的借鉴。

---

①史金波：《西夏经济文书研究》，社会科学文献出版，2017年。
②史金波：《〈西夏译经图〉解》，《文献》（第一辑），书目文献出版社，1979年。

出土的各种民族文字文献在文字学、语言学和历史学上的学术价值很高，是中华民族文明的重要载体。然而古文字、古文献的研究属深湛学问，需要专门人才下大功夫方克成功。中华人民共和国成立70年来，对其研究已经取得了不菲的成绩。习近平总书记指出："让收藏在博物馆里的文物、陈列在广阔大地上的遗产、书写在古籍里的文字都活起来，让中华文明同世界各国人民创造的丰富多彩的文明一道，为人类提供正确的精神指引和强大的精神动力。"今后还应在出土古文字、古文献研究方面继续开拓视域，认真发掘整理，解读文化密码，探求深层意蕴，使之曲高和众，发挥更大作用。

（原载《中央民族大学学报》2020年第6期）

古代民族文字儒学典籍彰显文化认同

中国在长期历史发展中，以儒学为主流的中华民族文化，对加强全国各地、各民族的思想共识、维护国家统一和社会稳定发展起着基础作用。大量儒学经书宣扬仁、义、礼、智、信、忠、孝等思想，成为各民族共同学习、传承的精神财富。

历史上少数民族为了民族和地区发展、各民族之间交流的实际需要，都努力借鉴中原地区的先进文化，学习借鉴儒学典籍，重视对中原王朝史书的修习和鉴戒。很多少数民族虽有民族语言，但没有本民族文字，直接使用汉文传播文化，比如北魏王朝实行汉法，直接用汉文儒学经典推行儒学，为北魏政权的建立和巩固提供了以儒家文化为核心的政治思想基础，促进了各民族的融合。在其他少数民族王朝境内也都是汉族和少数民族共居，多流行汉文儒学经典，宣扬中华主流文化。很多有民族文字的少数民族，为大力推行儒学文化，用民族文字翻译儒学经典和中原王朝的史书，将民族文字作为传承中华主流文化的桥梁，形成了向各民族输送先进文化的重要通道，反映了各民族交往交流交融的深度。

唐代公主入藏，传扬儒学经书

西藏地区与中原王朝自古有密切联系。唐代，松赞干布十分注重文化事业，与当时有先进文化的唐朝加强友好往来，先后两次派遣大臣赴唐朝请婚，迎娶了唐太宗的宗女文成公主。文成公主入藏时，唐太宗赐予很多物品，其中有儒学经书、佛经、营造与工技书、医书等。这些典籍对藏族吸收中原文化起到了推进作用。松赞干布还从唐朝引入纸、墨等生产技术，派遣贵族子弟到首都长安学习诗书，聘请汉族文人到西藏代写表疏。现竖立在拉萨大昭寺前的《唐蕃会盟碑》即用汉文、藏文合璧书写的，反映了汉藏十分密切而友好的关系。

8世纪初赤德祖赞即赞普位后，也多次派遣官员到长安请婚。唐朝以金城公主赐婚。金城公主入藏时又携带多种书籍。后金城公主又向唐朝求得《毛诗》《礼记》《左传》《文选》等儒学典籍传入吐蕃。近代敦煌石室出土有《尚书》《礼记》《战国策》等古藏文译本，证实当时用藏文翻译经书和史书，反映出中华主流文化在藏族地区的传播和影响。

辽金传承儒学，翻译经史书籍

以契丹族为主建立的辽朝，注重学习中原文化，用汉文刊印了儒学典籍"五经"（包括《诗经》《尚书》《礼记》《周易》《春秋》）。后又印行《史记》《汉书》等。辽朝仿宋朝成立国史院，设国史监修官。所修国史包括起居注、日历、实录等，与宋朝如出一辙。

辽朝还用契丹文翻译了很多汉文书籍。据《辽史》记载，有"大儒"之称的著名学者萧韩家奴曾译《贞观政要》《五代史》《通历》等，甚至辽朝皇帝也亲自参加翻译中原流行的典籍，辽圣宗耶律隆绪曾翻译白居易的《讽谏集》。

以女真族为主建立的金朝，对中原文化典籍也十分重视。金朝设国子监，除培养士子外，还刊印教学用的儒家经典，如儒学"九经""十四史"，还有《老子》《荀子》《扬子》等书。

金朝也用女真文翻译多种儒家经典，并特地建立译经所。当时女真文译本有《易经》《书经》《论语》《孟子》《孝经》《老子》《刘子》《扬子》《列子》《文中子》等，此外还翻译《史记》《汉书》《盘古书》《孔子家语》《太公书》《伍子胥书》《孙膑书》《黄氏女书》《贞观政要》《新唐书》等。有的女真文译书发行量还较大，如大定二十三年（1183年）翻译的《孝经》一次就印刷了上千部，分赐给护卫亲军。这样就以女真文为中介，在女真民族中拓展了中华主流文化的影响。

西夏崇儒译经，封孔子为文宣帝

以党项族为主建立的西夏，善于吸收汉族的文化充实自己。西夏统治者为提高和发展西夏的文化，翻译中原地区的著作成为首选。西夏景宗创制文字后，"教国人记事用蕃书，而译《孝经》《尔雅》《四言杂字》为蕃语"。这是西夏最早翻译中原王朝的著作。西夏毅宗向宋朝求赐"九经"、《唐史》《册府元龟》，宋朝赐予"九经"。宋代以《易》《书》《诗》《左传》《礼记》《周礼》《孝经》《论语》《孟子》为九经。

西夏还翻译了多种儒学经典。出土的西夏文文献中有西夏文刻本《论语》，写本《孟子》《孝经》等，其中《孝经》是已失传的吕惠卿注本，西夏文本可补儒学典籍的缺失。

西夏人还为中原地区有影响的儒学著作注释。西夏仁宗时的国相斡道冲是西夏儒学宗师，以西夏文注释汉文经书，名为《论语小义》，是以中原经书为基础撰著的西夏文儒学书籍，可见当时西夏儒学之盛。

中原地区的大量史书、类书，也被翻译为西夏文本。西夏把《贞观政要》节译为西夏文本，名为《德事要文》，刻印出版。叙述春秋时代历史的《十二国》也编译成西夏文刻印流行。《类林》是唐代一部宣扬忠孝精神的重要类书，西夏时期被译成西夏文刻印出版。此后中原汉文原书失传。现西夏文本《类林》已被转译回汉文本，使《类林》失而复得、赓续传承。西夏以军事兴国，对用兵特别重视，把中原地区的主要兵书如《孙子兵法》等翻译成西夏文刻印流行。

西夏仁宗于人庆三年（1146年）尊孔子为文宣帝。在中国封建社会，孔子的地位不断攀升，至唐朝追谥孔子为文宣王，后宋、元、明、清诸朝代有封谥，尊号都是文宣王或至圣先师，唯有西夏尊为文宣帝，这是对孔子最崇高的尊号。这一尊号的封谥发生在少数民族当政的西夏王朝，证明西夏崇儒之盛。

元朝尊儒兴学，译印儒学古籍

蒙古兴起后建立的元朝也接受了中原地区的文化。元世祖忽必烈积极推行汉法，顺应历史发展趋势，使处于封建制度初期的蒙古族很快接受了中原地区较先进的封建文明。

忽必烈推行中原文化的核心是尊儒兴学，使蒙古贵族子弟学习儒家经典，接受汉文化教育。忽必烈在登位之前，便开设幕府，延揽汉族文人作为幕僚，为其出谋划策，并讲述儒家经典。忽必烈访求到金末状元汉族学者王鹗，为其讲解《书经》《易经》《孝经》等儒家典籍，并论治国之道。王鹗后著《论语集义》。

在元朝建立前，蒙古政权的统治者就在燕京设有专门学校，教授汉人和色目人学习蒙古语文，培养翻译中原经典人才。译者开始多为汉人，后期多为蒙古族或蒙、汉人士合译。最受忽必烈赏识的是汉族名士赵璧，他精通蒙古文，将《大学衍义》译成蒙古语为忽必烈讲说。忽必烈还选派蒙古青年向赵璧学习。赵璧将《论语》《大学》《中庸》《孟子》等书译为蒙古文。当时还有其他翻译人才，将儒家经典译为蒙古文，如《毛诗》《孟子》《论语》和《通鉴》等。此外还翻译了《百家姓》《千字文》《大学衍义节文》《忠经》《尚书》《资治通鉴》《贞观政要》《帝范》等汉文典籍。

元代还创制了译写一切语言的八思巴字，并用八思巴字翻译了许多图书。如翻译、刻印《孝经》《贞观政要》《资治通鉴》《大学衍义》等。

这些译著滋养了一批蒙古族文士，广泛传播了中原地区的先进文化。忽必烈本人及其子孙都有了深厚的儒学根底，当时儒学典籍汉、蒙并盛，中华文化占据主流地位。

清代设翻书房，译介汉文典籍

清朝十分重视儒学，不仅大量刊印汉文本经史书，还专设翻书房，将汉文典籍翻译成满文，刻印传行。清朝持续翻译了大量儒家经典。康熙、雍正时期翻译了"四书"、《易经》《书经》《孝经》等一批儒家经典，或以"日讲解义"的形式刊布。康熙年间编印满文《日讲书经解义》《日讲四书解义》《日讲易经解义》《日讲春秋解义》等书。乾隆即位后下令对一批儒家经典重新翻译，其中可贵的是将经书做成满文、汉文合璧本。顺治年间刻印的《诗经》，每页上半面是满文，下半面是汉文。康熙年间刻印了满汉合璧"四书"，成为最畅销的坊刻书。

清朝还翻译了很多中原王朝的史书，如《辽史》《金史》《元史》《洪武宝训》等。清代翻译的儒学和史学典籍种类繁多，刊印数量很大，影响更为广泛。

总之，以少数民族文字翻译的大量中原地区的经书、史书，使中华民族主流文化延伸到各少数民族中，加速了主体民族文化在全国范围内的传播，扩大了中华民族主流文化的影响，提高了少数民族的文化和思想水准，深植了中华民族的文明基因，推进了各民族之间在文化方面的交往交流交融，加深了各民族的共同体意识。从中可以深刻理解中华民族的伟大的精神是各民族长期共同培育出的。

（原载《中国民族报》2022年3月29日。《民族社会学通讯》第385期，以《历史上少数民族政权对儒学典籍的翻译和传播》为题转载）

民族交往交流交融的典型例证

——中国古代合璧文字文献刍论

【摘　要】中国作为统一的多民族国家，在存世的大量文献中，有很多两种或两种以上民族文字书写、镌刻在一起的文献，形成颇具特色的合璧文字文献。本文从大量存世和出土的文献中搜集合璧文字文献，按朝代顺序系统梳理论述，包括碑刻、印章、钱币、符牌、书籍、社会文书、题记等。同时，进一步探讨合璧文献的成因，认为这些文献源于中国历史上民族之间的密切关系，有的宣示中央和地方政权的关系，有的记录有关重大历史事件，有的显示社会生活、培养双语人才、科举考试和传播宗教的实际需要。并且分析了合璧文献有历时长、文种多、数量大、以汉文为主体、呈渐增趋势等特点。论证了合璧文献在历史学、民族学、文字学、语言学和文化交流方面的重要学术价值，形成中华民族文化的一道亮丽的彩线，折射出中华民族多元一体的内在联系，体现出其多学科、多方面的学术价值和文物价值，是中华优秀传统文化有特色的瑰宝，值得特别珍视。

【关键词】文字；合璧文献；汉文；民族文字；交往交流交融

中国自古以来是一个多民族国家。中国的历史是各民族共同缔造、发展、统一为伟大祖国的历史。历史上很多民族创造了记录自己语言的文字，并形成了大量文献，这不仅对各民族文化发展起了重大的推动作用，同时也为光彩夺目的中华民族文化宝库增添了重要内容。汉文历史悠久，文献数量巨大，内容丰富。此外还有30多种少数民族古文字，如佉卢字、焉耆—龟兹文、于阗文、粟特文、突厥文、回鹘文、吐蕃文、契丹文、西夏文、女真文、蒙古文、八思巴字、彝文、傣文、白文、水文、察合台文、满文等。各种民族文字书写或镌刻的文献种类多样、丰富多彩、争奇斗艳，是多民族历史文化的重要载体，是中华民族传统优秀文化的重要组成部分。在众多的文献中，有一类是两种或两种以上文字书写在一起的文献，形成颇具特色的合璧文字文献，突显出中华民族中国多元一体的特色，具有十分重要的文物价值和学术价值。

一、历代合璧文献纵览

两种或两种以上文字的合璧文献，起始悠远，流布广泛。保存至今这类文献多种多样，琳琅满目。从现在已发现的文献看，至少从汉代就已经有了合璧文字文献。

（一）汉代的汉文—佉卢字合璧钱币"马钱"

2000多年前的鄯善国位于丝绸之路南道，在今新疆若羌县一带，是西域三十六国之一，与汉朝有着密切的友好关系。西汉神爵二年　（前60年），设置西域都护府，这一带直接隶属中央管辖。东汉明帝永平十六年（73年），班超出使西域，首先到达鄯善。

图1 汉文—佉卢文合璧马钱

鄯善国使用的文字是佉卢字。由于民族之间商贸交换的需要，受汉朝五铢钱的影响，在当地铸造了一种钱币，一面用汉文篆字标明币值，另一面正中为一马或骆驼图案，钱币周围一圈是佉卢字母，为佉卢王的名字，是汉文和佉卢字二体文字钱，又称马钱。①这种二体钱币，反映出当时汉族和少数民族在经济、文化上的密切关系。（图1）

（二）魏晋至唐朝的合璧文献

1. 最早的双语词汇表《汉语—于阗语词汇》

于阗王国历史悠久，早在西汉时期就与中原王朝有联系，后来是唐代安西四镇之一。境内通行汉文，年号、纪年都仿汉制。

记录于阗语的于阗文，文献多为7—10世纪的遗存。在于阗文中有大量汉语借词，有的文献还在于阗文中夹写汉字。已发现的《汉语—于阗语词汇》表明了当时使用双语的实际情况。此外，《突厥语—于阗语词汇》等文献反映出于阗地区与同时代的突厥有密切的关系。②

2. 汉文—突厥文合璧《阙特勤碑》和《毗伽可汗碑》

6世纪，在蒙古高原上建有突厥汗国，后分为东、西两个汗国，至8世纪灭亡。

突厥汗国的文字为突厥文，使用时间在7—10世纪。现存的突厥文文献大部分是突厥文碑铭。最著名的两方碑是《阙特勤碑》和《毗伽可汗碑》。阙特勤是后突厥汗国可汗阿史那骨咄禄之子，拥立其兄默棘连为毗伽可汗。毗伽可汗与唐保持友好关系，连年向唐遣使朝贡，后被其大臣毒死。唐玄宗派使臣吊祭，开元二十年（732年）七月敕命立碑，亲撰碑文。③《毗伽可汗碑》四面皆刻字，西面汉文，为唐玄宗所撰；其余3面为突厥文，内容为两可汗生平事迹。两碑记录了后突厥汗国的历史，有重要文献价值。（图2）

3. 汉文、突厥文、粟特文合璧《九姓回鹘可汗碑》

《九姓回鹘可汗碑》是回鹘汗国时期的碑刻，回鹘在中国西北部地区，与唐朝保持友好的关系，后分几支西迁，分别成为"甘州回鹘""沙州回鹘"和"西州回鹘"。碑石为唐元和九年（814年）

---

①夏鼐：《和阗马钱考》，《文物》1962年第2期，第60—63页。
②黄振华：《于阗文研究概述》，《中国民族古文字研究》，中国社会科学出版社，1984年。
③《新唐书》卷215《突厥传》，中华书局，1975年。

图 2 汉文—突厥文合璧《阙特勤碑》

立，记述回鹘建国后至保义可汗在位时的史事、与唐朝的关系及摩尼教传入回鹘的情况。石碑正面左侧刻汉文19行，左转角1行，左侧面14行。粟特文在正面右侧，正面27行，右转角1行，右侧面有17行。突厥文横书，刻在碑阴，约116行。此碑是唐与回鹘友好关系的见证。[①]（图3）

4. 汉文—藏文合璧的文献

居住在青藏高原的藏族，古代称吐蕃。7世纪初，藏族领袖松赞干布统一了西藏高原，建立了吐蕃王朝。他大力加强同唐朝的友好往来，努力学习唐朝的先进文化和生产技术，先后两次派遣大臣赴唐朝请婚，迎娶了文成公主。

保存至今的藏文文献十分丰富。吐蕃王朝与中原汉族地区有广泛的文化往来，翻译了中原地区的不少经典著作，著名的如《今文尚书》《战国策》等。[②]以藏文和汉文书写的合璧文献有多种。

（1）藏文—汉文合璧《唐蕃会盟碑》

唐长庆元年（821年）唐朝和吐蕃会盟于长安，翌年又会盟于逻些（今西藏拉萨），后在逻些立《唐蕃会盟碑》，又称《甥舅和盟碑》《长庆会盟碑》。碑正面西向是汉文、藏文两体对照，左半藏文横书76列，右半汉文直

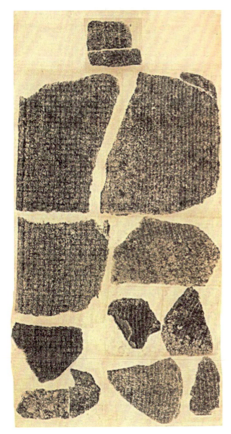

图 3 汉文、突厥文、粟特文合璧
《九姓回鹘可汗碑》

---

① 中国国家图书馆、中国古籍保护中心：《第四批国家珍贵古籍名录图录》（第6册，11366号），国家图书馆出版社，2014年。
② 藏族简史编写组：《藏族简史》，西藏人民出版社，1985年，第83—85页。

写楷书6行，文义相同。北面为吐蕃与盟官员17人名单，藏文、汉文对照，上为藏文，40列。南面为唐廷与盟官员18人名单，有藏语译音49列。东面为藏文盟词，78列。碑文赞美了汉藏之间的友谊，记录了会盟的经过，有重要的历史和文物价值。此碑现仍矗立在拉萨大昭寺前，一直受到藏汉人民的敬仰，为全国重点文物保护单位（图4）。

图4　汉文—藏文合璧《唐蕃会盟碑》

（2）汉藏文对音文献《千字文》等

敦煌石室藏书是多民族文化宝藏，其中有大量古藏文文献，也包括古藏文与汉文对音文献。如汉藏对音《千字文》，原卷残，存汉文53行，竖写，字左侧注藏文对音。还有两种文字对照的佛经《大乘中宗见解》《阿弥陀经》《金刚经》及《开蒙要训》等。此外还有《汉藏对音词语表》等。这样多的汉文、藏文译音资料，反映出汉藏之间在文化、宗教方面的密切联系。

5. 汉文—回鹘文合璧题记

回鹘人在西迁后，逐渐废弃了在漠北使用的突厥文，而改用回鹘文。在9世纪前后已有大量回鹘文文献形成，用回鹘文翻译了很多经典。[1]回鹘人信奉佛教，在新疆和敦煌一带留存有不少回鹘佛教石窟。有的石窟中绘制有回鹘贵族供养人，一些供养人像旁书写有回鹘文—汉文合璧题款，反映了当时民族间的密切联系。（图5）

6. 汉文—粟特文合璧《大唐故安优婆姨塔铭》

隋唐时期，粟特人活跃在西域丝绸之路上，他们擅长经商，有很高的文化。[2]粟特人使用粟特文。《大唐故安优婆姨塔铭》由汉文和粟特文两部分组成。汉文11行，粟特文17行，叙述粟特人死者家世原属昭武九姓，迁居姑臧（今甘肃省武威），后居住于长安的史实，反映了当时民族间的密

---

①耿世民：《回鹘文》，《中国民族古文字研究》，中国社会科学出版社，1984年，第97—104页。
②《北史》卷2《魏本纪》，中华书局，1974年。

图5　有回鹘文—汉文合璧
题款的供养人像

图6　汉文—粟特文合璧
《大唐故安优婆姨塔铭》

切交往。（图6）

　　这一时期还有一些少数民族政权以汉文为官方文字。如南方的南诏国，其统治者是乌蛮，受汉族文化影响很深，推行儒学，使用汉文。南诏王阁罗凤时所立的《南诏德化碑》、南诏王舜化贞授意绘制的《南诏图传》款识和题记都是汉字。再如南诏王异牟寻与唐王朝使者会盟的誓文也用汉文书写。此外，南诏王给朝廷和剑南节度使的表奏、书信都用汉文书写。

　　（三）宋辽夏金时期的合璧文献

　　宋辽夏金时期，是中国几个王朝分立时期。辽、夏、金先后创制了民族文字契丹文、西夏文和女真文，都以民族文字书写了很多文献，其中也包括合璧文字文献。

　　1. 多种类型的汉文—西夏文合璧文献

　　西夏以党项族为主体民族，境内还有汉族、藏族、回鹘等族。西夏文教兴盛，大力吸收其他民族文化，特别是中原地区宋朝的文化。

　　西夏创制和推行记录党项族语言的文字（蕃文），后世称为西夏文。其境内同时使用汉文、藏文、回鹘文。西夏时期合璧文献种类繁多。

　　（1）汉文—西夏文合璧《凉州重修护国寺感通塔碑》

　　西夏崇宗天祐民安三年（1093年），由皇帝、皇太后发愿重修凉州（今甘肃省武威市）感通塔及寺庙，翌年完工后立碑赞庆。该碑系西夏文—汉文合璧碑，一面刻西夏文28行，另一面刻汉文28行。两面内容相近，记建塔后的感应故事和西夏重修塔寺的经过及庆典活动。[1]此碑今存甘肃省

---

①张澍：《书西夏天祐民安碑后》，《养素堂文集》卷19，清道光十七年刻本。史金波、白滨、吴峰云：《西夏文物》，文物出版社，1988年，图102、103。

图7 西夏文—汉文合璧《凉州护国寺感通塔碑》

武威市博物馆，为全国重点文物保护单位。（图7）

（2）双语双解西夏文—汉文对照词语集《番汉合时掌中珠》

西夏仁宗乾祐二十一年（1190年）编印了西夏文、汉文双解词语集《番汉合时掌中珠》。全书
37页，将常用词语分类编排。每一词语都有四项，中间两项分别为西夏文和相应意义的汉文，左右
两项分别为中间西夏文和汉文的相应译音字。此书便于番人、汉人互相学习对方语言文字，是一部
特殊的工具书，是世界上最早的双语双解的辞书。[①]（图8）

（3）西夏文—汉文合璧历书

历书是常用书籍，因其仅能当年使用，用过即废，所以保存下来的古代历书极少。出土的西夏
历书种类多样，其中一件记录了长达86年的历书，每年一页，西夏文和汉字混写。这种用夏、汉
两种文字制作的历书，表明在西夏党项人和汉人共同使用统一的历书。[②]

（4）西夏文—汉文合璧社会文书

黑水城出土文献和敦煌出土文献中有多件西夏文、汉文合璧社会文书，其中有户籍、契约等。
一件手实（户籍原本）文书，存西夏文草书56行，间有涂改。该件列诸多财物项目，如土地、牲
畜、衣物等，并在旁边用汉字标注出估算的价值，以合粮食多少石来计算。[③]

①骨勒茂才著，黄振华、史金波、聂鸿音整理：《番汉合时掌中珠》，宁夏人民出版社，1989年。
②史金波：《西夏的历法和历书》，《民族语文》2006年第4期。
③俄罗斯科学院东方研究所圣彼得堡分所、中国社会科学院民族研究所、上海古籍出版社：《俄藏黑水城文献》13册，上海古籍出
版社，2007年，第270页。

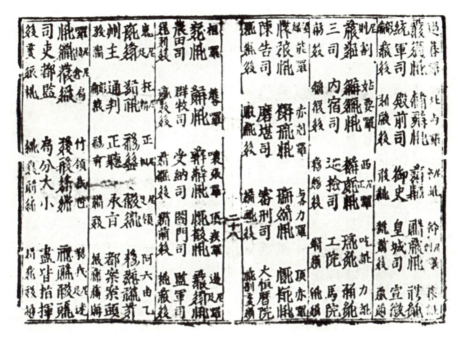

图 8　西夏文刻本《番汉合时掌中珠》

又有西夏皇建元年（1210年）卖人口契，编号 Инв.No.7903。此契写西夏文草书16行，契尾签署上部有小字汉文3行，较大字汉文1行，注明契约的主要内容：立契者卖"私人一户""价钱一百贯"。这应是买卖双方分别为汉人和党项人的原因。①

（5）西夏文—汉文合璧壁画题记

西夏信奉佛教。在敦煌莫高窟中有很多西夏时期妆銮的石窟，其中有的绘有供养人像，有的供养人像旁有西夏文—汉文合璧题记。如莫高窟第65窟的僧人供养人旁皆有汉文和西夏文对照榜题，表明其身份和名字。②（图9）

2. 汉文—藏文合璧文献

（1）汉文—藏文合璧《黑水建桥碑》

西夏仁宗于乾祐七年（1176年）在甘州（今甘肃省张掖市）的黑水河立建桥碑，并亲临祭神。该碑阳面刻汉文13行，阴面刻藏文21行，内容记仁宗褒扬贤觉菩萨（帝师，藏族）兴建此桥并祭神以求水患永息、桥道久长。此碑镌刻汉、藏两种文字，反映出这一地区在西夏时期多元的

图 9　莫高窟65窟供养人西夏文—汉文合璧题记

①史金波：《黑水城出土西夏文卖人口契研究》，《中国社会科学院研究生院学报》2014年第3期。
②史金波、白滨、吴峰云：《西夏文物》，文物出版社，1988年，图406。

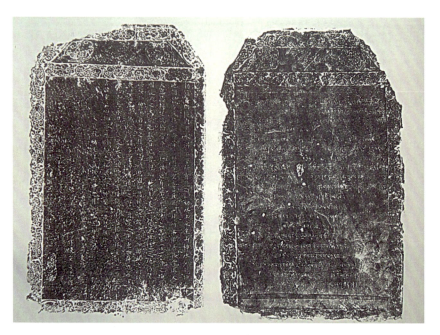

图10 汉文—藏文合璧《黑水建桥碑》

文化现象。[1]（图10）

（2）用藏文注音的西夏文文献

黑水城还出土有多纸特殊的写本西夏文佛经，其中每一个西夏字都用藏文注音，便于懂藏文的人学习西夏文佛经。[2]此外黑水城遗址还出土有"汉文而用西藏文注释"的残页。由此可见当时西夏境内几种主要民族在文化交流中的密切关系。（图11）

3. 汉文—契丹文合璧的《大金皇弟都统经略郎君行记》

契丹族建立的辽朝文化发达，重视儒学，先后创制契丹大字、契丹小字，用契丹文翻译了不少

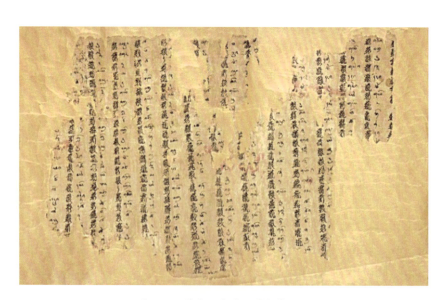

图11 用藏文注音的西夏文佛经

①史金波、白滨、吴峰云：《西夏文物》，文物出版社，1988年，图105、106。
②［俄］米开罗·皮欧特洛夫斯基：《丝路上消失的王国——西夏黑水城的佛教艺术》，台湾历史博物馆，1996年，第261页。

中原地区典籍。存世的契丹文文献多为碑刻，以墓志铭为最多。

汉文—契丹文合璧碑刻《大金皇弟都统经略郎君行记》，是辽朝灭亡后于金天会十二年（1134年）刻于陕西省乾县唐乾陵前的《无字碑》上，正文为契丹小字，左侧刻有汉字译文。[①]当时虽已创制出女真文，但契丹字仍在金朝流通。此碑记录了金朝皇弟完颜撒离喝重修乾陵的缘由和经过，反映出当时多种文字使用的状况，以及汉族、契丹族、女真族文化上的相互交融。（图12）

4. 女真文—汉文合璧碑刻

12世纪初，女真族逐渐强大，首领完颜阿骨打起兵反辽，建立金朝。金朝继承中原的先进文化，发展儒学，崇信佛教，创造了记录女真族语言的文字女真文。

金朝用女真文翻译了很多中原的汉文儒学、史学典籍。[②]女真文和汉文合璧文献有多种碑刻。

（1）《大金得胜陀颂碑》

该碑坐落在吉林省松原市扶余市

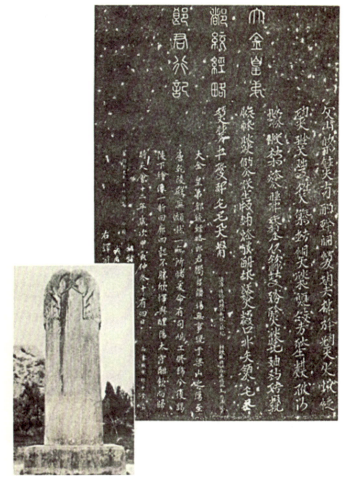

图12　汉文—契丹文合璧的《大金皇弟都统经略郎君行记》

德胜镇石碑崴子屯，金世宗大定二十五年（1185年）刻，碑额阳面汉文篆字"大金得胜陀颂"，阴面刻女真字。碑身阳面刻汉文30行，碑阴为女真文32行。碑文分序文、献文，序文记阿骨打誓师起兵反辽之事，献文为颂词。此碑对研究早期金史和女真字有重要的价值，为全国重点文物保护单位。

（2）《女真进士题名碑》

该碑为金哀宗正大元年（1224年）刻。碑阳为汉文，明代将原文磨平，改刻顺河庙碑记；碑阴为女真文，记金哀宗御隆德殿举行女真科进士考试及进士名录。碑原立开封郊外宴台，现藏开封博物馆。

（3）《昭勇大将军同知雄州节度使墓志》

该志为金代汉文、女真文合璧碑碣，于吉林省舒兰市小城镇的马路村出土。志的右边小字有汉字与女真字。

（四）元代的合璧文献

13世纪初，蒙古族建立起强大的蒙古汗国，先后攻灭西辽、西夏、金朝、南宋，建立元朝。

---

①傅懋勣主编：《中国民族古文字图录》，中国社会科学出版社，1990年，第268、394页。

②《金史》卷8《世宗本纪》，中华书局，1975年。

图 13　居庸关过街塔六体文字石刻

元朝首先用回鹘文书写蒙古语言，为回鹘式蒙古文。中统元年（1260年）忽必烈命八思巴创制蒙古新字，用以"译写一切文字"①，被称为"国字"，近代称为八思巴字。元代用蒙古文翻译了汉文典籍中很多儒学、史学著作及不少蒙书。②此外还翻译了当时的《列圣制诏》及《大元通制》等。③元代合璧文字文献很丰富，并拓展了多体文字合璧形式，反映了当时多民族文化的丰富多彩和密切交流。

1. 六体文字石刻

（1）居庸关过街塔六体文字石刻

元至正五年（1345年）修建的居庸关过街塔云台门洞内壁，由巨石砌成，其上镌刻六种文字，有汉文、梵文、藏文、八思巴文、回鹘文、西夏文，内容为经题和三种《陀罗尼经》。④六种文字中除梵文外，其余五种文字在当时都是通行文字。此过街塔是全国重点文物保护单位。（图13）

（2）莫高窟六体文字真言碑

速来蛮西宁王在敦煌莫高窟建造像碑，其上用汉文、梵文、藏文、八思巴文、回鹘文、西夏文六种文字镌刻"唵嘛呢叭咪吽"六字真言。

（3）甘肃省永昌六体文字石刻

甘肃永昌圣容寺附近的山石上也凿刻了以上六体文字真言。

以上三处石刻皆用相同的六种文字，并非偶然，反映出当时多民族语言文字通用的情况。

2. 五体文字合璧夜巡牌

元代夜巡牌，铜质，圆形牌身，覆荷状牌顶。牌顶正反两面为梵文六字真言之"嗡"字。牌身正面正中楷书汉文"元"字，左右分别为藏文和汉文"天字十二号夜巡牌"。背面分别是回鹘式蒙古文、八思巴字和察合台文。藏文、蒙文、八思巴文、察合台文的译文均为"夜巡牌"。该牌为元上都卫戍部队夜间巡逻所佩带的份牌腰牌。该牌符反映了元朝多民族文字并用、文化交融的时代特征。内蒙古科右中旗博物馆收藏。（图14）

①《元史》卷202《释家传》，中华书局，1976年。
②《元史》卷12《世祖本纪》，中华书局，1976年。
③《元史》卷29《泰定帝本纪》，中华书局，1976年。
④《中国民族古文字图录》，第282、396页。

图 14　五体文字合璧夜巡牌

3. 四体文字合璧至元通宝钱

至元通宝四体文钱，一面有"至元通宝"，背面有三种文字，穿上、穿下为蒙古文八思巴字"至元"，穿右为察哈台文"通"，穿左为西夏文"宝"。

4. 汉文、八思巴字合璧文献

（1）八思巴字—汉文合璧《安西王令旨碑》（图 15）

碑文八思巴字 23 行，汉文 24 行，内容为皇子安西王下令旨，保护寺庙。碑文附刻三行回鹘式蒙古文。

（2）汉文—八思巴字合璧《大元累授临川郡吴文正公宣敕》

系元政府颁发给官员吴澄的授官文书，共 11 件，宣 8 件，敕 3 件，皆在汉字旁以八思巴字注音，后于明代永乐四年吴氏后人复制入文集中。

（3）八思巴字—汉文合璧《百家姓》（图 16）该书收录在宋陈元靓的《事林广记》（元增修重版）中。每半页 11 行，每行先写八思巴字，于其下写汉文姓氏。①

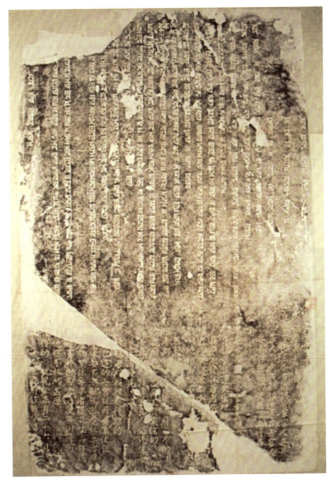

图 15　八思巴字—汉文合璧
《安西王令旨碑》

①史金波、黄润华：《中国历代民族古文字文献探幽》，中华书局，2008 年，第 174—175 页。

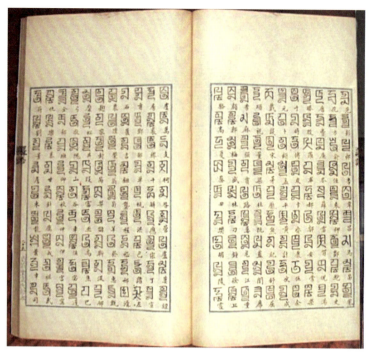

图16 八思巴字—汉文合璧《百家姓》

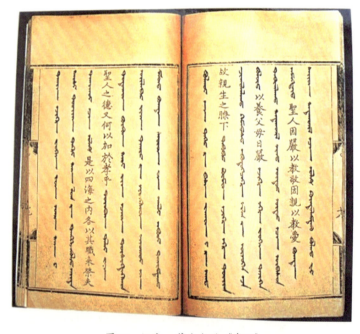

图17 汉文—蒙文合璧《孝经》

（4）汉文—八思巴字合璧《蒙古字韵》

系元代用八思巴字拼写汉语的范本，分为上、下两卷，上卷34页，下卷31页。每一韵又分为若干韵类，每一韵类中按声类传统顺序排列同音字组，上冠八思巴字母的字头，下列所拼汉字，是研究由八思巴字母拼写汉语的最为重要的文献资料。

5. 汉文、回鹘式蒙古文合璧文献

（1）汉文—蒙古文合璧《孝经》（图17）

元代有汉文、蒙古文合璧的《孝经》，线装刻本，行款按蒙古文惯例由左向右，每句汉文后用蒙古文对译。现藏故宫博物院。①

（2）汉文—蒙古文合璧《云南王藏经碑》等

元代云南王阿鲁于1340年颁布给筇竹寺的一道令旨，记述云南王阿鲁捐赠给该寺"楮币一百五十锭"以其利息诵《地藏经》。令旨碑额为八思巴字拼写汉语"云南王藏经碑"六个大字，碑文一面有20行回鹘式蒙古文，另一面是元仁宗1316年的21行汉字圣旨。现立于云南昆明筇竹寺内。

另外还有多通汉文、蒙古文合璧碑刻，如《济源十方大紫宫圣旨碑》（1240年）、《释迦院碑记》（1257年）、《少林寺圣旨碑》（1253—1268年三通）、《只必帖木儿大王张氏先茔碑》（1335年）、《竹温台公神道碑》（1338年）、《西宁王忻都公神道碑》（1362年）等。

令旨碑》（1277年）、《忽必烈牛年圣旨碑》（1277年或1289年）、《竹温台公神道碑》（1338年）、《西宁王忻都公神道碑》（1362年）等。

6. 汉文、回鹘文合璧文献

（1）汉文—回鹘文合璧《亦都护高昌王世勋碑》（图18）

①道布：《回鹘式蒙古文》，《中国民族古文字图录》，中国社会科学出版社，1990年，第295页。

图18　汉文—回鹘文合璧《亦都护高昌王世勋碑》

元顺帝元统二年（1334年）立，碑身两面分别刻汉文、回鹘文，上部残。汉文36行，回鹘文分栏刻字，残存碑下半部四栏半，每栏50或52行，文多漫漶不清，记载八代高昌王仕事元朝的历史事迹，现存武威市文庙。[①]

（2）汉文—回鹘文合璧《大元肃州路也可达鲁花赤世袭碑》

元末至正二十一年（1361年）立于肃州（今甘肃省酒泉市），回鹘文、汉文合璧。汉文23行，回鹘文32行，磨损严重。内容记元太祖征西夏时，肃州党项人举立沙献城归顺，后助太祖征讨战死，其子阿沙为肃州路达鲁花赤，遂世袭不绝，历130余年。此碑是西夏灭亡后河西走廊党项族活动的珍贵史料。[②]

（3）汉文—回鹘文合璧《佛说温室洗浴众僧经》

出土于吐鲁番的《佛说温室洗浴众僧经》是13世纪的写本，残存两页4面38行，为汉文、回鹘文对照。此外还有《佛名经》也是汉文、回鹘文合璧。

7. 汉文—藏文合璧《大元国师法旨碑》（图19）

该碑位于山东长清大灵岩寺内千佛殿前，上半为藏文，自左向右横书，共12列，为无头字体，下半为汉字。碑文为保护灵岩寺财产的规定。[③]

8. 汉文—西夏文合璧《小李钤部墓碑》

河北省大名县出土元至元十五年（1278年）汉文、西夏文墓碑。顶部篆书"小李钤部公墓志铭"八字。碑文一面为西夏文两行11字，译为"田氏夫人母亲小李钤部大人"；一面刻汉文21行，记载小李钤部归附成吉思汗随从蒙古军征战，最终任职大名路达鲁花赤事迹。

9. 汉文、回鹘文、叙利亚文合璧《也里世八墓碑》

江苏扬州出土的元延祐四年（1317年）大都忻都妻也里世八之墓碑，右刻汉字3行，记"次丁

①耿世民：《耿世民新疆文史论集》，中央民族大学出版社，2001年，第400页。

②白滨、史金波：《大元肃州路也可达鲁花赤世袭之碑考释》，《民族研究》1979年第1期。耿世民：《碑阴回鹘文释文》，《民族研究》1979年第1期。

③王尧：《山东长清大灵岩寺大元国师法旨碑考释》，《文物》1981年第11期。

巳延祐四年三月初九日三十三岁身故五月十六日明吉大都
忻都妻也里世八之墓"。左刻以叙利亚文字母拼写的回鹘语
12行，以基督教信仰记墓志主人33岁亡故事。①

（五）明代的合璧文献

明朝统一了中国的大部分地区。元朝王室的后裔各部
总称鞑靼或瓦剌退守长城以北，有时与明朝对抗，有时归
顺明朝，与明朝保持着友好往来。

1. 汉文和少数民族文字对照的《译语》（图20、图21）

明朝与少数民族的交往逐渐增多，为解决语言交流问
题特建四夷馆。四夷馆除教学外，还翻译与少数民族地区、
外国的来文，以及皇帝给他们的敕谕及朝廷回函。②四夷馆
编撰了一套《译语》，供各馆使用，包括女真馆、鞑靼馆、
高昌馆、西番馆、百夷馆译语等。《译语》分两部分。一是
"杂字"，分类排列，每个词先写民族文字，再写汉文词
义。二是"来文"，为各地方政权进贡、求赏的奏文和皇帝
给他们的敕谕及回函。③

2. 标注蒙古语字音的《蒙古秘史》

洪武十五年（1382年）翰林院侍讲火源洁、编修马沙
亦黑奉敕将蒙文本《蒙古秘史》译成汉文，后收入《永乐
大典》中。此译本蒙古文用汉字译音写出，每个词旁译注
汉文词义，每节附有内容意译择要，被称为汉字标音本。

图19　汉文—藏文合璧
《大元国师法旨碑》

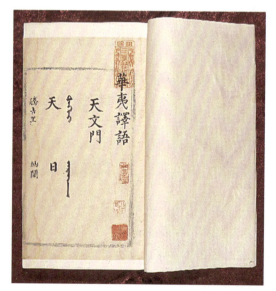

图20　蒙古文—汉文合璧《华夷译语·杂字》

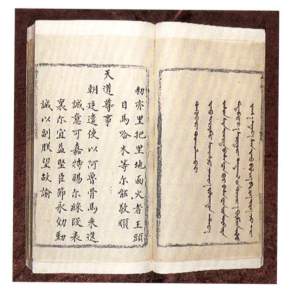

图21　回鹘文—汉文合璧《高昌馆课·来文》

①有专家认为此碑是汉文、古维吾尔语即回鹘文和叙利亚语合刻。王丽燕：《基督教徒忻都妻也里世八墓碑》，《图书馆工作与研究》
2006年第4期。
②郎瑛：《七修类稿》卷12《国事类》，上海书店出版社，2009年。
③史金波、黄润华：《中国历代民族古文字文献探幽》，中华书局，2008年，第207—209页。

蒙古文原本已佚。

3. 汉文—藏文合璧的《圣妙吉祥真实名经》序（图22）

中国国家图书馆藏有明永乐九年（1411年）北京刻印的汉藏对照的《圣妙吉祥真实名经》方形木刻本，首尾有明成祖撰写的序和藏文译文，形成合璧文献。

又明代刻印永乐版藏文《大藏经》，其封题为金字，汉、藏文合璧。

4. 汉文—彝文合璧碑刻

彝族有悠久的历史，文化发达，使用彝文很早，但早期彝文文献都没有留存下来。明代留存下一些彝文文献，另有汉文和彝文合璧文献，多是铜钟铭文和碑刻。

（1）汉文—彝文合璧成化钟（图23）

明成化二十一年（1485年）由彝族罗甸水西酋长、贵州宣慰使安贵荣与其妻奢脉捐资铸造，重约300公斤，中部周围有彝文、汉文8幅。钟文记捐资建庙铸钟事。现存贵州大方县文物管理所。①

（2）汉文—彝文合璧新修千岁衢碑（图24）

该碑于明嘉靖二十五年（1546年）被刻于道旁岩石上，由彝族罗甸水西摄职彝君长、贵州宣慰使安万铨捐资兴建。碑面右幅刻汉文，左幅刻彝文，记开山、凿石修筑千岁衢事。②

图22 汉文—藏文合璧
《圣妙吉祥真实名经》

图23 汉文—彝文合璧成化钟及铭文

---

①史金波、黄润华：《中国历代民族古文字文献探幽》，中华书局，2008年，第237页。
②史金波、黄润华：《中国历代民族古文字文献探幽》，中华书局，2008年，第238页

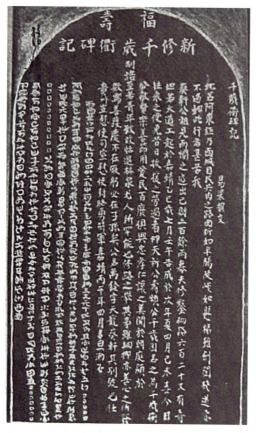

图 24 汉文—彝文合璧千岁衢碑

图 25 西夏文—汉文合璧经幢

5. 汉文—女真文合璧永宁寺碑

明初建州女真和海西女真于东北地区还在使用女真文。明永乐十一年（1413年）建于黑龙江下游特林地方的《永宁寺碑》，又名《奴儿干都司永宁寺碑》，用四种文字镌刻，阳面汉文，30行，阴面女真文、蒙文各15行，两侧为汉文、女真文、蒙文、藏文四体六字真言。[①]

6. 西夏文—汉文合璧经幢（图25）

在河北省保定市西郊韩庄的寺庙遗址出土了两座八面石幢，上刻西夏文《佛顶尊胜陀罗尼经》，并有弘治十五年（1502年）西夏文、汉文造幢的年款。幢上刻人名上百，其中有党项姓，证明至明中叶还有一批党项人在中原活动。[②]

（六）清代的合璧文献

建州女真首领努尔哈赤于万历四十四年（1616年）建立后金。其子皇太极于天聪十年（1636年）四月改国号为清。

努尔哈赤于明万历二十七年（1599年）下令创制满文，被称为老满文。天聪六年（1632年）皇太极命对满文进行改进，成为新满文。用满文翻译的汉文文献和撰写、记录的书籍、档案数量巨大，同时也形成了很多两种或两种以上文字合璧的文献。

---

① 史金波、黄润华：《中国历代民族古文字文献探幽》，中华书局，2008年，第288—289页，第397页。
② 史金波、白滨：《明代西夏文经卷和石幢初探》，《考古学报》1977年第1期。

1. 多种两种合璧文字的《译语》

清代借鉴明朝经验，设立会同四译馆，编撰了一批《译语》（图26），这批译语除一种外均为汉文与少数民族文字对照。译语所涉及的地域大多包括四川、云南、西藏一带的民族名称共31种，另有琉球、暹罗、缅甸、印度和欧洲等外国语言共11种。①《译语》中每一词语先写民族文字，中为汉文字意，下为民族语言汉字对音。这一大批合璧文字文献，反映出当时民族相互交往的需要。

图26　会同四译馆汉文—藏文合璧《译语》

2. 满文—汉文合璧文献

（1）满文—汉文合璧《禁绝烟草的告示》

中国第一历史档案馆藏有一件后金户部示谕官民禁绝烟草的刻本告示，为满文、汉文合璧，左为满文11行，右为汉文10行，年款"崇德四年六月二十六日"（1639年）满汉文各一行，上钤满文篆字"户部之印"。这是一件珍贵的满族入关前的印刷品。②

（2）满文—汉文合璧四书五经

四书五经是儒家的基本经典，很早便译成了满文。现在最早的刻本是顺治十一年（1654年）听松楼刻印的《诗经》，共6卷6册，满文、汉文合璧，每叶上半面是满文，下半面是汉文。这样满汉文分别上下刻印的图书仅见于清初，以后都是间行刻印。

康熙三十年（1691年）刻印了满文、汉文合璧四书。乾隆时期对四书译本重新做了厘定，坊间大量刊印。满文、汉文合璧本四书在清代也是最畅销的坊刻书之一。③

（3）满文—汉文合璧格言

中央民族大学图书馆藏有一种刻本，全书两册，内容是格言。每叶两行，左为满文，右为汉文。据刻书的风格判断是顺治年间的坊刻本。

①冯蒸：《"华夷译语"调查记》，《文物》1982年第2期。
②史金波、黄润华：《中国历代民族古文字文献探幽》，中华书局，2008年，第256页。
③史金波、黄润华：《中国历代民族古文字文献探幽》，中华书局，2008年，第274—275页。

（4）满文—汉文合璧《大清全书》《圣谕广训》《清文启蒙》

康熙二十二年（1683年）由京都宛羽斋刊印了《大清全书》，其中有满语的语音、语法和包括12000字左右的满汉对照辞书（图27）。[1]

雍正二年（1724年）刊印过满文、汉文合璧《圣谕广训》，后又有满文、蒙古文合璧本，以及满文、蒙古文和汉文三合本。内容源于康熙皇帝的《圣谕十六条》，训谕世人遵守法律和应有的德行、道理。雍正八年（1730年）编著满文教科书《清文启蒙》，满文、汉文合璧，四卷，以汉文解释满文语法，从语音十二字头开始到满语套词、虚字等。[2]

（5）满文—汉文合璧《御制增订清文鉴》

此书是第一部由清朝皇帝敕修的满文、汉文合璧辞典，乾隆三十六（1771年）武英殿刻本，47卷，48册，其中将全部满文词条对译成汉文。后来又发展到满文、汉文、藏文、蒙古文四体清文鉴和满文、汉文、藏文、蒙古文、维吾尔文五体清文鉴[3]（图28）。

（6）满文—汉文合璧《西厢记》《三国志》《聊斋志异》

《西厢记》有两个译本，一是康熙四十七年（1708年）由寄畅斋刻印的《精译六才子词》，每页汉文列上，满文列下。两年后出现了一个全译本，由文盛堂刊印，也是满文、汉文合璧。

《三国志》满文、汉文合璧本，共48册，每半页满汉文各七行，汉文列在满文之右，为雍正年间所刻，坊刻本（图29）。

图27　满文、汉合璧刻本《大清全书》

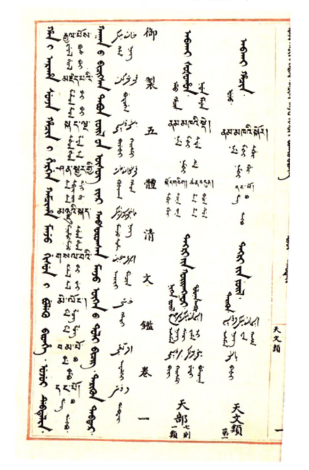

图28　满文、汉文、藏文、蒙古文、维吾尔文内府抄本五体《清文鉴》

①李德启：《国立北平图书馆故宫博物院图书馆满文书籍联合目录》，国立北平图书馆及故宫博物院图书馆，1933年，第22页。
②史金波、黄润华：《中国历代民族古文字文献探幽》，中华书局，2008年，第277—278页。
③史金波、黄润华：《中国历代民族古文字文献探幽》，中华书局，2008年，第265页。

图29 满文—汉合璧刻本《三国志》

道光年间由盛京工部主事札克丹选《聊斋志异》书中129篇故事译成满文，于道光二十八年（1848年）刊印，每页满文、汉文相间。①

（7）满文—汉文合璧《音韵逢源》《翻译词联诗赋》《分类汉语入门》

道光二十年（1840年）刻满文、汉文合璧《音韵逢源》，其中用满文标记汉语词语。现藏中央民族大学图书馆。

《翻译词联诗赋》四卷，满文、汉文合璧。首卷为词，卷二为楹联，卷三是诗，卷四为赋，此书流传不多。

清末光绪三十三年（1907年）北京石印馆刻了满文、汉文、蒙古文三体合璧《分类汉语入门》。②

（8）满文、汉文合璧佛经

清朝刻过许多佛经，其中一部分是蒙文、藏文或满文、汉文、蒙文、藏文合璧。如满文—汉文合璧刻本《佛说阿弥陀经》等。

（9）满文、汉文合璧碑刻

有清一代留下了数量可观的碑刻，其中有满文与其他文字合璧的碑刻，主要是满文、汉文合璧的石刻，以墓碑为主，此外还有诰封碑、谕祭碑，以及庙碑、纪念碑等。

《大金喇嘛法师宝记》碑天聪四年（1630年）立于辽宁省辽阳市喇嘛园村，记载西藏喇嘛经蒙古至后金传播佛教，受努尔哈赤的礼遇，圆寂后建塔立碑之事。碑阳为老满文、汉文合璧，碑阴有汉文20行，载喇嘛门徒、职官姓名③（图30）。

3. 多文种合璧文献

（1）六体文字合璧《西域同文志》

①史金波、黄润华：《中国历代民族古文字文献探幽》，中华书局，2008年，第275—276页。
②史金波、黄润华：《中国历代民族古文字文献探幽》，中华书局，2008年，第273—275页。
③史金波、黄润华：《中国历代民族古文字文献探幽》，中华书局，2008年，第286—287页。

图30 满文—汉文合璧
《大金喇嘛法师宝记》碑

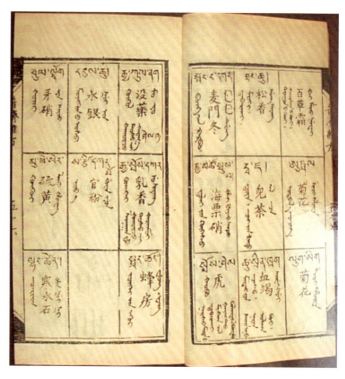

图31 汉文、满文、蒙古文、藏文合璧
《普济杂方》

乾隆十五年（1750年）完成的六体文字合璧《西域同文志》，把中国西北地区的地名和一部分人名用汉文、满文、蒙古文、藏文、托忒蒙文、维吾尔文等六种文字对照汇编在一起，是研究清代西北地区地理历史和语言文字的重要资料。

（2）汉文、满文、蒙古文、藏文合璧《普济杂方》

内蒙古阿拉善高世格编著的《普济杂方》，同治十二年（1873年）刻本，有250余种方剂，附有藏文、蒙文、汉文三种文字的药名表，用满文标注药名的汉文读音，便于不懂汉字者利用[①]（图31）。

（3）满文、蒙古文、汉文合璧《满蒙汉合璧教科书》

此书系宣统元年（1909年）印本，正文半页9行，满文、蒙、汉文各3行，从内容上看已有"新学"的内容。这是满文图书时代的尾声。[②]

（4）满文、汉文、蒙文、藏文四体文字合璧碑

康熙六十年（1721年）允准在安定门外"建立十方院为饭僧所"，竣工后康熙皇帝为该庙落成撰写碑文，以满文、汉文、蒙文、藏文四体文字合璧镌刻，内容为庆贺驱逐准噶尔保卫西藏的胜利。

乾隆十九年（1754年），乾隆皇帝在改建承德避暑山庄丽正门时，以满文、蒙文、汉文、维吾尔文、藏文五种民族文字题写门额。后来又下令将清朝祖陵的石碑亦用上述五种民族文字镌刻。

此外，有些著作，特别是大部头的重要著作的序言也是合璧的。如康熙二十二年（1683年），皇帝命刊刻《如来大藏经》，其序言与目录是满文、汉文、蒙文、藏文四体文字合璧。

①史金波、黄润华：《中国历代民族古文字文献探幽》，中华书局，2008年，第307—308页。
②史金波、黄润华：《中国历代民族古文字文献探幽》，中华书局，2008年，第273页。

　　有的印章也是两种文字合璧的。如国家博物馆藏云南西双版纳傣族车里宣慰司印（图32），柄高11.8厘米，印方形，边长8.4厘米，有汉文、满文和傣文三种文字合璧印文"车里宣慰司印"，印一侧面有"道光十五年正月"年款，另一侧有"道字一千二百五号"。此前，道光十四年（1834年）五月，土司刀绳武为清廷免职，以刀太康长子刀正宗过继给前土司刀太和为嗣，袭位为车里宣慰使。可能此印即清政府赐予刀正宗土司的官印。

图32　汉文、满文、傣文合璧车里宣慰司印

　　《朝城县志略》每页装帧线的骑缝处均钤有汉文、满文合璧的朱文官印"朝城县印"。
　　清代钱币也多是满文、汉文合璧的。钱币正面是汉文，不同朝代有不同的年号；背面是满文，左侧为钱局简称，右侧为"宝"字（图33）。

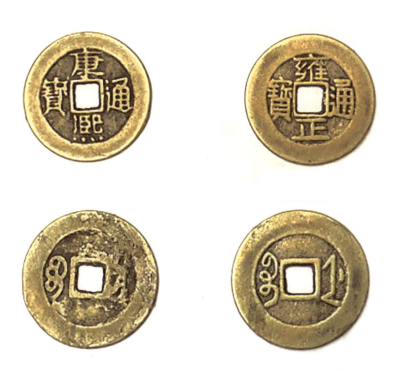

图33　清康熙、雍正汉文、满文合璧铜钱（正面、背面）

由上不难看出，中国古代各民族文字合璧文献琳琅满目，丰富多彩。和其他文献一样，未保存下来的这类合璧文献应该数量更多。

1949年后，实行各民族一律平等的民族政策，各民族都有使用民族语言、文字的权利。在各民族自治地方使用双语，这样就产生了大量文字合璧现象。如人民币上的"中国人民银行"正面用通用文字汉文，背面还有汉语拼音和蒙古文、藏文、维吾尔文、壮文。各民族自治地方政府部门的标牌都是两种文字合璧的。汉文和各民族文字对照的词典和各类书籍更是层出不穷。

二、合璧文献的成因

在历史悠久、民族众多的中国，各民族间有着广泛、密切、深厚的联系，共同书写了中华文明史。自古以来中国各族人民共同开拓广阔疆域，书写文明历史，创造灿烂文化，培育民族精神。作为起交际作用的语言、文字，在各民族政治、经济、文化交流方面起着特殊的纽带作用，反映着各民族之间的交往交流交融大势。中国历史上各民族之间共同发展、共同进步的进程，必然会如实地反映在文献上。有文字的民族将各民族间密切往来、共同发展的历史事件，用两种文字具体、形象地展现出来，更加凸显出各民族间的深层次交往和亲密关系。

中国历史上两种或两种以上合璧文献是具有中国特色的文化现象，有其特定的历史背景，生动地反映出中华民族多元一体的历史事实，是各民族深度交往交流交融的真实写照。

（一）反映民族之间水乳交融的密切关系

民族关系融洽是产生合璧文字文献的基础。将两种或两种以上文字同时写刻在一件文献上，是各民族间共同欣赏彼此文化的结果。两个民族在接触、交往的过程中，关系不断深入，交流不断加强，仅用一种文字难以表达双方的特殊关系时，才逐渐有两种文字合璧的现象产生。合璧文献显示出各民族交往密切，美美与共的精神世界。

如矗立在拉萨大昭寺前的汉文和藏文合璧的《唐蕃会盟碑》，是1200年前唐朝和吐蕃友好往来、和平相处的真实写照，双方期望在经济文化上实现更为频繁密切的交流，这适应了唐朝和吐蕃社会的发展需要，符合了当时汉藏两大民族人民的愿望，体现了汉藏两大民族友好关系的进一步加强，顺应了历史的潮流。

（二）宣示中央和地方政权的关系

用两种或多种合璧文字表达中原王朝和地方政权的上下、从属关系。

如立于西藏拉萨的《唐蕃会盟碑》，表明唐朝和吐蕃政权的密切的甥舅关系。汉文—突厥文合璧的《阙特勤碑》和《毗伽可汗碑》中，汉文碑铭为唐玄宗亲撰，宣示唐朝和突厥的"父子"关系。

国家博物馆藏清代云南傣族土司车里宣慰司印，有汉文、满文和傣文，是清朝道光年间对新任命的土司颁发的官印，显示出中央政府对土司的任命权。

（三）记录有关重大历史事件

中原王朝与少数民族政权之间或两个民族之间的大事，特别是关系到双方友好关系的大事，往往需要用当事的两种民族文字书写下来。

前述的《唐蕃会盟碑》也属于这类合璧文献。又如唐代《九姓回鹘可汗碑》记述回鹘建国后至保义可汗在位时的史事，追述回鹘汗室先世葛勒可汗、牟羽可汗参加平定唐朝安史之乱的功勋，从中国中原传播摩尼教于回鹘地区，使回鹘人改变了旧的萨满教的信仰，以及保义可汗保卫北庭、龟兹，维护祖国统一的重要史实。

再如汉文、女真文合璧《大金得胜陀颂碑》立于女真族杰出首领完颜阿骨打誓师起兵反辽之地，为金朝第五代皇帝金世宗为追记先祖完颜阿骨打建国的丰功伟业而立。

元末立于肃州的回鹘文、汉文合璧《大元肃州路也可达鲁花赤世袭之碑》，记肃州党项人举立沙归顺成吉思汗后，子孙世袭肃州达鲁花赤历130余年的重要历史。

元顺帝元统二年（1334年）立于武威的《亦都护高昌王世勋碑》记载八代高昌王仕事元朝的历史事迹。

（四）社会生活的实际需要

在中国各民族大家庭中，在相互交流过程中，往往因实际社会生活需要，必须有两种或两种以上文字来合璧表达，才能解决问题。

如在新疆东南部出土的汉文和佉卢文合璧的钱币，即当时汉朝在西域一带影响扩大，在丝绸之路进行贸易时，使用的钱币，既要有汉文又要有当地有一定影响的佉卢文，这样在两个民族之间进行交易时才会更加顺利。

又如西夏文献中的一些基层实用社会文书中，有一些契约是西夏文和汉文合璧的。这些契约的当事人有党项人和汉人，为使契约双方当事人都能明白契约内容而用两种文字书写。西夏卖人口契有西夏文、汉文两种文字，是因为买卖双方分别为汉人和党项人。有的户籍手实（户籍登录原本）列诸多财物项目，在旁边用汉字标注出估算的价值，也是当时多民族混合居住的实际情况的反映。①

再如石窟中的供养人题记用两种民族文字书写供养人的身份和人名，因为石窟往往在少数民族和汉族杂居之处，这样可以使汉族和少数民族都能知晓供养人的身份，达到绘制、宣扬供养人的目的。

中国第一历史档案馆所藏后金户部示谕官民禁绝烟草的满文、汉文合璧刻本告示，反映出当时烟草的嗜好者中既有满族也有汉族，在告示中用两种文字才能达到众所周知、一体禁绝的实用效果。

可以说每一件合璧文献都有其社会生活的实用功能，只不过是表现在不同的层面、不同的领域。

（五）培养双语人才的需求

在中国这样的多民族大家庭中，各民族之间的交往需要大量双语人才。中原王朝接待各地方政权、各民族的使节需要双语人才，少数民族要加强与中原王朝的往来更需要双语人才，在民间各民族杂居、共居的地区，由于生产、生活、贸易、文化的密切交流，更是不可缺少双语人才，而双文的合璧文献则是培养双语人才的最好教材。这就不难理解很多合璧词语、教科书文献地出现了。

诸如前述1000多年前在西域的《汉语—于阗语词汇》《突厥语—于阗语词汇》等文献，不仅反映出当时使用双语的实际情况，更显示出当时已经有便于两个民族之间学习语言、文字的双语对照的词汇文献，这是培养双语人才的工具书。

又如西夏编印的西夏文—汉文合璧的词语集《番汉合时掌中珠》，在该书序言中明确提出"不学番言，则岂和番人之众；不会汉语，则岂入汉人之数"。当时番、汉二族之间相互学习对方语言、文字有着客观的需求，编纂此书的目的是满足番汉两族互相学习对方语言、培养双语人才。

明朝建立四夷馆，编撰的合璧文字《译语》，更显示出其教科书的性质，是培养双语人才的重要资料，为培养各民族之间的翻译人才起到重要作用。这种有效措施为清朝政府继承和发扬，清朝

---

①俄罗斯科学院东方研究所圣彼得堡分所、中国社会科学院民族研究所、上海古籍出版社：《俄藏黑水城文献》第13册，上海古籍出版社，2007年，第270页。

的四译馆也编纂了很多双语《译语》，成为培养双语人才的教科书。

（六）科举考试的需要

在中原地区形成了以儒学为代表的高度发展的文化，所以很多重要的儒学典籍被翻译成少数民族文字书籍，往往容易形成合璧文献。一些以少数民族为主体的王朝，境内也包括了汉族在内的多民族，多种民族文字同时流行。中原王朝所推行的科举制度，也被少数民族所效法。科举考试的需要，使四书五经这类汉文典籍被译成多种少数民族文字书籍。如辽、西夏、金朝都实行科举制度，曾将四书五经中的著作分别译成契丹文、西夏文、女真文。

为适应科举考试，经典著作有很多是两种文字合璧的，特别是清代四书五经以满文、汉文合璧刻印，成为最畅销的坊刻书之一。

（七）传播宗教的需要

各民族间宗教联系也很密切，很多民族信仰同一宗教，特别是佛教影响到很多民族。不同文字对佛经的翻译，也形成了很多合璧文字文献。

如敦煌出土的唐代两种文字对照的佛经《大乘中宗见解》《阿弥陀经》《金刚经》等。黑水城出土用藏文注音的西夏文佛经。元代居庸关过街塔六体文字石刻，每一种文字都刻有三种《陀罗尼经》。

又如元代《云南王藏经碑》记述云南王阿鲁捐赠给该寺"楮币一百五十锭"以其利息诵《大藏经》。明永乐年间汉文、藏文对照的《圣妙吉祥真实名经》，有明成祖的序，是汉文和藏文合璧文献。

再如清朝刻印的佛经中，多有合璧者，特别是康熙刊刻的大部帙《如来大藏经》，序言与目录是四体文字合璧。

合璧文字佛教文献对宣扬佛教、传播佛经有特殊的作用。

三、合璧文字文献的特点

中华民族文化源远流长，根深叶茂，文献典籍、文物遗存丰富多彩，仅两种或两种以上文字的合璧文献也是琳琅满目，令人目不暇接。由上述众多合璧文献可以概括出一些重要特点。

（一）历时长

中国至少从汉代就已经有合璧文字实物留存下来。汉文和佉卢字合璧的"马钱"，已有差不多2000年的历史。此后绳绳继继，衍生拓展，历代都有合璧文字文献。这样一种漫长时间持续流行、发展的文化现象，具象地表现出中华民族多元一体、和合共进、源远流长的文明历史。

（二）文种多

作为多民族国家，绝大多数民族文字都参与了合璧文献的创造，内中既有汉文和少数民族文字合璧的，也有少数民族文字之间合璧的，还有多种文字合璧的，林林总总，品类众多。在中国的合璧文献中，不分文字类型，不分语言系属，都可以形成合璧形式。如汉文是表意文字，它不仅能与同属表意文字的西夏文合璧，也能与属标音文字的佉卢文、突厥文、于阗文、回鹘文、藏文、女真文、蒙古文、满文同框。而汉语、藏语、西夏语属汉藏语系，于阗语等属印欧语系，回鹘语、契丹语、女真语、蒙古语、满语等又属于阿尔泰语系。总之，中国是世界上保存合璧文献种类最多的国家。

（三）数量大

上述合璧文献总量已经不啻百余种，其文字载体有碑刻、印章、钱币、符牌、书籍、社会文书、题记等。还可以看到，在丝绸之路一带的合璧文献更为集中，反映了这一带既是国内的民族走廊，又是中西文化交流的大通道。以上所论合璧文献仅是存世合璧文字文献的一部分。不难想象，历史上的合璧文字文献要比存世的文献多得多。这样大量的合璧文字文献，在世界上也是独一无二的。

（四）以汉文为主体

在中国历史上，汉族人口最多，经济、文化持续走在前列，成为各少数民族学习、借鉴的榜样。汉文历史悠远，底蕴深厚，形成了异常丰富的文献。在少数民族地区往往是汉文与少数民族文字同时使用流行。在合璧文字文献中大多数是汉文和某种少数民族文字合璧，一部分是汉文与两种以上民族文字合璧的，汉文往往成为合璧文字文献的主体，出现频率最高。这反映出在多民族、多语言、多文字的中华民族共同体中，汉语、汉文逐渐自然形成主流，成为这个共同体中日常交流、经济交往、政令传输的通用语言文字，特别是少数民族为统治者的王朝，使用合璧文献最多，在使用民族文字的同时，更加突显出汉文的主体地位。

（五）呈渐增趋势

随着时代的发展和民族间相互交流的加深，合璧文字文献不断发展，呈现出逐渐增多的趋势。这可能有多方面的原因：一是随着时间的推移创制民族文字的少数民族越来越多，汉代及其此后一段时期，只有西域几种民族文字和南方的彝文。唐代北方增加了突厥文和回鹘文，青藏高原出现了藏文。宋辽夏金元时期则是民族文字创制的繁荣时期，先后创制了契丹文、西夏文、女真文、老蒙古文、八思巴字等，南方则有傣文、纳西东巴文等，清代又增加了满文。二是各民族交往越来越密切，特别是自元、明已降，随着各民族交往交流交融更加密切，合璧文献日益增加，甚至出现了很多三种、四种、五种乃至六种文字合璧文献。至清朝合璧文献更多。三是一般文献形成后，历经时代的消磨损失很多，尤其是纸质文献更难以保存，时代越远，保存越少，时代越近，保存越多。

1949年以后，实行各民族一律平等的政策，尊重各民族的语言、文字的使用。随着各民族更加紧密的团结，更加密切的交往，形成你中有我，我中有你，谁也离不开谁的局面。民族地区实行国家通用文字和当地少数民族文字并用，在包括政府在内的各部门的牌匾上都有双语合璧文字标识，编纂了很多相互学习语言、文字的双语教学书籍，特别是在国家发行的人民币上，除通用文字汉文外，还有藏文、维吾尔文、壮文、蒙古文4种少数民族文字，更突显出中国各民族平等、密切的血肉关系。

四、合璧文字文献的价值

中国的大量合璧文字文献，内容十分丰富，具有多方面学术价值和文物价值，值得深入发掘，认真研究。

（一）历史学的价值

语言和文字是一个国家、民族历史记忆的载体和文化传统的象征，承载着悠远庞大的知识体系。这些合璧文字文献真实而生动地反映了中国历史上各民族之间的密切关系，是各民族之间交往交流交融的生动体现。每一件合璧文献都展示出民族间交往的特别事例，都有一段不平凡的历史，有自身独特的历史价值和文物价值。比如前述汉文、佉卢文合璧的钱币"马钱"，不见于传统文献记载。它的出土立即使学术界了解到在古代的西域与汉朝的经济和政治关系，为丝绸之路的文化交流提供了新的资料，填补了历史的空白。又如唐蕃会盟碑详细记载了唐朝与吐蕃之间、汉藏民族之间相互通婚、吊庆、修好、献礼、互市、和盟往来频繁，累世不绝的密切关系，成为两族人民友好团结的历史见证，这比起一般的史书记述更显得真实、生动。再如，汉文—突厥文合璧《阙特勤碑》《毗伽可汗碑》与历史文献《新唐书》的记载相印证，使唐朝和后突厥汗国的友好关系有了二重证据。可以说多数合璧文字文献都增加了新的历史知识，不少涉及重大历史事件，具有重要史学价值。

（二）民族学的价值

中国历史上民族众多，有的民族一直延续至今，有的民族消失在历史的长河之中。一些合璧文字文献保存着消失民族的最后记录。西夏灭亡后，党项族在元代被归为色目人，其上层仍有一定地位，西夏文在继续使用。明朝时期史书中则没有关于党项族的记载，似乎这个民族已经不存在了。但在河北省保定市西郊出土的西夏文—汉文合璧经幢证实，在远离原西夏故地的河北省仍有党项族后裔存在，并以其民族文字记载佛事活动，使党项族活动的下限延续到16世纪初期的明朝弘治年间。由此我们看到一个民族在消亡的过程中，其民族文化顽强地延续着民族生命。元代的居庸关的六体文字石刻，明代《译语》的编修，清代大量多文种合璧文献的出现，都表现出中国民族之间越来越紧密的联系，加深了后人对中华民族多元一体的认识。

（三）文字学的价值

有的合璧文字文献开创了新文种的发现和深入研究。原来学界不知突厥文，自19世纪末发现汉文、突厥文合璧《阙特勤碑》和《毗伽可汗碑》后，为解读这种神秘文字找到一把金钥匙，也由此开始认识、解读并深入研究突厥文。

契丹文字也是一种死文字。存世契丹文字碑刻难以解读，成为世纪之谜。在陕西乾陵的汉文—契丹文合璧碑刻《大金皇弟都统经略郎君行记》，因其是汉文—契丹文合璧对照，在揭开契丹文奥秘时起到了关键作用。中国的专家从《郎君行记》入手，找到了利用契丹小字中的汉语借词进行拟音的突破口，进而在契丹语的研究中取得了长足的进步。

西夏灭亡后，使用西夏语言文字的党项族也逐渐消亡，后来世上竟无人认识西夏文，以至有专家将居庸关六体石刻中的西夏文误认为是女真文。直至清嘉庆九年（1804年），甘肃著名学者张澍在武威大云寺内发现了著名的"重修凉州护国寺感通塔碑"，因其为汉文—西夏文合璧，可从汉文碑铭内容确定另一面是西夏文字，才第一次识别出西夏文。

汉文和藏文合璧的《黑水建桥碑》中，藏文保留着古藏文的特点，是唐代以后唯一的一方古藏文碑刻，证明古藏文行用至12世纪，成为古藏文晚期的重要标志。

（四）语言学的价值

合璧文字文献是研究语言具有特殊价值的珍贵资料。比如最早的双语词汇表《汉语—于阗语词汇》和《突厥语—于阗语词汇》等，对研究已经消亡了的于阗语、突厥语词汇具有独一无二的价值。

前述汉文和藏文合璧的对音资料有多种，是研究汉语和藏语的语料库。著名语言学家罗常培先生利用《阿弥陀经》《金刚经》《千字文》《大乘中宗见解》《开蒙要训》和《唐蕃会盟碑》6种藏文、汉文合璧资料，与《切韵》比较，推溯其渊源，再同西北方音比较，构建出唐五代时期的汉语西北方音。[①]这是利用合璧文献进行古汉语方音研究的开创性成果著作。

西夏文—汉文合璧《番汉合时掌中珠》中，以西夏文和汉字相互注音、释义，其中包括词和语句，因此在破解西夏语音、词汇和语法各方面都有显著的语言学价值。

明清时期多种类型的汉文和少数民族文字对照的《译语》，包括"杂字"和"来文"，都是研究少数民族语言和文字的重要语料库，特别是专门的合璧文字的语言学著作，更是研究古代语言的难得资料，如老蒙古文、八思巴字合璧《蒙古字韵》是研究由八思巴字母拼写汉语的最为重要的文献

---

①罗常培：《唐五代西北方音》，台湾"中央研究院"历史语言研究所，单刊甲种之十二，1933年。

资料。

（五）文化交流价值

不同文字合璧文字文献是各民族之间文化交流最直接、最有效的手段，在民族间架起了互相学习、借鉴的桥梁。中原地区早已形成的传统文化精华，如四书五经，先后被译成多种少数民族文字，特别是到清朝时期，出现了大量四书五经的合璧文献。此外还有一些蒙书如《千字文》《百家姓》等也有合璧文献，使中原地区的文化成果作为启蒙教育的书籍直接传布给少数民族。

有些社会上十分需要的文献，如医药书籍关系到人们的健康医疗，也出现了合璧文字文献。清代的汉文、满文、蒙古文、藏文合璧的《普济杂方》，全书整理概括了临证各科常用方剂及简易治疗方法，计250余种方剂，并附有藏文、蒙古文、汉文三种文字的药名表，用满文来标注药名的汉文读音，便于利用，在关系到人们生命健康的医药文化方面形成了多民族交流。

很多合璧文献本身就是民族间文化交流的产物，又起到了进一步加强文化交流的作用。

上述很多合璧文献已经被列入全国重点文物保护单位或入选国家珍贵古籍名录。将中国历史上的众多合璧文字文献串联在一起合并考量，就会显得更加丰富多彩，鲜活生动，形成中华民族文化的一道亮丽的彩线，折射出中华民族多元一体的内在联系，体现出其多学科、多方面的学术价值和文物价值，是中华优秀传统文化有特色的瑰宝，是促进民族交往交流交融的重要体现，值得特别珍视。

（原载《中央民族大学学报》2022年第3期）

新时代推进民族古籍整理研究工作的思考

【摘　要】认真学习《关于推进新时代古籍工作的意见》，努力推进民族古籍的保护、整理、研究和利用工作，要提高认识，总结经验，做好顶层设计和规划部署，使民族古籍工作发挥弘扬中华民族文化、增强中华民族共同体意识的重要作用。对民族古籍要进行全面普查、定级分类，要加强业务指导和具体帮助，在物力、人力上给予倾斜。应适时举办全国性、地方性或专题性民族古籍展览，达到增长知识，促进民族团结的作用。要加强古籍整理出版，统筹布局，将具有中华优秀传统文化精神的古籍优先整理出版，做好少数民族古籍的数字化工作，建设民族文字古籍资源库。应对古籍深入研究，开掘其知识和思想内涵，得出有社会价值的创新性成果。相关刊物应重视刊登对古籍有深入研究的论文，阐发中华文化精髓，增强中华民族凝聚力。民族古籍人才培养难度大、周期长，要分别对不同文种采取有效措施，加大力度培养，使民族古籍工作赓续传承，弘扬发展。

【关键词】少数民族；古籍整理；古籍保护；古籍研究；古籍人才培养

2022年4月11日，中共中央办公厅、国务院办公厅印发了《关于推进新时代古籍工作的意见》（以下简称《意见》），强调指出："做好古籍工作，把祖国宝贵的文化遗产保护好、传承好、发展好，对赓续中华文脉、弘扬民族精神、增强国家文化软实力、建设社会主义文化强国具有重要意义。"中国是一个多民族国家，各民族共同创造了灿烂辉煌的中华民族文化。在中国，除各民族通用汉文外，很多民族在不同历史时期创制并使用过多种文字，并形成了内容丰富多彩、数量众多的民族古籍，与汉文古籍共同构成中华民族古籍宝库。这些民族古籍深刻地反映出各民族的历史发展和民族间的交往交流交融，是中华民族优秀文化遗产的重要组成部分。在上述《意见》中多次提及少数民族古籍，可见党和政府对民族古籍工作的重视。

中华人民共和国成立以来，贯彻实行各民族一律平等的政策。在国家的大力组织下，民族文字古籍整理、研究和利用蓬勃展开，取得了很大成绩。党的十八大以来，对传承和弘扬包括中国古籍在内的中华优秀传统文化做出一系列重大决策部署，包括民族文字古籍在内的全国古籍事业取得新成就。《意见》对全国古籍工作提出了新时代的新要求，我们应认真学习领会，在过去成就的基础上，使民族古籍的保护、整理、研究和利用工作更加繁荣发展起来。

一、提高认识　总结经验

中国的古籍十分丰厚，是中华优秀传统文化的重要组成部分，在世界上享有盛誉。古籍整理和研究是专业性很强的工作，也是涉及国家文化建设的大事。《意见》首先把古籍工作的意义提升到关乎国家民族精神、文化软实力的高度，具有关系到建设社会主义文化强国的政治意义。同时《意见》还深刻指出：古籍工作应以社会主义核心价值观为引领，要把中华优秀传统文化的精神标识和具有当代价值、世界意义的文化精髓提炼出来、展示出来。这给古籍工作指明了方向，明确了任务，划出了重点。

包括民族古籍在内的各古籍存藏部门、整理研究单位、相关出版单位都应认真领会《意见》精神，加深认识，结合本部门古籍工作，在过去取得成就的基础上，总结经验，肯定成绩，表彰先进，同时也要找出薄弱环节和不足之处。做好顶层设计和规划部署，并在此基础上，采取切实可行的具体措施，推进古籍工作跃上一个新的台阶。

民族古籍作为中国古籍的重要组成部分，具有其特殊性。历史上民族古籍流失严重，有的长期被掩埋于地下，有的未引起重视，加之懂得民族文字的人才稀缺，往往被称为"绝学"。中华人民共和国成立以后，加大了民族古籍的工作力度，取得了前所未有的成绩，但毕竟过去工作基础比较薄弱，属于新兴学科，在抢救保护、整理出版、研究利用、人才培养等方面，都还存在不少困难和问题，因此要以《意见》发布为契机，奋力推进，开创民族古籍工作的新局面，使民族古籍工作更好地发挥其弘扬中华民族文化、促进民族团结、增强中华民族共同体意识的重要作用。

二、加强保护　展示精华

根据《意见》精神，古籍存藏部门应对所藏古籍进行全面普查，做科学的定级分类，制定有效的保护措施。

过去在党和政府的领导和支持下，古籍存藏部门做了大量工作，特别是2007年1月国务院办公厅下达《关于进一步加强古籍保护工作的意见》（国办发〔2007〕6号），对全国开展古籍保护工作做了统一部署，包括民族文字古籍在内的中国古籍保护工作进入一个新的阶段。为此建立了全国古籍保护工作委员会和专家委员会，并成立了全国古籍保护中心。各省（自治区、直辖市）也相继成立了地方上的古籍保护中心。从2007年开始，在全国组织开展古籍普查登记工作，这是第一次同时包含汉文古籍和民族文字古籍的全国性大规模普查，同时还重点开展了国家珍贵古籍名录评审工作，其中包括民族文字古籍的评审。中国社会科学院民族研究所、中央民族大学等多部门的专家被聘为专家委员会委员参加民族古籍评审。目前已出版《国家珍贵古籍名录》5批38册，共评出12000多种珍贵古籍，包含民族文字珍贵古籍1100种。[①]国家还对西藏和新疆的古籍保护采取了特殊照顾专项措施。在此过程中形成了《民族文字珍贵古籍入选标准》。2018年4月成立了中国古籍保护协会少数民族古籍保护专业委员会。2018年9月17日由国家市场监督管理总局、中国国家标准化管理委员会发布了《中国少数民族文字古籍定级》[②]，使中国民族古籍定级、保护工作更加科学化、法制化。

民族古籍文字种类多，总体数量庞大，存藏部门分散，保存状况复杂。与汉文古籍多数存藏于各地图书馆不同，民族文字古籍除图书馆外，还有很多保存于文物考古部门、民委系统单位、宗教寺庙，甚至还有很多藏于民间。虽经此前的调查、登记和古籍评审工作，有了很好的基础，但民族文字古籍的普查率远低于汉文古籍，登录、定级等工作量依然很大。相当多的民族文字古籍保存条件较差，保护设施不完善，保护状况堪忧，而且随着民族文字古籍的普查，古籍登录数量不断增

---

①中国国家图书馆、中国国家古籍保护中心编，詹福瑞主编，李致忠常务主编，史金波、朱凤瀚副主编：《第一批国家珍贵古籍名录图录》（8册），国家图书馆出版社，2008年。至2016年出版5批《国家珍贵古籍名录图录》，共38册。

②《中国少数民族文字古籍定级》（GB/T36748-2018）于2018年9月17日由国家市场监督管理总局、中国国家标准化管理委员会发布，2019年4月1日实施。本标准由全国少数民族古籍整理研究室、民族文化宫(中国民族图书馆)起草，主要起草人：杨长虹、史金波、吴贵飚等。

加，保护能力不足的问题越加突显。因此，要按照《意见》的要求，加强少数民族古籍整理研究部门等古籍工作专业机构建设，对存藏单位要加强业务指导和具体帮助，改善典藏环境，增加现代化保护设施，加大财力、人力的支持，在加强专业人员参与的同时，努力发动和培养民族古籍普查文化志愿者，使更多的人参与到民族古籍保护队伍中来。有些保存状况很差或存于民间的古籍要采取有力措施进行抢救性保护。

在保障古籍安全的前提下，可根据民族古籍存藏具体情况，举办全国性、地方性或专题性民族古籍展览。展览要选取精品，突出特色，要重视那些能体现优秀传统文化精神，反映民族间交往交流交融史实，促进民族团结和维护祖国统一的珍贵文献。通过展览对公众普及古籍知识，展示古籍的价值，宣传古籍保护和研究的意义，达到增长知识，促进民族团结，增强中华民族共同体意识的作用。同时要鼓励开发有特色的民族古籍文化创意产品，使历史信息丰富、文化内涵深刻、反映民族交往交流交融的民族古籍得到更广的展示和更好的传承。

三、整理出版　夯实基础

古籍整理和出版工作既是使古籍化身千百、对古籍保护的一种方式，又是向学术界和社会提供古籍资源的基础性工作，是古籍工作中专业性很强的一项重点任务。由于民族古籍的整理和出版需要有熟练识读民族文字的能力，使得专业性更强，工作难度更大。

1980年8月，在中国社会科学院民族研究所翁独健教授等老一辈专家的指导下，成立了中国民族古文字研究会，使中国民族古籍研究专家有了集中的学术平台，成为学科建立的标志。会议推举包尔汉、季羡林为名誉会长，选举民族研究所傅懋勣教授为会长。研究会由民族研究所代管。参加研究会的专家们都具备不同文种的译释能力，他们积极从事各文种的古籍整理工作，先后出版了不少各文种的古籍整理、注释和研究成果。当年10月，国家民委文化司、中国民族古文字研究会和民族文化宫联合举办了大型"中国民族古文字展览"，在民族文化宫展出20多种民族文字的1000件展品，宣传了民族古文字和古籍的价值和意义，促进了学术交流，为增进民族团结、繁荣中华民族文化作出了贡献。

1984年7月，在国务院设立由国家民委牵头的全国性民族古籍工作机构"全国少数民族古籍整理出版规划领导小组"（后更名为"全国少数民族古籍整理研究室"），民族古籍整理、研究工作走上了更为有组织的轨道，各省（自治区、直辖市）相继成立"少数民族古籍整理规划出版办公室"，全面开展了民族古籍整理、出版工作。此后多次召开全国民族古籍工作会议，持续推动民族古籍的整理、规划、出版和研究。1997年开始编纂《中国少数民族古籍总目提要》，这是中国第一部少数民族古籍解题书目套书，总体设计约60卷、110册。这是抢救、整理和保护少数民族文化遗产的一项重要举措。

几十年来古籍存藏部门和科研部门专家合作，对藏文、回鹘文、契丹文、女真文、西夏文、彝文、傣文、东巴文、蒙古文、八思巴文、满文、水书等20多个文种的古籍进行了整理、注释，出版了大量古籍整理著作，使很多极具价值的民族文字古籍问世，提供了前所未有的民族历史文化资料，为民族古籍的深入研究和发掘打下了坚实的基础，同时也丰富了中华民族古籍宝库。

1990年，中国民族古文字研究会编辑出版了《中国民族古文字图录》，首次刊布大量多文种民族古籍，后又出版多本《中国民族古文字研究》和多种古籍整理资料，有力地推动了全国的民族文字和古籍研究。[①]2017年出版了中央民族大学张公瑾教授为名誉主编，黄建明、张铁山教授主编的

---

① 傅懋勣主编：《中国民族古文字图录》，中国社会科学出版社，1990年12月。

《中国少数民族文字珍稀典籍汇编》共28册，收入纳西东巴文、彝文、藏文、八思巴文、傣文、察合台文、蒙文、满文、西夏文、契丹文、女真文、水书、古壮字、古布衣文等少数民族文字珍稀典籍，囊括190余份古籍原件，大规模、系统性地对我国多民族文字古籍原件进行整理出版，具有很高的学术研究价值，为古籍出版作出了新贡献。[①]中国社会科学院民族研究所研究员刘凤翥经过几十年的刻苦搜集和钻研，出版了《契丹文字研究类编》，汇集了目前所能见到的全部契丹文字资料，为契丹文字学习者、研究者提供了全面、清晰的录写资料和原始资料，是一个契丹文字研究的资料库，显示出契丹文字古籍整理研究的最好水平和最新成果。[②]

国家在注重国内民族古籍整理和出版的同时，还加大了对流失海外古籍的调查、整理和出版。如中国社会科学院民族研究所与俄罗斯东方文献研究所合作出版《俄藏黑水城文献》31册，使20世纪初黑水城出土、流失到俄国的大量汉文、西夏文文献再生性回归出版，有力地推动了西夏学的发展。[③]

民族古籍的整理出版虽然取得了很大成就，但未整理出版的古籍还很多。今后应依据《意见》精神，加强古籍整理研究和出版利用。古籍存藏部门、出版部门和研究专家要密切合作，把民族古籍出版作为重点任务安排，要统筹布局，分别轻重缓急，将价值珍贵、具有中华优秀传统文化的精神标识和具有当代价值的古籍，优先整理出版，以坚持社会效益为重，进一步激发古籍事业发展活力。一种民族古籍是否能被重视，被有效利用，当然要视其关乎重要历史文化的重要典籍的数量和价值，还要看这些重要典籍是否能科学整理出版，被学术界方便使用。综合性出版社和人文社会科学方面的出版社要落实《意见》精神，认真推动少数民族文字古籍文献整理研究和译介出版，将包括民族古籍在内的古籍出版纳入出版计划中。在此过程中，一定要保障质量，注重规范，避免粗疏，防止重复，杜绝赝品。

要做好少数民族古籍的数字化工作，建设民族文字古籍资源库，从文本查阅、抄录、统计过渡到数据驱动，使古籍里的内涵更快速、准确地被清晰地提炼和展示出来。

四、加强研究　突出重点

对古籍内容进行深入研究，对其知识和思想内涵深度开掘，得出有社会价值的创新性成果，是古籍研究的重要目的，也是古籍利用的终端结晶。

几十年来，中国民族古籍研究成果累累，其中既有对各民族古文字及其文献的综合、宏观的研究，也有各民族文字及其文献的深入解读剖析，出现了很多高水平、原创性成果，在国内外产生了广泛、良好的影响，推动了民族古籍研究和利用不断向纵深发展。

党的十八大以来，习近平总书记多次就中国优秀传统文化发表重要讲话，提出："推动中华文明创造性转化和创新性发展，激活其生命力，把跨越时空、超越国度、富有永恒魅力、具有当代价值的文化精神弘扬起来，让收藏在博物馆里的文物、陈列在广阔大地上的遗产、书写在古籍里的文字都活起来，让中华文明同世界各国人民创造的丰富多彩的文明一道，为人类提供正确的精神指引和强大的精神动力。"

近年来，民族古籍研究专家们利用民族古籍丰厚资源，辨章学术，采集精华，古为今用，推陈出新，不断创作出传承中华民族精神，弘扬当代价值的研究论述。近年出版的《西藏通史》是由中

---

①张公瑾名誉主编，黄建明、张铁山主编：《中国少数民族文字珍稀典籍汇编》（28册），福建人民出版社，2017年。
②刘凤翥：《契丹文字研究类编》（4册），中华书局，2014年。
③俄罗斯科学院东方研究所圣彼得堡分所、中国社会科学院民族研究所、上海古籍出版社编：《俄藏黑水城文献》（31册），上海古籍出版社，1996—2022年。

国藏学研究中心牵头承担的国家重点科研课题，共8卷13册，集中体现了中国西藏历史研究的最新成就，其中使用了大量藏文古籍资料。[①]以西夏古籍为例，《民族研究》陆续刊登《西夏对中国的认同》和《西夏文献所见黄帝形象研究》等论文，[②]皆利用西夏文古籍，译释考证，抽丝剥茧，溯本求源，论证西夏少数民族王朝对中国的认同，以及西夏参与对中华民族共祖黄帝形象的塑造，可以体现出中华民族共同体意识在中国历史上形成的具体过程。又比如在中国历史上以儒学为代表的中华优秀传统文化，对加强中国各地各民族的思想共识、维护国家统一和社会稳定发展起着基础作用，很多少数民族政权以民族文字为载体大力推行儒学，先后用藏文、契丹文、西夏文、女真文、蒙古文、满文等翻译了大量中原地区的儒学典籍和史书，形成了很多民族文字的中原文化书籍的译本，成为传播中华文化的桥梁，反映了各民族在文化方面的深度交往交流交融。[③]中国历史上还留存下众多的两种或两种以上文字合璧的文献，绝大多数是一种汉文和一种民族文字合璧，包括书籍、文书、碑刻、牌匾、印章、钱币、题记等。这种特殊的文化现象更加突出地表现出中国民族之间的紧密关系，折射出中华民族的内在联系，突显出中华民族多元一体的特色，具有重要的文物价值和学术价值。[④]

《意见》明确要求："将古籍工作融入国家发展大局，注重国家重大战略实施中的古籍保护传承和转化利用。系统整理蕴含中华优秀传统文化核心思想理念、中华传统美德、中华人文精神的古籍文献，为治国理政提供有益借鉴。围绕铸牢中华民族共同体意识，深入整理反映各民族交往交流交融历史的古籍文献，挖掘弘扬蕴含其中的民族团结进步思想，引导各族群众树立正确的中华民族历史观。"这为古籍研究深化了思想内涵，开拓了更为广阔的空间，使古籍研究大有可为。民族古籍具有如实反映历史上各民族密切关系的优势，可以挖掘出很多精彩的历史文化精华，对弘扬中华优秀传统文化、培养中华民族共同体意识作出更多的贡献。一般来说，难度大的研究课题，贡献也会大，因此民族古籍研究人员要根据自己的基础和能力，尽量选取难度大、价值高的古籍进行整理，如古籍中的世俗文献，世俗文献中的原创文献，原创文献中的历史、法律、类书、文学、社会文书等重要文献。

有影响的刊物，应根据《意见》精神，注意刊登对古籍有深入研究、有创新内容和观点的论文。有的刊物可开设古籍整理研究专栏，特别是有关民族文字古籍研究论文涉及民族文字，往往审稿、排版不易，阅读使用率不高。因此有关刊物更要克服困难，创造条件，努力组织、刊发认真梳理民族古籍，阐发中华文化精髓，增强中华民族凝聚力、影响力、创造力的优秀论文。

五、培养人才　赓续文脉

《意见》在强化人才队伍建设部分，指出要"加强古籍存藏保护、整理研究和出版专业机构建设，扩大古籍保护修复人才规模，加强古籍整理研究机构力量"，并特别强调要"健全少数民族古文字人才传承机制，建设少数民族文字古籍专业人才学术交流平台"，对少数民族文字古籍人才的培养给予特别关注。

少数民族文字古籍的整理和研究还需要掌握和熟悉古代少数民族文字，是一种有特殊专业技能的高难度业务，需要专门培养人才。有的民族古文字与现代使用的文字有较大差别，懂得现代民族

①拉巴平措、陈庆英主编：《西藏通史》（8卷13册），中国藏学出版社，2016年。

②史金波：《论西夏对中国的认同》，《民族研究》2020年第4期。彭向前：《西夏文献所见黄帝形象研究》，《民族研究》2022年第1期。

③史金波：《古代民族文字儒学典籍彰显文化认同》，《中国民族报》2022年3月29日。

④史金波：《民族交往交流交融的典型例证——中国古代合璧文字文献刍论》，《中央民族大学学报》2022年3月。

文字的人，不一定能读懂古代文献，需要专门学习深造，如古藏文。有的民族文字原来的民族已经消亡，成为死文字。这类文字有的经过国内外专家的长期解读，已经能够基本译释，如西夏文、女真文；有的文字虽经专家们努力研究，有了明显进展，但至今未能顺畅解读，如契丹文。与现代文字有明显差别的古文字、死文字和未能解读的文字，更需要专门培养人才。目前各文种掌握民族古文字的专家情况不同，有不少文种专家年龄偏高，传承人才较少；有的文种甚至老专家谢世后，没有了接续人才。

在人才培养方面，西夏文研究人才传承较好。一方面近几十年来西夏文的解读进展很大，西夏文古籍多数可以基本解读；另一方面西夏文原始文献大量刊布，有众多的新资料可供解读研究，受到学界青年学子的青睐，纷纷加入西夏研究队伍。更为重要的是西夏学研究专家和相关机构重视学科建设和西夏文人才的培养，不仅及时招收博士生、硕士生，还在大学开设西夏文课，集中培养西夏文人才，特别是中国社会科学院西夏文化研究中心和宁夏大学西夏学研究院，自2011年连续3年联合举办西夏文研习班，先后有200多人参加学习，教师倾囊相授，学员集中精力刻苦学习，在培养西夏文研究人才方面创建了新的模式。参加学习的不少学员后来成为西夏文古籍研究的骨干。2013年专门教授西夏文的教科书《西夏文教程》正式出版。2020年《西夏文教程》译成英文出版。[1]目前新的西夏研究人员不断成长，队伍逐步扩大，不少青年才俊崭露头角，使西夏文这门"绝学"薪火相传，后继有人。

民族古籍研究人才的培养应根据各文种的实际，采取适合的方式培养人才，如在大专院校设置民族文字古籍课程，有条件的大学或研究单位招收硕士生、博士生，有的可以举办读书班、研修班，有的则可请师傅带徒弟在实践中传承。培养出的青年民族古籍人才，要及时安排好就业，使之对口从事相应的古籍整理研究工作，发挥其特殊才能，避免优秀民族古籍人才的流失。同时要加大力度培养民族古籍修复人才，传承古籍修复技艺，使古籍得到原生性、再生性、传承性保护。这样才能使民族古籍工作人才队伍不断发展壮大，使古籍工作能赓续传承，弘扬发展。

（原载《民族研究》2022年第3期）

---

①史金波：《西夏文教程》，社会科学文献出版社，2013年9月。

开拓创新，成就辉煌
——中国民族古文字研究70年

【摘　要】本文系统梳理和总结了中华人民共和国成立70年来的中国民族古文字研究：第一，记述了中国民族古文字研究会的成立并开始建立学科体系及全面、深入开展中国民族古文字文献研究；第二，概述了中国民族古籍整理出版规划领导小组的成立和开展民族古籍普查，促进民族古籍整理出版；近十多年来，又开展全国古籍保护工作，评审包括民族文字在内的国家珍贵古籍名录，启动西藏、新疆古籍保护专项工作，进一步推动民族文字古籍的保护和研究；第三，列举了民族古文字研究的大量创新性成果，以彰显中国民族古文字的研究取得越来越多的话语权；第四，希望进一步做好民族古籍普查，深入开展民族古籍研究，夯实民族古籍的定级工作，使民族文字古籍"活起来"，为弘扬中华民族优秀文化遗产、增强民族团结、维护国家统一和铸牢中华民族共同体意识作出更大的贡献。

【关键词】中国民族文字；古文字；古籍；整理与研究

中国是一个多民族国家，各民族共同创造了灿烂的中华民族文化。在中国境内，除各民族通用汉文外，很多民族在不同的历史时期创制并使用过30多种文字，并形成了种类繁多、内容丰富、数量巨大的民族古籍，成为中国古籍的重要组成部分。这些古籍文献推动了各民族的文化发展和交流，为中华民族文化增添了光辉灿烂的篇章。

1949年以前的民族古文字研究，由于历史的原因，虽有所开展，但没有得到应有的重视。19世纪末20世纪初，新疆一些古代遗址和甘肃敦煌石室陆续发现了大量古文字书，其中包括佉卢文、焉耆—龟兹文、于阗文、粟特文、突厥文、回鹘文、古藏文等。随后内蒙古额济纳旗黑水城遗址又发现了大批西夏文文献，这些民族文字文献多流失国外，先引起了国外学者的重视。后来，国内专家也开展了研究。当时，陈寅恪以其深厚的学术功力涉猎多种民族古代语言文字，如吐火罗文、突厥文、回鹘文、古藏文、西夏文、蒙古文、满文等。

当时在陈寅恪、王国维、罗振玉、赵元任等的带动和影响下，一些年轻学者投身研习中国民族古文字，成绩斐然。如季羡林对焉耆—龟兹文的研究，韩儒林、岑仲勉对突厥文的研究，冯家昇对回鹘文的研究，罗福苌、罗福成、王静如对西夏文的研究，罗福成、王静如、厉鼎煃对契丹文的研究，罗常培、韩儒林、陆志韦对八思巴文的研究，罗福成、金光平、金启孮对女真文的研究，金梁、李德启对满文的研究，于道泉对古藏文的研究，杨成志、丁文江、马学良对彝文的研究，石钟健对白文的研究，方国瑜、傅懋勣对东巴文的研究，等等。他们开创了中国学者研究中国民族古文字的先河，为后来民族古文字文献研究奠定了基础。

一、中华人民共和国成立初期的民族古文字研究

中华人民共和国成立以后，国家实行各民族一律平等的政策。在国家的大力组织下，民族工作蓬勃发展，民族古文字研究逐步复苏，特别是改革开放以来，中国民族古文字研究蓬勃开展起来，并达到新时代的繁荣发展。

20世纪50年代，国家的一项重要工作是进行民族识别。1956年开展了大规模的民族社会历史调查，参加调查的专家学者最多时达到千人以上。当时的调查，除了重点调查各民族的社会、历史、语言外，还调查了古今民族文字的使用情况，同时还搜集了一批民族文字古籍文献，如中国社会科学院民族学与人类学研究所图书馆馆藏的古藏文、老傣文、老彝文、察合台文、水书等民族文字文献古籍就是那时搜集的。

民族古文字研究向来是"冷门"学科，问津者少。但20世纪50—60年代还是有一些关于民族古文字研究的论著，如夏鼐的《和阗马钱考》（《文物》1962年第Z2期），韩儒林的《穹庐集》（上海人民出版社，1982年）等。20世纪60—70年代，一些民族古文字，如西夏文、回鹘文等的研究逐步开展起来。但真正意义上的民族古文字研究是在改革开放后才开展的。

二、成立中国民族古文字研究会，建立学科体系

改革开放后，迎来了科学的春天。从事民族古文字研究的老专家恢复业务，中青年学者开始活跃，研究民族古文字的一些论文相继发表。在学术团体相继成立的氛围下，研究民族古文字的中青年学者主动与老专家联系，酝酿成立民族古文字研究会。1979年在天津召开的一次学术会议上，季羡林、翁独健等16位德高望重的老专家倡议重视和加强中国民族古文字文献研究，建议成立中国民族古文字研究会（以下简称"研究会"）。在民族古文字研究基础薄弱、专家不多、各文种不易沟通的情况下，这是一项解放思想和具有开拓性的倡议。

（一）中国民族古文字研究会的成立

1980年春，在中国社会科学院民族研究所召开专家座谈会，季羡林、翁独健、陈述、金克木、马学良、李森、熊德基等20多位老专家和一些中青年学者与会，畅谈中国民族古文字文献研究的重要学术价值，以及对发展民族文化、增强民族团结、维护国家统一的现实意义，强调成立研究会对开展学术研究和学术交流，组织、团结民族古文字研究专家形成合力的重要性，并决定1980年8月召开研究会成立大会。随后照那斯图、史金波于1980年7月到河北省承德市，与承德市文物局等单位联系，筹备召开研究会成立大会事宜。

1980年8月1日，研究会成立大会暨首次学术讨论会在承德避暑山庄召开。当时老中青专家学者们的热情都很高，与会者近百人，其中有翁独健、陈述、金克木、马学良、李森、熊德基、金启孮、闫万章、王均、陈士林、张克强等老专家，中共中央统战部、国家民族事务委员会（以下简称"国家民委"）、中国社会科学院民族研究所、中央民族学院、民族出版社等部门的领导江平、马寅、牙含章、张养吾、李鸿范等热情出席。

会议的主题是研讨民族古文字研究的意义和介绍各文种概况。那次会议是中国民族古文字研究专家学者的首次大聚会、大交流，是中国民族古文字研究具有开创性的里程碑，是民族古文字研究作为一个学科提出来的重要标志。它和汉文古文字的研究成为中国古文字研究领域的双翼，使中国古文字这门学科更为丰富，更为完善。会议确定，研究会是从事中国民族古文字研究的专业和业余人员的民间学术团体，挂靠中国社会科学院民族研究所。会议推举包尔汉、季羡林为名誉会长，选举傅懋勣为会长。

（二）举办中国民族古文字展览

研究会成立后的第一件重大学术活动是1980年10月举办的"中国民族古文字展览"。

在研究会成立大会前，筹备组通知与会专家学者尽可能带一些民族古文字文献原件、拓本或样品，以便向代表展示、交流。会议期间因陋就简，借用避暑山庄烟雨楼布置了两层展厅，展出了多种民族古文字文献，受到与会者的好评，由此萌生了组织大型民族古文字展览的设想。当时研究会在既无资金又无展品，也无办展经验的情况下，积极拓展思路，解放思想，白手起家，闯出了举办大型展览的新路。在国家民委文化司和民族文化宫的支持下，解决了资金、展览场地问题，在全国各有关部门的热情协助下，解决了展品问题。从故宫博物院、北京图书馆等国家级文博机构到边疆民族地区的文物单位都无偿提供了珍贵展品。

经过一个月的紧张筹备，1980年10月1日，由国家民委文化司、研究会和民族文化宫联合举办的大型"中国民族古文字展览"在民族文化宫拉开帷幕。研究会负责展览会的全部专业工作。展览会用近千件展品系统地介绍了中国民族古文字的概况，展示了丰富的文献，宣传了开展研究的重要意义。展览会展出了包括佉卢文、焉耆—龟兹文、于阗文、古藏文、突厥文、回鹘文、察合台文、西夏文、老傣文、老彝文、东巴文、哥巴文、契丹文、女真文、回鹘式蒙古文、八思巴文、满文等近20种文字的大量展品，其中很多重要文物和文献是第一次公开展出。各文种分别以实物和图片介绍了其产生、构造、使用和发展情况、主要文献、文物的种类和价值，以及国内外研究情况等。

为期一个月的展览，参观者达12000余人次。中央和有关部门的领导对这次展览很重视，乌兰夫、赛福鼎·艾则孜、阿沛·阿旺晋美、万里、邓力群等10多位党和国家领导人参观了展览，有的领导还询问了这一学科的情况，提出了希望。展览会在学术界引起了很大反响，不少知名专家热情参观展览。广大参观者参观了这一别开生面的展览后，感到开阔了眼界，增长了知识。有的参观者还在留言簿上写下留言：魅力无比，沁人心肺，虽成静物，满室生辉。展览对民族参观者有更大的吸引力。国外人士对展览表现了极大的兴趣，英国、法国、美国、德国、日本等20多个国家的外宾和联合国的有关官员相继前来参观。新闻界对这次展览也很重视。中央电视台、北京电视台、新华社播发了消息，《光明日报》《北京日报》《北京晚报》也做了报道，中国国际广播电台以多种外语用30分钟时间向国外听众做了介绍。

那次展览第一次向国内外受众系统地介绍了中国民族古文字及其文献的概况，宣传了民族古文字研究的价值和意义，使国内外了解到中华优秀传统文化中这份珍贵的文化遗产，促进了学术交流，为增进民族团结、繁荣中华文化作出了贡献。

（三）有组织地开展民族古文字研究工作

研究会成立后，积极开展民族古文字研究组织工作，在不同阶段提出了民族古文字研究的重点，在加强队伍的组织建设、促进会员之间的学术交流、编辑出版研究成果和学术资料、开展古籍整理等方面，都做了大量工作。至今研究会先后召开了11次全国性的会员代表大会暨学术研讨会，还举办过多次地区性和专题性的中小型学术研讨会。很多会员在文献资料整理和专题研究工作中取得显著成绩，在国内外学术界产生了积极影响。

研究会编辑出版了《中国民族古文字图录》（傅懋勣主编，中国社会科学出版社，1990年），第一次全面介绍了中国民族古文字及相关的300多种文献，在国内外产生了很大影响。随后研究会又编辑出版了多本《中国民族古文字研究》论文集，还刊印了一些有关的图书和资料。

研究会成立后，有力地促进了各文种的研究并形成了开拓、务实、进取、团结的优良传统，民族古文字研究呈现出全面发展的良好态势。2010年研究会成立20周年之际，在承德召开大会，回顾、总结了研究会20年来走过的历程，展望了未来发展的方向。2019年喜逢研究会成立40周年，在银川召开学术会议，进行研讨和总结，此次会议具有重要意义。

三、成立全国民族古籍整理出版规划领导小组，促进民族古籍整理研究

1981年9月17日，中共中央发出《关于整理我国古籍的指示》（中发〔1981〕37号）重要文件，同年12月，国务院恢复古籍整理出版规划小组，李一氓任组长。此后，中国古籍的整理工作出现了更繁荣的局面。1982年1月20日，李一氓在《人民日报》发表署名文章《论古籍和古籍整理》。时任研究会副秘书长黄润华致信李一氓，说明民族古籍的重要性。后来，李一氓在《人民日报》再次撰文谈古籍整理工作，专门论述了民族古籍，明确指出民族古籍是中国古籍的一部分。后来才知道李一氓对黄润华的信很重视，特地批转到国家民委。当时国家民委的领导也关注此事，并多方征询意见。

在研究会的促进下，新的民族古文字种类增加、古籍文献不断得到发掘，影响不断扩大，对民族文字古籍进行全面整理、出版、研究的呼声越来越高。1983年6月，国家民委在北京卧佛寺召开了民族古籍整理座谈会，由副主任伍精华主持，副主任黄光学、洛布桑和国家教委副主任周林出席并讲话，李一氓亲临会议讲话。领导们的讲话在与会代表中产生了深刻影响，也给后来的民族古籍整理工作指明了方向。史金波、黄润华代表研究会出席了座谈会。

（一）成立全国民族古籍整理出版规划领导小组，开展民族古籍整理工作

1984年4月19日，国务院办公厅转发《国家民委关于抢救、整理少数民族古籍的请示》（国办发〔1984〕30号）。1984年7月，在国务院设立由国家民委牵头、国家教委等多个部委共同参与的全国性民族古籍工作机构"全国少数民族古籍整理出版规划领导小组"，民族古籍工作由中央政府主管民族事务的部门归口领导，民族古籍保护、抢救、整理、翻译、出版、研究工作全面展开，民族古籍整理、研究工作走上了更为有组织、有计划的轨道，具有里程碑式的意义。随后各省（自治区、直辖市）相继成立"少数民族古籍整理规划出版办公室"，作为当地民族事务委员会的下属机构，轰轰烈烈地开展了民族古籍整理、出版工作。

1985年，第一次全国民族古籍工作会议在北京召开。此后多次召开全国民族古籍工作会议，持续推动民族古籍的整理、规划、出版和研究。1989年，"全国少数民族古籍整理规划领导小组"更名为"全国少数民族古籍整理研究室"，负责组织、协调、联络和指导抢救、搜集、整理、出版民族古籍工作，起草有关政策和法规草案，组织制定重点项目及全国性重大课题的规划与实施，指导人才培养培训和民族古籍资料、信息管理工作。

（二）对民族古籍进行普查，编纂《中国少数民族古籍总目提要》

全国少数民族古籍整理规划领导小组组织在各地区进行普查、抢救、搜集、保护民族古籍，得到了各民族各阶层人士的拥护，提高了各民族群众的自尊心、自信心和自豪感，对弘扬中华优秀传统文化、推动民族团结进步起到了积极的作用。

1996年，全国少数民族古籍整理研究室策划编纂《中国少数民族古籍总目提要》，全面汇总民族古籍普查工作取得的成果。这是一项抢救、整理和保护民族文化遗产的重要举措。1997年正式立项，1998年付诸实施，2006年8月这一项目正式列入《国家"十一五"时期文化发展规划纲要》。《中国少数民族古籍总目提要》是中国第一部民族古籍解题书目套书，总体设计约60卷，110册，由中国大百科全书出版社出版，至2018年已出版了36个民族的古籍总目提要。此项工作充实了中国的历史和文化内容，为了解多民族文化形式的源流、揭示社会文化发展的轨迹提供了珍贵的资料，为研究中国民族关系史提供了新视角。

（三）壮大民族古籍工作队伍，召开中国民族古籍文献国际学术研讨会

有关省（自治区、直辖市）吸纳并组织了一批民族古籍方面的专家，民族古籍整理、研究队伍不断扩大，有条不紊地开展本地区的民族古籍整理工作。30多年来，各民族古籍研究著述，以及综合、系统研究民族古籍的论著不断出版。全国和各地民族古籍整理规划机构多次召开工作会议和学术会议。2010年，由中央民族大学发起，与北京市民族事务委员会、西南民族大学、研究会共同举办了中国民族古籍文献国际学术研讨会。迄今已连续举办了9届国际学术研讨会，为民族古典文献学学科建设提供了良好的国际学术交流平台。

四、开展全国古籍保护工作，推动民族文字古籍的保护和研究

中国是世界上保存古籍最多的国家，历来有保护古籍的优良传统。2007年1月19日，国务院办公厅下达《关于进一步加强古籍保护工作的意见》（国办发〔2007〕6号），对全国开展古籍保护工作做了统一部署。包括民族文字古籍在内的中国古籍保护工作进入一个新的阶段。

（一）全面推动古籍保护工作，民族文字古籍列入普查范围

古籍保护工作在国务院领导下，由10个部委组成全国古籍保护委员会，以文化部牵头开展全国古籍保护工作，建立了全国古籍保护工作委员会和专家委员会并成立了全国古籍保护中心。各省（自治区、直辖市）也相继成立了地方上的古籍保护中心。2007年7月，文化部召开全国古籍保护工作会议，时任国务院副总理刘延东出席了会议。同年9月，文化部派出多个督导组到各省（自治区、直辖市）进行工作检查、督导，其中包括民族地区。

从2007年开始，在全国范围内组织开展古籍普查登记工作，加强对古籍的管理，以便国家有重点、有针对性地开展古籍保护工作。这是第一次将汉文古籍和民族文字古籍同时进行的全国性的大规模普查，是民族文化发展的一件大事。在国家古籍保护中心的统一部署下，存藏民族文字古籍的地方和相关机构有序地开展了民族文字古籍的普查。

为保证全国古籍普查工作的顺利开展，国家古籍保护中心和各省（自治区、直辖市）分中心成立普查队，组织培训工作。过去，民族地区古籍鉴定和保护工作相对滞后，古籍工作者十分缺乏。为配合这次古籍普查，全国古籍保护中心在多地举办了多次民族古籍普查培训班和民族文字古籍鉴定与保护培训班。十多年来，举办了民族古籍普查鉴定班、培训班10期，培训490多人次；举办古籍、拓片等鉴定培训班16期，培训1000多人次。

（二）评审国家珍贵古籍名录，民族文字珍贵古籍琳琅满目

2007年11月正式开始国家珍贵古籍名录评审工作。这是中国为建立完备的珍贵古籍档案、确保珍贵古籍的安全、推动古籍保护工作、提高公民的古籍保护意识、促进国际文化交流和合作而由文化部拟定，报国务院批准后公布的名录，主要收录范围是1912年以前书写或印刷的、以中国古典装帧形式存在，具有重要历史、思想和文化价值的珍贵古籍，其中包括民族文字古籍。珍贵古籍名录评审分为5个组，其中"民族语文文献组"负责民族文字古籍的评审。评审委员会有史金波、黄润华、王尧、张公瑾、梁庭望、才让太、达力扎布、买提·热依木、张铁山、黄维忠、吴元丰、黄建明、朱崇先、吴贵飚、东主才让、先巴、赵世红、戴红亮、萨仁高娃、全桂花和庄秀芬、郭晶晶等。

从2008年开始，已进行多次评审。先由各地申报，经地方古籍保护中心审核，再报全国古籍保护中心分专家组评审。每次评审工作严格按标准要求，反复讨论，工作往往持续一两个月。至2016年连续五批《国家珍贵古籍名录》已以国务院名义发布，共含12274种珍贵古籍，其中每一批都有若干种民族文字珍贵古籍。这五批《国家珍贵古籍名录》陆续由中国国家图书馆、中国古籍保

护中心整理、编辑，并以《国家珍贵古籍名录图录》为题名，由詹福瑞、周和平任主编，李致忠任常务主编，史金波、朱凤瀚任副主编，中国国家图书馆出版社分批出版，目前已出版五批：第一批8册，2008年；第二批10册，2010年；第三批8册，2012年；第四批6册，2014年；第五批6册，2016年。每一批的最后一册是民族文字珍贵古籍，共包含民族文字珍贵古籍1000种。2019年，又启动了第六批全国珍贵古籍评审工作。将汉文和民族文字珍贵古籍同时公布，这是国家弘扬民族文化的有力举措，也是民族文化发展的一件大事。

已出版的《国家珍贵古籍名录图录》包含多种民族文字古籍，有焉耆—龟兹文、于阗文、古藏文、回鹘文、西夏文、回鹘式蒙古文、察合台文、方块白文、老彝文、满文、东巴文、老傣文、水书、古壮文、古布依文及多文种合璧的古籍，可谓精品纷呈，流光溢彩，件件锦绣，展示了民族文字古籍的精髓，彰显了中国多民族文化的丰富内涵。其中最具代表性的有：成书于5—6世纪、被称为中国历史上最早的剧本的焉耆—龟兹文古籍《弥勒会见记》（新疆博物馆藏）；有千余年历史的于阗文古籍《陀罗尼》（国家图书馆藏）；编于9世纪、认为失传久已的古藏文古籍《旁唐目录》（西藏博物馆藏）；元大都刊印的藏传佛教萨迦派领袖萨迦班智达·贡嘎坚赞的因明学著作古藏文古籍《量理宝藏诠释》（西藏博物馆藏）；北宋时期的回鹘文古籍《弥勒会见记》（新疆博物馆藏）；唯一存世的形象的反映译场译经的图画古籍《西夏译经图》（国家图书馆藏）；近年在西藏阿里地区札达县托林寺发现、认为失传已久的历史文献回鹘式蒙古文古籍《蒙古秘史》（西藏札达县托林寺藏）；15世纪维吾尔族大诗人、思想家艾里希尔·纳瓦依所著诗集察合台文古籍《纳瓦依诗集》（新疆图书馆、国家图书馆藏）；清康熙朱批稿本满文古籍《几何原本》（内蒙古图书馆藏）；清朝历代皇室的满文古籍《实录》《圣训》《玉蝶》；以图文并茂形式记述彝族古代社会的老彝文古籍《百乐书》（云南少数民族古籍整理出版规划办公室藏）；以特殊工艺制成纸张、用金银粉写成的贝叶经老傣文古籍《羯磨说》（云南西双版纳傣族自治州少数民族研究所藏）；以象形文字记录、内容和版本皆具有珍贵艺术价值的东巴文古籍《东巴舞谱》（云南丽江东巴文化研究院藏）；堪称水族社会百科全书的水书古籍《万年经镜》（贵州三都水族自治县档案局藏）；体例和形式独特、壮族人民学习汉字的工具书古壮文古籍《三千书》（广西少数民族古籍整理出版规划办公室藏）。

此外，还有以两种或两种以上文字合璧的多文种古籍，包括汉文和民族文字合璧的古籍和多种民族文字合璧的古籍。多文种合璧古籍鲜明地反映出中国多民族国家的历史，突显出历史上各民族之间的密切联系和交往交流交融。最具代表性的有：汉文和民族文字对照、有31种译语的《会同四译馆译语》；清朝5种民族文字合璧标音词典《满蒙藏嘉戎维语五体字书》（故宫博物院图书馆藏）；清代满文、蒙古文、汉文、藏文4种文字合编的《四体合璧清文鉴》和增加维吾尔文的《五体清文鉴》以及由六种文字合璧的《西域同文志》；清刻本《书法集》（西藏罗布林卡管理处藏）汇聚汉文、藏文、蒙古文等多文种书法及有关藏传佛教戒律方面的图解，对研究当时各民族的文字有很高的价值。

（三）启动西藏、新疆古籍保护专项工作

国家对民族古籍保护十分重视，采取了有效的特殊照顾措施。为进一步推动西藏古籍保护，2009年11月6日，文化部、教育部、科技部、国家民委、新闻出版总署、宗教局、文物局、中医药局八部委联合下发《关于支持西藏古籍保护工作的通知》（文社文发〔2009〕44号），在国家古籍保护中心成立了藏文古籍保护工作小组，在中华古籍保护计划经费中设立了西藏自治区古籍保护专项经费。八部委组成的西藏古籍保护工作部际联席会议成员，以及国家古籍保护中心、全国古籍保护工作专家委员会、中国藏学研究中心、西藏自治区等的古籍保护专家出席了在北京举行的西藏古籍保护工作座谈会，西藏古籍保护工程全面启动。

在西藏古籍保护工作这项工程顺利进行并取得经验的基础上，八部委于2011年1月联合印发了《关于支持新疆维吾尔自治区古籍保护工作的通知》（文社文发〔2011〕3号），启动了新疆古籍保护专项工作，使新疆的古籍保护工作也纳入了国家重点专项扶持的快车道。

对民族古籍十分丰富的两个民族自治区给予特殊专项扶持政策，是实事求是、因地制宜的民族文化建设创新工程，对推动民族文字古籍的保护和研究具有重要意义。

（四）制定《中国少数民族文字古籍定级》标准

在2007年8月1日文化部"关于印发《全国古籍普查工作方案》等文件的通知"（文社图发〔2007〕31号）中明确规定"少数民族文字古籍定级标准由国家民委组织制定并颁布实施"。2008年1月14日国家民委印发《关于编制少数民族文字古籍定级标准的通知》（民委发〔2008〕253号），规定由民族文化宫、中国民族图书馆牵头编制。

在进行国家珍贵古籍名录的评审过程中，民族文字古籍评审组根据工作实际需要，于2008年12月在参考汉文古籍定级标准的基础上，根据民族文字古籍的多文种、多类型的特点，专门研究制定了《民族文字珍贵古籍入选标准》，以便于准确操作民族文字珍贵古籍的评审。这实际上是初步制定了民族古籍中一、二级的标准。

2009年4月，在民族文化宫召开了"中国少数民族古籍定级标准专家论证会"，杨长虹、史金波、吴贵飚、艾合买提·买买提、李晓东、张志清、董文良、李东生、杨崇清、宝音吉戈拉、崔光弼、先巴、黄润华、王尧、张公瑾、梁庭望、黄建明、达力扎布、才让太、朱崇先、黄有福、吴元丰、陈红彦等参与起草"中国少数民族古籍定级标准"。经过反复讨论、修改，2012年完成定级标准草案，其间多次到民族地区召开调研座谈会和论证会，还到很多相关地区进行试验划分，效果良好。最后形成的《中国少数民族文字古籍定级》于2018年9月17日由国家市场监督管理总局、中国国家标准化管理委员会发布，2019年4月1日实施。这一重要定级标准的发布对指导中国民族古籍定级、保护工作更加科学化、法制化起到不可替代的作用。

（五）"中华再造善本工程"中的民族古籍

2002年，国家正式立项建设国家重点文化工程"中华再造善本工程"，这是由国家投入巨资，财政部、文化部共同主持，国家图书馆具体承办，集中国内一批顶尖学者共同参与，通过大规模的复制出版，保护和合理开发利用古籍善本的一项系统文化工程，使善本古籍化身千万，为学界所应用，为大众所共享。"中华再造善本工程"分为《唐宋编》《金元编》《明代编》《清代编》《少数民族文字文献编》，每编下以经、史、子、集、丛编次。

工程分为两期，第二期有民族文字古籍30多种入选，包括焉耆—龟兹文《弥勒会见记》、于阗文《陀罗尼》、回鹘文《大唐慈恩寺三藏法师传》、西夏文《吉祥遍至口合本续》、方块白文《仁王护国般若波罗蜜经抄》、回鹘式蒙古文《孝经》《阿勒坦汗传》、古藏文《四部医典》、察合台文《纳瓦依诗集》、满文《御制盛京赋》、满汉蒙文《三合便览》、老彝文《劝善经》、东巴文《创世经》、老傣文《羯磨说》、古壮文《么破塘》、水书《庚甲》等。这些均是民族文字古籍精品，展示了中华民族的灿烂文化，也反映出各民族文字古籍制作的精湛工艺。

五、攻坚克难，民族古文字文献古籍研究的新进展

中华人民共和国成立70年以来，特别是改革开放40年来，中国民族古文字研究得到空前发展，两三代专家薪火相传，成果累累，越来越受到国内外的重视。

20世纪90年代以来，综合、系统研究少数民族文字文献的论著不断出版，如傅懋勣主编的《中国民族古文字图录》（中国社会科学出版社，1990年），吴肃民的《中国少数民族古籍概论》（天津古籍出版社，1995年），张公瑾主编的《民族古文献概览》（民族出版社，1997年），魏忠的《中国的多种民族文字及文献》（民族出版社，2004年），史金波、黄润华的《中国历代民族古文字文献探幽》（中华书局，2008年），张公瑾名誉主编，黄建明、张铁山主编的《中国少数民族文字珍稀典籍汇编》（28册）（福建人民出版社，2017年），等等。

各种民族古文字的研究也有大量成果问世。扼要分列如下：

1. 佉卢文，有马雍的《新疆所出佉卢文书的断代问题》（《文史》第7辑，1979年）、《古代鄯善、于阗地区佉卢文字资料综考》（《中国民族古文字研究》，1984年），林梅村的《沙海古卷：中国所出佉卢文书》（文物出版社，1988年）。

2. 焉耆—龟兹文，有季羡林的《吐火罗文A中的三十二相》（《民族语文》1982年4期）、《吐火罗文〈弥勒会见记〉译释》（《季羡林文集》第十一卷，江西教育出版社，1998年）。

3. 古藏文，有王尧的《吐蕃金石录》（文物出版社，1982年），王尧、陈践的《吐蕃简牍综录》（文物出版社，1986年）、《敦煌本吐蕃历史文书》（民族出版社，1980年［1992年］），王尧主编的《法藏敦煌藏文文献解题目录》（民族出版社，1999年）。对传世古藏文史书的整理、译注的有王沂暖译的《西藏王统记》（商务印书馆，1949年），郭和卿译的《西藏王臣记》（民族出版社，1983年）、《青史》（西藏人民出版社，1985年）、《布顿佛教史》（中国藏学出版社，1989年），黄颢译的《新红史》（西藏人民出版社，1984年），刘立千译的《米拉日巴传》（四川民族出版社，1985年）、《土观宗派源流》（西藏人民出版社，1985年），陈庆英译的《汉藏史集》（西藏人民出版社，1986年）、《红史》（西藏人民出版社，1988年），吴均等译的《安多政教史》（甘肃民族出版社，1987年），陈庆英、高禾福译注的《萨迦世系史》（西藏人民出版社，2002年），黄颢、周润年译注的《贤者喜宴——吐蕃史译注》（中央民族大学出版社，2010年）。此外，还有一些记载重要家族、寺庙和历史人物的古藏文史书也被整理出版，如《朗氏家族史》《塔尔寺志》《颇罗鼐传》。

4. 回鹘文，有冯家昇的《回鹘文契约二种》（《文物》1960年第6期）、《回鹘文斌通（善斌）卖身契三种》（《考古学报》1958年第2期），胡振华、黄润华的《高昌馆课》（新疆人民出版社，1981年），耿世民的《维吾尔族古代文化和文献概论》（新疆人民出版社，1983年）、《维吾尔古代文献研究》（中央民族大学出版社，2003年）、《回鹘文社会经济文书研究》（中央民族大学出版社，2006年），李经纬的《回鹘文社会经济文书研究》（新疆人民出版社，1996年），牛汝极的《维吾尔古文字与古文献导论》（新疆人民出版社，1997年），杨富学的《回鹘文献与回鹘文化》（民族出版社，2003年），刘戈的《回鹘文契约文书初探》（五南图书出版有限公司，2000年）、《回鹘文买卖契约译注》（中华书局，2006年）。

5. 西夏文，大型文献丛书有俄罗斯科学院东方研究所圣彼得堡分所、中国社会科学院民族研究所（民族学与人类学研究所）、上海古籍出版社编的《俄藏黑水城文献》（1—29册）（上海古籍出版社，1996—2019年），西北第二民族学院、上海古籍出版社、英国国家图书馆编纂的《英藏黑水城文献》（1—5册）（上海古籍出版社，2005—2010年）。文献整理和研究成果有史金波、白滨、黄振华的《文海研究》（中国社会科学出版社，1983年），李范文的《同音研究》（宁夏人民出版社，1986年），史金波、黄振华、聂鸿音的《类林研究》（宁夏人民出版社，1993年），陈炳应的《西夏谚语——新集锦成对谚语》（山西人民出版社，1993年）、《贞观玉镜将研究》（宁夏人民出版社，1995年），克恰诺夫、李范文、罗矛昆的《圣立义海研究》（宁夏人民出版社，1995年），史金波、聂鸿音、白滨译注的《天盛改旧新定律令》（法律出版社，2000年），聂鸿音的《德行集研究》（甘肃文化出版社，2002年），克恰诺夫、聂鸿音的《〈孔子和坛记〉研究》（民族出版社，2009年），孙伯君的《西夏文献丛考》（上海古籍出版社，2015年），梁继红的《武威出土西夏文献研究》（社会科学文献出版社，2015年），梁松涛的《黑水城出土西夏文医药文献整理与研究》（社会科学文献出版社，2015年），史金波的《西夏经济文书研究》（社会科学文献出版社，2017年），彭向前的《俄藏西夏历日文献整理研究》（社会科学文献出版社，2018年）。此外，还有新见文献成果，如史金波的《凉州会盟与西夏藏传佛教——兼释新见西夏文〈大白伞盖陀罗尼经〉发愿文残叶》（《中国藏学》2016年2期）。

6. 契丹文，有清格尔泰、刘凤翥、陈乃雄、于宝林、邢复礼的《契丹小字研究》（中国社会科学出版社，1985年），即实的《谜林问径——契丹小字解读新程》（辽宁民族出版社，1996年），《谜田耕耘——契丹小字解读续》（辽宁民族出版社，2012年），刘凤翥的《契丹文字研究类编》（4册）（中华书局，2014年），清格尔泰、吴英喆、吉如何的《契丹小字再研究》（3册）（内蒙古大学出版社，2017年）。

7. 女真文，有金光平、金启孮的《女真语言文字研究》（文物出版社，1980年），道尔吉、和希格的《女真文〈大金得胜陀颂〉碑校勘释读》（《内蒙古大学学报》1984年第4期），胡振华、黄润华的《高昌馆杂字》（民族出版社，1984年），金启孮编著的《女真文辞典》（文物出版社，1984年），孙伯君的《金代女真语》（辽宁民族出版社，2004年），刘凤翥等编著的《女真译语校补和女真字典》（中西书局，2019年）。

8. 回鹘式蒙古文，有道布的《回鹘式蒙古文献汇编》（民族出版社，1982年）。回鹘式蒙古文译注和研究的有谢再善译的《蒙古秘史》（中华书局，1957年），留金锁校注的《黄金史纲》（内蒙古人民出版社，1980年），朱风、贾敬颜译的《黄金史纲》（内蒙古人民出版社，1985年），格什克巴图译、策·阿拉腾松布尔、苏雅拉达来注释、孟克宝音拉丁注音的《格什克巴图译元朝秘史》（内蒙古人民出版社，2000年），乌兰的《〈蒙古源流〉研究》（辽宁民族出版社，2000年）、《元朝秘史》（校勘本）（中华书局，2012年），萨仁高娃的《西藏阿里地区发现蒙古文散叶研究》（国家图书馆出版社，2013年）。

9. 八思巴字，有罗常培、蔡美彪的《八思巴字与元代汉语》（科学出版社，1959年），照那斯图、杨耐思的《蒙古字韵校本》（民族出版社，1987年），照那斯图的《八思巴字和蒙古语文献》（东京外国语大学亚非语言文化研究所，Ⅰ研究文集，1990年；Ⅱ文献汇集，1991年），照那斯图的《新编元代八思巴字百家姓》（文物出版社，2003年）。

10. 察合台文，有新疆社科院民族研究所译的《中亚蒙兀儿史——拉失德史》（新疆人民出版社，1983年），王治来译的《〈拉失德史〉译文校注》（新疆人民出版社，1985年）、《安宁史》（新疆人民出版社，2000年），苗普生主编的《清代察合台文文献译注》（新疆人民出版社，2013年）。

11. 满文，有富丽的《世界满文目录》（中国民族古文字研究会编印，1983年），中国第一历史档案馆译的《盛京刑部原档（清太宗崇德三年至崇德四年）》（群众出版社，1985年），关嘉录、佟永功、关照宏的《天聪九年档》（天津古籍出版社，1987年），中国第一历史档案馆、中国社会科学院历史所译注的《满文老档》（中华书局，1990年），冯明珠主编的《满文老档》（10册）（台北故宫博物院，2005年），北京市民族古籍整理出版规划小组满文编辑部的《北京地区满文图书总目》（辽宁民族出版社，2008年），中国第一历史档案馆的《内阁藏本满文老档》（全20卷）（辽宁民族出版社，2010年），黄润华、屈六生的《全国满文图书资料联合目录》（书目文献出版社，1991年），黄润华主编的《国家图书馆藏满文文献图录》（国家图书馆出版社，2010年）。

12. 老彝文，有冯元蔚的《勒俄特依》（四川民族出版社，彝文本，1982年；汉文本，1986年），贵州省民族研究所的《西南彝志选》（贵州人民出版社，1982年），罗国义、陈英译，马学良审订的《宇宙人文论》（民族出版社，1984年），马学良、罗国义的《增订爨文丛刻》（3册）（四川民族出版社，1986—1987年），马学良、张兴等的《彝文〈劝善经〉译注》（中央民族学院出版社，1986年），杨风江译注的《彝族氏族部落史》（云南民族出版社，1992年），果吉·宁哈、岭福祥主编的《彝文〈指路经〉译集》（中央民族学院出版社，1993年），黄建明的《彝族古籍文献概要》（云南民族出版社，1993年），毕节地区彝文翻译组译的《西南彝志》（贵州人民出版社，1988年）、《彝族源流》（4卷）（贵州民族出版社，1989年），王明贵、王显编译的《彝族源流》（民族出版社，2005年），王运权、王世举的《西南彝志》（13册26卷）（贵州民族出版社，2015年）。

13. 东巴文，有李霖灿的《么些经典译注九种》（中华丛书编审委员会，1978年），和志武的《东巴经典选译》（云南人民出版社，1984年），卜金荣主编的《纳西东巴文化要籍及传承概览》（云南民族出版社，1999年），傅懋勣的《纳西族图画文字〈白蝙蝠取经记〉研究》（商务印书馆，2012年）。

14. 古壮字，有广西壮族自治区古籍整理出版规划领导小组主编的《古壮字字典》（广西民族出版社，1989年），梁庭望的《古壮字文献选注》（天津古籍出版社，1992年）。

15. 水书，有潘朝霖、韦宗林主编的《中国水族文化研究》（贵州人民出版社，2004年）。

以上列举的仅是民族古文字研究成果的一部分，其中既有对各民族古文字及其文献的综合、宏观的研究，也有各民族文字及其文献的深入解读；既有对文献整理、翻译的基础性资料，也有在此基础上深入研究的创新成果；既有个人深入钻研的著述，也有集体攻关的集束性丛书。中国民族古文字研究在诸多领域创造了很多高水平、原创性成果，对世界民族文字研究作出了显著贡献，取得越来越多的话语权。

六、民族文字古籍研究前景灿烂，必将为铸牢中华民族共同体意识作出更大贡献

回顾过去，展望未来，民族文字古籍研究前景灿烂，但还有很多工作要做，除了要不断加强人才队伍的培养和建设外，我们有如下一些建议，希望能引起重视。

（一）进一步做好民族古籍普查工作

中国民族文字古籍数量多，分布广，远远超出了人们以往的认知。如西藏布达拉宫的五座书库的藏文古籍十分丰富，尚待进一步整理。新疆在古籍普查中创造了志愿者与专家搭配的模式，发现了很多新的古籍。很多民族文字古籍，藏于寺庙、民间。古籍普查要下沉到基层。今后的工作任重道远，一定要善始善终地做好。

（二）进一步开展民族古籍的研究工作

随着民族古籍普查工作的展开，对这些古籍的认知和鉴定水平却十分滞后，影响了古籍保护工作的开展，其中至少有两个方面特别需要重视。

1. 重点引导、加强对民族古籍版本的研究。与汉文古籍版本研究相比，目前民族古籍版本研究刚刚起步，还较少从版本鉴定的角度进行深入研究，这影响了对民族古籍认知和鉴定，解决这个问题已经迫在眉睫。

2. 加强重点民族古籍的内容、价值的研究，在此基础上做好出版及数字化工作。民族古籍整理出版，一是将民族古籍直接影印，使学术界尽快见到原始资料。但因文字所隔，受众面很小。二是将民族古籍译成汉文，与原书一起出版，这种著述影响较大。要想让民族古籍里的字活起来，发挥其最大的作用，还是要努力将有价值的古籍译为国家通用语言文字并进行深入研究，发掘其价值，让更多的人共享优秀文化遗产。

（三）进一步夯实民族古籍的定级工作

《中国少数民族文字古籍定级》已经颁布施行，但民族古籍文种众多，形式各异，会产生新的

问题，需要不断研究总结，使定级标准不断完善。一是有针对性地举办培训班，二是组织专家小组对重要藏书单位的民族古籍进行鉴定、评级。专家小组除本语种的专家外，还要有版本、历史、民族文化等方面的专家，以便从多维度来审视，从而得出比较准确的结论。

（四）进一步加强民族文字古籍的文字学研究和语言学研究

中华人民共和国成立70年来，中国民族古文字研究作为一个学科越来越受到重视。中国社会科学院于2006年、2017年两次将包括少数民族文字在内的学科列为"特殊学科"并重点支持。2018年国家社会科学基金设立冷门"绝学"项目，在立项的20多个项目中，敦煌学、藏学、西夏学、蒙古学、民族语言文字学、古文字学、古籍和特色文献整理研究等都涉及民族古文字研究，体现了国家对民族古文字研究的高度重视。但是，民族文字古籍的文字学研究和语言学研究尚待加强，要特别加强对新发现民族古文字的普通文字学和比较文字学的研究，加强民族文字古籍的语言学方法论的研究，加强表音民族文字的历时语言学研究，揭示文字所记录的语言的古今演变脉络和规律，更好地为现实的民族语言文字规范化、标准化、信息化服务。

（五）进一步认识民族古文字及其古籍文献研究的现实意义

民族文字古籍是中华民族历史文化宝库的璀璨明珠，蕴含着丰富的民族团结进步、和谐共处、交往交流交融、维护祖国统一的积极思想内涵。通过整理、翻译、研究民族文字古籍，能充分揭示中国历史上各民族的这些积极思想，对巩固各民族的国家意识和铸牢中华民族共同体意识有重要的现实意义。如清乾隆四十四年（1779年）编纂了满文古籍《钦定外藩蒙古回部王公功绩表传》，后以汉文、满文、蒙古文刊印，对研究清代蒙古族、藏族、维吾尔族历史及各民族的密切关系有重要的学术价值和现实意义。又如近年新见的西夏文古籍《大白伞盖陀罗尼经》反映了蒙古王子阔端在西夏故地凉州接受藏传佛教，于1244年刻印藏文、西夏文、汉文佛经，后与西藏宗教领袖萨迦·班智达达成"凉州会盟"，使西藏正式纳入中国版图。这是中国多民族国家形成和发展进程重要事件的有力佐证，具有重要的史学价值和现实意义。

中国民族古文字研究的大量成果和显著进展，丰富了中国民族的历史和文化知识，展示了各民族绚烂多姿的文化，增强了对中华民族多元一体的认识，提升了各民族的文化自信。民族文字古籍是一种文化，更是一种资源，是铸牢中华民族共同体意识的重要资源。

中国民族古文字研究的蓬勃发展和辉煌成就，是多民族、多语言、多文字国家的一项创举，不仅充分体现出各民族一律平等的民族政策，也促使中国民族古文字及其文献"活起来"，对弘扬中华民族优秀文化遗产、增强民族团结、维护国家统一作出了实际贡献。可以预见，中国民族古文字及其文献古籍研究在新时代会有更加美好的前景，必将对铸牢中华民族共同体意识作出更新、更大的贡献。

（史金波、黄润华著，原载《民族语文》2020年第4期）

叁 中华民族视域下的西夏

西夏语中的汉语借词

一

随着西夏文解读和研究的进展，可以越来越清楚地看到：西夏语中有大量的汉语借词。在西夏语常用词中，这些借词约占百分之十。这仅仅是据书面文献的大致统计，在口语中汉语借词数量可能会更多。这些汉语借词已经成为西夏语的有机组成部分。当时的西夏人在多种不同类型的西夏文字典中，收入了这些借词，并按其读音分门别类地归入相应的西夏语声类、韵类之中，从而把汉语借词的声韵纳入了西夏语的语音体系。这不仅反映了汉语借词在西夏语中的稳定地位，也表明了当时的西夏人对汉语借词的重视程度。

为什么作为西夏王朝主体民族的党项人所操的语言（即西夏语）中会有这样多的汉语借词呢？这要从11世纪或更早时期党项人所处的社会历史环境中去找原因。党项族原住四川西部、青海东部一带，7世纪以后，由于毗邻的吐蕃势力强大而被迫北移。[1]他们由四川入甘肃，达宁夏、陕西北部。这里经各族人民世世代代开发经营，已成为生产水平较高、农牧业兼得的地带。这一带距中原不远，早有大批汉人和其他少数民族。党项人进入这一地区之后，随着自身社会的发展演化和越来越多地接触汉族较高的社会生产方式，使党项族社会有了突飞猛进的发展。大量新事物的出现必然反映在西夏语中。党项人除利用母语中原有词素构成新词来反映这种新事物以外，还直接从汉语中借用大量现成的词。可以说，党项人这一迁徙是西夏语大量吸收汉语借词的主要条件之一。

西夏王朝在其立国前的唐末、五代时，就已经形成一个比较稳固的地方政权，受中央王朝统辖，在社会生活各个方面都受到汉族的直接影响。西夏正式立国后，仍和宋朝交往甚密，在政治、经济、文化等方面保持着密切的关系。西夏统治势力范围包括多种民族，其中主要是党项人和汉人。党项人不仅从事传统的畜牧业生产，也有很大一部分人逐渐定居在州城附近或宜农地区，和汉人一样经营农业，当时称"熟户"。他们与汉族人民或混居一起，或本民族小聚居而与汉族大杂居。就是在统治集团内，也是党项人、汉人分任政府各种职官。在政治制度和国家机构上除保留了部分民族特点外，也大多因袭了唐、宋的典章制度。西夏第一代皇帝元昊的父亲德明时就曾向宋朝求赐汉文佛经。元昊本人通悉汉文。他在政府机构中特设蕃字、汉字二院。汉字院专掌与宋朝的往来表奏。毅宗谅祚时改用"汉礼"，并向宋朝求赐"九经"。崇宗乾顺时更设国学，系统教授汉文。仁宗仁孝时重大汉太学，尊孔子为文宣帝，汉文化得到进一步发展。[2]这样，两个民族就发生了历史上从未有过的、直接的、广泛的交往。西夏语和汉语在境内同时行用。西夏建国前后的特殊政治、历史环境是西夏语中加入大量汉语借词的主要原因。

---

[1]《新唐书》卷221上《党项传》，中华书局，1975年，第6215页。
[2]《宋史》卷485、486《夏国传》（上、下），中华书局，1977年，第13981—14033页。

西夏文创制以后，在使用和流传过程中，有大量的常用汉语借词被收录于西夏文文献中，大大增强了借词的稳定和流传。西夏时期编印的西夏文字典《音同》《文海》中收录了很多汉语借词，并置于西夏语语音体系中统一编排。西夏时期还刊印了两种特殊的字典。一种是西夏语—汉语双解语汇本《番汉合时掌中珠》（以下简称《掌中珠》），为西夏人骨勒茂才所著，其序言用西夏文、汉文两种文字写成。作者明确提出："今时人者，番汉语言可以具备。不学番言，则岂和番人之众；不会汉语，则岂入汉人之数。番有智者，汉人不敬；汉有贤士，番人不崇。若此者，由语言不通故也。"番即指党项。作者对党项族、汉族互相学习对方语言的必要性做了概括的说明。他把《掌中珠》中每一个词语分为四项：1.西夏文；2.相应的汉译文；3.用汉文为西夏文注音；4.用西夏文为汉译文注音。这就十分便于两个民族学习对方的语言和文字。另一种是名为《要集》的特殊词典，其中每一个西夏文词语都用汉语解释，但这种解释并不直接用汉文，而是用为汉文注音的西夏文。如西夏文义为"坩埚"的词，用读音分别为"乾"和"郭"的两个西夏字注释（参见附录1）[1]。字典为汉语注音既适应了当时党项人和汉人互相学习对方语言的需要，还进一步推动了汉语借词的发展。如《掌中珠》中职官名称"中书"一词系本语词，音〔酩腮〕。到了元代，有的文献中"中书"二字直接借自汉语，原来在《掌中珠》里为汉字"中书"注音的两个西夏字，就成为记录"中书"这一汉语借词的文字，读音为〔酩腮〕的本语词已经不用了（参见附录2）[2]。西夏时期用西夏文翻译了大批汉文著作，如：《论语》《孟子》《孝经》《孙子兵法三注》《六韬》《黄石公三略》《贞观政要》等。还从汉文翻译了3000余卷佛经。翻译时，又增加了一批汉语借词。如：卿、大夫、公、侯、伯、子、男等（参见附录3）。可以说，西夏文化事业的发展及其和汉文化的交流，大大推动了汉语借词的发展。[3]

二

西夏语中汉语借词范围很宽。以词类划分，数量最多的是名词，其次是动词、形容词，还有一些是数量词、方位词等。现把部分汉语借词分类列举如下：

（一）名词

山〔山〕、川〔川〕、茶〔茶〕、姑〔姑〕、张〔张〕、看〔看〕、海〔海〕、破〔破〕、坛〔坛〕、沙〔沙〕、桥〔桥〕、坑〔坑〕、田〔田〕、州〔州〕、富〔富〕、玄〔玄〕、宝〔宝〕、村〔村〕、楼〔楼〕、楞〔楞〕、哥〔哥〕、女〔女〕、备〔备〕、奴〔奴〕、使〔使〕、申〔申〕、鄆〔鄆〕、胜〔胜〕、八〔八〕、能〔能〕、崩〔崩〕、五〔五〕、车〔车〕、湿〔湿〕、兵〔兵〕、丁〔丁〕、路〔路〕、管〔管〕、看〔看〕、龙〔龙〕、鹤〔鹤〕、经〔经〕、枝〔枝〕、花〔花〕、坛〔坛〕、杏〔杏〕、诺〔诺〕、凑〔凑〕、败〔败〕、湿〔湿〕、酒〔酒〕、嫁〔嫁〕、财〔财〕、功〔功〕、僧〔僧〕、寺〔寺〕、梵〔梵〕、为〔为〕、汗〔汗〕、

郎君〔郎、君〕、皮西〔皮、西〕、空侯〔空、侯〕、
煌知〔煌、知〕、京六〔京、六〕、和尚〔和、尚〕、
沙门〔沙、门〕、易唵〔易、唵〕、废碣〔废、碣〕。

---

① [日] 西田龙雄：《西夏文华严经》第3卷，第66页。史金波：《简略西夏文辞书》，《辞书研究》1980年第2期，第250、253、260页。

② 史金波：《西夏文〈过去庄严劫千佛名经〉发愿文译证》，《世界宗教研究》1981年第1期，第74页，译文注释26。

③ 在汉语对西夏语产生巨大影响的同时，西夏语也必然对汉语产生一定影响。汉文的历史文献中就记录着西夏语借词。此问题当另文讨论。

（二）动词

獗 封〔干〕、　髌 栏〔兰〕、　纐 过〔过〕、　湃 使〔俊〕、　鑶 输〔输〕、
藲 转〔转〕、　薇 用〔瑞故合〕、　用 搏〔斗〕、　羧 弃〔芭〕、　荐 遗〔宜〕、
妃 戕〔使〕、　丝 钻〔疑〕、　毈 生〔生〕、　黻 长大〔长〕、　雒 栽〔戈〕、
絫 织〔植〕、　编 除〔舍〕、　欏 比〔笔〕、　萧 成〔成〕、　訪 说〔说〕、
緂 知〔知〕、　薇 憎〔曾〕、　骸 重〔春〕、　藏 累〔雷〕、　瓶 渗〔参〕、
藏 爆〔豹〕、　嬲 散〔三〕、　毲 分〔分〕、　懦 禅〔宥〕、　瀔 谤〔牛相〕、
劈级 汪梁〔汪、盉〕　.

（三）形容词

敨 大〔大〕、　翫 粗〔醋〕、　绪 细〔斜〕、　絭 正〔正〕、　鼥 斜〔斜〕、
彩 曲〔曲〕、　纚 匀〔余轮〕、　蕤 完〔吴孙〕、　羃 全〔全〕、　蔎 碎〔酥觌〕、
鞖 强〔康〕、　黻 贵〔贵〕、　妃 羞〔修〕、　鑫 香〔香〕、　蹪 闻〔闻〕、
朓 胜〔石争〕、　蠨 灰〔胡觌〕、　野 红〔红〕、　譺 昏〔昏〕、　鹬 憨〔含〕、
特 顽〔顽〕、　狷 间〔托〕、　微 明〔明〕、　敍 杂〔噇〕、　萧 败〔迷肯〕.

（四）其它

屏 寸〔寸〕、　憨 镒〔盈〕、　乾 卷〔卷〕、　彬 三〔三〕、　羧 双〔双〕、
翲 内〔内〕、　猦 南〔南〕、　纊 正（月）〔张〕.

　　这些借词①从其来源和使用范围上，大致包括以下几个方面：（1）由于社会的发展、政治制度的改变而产生的借词。如：经略、通判、使、府、州、县、堡、寨等。（2）随着生产力的发展和生产方式的演进出现的借词。如：簸箕、秤、寸、镒、杏等。（3）由于与汉族过从甚密，一些反映日常生产、生活的词，也往往自汉语借入。这类词多属基本词汇，本语中也有这些词。如：织、车、物、兵、矢、山、海、沙、枝、茎、身、女、赶、弃、栏、转、散、大、粗、细等。（4）由于文化的交流和佛教的信仰而增加的借词。如：圣、卷、和尚、僧、涅槃、沙门、璎珞、禅、诵等。佛教用语大部分是汉语音译自梵语，西夏语又从汉语借入。（5）西夏的主要地名大都因袭旧称，自汉语音译转写，这些专有名词使用频率很高，也可列入借词一类。汉族姓氏，也用音译。如：凉州、甘州、瓜州、沙州、夏州、银州、敦煌、贺兰、鸣沙、武威、梁、赵、杨、陈、王、张等（参见附录4）。

三

　　在西夏语借词中，表达同一概念有时既用本语词又用借汉词，两者同时并用是其一大特点。这突出地反映了当时党项人和汉人频繁接触，密切交往，西夏语处于急剧变化的阶段。如：

本　语	汉语借词		本　语	汉语借词
山 菾〔宜则〕	峠〔山〕		海 犕〔饿〕	傾〔海〕
散 懱〔齿头〕	螖〔三〕		栽 綵〔尼祖〕	雒〔戈〕
灰 酮〔庆〕	蠨〔灰〕		红 甃〔你〕	野〔红〕
胜 瓯〔鹅〕	朓〔石争〕		功 隔〔育〕	蹪〔功〕
矢 猴〔力〕	蒇〔湿〕		沙 駚〔墨〕	死〔沙〕
分 嬲〔腻〕	蘵〔分〕		知 眦〔能〕	緂〔知〕
输 蘹〔夷耽〕	鑶〔输〕		打 辟〔吟〕	刻〔打〕
莝簇瓠沈〔女、贾〕	萧绳〔空侯〕			

　　当时，虽然本语词和借词同时并用，但往往其中一个词使用较为普遍，而另一个词使用较少。

---

①上表方括号汉字为西夏文注音字，若为两字，中以顿号分开者为两个音节，中无顿号者为反切上下字，下有一横线者为鼻冠音。下同。

从现存文献可以看到，西夏时期"山""海""功""红"等词使用本语词较多，"散""沙""顽""灌"等使用借词较多。

本语词和借词并用的特点在西夏文字典中有明显的反应。《音同》中有时用本语词和汉语借词同义互注的形式，或组成词组的形式，注明字义，有时还用借词中的两个反义词互注（参见附录5）。《文海》中的词义注释部分对这种现象解释得更加细致，不像《音同》中只用一个字。如：

（1）22.221①［憎］憎者，憎咒也，骂詈也，愤怒生恼之谓也。

（2）25.221［价］者，量也，商价之谓。

（3）56.271［郎］者，郎君也，君子也......

（4）75.251［矢］者，箭矢也，箭之谓。

（5）88.122［鹤］者，禽也，鹤也......（参见附录6）

更有一部分借词，在《文海》词义注释部分明确注出"与汉语同"，同时指出"番语中词之谓也"。这种解释直截了当交代了该词的来源，反映了当时语言的实际情况，有利于各民族的交往，提高了字典的使用价值，这无论从当时的使用情况看，还是从现在的研究工作上看，都是十分可贵的。如：

（1）21.222［君］者与汉语同，番语君子之谓也。

（2）26.261［车］者与汉语音同，番语车之谓也。

（3）32.231［卷］者汉语，番语卷之谓也。

（4）43.113［财］者福禄也，财也，此财者与汉语同。

（5）53.172［楼］者与汉语音同，番语楼之谓。（参见附录7）

西夏语中的汉语借词和与之意义相当的本语词由于读音不同，西夏人用不同的西夏文字来分别记录他们，这是十分自然的。但也有个别汉语借词和其相应的本语词用同样的文字来表示，即同一个西夏字也可以用本语读音，也可用汉语读音。因此，西夏文中由于借词产生了一字两读的现象。如："大"既可以用本语读如"令"，又可作为借词读如"大"（参见附录8）。这是一种特殊的形式。

发音相同或相近的汉语借词，可以用同一个西夏字来表示，这种形式还比较多。如："轩"和"香"用同一个西夏字表示，檀香的"檀"和水滩的"滩"两个借词是同一个西夏字，地坎的"坎"和灶龛的"龛"也用同一个字等。

汉语借词从形式上有全借和半借之分。全借即无论是单音节还是多音节借词语音都借自汉语。上举各例皆是。半借即双音节词中既含汉语借词，又含本语中与借词意义相当的词，这实际上形成了西夏、汉语互注的双音节联合词。如："轮转"，第一字音［哳］，第二字音［转］，借汉；"富贵"，第一字音［龟］，第二字音［谋］，第一字借汉；"辰龙"，第一字音［嵬］，第二字音［龙］，第二字借汉；"禀性"，第一字音［星］，第二字音［精］，第一字借汉；"运输"，第一字音［输］，第二字音［夷耿］，第一字借汉（参见附录9）。

四

借词这种语言现象在一定程度上反映着社会的变化，特别是民族之间的交往情况。党项族自其立国前后直至同化消亡以前，和汉族的交往是逐步加强的。西夏语中的汉语借词总的趋势也是逐步发展的。

古代，党项族是我国少数民族中吸收汉族文化最快、最多的民族之一。西夏王朝仿照汉字创造

---

①此数字为《文海》编号，点前为页码，点后三个数字依次为面、行及大字数。下同。

了西夏文，翻译了很多汉文文献，依照汉语音韵书籍编辑了各种字典，境内两种语文同时流行，连西夏皇陵中的墓碑都是用西夏文和汉文两种文字镌刻的。然而，这种民族间的文化交流，包括借词现象是随着时间的推移而发展变化的，不同的时代有着不同的特点。可能在开始阶段有的借词用哪一个西夏字记录不太固定，后因长期交际使用，逐渐统一用某一个西夏字记录，其他的字则废弃不用。这在《音同》中还可以找到明显痕迹。如借词"罐"曾用两个同音字表示，在《音同》中他们属一个同音字组，但其中一个字下注"不行"二字。"行"是流行之"行"。"不行"表明此字在当时已不流行使用。①（参见附录10）

西夏政府机构有"蕃官""汉官"两个系统。"汉官"系统诸司品名因袭唐宋，但当时大多数只用意译而不用音译，也即大部分没有从汉语直接借词。如：中书、枢密、统军司、殿前司、御史、皇城司、宣徽、三司、内宿司、巡检司、工院、马院、陈告司、磨勘司、审刑司、典礼司、农田司、阁门司、监军司、群牧司、受纳司等，都是意译的。②

西夏灭亡后，党项民族不再是一个地方政权的主体民族，而成为元朝色目人的一种，其民族和原有地域被元朝的行政区划分割了。党项民族的上层有不少移居中原，在元政府的中央和地方为官，有的则留居原地。他们当中的一部分人力图保留自己的民族特点，希望改变本民族被同化的局面。然而，党项族走上消亡的道路已成为历史的必然。这时的党项人中懂汉语的日益增多，西夏语中汉语借词进一步扩大。元代的西夏文文献表明，西夏时期用意译的职官名称这时改用音译了，也即采用了汉语借词的形式。如："中书""枢密院""三司""御史"等。但这时的年号还是用意译的。如："民安""至元""大德""至大""皇庆"③。（参见附录11）

到了明代，情况又发生了变化。不仅像"指挥"这样在西夏时代的《掌中珠》里用意译的词改用了汉语借词，就是在元代还用意译的方法译写年号的情况也发生了变化，改成直接音译。保定出土的两个西夏文经幢中的明代"弘治"年号，就是使用音译，也可以说是采用借词的形式。④（参见附录12）。

这一过程，说明了汉语借词在西夏语中的发展变化，从中可以悟出西夏语为什么最终消亡的部分原因。

五

分析西夏语中的汉语借词，对西夏历史、语言的研究都有积极的意义。

首先，从借词的范围、数量、发展变化等情况，可以透视两种语言间的相互关系，并能进一步了解两个民族在当时条件下的交往程度和文化交流的一些线索。借词中的职官名称、地名、姓氏等，对西夏文物、文献的断定，以及历史事件和人物的进一步考证研究，能提供参考依据。

明确西夏语中的汉语借词，有助于解释和研究西夏文字典。比如在研究最有价值的字典《文海》时，往往会看到一个字的字义解释部分有一连串同义词或近义词，有时其中就有一个是汉语借词。只有区分开哪个是本语词，哪个是汉语借词，才有可能对这些同义词做出进一步的解释。否则，对汉语借词的出现便无法解释清楚，甚至感到莫名其妙。

找出西夏语中的汉语借词还有助于进行语言比较。西夏语是汉藏语系藏缅语族中的一个语种。要了解汉藏语系诸语言之间的关系，就必须进行语言的历史比较。而古代有文献记载的汉藏语系的

---

①《音同》第26页。
②《番汉合时掌中珠》第27、28页。
③史金波：《西夏文〈过去庄严劫千佛名经〉发愿文译证》，《世界宗教研究》1981年第1期，译文第18、29、20、37行。
④史金波、白滨：《明代西夏文经卷和石幢初探》，《考古学报》1977年第1期，第146、158、160页。

语言仅有少数几种，西夏语就是其中之一。所以西夏语在汉藏语系诸语言进行历史比较时占有重要的地位。然而，要把这种亲属语言的比较建立在科学的基石上，首先要区分和确定哪些是本语词，哪些是借词。如果在同义词进行比较时混入了很多汉语借词，就难以得出科学的、准确的结论。

其次，西夏语中的汉语借词与西夏文字构造的研究又有一定关系。一些记录汉语借词的西夏字系用西夏文字构造中的会意合成法构成。如记录借词"山"的字由"不"加"下"合成，以"不低"会意为"山"；"僧"由"合"和"众"组成，以"合众"会意为"僧"；"顽"由"心"和"重"组成，以"心重"会意为"顽"；"栏"由"高"和"地"组成，以"高地"会意成"栏"；"胜"由"勇"和"胜"组成，以"勇胜"会意为"胜"；"禅"由"定"和"观"组成，以"定观"会意成"禅"。（参见附录13）

汉语对西夏语的影响不仅表现在西夏语吸收大量的汉语借词方面，还表现在语音和语法方面。比如汉语对西夏语声母中舌上音、韵母中鼻尾音的影响，就是语音方面的突出例证。西夏语中形容词修饰名词时，由原来一律置于名词之后发展成部分常用形容词可以放在名词之前，则可能是语法方面的一种影响。

附　录

1. 𗂼𘞶（坩煱），注释字𗰖𗄴（乾郭）。
2. 𗦳𘎑（中书）〔𗫻𘂝〕，𘈩𗵗（中书）。
3. 𗤶（卿）〔轻〕，𗾔𗥑（大夫）〔大甫〕，
   𗠩（公）〔功〕，𗸗（侯）〔侯〕，
   𗣫（伯）〔拍〕，𗟲（子）〔子〕，
   𘌽（男）〔南〕。
4. 𘊙𘝼（凉州）、𗨁𘝼（甘州）、
   𗪢𘝼（瓜州）、𗬻𘝼（沙州）、
   𗾔𘝼（夏州）、𘓍𘝼（银州）、
   𗫂𗫂（敦煌）、𘜶𘄾（贺兰）、
   𗼻𗆟（鸣沙）、𗦜𗡘（武威）、
   𗼻（梁）、𗉮（赵）、𗬥（杨）、
   𘗊（陈）、𘎑（王）、𗈼（张）。
5. 𗤺（海）、〔海〕注𗤺（海）〔铖〕、
   𗫨（花）、〔沽〕注𗫨（花）〔嘑〕、
   𘊄（枝）、〔至〕注𘊄（枝）〔韩〕、
   𗼻（织）、〔殖〕注𗳣（绢）组成"织绢"、
   𗠋（糟）、〔醋〕注𗠋（细）〔科〕。
6. 20·221 𗫂𗫆𗾔𘃝𗗙𗤛𗓽𗤛𗤛𗒹𗻋𗑱𗒹𗤛𗤛
   25·211 𗧀𘎑𗍥𗗙𗒹𗻋𗤛
   56·271 𗇵𗫆𗨁𗾔𗤛𗒹𗻋𗤛……
   75·251 𗤛𗫆𗤛𗗙𗗙𗃀𗻋𗤛
   88·122 𗑱𗫆𘞶𗤛𗑱𗤛……
7. 21·222 𘎑𗫆𗤛𗓽𗓽�́𗗙𗓽𗒹𗤛𗻋𗗙𗤛
   26·261 𗗙𗫆𗤛𗓽𗓽𗻋𗗒𗓽�́𗻋𗻋𗗙𗤛
   32·231 𗂈𗫆𗓽𗗙𗓽𗗒𗻋𗻋𗗙𗤛
   43·113 𗇵𗫆𗕥𗤑𗤛𗗙𗇵𗫆𗓽𗗙𗤛𗓽
   53·172 𗫂𗫆𗓽𗓽𗗙𘜶𗗒𗓽𗀔𗻋𗗙
8. 𗓽（大）〔令〕、〔大〕。
9. 𗒹𗒹（轮转）〔控转〕、𗫜𗤸（富贵）〔电谋〕、
   𗫨𗰖（反龙）〔毫龙〕、𗫨𗂙（粟性）〔星精〕、
   𗒹𗫜（运输）〔输、麦耿〕。
10. 𗂙（镳）〔管〕注𗈪（水）、
    𗪢（镳）〔管〕注𗫶𗈪（不行）。
11. 𘈩𗵗（中书）、𗫻𗵗𗤛（枢密院）、
    𗷆𗤸（三司）、𗤑𗰖（御史）、
    𗫂𗪢（民安）、𗫂𗫆（至元）、
    𗤛𗫂（大德）、𗫆𗤛（至大）、
    𘜶𗫜（皇庆）。
12. 𘓍𗤑（指挥）、𗕥𗗙（弘治）。
13. 𗫶（不）+ 𗓽（下）——→ 𗬥（山）〔山〕，
    𗤑（合）+ 𗫆（众）——→ 𗠩（僧）〔僧〕，
    𗫜（心）+ 𗂙（重）——→ 𗟲（顽）〔顽〕，
    𘞶（高）+ 𗓽（地）——→ 𗤺（栏）〔兰〕，
    𗼻（勇）+ 𗂈（胜）——→ 𗬥（胜）〔胜〕，
    𗄴（定）+ 𗫆（观）——→ 𘃝（禅）〔禅〕。

（原载《中央民族学院学报》1982年第4期）

西夏后裔在安徽

　　7世纪以后，游牧于今四川西部的党项族，①逐渐向甘肃东部、陕西和宁夏北部迁徙。宋初，不断发展壮大的党项族建立了大夏王朝，史称西夏。它先与北宋、辽相鼎足，后复与南宋、金相抗衡，延祚十世，立国近二百年，是我国历史上的一个重要王朝。党项族作为西夏王朝的主体民族，对西夏历史、文化的发展起了重要作用。1227年西夏被蒙古所灭，党项族成为元代色目人之一种，继续生息繁衍在中华民族的大家庭中。但是，随着历史条件的发展变化，党项族逐渐融合到汉族和其他少数民族之中。从明到清，党项族作为一个民族也就最后消亡了。

　　现有无党项人的后裔存在呢？这是从事西夏史研究的国内外学者十分关心的问题。

　　1975年我们考察河北省保定市郊出土的明代西夏文石幢时，曾对入居中原的党项人在元、明时期的活动做了一些论证和研究，其中特别提到元代出生于安徽、后在安徽做官、最后死在安徽的党项人余阙。②1976年我们又考察了甘肃省酒泉市的《大元肃州路也可达鲁花赤世袭之碑》，对元代留居河西一带的党项人下落进行了考证和推论。③但是，党项人的后裔是否留居至今这一问题仍未得到解决。当时在查阅有关史料过程中，了解到元代在安徽、山东、河北、浙江、四川、江苏等地都有党项人居住，其中后世记载较详、线索较多的要算安徽的余阙了。

　　余阙（1303—1358年），《元史》有传。据传载："余阙，字廷心，一字天心，唐兀氏（即党项族），世家河西武威。父沙喇臧卜，④官庐川（今安徽省合肥市），遂为庐州人。"⑤沙喇臧卜死后，余阙在合肥东南的青阳山耕读养母。元统元年（1333年），赐进士及第，先后在地方和中央为官，曾三次入大都（北京）。后因丁母忧复归合肥。当时农民起义风起云涌，余阙又于至正十二年（1352年），为元朝统治者派遣镇守安庆，官至淮南、江北行省左丞、兼都元帅。至正十八年（1358年），农民起义军首领赵普胜（赵双刀）和陈友谅率舰万艘，步骑十余万，攻破安庆，余阙被迫自刭。元朝政府追封他为豳国公，谥忠宣。

　　清光绪年间所修《庐州府志》世系表中列有余阙的二十几个后人，其中有余思枢者下注曾任山东布政史。⑥又阅《山东通志》，知其于光绪年间在山东为官，然不知其为余阙第几世孙。⑦这些材料使我们想到：既然光绪年间尚有余阙后人在世，那时离现在不过百年，其后人延续至今也是可能的。

　　1981年4月，我们先后调查了余阙后代的几个聚居点——安徽省合肥市南门外邬余大郢、合肥

---

①西夏时期党项人自称为"名"，译成汉语为"番"。元代称为唐兀氏，《马可波罗游记》称为tangut。
②史金波、白滨：《明代西夏文经卷和石幢初探》，《考古学报》1977年第1期。
③白滨、史金波：《〈大元肃州路也可达鲁花赤世袭之碑〉考释》，《民族研究》1979年第1期。
④《元统癸酉进士录》记余阙父名屑耳为。
⑤《元史》卷143《余阙传》，中华书局校点本，第3426—3430页。
⑥清光绪十一年《续修庐州府志》卷58《世袭表》。
⑦清宣统三年重修《山东通志》卷51《职官志》第4。

市小南门外二里桥、合肥市郊大圩公社黄冈大队余墩、肥东县长乐公社临河大队余大郢。同时还专门考查了余阙早年读书处——位于巢湖北岸的青阳山。在那里，至今还可以看到后人为余阙建立的祠庙遗迹。

使我们高兴的是，在合肥小南门外二里桥余氏后人余华珍、余华龙兄弟那里访得一部民国十九年重修的《余氏宗谱》。是谱用上好宣纸印成。原为二十七卷（册），即卷首上、下两卷，谱系二十五卷。现仅残存卷首上、卷一至卷六、卷二十至二十五，共十三卷。卷首下、卷七至十九均佚。由序言可知，明崇祯以前已有宗谱，清康熙甲戌三十三年（1694年）、光绪甲午二十年（1894年）都曾重修。因系残本，共修几次未能尽知。全书为木版刻印，卷首标明为"同乡翠柏氏杨筱亭刊"。每页版口上印有"武威郡"三字，以示余氏家族之原籍。这部宗谱虽残缺过半，但保留了主要支系从元代第一世沙喇藏卜到现代第二十五世的传承关系。由谱中可以看到余阙死后，遗留一幼子余渊，后中明洪武丙午举人，子孙繁衍，以至于今。我们调查的年过五旬的余姓，绝大多数都在族谱上列有名字。谱中还规定了自第二十一世以后的字派为"文、章、华、国、忠、厚、传、家、积、善、崇、德、天、必、祜、之"。在调查中，我们还结识了余阙的后人余章元、余国铨。他们同余华龙分别为第二十二、二十三、二十四代。余章元是余阙子余渊长子支系，余华龙是余渊次子支系。谱中所载当时最低辈分为第二十五世"忠"字辈。目前合肥附近的余氏后人已延续到"传"字辈，即第二十七世。前面提到做过山东布政使的余思枢为第十九世，在家谱上突出地罗列了他的行状。这部宗谱为研究党项人余阙在合肥附近后代的传承关系、迁徙情况，以及与汉族融合的过程，提供了确实可靠的资料。

在安庆，我们仔细查阅了康熙六十年编订的《安庆府志》，又意外地发现了余阙后人在安庆地区桐城县洪涛山居住的线索。在安庆市博物馆的大力协助下，我们在桐城东北三十里以外的洪涛山下找到了居住在大关和莲花塘的余阙后代。这里的余姓非只余阙后代一宗。凡属余阙后裔的有一特点，就是他们又称为"余王氏"，既可以"余"为姓，又可以"王"为姓。我们向一些老人询问了"余王氏"之称的来历，大致有两种说法：一种是元末，陈友谅攻陷安庆，余阙自杀，留一子仅周岁，被家人王某救出，遂以王为姓。另一种说法是余阙死后，其子被杜万户救起，藏于太湖（今安徽省太湖县），后娶王氏为妻，子孙改为王姓。据调查了解，洪涛山下的余氏后代为第十五世余莲舫之后，分为四支，分别居住在今桐城县大关公社、龙头公社、王集公社和卅铺公社。这一带有余氏数百户，千余人，其语言、风俗也均与当地汉族同，现属汉族。

我们在卅铺公社莲花塘又访得一部余氏家谱，名为《洪涛山余氏宗谱》。此谱原为十八卷，现存卷首、卷一至卷十，卷十二至卷十七，共十七卷，仅佚第十一卷。比起合肥《余氏宗谱》来，它印制较差，但残损较少，保存比较完整。最为可贵的是它收存了从明朝至民国初年洪涛山、枞川余氏后裔六次修谱的全部叙录。这六次修谱的时间是：1.明嘉靖丙寅四十五年（1566年），2.清康熙甲申四十三年（1704年），3.清乾隆丙辰元年（1736年），4.清嘉庆乙丑十年（1805年），5.清同治甲戌十三年（1874年），6.民国丙辰五年（1916年）。

从叙录中可知，第一次修谱由余阙第九世系余枕（号月泉）主持。在叙录中有清朝文学家姚鼐的行书序言。有些序言中还记明余王氏的来历，以及清代安庆知府张楷为改成王姓的余氏后裔复姓的经过。

此外是谱记载余氏后代的传承关系和居留迁徙比较详备。从谱中可以清楚地看到余阙的后人首居安庆地区，后来一部分人迁往合肥及其他地区，其余仍居安庆。而合肥一带的余氏后裔，仅为余阙后代之一支，这正为合肥《余氏宗谱》所缺载。可以说安庆、合肥两谱互为补充，配成完璧。现把两谱前五代的世系列出，可以看出两地余姓的相互关系。

1. 合肥《余氏家谱》

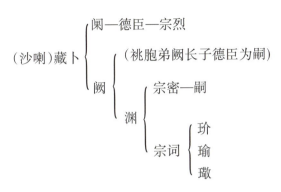

2.《洪涛山余氏宗谱》

由上第一表可以看出，合肥族谱记录了余阙之子余渊有二子，长子余宗密有一子名余嗣，次子余宗词有三子名余玠、余瑜、余璥，他们都居住在合肥附近。看了第二表才明白，《洪涛山余氏宗谱》载明余阙之孙余宗樾共有四子，除长子余※迁居合肥外，次子、四子都留居安庆一带，三子迁往太湖、潜山，此谱记余阙子渊只有一子宗密，次子宗词迁往合肥事缺载，此又为合肥宗谱补足。洪涛山宗谱上自十八世也规定了派行用字为"大、成、佳、乘、必、有、余、庆、枝、茂、本、深、克、昌、际、运"。比如我们访问对象之一的余有恒即余阙第二十三世孙。

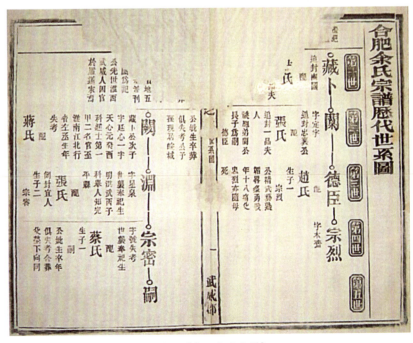

图1 《合肥余氏宗谱》

图2 1981年在安徽调查西夏后裔

图3 1981年在安徽调查西夏后裔座谈会

　　根据调查和查阅两种《余氏宗谱》掌握到的线索，安徽省肥东县山王公社、长丰县下塘集、寿县余集、肥西县将军岭、南陵县洪罗店、六安西南乡、南陵县西乡、凤台县余圩子，以及河北、河南、陕西、江苏、江西等省都有余阙的后代，仅安徽省的人数估计不下五千。

　　这次调查的结果，使学术界第一次了解到历史上消亡了的党项族，确有后裔延续至今。并且有表明确切年代和传承世系的具体文献资料为依据，这为我们今后研究党项民族历史，特别是研究入居中原的党项人与其他民族融合演变的关系提供了典型的材料和例证。

　　党项族是我国古代一个有影响的少数民族。唐代编纂的《隋书》中就有《党项传》，《新唐书》《旧唐书》《五代史》中关于党项族活动的记载更为详备。[1]党项族建立西夏国前后，已成为西北一大民族。西夏与宋、辽、金交战，动辄出兵数十万人。[2]党项族有自己的语言，在建立西夏国前还创制了独特的文字——西夏文，为后人留下了大批的文物典籍。[3]入元以后，在河西党项族聚居地带，仍能签征调大批党项族兵士，有的还征调中原。据《元史·百官志》载：三千党项士兵驻守北京，并立唐兀卫亲军都指挥使司，为宿卫诸军中的一支，一千人驻守斡端城，为镇戍军中之一部，[4]余阙所作《送归彦温赴河西廉使序》中记合肥守军"一军皆夏人"[5]，说明合肥一带驻有相当数量的党项士兵。由此可见，那时党项族人数仍然相当可观。直至明朝中叶仍有党项人在河北保定附近为圆寂的僧人立幢。[6]当然这时候的党项人由于长期与其他民族杂居相处，民族特点越来越不明显，人数也大大减少。由明入清，党项族作为一个民族逐渐消失。这样一个在祖国的历史舞台上有过轰轰烈烈的场面，并发展了高度民族文化的民族，在几百年内竟泯然消亡，的确是值得史学工作者，特别是从事民族历史、民族关系，以及民族理论研究的工作者深入探讨的课题。作为元代党

①《隋书》卷83，《旧唐书》卷198，《新唐书》卷221，《旧五代史》卷138《党项传》，《旧五代史》卷132《李仁福传》，《新五代史》卷74《四夷附录》。
②《宋史》卷485、486《夏国传》（上、下），《辽史》卷115《西夏传》，《金史》卷135《西夏传》。
③史金波、白滨：《西夏文及其文献》，《民族语文》1979年第3期。
④《元史》卷86《百官二》，中华书局校点本，第2168页；《兵志二》第2527、2539页。
⑤余阙：《青阳先生文集·送归彦温赴河西廉使序》。
⑥史金波、白滨：《明代西夏文经卷和石幢初探》，《考古学报》1977年第1期。

项民族中的一员——余阙，于其死后仅留一襁褓幼子，一脉相传，子孙繁衍，继继绳绳，几百年后，在安徽又蔚然成为数千人的一大家族，这于民族的兴衰融合、家族之消长延伸，更堪称一典型事例。

（史金波、吴峯云著，原载《安徽大学学报》1983年第3期）

蒙元时期党项上层人物的活动

党项族是我国古代少数民族之一，很早以前就生活、繁衍在以青海东部黄河上游为中心的广大地区，过着游牧生活。[①]唐代，因吐蕃的压迫，渐向今甘肃、宁夏、陕西北部一带迁徙。唐末、五代，党项拓跋部兴起，遂成为我国西北部一个强大的民族。[②]后其首领李继迁、李德明、李元昊祖孙三代不断发展自己的势力，终于在北宋仁宗宝元元年（1038 年）建立了以党项族为主体的封建割据政权——大夏王朝，史称西夏。西夏自元昊正式称帝共历十主，1227 年为蒙古所灭。[③]

元朝的党项人称为唐兀人或河西人，有时也泛称为西夏人。蒙古攻占西夏，以及灭金、亡宋的过程中，一部分党项上层起了重要作用。蒙古统一中国后，党项上层也十分活跃，在政治、经济、文化领域里，产生了相当的影响。他们在西夏故地河西一带尤有其潜在的政治势力和社会基础，不少地方留下了他们的足迹。元朝末期，一些党项上层人物参与镇压农民起义军的活动，对当时政局的推移也有一定影响。本文试图对这一历史时期党项上层的具体活动和历史作用做一初步探讨。

一

12 世纪末，我国北方的蒙古族逐渐强大。成吉思汗以其卓越的才能统一了蒙古各部，在向西方用兵的同时，也开始了统一中国的军事部署。13 世纪初开始进攻西夏。参与征伐西夏战争的除木华黎、阿术鲁、速不台等蒙古将领外，还有高昌国主巴尔术阿尔忒的斤、契丹人耶律阿海及汉人史天祥等。[④]党项上层也为成吉思汗所利用，在最后灭亡西夏的过程中起了很关键的作用。

蒙古军征西夏前后至少有六次。前两次只是攻占了一些城寨。第三次打败了西夏世子所率军队，俘获副元帅高令公及太傅西壁氏、嵬名令公等，并围攻其首都中兴府。第四次又围攻西夏王城，迫使夏主李遵顼出走西凉。[⑤]第五次成吉思汗在西域，听说"夏国主李王阴结外援，蓄异图，密诏孛鲁率军讨伐"。[⑥]

成吉思汗第六次征西夏从 1226 年开始。《元史·太祖记》所记甚略："二十一年丙戌（1226 年）春正月，帝以西夏纳仇人亦腊喝翔昆及不遣质子，自将伐之。二月，取黑水等城。夏，避暑于浑垂

①《隋书》卷 83《党项传》，中华书局点校本，第 1845—1846 页。(本文所引正史皆为中华书局点校本)。

②《宋史》卷 485、486《夏国传》，第 13981—14033 页。钟侃、吴峰云、李范文：《西夏简史》，宁夏人民出版社，1979 年；吴天墀：《西夏史稿》，四川人民出版社，1980 年。

③《宋史》卷 485、486《夏国传》，第 13981—14033 页。钟侃、吴峰云、李范文：《西夏简史》，宁夏人民出版社，1979 年；吴天墀：《西夏史稿》，四川人民出版社，1980 年。

④《元史》卷 119《木华黎传》，第 2936 页；卷 123《阿术鲁传》，第 3025 页；卷 131《怀都传》，第 3196 页；卷 121《速不台传》，第 2977 页；卷 122《巴尔术阿尔忒的斤传》，第 3000 页；卷 150《耶律阿海传》，第 3549 页；卷 147《史天祥传》，第 3486—3487 页。

⑤《元史》卷 1《太祖纪》，第 13—20 页。14 页记第三役"遣太傅讹答入中兴，招谕夏主，夏主纳女请和"。考是时为太祖四年，蒙古尚未立三公之制，疑讹答或为原西夏太傅。

⑥《元史》卷 119《孛鲁传》，第 2936 页。

山。取甘、肃等州。"①这里取肃州事一语带过。但在《昔里钤部传》中对此有较多的记载:"昔里钤部,唐兀人,昔里氏。……(太祖)进兵围肃州,守者乃钤部之兄,惧城破害及其家,先以为请。帝怒城久不下,有旨尽屠之,惟听钤部求其亲族家人于死所,于是得免死者百有六户,归其田业。"②钤部子阿鲁(又称爱鲁)的神道碑有与此大体相同的记载,③然而肃州城究竟如何攻克的,仍不甚清楚。保存在酒泉的一块元代碑文对此做了重要补充:"太祖皇帝御驾西征……时有唐兀氏举立沙者,肃州阀阅之家,一方士民,咸□□化。举立沙瞻圣神文武之德,起倾葵向日之心,率豪杰之士,以城出献。又督义兵,助讨不服,忘身殉国,竟没锋镝。"④碑中所记举立沙之子阿沙职务与活动,多与《元史》相合,其他记事当属可信。综合上述几种资料可以推断,肃州是在蒙古大军兵临城下的形势下,经一段时间的抵抗,西夏将领不得不以城出献,又由于早先归顺的党项人极力请求,才免于屠城。

参与进攻肃州的还有党项人察罕。《元史·察罕传》载:"察罕,初名益德,唐兀乌密氏。……又从攻西夏,破肃州。"⑤察罕自幼归太祖,后赐蒙古姓氏,妻以宫人弘吉刺氏。可见受到成吉思汗的重视。本传虽未详述他在攻陷肃州的具体活动,但"破肃州"三字似可表明他是武力攻打肃州出力较大的人物。察罕在攻打甘州时也起过重要作用。西夏甘州守将曲也怯律是察罕之父,察罕射书招降,并遣使谕城中,使之早降。守城副将阿绰等杀其父,并力拒守。城破后,成吉思汗又欲尽坑之,由于察罕的劝阻,止罪三十六人,全城得以保全。

西凉府(凉州)是西夏境内除首都中兴府外最重要的城市。蒙古军攻下肃州、甘州后,凉州便首当其冲了。《元史·太祖纪》对攻占凉州事也记得十分简略:"(太祖二十一年)秋,取西凉府搠罗、河罗等县,遂逾沙陀,至黄河九渡,取应里等县。"⑥然而在《朵儿赤传》中又有重要补充:"朵儿赤字道明,西夏宁州人。父斡扎箦,世掌其国史。初守西凉,率父老以城降太祖,有旨副撒都忽为中兴路管民官。"⑦原来凉州的占领也得助于西夏将领的投降。

蒙古军攻陷凉州后,大军东下,又攻取灵州。后分兵两路,《元史·太祖纪》载:"二十二年(1227年)丁亥春,帝留兵攻夏王城,自率师渡河攻积石州。二月破临洮府。……(五月)闰月,避暑六盘山。六月……夏主李睍降。"⑧这时率兵攻打西夏王城中兴府的是蒙古将领阿术鲁。阿术鲁领重兵与西夏大战于合刺合察儿之地,使西夏势力空虚,夏主畏惧乞降。⑨夏主的投降又和察罕的劝降有直接关系。察罕先被遣入城,谕以祸福,晓以利害。夏主投降后,诸将议屠中兴城,被察罕力谏而止;他又驰入城中,安集遗民。⑩看来中兴府的最后攻克还是采取武力围攻和劝降相结合的策略。

蒙古军进攻西夏,虽然也遇到了多次顽强抵抗,如沙州、甘州、灵州之役,战斗都很激烈,不得不付出相当的代价,而更多的大城市的取得却往往得助于早期归顺的党项人的劝降活动。

---

①《元史》卷1《太祖纪》,第23页。

②《元史》卷122,《昔里钤部传》,第3011页。

③[元]姚燧:《资德大夫云南行是书省右丞赠秉忠执德威远功臣开府仪同三司太师上柱国魏国公溢忠节李公神道碑》,《牧庵集》卷J9,四部丛刊本,第8—14页,其中把钤部先世附会为西夏王族李姓。王恽:《大元故大名路宣差李公神道碑铭并序》,《秋涧先生大全文集》卷57,四部丛刊本,第5—10页,内中又把钤部(黔部)记为沙陀李姓。

④白滨、史金波:《〈大元肃州路也可达鲁花赤世袭之碑〉考释》,《民族研究》1979年第1期。

⑤《元史》卷120《察罕传》,第2955—2956页。

⑥《元史》卷1《太祖纪》,第24页。

⑦《元史》卷134《朵尔赤传》,第3254页。

⑧《元史》卷1《太祖纪》,第24页。

⑨《元史》卷123《阿术鲁传》,第3025页。又《元史》卷131《怀都传》,第3196页,记擒夏主后,太祖命赐怀都以夏主遗物。考擒杀夏主时,成吉思汗已死,此处所记太祖应为太宗。

⑩《元史》卷120《察罕传》,第2956页。

另有一些党项上层，虽不能详知他们在攻占西夏时的具体作用，但他们先后归顺了蒙古军，这在史料上是有记载的。如"也蒲甘卜，唐兀氏。岁辛巳（1221年），率众归太祖，隶蒙古军籍。"① 河西人火夺都"以质子从太祖征河西"②。唐兀人僧吉陀"迎太祖不伦答尔哈纳之地"③。

蒙古攻占西夏后，打开了长期以来因西夏中间阻隔而断绝的中原和西域的通路，使这一地区又发挥了走廊的作用，同时也为蒙古继续向下灭金、亡宋，统一中国创造了有利条件。

二

如果说，党项上层协助蒙古军队灭亡了本族人所建立的西夏王朝，取得了蒙古统治者的信任，那么，在蒙古灭金、伐宋，最后统一全国的军事活动中，党项出身的军事将领及其所统领的部队，自然会被当成可靠的力量，得到蒙古统治者的重用，发挥其攻城略地、扩大蒙古势力的作用。

1227年蒙古降灭西夏后，过两年窝阔台即蒙古汗位，旋即出兵大举征金，1233年攻破汴京（开封），至1234年与宋军联合灭金，其间一些党项上层一直随蒙古军对金作战。

大将察罕又是率军攻金、伐宋的主将之一。初从成吉思汗"略云中、桑乾"，破金野狐守军，"太宗即位，从略河南"，"又从亲王口温不花南伐"④。党项人李桢，其先为夏国族子，他曾从皇子阔出伐金，太宗命阔出："凡军中事，须访桢以行。"⑤可见，李桢在伐金的战斗中，受到太宗的极大信任，起了皇子阔出军事顾问的作用。

蒙古灭金后，以南宋为用兵主要对象。1235年分兵两路，大举南侵。一路进攻长江，汉水间的军事重镇襄樊，遇到坚决抵抗。1236年蒙古军攻占了襄阳，使宋军遭到惨重损失，过两年又为宋收复。曾随阔出伐金的李桢，1238年又随大将察罕下淮甸，1241年向察罕建议，只身招降寿春守将。后又向定宗强调指出襄阳在对宋战争中的战略地位：襄阳乃吴、蜀之要冲，宋之喉襟，得之则可为他日取宋之基本。力后来的对宋战争充分证明了他的建议确有见地。1250年被授为襄阳军马万户，1256年宪宗命他率师巡哨襄樊，1258年宪宗亲征，召李桢同议事，是年，卒于合州。⑥

1267年蒙古军又大举南下，忽必烈依然把进攻的重点放在襄阳和樊城，用了六年的时间才把两城攻下，其间党项人李恒又起了举足轻重的作用。《元史·李恒传》载："其先姓於弥氏，唐宋赐姓李，世为西夏国主。"⑦据此知李恒也为西夏皇族后裔，其父为淄川达鲁花赤。李璮叛变山东，李恒从其父弃家告变有功，授淄莱路奥鲁总管。1270年从伐宋，李恒率军败宋襄阳守将吕文焕。1273年春，以精兵渡汉水，自南面先登，攻破樊城，襄阳亦归降。第二年丞相伯颜进攻沙洋、新城，李恒为后拒，败宋追兵，激战阳罗堡，攻陷鄂州、汉阳。后从伯颜东下。1275年宋将高世杰攻湖北，李恒受命守鄂州，从右丞阿里海牙至洞庭，擒高世杰。又下岳州、拔沙市、降江陵、镇常德，扼湖南要冲。后世祖下令三道出师，李恒为左副都元帅，从都元帅逊都台出江西，开府于江州。攻降建昌、隆兴、临江、吉州、邵武。时宋丞相陈宜中及大将张世杰立益王昰于福建，与文天祥等力图恢复。李恒遣将攻瑞金、汀州，加镇国上将军，任江西宣慰使，1277年拜参知政事，行省江西，为方

①《元史》卷123《也蒲甘卜传》，第3027页。
②《元史》卷133《拜延传》，第3224页。
③《元史》卷133《暗伯传》，第3237页。
④《元史》卷120《察罕传》，第2956页。
⑤《元史》卷124《李桢传》，第3050—3051页。
⑥《元史》卷124《李桢传》，第3050—3051页。
⑦《元史》卷129《李恒传》，第3155页。柳贯：《李武愍公新庙碑并序》，《柳待制文集》卷9，四部丛刊本，第5—10页，其中记李恒家世为"其先有国河右之贺兰山曰西夏者"，与《元史》同。姚燧：《资善大夫中书左丞赠银青荣禄大夫平章政事谥武愍公李公家庙碑》，《牧庵集》卷12，四部丛刊本，第5—11页，其中又把李恒先世西夏皇族附会成秦将之后，六朝显族，与唐、宋诸史抵牾。又见吴澄：《滕国李武愍公家传后序》，《吴文正公集》卷14，第1—4页。

面大臣。1278年益王死后，张世杰、陆秀夫复立卫王赵昺为新君。李恒又被任命为蒙古汉军都元帅，取英德府、清远县，下广州，迫使张世杰退走崖山，最后卫王赵昺、陆秀夫、张世杰皆赴海死，宋朝灭亡。李恒是元朝对宋战争中从湖北、湖南、江西、福建、广东一直打到海边，最后灭亡宋朝的主将之一。后李恒又从皇子镇南王征交趾，中毒矢死在思明州。①

李恒部下有党项人虎益，初平定李璮之乱有功，后也参与襄阳之战，并随李恒转战两湖、江西、福建、广东。先后监龙兴、抚州，后为袁州、徽州总管兼管内劝农事。②

参与对宋战争的党项人还有察罕之子木花里，初为宪宗宿卫，1267年攻宋，自江陵略地回兵时，救都元帅阿术，后在进攻襄樊的战斗中立有军功。③察罕之孙、木华里之子塔出在攻宋战斗中也起了重要作用。初以山东统军使与宋对峙，收宋降将蒋德胜。1273年城正阳以扼宋兵，1275年从丞相伯颜攻宋，分兵略地江西、江苏，以功升江西都元帅，后又征广东，升中书右丞，行中书省事，1278年张弘范、李恒总兵攻宋军时，塔出留后以供军费，后卒于京师。他是从中原山东、安徽，经江苏、江西，打到广东的党项将领。④

在进攻襄樊时，党项人来阿八赤曾督运粮储。其父术速忽里归太祖，宪宗时曾上进攻四川之策。后来阿八赤监元帅纽邻军，遏宋人援兵。驻重庆下游之铜罗峡，大败宋兵，受到世祖的奖赏。"至元七年（1270年），南征襄樊，发河南、北器械粮储悉聚于淮西之义阳。虑宋人剽掠，命阿八赤督运，二日而毕"⑤。来阿八赤和李恒一道参加了皇子镇南王征交趾的战争，任湖广等处行尚书省右丞，翊导皇子至思明州，进至交州，后亦中毒矢死于此次战争。

四川是宋元之间的另一个重要战场。党项人拜延在这里起了重要作用。早在太宗朝征四川时，拜延父火夺都为蒙古汉军千户从征。后拜延袭职，1272年授行军千户。第二年宋军力图恢复成都，拜延迎击取胜。又从行省也速带儿攻嘉定，从行院忽敦取泸州、叙州，攻重庆，数战有功，1274年为东西两川蒙古汉军万户。后又克泸州，降重庆。⑥

元军征云南，党项将领也有参与者。党项人算智尔威，祖父是西夏大臣，父亲是成吉思汗宿卫。算智尔威入侍世祖，于1253年从平云南。⑦武宗朝任云南行省右丞，镇抚其地。⑧昔里钤部子爱鲁1268年从云南王征金齿诸部，战于缥甸，第二年平火不麻等二十四寨，1270年兼管爨㸐军。1273年赛典赤行省云南，爱鲁疆理永昌。1276年开乌蒙道，1279年任云南诸路宣慰使，1280年任云南省参知政事。爱鲁也参与了征交趾的战争。1287年诏爱鲁将兵六千人从征，自罗罗至交趾境，一直攻至交趾王城，第二年感瘴疠卒。⑨

在中原战场上，党项上层人物昂吉儿及其率领的部队起了重要作用。率众归太祖的党项人野蒲甘卜死后，其子昂吉儿领其军。昂吉尔所部虽隶蒙古军籍，但仍为唐兀军。1269年授本军千户，略地淮南，建议城信阳以扼宋军，后受命率河西军一千三百人入城之。1272年升信阳军马万户，分木华黎属军及阿术所将河西兵统归昂吉儿管辖。丞相伯颜渡江攻宋，留平章政事阿术定淮南东道，其西道命昂吉儿董理，驻兵合州。后攻庐州，升镇国上将军，淮西宣慰使。又收复兴国、德安诸郡，

①《元史》卷13《世祖纪》，第277页；卷129《李恒传》，第3155—3160页；柳贯：《李武愍公新庙碑并序》，姚燧：《谥李武愍公家庙碑》。

②[元] 姚燧：《徽州路总管府达噜噶齐兼管内劝农事虎公神道碑》，《牧庵集》卷14，四部丛刊本，第16—19页。

③《元史》卷120《察罕传》，第2957页。

④《元史》卷135《塔出传》，第3272—3275页。

⑤《元史》卷129《来阿八赤传》，第3141—3143页。

⑥《元史》卷133《拜延传》，第3224—3225页。

⑦[元] 姚燧：《开府仪同三司太尉太保太子太师中书右丞相史公先德碑》，《牧庵集》卷26，四部丛刊本，第1—6页。

⑧《元史》卷23《武宗纪》，第518、521页。

⑨《元史》卷122《爱鲁传》，第3012—3013页。又见姚燧：《魏国公谥忠节李公神道碑》，《牧庵集》卷19，第8—14页。

驻守庐州。①

应该指出的是，党项出身的将领在元朝军事活动中起这样重要的作用，是和有元一代军事力量构成中党项部队所处的地位、所起的作用分不开的。如果撇开组织形式，仅从当时党项部队所处地位、所起作用方面去看，与清代的八旗蒙古、八旗汉军有某些相似之处。

早在元朝建立前，就有党项部队配合蒙古军作战。1221年木华黎由东胜渡河西征，"秋八月……夏国李王请以兵五万属焉"②。此时西夏已与蒙古议和，西夏把五万军队交给木华黎，以助征伐。同年，也蒲甘卜"奉旨同所管河西人，从木华黎出征"。③后其子昂吉儿率领这支部队。算智尔威也率领过党项部队，世祖时为蒙古、唐兀军达鲁花赤。④1229年冀州人贾塔刺浑攻打斡脱刺儿城时所率部队中也有党项士兵。⑤

元朝军队分宿卫军和镇戍军两种，宿卫军主要由蒙古、色目兵士组成，是皇室的亲军，出外征讨时也是作战的精锐部队。宿卫军中色目军队立卫的仅有阿速、贵赤、钦察、唐兀等卫。唐兀卫立于至元十八年（1281年），设唐兀卫亲军都指挥使以长其军，领河西军三千人。"唐兀卫之立，遣使籍河西六郡良家子以充之"⑥。任唐兀卫亲军都指挥使的有党项人暗伯。暗伯是僧吉陀之孙，弱冠入宿卫，后世祖命长唐兀卫，官至知枢密院事，成为元朝最高军事指挥机关的负责官员之一。算智尔威之孙额尔吉纳也曾任唐兀卫亲军都指挥使，后进知枢密院事。⑦暗伯子阿乞刺后亦任知枢密院事，次子亦怜真班于英宗至治二年（1322年）也任唐兀卫亲军都指挥使，历英宗、泰定帝、文宗三朝屡有升迁，但一直兼指挥使如故。⑧党项人高睿亦曾授唐兀卫指挥副使。⑨唐兀卫亲军平时不仅担任京师各门和宫禁诸掖门的守卫，还被派往大都北部门户居庸关南北口一带屯驻。⑩此外，"汉兵右卫大小将校之设，必自唐兀卫择人以为之监"。⑪于此可见，元朝对唐兀卫的信任非比一般。

另有唐兀质子军（秃鲁花），设立于太祖时。党项人"火夺都以质子从太祖征河西，太祖立质子军，号秃鲁花"⑫。昂吉儿次子暗普"由速古儿赤授金符、唐兀秃鲁花千户"⑬。这些质子军也被驱使作战，年及丁者充军成为正式士兵。⑭

元朝的地方驻军，称为镇戍军。在镇戍军中最典型的党项部队是庐州守军。元初昂吉儿率领河西军长期屯驻庐州，后他又请于两淮屯田，加龙虎卫上将军，行尚书省右丞，兼淮西使、帅。其子昂阿秃1289年任庐州蒙古汉军万户府达鲁花赤，大德六年（1302年）经外出征讨后还镇庐州。他还以私产筑室一百二十余间，以居军士之贫者。⑮这也可能与其部下士兵多同族人有关。党项部队也有驻守其他地区者。1279年"以忽必来、别迷台为都元帅，将蒙古军二千人、河西军一千人戍斡

①《元史》卷132《昂吉儿传》，第3213—3215页。
②《元史》卷119《木华黎传》，第2934页。
③《元史》卷123《也蒲甘卜传》，第3027页。
④［元］姚燧：《中书右丞相史公先德碑》，《牧庵集》卷26，第1—6页。
⑤《元史》卷151《贾塔刺浑传》，第3577页。
⑥《元史》卷86《百官志》，第2168—2169页；卷99《兵志二》，第2527页。［元］虞集：《彭城郡侯刘公神道碑》，《道园类藁》卷42，第1—6页。
⑦［元］姚燧：《中书右丞相史公先德碑》，《牧庵集》卷26，第1—6页。
⑧《元史》卷133《暗伯传》，第3236—3237页；卷145《亦怜真班传》，第3445—3447页。
⑨《元史》卷125《高睿传》，第3073页。
⑩《元史》卷99《兵志二》，第2528、2533页。
⑪［元］虞集：《彭城郡侯刘公神道碑》，《道园类藁》卷42，第1—6页。
⑫《元史》卷133《拜延传》，第3224页。
⑬《元史》卷123《也蒲甘卜传》，第3028页。
⑭《元史》卷12《世祖纪》，第258页。
⑮《元史》卷123《也蒲甘卜传》，第3027—3028页；卷132《昂吉儿传》，第3213—3215页。

端城"①。1328年"微鄢陵县河西军赴阙"②。可知河南也曾屯驻党项部队。

河西一带为西夏故地，党项人比较集中，党项部队也比较多。仅肃州一地就很可观。肃州路人达鲁花赤唐兀人阿沙所领地方军为党项人。世祖至元十二年（1275年）五月"遣肃州达鲁花赤阿沙签河西军"③。"至元二十四年（1287年）九月……以米二万石、羊万口给阿沙所统唐兀军"④。一次赐米、羊这样多，足证士兵数目不少。又大德六年（1302年）"籍河西宁夏善射军隶亲王阿木哥"⑤。

在元政府与北方叛王长达数十年的斗争中，河西地区的驻军是元朝北方作战部队的坚强后盾，他们把大批粮食、兵器、马匹等源源不断地运往阿尔泰地区，不少党项人还参加了平叛战争。

总之，党项部队是蒙古统治者所重视的一支军事力量，是元朝统一中国和维护其封建统治的得力工具。甚至党项军队还参加了东征日本的战争。⑥在旷日持久的军事征讨中，一些党项族将领为元政府尽忠效力，受到蒙古统治者的赏识和重用，不少人战死沙场。世祖时，因李璮之变，蒙古统治者有意识地削弱了汉人、女真、契丹将领的实权，但党项人依然受到信任。至元五年（1268年）"罢诸路女真、契丹、汉人为达鲁花赤者，回、畏兀、乃蛮、唐兀人仍旧"⑦。

作为封建统治者压迫人民的工具，党项军队同样也给人民带来了灾难。蒙古军南下攻宋时，"常德入诉唐兀一军残暴其境内"⑧。党项族将领由于作战有功往往得到升迁，而下层士兵为统治者卖命，有时连基本生活也无法保证，有的被迫逃亡。1279年政府下令"括唐兀秃鲁花所部阔象赤及河西逃人入蛮地者"⑨。大德十一年（1307年）"唐兀秃鲁花军乏食，发粟赈之"⑩。可见，他们连吃饭都成了问题。这都说明真正与蒙古贵族合作并获得巨大利益的只是少数党项上层人物，广大党项人民、士兵始终处于被压迫、奴役、驱使的地位。

三

元朝政权的性质，可以说是以蒙古族为主，有各民族上层参加的封建政权。作为四等人⑪中第二等色目人之一的党项族上层，他们当中的一些人早就因其政治、军事才能，以及为元朝建立而作出的贡献，受到元政府的重用。元太宗曾访求河西故家子孙之贤者，⑫元世祖称"西夏子弟多俊逸"⑬。有元一代不少党项上层在政治、经济、文化领域异常活跃，他们的活动在当时产生了相当的影响。

（一）政治方面

西夏正式立国前，在唐末、五代、北宋初期是各王朝的一级地方政权。立国后在政治制度方面又主要效法了中原王朝。党项上层之仕蒙、元者，比较熟悉封建社会那套统治机构和管理办法。蒙古始入中原，对中原经济、政治、文化制度未能完全了解，这时一些党项上层以他们较高的文化程

①《元史》卷10《世祖纪》，第216；卷99《兵志二》，第2539页。
②《元史》卷32《文宗纪》，第708页。
③《元史》卷8《世祖纪》，第167页。
④《元史》卷14《世祖纪》，第300页。
⑤《元史》卷20《成宗纪》，第443页。
⑥《元史》卷11《世祖纪》，第231页。
⑦《元史》卷6《世祖纪》，第118页。
⑧《元史》卷121《博罗欢传》，第2990页。
⑨《元史》卷17《世祖纪》，第365页。
⑩《元史》卷22《武宗纪》，第486页。
⑪元朝统治者大体上把各民族分成四等，第一等是蒙古人，第二等是包括唐兀人在内的色目人，第三等是汉人，第四等是南人。
⑫《元史》卷125《高智耀传》，第3072页。
⑬《元史》卷134《朵儿赤传》，第3255页。

度、较成熟的政治经验，特别是以能直接向蒙古统治者进言的政治地位，成了介绍中原政治、文化制度的中介人物。他们提出一些完善和加强封建统治机构的建议，受到元政府的重视。党项人高智耀就是其中的典型之一。高智耀祖高良惠，西夏晚期任右丞相。高智耀本人是西夏进士，夏亡后，隐居贺兰山，深得太宗重视，但他辞不做官。世祖时，得到召见，他又劝世祖提倡儒术，官拜翰林学士。他还建议设立御史台，被皇帝采纳，从此元朝才有了正式的监察机关，使封建统治机构更加完善。①

世祖时期在中央和地方做官的党项人不少，影响较大的有：在世祖身边给事太子的式腊唐兀台、翰林学士、西夏中兴路提刑按察使高智耀，知枢密院事暗伯，刑部尚书立智理威，中书左丞、行省荆湖李恒，辽阳行省、四川行省左丞亦力撒合，河南省参知政事、淮西宣慰使、都元帅昂吉儿，湖广等处行尚书右丞来阿八赤，江西行省右丞塔出，江西行省参知政事李世安（散木解），东西两川蒙古汉军总管拜延，中兴路新民总管、云南廉访使朵儿赤，蒙古唐兀军民达鲁花赤、云南省右丞算智尔威，云南行省左丞爱鲁，徽州路总管虎益，肃州路达鲁花赤阿沙，镇江路总管刘忙古解，同知伯颜等。②

元朝自成宗以后，皇帝更迭频仍，统治集团内部斗争十分尖锐。成宗死后，朝廷一些大臣企图推成宗皇后伯要真氏临朝承制。时成宗之侄怀宁王海山和其弟爱育黎拔力八达一在北藩，一在怀孟，联合起来争夺皇位。在这一关键时刻，有几个党项人起了很重要的作用。

党项人教化和杨朵儿只是兄弟二人，其父式腊唐兀台曾自其国来见世祖，居住在大都，早丧。教化兄弟一事海山，一事爱育黎拔力八达。成宗死时教化在大都，闻朝廷有变，疾驰至怀孟见爱育黎拔力八达，共同谋划后，即遣杨朵儿只等先至京师与右丞相哈剌哈孙定议，迎海山入朝即位。爱育黎拔力八达到京师后，多赖杨朵儿只"讥察禁卫，密致警备"，做好迎立海山的准备。海山即位（后为武宗）后立其弟爱育黎拔力八达为太子（后为仁宗）。教化兄弟皆因此次"定难"有功而加官晋爵。教化拜正义大夫同知人府院事，早卒。杨朵儿只为太中大夫，家令丞，甚见倚重，后拜礼部尚书，又自御史台侍御史升御史中丞。他极力反对权相铁木迭儿的专横，后来铁木迭儿乘仁宗已死，英宗未立的混乱时机把杨朵儿只和中书平章政事契丹人萧拜住一起处死。直至泰定元年（1324年）才作为一大冤案平反昭雪。③

因武宗即位而升官的还有党项人奇塔特布济克（《元史》称为乞台普济）。其曾祖为西夏臣僚，祖父拉吉尔威储卫太祖，父算智尔威入侍世祖，曾参加平云南、漠北的战斗。奇塔特布济克，自幼出入世祖帷幄，武宗、仁宗幼时使之"保育鞠视"。他尽心竭力，并以己子额尔吉纳侍读。后海山抚军漠北，一切军务悉听奇塔特布济克。迎立武宗时也因出谋划策有功，事后授荣禄大夫、中书平章政事，封庆国公，又升中书左丞、右丞。其兄弟子侄多人先后在朝中任显职。④

在成宗、武宗、仁宗时期，官职较高、影响较大的党项上层除上述诸人，还有：爱鲁之子、开府仪同三司、太子太保太尉、平章军国重事、上柱国、封魏国公教化，⑤荣禄大夫、司徒、都元帅阿拉克布济克，荣禄大夫、司徒、遥授平章政事昂齐，荣禄大夫、使宣政院、宁夏甘肃释都总统、

①《元史》卷125《高智耀传》，第3972—3073页。

②分别见本文引《元史》本传及有关《先德碑》《神道碑》《世袭碑》。后二人见《至顺镇江志》卷15。

③［元］虞集：《正议大夫江南湖北道肃政廉访使特赠宣忠效力翊戴功臣大司徒金紫光禄大夫上柱国夏国公谥襄敏杨公神道碑》，《道园学古录》卷42，四部丛刊本，第5—9页；《御史中丞杨襄愍公神道碑》，同书卷16，第1—6页。《元史》卷179《杨朵儿只传》，第4151—4156页。

④［元］姚燧：《中书右丞相史公先德碑》，《牧庵集》卷26，第1—6页。《元史》卷22《武宗纪》，第480页。

⑤［元］程巨夫：《特进平章政事教化特加开府仪同三司太子太保太尉平章军国重事上柱国封魏国公制》，《楚国文宪公雪楼程先生文集》卷2，影刊洪武本，第4—7页。

同知枢密院事、遥授中书左丞额尔吉纳，翰林学士、遥授平章政事、中书左丞相哩日，湖广行省左丞立智理威，江南行台御史中丞高睿，监察御史刘完泽、高纳麟，大都路达鲁花赤卜颜铁木儿，广西行省平章政事也儿吉尼，江西行省平章政事散木，益都淄莱万户囊加真，海运都漕运万户、郴州、平江达鲁花赤黄头，雷州路总管寄僧，大宁路总管阔阔出等。武宗有妃子二人，其一为唐兀氏，生子名图帖睦尔，后为文宗，天历二年（1329年）追谥文献昭圣皇后。①

元朝末期，又有一批地位较高的党项人活跃在政治舞台上。顺帝初年，皇帝下诏每日于内庭和中书聚议大书的八位大臣中就有平章政事阿乞剌、参知政事纳嶙两个党项人。纳嶙后升为浙江省平章政事、南台御史大夫兼太尉，阿乞剌也升为太尉。此外还有升为江浙平章政事的卜颜铁木儿，江浙、江西行省右丞亦怜真班，翰林学士承旨普达实理，宣政院使哈兰朵儿只，大宗正府也可达鲁花赤易纳室理，内八府宰相马剌室理，山南江北道肃政廉防使买讷，同知宣徽院事韩嘉讷，内府宰相达麻里，江西湖东道肃政廉访使沙剌班，刑部郎中观音奴，南台御史大夫福寿，江西行省平章政事星吉，山东按察副使昌吉，江浙平章政事三旦八，淮南行省左丞余阙，平江路达鲁花赤六十，山南廉访使斡玉伦徒，两浙盐使司同知木八剌沙，行枢密院判迈里古思，保定路总管黑厮，兖州路同知哈剌，东平等处新民总管脱脱木儿等。②

元代党项人在政治上有一定联系。从杨朵儿只在朝中救护纳嶙一事可看出端倪。仁宗时任御史的纳嶙言事忤旨，仁宗盛怒。当时任御史中丞的同族人杨朵儿只全力以救，一日连上八九奏，数日后又以仁宗读"贞观政要"之机进行讽谏，纳嶙终得赦免。③至正五年（1345年），刘完泽之子沙剌班把龙兴东湖书院中同族人高智耀的祠象从东庑升迁至礼殿。④元朝末年余阙也曾为同族将领卜颜铁木儿争功。⑤

不难看出，整个元朝时期，党项上层有相当的政治势力。他们或在中央政府身居枢要，或在省、路、府总制一方，活动范围广及河北，河南，山西，山东，安徽，江西，江苏，浙江，福建，湖北，湖南，广东，四川，云南，宁夏，甘肃，内蒙古及东北等地。有时对政局的发展、变化起了很重要的作用。

（二）经济方面

西夏时期经济有了一定的发展。畜牧业和手工业都设有专门管理机构。西夏灭亡后，蒙古统治者十分重视西夏地区的技术力量和畜牧业产品。太祖时很注意搜罗西夏诸色人匠。党项人小丑以善做弓受到重视，后为弓匠百户。其子塔尔忽台又袭其职，其一孙阔阔出也善业弓，受到皇帝嘉奖，擢为大同路广胜库达鲁花赤，专门管理兵器。⑥太祖时还有一个西夏人常八斤"以善造弓，见知于帝"⑦。看来，元代初期因战争频繁，对兵器制造技术十分重视。至元代中期，河西地区工匠依然受到重视。成宗元贞元年（1295年）"秋七日乙亥，徙甘、凉御匠五百余户于襄阳"⑧。西夏中兴府一带畜牧业发达，毛织业很盛。世祖至元十八年（1281年）"河西置织毛段匠提举司"⑨。顺帝至元

---

①分别见《元史》本传及《先德碑》《神道碑》。又见虞集：《昭毅大将军平江路总管府达鲁花赤兼管内劝农事黄头公墓碑》，《道园学古录》卷41，四部丛刊本，第9—12页。又见《元史》卷32《文宗纪》，第703页；卷114《后妃传》，第2875页。

②分别见《元史》本传。另见杨维桢：《江浙平章三旦八公勋德碑》，《铁崖集》卷2，第1页；陈基：《平江路达鲁花赤西夏六十公纪绩碑颂》，《夷白斋藁》，卷1—2；《故忠勇西夏侯迈公墓铭》，同上书，卷24，第6—7页。

③《元史》卷142《纳嶙传》，第3406；卷179《杨朵儿只传》，第4152—4153页。

④《重建高文忠公祠记》，《道园类藁》卷25，第18—21页。

⑤[元] 余阙：《再上贺丞相书》，《青阳先生文集》卷5，第4—5页。

⑥《元史》卷134《朵罗台传》，第3265页。

⑦《元史》卷146《耶律楚材传》，第3456页。

⑧《元史》卷J8《成宗纪》，第395页。

⑨《元史》卷11《世祖纪》，第234页。

三年（1337年），又"立皮货所于宁夏，设提领使、副主之"①。

元代党项上层在发展经济方面最突出的贡献是组织屯田。元初，因长期战乱的冲击，加之早期蒙古统治者对农业生产的重要性不理解，造成很多地区人口流散，农业设施废弃，农业生产遭到巨大破坏。作为当时的有识之士，党项人朵儿赤认识到屯田对恢复农业经济、增加政府税收十分重要。又由于其父斡扎箦曾做中兴路副管民官，使他对西砬地区的屯田有一套成熟的看法。当世祖问他想任什么官职时，他说："西夏营田，实占正军，傥有调用，则又妨耕作。土瘠野圹，十未垦一。南军屯聚以来，子弟蕃息稍众，若以其成丁者，别编入籍，以实屯力，则地利多而兵有余矣。请为其总管，以尽措画。"力世祖接受了他的意见，授他为中兴路新民总管。他到宁夏后便组织人力，开垦田地、治理河渠。三年以后，赋税成倍增长，受到元政府的嘉奖，转为营田使。②当时著名水利学家郭守敬正从张文谦行省西夏，在那里兴修水利，朵儿赤屯田成功可能也受益于此。③这一带因多次治理黄河，水利工匠也很著名。1351年治理因至正四年（1344年）黄河大泛滥而冲坏的黄河堤埽时，负责西岸施工的就是征自灵武的"夏人水工力"④。

有元一代，在西夏故地河西一带，如中兴府、六盘山、鸣沙州、亦集乃、沙州、甘肃、肃州等地都曾屯田。⑤这一地区的屯田给统治者增加了赋税，对少数民族边远地区的开发也有一定促进作用。

在中原为官的党项上层，有的也管理过农业。驻守庐州的昂吉儿入朝时请于两淮屯田。朵罗台曾为芍陂屯田千户所达鲁花赤，其弟阔阔出任过大同路武州达鲁花赤管本州诸军奥鲁劝农事。⑥来阿八赤子寄僧曾任水达达屯田总管府达鲁花赤之职。⑦虎益任袁州、徽州路总管时亦兼管劝农事。⑧

党项人黄头在仁宗时期管理浙江一帮海道漕运十分得力。黄头祖父琏赤在世祖时为山东道宣慰司副都元帅，父在大都为官，他本人于延祐元年（1314年）由温台等处运粮千户升为海道都漕运万户府万户，负责由温台至直内的粮食海运。元政府一直靠东南之粮北运，以实京师之用。而大批粮食的运输只能仰仗海运。黄头到任前漕运管理混乱，效率很低。他到任后修葺、增补舟船，致使每次可运一百万斛粮食。他又设法减少途中损耗，调整海运路线，在保障船民利益和安全方面也进行了一些改革，使运输效率提高，受到元政府的嘉奖，除本人得到升迁外，其子数人亦在山东、浙江一带为官。⑨元末名臣高纳麟也曾于至治三年（1323年）管理过漕运。⑩木八剌沙任两浙盐使司同知时，在董理盐政方面也颇有兴革。⑪

（三）文化方面

西夏时期的文化事业比较发达，一部分归附蒙古的党项人有较高的文化水平，他们对发展元代时期的文化有一定建树。

党项上层中的部分有识之士，在元代初期能本着耶律楚材那样的识见，对于保护文人提出了不

---

①《元史》卷39《顺帝纪》，第842页。

②《元史》卷134《朵儿只传》，第3254页；卷170《袁裕传》，第3999页，又记至元八年（1271年）袁裕为西夏中兴等路新民安抚副使"与安抚使独吉请于朝，计丁给地，立三屯，使耕以自善，官民便之"。这里的独吉和朵儿只为同一个人。参见史金波：《西夏、党项史料正误三则》，《民族研究》1980年3月。

③《元史》卷164《郭守敬传》，第3846页。

④《元史》卷66《河渠志》，第1645—1654页。

⑤《元史》卷13《世祖纪》，第278页；卷14《世祖纪》，第285—303页；卷60《地理志》，第1430—1431页，第1450—1454页。

⑥《元史》卷134《朵罗台传》，第3265页。

⑦《元史》卷129《来阿八赤传》，第3143页。

⑧［元］姚燧：《徽州路总管府达噜噶齐兼管内劝农事虎公神道碑》，《牧庵集》卷14，四部丛刊本，第16—19页。

⑨［元］虞集：《黄头公墓碑》，《道园学古录》，卷41，第9—12页。

⑩《元史》卷142《纳麟传》，第3406页。

⑪［元］杨维桢：《两浙盐使司木八剌沙侯善政碑》，《东维子文集》卷23，四部丛刊本，第1—2页。

少建议。当时统治者对知识分子往往采取压迫、歧视的做法。这对巩固和加强封建统治是十分不利的。前面提到任襄阳军马万户的党项人李桢，金末以经童中选，长人为质子，以文学得近侍，受到太宗嘉勉。他见当时文人处境困难，建议寻访天下儒士，并给以优厚待遇。①上文提到的高智耀在这方面更为突出。皇子阔端镇西凉时，儒者做苦役，高智耀求见，请废除此种做法。宪宗时他又上言朝廷应用儒者，鼓吹"用之则治，不用则否"。世祖召见他时"又力言儒术有补治道，反复辩论，辞累千百"。当时淮、蜀儒士遭俘虏者，皆没为奴。经高智耀请求，以翰林学士身份循行郡县，得儒士数千人。②屯田有功的朵儿赤，父斡扎篑世掌西夏国史，他本人十五岁通晓古注《论语》《孟子》《尚书》，升任潼川府尹后，以官圹地开为禄田，潼川仕者有禄，实始自朵儿赤。③

西夏的音乐对元朝影响较大，这也是由于党项上层为之推引介绍之故。"太祖初年，以河西高智耀言，征用西夏旧乐"④。这是蒙古王朝制乐之始。后虽也采用其他礼乐，但西夏旧乐仍使用不绝。从世祖至元七年（1270年）以后，每年在大明殿启建白伞盖佛事时，"仪凤司掌汉人、回回、河西三色细乐"⑤。仪凤司下设天乐署（初名昭和署），专门"管领河西乐人"⑥。

元朝实行科举较晚，至仁宗延祐年间始斟酌旧制而行。这使元朝后期在文学方面有了较大的进展，一些色目人子弟以读书稽古为事，其中有较高文化的党项人后代颇具风气之先，于是出现了一批知名的文士。元代党项人中进士的人不少，仅元统元年（1333年）榜就有七人。

元代党项人留下了不少可贵的文化遗产。⑦党项人孟防曾任翰林待制、南台御史，工书法，"善模仿先秦文章，多能似之"⑧。孟防的文章对后来的古文有一定影响。州达鲁花赤述哥察儿之子哈刺哈孙，读儒书，通文法，受到学者吴澄的赞扬。⑨元末名臣余阙为元统元年进士，诗、文俱《元诗选》评价元代诗人，余阙名列第二。⑩他还留意经术，五经皆有传注。其门人辑其稿为《青阳先生文集》，他还善书法，工篆字，曾参与编写宋、辽、金三史。⑪西夏宰相斡道冲的后人斡玉伦徒，以《礼记》举进士，文章诗歌复出人表，他和余阙一道参与编修《宋史》。⑫刘完泽之子沙刺班任秘书卿，曾编修《金史》。进士昂吉和张雄飞都工诗歌，昂吉有《启文集》，张雄飞有《张雄飞诗集》传之后代。⑬高智耀之孙纳麟以名臣之子进用，他是参与修《宋史》的又一个党项人。⑭潮州路总管王翰号友石山人，平居喜读书为诗，传世《友石山人遗稿》一卷。官至中书检校的甘立也是党项人，他"才俱秀拔，亦善书札"，其诗可配古乐府。完泽也工诗律。⑮何伯翰授业于著名文人杨维桢，"通春秋五传、毛氏诗，尤长于易"，曾会试京师。⑯元代晚期可以说是党项上层人文荟萃之时。

有的党项人不仅以文学见长，而且在提倡封建文化、宣扬儒学方面十分卖力。至正九年（1349

---

①《元史》卷124《李桢传》，第3051页。

②《元史》卷125《高智耀传》，第3072—3073页。

③《元史》卷134《朵儿赤传》，第3254—3255页。

④《元史》卷68《礼乐志》，第1691，1664页。

⑤《元史》卷77《祭祀志》，第1926页。

⑥《元史》卷85《百官志》，第2139页。

⑦陈援庵先生在《元西域人华化考》一书中从色目人汉化的角度对色目人之一的党项人在文化事业上的贡献，以及生活习俗的变化有详细论述。《元统癸酉进士录》，《宋元科举三录》，页上2。

⑧[元]余阙：《题孟天昨拟古文后》，《青阳先生文集》卷8，第2页；陈基：《孟待制文集序》，《夷自斋藁》卷22，第2—3页。

⑨[元]吴澄：《元故浚州达鲁花赤追封魏郡伯墓碑》，《吴文正公集》，卷33；第18—20页。

⑩《元诗选》《庚集·青阳集》，秀野草堂本，第1—8页。

⑪《元史》卷143《余阙传》，第3426—3429页。余阙：《青阳先生文集》。

⑫[元]欧阳玄：《进宋史表》，《圭斋文集》卷13，四部丛刊本，第5—8页。

⑬《元诗选》，《庚集·启文集》，第1—4页；许有壬：《张雄飞诗集序》，《至正集》卷33，第32页。

⑭[元]欧阳玄：《进宋史表》，《圭斋文集》卷13，四部丛刊本，第5—8页。又见《元史》卷142《纳麟传》，第3406—3499页。

⑮[清]陈衍：《元诗纪事》卷17，24。

⑯[元]杨维桢：《送三士会试京师序》，《东维子文集》卷1，第8页；《送何生序》卷8，第6—7页。

年）任平江路达鲁花赤的六十，到任后即"以旦日谒先圣先师，饰学官增弟子员，礼聘名师"，且"饰学宫墙，广仓庾"，为政之余"辄呼吏属雁行立，从容为言修身理人之术，出入经史，上下古今蹙拇不倦，日以为常。"①余阙守安庆时，"稍暇，即注周易，帅诸生谒郡学会讲，立军士门外以听，使知尊君亲上之义，有古良将风烈。"②当然，他宣扬的"尊君亲上"是为了"激厉士气力"，以对付农民起义军。

西夏王朝曾创造了一种记录党项族语言的文字，后来称之为西夏文，元代称为河西字。西夏灭亡后，党项人对于作为民族文化重要标志的西夏文还有感情，力图保留使用，使其不废。元政府为笼络少数民族上层，对此也提供了某些条件。世祖时曾下令雕刊河西字藏经板，准备印刷西夏文《大藏经》。成宗即位后，一度罢宣政院所刻河西字大藏经板，不久又恢复刊印。元大德六年（1302年）曾于江南浙西道杭州路大万寿寺雕刊西夏文《大藏经》三千六百二十余卷。③这是我国第一部用少数民族文字刻印的《大藏经》。武宗、仁宗又陆续印制，董理此事的党项上层有拥立武宗即位有功，仁宗时官为御史台侍御史的杨朵尔只，还有枢密院知院都罗乌口吃等。④元代花费巨大的人力、物力刻印西夏文佛经，一方面是因为元朝皇室笃信佛教，另外这一时期一批党项上层在政府为官，对元朝统治者在民族政策方面的影响，也是不容忽视的。

元代除用西夏文刊印佛经外，也还用于其他方面。据日本学者前屿信次依据出自宣化的文献考证，元成宗大德八年（1304年）仍有人用西夏文写诗。⑤顺帝至正五年（1345年）在大都北居庸关的通道上，修筑了一座著名的过街塔。在过街塔门洞内的高大石壁上，用六种文字镌刻了《陀罗尼经》和经题，西夏文为其中一种，其余五种是汉文、梵文、八思巴文、藏文、回鹘文。参与奏请此事的有党项人纳麟，当时他任中书平章政事，书写西夏文的是党项人智妙酩布。⑥这一六体文字石刻，是元代民族文化的一个典型，其中反映了党项人及其文化在元朝所占的地位。

元代一种大型方孔铜钱上，一面在穿孔四周铸有汉文"至元通宝"四字，一面穿孔上下各有八思巴文一字，音为"至元"，穿右为阿拉伯文，音"通"，穿左是西夏文，音"宝"，三个文种四个字连起来也是"至元通宝"。⑦元政府在货币上把西夏文字和其他几个主要民族文字并列，从一个侧面反映了西夏文化在当时受到相当的重视，也说明了党项民族在元代的重要地位。

四

西夏故地泛称河西。自元初就在这一通往西域的重要地区建制行省，进行统一管理。行省名称仍袭用"西夏"及其首都"中兴府"的旧名，称为"西夏中兴等路行尚书省"，或简称"西夏行省"⑧。后曾改为西夏宣抚司、宣慰司。⑨最后并入甘肃行省。⑩

这一地区在元代仍有大批党项人居住。著名意大利旅行家马可·波罗在其《行纪》中曾详细记载当时途经这一地区的见闻。他称党项人为唐古特（Tangut），对他们的生活、习俗、物产做了生

---

① [元] 陈基：《平江路达鲁花赤西夏六十公纪绩碑颂》，《夷自斋藁》卷12，第1—4页。
② 《元史》卷143《余阙传》，第3429页。
③ 王国维：《观堂集林》卷17《元刊本西夏文华严经残卷跋》；又见西田龙雄：《西夏语之研究》卷1，第295—301页。
④ 史金波：《西夏文〈过去庄严劫千佛名经〉发愿文译证》，《世界宗教研究》1981年第1期。
⑤ [日] 前屿信次：《关于日持上人的大陆之行》，《史学》29卷4号；30卷1号、2号。
⑥ 宿白：《居庸关过街塔考稿》，《文物》1964年第4期。罗福成：《居庸关石刻》，《国立北平图书馆馆刊》4卷3号，《西夏文专号》，第126、132页。
⑦ 《西夏文专号》插图十二。
⑧ 《元史》卷60《地理志》，第1451页；卷91《百官志》，第2307页。
⑨ 《元史》卷6《世祖纪》，第110页，第118页。
⑩ 《元史》卷60《地理志》，第1451页；卷91《百官志》，第2307页。

动的介绍。他在经过宁夏、甘肃的一些主要城市时，了解到这里过去是一大国（即西夏），这里的人民自有其语言，信仰偶像教（即佛教），该地区畜牧业兴盛。①

为了便于对党项人聚居的地区进行统治，元朝统治者有时任用党项上层做这里的地方长官。朵儿赤之父斡扎箦在太宗时为副中兴路管民官，朵儿赤本人在世祖时任中兴路新民总管。高智耀于至元五年（1268年）被擢为西夏中兴等路提刑按察使。世祖时察罕从孙亦力撒合"尝奉使河西"②。亦怜真班在顺帝时曾为甘肃行省平章政事。当元末政局不稳时，把亦怜真班之兄、身为太尉的阿乞剌任为甘肃省行省左丞。③亦执里不花曾于顺帝时监河西宪。

肃州路在元代一直由党项人任最高地方长官。太祖征西夏时，肃州党项人举立沙献城归顺，后助太祖征讨战死。太祖为表彰其功，以其子阿沙为肃州路大达鲁花赤，后遂世袭不绝。阿沙及其子孙五代共九人先后任肃州路达鲁花赤，到元末至正二十一年（1361年）立世袭碑时止，共历一百三十余年。阿沙还兼任甘肃等处宣慰使，其长子剌麻朵儿只曾任甘州路治中，剌麻朵儿只孙善居曾任甘州郎中、永昌路达路花赤。④顺帝至正年间任永昌路庄浪同知的安帖木儿亦为党项人。⑤

元政府为表彰一些有功的党项大臣，在给他们封赠称号时，往往征前面冠以故土河西地名，有时直接以"西夏"名之。如教化和杨朵儿只兄弟二人皆赠"夏国公"，甚至他们的祖父世剌、父亲式腊唐兀台也都追封为"夏国公"，他们的夫人追封为"夏国夫人"。迈里古思被封为"西夏侯"。立智理威和暗伯都赠"宁夏郡公"。立智理威夫人梁氏封"宁夏郡夫人"⑥。高智耀之子高睿赠宁夏公。算智尔威妻乌纳氏封为夏国夫人。这可能也是元政府有意识地照顾党项上层民族感情的措施之一。

太祖时降附蒙古后屡立战功的昔里钤部，于宪宗时充大名路达鲁花赤，监大名凡十四年，死后一方面"别封虚墓大名"，一方面"传护辒车，返葬肃州，祔其先茔"⑦。这表明有的党项上层在逐渐汉化的同时，也还有浓厚的眷恋本民族故土的乡情。

元代先后几次印制西夏文佛经，每次十部、三十部、五十不等，一部就有三千六百余卷，累计有几十万卷。此外，元代还排印过活字版西夏文佛经。数量如此之多的西夏文佛经大多施放于党项居民集中的河西一带。大德六年（1302年）在杭州印刷的大批西夏文佛经皆"施于宁夏、永昌等寺院，永远流通供养"⑧。日本天理图书馆所藏西夏文刻经上有僧录管主八施经发愿押捺刻文，内记"僧录广福大师管主八施大藏经于沙州文殊舍利塔寺永远流通供养"⑨。宁夏、永昌、沙州都是西夏故地，估计这些地区的寺庙中还有些人懂得西夏文，能看懂西夏文佛经。至近代，这一地区出土了大批西夏文佛经，其中大部分为元代刻印。北京图书馆珍藏的百余部西夏文佛经皆出土于宁夏、甘肃一带，其中多数是元代印制。宁夏、甘肃所存活字本《大方广佛华严经》，也系元代印本，为灵

---

①冯承钧译：《马可波罗行记》（上），中华书局，1957年，57章，第190—192页；60章，第204—207页；61章，第208—212页；62章，第213—215页；71章，第260—262页；72章，第263—264页。

②《元史》卷45《顺帝纪》，第943页。

③《元史》卷134《朵儿只传》，第3254—3255页；卷125《高智耀传》，第3073页；卷120《亦力撒合传》，第2957页；卷145《亦怜真班传》，第3446页；卷45《顺帝纪》，第943页。

④白滨、史金波：《〈大元肃州路也可达鲁花赤世袭之碑〉考释》，《民族研究》1979年第1期。

⑤《甘肃新通志》卷58《职官志》。

⑥[元]虞集：《谥襄敏杨公神道碑》，《道园学古录》卷42，第5—9页；《元史》卷120《立智理威传》，第2959页；虞集：《立智理威忠惠公神道碑》，《道园类藁》卷42，第25—30页；[元]杨维桢：《故忠勇西夏侯迈公墓铭》，《东维子文集》卷24，第6—7页；《元史》卷133《暗伯传》，第3237页。

⑦[元]姚燧：《谥忠节李公神道碑》，《牧庵集》卷19，第11页。

⑧[日]西田龙雄：《西夏语之研究》卷2，第295—301页。

⑨同上书，卷1，后附图版。

武所出。①1959年敦煌文物研究所在莫高窟元代塔婆内发现的图解式西夏文佛经《妙法莲华经观世音菩萨普门品》和《金刚经》。

敦煌莫高窟有一通元至正八年（1348年）速来蛮西宁王及其眷属所立六字真言碑，上面用与居庸关刻石相同的六种文字镌刻了六字真言。这是目前所知在河西一带使用西夏文字最晚的记录。这时距元朝灭亡仅有二十年，距西夏文字创造时间已三百多年了。

在元代，河西地区还保存着西夏时期一些重要著述。如西夏蕃汉教授、后任宰相的斡道冲曾"译《论语注》，别作解义二十卷曰《论语小义》，又作《周易卜筮断》，以其国字书之，行于国中，至今存焉"②。这是元代文人虞集所记，足证元代仍存上述诸书。

元政府尽管在河西一带采取了一些照顾党项民族特点的政策，但西夏地区毕竟是元朝统一政权下的一个行省，加上元代人口流动较大，大批蒙古、中原居民居住河西，党项民族随着自身的发展，并与当地汉、蒙古、回鹘、藏族的交往融合，逐渐走上了民族同化的道路。他们原来的民族风俗习惯逐渐改变，语言、文字逐渐废弃。对于这种变化，党项上层感到怅惘，特别是元代末期，一些文人追念故国、希望恢复已经失去的民族特点的感情，表露得十分强烈。

曾在西夏地区屯田有功的朵儿赤，奉诏出使途经凉州时，见文庙殿庑有其祖斡道冲从祀孔子的遗像，歔献流涕不能去，求人临摹画像而藏之于家。仁宗时凉州修葺庙学，斡道冲画像被撤，时朵儿赤之孙斡玉伦徒哀叹先祖之像"仅存于兵火之余，而泯坠于今日"，请求虞集为其祖父所摹画像述赞："遗像斯在，国废人远，人鲜克知。"③斡玉伦徒追念先祖的同时，也自然地表达了怀念故族的感情。

这种民族感情在另一个党项族文人的著述中表达得尤为明确。至正六年（1346年）党项人亦怜真班任御史大夫，他选拔名臣为廉访使，党项人余阙的好友归旸（字彦温）被任命为河西廉访使。余阙因其所去之地正是自己的先祖故土，特意写了《送归彦温赴河西廉使序》一文相送。序文首先简述西夏地区沿革，后记其家合肥戍军皆夏人（党项族士兵）。然后追述党项人原来的风俗习惯，"其性大抵质直而上义，平居相与，异姓如亲姻；凡有所得，虽簟食豆羹，不以自私"。"朋友之间，有无相共，有余即以与人，无即以取诸人"；"少长相坐，以齿不以爵"。又指出，经数十年以后，合肥的党项人"其习日以异，其俗日不同"，不仅移居中原的党项人如此，就是居住在西夏故地的"今亦莫不皆然"。可见，元末的党项人风俗习惯发生了根本的变化。余阙不懂得这是社会发展的结果，希望政府所派"廉能之官"到河西一带去恢复过去那种比较原始的风俗习惯，以为那样"风俗必当丕变，以复千古"④。然而党项族与其他民族同化而逐渐在历史舞台上消失的局面毕竟无法挽回，就连余阙等党项族上层自己也处在十分矛盾的状态之中。一方面他们从生活、文化上已完全汉化，民族语言、文字也不再使用，甚至连姓名也改成汉姓或蒙古名字，另一方面却期望本族故土和人民保留原来的形态，这当然是不可能的。

五

元朝末期，政治日趋腐败，民族矛盾和阶级矛盾更为尖锐。人民不堪忍受残酷的民族和阶级压迫，终于爆发了大规模的农民起义。1351年刘福通在黄河流域的颖川发动起义，号称红巾军，后分

---

①王静如：《西夏文木活字版佛经与铜牌》，《文物》1972年第11期。张思温：《活字版西夏文〈华严经〉卷十一至卷十五简介》，《文物》1979年第10期。

②[元]虞集：《西夏相斡公画像赞》，《道园学古录》卷4，第20页。

③[元]虞集：《西夏相斡公画像赞》，《道园学古录》卷4，第20—21页。

④[元]余阙：《送归彦温河西廉使序》，《青阳先生文集》卷4，第1—2页。

三路北伐，从根本上动摇了元朝的统治。同年徐寿辉在蕲州起义，占领了湖南、湖北、江西、安徽、浙江等很多地方。第二年郭子兴在濠州起兵响应刘福通，三年后朱元璋成为这支起义军的领袖。

腐败的元朝政府军，面对如火山爆发般的农民起义，大多无力进行抵抗。不少将领弃城逃跑或献城投降。有的政府军也加入起义部队。元朝统治者企图负隅顽抗，一方面下令征集地主武装，与起义军周旋；一方面调整军事部署，把一些忠于朝廷的得力将领派往前线坐镇指挥。这时又有几个党项上层人物为维护元朝反动统治，残酷地镇压农民起义，他们大都成了行将覆灭的元王朝的殉葬品。

当农民起义军在江南轰轰烈烈发展时，一个重要的党项上层人物被起用，成为镇压农民起义军的统帅式人物，这就是高智耀之孙纳麟。他曾长期在南方为官，对那里情况比较熟悉。从天历元年（1328年）他历任杭州路总管、江西廉访使、江浙行省平章政事、江南行台御史大夫，后退居姑苏。至正十二年（1352年）当江淮起义军打得政府军焦头烂额时，纳麟再次被任命为南台御史大夫、兼太尉，总制江浙、江西、湖广三省军马。这时他已七十二岁，为维护元朝封建统治，立即受命，表示"尽余生以报陛下"。他到集庆（今南京）时，杭州已被起义军攻陷，宣城也在告急，纳麟急命救援杭州的淮南行省平章政事失列门去救宣城，又派典瑞院使脱火赤率蒙古军接应。宣城虽暂得存，但徽州、广德、常州、宜兴、溧水、溧阳已为起义军所有。集庆实际上已被包围。于是纳麟在城内、城外紧急设防，还求援于湖广平章政事也先帖木儿。江浙平章政事、党项人三旦八等也派兵来会，才勉强暂时保住了集庆。第二年纳麟退居庆元，三年后又任南台御史大夫，这时集庆已被起义军攻下，江南行台移往绍兴。至正十九年（1359年）山海道入朝，当年死于通州。①

三旦八早年即受倚重，藏有英宗所赐御书。至正十二年（1352年）奉命统哈赤、贵赤、兀鲁三卫军到江南对付起义军。当时杭州告急，三旦八穷于应付，左冲右突方保住几座城池。第二年又令他镇压徽州、饶州的起义军，与起义军对峙达两年多。成为元末农民起义军的死对头。②

当纳麟在绍兴重任江南行台御史大夫时，保卫行台的正是党项人迈里古思。迈里古思是至正十四年进士，先任绍兴路录事司达鲁花赤。江南行台移治绍兴时，檄迈里古思为行台镇抚。他募兵守御绍兴，并前往永康、东阳镇压处州起义军。后因功升行枢密院判官。时起义军中方国珍部暂时降元，迈里古思继续兴师问罪，与御史大夫拜住哥发生矛盾，被密谋杀死。③

在这一带与农民起义军对抗的党项上层还有福寿（永年）。福寿年十五六岁时就出入帷幄，受到皇帝信任，二十二岁任饶州路达鲁花赤，五迁至同知枢密院事。至正十一年（1351年）刘福通在颍川起义时，福寿"处置得宜"，后出为淮南行省平章政事，至正十五年（1355年）迁为江南行台御史大夫，坐镇集庆。当时集庆已危在旦夕，"人心益震恐，且仓库无积蓄"。

福寿向有钱人筹措粮饷以"激厉士众"，但终无济于事。第二年春天，朱元璋率领起义军攻克集庆，大小官员望风奔溃，福寿被杀。④

在江西也有几个党项上层人物为元政府于卖命。党项人星吉，曾事仁宗于"潜邸"，泰定年间做监察御史时，权相帖木迭儿纷更朝政，池曾极力劾奏。元统三年（1335年）任大都路总管府达鲁

---

①《元史》卷142《纳麟传》，第3406—3408页。

②[元]杨维桢：《江浙平章三旦八公勋德碑》，《铁崖文集》卷2，第1—4页。

③《元史》卷188《迈里古思传》，第4311—4312页。又见杨维桢：《故忠勇西夏侯迈公基铭》，《东维子文集》卷24，第6—7页；[元]戴良：《迈里古思公平冠诗并序》，《九灵山房集》卷1，四部丛刊本，第2—4页；《迈院判哀诗序》卷13，第9—10页。

④《元史》卷144《福寿传》，第3441—3442页；卷44《顺帝纪》，第930—931页。[元]陈基：《南台御史两夏永年公勋德诗序》，《夷白斋藁》卷20，第3—5页。

花赤，后多次升迁，至正十年（1350年）移湖广行省平章政事，第二年为江西省平章政事。这时起义军徐寿辉部在江西声势浩大。星吉到任时，江州已为起义军攻占，他便组织反动武装力量，出高价募兵，顽固地与起义军对抗。虽然一时从起义军手中夺去了池州、建德、湖口及江州等城市，但当时湖广、江浙大部分地区已为起义军所有，江西也多处被起义军包围。星吉所部士兵困乏，军粮不足，终于抵抗不住起义军的进攻，星吉本人于当年九月被起义军俘虏，七日不食而死。①

曾在大都任过唐兀卫亲军都指挥使、后又出为甘肃行省平章政事的亦怜真班在至正十二年（1352年）也被调到江西前线，任行省左丞棚，他在那里出重赏招赉起义军士兵，不从命者命其子乘高纵火焚烧。两年后病死。②

卜颜铁木尔是西夏皇族后裔，在成宗时备宿卫，武宗时为监察御史，仁宗时任大都路达鲁花赤、中书省参知政事。至正十二年（1352年）他也被派到江西与起义军徐寿辉部作战，先在铜陵、池州一带与起义军周旋，江西行省平章政事星吉死后，安庆告急，他收集溃众，解安庆之围。后又在池州、望江、小孤山、彭泽、江州、蕲水等地与起义军发生激烈战斗。这时在长江中游一带，卜颜铁木儿成了维持元朝残破局面十分得力的干将。至正十六年（1356年）死于军中。③

与起义军对抗时间最长、影响最大的党项人应推余阙。余阙本是一介文人，元统元年（1333年）赐进士及第，三次被召人大都为官，先后任翰林文字、刑部主事、翰林编修、集贤经历、翰林待制，后归合肥家中丁母忧。元政府为了镇压农民起义，于至正十二年（1352年）起用了余阙，任以淮西副使，金都元帅府事，驻守安庆。安庆历来是兵家必争之地。余阙到任后，即招募军队，训练士卒，整饬城防，加强外围，储备粮食，并多次上书给中书右丞相贺太平请求援兵和粮饷，以图长期与起义军对抗。他还以"尊君亲上"的说教和身先士卒的督战方法去驱使士兵作战。因此受到元朝的赏识，升为淮南行省左丞、都元帅。起义军对安庆的包围越来越紧，余阙认为安庆"如寸草以当疾风"，"类红炉片雪"，可见安庆的局势处于朝不保夕的境况。同族人星吉、卜颜铁木儿先后两次解围终无济于事。他和起义军周旋达六年之久，历经大小二百余战。至正十八年（1358年）安庆被起义军陈友谅、赵普胜部攻破。余阙及其妻子、儿女皆自尽，仅留一襁褓幼子。余阙成了为元"死节"的典型人物。他的行为得到穷途末路的元政府的褒奖，赠他为"摅诚守正清忠谅节功臣、荣禄大夫、淮南江北等处行中书省平章政事、柱国，追封豳国公，谥忠宣"④。

此外，同农民起义军作战而死的党项人还有南阳县达鲁花赤周喜同、襄阳录事司达鲁花赤，元统元年进士塔不台等。⑤后来党项人三旦八也派往江浙前线去镇压起义，任江浙行省平章政事，因惧怕起义军，子至正十八年（1358年）逃遁福建。⑥

1368年朱元璋在南京即皇帝位，正式建立明朝。他为了维护封建统治，对元末镇压农民起义军的头面人物也给以褒奖。当宋濂奏请为星吉树碑立传时，朱元璋表示完全同意，并说："星吉之忠，朕实知之。"⑦对余阙更加推崇，在其生地合肥、死地安庆都修祠立庙，使年年祭祀不绝。

以上依据一些汉文和西夏文文献对元代时期党项上层的活动做了初步探讨，并结合当时的历史背景做了一点肤浅的分析。初步统计，这一时期有一定地位的党项人至少有一百余人。他们作为元

---

①《元史》卷144《星吉传》，第3438—3440页。又见［元］宋濂：《中书省丞相追封成宁王谥忠肃星吉公神道碑铭》，《宋文宪公全集》卷34，中华书局聚珍仿宋版，第1—4页。

②《元史》卷145《亦怜真班传》，第3445—3447页。

③《元史》卷144《卜颜铁木儿传》，第3436—3437页。传载"卜颜铁木儿字珍卿，唐兀吾密氏"。吾密氏即西夏皇帝姓嵬名氏。

④《元史》卷143《余阙传》，第3426—3429页。又见［元］宋濂：《余左丞传》，《宋文宪公全集》卷40，第17—19页。

⑤《元史》卷194《忠义传》，第4397—4398页。

⑥《元史》卷44《顺帝纪》，第931页；卷45《顺帝纪》，第944页。

⑦［元］宋濂：《星吉公神道碑》，《朱文先公全集》卷34，第1页。

代统治阶级的一部分，对当时的政局产生了一定影响。有的在客观上对推动祖国的统一，促进各民族的团结和经济、文化的发展作出了贡献；有的则逆历史潮流而动，成了元朝政府奴役、压迫各族人民的鹰犬。然而无论这些党项上层个人的地位多高，他们维护本民族特点的主观意愿多么强烈，党项族作为一个民族已经走上了民族同化、民族消亡的道路。他们的姓氏逐渐失掉本民族的特征，有的采用汉姓，式腊唐兀台之子教化和朵儿只以杨为姓，拉吉尔威的后代以史为姓，昔里钤部的后世以李为姓，沙刺藏卜之子孙以余为姓，迈里古思以吴为姓，何伯翰系随舅父姓。有的则改为蒙古族名字。上文所列人名中就有不少。当然，党项族的变化不仅表现在形式上，他们在经济生活、风俗习惯、心理状态、语言文字方面都发生了巨大变化。入明以后，政府在政策上对少数民族采取了强制同化的做法，明文规定蒙古人、色目人"不许本类自相嫁娶，违者杖八十，男女入官为奴"①。这样，党项人被同化的步伐更快，关于明代党项人活动的记载更少。西夏文的使用也极鲜见，明朝初年的西夏文刻经和明代中期的西夏文刻石可谓凤毛麟角了。可以说，在历史上曾有一定地位和影响的党项族已逐渐被同化了。

（原载中国社会科学院民族研究所历史研究编《民族史论丛》，中华书局，1987年1月）

①《大明律·户律》，见《玄览堂丛书》三集。

西夏汉文本《杂字》初探

　　1909年俄国的科兹洛夫（П.К.Козлов）率领考察队，在我国黑水城遗址（今属内蒙古自治区额济纳旗）掘走了大批文献，多数为西夏文写本和刻本，其学术价值已为学界所熟知。[①]

　　除西夏文本外，尚有部分汉文文献，其中主要为佛教经典。世俗文献中只有一种手写汉文本《杂字》较为完整，有较高的学术价值。

　　《杂字》为我国古籍之一种，或释字义，或注字音，过去归入经学中的小学类。魏张揖撰《杂字》、周成撰《杂字》，原本久不传于世。今所见张飞周《杂字》为清代学者据散见于其他各书之零散条目汇集而成。清任大椿辑张氏《杂字》仅7条，辑周氏《杂字解诂》14条。马国翰所辑较任氏为多，然而张氏《杂字》也不过21条，周氏《杂字解诂》不过22条而已。[②]当然这离原书全貌相差很远。

　　西夏时期对《杂字》一类书的编纂十分重视。在今存四十多种西夏文世俗文献中，就有三种《杂字》。西夏《杂字》和张揖、周成《杂字》不同，他不是解释字义和字音，而是把当时社会上常用的词语分类编辑成书。有的以天、地、人分为三品，再于每品中分为若干部，各部中列数量不等的有关词语，如一种前后皆残的西夏文《杂字》，"天"品中有闪、霹、云、雪、雹、霜、露、风、天河等部，"地"品中有地、山、河海、宝、绢、男服、女服、树、菜、草、谷、马、骆驼、牛、羊、飞禽、野兽、蛆虫昆虫等部；"人"品中有番族姓、人名、汉族姓、节亲及其余杂义、身体、屋舍、饮食器类等部。共含一千多词语。这种《杂字》内容十分丰富，很便于分类识字，也可以作为了解社会生活的启蒙读物。[③]

　　本文介绍的西夏汉文本《杂字》，在今藏列宁格勒东方学研究所西夏特藏中，编号为Дх-2825，蝴蝶装，手写本，前似残一页，后部亦残缺，存36面，一般每面7行，满行10字或12字。此汉文本《杂字》和西夏文《杂字》一样，是以事门分类的词语集，现存20部，每部前有标题占一行，标明内容类别和序数。第一为汉姓，因残第一页，所以缺失标题。以下依次为番姓名第二、衣物部第三、斛豆斗部第四、果子部第五、农田部第六、诸匠部第七、身体部第八、音乐部第九、药物部第十、器用物部第十一、居舍部第十二、论语部第十三、禽兽部第十四、礼乐部第十五、颜色部第十六、官位部第十七、司分部第十八、地分部第十九、亲戚长幼第二十。

　　西夏曾翻译过中原地区汉文本《杂字》，据《宋史·夏国传》载：元昊"教国人纪事用蕃书，

---

　　①[苏联] З.И.哥尔芭切娃、Е.И克恰诺夫：《西夏文写本和刻本目录》，东方文学出版社，1963年，参见《民族史译文集》第3集。

　　②[清] 任大椿辑：《小学沟沉》卷第10《杂字》，卷第13《杂字解诂》，清光绪十年刻本，[清] 马国翰辑：《玉函山房佚书》，《经编·小学类》。

　　③此书共21页43面，书写形式多为二字一组，间有三字或四字一组者，但依其内容则有一言（如汉姓），二言，三言，四言（节亲及其余杂义部）之分。我国武威下西沟岘所书《杂字》即为四言中之两页。

而译《孝经》《尔雅》《四言杂字》为蕃语"①。西夏第一代皇帝元昊时期创制了西夏文（即蕃文），尊为"国字"，颁行于境内。《孝经》《尔雅》为学界所熟知的汉文典籍，唯《四言杂字》不知为何人何时所撰，亦不知其内容为何。但由此可知西夏在早期推行西夏文字之始，就从汉文文献中选出《四言杂字》译成西夏文。西夏为了发展民族文化，推行西夏文字，借鉴中原地区普及文化的某些作法，把中原的《四言杂字》转译成西夏文，使之流传于西夏地区，这可能影响和促进西夏人后来自己编撰《杂字》一类的书。但《四言杂字》为译本，其内容应是反映中原地区社会情况，而西夏汉文本《杂字》是西夏本土所撰，其内容多反映了西夏的社会生活。从这一点来说，两者是完全不同的。怎样得知汉文本《杂字》是西夏人编撰呢？最明显的是其中有西夏主体民族党项族的姓氏（蕃姓）、西夏特有的职官和地名等。

汉文本《杂字》因前后皆残，未知有无序言、跋尾，书中未见年款，故难以遽定其具体编撰的时间。但据其官位、司分、地分部来看，其中有的词语只是到了西夏后期才可能出现，所以可以初步确定此书编于西夏后期。

综观西夏汉文本《杂字》20部的内容，可大体上归纳为民族姓氏、生活用品、身体卫生、生产活动、文化生活、政治生活等几个方面。所涉及的词语为进一步了解西夏社会提供了新的资料，或对西夏的研究给予新的启示，具有十分重要的学术价值。笔者1987年初访问苏联时，在苏联科学院东方学研究所列宁格勒分所看到了这一文献，并做了笔录。后来又承蒙克恰诺夫教授的厚谊，给笔者寄赠一帧《杂字》原件照片。为了能使研究西夏的专家和广大读者全面了解、充分利用这一文献，现将《杂字》录文刊布于后。《杂字》涉及方面较广，在这篇字数有限的短文中只能于每一方面择一两个问题做一初步分析，以为引玉之砖。

一、民族姓氏

汉姓部存138个，皆单姓，两姓一组，可能是为整齐或便于诵读。已残页面至少还有几十个汉姓。所记为当时较为流行的、主要的汉姓。其中有些姓如漆、九、逯、羌、俄、柔、萌等现已少见。有的还可与西夏文献中的姓氏相印证，如"酒"姓，在西夏《凉州重修护国寺感通塔碑》中有僧人酒智清。②又如"折"姓为宋代府州（今陕西府谷）党项族大姓，自唐末世袭府州地方官，为宋朝防卫西夏。此《杂字》将折姓列入汉姓，值得重视，可能当时西夏并不认为折氏是党项人，或《杂字》中折氏非指府州折氏而言。这对了解当时宋夏关系和党项、汉族关系或有参考价值。

番姓各部皆为双音节，即两字一姓，共60姓。蕃姓之"蕃"，西夏语音"弭"，一般认为指党项族而言。蕃姓就是党项族姓氏。在西夏文《三才杂字》中有蕃姓244个，是汉文《杂字》中的6倍多。汉文《杂字》中的蕃姓，根据其读音绝大多数可在西夏文《杂字》中找出相应的姓氏，如皇族姓嵬名、后族姓没藏、大臣姓浪讹、吴哆、都罗、咩布、如定、妹勒、芭里、平尚、讹哆、骨勒等。

值得注意的是蕃姓中有"回纥"一姓，相应的两个西夏文字又可音译为"嵬恶"，在西夏文字典《文海》中注释为"族姓回鹘谓"③。但在西夏文《杂字》中却未收此姓。回纥即回鹘，本是一民族称谓。回鹘在西夏占领河西走廊前曾长期统治这一地区，后降于西夏，成为西夏的属民。蕃姓

---

①《宋史》卷485《西夏传》，中华书局，1977年，第13895页。

②《国立北平图书馆馆刊》第4卷第3号，1932年，第159、176页。

③史金波、白滨、黄振华：《文海研究》，中国社会科学出版社，1983年，第446、590页。

中还有"庄浪"一姓。庄浪为蕃族之一支，也为地名。①这里也把他列为党项族姓。在西夏的汉文《杂字》和西夏文《杂字》中凡列姓氏类别时，都只列蕃姓、汉姓两种，并无西夏境内的其他民族如回鹘、吐蕃族的姓氏。又比如"契丹"一词在《文海》中也解释成"族姓之谓"②。又西夏文《杂字》中有"西壁"一姓，两个西夏字在西夏文《类林》中译汉文"鲜卑"二字。③可知西壁即鲜卑。以上这些材料是否说明，西夏把蕃族（弭族）看成是包容了主体民族党项，以及回鹘、契丹、鲜卑等族的共通称呼。这是一个值得研究的问题。

在几种西夏文《杂字》中都把"蕃姓"列于"汉姓"之前，而在此汉文本《杂字》中，却把"汉姓"列于"蕃姓"之前，这也是耐人寻味的。可能西夏文《杂字》多为党项人习读，所以把"蕃姓"置于前面；相反，汉文《杂字》多为汉人传诵，故而把"汉姓"置于前面。

此外，在论语部中有东夷、南蛮、西戎、北狄之称。这种当时中原王朝对四周少数民族的称呼，也被西夏借用了。文献记载，西夏对西边吐蕃有时称为"西羌"④。

二、生活用品

衣物部第一部分包括各种丝织品和一些织造方法的名称。名称之详尽为西夏文献之最。其中不仅有一般的绢、帛、绸、缎，还有表面起皱的縠，有花纹与花贝壳上的条纹相似的锦贝，有质地厚实的䌷，有用特制的小梭子盘织成精细花纹的克丝。本《杂字》司分部中有"绣院"，西夏文《天盛旧改新定律令》中列西夏政府机构有"织绢院"⑤，说明西夏重视本地纺织业的发展。

当时宋朝的纺织十分发达，分工也更为细密，对西夏的纺织业影响很大，根据宋、夏协议宋朝每年都赐给西夏大批绢帛，此外，通过贸易宋朝精美的纺绢品也不断流入西夏。此部中的"川纱""川锦"当是宋代重要纺织产地成都一带的产品。

衣物部的另外一部分为服装，包括衣、帽、飞鞋、袜共40多个词，而《番汉合时掌中珠》只有20多个，⑥其中衣服种类较多，如裤中有毯裤、绣裤、宽裤、窄裤多种，衫中有汗衫、罗衫、褐衫等，为研究西夏服饰提供了更多的资料。

斛豆部中对食粮的记载也比较详细，仅米就有13种，豆有8种，此外尚有西部高原盛产吐蕃民族喜食的青稞。此部所列加工过的粮食更具体地反映了西夏人民的饮食。如将麦破碎以后的"麨"，将麦蒸炒而成的"麨"，将食粮碾碎所得的颗粒"糁子"等。酒曲也有多种，有麦曲、清水曲、百花曲，这对研究当时西夏的酿酒有参考价值。

果子部包括干果、鲜果、蔬菜、瓜类。水果主要为当地所产，南方所产仅橘子一项，而《番汉合时掌中珠》中南方水果有龙眼、荔枝、橘子、甘蔗等。此《杂字》把龙眼、荔枝置于药物部。此部中有回纥瓜，应是现在所谓的哈密瓜。此部中又有大石瓜，可能是从波斯一带辗转传来的瓜。⑦

器用物部所列纸张类型较多，有表纸、大纸、小纸、三抄、连抄小抄等，此外还有特用的金纸、银纸、镴纸、京纸，反映了当时纸业和纸张使用的情况。另有"纸马"一词，证明西夏祭祀时和当时的中原契丹等族一样，画纸马焚烧。

①［清］吴广成：《西夏书事》卷7，清道光五年小砚山房刻本，第8—9页。
②《文海研究》，第448、591页。
③Кепинг К.Б. Лес категорий，Издательство Наука А，Москва，1983.184.
④《国立北平图书馆馆刊》4卷3号，第152页。
⑤［俄］Е.Н.克恰诺夫：《关于西夏国家管理机构的西夏文资料》，《亚洲民族研究所简报》第69册，1965年。
⑥［西夏］骨勒茂才著：《番汉合时掌中珠》，第24、25页。
⑦大石或为大食，同为波斯语译音，唐宋时我国对包括波斯在内的阿拉伯帝国的称呼。

三、人体卫生

身体部列人体器官名品，比较详细。药物部记录144种药名，都是我国传统的中药，其中包括常用药，如豆蔻、柴胡、当归、牛膝、牛黄、人参、细辛、虎骨、胡椒、川芎、犀角、天麻、防风、厚朴、甘草、杜仲、半夏、贝母、麦门冬、枸杞子、陈橘皮、五味子、连翘子等。这是迄今所知西夏最全的药谱。这些药物中包括植物、动物、矿物。植物中有草本、木本，分别以根、茎、叶、花、籽、皮等入药。动物有陆地的和水中的，各利用皮、骨、角或全身入药。矿物也有多种。可见西夏所用药物十分丰富，而且是全部接受了中原地区的中医、中药学。这些药物对研究西夏乃至当时全国的医药学是十分珍贵的资料。

原来党项人并无医药，有病则求助于神鬼、巫师，①后随着与汉族的交往，社会的进步，逐渐接受传统的中医学，使医疗事业有了长足的进步。西夏所辖地区宁夏、甘肃、陕西北部一带，多产中药，尤其是大黄、当归、党参、川芎、黄芪、甘草、枸杞等最为盛产。史载西夏乾定三年（1225年）蒙古军攻西夏，破灵州（今宁夏回族自治区灵武）后，蒙古诸将争相掠夺子女财帛，唯独耶律楚材取书数部及大黄两驼。第二年蒙古军士多患疾疫，以其所得大黄医治，皆病愈。②大黄分南大黄、北大黄和唐古特大黄。西夏主体民族党项族，又译称唐古特。西夏所产大黄应为唐古特大黄。然而此《杂字》中所列诸般药物中却没有"大黄"，药名中有"玄黄"或为此药？

药物部中所列药物，有的全国各地都有出产，有的是西夏地区特产，而有的则是远离西夏的地方所出，甚至有的产自东南亚或印度。可以想见，当时西夏与宋、辽、金，以及更远的地区、国家有直接或间接的交往和互通有无的贸易关系。

西夏虽重医药，但比起同时代的宋、金还是有差距的。宋曾赐西夏医书，金不止一次为西夏权贵看病。如夏天盛十九年十二月（1167年）西夏权臣任得敬得病，仁宗遣殿前太尉芭里昌祖等至金请医治，金主应允，派保全郎王师道前往为任得敬治疗，不久痊愈。③又夏天庆七年（1200年）皇太后罗氏生病，久不愈，桓宗遣武节大夫连都敦信等去金求医，金派太医判官时德元、王利贞来治病并赐药物。④

四、生产活动

农田部列有多种农具，通过这些农具可以了解西夏的农业生产力水平，进而可以透视西夏农业生产状况，其中除《番汉合时掌中珠》列出的镬、锹、犁、铧、耧、罢、镰、锄、碡碌等重要农具外，还有井上吸水器"桔槔"。这种工具是在井旁树上或架子上系一杠杆，一端挂水桶，一端坠个大石块，一起一落，汲水可省力。文献中记载西夏为发展农业，修茸汉、唐旧渠，并开凿新的水渠，以得灌溉之利。⑤《杂字》中收有渠河、汉堰、浇灌、沟洫等词，反映了西夏灌溉事业的盛况。《杂字》列有井灌汲水工具，在没有水渠的地方是一种抗旱、增产的有效工具，至今有些地方还在使用。《杂字》中还有"飏䮝"一词，又称扬扇、扇车或风车，是利用机械扇风把谷类的壳和米粒分开的一种工具，这在当时是生产力较为发达的标志。

诸匠部所列匠作种类繁多，除银匠、金匠、铁匠、石匠、木匠、泥匠外，还有索匠、桶匠、花

①《辽史》卷115《西夏传》，中华书局，1974年，第1523—1524页。
②《元史》卷146《耶律楚材传》，中华书局，1976年，第3456页。
③《金史》卷134《夏国传》，中华书局，1975年，第2869页。
④《金史》卷134《夏国传》，中华书局，1975年，第2871页。
⑤[宋]李焘：《续资治通鉴长编》卷54，咸平六年五月壬子条；[清]吴广成：《西夏书事》卷20。

匠、甲匠、鞍匠、针匠、镞匠、笔匠、结丝匠等。此外还列有多种手工工艺如漆油、鞘鞴、伞盖、弓箭，销金、撚塑、砌垒、彩画、雕刻、铸钖等。这些工匠种类与西夏出土的文物相印证，表明西夏手工业分工细密、其制品达到了相当高的水平，手工业已十分发达。[1]

颜色部有颜料十多种，有植物颜料，也有矿物颜料。红色颜料向来以西北最有名，世传"凉州绯色为天下最"。本部中有颜色20多种，仅青色就有铜青、鸦青、大青、石青、沙青；绿有瓷绿、鸦绿、大绿、黑绿、铜绿等；红色有绯红、柿红、梅红、大朱等。这些绚丽多彩的颜色用于绘画和纺织品染色方面，起到了发展文化、美化生活的良好效果。敦煌莫高窟、安西榆林窟中有西夏壁画的洞窟近百个，其中不乏绘画精品，就染色一项来说，十分值得称道，不少壁画虽历经七八百年，依然五光十色、艳丽无比。[2]可见西夏对颜料的研制、调配和使用已达到了炉火纯青的地步。西夏纺织品的染色也值得注意，在衣物部中有"缬罗"一词，"缬"为印染之意，看来西夏已行印染之法。

五、文化生活

音乐部列有多种乐器，在《番汉合时掌中珠》中多已收入，但其中所载"影戏""杂剧""傀儡"等文艺形式为其他有关西夏文献所不载。影戏即皮影戏，流行于宋代。杂剧在晚唐文献中已见其名目，宋金比较流行。傀儡即木偶戏，传说始于汉代，唐宋时已很发达。此部中还有舞蹈名称"柘枝"，原是唐代少数民族舞蹈，"曲破"为唐宋乐舞名称，也为以前所未见。过去通过《番汉合时掌中珠》的词语"取乐饮酒""教动乐""乐人打诨"，以及西夏文《杂字》中的词语"乐人歌舞""鸣笛击鼓"等了解到西夏某些文艺集会的情况，而在此《杂字》中又列出了多种具体的文艺形式，使我们对西夏的文化生活有了更全面、更深入的了解。

在司分部中有"教坊"一词。教坊是管理宫廷音乐的官署，唐代始设，宋元因袭，专门管理雅乐以外的音乐、舞蹈、百戏的教习、排练和演出等事务。西夏以偏安西隅的小国也设有教坊，说明西夏统治者对宫廷音乐、舞蹈的重视，以及他们沉湎于享乐的情形。

在礼乐部中有酬酢、赏赐、聚会、游玩、唱喏等词，反映了当时人与人交往时的一些关系和礼仪。在官部位中有秀才、文人、举子等词，证明西夏确有科举之制。秀才一词为首次出现，对西夏的科举制度做了重要补充。

六、政治生活

在论语部中包括一系列刑审程序词语，从申陈、告状到取问、分析，至最后决断、入案共20几种。有的词语如受贿、受罚、徒役、裁评等都是《番汉合时掌中珠》中所没有的，为了解和研究西夏判案增加了新的资料。在本部和礼乐部中还收入了表示行为、意识，以及人与人之间关系的词语，如烦恼、争论、斗打、愤恨、知见、协和、骚扰、辞让、谦下、约束、防备等，这对研究西夏社会也有所裨益。

特别值得指出的是，官位部和司分部比较全面、系统地罗列了西夏国家官职和机构名称。苏联所藏西夏文《天盛旧改新定律令》中有关于西夏职官较为系统的材料，从中知道西夏国家机构中以中书、枢密为首分为六等，各等中有多少不等的机构。[3]而此《杂字》中却有自己的特点，在皇帝、

---

①史金波：《略论西夏文物的学术价值》，《考古与文物》1984年第4期。
②刘玉权：《莫高窟壁画艺术》（西夏），甘肃人民出版社，1986年。
③［俄］E.H.克恰诺夫：《关于国家管理机构的西夏文资料》，《亚洲民族研究所简报》第69册，1965年。

后妃以下，记有监国、三师（太师、太傅、太保）、三少（少师、少傅、少保）、元帅等职，王位有国王、平王、郡王、嗣王等。汉文文献中曾有晋国王、秦晋国王、南平王、镇夷郡王的记载，可与之互相印证。这些官职名称比其他历史文献的记载要丰富得多。还有星勒一职系西夏官阶封号之一种，属中书位第一列。在众多封号中，官位部中只列此一种，是否具有代表性质，值得研究。更值得重视的是佛教官位中有帝师、国师、法师、禅师、僧正、僧副、僧判、僧录等职，最为全面。这里的帝师一职确证了中国的帝师在西夏已经存在，修正了过去认为帝师之设起始于元代的传统说法，这对中国佛教史的研究十分重要。

《杂字》中除佛教功德（司）外，还有道德（司）、道录等词，表明西夏除大力发展佛教外，同时也发展道教。

过去所见汉文、西夏文文献有关西夏机构的资料中，多属政治、军事方面，而此《杂字》中则列有不少有关经济、文化方面的机构，如甀匦、工院、绣院、平准、市卖、商税、曲务、农田、提振、酒务、监场、天监、教坊、养贤等，其中平准、市卖、商税、提振、曲务等机构为此《杂字》所独载。这些机构对了解和研究西夏社会经济文化发展情况具有重要价值。

在地分部中列地名44个，包括了西夏首府中兴（列入司分部）以下的主要地名，其中多为宁夏、甘肃等地名，如灵武、保静、怀远、定远、定边、甘州、肃州、沙州、盐州、黑水、瓜州、隆州等。此部中还收入一些过去未见过的地名，如在黑水和瓜州两词中有"三角"一词。西夏监军司分右厢和左厢，此书中只有左厢，这些都值得研究。有的地名与其他汉文文献记载不合，也很值得重视。如保静，史载其治所在今宁夏永宁具境，唐至德元年（756年）始称保静县，宋改为镇，咸平四年（1001年）被元昊祖父李继迁攻占，后改为静州，未见再称保静。[①]而此西夏人所作的《杂字》却有"保静"之称，这对研究西夏的地理沿革是很有价值的。

附：西夏汉文本《杂字》

（录文中数字点前为页数，点后为行次。空格为原文两词之间的空当。为排印方便，原文中的繁体字、异体字改为简体字和正体字）

汉姓第一（前残）

1.1梁陈	苏辛	美丁	薛谋	曹江	1.2寇耿	吉许	钟徐	葛范	柳齐
1.3罗娄	孙时	韦卫	杯裴	唐南	1.4田祝	穆慕	将牛	邹仲	尹蒙
1.5车梅	同郜	温萧	郁庞	蔡楚	1.6杜钱	度来	雷枝	盖双	柴祈
1.7鲁闵	晁黎	酒戴	漆逯	霍甘	1.8殷邵	字落	秦燕	郗解	翟九
2.1勒乔	巨蓟	重羌	焦杨	折兰	2.2传慈	魏廉	成栾	潘边	滕笔
2.3谢崔	浑刿	景索	俄冀	蔺聂	2.4夏陶	鲍开	尚彭	狄荀	云员
2.5刁艾	甄翼	仵封	吴常	敬刑	2.6晋越	仇家	党门	柔萌	

番姓名第二

3.1嵬名	没藏	药乜	浪讹	吴嗗	3.2都啰	哶布	细遇	祐税	野货
3.3季卧	酒来	床啰	赵嗗	嗗令	3.4磨讹	铺主	来里	连奴	吃乜
3.5恃胡	乩哶	浑货	毛乜	逃讹	3.6杂里	杂哶	如定	吃泥	妹勒
3.7勒瓦	勒啰	路嗗	蔡令	光宁	4.1嵬迎	卧没	麻乜	野马	芭里

4.2 妹轻　回纥　令咩　毛庞　孰崽　4.3 夜浪　庄浪　庞静　并尚　哂税

4.4 特啰　拽税　骨婢　便哆　讹哆　4.5 季哆　轻宁　卧利　细卧　骨勒褀

衣物部第三

4.7 绫罗　纱线　匹段　金线　紧丝　5.1 透贝　开机　川纱　縠子　线绀

5.2 绵贝　尅丝　绢帛　兆线　絣金　5.3 蟠线　京纱　圈纱　隔织　缬罗

5.4 线罗　川锦　式样　公服　披袄　5.5 襟襕　袄子　褙心　褙子　淹心

5.6 汗衫　衬衣　毡裤　腰绳　束带　5.7 皂衫　手帕　罗衫　禅衣　绰绣

6.1 大袖　袈袋　绣裤　绣袖　宽裤　6.2 窄裤　袈裟　袜头　丝鞋　朝靴

6.3 木履　草履　袜勒　披毡　睡袄　6.4 征袍　三祜　褐衫　毡袜　毡袄

6.5 暖帽　头巾　掠子　襆头　帽子　6.6 冠子　合子　束子　钗子　锛子

6.7 钏子　鋌子　镜子　钚子　剪子　7.1 箱子　笼子　篚子　柜子　匣子

7.2 珍珠　璎珞　海蛤　碧珊　玛瑙　7.3 珊瑚　珞瑲　金银　琉璃　砗磲

7.4 琥珀　玻璃　鍮石　铜银 (铁)　锡镴

7.5 钗花　火锥　锛花　篦梳　木梳　7.6 假玉　卞玉　无瑕　绣复　披衣

斛斗部第四

8.1 粳米　糯米　白米　粮米　糯米　8.2 折米　蒸米　炒米　秣米　粗米

8.3 黍米　大麦　小麦　小米　青稞　8.4 赤谷　赤豆　豌豆　绿豆　大豆

8.5 小豆　豇豆　荜豆　红豆　荞麦　8.6 稗子　黍稷　麻子　黄麻　麦麸

8.7 麦䴬　麦䴵　麦麹　麦面　糁子　9.1 稻谷　黄谷　清水曲　百花曲

果子部第五

9.3 梨果　石榴　柿子　林檎　榛子　9.4 橘子　杏仁　李子　榛子　木瓜

9.5 葫桃　茄瓠　笋蕨　蔓菁　萝蒲　9.7 荆芥　茵陈　蓼子　薄荷　兰香

9.7 苦苣　葱蒜　乌枚　杏梅　桃梅　10.1 南枣　芸苔　锡果　越瓜　春瓜

10.2 冬瓜　南瓜　青蒿　桃条　梨梅　10.3 杏煎　回纥瓜　大石瓜

农田部第六

10.5 犁耧　罢磨　桔槔　铁铧　收刈　10.6 礓礤　笤帚　扫帚　涂洒　锹镬

10.7 杷杈　箩箕　栲栳　碓硙　前刀　11.1 飐联　持碾　舂持　仓库　囷笆

11.2 镪窟　锄田　踏碓　拨硙　耕耘　11.3 锤镰　积贮　耕褥　壤地　茭箔

11.4 渠河　汉堰　浇灌　夫草　子税　11.5 镰刀　大斧　地软　梯栿　绳索

11.6 幡竿　夹耳　垅培　堤堙　团头　11.7 提辖　沟洫　桑麻　作户　种莳

12.1 官渠　作家

诸匠部第七

12.3 银匠　鞍匠　花匠　甲匠　石匠　12.4 桶匠　木匠　泥匠　索匠　纸匠

12.5 金箔 (薄)　银匠 (條)　铁匠　针匠　漆油

12.6 鞘鞦　鞦辔　伞盖　赤白　弓箭

12.7 销金　撚塑　砌垒　扎抓　铸钙　13.1 结瓦　生铁　针工　彩画　雕剋

13.2 剜刀　镞剪　结缚　镞匠　笔匠　13.3 结丝匠

身体部第八

13.5 顶脑　胸前　口唇　牙齿　弼鼻　13.6 眉毛　眼眶　咽喉　腮颔　耳坠

13.7 髭髯　指头　五脏　心肺　肝肚　14.1 腰膝　皮肤　脾胃　肾脏　拳手

14.2 颡额　六腑　爪甲　肩臂　胫骨　14.3 跨臀　手脘　心腑

音乐部第九

14.5 龙笛　凤管　琴筝　琵琶　弦管　14.6 声律　双韵　秸琴　筝篥　云箫
14.7 箜篌　七星　影戏　杂剧　傀儡　15.1 舞绾　柘枝　宫商　丈鼓　水盏
15.2 相扑　曲破　把色　笙簧　散唱　15.3 遏云　合格　角徵　欣悦　和众
15.4 雅奏　八佾　拍板　三弦　六弦　15.5 勒波　笛子

药物部第十

15.7 龙眼　荔肢　荳蔻　槟榔　柴胡　16.1 鳖甲　当归　茱萸　蛇皮　远志
16.2 生姜　地榆　牛膝　丁香、鱼苏
16.3 赤千　硇砂　阿魏　玄黄（朋）　芍药
16.4 硫黄　木香　牛黄　沉香　檀香　16.5 茅麝（香）香　乳香　马芹　人参
16.6 苁蓉　缩砂　细辛　荏豆　虎骨　16.7 龙脑　黄蓍　黄苓　黄芩　枳殻
17.1 蝉枳（殼）　芭豆　木贼　鱼骨　麻黄
17.2 甘菊　菊花　茯苓　葫椒　桂皮　17.3 川芎　虎睛　蛮姜　茵草　沙苑
17.4 犀角　紫硬　泽兰　知母　益智　17.5 梧桐　天麻　白术　麻仁　九散
17.6 干蝎　蝦蟆　防风　桂心　特丹　17.7 乌头　三楞　郁金　朴硝　厚朴
18.1 官桂　紫苑　蒺藜　獭肝　黄莲　18.2 甘草　莒茛　独活　地黄　肉桂
18.3 瓜蒌　蛤蚧　白芷　苦参　石膏　18.4 缘伊　苍术　杜仲　半夏　甘松
18.5 乌蛇　黛青　粉刺　虎丹　升麻　18.6 本草　贝母
18.7 麦门冬　麒麟竭　郁李仁　威灵仙
19.1 寒水石　穿山甲　马朋退　赤石子　19.2 没石子　车前子　枸杞子　白花蛇
19.3 破故纸　黄卢芭　黑牵牛　陈橘皮　19.4 贼鱼骨　桑白皮　野丈人　天胶木
19.5 禹余良　糯实子　孔公孽　马牙硝　19.6 露蜂坊　蚕晚沙　旋覆花　五味子
19.7 夜明沙　大鹏沙　白头公　自然铜　20.1 白药子　牛蒡叶　栀子仁　枇杷叶
20.2 白芥子　安息香　连翘子　疑冬花　20.3 行百步　王不留行

器用物部第十一

20.5 表纸　大纸　小纸　三抄　连抄　20.6 小抄　银碗　纸马　折四　折五
20.7 匙箸　灯草　金纸　银纸　镴纸　21.1 京纸　磁碗　磁棕　瓶盏　托子
21.2 杓子·酒罇　酱樾　熨斗　铇子　21.3 垒子　注碗　柳箱　木槛　拂拭
21.4 针线　尺枰　度量　铁铛　筛子　21.5 毛连　衣袋　尘设　缴壁　帐薄
21.6 屏风　条床　酢床　桌子　榆柴　21.7 荙草　碾草　马蔺　麋穰　柴炭
22.1 雨伞　扇子　巾子　金魿　玉莘　22.2 交椅　笊篱　连袋　索子　麻线
22.3 灯树　蒲苫　箬子

屋舍部第十二

22.5 正堂　欐栅　挟舍　散舍　房子　22.6 房子（原文重）　厨舍　横廊　基阶　门楼
22.7 亭子　摄集　草舍　客厅　草庵　23.1 园林　砲舍　碓场　城郭　库舍
23.2 檐袱　材植　阔狭　椽檩　柱脚　23.3 斗拱　栏枙　板寸　框档　地架
23.4 构栏　舍脊　板榻　上梁　裁截　23.5 倒塌　崩坏　修造　壁赤　泥补
23.6 大垒　小垒　一片　一课　一粒　23.7 一氎　一把　一箇　一束　一轴
24.1 一副　一队　一群　一盏　一瓶　24.2 一盘　若干

论语部第十三

24.4烦恼	争论	骂詈	申陈	告状	24.5干连	勾追	因依	罪衍	取问
24.6分析	公松	受贿	受罚	受承	24.7决断	徒役	投状	裁详	入案
25.1文状	关定	端的	隐藏	根柢	25.2利害	犯法	疾速	迟延	催促
25.3斗打	争竞	忿恨	知见	伤损	25.4崄峻	协和	烦冗	搔扰	侧近
25.5东夷	南蛮	西戎	北狄	坚固	25.6凶虐	谨慎	卒暴	疮肿	气候
25.7测度	省会	铠弩	疾病	痊瘥	26.1瘄痊	聋盲	添减	医治	创制
26.2修合	机关	旌旗	甲胄	干戈	26.3兵戟	译语	风俗	叛乱	邂逅
26.4遐迩								

禽兽部第十四

26.6凤凰	麒麟	骐骥	鹔鸿	白鹤	26.7鹰鹞	翡翠	鸳鸯	凫雁	鸠鸽
27.1鹌鹑	鸦鹊	皂雕	野鹊	燕雀	27.2丘鸟蚓	鹦鹉	鹭鸶	鹧鸪	鸂鶒
27.3老鸦	鹃鹏	鲸鲵	蚰蜒	蝼蛄	27.4蚊蚋	蛤蟆	蚖蛇	蜻蜓	蜗牛
27.5蜘蛛	蜂蝶	蛸蜋	猪豕	野豚	27.6走兽	魑魅	魍魉	驮畜	驴骡
27.7犉特	蟮鲹	驴马	牛羊	鸡犬	28.1骀骍	孔雀	蝇蚋	大虫	狮子
28.2虞豹	豺狼	斑鸠	鹍燕	鹅鸭	28.3猫狗	虮虱			

礼乐部第十五

28.5威仪	进退	礼乐	辞让	谦下	28.6差忒	约束	运奔	趋迎	稳便
28.7贡献	酬酢	循法	防备	难艰	29.1安危	邦国	治乱	边塞	乡党
29.2城寨	器械	论说	讲议	感谢	29.3仇雠	赏赐	饕餮	齐整	聚会
29.4游翫	唱喏								

颜色部第十六

29.6紫皂	苏木	槐子	橡子	皂矾	29.7荭花	青淀	蓝蓬	猿苴	绯红
30.1碧绿	淡黄	梅红	柿红	铜青	30.2鹅黄	鸭绿	鸦青	银褐	银泥
30.3大青	大碌	大碌	石青	沙青	30.4粉碧	缕金	贴金	新样	雄黄
30.5雌黄	南粉	烟脂	黑绿	卵色	30.6杏黄	铜録			

官位部第十七

31.1皇帝	陛下	皇后	皇子	皇母	31.2太后	后妃	正宫	监国	太子
31.3太师	太傅	太保	少师	少傅					
31.4小保	元帅	国王	尚书	令公					
31.5诸侯	太王	三公	大臣	平王	31.6郡王	嗣王	公主	夫人	帝师
31.7国师	法师	禅师	上天	驸马	32.1太尉	皇姪	星勒	相公	宰相
32.2皇女	皇妃	阁使	阁门	谒典	32.3纠弹	光禄	夫大 (有颠倒符)	令尹	少尹
32.4副使	叛使	僧官	僧正	僧副	32.5僧判	僧录	府主	通判	签判
32.6宗亲	座主	儒人	僧人	学士	秀才	32.7文人	举子		

司分部第十八

33.2朝廷	中书	密院	经略	中兴	33.3御史	殿前	提刑	提点	皇城
33.4三司	宣徽	金刀	瓯匣	工院	33.5瞻视	化雍	治源	绣院	巡访
33.6平准	天监	教坊	恩赦	街市	33.7市卖	商税	留守	资善	养贤
34.1曲务	巡捡	翰林	功德	道德	34.2 道录	勘同	磨勘	农田	提振

34.3陈告　审刑　受纳　刺史　酒务　34.4盐场　内宿　正厅　承旨　都案
34.5案头　司吏　都监　狱家　大棒　34.6小杖　家禁　打拷　勒抓　驱领
34.7筋缚　局分　勾当　点察

地分部十九

35.2灵武　保静　临河　怀远　定远　35.3定边　西京　山人　大内　新内
35.4火子　新衙　甘泉　甘州　肃州　35.5鸣沙　沙州　盐州　污池　龙池
35.6宁星　峨嵋　威州　左厢　督府　35.7黑水　三角　瓜州　五源　隆州
36.1卧啰娘　啰税火　啰庞领　吃移门　36.2骆驼巷　骨婢井　龙马川　甅来平
36.3三乍桥　麻黶傩　贺兰军　光宁滩　36.4安化郡　东都府

亲戚长幼二十

36.6爹爹　娘娘　父母　兄弟　长幼　36.7夫妇　姊妹　妻男　士女　伯……

附西夏汉文《杂字》

（原载中国社会科学院民族研究所历史研究室编《中国民族史研究》（二）中央民族学院出报社，1989年6月）

从西夏看中华民族多元一体

一、党项族在历史上的远距离迁徙

西夏是11—13世纪在现今的宁夏、甘肃大部、陕西北部、内蒙古西部、青海东部建立的一个颇具影响的少数民族王朝。一般认为，它的主体民族是党项羌，是羌人的一种。羌是中国古代对西部民族的统称，而史书对党项羌的记载则始于南北朝时期。当时党项在诸羌中势力较大，活动范围较广，主要地区大约在今四川的北部、甘肃南部和青海东部一带。党项羌在6世纪以后，开始在中国历史舞台上显露头角，就自然而然地成为中国大家庭的一个成员。当时中原地区多战事，党项羌乘机小规模向中原用兵，北周王朝也曾派兵讨伐。至隋朝，部分党项部落内附并与中原王朝关系更为密切。从隋朝至唐初，不断在党项居住地设立州县。最后，党项族地区全部纳入唐朝管辖范围。党项族首领被赐姓李氏，部众渐向北迁。

唐朝中期，逐渐强大起来的吐蕃王朝，翦灭了吐谷浑。党项羌直接受其胁迫，不得已向唐朝请求内迁。唐王朝像主持家务一样，设法减少矛盾，另划地域，安置党项族众。唐玄宗下诏于庆州（今甘肃庆阳）置静边州安置。于是党项族的大部分远距离迁徙，余下的一部分留居原地，称为"弭药"，后融汇于藏族之中。北迁的党项族其活动中心由原来的松州（今四川松潘）一带，向东北方向移动了约1000里地。①他们在甘肃南部，宁夏、陕西北部形成了新的活动中心，和在这里居住的汉族、藏族错落杂居，有了更紧密的联系。他们像兄弟一样，有交往，有合作，也有矛盾，甚至以刀兵相见。他们都成了这一地区的主人。

党项族在唐代的北迁是其历史上的重大转折，对这个民族以后的发展、立国，乃至最后的消亡都有至关重要的影响。

一个民族或一个民族的一部分在中国范围内远距离迁徙，是中华民族形成和发展过程中很多民族都经历过的。和党项族关系很密切的藏族，原居住于青藏高原，唐代时向北发展，后又乘唐室内乱，势力伸入河西、陇右、西域等地，甚至陕西北部、内蒙古西部也有藏族迁入。宋代还在青海、甘肃一带建立了唃厮啰政权。可见藏族早就向青藏高原以外的地区迁徙，历经复杂的发展变化，逐步形成现在藏族的分布格局，造成了和其他民族你中有我、我中有你的居住态势。这种同一大家庭内你来我往的流动，是中华民族形成过程中一种普遍的、自然的现象，生动地表明了中华民族既是多元的又是一体化的。

二、积极参与大家庭的政治活动

我国各少数民族在中华民族形成和发展过程中，参与全国政治活动的意识不断加强，而且不同

---

①《旧唐书》，卷198《党项羌传》。

民族在不同时期有各自不同的参与形式。当中原王朝势力衰微，无力统一全国时，一些少数民族往往向中原趋附、发展，或与中原王朝联合，或与中原王朝对抗，或自己称霸一方。唐末阶级矛盾、民族矛盾尖锐化，农民起义风起云涌，藩镇割据力量膨大，唐王朝摇摇欲坠。在这种情况下，党项族积极地参与了全国的政治活动。

党项族在迁徙过程中，以及迁徙到新的居住地以后，与生产力水平较高的汉族接触、交往频繁，自然地理环境也有所改变。一部分党项人在宜于放牧的地区仍从事传统的畜牧业生产，另有一部分人逐渐学会了农耕生产技术，定居在适宜农业的地区。整个民族的生产力不断发展，在早已进入封建社会的这一地区，迅速走上封建化的道路，其经济、军事力量显著增强。适逢其时，孱弱的唐朝统治者为党项族进兵关中提供了绝好的机会。

唐末黄巢农民起义军于广明元年（880年）攻陷唐都城长安。唐僖宗奔入蜀地，关中大乱。唐朝号召天下"勤王"。中和元年（881年），当时任宥州刺史的党项族首领拓跋思恭乘时而动，纠合夷夏兵数万，驰援唐朝，直向长安，帮助镇压黄巢起义军，被僖宗授予权知夏、绥、银节度使，与其他节度使一道图复长安。中和二年（882年）正月，僖宗授思恭为京城西面收复都统，八月授为京城四面收复都统、权知京兆尹事。可见当时唐朝对党项首领的倚重。中和三年（883年）四月，思恭从雁门节度使李克用部队攻占长安，党项族的军队堂而皇之地开进了唐朝的都城。因思恭有大功于唐，被加官太子太傅，进爵夏国公，并复赐姓李。[①]

在镇压起义军的同时，包括少数民族统治者在内的藩镇力量各自为政，唐王朝随之覆亡。各割据力量相互攻伐，形成了多个政权并存、王朝更迭频繁、战争几无休止的混乱局面。党项族首领在五代时期向背无常，纵横捭阖，先后臣服梁、唐、晋、汉、周诸朝。梁封党项族首领为陇西郡王、唐封为朔方王，周封为西平王。其官秩、封号越来越高，势力也越来越大。

党项族在唐末农民大起义和藩镇割据的特殊条件下，走出了陕西北部的狭小地盘，集军南下，进兵长安，以大家庭成员的身份，主动地参与了中原地区的政治斗争。党项族的统治者与唐王朝的统治者，由于政治利益的一致，联手扑灭农民起义烈火，是非正义的举动。但党项族首领在这一过程中，提高了自己的政治地位，扩大了本民族的影响。党项第一次在大家庭中显示了参与全国政治活动的力量。

我国许多少数民族当力量发展到一定程度后，就会在全国政治活动中不断发挥出自己的能动作用。他们的力量越大，参与全国政治活动的主动性也越强。

与党项族有一定交往的突厥沙陀部，在唐初尚居住在今新疆东部，唐中期内迁至盐州（今属宁夏盐池县），至唐末其首领李克用亦率兵参与镇压农民起义，成为主力之一，与党项族军队同时攻入长安，被唐朝封为晋王。五代时期的后唐、后晋、后汉均为沙陀人所建。[②]尽管这些王朝都很短暂，最长的后唐也不过十三年，但他们毕竟是当时入踞中原有影响的王朝。这也是历史上少数民族参与全国政治的一种形式。后来党项族不断发展壮大，建立了比较强大的西夏王朝。

三、建立西夏王朝

党项族统治者在中原初试锋芒以后，其力量尚难以与诸强大藩镇抗衡，在统治地域有所扩展，政治地位有较大提高的形势下，仍回兵自守陕西北部一隅之地。当时拓跋恩恭只是"率兵拯难"，并无长久进占中原之心。在五代时期的几十年中，党项族上层既无力兼并他人，也未被吃掉，而是

---

①《新唐书》，卷221上《党项传》。
②《新唐书》，卷218《沙陀传》《旧五代史》；卷25《唐书·武皇纪上》；卷75《晋书·高祖纪一》；卷39《汉书·高祖纪上》。

小心谨慎地、逐步地发展自己的势力，他们一直臣服中原王朝，后来党项族地区又成了宋朝的属地。

宋朝统一了主要为汉族居住的中原地区以后，自视为中国的正统，便想像汉、唐那样统一海内。首先想把后晋石敬瑭割给契丹的燕云十六州收回，以除肘腋之患。但在宋太宗太平兴国四年（979年）高梁河（今北京城外西北）惨败后，便再也无实力完成统一，只能占据半壁河山，形成了宋与契丹所建辽朝的南北对立格局。西夏王国就在这种形势下以第三大势力出现于中国西北部。

在与辽朝严重对立的时候，宋朝加紧了对党项族的直接统治，于宋太平兴国七年（982年）即高梁河战役三年以后，党项族首领、定难军留后李继捧被迫率家属至宋京师朝见太宗，献出银（今属陕西米脂县）、夏（今属陕西靖边县）、绥（今陕西绥德县）、宥（今属陕西靖边县）、静（今属陕西米脂县）五州之地，并被强留居京师。宋太宗还诏使李继捧缌麻以上亲属皆须赴宋京城。李继捧族弟李继迁不愿内迁作人质，遂与亲信等计议，出奔至距夏州东北三百余里的地斤泽，打出抗宋自立的旗号。这是党项族统治者与中原王朝公开严重对立的开始。李继迁采取结辽抗宋的方针，经与宋朝反复较量，壮大了势力，终使宋朝承认了他为定难军节度使，领有五州之地。后又在辽的支持下，攻取宋灵州（今属宁夏灵武县），改为西平府，把政治中心从夏州移至灵州。李继迁之子李德明嗣位后，基本上采取了与宋、辽两面和好的方针，继续扩展势力，着力向西开拓，占领了被吐蕃、回鹘统治的凉州（今甘肃武威）、甘州（今甘肃张掖）、沙州（今甘肃敦煌）等地，使其版图延展到河西走廊。党项族统治者随着势力的稳步发展，宋、辽给予的封号也不断升级，辽封为大夏国王，宋封为夏王。党项族首领逐渐产生了立国称帝的欲念，并为此试探做各项准备。李德明出行时大辇、方舆、卤簿、仪卫，如宋朝皇帝；追上其父皇帝尊号，庙号武宗；在境内大赦；城怀远镇为兴州（今宁夏银川市），定为国都。这样一步一步地向封建王朝发展。至其子李元昊嗣位后，更是紧锣密鼓地为立国做准备。他取消了唐、宋所赐姓，更号嵬名代，号称"兀卒"（西夏语"皇帝"意），下秃发令，建官署，创文字，整军旅，建年号，终于宋宝元元年（1038年）公开筑坛受册称帝，国号大夏。这样，在11世纪中国大家庭中又出现了一个新的少数民族王国。西夏王朝的建立使党项族发展到一个新的历史时期，在中华民族的史册上书写了引人注目的篇章。

元昊即皇帝位的第二年，派使臣入宋上表，一方面陈告建立大夏国的既成事实，表明裂土称帝的决心，"称王则不喜，朝帝则是从。辐辏屡期，山呼齐举。伏愿一埃之土地，建为万乘之邦家。于时再让靡遑，群集又迫。事不获已，显而行之。遂以十月十一日郊坛备礼，为世祖始文本武兴法建礼仁孝皇帝，国称大夏，年号天授礼法延祚"。另一方面又在表章中对宋称臣，并望乞得宋朝的恩准承认，"伏望皇帝陛下，睿哲成人，宽慈及物。许以西郊之地，册为南面之君"①。元昊摆脱了宋朝的管辖，做了至尊至大的皇帝，又想得到宋朝的首肯，这除了策略上的考虑之外，还反映了西夏立国前后与中原王朝微妙、特殊的关系，也从一个侧面反映出中华民族一体格局的特点。

西夏建国之初，尽力突出民族特点，但这些举动本身往往有违西夏统治者的初衷，不能摆脱汉文化的影响。比如在当时作为党项族文化代表，使后世人瞩目的西夏文，当其创制之时就模仿了汉字的笔画、字形和造字法，后又用它翻译了大批汉文典籍，成了向党项族传播中原文化的重要媒介。

宋朝时期，中国多个政权并存，除以汉族为统治民族的北宋、南宋王朝外，其他都是以少数民族为统治民族的政权。其中有契丹族建立的辽朝，党项人建立的大夏，女真族建立的金朝，回鹘族建立的几个回鹘政权，吐蕃建立的唃厮啰政权，白蛮建立的大理国，以及后来兴起的蒙古。这些政

---

① 《宋史》，卷485《夏国上》。

权中，有的与宋朝分庭抗礼，立盟分治，形成对峙局面；有的统一局部地区，偏安一隅；有的受宋册封，自主国事；有的入踞中原，要宋称侄、称臣。尽管形式不一，各王朝都认为是大家庭的一部分，不自外于中国。有一首赞颂创造西夏文大师野利仁荣的西夏文诗歌，其中有这样的诗句："羌（音字，指吐蕃）、汉、蕃（音弭，指党项）三旗同母，语言不同地域分。极西高处藏人国，藏人国中藏文字。极东低处汉人国，汉人国中汉文字。自己语言自己爱，个人文字个人敬。本国师尊是野利，天上文字出东方，带来文字西方明。"诗中表明了西夏人对三个民族王朝族源、地域，以及语言、文字方面的观点，他们认为三个王国是同一大家庭的三个不同分支。由此可以看出，就是中国处于分裂时期，也从不同的侧面反映出大家庭的凝聚力。当时力量较强的王朝都以中国正统自居，宋朝视不臣服自己的民族政权为大逆不道，而少数民族统治者则认为自帝国中是顺理成章的事。

这一阶段中，少数民族政治、经济、文化发展较快，参与意识加强，参与行为更加成熟，所建政权一般时间较长，比较稳固，在中国影响较大。但当时他们都无力统一中国，只是为后来蒙古族建立元朝，统一中国准备了条件。

四、力图进取中原

西夏的统治者像其他实力发展到相当水平的少数民族统治者一样，不以统治狭窄的地域为满足。党项统治者对富庶的中原地区早有觊觎之心。西夏地处西偏，人民生活中不可或缺的茶、纺织品及其他手工业品，皆需中原供给，而当地盛产的畜牧产品和青白盐也需在西夏以外的汉族和其他兄弟民族中找到市场。这种经济上不可分割的联系，在宋、夏对立时期就受到严重影响，使西夏在经济上遇到极大困难，这也是元昊想进占关中的一个重要原因。元昊在年轻时就曾建议其父："招养蕃族，习练弓矢。小则四行征讨，大则侵夺封疆，上下丰盈，于计为得。"并明确提出"英雄之生当王霸"的主张。[1]他在称帝前曾多次向宋朝用兵，为大举南侵做试探性的准备。后来就集结重兵，妄图恢廓疆土，南下关中。

元昊首先把兵锋指向距关中地区甚近、防御相对薄弱的宋朝鄜（今陕西省鄜县）、延（今陕西省延安）一带。就在他称帝的第三年（1040年）进兵延州，在延州城外三川口全歼宋援军数万人。被围困的延州危在旦夕。只是因为天降大雪，夏军不忍冻馁，加之其他地方宋军攻入夏地，才解延州之围。但延州以北大片土地被西夏占领。这一战役使宋朝人心震恐，一度手足无措，感到西夏有"吞噬关中之意"，不得不改变过去轻敌骄矜的态度，小心备战。宋朝以名将韩琦、范仲淹主持泾原路、鄜延路的防务，甚至还要加强潼关防御，准备在不得已时放弃关中。

事隔一年，元昊又率十万大军直指宋朝渭州（今属甘肃平凉），想一举消灭宋朝陕西西线韩琦的主力。使用佯败设伏的策略，在六盘山支脉的好水川（今宁夏隆德东）歼灭宋军万余人。宋参战大将几乎全部战死。这一惨败使宋朝皇帝下令陕西诸路严边备，不准宋兵轻易入夏界，以免引起新的战火。同年夏秋之际元昊又向宋河东路的麟（今属陕西神木县）、府（今属陕西府谷县）州用兵，因宋将士奋力抵抗，终未能找到南下的突破口。

宋庆历二年（1042年），元昊再图进取，与国相张元商议如何用兵。张元认为："中国精骑并聚诸边，关中少备，若重兵威胁边城，使不得出战，可乘间深入，东阻潼关，隔绝两川贡赋，则长安在掌中矣。"[2]垂涎关中已久的元昊接受了这一意见，点兵十万，还想从渭州突破，向东南直取关中。他先把宋军主力诱入定川砦（今宁夏固原北），以重兵合围，使宋军大败，损失近万人，将校

---

①[清] 吴广成：《西夏书事》，卷11。
②《西夏书事》，卷16。

死亡四十余人。西夏军直抵渭州城下。元昊令张元做露布,其中有"朕今亲临渭水,直据长安"之语,他希图入主中原的心情跃然纸上。此战消息传来,宋朝关辅居民人心动荡,不少人恐夏军入关,纷纷逃匿山谷间。宋宰相吕夷简心有余悸地说:"一战不及一战,可骇也。"①

元昊数次南向用兵,取得了显著成就,给宋朝造成了严重威胁。然而由于连年用兵,西夏财力、军力损耗惨重。元昊虽能取得局部战场的胜利,但宋朝沿边仍有20余万重兵把守,西夏毕竟国小力单,要占领关中,统治中原也是不可能的。后来西夏与宋达成协议,西夏向宋称臣,而宋则需给予大量的茶、绢、钱币等岁赐。

西夏进兵关中与契丹占领燕云、金朝灭契丹后再占中原,其性质是一样的,都是少数民族离开原聚居地,要占领中原。少数民族王朝能否占领中原,或向中原推进中能占据多大地域,则取决于当时双方或多方综合力量对比。当时中国境内各王朝都无力统一中国,然而中国的统一是大势所趋,人心所向,只是时间问题。中华民族就是由统一、分裂、再统一,这样多次反复的过程,向着更高层次、更稳固的统一形式迈进。

五、西夏的国名及其正统意识

党项族在唐代北迁后,居住在横山一带、夏州附近的为"平夏部",在庆州一带的为"东山部"。平夏部力量较强,拓跋代即为其中主要一支。夏州在十六国时期名为统万城,是匈奴一支的首领赫连勃勃所建夏国的都城。唐末党项族首领被封为定难军节度使,治所即在夏州。后来党项族以此为基地发展壮大。以后党项族首领先后晋爵夏国公、夏王、夏国王。这样西夏立国时就自然顺势以大夏称国。②宋、辽称之为夏、夏国或以其位在西部,称之为西夏。西夏人在佛教文献中与"西域"对称时,又以"东夏"自称。③有时径直以"中国"自称。④

西夏往往以自己为中心来称呼邻近各王朝。在著名的西夏凉州感通塔碑西夏文部分中,称北宋为"东汉"或"汉",在汉文部分中称宋为"南国",甚至称为"南服",把宋朝看成是应臣服于西夏的南方领土。在给宋朝的表章中有时称宋、炎宋,有时称南国、南界或南朝,有时也偶尔称"中国"。在凉州碑中西夏称吐蕃政权为"羌"或"西羌"。

西夏以中国承继者自居。在西夏立国时给宋的表章中自称是北魏拓跋氏之后,"臣祖宗本出帝胄,当东晋之末运,创后魏之初基"。西夏人还把中国过去的帝王与西夏皇帝系连起来,在西夏建国当年所立《大夏国葬舍利碣铭》中说:"我圣文英武崇仁至孝皇帝陛下,敏辩迈唐尧,英雄□(如?)汉祖。"⑤西夏前期的一篇西夏文佛经发愿文中,提到当时西夏皇帝、皇太后时说:"依德行行,与日月同光,以孝治民,总万国归依。"⑥西夏晚期一篇汉文佛经发愿文中提道:"愿萝图巩固,长临万国之尊。"⑦尽管西夏从未统一过中国,却以"万国"之主自居。在西夏文《金光明最胜王经流传序》中,介绍翻译此经情况:首记佛教东传后,梁朝、后周、隋朝、唐朝五次译经经过,接下去就记西夏翻译此经为西夏文的情况。⑧前后宛如一个系统,浑然一体,全无生拉硬扯的痕迹。在

---

① [宋] 田况:《儒林公议》卷上。

② 亦称"白高大夏国",见西夏汉文《佛说大乘三皈依经》,[俄] 缅什科夫:《哈拉浩特特藏中汉文部分叙录》,科学出版社,1984年,第498页。

③ 西夏汉文《密况圆因往生集序》,《大正新修大藏经》第46卷。

④ 西夏榆林窟汉文题记,见向达:《莫高榆林二窟杂考》,《唐代长安与西域文明》,三联书店,1957年。

⑤ 牛达生:《〈嘉靖宁夏新志〉中的两篇西夏佚文》,《宁夏大学学报》1980年第4期。

⑥ 史金波:《西夏佛教史略》,宁夏人民出版社,1988年,第236页。(以下版本同)

⑦ 同上书,第293页。

⑧ 史金波:《西夏文〈金光明最胜王经〉序跋考》,《世界宗教研究》1983年第3期。

元代刻印西夏文佛经的发愿文中，索性从三皇、五帝说起，次叙佛诞生于周昭王时，汉孝明帝因梦寻佛，又叙三国至唐八朝译经，五代至宋又补译新经，后则叙述夏国风帝（元昊）令将汉文佛经译为蕃文，最后是元代校、印西夏文佛经。[①]由此更可明显地看出，西夏灭亡以后，西夏后裔仍把西夏看成是中国前代王朝之后续，是中国大家庭内的一部分。中国少数民族的一体意识十分强烈，由此可见一斑。

六、西夏的民族和党项族的消亡

西夏是一个少数民族为主体的国家，又是一个多民族的王朝。主体民族党项羌，自称为"弭"，译成汉文为"番"。西夏所辖地区原是汉族和其他民族早就开发的地区。西夏境内汉族人口很多。在西夏境内往往番、汉并称。著名的西夏文、汉文双解语汇集就取名为《番汉合时掌中珠》。该书有同样内容的西夏文、汉文两个序言，其中有关番语和汉语关系的论述反映出番、汉两个民族密不可分的友好关系："今时人者，番、汉语言可以具备，不学番言则岂和番人之众，不会汉语则岂入汉人之数。番有智者，汉人不敬，汉有贤士，番人不崇，若此者语言不通故也，如此则有逆前言。"[②]西夏天盛十九年（1167年）刻印的汉文佛经发愿文中记载"开板印造番、汉（佛经）共二万卷"[③]。可以说，番、汉两族在西夏都处于重要地位。

西夏境内还有相当数量的吐蕃人，在西夏用汉文译写时称羌或西番。西夏中后期与吐蕃关系密切，境内吐蕃人数量显著增加，特别是随着藏传佛教的传入，吐蕃人在西夏的影响不断扩大。在凉州感通塔碑文中有"羌、汉二众提举"之职，"羌"指吐蕃而言。可见西夏中期寺庙中已有专管吐蕃僧人的僧官。至西夏晚期文献记载更多。西夏乾祐二十年（1189年）一篇御制发愿文中记载："就大度民寺作求生兜率内官弥勒广大法会，烧结坛作广大供养，奉广大施食，并念佛诵咒；读西番、番、汉藏经及大乘经典……"[④]又西夏天庆乙卯年（1195年）的皇太后施经发愿文中记载："度僧西番、番、汉三千员。"[⑤]这里"西番"皆指吐蕃人。无论是诵经，还是度僧，西番都在番、汉之前，可见吐蕃在西夏晚期佛教中的地位之高。

西夏境内也有契丹人。西夏人把契丹作为族姓之一。西夏西北部回鹘人甚众，早在德明时期甘州、沙州回鹘就已经纳入了西夏版图。西夏人把契丹、回鹘归入"夷"中。在著名的西夏文字典《文海》中解释"夷"字时，认为"夷，九姓回鹘、契丹等之谓"[⑥]。

有一部西夏文写的千字文，名为《新集金碎置掌文》，正文为五言诗，其中有这样的诗句："弥药（指党项人）勇健行，契丹步行缓，番（音字，指吐蕃人）多敬佛僧，汉皆爱俗文，回鹘饮乳浆。"[⑦]这里把西夏的主要民族及他们的习俗简要地勾勒出来了。

西夏人编过一部西夏文《杂字》，其中有一类为"番姓"，自皇族嵬名氏以下共241姓。其中第145姓音"昔毕"。记录此姓的两个西夏字，在西夏文译汉文类书《类林》中用以翻译"鲜卑"[⑧]。可能是鲜卑衰落后，部分没入党项中，遂以族称为姓。"昔毕"是西夏一大姓，很多西夏文献皆有记载。可见党项族本身也融入了其他民族成分。于此可以窥视中华民族在形成过程中，你中有我，

---

①史金波：《西夏文〈过去庄严劫千佛名经〉发愿文译证》，《世界宗教研究》1981年第1期。
②[西夏]骨勒茂才著，黄振华、聂鸿音、史金波整理：《番汉合时掌中珠》，宁夏人民出版社，1989年。
③史金波：《西夏佛教史略》，第259页。
④《西夏佛教史略》，第267页。
⑤同上书，第273—274页。
⑥史金波、白滨、黄振华：《文海研究》，中国社会科学出版社，1983年，第252、489、617页。
⑦陈炳应：《西夏文物研究》，宁夏人民出版社，1985年，第248页。笔者在苏联见到原文，对译文做了补充、修订。
⑧[俄]克平：《类林》，科学出版社，1983年，第284页。

我中有你的错综复杂情势。

西夏建国之初，虽有强令秃发之举，但总的来看，西夏统治者为维护其统治，基本上采取了笼络各族的办法。尽管在西夏党项族的地位优于别族，但因形势所使，一般尚能番、汉并提，各族共处，民族矛盾不似当时的辽、金王朝和后来的元朝那样尖锐。

西夏晚期，蒙古兴起于漠北，先后六次进攻西夏，最后于西夏宝义元年（1227年）以破竹之势攻占西夏都城兴庆府，这个历经十代帝王、享祚一百九十年的西夏王朝灭亡了。

蒙古统一中国后，将西夏故地划为西夏中兴行省。蒙古人将中国人分为四等，党项人为色目人之一种，其民族地位仅次于蒙古人。当时不少党项上层归服蒙古。有的为蒙古人军前效力，成为攻灭金朝和南宋的先锋；有的进身王庭，成为出谋划策的智囊；有的身居枢要，成为显赫一时的大臣。党项人上层及其眷属、所率军队，以及工匠、僧人大批散入中原。这样，有元一代不仅在西夏故地仍有众多党项人居住，中原也有不少党项人定居。他们分布甚广，几乎大部分省区都有党项人。西夏本来文教浸盛，经济也较发达，比较接近汉族，因此能较快地适应中原的社会生活，在政治、经济、文化方面发挥自己的作用。

明代对少数民族实行民族压迫和强迫同化政策，明确规定蒙古、色目人"不许本类自相嫁娶，违者杖八十，男女入官为奴"[1]。此律虽未能贯彻始终，但在这一总形势下，党项人还是走上了同化于其他民族，逐步消亡的道路。

居住在河西一带的党项族可能融汇于当地的蒙古族、汉族、藏族之中，也可能有一部分在回族形成过程中成为回族的一部分。进入中原地区的则多同化于汉族之中，进入了中华民族的核心体内。在有方志和族谱等资料可稽的情况下，尚能了解一些党项人融合于汉人的大致过程。笔者曾根据文献资料提供的线索到安徽等省专程考察党项后裔的下落，在合肥和桐城等地都找到了元末大臣党项人余阙（父名沙剌藏卜）的后代。他们经二十几世传衍至今，皆以余为姓。[2]在河南濮阳也有西夏党项遗裔，他们改姓杨氏。[3]这些党项后裔在明代已经是汉族的一部分。目前他们都过着和当地汉族毫无二致的生活。然而在调查时他们还是知道自己的祖先不是汉族。谈起自己的先祖尽管知之甚少，但仍津津乐道。自元末至今已经600余年，民族已经消亡，而民族意识仍约略可见。

在历史上曾一度比较强大、并给中国造成鼎足之势的党项族，经过一波三折的发展变化，完全消融在中国的大家庭之内。在中华民族形成和发展过程中，不少民族发展壮大了，另外一些民族则先后融合于其他民族之中，其中影响较大的有乌桓、鲜卑、羯、氐、契丹、党项等。势力较大的民族消亡往往与社会发展水平较高，居住地域靠近或深入汉族地区、所建政权灭亡等条件有关。这是中华民族发展过程中一种引人注目的现象。

总之，党项族及其所建的西夏王朝，为西北局部地区的统一和发展，为中华民族多元一体格局的形成作出了贡献，同时也为我们认识中华民族的形成和发展提供了一种典型的实证。

（原载费孝通主编《中华民族研究新探索》，中国社会科学出版社，1991年5月）

---

①《大明律·户律》，见《玄览堂丛书》3集。
②史金波、吴峰云：《西夏后裔在安徽》，《安徽大学学报》1983年第1期。
③任崇岳、穆朝庆：《略谈河南省的西夏遗民》，《宁夏社会科学》1986年第2期。

西夏境内民族考

中国是一个多民族的国家，在漫长的岁月中，各民族在政治、经济、文化方面的联系越来越紧密，早就形成了大杂居、小聚居的局面。中国历史上，不仅中原王朝是多民族的，在各地区建立的王朝或政权，也都是多民族的。无论它是以汉族为主体，还是以少数民族为主体，都是如此。这可以说是中国历史的一个特点。11—13世纪存在于西北地区的西夏王朝也是一个多民族王朝。

西夏王朝内的民族成分早就引起很多民族史学家的注意，几十年来他们陆续发表了一些论文和著作，辑录了很多有价值的史料，使这一问题的研究有了很大进展。然而到目前为止，有关西夏民族的一些问题并未完全解决，甚至连西夏统治者究竟是羌系，还是鲜卑系，也还在讨论之中。过去所搜寻的资料大多数是汉文史料，尽管也有很高的学术价值，但对于西夏史来说，毕竟是间接的材料。近些年来，一些重要的西夏文文献渐次公布，其中有不少涉及西夏民族方面的资料。尽量直接利用西夏文文献资料，同时结合汉文和其他民族文字资料，全面地对西夏民族进行考察，对深化西夏民族的研究是很有意义的。本文以此为目的，尽量多提供一些西夏文资料，试对西夏的民族做一些考证。

一、番、弥、党项

西夏的主体民族，也可以说统治民族为"番"（附录1），其语音为〔弥〕，西夏人将其译为汉字"番"。西夏仁宗朝番人骨勒茂才编著的《番汉台时掌中珠》，就是一部番文和汉文对照、双解的词语集，其中的"番"即西夏的主体民族〔弥〕。该书有番文和汉文两个内容相同的序言。汉文序中"番""番汉文字""番汉语言""番人"中的"番"，在番文序中皆为读音〔弥〕的字。[1]后世习惯将番（蕃）文称为"西夏文"，将番言或番语称为"西夏语"。

西夏的皇族姓嵬名氏（附录2）。嵬名为番族中第一大姓，在西夏文《杂字》和西夏汉文本《杂字》的"番姓"一节中，嵬名氏名列第一。西夏的国名为"白高大夏国"（附录），或简称为"大夏国""夏国"[2]。西夏也有时称为"番国"。西夏人编著的西夏文类书《圣立义海》第四卷"山之名义"中，至少两次出现"番国"（附录4），在"冬夏降雪"一条中释文为"番国三大山冬夏降雪。日晒不融常在：贺兰山、积雪山、胭脂山"[3]。以统治民族的族名称其国家，在中国历史上是不乏其例的，如"契丹国"等。以"番国"作为夏国的代称，更可见番族在西夏的统治、主体地位。确切地说，西夏的主体民族应称为番族。

番族的第一大姓，西夏皇族嵬名氏，原为拓跋氏，后来唐朝赐姓李氏，北宋赐姓赵氏。西夏第一代皇帝景宗元昊在立国前更张旧制，改姓嵬名氏。西夏皇族拓跋氏之系统由《宋史》之《夏国

---

①[西夏] 骨勒茂才著，黄振华、史金波、聂鸿音整理：《番汉合时掌中珠》，宁夏人民出版社，1989年。
②[俄] 盖列夫：《哈拉浩特出土汉文文献叙录》，科学出版社，1984年，第497、498页。
③俄罗斯圣彼得堡东方学研究所藏墨水城文献，No.684。

传》上溯《五代吏》之《李仁福传》《党项传》《唐书》和《隋书》之《党项羌系。①但另外一些史料又与此相抵牾。《辽史》记载："西夏本魏拓跋氏后，其地则赫连国也。"②《金史》也记载："其臣罗世昌谱叙世次，称元魏衰微，居松州者困以旧姓为拓跋氏。"③就在《宋史》中记元昊给宋朝仁宗皇帝上表时也说："臣祖宗本出帝胄，当东晋之末运，创后魏之初基。"④魏是鲜卑系拓跋氏所建。一些专家认为这是元昊在立国时为了称帝有据而高攀元魏，谎称自己是帝王之后。⑤但又有的专家搜集材料，旁征博引，论证西夏拓跋氏是鲜卑系统。⑥西夏皇族的族属成为西夏史学界争论的一个热点。

在中国历史上，不仅各王朝内具有多民族性，就是在一个民族内也往往包含着历史上不同民族的成分。这种各民族间你中有我，我中有你的复杂状况是普遍存在的，而这一民族间融汇、分化、吸收的过程总在不停地进行着。这是一个不以人们主观意志为转移的动向过程。西夏的番族也表现出历史上多种民族成分的融汇现象。

番族在历史上与鲜卑族有密切的关系，番族中有鲜卑的成分。在西夏文《杂字》"番姓"中有"西壁"（附录5）一姓。汉文史料中也记载西夏有西壁氏。在西夏人翻译唐代类书《类林》时，就用上述两个西夏字译"鲜卑"这一族称。⑦可以认为，"鲜卑"已经从一个族称演化成番族的一个姓氏。西夏时的西壁氏和旧时的鲜卑已经发生了根本变化，由于他们和番族长期的共同生活，已经成为番族的一个组成部分。进入番族的鲜卑人以鲜卑为姓，而皇族拓跋氏并未姓鲜卑，这倒给人以另一种启示：反证拓跋氏并不是鲜卑。当然，由于番族内有了鲜卑的成分，鲜卑对番族也会有影响，比如元昊自称是元魏之后即可看成一例。又比如元昊在立国时在境内颁布秃发令又是一例。鲜卑系民族有秃发（髡）的习俗。元昊实行秃发并不是像有的进入中原的北方少数民族那样，原来本民族已有秃发习俗，后强令被占领地区的汉族实行与他们一样的秃发习俗，而是包括拓跋氏在内的国人都实行秃发，元昊本人"先自秃发"⑧。可见拓跋氏原来并无秃发之俗。这又成了西夏皇族不是鲜卑系的一个证明。这一举动可以理解为元昊为了攀附元魏的帝王门第，便仿效鲜卑系民族秃发。元昊是一个善于改革旧制的人，更改姓氏，变化发式是他超凡脱俗、自立自尊的一种表现形式。

西夏汉文本《杂字》的"番姓"中，有一姓是"回纥"。回纥即回鹘。西夏境内的回鹘多居住在河西走廊一带，本是一个单一的民族，在不少西夏文文献中，把番、汉、西番（吐蕃）、回鹘并称。在此《杂字》中把"回纥"作为番族的一姓，是否也像"鲜卑"姓那样，一部分回纥人已进入番族。也可能在西夏时期番族的范围较宽，并且是一个界限不很严格的人们共同体。其实，即便是在对民族成分更加重视的近现代，要严格划定一个民族的界限，或确定某一个比较复杂的人们共同体的族属，有时也是不容易的。总之，如果把西夏番族看成是一个可以容纳其他民族成分的族体，那么，其中有鲜卑族或其他别的民族成分也都是可以理解的。

番族作为一个民族，有其自己的文化，史书上概称为"番礼"。在西夏历史上，统治者内部在提倡"番礼"还是提倡"汉礼"的问题上，曾有过长期的斗争。这种斗争就是在西夏突出番族文化

---

①《宋史》卷485，《旧五代史》卷132、138，《旧唐书》卷198，《隋书》卷83。

②《辽史》卷115《西夏传》。

③《金史》卷134《西夏传》。

④《宋史》卷485《夏国传》上。

⑤杨志玖：《西夏是不是羌族》，《历史教学》1956年第4期。

⑥吴天墀：《西夏史稿》，四川人民出版社，1980年。吴天墀：《论党项拓跋氏族属及西夏国名》，《西北史地》1986年第1期。汤开建：《关于西夏拓跋氏族源的几个问题》，《中国史研究》1986年第4期。

⑦[俄]克平译著：《类林》，科学出版社，1983年，第284页。

⑧[宋]李焘：《续资治通鉴长编》卷115，仁宗景祐元年十月载："元昊初制秃发令，先自秃发，及令国人皆秃发，三日不从令，许众杀之。"

还是突出汉族文化,其实质往往反映出皇族与由保守势力支持的后族的斗争。[1]番礼范围很宽,大致包括了社会文化方面语言、文字、礼仪、习俗等。

番语是西夏主体民族番族人所操的语言,是番文化的重要组成部分。包括嵬名氏在内的番族都把番语视为自己的民族语言。可庆幸的是,西夏人给后世留了多种类型的、反映番语音韵的字典、辞书,如上述的《番汉合时掌中珠》,此外还有韵书《文海》《文海宝韵》、字、书《音同》、韵图《五音切韵》等。此外还保存下来大批记录西夏语言的文献材料。经过几代西夏学家对这些材料从语音、词汇、语法各方面进行分析研究,已经得出一个基本结论:番语(即西夏语)属汉藏语系藏缅语族。至于西夏语在藏缅语族中属彝语支,还是属羌语支,抑或是一个单独的语支,还在研究探讨之中。一般操藏缅语族语言的民族属羌系民族。因此西夏语的特点及其系属可视为番族为羌系民族的一个重要论据。

前几年有的专家在北京图书馆发现了一部清抄本《译语》,其中有《河西译语》5页,有225个词,用汉字录其音。[2]因西夏地处河西,西夏灭亡后,有时使用"河西"称西夏或西夏主体民族。有的专家认为《河西译语》反映的是西夏主体民族的语言,还有的专家以《河西译语》中反映出某些阿尔泰语成分来证明西夏统治者拓跋氏为阿尔泰语系民族鲜卑人。根据现存的《河西译语》的词语译音材料看,其中确有某些阿尔泰语成分,但是《河西译语》是一种晚近的材料,它所记录的语言,充其量是西夏灭亡后,番族经过蒙古汗国与元代,发生了大动荡、大变化、大融合后,成为一个趋向消亡的民族的语言,是番族的大部分已经混杂在各地区、各民族之后的一种语言。它不能代表西夏时期的西夏语。况且《河西译语》仅仅有部分词汇材料,语言中最稳定的部分语法方面的材料尚不得而知,而确定一个语言的系属,语法特点是十分重要的。

据历史资料看,西夏番族的习俗,如衣着、发式、婚姻、丧葬、复仇方式等亦多与羌系民族相近。当然有的习俗是游牧民族所共有的,如放牧就很难说是哪一个民族或哪一个地区民族所特有的。而包括嵬名氏在内的番族,其先民在北迁之前"织牦牛尾及羖羬毛为屋","牧养牦牛、羊、猪以供食"[3]。就连西夏时期的《番汉合时掌中珠》动物类中也有"牦牛"一词。牦牛是青藏高原地区的特产,为那一地区的羌系民族所牧养。西夏番族历来放牧牦牛,也是他们与羌系民族同系的一个理由。

总之,以西夏文和汉文史料分析,从番族的生活地域、历史发展、迁徙经过、语言、习俗综合考察,认为包括拓跋氏在内的番族是党项羌的后裔还是有根据的。况且《河西译语》仅仅有部分词汇材料,语言中最稳定的部分语法方面的材料尚不得而知,而确定一个语言的系属,语法特点是十分重要的。

西夏的番族,即党项族,在国内的地位比其他民族高。西夏仁宗朝天盛年间修订的《天盛改旧新定律令》(以下简称《天盛律令》)第十卷规定,在西夏王朝各族官员"名事同、位相当者,不论官高低,当以番人为上"[4]。这里所说的"名事""位",系指职官的实际任职和品位。西夏官制中还有一种标明其身份和地位的职官系列,称之为"官",亦分为若干等级,相当于中原王朝的勋、爵之类。上述《天盛律令》的规定显然突出了番族官员的地位,实际上以法律的形式强化了番族作为统治民族的特殊地位。然而,总的看来,西夏尽管也不例外地存在着民族歧视和民族压迫,但比较起来其民族压迫并不突出,民族矛盾不很尖锐,它既没有实行辽代那样不同民族分别治理的办

①蔡美彪等著:《中国通史》第6册,人民出版社,1979年,第164—174页。
②冯蒸:《"华夷译语"调查记》,《文物》1981年第2期。
③《隋书》卷83《党项传》。
④史金波、聂鸿音、白滨译注:《天盛改旧新定律令》第10卷,科学出版社,1993年。

法，也没有元代那样的人分四等的民族高压政策。

西夏统治者为了与宋、辽相匹敌，除在政治上、军事上加强力量以外，还注意在文化上有所建树，使文化相对落后的番族尽可能取得与汉族相等的地位。其中最突出的就是元昊在立国前创制蕃书，也称蕃文或蕃字。元昊在给宋朝上的表章中谦卑地说："制小蕃文字，改大汉衣冠。"①尽管为了使自己称帝得到宋朝的首肯，把本族称为"小蕃"，把中原尊为"大汉"，但一个"制"字，一个"改"字，使他坚持改制、强硬自立的精神跃然纸上。西夏文的创制和使用，是西夏立国的一件大事，它使党项族历史上第一次有了记录自己民族语言的文字，大大提高了党项族的文化素质，加强了党项族与其他民族、西夏与其他王朝的联系，适应了党项族政治上、心理上的要求，强化了党项族的主体地位。元昊创制并推行西夏文，其间所表现出的对番族的民族认同感、民族自我表现意识，比他自己口头宣称其祖宗"创后魏之初基"更具有客观的说服力。

在西夏境内，西夏文和汉文同时并用，两种文字都是使用范围很宽的应用文字。西夏设有类似中原王朝翰林院职能的番、汉二字院，以番字院为重，据《天盛律令》颁律表知番大学院、汉大学院都有博士。西夏还有番学士、汉学士。西夏还建有教授番文的番学。西夏用番文书写公文、制定法律，撰写历史、语言、文学著述，翻译汉文典籍。从创制西夏文之初，西夏即开始用西夏文翻译佛经，前后经四代皇帝，计53年时间，译完了3500多卷佛经，称为"番大藏经"。这些都是用番文表现番族文化的突出举措。可以说，西夏时期的党项族是一个文化素质很高的民族。

在西夏文文献中番族还有"勒尼责"（附录6）和"没尼野"（附录7）两种称谓。西夏文字典《文海》在"勒"字条下解释，"勒者勒尼责也，没尼野也，弥（番）人之谓也"②。在西夏文同义字典《义同》中也把上述勒尼责、没尼野、弥归为一类。"没尼野"二字字音当与《唐书》中所记党项族称谓"弭药"一词相合。《唐书》记载：吐蕃强大后，逼迫党项，党项向唐请求内徙，唐朝准其迁至庆州一带，而未迁走的部分"皆为吐蕃役属，更号弭药"③。西夏的番族仍称"弭药"，说明党项人不仅未北迁留居原地的称为弭药，而且已经北迁后来成了西夏国主体民族也保留了这一称号。

二、汉、嘈、布衣

西夏王朝内另一个重要民族是汉族。西夏所辖地区，包括今宁夏大部、陕西北部、甘肃、内蒙古西部和青海东北部地区，很早以前就有汉人与其他少数民族共同开发。这一地区靠近中原，是汉族和其他民族往来密切、交错杂居之处。党项族自唐代北迁进入这一地区后，就与汉族和其他民族共同生活在这里。可能开始时因党项族多从事传统的畜牧业而游牧于草地、山间等牧区，而汉族则主要居住在农村和城市。随着部分党项族学习并从事农业，特别是其统治者建立夏州、灵州、兴州政权后，党项族的居住地当更与汉族接近，形成更为广泛的杂居。

由于汉族的经济、文化相对比较发达，西夏的统治对汉族十分倚重。西夏历代统治者都注意笼络汉族的有才之士参加其政权，不少汉人在西夏王朝身居枢要。西夏皇室没有因为与以汉族为主体的宋朝对峙而排斥汉人，相反，他们多能从大局着眼，以实际需要为出发点，尽量吸收、利用汉族人才。汉人在西夏王朝中有举足轻重的地位。早在元昊的祖父李继迁时期，汉人张浦就佐助李继迁出谋划策，抗宋自立，后来还代表夏州政权出使宋朝。元昊建国称帝，多以番人野利仁荣、汉人杨守素为谋士，立国建官制时，又任用多位汉人为其主要文职官员。后来又接纳中原地区的汉人文士

---

①《宋史》卷485《夏国传》上。
②史金波、黄振华、白滨：《文海研究》，中国社会科学出版社，1983年，第543、655页。
③《旧唐书》卷198《党项传》。

张元、吴昊，参与谋议，委以重任，张元后官居国相。毅宗谅祚时陕西人景询投奔西夏，谅祚授其为学士，深受信赖。谅祚"每得汉人归附，辄共起居，时致中国物娱其意。故近边番汉争归之"①。至于仁宗时期汉人任得敬篡权分国，当属另一种性质。

西夏对汉文化十分重视，这与汉族在西夏的人数和地位相适应。西夏长时期有蕃礼和汉礼之争，但总的看来是党项族文化和汉文化长时期并行不悖，并在蕃礼、汉礼交错占主导地位、竞相发展的情况下得到了充实。西夏在文化上的一些重要举措，往往都是番、汉并列，如西夏设番、汉二字院；后又有番学、汉学；创制了番字，又同时使用汉字。西夏在翻译番文《大藏经》的同时，又刻印汉文《大藏经》，称为《西夏贺兰藏》，以满足西夏境内众多汉族信徒的需要，形成了西夏佛教发展的另一个壮举。②

西夏崇宗时期为了发展儒学，特在蕃学外建立国学。仁宗时期又在各州县建立学校，扩大了儒学的影响。仁宗还建立大汉太学，尊儒学先师孔子为文宣帝，下令各州郡立庙祭祀。仁宗朝又进一步接受了中原的科举制度，更加扩大了汉学的影响。这反映了汉文化在西夏地位的进一步提高。

黑水城遗址（今属内蒙古额济纳旗）发现的大批西夏文献中，有不少是西夏时期的汉文文献，其中有文书，有世俗著述，有佛经。在西夏文文献中也强烈地反映出汉文化的影响，其中有用西夏文翻译的汉文典籍，如《论语》《孟子》《孝经》《孙子》《六韬》《三略》《类林》《贞观政要》《新集慈孝记》等。在西夏人自己编著的西夏文著作，如《文海》《音同》《天盛律令》中，反映出有大量汉语词进入西夏语。就连西夏陵园的墓碑，无论是帝陵还是陪葬墓，都发现有西夏文和汉文两种碑文。所有这些都说明汉族在西夏人数较多，党项族和汉族关系密切，汉语对西夏语影响很深，汉文化在西夏文化中占有重要地位。

在西夏文《杂字》和西夏汉文《杂字》中，除"番姓"外，都有"汉姓"一节。在西夏文《杂字》中自"张王李赵"开始，共有84个汉姓。而在汉文本《杂字》中"汉姓"列在第一节，"番姓"为第二节。"汉姓"前残，约缺几十个姓，尚余"梁陈苏辛"等138个姓。③汉姓在《杂字》中的地位表明了汉族人在西夏的地位。番族和汉族是西夏最主要的两大民族。

西夏语中称汉族为〔唠〕，此字在西夏文中以"小"和"虫"两个字构成（附录8）。这是西夏文创制者体现了西夏番族统治者的民族歧视观念，反映了西夏番族统治者狭隘的民族主义情绪。在《文海》中，这个发音为〔唠〕的字，注释为"（唠）者蛮也，阔（唁）汉之谓也"④。《义同》中也把唠阔（唁）、汉、蛮貊归为一类。"阔（唁）"这两个字的读音在西夏语中与"布衣"同音，分析其文字构造也是分别由"布""衣"的一部分加"汉"字的一部分组成（附录9）。⑤党项人称汉人为"布衣"，是反映了两个民族衣着不同的特点，党项人"衣皮毛，事畜牧"，而汉族的多数则穿布衣。这一称谓在西夏文文献中，除字典之外，很少见到。看来它并不常用，可能是较早时期形成的称谓。文献中出现最多的是发音为〔唠〕的字，它可能是"杂"的译音，反映出汉族人数众多，分布地域广，其成分比较杂，各地的汉族有某些不同的特点。"蛮"字西夏语读〔荆〕，"貊"西夏语读〔吴〕。

西夏统治者比较注意番、汉关系。《天盛律令》中提到民族时，往往都是首列番，其次便是汉，然后才是其他民族。《番汉合时掌中珠》序中指出："今时人者番汉语言可以具备，不学番言则岂和

①[清]吴广成：《西夏书事》卷21。
②史金波：《西夏佛教史略》第四章，宁夏人民出版社，1988年。
③史金波：《西夏汉文本〈杂字〉初探》，《中国民族史研究》第2辑，中央民族学院出版社，1989年。
④《文海研究》第519、638页。
⑤史金波：《西夏名号杂考》，《中央民族学院学报》1986年第4期。

番人之众；不会汉语则岂入汉人之数。番有智者，汉人不敬，汉有贤士，番人不崇，若此者，由语言不通故也。"①这里说的是语言，但反映了西夏时期番族对番汉关系的看法，认为双方应该互相尊重。《天盛律令》对官员服式有相应的规定，"汉臣僚当戴汉式头巾，违律不戴汉式（头巾）时，有官罚马一，庶人十三杖"②。这可能是西夏统治者有意识地保留番、汉各自的民族特点。

汉〔嘞〕除了是民族名称外，还是西夏人对宋朝的称呼。西夏人称宋朝为"宋"，西夏文中是个译音字。在银川西夏陵园出土的西夏文和汉文残碑中都有记载，如108号墓西夏文碑中有"宋人""宋将"，汉文碑中有"宋""宋人"，但也有时以"汉"代"宋"。如2号墓中就有"汉将"的称呼，③这里实际指的是宋将。又如凉州感通塔碑西夏文碑铭中的"东汉""汉"皆指宋朝而言，而汉文碑铭中则把宋朝称之为"南国"。耐人寻味的是在《天盛律令》这部法律文献中一律称宋朝为"汉"，而不称之为"宋"。如第九卷记有"汉、契丹、羌、西州、大食等中（出）使……"，第19卷记有"皇城、三司等往汉、契丹卖者，坐骑骆驼预先由群牧司分给……"，同卷又记"马院所属熟马、生马及所予汉、契丹马等中之患疾病、生癞者，当速告局分处"④。这里的"汉"皆指宋朝而言。

三、西番、羌、吐蕃、戎

西夏境内另一个重要民族是吐蕃族。西夏文中常用水字（附录10）称呼，在西夏语中读〔勃〕，即"吐蕃"之"蕃"。在西夏文译《孙子兵法三注》中，就以此字译"吐蕃"。此字又译为羌、西羌、西番。在凉州重修护国寺感通塔碑汉文碑铭中"西羌梗边"中的"西羌"，就是此字。西夏人有时也用汉字"西番"二字指称之。如西夏仁宗时期刻印的汉文《观弥勒菩萨上生兜率天经》发愿中记载"读西番、番、汉藏经及大乘经典"，汉文《大方广佛华严经入不思议解脱境界普贤行愿品》发愿文中记载"变僧西番、番、汉三千员"，其中的西番，即指吐蕃人而言。⑤《文海》对此字的解释为："吐蕃〔鹁〕者，戎羌也，藏也，吐蕃国人之谓也。"⑥看来，这一称谓即族称，也是国名。

吐蕃是世居青藏高原的民族名称，也是这一民族在这一地区建立的政权名。吐蕃势力最强盛的时期，除青藏高原外，还远抵西安四镇及河西陇右等地。9世纪后半叶，经过一场席卷吐蕃全境的奴隶平民大起义之后，吐蕃政权全面瓦解。宋初时以青塘（今青海西宁）为中心形成了吐蕃地方政权。11世纪初，唃厮啰当政，被宋朝封为保顺军节度使，使之牵制西夏。这时西夏已经占领了河西陇右一带，境内也有一定数量的吐蕃人。由于西夏与吐蕃的关系紧张，吐蕃人在西夏的地位并不是很重要。早在元昊未立国前便于广运二年（1035年）就引诱西蕃人叛唃厮啰。景宗、毅宗、惠崇、崇宗时都有吐蕃人投归西夏。如夏毅宗拱化元年（1063年）西蕃（即吐蕃）首领禹藏花麻无力抵抗宋军攻掠，以西使城及兰州一带土地献给夏国，夏妻以宗女，封为驸马，后升为统军。⑦西夏惠宗时期调整了与吐蕃政权的关系，双方互为婚姻，与吐蕃来往密切。后来西夏版图中包括了更多的吐蕃人的居住地，吐蕃人在西夏人数增加了，特别是西夏中、晚期吸收和发展了藏传佛教、聘请吐蕃高僧，翻译藏传佛教经典，这样大大提高了吐蕃族的地位。

藏传佛教在西夏的发展大抵以河西走廊为重点，并逐渐向西夏腹地延伸。目前，在河西的敦

---

①《番汉合时掌中珠》序。
②《天盛律令》卷12。
③李范文编释：《西夏陵墓出土残碑粹编》，文物出版社，1984年，图75、78、97、100、20。
④《天盛律令》卷9、19。
⑤［俄］孟列夫：《哈拉浩特出土汉文文献叙录》，科学出版社，1984年，第501、504页。
⑥《文海研究》第443、588页。
⑦《西夏书事》卷12、15、20、21、23、27、29。

煌、黑水城仍能见到西夏时期藏传佛教的遗迹。在甘州（今甘肃张掖）曾译藏传佛教经典。仁宗乾祐七年（1176年）在甘州立黑水建桥敕碑，一面用汉文书写，一面用藏文书写，此碑表明在甘州一带藏族居民较多。①此外，在西夏的首都中兴府（今银川市）也发现有藏密的佛经和佛画，可见藏传佛教影响之大。②《天盛律令》第11卷明确规定了欲为出家僧人的番、西番（吐蕃）人应会诵之经典和汉人应会诵之经典。在西夏后期由于藏传佛教地位的提高，吐蕃僧人的地位也显著提高。如前述两篇发愿文中提到读诵经典和度僧时，都把西番放在番、汉之首。西夏封设的帝师可能也是吐蕃族僧人，这就更加提高了藏传佛教和吐蕃人的地位。有的寺庙中还设有管理吐蕃僧人的官员，如凉州感通塔碑西夏文碑铭中记有"感通塔下羌汉二众提举赐绯和尚臣王那征遇"的职称和人名，可知该塔寺中有羌（吐蕃）族僧人和汉族僧人。西夏文《新集金碎置掌文》中有"弥药勇健行，契丹步行缓，羌（吐蕃）多敬佛僧，汉皆爱俗文"的记载。这里突出了羌人崇信佛教的特点。③

在已经发现的大量西夏文献中，有很多西夏文佛经，也有不少汉文佛经，但到目前为止，藏文佛经极为少见。仁宗乾祐十五年（1184年）刻印的汉文《佛说圣大乘三皈依经》发愿文记载"仍敕有司，印造斯经番汉五万一千余卷，彩画功德大小五万一千余帧"，乾祐二十年（1189年）刻印的汉文《观弥勒菩萨上生兜率天经》发愿文记载"散施番、汉《观弥勒菩萨上生兜率天经》一十万卷，汉《金刚经》《普贤行愿经》《观音经》等各五万卷"，桓宗天庆二年（1195年）刻印的汉文《大方广佛华严经入不思议解脱境界普贤行愿品》发愿文记载"散施八塔成道像净除业障功德：共七万七千二百七十六帧，番汉《转女身经》《仁王经》《行愿经》共九万三千部"④。其中都未提到散施西番（吐蕃）文经。没有刻印和散施大批藏文佛经可能说明在西夏西番人数不太多，或藏文的刻印事业不发达。

西番族尽管对西夏中后期的佛教影响很大，但在西夏政坛上的地位并不突出。在西夏的政府中很少见吐蕃人任显要职务。在《天盛律令》中凡提到境内多种民族时，其排列顺序总是番、汉、西番。西番排在第三。从西夏政府颁行的法律文献可以看出，西番族的地位在番、汉之下。

番和吐蕃的关系十分密切，早在吐蕃时期，番族就和吐蕃有政治、经济和宗教的往来。西夏时期两族的关系在新形势下有了新的发展。一方面西夏王朝与吐蕃政权随着宋、夏、吐蕃三角关系的变化而时战时和，另一方面在西夏境内番族和吐蕃族的交往随着文化的交融，特别是藏传佛教的流传而日益加深。西夏佛经中还有一种特殊的佛经，在手写的西夏文经的每一个字旁边，用藏文为其注音。目前这种佛经仅发现有数纸，皆为俄国人科兹洛夫和英国人斯坦因自黑水城遗址掘获。⑤这种特殊的注音佛经可能是为了懂藏文的人学习和诵读西夏文佛经所用。此外斯坦因还在黑水城遗址发现有"汉文而用西藏文注释"的残页，由此可以推想当时西夏境内几种主要民族在文化交流中的密切关系。

"蕃"（吐蕃）同"番""汉"一样，既是民族名称，又是政权名称。凉州感通塔碑西夏文碑铭中记有"蕃军已来凉州"，这里的"蕃"指吐蕃政权，汉文碑铭则记为"西羌"。西夏陵园2号陵西夏文碑中有"蕃地""蕃处"⑥，亦应指吐蕃。2号陵的汉文碑中有"吐蕃界"，"吐蕃"二字当是"蕃"的汉译文，更表明了这里"吐蕃"系指吐蕃政权。吐蕃政权在西夏又称之为"戎"或"西戎"。如上述2号陵的汉文碑中就两次出现"西戎"的称谓。前述《文海》对"蕃"字的解释在族

①《西夏佛教史略》第四章。
②宁夏文管会、贺兰县文化局：《宁夏贺兰县宏佛塔清理简报》，《宁夏贺兰县拜寺口双塔勘测维修简报》，《文物》1991年第8期。
③俄罗斯圣彼得堡东方学研究所藏黑水城文献NO.T741。
④《哈拉浩特出土汉文文献叙录》第498、501、504页。又见《西夏佛教史略》第262、267、274页。
⑤《国立北平图书馆刊》4卷三号（西夏文专号），1932年，第7—21页，第241—244页。
⑥《西夏陵墓出土残碑粹编》，图版2、28、44、41、54。

称之后有"蕃国人之谓也"。更证明了这一称呼既是族称又是国名。

四、回鹘及其他

回鹘是我国北方和西北地区的一个民族。唐代曾先后建成高昌回鹘、河西回鹘（甘州回鹘）和喀喇汗王朝三个政权。至北宋初期，甘州回鹘除甘州、纱州（今甘肃敦煌）外还向北部肃州（今甘肃酒泉）、合罗川等地，南部凉州（今甘肃武威）、秦州（今甘肃天水）、贺兰山等地伸延。①元昊在其父德明当政时期，于宋天圣六年（1028年）率兵突袭甘州，夺取了回鹘政权的统治中心，元昊被立为太子。天圣八年（1030年）回鹘瓜州王贤顺见德明势力强大而率属民请降。明道元年德明又派元昊自回鹘人手中攻取凉州。元昊即位后，又于景祐三年（1036年）再攻回鹘，夺取了瓜（今甘肃安西）、沙、肃三州，于是元昊尽有河西之地，甘州回鹘成了西夏的属民。

河西走廊是佛教由西域向东部中原地区传播的通道。地处河西一带的回鹘人早就信奉佛教。西夏在境内大力推行佛教时，颇多依靠回鹘僧人。西夏天授礼法延祚十年（1047年），元昊建高台寺，存贮宋朝所赐大藏经，"延回鹘僧居之，演绎经文，易为蕃字"。毅宗谅祚时期兴建承天寺，"延回鹘僧登座演经"，太后设藏氏和幼年的谅祚前去听讲。又西夏天祐民安五年（1095年）崇宗乾顺向辽进贝多叶经，该经系回鹘僧所译。②可见回鹘僧人在西夏前期的佛事活动中的重要地位。由于回鹘僧人精通佛典，当时西夏还将回鹘僧人赠给辽朝。

前述《西夏法典》第10卷中规定"任职人番、汉、西番、回鹘等共职时……"，表明回鹘不仅是西夏的一个民族，而且回鹘人也可以担任官职。西夏在回鹘居住地建立了有效的统治机构。但据汉文史料记载西夏天祐民安七年（1097年）于阗黑汗王使其子到宋京师上表说：缅药家作过，别无报效，已遣兵破夏、瓜、沙等三州。此为黑汗王之子所言，在西夏文献中尚未得到印证。不过，史料又载贞观十年（1110年）瓜、沙、肃三州天旱民饥，乾顺发粮赈灾。可见此时西夏仍统管此地。③《天盛律令》载明，设有沙州经治司，甘州城司，在沙州、黑水、肃州、瓜州等地设有边地转运司。④这说明直到天盛年间（1149—1169年）西夏在河西走廊回鹘居住地还实行着正常的管理。汉文史料记载，直到西夏晚期蒙古进兵西夏时，这一地区才逐步被蒙古人占领，而最后被攻克的是沙州。乾定元年（1223年）蒙古兵围攻沙州，城中坚守半年，军民困乏，夏献宗德旺请降，方解沙州之围。乾定三年（1225年）蒙古军攻破黑水城、肃州、甘州、西凉府，四年攻占沙州，至是河西走廊尽被蒙古占领，第二年西夏灭亡。敦煌莫高窟在沙州城附近，西夏自然也管领该地，并在莫高窟修建洞窟，至今仍保存下不少西夏洞窟。学界认为西夏并没有有效地统治沙州的说法，是值得商榷的。

西夏文中"回鹘"两个字（附录11）音〔嵬恶〕，显然是译回鹘之音。《文海》对"嵬"和"恶"的解释都是"族姓回鹘之谓"⑤。结合前述西夏汉文《杂字》将"回纥"列入"番姓"之中，表明西夏人有时把回鹘看成是一个姓氏，甚至是一个番族的姓氏。当然，从《天盛律令》中可以清楚地看出，已经把回鹘和番、汉、羌并列，相互区分开了。《文海》在"夷"这一条目中解释为"夷者九姓回鹘、契丹等之谓"，也是把它看成一个民族的。⑥西夏政府机构中设有"回夷务"，在

---

①程溯洛：《甘州回鹘始末与撒里畏兀儿的迁徙及其下落》，《西北史地》1988年第1期。

②《西夏书事》卷18、19、29。

③《西夏书事》卷30、32。

④《天盛律令》卷10。

⑤《文海研究》第446、590、461、599页。

⑥《文海研究》第489、617页。

《天盛律令》第10卷中有载，属中等司，三字皆为音译。此机构成为管理河西走廊回鹘地区某些民族或宗教事务的机构。随着伊斯兰教的东渐，回鹘人由西至东先后由信奉佛教改信伊斯兰教。意大利人马可·波罗在西夏灭亡后不久，在河西走廊一带经过时，发现这里除有信仰佛教的以外，还有信仰伊斯兰教的。也许即指信仰伊斯兰教的回鹘人而言。

西夏先后与辽、金为邻，并臣属于辽、金，因此与契丹族和女真族接触频繁。政治、经济、文化的联系，军事上的冲突，边界的不稳定，使一些党项人归附辽、金，而一部分契丹、女真人进入西夏。契丹曾两次将宗主女下嫁西夏，关系更不一般。

据汉文文献记载，早在西夏初期天授礼法延祚七年（1044年）就有契丹所属山西五部来降西夏。夏贞观五年（1105年）辽主封宗室女南仙为成安公主嫁西夏崇宗乾顺为妃，并派萧合达作扈从同至夏国，西夏授其为文思使，后升副都统，并赐给西夏国姓，又擢为都统。辽亡后，辽宗室耶律余睹降金，后被金怀疑而逃遁被杀，金兀术又下令分捕其余党，并使诸路尽杀契丹降人，因此很多契丹人纷纷逃亡入西夏，夏崇宗乾顺将这些契丹人处之北边，别立监军司统管。可见西夏中期有不少契丹人进入西夏。[1]

西夏后期与金交往很多，也有女真人进入西夏。如西夏晚期光定三年（1213年）蒙古主成吉思汗攻金，入紫荆关（今河北易县西北），大破金军，进拔涿、易二州，西夏神宗遵顼于八月破金邠州（今陕西彬县）降其节度使乌林答琳。乌林答琳尚金邠国公主，为金静难军节度使。又如光定十年（1220年）西夏破金会州（今甘肃靖远县），降其将乌古论世显，致使金关右大震。[2]可见西夏境内也有女真人。

西夏与周边其他民族也有联系。西夏惠宗大安十年（1084年）河西塔坦国攻西夏甘州。塔坦后被蒙古所灭，成为蒙古族的一部分。

附　　录

1．𗾣　2．𗾣𗾣　3．𗾣𗾣𗾣𗾣𗾣

4．𗾣𗾣　5．𗾣𗾣　6．𗾣𗾣　7．𗾣

𗾣　8．𗲲（小）＋𗖻（虫）→𗾣（汉）〔𗾣〕

9．𗾣（布）〔𗾣〕＋𗾣（汉）→𗾣〔𗾣〕

𗾣（衣）〔𗾣〕＋𗾣（汉）→𗾣〔𗾣〕

10．𗾣　11．𗾣𗾣

（原载《庆祝王钟翰先生八十寿辰学术论文集》，辽宁大学出版社，1993年6月）

---

[1]《西夏书事》卷17、32、34。

[2]《西夏书事》卷40、41。

儒释兼容，东西交汇
——多元色彩的西夏文化

在中国历史上立国近二百年的西夏王朝，对大多数人来说，还是很陌生的。但是，近百年来，陆续出土和发现了很多引人注目的西夏文物和文献，向人们展示了绚丽多彩的西夏历史文化画卷。宁夏贺兰山麓蔚为大观的西夏陵园中星罗棋布地耸立着高大的墓冢，宁夏博物馆西夏展厅中集中了琳琅满目的西夏文物珍品，莫高窟、榆林窟约五百个洞窟中就有近百个是西夏时期妆銮或修造的洞窟，20世纪初西夏的黑水城遗址出土了数以千卷的西夏文和汉文文献，在中国历史上西夏第一次用少数民族文字刊印法典和大藏经，在俄国冬宫博物馆有世界上仅存的西夏双头泥塑佛像和数百幅罕见的佛教绘画，保存至今的西夏活字版印刷品是世界上最早的活字版本……总之，当你了解到西夏王朝曾经创造了灿烂辉煌的文化时，你会对具有浓郁民族和地方特点的西夏文化叹为观止，你可能产生进一步了解西夏文化的想法。那么，西夏文化究竟是一种什么样的文化呢？它在东西方文化的交流中处在什么地位呢？

一、善于学习和吸收的党项族

西夏是11—13世纪在中国西北部建立的王朝。它以武力肇兴，击败回鹘，俯视吐蕃，先后与宋、辽、金等国抗衡，是中国古代一个举足轻重的封建王朝。西夏以兴庆府（后改称中兴府，即今宁夏银川市）为中心，地括宁夏、甘肃大部，陕西北部，内蒙古西部，青海的东北部，新疆的东南部。其东部、南部临近中原地区，西部控制着通往中亚和欧洲的河西走廊，比起与其同时的宋、辽、金王朝，尽管地域狭窄，但位置十分重要。

就西夏地区而言，西夏主体民族党项族不是这里的原著居民。原来党项族的祖先世居今四川北部、青海东部的广大地区，

图1　黑水城出土的阿弥陀佛接引图

图2　贺兰山麓西夏皇陵一角

过着不事稼穑的游牧生活。唐朝中期由于西部青藏高原吐蕃的强大和东进，党项族被逼北迁，才辗转来到甘肃南部、宁夏和陕西北部一带宜农宜牧的地区。①迁徙到西北地区的党项族完全脱离了他们的原居住地区，他们不像同时代的契丹、女真族那样，虽进入中原，但还保留着发祥之地。契丹进入中原后，辽朝对契丹族居住地和汉族居住地分别采取不同的统治政策，金朝也有类似的政策。党项人远离祖居之地后，传统文化意识不及契丹、女真那样浓重。在西夏法典中没有对境内党项族和汉族，以及其他民族地区实行明显不同政策的条文。

党项族是一个善于学习和吸收的民族。它在新的生活空间生息、发展，必须要适应新的环境，甚至要改变自己某些传统。在迁徙以后，逐渐接触和吸收了汉族的文明，在继续发展固有的畜牧业的同时，还学习农业技术及各种手工业技术，使本民族的经济有了长足的进步，社会有了划时代的发展。在党项族迅速向封建制社会过渡时，政治、军事实力不断增强，在唐末、五代藩镇割据的复杂斗争中，纵横捭阖，由弱到强，发展成以夏州（今属陕西省靖边县）为中心、霸据一方的强大地方政权。西夏第一代皇帝景宗元昊的祖父李继迁于宋初举旗抗宋自立，开始了与宋朝旷日持久的征战，几经周折，建立了以灵州（今宁夏灵武）为中心的政权。党项族政权在李继迁之子李德明时期继续壮大，在与吐蕃、回鹘的争斗中，以其强兵劲旅夺取了河西走廊，与宋朝基本上保持了友好的关系，奠定了西夏立国的规模。西夏统辖地区，大多原是宋朝故地，中原文明早已根深蒂固，西夏衣食住行无不受中原地区深厚影响。李德明临去世前曾对他的儿子元昊说："吾族三十年衣锦绮，此宋恩也，不可负。"②李德明时期已开始重视佛教的发展，曾到五台山朝佛，并向宋朝赎取《大藏经》。由此可见西夏对宋朝文化的向往和依赖。

元昊继位后，锐气高涨，正式称帝，建立大夏王朝。建国前后，元昊以其远见卓识于政治、经济、军事建树颇多，建官制、定兵制、立军名、升州郡、定礼乐，使西夏跻身泱泱大国之列。③西

①《旧唐书》卷198《党项羌传》。
②《宋史》卷485《西夏传》上。
③［清］吴广成：《西夏书事》卷12。

图 3 黄河岸边一百零八塔

夏在文化上，一方面极力张扬民族文化，一方面更多地吸收周围民族文化成就，以充实和发展自己。

西夏对周围民族文化的刻意吸收是特殊的环境和需要使然。西夏自始就是一个多民族的政权，具有多民族文化的底蕴。而其外部则常与其他政权处于并立或敌对状态，若不能快速发展，没有强大的实力，则难以立足，甚至会被其他王朝蚕食或鲸吞。西夏统治者是在社会发展相对落后、实力比较薄弱的情况下，奋起直追，尽快发展军事、经济、文化，在大国纷争之际求生存，求发展。而快速发展的捷径就是尽可能地利用其他民族的现成经验，推陈出新，化为己用。

借鉴其他民族的已有文化成就，发展西夏的文化是西夏发展的一大特点。西夏文化早已不是单一的民族文化了。它是党项族文化与境内其他民族文化，特别是汉族文化有机融合、共同发展的结果。西夏文化是在吸收了多种民族文化并进行融汇、渗透后形成的新的更高层次的多元性文化，它具有多民族、多来源、多层次的特点。

二、文化内容的多元性

作为西夏的主体民族党项族的传统文化，继继绳绳，连绵不断。在西夏时期，他们还使用着传统的炙勃焦、擗算、咒羊、矢击弦等占卜方法，保存着笃信机鬼、复仇射鬼箭的习俗，他们使用着本民族的蕃语——西夏语，还创造出记录蕃语的文字蕃文——西夏文。党项族始终保持着善于畜牧，喜好勇武，质朴尚义的民族风格。元昊曾对他父亲说："衣皮毛，事畜牧，蕃性所便。英雄之生当王霸耳，何锦绮为？"[1]直到西夏灭亡后，党项人还以这种性格而自豪。元朝初年从甘肃武威举家迁居安徽的党项人余阙记述驻守在合肥的党项军人的情况："予家合肥，合肥之戍，一军皆夏人。人面多黎墨，善骑射，有身长至八九尺者。其性大抵质直而上义，平居相与，虽异性如亲姻。"[2]

在保留党项族重要传统文化特色的同时，借鉴中原地区先进的文化成为西夏文化发展的主流。西夏前期有所谓"蕃礼"和"汉礼"之争，实际上是本民族传统文化和中原地区汉族文化碰撞、交融、吸收、融汇的过程，为西夏中期蕃汉文化的繁荣昌盛、形成蕃汉兼备的西夏文化打下了良好基

①《宋史》卷485《西夏传》上。
②[元]余阙：《青阳先生文集》，卷4《送归彦温河西廉使序》。

础。在这种环境中形成的各项文化创举都具有双重性，它具有典型的民族特点，又带有明显的借鉴色彩。比如西夏文的创制是西夏文化史上有划时代意义的大事。元昊命大臣野利仁荣创制记录党项族语言的西夏文字后，"教国人记事用蕃书"①。又记"元昊既制蕃书，尊为国字，凡国中艺文诰牒尽译蕃书"②。西夏王朝把西夏文抬到"国字"的高度，下令推行。西夏文和当时中国少数民族使用的吐蕃文、回鹘文、契丹文等都有较大差别，就是和形体十分相近的汉字也无一字相同。然而西夏文又是仿照汉字创造的，西夏文不仅有与汉文一样的点、横、竖、撇、拐的笔画，还有与汉字大体相近的构字方法和形体，以至于乍看上去很像汉字。

　　西夏文化在精神领域有两大支柱，一是儒学，一是佛教。儒学作为王朝的统治思想，借以治国；佛教作为大众的信仰，用以统民。然而其儒学和佛教都不是主体民族的固有文化，而是传自于其他民族和地区，并逐渐使之民族化、本土化。

　　在元昊强调"胡礼蕃书"时就已经用西夏文翻译了儒学的重要经典《孝经》。毅宗朝大力推行汉学，曾向宋朝求要《九经》等书。西夏惠宗提倡汉族文化，常向被俘获的汉人访求中原制度。崇宗亲政后，贞观元年（1101年）御史中丞薛元礼建议设立"国学"，以教授儒学。他认为："士人之行，莫大乎孝廉；经国之模，莫重于儒学。"③崇宗接受了他的建议，在蕃学外特建国学，并设"养贤务"以供廪食，使儒学的地位进一步提高。

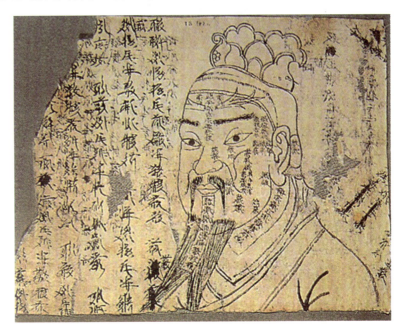

图4　西夏文相面图

仁宗时下令州、县各立学校，全国增弟子员至三千人；又在皇宫内建立小学，仁宗和皇后罔氏也常亲临调教训导；还建立大汉太学，仁宗亲临太学祭奠先圣先师孔子。人庆三年（1146年）仁宗又尊孔子为文宣帝，下令各州郡立庙祭祀。④中国自唐朝追谥孔子为文宣王，至宋、元、明、清诸朝代有封谥，而封为文宣帝的只有西夏一朝。西夏对儒学先祖孔子的推崇，比中原王朝有过之而无不及。西夏至少在崇宗时已经实行科举制度，仁宗进一步接受了中原以儒学经义为唯一内容的科举制度，对西夏儒学的发展起了重要刺激作用，儒学被推上了更高的地位。元朝文学家虞集说西夏"学校列于郡邑，设进士科以取士"⑤，是对西夏儒学教育的真实写照。存世的西夏文经书有《论语》《孟子》《孝经》等，此外还用西夏文翻译了贯彻儒家思想的著名政书《贞观政要》，以及唐代的类书《类林》等。为了战争的需要西夏还翻译了中原地区的主要兵书《孙子兵法三注》《三略》《六韬》等。西夏编纂了完备的综合性法典，保存至今的有仁宗时修订的《天盛改旧新定律令》（以

①《宋史》卷485《西夏传》上。
②《西夏书事》卷12。
③《西夏书事》卷31。
④《宋史》卷486《夏国传》下。
⑤［元］虞集：《道园学古录》，卷4《西夏斡公画像赞》。

图5   拜寺口西塔天宫藏彩绘木桌、木椅

下简称《天盛律令》），它反映了西夏地区和民族的特点，但它也借鉴了中原王朝《唐律》《宋刑统》的很多重要内容，如"五刑""十恶""八议""官当"都与中原王朝如出一辙。①总之，中原王朝行之有效的统治思想和统治手段，西夏都尽量接受下来。

西夏在政界和文人中推行儒学的同时，又以皇室为龙头，在民众中倡导佛教。佛教教化人们行善，以及宣扬不求现世、只望来世的思想容易为普通百姓所接受，向庶民开放的寺庙更使佛教便于普及。西夏文字典《文海》解释"佛"字的意思是"教导有情（众生）者是也"②。西夏前期在发展佛教时，曾六次从宋朝赎取《大藏经》，并用以作底本译经。汉传佛教是西夏佛教发展的先导和主流。与此同时，又从西域、河西一带延请回鹘高僧传教译经。天授礼法延祚十年（1047年）"于兴庆府东一十五里役民夫建高台寺及诸浮屠，具高数十丈，贮中国所赐大藏经，广延回鹘僧居之，演绎经文，易为蕃字"③。又毅宗福圣承道三年（1055年）"因中国所赐大藏经，役兵民数万，相兴庆府西偏起大寺，贮经其中，赐额'承天'，延回鹘僧登座演经，没藏氏与谅祚时临听焉"④。

西夏文《过去庄严劫千佛名经》发愿文中也有国师白法信和白智光等僧人在西夏主持译经的记载，他们可能是回鹘僧人来西夏译经的代表人物。敦煌莫高窟西夏早期壁画多有回鹘时期的壁画风格。⑤西夏还从西部的吐蕃地区吸纳藏传佛教。藏传佛教是佛教与藏族原始宗教苯教融合后所形成。党项族有与藏族相近的文化底蕴和原始信仰，因而容易接受藏传佛教。不少藏族僧人来西夏传教，以西夏文翻译藏文佛经，绘制藏密佛画（唐卡），藏传佛教影响越来越大，起初在临近吐蕃的河西走廊一带发展，后来也发展到西夏的腹心地区，在都城兴庆府也发现了藏传佛教的经典和佛画。⑥西夏皇室笃信佛教，不惜耗财费力建寺修塔，旷日持久地译经、印经。元昊还规定每一季度第一个月的朔日为"圣节"，下令官民礼佛。在历朝中以皇帝和皇太后的名义撰写的发愿文以西夏为最多。在西夏佛教徒受到照顾，从不同民族和地区传入不同流派的佛教在西夏并行不悖的发展，佛教几乎成了国教，致使西夏寺庙林立、僧尼众多，以至于不得不在《天盛律令》中规定严格限制剃度僧尼

①史金波、聂鸿音、白滨译注：《西夏天盛律令》卷1、2，《中国珍稀法律典籍集成·甲编·第五册》，科学出版社，1994年。
②史金波、白滨、黄振华：《文海研究》，第426、577页。
③《西夏书事》卷18。
④《西夏书事》卷19。
⑤史金波：《西夏佛教史略》，宁夏人民出版社，1988年，第66—68页、第78—79页。
⑥史金波：《西夏佛教史略》，第50—57页。雷润泽、于存海、何继英编著：《西夏佛塔》，文物出版社，1995年7月。

的条文。①

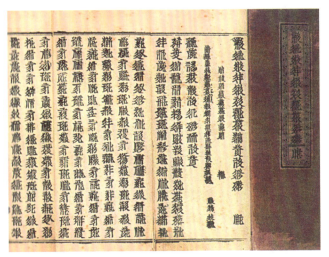

图6　国家图书馆藏西夏文活字版《大方广佛华严经》

　　除儒学和佛教外，西夏王朝也不排斥道教，在法律上佛教、道教有着同样的地位。此外，西夏的文学、绘画、雕塑、音乐、天文、历法、医药等，也都大力吸收了其他民族的营养，使西夏文化形成多民族、多领域相互影响、相互交织、相互渗透的多元文化。②

三、文化地域的交汇性

　　西夏控制了河西走廊这一东西方文化交流的孔道，使西夏处于极为重要的地位。事实上，当时西夏处于多种民族政权并存的中国的中央地带。宋朝因难以通过被西夏占领的河西走廊，妨碍了它与西域和外国的商贸交往，而不得不从东南沿海发展海上贸易。西域一带的商贾与中原的贸易长时间中断，偶有往来也常在路上受到西夏的阻拦、劫掠或被课以高额税收。而西夏的商贸却经过西州回鹘延伸到大食。③

　　西夏的中间阻隔对东西方文化交往也有相当影响，而作为东西交流的必经之地，西夏又往往是受益者。在科学技术上西夏自东西方都得到实惠，发展了自己，同时又传向其他地区。

　　中原地区棉花的种植技术是由东南亚和西域分别传入的。大约中国唐代尚未种棉织

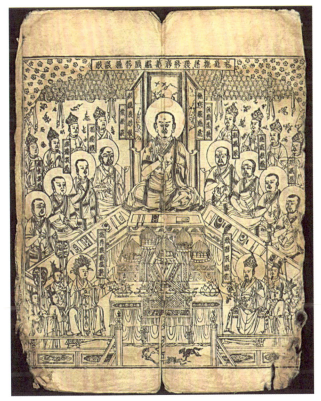

图7　国家图书馆藏西夏译经图

①《西夏天盛律令》卷11。
②史金波：《西夏文化》，吉林教育出版社，1986年。
③《西夏天盛律令》卷7。

图8 莫高窟第491窟彩塑女
供养人

布，而西域高昌一带早已种植棉花了，当时棉花被称为"白叠"，宋代植棉仅限于东南闽岭地区。而这时西夏可能已经种植棉花，并纺织成布了。西夏仁宗时期编印的西夏文—汉文双解语汇集《番汉合时掌中珠》所收词语中就有"白叠"一词。元朝初年陕西已获植棉之利，但中原地区尚未普遍接受。[①]从种棉传播的地域和时间看，西夏很可能是把西域的种植技术传入中原的过渡地带。

值得特别提出的是西夏活字版印刷术的使用和流传。宋朝布衣毕昇首先发明并记录活字印刷术，成为印刷史上伟大的里程碑。然而宋朝的活字印刷品无一件流传下来。可是近年来发现了多种与宋朝同时代的西夏活字印本。其中有俄国圣彼得堡东方学研究所藏的西夏文《维摩诘所说经》《大乘百法明镜集》《三代乡照言集文》《德行集》等，国内有宁夏贺兰山西夏方塔所出西夏文《吉祥皆至口合本续》等一套九卷，甘肃武威发现的西夏文《维摩诘所说经》，此外还有北京图书馆等处藏储的八十卷本西夏文《大方广佛华严经》。这些佛教的、世俗的著作是目前世界上所存最早的活字印本，有巨大的学术价值和文物保存价值。西夏的活字印刷无疑是从宋朝传入的，并很快在西夏得到了较多的应用。无独有偶，西夏西部的回鹘，比西夏稍晚些时候也使用木活字印刷。在敦煌曾发现数百个回鹘文木活字，其时间不晚于14世纪初。[②]此后中亚和欧洲才逐渐使用活字印刷术。从时间的演进和地域的推移不难想见，西夏在活字印刷术向西方传播过程中，起到了桥梁作用。

如前所述，西夏佛教吸收了中原佛教、西部的回鹘佛教和藏传佛教。在中原地区佛教趋于衰落的形势下，西夏大力提倡，汇集各地佛教的优势，使之在其管辖的地区别开生面、发展兴盛，并与吐蕃地区佛教后弘期相呼应，在中国佛教史上占有重要地位。此外，西夏与印度的佛教交往也很值得重视。印度是佛教的发源地，对中国佛教发展的影响源远流长。印度与中国的佛教交往一是通过西域、河西走廊直到中原地区，一是穿越喜马拉雅山与西藏的交往。有宋一代，印度僧人仍不断东来传法。宋景佑三年（1036年）天竺（印度）僧人善称等九人到宋朝京都，贡梵经、佛骨及铜牙菩萨像，宋仁宗赐束帛遣还后，印度僧人抵夏州，元昊留于驿舍，求贝叶梵经未得，就把他们拘禁起来，由此西域的贡僧与宋朝的联系断绝。[③]此后印度僧人不断与西夏发生直接联系。在西夏立国之初镌刻的《大夏国葬舍利碣铭》中记载，向西夏进献舍利的有"东土名流，西天达士"[④]，"西天"即印度，可知在西夏早期印度佛

①李剑农：《宋元明经济史》，三联书店，1957年。

②[美] 托玛斯·弗朗西斯·卡特（Thomos F carter）：《中国印刷术的发明及其西传》（*The Invention of Printing in China and its Spread Westword*），1931年，第152页。

③《宋史》卷490《天竺传》。

④《嘉靖宁夏新志》卷2。

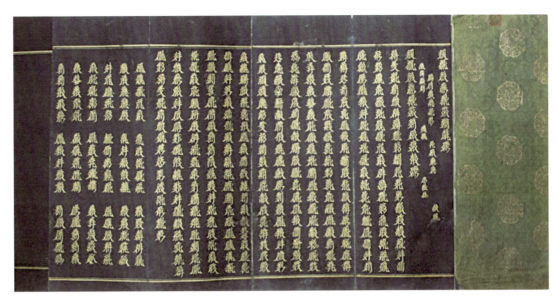

图9　泥金写西夏文《妙法莲华经》

教徒已经长途跋涉来到西夏。仁宗时参加翻译《圣胜慧到彼岸功德宝集偈》的有天竺高僧捼也阿难捼，他有西夏国师和官阶的封号，译经的分工是"亲执梵本证义"。可见，印度的僧人不仅参加西夏的佛事活动，而且成为西夏的僧官。西夏晚期曾印施汉文《佛说大乘圣无量寿决定光明王陀罗尼经》，该经后印"西天智圆刁"，"刁"即雕的俗写。智圆是善于雕刻佛经的印度僧人。①此外，俄国所藏西夏文佛经中有多种记有"西天大师"传译的佛经。相隔甚远的印度僧人长途跋涉来到西夏，使西夏佛教直接受到佛教发源地的影响。

四、时间的过渡性

西夏后期，蒙古崛起于北部。成吉思汗的铁骑经过几次征讨后终于灭亡了西夏，打通了征服中原的通路。西夏王朝尽管已经成为历史，但西夏文化的很多领域仍影响于后世，发挥着承前启后的作用。

蒙古军队攻占西夏灵州后，蒙古诸将争抢城中的子女财帛，唯大臣耶律楚材却收集儒释书籍和药材。这些书籍在当时可能是其他蒙古占领地区难以得到的。元太宗皇子阔端镇守西凉时，儒者被罚苦役，很受歧视，隐居贺兰山的西夏进士高智耀请求废除这种凌虐儒者的做法。高智耀后来在元世祖忽必烈时期任翰林学士，劝世祖提倡儒术。他又自请巡行淮蜀一带郡县，得到那里沦为奴隶的儒士数千人。他还建议设御史台，世祖采纳了他的意见，从此元朝有了正式的监察机关。②元初，另一个党项人李桢，是西夏皇族后裔，以文学得近侍皇帝，受到太宗的嘉勉，他见当时文人处境困难，也建议寻访天下儒士，给予优厚待遇。③朵儿只是西夏著名学者、宰相斡道冲的后代，他自幼通晓古注经书。④元朝实行科举制度后，有较高文化素养的党项族后裔颇具风气之先，中进士者不少。有元一代，党项族文人辈出，诗文并茂。有的党项人做了地方官，也不遗余力地修饬学宫，提倡儒学。元代的党项族上层人士有比汉人远为优越的民族地位，在蒙古、色目人中他们又有较高的

①《西夏佛教史略》，第147—150页。
②《元史》卷125《高智耀传》。
③《元史》卷124《李桢传》。
④《元史》卷134《朵儿只传》。

图10 西夏陵园出土琉璃滴水

文化和儒学修养，因此，在提倡儒学方面，能起到特殊的作用。

元代以前，藏传佛教在中原地区势力很小。但由于西夏大力接受藏传佛教，重视吐蕃僧人，尊崇藏族僧人为帝师、国师，翻译藏文佛经，绘制藏密佛画，使藏传佛教势力向东扩展。西夏灭亡后，蒙古皇子阔端驻营在藏传佛教影响很大的凉州，为了拉拢西藏上层，请西藏萨迦派领袖萨迦班底达及其侄子八思巴来凉州。后八思巴到大都拜见忽必烈，受到赏识，先封为国师，后又升号为帝师。①帝师制度作为中国封建社会特殊的佛教体制，首先出现在党项族掌权的西夏，然后在蒙古族掌握政权的元朝，继承并完善了这一制度。后来藏传佛教波及全国各地，这不能低估藏传佛教在西夏与汉传佛教相互适应、并存发展的磨合过程，有了这样局部的共存，才出现以后中原地区藏传佛教顺利发展的局面。

党项族的传统音乐比较纯朴简约，使用的乐器有琵琶、笛、箫等，以击缶为节。唐僖宗时赐给党项首领拓跋思恭全套鼓吹，党项音乐受到中原音乐的深刻影响，经五代至宋朝党项族音乐仍有唐代遗风。元昊对西夏音乐进行大的改革，省去唐宋之缛节繁音，"革乐之五音为一音"。仁宗人庆五年（1148年）使乐官李元儒采用中原乐书，参照西夏制度，修订乐律，赐名《鼎新律》。西夏有专门管理音乐的机构，名为"蕃汉乐人院"。西夏灭亡后，其音乐又给元朝音乐以重要影响。蒙古起兵朔漠，其音乐可能极为俭朴，蒙古王朝建立后，亟须一种与王朝势力相适应、又有北方民族特色的音乐。由党项族上层高智耀的推引介绍，蒙古王朝采用了西夏旧乐，称为"河西乐"。这是元制乐的发端。后来元朝又采用其他民族音乐，然而西夏乐仍继续使用。元世祖至元十二年（1275年）以后，每年在大明殿启建白伞盖佛事时，就用河西乐。当时元朝仪凤司掌管汉人、回、河西三色细乐。②不难看出，西夏音乐上承唐、宋之遗音，下开元代之先河，在宋、元音乐发展上有重要过渡作用。

西夏留给后世的丰富文化遗产，是中华民族文化宝库的组成部分，等待着有兴趣的学子赏奇析疑，切磋琢磨，使西夏文化之光更加灿烂夺目。

（原载（台湾）《历史月刊》第105期，1996年10月）

①《元史》卷3《世祖纪》。
②《元史》卷68《礼乐志》二、卷77《祭祀志》六。

西夏·宁夏·华夏

【编者按】 40集大型电视连续剧《贺兰雪》播出后，引起了社会的广泛关注。本片以恢宏的场面，纷繁的人物关系，再现了历史烟尘中消亡了的民族——党项族那曾有的辉煌。但是由于历史的原因，观众欣赏这部巨片时理解上有一定障碍，这里我们特请中国社会科学院民族研究所副所长史金波研究员撰写了《西夏·宁夏·华夏》一文，此文不仅对观众欣赏《贺兰雪》电视剧有帮助，而且对大家准确地了解西夏这段特殊的历史也大有裨益。

西夏是宁夏历史上唯一以银川为中心，在这里建都的王朝。西夏王朝统一了西北广大地区，先后与北宋、辽、南宋、金并立，立国190年，传10代帝王。它不仅在宁夏历史上占有突出的地位，在中国历史舞台上也有重要影响。

说起"夏"字，好像中国人对她情有独钟。中国古代即称中华大地为华夏，经千百年至今沿用不衰。在远古，以治水闻名的大禹建立的王朝即称为夏朝，以至于后世对中原地区的人仍称为夏族，以后的"夏"似乎向西北倾斜。5世纪初匈奴人赫连勃勃建立大夏国，辖今宁夏、陕西、内蒙古的一部分地区，建都城于统万城。该城在今陕西、内蒙古交界的靖边县境，距今宁夏境不过百里之遥，俗称白城子，此城以蒸土夯筑，城坚如石著称于世。赫连勃勃所建大夏国虽仅存30年，但把"夏"的称呼留给了当地。北魏时期的统万城置夏州，后曾一度改为朔方郡。在此后的四五百年中，夏州是北方的一个重镇，但并没有对中国历史发展产生重要影响。

历史的发展给了一个新崛起的民族——党项族以机遇，也给夏州的振兴带来了转机。在唐代，居住在四川西北部、青海东南部的党项族，由于受吐蕃强大势力的逼迫而陆续北迁。他们先后在甘肃、宁夏、陕西北部、内蒙古西部一带居住，力量逐渐壮大，其首领由于率部参与平定安史之乱和镇压黄巢起义受到唐王朝的重视和封奖。唐末五代藩镇割据时期，党项族首领建立起以夏州为中心的割据政权，节度一方，夏州成为党项族的政治中心。宋朝初年，党项族首领李继迁抗宋自立，经十数年的起伏辗转，势力变得强大，后攻陷了宋朝西北重镇灵州（今宁夏灵武西南），遂以灵武为中心继续发展。他的儿子李德明承位后，将统治中心迁往贺兰山东麓的怀远镇，升为兴州，即今宁夏的银川市。李德明东和宋朝，西收回鹘，击败吐蕃，领土扩大到河西走廊，奠定了西夏立国的规模。李德明之子李元昊，继承祖、父基业，文治武功皆有不平凡的建树，改姓嵬名氏，于宋宝元元年（1038年）正式登基称帝，国号大夏（全称白高大夏国），将兴州升为兴庆府（后改称中兴府），定为国都。夏国因在宋朝之西，宋人称之为"西夏"，这一称呼一直使用至今。西夏与邻近诸朝和和战战，恩恩怨怨，演出了一幕又一幕的生动史剧。西夏在政治、经济、文化上都有很大发展，对宁夏地区的历史发展产生了重要影响，银川市能够发展成为西北重镇，和西夏在这里建都近二百年有直接关系。

西夏有完备的政治制度，从兴庆府到地方州县，有健全、系统的行政和军事机构。西夏借鉴中原王朝法律并结合自己地域和民族特点编纂了王朝综合性法典。西夏法典长达20卷，是第一部用少数民族文字刊印的大型综合法典。其条目编排格式十分接近现代法律形式。这样重要的法典的编纂和颁行都是在现在的银川市完成的。

在当时民族关系复杂、民族矛盾比较尖锐的环境中，西夏没有像当时其他王朝辽、金，以及后世的元朝那样实行明显的民族压迫政策和民族等级统治方式。相对而言，西夏的民族政策比较平和，境内民族矛盾不那么尖锐。西夏王朝给后世处理民族关系留下了可资借鉴的经验。

西夏的经济发展很快，畜牧业、农业、手工业都有长足的进步。西夏时期不仅利用汉、唐时期所修旧渠，还修新渠名为"昊王渠"，以兴农田灌溉。昊王渠至今有的渠段还被利用。据西夏法典规定，西夏对农牧业的管理是很科学、很细致的。

西夏有发达的文化事业，在建国前创制了记录党项族语言的文字，后世称为西夏文。西夏文前后使用了至少四百六十多年，是中国宋元时期创制的多种民族文字中使用范围广，应用时间最长的一种文字。用西夏文书写、刻印的文献十分丰富，仅存世的文献就十分可观，是古代除汉文文献外，保存文献种类、数量最多的一种民族文字。西夏文字的创制和使用大大丰富和发展了西夏文化。近些年来，宁夏地区又出土了很多重要的西夏文文物。

西夏崇尚佛教，当时皇室倡导，百姓皈依，寺庙广布，僧尼众多。西夏早期在短短的五十多年中用西夏文译成《大藏经》，就其译经速度来看，是译经史上的一个创举。西夏文献中保存着最古的一幅西夏译经图，此图出自宁夏灵武，现珍藏于北京图书馆。西夏还刊印了汉文《大藏经》，是中国古代为数不多的几种汉文《大藏经》的一种。在中国历史上西夏第一次封设帝师，是中国佛教史上一个重要事件。出土的西夏文佛教文献中就有两位帝师的撰述。西夏帝师的驻锡之地应是在宁夏银川。

西夏注重儒学，以儒学思想为其统治思想。西夏翻译了儒学的重要经典如《论语》《孟子》《孝经》，以及中原王朝的政书《贞观政要》和类书《类林》等，还翻译了中原地区的兵书《孙子兵法》《六韬》《三略》等。西夏时期兴庆府是教育中心，这里有类似中原王朝翰林院的番汉二学院。西夏至少在崇宗时期就实行了科举制度，先后设立了蕃学、汉学、国学、大汉太学。西夏皇室尊崇孔子，仁宗亲临太学祭奠先圣先师孔子，并尊孔子为文宣帝，下令各州郡立庙祭祀。中国自汉代独尊儒术，唐代以后，代有封谥，但将孔子抬高到文宣帝的高位，只有西夏一朝。

西夏有高超的建筑水平。现在的银川市当年作为西夏的首府，德明、元昊两代都大兴土木，建设的城墙、宫殿、宗社、寺庙、民居、陵园都有相当的规模，奠定了后世银川的基础。从银川市内的承天寺塔，以及贺兰山拜寺口双塔、贺兰县宏佛塔、贺兰山拜寺沟方塔、同心县康济寺塔、青铜峡一百零八塔，可以看到西夏佛塔类型多样，结构精巧，表现了西夏的建筑特点。银川城外贺兰山麓的西夏帝王陵园占地50平方公里，有高大的帝陵9座，陪葬墓200多座，星罗棋布，异常壮观。

西夏的文学艺术有很高的成就。富有民族特色的西夏文谚语集是西夏人民哲理和智慧的结晶。西夏陵园出土的鎏金铜牛，体形硕大，形态逼真；人像石碑座造型奇特，有浓郁的民族特色；雕龙栏柱雕刻细致，造型生动。贺兰县宏佛塔所出西夏佛教帛画（唐卡）绘制精细，敷色浓丽，色彩对比强烈。甘肃莫高窟、榆林窟的西夏洞窟壁画中有十分精彩的作品，榆林窟中的文殊图和普贤图构图严谨，手法细腻，色彩艳丽，令人叹为观止。黑水城出土的双头泥塑佛像，优美生动，比例适度，为世上所稀有。宁夏宏佛塔所出彩绘泥塑佛教造像，形神兼备，有唐代遗风，反映出西夏艺术的精湛成熟。

西夏发达的科学技术还突出地表现在印刷术方面。西夏不仅有书法优美、印制精良的西夏文、汉文雕版印刷品，还有构图完整细致、雕刻印刷高超的木板画。特别应该指出的是西夏在活字版印刷术的使用和流传方面有突出的贡献。宋朝毕昇发明活字印刷术，成为印刷史上的伟大里程碑，然而宋朝的活字印刷品无一件流传下来。令人欣慰的是，到目前为止已经发现了西夏时期的活字印刷品至少有7种，共数十卷册，其中有泥活字印刷品，也有木活字印刷品，有世俗文献，也有佛教文献。西夏的活字印刷品是世界上现存最早的活字印本，其中一套九卷《吉祥遍至口和本续》就发现于宁夏贺兰山拜寺沟的西夏方塔中，数量最多的《大方广佛华严经》也出在宁夏灵武。宁夏地区是中国古代使用、传播活字印刷的一个中心，在古代印刷史上占有很重要的地位。此外，西夏的锻造、纺织、医药、历法都达到了当时的很高水准。

西夏在历史发展过程中，由弱到强，由兴而衰，最终统一于蒙古。在元代，西夏故地仍旧和"夏"有不解之缘。元代于全国各地设置省和路，在西夏故地设"西夏中兴行省"，这一名称连夏国名和都城名都包括在内了，省治仍设于中兴府，即今银川市。后西夏中兴行省改置于甘州（今甘肃张掖），称为甘肃等处行省，下属中兴路改为"宁夏府路"，这是"宁夏"之名在历史上的正式使用之始，取西夏地区安宁之意。这一名称为历史和人民所接受，一直沿用至今。

西夏虽已成为历史，但其多方面的成就仍能泽被后世，不仅充实了宁夏地区，甚至还影响到华夏大地。西夏文在元代有很高的地位，是六种被认可的文字之一，在北京居庸关、敦煌莫高窟和甘肃永昌等地都发现有包括西夏文在内的六体文字石刻。西夏开创的帝师制度，在元世祖忽必烈时期得到继承和发展，当时封八思巴为帝师，总领宣政院事，至元末共设15任帝师。西夏音乐被元朝采用，称为"河西乐"，一直使用到元朝末。棉花的种植在由西域向中原传播过程中，西夏是重要的传播过渡地带。有的重要科技成就还通过河西走廊远播境外，比如12—13世纪西夏应用流行活字印刷术，14世纪在西夏西部的回鹘也使用木活字印刷，直至15世纪中亚和欧洲才逐渐使用活字印刷术。显而易见，西夏在活字印刷术由东向西传播过程中，起到了重要的过渡和桥梁作用。

西夏灭亡后，党项人后裔被称为唐兀人，属色目人，在元朝有较高的民族地位，不少人在政治、经济、军事、文化领域发挥了重要作用。西夏后裔历经元、明而逐渐销声匿迹。根据文献记载，很多省份都有西夏后裔居住，可以说西夏后裔已经融入华夏各族之中，特别是在安徽发现了两部互相印证的西夏后裔家谱，证明西夏后裔传承至今，并已成为汉族的成员，为中华民族的形成和发展提供了典型例证。

时序变迁，物换星移。西夏灭亡已经七百余载。由于过去汉文史书记载的缺乏，绝大多数人对西夏缺乏了解，甚至在原西夏故地西夏的痕迹也渐渐被抹平。20世纪末以来，特别是近半个世纪内，由于大批西夏文献、文物的发现和研究工作的长足进展，学术界和社会上对西夏这一中国历史上的重要王朝越来越加关注。宁夏人民将西夏文化作为当地历史文化的重要组成部分。现在在宁夏随处可以看到西夏文化的影响。宁夏博物馆的西夏文物展览，以众多精彩的西夏文物将观众带回到有灿烂文化的中国古代。贺兰山下的西夏陵园早已对游人开放，使人们可以凭吊鼎失祚亡的古代王国，了解那段生动的多民族历史长剧。在改革开放的今天，聪明的宁夏人不仅把西夏文化作为宁夏的文化资源之一，还利用它开发旅游业，促进经济发展。在银川市就可以见到以西夏和西夏第一位皇帝元昊命名的公园、饭店名称和商品名称。去年8月宁夏发行了一套4张西夏陵园文物纪念邮票，西夏文物像枯树新花将西夏文化传向四面八方。由宁夏电视台和宁夏电视艺术交流中心组织拍摄的、反映西夏早期历史的40集电视连续剧《贺兰雪》，艺术地再现了西夏历史画卷，西夏历史文化将借助新的媒体，由宁夏走进华夏大地千家万户，走向海外，使西夏的历史得到更多人的关注。

（原载《宁夏日报》1997年2月21日、2月28日。2001年宁夏人民出版社出版张灵主编《走宁夏》转载，《中国民族》2002年第9期转载）

西夏和回鹘对活字印刷的重要贡献

【摘　要】近年考古发现与学术研究表明：与宋朝同时的西夏王国，曾使用并发展了活字印刷术；与西夏同时，居住在敦煌和吐鲁番等地的回鹘人也曾使用过活字印刷术。现在存世的、约800年前活字印刷珍品是目前世界上最早的活字印刷实物，有其巨大的学术与文物价值。它有力地证明我国少数民族在活字印刷术上作出过重要的贡献。

印刷术的发明是中华民族对人类文明的巨大贡献之一。早在7世纪，中国就发明了雕版印刷技术来印刷书籍。至宋代，中国的雕版印刷术已经有了很高的水平和相当的规模。在这样的文化背景下，活字印刷术在中国应运而生。宋代著名科学家、政治家沈括（1031—1095年）在所著《梦溪笔谈》一书中，对北宋布衣毕昇创造、使用泥活字印刷事做了详细介绍。这是世界上关于活字印刷术最早的科学记载。然而，毕昇所创制的泥活字及泥活字版印刷品都没有流传下来，连他印过什么书都缺乏记载，甚至泥活字发明之后的早期木活字及其印刷品也难以寻觅，这在学术界和社会上留下了深深的遗憾。令人欣慰的是，近年来发现了多种西夏文活字印刷品，表明在与宋朝同时的西夏王国曾使用并发展了活字印刷术，并且至今还有当时的活字印刷品存世。差不多与西夏同时，居住在敦煌、吐鲁番等地的回鹘人也曾使用活字印刷技术。现在不仅有回鹘文活字印刷品传世，还有近千枚回鹘文木活字被发现并保存下来。这些约800年前的西夏和回鹘的活字印刷珍品是目前世界上最早的活字印刷实物，有巨大的学术价值和文物价值。

一

西夏是1038年建立的封建王朝，地处中国西北地区，先后与辽、北宋、金、南宋并立。西夏文化是党项族文化与汉族文化，以及其他民族文化有机融合、共同发展的结果。西夏统治者在境内提倡民族文化，积极创制、推行民族文字；同时还积极吸收中原文化，以儒学为治国之道，翻译中原儒家经典，实行科举制度；大力推行佛教，翻译佛经、广建寺院。西夏文化在中国文化史上留下了光彩夺目的一章。由于西夏文化蓬勃发展，形成了大量西夏文、汉文及藏文书籍，但众多的西夏书籍随着西夏的灭亡和党项民族的消亡而湮没消失。直到20世纪初，随着考古学的发展，它才又崭露庐山真面目，在中国的内蒙古、宁夏、甘肃等地得以出土、发现。现存的西夏书籍中有写本，也有印本，其中还有十分珍贵的活字印本，这些活字印本证明中原地区的活字印刷较早地扩展到西夏地区。

1909年，由俄国的科兹洛夫率领四川、蒙古探险队在中国的西夏黑水城遗址（今属内蒙古额济纳旗）发现了大批西夏文献，其中绝大多数是西夏文文献，今藏圣彼得堡。1993年，中国社会科学院民族研究所、上海古籍出版社与俄罗斯圣彼得堡东方学研究所签订合作协议，共同整理出版这批文献，发现了西夏时期的4种西夏文活字版印刷品，其中有：（一）《维摩诘所说经》（图1），佛教著作，共5卷，皆为经折装，上下单栏。编号为233—4236号、361—362号、232号、737号、2310号。233号和737号有西夏仁宗尊号题款。（二）《大乘百法明镜集》，佛教著作，编号5153号，原为经折装，现已摊平为一纸4面的10张纸，上下单栏。（三）《三代相照言集文》（图2），也是佛教著作，编号4166号，蝴蝶装，四周双栏。后有发愿文。（四）《德行集》，世俗著作，编号799号、3947号，蝴蝶装，四周单栏。前有序文4页。

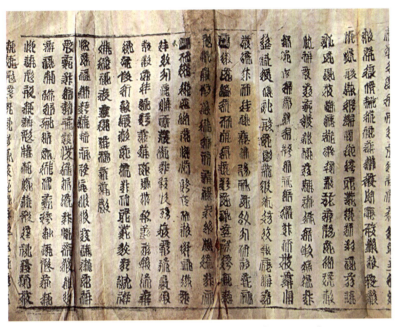

图1　武威出土西夏文泥活字版《维摩诘所说经》

近些年来，中国甘肃、宁夏等地又陆续发现了新的西夏文活字版佛经。（一）1989年在甘肃武威市新华乡缠山村亥母洞遗址出土的《维摩诘所说经》下卷，经折装，经名后有西夏仁宗尊号题款。此经与俄罗斯圣彼得堡所藏活字版本相同，现保存于武威市博物馆。同时出土有西夏乾定申年（1224年）、乾定酉年（1225年）、乾定戌年（1226年）的文书。（二）1991年在宁夏贺兰县拜寺沟方塔废墟中清理出一批西夏文物，其中有佛经《吉祥皆至口和本续》等，共9册，蝴蝶装，四周双栏。现保存在宁夏文物考古研究所。

以上西夏文文献都具有活字版印刷的特点：

1. 同一号字，大小宽窄不等，字体肥瘦不同，笔画粗细不一，这是因为虽然活字大小一样，但写刻活字非出自一人之手，在活字上所刻字大小不等、笔画不一所致。

2. 书中有字形歪斜，字列不正，每行左右不齐的现象，为当时活字不规范、聚版不精的原因。

3. 个别字的一边有活字印文墨迹，这是活字聚版时有的活字稍微倾斜而造成的。有的空字处印出空活字的边缘印痕，甚至近于墨丁，这也是由于聚版时未掌握好空活字的缘故。

4. 正面墨迹和背面透墨以字为单位深浅不同，有的纸面凹凸不平，系初期活字印刷版面不平所致。有时因在同一版中使用较多的活字（熟字）不够用而印刷后不得不补印，造成了文中有时以字为单位与周围的字墨色不同。

5. 这些文献上下字之间距离较宽，无相连、相交现象。不似木雕版印本中有时出现上下字点画撇捺相接、相触的情况。

6. 页面四周有栏线时，左右栏线和上下栏线交角处不相衔接，往往有明显的空缺。有的栏线断折，文字向外斜挤，有的栏线超出应相交的垂直栏线。版口线与上下栏线不相交。这是活字版拼合版框时边栏线不规范、拼合不紧密所致。在木雕版中不会出现这种现象。

7. 蝴蝶装印本中，版口中所印页码同一数字内有西夏文，又有汉文，有的页面版口中的书名简称漏排，这些也是容易发生在活字版中而不易发生在木雕版中的现象。有的页码中的汉字"二""四"等倒置，更能证明是活字版印刷。

8. 有的印本题款有活字印刷的明确记载。《三代相照言集文》发愿文末尾有三行题款，译成汉文是：（1）清信发愿者节亲主慧（照）（2）清信相发愿沙门道慧（3）活字新印者陈集金。这一题款明确记载了"活字"二字，是西夏使用活字印刷的重要证据。

9.《德行集》卷末西夏文题款中记有三个与印制此经有关的人名，每个人名前都有"印校发起者"的称谓，《吉祥皆至口和本续干文》最后一页题款中在印制该经的人名前冠有"印本勾管为者"的称谓。这些称谓表示所做的是活字印刷的一个复杂的过程，除制作活字外，还有拣字、排版、固版、印刷、校对等工序。文献中没有雕版印刷品题款中常有的书写者、雕刻者的人名。这些特有提法也是该经属于活字印刷品的重要证据，反映出活字印刷重视排印，而不易确知写、刻者的特点。

10. 有的页面出现异常现象。如《吉祥皆至口合本续》卷四第五页漏排版心，最后一页为了省去一页也略去版心，有的经卷最后一页左侧无栏线。这些都是雕版印刷中不会出现、而在活字印刷中才有的现象。

以上西夏文活字版文献都是西夏时期的产物。俄罗斯所藏4种文献出自黑水城遗址的佛塔中，塔中所有的文献都属于西夏时期，没有元代和元代以后的文献，在有纪年题款的文献中最晚的是属于西夏晚期的1224年。在《三代相照言集文》的题款中有"清信发愿者节亲主慧（照）"，节亲主这一称谓只有西夏时期才有，颇类似中原王朝的亲王，它出现在记载活字印刷的题款中，确切地证明这部活字版书籍属西夏时期，并且当时的印制工作有活字版《维摩诘所说经》西夏皇族参加。

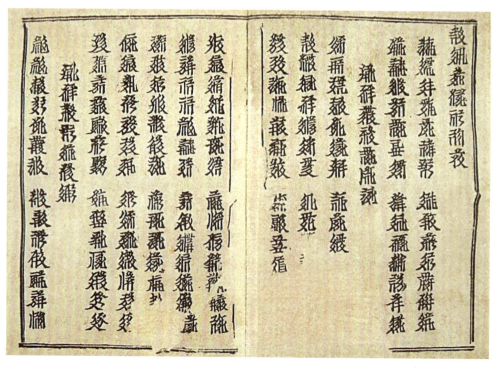

图2 黑水城出土西夏文木活字版《三代相照言集文》

《德行集》的序言中提到西夏"主持西土二百余年，积善普吉，共历八朝"，又提及"先护城皇帝"。西夏自太祖算起，第八代皇帝应是桓宗纯祐，加之"护城皇帝"是西夏仁宗去世后的尊号，仁宗正是桓宗的前一代皇帝，文中称"先"皇帝也证明此活字版文献形成在西夏桓宗时期（1194—1205年），应属于西夏晚期。甘肃武威出土的《维摩诘所说经》和俄藏该经属相同版本，证明该经也是西夏时期。宁夏出土佛经《吉祥皆至口合本续》的方塔为西夏古塔，其中两卷在正文首页经名后各有三行小字题款，记录"集经""羌译""番译"的职务和人名。这两种经首题款形式都是西夏时期自藏文翻译经典、书写或印制成书的常见形式。同时清理出的文物中有西夏仁宗御制施经发愿文，其年款为"时大夏乾祐庚子十一年五月"。这些都为此经属于西夏时期提供了参考依据。

这些活字版印刷品中《维摩诘所说经》是泥活字印刷，其余是木活字印刷。《维摩诘所说经》不仅有一般活字的特点，而且有泥活字印刷的特征。初期制作泥活字在选料、制泥、刻字、烧制、排版、保存等方面，虽有宋朝经验可资借鉴，但操作起来很难做到尽善尽美。活字印刷品的不完善、不成熟之处，往往有助于认识和探索早期活字印刷品的某些特征。该经文字笔画呆滞，不甚流畅，边缘不整齐，笔端圆钝，缺少尖锋，时有断残现象。尽管泥活字经过烧制，质地相当坚固，但它毕竟比较容易破损，特别是经多次印刷后，笔画破损更是难免的。一些字的笔画不甚清晰，有晕染现象，表现出泥活字吸墨能力显然不如木活字。从文献版面看，有些行字列不直，甚至有弯曲现象，这是早期泥活字印刷时行间尚无夹条、聚版又难以紧凑的缘故。

西夏在使用活字印刷术时，开始是泥活字印刷，然后在此基础上刻意摸索，进行改进和提高，又创造了与宋朝同时的西夏王国曾使用并发展了毕昇没有试制成功的木活字印刷技术。存世的西夏的木活字印刷品形成于西夏的后期，而泥活字印本《维摩诘所说经》形成时间大约在12世纪中叶，当为西夏中期。这部珍贵的西夏文佛经实际上是目前世界上现存最早的活字印本，当然也是最早的泥活字印本。西夏使用活字印刷术印刷了很多宗教和世俗文献，从存世的几种西夏的木活字印刷品看，西夏木活字印刷不断发展完善，渐入佳境，特别是《三代相照言集文》，印制精良，已经使用了不同型号的活字，在制字、排版、印刷等方面都达到很高的水准。上述多种西夏文活字版文献，都是世界上最早的活字印本。它们的发现是活字印刷史上的大事。中俄合作整理、编辑的《俄藏黑水城文献》已在陆续出版，其中包括上述4种西夏文活字版文献，海内外学者可以欣赏到这些珍贵活字印本的风采。

二

回鹘是维吾尔族的先民。9—13世纪居住在敦煌、吐鲁番的回鹘人曾建立过地方政权，创造了灿烂的文化，留下了丰富的历史文化遗产，其间回鹘人信仰佛教，也曾一度信仰摩尼教。敦煌和吐鲁番地处东西方文化交流的孔道。回鹘人兼收并蓄，吸收了中原地区，以及印度和中亚地区的文化，逐渐形成了回鹘佛教文化，佛教经、律、论的主要经典都被译成了回鹘文。

回鹘人曾使用过突厥如尼字母，后来逐渐过渡到完全使用源于粟特字母的文字，称为回鹘文。回鹘文一直使用到15世纪。这是维吾尔族在使用阿拉伯字母文字之前使用最广、保存文献较多的一种文字。回鹘文是音素文字，由19~20个字母组成。字母分词首、词中和词尾三种不同形式。长期以来，回鹘人发展了自己的书面语言。

为了满足回鹘社会对佛教经典的需求，回鹘王室和广大僧俗抄写、印制了大量回鹘文佛经。在活字版印刷由东方向西方传播过程中，回鹘人较早地创造了适合自己语言特点的木制活字，用木活字印刷回鹘文佛经，使活字印刷术继续向西方延伸。

1908年2月，伯希和率领法国中亚考察队到达敦煌千佛洞，攫取了藏经洞中的大量珍贵文献、文物，同时还在莫高窟北区第181窟（现编号464窟）中，发现了许多回鹘文、西夏文和藏文文献，以及长期以来为学术界所关注的回鹘文木活字。这些木活字后来由巴黎吉美亚洲艺术博物馆收藏。这次发现的回鹘文木活字除个别学者做过简单的报道外，90年来尚未进行系统和全面的研究，因而它们在活字印刷史上的重要地位没有引起足够的重视，甚至一度误传这批活字已经丢失，以至在英国著名科学家李约瑟主编的《中国科学技术史》第五卷第一分册《纸和印制》中写道："最近有消息说，这套活字已经无法找到。"本文笔者之一雅森·吾守尔在获联合国教科文组织丝绸之路研究平山郁夫奖学金后，于1995年赴英国研究敦煌出土文献时，专程去巴黎，在吉美亚洲艺术博物馆找到了这些约有800年历史的回鹘文木活字，并将全部960枚活字印制在5大张宣纸上，清楚地再现了这些活字代表的文字符号。

这些活字皆为凸起阳文反字，绝大多数皆宽1.3厘米，高2.2厘米，长短则依所表示符号的大小而定。这些活字木料质地坚硬，似以枣木或梨木制成，虽历经沧桑，仍然字迹清晰。在对这批活字进行解读、分类后，发现它们所表示的文字符号有6类：1.以字母为单位的活字，表示回鹘语语音的所有音位，而且大部分表示语音的符号都有词首、词中和词尾三种形式，还有一部分无词义或语法意义的语音组合。2.表示由两个以上音的组合的活字，其中有表示词干和构词成分的，也有表示语法词缀的。3.以词为单位的活字，其中主要是表示佛教名词术语的。4.以动词词根为单位的活字，数量较多。5.表示页面栏框线的活字，其中有单栏，也有双栏。6.表示标点符号的活字，其中有两点的，有四点的。此外，还有用于排版填空的夹条和中心木。这是在中原和西夏地区一个活字表示一个方块字（一个音节）的基础上，发展形成的包括以字母、音节和词为单位的混合类型活字。它是适应了回鹘语言特点而形成的。这一巨大进步在活字印刷史上具有重要意义。然而有的学者对这些活字未进行全面了解，做出了不准确的结论。美国学者卡特曾在他影响极大的《中国印刷术的发明和它的西传》一书中写道："也许他们（指回鹘）事实上有过字母的活字，但我们没有关于这一事实的记载，迄今也没有发现过字母活字的物证。敦煌所发现的活字，仍然完全仿照中国的方法，不是字母，而是一个个拼成了的字。"此后这段话被许多著作辗转引用，使人们误解这些活字都是以词（或单字）为单位，而没有以字母为单位的。

据语言学家分类，回鹘语是阿尔泰语系突厥语族的重要一支，属黏着型语言。其语言特点是在词干的后面按一定顺序附加不同的语法或构词词缀，每一个词缀表示不同的词义或语法关系。也就是说在回鹘语的句子中，一个词在表示不同的语法意义时在其词干的尾部要有不同的词缀。这和属于汉藏语系的汉语、西夏语在句子中词（字）不发生变化是不同的。在制作回鹘文活字时，如果完全仿照中原汉字活字或西夏活字那样，一词（字）一个活字的话，那么为了表达不同的语法意义而会有很多不同的类型，一个词就要制作很多不同的活字，这对活字印刷是一个难以胜任的负担。为了顺利地应用活字印刷术，聪明的回鹘人匠心独运，将词分解成词干和词缀，可以用较少的活字组合出绝大多数表示各种语法意义的词，这样既解决了不同语言使用活字问题，又能使排版省工省力。为了印制那些不常见的词和词缀，回鹘人又创造出只表示一个字母的活字，可以排印所有的语句。

据悉，敦煌文物研究院又先后在敦煌莫高窟北区洞窟中发现了数十枚回鹘文木活字（图3），与法国攫取者同属一类，使存世的回鹘文木活字达到千枚。敦煌发现的回鹘文木活字应属于12世纪晚期，最迟不晚于13世纪前期。因为在13世纪后半叶，敦煌地区的回鹘已经衰落，其政治、文化和宗教状况已不可能在那里制作活字，印刷回鹘文佛经。这批回鹘文木活字当为世界上现存最早的木活字实物。

20世纪初，德国、日本考察队在吐鲁番高昌遗址、盛金口佛教寺院遗址曾发掘出大量的回鹘文

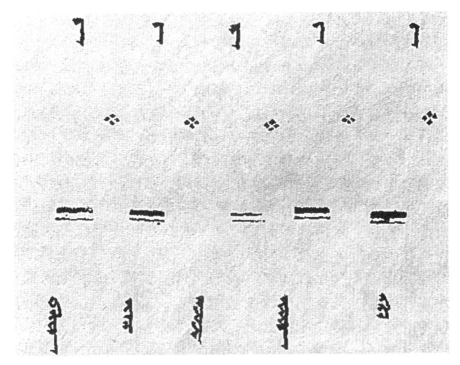

图3 敦煌莫高窟出土回鹘文木活字印文

印刷品，其中有一部分就是用活字版印刷的。

三

西夏和回鹘早期活字印刷实物的发现，在我国乃至世界印刷史上有突出的地位，具有重要意义。

（一）提供了早期活字印刷实物

尽管中国有宋代毕昇发明泥活字印刷的确切记载，但由于缺乏早期活字印刷实物，一些人竟怀疑中国对活字印刷的首创，甚至提出泥活字印刷在历史上是不存在的。西夏和回鹘活字印刷实物的发现，使我们得以目睹活字印刷术发明不久后的活字印刷品，也就是目前所见世界上最早的活字印刷品，澄清了早期活字印刷史上的怀疑和模糊认识，更加确认了我国首创活字印刷的地位。

（二）扩大了我国早期活字印刷使用的范围

我国中原地区开始活字印刷不久，西部地区的西夏和回鹘在中原地区活字印刷术的影响下，相继使用活字印刷术，在西夏中兴府（今宁夏银川）一带、凉州（今甘肃武威）、沙州（今甘肃敦煌）、黑水城、吐鲁番等广大地区都发现了少数民族文字的活字印刷实物。可见当时活字印刷文化底蕴之深，使用范围之广。

（三）表明了我国少数民族在活字印刷上的重要贡献

西夏和回鹘是我国古代少数民族地区，都有发达的文化。当地民族都善于发展自己的传统民族文化，吸纳其他民族的优秀文化。西夏文是与汉字类型相近的方块字，同属表意文字。西夏将印刷汉文的活字印刷术借鉴为印刷自己的民族文字文献，并且从泥活字印刷演进为木活字印刷。回鹘人又把方块字的活字印刷发展成适于语言形态变化比较丰富的语言的活字印刷，事实上开创了拼音文字活字印刷术的先河。我国的少数民族推动了活字印刷向前发展，在活字印刷史上推陈出新，写下了光辉的一页。我国的汉族和少数民族在活字印刷的发明和发展上，衣钵相传，争奇斗艳，充分表现出中华民族在这一重要科技领域内独一无二的重要贡献。

（四）为活字印刷西传提供了证据

毕昇发明活字在 11 世纪，而欧洲采用活字印刷是在 15 世纪中叶。二者时间间隔长，地理位置相距甚远，加之汉文活字为方块字活字，欧洲活字是字母活字，过去一些人否认我国活字印刷术对欧洲的影响，即便是承认我国活字印刷术对欧洲有影响的专家，对于通过什么途径传入西方也难以做出满意的解释。西夏和回鹘活字印刷实物的发现，从使用时间上填补了西传中两个世纪的过渡时期，从地域上由中原地区向西推进了 2000 多公里。回鹘文活字是我国活字思想和技术向西方传播的中介类型，其中已经包含了西方字母活字形成的原则，而此后由于蒙古的兴起和发展，在 13—14 世纪又是我国与西方交流最多、最直接的时期，这就为我国活字印刷术进一步向西传播提供了极为重要的条件。

总之，西夏和回鹘使用和发展活字印刷术，并留存下珍贵的活字印刷实物，对我国乃至世界活字印刷作出了十分突出的贡献，在活字印刷史上具有极为重要的意义。

（史金波、雅森·吾守尔著，原载《光明日报》1997 年 8 月 5 日）

西夏学与国学

西夏学是近几十年逐步发展起来的一门新兴学科，从其研究范围看，自应属国学之列。近些年来，国学中的某些领域收获丰厚，发展很快，如考古学；而另一些领域，可能由于新资料的匮乏，或研究方法的陈旧，显得步履蹒跚，少有新意，发展缓慢。而作为国学中的西夏学，则如异军突起，不断地将其新的资料、丰硕的科研成果、引人耳目的观点推向学术界，不仅使西夏学有了长足的发展，同时在若干重要方面以其卓越的建树推动了国学的发展，使这一"冷门"成为令学术界瞩目的显学，引起了学术界的广泛关注。

西夏原是11—13世纪在中国西北部地区以今宁夏银川市（原为西夏首都兴庆府）为中心建立的民族地方政权。西夏历十代帝王，享国近二百年。其辖地约为今宁夏、甘肃大部，陕西北部，内蒙古西部和青海东部的广袤地区。西夏王朝前期与北宋、辽相鼎立，后期与南宋、金相对峙，形成我国古代的新"三国"局面。西夏在当时各国纷争中，虽然地域偏狭，经济、军事力量较弱，但它总是与第二国联合对付第三国，因此它往往处于举足轻重的地位。西夏在中国历史上演出了有声有色的一幕，最后被横扫千军如卷席的蒙古军队赶下了历史舞台。就是这样一个在中国历史上的重要王朝，却受到了史家的冷落。在元代修撰前朝正史时，有《宋史》《辽史》《金史》，而独不修西夏史。西夏仅作为前述三史的附传用一卷或两卷的篇幅作一概述而已。尽管附传中保留了很重要的西夏史料，但作为一个有两百年历史、有系统典章制度的王朝，这点资料确实显得微乎其微，而难以反映其全貌。如果比较一下五代十国中有些王朝地域十分狭小、时间十分短暂而有专史的情况，那真是历史的不公平。西夏的大批文献资料可能因不修正史而没有保存下来。这样，后世多知道辽、金，少知甚至不知西夏，西夏历史几乎默默无闻地坐了六七百年的冷板凳。

若没有新资料的发现，西夏历史文化的研究自难取得大的进展。然而历史有情，西夏历史终于峰回路转。自19世纪初，中国学者张澍以巨大的勇气在甘肃武威启封了前人的砌垒，发现了著名的西夏凉州感通塔碑，从而拉开了获取新的西夏资料的序幕。12世纪初，俄国探险家Л.K.科兹洛夫率队在西夏黑水城遗址（今属内蒙古额济纳旗）挖掘出数量巨大的文献、文物，分藏于俄罗斯科学院东方学研究所圣彼得堡分所和爱尔米塔什博物馆。这些主要为西夏时期的文献、文物，仅保存在圣彼得堡分所的西夏文献就有八千多个编号，两千多册，计有十五万面之巨，其内容之丰富更令人惊叹不已，难怪俄国人兴奋地说，他们找到了一座完整的书库。这些资料当中有西夏文、汉文、藏文、回鹘文、蒙古文等多种，以西夏文为多，汉文次之。在西夏文资料中，又以佛教典籍为大宗，世俗资料占少数。世俗资料虽占比例不大，但绝对数量也相当可观，约在一万面以上，经、史、子、集无所不有。黑水城西夏文献的重光于世是继著名的敦煌藏经洞文献被发现后的又一次重大发现，它从根本上改变了西夏资料匮乏的状况，是国学资料在20世纪的一次重要收获。在国学领域中，一次收获这样数量巨大、内容丰富的资料在历史上是十分罕见的。黑水城文献是西夏学赖以建立和发展的基石。自此以后，丰富多彩的西夏历史文化撩开了朦胧的面纱，以崭新的姿态登堂入室，渐入佳境。1914年英国人斯坦因步科兹洛夫之后尘也来到西夏黑水城遗址，虽不如科氏所获丰富，但从西夏资料稀有、时代较早、文字奇特几个方面来看，斯氏所得也算得上十分珍贵了。民国时期在宁夏的灵武等地也发现了成批的西夏文佛经，其中有的为个人所藏，有的已流失海外，而大部分已入藏北京图书馆。目前北京图书馆有西夏文佛经100余卷，是世界上除圣彼得堡东方学研究所外收藏西夏文献最多的地方。近20多年来，宁夏、甘肃、内蒙古、河北、安徽等地陆续发现与西夏文有关的文献或文物，特别是宁夏有计划地发掘西夏陵园，清理遗址，得到一大批珍贵的西夏文物，使人们目睹了西夏文化的风采，并有可能通过形象的实物去研究、探寻遥远的西夏王国。值得庆幸的是，一些具有远见卓识的学者十分重视西夏资料的整理、介绍、研究和出版工作，他们在对西夏文字知之甚少的条件下，殚精竭虑地去识读，夜以继日地去整理，确有披荆斩棘的开创之功。在20世纪30年代初，苏联聂历山教授就曾介绍了多种最重要的俄藏西夏文献目录，使学术界眼界大开。周叔迦、王静如二先生在整理、介绍北京图书馆藏西夏文佛经方面首开先河。后来苏联的E.N.克卡诺夫教授等在前人的基础上，全面、系统地整理俄藏西夏文目录，并一一给以注录。面对浩如烟海的文献、难以掌握的文字，下决心去认识、熟悉、研究它，这需要巨大的勇气、科学的头脑和几十年如一日坚韧不拔的精神。

利用已经发现的西夏文献、文物，科学地、深入地研究西夏的历史与文化，以促进西夏学和国学的发展，也即继第一次发掘后，对西夏文献进行深层次的第二次发掘，这才是西夏学界的最终目的。西夏文献中绝大部分用西夏文字写印，要利用西夏文献，必先解读久已无人认识的西夏文字。西夏文字是西夏早期创制、记录西夏主体民族党项族语言的文字，计有六千余字。它借源于汉字、形似汉字，而又不同于汉字。西夏灭亡后，党项人在元代为色目人，后历经明、清而分化减少，西夏语言亦随之绝灭，西夏文字渐成为不解之谜而沦为历史文字。开始释读西夏文字是利用有限的材料摸索探寻零敲碎打，猜测的成分多，科学的依据少。直到在俄藏黑水城中发现了一部名为《番汉合时掌中珠》的书，才见到解读西夏文字的曙光。《番汉合时掌中珠》是西夏文—汉文对照的双解词语集，每个西夏文词语都有汉字的对应音、义，每个汉字词语都有西夏文对应的音、义。虽然全书涉及西夏字仅有千余，但多为常用字。此书的公布于世大大加快了释读西夏文的步伐，成为解读西夏文的一个里程碑。聂历山教授、王静如教授利用译自汉藏的西夏文佛经与相应的汉文佛经对照比较，在识读西夏文字中也取得了可喜的成绩。使西夏文释读水平提高到一个全新阶段的是西夏文韵书《文海》的刊布与研究。《文海》兼有《说文解字》和《广韵》的特点，书中对每一个西夏字的字形、字义和字音都有注释。尽管这部极有价值的书只保存了半部，仅有三千多个被注释字，但加上注释字后，涉及的西夏字为五千，占西夏字总数的八成，可见这部书对释读西夏文的重要性。然而这部书全部是西夏文，不像《番汉合时掌中珠》那样有汉字对照，就当时释读西夏文的总体水平而言，研究解读《文海》本身的难度就很大。苏联列宁格勒东方学所的克卡诺夫教授、克平教授等于1969年出版了《文海》一书，书中刊出了原本影印件，并以俄文做了翻译和研究，贡献颇多。1975年我们得此书后，集中精力对此书重新整理、全面研究，经几年的努力，用汉文将其全部译释，同时对书中出现的六万多个西夏字做了详细引证，并归纳对照、融会贯通，已出版了《文海研究》一书，大大提高了译释西夏文的水平，可以说这是西夏文解读方面一个新的、至关重要的里程碑。

在解读西夏文字的同时，利用西夏自己撰写的西夏文文献研究西夏的历史和文化，也有了突飞猛进的发展，取得了令人瞩目的成就。西夏历史是中国历史的有机组成部分，西夏学的长足进步在很多方面自然会推动国学的发展。

一、历史

过去所能见到的西夏史料，系史家编撰的第二手汉文资料，其中虽不乏有价值的部分，但总感到内容稀疏，百不存一。其中与宋、辽、金有关的稍多一些，西夏自己的历史极少；政治、军事稍多一些，经济、文化偏少。新发现的西夏文文献为西夏人自己所撰，其内容多反映西夏的历史和文化，不仅有详细的政治、军事内容，也包含着众多的经济、文化方面的史料。如保存有1200多面的西夏法典《天盛改旧新定律令》中，就有汉文史料中所缺乏的行政法、军事法、经济法的系统内容。

这一类新资料的推出，将会把西夏历史重新写过，西夏历史在中国历史上会享有其恰如其分的地位。

二、文化

透过西夏文献和文物可知西夏有绚丽多姿的文化。西夏文化番汉兼容，极具民族特色，以贯彻民族传统的"番学"为其底蕴，以儒学和佛学为王朝的两大思想支柱，它以儒治国，以佛统民。西夏有繁荣的文学艺术，有发达的科学技术，有番汉并存的风俗习惯。西夏文化与整个中华民族文化有内在的紧密联系，它是中华民族文化园地中的一簇奇葩。

三、宗教

过去从汉文资料中得知西夏信仰佛教，曾多次向宋朝赎取《大藏经》，并耗费大量人力物力修造承天寺、高台寺等。近十数年来，从新见的资料中搜检探寻，不仅得知西夏曾以西夏文翻译《大藏经》，而且了解到刻印流行的具体事实，这是中国第一次用少数民族文字刻印《大藏经》。又发现西夏在境内还刻印过汉文《大藏经》，为中国不多的几种汉文《大藏经》增添了一种新的品类。以上两项在中国佛教史上都占有重要的地位，特别是用多种资料令人信服地论证中国佛教的帝师制度起始于西夏，而不像传统的说法那样始自元世祖忽必烈封八思巴为帝师。在俄藏黑水城文献中，西夏编印的汉文《杂字》已有"帝师"之称。在西夏佛经题款中已发现有两位带有帝师称号的人，共出现五次之多。西夏封设帝师改写了中国佛教史上的重要一页，是佛教史上的一件大事。

四、法律

西夏主体民族党项族的先民，至隋唐之际仍"无法令"。西夏立国后当有法律，然而过去的汉文史料失于记载。而后世发现的西夏文文献中却有多种西夏法律文献，如前面提到的《天盛改旧新定律令》（以下简称《天盛律令》）《新法》《亥年新法》《贞观玉镜统》等，其中最重要、最完备的当属《天盛律令》。此《天盛律令》系西夏文木刻本，这是中国继宋朝印行《宋刑统》后又一次公开刻印颁行的王朝法典，也是第一部用少数民族文字印行的法典。原为20卷，今存19卷，卷内分门，门下列条，全书共147门，1400余条。它吸收了唐、宋律的精华，又不同于唐、宋律。在形式上的一大特点是全部为统一格式的律令条目，既没有条后附赘的注疏，也没有条外另加的令、格、式、敕。每一条又可降格分为并列的几小条，每小条还可再降格分为几小款，余以此类推。这种纲目分明、层次清晰的条款分类布局，近于现代法律条文形式，其系统性和规范性在当时是很少见的，在中国法制史上是一次大胆的、成功的革新。《天盛律令》在内容上也不落窠臼，别树一帜，非常充实、丰富。计20余万言，其字数之多，内容之宽，不逊于唐、宋律令。它继承了唐、宋律在刑法、诉讼法方面严谨、细密的传统，同时也不墨守成规，在行政法、民法、经济法、军事法方面大大拓展了唐、宋律的内容，它称得上是真正诸法合体的法典。

五、民族

由于以前汉文史料的记载相互抵触，西夏的主体民族，特别是其皇族究竟是羌系还是鲜卑系，在学术界引发了长时间的争论，根据新发现的西夏人自己的记载，西夏的主体民族应是"番族"（或蕃族），西夏语读音为"弥"。包括皇族嵬名氏（由原拓跋氏改）在内的番族主要源于党项，同时在迁徙和发展过程中吸纳了包括部分鲜卑、回鹘等在内的民族成分，是一个范围较宽、界限不很严格的共体。这一新的认识对了解西夏境内乃至中国北部地区的民族关系十分重要。西夏灭亡后，番族逐渐消失在历史的长河中。这个民族还有没有历史痕迹可寻？这是史学界比较关注的问题。应当说这个民族的绝大部分融入了西北一带的汉、蒙、藏、回等民族中，但难以找到确切的文献证据。20世纪80年代初，我们根据史志资料的线索，到安徽进行实地调查，终于在合肥和安庆两地找到了自元代迁到安徽的党项人后裔，并搜集到两部传承关系清楚的族谱。这一重要发现对研究西夏主体民族的消亡、汉民族的形成、发展史都是极有价值的。

六、语言

我们对消亡的民族只能依赖保存的文献资料来研究其民族语言。有的民族至今未见有反映其民族语言的文献，而无从着手，如匈奴；有的民族语言材料不多，亦困难重重，如契丹。西夏语言研究以前也是一片空白。自大批西夏文献被发现后，西夏语言资料顿显丰富，其中除一般语言素材外，尚有西夏人自己编写的多种类型的字典、辞书。其种类之多样和水平之高超足可与古代汉语文音韵书籍相媲美。西夏语属汉藏语系藏缅语族。汉藏语系中语言众多，但有古代语言材料的仅有汉语、藏语等少数几种。古代语言材料对进行语言的历史比较和构拟古代语是极为重要的。大批西夏语言资料的出现，为汉藏语言研究提供了难得的素材。近些年来，西夏语语言、词汇和语法的研究都取得了比较全面、深入的认识，这对汉藏语言研究也起着越来越大的推动作用。

七、文字

西夏文字的创制和推行是西夏文化史上一件具有划时代意义的大事。从那以后西夏进入真正文明时代。西夏文是一种应用范围广、使用地区大、延续时间长的实用文字，前后使用至少有460余年。西夏文字的结构、笔画都借鉴于汉字，但其构造更为繁复。经对西夏文字反复研究，知西夏文字单纯字少，合成字多，合成字共有60多种组字方式。特别值得提出的是，西夏造字师匠心独运，创造了反切上下字合成法，即两个字合成一个字时，这两个字正是合成字的反切上字和下字，这种构字方式有点像近代的拼音文字，它在西夏文字中尽管数量较少，但已成系统。这种特殊的造字方式是汉字类型的表意文字向表音文字方向发展的可喜尝试。在汉字系统的文字中，900多年前就有这种不同凡响的造字方式是难能可贵的，在中国文字发展史上特别值得重视。

八、考古

20世纪初西夏大批文献被发现后，又陆续有西夏文物问世，特别是近二三十年来，西夏考古收获十分丰富，首有敦煌莫高窟中西夏洞窟的划定，继有银川西夏皇陵的发掘，再有甘肃、内蒙古多种西夏文物的出土，还有宁夏灵武西夏磁窑址的清理，给人以层出不穷的印象。现宁夏、甘肃、内蒙古博物馆都收藏有大量西夏文物，真是琳琅满目，五彩缤纷，其中不少是奇珍异宝。西夏文物已多次在北京的中国历史博物馆、故宫博物院、民族文化宫展览。西夏文物还远涉重洋，被运到日本、美国展览，让国外的友人也能赏奇析疑，领略到西夏王朝的风韵，通过西夏这个侧面了解国学的深厚内涵。

九、古籍整理

西夏文创制后，翻译了很多汉文典籍。已发现的除佛经外，还有《论语》《孟子》《孝经》《孙子兵法三注》《六韬》《黄石公三略》《贞观政要》《类林》等多种。这些译自西夏时代的书籍，应入宋版之列，皆属珍本，它们对校订、整理古籍的作用不言而喻。如利用草书西夏文《六祖坛经》校订汉文《坛经》就很有收益。西夏文《孝经》保存完整，译自宋吕惠卿注本，而汉文吕注本早已失传，以西夏文本返译后可弥补这一缺憾。《类林》是唐代的一部重要私家类书，它早已失传，现却以西夏文形式基本保存下来，我们已将其翻译成汉文，使失传数百年的古籍重现原貌。今后通过学者不断的开掘，对古籍的整理还会有新的贡献。

西夏学学科发展在国学中已脱颖而出，由于其资料的丰实和学者的努力，前景依然看好。1993年中国社会科学院民族研究所、上海古籍出版社和俄罗斯科学院东方学研究所圣彼得堡分所签订协议，决定共同合作整理、出版全部俄藏黑水城文献，目前工作正在顺利进行。此项合作的实现将使珍贵而丰富的西夏文献公之于世，把西夏学推进到一个崭新的阶段，其对国学的贡献将会更加引人注目。

（原载全国少数民族古籍整理研究室编《中国少数民族古籍论》第一集，巴蜀书社，1997年）

黑水城出土活字版汉文历书考

　　俄罗斯所藏黑水城（今属内蒙古自治区额济纳旗）出土文献多为七八百年前的古籍，今保存于俄罗斯圣彼得堡东方学研究所，数量巨大，内容丰富，种类多样，价值珍贵。内有历书多种，其中有印本汉文历书，也有手写本西夏文—汉文合璧历书。近几年笔者有幸参与整理、出版《俄藏黑水城文献》的工作，在圣彼得堡查阅了大量黑水城出土文献，其中包括汉文历书。因这些历书皆为残片，研究考证困难重重，加之笔者于历法尚属初学，研习琢磨，实属班门弄斧。本文对汉文历书的初步探讨，仅作引玉之砖，切望行家指正。

一、残历书时代为13世纪初期

　　俄罗斯所藏黑水城出土汉文历书，多数已经俄罗斯著名汉学家孟列夫教授（Л.Н.Меньшиков）整理、注录。现将有关部分节录如下：

　　历书（305—309号）
　　305（原藏录号TK-5285）[历书]
　　历日，日期与竖线分开，竖行再用横线分成5栏（从上到下）：①表示干支时辰，指出五行及周相的日期；②星座；③告戒应回避什么；④庇护神名称；⑤说明吉凶征兆。木刻本，粘在西夏文的书背面（当时的裱褙），按西夏文经折装书的尺寸从上下两边裁齐。原先大概是卷子装，宋体字，下面3栏的字小。保存下来的是五天的日历。无书题，宋版本（12世纪前30年的）……
　　306（原藏录号TK-5229）[历书]
　　历书，与本书编号305是同一类型。宋体字，现存5天的日历，无书题。宋版本（12世纪前30年的）……
　　307（原藏录号TK-5469）[历书]
　　历书，与本书编号305属同一类型。宋体字，现存20天的日历，第12天以后有下月开始的一栏："[ ]月小"。无书题。宋版本（12世纪前30年的）……
　　308（原藏录号TK-269）[历书]
　　历书，保存下来的是中间一条的3栏：①指出吉凶征兆；②太阳经过黄道的周相；③庇护神。木刻本……宋体字，宋版本。（12世纪前30年的）……
　　309（原藏录号TK-297）[历书]
　　历书，一竖栏内有下列纵行：①附有干支和五行的日号，并指出它们的周相；②星座；③告戒应回避什么；④指明自然现象；⑤说明吉凶征兆。日期被竖线分开。两卷木刻本残片……

宋版本（12世纪前30年的）……①

在中俄合作出版的《俄藏黑水城文献》第4册中已经收录了部分西夏佛经裱纸背面的残历书，编号TK269和TK297。②其余将在近期于第6册中刊布。

笔者在2000年夏季，第四次赴于圣彼得堡东方学研究所整理该所未编目的文献时，又发现了3纸新的汉文的残印本历书，编号为ИНФ.No.8117（1、2）、5306，也系原作为废弃纸张用作西夏佛经的裱纸，已被裁剪成残片，因年久从佛经上脱落下来。残历书呈表格状，表中各栏内有汉字。从残历书特点看和孟列夫介绍的5285、5229、5469、269号历书属同一类型。

孟列夫认为这些历书是12世纪前30年的宋刻本，并提出了理由："藏品中宋朝印的历书最多，关于从宋朝得到历书的情况在史料中有很多报道。1127年女真占领中国北部后，宋朝印刷的历书就再也得不到了，因此印刷的历书都是12世纪前30年的木刻本残片。"

这些历书究竟属于什么时代呢？

俄藏黑水城出土汉文历书皆为裁断的残片，无一页完整。据其残存的内容看，有月序、月大小、月九宫、月建、各日日期、干支、纳音、建除十二客、二十八宿、蜜日注、吉凶注、日出入时刻、人神所在等，内容十分丰富。5285、8117、5036、5229、5469号保存了上段，269号保存了下段。这与敦煌发现的宋代具注历日的形式基本一样，并且增加了二十八宿。③因这些具注历日没有序，也没有岁首，各页上部被裁失，所以不但没有年份干支，甚至也没有完整的月序。因此不能直接知其具体年代。令人欣慰的是从新发现的8117号残历书和原有的5469号残历书中可以推断出残历书的确切年代。

8117号有两残片，可上下对接，中间稍有残缺。残片分3竖栏，在中间一竖栏上部有三个大字："四月大"，这是此月之始。此栏前一栏应为三月最末一日，残存"……十九日辛巳金建"诸字，知前残失一"二"字，三月应是小月，由二十九日辛巳推其朔日为癸丑。由表列第3竖栏日干支可知四月朔日干支为壬午。又知四月为大月30日，可推知五月朔日干支为壬子。又四月九宫系二黑中宫，倒推可知此年正月九宫为五黄中宫，根据月九宫和年地支的对应关系，又知此年为季年，地支不出与丑、未、辰、戌。8117号残历日还保留着干支纪月法。干支纪月法是古代占卜家出于推算八字等占卜的需要，将十二地支配上十天干而成，缺乏天文历法的实用价值，但干支纪月有益于推断历书年代。④8117号残历书中间竖栏中月九宫下有月干支"建癸巳"三字。用癸巳纪四月的正月干支为庚寅。根据《五虎遁》可知，只有丙年和辛年正月的干支为庚寅。据此这一残历书年天干应是丙或辛。将已知此年的天干丙、辛和已知的地支丑、未、辰、戌相配，有四干支可供选择：丙戌、丙辰、辛未、辛丑。因黑水城出土文献在宋元时期，根据可供选择的年干支和前述已知三月、四月、五月的朔日分别是癸丑、壬午、壬子，遍查中国古代宋元400年的历书，只有宋嘉定辛未四年（1211年）完全合于上述条件。

① ［俄］孟列夫著，王克孝译：《黑水城出土汉文遗书叙录》，宁夏人民出版社，1994年，第17页。
② 史金波、魏同贤、克恰诺夫主编：《俄藏黑水城文献》第4册，上海古籍出版社，1997年，第355—357页。
③ 邓文宽：《敦煌天文历法文献辑校》，江苏古籍出版社，1996年，第513—672页。
④ 蒋南华：《中华传统天文历术》，湖南出版社，1996年，第83—90页。

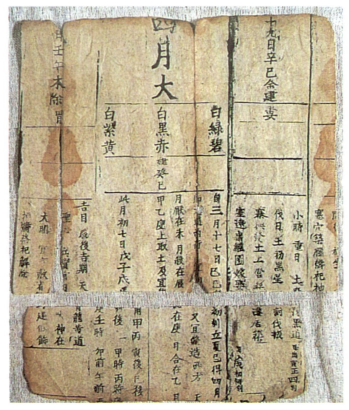

图1 黑水城出土汉文活字本历书8117号

　　此残历书年代的确定还有其他条件可以佐证。残历书5285号可与8117号对接，5285号应接在8117号之前，各日上残失"二"字，为三月二十四日至二十九日，从日期、干支、纳音、建除十二客、二十八宿等项内容都与8117号相接。二十四日下注"蜜"字，该日为阳历五月八日，确为蜜日，完全相合，证明年代推断无误。残历书又注有二十八宿，每日一宿。三月二十九日为娄宿，上推至三月十四日为角宿，是二十八宿之首。已知传世抄本南宋《宝祐四年（1256年）会天万年具注历日》也是用二十八宿注历。[①]其三月最末一天为"三十日辛酉木执轸"，轸宿是二十八宿的最后一宿。从前述考知的宋嘉定辛未四年（1211年）三月十四日（角宿）算起至宝祐丙辰四年（1256年）三月三十日，共计16436日。以28天一周期算，正好是587周。在近45年的时间里往复循环计587个二十八宿周期注历。以已知的宝祐年间会天历的二十八宿注证此黑水城残历书二十八宿注完全吻合，再次证明上述年代推断是正确的。

　　同样类型的5469号历书，上部亦残，月数和日数皆不完整。其中有一竖行残存大字"……月小"，也是一个月的开始。其下栏内有该月月斗建"建戌戌"，干支纪月的地支和月数序有对应关系。此地支"戌"对应九月。存八月十九日至九月八日共20日历日，表中列九月朔日为"□戌"，据前月末日干支为"己酉"，知所缺字为"庚"，九月朔日应为"庚戌"。九月为小月，可推知十月朔日为"己卯"。其前一日应是八月月末，存"……日己酉"，又其前三日为"……七日丙午"，知月末日为三十日，此月为大月，可推知其朔日为"庚辰"。九月栏下有月九宫，系六白中宫，倒推可知此年正月九宫和8117号同样为五中黄宫，根据月九宫和年地支的对应关系，知此年地支也为季年，不出丑、未、辰、戌。前述表中本月月建为"建戌戌"，其年正月应建庚寅。根据《五虎遁》

　　①邓文宽：《黑城出土〈宋淳熙九年壬寅岁（1182年）具注历日〉考》，《华学》第四辑，紫禁城出版社，2000年6月。

可知，丙年和辛年正月的干支为庚寅。据此这一残历书年天干应是丙或辛。同样根据可供选择的年干支和前述已知此历书的八月、九月、十月的朔日分别是庚辰、庚戌、己卯，遍查中国古代宋元400年的历日，也只有宋嘉定辛未四年（1211年）完全合于上述条件。因此可以推出此残历书和8117号历书是同一年的历书。

另5469号历书注有蜜日，八月二十四、九月一日、九月八日都注"蜜"字，这些日分别为阳历十月二日、十月九日、十月十六日。前述8117号三月二十四日下注"蜜"字，上下推算，蜜日皆相吻合。残历书又注有二十八宿，每日一宿。九月五日为角宿，与8117号二十八宿注历相合，当然与宝祐年间的会天历的二十八宿注也相吻合，再次证明上述年代推断正确。

5469号历书还注有物候，八月二十二日下注（阳历九月三十日）"鸿雁来宾"、二十七日（阳历十月五日）下注"雀入大水化为蛤"、九月二日（阳历十月十日）下注"菊有黄花"、九月七日（阳历十月十五日）下注"豺乃祭兽"，它们分别是霜降次候、末候和立冬初候、次候，这些也都合于该年八月、九月的物候。

5229号残历书存5日，上残，第四行上为"九日"，未知前是否残字，但栏内有"上弦"二字，知确为九日，上不残字。5行依次为六日至十日，第一行栏内有"处暑七月"，知为七月历日。从日干支和二十八宿推算都合于嘉定四年。

又5306号残历书也存5日，第一行"……日庚戌金满"。通过日地支和建除十二客的对应关系，可查找星命月，日地支"戌"和建除十二客"满"对应七月。可知历日也为七月。再核对日数、日

图2 黑水城出土汉文活字本历书5469号（背面和正面）

干支、纳音、建除十二客和二十八宿皆与5229号相合，应为七月一日至五日的历日，又第一行栏内有"寒蝉鸣"，为处暑次候，正与5229号呼应。又五日下注"蜜"，查嘉定四年七月五日确为蜜日。此残历书当然也是嘉定四年历日。

由此可知5285、8117、5306、5229、5469号都是同一年的历书。它们涉及该年三月、四月、五月、七月、八月、九月、十月共7个月的历日。

又同样类型的269号历书，上部残缺更多，日期干支等皆无，主凶吉栏只有下部，但比上述残历多保存了日出日入栏和人神所在栏。据该残历的"日出卯初三刻""日入酉正初刻"知为二月，又据其人神所在"气衝"等知为十七日至二十二日、二十五日至三十日共12日的历日，虽未确知其属哪一年，但可能是嘉定四年或距该年不远的一年。

这些残历书可推断出明确年代的是宋嘉定四年。因历书是为新的一年使用的，所以此历书产生和印刷的年代应是宋嘉定三年（1210年），属13世纪初期。

黑水城还出土有西夏文、汉文合璧历书或西夏文历书，多为表格式，绝大部分藏于俄罗斯圣彼得堡，其各年的日干支和中原历书完全一致，如西夏元德二年（1120年），年干支为庚子，正月朔为壬寅；人庆元年（1144年），年干支为甲子，正月朔为癸丑；天庆七年（1200年），年干支为庚申，正月朔为戊子等。过去英国人斯坦因在黑水城发现的西夏文—汉文合璧历书残片，以及武威小西沟岘发现的历书残片，亦皆与中原宋朝历日相合。[①]

二、残历书是早已失传的古历

西夏统治民族党项羌至隋、唐之际，仍然"候草木以记岁时"。[②]党项羌北迁后建立的夏州政权是中原王朝的一部分，奉中原正朔，采用汉地历法。西夏前期所用历法为宋朝颁赐的历法。西夏景宗元昊的父亲李德明时期请求宋朝颁给历书即《仪天历》。《宋史》载：宋乾兴元年（1022年）曾向西夏"遣阁门祗候赐冬服及颁《仪天具注历》"。[③]可见，西夏早在正式立国前已用宋朝历法。中原王朝向周边的王朝或政权颁赠历法，不仅说明中原王朝的科学发达、历法精审，更重要的是表明了政治上的从属关系，接受中原王朝历书的周边王朝或政权要遵从中原王朝的"正朔"。元昊自宋宝元元年（1038年）称帝，宋朝视为叛逆，双方战争不断，在西夏天授礼法延祚三年至五年（1040—1042年）的三年中就发生了三次大战，都以宋朝惨败告终。后经过反复较量，宋朝无力征服西夏，西夏也财困民穷，至宋庆历四年（1044年）双方达成妥协，西夏向宋称臣，宋朝承认西夏的实际地位。翌年宋朝向西夏颁赐历书。《宋史》记载：宋仁宗庆历五年（1045年）十月"辛未，颁历于夏国"[④]。这时宋朝使用的历法是《崇天历》，《崇天历》系宋仁宗时创制，前后使用了48年。[⑤]此后仍能见到宋向西夏颁赠历书的记载。宋元祐四年（1089年）宋哲宗颁给西夏历书的诏书曰："赐夏国主…今赐卿元祐五年历日一卷，至可领也……"[⑥]可能宋朝每年颁给西夏下一年的历书，而西夏为满足社会需求，在境内翻印。

宋朝设司天监，"掌察天文祥异，钟鼓漏刻，写造历书，供诸坛祀察告神名版位画日"[⑦]，属秘书监。中原王朝编制、颁发历书为"明正朔，授民时"。北宋时期共创制了12种历法，有9种颁行

①陈炳应：《西夏文物研究》，宁夏人民出版社，1985年，第314—323页。
②《隋书》卷83《党项传》，中华书局，1973年，第1845页。《旧唐书》卷198《党项传》，中华书局，1975年，第5291页。
③《宋史》卷485《夏国传上》，中华书局，1977年，第13992页。
④《宋史》卷11《仁宗纪三》，中华书局，1977年，第221页。
⑤《宋史》卷9《仁宗纪一》，中华书局，1977年，第176页。卷71《律历四》，第1618页。
⑥戴锡章：《西夏纪》卷19，宁夏人民出版社，1988年，第440页。
⑦《宋史》卷165《职官五》，中华书局，1977年，第3923页。

于世。南宋也多次修订历书，仅行用的就有9部。①

史载南宋绍兴元年（1131年）因宋夏失和，八月宋高宗"诏以夏本敌国，毋复班（颁）历日"②。看来自南宋于绍兴二年就不能正式得到中原所颁历书了。此后西夏臣侍金朝，与南宋关系紧张。至绍兴十四年（1144年）西夏仁宗皇帝"心慕正朔"，又派使臣入宋朝贺天中节，致送贺礼，并"自是岁如之"，自此西夏和宋朝又恢复往来。③宋开禧三年（1207年）宋臣曾渐进言时说："今年八月，便当颁历外国。"这里所谓"外国"是否包括西夏，并不明确，但从西夏残历书和中原历法完全一致来看，西夏可能从中原得到历书。

从黑水城出土此种汉文历书反应的时间看，当时南宋使用《开禧历》。《开禧历》创制于开禧三年（1207年），曾渐任提领官，鲍澣之任参定官。造成后诏以次年权附《统天历》颁行，至淳祐十一年（1251年）共行用44年。④《宋史》对《开禧历》法则记载附于《成天历》之后，⑤但《开禧历》历书早已不传于世。如果黑水城出土的西夏汉文历书来源于宋朝《开禧历》，那么此残历书应是南宋当年历书的重现。从现在已知的历书看，至北宋时期尚无二十八宿注历，此残历书是现存最早的有二十八宿注的历书之一，它比297号西夏乾祐十三年（1182年）有二十八宿历书晚29年，比有二十八宿注历的南宋《宝祐四年（1256年）会天万年具注历日》要早45年。又日本金泽文库藏有中国善本古籍多种，其中有《（大宋）嘉定十一年（1218年）具注历》残本一页，系刻本，表格式，其形式和内容与本文所论活字本残历书相近，只是缺少蜜日注。看来，残历书来自南宋的可能性较大。⑥

当时金朝也编制历书。金朝天象、历法是在北宋的基础上形成的。金朝取宋汴梁后，尽取宋朝天象仪器归燕京。金得宋器后，测候有据，于是编造新的历书。金天会五年（1127年）杨级始造《大明历》，后赵知微又造《知微历》或称《重修大明历》，其历法与北宋《纪元历》相似，行用至金末。⑦当时西夏与金朝虽屡有摩擦争斗，但岁岁往来，关系密切。颁历是属国从正朔、表示臣属关系的重要标志，金朝也可能向西夏颁赠历书。所以黑水城出土的汉文残历书也可能来源于金朝的《重修大明历》，此历书也是一部久已失传的古历。

西夏正式立国后，设置16司，其中无类似司天监的职司。⑧其后毅宗时期职官有所增益，也未提及类似职官。⑨西夏后期仁宗年间出版的《番汉合时掌中珠》中有"大恒历司"，或主历算诸事。⑩在西夏法典中大恒历司属中等司，设四正、四承旨、二都案、四案头。⑪又有西夏汉文《杂字》，其中"司分部十八"有"天监"，可能是"司天监"的简称，但无"大恒历司"⑫。《杂字》多为二字一组，可能把"大恒历司"或"司天监"简化成"天监"了。《天盛改旧新定律令》成书于西夏天盛年间（1149—1169年），《番汉合时掌中珠》成书于乾祐二十一年（1190年），汉文《杂字》也是西夏晚期作品。或许12世纪30年代以后南宋不再向西夏正式颁赠历书，西夏开始自己设

①《宋史》卷15《神宗纪》，中华书局，1977年，第288页。参见朱文鑫：《历法通志》，商务印书馆，1933年。
②《宋史》卷486《夏国传下》，中华书局，1977年，第14023页。
③[宋]宇文懋昭：《大金国志》卷11，中华书局，1986年，第167页。
④《宋史》卷82《律历十五》，中华书局，1977年，第1929页。
⑤《宋史》卷84《律历十七》，中华书局，1977年，第2023页。
⑥严绍璗：《在金泽文库访"国宝"》，《中华读书报》2000年11月8日。
⑦《金史》卷21《志第二》，中华书局，1975年，第442页；卷22《志第三》。
⑧《宋史》卷485《夏国传上》，中华书局，1977年，第13993页。
⑨[清]吴广成：《西夏书事》卷20，第11页，清道光五年小砚山房刻本。
⑩[西夏]骨勒茂才著，黄振华、聂鸿音、史金波整理：《番汉合时掌中珠》，宁夏人民出版社，1989年，第67页。
⑪史金波、聂鸿音、白滨译注：《天盛改旧新定律令》，法律出版社，2000年，第363—375页。
⑫史金波：《西夏汉文本〈杂字〉初探》，《中国民族史研究》第二期，中央民族学院出版社，1989年。

立机构编印历书。编制历书需要精确的天象观测和复杂的历法运算，西夏有无这样的仪器和专门人才，不得而知。但在没有材料证实之前，也不能排除西夏自己编制历书的可能性。如果残历书是西夏人自己创制，那更是前所未见的古历。

黑水城出土的残历书无论来自宋朝、金朝，或为自己编制，都是目前不存于世的古代历法，虽为残篇断简，但十分珍贵，对研究已失传的历法确有重要价值。

三、残历书是有确切年代最早的汉文活字印本

笔者在圣彼得堡东方学研究所仔细审视、分析了孟列夫注录过的黑水城出土汉文残历日和新发现的未经注录的同类汉文历日，认为除297号外都不是刻本，而是活字印本。这些文献的活字印本特点如下：

1. 字形歪斜，排列不齐。初期活字印刷因排字不紧、固版不精容易出现字形不正的缺陷。如269号"阴"字，字形歪斜明显，达20度左右。这在雕版印刷中是难以出现的。同一行中文字左右出入明显。如269号第7、9竖行"日入酉正二刻""日出卯初三刻"、第11行"人神"、8117号"四月大"下"此月初七日戊子戌正"、5469号第5竖行"明皇七圣鸣吠四相"、5229号第1竖行"六日乙卯水危"等，字列不正、左右不齐十分明显。这也是当时雕版印刷不常见，初期活字印刷常有的现象。有的字旁出现活字边角印痕。因一般活字只有反刻文字，不刻边栏，所以正常的活字旁不会出现边痕。但如果因活字稍有倾斜，会形成边角印痕。如8117号首行的"筑"字，8117号第9竖行的"道"字。有的字半个字浓，半个字淡，有的甚至只印出半个字，或字缺一角，这是活字未能固正，本身歪斜所致。如在269号第2竖行"刻"字，第8竖行"七星"二字，第10竖行"神"字、第11竖行"道"字等。这种现象是活字印刷的明证。

2. 字距较大，各字之间无相触、相交现象。雕版印刷书籍一般上下字距较近，甚至没有距离，出现上下字相接甚至有个别相交叉的现象。上述残历书上的字无相触、相交现象（个别字墨迹浸润另当别论）。从文字排列可见，大小号活字印面基本上皆为方形。可以把每一个字用方框框起来，而互不交叉。而雕版印刷时可以出现有的字方正，有的字扁平的现象。

3. 文面显现出以字为单位墨色浓淡不一。因初期活字印刷版面处理不十分平，有的活字较为突出，有的活字稍微凹进，造成印刷品字面有的字墨色浓深，有的字墨色浅淡。如269号第2竖行"五十三刻"中"三"字较其他字墨色淡。8117号第2竖行中的"寨"字明显比其下的"兴""发"等字浓黑。若观察页面的反面会发现这种现象更加明显。

4. 表格的横、竖线应相交时，往往不相交，横线与竖线间有空缺。活字印刷表格时，以带有相应长度横竖线的活版木条排版。若横竖线相抵，一线稍长则栏内活字难以紧凑固版，会造成活字散脱。上述残历书通栏竖线，或双线，或单线，横线多不与竖线相交，而是稍短一截，这样便于栏内活字固版。这种现象在几页残历书中都普遍存在（注意区分照片中印面的竖线和折痕）。表格中应贯通的横线，在竖线相隔处有上下错落不相贯通的情况。这是因为排版时横线被竖线分开，分段排印，相邻的两段横线没有严格对齐的缘故。靠近表格横竖线的文字和横竖线不相交触，而雕版印刷有时会出现相交触的现象。

5. 文字倒置。5469号第2竖行"吉日"二字中的"日"字、14竖行九月一日栏下"白虎"二字中的"白"字倒置。文字倒置是活字版印刷排字疏忽造成的特殊现象，这些倒置字往往发生在正置和倒置形体相近的字上。这种是区别活字版印刷品和雕版印刷的重要标志。

活字印刷中同类型文字大小应相等，但此残历日有同一栏同一行中字形大小不等的现象。如269号第1竖行"进人"二字，"人"字比"进"字大。第2竖行"四十七刻"中"四"字显然比

"刻"字大。其实，活字印刷刻字时同一号活字不同的工匠可以刻成大小不等的字，即便是不同号的活字在排版后固版时，只要紧固不松散，也可印刷。当然这种文字大小不匀的情况属于印刷不精的表现，往往是早期活字印刷的产物。

对比同是从黑水城出土的汉文刻本历日297号，更可显示出上述残历书的活字版特征。297号为三残片，也是具注历日，表格式。从文字看上下字之间相交、相叉现象较多，还有文字和格线相交的情况，有的文字方正，有的文字扁平，没有以字为单位墨色浓淡不一的现象。

据上考查论证可以确定5285、8117、5306、5229、5469、269号残历日为活字版印刷品。

历史文献记载中国发明活字印刷术在11世纪，言之凿凿，确定无疑，但终以缺乏早期活字印刷实物感到遗憾。近几年由于西夏文献研究的进展，现已知最早的西夏文活字印刷品推定为西夏仁宗时期，为12世纪中期，是世界上最早的活字印刷品，为活字印刷术的研究提供了早期实物。然而在过去出土的文献中还没有见到有确切年代的汉文活字印刷品。[①]温州市白象塔中出土的汉文《佛说观无量寿佛经》，有的专家推测为北宋崇宁二年（1103年），但是否为活字版印刷品学术界尚有争议。[②]因此本文所论残历书是最早的有确切年代的汉文活字印刷品。

四、残历书是西夏印本

这些汉文活字版残历书是在哪里印刷的？又是一个需要讨论的重要问题。

因残历书缺乏明确的王朝年号标志，只能从其内容中寻找所在王朝的蛛丝马迹。在5285号第3竖行，8117号第4竖行，5306号第1竖行、第四竖行，5229号第2竖行，5469号第5竖行、第8竖行、第11竖行、12竖行、21竖行，269号第3竖行的"明"字的右部的"月"明显缺中间两横笔，也即此字的最后两笔。这显然是避讳字。

宋朝有严格的避讳制度，金灭辽后与宋人接触频繁，受宋熏陶，避讳渐盛。西夏和中原王朝一样，也有避讳制度。在俄藏黑水城文献中发现仁宗仁孝时期的西夏文文献中"孝"字缺笔，如西夏文刻本《论语》"孝"字缺最后一笔，但"仁"字并未缺笔避讳，而有的"孝"字也未缺笔。[③]仁宗时刊印的《番汉合时掌中珠》西夏文和汉文"孝"字都不缺笔。看来西夏的避讳不似宋朝那样严格。查宋朝和金朝诸帝名讳，未见有"明"字，目前尚未见讳"明"的记载和例证。[④]而西夏诸帝的名讳中，被追谥为太宗的李德明名字中有"明"字，他的后辈确实避其名讳。元昊在即位之初就为避父德明讳，将宋"明道"年号，改为"显道"[⑤]。可以推论，残历书讳"明"字，系避西夏太宗德明的名讳。残历中5285号、5306号、5469号、269号中都有"德"字，不缺笔，这和仁孝时期的西夏文《论语》只避讳皇帝名字的第二字，不避讳第一字是一致的。此残历书讳"明"字，且出土于西夏管辖的黑水城，可推断为西夏印制的历书，其时间为西夏神宗遵顼光定元年（1211年），可称作《西夏光定元年（1211年）辛未岁具注历》。因历书是为新的一年使用的，所以此历书印刷年代应是西夏襄宗安全皇建元年（1210年）。据此可知，至少在那一时期西夏就使用活字印刷的具注历书了。

①牛达生：《西夏文佛经〈吉祥遍至口和本续〉的学术价值》，《文物》1994年第9期。史金波：《西夏文〈维摩诘所说经〉——现存最早的泥活字印本考》，《今日印刷》1998年第2期。

②金柏东：《早期活字印刷的实物见证》，《文物》1987年第5期。孙启康：《北宋末年使用活字的实物见证》，《中国印刷史学术研讨会文集》，印刷工业出版社，1997年。刘云：《对〈早期活字印刷术的实物见证〉一文的商榷》，《文物》1998年第10期。

③《俄藏黑水城文献》第11册，第47—59页。

④陈垣：《史讳举例》，科学出版社，1958年，第152—158页。

⑤《宋史》卷485《夏国传上》，中华书局，1977年，第13993页。

俄藏黑水城文献中尚有木刻版297号历日，共有3残片，存8日历日。①此历书已有邓文宽先生详加考证，推断其为《宋淳熙九年壬寅岁（1182年）具注历》。②据该历书残片1第5、8竖栏，残片2第3、4竖栏内"明"字依然缺笔避讳，说明这些残历书也是西夏历书，时在西夏仁宗乾祐十三年（1182年），比上述活字版历书早29年。

在黑水城出土的其他西夏汉文文献中也能找到讳"明"字的例证。如TK327《中有身要门》、A4V《照心图》、A15《梦幻身要门》、A19《金刚亥母禅定》、A38Ⅱ《释摩诃衍论》等文献中都有"明"字明显缺最后两笔的现象。但有的文献避讳并不严格，同一文献甚至同一页中，有的"明"字缺笔，有的"明"字不缺笔。③

五、余论

上述黑水城出土的活字版印本残历书5285、8117、5306、5229、5469号属于西夏神宗遵顼时期，印制于襄宗安全时期。历书是社会实用文书，随着时间的流逝，便成为过去的文献，往往被视为社会"无用"的物品而被废弃，所以保存至今的古历书很少。西夏黑水城出土的汉文残历书及其他历书，是研究中国古代历法的珍贵文物，值得重视。

残历书距活字印刷术发明的北宋庆历年间有160多年，是目前最早的有确切年代的汉文活字印刷品，是研究活字印刷术的重要实物，填补了汉文早期活字印刷品的空白。

西夏使用活字印刷所印文献是用途很广、印份很多的历书，同时又印刷印份很多的佛经。大批量印刷文献最能发挥活字印刷的长处。正如《梦溪笔谈》所载："若止印三二本，未为简易；若印数十百千本，则极为神速。"④

西夏所印此种历书，有比较复杂的表格，至少有四种大小型号的活字，在活字印刷术使用初期就显现出难得的创意思想和很高的技术水平。尽管其中也含有不甚完善之处，带有初始活字印刷品的特点，但其活字印刷的工艺水准也足以表现西夏文化的发达和科学技术的进步。

中国自古以来就是多民族的国家，中华民族文化是多民族的文化。汉字是汉民族使用的文字，但汉字又有其特殊地位。在有自己民族文字的王朝中，汉字也往往是与民族文字并行使用的。在与宋朝同时的辽、西夏、金朝境内，除分别使用各该民族的契丹文、西夏文、女真文外，也都使用汉文。在西夏境内不仅用汉文刻印佛经，还用来书写各种文书，就连西夏皇陵的墓碑也往往是一面西夏文，一面汉文。著名的凉州感通塔碑也是一面西夏文，一面汉文。在黑水城出土的大量文献中也有不少汉文文书。西夏在使用西夏文历书的同时又使用汉文历书当然是不足为奇的。此次新发现的残历书再一次证明汉文化在西夏的深远影响。孟列夫在其为俄藏黑水城出土汉文历书注录时曾经说过："我们所了解的那些碎片并不使人惊讶，因为历书过了若干年之后，就失去它本身的实际意义。"实际上这些残历书是久已失传的古代历书的重现，是有确切年代可考的最早的汉文活字印刷品，是十分珍贵的文献，它不仅有重要学术意义，而且有其他文献难以代替的文物价值。⑤

（原载《文物》2001年第10期）

---

①《俄藏黑水城文献》第4册，第385—385页。
②邓文宽：《黑城出土〈宋淳熙九年壬寅岁(1182年）具注历日〉考》。
③《俄藏黑水城文献》第5册，第106—111页、第130—134页、第244—246页、第256—258页、第338—375页。
④[宋]沈括：《梦溪笔谈》卷18，技艺·板印书籍条，中华书局，1959年，第598页。
⑤本文请中国文物研究所邓文宽教授、上海古籍出版社蒋维崧先生审阅，他们提出了很多宝贵意见和建议，在此表示衷心感谢。

河南、安徽西夏后裔及其汉化

河南省是中国中原大省，人口9700多万，有少数民族55个，人口114多万人，占全省总人口的1%以上。人口在万人以上的有回族、蒙古族、满族，其中回族约95万人，仅次于宁夏、甘肃，居全国第三位，蒙古族8.22万人，满族6.17万人。历史上河南不仅是汉族的发祥地，也是很多少数民族居住、繁衍之处。1500年前鲜卑族拓跋氏建立的元魏曾建都洛阳；800年前女真族建立的金朝，在宋朝南渡后也曾建都在开封。当时河南省少数民族之多，可想而知。

安徽省也是一个人口大省，有6400多万人，现有各少数民族54个，人口为45万人，占0.7%左右，其中主要为回族，此外还有满族、蒙古族、壮族、畲族等少数民族。

随着历史的变迁，一些少数民族融入其他民族而消亡。循着历史的足迹寻找消失的少数民族后裔，对研究中国民族史、汉民族形成史具有重要意义。

河南省、安徽省有不少少数民族后裔。这里不仅有鲜卑族、契丹族、女真族的后裔，也有在西北建立西夏皇朝的党项族后裔。

西夏是中国古代一个有重要影响的封建王朝，以党项羌为主体，自称大夏国（1038—1227年），因其位于宋朝的西部，史称西夏。西夏统治西北地区近两个世纪，前期与北宋、辽抗衡，后期与南宋、金鼎立，在中国古代形成新"三国"局面。近邻还有回鹘、吐蕃政权。各王朝间的关系复杂而微妙。西夏历十代帝王，设官立爵，创制文字，备一代典章制度。西夏首都兴庆府（即兴州，后改名中兴府，今宁夏回族自治区银川市），最后亡于蒙古。党项羌历经元、明而逐渐消亡。那么，党项族到哪里去了？他的后裔与河南有什么关系呢？

一、元、明时期的西夏后裔

西夏灭亡后，元时期的党项人称为唐兀人或河西人，有时也泛称为西夏人，属色目人，民族地位较高。在蒙古攻占西夏，以及灭金、亡宋的过程中，一部分党项上层起了重要作用。有的党项人活动与河南有关。

如党项人察罕是率军攻金、伐宋的主将之一。初从成吉思汗"略云中、桑乾"，破金野狐岭守军，"太宗即位，从略河南"①。可见在蒙古攻宋的早期，党项将领就率军从山西、河北一带进入河南。

元时期有专门以党项人组成的军队，称为唐兀军。党项人野蒲甘卜率领的军队即唐兀军，他死后由其子昂吉儿率领，这支部队在中原战场上起了重要作用。1269年昂吉儿授本军千户，略地淮南。他建议城信阳（今河南信阳）以扼宋军，后受命率河西军1300入城之。1272年升信阳军马万户，分木华黎属军及阿术所将河西兵统归昂吉儿管辖。丞相伯颜渡江攻宋，留平章政事阿术定淮南

---

① 《元史》卷120《察罕传》，中华书局，1976年，第2956页。

东道，其西道命昂吉儿董理，驻兵合州（今安徽肥西）。后攻庐州（今安徽合肥），升镇国上将军，淮西宣慰使，后驻守庐州。[①]其子昂阿秃1289年任庐州蒙古汉军万户府达鲁花赤，大德六年（1302年）经外出征讨后还镇庐州。他还以私产筑室120余间，以居军士之贫者。[②]这也可能与其部下士兵多同族人有关。

党项部队也有驻守河南者。1328年"征鄢陵县河西军赴阙"[③]。鄢陵县属河南，可知河南也曾屯驻党项部队。

河南浚县也有党项族。党项族述哥察儿曾在浚县任达鲁花赤，"在官日久，与浚民相安，世渐平定，无意仕进，买田筑室黎阳山下，治生教子，闲居二十二年乃终"[④]。述哥察儿致仕后，因爱这里林壑优美，便居住于此。述哥察儿历仕元定宗、元宪宗、元世祖三朝，当过定宗贵由的宿卫之士，又跟随宪宗南征北战，宪宗六年（1256年）被任命为浚州达鲁花赤。他在浚州有两件事值得记述，一是治理境内，关心民瘼，惩治贪墨，受到了百姓的爱戴；二是参与了世祖中统三年（1262年）平定山东的李璮之乱。

蒙古统一中国后，党项人在西夏故地河西一带仍有其潜在的政治势力和社会基础，不少地方留下了他们的足迹。元朝末期，一些党项上层人物参与镇压农民起义军的活动，对当时政局的推移也有一定影响。

与元末起义军对抗时间最长、影响最大的党项人应推余阙。余阙祖居武威，元统元年（1333年）赐进士及第，三次被召入大都为官，先后任翰林文字、刑部主事、翰林编修、集贤经历、翰林待制，后归合肥家中丁母忧。元政府为了镇压农民起义，于至正十二年（1352年）起用余阙，任以淮西副使，金都元帅府事，驻守安庆。安庆历来是兵家必争之地。余阙到任后，即招募军队，训练士卒，整饬城防，以图长期与起义军对抗。他还以"尊君亲上"的说教和身先士卒的督战方法去驱使士兵作战。因此受到元朝的赏识，升为淮南行省左丞、都元帅。他和起义军周旋达六年之久，至正十八年（1358年）安庆被起义军陈友谅、赵普胜部攻破，余阙及其妻子、儿女皆自尽，仅留一褓襁幼子。余阙成了为元"死节"的典型人物。他的行为得到穷途末路的元政府的褒奖，赠他为"摅诚守正清忠谅节功臣、荣禄大夫、淮南江北等处行中书省平章政事、柱国，追封豳国公，谥忠宣"[⑤]。明朝建立后，为了维护封建统治，对元末镇压农民起义军的头面人物也给以褒奖。对余阙更加推崇，在其生地合肥、死地安庆都修祠立庙，使年年祭祀不绝。

元代党项族在政治、经济，文化领域里，产生了相当的影响。有元一代，具有一定地位的党项人至少有一百几十人。

有元一代，党项族在经济生活、风俗习惯、心理状态、语言文字方面都发生了巨大变化。当时党项族虽仍有较高的地位，但在元代大一统国家中，其语言、文字缺乏社会使用的大环境，已经从西夏时全境内的强势地位，变成元代大国中的局部、弱势地位。尽管元代西夏文文献在政府的承认和支持下，仍有一定数量问世，但已风光不再，与西夏时期的出版不可同日而语。随着党项族的趋于同化，使用西夏文的人数越来越少，西夏文的社会声望逐渐降低。可以说，在历史上曾有一定地位和影响的党项族已逐渐被同化了。[⑥]

---

①《元史》卷132《昂吉儿传》，中华书局，1976年，第3214页。

②《元史》卷123《也蒲甘卜传》，中华书局，1976年，第3028页；卷132《昂吉儿传》，第3214页。

③《元史》卷32《文宗纪》，中华书局，1976年，第708页。

④[元]吴澄：《吴文正公集》卷33《元故浚州达鲁花赤赠中议大夫河中府知府上骑都尉追封魏郡伯墓铭》。

⑤《元史》卷143《余阙传》，中华书局，1976年，第3429页。[明]宋濂：《宋文宪公全集》卷40《余左丞传》。

⑥史金波：《蒙、元时期党项上层人物的活动》，《民族史论丛》，中华书局，1987年。

明朝推翻了以少数民族为统治阶级的元朝，建立了以汉族为统治民族的朝廷，其民族政策有了很大改变。明初攻下元都后，于洪武元年（1368年）曾下诏："蒙古、色目人有才能者许擢用"①以延揽少数民族中的人才。但后来实行的《大明律》中规定：蒙古、色目人"不许本类自相嫁娶，违者杖八十，男女入官为奴。"②这实际上是对少数民族实行民族歧视和强迫同化的政策。这样，党项人被同化的步伐更快。关于明代党项人活动的记载更少，西夏文的使用也极为鲜见。明朝初年的西夏文刻经和明代中期的保定西夏文经幢，可谓凤毛麟角。两种文物反映着西夏后裔在明朝的存在，同时也记录了党项民族走向消亡的最后足迹。

从党项族的历史发展轨迹可以看到，党项族同祖国多民族大家庭结合的历史渊源，党项族同其他各兄弟民族在政治、经济、文化各方面的相互影响和不可分割的密切联系，以及他逐渐融合于其他民族之中的某些过程。

二、对中原地区西夏后裔的第一次调查

元代党项人入居中原者不少，其中对其后世记载较详者当推生于安徽，后曾于安徽做官，最后死于安徽的党项人余阙。在与元末农民起义对抗中，余阙兵败自刭，沉于清水塘内。其妻耶卜氏（党项人）与其妾及一子一女皆投井自尽。③

余阙字廷心，文献记载，他死后，留一褓褓幼子。宋濂在《余左丞传》后有附记二则，其一曰：

　　濂既作《余廷心传》，又见其门人汪河，言当廷心死时，其妾满堂生一子，甫晬，弃水滨。有伪万户杜某呼曰："此必余参政子，是种也，良不可杀。"竟捐所抄诸物怀子以去，今三岁矣。人或戏子曰："汝父何在？"子横指拂喉曰："如此矣"。④

宋濂和余阙是同时代人，小余阙七岁，主编《元史》，并亲为余阙作传，对余阙事迹、家庭自然了解较多。所记余阙留有一子事，又是余阙门人亲自对他讲，当为可信。此子名余渊，明洪武丙子（1396年）中举人。⑤当时社会重视科举，对举人的家世都要考核清楚，其为余阙之子，应明白无误。但余阙死后数年间，安徽、江西一带陈友谅部还十分活跃，余阙所留一子实际处于被保护、隐匿的状态，当时可能不被更多人所知，以至有人误认为"余忠宣公死后无子"⑥。

《续修庐州府志》"世族表"中列有余阙后代世系，并附记：

　　忠宣（余阙）殉难时，次子渊甫周岁。母投水死节，弃之水滨，万户某知为余参政子，舍所掠物怀之去，遂得免。后中明洪武丙子举人，知完平县，子孙世居合肥城南门。有宗密者为奉祀生，又有居撮城镇东南者，子孙七世入庠序。⑦

可见余阙确有子孙，世袭不绝。此《庐州府志》为清光绪年间续修，然"世族表"中所列余氏

①《明史》卷2《太祖本纪二》，中华书局，1974年，第21页。
②怀效锋点校：《大明律》卷6，法律出版社，1999年。
③《元史》卷143《余阙传》，中华书局，1976年，第3428页。
④[明]宋濂：《宋文宪公全集》卷40《余左丞传》。
⑤[清]光绪十一年《续修庐州府志》卷30《选举表一》"举人"项下载"[明]洪武二十九年丙子，合肥俞渊：教谕"。俞为余之误。
⑥[元]余阙：《青阳先生文集》卷末附彭韶跋。
⑦《续修庐州府志》卷58《世族表》。

后人均未注明为哪一代人。表列最后一代有名余思枢者，官山东布政使。又查《山东通志》知余思枢在清光绪四年（1878年）在山东任职，下记为"安徽合肥附贡"[①]。由此可知表中所列最后一代在光绪初年还居住在合肥，距今仅百年左右。这就使我们想到，或许现在当地仍有其后代居住。

1981年我和同事吴峰云怀着很大的兴趣和希望到安徽调查。经过调查，在合肥果真找到了余阙的后代。

经访查首先找到了居住在合肥城内的余阙后人余章元、余国铨两位老人。接着我们又根据他们提供的线索，先后调查了合肥附近余阙后人的几个聚居点——南门外邬余大郢、小南门外二里桥、大圩公社黄冈大队余墩子、肥东县长乐公社临河大队余大郢，其间还专程考察了余阙的读书处——位于巢湖北岸的青阳山，那里有后人为余阙读书处立祠庙的遗迹。

据调查，邬余大郢共有余氏后裔80多户，男女400余人；二里桥有余姓30多户，100余人；余墩子有余姓95户，近500人；余大郢有余姓60多户，300余人。此四处有余氏后人270余户，1300余人。据上述几处余氏后人提供的线索还知道，肥东县西上驿公社上余、下余有三四百户，山王公社有100余户。巢县东山，撮东公社、大南门常青公社也都有余氏后代居住。与河南交界的埠南县余集也有上千户余姓。有的还迁居河南境内。

当地的余姓老人都知道他们是"忠宣公"之后。20世纪50年代前，他们都曾见过春节时家里的灯笼上有"武威郡""忠宣公"或"陇西郡""忠宣公"的字样。在邬余大郢我们还发现一副对联，上联是"忠宣延世泽"，下联是"威武振家声"。据说这是余氏家族祖传的对联。然而，在余氏后人当中，除个别人外，一般只知道其祖先是"忠宣公"，对余阙这个名字倒很陌生，对余阙父亲的名字沙剌藏卜更无人知晓。合肥一带的余姓现今属汉族，其语言、意识、风格，包括婚姻、葬俗等方面与汉族无异，他们与当地其他汉族人民亲密无间地生活在一起，只有有文化的老年人知道自己是少数民族的后裔。

住在合肥小南门外二里桥余氏后人余华珍、余华龙兄弟藏有一部《余氏宗谱》，该谱系民国十九年（1930年）重修。据余氏兄弟介绍，余华龙十几岁时曾随父亲代表二里桥余氏前往余墩子重修家谱。那时余家祠堂设在余墩子。后因临近解放而未修成。

据文献记载，安庆集中了一批与余阙有关的文物古迹，如余阙墓，忠宣公祠、正气楼，尽忠池（余阙自杀落水的清水塘），风节井（余阙妻妾子女投水之井）等，还有一些有关碑刻。我们又到安庆地区重点调查。经逐项访查核实，发现上述各种古迹多已不复存在，有的仅遗留一些残垣碎石，有的遗址上已有其他建筑。在康熙六十年编订的《安庆府志》中，发现了有关余阙后人在安庆桐城县洪涛山居住的线索，于是我们又前往距安庆100余公里的洪涛山下进行调查。经过一番周折，终于找到了居住在大关和莲花塘的余氏后代。这一带的余姓非只余阙后代一宗，但凡为余阙后裔的有一特点，就是他们又称为"余王氏"，即可以"余"为姓，又可以"王"为姓。我们向余阙后人余佳沣、余有恒等老人询问了以"余王氏"为姓的来历，大致有两种说法：一种是余阙死后，留一子被家人王某救出，遂以王为姓。另一种是余阙死后，遗子被人救起，藏于太湖（今安徽省太湖县），后娶王氏为妻，子孙遂改为王姓。后一种说法与文献记载相近。洪涛山下大关附近的余氏后代为第15世余莲舫之后，大致分为4支，分别居住在桐城县大关公社、龙头公社、卅铺公社、王集公社，共有余姓数百户，千余人，均属汉族，其语言、风俗与当地汉族相同，他们与其他汉族人民杂居相处，互为婚姻。

---

①《山东通志》卷51《职官志》。

我们在卅铺公社莲花塘余君龙、余庆生处又访得一部余氏家谱，名为《洪涛山余氏宗谱》。这部家谱的发现不仅为研究余阙后裔增添了新的资料，还能使前述《余氏宗谱》与《洪涛山余氏宗谱》互相印证，增强了资料的可靠性。

将两部宗谱对照比较以后，发现他们各有特点。合肥宗谱记录余阙子余渊有二子，长子宗密有一子名嗣，次子宗祠有三子名阶、瑜、敬，都居合肥。洪涛山宗谱只记余渊一子宗密，未记在合肥居住的次子宗祠一支。宗密不只有一子，而是四子。长子嗣迁往合肥，这与合肥宗谱相符。二、三、四子居安庆枞川、潜山、桐城一带，这又补充了合肥宗谱之不足。

合肥修谱的余氏后人对居住在合肥的余氏祖先了解最多，所以对合肥的宗密长子嗣和宗祠一支记载备详，而对远居安庆的宗密二、三、四子则失于记载。同样，洪涛山宗谱对居住在安庆附近的余氏祖先即宗密二、三，四子后裔详加记载，对迁往合肥的人，只记了宗密长子余嗣一个人名，对其后世无一记述，至于居住在合肥的宗密之弟宗祠，关系更远一层连名字也未记录。此外，合肥宗谱还记载了余阙之兄余阗，这与《元统元年进士录》所载相合。阗无子，桃余阙长子德臣为子。德臣即在安庆城破时战败投井死的长子，《洪谱》记为余惠，应与德臣为同一人。两谱之差异恰能相互补充，配成完璧，使余阙在合肥和安庆两地后裔的主要支系臻于完善。另一方面，通过现存两部宗谱各自的特点，以及他们历次修谱的叙录可以看出，从始修到历次重修，两地未通声气，后世的派行用字也不相统一，然而两谱所记先祖世系却能契合联结，浑然一体，更证明了两部宗谱所提供资料的可靠性。在安徽发现的两部余阙后世的家谱对研究党项族同化于汉族的过程有重要学术价值。

生活在安徽的余阙后人，他们的祖先自元代从西夏故地迁来中原，明清时期繁衍成人数众多的家族，家族内仍有相当凝聚力，不断聚会，修补族谱。他们长期在强势民族汉族的包围与影响下，渐渐失去了原来的民族特性，特别是各代皆与汉族通婚，党项民族的血统越来越少。更有戏剧性的是通过族谱可知，在合肥的西夏后裔有与宋代名臣包拯的后代为婚者。包拯曾任宋陕西转运使，主持宋朝解盐事务，对西夏了解甚多，在他的奏折中称西夏为"贼"，他绝不会想到，数百年后其后代与西夏的后裔通婚。①明清时期合肥余氏家族不乏书香门第。前述余章元的曾祖余榜为余氏第19世传人，曾中举人，②做过清末名臣李鸿章的老师。当时调查了解到，余氏后裔有从事各行各业的人员，绝大多数是居住在农村的农民。他们无论在城市还是在乡村从事何种工作，都是以汉族身份出现。

以上调查和研究使世人第一次了解到，西夏党项族有传承至今的后裔存在。原来有人认为找不到散居各地西夏遗民后裔，安徽西夏遗民的发现纠正了这一论断。西夏灭亡后，入居中原与汉族杂居的党项人，通过世代与汉族及其他民族互通婚姻，在血统上已混为一体，在心理状态上渐渐与汉族接近，最后终于成为汉族中的一个组成部分。在安徽发现的余阙后裔，正是这种自然同化的结果。

党项民族逐渐走上了民族同化的道路，一些党项人当时已有所感觉，特别是元代末期，一些文人追念故国、希望恢复已经失去的民族特点的感情，表露得十分强烈。至正六年（1346年）党项人亦怜真班任御史大夫，他选拔名臣为廉访使，党项人余阙的好友归旸（字彦温）被任命为河西廉访使。余阙因其所去之地正是自己的先祖故土，特意写了《送归彦温赴河西廉使序》一文相送。序文首先简述西夏地区沿革，后记其家合肥戍军皆夏人（党项族士兵）。然后追述党项人原来的风俗习

---

①[宋]包拯：《包孝肃奏议集》卷9《论杨守素》。
②《续修庐州府志》卷30《选举表一》，在"举人"项下载清道光十四年甲午有合肥人余榜。

惯，"其性大抵质直而上义，平居相与，虽异姓如亲姻；凡有所得，虽箪食豆羹，不以自私"。"朋友之间，有无相共，有余即以与人，无即以取诸人"；"少长相坐，以齿不以爵"。又指出，经数十年以后，合肥的党项人"其习日以异，其俗日不同"，不仅移居中原的党项人如此，就是居住在西夏故地的"今亦莫不皆然"。可见，元末的党项人风俗习惯发生了根本的变化。余阙不懂得这是社会发展的结果，希望政府所派"廉能之官"到河西一带去恢复过去那种比较原始的风俗习惯，以为那样"风俗必当丕变，以复千古"①。然而党项族与其他民族同化而逐渐在历史舞台上消失的局面毕竟无法挽回，就连余阙等党项族上层自己也处在十分矛盾的状态之中。一方面他们从生活、文化上已完全汉化，民族语言、文字也不再使用，甚至连姓名也改成汉姓或蒙古名字；另一方面却期望本族故土和人民保留原来的形态，这当然是不可能的。

党项人余阙的后裔同化于汉族这一典型事例，不仅对研究党项民族史、汉民族形成史有重要的研究价值，而且对于研究民族之间的相互影响、融合也具有一定意义。②

三、河南濮阳西夏后裔及调查

在安徽余氏西夏遗民发现后几年，在河南也发现了传承至今的西夏遗民。河南省社会科学院任崇岳、穆朝庆两教授在1985年根据在河南濮阳县发现的《大元赠敦武校尉万户府百夫长唐兀公碑铭》的线索，到当地进行调查。这些西夏遗民的先祖是元朝初期迁入的，分布在濮阳县柳屯镇所辖的杨十八郎、西杨十八郎、南杨庄、东杨庄、刘庄、焦庄、单十八郎、李十八郎、大寨等十余个自然村中，有3100余人，均姓杨。杨十八郎村古金堤南墓地立有一通《大元赠敦武校尉万户府百夫长唐兀公碑铭》，全文3000余字，详尽地叙述了这支西夏党项人后裔定居河南的经过：

> ……谨按：府君讳闾马，唐兀氏。其父唐兀台，世居宁夏贺兰山。岁乙未（1235年）扈从皇嗣昆仲南征，收金破宋，不避艰险，宣力国家，尝为弹压，累著功效。万议超擢，年六十余，以疾卒于营成。其妻名九姐，年五十余，先卒。时府君甫十岁许，别无恒产，依所亲营次以居，即崇喜之祖也。及长成丁，优于武艺，攻城野战，围打襄樊，诸处征讨，多获功赏。然性恬退，不求进用。大事既定，遂来开州濮阳县东，拨付草地，与民相参住坐。后置庄于草地之西北官人寨店东南十八郎寨两堤之间，卜茔于本宅，堤南道北爽垲之地，亲茔家圹，栽植柏杨，乃迁其祖考妣而葬焉。至元八年（1271年）籍充山东河北蒙古军户，十六年（1279年）奉旨选充左翊蒙古侍卫亲军，三十年（1293年）编类入籍。累得功，赏马匹褚，弗肯过侈，用之有节，推其余以济乡邻之匮乏。虽幼在戎行，然好学向义，勤于稼穑，尝言：宁得子孙贤，莫求家道富。常厚礼学师以教子孙，乡人家资好学者，悉为代其束脩礼，亲戚有贫弗能育子女者，府君辄与其值赎之以养家……③

世居宁夏贺兰山的唐兀台，党项人，在蒙古人灭西夏8年后，从蒙古军南征。其子闾马长大又投身军旅，多有战功。后定居此地，并在附近营造坟茔，过起田园生活。通过碑文的叙述，可知闾马"好学向义"的品格类似余阙所记党项人"质直而尚义"的传统风习。后绳绳继继繁衍成濮阳杨

---

① [元]余阙：《青阳先生文集》卷4《送归彦温河西廉使序》。
② 史金波、吴峰云：《西夏后裔在安徽》，《安徽大学学报》1983年第3期。史金波、吴峰云：《元代党项人余阙及其后裔》，《宁夏大学学报》1985年第2期。马明达：《也谈安徽的西夏后裔》，《宁夏社会科学》1984年第4期。
③ 任崇岳、穆朝庆：《略谈河南省的西夏遗民》，《宁夏社会科学》1986年第2期。穆朝庆、任崇岳：《〈大元赠敦武校尉军民万户府百夫长唐兀公碑铭〉笺注》，《宁夏社会科学》1987年第1期。

十八郎等村的数千后裔。他们虽聚族而居，但因世代生活在汉民族的大包围圈中，不断与其他民族通婚，不仅逐渐改变着原有的语言、文字、习俗，也在改变着族群的血统，最后融合在汉族之中。

唐兀台及其子间马传衍至今的后代，各家皆有家谱，这与附近其他家族居民多无家谱情况大不一样。家谱以杨为姓，这也是此西夏后裔汉化的重要标志。世祖唐兀台，是唐兀氏，即西夏时期的党项族，他原应有党项族姓，可能从军后只用蒙古式名字，重名不重姓，其原党项族姓氏不得而知。从《杨氏家谱》得知，从唐兀台至三世达海，用唐兀为姓，二世祖间马、三世祖达海及其弟镇花台、间儿、当儿、买儿均非汉名，而近蒙古名。四世崇喜则唐兀与杨两姓并用，并用汉族名字；从五世迄今只用杨姓，并用汉名。四世祖崇喜在太学读过书，受汉学影响，还取字象贤，其兄弟也分别取字思贤、师贤、齐贤、敬贤等。

濮阳西夏遗民一世祖唐兀台之妻九姐不详何族；二世间马之妻为哈喇鲁氏（色目人）；三世弟兄5人，其中4人娶汉族女子为妻，只有买儿1人娶妻乃蛮氏（色目人）；四世兄弟14人其中卜兰台娶妻旭申氏（蒙古人）、换住娶妻哈剌鲁氏（色目人）、不老娶妻怯烈氏（蒙古族）、广儿和拜住皆娶旭申氏（蒙古人），其余9人皆娶汉人为妻；五世兄弟更多，除理安娶哈剌鲁氏（色目人）、童儿娶乃蛮氏（色目人）外，其余均娶汉族为妻；六世以后娶妻均为汉族。即便其中偶有少数民族，可能也与杨氏一样都改用汉姓，难以知其原来的族属了。

河南濮阳县的西夏后裔的汉化也有一个长期过程，在元代还保留比较多的民族特点，明朝建立后，也即自四五世以后汉化的速度加快了。至今这些西夏遗民无论在语言、习俗、心理各方面已经全面汉化。

前述在河南任达鲁花赤的党项人述哥察儿"在官日久，与浚民相安，世渐平定，无意仕进，买田筑室黎阳山下，治生教子，闲居二十二年乃终"[1]。述哥察儿后世的下落，因缺乏文献记载，难以考察，应是融入河南汉族了。

四、河南洛阳西夏后裔线索及调查

蒙古灭西夏时，西夏末帝李睍为蒙古军所杀，此后便没有关于李睍之后世消息。

2002年笔者接到河南洛阳市新安县中学教师李春光先生的来信称，他所在的河南省洛阳市新安县南李村十甲里村李氏祖茔中出土一方明代墓志铭，通过该墓志铭内容可知当地李氏是西夏皇裔、元大将李恒之后。这无疑是研究西夏后裔的一个重要线索，当时中央电视台正与我合作拍摄《尘封不住的西夏》，其中有一集正是西夏后裔问题，于是当年10月我和中央电视台的彭山导演等驱车前往河南考察。我们考察了洛阳市新安县南李村乡十甲里村和李氏墓地。该墓志铭已捐献给附近铁门镇著名的千唐志斋博物馆保存，我们又到千唐志斋博物馆查看墓志铭，并捶拓片。该墓志铭有墓志盖，上刻篆书3行9字"明忠义官李公墓志铭"，墓志铭有汉字29行，为庠生王锡撰文，其中有：

> 嘉靖丙申二月十四日忠义官李公卒，其子学易等请予为墓志铭，泣曰：孤远祖讳恒，为元太祖总管，至世祖升副元帅，赐以宝剑，与宋合兴讨金人。恒子讳三毂轸，征土番有功，升土番元帅，居洛阳西三十里拓元城。三毂轸子讳钦祖，仍袭旧职。我太祖高皇帝改元，钦祖解元帅印，隐居新安城南十五里，今为新安人。钦祖生整，整生贵，贵生六子，其三则家祖讳安也。家祖配我祖母姚氏，千兵姚公女也，生五子，而家君长。家君讳仲，字时中，为义官，其次则儒、伸、佐、佩是也。家君……今年卒，距其生在成化癸巳七月六日，享年六十有四。

---

[1]［元］吴澄：《吴文正公集》卷33《元故浚州达鲁花赤赠中议大夫河中府知府上骑都尉追封魏郡伯墓铭》。

查有关元代史料，与上述李恒行状相近者确只有前述西夏皇族后裔、大将李恒。关于李恒事迹元代文人多有记述，如柳贯《李武愍公新庙碑并序》，姚燧《资善大夫中书左丞赠银青荣禄大夫平章政事谥武愍公李公家庙碑》，吴澄《滕国李武愍公家传后序》等，①《元史》采集碑记撰成李恒本传，传载：

> 李恒，字德卿，其先姓于弥氏，唐末赐姓李，世为西夏国主。太祖经略河西，有守兀纳剌城者，夏主之子也，城陷不屈而死。子惟忠，方七岁，求从父死，主将异之，执以献宗王合撒儿，王留养之。及嗣王移相哥立，惟忠从经略中原，有功。淄川王分地，以惟忠为达鲁花赤，佩金符。惟忠生恒，恒生有异质，王妃抚之犹己子。中统三年，命恒为尚书断事官，恒以让其兄。李璮反涟海，恒从其父弃家入告变，璮怒，系恒阖门狱中。璮诛，得出。世祖嘉其功，授淄莱路奥鲁总管，佩金符，并偿其所失家资。（至元）十二年……以恒为左副都元帅。②

由传记知李恒先祖姓于弥氏，实即西夏皇族嵬名氏，李恒祖父是守西夏兀纳剌城者，但未记其名，他是"夏主之子"，是哪一位夏主之子也未提及。其实守兀纳剌城者是西夏神宗遵顼之子德任。李惟忠是西夏神宗遵顼之孙，李恒是遵顼之曾孙。他在对宋战争中从湖北一直打到南海边，是最后攻灭宋朝的主将之一。后官拜资善大夫、中书左丞，行省荆湖，在征交趾战争中中毒矢死在思明州。卒时年五十。后赠银青荣禄大夫、平章政事，谥武愍；再赠推忠靖远功臣、太保、仪同三司，追封滕国公。李恒有三子，一名散木（角+得右），又名李世安，官江西行省平章政事；一名囊加真，官益都淄莱万户；一名逊都台，同知湖南宣慰使司事。

将墓志铭和《元史》两相比较，李恒其名相同，墓志铭中"至世祖升副元帅"与《元史》记世祖至元十二年"以恒为左副都元帅"相合，这是考虑墓志铭中的李恒是元代大将李恒的重要依据。但墓志铭称李恒"子讳三穀轸"，与元史所载李恒有三子不同，且三子名称无一与三穀轸相同。墓志铭记自始祖李恒至立墓志铭当年的世系是清楚的：一世李恒—二世三穀轸—三世钦祖—四世整—五世贵—六世安（共3子，安为第3子）—七世仲（共5子，仲为长子，其余名儒、伸、佐、佩）—八世学易（立墓志铭者）。但自立墓志铭的嘉靖丙申十五年（1536年）至记忆可及的前上推三五代，大约300年的时间无族谱可资查询，也无其他文字资料可供佐证，因此要确定目前当地居住的李氏与墓志铭中李氏关系也尚待进一步考证。但无论如何，这一重要墓志铭为寻找西夏皇族后裔提供了可供研究的资料。

我们在调查中得知附近有一寒鸦村，村民多数姓党，自称可能是党项族后裔。我们又怀着很大兴趣到寒鸦村调查。寒鸦村是新安县磁涧镇的一个自然村，有村民两三千人，多为"党"姓。退休教师党国榜先生出示保存的家谱，家谱中确有"党项"之称，但皆迁自山西洪洞县。当地也有党氏村民传说祖先来自陕西凤翔。此村党姓的来源有待进一步研究。

研究西夏后裔目的是追求历史的真实，了解党项族的下落，了解党项族的后裔在西夏灭亡后，在新的环境中政治、经济、文化发生的变化，在中华民族大家庭中与其他民族的接触、交往以至于

---

①[元]柳贯：《柳待制文集》卷9《李武愍公新庙碑并序》。[元]姚燧：《牧庵集》卷12《资善大夫中书左丞赠银青荣禄大夫平章政事谥武愍公李公家庙碑》。[元]吴澄：《吴文正公集》卷14《滕国李武愍公家传后序》。此外，宋无名氏的《昭忠录》、元代黎崱的《安南志略》、明代蒋一葵的《尧山堂补记》也有关于李恒的记载。

②《元史》卷129《李恒传》，中华书局，1976年，第3155—3157页。

融合的种种关系。党项族作为一个民族，和契丹族、女真族一样无可挽回地消失了。从另一个意义上看，或许他们并没有完全消失，通过融合，他们的血液仍然流淌在很多民族的血管中。中华民族中仍然有包括党项族在内的众多已消失民族的影子。

（原载《汉民族文化与构建和谐社会——2007年汉民族研究学术研究会论文集》，黑龙江人民出版社，2008年11月）

关于西夏佛与儒的几个问题

西夏王朝在当时中国的版图中位于宋、辽、金、回鹘、吐蕃各政权之间，开始由宋朝的肘腋之疾最终酿成心腹大患。西夏以武力为基础，以经济为后盾，辅以外交手段，有国近两个世纪，除其注重军事，发展经济外，其统治者的治国理念，特别是对儒、佛信仰和其关系的处理颇值得探讨。

一、关于西夏佛教的地位

西夏的党项族与契丹族、女真族一样，最初皆以本民族比较原始的方法治理所辖地区，当他们进入中原地区后，便逐渐接受中原王朝长期以来形成的以儒治国方法。西夏的信仰也为多种、多元，既用儒学，又尊崇佛教，也容纳道教，同时也延续原始宗教。

当时在几个王朝中，儒学引领着社会思潮，形成政府的统治思想和民间行事的主流意识，左右着政府，渗透于法律，占据社会主导地位。舶来的佛教也已深深植根于中华，成为势力宏大的宗教。本土形成的道教凭借其深厚的基础，在与佛教摩擦、吸收的过程中扩展着范围和影响。民间对自然、神祇的信仰以其古朴形态，各领风骚。

在中国中世纪，唐朝流行的主要宗教是道教和佛教。唐末武宗毁佛，五代周武宗灭佛，使佛教备受打击，也使儒、佛、道三教之争趋于缓和。宋朝伊始，给佛教以适当保护，并派僧人远赴印度求法，还雕刻《开宝藏》大藏经，使佛教传播逐渐恢复和发展。北宋对道教也持崇奉扶植政策。徽宗授意道录院册封他为"教主道君皇帝"，曾一度命令佛教和道教合流，改寺院为道观，但此举不久即恢复原状。

宋朝在其法典《宋刑统》中有维护佛教、道教的规定，并把道教放在首位："诸盗毁天尊像、佛像者，徒三年。"[1]这一条是从《唐律》中抄袭而来。[2]

西夏法典《天盛改旧新定律令》（以下简称《天盛律令》）也有类似规定，但叙述顺序有明显变化，把佛教放在道教前面："诸人佛像、神帐、道教像、天尊、夫子庙等不准盗损灭毁。若违律时，造意徒六年，从犯徒三年。"[3]这种微妙变化是统治者的有意调整，反映出佛教在西夏的地位高于道教。

西夏法典中大大增加了宗教信仰的内容。《唐律》和《宋刑统》关于宗教的条款很少，属于保护道教、佛教的只有上述一条。而西夏《天盛律令》在卷三有"盗毁佛神地墓门"，特别是于卷十一专辟"为僧道修寺庙门"，含23条，约3000字的篇幅。此外卷第一、第十、第十四也还有关于僧道的条款，也显反映出佛教、道教在西夏社会受关注程度的提升。

---

[1][宋]窦仪等撰，薛梅卿点校：《宋刑统》卷19，法律出版社，1999年，第338页。
[2][唐]长孙无忌等撰，刘俊文点校：《唐律疏议》卷19，法律出版社，1999年，第383页。
[3]史金波、聂鸿音、白滨译注：《天盛改旧新定律令》第3，法律出版社，2000年，第184页。

唐、宋佛教管理机构的级别都不太高。①西夏管理宗教的机构为功德司，功德司的地位很高。《天盛律令》规定，西夏政府中第一等为上等司，第二等为次等司，包括殿前司、御史、中兴府、三司等十七司，其中就有管理佛教和道教的三个功德司。②

西夏法典中多是佛、道并提，似乎地位平等，但法典中所录西夏职官机构中属于佛教的功德司有两个：僧人功德司、出家功德司，而道教的功德司仅有一个道士功德司。若再看各功德司职官的配置，便更加明显，管理佛教的官员为管理道教的官员六倍，③可见西夏的佛教势力远大于道教，佛教事务远多于道教。

综观10—13世纪中国境内的宗教信仰分布，大体上是东部佛、道并存，佛、道势力旗鼓相当，西部回鹘、吐蕃、大理以佛教为主，伊斯兰教渐从回鹘西部进入。中部西夏地区虽也兼容佛、道，但佛教强势，道教弱势，是中国宗教的过渡地带。

二、佛教并非西夏国教

西夏佛教在宗教界的势力和影响始终处于主流和优先地位，但西夏仍然是多种宗教并存。有的专家提出在西夏"藏传佛教被列为国教"，又说"元昊如此通晓佛学，并把佛学列为国教"④。事实并非如此。

所谓国教应是实行国教制度，国家法律确立的唯一宗教，其教义是国家中占统治地位的官方意识形态，宗教经典和戒律成为国家法律，并带有强制性。西夏佛教并不具备国教特征。前述西夏法典中在涉及宗教条款时，多以佛、道并称，或言僧人、道士，或言寺庙、宫观，或言佛像、道教像。西夏法典还规定成为出家僧人要能诵十一种佛经，成为道士要能诵十四卷道经，皆一一开列目录。可见西夏在法律层面上对佛教和道教一视同仁。

汉文文献记载，西夏景宗元昊的儿子宁明即为道教徒，他"喜方术。从道士路修篁学辟谷，气忤而死"⑤。证明道教在西夏宫廷内也有信徒。

西夏国家占统治地位的官方意识形态是儒学，而不是佛教义理。西夏法典不仅在具体条款中贯穿着维持封建统治的儒学信条，特别是在卷第一开宗明义就列出"十恶"内容，把严重违反仁、义、忠、孝的行为列为重罪，予以严惩。⑥这也是全部法典的纲领，反映出西夏统治者的意志，特别是第一恶罪谋逆，与儒家提倡的忠君对立，对其主犯、从犯皆处以极刑。这样的法律与儒学相合，与佛教无涉。

在西夏信仰自由，信仰平等，无强制性，无论势力、影响大小，佛、道、儒并列，在前述《天盛律令》条款中将夫子庙也与佛、道一并保护。其实，中国自五代以后历朝对佛教都采取了崇信和保护的政策，但没有一朝将其列为国教。

藏传佛教在西夏只是佛教的一个组成部分，西夏的汉传佛教依然有很大势力。《天盛律令》规定作为出家僧人应会诵十一种经，但依番、羌和汉人又有所区分，番即党项人，羌即吐蕃人。⑦其中既有藏传佛教特有的佛经也有其他佛经。

已经发现的宁夏、甘肃、内蒙古等地出土的大量西夏佛经中，既有汉传佛教佛经也有藏传佛教

---

①谢重光、白文固：《中国僧官制度史》，青海人民出版社，1990年，第85—121页、第155—167页。
②《天盛改旧新定律令》第10，第362—363页。
③《天盛改旧新定律令》第10，第367—368页。
④李范文：《藏传佛教对西夏的影响》，台湾《历史博物馆馆刊》第6卷第3期，1996年6月。
⑤《续资治通鉴长编》卷162，仁宗庆历八年正月辛未条。
⑥《天盛改旧新定律令》第1，第110—130页。
⑦《天盛改旧新定律令》第11，第404—405页。

佛经。汉传佛教中的华严宗、净土宗和禅宗的势力都很大，因此说"藏传佛教被列为国教"并无根据。

三、关于西夏儒学的地位

西夏和辽、金一样，都尊崇儒学，礼事孔子，实行科举。辽、夏、金三朝都接受中原王朝治国的原则和理念，用本民族文字翻译《贞观政要》作为治国之纲要。辽朝用契丹文翻译的《贞观政要》和金朝用女真文翻译的《贞观政要申鉴》[①]都未保存下来。西夏将《贞观政要》节译为西夏文本，名为《德事要文》，现存有刻本。[②]

西夏所处地域早为中原王朝领土，原来的地方政府管理制度即为以儒学为政治理念，佛教已经盛行，于是顺理成章地走上以儒治国、以佛治心的道路。西夏贯彻以儒学为主的统治思想和方法比同时少数民族掌政的辽、金更为彻底。

在中国封建社会中，孔子的地位不断攀升，至唐朝追谥孔子为文宣王，后宋、元、明、清诸朝代有封谥，最高也只是文宣王。西夏仁宗人庆三年（1146年）尊孔子为文宣帝，这是对孔子空前绝后的尊号。证明西夏崇儒之盛，与其他王朝相比，实有过之而无不及。

中原唐、宋的法典贯穿了儒学治国的精神。西夏和辽、金都借鉴了中原王朝法典。西夏法典比唐、宋法典增添了新内容，并做了形式上的革新。[③]而辽、金在法治上保留着较多的本民族前封建社会的遗存。辽朝采取南北两面官制，[④]在法制上也保留"因俗而治"特点。[⑤]金朝也实行南北面官制，保留奴隶制，至世宗时才系统吸收儒家思想，实行"仁政"[⑥]。

西夏早期曾下过秃发令，但没有像辽、金那样实行明显的民族歧视政策。西夏《天盛律令》中，也没有分别对待党项人和汉人不同的刑罚规定。只是在番、汉、西番、回鹘等职官共职时，"名事同，位相当者"，当以番人为上。[⑦]

西夏之所以接受中原地区以儒学为代表的文化更多、更深刻，与当时所处地域形势有关。契丹、女真虽进入中原，但在其所建辽国、金国中，仍保留着其原住地，较多地保留着本民族的民俗。西夏党项族自原居住地向东北迁徙后，进入中原，断绝了与原住地族人的联系，从生产方式、生活方式到意识形态接受中原文化影响，更容易失掉原来的民族风俗，就连其原始宗教也处于衰落的状态，不似契丹、女真萨满教那样盛行。

西夏前期经历了"蕃礼"与"汉礼"的严重斗争，其实质往往反映出接受儒家治国方针的皇族与保守势力支持的后族之间的政治斗争。[⑧]自崇宗时期以后，这种斗争不见于史籍记载，原因是崇宗已经接受汉文化，在施政中确立了儒学的主导地位，"汉礼"已经取得了胜利。仁宗朝更加推崇儒学，这引起掌握朝柄、担任国相的外戚任得敬不满，上书建议罢黜儒学。[⑨]仁宗没有采纳他的意见，反而设立翰林学士院，进一步确立儒学在西夏的主导地位。

儒学讲求修身、齐家、治国，具有世俗性的功能和特点，是应用性很强的理论。自隋唐以后，

---

①《辽史》卷103《萧韩家奴传》。《金史》卷110《赵秉文传》。

②史金波、魏同贤、克恰诺夫主编：《俄藏黑水城文献》第11册，第133—141页。［俄］克恰诺夫：《吴兢〈贞观政要〉西夏译本残叶考》，《国家图书馆学刊》增刊（西夏研究专号），2002年。

③史金波：《西夏〈天盛律令〉略论》，《宁夏社会科学》1993年1期。

④《辽史》卷45《百官志一》。

⑤《辽史》卷61《刑法志上》。

⑥《金史》卷8《世宗纪三》。

⑦《天盛改旧新定律令》第10，第378—379页。

⑧蔡美彪等著：《中国通史》第6册，人民出版社，1979年，第164—174页。

⑨［清］吴广成：《西夏书事》卷36。

科举考试皆以儒学经典为标准。即便是以少数民族为主体的辽、西夏、金朝，在执政的过程中，为治国需要，也先后实行科举考试，也以儒学经典为标准。在西夏对儒学可以提出异议，甚至可以引起存废之争。而西夏统治阶层对于佛教则始终信奉，一直护佑有加。任得敬反对儒学，却崇信佛教。[1]西夏王朝具有包容性，崇佛与用儒互补，精神慰藉、心理消解和政治实用、社会管理相结合。

10—13世纪，中国境内儒术的布局大体上是东部宋朝为基础，西夏和辽、金势力跟进效法，西部回鹘、吐蕃则影响较小。

四、西夏佛教之特色

辽、金、西夏在佛教发展方面都有重要贡献，但西夏有不同于辽、金王朝的特点，主要归结为四项。

（一）用西夏文翻译《大藏经》

辽、金发展佛教，皆在北宋首次雕印汉文《大藏经》的基础和影响下，刻印汉文《大藏经》。辽朝所刻称《契丹藏》，又称《辽藏》，刻藏地点在燕京（今北京）。近代已发现《契丹藏》的零散经卷。金国所刻称《金藏》，又称《赵城藏》，也以《开宝藏》为底本雕印。1935年于山西赵城县广胜寺（临济宗寺院）发现《金藏》近五千卷，入藏国家图书馆。《金藏》是目前唯一一部收集比较全的早期《大藏经》。

西夏推行佛教一方面注重汉文佛经，另一方面还用西夏文翻译《大藏经》，在发展佛教方面开辟了民族化的道路。西夏大力推行佛教，作为主体民族的党项族内要传习佛经，需要用党项人能听懂、看懂的西夏文翻译佛经。翻译佛经必须有译经的底本和本民族文字。西夏前期曾先后六次向北宋求取《大藏经》，第一次是西夏尚未正式立国的宋天圣八年十二月（1030年），西夏也有了译经底本《开宝藏》。[2]西夏文在西夏正式立国前两年，即1036年创制完成。有了这两项条件，在元昊称帝当年就开始用西夏文翻译《大藏经》。经西夏前四朝，至崇宗天祐民安元年（1091年），共用53年时间，译经3579卷，称作"蕃大藏经"[3]。后世称为西夏文《大藏经》。这是中国第一次用少数民族文字翻译的汉文《大藏经》。

辽、金王朝，虽然也创造了本民族文字，但未用民族文字翻译汉文《大藏经》。辽朝的契丹人，金朝的女真人如果不懂得汉语，就无法听到佛经的声音，当然也看不懂佛经。佛教在西夏与辽、金的主体民族传播上有很大不同。

（二）发展藏传佛教

西夏佛教信仰更具开放性，从中原吸收汉传佛教，请回鹘高僧译经，又接受藏传佛教。西夏发展藏传佛教有两个最基本的条件。一是藏族地区不仅是西夏的近邻，西夏境内也居住着大量信奉藏传佛教的藏族；二是西夏统治者特别是皇帝的提倡，仁宗礼事藏族僧人，封藏族高僧为帝师。

在西夏藏传佛教借助上述条件蓬勃发展，从西夏西部逐渐向东部传播、蔓延。但由于西夏和宋朝、金朝属不同的国度，藏传佛教止于西夏，未能继续向东发展。

蒙古以其强大的军事力量先后灭亡了西夏、金朝和南宋。元时期藏传佛教得到更大的发展，进一步向东传播。藏传佛教在西夏的传播有深厚的基础，积累了在非藏族地区传播藏传佛教的成功经验。元代的大一统格局，打破了原来的国界，使藏传佛教无阻碍地发展。元代统治者对藏传佛教十

---

①《俄藏黑水城文献》第3册，第71页。史金波：《西夏"秦晋国王"考论》，《宁夏社会科学》1987年第3期。

②《续资治通鉴长编》卷190，仁宗天圣八年十二月丁未条。

③史金波：《西夏文〈过去庄严劫千佛名经〉发愿文译证》，《世界宗教研究》1981年第1期。

分尊崇。蒙古统治者占领西夏后，吸收了一部分原西夏的统治阶层的人士及其后裔为己所用。蒙古时期蒙古汗窝阔台之子宗王阔端，受封于西夏故地。元朝在推行藏传佛教的过程中，继承并完善了西夏的帝师制度。自元世祖封八思巴为帝师后，元朝皇帝即位之初，例从藏族僧人受戒，并设帝师。帝师例领宣政院事，掌管全国佛教。西夏的后裔在元代佛教发展中一直起着重要作用，其中不乏参与元代佛教管理的高官显宦。

（三）兴建北五台山清凉寺

山西五台山是中国佛教的四大名山之一，相传为文殊菩萨示现之处，是中国北方佛教主要道场。西夏初期即对北宋的五台山情有独钟。德明和元昊两代都曾遣使到宋朝的五台山敬佛供僧。①

后来西夏立国，与宋交恶，既不能去五台山，就在自己的神山贺兰山中，仿照宋朝山西五台山寺建起西夏的五台山寺。《西夏纪事本末》所载《西夏地形图》中，在贺兰山内记有"五台山寺"②。山西五台山是一庞大寺庙群，其中有清凉寺。西夏五台山寺效法山西五台山寺，也是一寺庙群，其中也建有清凉寺。西夏僧人所编《密咒圆因往生集》前的题款记有"北五台山清凉寺出家提点沙门慧真编集"③。北五台山即西夏五台山。在刊印于乾祐十三年（1182年）的西夏文类书《圣立义海》中有"五台净宫"④，"五台净宫"应系西夏五台山寺。证明西夏五台山寺在此以前早已建成。

西夏兴建北五台山清凉寺，在西夏另树佛教圣地，在中国佛教史上独树一帜。西夏又在贺兰山建离宫别院，逶迤壮丽，作为西夏皇室休闲避暑胜景。这座神山成了西夏精神境界高峰的象征。

（四）大力续修莫高窟、榆林窟等石窟

西夏建国前就占领沙州、瓜州，在沙州境内的敦煌莫高窟和瓜州境内的榆林窟为西夏管辖。两窟群自唐朝达到艺术高峰后，由于唐末、五代的战乱而走下坡路。西夏占领这一带以后，隆盛佛教，修葺洞窟，使两窟群再次呈现出新的辉煌。据1964年考察，初步定莫高窟有西夏洞窟80多个。⑤后来敦煌文物研究所整理出版的《敦煌莫高窟内容总录》中记载，莫高窟有82个西夏洞窟。⑥

莫高窟在西夏占有特殊的地位，在莫高窟西夏题记中有所谓"圣宫""朝廷圣宫"⑦，即对莫高窟的称誉。⑧修建或重修洞窟需要大量财力、人力，在西夏这样偏安西北地区的王朝，经济力量有限，大型佛事活动应以皇室或地方政府为主。可以推想，大规模修建敦煌莫高窟洞窟也应是西夏皇室所为。

西夏洞窟中以龙或凤为图案的藻井十分普遍，成为西夏壁画的一大特点。依据《敦煌莫高窟内容总录》记载，在莫高窟有关西夏的洞窟中，有覆斗形窟顶的洞窟占多数，有69窟，其中以龙、凤为藻井的最多，共32窟。这类龙凤藻井不仅数量多，而且艺术水平很高，把莫高窟的藻井艺术

---

①《宋史》卷485《夏国传上》。《续资治通鉴长编》卷67，真宗景德四年十月庚申条；卷121，仁宗宝元元年正月癸卯条。

②[清]张鉴：《西夏纪事本末》，光绪十一年刻本，卷首地图。

③《大正新修大藏经》卷46，第1007页。

④《俄藏黑水城文献》卷10，第249页。[俄]克恰诺夫、李范文、罗矛昆：《圣立义海研究》，宁夏人民出版社，1995年，第58—59页。本文作者对译文有所修改。

⑤白滨、史金波：《莫高窟、榆林窟西夏资料概述》，《兰州大学学报》1980年2期。刘玉权：《敦煌莫高窟、安西榆林窟西夏洞窟分期》，《敦煌研究文集》1982年第3期。

⑥敦煌文物研究所整理：《敦煌莫高窟内容总录》，文物出版社，1982年，第183—184页。

⑦"朝廷"二字，在西夏文中原意为"世界"，又可译为"朝廷"或"京师"，这里可译为"朝廷"。

⑧史金波、白滨：《莫高窟榆林窟西夏文题记研究》，《考古学报》1982年第3期。刘玉权：《敦煌莫高窟、安西榆林窟西夏洞窟分期》，《敦煌研究文集》1982年第3期。

提高到一个新的高度。龙、凤不仅是吉祥的象征，后来还被赋予了政治的意义。龙往往是皇帝的象征，凤是后妃的象征。西夏《天盛律令》不准民间以龙、凤作装饰的规定，正是这种中国式传统认识的法律化。莫高窟西夏洞窟中大量龙、凤藻井也可以作为这些洞窟为西夏皇室修造的重要参考。

除敦煌莫高窟外，安西榆林窟、东千佛洞、酒泉文殊山石窟、天梯山石窟、肃北五个庙、永靖炳灵寺、玉门昌马石窟、武威天梯山石窟、宁夏固原须弥山都有西夏石窟。西夏使石窟艺术再现辉煌，取得辽、金所不及的成就。

这一时期，辽、金开凿的石窟不多。宋朝则接续前代在今重庆市大足雕凿大足石窟，是中国晚期石窟艺术中的优秀代表。大足石刻长期被湮没于荒山之中，鲜为人知。无独有偶，正是在其家乡武威发现著名西夏凉州感通塔碑的张澍，于嘉庆二十三年（1818年）任大足县知县时，游历大足石窟，留下诗文，高度评价大足石刻"古今所未有"，并把大足石刻部分内容记入嘉庆《大足县志》。张澍的这一重要发现与凉州碑的发现一样未能很快引起重视，直至一百多年后的1945年，由学者杨家骆、马衡、顾颉刚等组成考察团进行科学考察，才为学界所重。张澍先生一生钟情学术，其敏锐的学术眼光和执着的追求精神使其获他人所未获。凉州碑和大足石窟都已列为全国重点文物保护单位。

（原载《江汉论坛》2010 年第 10 期。人民大学复印报刊资料《宋辽金元史》2011 年第 1 期转载）

敦煌学和西夏学的关系及其研究展望

【摘　要】敦煌是西夏时期的一个州，莫高窟在西夏有特殊地位，被誉为"圣宫""神山"，西夏洞窟与皇室有特殊关系。敦煌石室和黑水城皆出土了大量珍贵文书，分别成为敦煌学和西夏学的重要学术资料基础。两种文书内容丰富，类型相近，但在释读文献方面黑水城文献比敦煌石室文献落后约半个世纪，整理出版也滞后很多。西夏学应利用敦煌学研究的方法和经验，敦煌学家和西夏学家应密切联系，加强合作，各展所长，推动两学科的发展。

【关键词】敦煌学；西夏学；洞窟；文书

敦煌学是指以敦煌遗书、敦煌石窟艺术、敦煌学理论为主，兼及敦煌史地为研究对象的一门学科，是研究、发掘、整理和保护中国敦煌地区文物、文献的综合性学科。

西夏学是利用过去的历史资料、近代出土的西夏文和其他文字文献，以及文物资料，研究西夏历史、社会和文化的学科。除西夏时期外，还上及西夏建国前主体民族党项族的历史，下至西夏灭亡后西夏后裔的历史。

敦煌学和西夏学都是新兴学科，两学科的建立都与近代大量文献的发现有直接关系，学科的建立和发展都推动了相应王朝历史、文化的研究。敦煌学和西夏学文献的发现都在20世纪初，但敦煌学起步较早，西夏学较为滞后。两个学科关系密切，你中有我，我中有你，属于交叉学科。

一、敦煌学中包含有部分西夏学的内容

（一）敦煌莫高窟、安西榆林窟中有大量西夏洞窟

敦煌学中的一项重要内容是敦煌及其附近的大量洞窟群。西夏统治敦煌近两个世纪，皇室笃信佛教，并在民众中大力推行。然而敦煌洞窟群中究竟有多少西夏洞窟，过去并无文献记载，也缺乏系统的科学考察。

1964年，由中国科学院民族研究所和敦煌文物研究所共同组成敦煌洞窟西夏调查研究小组，对敦煌莫高窟、安西榆林窟的西夏洞窟进行系统考察，由常书鸿所长、王静如教授主持，北京大学宿白教授作顾问，李承仙任秘书长，民族所史金波、白滨，敦煌文物研究所万庚育、刘玉权、李侦伯，甘肃博物馆的陈炳应参加。经过3个月的实地考察，对敦煌莫高窟、安西榆林窟相关洞窟从文字题记到艺术风格进行科学记录和研究，最后将原来认为莫高窟、榆林窟只有几个西夏洞窟改定为80多个西夏洞窟，大大改变了对两窟群洞窟布局的认识。这次的调查结果分别发表于20世纪70—

80年代。①此后一些专家对东千佛洞、文殊山万佛洞等石窟进行考察，又发现了一些西夏时期的洞窟。②河西地区总共有近百座西夏洞窟。

西夏洞窟在敦煌莫高窟中占有很大比重。《敦煌莫高窟内容总录》附录《关于敦煌莫高窟内容总录》中，计开凿和重修的西夏洞窟约占莫高窟全部近492个有壁画、塑像洞窟的六分之一。③在管辖敦煌莫高窟的王朝中，西夏属于开凿和重修洞窟较多的一代。

敦煌洞窟自前秦以后至元代有11个历史朝代约一千年的时间，西夏王朝占据敦煌约190年，西夏洞窟在敦煌莫高窟中占据一个历史时代。④西夏洞窟的认定和分期是以洞窟题记，结合洞窟壁画、塑像的艺术特点，并与宋、回鹘，以及元代洞窟比较为依据的。西夏洞窟可分为早、中、晚三期。对于西夏洞窟的数量及对一些洞窟是否属于西夏，学术界尚有不同见解。⑤

莫高窟和榆林窟有近百处西夏文题记。莫高窟有题记45处，分布于21个洞窟，其中第65窟题记称此为"圣宫"，第285窟称为"山寺庙"。榆林窟有题记47处，分布于16个洞窟，其中第12窟有"游世界（朝廷）圣宫者"，第25窟有大面积发愿文，第29窟有众多的供养人榜题，其中有"沙州监军""瓜州监军"等职官名称。两窟群共发现有纪年的西夏文题记10条，其中有年代可考的5条，最早的是西夏大安十一年（1085年），最晚的是正德二年（1128年）。两窟群还有西夏时期具有年款的汉文题记8处，其中莫高窟6处，榆林窟2处，最早的是西夏天赐礼盛国庆元年（1070年），最晚的是光定九年（1219年）。这些题记内容多是巡礼题款、发愿文和供养人榜题。⑥

西夏洞窟在敦煌莫高窟、安西榆林窟中有自己的特点。敦煌洞窟自开凿后历经数百年，至唐代达到艺术顶峰，宋代已走向下坡路。至西夏时期虽未能恢复昔日辉煌，但在一些洞窟中不乏精彩的艺术显现，特别是在莫高窟、榆林窟中引入藏传佛教内容，甚至将传统的汉传佛教与藏传佛教融为一体，形成新的艺术风格，在一定程度上挽回了敦煌洞窟艺术下滑的颓势，使西夏时期的洞窟艺术达到新的境地。

（二）敦煌一带出土有不少西夏文文献

在敦煌一带的文化遗存，除洞窟艺术外，还在当地出土了一定数量的文献、文物。早在1958年在敦煌石窟对面的土塔中就出土了多部西夏文佛经，其中有两种出图本《妙法莲华经观世音菩萨普门品》和《金刚般若波罗蜜经》等。⑦

1988—1995年，敦煌研究院在莫高窟北区陆续进行系统发掘，发现了很多重要文物、文献。从出土的文物和文献看，莫高窟北区主要是敦煌僧人居住、坐禅的场所。在发现的文献中，有多种西夏文文献，涉及北区27个洞窟。尽管这些文献多为残片，但包含了不少重要世俗和佛教典籍，其

①刘玉权：《敦煌莫高窟、安西榆林窟西夏洞窟分期》，《敦煌研究文集》，甘肃人民出版社，1982年。史金波、白滨：《莫高窟、榆林窟西夏文题记研究》，《考古学报》1982年第3期。

②张宝玺：《文殊山万佛洞西夏壁画的内容》，《1983年全国敦煌学术讨论会文集》，甘肃人民出版社，1985年；张宝玺：《东千佛洞西夏石窟艺术》，《文物》1992年第2期。

③敦煌文物研究所整理：《敦煌莫高窟内容总录》，文物出版社，1982年，第183—184页。

④有的专家认为自1036—1067年之后的30多年间，敦煌由沙州回鹘统治。参见李正宇：《悄然湮没的王国——沙州回鹘国》，《1990年敦煌学国际研讨会文集·史地语文编》，辽宁美术出版社，1995年。杨富学：《沙州回鹘及其政权组织》，《1990年敦煌学国际研讨会文集·史地语文编》，辽宁美术出版社，1995年。

⑤刘玉权：《关于沙州回鹘洞窟的划分》，《1987年敦煌石窟研究国际讨论会文集·石窟考古编》，辽宁美术出版社，1990年。霍熙亮：《莫高窟回鹘和西夏窟的新划分》，《1994年敦煌学国际学术研讨会论文提要》，敦煌研究院，1994年。关友惠：《敦煌宋西夏石窟壁画装饰风格及其相关的问题》，《2004年石窟研究国际学会议论文集》下册，上海古籍出版社，2006年。

⑥史金波、白滨：《莫高窟榆林窟西夏文题记研究》，《考古学报》1982年第3期。

⑦刘玉权：《本所藏图解本〈观音经〉版画初探》，《敦煌研究》1985年第3期。史金波、陈育宁总主编：《中国藏西夏文献》第16册，彭金章主编：《甘肃编敦煌研究院藏卷》，甘肃人民出版社、敦煌文艺出版社，2005年，第47—143页。

中有不少是国内仅存，有的是海内孤本，具有重要的学术价值和文物价值。[①]

其中有类似中原地区汉文《千字文》的西夏文字书《碎金》，有蒙书类西夏文字书《三才杂字》，有西夏文、汉文对照的词语集《番汉合时掌中珠》。这些文献都发现在敦煌僧人居住的生活区。可以推想，西夏时期敦煌地区居民，包括当地僧人借助这些通俗的启蒙著作学习西夏文和汉文，以便识读经文或做其他文字事务。此外还有社会常用的西夏文文书残叶，如按日期记录的记账簿、军队中所用物品的账目之类。

莫高窟北区出土的西夏文文献绝大部分是佛经，其中有《金光明最胜王经》封面、《大方广佛华严经》卷第二封面、刻本《种咒王阴大孔雀明王经》《金刚般若波罗蜜经》，以及佛经诵读功效文等。159窟还出土刻本佛经《龙树菩萨为禅陀迦王说法要偈》残页，经末有一长方形压捺印记，有汉文两行：

僧录广福大师管主八施大藏经于

沙州文殊舍利塔寺永远流通供养

管主八是元代一位僧官，任松江府僧录。他曾主持印制多部西夏文《大藏经》，并将一藏施于敦煌文殊舍利塔寺中。在敦煌莫高窟曾先后三次发现了与上述相同押捺汉文题记的佛经残页。另两件分别藏于巴黎国立图书馆和日本天理图书馆。[②]可能在他所施经中都压捺了这样的印记。又元代平江路迹沙延圣寺刊印的《大宗地玄文本论》卷三记载："于江南浙西道杭州路大万寿寺雕刊河西大藏经板三千六百二十余卷、华严诸经忏板，至大德六年完备。管主八钦此胜缘，印造三十余藏，及《华严大经》《梁皇宝忏》《华严道场忏仪》各百余部，《焰口施食仪轨》千有余部。"[③]由此可以推论，当年敦煌曾藏有一藏3620余卷的西夏文刻本《大藏经》，是管主八大师印施30余藏《大藏经》的一部。此残片当是施于敦煌的西夏文《大藏经》的一叶。这说明西夏火亡后，包括敦煌在内的河西一带，仍有不少西夏党项族居住此地，他们信仰佛教，诵读西夏文佛经。

莫高窟北区石窟中还出土多种西夏文活字版文献，如《地藏菩萨本愿经》《诸密咒要语》等。除在西夏首府中兴府（今银川）、黑水城、武威等地发现活字本西夏文文献外，在敦煌又发现多种西夏文活字印刷品，更说明西夏使用活字印刷之广泛。包括敦煌北区发现的各种西夏时期的活字印刷品，都是世界上最早的活字印刷实物，十分珍贵。联系在敦煌先后发现了大量回鹘文木活字，推测在西夏和元代敦煌是中国活字印刷的一个中心，敦煌在活字印刷史上地位应予重视。[④]

在莫高窟北区还发现西夏文泥金写经残页、僧人职事名单、诗词残片等，同时在北区243窟内墙壁上有朱书西夏文题记数处，其中有"肃瓜统军"字样，联系南区洞窟中的西夏文题记也出现沙州、瓜州"监军司""统军"名称，证明西夏时期敦煌与瓜州等地有密切关系。

早在1908年法国伯希和（Paul Pelliot）在敦煌莫高窟北区也发现了一些西夏文文书，多是残片，其中有《要集略记》封面、《正法念住经》等残叶外，还有活字本《地藏菩萨本愿经》，以及上述有管主八押捺印记的西夏文《大智度论》卷第八十七末叶。

---

①史金波：《敦煌莫高窟北区出土西夏文文献初探》，《敦煌研究》2000年第3期。彭金章、王建军、敦煌研究院编：《敦煌莫高窟北区石窟》（第1卷，2000年；第2、3卷，2004年），文物出版社，2004年。

②一件是1908年伯希和在P.181号洞（即今第464窟）掘获的西夏文《大智度论》卷87末叶（残），现收藏法国巴黎国立图书馆。另一件是20世纪40年代初，张大千使人挖掘北区洞窟所获一西夏文佛经残页，现藏日本天理图书馆。

③中国国家图书馆、山西崇善寺和日本善福寺都有收藏。参见［日］西田龙雄：《西夏语的研究》二，座右宝刊行会，1966年。史金波：《西夏佛教史略》，宁夏人民出版，1988年，第205—211页。

④史金波、雅森·吾守尔：《中国活字印刷术的发明和早期传播：西夏和回鹘活字印刷术研究》，《光明日报》1997年8月5日。

西夏统治敦煌及其稍后的元代期间，在莫高窟南区开凿、重修洞窟的同时，西夏的僧人们在北区的众多生活洞窟中也留下了生活足迹，并为我们留存下丰富的文化遗存。敦煌南北区的文化相互联系，彼此呼应。

二、西夏学中包含有部分敦煌学的内容

在西夏时期，敦煌（沙州）是其西部的一个重要地区，军事上是西夏的一个监军司。西夏学的研究内容自然包括敦煌。

（一）西夏时期的敦煌

敦煌将近两个世纪在西夏管辖之下，是西夏的一个州（沙州），沙州为西夏最西部的城市。由于历史文献的缺载，以及敦煌石室中出土的文献又不包含西夏时期的文献，因此在敦煌学中近两个世纪西夏统治时间几乎是空白，甚至西夏时期敦煌的建制如何也付诸阙如。

若求助近代出土的西夏文献则可以填充有关的认识。黑水城遗址出土的西夏法典《天盛改旧新定律令》（以下简称《天盛律令》）为西夏天盛（1149—1169年）初年所修订，其中有多处关于沙州的记载。如记载沙州监军司是西夏17个监军司之一，属中等司，国家派2正、1副、2同判、4习判共9位官员，此外还有3都案为办事吏员，以及12名案头（司吏）。其所设官员比肃州、瓜州、黑水等监军司多1正、1副、1习判，可知沙州监军司比附近的肃州、瓜州、黑水等监军司重要。沙州又设刺史1人，刺史也相当中等司的地位，下设都案1人。监军司下属有军队，军队中在监军使下分层设置行监、溜监、正首领、首领等职务，统领军队。沙州监军司也当有此设。

西夏政府在中央有都转运司，又于地方设置多种边中转运司，沙州转运司为其中之一，属下等司，设2正、2承旨，此外还有2都案。此地还设有沙州经治司，也属下等司，设2大人、2承旨。

这些职司都分别有印信，监军司为中等司，刺史也相当于中等司，中等司印是铜上镀银印，重12两；沙州转运司和沙州经治司，都属下等司，下等司为铜印，重11两。

由这些确切的资料可以知道西夏中期沙州的基本军事、行政建制。[①]

西夏《天盛律令》还规定，各地诸司的官畜、谷物等收支情况要按规定期限上报首都，有两地是一年一报，即沙州和瓜州；肃州、黑水等地需半年一报；而京师及其附近需要三个月一报。这是依据与京师的远近而有不同的规定。[②]西夏各地库存种种官畜、谷、钱、物等需派人到京师磨勘，沙州和瓜州两种监军司路程最远，自派人当日起至京师所辖处需40日。其他肃州、黑水需30日，西院、嗠庞岭、官黑山、北院等需20日，北地中、东院、西寿、韦州、南地中、鸣沙、五原郡等15日，大都督府、灵武郡、保静县、临河县、怀远县、定远县等10日。这也是依据与京师的远近而有不同的规定。[③]看来西夏时期沙州地处西偏，是与京师中兴府联系所需时间最长的地区。

（二）西夏时期敦煌莫高窟的特殊地位

莫高窟在西夏人心目中有崇高的地位，在莫高窟西夏题记中有所谓"圣宫"，即对莫高窟的称誉。[④]在西夏文类书《圣立义海》中敦煌洞窟被称为"沙州神山"。[⑤]西夏经济力量有限，在敦煌开凿或重修洞窟需要大量财力、人力，在西夏这样偏安西北地区的王朝，大型佛事活动应以皇室或地

①史金波、聂鸿音、白滨译注：《天盛改旧新定律令》，《中国传世法典》之一，法律出版社，1999年，第326—375页。
②《天盛改旧新定律令》，第529—531页。
③《天盛改旧新定律令》，第544—545页。
④史金波、白滨：《莫高窟榆林窟西夏文题记研究》，《考古学报》1982年第3期。刘玉权：《敦煌莫高窟、安西榆林窟西夏洞窟分期》，《敦煌研究文集》1982年第3期。
⑤〔俄〕克恰诺夫、李范文、罗矛昆：《圣立义海研究》，宁夏人民出版社，1995年，第59页。"山之名义"中有"沙州神山"条，译文为"凿山为佛像、寺庙，圣众住处多有"（译文系本文作者重译）。

方政府为主才能举办。由此可以推想，大规模修建敦煌莫高窟也应是西夏皇室或地方贵族所为。

在考察西夏洞窟壁画时，除对大幅壁画的内容、布局、风格给予重视外，对洞窟壁画的装饰图案如藻井、四披、龛眉、边饰等也要特别留意。其中因藻井所处位置的独特，应给予格外的关注。敦煌莫高窟很多洞窟内窟顶是覆斗形，藻井即窟顶部中央最高处的装饰，俯视全窟，位置十分显眼。其形制呈方形，由井心、井外边饰、垂幔三部分组成。井心向上凸起，四边为斜坡面，上窄下宽，构成覆斗形状。藻井名称依井心图案确定。西夏洞窟中以龙或凤为图案的藻井十分普遍，龙、凤藻井成为西夏壁画的一大特点。依据《敦煌莫高窟内容总录》记载，在莫高窟有关西夏洞窟中，有覆斗形窟顶的洞窟占多数，有69窟，其中以龙、凤为藻井的最多，共32窟。龙、凤不仅是吉祥的象征，后来还被赋予了政治的意义。龙往往是皇帝的象征，凤是后妃的象征。《天盛律令》规定不准民间以龙、凤作装饰，正是这种中国式传统认识的法律化。[1]莫高窟西夏洞窟中大量龙、凤藻井是否也可以作为这些洞窟为西夏皇室修造的重要参考。[2]

在莫高窟中，供养人中的代表人物始终是专家们关注的重点。第409窟主室东壁门南北两侧绘大型窟为男女供养人像，南侧男供养人究竟是西夏皇帝，还是回鹘王，颇有不同意见。此供养人是一幅等身像，身穿圆领窄袖袍，上可见绣大型团龙11幅。上述西夏《天盛律令》明确记载只有皇帝才能有"一身团龙"的纹样。若将409窟有一身团龙的等身供养人看作是西夏皇帝是顺理成章的，若看成是回鹘可汗则似乏依据。西夏管辖敦煌近两个世纪，在敦煌莫高窟修建或重修数十个洞窟，在其中绘制皇帝的供养像应该是可以理解的。由此男供养像后有侍从持御用华盖、翚扇等物，这也是皇帝才能有的仪仗。《天盛律令》规定："官家（皇帝）来至奏殿上，执伞者当依时执伞，细心为之。"[3]伞即华盖，可见，西夏法典规定皇帝有华盖，与此图同。也证明这是皇帝而非王的形象。假若409窟是沙州回鹘王的供养人，在后来西夏管理沙州时，西夏的统治者对这种明显僭越的壁画，也不会容许它存在。西夏重新装修大批洞窟，对这种在西夏管辖区的违规犯法的冒犯皇帝的壁画，大概会毁弃重修。因此，409窟供养人视为西夏皇帝比较合理。若如此，则敦煌莫高窟出现了皇帝供养像。

三、敦煌文书和黑水城文书

（一）敦煌文书和黑水城文书类型相近

20世纪中国有几桩大型出土文献的发现。按历史时代顺序有安阳甲骨文、汉魏简牍、敦煌石室文书和黑水城文书，后二者分别成为敦煌学和西夏学形成的重要学术资料基础。

1900年敦煌莫高窟藏经洞被发现，陆续出土了五万余件从十六国到北宋时期的经卷和文书，其文书数量之多、文书内涵之丰富很快引起学术界的高度重视，由此以整理和研究敦煌文献为发端，促进了敦煌学的诞生。敦煌学的诞生和发展，丰富了中国七个多世纪的历史认识，填充了中国历史上的诸多空白。由于其中唐代的文书特别丰富，对唐代历史研究的推动尤其明显。这些文书相当一部分流失海外，一部分留存于中国。

1909年黑水城遗址（今属内蒙古额济纳旗）的一座古塔中出土了大批文献和文物。当时以俄国科兹洛夫（П.К. Козлов）为首的一支探险队到黑水城寻宝，将所得文献运回俄国，今分别藏于俄罗斯科学院东方文献研究所和艾尔米塔什博物馆。在黑水城发现的文献绝大部分是西夏文文献，有

---

① 《天盛改旧新定律令》，第282页。
② 史金波：《西夏皇室和敦煌莫高窟刍议》，《西夏学》第四辑，宁夏人民出版社，2009年。
③ 《天盛改旧新定律令》，第430页。

8000多个编号，数千卷册，此外还有相当数量的汉文及其他民族文字文献。这批文献内容丰富，有很高的学术价值，其中包括中国古代宋、西夏、金、元时期的写本、刻本和活字本，距今已有700—900年的历史，堪称珍本、善本。作为多学科研究对象的黑水城文献，不仅从多方面体现出西夏历史文化的内涵，还反映出西夏文化与其他民族文化内在的紧密联系，其学术价值越来越引起学术界的注意。后来斯坦因（Marc Aurel Stein）也于1914年到黑水城寻找、发掘，得到不少西夏文献，藏于大英图书馆。

敦煌和黑水城同属中国的西北地区，一在西夏西部，一在西夏北端，皆为边远地带。两地直线距离460余公里。敦煌石室文献和黑水城文献有共同之处，它们都发现于20世纪初，都属多类型、多文种的集群性文献。两种文献都出自佛教建筑，都有大量佛经，同时也包含着大量世俗文献，如籍账、户籍、契约、状牒、信函等。这些文献都是当时社会历史的原始资料，不是经人加工编辑或辗转记载的第二、三手资料，具有很高的可信度。由此衍生的敦煌学和西夏学都是新生的国际性的学科。

（二）敦煌文书和黑水城文书的不同经历

敦煌文献以汉文文献为主，兼有藏文等少数民族文字文献。汉文文献识读较易，古藏文文献释读虽有一定难度，但藏语、藏文的使用一直传承至今，只要掌握古今藏文的对应规律，古藏文文献可以比较顺利地解读。所以敦煌石室文献较快地被整理、出版，其文献价值较早地被学术界所认识，并有各国较多的学者利用这些文献来做历史文化研究，取得了令人瞩目的成就。黑水城文献以西夏文为主，汉文和其他民族文字相对较少。西夏文作为记录西夏主体民族党项族语言的文字早已成为死文字，随着党项族的消亡西夏语也早已成为死的语言。发现黑水城文献的时期，世上早已无有懂得西夏语和西夏文的人，因此西夏文被称为"天书"，解读西夏文文献成为一大难题。各国西夏学专家不畏艰难，经过半个多世纪的努力，才基本上具备了解读西夏文文献的能力。这样在释读文献方面黑水城文献比敦煌石室文献落后了约半个世纪。

此外，黑水城出土文献长期储藏于书库，未能及时整理出版，与敦煌石室文献比较及时问世也形成了很大差距。20世纪90年代之前，人们只能通过俄罗斯专家研究著述的图版中得到部分西夏文献资料。系统的、大规模出版黑水城文献是在20世纪90年代，由中国社会科学院民族研究所、俄罗斯科学院东方学研究所和上海古籍出版社合作进行的。①自《俄藏黑水城文献》陆续出版至今十多年来，西夏学有了触手可及的原始资料而得到长足的发展。这些资料的学术价值得到学术界重视，关注、研究西夏的专家逐渐增多，利用西夏文献深入探讨西夏历史、社会、文化、宗教、语言、科技的著述成果累累，加深了对西夏王朝多方面的认识，使西夏王朝逐渐撩开神秘的面纱。看来一个学科原始资料的及时刊布对推动学科发展具有十分重要的意义。

（三）敦煌文书和黑水城文书时代相接

敦煌石室文献中包括5—11世纪的写本和少量刻本，以宗教典籍为最多，占敦煌汉文文献的90%左右，官私文书约1000件。除汉文外，还有藏文、于阗文、突厥文、回鹘文、梵文、粟特文、希伯来文等多种文字文献。最晚的有具体年代的文献是1002年的写经，即在11世纪初的北宋时期，其中没有西夏时期的文献。

黑水城出土文献除大量西夏时期的西夏文文献和汉文文献外，还有少量宋、金时期的文献，以及一批元代、北元的文献，基本在11世纪初以后至14世纪中叶3个多世纪的时间。近代在新问世的有宋一代（包括辽、夏、金）文献中，特别是世俗社会文书方面，黑水城文献无论在数量上还是

---

① 史金波、魏同贤、克恰诺夫主编：《俄藏黑水城文献》第1—14册，上海古籍出版社，1996—2011年。

在内容上，都首屈一指，具有时代的代表性。这一时段正好与敦煌文献的时段相衔接，使敦煌文献和黑水城文献在历史时代上形成了长达近千年的古代文献长廊。这一衔接不仅展现出中国古籍文献的历史连贯性，大大填充了中国珍贵古籍的数量和品类，同时也提升了两大文献库各自的文献价值。

无论是世俗文献还是宗教文献，抑或是民族文字文献，两种文献库都具有共同的相关性和各自的时代性。比如敦煌世俗文献中具有的类目，黑水城世俗文献中多数都有；两种文献库中的佛教文献也有很多相同的典籍。但两种文献处于不同的时代，政权以不同的民族为主体，也就显示出不同的特色。如敦煌文献中卷装为主；黑水城文献中除卷装外，尚有大量蝴蝶装、经折装、缝缀装和梵夹装，反映了中国装帧形式的逐渐丰富及其发展变化。敦煌文献中以写本为主，刻本很少；黑水城文献中刻本数量很多，而且有了多种活字本文献，反映了西夏时期印刷术的发展和兴盛。敦煌文献中有不少藏文卷子，其中包括佛教和世俗的；黑水城文献中藏文文献很少，但用西夏文、汉文写印的藏传佛教文献很多，反映了西夏时期藏传佛教东传的现实。敦煌世俗文献的买卖、典当契约中，一般要写明卖地或借贷的原因，而黑水城文献中已省却了这些当时看来不必要的文字，反映了契约趋向简明和务实。

两种相衔接的文献宝库，真实地反映出两个时代的历史文化特色。

（四）敦煌文书和黑水城文书都有力地推动了一个时代的历史研究

敦煌文献展示了中国从两晋到宋初丰富多彩的历史画卷，为这一时期的历史文化地深入研究提供了大量新资料，为史学、文学、艺术、宗教学等领域深入研究开辟了新天地，开辟了新前景。敦煌文献不是只反映敦煌地区的历史与文化，而是在空间上超越了敦煌，涉及更大的地域，成为那个时代中国文献的代表。敦煌文献的发掘推动了文献相应朝代的研究，填补相关朝代历史的诸多空白。

黑水城文献是以西夏为主的历史资料，展现了西夏的历史风貌。与敦煌文献不仅仅反映敦煌一地一样，黑水城文献的史料价值也绝不仅限于黑水城一地，而是在相当大的程度上反映了整个西夏王朝的历史面貌，促进了以西夏为主的研究。近些年来利用黑水城文献深入地研究西夏和宋代历史文化的成果很多，填补了西夏和宋代历史的诸多空缺。黑水城文献直接或间接地反映出当时中国的很多文化元素，从这些真实的历史资料可以看到中华民族文化在那个时代的面貌和特点。

四、敦煌学与西夏学的互动

（一）西夏学应利用敦煌学研究的方法和经验

就学科发展来说，敦煌学是大哥，西夏学是弟弟。敦煌学历经百年，逐步走向成熟，不仅在洞窟艺术研究方面达到炉火纯青的境地，在文书研究方面也积累了丰富的经验，特别是对文书的定名、断代、补残、缀连、释读、考证等方面，形成了一套科学的方法。这些为西夏出土文献的整理和研究提供了非常有利的借鉴。西夏文献刊布较晚，多数文献是近些年刚刚刊布或即将刊布，对文献的释读刚刚开始，敦煌学家的科学方法和成熟经验值得西夏学家学习和效仿。我在介绍和探讨敦煌西夏洞窟时常常参考、引用敦煌研究院及其他专家的著述，我开始研究西夏文社会文书中的户籍和租税等文献时，请教过中国人民大学的沙知教授；[①]在研究西夏社会文书中的借贷文献时，法国童丕教授的著作是我必须学习的参考书；[②]在研究西夏文历书时，请教过中国文物研究所的邓文宽

①史金波：《西夏户籍初探》，《民族研究》2004年第5期。
②史金波：《西夏粮食借贷契约研究》，《中国社会科学院学术委员会集刊》第一辑（2004年），社会科学文献出版社，2005年3月。参见［法］童丕著，余欣、陈建伟译：《敦煌的借贷：中国中古时代的物质生活和社会》，中华书局，2003年。

教授。①

（二）敦煌学和西夏学应密切联系，进行比较研究

鉴于敦煌学和西夏学资料在时间上前后相接，在内容上品类相当，正可以互相联系，做比较研究。历史如同一条不断流淌的长河。作为研究历史最基本的文献资料，过去主要靠历代历史学家们记载和编纂的资料。利用考古发掘得到更为可信的第一手原始资料研究历史，主要是从近代开始的。甲骨文是商周时代社会的真实记录，居延、敦煌等地的简牍是汉魏时期社会的真实记录，而敦煌石室文献、黑水城文献是此后晋、隋、唐、宋、西夏、元代的社会真实记录，这些出土的原始文献形成了中国历史文献资料的另一个有特色的链条，给中国历史研究补充了新鲜而可信的资料，开辟了新的途径。将敦煌石室文献、黑水城文献中的同类文献联系、对比考察，可以把文献放到更宽阔的时空中审视，能使文献增加历史的厚重感，便于理顺文献的发展脉络，在考察文献的异同中有可能碰撞出新的火花，得到新的体会。

敦煌的西夏石窟，无论是鉴别时代还是深入研究，都不能孤立地进行。敦煌石窟艺术，既有地方特色，又有民族特色，还有时代特色。研究敦煌西夏时代的洞窟，离不开西夏境内的党项族、汉族、藏族和回鹘族，也离不开那个特定的时代。这些都可以在西夏学资料中找到更为广泛的资料，可以找到对比的素材。比如黑水城出土有西夏时期的300多件绘画、宁夏宏佛塔出土有胶彩画唐卡多种，拜寺口双塔中西塔的天宫内也发现了西夏绘画作品，此外西夏文献中有不少木版画，其中除佛经卷首扉页外，还有单幅木刻版画。这些西夏绘画大大丰富了西夏的艺术作品，正可与敦煌洞窟的壁画对比研究。榆林窟第3窟壁画中的犁耕图、踏碓图、锻铁图、酿酒图，以及行旅图等生产、生活场景图也可结合西夏文献资料进一步深化研究。敦煌一些洞窟时代的确定，可以从西夏学资料中找到相应依据。西夏学的内容可以补充敦煌学，西夏学的进展有助于敦煌学的深入。

（三）敦煌学家和西夏学家密切合作，推动两学科的发展

敦煌学门类繁复，博大精深。西夏学基础薄弱，又有西夏文字阻隔。对两个学科都很熟悉确实不易。如果两个学科的专家能联手合作，各展所长，便可以在敦煌学和西夏学交叉的部分取得新的成绩。

比如在敦煌学中，西夏时期的敦煌，以及西夏时期的敦煌文献属薄弱环节，西夏学家可利用西夏文和汉文资料给予填充。在西夏学中，绘画艺术和雕塑艺术是专深的学问，可由敦煌学家鼎力承担。又比如西夏时期的敦煌洞窟分期可能需要敦煌学家和西夏学家共同对话、考察、研讨，才能得出比较确切的结论。实际上20世纪60年代的敦煌文物研究所和中国科学院民族研究所的联合敦煌考察，就是敦煌学家和西夏学家良好合作的开端。那次的考察从西夏的视觉对敦煌洞窟做了比较全面的调研，改变了过去敦煌只有几个西夏洞窟的认识，确认敦煌有大面积的西夏洞窟，并通过洞窟题记的研究初步了解到西夏人在敦煌的一些佛事活动，取得了很大成绩。但由于当时的客观原因，深入、细致的研究工作未能联手继续进行下去。自那次合作至今已近半个世纪，敦煌学和西夏学都有了长足发展，科研条件也有了很大改观，今后可以在新的时期创造条件进一步合作，推动敦煌学和西夏学的共同发展。

（原载《敦煌研究》2012年第1期）

①史金波：《黑水城出土活字版汉文历书考》，《文物》2001年第10期。

西夏的汉族和党项民族的汉化

【摘　要】西夏王朝境内原有大量汉族。汉文和西夏文文献表明，西夏的汉族与主体民族党项族关系密切，一些汉人在西夏政府中有重要地位，更多的汉族在基层与党项族杂居。西夏社会主流提倡番、汉民族友好和交流。党项族因受到汉族的强大影响，在物质生产方面，在衣、食、住、婚姻等风俗习惯方面，甚至在语言方面都在不断向汉族趋同。西夏灭亡后党项族在元朝时期有较高的政治地位，不少人流向中原，其中一些党项族后裔在湖北地区留下了足迹。无论是留居西北还是进入中原地区的党项族后裔都经历了更深刻的汉化进程，加速了党项族的消亡，在明清之际多数融入汉族。

【关键词】西夏；汉族；党项族；汉化

西夏是中国古代党项族建立的大夏国（或称夏国）的别称。它作为有宋一代中国的第三大势力，在西北地区称霸两个世纪。西夏是以党项族为主体，包括汉族、吐蕃、回鹘等族的多民族王朝。

一、西夏时期的汉族

西夏所辖的中国西北地区，包括宁夏、甘肃大部，陕西北部，内蒙古西部和青海东部的广大地区。这些地区靠近中原，很早以前就有汉人与其他少数民族共同居住、开发，是汉族和其他民族往来密切、交错杂居之处。

党项族自唐代北迁进入这一地区后，就与汉族和其他民族共同生活在这里。可能开始时因党项族多从事传统的畜牧业而游牧于草地、山间等牧区，而汉族则主要居住在农村和城市。随着部分党项族学习并从事农业，特别是其统治者将其政权中心先后设立在夏州（今陕西省靖边县北白城子）、灵州（今宁夏吴忠市境内）、兴州（今宁夏银川市）后，党项族的居住地更与汉族接近，形成更为广泛的民族杂居态势。

在西夏社会中，党项族（番族）和汉族是西夏的两大主要民族。这两个民族有着十分密切的往来。在经济上以党项族为主的牧业和以汉族为主的农业并重，政治上自皇帝以下有党项人和汉人同朝为官，在文化上番礼和汉礼交互行用。就连文字的使用也是番文（西夏文）、汉文同时流行。

汉族在西夏有着举足轻重的地位和影响。西夏语中称汉族为"嘹"。汉族在长期的历史形成过程中混入了很多不同民族的成分，它的构成确实很杂，特别是离西夏较近的唐末、五代时期，由于藩镇割据、朝代频繁更迭，北方各民族进入了一个迅速融合的历史时期，一些民族逐渐消亡，他们大部分归入了汉族之中。党项人用汉语中的"杂"字来称呼汉人，反映出汉族人数众多，分布地域广，其成分比较杂，各地的汉族有各自不同的特点。辽、金时期有所谓"乣"（也作"糺"），读音为"札"或"察"，本义有"杂户""杂类"之义，用以称呼杂居的外族分子。至元代索性用来称呼汉人。①"乣"和西夏文中称呼汉人的"嘇"音极相似，北方少数民族对汉人的称呼有共通之处，可能元代的"乣"来源于西夏的"嘇"。在西夏文字典《文海》中，此发音为"嘇"的字，有如下的注释："汉者蛮也，阔呓也，汉之谓也。"②"阔、呓"的两个西夏字中，第一个字，与字义为"布"的字同音，字形构成由"布"字左部和读音为"嘇"的"汉"字全字合成；第二个字与字义为"衣"的字同音，字形构成又正好由"衣"的左部和"汉"字整个字合成。原来党项人称呼汉人的所谓"阔呓"二字，是"布衣"之意。西夏双语词语集《番汉合时掌中珠》中有"布衫"一词，旁边所注的汉字读音即为"阔呓"③。党项人称呼汉人为"布衣"，反映了番族"衣皮毛，事畜牧"的习俗与汉族人民穿布衣、事农桑的习俗明显的差别。这一称呼很可能是早期党项人对汉人的称谓。西夏文字创制时，为了书面上把称衣着的"布衣"和称呼汉人的"布衣"相区别，便在称呼汉人时用"布""衣"二字的一部分分别加上"汉"字的字形。

汉族在西夏处于特殊、微妙的地位，特别是西夏初期因与以汉族为主体的宋朝不断战争，对汉族有敌视情绪。西夏初期创制西夏文字时，"汉"字（音"嘇"）由"小"和"虫"字组成，便是证明。在阶级社会中，统治阶级的民族不平等、民族歧视观念根深蒂固，取得优势地位的少数民族统治者也不例外。但汉族经济、文化相对比较发达，汉族士人的统治经验丰富、文化素养高，以汉族为主的农业生产在社会经济生活中占据越来越重要的作用，因而西夏的统治者对汉族的作用也有充分的认识。西夏历代统治者没有因为与以汉族为主体的宋朝对峙而完全排斥汉人，而是能从大局着眼，以实际需要出发，吸收、利用汉族人才。一些汉人早在夏州政权时，就参与军政。北宋初年党项族首领李彝兴任定难军节度使时，汉族康氏家族是当地官宦之家，康公任夏州政权五州管内都指挥使。④至李继迁时期，汉人张浦出谋划策，辅佐李继迁抗宋自立，后来还代表夏州政权出使宋朝。继迁时期还有宋灵州屯戍军校郑美投归，被授指挥使之职，协助继迁夺取宋朝重镇灵武。事后宋太子中允、直集贤院富弼上疏皇帝曾论及此事：

> 顷年灵州屯戍军校郑美奔戎，德明用之持兵，朝廷终失灵武。元昊早蓄奸险，务收豪杰。故我举子不第，贫贱无归，如此数人，自投于彼。元昊或授以将帅，或任之公卿，推诚不疑，倚为谋主。彼数子者，既不得志于我，遂奔异域。观其决策背叛，发愤包藏，肯教元昊为顺乎，其效郑美必矣。⑤

这里富弼将继迁误记为德明。可知当时宋入西夏的汉人非只一二人，已引起统治阶层的重视。

西夏正式立国后有更多的汉族进入政府高层，身居枢要，甚至位居宰辅。元昊称帝之初，以番人野利仁荣、汉人杨守素为谋士，立国授官时，又任用多位汉人为其主要文官。后又接纳中原地区的汉人文士张元、吴昊，参与谋议，委以重任。张元，宋许州（今河南许昌）人，多次举进士不第，又为县宰笞打，于是逃往西夏，备受重用，位至国相。⑥宋朝旧制，殿试皆有黜落。张元黜落后以积忿投归元昊，成为宋朝大患。宋朝由此事总结教训，归咎于殿试黜落制度。于是在宋嘉祐二

①蔡美彪：《乣与乣军之演变》，《元史论丛》第二辑，中华书局，1983年。
②史金波、白滨、黄振华：《文海研究》，中国社会科学出版社，1983年，第141、519、638页。
③[西夏]骨勒茂才著，黄振华、聂鸿音、史金波整理：《番汉合时掌中珠》，宁夏人民出版社，1989年。
④戴应新：《有关党项夏州政权的真实记录——记〈故大宋国定难军都指挥使康公墓志铭〉》，《宁夏社会科学》1999年第2期。
⑤《续资治通鉴长编》卷124，仁宗宝元二年九月己卯条。
⑥[宋]王巩：《闻见近录》，中华书局影印本，1984年。

年（1057年）诏进士与殿试者皆不黜落，此后成为定制。张元投西夏，而使宋朝后世士子无殿试黜落之忧。[①]

夏毅宗谅祚时陕西人景询投奔西夏，谅祚授其为学士，深受信用。谅祚"每得汉人归附，辄共起居，时致中国物娱其意。故近边番汉乐归之"[②]。可见当时西夏皇帝对汉人的重视。

夏崇宗时汉人任得敬献女得宠，镇压起义得势，仁宗时为国相，进位楚王、秦晋国王，位在一人之下，万人之上。成为汉人在西夏王朝职位最高者，后因篡权分国被杀。

西夏王朝中很多重要事项都是番、汉并列，如番汉大学院、番汉学士、番汉乐人、番汉僧人等。在提及多民族时，番在前，汉在后，然后是其他民族。汉族在西夏是番族以外影响最大的民族。

在西夏法典《天盛改旧新定律令》（以下简称《天盛律令》）中西夏的汉人又区分为"汉"和"降汉"，"汉"可能是原来就居住在西夏地区的汉人，"降汉"在西夏原文是"兽汉"，也可译为"敌汉"。应是后来战争中被俘或投诚的汉人。《天盛律令》中又有"修城黑汉人""归义军院黑汉人"[③]。汉人作修城的苦力，投降的汉族军人为"归义军"，这当然不是西夏军队的主力。《天盛律令》规定："番、汉、降汉、西番、回鹘共职者，官高低依番汉共职法实行。"[④]可知在西夏"汉"和"降汉"也能为官。西夏虽视汉人为国人，但仍保持番、汉界线，甚至对汉官的服饰也规定在法典中。《天盛律令》规定："汉臣僚当戴汉式头巾。违律不戴汉式时，有官罚马一，庶人十三杖。"[⑤]这样的意图是想不使番汉混淆。

汉族在西夏的政治活动和生产活动中都发挥了重要作用。在文献中所能见到的汉族人名多为上层统治者，主要汉姓有赵、李、梁、王、任、曹、刘、韩、张、杨、苏、罗、贺、高、薛、潘、米、白、宋、吴、焦、田、邹、马、郝、索、陈等。

在西夏社会中，不仅上层有汉族，在普通居民中更有大量的汉人。在西夏传统的农业区中应是以汉族为多数。即便是在西夏新兴的地区中，也有不少汉族。黑水城是西夏始建的城市，那一带牧业发达，因引黑水灌溉，农业也兴盛起来。在黑水城出土的一件户籍中，可见其中除有党项族以外，还有杨、浑、潘、罗等汉姓户主，证明当时黑水城地区的基层是党项人和汉族杂居的。[⑥]当时两个民族的农民杂居在一起，归属于一个社区。

在西夏文《三才杂字》和西夏汉文本《杂字》中，除"番姓"外，都有"汉姓"一节。在西夏文《杂字》中自"张、王、李、赵、任、季、田、狄"开始，共有84个汉姓。而在汉文本《杂字》中"汉姓"列在第一节，"番姓"为第二节。"汉姓"前残，缺几十个姓，尚余"梁、陈、苏、辛、美、丁、薛、谋"等138个姓。[⑦]汉姓在《杂字》中的位置表明了汉族人在西夏有与番族相近的地位。

西夏文《碎金》相当于中原地区的《千字文》，其中1000个字中记载了120个汉姓：

> 张王任钟季，李赵刘黎夏。田狄褚唐秦，温武邢袁枝。金严陶萧甄，胡白邵封崔。
> 息传茫廉罗，司段薄徐娄。江南蔡子高，羊鞠钱伯万。董隋贾迺卓，韩石方穆回。

①[宋]王栐：《燕翼诒谋录》卷5，中华书局，1981年。
②[清]吴广成：《西夏书事》卷21，清道光五年小砚山房刻本。
③史金波、聂鸿音、白滨译注：《天盛改旧新定律令》，法律出版社，1999年，第224页。
④《天盛改旧新定律令》，第379页。
⑤《天盛改旧新定律令》，第431页。
⑥史金波：《西夏户籍初探》，《民族研究》2004年第5期。
⑦史金波：《西夏汉文本〈杂字〉初探》。

解周燕尚龚，何傅儿奚德。耿郭君邱铁，史申嵇孙合。曹陆倪苏姚，浑酒和殷陈。
牛杨孟杜家，吕马纪不华。寇婴宗许虞，韦翟权薛安。吴九邹聂丁，侯窦左糜潘。

在《碎金》中汉姓的前面是常用的番姓，以嵬名为头。汉姓以张姓为首。看来，这些汉姓应是在西夏地区常见的汉族姓氏。[①]

特别值得提出的是西夏时期编纂的《番汉合时掌中珠》，每一词语皆有西夏文、相应的汉文、西夏文的汉字注音、汉文的西夏字注音四项。是当时西夏番人和汉人互相学习对方语言的工具书。其序言就提到番汉语言和番言：

今时人者，番汉语言可以俱备，不学番言则岂和番人之众；不会汉语则岂入汉人之数。番有智者，汉人不敬；汉有贤士，番人不崇。若此者由语言不通故也。[②]

由此不难看到，当时西夏社会上对番、汉关系的基本态度，也反映了当时社会主流提倡民族友好、民族交流的深刻认识。此书编印问世后，曾一再修订印行。近代不仅在大量出土西夏文献的黑水城遗址（今属内蒙古额济纳旗）发现了此书的全本，还在当时西夏的首都（今宁夏银川市）、敦煌莫高窟都发现了此书的残本，证明此书当时受到重视和欢迎，同时也反映出西夏时期汉族的重要地位与友好的民族关系。

二、西夏时期党项族的汉化趋向

党项族原来居住在今青海省东南部、四川省西北部一带。那时，党项族还处于原始社会的晚期，后与其相邻的吐蕃势力不断壮大，党项族直接受到吐蕃的逼迫，于8世纪初期陆续内迁。中唐以后，大部分党项人逐渐内迁到今甘肃东部、宁夏和陕西北部一带，在新的地区繁衍生息，不断发展壮大。黄巢起义军攻入唐都城长安（今陕西省西安市）时，党项族首领拓跋思恭于中和元年（881年）与其他节度使响应唐僖宗的号召，参与镇压黄巢义军，次年攻入长安，因功被封为定难军节度使，管领五州，治所在夏州。五代时期，夏州党项政权先后依附于中原的梁、唐、晋、汉、周各朝，并在与邻近藩镇斗争中，势力不断壮大。北宋时期党项族首领李继迁抗宋自立，对宋朝造成重大威胁。经其子李德明时期的发展，扩大了管辖版图，至李德明子元昊时正式立国称帝。

若仔细分析西夏主体民族党项族的发展，可以看到它随着时间的推移不断在发生着变化，有些变化甚至是非常显著，非常深刻。这种变化是在社会发展过程中，在民族进步中有意或无意中进行的。而这种变化的最大特点就是趋同汉族，逐步汉化。

（一）物质生产方式的转变

党项族在未北迁之前完全是游牧民族的生产方式。《隋书》记载：党项人"牧养牦牛、羊、猪，以供食，不知稼穑"[③]。至唐代，党项人仍然"畜牦牛、马、驴、羊，以供其食。不知稼穑，土无五谷"[④]。

党项人进入西北地区后领地不断扩大，自然环境有了很大改变。那里不仅有宜于放牧的牧地，还有很多适于耕种并早有耕作传统的农田，同时，无论是统治者还是百姓都不断地、频繁地接触汉

①聂鸿音、史金波：《西夏文本〈碎金〉研究》，《宁夏大学学报》1995年第2期。
②《番汉合时掌中珠》序。
③《隋书》卷83《党项传》。
④《旧唐书》卷198《党项羌传》。

族。汉族先进的生产方式潜移默化地影响着党项族。不少党项族逐步从事农业生产，他们慢慢由纯牧民变为农民，或半农半牧的人。黑水城出土的西夏后期土地买卖契约中，卖地者及证人都是当地农民，从他们的姓氏看多数是党项族，如耶和、没啰、恶恶、讹劳、平尚、每乃、藐泥、息尚、麻祖等。这些原始资料证实当时党项族中不少已是耕种土地的农民。这些卖地契还证实，西夏后期党项族农民中的一些人由于生活所迫，不得不出卖祖先经营的土地。契约中也有部分出卖土地者和证人是汉族姓氏，如契约中的梁、邱、翟、曹、陈姓等。[①]证明当时党项族和汉族农民居住在同一社区，在经济生活中联系紧密。党项族物质生产方面的根本性变化是学习、趋同汉族的结果。

（二）风俗习惯的变化

党项族来到汉族文化底蕴很深的西北地区后，不仅在生产方面，还在吃、穿、用等方面都有很大改变。原来生活用品基本上都取自于牲畜，食畜肉，饮畜乳，衣牲畜皮毛，就连居室都是"织牦牛尾及羊毛覆之"。后来在汉族的影响下其生活方式不可避免地产生了巨大变化。西夏第一代皇帝元昊在称帝前与其父李德明有一段对话：

> （元昊）数谏德明无臣中国，德明辄戒之曰："吾久用兵，终无益，徒自疲尔！吾族三十年衣锦衣，此圣宋天子恩，不可负也。"元昊曰："衣皮毛，事畜牧，蕃性所便。英雄之生，当王霸尔，何锦绮为？"[②]

由此可见，党项族北迁后一个多世纪，生活方式也发生了很大变化，特别是统治阶级变化更是明显，他们不再只"衣皮毛"，而是喜欢穿着"锦衣"。

元昊在其父德明的基业上正式建立大夏皇朝，他突出标榜党项民族特性，但在番、汉接触增多、难舍难分的大环境下，也不得不接受诸多汉文化的影响，成为一个复杂、矛盾的人物。元昊在立国前夕进行服饰改制，以服饰区分等级，正式规定西夏文武官员衣着：

> 文资则幞头、鞾笏、紫衣、绯衣；武职则冠金帖起云镂冠、银帖间金镂冠、黑漆冠，衣紫旋襕，金涂银束带，垂蹀躞，佩解结锥、短刀、弓矢韣……便服则紫皂地绣盘球子花旋襕，束带。民庶青绿，以别贵贱。[③]

可以看出，这种服饰制度的原则和具体内容，多是效法中原地区的服饰制度，文官的装束多因袭唐宋，而武职的服装除效法中原外，保留了较多本族的特色。而这些特色恐怕与党项族隋唐时期的服饰也相去甚远，倒可能和长期以来与骑马民族回鹘、契丹交往较多，这些民族武士服饰对西夏武官的服饰产生了重要影响。西夏文官和武官服饰的差别，大概和西夏初期文官汉族人居多，武职中又以党项人为主关系很大。

西夏前期在统治者内部长期存在着所谓"番礼"和"汉礼"之争。汉礼即指当时汉族或中原地区的风习、礼仪。在西夏番、汉两种文化同时并存，而在不同时期又根据当时政治形势和统治者的爱好有所侧重。西夏统治者内部在提倡番礼抑或汉礼问题上，曾有严重的分歧和兴废的反复。元昊时兴秃发、别服饰、创番文，提倡番礼。元昊死后，没藏太后专权，更强调番礼。此后一般后族掌

---

①史金波：《黑水城出土西夏文卖地契约研究》，《历史研究》2012年第2期。
②《续资治通鉴长编》卷110，仁宗明道元年十一月壬辰条。
③《宋史》卷485《夏国传上》。

权时提倡番礼，而皇族掌权时则提倡汉礼。第二代皇帝毅宗亲政后，想与宋修好，于奲都元年（1057年）杀掉专权的舅父没藏讹庞后，请去番礼，而用汉仪。毅宗给宋朝上表："本国窃慕汉衣冠，今国人皆不用番礼。明年欲以汉仪迎待朝廷使人。"[①]此举当然得到宋朝嘉许。第三代皇帝惠宗朝垂帘听政的梁太后恢复番礼。而惠宗却爱好汉礼。因此梁太后便把惠宗囚禁起来。西夏前期"番礼"与"汉礼"之争，其实质往往反映出皇族与由保守势力支持的后族之间的政治斗争。[②]这种斗争也反映出在西夏党项族虽是主体民族，但汉族的风俗礼仪不能忽视。

从崇宗到仁宗时期，番、汉文化同时发展到新的阶段，特别是仁宗在发展番族文化、大量使用番文的同时，全面学习汉文化，使西夏成为一个文化发展、礼仪类似中原的国度。

其实汉族的风俗一直在浸润着党项族的方方面面。衣食住行、婚丧嫁娶都摆脱不了汉族越来越多的影响。《番汉合时掌中珠》中所载的西夏衣物、食品已与中原地区大致相同；其住房无论统治者的宫殿、官府，还是普通百姓的土屋，都不再是单纯的帐篷。

在婚姻方面变化尤其明显。隋唐时期党项族的婚姻还保留着群婚的残余。《隋书》记载："淫秽烝报，于诸族中最为甚。"[③]《旧唐书》记载更加详尽："妻其庶母及伯叔母、嫂、子弟之妇，淫秽烝亵，诸夷中最为甚，然不婚同姓。"[④]至西夏时期，党项族的婚姻无论从西夏法典《天盛律令》的法律规定，还是从《番汉合时掌中珠》记载，包括党项族在内的西夏婚姻已经是有父母之命、媒妁之言的封建婚姻关系。尽管党项族还保存着姑舅表婚的特点，但事实上，已经靠近了汉族的婚姻习俗。[⑤]

更直接反映西夏婚俗变化的是番、汉两个民族之间的族际通婚。西夏党项族和附近民族有友好往来，他们互通婚姻，不断地进行民族间的自然融合。西夏皇室就不断与其他民族结亲。李继迁、元昊和乾顺曾先后娶契丹皇室女为妻。西夏皇帝娶汉族女为妻也不乏其人。如崇宗乾顺之妃曹氏为汉族，生子仁孝，是为仁宗；仁宗妃罗氏也为汉族，生子纯祐，是为桓宗，西夏两代皇帝的母亲都是汉族。西夏皇族中汉族的血统成分越来越多了。

黑水城出土的西夏文户籍表明，西夏底层社会存在着更为普遍的番、汉通婚现象。如从Инв. No.6342号30户的户籍可知，当地居民虽以党项族为主，户籍中反映的婚姻关系也以党项族之间结合为多，但党项族与汉族通婚已不是个别现象。如第6户千叔讹吉的妻子焦氏，第9户嵬移雨鸟的妻子罗氏，第27户千玉吉祥有的妻子瞿氏都是汉族。[⑥]证明当地党项族和汉族互通婚姻。黑水城出土的一些借贷契约中借贷者和同借者不少是夫妻关系，有的夫妻一个是汉族，一个是党项族。如Инв.No.4996-6号③立契约者是曹肃州，相借者是妻子讹七氏西宝。前者是汉族，后者是党项族。[⑦]

西夏姓氏中有复姓现象。如西夏首领印上刻画的首领姓名有"吴嵬名山"，又如《凉州重修护国寺感通塔碑铭》中有"浑嵬名遇"，莫高窟第61窟题记有"翟嵬名九"，榆林窟第12、13窟之间的题记有"张讹三茂"等。以上姓氏第一个音节为汉姓，第二、三个音节为番姓。这种复姓现象或许是父姓与母姓共用，或许表明了一种特殊的婚姻关系。在所见一个人名中有汉姓和番姓两个姓氏时，都是汉姓在前，番姓在后。大约本人是汉族，妻子是番族。西夏境内各族当中，自然以主体民族党项族地位较高，有的汉人与党项人结为婚姻后，为了表明自己不同于一般汉人的特殊地位，便

---

① 《续资治通鉴长编》卷195，仁宗嘉祐六年十一月己巳条。

② 蔡美彪等著：《中国通史》第6册，人民出版社，1979年，第164—174页。

③ 《隋书》卷83《党项传》。

④ 《旧唐书》卷198《党项羌传》。

⑤ 史金波：《西夏党项人的亲属称谓和婚姻》，《民族研究》1992年第1期。

⑥ 史金波：《西夏户籍初探》。

⑦ 史金波：《西夏粮食借贷契约研究》，《中国社会科学院学术委员会集刊》第一辑（2004年），社会科学文献出版社，2005年3月。

在自己的汉姓之后加上妻族的姓氏。由此可以看出西夏上层和基层都不乏党项族和汉族通婚的例证，这是两族密切交往的自然融合现象。

当时在宋、夏有很长的边境接壤，而且边界并不固定，不少汉人在西夏生活，也有很多党项人到宋朝所辖地区。有的党项人在宋朝便更改成汉姓。原来是朝廷赐姓，后私自改姓。当时范仲淹之子、时任鄜延路经略使的范纯粹还为此郑重上言：

> 契勘本路蕃官，自来有因归顺，或立战功，朝廷特赐姓名，以示旌宠。如威明善为赵怀顺，均凌凌为朱保忠是也。后来有蕃官无故自陈乞改姓名，经略司不为止遏，据状申陈，省部亦无问难，遂改作汉姓，如伊格为白守忠，鄂钦为罗信是也。亦有不曾陈乞，衷私擅改作汉姓，如罗凌之子为周俊明是也。……今乃使外蕃种类，无故自易姓氏，混杂华人，若年岁稍远，则本源汩乱，无有考究，汉蕃弗辨，非所以尊中国而别族类也。[①]

上述"威名"即西夏皇族嵬名氏。看来宋朝党项族改为汉姓的不是个别现象。入宋的党项族更容易被汉族同化。

（三）语言文字的表现

语言往往是一个民族的重要特点。党项族的语言属汉藏语系藏缅语族，后世称党项语为西夏语。党项族与汉族的密切交往，使西夏语也发生着前所未有的变化。

最直接的变化是西夏语中出现的大批汉语借词。在基本词中就不下上百个汉语借词，其中有的是党项族原来没有的事物和行为，在接受了汉族的新事物后同时借词，如名词中的圣、府、州、县、堡、官、车、经略、刺史、箜篌、和尚、沙门，动词中的写、灌、雇、包、安抚、安排、参差，量词中的寸、卷等；有的是西夏原也有此种事物，但因经常使用汉语中相应的词，汉语词逐渐借入西夏语，形成本语词和汉语借词并用的态势，如名词中的牲、谷、山，动词中的生、打、分，形容词中的大、粗、细、正等。

一般在语言的语音、词汇、语法三部分中，语法是最稳定的。但在西夏语中语法中的某些现象也在汉语的影响下发生了明显的变化。例如在西夏语中形容词在修饰名词时，形容词置于被修饰的名词之后，这与汉语的词序相反。但因受汉语的影响，西夏语中也出现了一些形容词置于被修饰的名词之前的现象。这表明汉语对西夏语的影响已达到很深的程度。

西夏早期创制了记录西夏语言的文字，后世称为西夏文。在创制西夏文时好像要特意突出特点，尽量标新立异，所有6000多西夏字，无一字与汉字雷同。但翻看西夏文文献，第一眼就感到他们特别像汉字，因为西夏字不仅是和汉字一样性质的方块字，而且使用了汉字点、横、竖、撇、捺、拐等笔画，构字方法也与汉字相近。因此尽管造西夏字者力图摆脱汉字的影响，但结果终未能跳出汉族系统的圈子，从西夏字中可以透视到汉字的影子。

由前述《番汉合时掌中珠》的序言可知，由于社会实际的需要，西夏提倡番汉民族互相学习对方的语言文字，大力推行双语教育。这种双语现象和有教科书的双语教育，促进了两个民族更加密切的接近和实质性的融会。

西夏番汉两个民族在接触过程中，都会受到对方的影响，但一般经济、文化先进的民族给予对方的影响更大。党项族实际上早已处于趋同汉族的过程之中。

---

①《续资治通鉴长编》卷476，哲宗元祐七年八月壬戌条。

三、西夏灭亡后党项民族的汉化过程

历史使西夏走过了由弱而强，由盛而衰的道路。党项族素以强军著称。西夏之所以能在强邻环伺的局势下，立国近两个世纪，靠的是一支组织有序、机动灵活、战斗力强大的军队。这支军队在西夏前期与宋、辽、吐蕃、回鹘轮番作战，胜多败少，维持并发展了自己的势力。然而随着社会的发展，王朝经济、文化建设成为社会的主流，文治加强，武备渐弱。在蒙古迅速崛起后，西夏军队与之周旋二十余年，终于未能抵挡住蒙古铁骑的多次进攻，于1227年首都陷落，西夏王朝灭亡。

在蒙古进攻西夏的过程中，除以武力进攻外，还采取利用、拉拢西夏人的做法，甚至逼迫西夏把部分西夏军队交由蒙古驱使作战，其间一些西夏党项人或其后裔加入了蒙古军的行列，立下了赫赫战功，有的还是西夏皇族后裔，其中一些人在湖北省留下了他们的足迹。

李桢是党项人，"其先姓於弥氏，唐末赐姓李，世为西夏国主"。於弥氏即西夏皇族嵬名氏。他曾从皇子阔出伐金，太宗命阔出："凡军中事，须访桢以行。"可见，李桢在伐金的战斗中受到太宗的极大信任，起着皇子阔出军事顾问的作用。后来他向定宗强调指出襄阳（今湖北襄阳市）在对宋战争中的战略地位："襄阳乃吴、蜀之要冲，宋之喉襟，得之则可为他日取宋之基本。"后来的对宋战争充分证明其建议确有先见之明，襄阳成为蒙古军和宋军反复争夺的战略要地。1250年李桢被授为襄阳军马万户，1256年宪宗命他率师巡哨襄樊，1258年宪宗亲征，李桢被召议事，是年，卒于合州。[①]

党项人李恒也是西夏皇族后裔。《元史》载："其先姓於弥氏，唐末赐姓李，世为西夏国主。"[②]早年随其父（淄川达鲁花赤）为蒙古军效力有功，1270年从伐宋，李恒率军败宋襄阳守将吕文焕。1273年春，以精兵渡汉水，自南面先登，攻破樊城，襄阳亦归降。占领襄阳后，李恒继续向东南进军。第二年丞相伯颜进攻沙洋（今湖北省沙洋县）、新城（今湖北襄阳东南），李恒为后拒，败宋追兵，激战阳罗堡（今属湖北省武汉市），攻陷鄂州（今湖北省鄂州市）、汉阳（今属湖北省武汉市）。后从伯颜东下。1275年宋将高世杰攻湖北，李恒受命守鄂州，又南下攻湖南，至洞庭，擒高世杰。后世祖下令三道出师，李恒为左副都元帅，攻江西、福建、广东，被任命为蒙古汉军都元帅。后又从皇子镇南王征交趾，中毒矢死在思明州。[③]

党项人察罕是西夏皇族嵬名（乌密）氏，成为蒙古军的著名将领，后为马步军都元帅，并兼领尚书省事。察罕之子木花里初为蒙古宪宗宿卫，1267年攻宋，自江陵（今湖北荆州市）略地回兵时，救都元帅阿术，后在进攻襄樊战斗中立有军功。[④]

党项人虎益为李恒部下，后也参与襄阳之战，并随李恒转战两湖、江西、福建、广东。后为袁州、徽州总管兼管内劝农事。[⑤]

党项人来阿八赤，早年其父术速忽里归太祖，宪宗时曾上进攻四川之策。来阿八赤在进攻襄樊时曾督运粮储。"至元七年（1270年），南征襄樊，发河南、北器械粮储悉聚于淮西之义阳。虑宋人剽掠，命阿八赤督运，二日而毕"[⑥]。受到世祖的奖赏。

河南濮阳杨十八郎村古金堤南墓地立有一通《大元赠敦武校尉万户府百夫长唐兀公碑铭》，叙

①《元史》卷124《李桢传》。
②《元史》卷129《李恒传》。
③《元史》卷13《世祖纪》；卷129《李恒传》。
④《元史》卷120《察罕传》。
⑤[元]姚燧：《牧庵集》卷14《徽州路总管府达噜噶齐兼管内劝农事虎公神道碑》。
⑥《元史》卷129《来阿八赤传》。

述唐兀氏闾马"优于武艺，攻城野战，围打襄樊，诸处征讨，多获功赏"①。闾马也是一位参加过攻打襄樊的党项人。

元代党项人属色目人，有较高的政治地位，在政治、军事、经济、文化领域，皆有不俗表现。然而在这一时期党项人的汉化也更为深刻。一方面党项人不再具有主体民族的地位，另一方面元朝的大一统地域为党项人向更为广大地区的流动提供了广阔空间。

党项人通过多种渠道、多种形式大批内迁。比如元大都的宿卫军主要由蒙古、色目兵士组成，是皇室的亲军，其中有唐兀卫，领河西军（党项人部队）三千人。②又如元初党项人昂吉儿率河西军屯驻庐州，后他又请于两淮屯田。其子昂阿秃1289年任庐州蒙古汉军万户府达鲁花赤，大德六年（1302年）外出征讨后还镇庐州。党项部队也有驻守其他地区者，如1328年"徽鄢陵县河西军赴阙"③。可知河南鄢陵也曾屯驻党项部队。④

党项人迁到中原为官者也不少。党项人余阙祖居武威，其父名沙拉藏卜，在庐州为官。余阙自幼读书，元统元年（1333年）进士及第，三次被召入大都为官。元末农民起义时，政府为镇压农民起义，于至正十二年（1352年）任以淮西副使，驻守安庆。至正十八年（1358年）安庆被起义军攻破。余阙及其妻子、儿女皆自尽，仅留一襁褓幼子，传承后世。余阙成了为元"死节"的典型人物。余阙曾写过一篇《送归彦温赴河西廉使序》，其中记录了西夏故地党项人质朴的风俗习惯，又感慨地描述了进入中原之后这些人风俗的变化，经数十年以后，合肥的党项人"其习日以异，其俗日不同"，不仅移居中原的党项人如此，即便是居住在西夏故地的"今亦莫不皆然"。可见，元末的党项人风俗习惯发生了根本的变化。余阙不了解这是社会发展的结果，还希望政府所派"廉能之官"到河西一带去恢复过去那种比较原始的风俗习惯，以为那样"风俗必当丕变，以复千古"⑤。然而党项族与其他民族同化的局面已无法挽回，就连余阙等党项族上层自己也处于十分矛盾的状态之中。一方面他们从生活、文化上已经汉化，民族语言、文字也不再使用，甚至连姓名也改成汉族样式；另一方面却期望本族故土和人民保留原来的形态，这自然是难以实行的。⑥

由元入明，党项族后裔发生了更为迅速的汉化进程，至明清之际，党项族作为一个民族最后消亡了。合肥一带的余阙后裔至今仍有成千上万，他们现今属汉族，其语言、意识、风格，包括婚姻、葬俗等方面与汉族无异，他们作为汉族与当地其他汉族人民亲密无间地生活在一起。党项族的后裔在这里走过了与时俱进的历史进程，这是历史选择的必然结局。

中国历史上消失了不少民族，有些是在中国历史上颇具影响的民族，诸如匈奴、鲜卑、契丹等，当然还有本文讨论的党项族。这些都是历史发展的正常现象。

实际上就全世界人类发展历史看，民族、部族随着时代的前进，都在不断地减少，特别是近代以来，随着民族间交往更频繁、更深刻地演进，世界上的民族和民族语言消失的速度加快。这似乎成了一个发展趋向，成了一种历史的潮流。对于强迫民族同化，应予以坚决反对。但对于促进民族发展、改善民生的民族之间自然而然的交往、交流、吸收、融会，则应欢迎、鼓励、提倡、推进，毕竟社会的进步、人民生活的改善是我们追求的主要目标。

①任崇岳、穆朝庆：《略谈河南省的西夏遗民》，《宁夏社会科学》1986年第2期。
②《元史》卷86《百官志》；卷99《兵志二》。[元]虞集：《道园类藳》卷42《彭城郡侯刘公神道碑》。
③《元史》卷32《文宗纪》。
④史金波：《河南、安徽西夏后裔及其汉化》，《汉民族文化与构建和谐社会》，黑龙江人民出版社，2008年11月。
⑤[元]余阙：《青阳先生文集》卷4《送归彦温河西廉使序》。
⑥史金波、吴锋云：《西夏后裔在安徽》，《安徽大学学报》1983年第3期。

四、余论

中国从历史上就是一个多民族的国家，同时也是一个多语言、多方言、多文字的国家。

西夏所在的时代，无论是以汉族为主体的宋朝，还是以少数民族为主体建立的辽、西夏、金朝，都对中国的历史作出了各自的贡献。

历史上，各民族之间有密切的交往，总在自动地、不断地相互吸收、借鉴、融会，这成为中华民族发展的主流。当前我们更要站在维护祖国统一、增强民族团结的高度，加强国家认同，加强中华民族认同，在保障各民族权益、保障各民族使用自己语言、文字权利的同时，注重各民族之间的交流，互相尊重、互相学习、互相帮助，推广国家通用的语言文字，加强双语教学，在一些地区提倡双语生活，避免人为地在各民族间设置交往障碍，影响民族之间的交流。

对已经消失的民族语言，要尽力做好文献的整理、保存和研究工作；对目前使用较少的民族语言要认真做好多媒体记录、保存工作，多方面保留有声语言的数据，同时加强研究工作。语言的发展有其内在的规律，不以个人意志为转移。应全面、正确地理解部分少数民族语言和方言趋向萎缩和消亡现象。只有这样我们才能更加有效地保留和传承各民族的优秀文化遗产。

我们民族研究工作者要做祖国统一和各民族团结的促进派，要做各民族经济、文化、社会发展的促进派，要做各民族互相交流、学习，共同发展、繁荣的促进派。

（原载《中南民族大学学报》2013年第1期，又载《汉民族与荆楚文化研究——汉民族学会2012年会暨荆楚文化学术研讨会论文集》，2014年6月）

西夏文明与文化研究
——西夏文明在中国文明史上的地位、特色与贡献

西夏是中国古代在西北地区建立的一个重要皇朝（1038—1227年）。西夏原是宋朝管辖的一个地方政权，始由宋朝的肘腋之疾最终酿成心腹大患。西夏以武力为基础，辅以外交手段，忽而逞强，忽而臣属，在四面强敌环伺中，竟能发展壮大，绳绳继继，延续两个世纪。然而后世人们对它知之甚少。原因是元朝作为宋、辽、夏、金朝的后朝，只修了宋、辽、金史，而未修西夏史，西夏史只作为附传列于宋、辽、金三史之末，记载简略。这就使很多西夏资料未能通过正史保留下来。西夏主体民族党项族在西夏灭亡后，历经元、明逐渐融入临近民族而消失，更少人问津。

西夏与同时代的王朝相比，地处中原的宋朝历史文献和文物十分丰厚，其历史和社会的状况似历历在目；与西夏同为少数民族王朝的辽国、金国，也因有大批文献可征，有众多文物可鉴，而显得具体生动。西夏的历史甚至比起一千多年前的唐朝、两千年前的汉朝，也显得面目模糊不清，往往被称为神秘的皇朝。

西夏皇朝有辉煌的历史，有灿烂的文化。从其统辖范围、统治时间、国家实力、内部制度、文化特色看，西夏都是一个在中国历史上、在中国文化史上有重要地位，有突出特色，有重要贡献的皇朝。

一、西夏在中国历史上的地位

西夏皇朝的主体民族是党项羌，皇族原为拓跋氏，唐朝时被赐李姓，宋朝时被赐赵姓，后改姓嵬名氏。西夏作为11—13世纪中国的第三大势力，称霸西北，对当时中国历史和各王朝之间的关系产生了重要影响。

（一）西夏统一了西北广大地区，使这一地区经济、文化都得到高度发展

西夏领土辖今中国宁夏、甘肃大部，陕西北部，内蒙古西部和青海东部的广大地区。这一地区自唐朝后期至五代、宋初一直处于多民族、多政权争夺之中，战事不断，动乱不已，生产力遭到严重破坏，人民生活在动荡不安的社会之中。9世纪末，从西南方远道迁徙到这里、发展成一定势力的党项族逐步壮大，其领袖人物拓跋思恭响应唐僖宗的号召，参与镇压黄巢义军，与其他节度使合兵收复长安，因功被封为定难军节度使，形成了势力更大的夏州政权。至五代时期，夏州党项政权在与邻近藩镇的斗争中势力更加强大。宋初党项族杰出首领李继迁抗宋自立，进一步扩大了势力，南下攻取了灵州。其子李德明时期占领整个河西地区，确立了西夏的版图基础。

自李德明子李元昊正式建国后，西夏版图大体稳定，政权基本稳固。西夏统治者在境内采取了积极的措施，发展经济和文化，使原来这一相对落后地区的生产力水平有很大提升，在向中原地区学习过程中科学技术也不断进步，在吸收各民族长处、发扬本民族传统的基础上文化事业也达到繁荣昌盛。这一地区超出以往的长足进步，确立了西夏在中国历史上的地位。

特别值得提出的是，西夏统治者选择位于银川平原贺兰山下的怀远镇（今银川市）为都城，在那里大兴土木，建设门阙、宫殿及宗社，升为兴庆府（后改为中兴府）。兴庆府在黄河西岸，有灌溉之利，农业发达，交通便利，在西夏时期发展成为当时中国西安以西最大的都会。那里有西夏皇宫、西夏帝陵，不仅是党项族、汉族、吐蕃、回鹘等各民族共居的多民族城市，也是接待宋朝、辽朝、金朝使节的大城市。可以说，没有西夏就没有现在的西北重镇银川市。

（二）西夏是中国历史上一个以少数民族为主体的重要皇朝

与西夏同一时代的辽朝（907—1125年）建于10世纪初，在西夏中期为金朝所灭，有国219年；北宋（960—1126年）10世纪中期建国，也为金所灭，有国167年；南宋（1125—1279年）为宋朝南渡建立，后为蒙古所灭，延续155年；金朝（1115—1234年）建国于12世纪初，也为蒙古所灭，有国120年。西夏作为以党项族为主体的皇朝有国190年，比最长的辽朝略短，比其他皇朝都长。西夏是与这些皇朝都共时较长的皇朝，可分成两个阶段，第一阶段是与北宋、辽三足鼎立，第二阶段基本上是与南宋、金三分天下。

西夏前期虽为辽、宋属国，但并非完全一边倒，而是根据自己的利益决定自己的向背。对宋和辽的进攻都进行过顽强有效的抵抗。西夏能举全国之力与宋、辽抗衡，变劣势为优势，不断取得胜利，特别是宋康定元年（1040年）后的三年时间，宋、夏双方在三川口（今陕西延安西北）、好水川（今宁夏隆德县北后，一说西吉县兴隆镇一带）、定川寨（今宁夏固原西北）发生三次大战，都以宋朝惨败告终。不久辽兴宗分兵三路攻夏，结果辽军溃败、辽兴宗仓皇逃遁。当时宋、辽都不得不与西夏和盟，承认西夏"自帝国中"的地位。由此可见其实力与地位。

西夏虽统辖地域偏于西北，国力总体逊于宋、辽，但在当时的三国格局中，扮演关键的角色，屡屡起着制衡的作用。西夏前期依附辽、宋两朝，但主要是贴近辽朝而抗衡北宋，使北宋两面受敌，疲于应付。而宋与辽、西夏历经长期战争不得不订立和盟之后，分别给辽、西夏大量岁币，加重了宋朝的经济负担，使百姓生活困苦不堪，造成了大规模农民起义，更加促进了宋朝的衰弱。金朝兴起后南下灭辽，又接连伐宋，此时西夏与金朝呼应，夺权宋朝城池，再次使宋朝难顾首尾。在当时各王朝的较量中，西夏这个颇具分量的砝码，对政治和军事的天平往往有着举足轻重的作用。

（三）西夏是各民族交流、吸收和融汇较为突出的皇朝

西夏是境内各民族势力大体均衡的多民族社会。党项族位居主体，在政治上、军事上占有优势；汉族人数很多，在经济、文化方面占有优势；藏族和回鹘在西夏虽势力较弱，但在宗教的传播、发展和牧业上也有优势可言。这种各有特点和优势的民族格局，使各民族的综合力量保持了大体的相对均衡。

西夏法典承认、允许多民族共存，实行了较为和缓的民族政策。在西夏境内各族人一样可以担任官职，官职排序以职位高低为准，不以民族划线，只是在职位相同时才以党项族为先。西夏对党项族以外的其他民族没有采取明显的歧视、压迫政策，更不像契丹、蒙古把各民族划分成高低不同的等级，进行民族强力统治。

西夏与邻近的王朝经常发生摩擦和战争，反映出当时中国境内民族之间政治、经济方面的矛盾。而当时各国之间也有相对和平的时期，特别是西夏的仁宗朝，对内发展经济、文化，对外大体上保持和好，是对外民族关系相对稳定的时期。西夏法典规定与沿边异国西番、回鹘、鞑靼、女真要"相和倚持"。西夏时期促进、加强了西夏境内、境外各民族的交流，使西夏经济、文化呈现出各民族互相学习、互相吸收、互相融会、共同发展的局面。可以说，西夏是多民族经济、文化发展的典型。因其地域接近汉族中心地区，使主体民族党项族在生产、生活上逐渐出现了明显的汉化倾向。

二、西夏文明在中国文明史上的特色

西夏的特殊位置和发展道路，使其文明带有突出的时代、民族和地域特色。

（一）西夏文明是具有创造性的多元复合文化社会

西夏地区地形、气候等自然条件复杂，既有农业条件优越的河套平原、河西走廊盆地中的冲积平原，又有农林牧兼营的黄土高原，也有多种类型的山地和沙漠地区。西夏居住民族多样，各民族原来的文化背景和社会基础各不相同。这样西夏社会的生产、生活形成了多元素、多类型、多层次的状况。西夏境内文化相互影响、相互交织、相互渗透，形成了你中有我，我中有你的混合状态，创造出有特色的多元复合型文化。

世人瞩目的玛雅文化和西夏文化有相似之处。它们都曾光辉灿烂，都创造了包括自己文字在内的高度文明，后来民族消失，文字死亡，其文明被历史的风尘湮没，而若干世纪后它们附有神秘光环的文化又戏剧性地再现，都引起世人的极大关注。两种文化也有明显的不同之处。玛雅文化似乎是一种孤立的文化，很难在其他民族中寻找到相关记载；西夏文化则是中华文明的有机组成部分，是中华民族内各民族文化融汇的典型之一。

（二）西夏是多种文化的中间重要过渡地带

从全国版图看，西夏差不多处于中央位置。从当时各王朝和民族政权的分布看，它也处于中间地带。其前期东部和南部是经济、文化发展的宋朝，东北和北部是契丹建立的辽朝，西部是回鹘，西南是吐蕃；后期东部是女真建立的金朝，东南有南宋，北部为蒙古，西部有西辽，西南为吐蕃。其地理位置非常特殊。

西夏以儒治国，儒学是王朝政治和社会文化的主流，主要表现于制度、法律和教育，是王朝、官府和社会行事的主要依据。以儒学思想为核心制定的法律具有全民性。其儒学源于中原地区。10—13世纪中国境内的儒学布局，大体上是以东部宋朝为基础，辽、西夏和金跟进效法，西夏接受更多，西部回鹘、吐蕃则影响较小。儒学的发展形成自东向西阶梯式传播的态势，西夏是中间过渡地带。

西夏佛教是宗教信仰的主流，主要表现于意识形态，是一种精神风俗，由于皇室大力提倡，有些活动具有浓重的皇室或官方色彩。西夏的佛教一方面源于中原，一方面源于吐蕃。10—13世纪中国境内的宗教信仰分布，大体上是东部佛、道并存，佛、道势力旗鼓相当。西部回鹘、吐蕃、大理以佛教为主，伊斯兰教渐从回鹘西部进入。中部西夏地区虽也兼容佛、道，但佛教强势，道教弱势，是中国宗教的过渡地带。

（三）带有神秘色彩的西夏文明，消失与重生

西夏灭亡后，其文化遗存受到极大的摧残。在西夏首都中兴府，即今银川市竟然很难找到西夏建筑的遗迹，贺兰山下的西夏陵园地面殿堂建筑荡然无存，连众多的石碑也被人为破坏成碎块。西夏典籍渐被湮没，西夏文字成为无人可识的死文字，20世纪以前竟看不到一本西夏人自己编写的典籍。而其后元朝修撰前代史书时，又缺失西夏史的编纂和资料的汇集，使西夏文明蒙上神秘的色彩，留下了无奈的遗憾。

使人欣慰的是，历史给了消亡的西夏以新的机遇。在20世纪初大批西夏文献、文物陆续发现，特别是黑水城遗址（今属内蒙古额济纳旗）出土了数以千卷计的西夏文文献和大量西夏文物，使西夏文献、文物数量陡增。此后宁夏、甘肃、内蒙古等地又不断出土了不少西夏文献、文物。出土的西夏文献改变了中国古代文献的格局。

近些年西夏文献、文物的系列出版和文字、文献的成功解读，使西夏研究峰回路转，令西夏皇

朝文明得以闪亮再现。目前对过去茫然不知或知之甚少的西夏语言文字、西夏政治制度、西夏经济、西夏军事、西夏文化、西夏社会、西夏宗教都有了新的资料，取得了新的认识，在中国历史研究中形成了新的亮点。消失的西夏文明似乎死而复生。今后随着对西夏文献、文物研究的进一步深入，可望取得新的成就，在中国历史研究中有更多的创新成果。

三、西夏文化在中国文化史上的贡献

在西夏历史发展过程中，出现了一批叱咤风云的历史人物。西夏在政治、经济、军事、社会、文化诸方面都作出了重要贡献，有些突出成就在中国文明史上，甚至在世界文明史上都可以大书一笔。以下分类列举若干：

（一）出现了一批在中国历史上也足可称道的历史人物

1. 文韬武略，开辟两百年皇朝基业的元昊

西夏第一代皇帝景宗元昊，雄才大略，称帝立国，与宋辽抗衡，指挥与宋朝三次大战役：三川口、好水川、定川寨之战，都取得胜利。这些战例已被列入中国战史的典型。后他又审时度势，与宋朝和解，订立"庆历和盟"，这一和盟使当时的中国重新划定势力范围，形成了新的政治格局，在中国大地上出现了新的、互相承认的三国，出现了三个皇帝。元昊是为西夏奠基、发展的代表人物。

2. 少年力挽狂澜，擒杀谋朝篡位权臣奸党的毅宗谅祚

第二代皇帝毅宗谅祚襁褓即位，15岁时便不畏强臣、智勇兼备，设计杀死阴谋篡国夺权的权臣没藏讹庞，力挽狂澜，亲自掌政。这比清朝康熙皇帝逮捕专权的鳌拜时还小一岁。他也和康熙一样，倾慕、学习汉文化，尊崇汉礼、汉学。他经常率兵打仗，亲冒矢石，后在战场上受伤，英年早逝。

3. 临国理政，领军作战的巾帼统帅梁太后

西夏前期有三位皇太后先后主政：毅宗母没藏太后、惠宗母梁太后、崇宗母第二梁太后，他们皆为党项族女性，皇帝幼小，主持政事，掌控朝廷。她们主政时期除中间毅宗亲政6年多外，共37年，在西夏190年的历史中占五分之一的时间，特别是第二梁太后能统帅大军，运筹帷幄，甚至亲临前线，不惧锋镝，是英姿飒爽的女中豪杰。

4. 重视文教，在位时间很长的崇宗和仁宗

西夏崇宗乾顺3岁继位，16岁亲政。他重视文教，大力发展儒学，建立学校，设立培养人才的养贤务，在西夏文化史上起到划时代的作用。其子夏仁宗仁孝，在金朝支持下，一举诛杀了企图分国篡权的权臣任得敬及其党羽，后由著名宰相斡道冲辅佐，继续其父政策，提倡文教，实行科举，修订律令，校印佛经。他更加重视以儒治国，推崇儒学力度加大，尊孔子为文宣帝。

在中国历史中，汉武帝刘彻（前156—前87年）在位54年，清世祖康熙（1661—1722年）在位61年，是中国历史上在位时间最长的皇帝。西夏崇宗在位54年，创造从汉武帝至清世祖1700多年间在位时间最长的纪录。而崇宗的儿子仁宗仁孝也在位54年，父子二人连续在位108年，创造了中国的历史之最。他们二人在位时间长，反映当时西夏约一个世纪的时间大体安定，在中国历史上也不多见。

5. 创制西夏文字、发展西夏文化的字圣野利仁荣

西夏开国重臣野利仁荣学识渊博，元昊建国多赖其创制典章制度，特别是大庆元年（1036年）奉旨创造蕃书（即西夏文），颁行境内。后建蕃学，主其事，翻译汉文典籍，教授蕃、汉官僚子弟。各州也设置蕃学，培养人才。被封为没宁令（即天大王），死后赠富平侯。仁宗为表彰其制蕃字功，

追赠为广惠王。在西夏人歌颂他的赞美诗中称他有3700弟子，被誉为"天上文星"。他创制的西夏文为中国文字史增添了浓墨重彩的一笔，流传使用400余年，留下了大批珍贵文献，成为中国古籍的重要组成部分。

6. 传播儒学、发展文化的宰相斡道冲

西夏仁宗仁孝时重臣斡道冲，其家世代掌修夏国史，8岁时以《尚书》中童子举，精通五经，译《论语注》，作《论语小义》20卷，又作《周易卜筮断》，以蕃字写成，流行夏境。后为蕃汉教授，抵制外戚任得敬的专权和分国。任得敬被诛后，被擢为中书令，后又任国相，辅佐仁宗稳定政局，发展文化，很多重要典籍即在此时刊印。死后仁宗图画其像，在学宫中从祀孔子，可见其地位和影响。

7. 中国最早的帝师波罗显胜

西夏仁宗时期的高僧波罗显胜，是西夏仁宗朝的贤觉帝师，也是中国最早的帝师，比元代封八思巴为帝师要早一个世纪。他主管西夏佛教最高机构功德司，有与大国王同样的"卧勒"封号，在西夏的宗教地位极高，官位也很高。他译校重要藏传佛教经典《圣胜慧到彼岸功德宝集偈》时，与仁宗皇帝共同"再详勘"。此外他还专著了多部藏传佛教经典，仅保存至今的就有十多部，对在西夏发展藏传佛教起到了显著的推动作用。他还在甘州黑水河上建桥，令往返行人皆免徒涉之患，后仁宗亲临此桥，并立碑大加赞颂。

（二）在科学技术上有诸多新的创作

西夏因社会发展的需要，不断吸收中原地区先进的科学技术，并有新的发展，新的创造。其显著成就有：

1. 高水平的建筑业，有西部地区规模最大、具有特色的帝陵，有多种类型的佛塔

西夏建筑业兴盛。文献记载皇宫、离宫等皆豪华、壮丽，现已不存。贺兰山东侧山下的西夏帝陵集中反映了西夏建筑的特点。西夏陵区分布在南北长10公里，东西宽5公里，总面积约50平方公里的范围内，存帝陵9座，陪葬墓253座。这是中国关中以西唯一的大规模帝陵。西夏陵继承了唐、宋陵园的基本制度和长处，但并非单纯模仿，而是有创新和发展。比如整个陵区是一个完整地域，其中各帝陵布局集中紧凑，合成为相连的统一建筑群体，登高一望，可一览无余；各帝陵的形制各有特点，并不统一；其陵台、碑亭不在正中，为不对称形式；地面建筑丰富，碑亭、外城、角台等为唐、宋陵所无；特别是其陵台是塔形建筑，装饰华丽，不似唐陵的依山或积土为陵，也不似北宋陵为覆斗式陵台。这些特点丰富了中国皇陵的类型和内容，使西夏陵成为中国历史陵园中一种具有民族特点的独特景观。

因西夏佛教流行，兴建了众多塔寺，佛塔形式多样，有秀丽挺拔的十一层八角形楼阁式承天寺塔，有形影相吊的八角形十三层密檐式拜寺口双塔，有下部三层为八角形楼阁式、上部是巨大的覆钵式复合形式宏佛塔，有正方形十三级密檐式贺兰山空心方塔，有八角形十三级密檐式空心康济寺塔，有建筑在黄河岸斜坡上、总体平面呈三角形的巨大塔群一百零八塔等，体现出西夏建筑的高超水平。

2. 推行泥活字印刷，创制木活字印刷，保留有世界最早的活字印刷品

北宋庆历年间（1041—1048年）毕昇发明了省时省料、方便快捷的泥活字印刷术。活字印刷是印刷史上继雕版印刷后第二个伟大的里程碑，它的应用开创了印刷史的新纪元。毕昇发明了泥活字印刷术后，在中原地区并未广泛流行，也未存留下早期活字印刷实物。而在存世的西夏文文献中，发现了《维摩诘所说经》等一批泥活字印本，证明西夏较为广泛地应用活字印刷。这些泥活字印本可定为12世纪版本，是目前世界上现存最早的活字印本。

毕昇曾实验木活字印刷，但未成功。西夏文文献中的世俗著作《德行集》、佛教著作《吉祥遍至口和本续》《三代相照言文集》等木活字印刷品，证明西夏成功创制了木活字印刷，并保存下最早的木活字版本，比元代王祯应用木活字约早一个世纪，又一次改写了印刷史。

在西夏文献中又有汉文活字版历书，其具体年代为1211年，是目前所知最早的有确切年代的汉文活字印刷品，填补了汉文早期活字印刷品的空白。

西夏雕版印刷也很发达，西夏惠宗大安十一年（1085年）刻印的《佛说阿弥陀经》是已知最早的、有确切年代的少数民族文字印刷品。

3. 先进的锻铁业，有优良的鼓风设备竖式双木扇风箱，铸造天下第一的"夏国剑"

西夏因军事及农业、手工业生产的需要，大力发展锻铁业。锻铁的技术水平与鼓风设备关系极大。榆林窟第3窟西夏壁画五十一面千手观音变中，绘有多种生产图，其中有《锻铁图》，图中所绘为锻铁炉鼓风用的竖式双木扇风箱，坚固耐用，可连续鼓风，加大鼓风量，能提高炉火温度，增强冶炼强度，是当时颇为先进的鼓风设备。

西夏制造最多、质量最好的铸造品当是刀剑之类的铁制武器。宋朝太平老人著《袖中锦》列举享誉境内外"天下第一"的26种物品和人才中，明确列入"夏国剑"，甚至宋朝皇帝也随身佩戴夏国宝剑。在宋代的《挥麈后录》中记宋钦宗"解所佩夏国宝剑以赐"臣下。

4. 发达的铸造业，存有体形硕大、工艺精美的鎏金铜牛

在西夏陵园101号墓出土有体形硕大的卧式鎏金铜牛，长120厘米，重188公斤，模制浇铸成型，腹内空心，外表通体鎏金，造型生动，比例匀称，形象逼真，集美术、模型、浇铸、鎏金等精湛技艺于一身，显示出西夏高超的铸造工艺水准，堪称稀见的艺术珍品，被定为国宝级文物。

5. 繁荣的陶瓷业，有民族特色的瓷扁壶，有巨大的琉璃鸱吻等脊饰构件

在宁夏、甘肃、内蒙古出土了大量西夏陶瓷器。西夏瓷器具有相当高的水平，釉色以白色、黑色和褐色为多，其中也有不少带有民族特色的精品。如类型多样的瓷扁壶一面或两面为圈足，为放置起平稳作用，壶的两侧有两耳或四系，便于游牧外出穿绳携带，颇具特色。

西夏建筑构件中琉璃瓦、瓦当和滴水，绿色彩釉，色泽均匀，晶莹光亮。琉璃大鸱吻，通高152厘米，绿色釉面光润闪亮，龙头鱼尾造型，头部有鳍，身有鳞纹，显现出威猛的形态。鸱吻装饰在大殿或门楼的正脊两端，会给整个建筑物增添威严肃穆、富丽堂皇的色彩。其一入藏中国国家博物馆并作为典型文物展出。

西夏陵园中的脊饰迦陵频伽，上半身人形，首戴冠，双手合十，下半身鸟形，有双翅，长尾；此外尚有琉璃海狮、琉璃四足兽和琉璃立鸽等，皆为难度很大、惟妙惟肖的精美制品，可见西夏烧制陶瓷的高超工艺。这些既是实用的建筑构件，又是赏心悦目的艺术品，其中不少可列为中国中世纪陶器的代表作，即使把它同现代的优秀陶瓷制工艺品相比，也毫不逊色。

（三）创制西夏文是西夏文化发展的标志，发现西夏文献是西夏学诞生的基础

西夏创制了记录主体民族党项族语言的文字西夏文，是西夏文化发展史上一件划时代的大事，是学习汉族先进文化的必然结果，是党项族走向文明的重要标志。近代大量西夏文文献的发现加深了对西夏文创制、应用和发展的认识。

1. 西夏文是中国古代创制的实用的、重要的民族文字

西夏重视文教，建国前就创制了记录党项族语言的文字番文，即后世称谓的西夏文。西夏文是仿照汉字创制的表意性质的文字，因西夏语和汉语皆属汉藏语系，文字性质与语言相互匹配，因此西夏文比同时代创制的契丹文、女真文具有更强的实用性。西夏文是在当时社会上应用范围很宽，流行在西北广大地区，延续使用400多年，文献存藏非常丰富的一种文字。在中国少数民族古文字

中具有突出地位，丰富了中国文字史的内容。

2. 大量西夏文献的发现是中国近代四大文献发现之一，丰富了中国古代典籍

在著名的敦煌藏经洞被发现不久，1908年、1909年以科兹洛夫（П.К.Козлов）为首的俄国探险队，两次来到中国的黑水城遗址，打开了一座储藏大量西夏文物和文献的佛塔，仅文献就有数千卷，其中绝大部分是西夏文文献，也有相当数量的汉文及部分其他民族文字文献。这批珍贵遗物现藏于俄罗斯科学院东方文献研究所和爱尔米塔什博物馆。这次发现是21世纪继甲骨文、汉简、敦煌文书以后又一次重大文献发现。此后英国人斯坦因（M.A.Seiin）于1914年也到黑水城寻找发掘，得到不少西夏文献，藏于大英博物馆。1917年在灵武县（今属宁夏灵武）也发现了不少西夏文佛经，大部分入藏中国国家图书馆。1949年后又陆续发现了不少西夏文献。这些珍贵的文献和文物成为解开神秘西夏王国的钥匙，促使西夏学这一新学科的诞生。

3. 大力发展儒学，保存有儒家著作译本《论语》《孟子》《孝经》等

西夏早期即学习中原地区的儒学。崇宗时期又将儒学教育立为"国学"，其主旨是弘扬汉学，培养人才。仁宗时在皇宫内建立小学，为宗室子孙教授儒学和礼法。后又建立大汉太学，仁宗亲临太学祭奠先圣先师孔子。人庆三年（1146年）尊孔子为文宣帝，并"令州郡悉立庙祀，殿庭宽敞，并如帝制"。这证明西夏和中原地区一样，也在推行庙学，即在学校中建立圣庙，成为学校的典范，使庙学一体，以达到推行儒学教育的目的。西夏仿效中原，较早地建立科举制度，实行以儒治国。西夏翻译了很多儒学书籍，保存至今的西夏文《论语》《孟子》《孝经》《贞观政要》等是现存最早的少数民族文字儒学经典著作。

4. 世上第一部双语双解教科书《番汉合时掌中珠》

《番汉合时掌中珠》是一部西夏文和汉文合璧对照的工具书，其中每一词语都有四项，中间两项分别为西夏文和相应意义的汉文，左右两项分别为中间西夏文和汉文相应的译音字。这既是一部党项族学习文字、掌握当时实用文字用语的入门书籍，更是一部蕃、汉民众学习对方语言、文字的通俗著作。它是中国最早的双语双解四项词典。西夏境内外蕃、汉人的密切交往和西夏社会本身的需要营造了编写这种特殊词典的环境，而富有才华的西夏人在这种氛围中不失时机地编辑、出版了这样实用的书籍，显露出当时西夏独创性的编辑能力和卓越的学术水平，在中国辞书编辑、出版史上具有重要地位。

5. 具有《广韵》和《说文解字》双重特点的西夏文韵书《文海宝韵》

《广韵》我国的一部汉语韵书，各韵有多少不等的字，每韵以开头一个字作为该韵的"韵目"，一韵中按同音字分为若干组，每组收同音字若干，称为一"小韵"或称作"纽"。《说文解字》是我国第一部既解释字义，又解释文字构造的汉文字典。西夏人编纂的《文海宝韵》成功地借鉴了《广韵》和《说文解字》长处，既是有韵目、有同音字组的西夏文韵书，又是每个字有文字构造的解释、有细致的字义解释的字书，这种别出心裁、令人耳目一新的体例是一种对中国传统文化的继承，又是一种大胆而有实用价值的创新。

此外，以声母分类的西夏文字书《音同》、有西夏文韵图和韵表的《五音切韵》等也达到了很高的编纂水平，与《文海宝韵》一起真实地记录了西夏文字和语言，使我们能在西夏语消亡几个世纪后，仍能依据这些宝贵资料大体上了解西夏语的面貌。

6. 创造出内容更为丰富、格式划一、分层次书写条款的国家法典《天盛改旧新定律令》

西夏国家法典《天盛改旧新定律令》吸纳了唐、宋等法典的法制思想，接受了行之有效的"十恶""八议""五刑"的基本内容，并且继承了在刑法、诉讼法方面丰富、严谨、细密的传统，但同时又在内容和形式上充实、发展了中国传统法典。西夏法典拓展了中国封建王朝法典的范围，集刑

法、诉讼法、经济法、民法、行政法为一体，成为真正诸法合体的法典；在形式上全部为统一格式的律令条目，既没有条后附赘的注疏，也没有条外另加的令、格、式、敕；开创了分层次书写的条款形式，使内容更加清晰，显得纲目分明、层次清楚，很近似于现代的法律条文形式。西夏对法典形式的改进达到了相当高的水平，在中国法制史上是一次大胆的、成功的革新。

7. 保存了一大批古代的社会文书，是研究西夏社会珍贵鲜活的资料

在近代出土的西夏文文献中发现了一大批西夏文社会文书，计有1500余件，数量大，品类多，包括户籍、账籍、军籍、契约、告牒、书信等。其中仅契约就有100余号，内有契约500多件，仅重要的土地买卖契约就有12件之多；军事文书也很多，其中保存了多件古代仅存的军籍文书。同时代的宋、辽、金朝所遗留下来的这类文书极少。这些文书是直接反映西夏社会的珍贵原始档案资料，为研究西夏社会开辟了新的重要园地。这些文书不仅对研究、认识西夏社会有极高的学术价值，对认识同时代其他王朝的社会状况也有很大助益。

（四）艺术达到很高水准，保存有大量水平很高的绘画、书法、雕塑作品

1. 莫高窟、榆林窟的西夏壁画展现出西夏画家精湛的艺术水平

西夏是唐朝以外统治敦煌地区最长的王朝。西夏佛教流行，称莫高窟为"圣宫""沙州神山"。莫高窟、榆林窟西夏洞窟中有大量壁画，其中有很多精品，展现出当时高超的艺术水平。如榆林窟第2窟的两幅《水月观音图》，都很精彩。图中水月观音悠然自若，仪态闲适，富丽中透露出庄严，神秘中飘逸出清新。该图巧妙的构思、杰出的造型和精湛的画技，达到纯熟的水平，在宋元时期的同类壁画中堪称佳品，是西夏绘画艺术的代表作。

在榆林窟和东千佛洞的西夏壁画中共发现6幅带有玄奘和猴行者形象的玄奘取经图，反映了唐僧取经故事在西夏流传的情景，是保存至今最早的玄奘取经图。

2. 出土的唐卡表现出早期藏传佛教特殊的宗教内涵和艺术风格

黑水城遗址所出大批精美卷轴画令人瞩目，这批绘画有多种艺术风格，反映出中原地区和藏族地区宗教和绘画的巨大影响，也反映出西夏在吸收各民族绘画艺术成就的同时，逐渐形成了自己的绘画特点，特别是大量具有藏传佛教风格的密宗画多为浓墨重彩，色调深沉，冷暖色调对比强烈，布局紧凑饱满，结构繁复，线条优美，技艺精巧，人物、装饰、花草树木、图案等多细致入微，反映了藏传佛教密宗唐卡的风格和绘画特点。另有十分稀见的黑水城出土的两幅大型坛城木板画《佛顶尊胜曼荼罗图》，分别由六七块木板拼成，木板外有细木框。坛城正中为自佛顶尊胜，有三脸，每脸有三眼、八臂，由里向外面有圆、方、圆三层坛城，坛城外书写西夏文陀罗尼。两画面右角下分别绘有男、女供养人各一人，男供养人西夏文榜题译文为"发愿者耶和松柏山"，耶和为西夏党项族姓；女供养人榜题不甚清晰，译为"行愿者梁……"，二人可能是夫妻。此图也是典型的藏密画风，而发愿者是党项族。

近些年，宁夏和甘肃等地也出土了多幅西夏卷轴画，如宁夏拜寺口双塔中西塔、贺兰县宏佛塔、青铜峡一百零八塔、甘肃武威亥母洞都出土了西夏时期的卷轴画，也多都是西夏藏传佛教绘画的精品。

上述唐卡是按照密宗的造像仪轨绘制的，表现出藏传佛教艺术已经嫁接到西夏艺术之中，反映出藏传佛教在西夏广泛而深入地流行。这些唐卡应是存世最早的藏传佛教绘画。

3. 罕见的石雕作品，人像石碑座显示出粗犷、淳朴的民族风格

已见到的西夏石雕中有很优秀的作品。比如西夏陵园出土有雕凿精细的雕龙栏柱，一件柱身长方体，顶部为束腰莲花座，柱身三面刻二龙戏珠云纹浮雕图案，祥云缭绕，造型生动，布局匀称，结构谨严，整体给人以生动、自然的感觉，是造型美观、刻工精良的珍贵艺术品，不亚于中原地区

的雕刻水平。

西夏陵园出土多座的石碑座更引人注目，皆近似正方体，每边长60厘米左右，为圆雕人像（或称为力士像），有男性和女性两种。一男性石碑座面部浑圆，颧骨高突，粗眉上翘，双目突出，鼻梁短粗，獠牙外露，下颚置于胸前，胸有肚兜，肩与头齐，肘部后屈，双手抚膝，下肢屈跪，背部平直。上部一角阴刻西夏文三行，其中有"志文支座"4字。碑座背面有阴刻汉文一行6字"砌垒匠高世昌"，留下了难得一见的西夏工匠的名字。雕像以夸张的手法表现了负重者的神态，有强烈的艺术感染力，反映出西夏时期石雕艺术的独特民族风格。此件被定为国宝级文物。

4. 类型多样、制作精美的泥塑作品，唯一存世的分身泥塑佛像

佛教的发展，寺庙的兴盛，使西夏佛教泥塑作品在境内多处发现，并显示出很高的水平。莫高窟的西夏女供养人（或说为天女）彩塑，宛然如生，显示出少女的温柔、典雅和美丽。黑水城遗址附近的古庙中出土的25尊彩塑像，包括佛像、菩萨像、男女供养人像、力士像、化生童子像，反映了现实生活中的人物，有浓郁的生活气息，是西夏彩塑艺术中的奇葩，可与同时代太原晋祠中的宫女塑像相媲美，是赏心悦目的艺术品。宁夏贺兰县宏佛塔天宫发现了一批西夏彩绘泥塑像，有佛头像、佛面像、罗汉头像、力士面像等。佛头像表情庄重慈祥，宁静洒脱，塑造十分成功。罗汉头像面部特征塑造互不雷同，有的持重，有的坦诚，有的天真，有的谦和，达到了很高的艺术水平。

最引人注目的是黑水城出土一尊分身佛像，高62厘米，佛身披袈裟，肩上有两佛头，佛面丰满慈祥，气度非凡，肩下有四臂，两臂在胸前合十，另两臂向左右下方伸展，虽是双头四臂的特殊人物造型，但身形自然，显得可亲可近，是一件艺术珍品。这一以塑像艺术形式表现佛教灵瑞、满足虔诚信徒愿望故事的彩塑分身佛像是目前所仅见。

5. 备受重视的西夏音乐，为宋、元宫廷所欣赏、征用

西夏各民族能歌善舞，党项民族素有爱好音乐的传统，西夏政府中设"蕃汉乐人院"，分为蕃乐人院、汉乐人院。敦煌莫高窟、安西榆林窟的西夏壁画中，演奏音乐的形象多是在优美的舞蹈动作下进行。元昊时期改革音乐，"革乐之五音为一音"，使之简约。仁宗时使乐官李元儒采用中原乐书，参照西夏制度，修订乐律，使西夏音乐吸收了更多中原音乐的养分。宋朝著名诗词作家柳永的歌词也传到了西夏，"凡有井水饮处，即能歌柳词"，说明西夏民众爱好音乐的普遍程度。宋神宗曾召见投降的党项乐人，并让他们在崇政殿奏乐。西夏音乐并未因西夏的灭亡而终止。元世祖忽必烈时"征用西夏旧乐"，称为河西乐。西夏乐在元代宫廷演奏，并建昭和署管领河西乐人。西夏音乐为宋、元宫廷所欣赏，足证其有相当水平。

（五）在发展佛教方面的有独特之处，有突出建树

1. 西夏五朝连续以西夏文翻译佛经，规模宏大，速度惊人

西夏自元昊时期创制西夏文后便开始组织以西夏文翻译佛经，历经毅宗、惠宗、崇宗时期，用了53年就译完汉文《大藏经》的主要经典，共译经362帙、812部、3579卷，称为西夏文《大藏经》。而中原地区由梵文译为汉文《大藏经》前后用了差不多一千年的时间。西夏文《大藏经》的翻译速度堪称翻译史上惊人的创举。

宁夏灵武出土、藏于国家图书馆的西夏文佛经中有一幅西夏译经图，形象地反映了西夏惠宗时期译经的场面。图中刻僧俗人物25身，有西夏文题款12条，记图中主要人物的身份和姓名。图下部绘梁氏皇太后及其惠宗皇帝像。此图形象地描绘了西夏时期译经的场面和皇太后、皇帝亲临译场的生动情景，是世上现存唯一一幅译经图。

2. 藏传佛教传入西夏，开启藏传佛教传入其他民族的先例

西夏除主要吸收中原佛教外，对藏传佛教也兼收并蓄。西夏接受藏传佛教不仅是民间的一般信

仰、流传，而是由皇室支持和提倡，特别是当时还将大量藏传佛教经典翻译成在西夏容易接受的西夏文和汉文。黑水城出土的文献中有大量西夏文和汉文藏传佛教经典，此外还有数百件藏传佛教唐卡。此外莫高窟、榆林窟众多的西夏洞窟中，晚期洞窟带有浓厚的藏传密宗色彩。此外，西夏境内的东千佛洞等河西走廊一带的石窟中，也有藏传佛教的遗迹。在建筑方面也可看到很多典型的或融合藏式的佛教建筑。在西夏的佛经发愿文中提到读诵经典和剃度僧人时，都把西蕃（藏族）放在蕃（党项）、汉之首。有的寺庙中还设有管理吐蕃僧人的官员。当时藏传佛教中势力较大的噶玛噶举派和萨迦派都已传入西夏。

西夏开创了藏族之外的民族从信仰、译经、仪轨等多方面地接受藏传佛教的先例。在西夏灭亡后，蒙古在西夏故地的皇子阔端就近了解了藏传佛教，在武威与西藏萨迦派领袖谈判，使西藏正式纳入元代的版图。此后元代借助西夏发展藏传佛教的经验，使藏传佛教得以继续向东部汉族地区迅速传播。

3. 在中国佛教史上首开封设帝师先河

确切资料证明西夏首先封藏族佛教大师为帝师，目前已知的五位西夏帝师有：波罗显胜帝师、慧宣帝师、大乘玄密帝师、真国妙觉寂照帝师、新圆真证帝师。这是中国最早的一批帝师，他们都是地位最高的佛学大师。西夏后期汉文《杂字》"官位部"中有"帝师、国师、法师、禅师"，西夏的帝师之设已经制度化。这种封藏族高僧为帝师的制度，对西夏推行藏传佛教和以后元朝各代皆封藏族僧人为帝师都有重要、直接的影响。以前都认为，封藏族高僧为帝师的制度是从元朝世祖忽必烈至元七年（1270年）封八思巴为帝师开始。西夏的帝师制度的确定，改写了中国佛教史上封设帝师的记录，是中国佛教史上的重要一页。

总之，上述西夏方方面面的长足进步和突出成就是西夏对中国历史文化的巨大贡献。西夏灭亡以后，这种贡献仍然在继续。从中还可以看出，党项族同祖国多民族大家庭的历史渊源，同其他各兄弟民族在政治、经济、文化各方面的相互影响和不可分割的密切联系，以及逐渐融合于其他民族之中的历史过程。

（原载银川西夏陵区管理处编《西夏陵突出普遍价值研究》，科学出版社，2013年12月）

西夏文《大白伞盖陀罗尼经》及发愿文考释

【摘　要】全文翻译新见西夏文残经卷，确定经名为《大白伞盖陀罗尼经》及"大白伞盖总持赞叹祷祝偈"，其刻印时代为蒙古乃马真称制时期。西夏时期已翻译此经，残偈与智真译汉文本比较，内容相同，应为同源。智真应为西夏僧人，而非元朝人。发愿文中的"太子"为窝阔台第二子、镇守西凉的阔端。他印施藏文、西夏文和汉文三种文字的藏传佛教经典，证明他接受并弘扬藏传佛教，为此后不久与藏族宗教领袖举行的凉州会谈做了宗教信仰方面的准备和铺垫。

【关键词】西夏文；大白伞盖陀罗尼经；大朝国；阔端；西凉府；藏传佛教

近来笔者得见一件西夏文佛经残卷，为国内外仅见的孤本。此经卷前残，经末有发愿文，内容为有关蒙古时期西夏文佛经的刻印、流传，以及西夏藏传佛教的信仰，十分重要。现刊布此经卷图版，并对此经及后附发愿文做初步考释，以飨读者。①

一、文献原文和译文

此西夏文残卷，纸墨古旧，字体端庄、规范，刻印精良，系真品无疑。卷残长64.5厘米，高15厘米，刻本，上下单栏，栏高9.7厘米，存西夏文字44行，残经20行，经末发愿文24行（图1、图2）。

现将原文移录并翻译如下：②

（一）录文和对译：

……

1. 𗣼𗵘𗏁𗣼𗵘𗏁
   王贼军怖水火毒

2. 𗣼𗵘𗏁𗣼𗵘𗏁𗵘
   武器天恶怨及病

3. 𗣼𗵘𗏁𗣼𗵘𗏁𗵘
   霹雳时非亡死及

4. 𗣼𗵘𗏁𗣼𗵘𗏁𗵤
   地动国王罚判及

---

①此件为郑顺通先生藏品，他委托笔者使用藏品图版，并进行研究发表，特此致谢。
②西夏文原件有的字不清晰，现将原文依原行次录出，其下为逐字汉文对译，后依西夏语语法做出汉文意译。其中"□"表示缺字，"□"中有字为补字，对译中的〈〉表示难以用一个汉字表达的虚词等，[ ]号内的字表示读音。

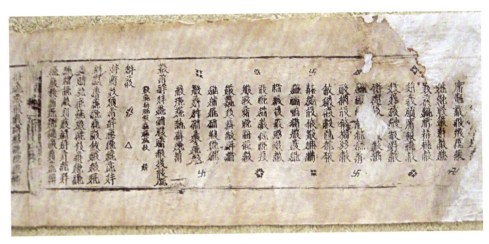

图1

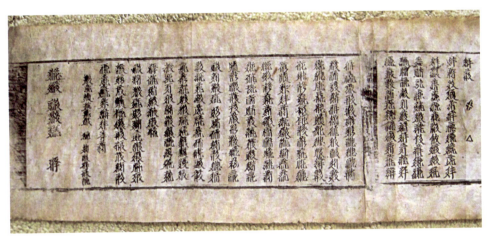

图2

5. 𘎀𘎚𗋽𘄡𗟻𗣼𗣼
　　闪电空飞恐怖及

6. 𗣼𘀗𗦳𘃸𗟻𗋽𘌋
　　虎狼 〈 〉等①大怖中

7. 𘃸𗫂𗫂𘌋𘋞𗄈𗄈
　　时一切以冠盖索

8. 𗋽𘏨𗦳𘃸𘏨𗇋𗄈
　　天灾 〈 〉等灾聚及

9. 𗄈𘏨𘋞𗄈𘓋𘏐𘃸
　　威力取及恶鬼等

10. 𘏐𘏨𗦳𘃸𗟻𘊼𘌋
　　风胆 〈 〉等大病中

---

　①西夏文𘌋 𘄡，第一字音［盈］，系表示将来时的动词前缀；第二字音［能］，意为"等"。在西夏法典《天盛改旧新定律令》中，此二字为一低等官名。这里两字表示列举的"等"意。此词也出现在6、10、12句中。

11. 𗧀𗰔𗰔𗣀𗹦𗼦𗟻
    时一切中〈〉护我

12. 𗧁𗰛𗼖𗖰𗰏𗝡𗰘
    贪欲〈〉等烦恼及

13. 𗼖𗟍𗟻𗰘𗶰𗟍𗰬
    十不善及十不断

14. 𗹦𗤟𗄄𗹦𗢵𗢵𗰘
    〈〉遮自性犯罪及

15. 𗴛𗟭𗾟𗿄𗰬𗗙𗣀
    恶趣果报恐惧中

16. 𗼦𗗙𗷒𗥫𗹦𗷒𗼦
    我下弱〈〉〈〉救我

17. 𗰘𗦾𗗙𗥫𗥦𗺌𗰬
    大悲心〈〉铁钩以

18. 𗰬𗑯𗺌𗤼𗸕𗹩𗶅
    子如随依持执索

19. 𗰘𗝆𗤟𗤾𗺞𗥫𗤟𗼦𗤾𗠇𗰘𗸦𗮄𗗙
    大伞白佛母〈〉高赞以恭寄顺

20. 𗰘𗷔𗮿𗧁𗥃𗴮𗶅𗸁𗧀𗥫
    大界癸卯年冬始二日记

1. 𗥫𗲲
   恭闻

2. 𗤾𗴛𗤟𗤫𗝆𗤼𗲅𗼦𗥫𗶅𗠇𗤾
   佛顶神咒伞白总持者诸佛

3. 𗤾𗨙𗸀𗶹𗫠𗴮𗷒𗰘𗥎𗼦𗟻
   心印密深法藏是威力限难

4. 𗸳𗝆𗸵𗫠𗴛𗥫𗖰𗰬𗤼𗸕𗫠
   神功边无此因识诵持执法

5. 𗴮𗷄𗲑𗰘𗒐𗰔𗥎𗟍𗗙��
   依修行及假若写记身上有

6. 𗥫𗝆𗰘𗾟𗫠𗸁𗗩𗥃𗴮𗸸
   执若幢尖上置永常供养则

7. 𗦤𗦤𗶆𗰘𗶆𗰔𗟭𗥫𗦾𗀗𗲅
   亡夭回绝寿限增疾病癒除

8. 𗥫𗞍𗤟𗣀𗰔𗹤𗰔𗼦𗰛𗠇
   子孙昌盛邪灾鬼神侵凌不

9. 𗥫𗥫𗶆𗴛𗤟𗸳𗸁𗥫𗶹𗸦𗰘
   能家院安居国土安定现寿

10. 𗢵𗲲𗣀𗴛𗸳𗶆𗰘𗑠𗴛𗶰𗼦𗟻
    罪重消灭律根清净灭后最

11. 安国生佛成上至灾祸有有

12. 不遗消灭求中一切愿依成

13. 能此如胜功见依释迦善行

14. 国师谋怛巴则啰大愿〈　〉发

15. 皇帝太子哥达〈　〉福盛病无

16. 寿长欲及诸情有〈　〉治利罪

17. 灭安得欲因匠请印雕羌番

18. 汉各一千卷数印令僧俗处

19. 施此善力以惟愿

20. 皇帝太子哥达万岁〈　〉来千

21. 秋〈　〉见国本坚固民庶福盛

22. 法界众生共佛〈　〉成

23. 大界国甲辰岁月月谨施流行

24. 东陲皇太子施

（二）意译

……

国王贼怖水火毒	武器①天怨恶和疾
霹雳非时并夭寿	地震国王刑罚等②
闪电飞空诸怖散	恶兽虎等大难中
一切时中乞覆护	其天魔等诸魔碍
能夺威力并饿鬼	风胆③等等大病中
一切时中拥护我	贪欲④等等诸烦恼

①西夏文𘟣𘃸，"武器"意，元真智汉文译本此处为"器械"。
②西夏文𘐀，连词，"及"意，真智本译为"等"或不译出，见以下4、5、8、12、14行。
③西夏文𗥃𘃎，意为"风胆"，病名。真智本此后多译"痰"字。
④西夏文𘕑𘃘，意为"贪欲"，真智本此处译为"贪嗔痴"，西夏文𗥹𘜶𘟙为"贪嗔痴"。

十不善业五无间①　所遮自性罪业等

恶趣苦果怖畏中　愚资②我今求覆护

以大慈悲之铁钩　犹如爱子乞护持

大白伞盖佛母赞叹祷祝偈③

大朝癸卯年孟冬二日④记

恭闻佛顶神咒白伞盖总持者，是诸佛心印密深法藏，威力无限，神功无边。因此依识诵受持法修行，或若写记身上有持，或置幢顶上，永常供养，则回绝亡夭，增寿限，愈除疾病，子孙昌盛，灾祸、鬼神不能侵凌，家庭安居，国土安定，在世⑤消灭重罪，律典清净，亡后生最安国，至于成佛，所有灾祸殄灭无遗，一切要求依愿能成。因见如此胜功，释迦善行国师谋怛巴则啰⑥已发大愿，因望皇帝太子阔端福盛无病长寿，并欲利治诸有情，灭罪得安，请匠令雕印羌、番、汉各一千卷施僧俗处，以此善力，惟愿皇帝太子阔端寿长⑦万岁，经历⑧千秋，国本坚固，民庶福盛，法界众生当共成佛。

大朝国甲辰岁月日谨施流行

东陛⑨皇太子施

二、佛经考释

此西夏文经卷缺卷首经名，于经末可见"大白伞盖总持赞叹祷祝偈"，从其后发愿文中还可见"佛顶神咒白伞盖总持"之名，"总持"即陀罗尼，可见此经应是《大白伞盖陀罗尼经》，后并有"大白伞盖总持赞叹祷祝偈"，保留了赞叹祷祝偈中的最后18句，其前的经文和偈语皆遗。

此经卷末有一行题款"大朝癸卯年? 元二日记"。"大朝"西夏文原文为𗹭𘉒，直译为"大界"。西夏文文献中𘉒𗹭"世界"一词另又引申为"京师""朝廷"之意。如西夏人翻译汉文类书《类林》时，以此二字译为"京师"。⑩又如西夏文《大盛改旧新定律令》卷一"谋逆门"中有："𘉒𗹭𘗘𘎛𘔼𗣼𘈩𗪙𗥃𗆧𗷫𗝠𘈬𘝞𗹦𗤽𗺓𘔼𘄒𗥃𘆄𗸒𗆧𘆘𗷫𗥃"，译文为："在京师者，在何职管属司，及在边中者，其所属经略使、监军司等，何就近处当速告知"。⑪其中"京师"一词西夏文为𘉒𗹭。再如"𗷒𘅣𗏁𘜶𘍦𗆧𘓄𗍫𗥃𘉒𗹭𘏲𘈘𘐥𘔼𘎛𗥃𗾔𗷫𘈬𘄒𗍫𗥃𘇚𘈷𗬩𘔼𘜶𘐛𗥃𗢛𗌽𘆀𘌕𗷫𗨁"，译文为："其中文武忠显，知晓内外秘事，是关系朝廷之利益者，应管摄及依顺投归来等，应不应释罪，视人状时节、事由等奏议实行"。⑫其中"朝廷"一词西夏文也

---

①西夏文𗢛�，意为"不断"，真智本译为"无间"。

②西夏文𘆛𘃡，意"下弱"，真智本译为"愚资"，自谦意。

③西夏文𗥺，意为"盖"，可译为"伞盖"。西夏文𘉑，意为"母"，此处可译为"佛母"。西夏文𘌕𗾔，意为"高赞"，可译为"赞叹"。西夏文𘈬𗗼，意为"恭寄"，可译为"祷祝"。最后一字不清，形近字有𘜶，"顺"意，此处应为"偈"，"偈"西夏文为𗾴。

④"年"字后一字原文不清，形近字有盛，音为[波]；藏，意为"冬"。此年款有干支，无月份，"二日"前一字为"元、始"意，或为正月。

⑤西夏文𗷂𘈷，汉意为"现寿"，据其意并对照后文"亡后"，此处译为"在世"。

⑥其中"释迦行善"系国师号，"谋怛巴则啰"应是该国师名字。

⑦"万岁"后西夏文二字为𘃡𗗼，第一字为表示将来意义的虚词，第二字有"来""降"意，此处应理解为"达到"意，故连前面"万岁"二字译为"寿长万岁"。

⑧"千秋"后西夏文二字为𘃡𗆧，第一字也为表示将来意义的虚词，第二字"见"意，此处应理解为"见到"意，故连前面"千秋"二字译为"经历千秋"。

⑨西夏文𗢛，"阶"意，引申为"陛下"的"陛"。"东陛"指太子位。

⑩史金波、黄振华、聂鸿音：《类林研究》，宁夏人民出版社，1993年9月，第201—201页

⑪史金波、聂鸿音、白滨译注：《天盛改旧新定律令》第一"谋逆门"，法律出版社，1999年，第113—114页。

⑫史金波、聂鸿音、白滨译注：《天盛改旧新定律令》第九"诸司判罪门"，第281页。

为[illegible]。

此外，国家图书馆藏西夏文《金光明最胜王经》卷第十末附有一篇跋文，实际上是一篇简短的刻经发愿文，文中有："[illegible]"，译文为"大朝国朝廷信众施主陈慧高"，其中"大朝"二字即与此残卷中的[illegible]二字相同。上述《金光明经》跋文中还有一段关于该经刻印时间的内容："[illegible]"，译文为："番国旧印板国毁中失，因此施舍净物，令雕新字，乙巳年八月十五日始起，丁未年中刻毕"[①]。"番国"即指西夏。"国毁"即西夏已灭亡。当时是蒙古军队已经统治西夏故地，但尚未有年号的时代。因此雕刻《金光明经》的年款只有干支，而无年号。乙巳年是太宗窝阔台死后皇后乃马真称制之时，即1245年，刊毕时间丁未年则为定宗贵由二年，即1247年。

"大朝"或"大朝国"为元代建元之前的国号，在汉文史料与元代时期的碑刻中多次出现。此词可能与当时的蒙古语"也可兀鲁思"称呼有关。"也可"在蒙古语中为"大"意；"兀鲁思"（ulus）为蒙古时期对诸王分地的称呼，意为"人众"，也可译作"人民一分地"，后来又有"人民一国家"的意义。"也可兀鲁思"具有"大国"或"大朝"的意义。此残卷中的"大朝癸卯年"，应是西夏灭亡后蒙古皇后乃马真时期的癸卯年，即1243年。在西夏文文献中用[illegible]（大朝国）称呼这一时代，连此次已经出现两次。

西夏时期翻译了大量佛经，其中包括很多藏传佛教经典。黑水城出土的西夏文佛经中有关大白伞盖的佛经有数种：

1. [illegible]
   圣一切如来之顶髻中生白伞盖佛母无他能者回遮明呪大母王总持
2. [illegible]
   大白伞盖佛母之烧施法事
3. [illegible]
   白伞盖佛母施食法事要门
4. [illegible]
   依大白伞盖佛母护国要门
5. [illegible]
   大白伞盖佛母之总持诵法要门
6. [illegible]、[illegible]
   大白伞盖佛母之现前明定次第、大白伞盖母供养记[②]

以上6种第2、3、4、6种为写本，第1、5两种为刻本，第5种经末有题款三行：

[illegible]　[illegible]

[illegible]　[illegible]　[illegible]

[illegible]……

译文为：乾祐乙巳十六年九月　日

---

①史金波：《西夏文〈金光明最胜王经〉序跋考》，《世界宗教研究》1983年第3期。原文见史金波、陈育宁主编：《中国藏西夏文献》第4册，甘肃人民出版社、敦煌文艺出版社，2005年，第85页。

②见俄罗斯圣彼得堡东方学研究所手稿部藏黑水城文献Инв.No.2899、7605，5060，5924，4699，7589、7434、8094，4988。参见Кычанов. Е. И. Кычанов. Е. И. Каталог тангутских буддийских памятников института востоко- ведения российокой академии наук Университет Киото 1999г. 414、532、546、559，559-560、572-573。笔者对克恰诺夫教授的经名译文有所改译。

雕印发愿者出家僧人酩布　慧明

印面写者执笔……

以上出土的西夏文佛经证明西夏时期已翻译出多种白伞盖类佛经，其中还有西夏乾祐十六年（1185年）的刻本。作为这类经典的主要一种《大白伞盖总持陀罗尼经》虽未见于俄藏出土文献中，但大白伞盖佛母烧施法事、施食法事、护国院法要论、供法记都已译出，特别是《大白伞盖佛母之总持诵法要论》都已译成西夏文，其本经《大白伞盖佛母总持（陀罗尼）》在西夏时期也应译成了西夏文。此经记于蒙古时期1243年，上距西夏灭亡的1227年仅18年。从经末发愿文可知，此经只是刻印，而不涉及翻译，应是利用西夏时期的译本刻印。

《大白伞盖陀罗尼经》系密教白伞盖佛顶法之经典，又称《白伞盖陀罗尼经》《白伞盖经》，本经叙说白伞盖佛顶之陀罗尼及其功德。此经有两种流行汉译本，一为元代沙啰巴译本，收入元朝雕印的《普宁藏》。又有真智译本，后补收入《碛砂藏》，过去也认为是元代译本。已有专家根据西夏时期所译佛经的梵汉对音规律，通过与元代沙啰巴所译《佛顶大白伞盖陀罗尼经》对音用字的比较，正确地考证了真智译本为西夏译本。①

此西夏文《大白伞盖陀罗尼经》残卷因缺失本经，难以与两种汉译本比较异同。但西夏文残经卷存留部分祷祝偈，现所见沙啰巴本无此偈，而真智本有此偈。以存留的西夏文部分偈语与智真汉文本比较，两者句数、各句内容基本相同，每句字数皆相同。可以推论此西夏文本与真智汉文本来自同一底本。在发愿文中记载当时"雕印羌、番、汉各一千卷"。其中"羌"指吐蕃，即藏族；"番"指党项，即原西夏主体民族。可知当时已有此经藏文、西夏文、汉文三种版本。真智为汉译本的译者，他应是西夏时期人，而不是元朝人。过去将西夏僧人的译著混为元代著述已屡见不鲜，已有专家论及，②此经又是一例。此经卷不仅为《大白伞盖陀罗尼经》汉译本始译自西夏找到新的证据，也首次提供了此经偈的西夏文本。

应该指出的是，汉文智真本的偈中第53句"一切时中乞覆护"与第57句完全重复，似无必要，而最后又出现单独一句"一切时中拥护我"，也显生硬。而西夏文本中相应的两句并不重复，在汉文本重复之处为"一切时中拥护我"。这样显得语句不重复，内容协调，结构也不显突兀，也许可证西夏文本反映出智真原本的面貌。而流传至今的汉文智真本在传抄、刻印过程中出现了某些混乱。

三、发愿文考释

此残经卷发愿文前半部分主要阐述《白伞盖总持》的威力和神功，若受持修行、供养，可增寿除病，子孙昌盛，防止灾祸，家庭安居，国家安定，死后可生最安国中，并可成佛。后面的内容涉及当时刻印此经的具体史实，内容十分重要。

发愿文后有年款，记"大朝国甲辰岁月日谨施流行"，据上述知"大朝国"乃为未建立元朝时期的蒙古国的称谓，"甲辰岁"是前述偈语后年款"癸巳年"的后一年，即乃马真称制时期的1244年。

更为重要的是发愿文中三次提到"太子"。第一次记"释迦善行国师谋怛巴则啰已发大愿，因

---

①孙伯君：《真智译〈佛说大白伞盖总持陀罗尼经〉为西夏译本考》，《宁夏社会科学》2008年第4期。

②陈庆英：《西夏及元代藏传佛教经典的汉译本》，《西藏大学学报》2000年5月。史金波：《西夏的藏传佛教》，《中国藏学》2002年第1期。

望皇帝太子阔端福盛无病长寿", 第二次记"惟愿皇帝太子阔端寿长万岁", 第三次是在最末年款后以大字记载"东陛皇太子施"。发愿文中记皇太子的名字为豿狶, 汉字译音"哥达", 笔者译为"阔端", 理由如下: 首先, "哥达"与"阔端"语音相近, 而与当时其他蒙古诸王子的名字相去甚远。窝阔台汗有三子, 长子贵由, 次子阔端, 三子阔出, 此时阔出已死。第二, 阔端确实有"太子"之称谓。《元史》在记载"岁赐"时明确提到: "太宗子阔端太子位: 岁赐, 银一十六锭三十三两, 段五十匹。……"[1]第三, 这一时期正是阔端坐镇西凉府(凉州, 今甘肃省武威)统御西夏故地之时。原来窝阔台汗时, 阔端即得原西夏的部分地区为封地, 驻河西, 后又率军征南宋, 从甘肃等地攻入四川, 入成都, 又曾派兵侵入吐蕃地区。乃马真氏称制时, 阔端正式设府于西凉府镇守。[2]西夏中后期大力发展藏传佛教, 凉州是藏传佛教流传的重要地区, 现存有西夏时期藏传佛教寺庙遗址, 并出土多种藏传佛教经典。阔端镇守西凉府的时间上距西夏灭亡仅十几年时间, 佛教依然盛行, 由国师发愿雕印此经, 为统御当地的太子祈福是不难理解的。

发愿文又记载当时此经不仅有西夏文本, 还有藏文本和汉文本, 并将藏文本置于第一位。而在西夏时期印施三个文种的佛经时, 则往往把"番"本, 即西夏文本放在第一位。这一方面是党项族失去了统治地位, 另一方面可能体现出此经原为藏传佛教经典, 西夏文本和汉文本皆译自藏文本。

此发愿文只提到"施僧俗处", 而未写明具体地点。这表明印刷的这些佛经散施于本地, 即阔端管辖的河西一带的藏族、党项族和汉族佛教信众。后来从元世祖开始至成宗时完成的西夏文《大藏经》, 是在杭州刻印的。这些西夏文佛经明确记载要"施于宁夏、永昌等寺院, 永远流通"[3], 因为元代西夏后裔大多还居住在西夏故地河西一带, 这些西夏文佛经就是为西夏故地党项族信奉佛教才刻印的。这些佛经刻印于距西夏故地数千里之外, 要转运到河西散发, 才有必要写出散施地点。而此经是因为在当地雕印, 在当地散发, 自然没有必要写出散发地点, 甚至可以推论此经大约在阔端驻地凉州雕印。

阔端率兵驻于河西时, 就以凉州为基地经营河西。此时这一带有不少西夏后人, 阔端与西夏后裔有来往。比较典型的是他与西夏后人高智耀的交往。高智耀祖高良惠, 西夏晚期任右丞相。其本人是西夏进士, 夏亡后, 隐居贺兰山, 深得太宗重视。阔端镇西凉时, "儒者皆隶役, 智耀谒藩邸, 言儒者给复已久, 一旦与厮养同役, 非便, 请除之。皇子从其言"[4]。阔端不仅重视宗教, 也能接受建议, 善待儒者。

阔端在乃马真称制三年(1244年)时遣使至吐蕃, 召请萨迦派首领萨迦班智达到凉州会谈。三年后(1247年)阔端于凉州会见萨迦班智达, 议定吐蕃归附条件, 由萨迦班智达致书吐蕃僧俗首领, 劝说归附, 确立了蒙古对吐蕃的统治、蒙古通过萨迦派管理吐蕃的协议, 吐蕃正式归入大朝版图, 这就是著名的凉州会谈。笔者在1988年出版的《西夏佛教史略》中曾提到阔端邀请在吐蕃最有影响的萨迦派佛教领袖萨迦班底达来凉州会谈之事, [5]后又在《西夏的藏传佛教》一文中明确提出:

---

①《元史》卷95《食货三》, 中华书局, 1976年, 第2416页。

②《元史》卷2《太宗本纪》, 中华书局, 1976年, 第34页。《元史》卷125《高智耀传》, 第3072页。

③中国国家图书馆、山西崇善寺和日本善福寺皆藏有元代平江路碛砂延圣寺刊印的《大宗地玄文本论》卷3记载: "于江南浙西道杭州路大万寿寺雕刊河西大藏经板三千六百二十余卷、华严诸经忏板, 至大德六年完备。管主八钦此胜缘, 印造三十余藏, 及《华严大经》《梁皇宝忏》《华严道场忏仪》各百余部, 《焰口施食仪轨》千有余部。施于宁夏、永昌等寺院, 永远流通。"参见西田龙雄: 《西夏语的研究》二, 座右宝刊行会, 1966年, 第295—301页。史金波: 《西夏佛教史略》, 第205—211页。李际宁: 《关于"西夏刊汉文版大藏经"》, 《文献》2000年第1期。

④《元史》卷125《高智耀传》, 中华书局, 1976年, 第3072页。

⑤史金波: 《西夏佛教史略》, 宁夏人民出版社, 1998年, 第205页。

蒙古时期蒙古汗窝阔台之子宗王阔端，受封于西夏故地，坐镇凉州，经营吐蕃。他一方面派兵攻入吐蕃地区，后来又遣使至吐蕃，召请吐蕃最有影响的萨迦寺主萨迦班智达及其两个侄子八思巴、恰那多吉来凉州，议定吐蕃归附蒙古大事。不难想象，阔端在原西夏地区会了解到藏传佛教的影响，以及西夏统治者利用藏传佛教的情况。蒙古统治者将会谈地点选在藏族影响较大、藏传佛教信仰浓烈的西夏故地凉州，对这一重要会谈增添了浓重的文化、宗教色彩。萨班一行来到凉州后，阔端对他们给予热情接待，对藏传佛教表现十分尊重。会谈结束后，萨班写给卫藏各教派的信中说："此菩萨汗王敬奉佛教，尤崇三宝"。会谈的成功确立了蒙古对吐蕃的统治，也确认了藏传佛教的地位。凉州会谈对藏传佛教在蒙古族地区的传播和在以后全国的流行都有重要影响。[1]

现在新发现的这一西夏文残经卷给这一立论提供了新的依据。此经发愿文证明阔端治理河西一带时，大量散施藏文、西夏文、汉文三种文字藏传佛教经典，弘扬藏传佛教。发愿文最后以显著大字记载"东陛皇太子施"，证明此举为阔端亲为。正是在这一年，阔端向萨迦班智达发出来凉州会谈的邀请，三年后萨迦班智达来到凉州，双方达成了历史性的协议。萨迦班智达信中的"此菩萨汗王"即指阔端太子。新发现此经和发愿文，为萨迦班智达的信中所说阔端"敬奉佛教，尤崇三宝"提供了直接证据。不难看出，西夏时期河西地区的藏传佛教的广泛流传为后来的凉州会谈做了宗教信仰方面的铺垫，使阔端这样的关键人物能先期、全面地了解藏传佛教情况，对凉州会谈产生了积极、正面的影响。

（原载《世界宗教研究》2015年第5期，人民大学复印报刊资料《宗教》2015年第6期转载）

---

①史金波：《西夏的藏传佛教》，《中国藏学》2002年第1期。

凉州会盟与西夏藏传佛教

——兼释新见西夏文《大白伞盖陀罗尼经》发愿文残叶

【摘　要】新发现的阔端时期的西夏文《大白伞盖陀罗尼经》发愿文残叶，使西夏增添了新的帝师、国师，厘清了西夏《大白伞盖陀罗尼经》的来历，发现了西夏文译本的译者，也补充了西夏灭亡后此经在凉州地区不止一次刻印、流传的经过，特别是真实地记载了阔端信奉藏传佛教，拜藏传佛教高僧等觉金刚国师为师，为"凉州会盟"这一重大历史事件铺垫了思想和宗教信仰的基础，西夏时期接受、发展藏传佛教对"凉州会盟"有不可忽视的影响。

【关键词】凉州会盟；西夏藏传佛教；大白伞盖陀罗尼经；阔端

13世纪中叶，蒙古宗王阔端代表蒙古汗廷与西藏萨迦派领袖萨迦·班智达在凉州（今甘肃省武威）成功举行了"凉州会盟"，确立了蒙古对吐蕃的统治，使西藏地方明确成为中国的领土，同时也确认了藏传佛教的地位。在发生这一重大历史事件时，西夏已经灭亡十几年，但西夏时期接受、发展藏传佛教对凉州会谈产生了不可忽视的影响。新发现的阔端时期的西夏文文献证实了这一点。

1227年成吉思汗率兵进攻西夏，在六盘山病故。不久西夏被蒙古大军灭亡。经过简短窝阔台即蒙古汗位后，其次子阔端受封原西夏的部分地区，驻屯凉州，1235年领兵攻金朝秦（今甘肃省天水市）、巩（金甘肃省陇西一带）等州，1236年率兵征南宋，攻取成都，1239年还师至陕西，后遣部将多塔纳波率兵南进乌思藏，直达今拉萨东北。①太宗后乃马真氏称制时（1242年），阔端仍镇守凉州，此时期阔端以强大的蒙古军事力量为后盾，全面负责经营吐蕃事宜。乃马真称制三年（1244年），阔端遣使至吐蕃，召请藏传佛教首领萨迦·班智达。萨迦·班智达接诏书后，经长途跋涉，于1246年到达凉州。贵由汗二年（1247年），参加和林贵由汗登基大典返回凉州的阔端，会见萨迦·班智达及其两侄八思巴和恰那多吉，议定吐蕃归附条件，随后由萨迦·班智达致书吐蕃僧俗首领，劝说归附，确立了蒙古对吐蕃的统治。

对于这一时期的历史，过去都依据汉文和藏文文献史料进行研究，主要注重蒙藏关系的考察，基本与西夏无涉。考察西夏的历史，特别是西夏佛教发展史，"凉州会盟"与西夏的藏传佛教渊源甚深。原来西夏统治者在提倡佛教时，开始主要吸收中原佛教，后来也接受了藏传佛教，用西夏文、汉文翻译藏传佛教经典，修建藏传佛教寺院，绘制藏传佛教唐卡，传承藏传佛教仪轨，封藏传佛教高僧为帝师、国师。藏传佛教在西夏中、后期迅速传播，由西部向东部蔓延，其地位不断提升，影响不断扩大，就连位于西夏东部的首府兴庆（今宁夏银川市）一带也成为藏传佛教势力影响

---

①《元史》卷2《太宗本纪》，中华书局，1976年，第34页。《元史》卷125《高智耀传》，第3072页。

很大的地区。西夏是第一个全面吸收藏传佛教的王朝。①

西夏仁宗皇帝时期，西藏噶玛噶举派的初祖法王都松钦巴（1110—1193年）很受西夏仁宗的崇敬。仁宗遣使入藏迎请，都松钦巴派遣其弟子格西藏索哇前往西夏。藏索哇被西夏王尊为上师，传授藏传佛教的经义和仪轨，并组织力量大规模翻译佛经，很受宠信。后来，都松钦巴创建有名的楚布寺建白登哲蚌宝塔时，西夏王又献赤金璎珞及幢、盖诸种饰物。都松钦巴死后，在其焚尸处建造吉祥聚米塔，藏索哇又自西夏作贡献，以金铜包饰此塔。又西藏萨迦派祖师札巴坚赞（1149—1216年）的弟子迥巴瓦国师觉本，曾被西夏人奉为上师。可见至少在西夏中、后期，吐蕃佛教中的噶玛噶举派和萨迦派都已传入西夏，并产生了相当的影响。②西夏有不少吐蕃僧人，西夏仁宗首次封吐蕃僧人为帝师。③

西夏的西南部凉州一带与吐蕃邻近，西夏境内吐蕃人也较多，因而这一带藏传佛教的传播比其他地区更为广泛。凉州为西夏的西凉府所在地，是西夏的第二大都会，这里佛教兴盛，有很多寺庙，是藏传佛教流传的重要地区。崇宗时曾大规模修葺寺庙和寺中的感通塔，在竣工时为此事所立石碑铭文中有"羌、汉二众提举"的职衔。其中的"羌"在西夏语中音"孛"，专指吐蕃而言。说明在西夏崇宗时期凉州的寺庙中已经有吐蕃（羌）僧人，并设有管理这些僧人的官员。1987年在凉州附近的缠山乡发现有亥母洞遗址，这是藏传佛教很重要的金刚亥母寺庙，其中发现了包括《令恶趣净顺总持》《毗卢遮那法身顶相印轮文众生三灾怖畏令物取作恶业救拔经》《净国求生礼佛盛赞颂》《佛说大白伞盖陀罗尼经》《大千守护经中说五种守护吉祥颂等经颂》《佛说圣曜母陀罗尼经》《圣胜慧到彼岸功德宝集偈》等多种藏传佛教经典。④

西夏灭亡后，在凉州一带由西夏而兴盛的藏传佛教仍桓桓绍续，有很大影响，特别是当地最高统治者蒙古王子阔端来到这里后，认识并接受了藏传佛教。去年笔者得见一件西夏文刻本《大白伞盖陀罗尼经》残卷，为海内外孤本。此经卷前残，经末有发愿文，内容有关阔端时期此西夏文佛经的刻印、流传，以及西夏藏传佛教的信仰十分重要。发愿文后有年款记"大朝国甲辰岁月日谨施流行"。"大朝国"为未建立元朝时期的蒙古国的称谓，"甲辰岁"是乃马真称制时期的1244年。发愿文中三次提到"太子"，名字为俊冠，汉字译音"哥达"，应译为"阔端"。《元史》在记载"岁赐"时明确提到："太宗子阔端太子位"⑤，可为佐证。在发愿文中还记载《大白伞盖陀罗尼经》"雕印羌、番、汉各一千卷"。其中"羌"指吐蕃，即藏族；"番"指党项，即原西夏主体民族。可知当时已有此经藏文、西夏文、汉文三种版本，此经大约在阔端驻地凉州雕印。此经发愿文证明阔端治理河西一带时，大量散施藏文、西夏文、汉文三种文字藏传佛教经典，弘扬藏传佛教。发愿文最后以显著大字记载"东陛皇太子施"，证明此举为阔端亲为。正是在这一年，阔端向萨迦班智达发出来凉州会谈的邀请，后萨迦班智达来到凉州，双方达成了历史性的协议。西夏时期河西地区藏传佛教地广泛流传为后来的凉州会谈做了宗教信仰方面的铺垫，使阔端这样的关键人物能先期、全面地了解藏传佛教情况，对凉州会谈产生了积极、正面的影响。⑥

无独有偶，最近国家图书馆又自民间入藏一批西夏文文献，其中有3页刻本，从其纸墨、文字鉴定，确为古代文献。其内容也是《大白伞盖陀罗尼经》的发愿文，与前述文献为不同刻本，也是海内外孤本。该发愿文前后皆残，但所存内容重要，其中也有关于阔端太子的史迹，可为"凉州会

①史金波：《西夏的藏传佛教》，《中国藏学》2002年第1期。
②巴卧·祖拉陈哇著，黄颢译注：《贤者喜宴》，《西藏民族学院学报》1981年第2期。
③史金波：《西夏佛教史略》，宁夏人民出版社，1988年，第137—142页。
④史金波：《西夏时期的武威》，《西夏学》第七辑，上海古籍出版社，2011年12月。
⑤《元史》卷95《食货三》，中华书局，1976年，第2416页。
⑥史金波：《西夏文〈大白伞盖陀罗尼经及发愿文〉考释》，《世界宗教研究》2015年第5期。

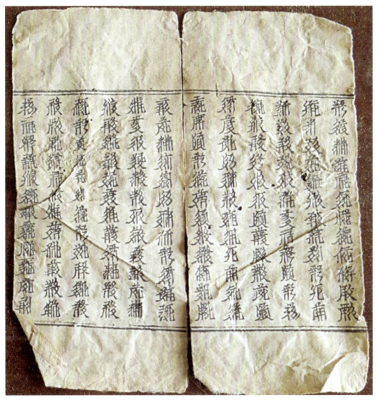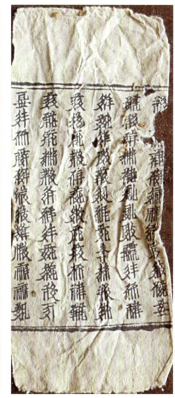

图1

盟"当地的藏传佛教背景做新的重要补充，价值珍贵。该西夏文刻本残存3面，面6行，行12字，经折装，上下双栏（图1）。现将图版刊布如下，并做初步译释、分析。

西夏文录文和汉文对译：

第一面

1. 𗼖□□𗼖𗼖𗼖𗼖𗼖𗼖𗼖𗼖𗼖
   特□□藏中最胜句句普照实

2. 𗼖𗼖𗼖𗼖𗼖𗼖𗼖𗼖𗼖𗼖𗼖𗼖
   相智海中居字字光艳佛之本

3. 𗼖𗼖𗼖𗼖𗼖𗼖𗼖𗼖𗼖𗼖
   心处列须弥高妙诸山中特出

4. 𗼖𗼖𗼖𗼖𗼖𗼖𗼖𗼖𗼖𗼖𗼖𗼖
   与〈 〉样大海深广诸水之本源

5. 𗼖𗼖𗼖𗼖𗼖𗼖𗼖𗼖𗼖𗼖𗼖
   与同其中大盖白佛母者十一

6. 𗼖𗼖𗼖𗼖𗼖𗼖𗼖𗼖𗼖𗼖𗼖𗼖
   种佛之顶中〈 〉出一切如来欲

第二面

1. 𗼖𗼖𗼖𗼖𗼖𗼖𗼖𗼖𗼖𗼖𗼖𗼖
   为欲中此总持新者五中围是

2. 𗋒𗋒𗰤𗰤𗏇𗏇𗰤𗰤𗰤𗏇𗰤𗰤𗰤
　　其亦要论注疏等有帝师沙门

3. 𗰤𗏇𗰤𗏇𗰤𗰤𗏇𗰤𗰤𗰤𗏇𗰤𗰤
　　菩提智处寻得李寂真国师〈〉

4. 𗰤𗰤𗏇𗰤𗰤𗏇𗰤𗰤𗰤𗏇𗰤𗰤𗰤
　　译〈〉传〈〉后番国〈〉毁大界国

5. 𗰤𗏇𗰤𗰤𗏇𗰤𗰤𗏇𗰤𗰤𗰤𗏇𗰤𗰤𗰤
　　为南院阔端太子朝沙门正觉

6. 𗰤𗏇𗰤𗰤𗏇𗰤𗰤𗏇𗰤𗰤𗰤𗏇𗰤𗰤𗰤
　　金刚国师者密咒广学为业巧

第三面

1. 𗰤𗏇𗰤𗰤𗏇𗰤𗰤𗏇𗰤𗰤𗰤𗏇𗰤𗰤𗰤
　　健世间名宣阔端之师为此经

2. 𗰤𗏇𗰤𗰤𗏇𗰤𗰤𗏇𗰤𗰤𗰤𗏇𗰤𗰤𗰤
　　显举番羌汉三千部〈〉印世间

3. 𗰤𗏇𗰤𗰤𗏇𗰤𗰤𗏇𗰤𗰤𗰤𗏇𗰤𗰤𗰤
　　〈〉传今印面旧残〈〉为〈〉弟子

4. 𗰤𗏇𗰤𗰤𗏇𗰤𗰤𗏇𗰤𗰤𗰤𗏇𗰤𗰤𗰤
　　法师郭移慧日者师处亲承弟

5. 𗰤𗏇𗰤𗰤𗏇𗰤𗰤𗏇𗰤𗰤𗰤𗏇𗰤𗰤𗰤
　　子是性相皆学显密多闻大愿

6. 𗰤𗏇𗰤𗰤𗏇𗰤𗰤𗏇𗰤𗰤𗰤𗏇𗰤𗰤𗰤
　　〈〉发施物〈〉舍印板新雕诸族

意译（大体保持西夏文原行次）：

……

特□□藏中最胜。句句普照实
相智海中居；字字光艳佛之本
心处列。须弥高妙，与诸山中肃然
一样；大海深广，与诸水之本源
相同。其中《大白伞盖佛母》者，十一
种佛之顶中所出。[1]一切如来欲行
为中，此新总持者，是五中围。[2]
其亦有要门、注疏等。[3]帝师沙门
菩提智处寻得，李寂真国师翻
译流传。而后番国[4]灭亡，为大朝

---

①《大白伞盖陀罗尼经》系密教白伞盖佛顶法之经典，叙说白伞盖佛顶之陀罗尼及其功德。在前述《大白伞盖陀罗尼经》残卷中，有"佛顶神咒白伞盖总持"之称。参见《西夏文〈大白伞盖陀罗尼经及发愿文〉考释》。

②西夏文𗰤𗰤，译"中围"。藏传佛教中"中围"即指坛城、曼陀罗。

③黑水城出土西夏文文献中有此经护国院法要门、诵法要门等。参见《西夏文〈大白伞盖陀罗尼经及发愿文〉考释》。

④西夏文𗰤𗰤，译"番国"，指西夏。

国①，南院②阔端太子朝，沙门等觉

金刚国师者，密咒广学，为业巧

健，世间扬名，为阔端之师，显举

此经，番、羌、汉三千部已印，世间

流传。今因已见印面旧残，弟子

法师郭移慧日③者，为亲承师处

弟子，性相④皆学，显密多闻，大愿

已发，施物已舍，新雕印面，诸族⑤

……

此西夏文《大白伞盖陀罗尼经》记录了此经在藏传佛教的重要地位，西夏时期寻觅、翻译此经，西夏灭亡后印此经的经过，其中涉及几件重要史实：

1. 发愿文中记载此经于"帝师沙门菩提智处寻得"，说明了此经的来源，首先由帝师菩提智处得到梵文本或藏文本。从过去的西夏文和汉文佛教文献得知西夏首创了西夏帝师制度，先后封设贤觉帝师波罗显胜、大乘玄密帝师慧宣，以及寂照帝师和真圆真证帝师等多位帝师。由此发愿文又知西夏还有一位菩提智帝师，这于西夏帝师制度有新的补充。

2. 发愿文中记载此经由"李寂真国师翻译流传"。过去只知西夏时期将此经译成汉文本的为僧人真智，而不知译为西夏文本者为何人。由此发愿文得知西夏文译本的译者为李姓寂真国师，他有国师的称号。寂真国师为西夏高僧，法名慧照（惠照），他以西夏文翻译过多种藏传佛教文献，如《圣能断金刚王胜慧到彼岸大经义显用燃灯记》《十五天母加赞》《茂盛定次》《念定拒患要门》《道果语录金刚王句之解用记》《六法混圆道次》《菩提勇识之业上入顺记》《医药光海生金刚王文》等。其中《菩提勇识之业上入顺记》题款中记慧照有"大波密坦"（即博通五明学者）称号。在《医药光海生金刚王文》卷末有题款"功德司正副使三学院提点沙门慧照李番译"，证明慧照在西夏管理佛教的政府机构功德司和三学院中任重要职务，其俗姓为李，正与此《大白伞盖陀罗尼经》发愿文所述相互印证。⑥他熟悉多种语言文字，被称为"讲经律论辩番藏言沙门"⑦。此外，武威出土的西夏文《净土求生礼佛盛赞偈》也为寂真国师所集。⑧

3. 发愿文记载西夏灭亡后，掌控西夏故地凉州一带的皇太子阔端，拜广学密咒的藏传佛教高僧等觉金刚国师为师。这说明当时这里的最高统治者阔端不仅是一般地接纳、了解藏传佛教，而是本身信奉藏传佛教，并请高僧国师为师，近身接受熏陶，其对藏传佛教的理解当非同一般。阔端的这种藏传佛教的学识、修为背景，对他请藏传佛教领袖来凉州会谈并取得成功应有重要影响。

4. 阔端看重此经，并印番、羌、汉三千部世间流传，与前述西夏文《大白伞盖陀罗尼经》残

①西夏文𗾈𘉞𗢳，直译"大界国"，译为"大朝国"，为元代建元之前的国号。参见《西夏文〈大白伞盖陀罗尼经及发愿文〉考释》。

②西夏文𗣼𘓄，译为"南院"。西夏法典《天盛改旧新定律令》规定西夏有17个监军司，其中南院监军司，在凉州。参见《西夏时期的武威》。阔端时期此地沿用"南院"名称。

③西夏文𗣼𘝦𗏹为小字，前2字音译为"郭移"，可能是西夏党项族姓之一，后2字意译"慧日"，为此僧人法名。名号小字以自谦，"郭移慧日"应是此发愿文的作者。

④西夏文𘋨𗗙，译为"性相"，佛教术语，指法性与法相二宗。

⑤此后残，据前文内容和类似文献后似应有唐涌（处施）二字，与前两字连在一起，为"施诸族处"。

⑥俄罗斯科学院东方文献研究所（圣彼得堡）手稿部藏黑水城文献 Инв.No.2561、2882、4989、2892、6992、5566、2621、2543。

⑦魏文：《〈最胜上乐集本续显释记〉译传源流考——兼论西夏上乐付法上师》，见沈卫荣主编：《汉藏佛学研究：文本、人物、图像和历史》，中国藏学出版社，2013年。

⑧于光建：《武威藏6749号西夏文佛经〈净土求生礼佛盛赞偈〉考释》，《西夏学》第十一辑，上海古籍出版社，2015年6月。

卷所载"请匠令雕印羌、番、汉各一千卷施僧俗处流传"相互印证。后郭慧日法师,见此经印板旧残,发愿施物,新雕此经印版,印制后施放诸族处,再次流传。此次重新雕印应在前次雕印番、羌、汉三千部的1244年之后。

总之,此发愿文提供了很多新的资料,使西夏增添了新的帝师、国师,厘清了《大白伞盖陀罗尼经》的来源,找到了西夏文译本的译者,也增添了西夏灭亡后此经在凉州地区不止一次刻印、流传的经过,特别是真实地记载了阔端皇太子信奉、弘扬藏传佛教,并依止藏传佛教高僧等觉金刚国师为师,为"凉州会盟"这一功垂竹帛的重大历史事件铺垫了思想和宗教信仰的基础。诚然,阔端派大将多塔纳波率军攻入西藏,恩威并举,了解到西藏一带藏传佛教的情况,有助于凉州会谈。与此同时,阔端在西夏故地凉州直接接受藏传佛教,了解了很多关于藏传佛教的事宜,对会谈也有重大影响。在藏文重要著作《红史》中将蒙古王子阔端记为西夏杰廓王的转世,也可从一个侧面反映阔端与西夏佛教信仰的渊源关系。[①]阔端将会谈地点选在藏族影响较大、藏传佛教长期浸淫、信仰浓烈的西夏故地凉州,萨迦·班智达一行来到凉州后,阔端对他们给予热情接待,对藏传佛教表现十分尊重,使萨迦·班智达感受到凉州浓重的藏传佛教氛围,人地相宜,互有情愫,加深了双方的理解和信任,使会谈水到渠成。会谈结束后,萨班写给西藏各教派的信中说:"此菩萨汗王(指阔端)敬奉佛教,尤崇三宝",并非虚言。看来西夏接受、发展藏传佛教,特别是在凉州一带兴起的藏传佛教余续或是"凉州会盟"成功不可或缺的一环。

近期新发现的两件西夏文《大白伞盖陀罗尼经》刻本残卷,皆出于阔端时期,都涉及当地藏传佛教的传承,有助于从另一侧面理解"凉州会盟",相映成趣。

(原载《中国藏学》2016年第2期,又载于《纪念凉州会谈770周年学术研讨会论文集》,中国藏学出版社,2019年3月)

---

① 蔡巴·贡噶多吉著,东噶·洛桑赤列校著,陈庆英、周润年译:《红史》,西藏人民出版社,1988年,第25页。

西夏与开封、杭州*

【摘　要】西夏立国前主体民族党项羌政权以夏州为中心，发展壮大后夺取宋灵州，以灵州为中心。后首领李德明在贺兰山东麓、银川平原西沿的怀远镇建设新的首府兴州。其子元昊正式建立大夏国，升兴州为兴庆府。夏州、灵州和兴庆先后与北宋都城开封有复杂的密切往来，反映出西夏建国前后与北宋政治、经济、文化等方面的关系。宋朝南渡后西夏与南宋的往来被金朝阻隔，兴庆府与南宋都城杭州基本断绝了往来。西夏灭亡后，党项族民族地位较高，元朝统治者敕命在杭州雕印西夏文《大藏经》，西夏后裔党项族僧人董理其事，并于杭州飞来峰雕刻佛教造像，在杭州留下了党项后裔的历史足迹。

【关键词】西夏；夏州；灵州；兴庆；开封；杭州

西夏（1038—1227年）前期与北宋、辽朝鼎足，后期与南宋、金朝分立，在中国古代形成新的"三国"局面，各王朝间的关系错综复杂。西夏包括今宁夏和甘肃大部、陕西北部、内蒙古西部、青海和新疆东部的广大地区。西夏在中原地区西部，故与之同时代的宋、辽、金往往称之为西夏。

西夏主体民族党项族原在青藏高原东麓的松州（今四川省松潘）一带，8世纪初受吐蕃东向发展的逼迫，向唐朝申请内迁至庆州（今甘肃省庆阳）附近，后以夏州（今陕西省靖边县北）为中心发展壮大。其首领李继迁于11世纪初夺取宋灵州，成为党项政权新的政治中心。李继迁之子李德明统治时期，在贺兰山东的怀远镇建设新的首府兴州，后其子元昊正式建立大夏国，升兴州为兴庆府，这里遂成为夏国首府。

党项族的几个统治中心先后与宋朝首都开封有不同内容、不同程度的往来，反映出党项族政权、西夏王朝与宋朝在政治、经济、文化各方面的关系。

一、党项时期的夏州与开封府

西夏主体民族党项族原在青藏高原东麓的松州（今四川省松潘）一带，8世纪初受吐蕃东向发展的逼迫，向唐朝申请内迁至庆州（今甘肃省庆阳附近），后以夏州（今陕西省靖边县北）为中心发展壮大。

夏州原是匈奴贵族赫连勃勃建立的大夏国都城，称为统万城，因其城墙为白色，俗称白城子。经唐末、五代、宋初，夏州一直是党项族地方政权的中心，前后达一百余年。作为中原王朝管辖之下的一方藩镇首府，夏州与中原王朝的首都有密切的来往。五代时后梁、后晋、后汉、后周相继建都开封。夏州党项藩镇与开封联系颇多。北宋也定都开封，夏州党项地方政权与开封关系密切，特

*本文为国家社科基金特别委托项目"西夏文献文物研究"（项目批准文号11@ZH001）中期研究成果之一。

图1 夏州城遗址

别是宋太宗时党项首领李继捧继立后，于太平兴国七年（982年）率族人入朝，是宋代党项族最高首领第一次前往开封亲觐。宋太宗给予优厚待遇。李继捧则向太宗陈述他和家族内部的矛盾，表示愿留开封。太宗派使臣至夏州将李继捧近亲（缌麻已上）护送至京师开封，并授李继捧为彰德军节度使。[①]这样使原居住夏州一带的党项贵族中的主要部分迁徙到宋京师开封，成为变相的人质。宋朝这一举措使开封有一批党项人居住（图1）。

北宋时期的开封不仅是当时的政治中心，也是经济文化中心。开封经济繁荣，富甲天下，人口已过百万，城郭气势恢宏，是当时世界上最繁华的大都市之一。当时文人以"八荒争辏，万国咸通"来描述开封。[②]北宋画家张择端的作品《清明上河图》，形象地描绘了北宋开封及汴河两岸清明时节的繁华和美景。当时的党项族领地为宋朝所辖管，党项族视开封为繁华的大都会。

宋朝将长期盘踞在西北地区的党项贵族迁到开封，意在割断党项族上层与其族群的联系，瓦解党项族的势力，冀望彻底收复党项族占据的五州之地。以李继捧为首的部分党项贵族愿意归附宋朝，但也招来另外一部分党项贵族的坚决反对。李继捧的族弟李继迁率众起兵抗宋。[③]宋朝派兵镇压，后又启用李继捧围剿李继迁。[④]李继捧首鼠两端，甚至阳奉阴违，李继迁几经挫折，势力不断壮大。宋朝对李继捧不满，差宋将捉拿李继捧送至开封，待罪阙下崇政殿。太宗对其诘责，责授右千牛卫上将军，封宥罪侯，赐第京师。开封成为这位党项族首领的常驻地。

与此同时，李继迁叛服不常，与宋朝打起了游击战。一段时期，宋与党项互争夏州。宋太平兴国七年（982年）党项族首领李继迁抗宋自立，势力逐渐膨大，淳化五年（994年），宋军攻占夏

①［宋］李焘：《续资治通鉴长编》卷23，太宗太平兴国七年五月己酉条。
②［宋］孟元老：《东京梦华录》序，上海古典文学出版社，1956年。
③《续资治通鉴长编》卷25，太宗雍熙元年九月条。
④《续资治通鉴长编》卷29，太宗端拱元年五月辛酉条。

州，宋太宗下令迁民毁城。

淳化五年（994年）李继迁派其最倚重的亲信谋主左都押衙张浦到绥州（今陕西省绥德县），见宋朝大将张崇贵。不久，李继迁又派其弟李廷信到宋都开封献马、橐驼，宋太宗抚赉甚厚。[1]至道元年（995年），李继迁再派张浦向宋朝贡献橐驼、良马。在开封太宗于宫中让张浦等观看卫士表演精彩武艺，并令兵士拓弓射箭。宋太宗与张浦有一段对话：

> 上（宋太宗）笑问浦："戎人敢敌否？"浦曰："蕃部弓弱矢短，但见此长大，人固已逃遁，况敢拒敌乎！"[2]

在开封上演的这段故事，显示出宋太宗的强势威胁和张浦的随机应变。宋朝以张浦为郑州团练，留在京师。这是宋朝又一次将党项族政权的高级臣僚留在开封当人质。至道二年（996年）李继迁兵围灵州（今宁夏吴忠市境内），索要张浦。引发宋朝廷保卫、弃守灵州之争，多数主张放弃，也有人主张固守。宋太宗决定固守灵州，派军给灵州运送粮草，积极防御。[3]

至道三年十二月（997后），宋太宗去世，真宗即位，李继迁上表归顺。真宗调整武力征讨和截留人质的政策，授李继迁夏州刺史、定难军节度、夏银绥宥静等州观察处置押蕃落等使，并放回张浦。不久李继迁又派遣其弟李继瑗来到开封向宋朝谢恩。李继迁终于得到以夏州为中心的五州之地的统治。[4]这时李继迁与宋朝的联系多通过宋朝镇守延安（今陕西省延安市）的张崇贵进行。宋朝授予李继迁为定难节度，即张崇贵持诏命、衣带、器币往赐。

李继迁抗宋得到辽朝的大力支持，辽朝将义成公主下嫁继迁，并早在辽圣宗统和八年（990年）即封继迁为夏国王。当时李继迁政权与辽朝的上京临潢府（今赤峰市林东镇）往来。后辽中京大定府（内蒙古宁城县）建成后，则党项政权多与大定府联系。[5]

二、党项时期的灵州与开封府

李继迁对宋并未真正降服，仍不时进攻宋朝州城，其进攻重点是灵州。李继迁攻取灵州得到了辽朝的支持，他先后发动三次灵州之战。第一次于宋至道二年（996年）六月开始，李继迁率一万人围攻灵州，大败宋军，获粮40万石。宋灵州守将窦神宝率军抵抗，虽保全了灵州，但损失很大。[6]第二次是翌年十月，李继迁再次进攻灵州，被宋将杨琼击退。后李继迁于咸平四年（1001年）以5万骑兵包围灵州，并占据城外险要，命士兵垦种附近耕地，以为长期围困之策。次年（1002年）三月，继迁大集军旅，急攻灵州。宋知灵州裴济奋力抵抗，城破被杀。[7]

李继迁夺取宋灵州后，将灵州改为西平府，作为党项族政权新的都城。他令弟弟继瑗与牙将李知白督工，在此立宗庙，置官衙。咸平六年（1003年）春正月，李继迁在此建都。宋真宗遣张崇贵、王涉议和，尽割定难军州地与继迁。这一时期李继迁势力张大，对宋处于攻势，据文献记载，他很少派遣使臣到宋都城开封。不久，李继迁在与吐蕃首领潘啰支作战中流矢，于景德元年

①《续资治通鉴长编》卷36，太宗淳化五年八月丁酉条。
②《续资治通鉴长编》卷37，太宗至道元年三月己巳条。
③《续资治通鉴长编》卷50，真宗咸平四年十二月乙卯条。《宋史》卷277《刘综传》。
④《宋史》卷485《夏国传上》。
⑤《辽史》卷115《西夏传》。
⑥《续资治通鉴长编》卷43，真宗咸平元年二月乙未条。
⑦《续资治通鉴长编》卷51，真宗咸平五年正月丁未、癸亥条。《宋史》卷308《裴济传》。

（1004年）春死于灵州界。①

李继迁去世后，其子德明即位。德明坐镇灵州，调整了战略方针，与宋朝和好。其与宋朝的联系仍通过勾管鄜延屯兵、身为钤辖的张崇贵进行。张崇贵在李德明即位后，便移书李德明谕朝廷恩信。当时宋朝与灵州党项边防事宜，皆由张崇贵在延安处置。②德明遣牙将王旻奉表归顺，宋廷赐王旻锦袍、银带，并派侍禁夏居厚持诏答复。此后德明连岁表归顺。景德三年（1006年），德明又派牙将刘仁勖奉誓表请藏盟府，真宗授德明特进、检校太师兼侍中、持节都督夏州诸军事、充定难军节度、西平王，并派遣内侍左右班都知张崇贵、太常博士赵湘等充旌节官告使，来到灵州，赐给德明袭衣、金带、银鞍勒马、银万两、绢万匹、钱三万贯、茶二万斤。

景德四年（1007年），德明派使臣答谢给奉廪，并请使至开封购买所需物品。当年德明母罔氏死，宋朝派殿中丞赵积为吊赠兼起复官告使至灵州，德明以乐迎至枢前，自陈感恩。③

大中祥符元年（1008年）德明又派使臣到开封，宋朝加德明兼中书令。当时宋朝遣使册德明为大夏国王。大中祥符三年（1010年），西夏境内饥荒，德明上表宋朝求粟百万，朝议为难，给与不给皆难答复。时任宰相的王旦出招，答复宋朝已筹备粟百万于京师开封，诏李德明派人来取。灵州到开封有两千多里路之遥，大批粮食难以运输，这样把难题推给了德明。德明感到"朝廷有人"，只能作罢。

大中祥符四年（1011年）德明遣使至开封贡马，当时贡马子弟或与开封民相殴，有折齿者。宋开封府认定对德明派来的贡马子弟应予杖脊，宋真宗诏以事付鄜延路，令移文德明处置。④德明的使人到开封，所带人员不少，一来进贡并领宋朝赏赐，另外还在开封进行交易，互通有无，其间双方人员难免发生矛盾。真宗对这一具体事件的关注和处理，十分得体，保证了双方关系友善发展。

天禧三年（1019年），德明丁继立母忧，宋朝以屯田员外郎上官佖为吊赠兼起复官告使，阁门祇候常希古为致祭使来到灵州。⑤德明自归顺宋朝以来，每岁旦、圣节、冬至皆遣牙校到开封献礼不绝。德明时期与宋朝首都开封不断有使臣往来。

另一方面德明则向西面拓展领土，派其子元昊占领河西走廊，势力有了更大的发展，政治、经济形势有了很大提升。与此相应，党项政权的都城建设有了新的进展。当时，需要有一个距宋界稍远，既安全又便于发展的中心都城。西夏的统治者看中了怀远镇（今宁夏银川市）。怀远镇位于贺兰山东麓、银川平原西部，东临黄河，有灌溉之利，农业发达。宋天禧四年（1020年）李德明

> 遣贺承珍督役夫，北渡河城之，构门阙、宫殿、宗社、籍田，号为兴州，遂定都焉。⑥

乾兴元年（1022年），宋朝"遣阁门祇候赐冬服及颁《仪天具注历》"。这时德明已经迁都至兴州，宋使臣赐冬服、颁历书应是到德明新的首府兴州。

三、西夏时期的兴庆府与开封府

宋天圣九年（1031年）十月，德明卒，宋朝赠其太师、尚书令兼中书令，以尚书度支员外郎朱昌符为祭奠使，六宅副使、内侍省内侍押班冯仁俊为副使，到兴州祭奠。

①《续资治通鉴长编》卷56，真宗景德元年正月壬子条。
②《宋史》卷466《张崇贵传》。
③《宋史》卷485《夏国传上》。
④《续资治通鉴长编》卷75，真宗大中祥符四年夏四月壬子条。
⑤《宋史》卷485《夏国传上》。
⑥《续资治通鉴长编》卷96，真宗天禧四年岁末条。

元昊即位，宋朝授予其父所有的特进、检校太师兼侍中、定难军节度、夏银绥宥静等州观察处置押蕃落使、西平王等官职，以工部郎中杨告为旌节官告使，礼宾副使朱允中为副使，到兴州册封。

元昊继承王位后，不断图强创新，采取一系列政治、军事、文化措施，做正式建国的准备活动。他建立官制，完善首府，升兴州为兴庆府。《续资治通鉴长编》记载：

> 始大补伪官，以嵬名守全、张陟、杨廓、徐敏宗、张文显辈主谋议，以钟鼎臣典文书，以成逋、克成赏、都卧、宬如定、多多马窦、惟吉主兵马，野利仁荣主蕃学。置十八监军司，委酋豪分统其众。自河北至卧啰娘山七万人，以备契丹；河南洪州、白豹、安盐州、罗洛、天都、惟精山等五万人，以备环、庆、镇戎、原州；左厢宥州路五万人，以备鄜、延、麟、府；右厢甘州路三万人，以备西蕃、回纥；贺兰驻兵五万人，灵州五万人，兴庆府七万人为镇守，总三十馀万。而苦战倚山讹，山讹者，横山羌，夏兵柔脆，不及也。选豪族善弓马五千人迭直，伪号六班直，月给米二石。铁骑三千，分十部。发兵以银牌，召酋长而受约束。创十六司於兴州，以总众务。[①]

宋人编纂的《续资治通鉴长编》称元昊的官员为"伪官"，其中记载"兴庆府七万人为镇守"，证实兴州升为兴庆府。但在《宋史》中记载："其官分文武班，曰中书，曰枢密，曰三司，曰御史台，曰开封府，曰翊卫司，曰官计司，曰受纳司，曰农田司，曰群牧司，曰飞龙院，曰磨勘司，曰文思院，曰蕃学，曰汉学。"[②]元昊将兴州升为兴庆府，为何《宋史》记西夏职司时写成与宋朝首都一样的"开封府"？颇令人费解。若说设府非元昊这样的陪臣所当为，《宋史》编者为避讳以"开封府"代替"兴庆府"，但中书、枢密、三司、御史台等也非属臣所当设，《宋史》并未避讳。且《宋史》为元代所编，时过境迁，不至于将宋朝都不避讳的事拿来避讳。众所周知，《宋史》的缺点是由于成书时间短，编写粗糙、草率。将兴庆府记为开封府也许是《宋史》中又一失误。

宋宝元元年（1038年，夏天授礼法延祚元年）十月元昊筑坛受册，正式立国称帝，建立大夏国，并公开上表于宋。[③]宋朝不承认元昊的地位，不断对西夏用兵，宋、夏双方在三川口（今陕西延安西北）、好水川（今宁夏隆德县北）、定川寨（今宁夏固原西北）发生几次大战，都以宋朝惨败告终。此后军事上的攻防和政治上的谈判交叉进行，谈判中双方使者自开封府、兴庆府往来。经过反复较量，双方达成妥协，后于宋庆历四年（1044年）订立和盟。[④]元昊上誓表，宋仁宗诏答。十二月宋朝派遣尚书祠部员外郎张子奭充册礼使，东头供奉官、阁门祗候张士元为副使到兴庆府册礼。当时还规定西夏使臣至宋京师开封，就驿贸卖，宴坐朵殿；宋使臣至西夏，与西夏主相见用宾客礼。但是宋朝每遣使往西夏，馆于距宋朝边境较近的宥州（今属陕西省靖边县），不再到西夏复地兴州、灵州。[⑤]

西夏由于交通运输的需要，境内形成了以首府兴庆府为中心、四通八达的交通线路。有一幅描绘西夏时期地理的《西夏地形图》[⑥]（图2），以虚线标识道路，共有十数条之多，有的沿路还记有

①《续资治通鉴长编》卷120，仁宗景祐四年年末条。

②《宋史》卷485《夏国传上》。

③《续资治通鉴长编》卷122，仁宗宝元元年十月甲戌条。

④《续资治通鉴长编》卷149，仁宗庆历四年五月甲申条。

⑤《宋史》卷485《夏国传上》。

⑥此图首载于明万历三十六年刻本《两宋名相集》之十卷本《范文正公集》，影抄本见［清］张鉴《西夏纪事本末》，光绪十年（1884年）江苏书局印本。

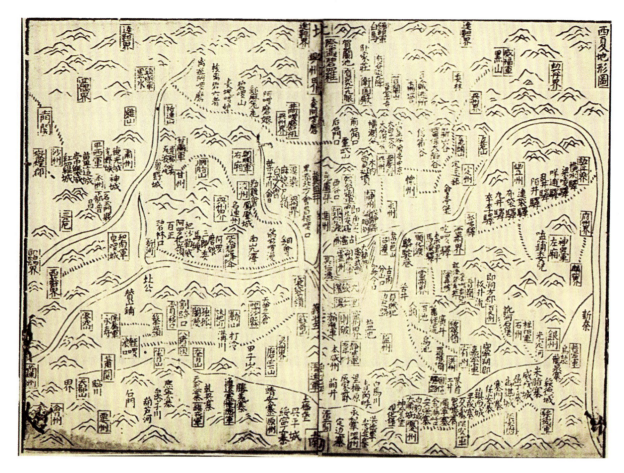

图 2 《西夏地形图》

很多驿站名称。其中标明"国信驿路"的路线大约就是从兴庆府向西南方向，经灵州、盐州、保安军，到延安，这是当时重要交通干线。然后再从这里通向开封。

后来元昊于庆历八年（1048年，夏天授礼法延祚十一年）在宫廷内乱中被刺身亡。元昊子谅祚在襁褓中即位，母后没藏氏和母舅没藏讹庞当政，在位19年，是为毅宗。此后惠宗、崇宗皆幼年即位，母后及外戚较长时期专权。宋宣和七年（1125，夏崇宗元德七年）金朝灭辽，并使宋朝南渡。此前70多年时间，西夏与宋朝大体保持属国与宗主国的关系，双方皇帝即位、去世等重要事件都互派使节，其间宋朝和西夏也不断产生矛盾和冲突，有时还有大规模的战争。然而在矛盾冲突后，宋、夏仍能协调双方关系，使臣仍往来于开封府和兴庆府之间。

西夏统治者笃信佛教，为推行佛教，先后六次从宋朝赎取大藏经。所谓赎经，就是西夏派人到宋朝要求赐给大藏经，并贡献一定数量的马匹作为印经的工值费用。名义上有以物赎经的意思，实际上宋朝有时退还西夏进献的工值马匹，无偿赐给佛经。第一次是宋天圣八年十二月（1030年）德明正式向宋朝提出求赐佛经："丁未，定难节度使西平王赵德明遣使来献马七十匹，乞赐佛经一藏，从之。"①但是10个月以后德明便去世了。因为自宋朝答应赐经，到印刷完毕，再加上长途运输，需要花费较多的时日，所以德明在世时是否见到了这部宋朝赐予的大藏经是难以料定的。但是他毕竟打通了向宋朝求经之路，定创举对西夏佛教的发展是至关重要的。宋朝赐给西夏的大藏经应是

①《续资治通鉴长编》卷109，仁宗天圣八年十二月丁未条，第979页。

《开宝藏》，因为当时只有《开宝藏》雕印完成。当时《开宝藏》是在益州（今四川成都）雕造。估计西夏赎取的宋朝大藏经，首先由宋朝由益州运往开封，最后从开封运往西夏的兴庆府。试想，数千卷大藏经或马驮，或车载，浩浩荡荡，要行走两千多里路，曲折艰难，还要防雨防潮，殊为不易。西夏用宋朝所赐大藏经为底本，开始翻译西夏文大藏经。通过兴庆府与开封府之间展开的赎经、赐经是宋朝与西夏在文化、宗教方面的重要联系，对西夏佛教的发展起到重要推动作用。

宋朝南渡后，定都杭州（今浙江杭州），升杭州为临安府南宋时。当时杭州人口众多，超过百万，经济繁荣，是一国际大都会。西夏与南宋开始摩擦不断，后往来被金朝阻隔。西夏的兴庆府与杭州基本断绝了往来。西夏与南宋的联系往往通过四川的宋臣联系。如绍兴元年（1131年）宋高宗下诏以夏本宋朝敌国，毋复班历日。然而三个月以后，宋朝川、陕宣抚副使吴玠就派人与西夏通书信，夏国也屡派人联系吴玠，以共同图金。①西夏晚期，继续淡化了与宋朝的来往，这一势头一直到西夏灭亡。

西夏后期将兴庆府改为中兴府。汉文文献记载西夏仁宗时将兴庆府改为中兴府，清代编纂的《西夏书事》甚至将兴庆府改中兴府的时间记为桓宗天庆十二年（1205）。②但西夏陵出土汉文残碑文所记："崇宗践位，虽总览乾（坤）……上即命公城中兴……改元贞观四年……"③西夏时期的碑文所载比后世编书更为可信。可知在崇宗即位不久，兴庆府已被称为中兴府，至少在西夏贞观四年（1104年）以前已有中兴府，比《西夏书事》误记早了100多年。在仁宗前期修订的《天盛改旧新定律令》中皆称中兴府。④（图3）

在金灭辽与北宋时，西夏成为金朝的属国，西夏与金朝的往来应在中兴府与金朝都城中都（今北京市）之间往还。⑤

汉文文献对西夏都城的建筑形制没有具体的记载。明代嘉靖《宁夏新志》记载，明代宁夏城即西夏兴庆府故址，"周围十八余里，东西倍于南北，相传以为人形"，"南北各有两门……东西各有一门"，城周外有深阔的护城河，水四时不竭，城内有道路和居民街坊等。⑥

图3 西夏陵182号陪葬墓出土汉文残碑

西夏时期中兴府内除皇宫外，还有中书省、枢密院等数十种中央官署，此外还有织绢院、铁工院、造纸院、刻字司等为皇室直接服务的手工业作坊。⑦皇宫附近还有打造兵器的作坊。德明死后，宋朝派使臣祭吊，就听到接待他的附近若有千百人锻造之声。⑧西夏都城内还建有多种学校，属于

---

①《宋史》卷486《夏国传下》。

②［清］吴广成《西夏书事》卷39，清道光五年刊本。

③宁夏大学西夏研究中心、国家图书馆、甘肃五凉古籍整理研究中心编，史金波、陈育宁总主编：《中国藏西夏文献》第19册，甘肃人民出版社、敦煌文艺出版社，2005年，第321页。

④史金波、聂鸿音、白滨译注：《天盛改旧新定律令》，法律出版社，2000年，第108、363页。

⑤《金史》卷134《西夏传》。

⑥［明］胡汝砺：《宁夏新志》卷1，天一阁明代方志选刊续编，72册，上海书店，1990年，第168页。

⑦史金波、聂鸿音、白滨译注：《天盛改旧新定律令》卷十"司序行文门"，法律出版社，2000年，第362—364页。

⑧［宋］沈括：《梦溪笔谈》卷25《杂志二》。

皇家和中央政府直接管理的蕃学、国学（汉学）、大汉太学、内学等，为皇室和贵族子弟学习之场所。西夏信仰佛教，后来不断增建寺院，如承天寺、戒坛寺、高台寺等。此外，都城中还有各种仓库和驻扎军队的兵营等。

西夏中兴府自然条件优越，宜于居住。西夏灭亡后，元初至元八年（1271年），"立西夏中兴等路行尚书省"①。这一地名既包括了原西夏的国名，也包括了西夏首都的城名。此后数百年绳绳继继，这里总是这一带的重要城市。可能正是因为持续有民众居住，城中建筑不断改造、变迁，原来西夏的建筑反而不见踪影。不似某些城市改朝换代后无人居住，成为死城，虽城市破败，但原城市轮廓犹在，遗址尚存。这可能是西夏都城内主要建筑难于寻踪觅迹的原因。

四、西夏后裔与杭州

西夏被蒙古灭亡后，其主体民族党项族在元朝被称为唐兀人或河西人，有时也泛称为西夏人。在元朝四个民族等级中，唐兀人属于第二等色目人，民族地位较高。在蒙古攻占西夏，以及灭金、亡宋的过程中，一部分党项上层起了重要作用。蒙古统一中国后，他们在西夏故地河西一带仍有潜在的政治势力和社会基础，不少地方留下了他们的足迹。在元朝不少党项上层在政治、经济、文化领域异常活跃，产生了相当的社会影响。

元代杭州是江浙行省首府，是元朝南方统治中心，也是各民族文化融会的中心。在这里曾经刻印过西夏文大藏经。

当时原西夏故地包括党项族在内的僧人和佛教信众依然信仰佛教。经过战乱后，党项族佛教信徒需用的西夏文佛经和经版损毁，因此西夏文佛经的刻印有了新的需求。元初世祖忽必烈对西夏遗民照顾有加，命宣政院刻印西夏文大藏经，元成宗即位后曾一度"罢宣政院所刻河西大藏经板"②。不久又恢复刻印。这些西夏文大藏经就在杭州雕印。

杭州刻印事业发达，在宋代就是刻印书籍的中心，入元后刻印事业仍保持着发展的势头。当时杭州还增加了少数民族文字如西夏文、藏文佛教典籍的大规模印刷，成为元代杭州印刷的一个新的亮点。

元代平江路碛沙延圣寺刊印的《大宗地玄文本论》卷三的卷尾具体记载了当时刊印西夏文大藏经的情形：

> 于江南浙西道杭州路大万寿寺雕刊河西字大藏经板三千六百二十余卷、华严诸经忏板，至大德六年完备。管主八钦此胜缘，印造三十余藏，及《华严大经》《梁皇宝忏》《华严道场忏仪》各百余部，《焰口施食仪轨》千有余部。施于宁夏、永昌等寺院，永远流通。③

此记载证明，元代在杭州大万寿寺中雕印了西夏文大藏经及其他单部佛经。元代之所以在杭州雕印西夏文大藏经，一方面是因杭州刻印事业发达，刻工云集，印刷技术精良，这里的印刷业仍居全国之首，刊印的文献遍布全国各地，为中国文化的传承和发展作出了突出贡献；另一方面这里西夏遗民党项族有相当的势力，如在杭州任统理南方佛教事务的南方释教总统杨琏真加本人就是西夏后裔；上述印经的管主八任松江府僧录，他也是党项族僧人。管主八其名为藏文译音，意为经学大

---

①《元史》卷60《地理三》。
②《元史》卷18《成宗纪》。
③该卷今藏中国国家图书馆、山西崇善寺和日本善福寺。

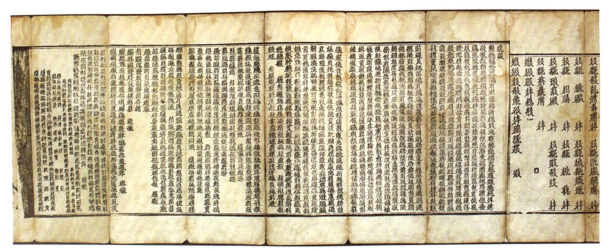

图4 元杭州刻本西夏文《过去庄严劫千佛名经》发愿文

师，他印施西夏文大藏经30余藏，对在杭州印西夏文大藏经之事起到了推动作用。这些佛经施于宁夏、永昌等西夏故地寺院，以满足那里懂西夏文的信众诵读、供养之需。

西夏文大藏经成宗时先后印施10藏和30藏，武宗在潜邸时于大德十一年（1307年）印施50藏，即位后于至大四年（1311年）又印施50藏，皇庆元年（1312年）再印施50藏。有元一代共印190部西夏文佛经，按每部3620卷计算，前后共印六十八万七千八百卷上下。元代大规模雕印西夏文《大藏经》，成为西夏文化延续至元代的辉煌篇章。①

1917年在离西夏首都中兴府不远的灵武县修城时，出土一大批西夏文文献，后辗转传藏，于1929年大部分入藏于北京图书馆（今中国国家图书馆），计百余册，这些文献主要为蒙古时期和元代古本，其中多是元代在杭州刻印的。

其中有刻本西夏文《过去庄严劫千佛名经》（图4），该经末有元皇庆元年（1312年）西夏文发愿文6面，内中具体记载有关在杭州刻印西夏文佛经事，译文如下：

> 至元七年（1270年）化身一行国师广生佛事，俱令校有译无，过如意宝，印制三藏新经。……圣敕已出，江南杭州实板当做已为，以主僧事西璧土情行敕，知觉和尚慧中，始为先道。龙象师中众多，已选行者，以取旧经，先后二十余人。至元三十年（1293年），万寿寺中刻印，应用千种、施财万品数超过。成宗帝朝，大德六年（1302年）夏始告完毕。②

这里明确指出是元成宗时在万寿寺中刻印西夏文佛经，经过30年的时间，才在杭州万寿寺中完成。发愿文中记载了参与印制西夏文《大藏经》的党项人西璧小狗铁、西璧土情等人，文末记载了参与此事的有同知杭州路总管府使臣舍古等人，以及党项人皇使都勾管作者僧人那征大德李、御史台侍御杨那尔征、枢密院知院都罗乌日仡铁木尔。③杨那尔征即辅佐武宗、仁宗夺取皇位的杨朵尔只。④

①史金波：《西夏文〈过去庄严劫千佛名经〉发愿文译证》，《世界宗教研究》1981年第1期。
②史金波：《西夏文〈过去庄严劫千佛名经〉发愿文译证》，《世界宗教研究》1981年第1期。
③史金波、陈育宁主编：《中国藏西夏文献》第6册，甘肃人民出版社、敦煌文艺出版社，2005年，第3—59页。
④《元史》卷179《杨朵尔只传》。

在这一发愿文的题款中还用西夏文记录了"杭州"二字。这是目前唯一一处用西夏文书写的"杭州"地名（图5）。至今在西夏文文献中尚未见到用西夏文书写的"开封""汴梁"等文字。

图5 西夏文《过去庄严劫千佛名经》发愿文题款中的西夏文"杭州"二字

国家图书馆所藏西夏文《悲华经》卷九、《说一切有部阿毗达摩顺正理论》卷第五、《经律异相》卷第十五等都是大德十一年印制的佛经。①（图6）

1908年，伯希和在莫高窟P.181号洞（即今第464窟）掘获有西夏文《大智度论》卷第八十七残页，上有两行汉文压捺印记，现收藏于法国巴黎国家图书馆。20世纪40年代初，张大千所获一西夏文佛经残页上，也有相同的两行压捺的汉文印记，现藏于日本天理图书馆。近年来在敦煌北区出土了一批西夏文文献，其中有西夏文刻本《龙树菩萨为禅陀迦王说法要偈》残页，系第159窟出土，仅存经文末尾3行，经末也有同样的两行汉文压捺印记，墨色浅淡（图7、图8）。

图6 元刊本西夏文刻本《悲华经》卷首

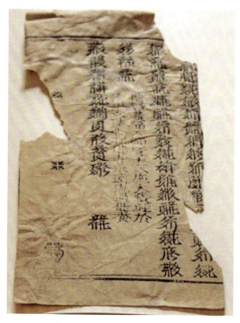

图7 法国巴黎国家图书馆藏西夏文《大智度论》卷第八十七卷末

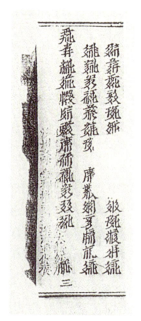

图8 敦煌研究院藏西夏文《龙树菩萨为禅陀迦王说法要偈》卷末

① 史金波、陈育宁主编：《中国藏西夏文献》第5册，甘肃人民出版社、敦煌文艺出版社，2005年，第263—368页。

僧录广福大师管主八施大藏经于沙州文殊师利塔中永远流通供养①

　　管主八就是上述发愿文中在杭州路大万寿寺印制西夏文《大藏经》的党项后裔，他可能在他所施经中都压捺了这样的印记。可见，当年敦煌曾藏有一藏元代在杭州雕印的3620余卷的西夏文《大藏经》，是管主八大师印施的刻本。

　　元代不仅在杭州雕印西夏文《大藏经》，还在杭州建造藏传佛教造像，与西夏佛教流传、西夏后裔关涉极大。这些造像是身为江南释教总统杨琏真伽所推动。杭州有名的佛教造像集中在飞来峰。飞来峰存元代造像67龛，大小造像116尊，其中46尊为藏传佛教风格造像，62尊为汉式风格造像，8尊为受藏传佛教风格影响的汉式造像。至元十八年（1281年）杨琏真伽开始造像，到至元二十九年（1292年）造像完成，用了10年时间。西夏接受了藏传佛教，并传承了藏传佛教的造像艺术。飞来峰藏传佛教造像与西夏藏传佛教造像一脉相承。杨琏真伽作为僧人熟悉西夏造像传统，在飞来峰造像时，就将西夏的造像风格融入其中。这些造像表明，早在13世纪已将汉族、藏族、蒙古族、西夏各民族的文化联系在一起，其文化历史价值难以估量。②（图9）

图9　杭州飞来峰佛教造像

　　除飞来峰外，杭州宝石山麓有大佛禅寺，"寺畔有塔，俗称壶瓶塔，乃元时河西僧所建"。所谓"河西僧"即西夏僧人。③可见当时在杭州西夏传来的佛教艺术有广泛影响。

　　在杭州不仅有西夏佛教影响，还居住有西夏后人。雕印西夏文佛经，应有熟悉西夏文的党项后裔参与，而雕印西夏文《大藏经》时间又比较长，应有一定数量熟悉西夏文印刷人员和工匠居住在

　　①史金波：《敦煌莫高窟北区出土西夏文文献初探》，《敦煌研究》2000年第3期
　　②谢继胜、高贺福：《杭州飞来峰藏传石刻造像的风格渊源与历史文化价值》，《西藏研究》2003年第2期。
　　③［明］田汝成：《西湖游览志》，浙江人民出版社，1980年，第90页。

杭州。杨琏真伽建西夏藏传佛教风格的造像，也是一大工程，需有懂得西夏藏传佛教艺术的人员参与，推想也应有一定数量熟悉西夏藏传佛教造像的党项僧俗在杭州工作。

此外，还有一些文献记录了西夏后裔官员居住在杭州。如来自灵武的西夏后裔李公在江南为官，祖上乃西夏皇室，曾在西夏为官。夏灭亡后，他本人被任命到江南为官，居住浙江钱塘30多年。为不忘西夏故地，于其居所建贺兰堂，希望贺兰山的草木丰茸嘉美，盛于从前，以志不忘故土旧情。他不但是位官员，还是一位文人，能画出了精美的江南画卷。他交往的文人，不少得到了他的墨宝。①

另有唐兀人三旦八早年即受元朝倚重，藏有元英宗所赐御书。至正十二年（1352年）奉命统哈赤、贵赤、兀鲁三卫军到江南对付元末起义军。当时杭州一带告急，三旦八穷于应付，左冲右突方保住几座城池。第二年又令他镇压徽州、饶州的起义军，与起义军对峙达两年多，成为元末农民起义军的死对头。后三旦八又被派往江浙前线去镇压起义，任江浙行省平章政事，因惧怕起义军，于至正十八年（1358年）逃遁福建，被劾奏拘捕。②

西夏末期进士高智耀，夏亡后，隐居贺兰山，深得太宗重视，于至元五年（1268年）被擢为西夏中兴等路提刑按察使，子高睿授唐兀卫指挥副使，江南行台御史中丞。孙纳麟自天历元年（1328年）历任杭州路总管、江西廉访使、江浙行省平章政事、江南行台御史大夫，后退居姑苏。至正十二年（1352年）被启用任南台御史大夫、兼太尉，总制江浙、江西、湖广三省军马。不难看出孙纳麟与浙江、杭州也有不少渊源关系。③

杭州这个远离西夏原统治中心、似乎与西夏毫无关系的地方，在元代与西夏文化、西夏佛教发生了密切关系，在杭州留下了党项后裔的历史足迹。

（原载《浙江学刊》2017年第1期，人民大学复印报刊资料《宋辽夏金元史》2017年第4期转载）

---

① [元] 袁桷：《清容居士集》卷19。
② 《元史》卷44《顺帝纪》；卷45《顺帝纪》。[元] 杨维桢：《铁崖文集》卷2《江浙平章三旦八公勋德碑》。
③ 《元史》卷142《纳麟传》。

西夏文社会文书对中国史学的贡献*

【摘　要】近代出土的大批西夏文社会文书的发现和刊布，为历史文献缺乏的西夏学增添了新的资料，催生了西夏社会文书学的诞生。这批社会文书填补了11—13世纪中国社会文书的空白，不少文书为中国政治史、军事史、经济史提供了很多新的、原始性资料。这些文书不仅对西夏社会研究具有重要意义，为补充中国历史上西夏社会的缺环作出了明显的贡献，且因同时代宋、辽、金王朝与西夏有着密切的关系，它还具有整个时代的典型意义，特别是其中的一些文书在中国古代史上也是独特或稀见的珍品，也为中国史学提供了新的资料，作出了新贡献。

【关键词】西夏；西夏文；社会文书；中国史

20世纪初，俄国探险队在中国的黑水城遗址（今属内蒙古自治区额济纳旗）掘获了大量文献资料，这些资料以西夏时期为主，仅西夏文文献即有8000多个编号。他们将这些珍贵资料席卷而去，藏于俄国圣彼得堡。自20世纪60年代这些资料陆续有所刊布和研究，但与大批藏量比较只是冰山一角。近20年来，随着中俄合作将藏于俄国的黑水城出土文献整理出版，这些珍贵资料才陆续显露真容，使学界利用这批文献成现实。①

在整理、编辑、出版《俄藏黑水城文献》过程中，我们在俄国东方文献研究所的手稿部内发现了一大批社会文书。这些珍贵的原始资料可与敦煌石室所出社会文书相媲美。此外，已出版的《英藏黑水城文献》中也有一些西夏社会文书。近些年在国家图书馆、敦煌研究院、武威亥母寺等处也发现了一些西夏时期的社会文书。

笔者在对俄藏西夏文文书整理、定题后，结合西夏法典和其他资料，对部分西夏文文书分类进行初步译释和研究，②对西夏社会的具体认识有新的提高。本文拟将这些西夏文社会文书置于西夏历史，乃至中国历史的视域下，分析其对中国史学多方面的贡献。

*本文为国家社科基金特别委托项目《西夏文献文物研究》（批准文号11@ZH001）中期研究成果之一。

①俄罗斯科学院东方研究所圣彼得堡分所、中国社会科学院民族研究所、上海古籍出版社编，史金波、魏同贤、克恰诺夫主编：《俄藏黑水城文献》第1—26册，上海古籍出版社，1996—2017年。

②史金波：《西夏户籍初探——4件西夏文草书户籍文书译释研究》，《民族研究》2004年第5期。《西夏粮食借贷契约研究》，《中国社会科学院学术委员会集刊》第一辑，社会科学文献出版社，2005年，第186—204页。《西夏农业租税考》，《历史研究》2005年第1期。《黑水城出土西夏文卖地契研究》，《历史研究》2012年第2期。《西夏文军籍文书考略——以俄藏黑水城出土军籍文书为例》，《中国史研究》2012年第4期。《黑水城出土西夏文众会条约（社条）研究》，《西夏学》第十辑，上海古籍出版社，2014年，第1—10页。《黑水城出土西夏文卖人口契研究》，《中国社会科学院研究生院学报》2014年第4期。《西夏文卖畜契和雇畜契研究》，《中华文史论丛》2014年第3期。

一、填补 11—13 世纪中国社会文书的空白

近代史学在考古学的推动下，除重视传统史学资料外，还强调注重地下出土新材料。国学大师王国维 1925 年在《古史新证》中指出："吾辈生于今日，幸于纸上之材料外更得地下之新材料，由此种材料，我辈固得据以补正纸上之材料，亦得证明古书之某部分全为实录。"[①]另一位国学大师陈寅恪也对地下出土材料高度重视，在 1934 年为《王国维遗书》写的序中概括二重证据法时首先指出："取地下之实物与纸上之遗文互相释证。"[②]

正是由于中国地下出土的新资料剧增，20 世纪的中国史学才有了长足发展。19 世纪末—20 世纪初，中国有四项重大出土文献新发现，即殷墟甲骨、居延汉简、敦煌遗书、黑水城文献。前三项文献发现后，很快引起国内外学术界的重视，一些国学大师参与整理、研究，风生水起，热潮不断，成就显著。大量甲骨文的发现和研究，使殷商史的研究达到了从前未有的高度。大批简牍的陆续出土，弥补了自战国经秦汉至魏晋长达千年的诸多史实。敦煌石室数以万计的文献，以及吐鲁番地区大量文献的发现，特别是其中社会文书的利用和研究，使以唐代为中心几百年的历史面目一新。

比起以上三项文献，黑水城出土文献的刊布和研究显得滞后。究其原因，一是黑水城文献被俄国探险队发现并运往俄国圣彼得堡后，绝大多数资料长时间未能公之于世，少为世人所知；二是其中多数为西夏文文献，而西夏文是死文字，解读需要一个漫长过程。因此长期以来，黑水城出土文献刊布、研究进展缓慢，于学界显得寂寞冷落，成果寥寥，与甲骨文、简牍、敦煌遗书的利用、研究热潮形成鲜明的对比。

近些年来，一方面西夏文文献解读取得了突破性进展，西夏文文献已基本可以译释，死文字变成活资料已经成为现实；另一方面自 1993 年开始，中国社会科学院民族研究所与俄罗斯科学院东方研究所圣彼得堡分所（今俄罗斯科学院东方文献研究所）合作，将藏于俄国的黑水城出土西夏文、汉文及其他少数民族文字大量文献陆续整理出版，使专家们方便阅览、利用，有力地推动了西夏学的发展。

在整理《俄藏黑水城文献》时，我们意外地发现了一大批社会文书，总计有 1000 余号，1500 余件，包括户籍、账册、契约、军籍、告牒、书信等。其中除少量为俄国专家已整理出的部分西夏文楷书、行书社会文书外，大部分是我们于未登录的 110 盒残卷中发现的西夏文草书社会文书。还有一部分社会文书原作为废纸粘贴成佛经封套、封面和封底的多层厚纸板，这些社会文书残页有的显露在可见到的一面，有的已一层层自行脱落。[③]

笔者在 1997 年发现部分西夏文社会文书回到北京后，即向著名宋史专家邓广铭教授汇报这一重大收获。邓先生听了十分高兴，他强调有宋一代，包括宋、辽、金朝都缺乏直接来自社会、反映社会实际的社会文书。现在发现这样多西夏的社会文书，不仅对西夏社会研究，而且对宋朝时期各王朝的社会研究都有参考价值，并殷切希望尽快将这些文书整理、翻译出来，以有补于这一时期历史研究的参考。

近些年来，中国古文书学成为学术界的新热点。学术界更加重视古代文书对古代社会历史的研究价值，因为这是研究中国古代历史的第一手资料。除汉文古文书外，少数民族文字的古文书也值

①王国维：《古史新证》第一章"总论"，清华大学出版社，1994 年，第 2 页。
②陈寅恪：《〈王国维遗书〉序》，《王国维遗书》，上海古籍书店，1983 年，第 1 页。
③《俄藏黑水城文献》第 12、13、14 册，上海古籍出版社，2006 年、2007 年、2011 年。

得重视，特别是西夏文社会文书数量大，类别多，价值高，是古文书学园地中引人注目的一簇奇葩。

大量西夏文社会文书填补了11—13世纪社会文书的空白。以户籍文书为例，敦煌遗书中有唐代的户籍、手实，提供了当时社会基础户籍的真实资料，对研究唐代的户籍发挥了重要实物作用。宋代尽管传统文献资料有关户籍的记载很丰富，研究著述丰厚，但专家们对当时户籍的类型、户籍的管理等众说纷纭，难以取得一致意见。另一方面，除了至今仅在敦煌石室所出文书中发现几件宋早期的户状残卷，[①]反映有宋一代户籍原貌的真实资料寥寥无几。若有较为丰富的宋朝户籍实物，就会有助于对宋朝户籍的认识，也许对上述聚讼纷纭的问题会有新的共识。

黑水城出土的西夏文户籍、人口文书有110多号，包括简明户籍账、户口手实、甲户籍账、里溜户籍账、人口计账、户口男女计账等，使宋辽夏金时期的户籍实物不再是空白。

这些文书是西夏黑水城地区户口的原始档案资料，十分珍贵。其中的俄 Инв.No.6342-1 户籍账，内有30户的简明资料。其中对每一户都记录了人口总数、户主及每一家庭成员的姓名、性别、与户主的关系等。由这些资料可进一步分析西夏黑水城地区的家庭类型、人口状况、姓氏名字、民族类别、男女比例、婚姻状况等，证实当时黑水城地区小家庭居多，在一夫一妻为主要婚姻形式下，也有一夫多妻现象，同时还保留着传统的姑舅表婚现象，特别是户籍还突出地显示出在西夏黑水城地区，民族杂居，蕃、汉民族之间互相通婚的重要史实。如第6户千叔讹吉的妻子焦氏，第9户嵬移雨鸟的妻子罗氏，第27户千玉吉祥有的妻子瞿氏，这些都是不同民族之间通婚。以上三户的户主都是西夏主体民族党项族，可见，西夏党项族和汉族的通婚并无障碍，可以登记在户籍中，是合法的族际婚姻。[②]这是一种自然的民族融合，反映出中国历史上各民族长期生活在一起，不断交往交流交融，是一种民族关系的常态。这种真实的历史资料为中华民族历史上的民族关系提供了生动的例证。（图1）

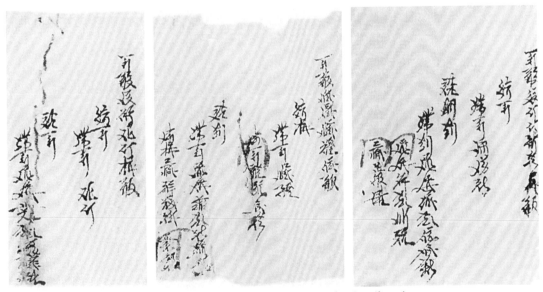

图1　Инв.No.6342-1 户籍账第6户　第9户　第27户

以里为单位的户籍和以甲为单位的户籍，表明了西夏的基层社会组织和户籍管理层次，结合西

---

①唐耕耦、陆宏基编：《敦煌社会经济文献真迹释录》（第二辑），全国图书馆文献缩微复制中心，1990年，第479—485页。
②史金波：《西夏户籍初探——4件西夏文草书户籍译释研究》，《民族研究》2004年第5期。

夏法典《天盛改旧新定律令》（以下简称《天盛律令》）可以探讨西夏乡里组织。有的户籍文书反映出不同家庭土地、畜物占有状况，有的军籍户籍账揭示出西夏户籍和军抄的密切关系。①

不仅户籍文书如此，其他各类西夏社会文书也不同程度地补充着11—13世纪的历史资料。西夏的政治制度和社会管理多借鉴于中原王朝。这些出土的西夏社会文书不仅可直接解析西夏社会，同时也可作为同时代宋、辽、金各王朝社会研究的参考。总之，西夏社会文书填补了中国历史上一个时代的古文书空白，对研究这一时期的社会历史有重要学术价值。

二、对中国政治史的重要补充和贡献

黑水城出土的文献中，法典类有刻本西夏文法典《天盛律令》，又有《新法》《法则》。《天盛律令》共20卷，现保存全书约六分之五。②

在西夏《天盛律令》之前，中原王朝早有成熟、完整的法典《唐律》和《宋刑统》，然而这两部法典的唐、宋版文献皆多未保存下来。目前所能见到的除敦煌石室出土的《唐律》写本残卷③外，皆是后世印行的版本。而与宋、夏同时代的辽、金的王朝法典皆早已失传。《天盛律令》是中国古代唯一基本保存原本的法典，也是中国历史上继《宋刑统》以后又一部公开印行的王朝法典，也是第一部用少数民族文字刻印、颁行的法典。西夏的《天盛律令》以其新资料、新版本，在中国政治、法律文献中占有独特的地位。

出土的西夏文社会文书多为西夏晚期文件，其中还有一批官文书，如各种告牒等，多关系到西夏政治的重要资料。如Инв.No.2736《乾定申年（1224年）黑水城守将告牒》（图2），共18行，记载黑水城守将持银牌者波年仁勇，原籍鸣沙（今属宁夏回族自治区中宁县），因家有77岁老母病重，申请调到近家处任职。告牒还反映出当时官场中的矛盾，以及新帝（夏献宗德旺）登基后实行新政的成就，以及黑水城缺粮难以守卫的艰难处境，内容很丰富。④

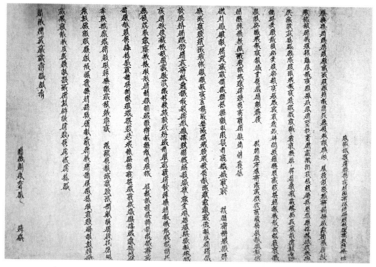

图2　Инв.No.2736乾定申年（1224年）黑水城守将告牒

---

①史金波：《西夏社会》，上海人民出版社，2007年，第230—232页。《俄藏黑水城文献》，第13册，上海古籍出版社，2007年，第283—284页；第12册，上海古籍出版社，2006年，第237—238页。

②史金波、聂鸿音、白滨译注：《天盛改旧新定律令》，法律出版社，2000年。

③唐耕耦、陆宏基编：《敦煌社会经济文献真迹释录》（第二辑），全国图书馆文献缩微复制中心，1990年，第499—554页。

④《俄藏黑水城文献》第13册，上海古籍出版社，2007年，第103页。参见黄振华：《评苏联近三十年的西夏学研究》，《社会科学战线》1978年第2期。

图3 Инв.No.8185乾定酉年（1225年）黑水副将告牒

还有一件黑水城出土的Инв.No.8185《乾定酉年（1225年）黑水副将告牒》（图3），共19行，时间距上一件文书仅7个月，距西夏灭亡仅有两年时间。内容是黑水城副将宝塔铁向肃州持金牌大人请示公事转呈。或许此时波年仁勇已经调离，由同样持银牌的宝塔铁主持黑水城守卫。

在《天盛律令》中肃州和黑水属同等级别的监军司，但在上述文书中显示出黑水城守将和副将皆系持银牌者，而肃州大人是持金牌者，前者要向后者报告。可能在西夏末期，西夏王朝的官制有了新的调整和变化。①这些文书对西夏后期历史研究有重要意义，并且这类边疆守将告牒文书在中国社会文书中也十分稀见，为中国古代文书增添了珍品。

在西夏文社会文书中还发现了一件书仪类文献。书仪是供写作书信时参考的文范。敦煌遗书中有一批唐、五代的书仪，显示出当时的书仪种类、内容，反映了当时的社会生活。②

黑水城出土的书仪仅发现一件，也是11—13世纪唯一的书仪，即Инв.No.6990a《西凉府签判向皇帝大臣上书仪》。此书仪共33行，依书仪格式需要，各行分别用大、中、小字书写，其中多为西夏文草书，只有部分大字为楷书。首行是大字，西夏文为"𗪡𘝵𘒙𗑲𗾺𗰖"，汉文对译为："帝处疏上边角典"，意译为："向皇帝上疏格式书"；第2行为小字，西夏文为"𗋧𗋋𘒙𘙚𗃻𗓰𗻫𘒤？𘟣𗮔𗫂"，汉文对译为："微臣德殊疏洗头低亿？中谨奏"，意译为："微臣德殊上疏沐浴俯首多次谨奏"。其后有上疏皇帝的称谓有"皇帝陛下""至尊圣德皇帝陛下"，小字书写自谦称谓"𗋧𗋋𘕿𗼻𘕿𗋽𗼻𗄈𘒙𗖻𘕿"，汉文译文为"微臣西凉府签判梁德殊恭赞"。再后还有给大臣、经略等的上书的称谓和自己的谦称，最后还辑录了常用的书仪用语。③

看来这是一件综合性的简明官场书仪。官场书仪即表状笺启类书仪。敦煌文书中有多种书仪，其中"表状笺启类书仪"有30多号，内容涉及唐五代时典章制度、重大历史事件、西北地区各地方政权关系等方面事项。此件西夏文书仪是一件既综合又简明的书仪，系宋辽夏金时期唯一的书仪原件，十分珍贵。

此书仪真实地记录了西夏西北地区西凉府的签判所用上书等格式。西夏法典《天盛律令》中有3处提到职官"签判"，都在卷十"司序行文门"派遣诸司大人、承旨、监军、习判条中。第一处是

①《俄藏黑水城文献》第14册，上海古籍出版社，2011年，第256页。
②赵和平：《赵和平敦煌书仪研究》，上海古籍出版社，2011年。
③俄罗斯科学院东方文献研究所(圣彼得堡)手稿部藏黑水城文献Инв.No.6990a。

向次等司的府夷州、中府州派遣"一正、一副、一同判、一签判",第二处是向中等司的四种军:虎控军、威地军、大通军、宣威军中各派一安抚,一同判、二签判、一行监,第三处是向下等司的五种郡县:定远县、怀远县、临河县、保静县、灵武郡各派遣二城主、二通判、二签判。①上述规定中并无向西凉府派遣签判的规定。西凉府与府夷州、中府州同属次等司。《天盛律令》规定向西凉府派遣的是六正、六承旨、六都案、六案头,与大都督府相同。②可能是修订西夏法典《天盛律令》的仁宗天盛年间,尚未有向西凉府派任签判的规定,而至西夏晚期在西凉府增加了签判这一职官。签判在不同的司等中地位不同。在次等司也即第二等司中,地位较高,次于西凉府的大人和副职,因此有向皇帝、宰相及经略上书的资格。书仪因时代的变迁而不断变化,这一书仪反映了西夏晚期政治、文化、社会的特点,同时也为中国书仪增加了综合性简明书仪的类别。

三、对中国军事史的重要补充和贡献

黑水城出土有西夏文军事法典《贞观玉镜统》,系西夏贞观年间(1101—1113年)军律的残本,存42页,内容丰富。③

此外,黑水城出土的社会文书中有很多关于西夏基层军事的文书,特别是其中50多件西夏文军籍是中国唯一存世的军籍文书,其中有14件基本完整。所谓"军籍",即基层以一位首领管辖下的一溜(西夏基层军事单位)为准,对其内军抄、兵丁、装备进行登记的簿籍。

这批军籍表明西夏时期实行严格的军籍登记制度,并有一定的规范格式,依次登记首领名字、时间、全溜总体情况,各抄正军、辅主的名字、年龄及装备情况,最后有相关人员的签署,并加盖首领印。④这些文书反映出西夏的基层军事组织特点及管理制度。(图4)

依据《天盛律令》"纳军籍法"规定,西夏基层军溜每年都要进行军籍登记,按时交簿。⑤在西夏军籍中还幸运地发现了同一军溜前后两年的军籍文书:即Инв.No.4196应天丙寅元年(1206年)

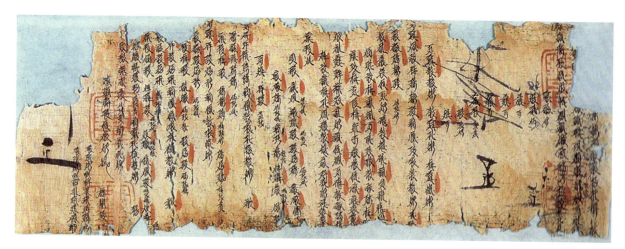

图4 Инв.No.8371天庆戊午五年军籍

---

① 《天盛改旧新定律令》,法律出版社,2000年,第368、370、371页。其中370页3行"习判"应译为"签判"。
② 《天盛改旧新定律令》,法律出版社,2000年,第367、371页。
③ 《俄藏黑水城文献》第9册,上海古籍出版社,1999年。陈炳应:《贞观玉镜将研究》,宁夏人民出版社,1995年。
④ 史金波:《西夏文军籍文书考略——以俄藏黑水城出土军籍文书为例》,《中国史研究》2012年第4期。
⑤ 《天盛改旧新定律令》,卷6"纳军籍磨勘门",法律出版社,2000年,第255—256页。

图5　Инв.No.4196 应天丙寅元年（1206年）军籍

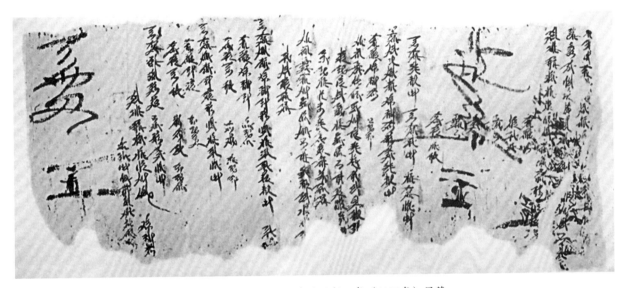

图6　Инв.No.4926-4 应天丁卯二年（1207年）军籍

律移吉祥有为首领的军籍和 Инв.No.4926-4 同一人为首领的应天丁卯二年（1207年）军籍。[①]这两件文书同一首领，人员相同，装备相同，只是时间相差一年，在第二件军籍中每人增加了1岁。这证实西夏地方按法典规定每年一度查检、勘合、登录军籍。（图5、图6）

在脍炙人口的北朝乐府中有《木兰辞》，其中"昨夜见军帖，可汗大点兵，军书十二卷，卷卷有爷名"的"卷卷有爷名"颇费理解，众说不一。有的从字面解释：征兵的花名册有许多卷，每一卷上都写着父亲的名字。有的认为：朝廷下达了十二道征兵命令，每道命令都有爸爸的名字。有的臆测各卷分别按州郡、县、性别、年龄、是否从过军、是否有残疾等分类，都有木兰父亲的名字。看来是众说纷纭，莫衷一是。

如果按照西夏军籍登录的思路去解读，可能更接近原意。"军书"应是军籍文书，历史上各朝皆重视军兵的登记。在魏晋南北朝时期，各朝都有征兵制度。有征兵制度就会有兵源的登记制度。相关各朝都有服役的确定年龄，每年都会有适龄青年加入服役行列，也会有人年龄过线而免役，此外还有死亡减员者。因此各朝对适龄服兵役者皆会及时登记，形成军籍簿册。魏晋南北朝时期是否像西夏那样，每年都要登记，不得而知，但会按一定时间登记。这样同一服役人，就会被登录在不

---

①《俄藏黑水城文献》第13册，上海古籍出版社，2007年，第195—197页、第305—306页。

同年代的卷册中，形成"卷卷有爷名"的实际情况。

汉文史书中有对军籍的记载，但至今未见军籍文书的原始文件。新发现的这批西夏军籍是中国古代唯一存世的军籍文书，是西夏人自己记录当时当地的军事组织状况，真实可靠，是了解西夏军事组织及其作用的宝贵资料，填补了中国军籍文书的空白，具有重要的文献价值和文物价值。

四、对中国经济史的重要补充和贡献

在西夏社会文书中，经济文书所占比例最大，内容也最丰富。除前述户籍文书外，还有不少有关经济的籍账。

（一）人口税账

西夏文文书中有很多耕地税账，还有比较少见的人口税账。人口税又称"人头税"，是以人作为课税对象所征收的税。自唐代实行两税法，改变了自战国以来以人丁为主的赋税制度，使税赋制度向"唯以资产为宗，不以丁身为本"的方向发展。

从西夏籍账文书来看，西夏既按耕地征收耕地租税，又按人口征收人口税。如Инв.No.4991号有几纸是分户的人口税账，每户登录户主姓名、户人口、总人口税数，然后分男女、大人小孩、记姓名、与户主关系、大人、小人和纳粮数量。其中Инв.No.4991-5有2户基本完整，第一户译文如下：（图7）

    一户高铁□圆四口一石五斗
    男一高铁□圆三斗
    女三七斗五升

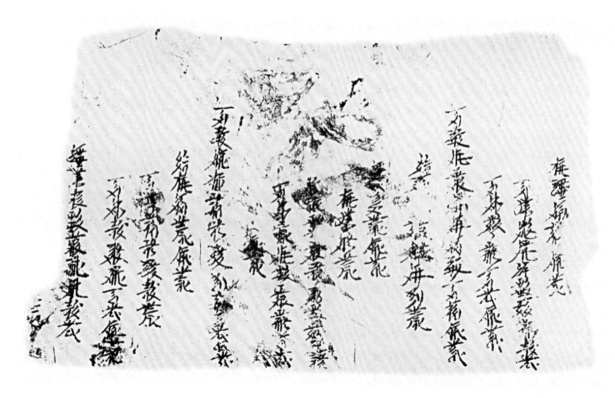

图7 Инв.No.4991-5人口税账

二大六斗

没啰氏铁男张氏铁□男

一小高氏铁金一斗

五升①

　　从几纸同类人口税账可知凡大人不分男女，每个大人纳税三斗，凡小人不分男女，每人纳税一斗半。而Инв.No.4991-6是一农里溜（相当于"里"的基层社区）的籍账，是对一个农里溜人口税的统计，包括农里溜负责人、总户数、单身人数，总纳粮数的情况，男、女、大、小各多少人，缴纳多少人口税，并分别统计59户男女大小的人数和纳粮数，以及39人单身男、女的人数和纳粮数。根据其中男、女，大人、小孩纳税的量同样也可推算出，纳税标准不论男女，只区分大小，每个大人纳税三斗，每个小孩纳税一斗半。②

　　考察西夏耕地租税账，每亩耕地纳杂粮1升，纳小麦0.25升。此外每亩缴纳1捆草，并出相应的劳役。将人口税与耕地税相比较，农民人口税的纳税量负担很重。如上述4991-5第一户4口人共缴纳人头税一石零五升，相当于种84亩耕地的租税。而黑水城一般农户仅有几十亩耕地。那么，这种高于耕地税的人头税，对农民来说显然是一种沉重的负担。看来西夏的农业税赋没有达到由"舍地税人"到"舍人税地"进展，而是人、地皆税，不利于少地的农民。

　　西夏的人口税账以户籍登记制度为前提，反映出西夏户籍制度的完善。西夏人口税账是当时社会缴纳人口税的原始档案，应是中国首次发现的人口税账，是难得的历史文书珍品。

　　（二）水税账

　　黑水城出土的社会文书中有耕地水税账，也是历史文书中的稀见品类。黑水城地区干热少雨，水资源尤为宝贵。当地农田以黑水灌溉，灌溉方式是明渠灌溉。从自然水到可利用的水资源，附加了修渠、管理等劳动价值。灌溉的农田提高了产量，田主获得了效益，而为使灌溉工程继续发挥作用，必须征收一定的税收维护水利设施。因此，征收耕地水税是黑水城农业的显著特点。

　　传统历史文献中对西夏征收水税毫无记录。西夏法典《天盛律令》中只有一处提及"水税"二字，③但如何收水税不得而知。黑水城出土的社会文书中有两件耕地水税账解开了这一疑团。两件水税账为Инв.No.1454-2V和1781-1，皆为残页，上下皆缺字，又为西夏文草书，字迹模糊，不易译释。但从所存文字仍可了解到耕地分地块缴纳水税的情况。如Инв.No.1781-1可见三块地，每块地都首记渠名，然后记耕地数量。第一块地为撒4石种子的地（约合40西夏亩，10宋亩），缴水税1石；第二块地撒9石种子的地（约合90西夏亩，22.5宋亩），缴水税2石2斗五升。各块地又有日水、半水之别，最后记载各地块的四至。根据水税账记载可知，耕地数量多，水税数额大，水税多少基本以耕地数量来决定（图8）。

---

①《俄藏黑水城文献》第13册，上海古籍出版社，2007年，第322页。

②史金波：《西夏农业租税考——西夏文农业税文书译释》，《历史研究》2005年第1期。

③《俄藏黑水城文献》第8册，上海古籍出版社，1998年，第188页。上部2行6、7字为"水税"，第7字残，仅余半字。今据残字译出《天盛改旧新定律令》第9"事过问典迟门"，第319页，此字原未译出。

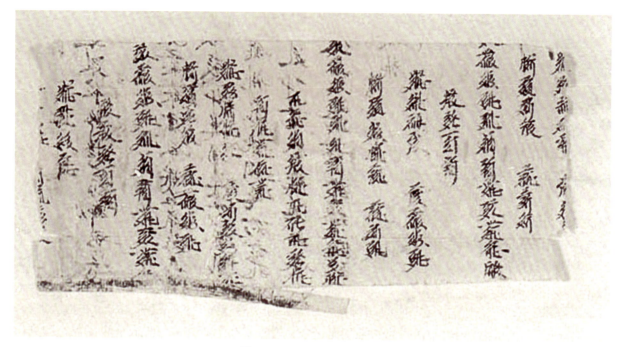

图8 Инв.No.1781-1水税账

西夏黑水城的水税还在土地买卖契约上得到印证。原来在西夏文契约长卷Инв.No.5124中，有西夏天庆甲寅年（1194年）正月末至二月初的23件契约，有卖地契、租地契、卖畜契、雇畜契及贷粮契。[1]在8件卖地契中，有7件于契约后部记载土地税数额一行字的下方，写有两或三个西夏字，有的记"日水"两字，有的记"细水"两字，有的记"半细水"三字。这些文字是记录此块地灌溉给水的状况。结合各契约卖地数额看有一个规律：土地数量大，或许在撒10石种子以上的地给"日水"；土地数量中等，撒5~10石种子的地给"细水"；土地数量小，或许在撒5石种子以下的地给"半细水"。这些在卖地契约中关于给水的简短记载，证明这些土地是水渠浇地，并可进一步证实黑水城当地依据耕地数量的多寡给水。

不难看出，西夏的水税账和有给水记载的卖地契，都是中国历史上水利灌溉的基层原始文书，文献价值很高。

（三）印本纳粮收据和缴草捆收据

黑水城出土的英藏西夏文文献Or.12380-2349（k.k.）（图9）为填字刻本文书。其中第二行墨书填写："利限大麦……"；第三行刻本文字："天盛"，墨书填写："二十"，其后一字应是"年"字。另一面有印章，印文为𗄊𗩲𗾕𗗚，第四字不清，对译为"量面头监"，译为"计量小监"，下有墨书画押。[2]

---

①《俄藏黑水城文献》第14册，上海古籍出版社，2011年，第13—24页。

②此二图版为作者拍摄。参见西北第二民族学院、上海古籍出版社、英国国家图书馆编纂，谢玉杰、吴芳思主编：《英藏黑水城文献》，第3册，上海古籍出版社，2005年，第80页。

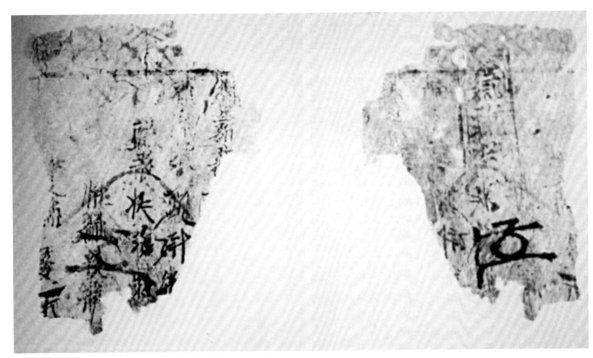

图9 英 Or.12380-2349（k.k.）天盛二十年（1168年）纳粮收据

关于"计量小监"，《天盛律令》有记载：

> 纳种种租时节上，计量小监当在库门，巡察者当并坐于计量小监之侧。纳粮食者当于簿册依次一一唤其名，量而纳之。当予收据，上有斛斗总数、计量小监手记，不许所纳粮食中入虚杂。①

由此可知，计量小监是在基层收纳租粮的官吏，在向农户收租粮后，要给予收据，收据上有粮食总数、计量小监手记。

文书中手写"利限"一词，在《天盛律令》中多次出现，是指百姓缴纳给政府的租税等负担。文书中"利限"下有"大麦"，可知此文书缴纳的粮食为大麦。这件文书可据此定为"天盛二十年（1168年）纳粮收据"。

无独有偶，甘肃武威亥母洞遗址中出土的西夏文社会文书中，又发现两页印本填空的乾定乙酉年（1225年）增纳草捆文书，编号为G31.05［6730］［6730］。此两页文书中，第1页正面左上角有一墨写楷书西夏文大字𧗆，汉译为"官"字，表明其为官藏文书。第2页正面左上角有一墨写楷书西夏文大字𦇍，汉译为"户"字，为民户留存文书。

"官"字号文书始有两行手写西夏文草书，内容为里溜头领姓名和一户主增缴草捆的数量，后有印字5行，为固定格式的"乾定酉年月日"，以及库守、簿记、库监等名称。

两件内容都是记载一名没细苗盛的"里溜"头领管辖下的西夏农户，于乾定乙酉年（1225年）向官府增交草捆的数量和种类。文书中所印文字当是提前印在文书上，在增缴草捆登记时再即

---

① 《天盛改旧新定律令》第15"纳领谷派遣计量小监门"，第513—514页。

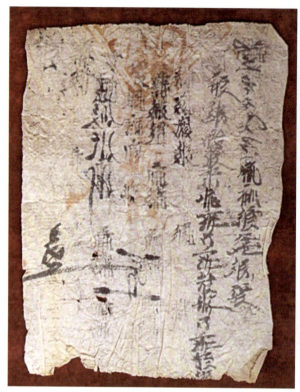

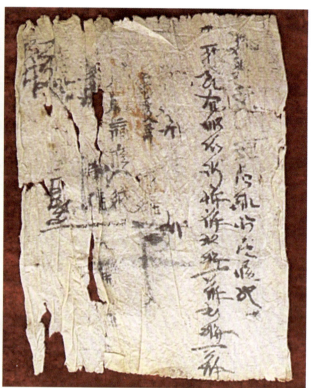

图 10-1　武威 G31.05［6730］乾定酉年纳　　　　　　　图 10-2　武威 G31.05［6731］乾定酉年
　　　　草捆文书"官"字号　　　　　　　　　　　　　　增纳草增捆文书"户"字号

时填写时间和缴纳数量等内容，形成了有印刷文字、有墨写文字的增缴草捆收据。①（图 10-1、图 10-2）

以上这两种印本填空的文书，都是西夏官府向农户收取粮、草的收据，本身即有很重要的文献价值。这类文书在基层收取粮、草时使用量很大，事先由官府雕版印刷，收粮、草即时填写使用。将印刷术用于这类社会文书中，格式固定化，用语规范化，统一规格，节省人力、时间，使用方便、快捷，是古代经济文书史上的一大进步。中国是雕版印刷术的发明国，雕版印刷于宋代达到繁荣。就其印刷术发达程度推想，宋朝也应有类似的社会文书方面印刷应用，但至今似未见到宋代在这方面的印刷实物。因此，这两件西夏的社会文书，或可视为最早的社会文书实用印刷品，在中国古代经济史和印刷史上，具有特别的文献和文物价值，值得珍视。

五、对复原西夏社会的贡献

众所周知，元朝修史时，修撰了《宋史》《辽史》《金史》，未修西夏史。在宋、辽、金史中虽有"西夏传"，但都很简约。在存世不多的汉文文献中，对西夏的记载多为朝代演化、军事纷争，以及西夏与宋、辽、金、回鹘、吐蕃的关系等，有关西夏社会方面的记录稀少。因西夏无"正史"，缺乏记载西夏社会各方面资料的"志"，如主要反映政治、经济、军事、法律的"职官志""食货志""兵志""刑法志"等。西夏社会历史文献的稀少，成为中国历史上的一项缺憾。这也是后世称

---

①宁夏大学西夏学研究中心、国家图书馆、甘肃武凉古籍整理研究中心编，史金波、陈育宁主编：《中国藏西夏文献》第 16 册，第 390—393 页。梁继红：《武威藏西夏文乾定酉年增纳草捆文书初探》，《西夏学》第十辑，上海古籍出版社，2014 年，第 21—27 页。

西夏为"神秘的西夏"的主要原因。

然而出土的大量西夏文献和文物填补了西夏资料稀少的缺陷，特别是一批西夏文社会文书使复原西夏社会成为可能。通过西夏社会文书的解析，西夏黑水城地区的社会图景显得越来越清晰，成为中国古代社会史研究的一大亮点。

黑水城出土的多种户籍、契约、社条文书等，证实800年前在黑水城一带居住着西夏的农民和牧民，多民族杂居，以番族（党项族）为主，也有汉族、羌族（藏族）、回鹘、契丹人，甚至还有远道而来的大食人。农民有自己的耕地，种植着麦、谷、大麦、糜、秋、豆类等。他们的耕地中有房院，养畜着马、牛、骆驼、羊等家畜，过着半农半牧的生活。穿着不同民族服饰的人，络绎往来，随处可见。一般人穿着帆布和汉布做的衣服，有钱人则有绢帛可穿。

根据西夏法律，每三年要进行户籍登记，其中有每户人口、财产详细情况的手实，也有简明户籍和户籍统计账。①从西夏法典和军籍文书可知，依据纳军籍法15~70岁的男性每年要进行军籍登记，登记以一个首领之下的"军溜"为单位进行，登记项目包括各军抄中正军、辅主等丁员的姓名、年龄、所配马匹、武器装备等，十分细致。黑水城属边境地区，每年六月一日要登记完毕，上交簿册。②

当地地广人稀，农民耕地不少，一年一熟，春种秋收。开春后农民忙着备耕，并依据土地多寡出役工修整渠道，同时准备春播的子种。当地农民多以顷、亩或撒多少种子的地计算耕地面积。这里的耕地靠黑水灌溉，渠道纵横，灌溉时依土地数量放日水、半日水或细水。农民按土地多少向政府缴纳水税。耕地多的富户雇佣耕地少、劳力多的农民为长工，双方订立雇佣合同。③

经过春夏的劳作，盼来了秋天收获的季节。秋收之时，人们忙着收获着各种粮食及草捆。秋收以后，农民要完粮纳税，车载畜驮，来往于途。④他们要向政府缴纳耕地租税，计量小监在收粮库门口收租粮，用印好的文书填写各户所缴粮食种类和数量，旁边有检视官员监察。收完租粮要付给缴粮农民收据。此外农民还要负担役工，缴纳草捆。缴纳草捆时也用印好的文书填写交草捆的时间和数量。黑水城农民还要缴纳数量不菲的人头税，这成为农民的又一沉重负担。这里的农民要向政府缴纳以农田计量的地租税和水税，以人口计量的人口税，这在中国历史上属于重税负担。

这里往往以物易物进行交易，买卖、借贷等皆以粮食计算价格和利息。有时也使用铁钱和铜钱，金、银也是流通的货币。交易之后有买卖税院的官吏收缴买卖税，登记钤印。⑤

这里基层有里、甲组织，与军事组织溜、抄相结合。汉族地区民间互助的社邑组织也在这里存在，被称作"会众"。家有疾病、丧事，会众带来粮食前来慰问。⑥

西夏有多种节日。新年仍然是群众最大的节日，要辞旧迎新。然而新年过后，即到了青黄不接的春季，一部分贫困农民在荒旱之年因缺粮要向富户或寺庙借贷口粮和种子粮。这里的各族人民多信仰佛教，但当他们向寺庙借贷时，寺庙也是用高利贷出借，利息一般是50%~100%，是名副其实的高利贷。⑦有的贫困农民不得已出卖自己的耕地或大牲畜，然后再租地、租大牲畜，寺庙在这一

---

①史金波：《西夏户籍初探——4件西夏文草书户籍译释研究》，《民族研究》2004年第5期。

②史金波：《西夏文军籍文书考略——以俄藏黑水城出土军籍文书为例》，《中国史研究》2012年第4期。

③史金波：《黑水城出土西夏文雇工契研究》，《中国经济史研究》2016年第4期

④史金波：《西夏农业租税考——西夏文农业税文书译释》，《历史研究》第2005年第1期。

⑤史金波：《西夏的物价、买卖税和货币借贷》，朱瑞熙、王曾瑜、姜锡东、戴建国主编：《宋史研究论文集》，上海人民出版社，2008年，第440—458页。

⑥史金波：《黑水城出土西夏文众会条约（社条）研究》，《西夏学》第十辑，上海古籍出版社，2014年，第1—10页。

⑦史金波：《西夏粮食借贷契约研究》，《中国社会科学院学术委员会集刊》第一辑，社会科学文献出版社，2005年，第186—204页。

过程中，通过贱买、贵租，往复盘剥，使农民逐渐走上失掉土地、牲畜的赤贫之路。[①]这一阶段，部分贫困农民在寺庙或富户等候着书写契约，准备在契约的当事人或证人下无奈画押。更有甚者，其最底层的奴隶、半奴隶状态的使军、奴仆无人身自由，被主人像牲畜一样买卖，孤苦无告。[②]

这里一直到西夏末期都处于西夏政府有效管辖之下，形成了数量可观的官、私文书。熟悉西夏文的先生（包括主簿）忙着书写各种文据。今天我们所能看到存留至今的西夏社会文书恐怕只是当时文书的一小部分。

西夏社会文书的发现和刊布，为历史文献缺乏的西夏学增添了新的资料库，催生了西夏社会文书学的诞生。这批社会文书使黑水城乃至西夏的社会生活变得鲜活而生动，使我们看到西夏社会越趋真实的场面。

这批西夏文书不仅对西夏社会研究具有重要意义，为补充中国历史上西夏社会的缺环作出了明显的贡献，而且因同时代宋、辽、金王朝与西夏有着密切的关系，具有整个时代的典型意义，特别是其中的一些文书在中国古代史上也是独特或稀见的珍品，也为中国史学提供了新的资料，作出了新贡献。

（原载《民族研究》2017年第5期，中国人民大学复印报刊资料《历史学》2018年第1期转载）

---

①史金波：《黑水城出土西夏文卖地契研究》，《历史研究》2012年第2期。史金波：《黑水城出土西夏文租地契研究》，《吴天墀教授百年诞辰纪念文集》，四川人民出版社，2013年，第87—106页。史金波：《西夏文卖畜契和雇畜契研究》，《中华文史论丛》2014年第3期。

②史金波：《黑水城出土西夏文卖人口契研究》，《中国社会科学院研究生院学报》2014年第4期。

西夏对中国印刷史的重要贡献

【摘　要】西夏王朝善于接受其他民族的优秀文化，继承和发展了中原地区的印刷事业，对中国印刷术的传播和发展作出了多方面的重要贡献：扩大了雕版印刷的使用地区，繁荣了中国西北部的印刷事业，开创了西夏文字雕版印刷，设置专门管理刻印的机构刻字司；存留有很多珍贵木雕版，丰富了早期雕版印刷实物；首创两种文字合璧雕印，开创草书文字印刷；继承并发展泥活字印刷，为中国发明活字印刷提供重要证据，并成功实践木活字印刷，使木活字印刷发明的时间提前一个多世纪；将印刷术用于基层社会生活，保存了最早的社会文书印刷品，使印刷技术更贴近日常生活；最早使用藏文雕版印刷，存有多种最早的藏文刻本古籍，同时应用回鹘文木活字印刷，保存有最早的字母活字。西夏时期境内的各民族互相交流，互相促进，在印刷领域互相借鉴交流，发展进步，充分体现出西夏在印刷领域对中华民族的重要贡献。

【关键词】西夏；印刷；雕版；活字版

宋辽夏金时期，科学技术高度发展，印刷事业繁荣。隋唐时期发明的雕版印刷，至宋代臻于完美，技术精良，印制了很多文献精品，还发明了活字印刷，使印刷事业达到新的高峰。

西夏（1038—1227年）提倡文化，重视教育，善于接受其他民族的优秀文化，继承和发展了中原地区的印刷事业，对中国印刷术的传播和发展作出了多方面的重要贡献。

一、扩大雕版印刷的使用地区　开创西夏文字雕版印刷

西夏王朝借鉴、接受中原王朝文化，学习中原地区科学技术，大力发展印刷业，雕版印刷达到很高的水平，具有很大的规模。

五代时期，西夏境内一些地区已经发展了刻印事业。如在敦煌发现的五代后晋时期的观音像和《金刚经》，就是当时归义军节度使、瓜州、沙州等观察使曹元忠发愿刻印的。[①]宋朝印刷中心除京师开封府外，主要在今浙江、四川、福建、江苏、江西一带，此外还有湖北、广东、广西、贵州等地。当时宋朝西北部地区战乱较多，印刷刻书事业凋敝落后。

近代出土了大量西夏文献，其中主要是1908—1090年，俄国探险队在黑水城遗址（今属内蒙古额济纳旗）掘获的数量惊人的文献，后来在西夏故地宁夏、甘肃、内蒙古等省区也出土了不少西夏时期的文献，其中不少是雕版印刷品。这些文献表明西夏积极汲取中原的传统文化，推动西北地区和中原地区之间的文化交流，重视雕版印刷的传承和推广，使中国的雕版印刷向西部扩展。首都

---

① 张秀民：《中国印刷术的发明及其影响》，人民出版社，1958年，第69页。

中兴府是西夏人文荟萃之地，成为中国西北地区最大的印刷基地。[①]

黑水城出土文献与敦煌石室发现的文献各有特点。黑水城文献中刻本数量巨大，在中国古文献传播史上，传抄时代绵延最久，敦煌文献主要展示了抄本中卷轴装形式的风貌。其中保存了中国早期唐五代宋初的印刷品，十分珍贵，但尚不是主流；从时代上与敦煌文献相衔接的黑水城文献，反映了雕版印刷的成熟并被广泛使用的进步形势。

西夏境内有汉人很多，他们的文化需求也相应较高。西夏时期刻印了很多汉文文献，其中以佛经居多：如惠宗天赐礼盛国庆四年（1073年）陆文政施印的《心经》，大安九年（1083年）大延寿寺刻的《大方广佛华严经》，天盛四年（1152年）刻印的《注华严法界观门》等。这些品种丰富、刻印精良的佛经是中国现存早期刻本佛经的遗珍。[②]（图1）

西夏刻本的印数多少不等，有的十分可观。西夏皇室出版印施佛经较多，往往在发愿文中记明印施数量，一般数量很大。乾祐二十年（1189年）西夏仁宗在大度民寺作求生兜率内宫弥勒广大法会时，在《观弥勒菩萨上生兜率天经》发愿文中记载"散施番汉《观弥勒菩萨上生兜率天经》一十万卷，汉《金刚经》《普贤行愿经》《观音经》等各五万卷"。所散施二十五万卷佛经当全是刻本。可见西夏雕版印刷总量很大，规模可观。[③]

西夏的印刷地点向西北部延伸到更远的地区。地处河西走廊中段的凉州（今甘肃省武威市），是西夏的辅郡，为西经略司、西凉府所在地，地位仅次于中兴府。西夏时期这里文化繁荣，儒学发达，佛学兴盛。乾祐二十四年（1193年）仁宗去世后，当年"三七"之时，西经略使在凉州组织大法会祭奠悼念，请工匠雕印、散施《拔济苦难陀罗尼经》西夏文、汉文2000余卷，证明此地有印刷场所和印刷工匠，发展了刻印事业。[④]

西夏推广雕版印刷，使这一地区印刷事业形成规模，精品迭出，将中国雕版印刷的使用范围扩大，为雕版印刷的推广、发展作出了显著贡献。

西夏重视主体民族党项族的文化，在建国初创制了记录党项族语言的文字（后世称为西夏文），并用西夏文翻译、传播中原地区的经书、史书、兵书、类书等著述，翻译了卷帙浩繁的佛经，同时也记录了本朝的历史文化。

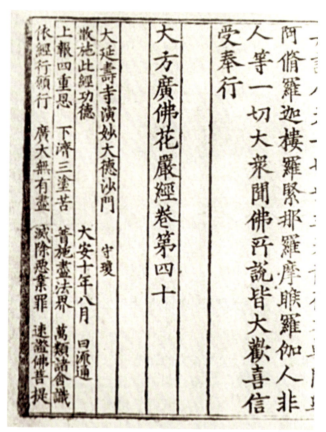

图1 俄罗斯藏黑水城出土汉文刻本《大方广佛华严经》卷第四十

①史金波：《西夏出版研究》，宁夏人民出版社，2004年，第107—112页。

②俄罗斯科学院东方研究所圣彼得堡分所、中国社会科学院民族研究所、上海古籍出版社编，史金波、魏同贤、克恰诺夫主编：《俄藏黑水城文献》第2册，上海古籍出版社，1996年，第317—325页。第4册，1996年，第242页、第250—295页。

③《俄藏黑水城文献》，第2册，第314—315页。

④俄罗斯科学院东方文献研究所手稿部藏黑水城文献 Инв.No.117。

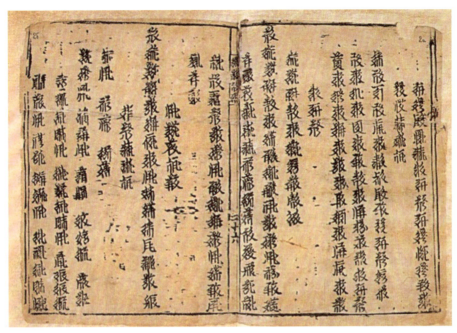

图2　俄罗斯藏黑水城出土西夏文刻本《天盛改旧新定律令》卷第十

印刷术的重要作用是能将文献化身千百，广为流传。西夏王朝为使西夏文文献在更大范围内流行，便在继承中原地区雕版印刷的基础上，大力发展西夏文文献的印刷，在中国印刷史上开创了少数民族文字印刷的先河。

现已发现的西夏文刻本有译自中原地区的经书《论语》，兵书《孙子兵法》《六韬》《三略》，史书《十二国》《经史杂抄》《贞观政要》，类书《类林》及劝世集《德行集》等。

更为重要的是西夏将很多本朝编写、记录自己历史文化的西夏文文献刻印出版，如国家法典《天盛改旧新定律令》（以下简称《天盛律令》），军事法典《贞观玉镜统》，记录官阶的《官阶封号表》，类书《圣立义海》，蒙书《三才杂字》，谚语《新集锦合谚语》，多种《诗歌集》，劝世文《贤智集》等，保留了大量西夏时期的原始资料。（图2）

西夏广泛流行佛教，刻印数量最多的是西夏文佛经。西夏从建国之初即将汉文《大藏经》译为西夏文，计有3600余卷，主要经典都有刻本，如《大般若波罗蜜多经》《金刚般若波罗蜜经》《妙法莲华经》《金光明最胜王经》《大方广佛华严经》《观弥勒菩萨上生兜率天经》《维摩诘所说经》《大智度论》《慈悲道场忏法》等。此外还有很多译自藏传佛教的经典，如《顶尊相胜总持功德依经录》《圣胜慧到彼岸功德宝集偈》等，还有《五部经》及一些诵持要门。西夏刻印出版的佛经中有显教经典，也有密教经典；有的译自汉文佛经，有的译自藏文佛经，也有的是西夏人自己编著的佛教著作。[1]

辽宋夏金时期，以契丹族为统治民族的辽朝创制了契丹文，以女真族为统治民族的金朝创制了女真文。后世也出土或发现了不少契丹文和女真文文献，但至今尚未见这两种民族文字的印刷品。目前发现的其他各种少数民族文字印刷品，均晚于西夏。西夏应用雕版印刷不仅大大提高了西夏文文献的使用、传播效用，还首先使少数民族文字进入雕版印刷序列，为后世留下了珍贵的少数民族文化遗产。

---

①史金波：《西夏社会》，上海人民出版社，2007年，第494—500页。

西夏在政府机构中专设掌管刻印事务机构——刻字司。中国历代各王朝中，西夏是唯一在中央政府机构中设置专主刻印事务"刻字司"的王朝，而不是将刻印事务附属于其他部门，这在中国出版史上是一个创举。这说明西夏不仅将印刷作为一种技术性很强的行业看待，而且提升到由政府直接管理的层次。

出土的西夏书籍有不少关于刻字司的记载。西夏文字书《音同》的跋文中记载"今番文字者，乃为祖帝朝搜寻。为欲使繁盛，遂设刻字司"①。"番文字"即西夏文。可见，西夏设刻字司的目的是繁荣以西夏文字为主的西夏书籍出版。西夏法典《天盛律令》卷十"司序行文门"中明确记载，西夏政府将刻字司列为五等机构中末等司的首位，并规定设两名头监。②刻字司作为西夏中央机构之一，当设在中兴府，这里应是西夏印刷出版的中心。

在西夏文刻本《诗歌集》的题款中有：乾祐乙巳十六年（1185年）刻字司头监、御史正、番学士末奴文茂等，刻字司头监、番三学院百法博士座主骨勒善源、执笔僧人刘法雨。③刻字司头监末奴文茂有御史正和番学士的职官称谓。在《天盛律令》中御史为次等司，学士"当与中等司平级"，可知西夏刻字司虽为末等司，但其主管官员还是高配职位官员。

在刻本西夏文文献中，很多是西夏刻字司刻印。有的有明确题款记载，如西夏文《类林》卷第四末有题款"乾祐辛丑十二年六月二十日刻字司印"④。《圣立义海》卷第一题款记"乾祐壬寅十三年五月十日刻字司更新行印刷"⑤。《西夏诗集》中《赋诗》《大诗》《道理诗》卷末皆记载上述刻字司头监末奴文茂等人的题款，《月月娱诗》卷末也有"乾祐乙巳十六年四月日刻字司属"的题款。⑥又上述刻本的刻工姓名与西夏文刻本《论语》《六韬》《三略》的刻工姓名互有重叠，这些刻工大约都是属于刻字司的匠人，因此以上几种经书和兵书的译文刻本书籍也应是刻字司刻印。（图3）

西夏仁宗前期刊刻出版、由皇帝批准颁行的《天盛律令》是西夏官修重要法典。宋代法律也是官修、官刻，不准私人刊印。推论《天盛律令》也是西夏刻字司受命镂版施印。

黑水城出土有西夏文刻本历书一纸，存光定甲戌四年（1214年）末尾和光定乙亥五年（1215年）历日序，序第一行译文为：

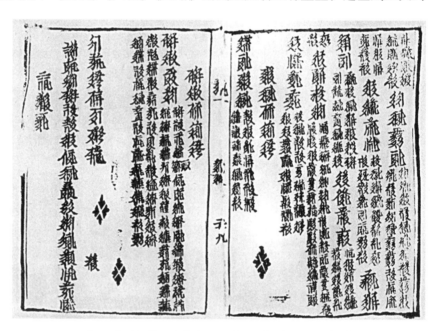

图3　俄罗斯藏黑水城出土西夏文刻本《圣立义海》卷第一刻字司题款

---

①史金波、黄振华：《西夏文字典〈音同〉序跋考释》，《西夏文史论丛》，宁夏人民出版社，1992年，第1—16页。

②史金波、聂鸿音、白滨：《天盛改旧新定律令》，法律出版社，2000年，第364、372页。

③《俄藏黑水城文献》第10册，1999年，第271页。

④《俄藏黑水城文献》第11册，1999年，第258页。

⑤《俄藏黑水城文献》第10册，第247页。

⑥《俄藏黑水城文献》第10册，第268、271、274、278页。

"大白高国光定五年乙亥岁御制皇光明万年具注历"①。这种皇家的御制历书，俗称"皇历"，历来不允许私人印制，应是由政府的刻字司印行。

西夏的刻字司，对西夏的刻印事业发挥了独特的重要作用，使西夏文与汉文的刻印比翼齐飞，达到高度发展水平。

二、存有大量珍贵早期木雕版　丰富了早期雕版印刷实物

中国发明了印刷术，形成了大量印刷品，不少早期珍贵印刷品留存至今，但早期雕版印刷的版片极少保存下来。印刷史学界和考古学界对早期雕版十分关注。因为雕版版片附带着特殊的重要印刷资料线索，如雕刊、补改、印制、版框、行次、栏线、木质、厚度、纹理，以及单面或双面印刷等，具有特殊的学术和文物价值。

存世的早期木雕版极为罕见，早期木雕版比早期印刷品更难见到。因为一种典籍的木雕版只有一种，而以此雕版印出的印刷品则可化为千百，甚至更多，历经千百年虽多数损毁，但因数量大还有部分侥幸存留，而版片因量少更易泯灭。此外，印刷后版片可保存以便再印，如果不再印刷，或刮削后雕刻其他典籍，或弃之而遭淘汰损毁。至今隋唐五代的木雕版尚未发现一片，被学界视为雕版印刷繁荣时代的宋朝，木雕版也寥若晨星。宋代雕版现仅存三片，1919年出土于河北省巨鹿县淹城遗址。②而其中文字雕版仅有一件，今藏于美国纽约市国立图书馆，为佛经雕版，推断时间约为宋大观二年（1108年）。另两件木雕版皆为绘画雕版，入藏中国国家博物馆。③

令人高兴的是，近代又发现了西夏时期的木雕版。黑水城遗址出土的文物中有西夏木雕版六块，现藏俄罗斯圣彼得堡爱尔米塔什博物馆。其中四块是西夏文字雕版。④这些西夏时期的木雕版，推断为12世纪遗物。西夏文雕版的发现使中国早期文字木雕版数量增加到五块，并为早期文字木雕版增添了新的文种。在四块西夏文雕版中，有三块非常完整，品相优良，另一块保存过半，其中X-2023号是《佛说长寿经》第一页的版片，首行为经名"佛说长寿经"，四周雕栏线，分左右两面，中间版口为细窄白口，无鱼尾，下部似有页码"一"字，每页两面，面五行，行九字。笔者曾赴俄考察，见其版片厚实，木质优良，纹理细密，系文字雕版的精品（图4）。

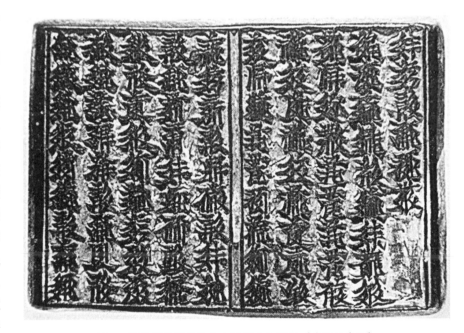

图4　俄罗斯藏黑水城出土西夏文木雕板《佛说长寿经》

①《俄藏黑水城文献》第10册，第143页。
②张树栋等著，李兴才审定：《中华印刷通史》，台北市印刷传播兴才文教基金会，2005年，第266页。
③胡道静：《雕版印刷的重要文物：宋雕版》，《中国印刷》1986年第14期。
④王克孝：《西夏对我国书籍生产和印刷术的突出贡献》，《民族研究》1996年第4期。

图5　宁夏宏佛塔出土西夏文木雕版《释摩诃衍论》卷第八

　　1991年，维修宁夏贺兰县宏佛塔时，在该塔天宫槽室中发现大批西夏文木雕版版片，更使人惊喜。这些木雕版全部过火炭化，变成易碎的残块，计有2000余块。其中最大的两块一块长13厘米、宽23.5厘米、厚2.2厘米；另一块长10厘米、宽38.5厘米、厚1.5厘米。这批西夏文木雕版多残损过甚，且为反字，更难以释读。笔者已译出其中五块分别为《释摩诃衍论》卷第二、第三、第五、第八、第十。《释摩诃衍论》共十卷，推断西夏时期已将汉文藏文翻译为西夏文，并以西夏文雕版印刷了全部10卷。①（图5）

　　西夏文木雕版中有的标明文献名称，有的可考出文献名称，有多种不同的版面和大小多种字号，是研究早期木雕版重要的实物资料。大量西夏文木雕版的发现和研究，改变了早期木雕版零星传世的局面，丰富了早期雕版印刷实物，是中国印刷史上的重大收获。

三、首创两种文字合璧印刷　开创草书文字印刷

　　为加强西夏主体民族党项族和汉族之间的文化交流，西夏还编纂、刻印了西夏文和汉文语汇集《番汉合时掌中珠》。此书为西夏仁宗乾祐年间党项人骨勒茂才编撰，是西夏党项人和汉人互相学习对方语言、文字的工具书。该书序言强调：

　　　　然则今时人者，番汉语言，可以具备。不学番言，则岂和番人之众；不会汉语，则岂入汉人之数。②

　　显然编纂、刻印此书的目的是便于西夏的两个主要民族互相学习语言、文字，以便加强交流。在西夏，由于各民族密切交流的需要，双语教学显得不可或缺。此书出版后又修订再版，在宁夏银川、甘肃敦煌莫高窟也出土该刻本残页，可见其流传广泛。③

　　此书每一词语都有西夏文、相对应的汉文、西夏文字的汉字注音、汉文的西夏文字注音四项。中间的两行西夏文和汉文主词字体稍大，两旁注字较小，主次分明。这样使掌握母语的党项人或汉

---

　　①史金波：《中国早期文字木雕版考》，《浙江学刊》2012年第2期。
　　②[西夏]骨勒茂才著，黄振华、聂鸿音、史金波整理：《番汉合时掌中珠》，宁夏人民出版社，1989年，第5页。
　　③《俄藏黑水城文献》第10册，第1—37页。

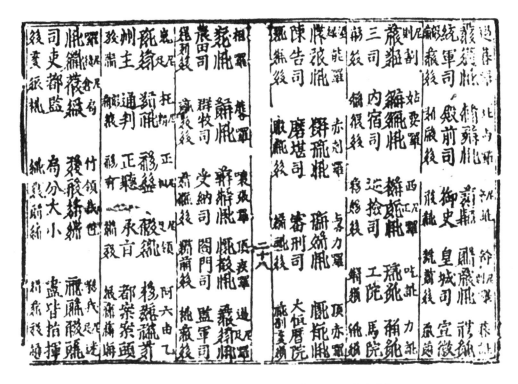

图6　俄罗斯藏黑水城出土刻本《番汉合时掌中珠》

人都可以借助母语文字的媒介，顺利地学习另一种非母语的语言和文字。此书内容丰富，几乎囊括了多数常用社会词语，在双语交流时很实用。不难看出，这是一部嘉惠番、汉民众的通俗识字书，又是当时便于查找和学习番、汉文字、语言的辞书，也可以是本民族学习文字、掌握当时实用文字用语的入门书籍。编辑、印刷这样实用的书籍，在党项人、汉人之间架起了相互沟通文化的桥梁。

此书是国内外最早的双语双解词典，是首次将两种民族文字雕刊、印刷在同一版面上的成功实践，生动地体现出历史上中华民族内不同民族文化上的密切交往和互动。这一重要文献显示出西夏独创性的编辑能力，也展示出在西夏首创双文种的印刷技术，在中国辞书编辑史、印刷史上具有重要地位。（图6）

已发现的西夏文文献中，除楷书、行书、篆书外，还有草书文献，特别是在黑水城出土西夏文文献中，发现了大量草书社会文书，其中有律条、户籍（手实）、军籍、各类账册、多种契约、社条、书信、告牒、药方和历书等。这与汉族地区使用汉文草书情况相似。大量使用草书是文字广泛应用的体现，也是文字成熟的重要标志。

西夏文草书和汉文草书一样，在实际书写中需要快捷、速成时，设法使笔画简约、省略，便自然地产生了草书字体。在基层村社逐户登录户籍或军籍时，需要边问边写；在书写契约等文书时，需要各方当事人在场即时写就；在抄写书籍、佛经时，也会使用便捷的草书。

用西夏文书写的大量草书文献，对西夏文草书的认识有了新提升。西夏文草书往往用于与百姓经济生活休戚相关的生老病死、衣食住行方面，使用频率很高。西夏文草书的释读和研究难度更大，是西夏文献解读的前沿课题，近年取得了不少进展。①

近来，一部新发现的西夏文刻本《择要常传同名杂字序》，引起学术界重视。此书为国内外孤

①史金波：《略论西夏文草书》，《西夏学》第十一辑，上海古籍出版社，2015年，第7—20页。

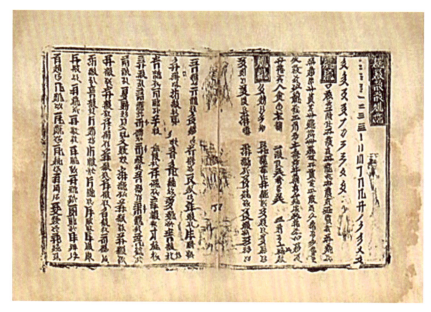

图7-1　西夏文刻本《择要常传同名杂字序》中
有草书的页面

图7-2　局部：楷书与
草书对照

本，其中有两页记录了西夏文字的"字母"和偏旁，在偏旁下先列出楷书代表字，并在其下刻印出相应的草书字，形成了刻本草书字体。这批刻本草书字不是个别字，共有224个字，而且都是常用字，这就对西夏文草书做了规范，树立了标杆。（图7-1、图7-2）

草书简约连笔，屈曲弯转，便于书写，但难以刻印。西夏人克服了雕印草体字的困难，将笔画连体简约、婉转灵动的西夏文草书雕刻印刷，成功地完成了表意方块字草体的雕印。

汉字的草书形成、流行甚早，雕版印刷发明后，刻本书籍皆为楷书，至今未见古代汉文草书刻本。此雕版印刷的西夏文草书，是中国现存最早的刻本草书，开创了中国草书雕版印刷的先河，为中国草书发展史和印刷史提供了新资料，具有填补空白的特殊学术价值。

四、继承并发展泥活字印刷　成功开创木活字印刷

北宋时期，沈括在其所著《梦溪笔谈》中，记录了当时毕昇发明活字印刷之事，言之凿凿。①然而11—13世纪的活字印刷实物，包括活字和活字印刷品，竟未能保存下来。前些年，一些国外的专家质疑中国活字印刷的发明，也往往以此为口实。近30年来，在出土的西夏文献中先后发现了多种活字印刷文献，为中国发明活字印刷术提供了过硬的证据。

1987年5月，在甘肃省武威市亥母洞遗址出土了一批西夏文文献、唐卡等文物。其中印本西夏文《维摩诘所说经》（下卷）具有泥活字版特点：其中一部分字笔画不流畅，边缘不甚整齐，画端圆钝，失却笔锋，笔画有断残。泥活字虽经烧制，质地较坚固，但在使用中会有磕碰破损，特别是多次印刷反复使用，使得笔画破损更明显。另从版面看有的行列不直。这是早期泥活字大小不一、印刷行间无夹条、聚版难以紧凑平直的缘故。②俄罗斯所藏黑水城出土文献中有西夏文活字本《维

---

① ［宋］沈括著，胡道静校证：《梦溪笔谈校正》，卷18"技艺·板印书籍"条，中华书局，1957年，第597—598页。

② 孙寿岭：《西夏泥活字版佛经》，《中国文物报》1994年3月27日。史金波：《西夏文〈维摩诘所说经〉——现存最早的泥活字印本考》，《今日印刷》1998年第2期。牛达生：《西夏文泥活字印本〈维摩诘所说经〉及其学术价值》，《中国印刷》2000年第12期。梁继红：《武威出土西夏文献研究》，社会科学文献出版社，2015年，第33—49页。

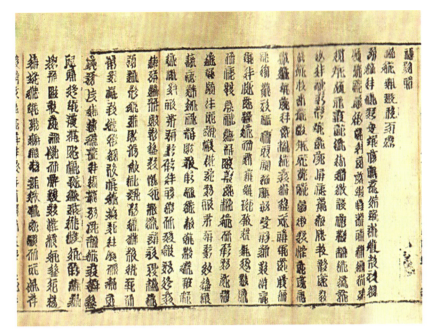

图8　武威博物馆藏亥母洞出土西夏文泥活字版《维摩诘所说经》

摩诘所说经》上中下三卷（图8）。①

内蒙古考古队1983—1984年对黑水城遗址进行系统考古发掘，出土了大量文献、文物，其中具有泥活字本特征的残片有170多片，也显示出用泥活字印刷的特质。②

敦煌研究院于1988—1995年，对莫高窟北区洞窟进行了全面考古发掘，出土不少文献文物，其中包括一批西夏文文献。③内中发现多种活字印本，如《诸密咒要语》等。此外还发现有10多件残页，一些文字笔画有残断现象，个别文字有气眼，这些也是泥活字印本所具有的特点。

国家图书馆2002年修复馆藏宁夏灵武出土的西夏文文献时，发现西夏文《现在贤劫千佛名经》背面有裱糊用纸，为西夏文泥活字印本《大方广佛华严经》卷第五十一2面、卷第七十一44面。④经鉴定也属泥活字印刷品（图9）。

宁夏文物考古研究所2005年考察贺兰山东麓山嘴沟石窟时，发现了一批西夏文献，其中有写本、刻本，也

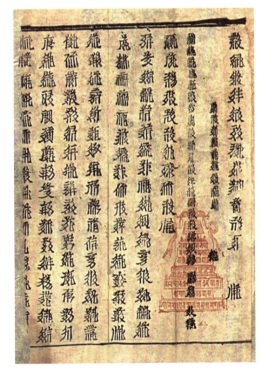

图9　国家图书馆藏宁夏灵武出土西夏文泥活字版《大方广佛华严经》卷第七十一

①《俄藏黑水城文献》第24册，第18—35页。

②宁夏大学西夏学研究中心、国家图书馆、甘肃武凉古籍整理研究中心编，史金波、陈育宁主编：《中国藏西夏文献》第17册，甘肃人民出版社，敦煌文艺出版社，2005年，第201—238页。

③史金波：《敦煌莫高窟北区出土西夏文文献初探》，《敦煌研究》2000年第3期，第1—16页。彭金章、王建军：《敦煌莫高窟北区石窟》第1、2、3卷，文物出版社，2000年、2004年。

④《中国藏西夏文献》第6册，第293—316页。

有活字印本。其中《妙法莲华经要集义镜疏》第八卷末有6行带有活字印刷分工题款，记录了参与印刷该经的人名及分工情况，包括校印面者、选印字者、平印面者和印刷者，这是中国活字印刷史上又一重要发现。此经与同时发现的《圆觉注之略疏》字体不工整，笔画钝拙，横竖不水平、垂直，缺笔少画，且有断笔，文字墨色浓淡不一，个别文字带有气眼，显示出泥活字印刷的特点。①

宋朝毕昇发明活字印刷后，南宋绍熙四年（1193年）名臣周必大曾用毕昇之法做泥活字印刷。他在写给朋友程元诚的信中记载："近用沈存中法，以胶泥铜版移换摹印，今日偶成《玉堂杂记》二十八事。"②所谓"用沈存中法"，即使用沈括所记毕昇发明的活字印刷法。但周必大《玉堂杂记》的泥活字印本也没有保存下来。宋元时期印刷事业十分发达，雕版印刷品已经做得十分纯熟精美，对印刷品要求很高。泥活字印刷尽管开始了印刷术的创新，但在印刷质量上尚未尽如人意。因此，尽管泥活字印刷成本低廉，刻字、印刷容易，但并没有得到广泛应用，活字印刷未成为主流。

西夏吸收了中原地区的活字印刷技术，不避简朴粗疏，使泥活字印刷有了较多的实践机会，留存下多种泥活字的重要实物，使我们得以目睹活字印刷术发明不久后的活字印刷品，为中国发明泥活字印刷提供了有力证据，澄清了过去的怀疑和模糊认识，以"实物历史记忆"的形式维护了中国首创活字印刷的地位。

西夏使用活字时间大约在12世纪中叶—13世纪初，从使用时间上填充了中国印刷术西传中两个世纪的过渡时期，从地域上由中原地区向西推进了2000多公里。

西夏不仅继承、使用泥活字印刷，还首创木活字印刷。毕昇发明泥活字印刷时，也实验了木活字印刷，但没有成功。沈括在《梦溪笔谈》中记载了毕昇泥活字的成功过程，也如实说明毕昇实验木活字印刷未成功的事实：

不以木为之者，木理有疏密，沾水则高下不平，兼与药相粘，不可取。③

过去认为自此两个多世纪后，元代农学家王祯才发明了木活字印刷。元大德二年（1298年）王祯用木活字印刷自撰的《农书》，并在《农书》卷尾附"造活字印书法"一文。④

近代出土的西夏文献证明，在距毕昇实验木活字一个多世纪后，西夏在继承中创新，成功地开创并熟练地应用了木活字印刷。这就将过去所定木活字印刷发明的时间提前了一个多世纪，改写了木活字印刷史。西夏的木活字印刷已经达到很高的水平，印刷质量也超过了泥活字印刷。

近些年来，西夏木活字印刷品不断被识别、鉴定，比如黑水城出土的西夏文《三代相照言集文》（图10），从书中字形、行款、透墨、补字等方面分析都具有活字印本的特点。最重要的是发愿文末尾有三行题款，译成汉文是："清信发愿者节亲主慧照，清信相发愿沙门道慧，活字新印者陈集金。"⑤发愿文题款不像其他刻本书籍题款那样，记载发愿者、书写者和雕刊者的名字，而是明确记载"活字新印者"，确证为活字印刷。题款中记慧照身份是"节亲主"，系皇族。"节亲主"这一称谓为西夏专有，证明这部活字版书籍成于西夏时期。

---

①孙昌盛：《贺兰山山嘴沟石窟出土西夏文献初步研究》，沈卫荣、中尾正义、史金波主编：《黑水城人文与环境研究：黑水城人文与环境国际学术讨论会文集》，中国人民大学出版社，2007年，第571—603页。
②[宋]周必大著，王蓉贵、[日]白井顺点校：《周必大全集》第3册，四川大学出版社，2017年，第1877页。
③[宋]沈括、胡道静校证：《梦溪笔谈校正》卷18，"技艺·板印书籍"条，第597页。
④[元]王祯：《农书》，农业出版社，1987年。书末"造活字印书法"。李致忠：《历代刻书考述》，巴蜀书社，1990年，第374—378页。
⑤俄罗斯科学院东方文献研究所手稿部藏黑水城文献Инв.No.4166号。

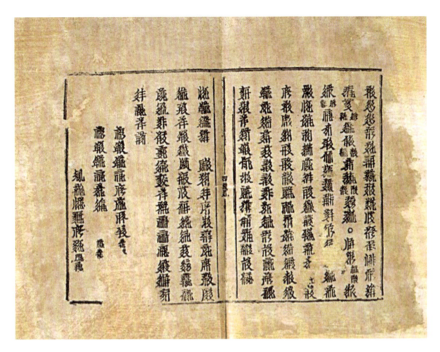

图 10　俄罗斯藏黑水城出土西夏文木活字版
《三代相照言集文》卷末题款

　　1991年从宁夏拜寺沟方塔废墟中清理出一批西夏文物，其中有西夏文佛经《吉祥遍至口合本续》9册。[①]此书具有典型的活字版特征，还有因活字排版不慎造成的倒字现象，其中很多页在文字两行之间有竖线，系木活字印刷时为固版和行次平直的需要使用的夹条印纹。这是木活字印刷体量最大的早期珍贵实物，是中国64件禁止出国展出的国宝级文物之一。敦煌研究院在莫高窟北区洞窟发现多种西夏文献，其中也有很成熟的木活字印本。[②]

　　从已经发现的活字印刷品来看，在西夏木活字印刷水平更高，质量更好，所印的品种更多。这些珍贵文献都是最早的木活字印刷品，是研究古代早期活字印刷最重要的资料。

　　西夏发现的多种活字印刷品中，具有泥活字印刷特点的文献带有活字印刷初期的局限性，质量显得一般，有的有明显的缺陷，如版面不整，行次不直，字迹不清，深浅不一等；而具有木活字印本特点的印刷品质量虽也参差不齐，但活字印刷技术已比较成熟，很多印刷品质量上乘，表现出高超的印刷工艺，在活字印刷史上占有重要地位。（图11-1、图11-2）

五、将印刷术用于基层社会　使印刷技术更贴近日常生活

　　目前所见中国古代印刷品多是社会上常用的经学、史学和文学之类的古籍，以及宗教经典等，而反映社会大众生活的文献很少。因为这类文献中的账目、契约多是写本，而历书等虽有刻本，一般过时便显得无用，因此留存下来的十分稀少。这类文献对研究古代社会具有特别重要的学术价值。

　　1989年甘肃武威亥母洞遗址出土了一批西夏文社会文书，其中有两页为印本填空形式。两页文书中各有刻本印字5行，为固定格式的"乾定年月日"，以及库守、簿记、库监等名称。其他文字

　　①宁夏回族自治区文物考古研究所、宁夏回族自治区贺兰县文化局：《宁夏贺兰县拜寺沟方塔废墟清理纪要》，《文物》1994年第9期。牛达生：《西夏文佛经〈吉祥遍至口和本续〉的学术价值》，《文物》1994年第9期。
　　②史金波：《敦煌莫高窟北区出土西夏文文献初探》，《敦煌研究》2000年第3期。

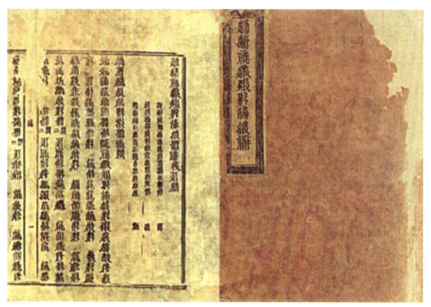

图 11-1 宁夏文物考古研究所藏西夏文木活字　　　　　　图 11-2 局部其中一页的
版《吉祥遍至口合本续》　　　　　　　　　　　　　　　"四"为倒字

为手写，其中第 1 页正面左上角有一墨写西夏文大字羰，汉译为"官"字，为官藏页。第 2 页正面左上角有一墨写西夏文大字靫，汉译为"户"字，为民户留存页。"官"字号文书始写两行西夏文草书，内容为里溜头领姓名和一户主增缴草捆的数量。两件文书开始的两行内容都是记载一名为没细苗盛的"里溜"头领管辖下的西夏农户，向官府增交草捆的数量和种类。在文书中印字"乾定"和"年"之间填写西夏文草书"酉"。此件为西夏乾定酉年（1225 年）填写，应为当年增纳草捆文书。这样的印本可以多年使用。文书中所印文字为事先雕版印刷，在增缴草捆登记时，再填写头领的名字、缴草捆者的名字、缴纳数量，以及缴纳时间等内容，形成在印刷文字的页面上即时手书填写的增缴草捆凭据。[1]（图 12-1、图 12-2）

　　无独有偶，藏于英国的黑水城出土西夏文文献 Or.12380-2349（k.k.）为两面填字的刻本社会文书残页。[2]其中一面第一行刻印西夏文译为"今自文……"；第二行前三字不清，后墨书填写西夏文译为"利限大麦……"；第三行为刻印西夏文译为"天盛"，其下墨书填写西夏文草书二字译为"二十"，再后一字是刻印文字，译为"年"；第四行刻印西夏文四字，译为"司吏耶奴"；第五行字迹残甚。另一面首行刻印文四字，前三字对译为"量面头"，第四字可据补为"监"字，四字译为"计量小监"，下有墨书画押。（图 13）

　　西夏法典《天盛律令》对"计量小监"的职责有记载：

　　　　纳种种租时节上，计量小监当在库门，巡察者当并坐于计量小监之侧。纳粮食者当于簿册依次一一唤其名，量而纳之。当予收据，上有斛斗总数、计量小监手记，不许所纳粮食中入虚杂。[3]

　　①《中国藏西夏文献》第 16 册，第 390—393 页。梁继红：《武威藏西夏文乾定酉年增纳草捆文书初探》，《西夏学》第十辑，上海古籍出版社，2014 年，第 21—27 页。
　　②西北第二民族学院、上海古籍出版社、英国国家图书馆编纂，谢玉杰、吴芳思主编：《英藏黑水城文献》，第 3 册，上海古籍出版社，2005 年，第 80 页。此二图版为作者在英国国家图书馆拍摄。
　　③史金波、聂鸿音、白滨：《天盛改旧新定律令》，第 513—514 页。

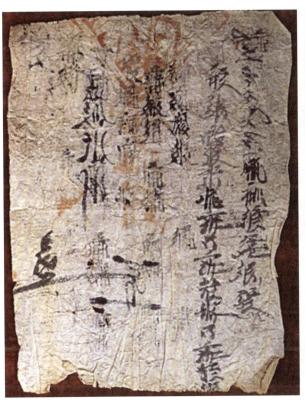

图12-1　武威博物馆藏亥母洞出土乾定乙酉年
增纳草捆文书"官"字号

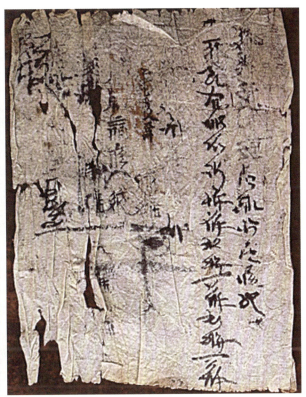

图12-2　"户"字号

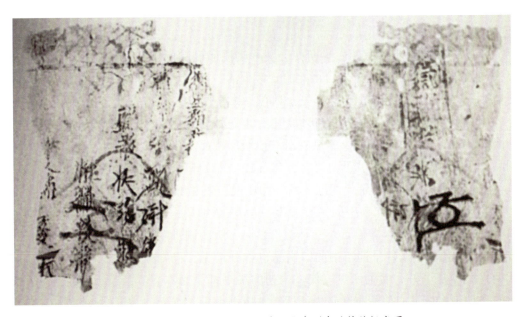

图13　英国藏黑水城出土天盛二十年刻本纳粮收据残页

　　可见计量小监是在基层收纳租粮的官吏，在向农户收租粮后，要给予收据。收据上有粮食总数、计量小监手记。文书中的"利限"一词，在《天盛律令》中多次出现，是指农户缴纳给政府的租税等负担。《天盛律令》中第16卷专设"农人利限门""催缴利限门"，各门下分列相关条目，可

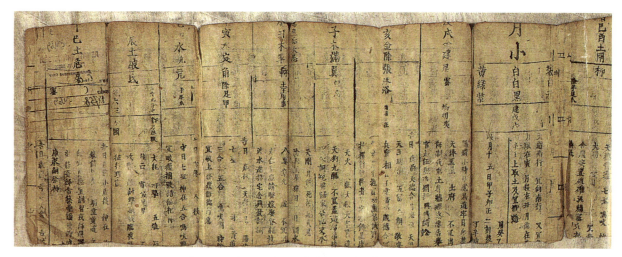

图 14-1 俄罗斯藏黑水城出土西夏活字本汉文历书

惜原文残失，但保留下全部条目的题目。其中"农人利限门"含17条，"催缴利限门"含2条，皆与缴纳农业租税有关。《天盛律令》其他一些卷次的条款中也有关于利限的规定。[①]文书中"利限"下写"大麦"，可知缴纳的粮食为大麦。"司吏耶奴"中的"司吏"为负责收税的官吏，"耶奴"是党项族姓氏，后名字残。在这一地区负责收税的司吏是固定的，因此也雕印在文书中，避免每件手写。这件文书有计量小监、纳粮食种类、时间、司吏等内容，可定为"天盛二十年（1168年）纳粮收据"。这又是一件有重要文献价值的印本社会文书，比上述增纳草捆文书还要早半个多世纪，系最早的社会文书印刷品，在经济史和印刷史上具有特别的文献价值。

西夏官府向农户收取粮、草的印本填空文书，在基层收取粮、草时使用量很大。将印刷术用于这类社会文书中，格式固定，用语规范，规格统一，填写时节省人力和时间，操作方便、快捷，是经济文书发展上的一次进步。这两件早期社会文书实用印刷品的小残页，若置于历史的大视野中看，可以表明西夏印刷技术更贴近寻常百姓的日常生活，注入了更多的社会情愫，在中国古代经济史和印刷史上具有特殊重要价值。

此外，俄藏黑水城文献中有表格式印本历书，也属社会常用文书，其中既有汉文文献，也有西夏文文献；既有雕版印刷品，也有活字印刷品。活字版汉文历书为《西夏光定元年（1211年）辛未岁具注历》，是现存最早的有确切年代的汉文活字印刷品。其中Инв.No.5469号第2竖行"吉日"二字中的"日"字、14竖行九月一日栏下"白虎"二字中的"白"字倒置。文字倒置是活字版印刷排字疏忽造成的特殊现象。[②]这种早期历书的印刷品也十分稀见，已知出土唐代两件刻本历书外，目前所见五代、宋初的历书都是写本。西夏出土的多种刻本历书亦属稀有文献，而活字本历书也更是绝无仅有。（图14-1、图14-2）

图 14-2 局部：第14行
"白"字为倒字

上述无论是增缴草捆收据、纳粮收据还是历书，都是使用量很大的社会文书，这正能发挥印刷术可大批量复制的长处。

[①]史金波、聂鸿音、白滨：《天盛改旧新定律令》，第531页。
[②]《俄藏黑水城文献》第6册，彩图九。史金波：《黑水城出土活字版汉文历书考》，《文物》2001年第10期。

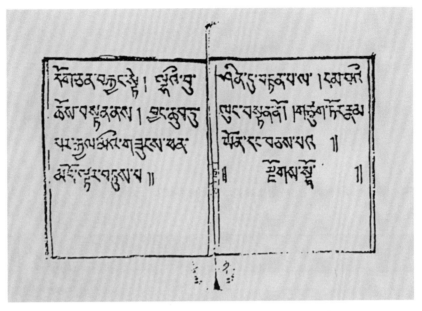

图15　俄罗斯藏黑水城出土藏文刻本《胜相顶尊
总持功德依经录》

六、最早使用藏文雕版印刷　应用回鹘文木活字印刷

西夏是一个多民族王朝，境内除党项族、汉族外，还有藏族、回鹘族等，他们都有悠久的历史，发达的文化。

藏族在7世纪时已经创制了记录本民族语言的文字，并形成了很多文献。敦煌石室中了很多藏文文献，但未见印本。对于藏文文本文献，有不同的提法。过去一般认为明代永乐八年（1410年）在南京刻印的藏文大藏经，是最早的藏文刻本。

我们在圣彼得堡俄罗斯科学院东方文献研究所整理黑水城出土文献时，发现其中有多种藏文刻本，其中有《胜相顶尊总持功德依经录》和《般若经》等经。[①]《胜相顶尊总持功德依经录》未用藏文书籍传统的梵夹装形式，而是借鉴中原的蝴蝶装形式，开创了藏文书籍新的装帧形式。据著名藏学家黄明信先生鉴定，此经有古藏文特征（图15）。从其文字形式、装帧形式都可确定这些刻本佛经属西夏时期，在12—13世纪初。[②]

这些文献是目前所知最早的藏文刻本，使藏文何时开始使用雕版印刷问题有了新的答案。上述藏文刻本文字精细，雕刊精致，印刷精美，是很成熟的印刷品。它不仅反映了当时藏族文化发展的程度，还因发现于境内有大量藏族居民的西夏地区，以及其采用中原地区当时流行的蝴蝶装形式，更突出地反映出汉族、党项族和藏族之间的文化互动和借鉴，具有特殊重要的价值。

敦煌莫高窟北区石窟中先后发现了1000余枚回鹘文木活字，其中960枚为法国人伯希和早年发现，今藏法国吉美博物馆。近年敦煌研究院清理北区石窟时，又在建于西夏时期的第464窟中发现了回鹘文木活字。[③]这些木活字应属于12世纪晚期—13世纪前期，即敦煌属于西夏的时期。使用这

①俄罗斯科学院东方文献研究所手稿部藏黑水城文献XT-40、63、65、67、68、69号。
②史金波：《最早的藏文木刻本考略》，《中国藏学》2005年第4期。
③史金波、雅森·吾守尔：《中国活字印刷术的发明和早期传播——西夏和回鹘活字印刷术研究》，北京社会科学文献出版社，2000年，第87—89页。

图 16 敦煌研究院藏莫高窟北区石窟出土回鹘文木活字

图 17 法国吉美博物馆藏敦煌莫高窟北区石窟
出土回鹘文木活字

些活字印刷回鹘文献的人，应是西夏境内的回鹘人。西夏灭亡以后，敦煌地区的回鹘已经衰落，就其政治、文化和宗教状况已无可能在敦煌印刷回鹘文佛经。因此这批回鹘文木活字当为世界上现存最早的木活字实物。不仅如此，对这些活字研究表明，其中包含了字母活字，是世界上现存最早的、含有最小语音单位的活字实物，开创了使用字母活字的先河。（图 16、图 17）

　　西夏作为多民族王朝，不但将印刷术用于主体民族党项族文字、使用人数多、文化传统深厚的汉字，还用于处于西夏西部的藏族和西北部回鹘的印刷，反映出西夏时期境内的党项族、汉族、藏族、回鹘族等各民族互相借鉴、互相促进的史实，在当时中国领先世界的印刷领域深度交流，互相借鉴，发展进步，屡屡创新，谱写出时代的印刷弦歌，在印刷术的传承、发展方面对中华民族作出了重要贡献。

（原载《中国史研究》2020 年第 1 期）

论西夏的中国的认同

【摘　要】西夏与同时代的宋、辽、金三个王朝一样，对中国表现出高度认同。从传统历史文献中证实，西夏攀附元魏，追认唐朝，以宋、辽为宗主国，尊称宋朝为"大汉"，以唐尧、汉祖为榜样。近代出土的西夏文献记录了西夏对中原王朝不同场合以民族、地域方位或朝代名称呼，都反映出在中国内部各王朝共存的现实，同时显示出西夏对外自量、境内自尊的心态。西夏对古代中国帝统的认可，证明自认为是中国历史的继承者之一。西夏对中国传统文化多方面地学习、继承，更表现出对中国的高度认同：尊崇儒学，实行科举；继承中华法系，仿效中原官制；继承德运传统，设置年号、尊号等；借鉴汉文创制西夏文，翻译中原典籍和佛经；学习中原文学艺术、礼仪习惯；弘扬中原科学技术等。西夏淡化"华夷"界限，把党项族纳入"中华"范畴。辽夏金对中国的认同加强了民族间的大融合，为元朝以中华正统身份承袭中国做了思想、理论和实践的准备，打下了高度认同中国的厚重基础。

【关键词】西夏；中国认同；文化认同；西夏文献

西夏作为11—13世纪中国的一个王朝，处于中国多个王朝并立的特殊时代。这一时期西夏先是与北宋、辽朝鼎立，后与南宋、金朝对峙，同时它又分别是宋、辽、金的属国。当时四个王朝都自认为是中国的一部分，是中国的继承者，是中华文化的继承者。传统的汉文文献和近代出土的西夏文文献、文物，都可证实西夏对中华的认同。

一、西夏自身作为对中国王朝的体认

西夏第一代皇帝元昊于宋宝元元年（1038年）十月十一日郊坛备礼，称帝立国，自称大夏国。3个月以后，元昊即派使臣向宋朝上表：

> 沿边七州，悉差肩而克。父德明，嗣奉世基，勉从朝命。真王之号，凤感于颁宣；尺土之封，显蒙于割裂。臣偶以狂斐，制小蕃文字，改大汉衣冠。衣冠既就，文字既行，礼乐既张，器用既备，吐蕃、塔塔、张掖、交河，莫不从伏。称王则不喜，朝帝则是从。辐辏屡期，山呼齐举。伏愿一域之土地，建为万乘之邦家。于时再让靡遑，群集又迫，事不得已，显而行之。遂以十月十一日郊坛备礼，为世祖始文本武兴法建礼仁孝皇帝，国称大夏，年号天授礼法延祚。伏望皇帝陛下，睿哲成人，宽慈及物，许以西郊之地，册为南面之君。敢竭愚庸，常敦欢好。鱼来雁往，任传邻国之音；地久天长，永镇边方之患。至诚沥恳，仰俟帝俞。谨遣弩涉俄

疾、你斯闷、卧普令济、鬼崖妳奉表以闻。①

此表章突出地显示出西夏与中原王朝的微妙关系。元昊开宗明义，首先提出自己的祖先是中国古代王朝北魏的皇帝，自己的先祖还帮助唐朝，受封皇姓，以此来证明自己称帝的正当性与合法性。然后要求宋朝割给西部土地，颁封自己为夏主，册为南面之君。表中谦称本国为"小蕃"，尊称中原王朝为"大汉"。元昊虽已称帝，但因力量尚弱，只能委曲求全，仍称宋仁宗为"皇帝陛下"，自己称"臣"，并谦卑地表示"仰俟帝俞"。表章中明确其国名为"大夏"，申明尊号、年号，这样就改变了原来与宋朝的纯粹君臣关系，与宋朝变为"任传邻国之音"的邻国。元昊割裂宋朝西部土地建国，希望在认可宋朝宗主国的前提下，得到首肯。表章中的文字在特殊的语境下既有外交辞令的技巧，话里话外也有自尊与自量相混杂的心态表达。

地处中原地区的宋朝自认为是中国的正统继承者，以"中国"自居。宋朝自然不会答应元昊的要求，对元昊称帝反映强烈，对之削爵号，断往来，甚至悬赏追杀。后来宋、夏双方摩擦和战争不断。宋康定元年（1040年）宋与西夏战于三川口（今陕西延安西北），宋军大败，致使关辅震动，宋命韩琦、范仲淹为陕西经略安抚招讨副使，以加强防御力量。范仲淹整顿军旅，提高了宋军素质和作战能力。他认为对西夏应剿抚并重，主张与元昊讲和。而元昊也不想继续打仗。于庆历元年（1041年）遣人向宋求和。擅长笔墨的范仲淹复信元昊，以精彩的笔触苦口婆心地劝元昊不要用兵，应臣服宋朝，同时又给元昊出了一个维系主从关系的主意："如众多之情，三让不获，前所谓汉唐故事，如单于、可汗之称，尚有可稽，于本国语言为便，复不失其尊大。"②同时提出"朝廷以王者无外，有生之民，皆为赤子，何蕃汉之限哉！何胜负之言哉！"的重要主张。此书信暗示元昊，若非当皇帝不可，可以用本民族语言立至尊至大之称，但要避免汉文"皇帝"二字。这是范仲淹深谙西夏实力和元昊称帝决心后，不得已出此既要羁縻西夏又认可元昊曲线称帝之策。实际上元昊在即位之初自称"兀卒"就是耍的这套把戏。

宋庆历三年（1043年），双方结束兵戈抢攘，达成和解协议。翌年立誓盟，史称"庆历和盟"。元昊称"男邦泥定国兀卒上书父大宋皇帝"③。"兀卒"是西夏语音，即"皇帝"意。元昊既要应付宋朝，在自称中不出现汉字"皇帝"的字眼，又以西夏语暗藏皇帝名号，以文字把戏摆脱尴尬地位。宋仁宗下诏回复，同意双方和解：

> 朕临制四海，廓地万里，西夏之土，世以为胙。今乃纳忠悔咎，表于信誓，质之日月，要之鬼神，及诸子孙，无有渝变。申复恳至，朕甚嘉之。俯阅来誓，一皆如约。④

同时宋朝赐给西夏银、绢、茶皆数以万计，并赐金涂银印"夏国主印"，约称臣，奉正朔，许自置官属。尽管文字上依然显示出睥睨四方、君临万国的气势，但不得不承认元昊"帝其国中自若"的实际状态。这样在中国境内，宋、辽、西夏三朝并立的局面便延续下来。

在元昊称帝前，于首府兴庆府（今宁夏回族自治区银川市）大兴土木，修建佛舍利塔，葬佛舍利。塔修成后镌刻《大夏国葬舍利碣铭》以记其盛事。该碣石末记"大庆三年八月十日建"，知为西夏正式建国（1038年）前两个月所立。碣铭中称颂元昊"我圣文英武崇仁至孝皇帝陛下，敏辨迈

---

①《宋史》卷485《夏国传上》，中华书局，1977年，第13995—13996页。
②［宋］范仲淹：《答赵元昊书》，《范文正集》卷9，文澜阁四库全书本，第9b—15a。
③《宋史》卷485《夏国传上》，第13998页。
④《宋史》卷485《夏国传上》，第13999页。

唐尧，英雄□汉祖，钦崇佛道，撰述蕃文"①。"英雄"之后一字已缺，据文意推想为"等""同"或"超""越"之类的字。"圣文英武崇仁至孝皇帝"是元昊的又一尊号，"撰述蕃文"，即创制西夏文字。铭文为西夏右仆射中书侍郎平章事张陟奉制撰写。张陟为元昊开国时的名臣之一，主谋议，他撰写的铭文在西夏具有权威性。由铭文可知，元昊向宋朝上表章前已在境内公开被尊称皇帝。这里引人注意的是铭文将元昊比附中国古代帝王，与唐尧、汉祖比肩。唐尧是中国传说中古代部落联盟首领，被后世列入"五帝"之中。汉祖指汉朝开国皇帝汉高祖刘邦。这种比附证明西夏对中国历史上帝统的认同，把西夏作为中国历史朝代承续者，将自己认定为中国正统王朝的一支。这是西夏对中国认同的明显体现。

宋朝所占据的东部黄河和长江中下游一带，自然条件优渥，成为中国的核心。宋代发展了以农耕为主的经济，形成了高度繁荣的文化和先进的科学技术，进一步实施适合中国的政治制度。当时尽管多个王朝分立，宋朝仍是全国的政治、经济、文化中心。谁占据了中原谁就掌握了全国的政治、经济命脉，这也是辽、夏、金各朝都想入据中原的原因。西夏自知力量薄弱，虽有"直捣中原"之志，但并无占领中原的实力。西夏在与宋朝来往中，往往称宋朝为"中国"。

宋元丰五年（1082年）宋夏发生永乐之战，宋军大败。后西夏西南都统嵬名济乃写信给宋将刘昌祚：

> 中国者，礼乐之所存，恩信之所出，动止献为，必适于正。若乃听诬受间，肆诈穷兵，侵人之土疆，残人之黎庶，是乖中国之体，为外邦之羞。昨者朝廷暴兴甲兵，大穷侵讨，盖天子与边臣之议，为夏国方守先誓，宜出不虞，五路进兵，一举可定。故去年有灵州之役，今秋有永乐之战，然较其胜负，与前日之议，为何如哉！②

此信指责宋朝违背盟约，对宋军出兵表示不满。但就在这封据理力争、言辞激烈的信中依然多处称宋朝为中国，尊宋廷为朝廷，更显示出是西夏对宋朝为中国核心的认同。

元昊祖父李继迁率党项族崛起时，投靠辽国，并请婚于辽，"愿婚大国，永做藩辅"，得到辽朝应允。元昊父李德明被辽朝册封为大夏国王，辽将宗族女封公主下嫁元昊，元昊成为辽朝的驸马都尉，并封元昊为夏国王。辽重熙十三年（1044年），辽、夏发生河曲之战，辽先胜后败，损失惨重，后西夏适时请和，仍维持原有关系。西夏崇宗乾顺又请婚于辽，辽天祚帝以族女南仙封成安公主下嫁，双方维持良好关系。③西夏前期宋和辽互称"南朝""北朝"，而称西夏为"西夏"。金灭辽后，西夏遵循对辽的臣属关系以事金。西夏后期宋和金也互称"南朝""北朝"，而称西夏为"西夏"。西夏则在近两个世纪中保持着三分天下有其一的座位，又显示出地域偏狭、实力较弱的配角席次。

二、西夏文文献中对中国王朝的称呼

西夏创制了主体民族党项族的文字，当时称为"蕃文"，后世称为西夏文。随着西夏的灭亡，党项族逐渐融合于其他民族之中，西夏文渐成为死文字。20世纪初，在黑水城遗址（今属内蒙古自治区额济纳旗）出土了大量西夏文献，绝大部分藏于俄国。此后又陆续发现了不少西夏文献，分别藏于中国、英国等地。这些文献往往是反映西夏社会历史的第一手资料，是西夏人自己的原始记

①《嘉靖宁夏新志》卷8，天一阁影印本，第44—45页。铭文尾题年款原误记为天庆三年，据牛达生考证应为大庆三年，见牛达生：《〈嘉靖宁夏新志〉中的两篇佚文》，《宁夏大学学报》1980年第4期。
②《宋史》卷486《夏国传下》，第14012—14013页。
③《辽史》卷115《西夏传》，中华书局，1977年，第1528页。

录。这些文献可以从西夏本身的角度，近距离地、更真实地认识西夏对中国的认同，其中有不少当时对各王朝称呼的词语，对理解西夏认同中国是关键性的资料。

西夏王朝法典《天盛改旧新定律令》（以下简称《天盛律令》）是一部保存大体完整的西夏文刻本法典，其中记载对宋朝、辽朝称呼时，不用朝代名，而是以民族名称。如《天盛律令》第十九"供给驿门"中有关与宋朝、辽朝贸易时规定中有：

> 皇城、三司等往汉、契丹卖者，坐骑骆驼预先由群牧司分给，当养本处，用时驮之。①

西夏与宋、辽有密切的贸易往来，在边界开设榷场，还通过使团开展贸易。此条规定西夏的皇城司和三司前往宋朝、辽朝贸易者，所用骆驼由群牧司分给。宋朝以其主体民族"汉"称谓，辽朝以其主体民族"契丹"称谓。在西夏法典中凡指称宋、辽时皆以民族名称代替，不用王朝国名。如用"汉使"指称宋朝使节，用"契丹使"指称辽朝使节。②在西夏法典中用民族名称表达对其他王朝的称呼，而不用王朝名称是西夏统治者刻意而为，意图在境内尽力回避其他两个大国的正式称呼，淡化其他王朝，突出本王朝的一种政治用心。在奉敕颁行的西夏王朝法典中，对邻国的这种称呼方式具有权威性和示范作用。

西夏本身也是多民族王朝，境内有很多汉族。在《西夏法典》中也以"汉"称呼境内的汉族，如在《西夏法典》第十"司序行文门"中关于西夏不同民族官员位列排序的规定中有：

> 任职人番、汉、西番、回鹘等共职时，位高低名事不同者，当依各自所定高低而坐。此外，名事同，位相当者，不论官高低，当以番人为大。③

上条所列番、汉、西番、回鹘皆指在西夏任职的各民族官员，"番"指党项族，"汉"指汉族，"西番"指吐蕃人，回鹘即回鹘民族。尽管西夏将宋朝称为"汉"，将西夏境内的汉族也称为"汉"，但因在各自不同的语境中，一般不会发生混淆。

在其他一些西夏文文献中，有时以"东汉"指称宋朝，如坐落在甘肃武威著名的凉州感通塔碑，两面分别镌刻内容大体相同的西夏文和汉文铭。其中叙述西夏大安七年（1081年），宋夏发生战争时，称呼宋朝为"东汉"，在"汉"之前加上了一个方位词。因西夏地处西陲，用"东汉"称呼宋朝，既不悖西夏法典，又加上具体方位，避免了与本土汉族的混淆。而在该碑的汉文碑铭中，相应部分却用"南国"称呼宋朝，④这也表示出当时中国境内南为宋朝，北为辽朝，西为西夏的格局。

西夏文《新集碎金置掌文》中有"弥药勇健行，契丹步行缓，羌多敬佛僧，汉皆爱俗文"的记载。⑤这里精练地概括出党项（弥药）、契丹、藏（羌）族、汉族四个民族的特性。在黑水城出土的另一件西夏文文献《佛说佛母出生三法藏般若波罗蜜多经》的护封衬纸中称"东汉礼王国，西羌法王国"⑥。西夏人认为东部的汉族王朝即宋朝是讲求礼仪的王国，西部藏族地区是信奉佛法的王国。

①史金波、聂鸿音、白滨译注：《天盛改旧新定律令》，法律出版社，1999年，第576页。
②史金波、聂鸿音、白滨译注：《天盛改旧新定律令》，法律出版社，1999年，第319—320页。
③史金波、聂鸿音、白滨译注：《天盛改旧新定律令》，法律出版社，1999年，第37页。
④史金波：《西夏佛教史略》，宁夏人民出版社，1988年，第242、248、251页。
⑤聂鸿音、史金波：《西夏文本〈碎金〉研究》，《宁夏大学学报》1995年第2期。
⑥俄罗斯圣彼得堡东方学研究所手稿部藏黑水城文献Инв.No.292。

这些都反映出西夏对四周近邻民族和王朝特点的归纳，带有兄弟般友善的视角。

西夏文中也有用朝代名称称呼宋朝的例证。宁夏银川西夏陵遗址出土了一批汉文和西夏文残碑，其中有关于对宋朝的称呼。如182号陪葬墓汉文碑中有"宋""宋人"，西夏文碑中有"宋人""宋将"。但也有时以"汉"代"宋"。如7号陵墓碑中就有"汉将"的称呼，①这里实际指的是宋将。

从这些反映当时各王朝关系的称呼中，可以看到西夏对宋朝不同场合的不同称呼，这些称呼中无论是以民族来代表王朝，还是以地域方位指称王朝，或是直接用王朝的名称，都反映着当时在一个中国内各多民族、多个王朝共存的现实，同时也透露出西夏统治者在境内抬高自己身价、淡化其他王朝，跻身类似兄弟般平等地位的心态。

三、西夏对古代中国的称呼

"中国"一词在古代不同时期有不同的概念。"中国"一词在《诗经》中，实为"京城"意。在战国诸子书中称"中国"，有的为"京城"意，有的为"国"意。做"国"意时，指中原地区，还往往与表示四周的蛮、夷、戎、狄四夷对称。

西夏文文献中有不少中国古典文献的翻译著作，其中即有对"中国"一词的翻译。如在《孟子》"公孙丑下·第十章"中有"他日，王谓时子曰：'我欲中国而授孟子室，养弟子以万钟，使诸大夫国人皆有所矜式。子盍为我言之。'"这里"中国"为都城意。西夏文译文中的"中国"用𘜶𗧓二字。②第一字是中间的"中"，第二字"国"意。又在《孟子》"滕文公上·第四章"中，有三处提到中国。在西夏文译本中，一处"中国"二字中有一字残失，另两处是"当尧之时，天下犹未平，洪水横流，泛滥于天下，草水畅茂，禽兽繁殖，五谷不登，禽兽逼人，兽蹄鸟迹之道交于中国。""吾闻用夏变夷者，未闻变于夷者也。陈良，楚产也，悦周公、仲尼之道，北学于中国。"③这两处的"中国"实指中原地区。西夏文也同样以𘜶𗧓二字翻译。这里以意译的方法将"中国"直译为"中间的国"，比较贴切。

上述文字中"吾闻用夏变夷者，未闻变于夷者"，其中"夏"和"夷"的翻译也很重要。西夏文译文中的"夏"，字稍残，但还能识出为𗼹字，即夏天的"夏"。"夷"字的译文是𗁚，"夷"意。此字在西夏文韵书《文海》中有字义注释"夷者夷九姓回鹘、契丹等之谓"④。这里西夏文《文海》的作者把夷定位为回鹘、契丹等，排除了西夏主体民族党项族。《文海》有皇帝作御制序，显示出该书是官修书。其对"夷"的定义也代表了西夏官方的态度，认为本民族党项族不在地位较低的"夷"类。

在其他的西夏文文献中也有对"夷"的翻译，译文有的与上述《文海》不同，如在唐代编著的类书《类林》的西夏文译本中，在卷四有"四夷篇"，将"四夷"译为𘈖𘝯，第一字为数词"四"，第二字"部""类"意，即将四夷译为"四部"。而将"夷""戎""蛮""狄"都音译为𗁚、𗀔、𗗾、𗙼。⑤

①史金波、陈育宁主编：《中国藏西夏文献》第19册，甘肃人民出版社、敦煌文艺出版社，2005年，第99、155、292、297、329页。

②俄罗斯科学院东方文献研究所、中国社会科学院民族学与人类学研究所、上海古籍出版社编：《俄藏黑水城文献》第11册，上海古籍出版社，1999年，第63页上左。

③《俄藏黑水城文献》第11册，第67页。

④史金波、白滨、黄振华：《文海研究》，中国社会科学出版社，1983年，第498、617页。

⑤史金波、黄振华、聂鸿音：《类林研究》，宁夏人民出版社，1988年，第101页。

在西夏文《类林》中对"四夷"还有另外的译法。如在《类林》卷三"烈直篇"有"苏武"条，其中有"武曰：'堂堂汉使，安得屈于四夷？'"。西夏文将"四夷"译为𗧀𗫨，[①]即"小国"意。又同卷"忠谏篇""范蠡"条，中有"臣有惟生处夷狄，岂知大义？"西夏文对应"夷狄"的译文为𗫨𘜶𗧯𘃡，译为"小地寡姓"[②]。这里也未直接译为夷狄。可见在西夏文中一是不把西夏主体民族党项族划归夷狄之类，并在称呼"夷"或"夷狄"时，尽量避免贬义，而是将夷狄谨以大小区分，归入小国之类。

有的西夏文献中出现了有关西夏对中国古代和当时王朝的称呼，对理解西夏对中国的认同有重要价值。

"中华"一词，是中国文明社会之称谓。在黑水城遗址出土的西夏文文献中有佛学著作《禅源诸诠集都序》，系唐朝佛教大师宗密所作，在该序中有"达摩受法天竺，躬至中华"之语，叙述天竺达摩大师来到中国。在西夏文文本译为：𗵒𘟙𗓁𗟲𗙴𗟻𘝯𗩾𗏵𗙹𗢭，意译为"达摩受西天心法，来到东国"[③]。这里西夏译者将"中华"译为"东国"。

此外，在此序之前有唐朝裴休为之所作述一篇，论述禅宗，有"故天竺、中夏其宗实繁"之语，西夏文文本译为：𗙴𗟻𗙹𗢭𗩾𘃡𘟙𗑠𘓨，意译为"故西天、东国此宗实多"[④]。西夏译者将指称中国的"中华"和"中夏"，皆译为"东国"具有深意。一方面西夏与宋朝交往时，按双方协议称臣，将宋朝视为中国正统，但在国内将其称为"东汉"；另一方面将这种考量放大到宋朝以前包括了西夏地区在内的大中华的中国古代王朝也译为"东国"，实际上是认为东部的大国代表中华或中夏的主体。这样以方位称呼也淡化、模糊了夷、夏对立，表明西夏与中原是同一国度的东、西关系。另一方面也表明西夏不想被矮化、被归于相对落后的夷狄之属，欲与东部大国平起平坐，维护自己王朝的尊严的扭捏情态。

在中国国家图书馆所藏西夏文《过去庄严劫千佛名经》发愿文中，叙述了佛教在中土流传和译经过程：首记汉孝明帝因梦派蔡愔西寻佛法，迦叶摩腾和竺法兰东来传教，至三国、晋、宋、齐、梁、周、隋、唐八朝先后译经，五代至宋再译佛经，又在总结佛教兴衰之后，继而重点叙述西夏译经、校经史。这样从佛教流传的历史视角把西夏认定是中国的一代王朝，是中国历史的继承者之一，当是中国的一个组成部分。[⑤]

西夏信仰佛教，有死后转生的观念。在榆林窟第15窟前室东壁甬道口北壁上方有墨书西夏天赐礼盛国庆四年（1073年）汉文题记，内记阿育王寺赐紫僧惠聪弟子共七人在榆林窟住持四十余日，最后记"愿惠聪等七人及供衣粮行婆真顺小名安和尚，婢行婆真善小名张你，婢行婆张听小名朱善子，并四方施主普皆命终于后世，不颠倒兑离地狱，速转生于中国"[⑥]。这也直接表明当时西夏人认为西夏属于中国。

四、西夏对中国文化的高度认同

对国家的认同，最重要的是对国家传统文化的认同。中国传统文化是经过漫长时间锤炼、发展形成的中华民族文化精华，对中国人的思想、行动都有指导意义，是中华文明区分于其他文明的标志。西夏继承并弘扬了中国传统文化，显示出西夏对中国文化的充分认同，也证明其对中国的高度

①史金波、黄振华、聂鸿音：《类林研究》，宁夏人民出版社，1988年，第44页。
②史金波、黄振华、聂鸿音：《类林研究》，宁夏人民出版社，1988年，第61页。
③《俄藏黑水城文献》第25册，第192页下。
④《俄藏黑水城文献》第25册，第186页上。
⑤史金波：《西夏文〈过去庄严劫千佛名经〉发愿文译证》，《世界宗教研究》1981年第1期。
⑥史金波：《西夏佛教史略》，宁夏人民出版社，1988年，第304—305页。

认同。

1. 尊崇儒学，实行科举，尊孔子为文宣帝

在中国漫长的封建社会中，儒学不断发展，成为封建社会的思想基础和精神支柱。西夏同样把儒学作为治国的指导理念。元昊的祖父李继迁时期已经"曲延儒士，渐行中国之风"①。西夏立国前后，儒学成为西夏社会和文化的主导思想。元昊创制西夏文字后首先翻译的文献主要是儒家典籍：

> 教国人纪事用蕃书，而译《孝经》《尔雅》《四言杂字》为蕃语。②

《孝经》是儒学九经之一。《尔雅》是中国最早解释词义的专著，后世经学家常用以解释儒家经义。西夏翻译这些重要儒学经典显然是为了在国内宣扬儒学。元昊时期自中原地区来投的张元、吴昊都是受过儒学教育的文人，后来他们都成为西夏早期有影响的重臣。

第二代皇帝毅宗对儒学更是情有独钟，奲都五年（1061年）向宋朝求儒家书籍：

> 表求太宗御制诗章隶书石本，且进马五十匹，求《九经》《唐史》《册府元龟》及宋正至朝贺仪。诏赐《九经》，还所献马。③

西夏早期向宋朝求索《九经》等儒家经典，说明西夏统治者对以儒学为核心的中原文化心悦诚服，意图在境内张扬儒学。而作为有儒学传统、以儒学治国的中原王朝也乐得赐予，既不失为友好往来，又可宣扬教化。

第三代皇帝惠宗"每得汉人，辄访以中国制度，心窃好之"，可见其对中原王朝文化的崇信之情。他于大安五年（1079年）"乃下令国中悉去蕃议，复行汉礼"④，对其母梁太后偏好"蕃礼"予以调正。秉常坚持与宋和好，被梁太后囚禁，后竟引起宋朝问责征讨。

第四代皇帝崇宗时进一步发展儒学，建学校，设养贤务，采取了一系列发展文化，促进儒学的具体措施。贞观元年（1101年）西夏御史中丞薛元礼上书，建议重视汉学：

> 士人之行，莫大乎孝廉；经国之模，莫重于儒学。昔元魏开基，周齐继统，无不尊行儒教，崇尚《诗》《书》，盖西北之遗风，不可以立教化也。……今承平日久，而士不兴行，良由文教不明，汉学不重，则民乐贪顽之习，士无砥砺之心。董子所谓"不素养士而欲求贤，譬犹不琢玉而求文采也"，可得乎？⑤

崇宗采纳其重视汉学的提议，下令在当年于蕃学外特建国学：

> 乾顺始建国学，设弟子员三百，立养贤务以廪食之。⑥

---

① [宋]李焘：《续资治通鉴长编》卷50，真宗咸平四年十二月丁卯条，中华书局，2004年，第1099—1100页。
② 《宋史》卷485《夏国传上》，第13995页。
③ 《宋史》卷485《夏国传上》，第14002页。相关进一步论述，参见史金波：《西夏社会》上册，上海人民出版社，2007年，第396页。
④ [清]吴广成：《西夏书事》卷24，清道光十五年刊本，第13页。
⑤ [清]吴广成：《西夏书事》卷31，第14页。
⑥ 《宋史》卷486《夏国传下》，第14019页。

　　"国学"在中原王朝指国家最高学府，如太学、国子监，是政府弘扬儒学之所在。西夏也仿效中原建立国学。

　　崇宗时期还效法中原王朝在境内实行科举，选拔熟悉儒学并能以此治理国家的人才。[①]西夏一些重要人物出身进士。如桓宗天庆十年（1203年）西夏册进士，宗室子弟遵顼进士及第，唱名第一，后来成为西夏第八代皇帝。官至吏部尚书的权鼎雄、西夏晚期学者高智耀等人皆进士及第。

　　第五代皇帝仁宗更加重视儒学，于人庆三年（1146年）尊孔子为文宣帝。[②]在中国封建社会中，孔子的地位不断攀升，但对其封谥的尊号最高是文宣王，唯有西夏仁宗时尊为文宣帝，这是中国历史上对孔子空前绝后的尊号，充分证明西夏崇儒之盛。

　　金灭北宋后，西夏与南宋基本上处于隔绝状态，西夏缺乏儒学和佛教书籍，便于天盛六年（1154年）派使臣到金国购买，得到金朝皇帝的允许。[③]

　　仁宗朝有一批儒士在朝，代表人物是蕃汉教授、国相斡道冲。他精通五经，曾译《论语注》，作《论语小义》20卷，又作《周易卜筮断》，成为西夏儒学的一代宗师。他死后仁宗图画其像，从祀于学宫。西夏灭亡后，斡道冲的后代在凉州还见到斡道冲的画像，请元代著名文人虞集为画像作赞：

　　　　西夏之盛，礼事孔子，极其尊亲，以帝庙祀。乃有儒臣，早究典谟，通经同文，教其国都，遂相其君，作服施采。顾瞻学宫，遗像斯在，国废时远，人鲜克知。[④]

　　赞语颂扬斡道冲的业绩，同时描绘了西夏的崇儒之风，是对西夏尊孔崇儒的真实记录。

　　人名是风俗的重要表现，是民族文化趣向的风标之一。从西夏人的名字，特别是统治上层人物的名字也可看出极力效法中原。如西夏历辈皇帝名字为元昊、谅祚、秉常、乾顺、仁孝、纯祐、安全、遵顼、德旺、睍，由这些名字内涵可见西夏尊儒崇道之风不输中原王朝。

　　西夏自始至终，皆以中国传统儒学作为社会和治国的指导思想，这是对中国文化认同的根基。

2. 继承中华法系，提倡孝义，仿效中原王朝官制

　　西夏国家法典《天盛律令》的基本内容借鉴了以儒家思想为基础的唐、宋法典，并在其基础上有所创新发展。西夏法典与中国其他封建王朝法典一样，极力保障统治阶级权利，保护王室的权威，并大力推行孝义，以维护统治秩序，特别是其中的"十恶""八议"等主要内容，与中原皇朝法典如出一辙，规定了皇室神圣不可侵犯的地位，宣示了上下有序的封建儒家思想。

　　西夏与中原王朝一样，提倡以孝治天下。《天盛律令》把"失孝德礼"定为十恶之一。仁宗时刊印的西夏文类书《圣立义海》第十四"子对父母孝顺名义"中说明孝有三种：

　　　　上孝帝之行也，天下扬德名，地上集孝礼，孝德遍国内，此帝之孝也。次孝臣僚，持以德忠礼，不出恶名，以帝之赏，孝侍父母，则臣之孝也。出力干活，孝侍父母，国人孝也。[⑤]

　　西夏把"孝"和对皇室的"忠"连在一起，这是当时统治者之所以提倡孝的旨趣所在。

---

①［元］虞集：《道园学古录》卷4《西夏斡公画像赞》，上海涵芬楼影印明景泰本，1911年，第20—21页。其中记载西夏仁宗朝宰相斡道冲八岁时中童子举。他于天盛三年（1151年）为蕃汉教授。其中童子举时当在西夏在崇宗朝，证明当时科举制度已进入西夏。

②《宋史》卷486《夏国传下》，第14025页。

③《金史》卷60《交聘表》，中华书局，1975年，第1408页。

④［元］虞集：《道园学古录》卷4《西夏斡公画像赞》，第20—21页。

⑤［俄］克恰诺夫、李范文、罗矛昆：《圣立义海研究》，宁夏人民出版社，1995年，第74—75页。笔者对译文有改动。

惠宗天赐礼盛国庆元年（1070年）宋朝欲趁惠宗新立、年纪幼小之机，招诱西夏首领，封授官爵，遭到西夏的反对，西夏派使者进言：

> 遣都罗重进来言曰："上方以孝治天下，奈何反教小国之臣叛其君哉！"于是前议遂罢。①

都罗重进以儒家的孝义精神驳斥宋朝的作为，使宋朝自知理屈而作罢。

官制是国家最重要的政治制度，一直受到西夏最高统治者的重视。早在李继迁占据灵州后，就已经设置类似朝廷的职官。北宋朝臣上疏说：

> 迁贼包藏凶逆，招纳叛亡，建立州城，创置军额，有归明归顺之号，且耕且战之基。仍闻潜设中官，全异羌夷之体，曲延儒士，渐行中国之风。②

所谓"中官"，即指朝廷官员，设置此类官员当然违反"羌夷之体"。李继迁及李德明时代所设职官并无系统记录。《宋史·夏国传》中有元昊于立国前建官制、分设文武班的记载，并录写了中书、枢密以下15个职司的名称，特别是在西夏仁宗时编著的西夏文、汉文对照词语集《番汉合时掌中珠》中记载了西夏自中书、枢密以下23个职司。③《天盛律令》在卷第十中的"司序行文门"系统地记载了西夏5等司职的一系列职官名称，多与中原王朝相同或相近。④通过汉文和西夏文文献资料可知，西夏基本上采纳了中原皇朝职官制度和职官名称。

3. 继承中原王朝德运传统，设置年号、尊号

中国长期以来讲究德运，历代王朝以木、火、土、金、水五德传承，是华夏正统观的重要体现。辽、宋、金各朝自诩中国正统，德运分别为水、火、土，西夏也不例外，其德运为金。西夏文《圣立义海》中，有"国属金"的记载。⑤可能西夏认为自己直接继承了唐朝土德而为金德。当时各朝虽主体民族不同，但都讲究德运，认同中国的帝统，视本朝为其支脉，表明对中华民族政治和文化的高度共同认知，这对理解中国政权分立时期各民族对中国的认同，对中华民族文化传统的认同具有重要意义。

年号是中国封建王朝用来纪年的一种名号，有无年号往往成为是否一个王朝的标志。西夏在正式立国前就仿照中原皇朝自建年号，在近两个世纪中西夏十代帝王先后使用了32个年号，始终遵循着中国王朝设置年号的传统。

西夏的皇帝都仿照中原王朝有尊号。元昊的尊号为"世祖始文本武兴法建礼仁孝皇帝"。惠宗秉常和崇宗乾顺的尊号分别为"就德主世增福正民大明皇帝""神功胜禄习德治庶仁净皇帝"。仁宗的尊号为"奉天显道耀武宣文神谋睿智制义去邪淳睦懿恭皇帝"。西夏皇太后也有尊号，在西夏文佛经中有两个梁氏皇太后的尊号，分别是"天生全能禄番祐圣式法皇太后"和"胜智广禄治民集礼德圣皇太后"。

西夏还学习中原王朝给过世的皇帝上谥号和庙号。元昊称帝时就为祖继迁、父德明上谥号和庙

①《宋史》卷486《夏国传下》，第14008页。
②《续资治通鉴长编》卷50，真宗咸平四年十二月丁卯条，第1099—1100页。
③[西夏]骨勒茂才著，黄振华、聂鸿音、史金波整理：《番汉合时掌中珠》，宁夏人民出版社，1989年，第56—58页。
④《天盛改旧新定律令》第10"司序行文门"，第362—364页。
⑤《圣立义海研究》，第55页，参见王炯、彭向前：《"五德终始说"视野下的大白高国》，《青海民族学院学报》2007年第3期。

号。继迁的谥号为神武皇帝,庙号太祖;德明的谥号为光圣皇帝,庙号太宗。西夏皇帝还有一种特殊的尊号,为城号,如元昊是风角城皇帝,也称风城皇帝或风帝。惠宗有珍陵城皇帝之称,仁宗称仁尊圣德珠城皇帝,他又有护城神德至懿皇帝的尊号,简称护城皇帝。城号也是对已去世皇帝的尊称。

西夏学习中原王朝的陵寝制度,在首府兴庆府西郊建有皇帝陵园,每位皇帝都有陵号。从太祖继迁、太宗德明、景宗元昊至襄宗安全,陵号分别为裕陵、嘉陵、泰陵、安陵、献陵、显陵、寿陵、庄陵、康陵。后三朝皇帝因处于西夏末期,无陵号。

西夏遵循中国历朝五行相生传承德运,设置中国王朝的年号和皇帝的尊号、谥号、庙号和陵号,彰显中国王朝特有的重要政治、文化特质,是认同中国的重要方面。

4. 模仿汉文,创制西夏文,翻译中原典籍和佛经

在西夏的文化事业中,西夏文字的创制和推行具有突出的民族特点。西夏统治者为了与宋、辽相匹敌,除在政治上、军事上加强力量以外,还尽力使文化相对落后的党项族取得与汉族相应的地位,其中最突出的就是元昊在立国前创制"蕃书",即后世所说的西夏文。

> 元昊自制蕃书,命野利仁荣演绎之,成十二卷,字形体方整,类八分,而画颇重复。①

所谓"八分"即汉字隶书的八分体。看来当时西夏文的形体被认为是类似汉字隶书的八分体。实际上西夏文确实是在仿效汉字的基础上创制成的。西夏文的笔画采纳了汉字的横、竖、点、拐、撇、捺等笔画,形体也仿照汉字的方块形状,所以乍看一篇西夏文字好像是汉字,皆因两种文字形体相近。西夏文的构字也借鉴了汉字六书方法,特别是绝大部分西夏文字使用了类似汉字会意字和形声字的合成方法构成。西夏文的字体及其使用范围也效法汉字,楷书用于一般书写和刻印,行书和草书用以快速书写,篆书用于金石篆刻。西夏文官印印文也采用与汉文官印同样的九叠篆。②

西夏用西夏文翻译了很多汉文文献,如经书《论语》《孟子》《孝经》,兵书《孙子兵法》《六韬》《黄石公三略》《将苑》,类书《类林》等,此外还翻译了大量的汉文佛经。西夏文不仅用来直接记载西夏的社会生活,也是学习、借鉴中原地区文化的有力工具。

西夏自己编撰的文献中也多模仿中原的书籍,如重要韵书《文海》采纳了《说文解字》和《广韵》两书的特点,西夏法典《天盛律令》有《唐律》《宋刑统》的影子。再如西夏文蒙书《新集碎金置掌文》,简称《碎金》,编者将1000个不重复的西夏字编成长达200句、100联的五言诗,其编排方法和叙事列名顺序与梁周兴嗣撰著的汉文《千字文》相仿,只不过《千字文》每句四言,而《碎金》是每句五言。③

不难看出,在最能体现西夏民族特点的西夏文中,也深深打上中原文化的印痕,表现出文化上相兼相融的特性,突显西夏文化中的中国元素。

5. 学习、发展中原地区文学艺术、风俗习惯

在文学艺术方面,西夏以中原地区文化为榜样,认真采纳接受。从前文所引西夏的一些表章和信札文字中,可以判断西夏效仿了中原王朝的行文风格。西夏的诗歌、谚语有自己的民族特色,但也模仿中原地区优秀诗歌传统。黑水城遗址出土西夏文文献中,有西夏文书仪,即旧时官员、士大夫所用书札体式、典礼仪注的著作,系供写作书信时参考的文范。其中不仅尊称、谦称等形式和内

---

① 《宋史》卷485《夏国传上》,第13995页。
② 史金波:《西夏社会》上册,上海人民出版社,2007年,第440—445页。
③ 聂鸿音、史金波:《西夏文本〈碎金〉研究》,《宁夏大学学报》1995年第2期。

容与中原地区的书仪一脉相承，书仪最后部分的七言八句赞诗，平仄格律是比较典型的传统七言律诗，可以看到中原传统文学对西夏的影响至深。①

西夏在著名的敦煌莫高窟和安西榆林窟等河西石窟中留下了大量的西夏壁画，比较全面地反映出西夏的绘画水平和特色。西夏早期壁画在题材、布局、人物形象、衣冠服饰、技法等方面都接受了前代的影响，其画风与五代归义军及宋初时期相衔接。中期以后，在学习宋代艺术成就和吸收回鹘壁画风格的同时，逐渐形成本民族的特点，中后期藏传佛教的影响进入洞窟，藏式佛画开始流行，将中国多民族艺术熔于一炉。②

西夏在不同时期对蕃礼或汉礼的推崇，使汉族文化和党项族文化交相辉映，形成有西夏特点的文化习俗。西夏在文化上的一些重要举措，往往都是蕃、汉并列，如西夏设蕃、汉二学院，后又建有番学、汉学，创制了番文，又同时使用汉字等。

在宗教信仰方面，西夏从中原地区接受了佛教和道教。西夏六次从宋朝赎取大藏经，一方面供养，一方面以其为底本译成西夏文大藏经，同时，又在境内刻印汉文佛经，以满足汉族信徒的需要，形成了西夏佛教发展中蕃汉并举的格局。西夏皇帝还仿唐宗、宋帝，御制西夏文《新译三藏圣教序》，③特别是西夏统治者非常崇信中国的五台山寺（今山西省五台县境），李德明和元昊都曾遣使到宋朝的五台山敬佛供僧。④后来西夏直接在境内贺兰山仿建五台山寺，称为北五台山，以区别中原地区的五台山。在《西夏纪事本末》所载《西夏地形图》中，于贺兰山内记有"五台山寺"⑤。西夏文文献中也多次出现西夏五台山的记载。这种认同中原地区著名寺庙并在境内仿建的做法十分稀见，显示出中原地区文化的强大影响力。

西夏继承了中国主要的传统节日。如正旦节，即每年的大年初一，其他如七月十五日中元节，八月十五日中秋节，九月九日登高节等。⑥宁夏贺兰山方塔出土汉文佚名"诗集"中有《冬至》《重阳》《打春》《元日》《人日》《上元》等节日的诗歌。⑦当然西夏也有自己特殊的节日，如西夏以每一季的第一个月的朔日（初一）为"圣节"，让官民礼佛。

在隋唐之际，党项族婚俗还保留着带有原始社会末期群婚的残余："妻其庶母及伯叔母、嫂、子弟之妇，淫秽丞褒，诸夷中最为甚，然不婚同姓。"⑧至西夏时期，因长期受到汉族的影响，婚姻已纳入父母之命、媒妁之言的封建体系。《番汉合时掌中珠》记载：

> 男女长大，遣将媒人，诸处为婚，索与妻春，室女长大，嫁与他人。⑨

《天盛律令》对西夏婚姻彩礼和陪嫁的规定，也反映出西夏婚姻与中原地区的趋同。⑩

西夏境内因有不同的民族，其服饰也各有特色。但在总体上西夏也遵循中原王朝"贵贱有级，服位有等"的原则。西夏在元昊即位之初，就效法中原地区的服饰制度，规定西夏文武官员衣着，

　　①史金波：《俄藏No.6990a西夏书仪考》，《中华文史论丛》2018年第1期。

　　②刘玉权：《西夏对敦煌艺术的特殊贡献》，《中国国家图书馆馆刊》（西夏专号），国家图书馆出版社，2002年，第176—179页。

　　③史金波：《西夏佛教史略》附录一，《西夏碑碣铭文、佛经序、跋、发愿文、石窟题记》，第283页。

　　④《续资治通鉴长编》卷67，真宗景德四年十月庚申条，第1502页。卷121，仁宗宝元元年正月癸卯条，第2849页。《宋史》卷485《夏国传上》，第13995页。

　　⑤[清]张鉴：《西夏纪事本末》，清光绪十年（1884年）江苏书局印。卷首地图。

　　⑥[俄]克恰诺夫、李范文、罗矛昆：《圣立义海研究》，第52页。

　　⑦宁夏文物考古研究所编著：《拜寺沟西夏方塔》，文物出版社，2015年，第265—286页。

　　⑧《旧唐书》卷198《党项羌传》，中华书局，1975年，第5291页。

　　⑨[西夏]骨勒希木著，黄振华、聂鸿音、史金波整理：《番汉合时掌中珠》，第69—70页。

　　⑩史金波、聂鸿音、白滨译注：《天盛改旧新定律令》第8"为婚门"，第311—312页。

而"民庶青绿,以别贵贱"①,特别是中国将龙作为皇帝的象征的传统,被西夏完全继承。在西夏法典中明文规定只有皇族才可用龙纹的服饰。②在莫高窟中的西夏皇帝供养像就是穿着一身团龙袍。这也是西夏认同中国传统文化很典型的例证。③在《圣立义海》中规定了皇太后、皇帝、皇后、太子、嫔妃等皇室成员和官员的法服、朝服、常服、便服。④

总之,在中华民族趋同性的作用下,西夏多方位地学习、借鉴中原文学艺术、风俗习惯,使共性不断增加。

6. 继承、弘扬中原地区科学技术

西夏时期,中原地区科学技术高度发展。西夏大力吸收中原地区科学技术。

宋朝作为西夏的宗主国,多次向西夏颁赐历书,以表明西夏奉正朔。西夏完全接受了中原王朝的先进历法,前期所用历书为宋朝颁赐。南宋绍兴元年(1131年)因宋夏失和,八月宋高宗"诏以夏本敌国,毋复班(颁)历日"⑤。西夏也自编历书,设卜算院负责编纂。黑水城出土西夏文献中有汉文历书、西夏文历书,还有西夏文和汉文合璧历书,其中有ИНФ.8214号刻本西夏文残历书一纸,存光定甲戌四年末尾和光定乙亥五年历日序,序第一行译文为"大白高国光定五年乙亥岁御制皇光明万年注历□"。这是西夏皇家的御制历书,名为"光明万年历"。将此残历书与同年南宋嘉定八年(1215年)的历日相比较,其月份大小和朔日干支完全相同,证明西夏所用历法与宋朝历法一致。

西夏建筑受中原王朝影响十分明显。如都城建筑城池、门阙、宫殿、宗社、籍田等,从原则和系统上皆以中原都城为成法,甚至一些西夏都城的具体建筑也模仿中原王朝都城,如城门上建城楼,城门名称光化门与长安光化门同名,南薰门与开封府的南薰门同名。西夏陵寝建筑也多仿中原王朝的帝陵建筑,有阙台、神墙、碑亭、角楼、月城、内城、献殿、灵台等部分组成。只是西夏陵台呈砖木结构密檐式塔形建筑,形成自己的特点。

西夏的印刷术不仅继承了中原地区高超的雕版印刷,形成了大量西夏文、汉文、藏文刻本文献,还接续中原地区毕昇发明的活字印刷术,推行泥活字印刷,并成功实现木活字印刷,留存下多种西夏文、汉文的活字印刷品,成为中国发明活字印刷有力的实物证据。⑥宁夏贺兰山西夏方塔出土的西夏文活字本《吉祥遍至口合本续》是中国最早的活字印刷实物,是早期木活字印刷体量最大的珍贵文献,已被列入中国64件禁止出国展出的国宝级文物之一。⑦

西夏的铸造业仿照中原地区先进工艺。西夏铸造的钱币形制、大小皆仿中原皇朝的年号钱,有西夏文和汉文钱两种,并与宋朝一样,使用铜铁两种钱币。西夏还铸造印章、铜牌等实用品。此外还铸造大型器物,如西夏陵出土的鎏金大铜牛采用中国传统外范内膜技术和外表鎏金技术,现已成为国宝级文物。

党项民族原无瓷器制作,李继迁时期从北宋进口瓷器。⑧西夏立国后的瓷器制作在中原地区成熟技术的影响下,很快有了相当规模和很好的制作工艺。在宁夏、甘肃、内蒙古原西夏故地都发现

---

①《宋史》卷485《夏国传上》,第13993页。

②史金波、聂鸿音、白滨译注:《天盛改旧新定律令》第7"敕禁门",第282页;第12《内宫待命等头项门》,第432页。

③史金波:《西夏皇室和敦煌莫高窟刍议》,《西夏学》第四辑,宁夏人民出版社,2009年,第165—171页。

④[俄]克恰诺夫、李范文、罗矛昆:《圣立义海研究》,第48页。

⑤《宋史》卷486《夏国传下》,第14023页。

⑥史金波、雅森·吾守尔:《中国活字印刷术的发明和早期传播——西夏和回鹘活字印刷术研究》,社会科学文献出版社,2000年,第38—54页。

⑦牛达生:《西夏文佛经〈吉祥遍至口和本续〉的学术价值》,《文物》1994年第9期。

⑧《宋史》卷186《食货下八》。

了西夏瓷窑和大批西夏瓷器。[1]宁夏灵武磁窑堡窑址共发掘了3座西夏窑炉，8座作坊，出土瓷器、工具、窑具等三千多件。[2]其窑炉大体上和宋、金的窑炉相似。所出瓷器没有从低级向高级的发展过程，其原因应是直接利用了中原汉族地区先进的制瓷技术和汉族的制瓷匠人，使西夏制瓷业一步到位，达到当时最高水平。西夏的制瓷业也表现出继承了中原手工业的成熟技术。

盘点西夏的科学技术，以发展社会经济、文化为指归，倾力移置中原王朝已有成熟经验，并在此基础上改进、创新，为中华民族文化作出贡献。

北宋大臣富弼曾评论辽和西夏"得中国土地，役中国人民，称中国位号，仿中国官属，任中国贤才，读中国书籍，用中国车服，行中国法令。是二寇所为，皆与中国等，而又劲兵骁将长于中国，中国所有，彼尽得之；彼之所长，中国不及"[3]。这里不仅指出辽夏两朝"得中国土地"，认为辽和西夏的版图皆为中国土地，还指出其政治制度、文化习俗等方面全面学习、继承中国。可见当时宋初著名政治家已经看到在中国不同王朝都有着相同的文化，对中国文化有着高度认同和继承。西夏是少数民族为主体的王朝接受中国主流文化的一个典型。

中国传统文化是中国文明历史绵延五千年的产物，在中国各民族间不断发展，不断交流，不断融通，形成主流文化意识，在新的条件下达到更高的层次和新的水平。宋辽夏金时期，中国传统文化影响不断加大，共同的历史基因增强。各王朝出于巩固王朝统治的需要，对博大精深的传统文化自觉或自发地涵化、认同，其中包括物质方面、制度方面和深层次的精神方面。各王朝在继承中华传统优秀文化、构建文化认同的基础上，又各自有新的发展和弘扬，对中华民族文化作出了新的贡献。

宋辽夏金时期，少数民族为主体的王朝逐渐改变传统的华夷观念，或倡导"华夷同风"，或否认本身为"夷"，或模糊"华夷"界限，或以民族、方位称呼王朝，都是在否定过去"贵中华、贱夷狄"的观念，探索新的华夷观和正统观，开始把本民族及其他非主体民族纳入"中华"的范畴之内，使中国传统的华夷观在内涵上发生了质的变化，向着华夷一体、增强中国意识，向着多民族中国认同的方向前进。这是自南北朝时期以少数民族为主体的北魏王朝大力学习中华文化以后，几个少数民族为主体的王朝又一次更强烈地吹起华风，争芳斗艳，交相辉映，彰显浓重的中华意识，加强了民族间的大融合，为此后的元世祖忽必烈以中华正统皇帝的身份发布即位诏书这样完全认同中国的重大举措做了思想、理论和实践的准备，打下了高度认同中国的厚重基础。

习近平总书记在全国民族团结进步表彰大会上的讲话中论述各民族共同书写中国历史时，还特别提道："分立如南北朝，都自诩中华正统；对峙如宋辽夏金，都被称为'桃花石'"，高度概括了中国两个王朝分立、对峙的时代各王朝对中国的认同。

（原载《民族研究》2020年第4期，《民族学社会学通讯》第319期转载，2021年1月15日）

---

①史金波、白滨、吴峰云：《西夏文物》，文物出版社，1988年，图272—321。

②中国社会科学院考古研究所编著：《宁夏灵武窑发掘报告》，中国大百科全书出版社，1995年，第181—186页。

③《续资治通鉴长编》卷150，仁宗庆历四年六月戊午条，第3641页。

《木兰辞》中"军书十二卷"新解
——西夏军籍文书的启发

《木兰辞》是一首北朝叙事诗歌，讲述了一个叫木兰的女子，替年迈父亲从军，女扮男装，在战场上杀敌立功，回朝后不愿为官，请求回家与家人团聚的生动故事。诗歌热情赞扬木兰勇敢善良的品质和保家卫国英勇无畏的精神，语言生动，脍炙人口，广为传唱，流传不衰。

《木兰辞》作为古典优秀诗歌作品，历代专家做过很多注释和研究，在当代早已被选入中学课本，其中对原文也有详细注释。然而《木兰辞》中有的语句仍比较费解，有进一步阐释的必要。比如其中的"昨夜见军帖，可汗大点兵，军书十二卷，卷卷有爷名"，为什么军书有十二卷？为什么卷卷有爷名？学界有不同的理解和认识。有的只是做字面解释，把"军书十二卷"解释成"多卷征兵文册"，或认为是"十二道征兵命令"；有的认为"十二表示很多，不是确指"，解释为"那么多卷征兵文册，每一卷上都有父亲的名字"；有的认为表示"军情紧急，刻不容缓"；有的认为当时的军书会分门别类分为许多卷，成丁的一卷，分配任务的一卷等。军书十二卷可能是有很多不同的名籍文书。这些解释使人觉得莫衷一是，似乎仍未得要领，显得难以令人完全信服。

首先，我们应该弄清楚"军书"是什么？在存留的古籍中未见到古代军书的实物而难以论断。近些年来，我在研究出土的西夏文社会文书时，发现了其中有不少军籍文书，用这些古代的军籍文书或可以合理地解释"军书十二卷"的问题。

20世纪初，在中国的黑水城遗址（今属内蒙古自治区额济纳旗）出土了大批西夏文书，分别藏于俄国和英国，现已在中国陆续出版。其中包括不少社会文书档案，内有50多件军籍文书，多以西夏文草书书写，完残不一。笔者经过数年钻研，逐渐解读西夏文草书，译释了其中内容。原来每一件军籍文书都是一个西夏基层军事组织各军抄士兵成员和装备的登记文件。"抄"是西夏基层最小的军事单位，一般由主力作战士兵正军和辅助作战人员负担（或称辅主）组成。

西夏实行全民男子皆兵的兵役制度。在西夏文献中军籍文书称为"军籍"。西夏法典《天盛改旧新定律令》中专门有"纳军籍法"，即军籍登记法。规定每年都要进行军籍登记，条文中有"年十五当及丁，年至七十入老人中"，即对15~70岁的男性进行军籍登录。

从多种出土的完整军籍可看到其格式和主要内容。第一部分是总叙军籍属地、首领、登记时间和总计，此后是具体登录各抄人员和装备情况，包括每抄正军、辅主的姓名、年龄和装备（马匹、铠甲等）情况，最后是被登录组织的首领和负责登录的主簿的签名，并于军籍上加盖多枚首领印，背面往往还有上级官员的审阅签署。为具体了解西夏的军籍真实面貌，以下介绍一件俄藏8371号天庆戊午五年（1198年）军籍的原件图片及译文：

黑水属军首领梁吉祥盛，正军一种纳告：
前自全军籍告纳天庆丁巳四年六月一日起，

至天庆戊午五年五月底，无注销，已做。三十种：

正军六

官马四

甲一

披一

印一

辅主十七

强十六

弱一

一抄有三种，三抄有马，二抄无有。

一抄首领梁吉祥盛，人员十人，有三种，马，花色

正军吉祥盛，六十六

番杂甲：胸五、背六、胁三、结连接八、衣襟八……

四、臂十二、项遮一、独木下三、喉嗓二……

裙十二、更兜二、关子（三）、铁索五、裹节袋等全。

番杂披：红丹色麻六、项五、肩一、胸三、喉嗓二……

末十、罩二、马头套三、有结铁毡里裹袋等全

辅主九

八强：女乐，六十五；黑水盛，四十八；盛功？，四十九；河水山，……

河水吉，四十五；成酉金，三十；心喜铁，二十九；善盛，……

一弱：梁盛，七十

一抄梁恩兴吉，人员三人，马一种有，栗色

正军恩兴吉，四十九

辅主二强：吉祥势，二十六；吉功宝，二十七

一抄梁盛功酉，人员三人，无有。

正军盛功有，四十五

辅主二强：舅右，四十三；子功盛，四十二

一抄梁盛功犬，人员五人，有马一种 （颜色）

正军盛功犬，三十二

辅主四强：心喜盛，五十九；千幢，二十三；五月盛，二十二；老房，二十？

一抄依荸小狗奴 四十七单人马一种有 青（骠）

一抄道须操移？ 九十七 单人无有

天庆戊午五年六月 吉祥盛……

黑水属主簿命屈心喜奴

黑水属主簿命屈犬疤奴

由以上译文可见，西夏军籍登录项目很详尽，人名后有年龄。多件军籍登录后形成簿册汇聚于各地监军司后再上报朝廷。这样就会形成每一适龄男子军人随着时间的推移，会多次被登录不同年份的军籍之中，形成一名后备军人出现在多卷军籍卷册的情况。

出土的军籍文书证实，在西夏社会基层是依西夏法典规定实施的。在军籍文书中发现了同一首

领辖下士兵前后相差一年的军籍文书：如俄藏4196号应天丙寅元年（1206年）军籍和俄藏4926-4号应天丁卯二年（1207年）军籍。这两件文书同一首领，同为4抄，装备相同，人员相同。其人员有首领、正军律移吉祥有，正军律移吉祥酉、辅主有宝，正军律移酉犬、辅主势有盛，正军赵肃执芽。在前后两件军籍中，以上人员年龄各增长一岁。此外，还发现了前后差两年的军籍文书：俄藏4926-9号军籍与俄藏7553-1号应天己巳四年（1209年）军籍中，人员重合，同一人后者比前者长两岁。如正军嵬移驴子子在前一文书中46岁，在后一文书中48岁；正军地宁年长盛在前一文书中44岁，在后一文书中46岁；正军地宁小驴山在前一文书中41岁，在后一文书中43岁等，甚至还有前后相差四年的军籍文书。俄藏4926-11号军籍和俄藏4926-15号军籍中的人名多相同，只是后者比前者的人年龄大4岁。俄藏4926-13号与俄藏4926-14号军籍也是人员姓名相同、年龄相差4年的军籍。这更加明确地证实西夏确实按法典规定查检、勘合、登录军籍。

其实汉文史书中不乏对军籍的记载。如唐代韩愈的《上留守郑相公启》记载："愚以为此必奸人以钱财赂将吏，盗相公文牒，窃注名姓于军籍中，以陵驾府县。"（《昌黎先生集》卷一五）。又如《新唐书》记载："行军司马，掌弼戎政。居则习搜狩，有役则申战守之法，器械、粮糒、军籍、赐予皆专焉。"（《新唐书》卷四九下《百官四下》）。宋代张方平奏章中提到宋朝的军籍："委枢密院点勘军籍，其人数少者，即令团并；其马军无马，愿补填步人者，稍与补充近上衣粮优处军分；其有马者，即与团并足成指挥。"（《续资治通鉴长编》一六三）。宋朝曾巩在《本朝政要策·训兵》也记载："宋兴，益修其法，壮锐者升其军籍，老懦者黜而去之。"（《曾巩集》卷四九《本朝政要策五十首》）以上所提军籍都是指军人登记的簿册，与出土的西夏军籍文书性质相类。但过去未发现过古代的军籍样本，对军籍的具体形式和内容语焉不详。

西夏军籍文书的发现和研究对解释《木兰辞》中的"军书十二卷"提供了新的思路。《木兰辞》中的"军书"应理解成军籍文书。中国古代对军籍的登记有不同的时间规定，有的每两三年登记一次，有的如西夏是每年登记一次。西夏法典又规定，西夏对军人和装备的大型登录、检校是每三年一次。北朝时期实行府兵制，若每三年登记一次军籍，登录十二次的军籍卷册中每册都会有他的名字，便可以顺畅地理解"军书十二卷，卷卷有爷名"的语句。木兰的父亲从达到士兵入编的年龄，再经过12次登录，经过了30多年，年纪应在50岁开外，已是年老体衰，不适于参军作战，他又无成年长子，才出现了女儿木兰代父从军的故事。

（原载《光明日报》2021年8月2日）

西夏时期的凉州文化及其影响

凉州（今甘肃省武威市）位于丝绸之路要冲，作为中国西部的大城市已有两千余年的历史。凉州随着中国局势的演进，其地位也在不断变化。在11—13世纪的西夏时期，凉州的地位有了进一步提升，社会有了新的发展，文化达到新的繁荣，创制了当地历史新的辉煌篇章。

一、西夏时期凉州的重要地位

西夏的主体民族是党项族。党项族首领李继迁于宋真宗咸平六年（1003年）率兵攻陷宋西凉府。后吐蕃、回鹘又于此拉锯式的你来我往。党项族统治者李德明派儿子元昊率军占领凉州。自此，凉州由西夏统治近两个世纪。

1. 凉州在西夏时期的重要地位

凉州对西夏具有重要战略意义。出生于河州（今甘肃省临夏）、官为宋朝知熙州（今甘肃省临洮）的范育上奏章指出："西夏得凉州，故能以其物力侵扰关中，大为宋患。然则凉州不特河西之根本，实秦陇之襟要矣。"[①]清代《西夏书事》的作者吴广成论及西夏说："立国兴、灵，不得西凉，则酒泉、敦煌诸郡势不能通，故其毕世经营，精神全注于此。"[②]

凉州为西夏辅郡。西夏天祐民安四年（1094年）所立凉州重修护国寺感通塔碑（以下简称凉州碑）铭文中有"大夏开国，奄有西土，凉为辅郡，亦已百载"。这表明凉州地位很高。（图1）

后凉州在西夏地位又有新的提升。据西夏法典《天盛改旧新定律令》记载，不仅将西凉府与首都中兴府和大都督府同列为仅次于中书、枢密的次等司，[③]而且在此地设经略司。《天盛改旧新定律令》载西夏有两经略使。经略使是经略司的最高长官。经略司是在京师以外主管若干州郡军民事务的衙门，比中书、枢密稍低，而大于诸司。西夏的西北经略司即西经略司，即在凉州。乾祐二十四年（1193年）仁宗去世后西经略使在凉州举行大法会悼念。可证西经略司确在凉州。西经略司除凉州附近外，还掌管沙州、瓜州、甘州、黑水等地。在黑水城出土的文书中有《西经略使司副统应天卯年告牒》等，可证明黑水城归西北经略司管辖。西夏时期编著的汉文《杂字》中有"西京"，当指凉州。[④]

西夏从政治和地缘上分为三大板块，在凉州的西北经略司和在灵州的东南经略司拱卫着以首都中兴府为中心的京畿一带，形成犄角态势。凉州在西夏是三分天下有其一，所辖面积最大。

2. 多位皇帝和大臣到过凉州

西夏建国前，元昊的祖父李继迁曾攻打凉州，咸平六年（1003年）攻下凉州，他到过此地。后

---

①［清］顾祖禹：《读史方舆纪要》卷63 "陕西十二·凉州卫"。
②［清］吴广成：《西夏书事》卷11。
③史金波、聂鸿音、白滨译注：《天盛改旧新定律令》第10 "司序行文门"，第363页。
④史金波：《西夏汉文本〈杂字〉初探》，《中国民族史研究》（二），中央民族学院出版社，1989年。

元昊率兵再次攻占凉州，可知第一代皇帝元昊称帝前到过凉州。

西夏初期元昊即王位后，于西夏天授礼法延祚元年（1038年）十月，即皇帝位。随后他"自诣西凉府祠神"①。这可能有其立国得自"天授"的用意。

西夏仁宗仁孝应也到过凉州。张掖有一方黑水河建桥碑，是西夏乾祐七年（1176年）立于甘州黑水河边，碑两面分别镌刻汉文和藏文，汉文碑铭中有"朕昔已曾亲临此桥，嘉美贤觉兴造之功，仍罄虔恳，躬祭汝诸神等"②。可知仁宗在乾祐七年以前曾亲临甘州祭神。仁宗到甘州武威是必经之路，仁宗自然会到凉州。在西夏文宫廷诗集中有《御驾巡行烧香歌》，其中记载西夏皇帝御驾西行，曾到达凉州，并指出当地塔寺中有佛的杏眼舍利，与凉州碑记载吻合。诗中又记载他从凉州又巡行到甘州。③此皇帝当指仁宗。

西夏桓宗纯祐天庆十三年（1206年）太后罗氏与镇夷郡王安全废纯祐，立安全为帝，是为襄宗，造成西夏政局神秘变化。④镇夷郡在甘州，襄宗安全自甘州到首都中兴府往返应也要到凉州。

镇守凉州的齐王嵬名彦忠之子遵顼廷试进士，嗣齐王爵，擢大都督府主，最后成为西夏第八代皇帝。他早年跟随其父居住凉州。他做皇帝后，于光定七年（1217年）成吉思汗率兵围攻中兴府，他出走西凉府。⑤可见神宗遵顼也曾到过凉州。由上可知，西夏的皇帝加上被尊为太祖的李继迁，应是五代皇帝到过武威。

崇宗天祐民安四年（1094年）武威地震震坏凉州塔，皇帝、皇太后下令修葺，主管此事的是崇宗的舅父权臣梁乙逋，他主持凉州感通塔修建成功的仪式。

此外，前述仁宗时的齐王嵬名彦忠被贬守凉州。另黑水城出土的西夏文《乾祐戌年节亲中书西经略使告牒》中有"节亲中书西经略使授忠安嵬名□□"题款。时在凉州的西经略使有"节亲"的头衔，也证明他是皇族，姓嵬名，还兼有"中书"的职官，地位很高。

凉州在西夏的地位重要，到过凉州的皇帝和大臣可能不止上述数人，比如有专家认为西夏桓宗纯祐也可能到过凉州。⑥

图1　矗立在武威市博物馆的凉州碑

①《宋史》卷485《夏国》上。
②史金波、白滨、吴峰云：《西夏文物》，文物出版社，1988年，图105—107。
③史金波、魏同贤、克恰诺夫主编：《俄藏黑水城文献》第10册，第287—289页。
④《宋史》卷486《夏国》下。
⑤《元史》卷1《太祖纪》。
⑥苏航：《西夏文〈御驾西行烧香歌〉中西行皇帝身份再考》，《民族研究》2014年第4期。

二、西夏时期凉州的民族和社会

1. 民族

凉州自古是一个多民族地区。唐代诗人王建创作的乐府诗《凉州行》，生动地描绘了当时凉州各民族交流、交融的具体情景。

宋初，汉族、党项族、藏族、回鹘势力在武威地区我进你出，此消彼长，争夺激烈。

西夏拥有凉州后，这里仍然是各民族杂居之处。其中有主体民族党项族，还有汉族、吐蕃、回鹘。他们都在凉州及其所属地区留下了自己的足迹。

2. 社会

西夏时期凉州基本上处于稳定状态，社会经济、文化得到很大的发展。凉州碑文记载："武威当四冲地，车辙马迹，辐辏交会，日有千数"，描述了当时凉州的繁华情景。

黑水城出土的文献中，发现15件西夏榷场使兼拘榷西凉府签判检验商人货物依例收税的文书。这些文书中的商人有本府人、镇夷郡人。所谓"本府"应指凉州府。文书中记录的各种货物在凉州交易并依例纳税。[1]其中不少货物系南部宋地所产。当时凉州是西夏与宋朝贸易的重要市场。

武威市署东巷一地下窖藏中发现大小两种银锭21件，同时出土的还有6枚西夏时期通用的宋朝钱币，这批银锭是西夏时期的遗物，[2]表明凉州货币经济比较发达。

西夏时期的凉州作为多民族地区，社会长期保持稳定，由过去长期战乱达到了繁荣发展。

三、西夏时期的凉州文化

1. 多文字地区

文字是文化的最重要的表现形式之一。西夏创制了记录党项族语言的文字——西夏文。武威地区出土了很多西夏文献、文物。1952年在武威天梯山石窟发现了西夏文文献。1972年在武威张义下西沟岘又发现了多种西夏文献。[3]1987年武威市缠山村亥母洞遗址出土了一批西夏文文献。[4]这些文献包括西夏文、汉文文献，有写本、刻本，还有活字印本，内容丰富，是研究西夏历史社会的重要资料。其中西夏文泥活字版《维摩诘所说经》有西夏仁宗尊号题款，为西夏中期印本，系保存至今最早的活字印本，有重要文物价值（图2）。

西夏时期沙州、瓜州和黑水城是凉州西经略司管辖范围，都出土了很多西夏文文献。其中《瓜州审案记录》是目前所知最早的西夏文文献。

国家从2007年开展全国古籍保护工作，其中一项重要任务是评选全国珍贵古籍名录。目前已评选5批，皆由国务院公布。其中西夏文古籍共69种，凉州占22种，沙州9种，瓜州1种，占很大比重。

西夏时期凉州还使用汉文、藏文、回鹘文，并留存下多少不等的文献。

2. 发达的儒学

西夏发展文化，实行科举。崇宗时建"国学"（儒学），立养贤务。仁宗在皇宫内建立小学，又令各州县立学校。人庆三年（1146年）尊孔子为文宣帝，并"令州郡悉立庙祀，殿庭宽敞，并如帝

---

①《俄藏黑水城文献》第6册，上海古籍出版社，2000年，第279—286页。

②黎大祥：《甘肃武威发现一批西夏通用银锭》，《中国钱币》1991年第4期。

③甘肃省博物馆：《甘肃武威发现一批西夏遗物》，《考古》1974年第3期。

④孙寿岭：《武威亥母洞出土一批西夏文物》，《国家图书馆学刊》增刊《西夏研究专号》2002年。

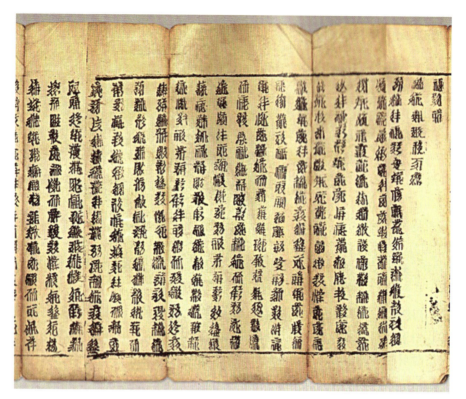

图2 武威出土的泥活字版西夏文《维摩诘所说经》

制"①。西夏时期凉州有学校，有文庙，庙学一体，推行儒学教育。

中国自隋唐开始科举。西部地区从唐末至五代宋初，战乱频仍，科举受到影响。至西夏才又实行科举，在崇宗时已有科举，至西夏灭亡前仍在进行科举策士。

西夏没有留下完整的进士题名录，但仍可见有关西夏进士的零星记录，如：镇守凉州的齐王嵬名彦忠之子遵顼天庆十年（1203年）廷试进士，唱名第一，后成为西夏皇帝，是中国唯一一位进士皇帝。权鼎雄是凉州人，桓宗天庆年间中进士，神宗时任吏部尚书。献宗乾定四年（1226年）高智耀等进士及第。以上三名中前两名是凉州人。

有的专家搜罗文献做成"武威历代进士题名录"，武威自唐至清共有进士45名。但其中没有记载西夏时期的科举和武威的两名进士。

元代学者虞集认为西夏"学校列于郡邑，设进士科以取士"，这是对西夏教育和科举的真实记录。②可见，西夏时期的凉州是唐中期以后三百年来文化大发展时期。

3. 精美的艺术

西夏时期武威有精美的绘画。凉州碑铭中赞美塔寺修成后庄严美丽的情景时提道"壁画菩萨活生生"，证明凉州寺庙中的绘有生动的菩萨画像。③

甘肃武威亥母洞出土的西夏唐卡为藏传佛教的绘画作品，表现出很高的艺术水平。

武威西郊林场西夏墓中发现了29块木板画，既有佛教内容，也有世俗题材。其中有重甲武士、侍从、牵马人，以及家禽、家畜等。这些画构图简练，人物神态很有特点，生活气息很浓。④武威

①《宋史》卷486《西夏传》下。
②[元]虞集：《道园学古录》卷4《西夏斡公画像赞》。
③史金波：《西夏佛教史略》，宁夏人民出版社，1988年，第243、248页。
④宁笃学、钟长发：《甘肃武威西郊林场西夏墓清理简报》，《考古与文物》1980年第3期。

图3 武威出土西夏木板画中
的武士像

亥母洞还发现五方佛画，色彩鲜艳，绘制精细。(图3)

凉州碑两面碑额各有一对阴刻的伎乐菩萨，五官秀媚，舞姿优美，是难得的线雕装饰图案。武威亥母洞还发现米拉日巴泥塑坐像，造型独特（图4）。另有泥塑弟子、童子头像三尊，生动自然。

4. 成熟的手工艺

西夏时期凉州手工业发达。在武威市塔儿湾出土瓷器115件，类型多样，有的瓷器上还有西夏文或汉文西夏年号。其中有多种釉色，还有在釉面上彩绘或剔刻的特殊工艺。[①]

武威西郊林场西夏墓出土的双耳罐、高足白瓷碗等，具有灵武西夏磁窑所出瓷器的特点，是有民族特点的瓷制艺术品。

武威小西沟岘发现的木刮布刀是当时民间织布用工具，刀刃部和刀面留下经线痕迹，证明是一实用纺织用具。[②]武威西郊林场和武威南营乡西夏墓分别出土了木瓶、木碗、木筷。武威西郊林场西夏墓也出土了陪葬木器，计有木条桌、木衣架、小木塔、木笔架、木宝瓶和木缘塔。其中木缘塔四个，由座、身、顶、刹四部分组成，呈八角形，制作精巧，组合细密，造型稳重（图5）[③]。这些木器反映出西夏木制品的水准。木器易于朽毁，出土这么多种木器，十分难得。

图4 武威亥母洞出土米拉日巴泥塑像

图5 武威西夏墓出土的木缘塔

①党寿山：《武威文物考述》，武威市光明印刷物资有限公司，2001年，第83—101页。
②《西夏文物》，图231、264。
③《西夏文物》，图255。

此外，亥母洞出土有绣花童鞋5件，其中两只刺绣华丽，色彩鲜艳，做工细致。

四、西夏时期凉州的宗教

1. 佛教信仰盛况

凉州很早就流行佛教。西夏时期有四大佛教中心，其中凉州—甘州为中心之一。凉州护国寺是施放佛舍利的古刹，西夏时受到皇室的重视。凉州碑记载了西夏重修的活动。碑文描绘新修塔寺是七层方塔，有诸种装饰，寺庙有壁画，有花簇垂幡，有白银香炉，展示了塔寺的庄严壮丽。这里是汉传、藏传佛教最早交汇之处，多民族僧人同住一寺庙，不同民族文字碑文合璧于同一碑石，证明多民族信仰佛教的事实。

前述仁宗去世后，西经略使在凉州做大法会悼念，聚会文武官员及僧人等三千余员，做七日七夜道场，反映出凉州佛教信仰的盛况。

2. 藏传佛教的基地

西夏统治者开始主要吸收中原佛教，后来也接受藏传佛教，用西夏文、汉文翻译藏传佛教经典，修建寺院，绘制唐卡，传承仪轨，封藏传佛教高僧为帝师、国师。藏传佛教在西夏中、后期迅速传播，西夏成为第一个全面吸收藏传佛教的王朝。

凉州一带与吐蕃邻近，境内吐蕃人也较多，因而这一带藏传佛教更为兴盛，成为西夏藏传佛教的基地。凉州碑铭中有"羌、汉二众提举"的职衔。其中的"羌"在西夏专指吐蕃而言。说明当时凉州的寺庙中已经有吐蕃僧人，并设有管理这些僧人的官员。亥母洞遗址是藏传佛教很重要的金刚亥母寺庙，其中发现了多种藏传佛教经典、绘画和塑像。[①]

五、藏传佛教信仰与凉州会谈

西夏凉州的藏传佛教对后世的蒙古与吐蕃的凉州会谈有相当影响。

1227年成吉思汗率兵进攻西夏，在六盘山病故。不久西夏被蒙古大军灭亡。窝阔台即蒙古汗位后，其次子阔端受封原西夏的部分地区，驻屯凉州。[②]太宗后乃马真称制三年（1244年），阔端遣使至吐蕃，召请藏传佛教首领萨迦·班智达。萨迦·班智达及其两侄八思巴和恰那多吉经长途跋涉，于1246年到达凉州。翌年参加贵由汗登基大典返回凉州的阔端会见萨迦·班智达，议定吐蕃归附，随后由萨迦·班智达致书吐蕃僧俗首领，劝说归附，确立了蒙古对吐蕃的统治。

近年发现两种西夏文刻本《大白伞盖陀罗尼经》残卷，经末皆有发愿文（图6）。其一记载阔端时期西夏文佛经的刻印、流传，以及西夏藏传佛教的信仰。"雕印羌、番、汉各一千卷"。其中"羌"指吐蕃，即藏族；"番"指党项，即原西夏主体民族。可知当时已有此经藏文、西夏文、汉文三种版本。发愿文最后以显著大字记载"东陛皇太子施"，证明此举为阔端亲为。另一发愿文真实地记载了阔端皇太子信奉、弘扬藏传佛教，并依止藏传佛教高僧等觉金刚国师为师，印施藏传佛教经典之事。

西夏时期河西地区藏传佛教的广泛流传，为后来的凉州会谈做了铺垫，使阔端能先期、全面地了解藏传佛教的情况。这为凉州会谈这一功垂竹帛的重大历史事件打下了思想和宗教信仰的基础，对阔端请藏传佛教领袖来凉州会谈并取得成功有重要影响。正是在刻印三种文字佛经的这一年，阔端向萨迦班智达发出的邀请。阔端将会谈地点选在藏传佛教信仰浓烈的西夏故地凉州，对萨迦·班

---

①史金波：《西夏时期的武威》，《西夏学》第七辑，上海古籍出版社，2011年。
②《元史》卷2《太宗本纪》。

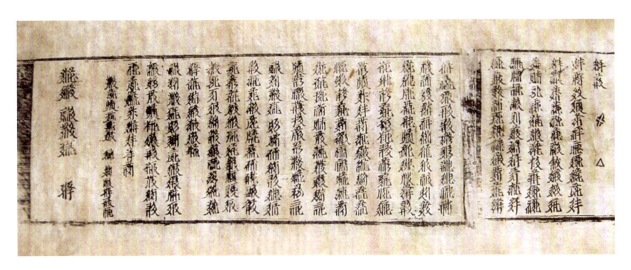

图6　在凉州刻印的西夏文《大白伞盖陀罗尼经》发愿文

智达一行给予热情接待，对藏传佛教表现十分尊重，使萨迦·班智达感受到浓重的藏传佛教氛围，加深了双方的理解和信任，使会谈水到渠成，达成了历史性的协议。会谈结束后，萨班写给卫藏各教派的信中说"此菩萨汗王（指阔端）敬奉佛教，尤崇三宝"并非虚言。阔端于此西夏故地认识、接收藏传佛教，对凉州会谈产生了积极、正面的影响。[①]

六、凉州的人文精神

1. 西夏时期的优秀人物

西夏后期的名臣权鼎雄是凉州人，天庆年间进士，以文学名授翰林学士。襄宗安全篡逆，他弃官入青岩山不出。后神宗遵顼立，召为左枢密使。他出使金朝，力争相见仪，金人服其论证。后进吏部尚书，气宇肃然，选官正直无私。

斡道冲是西夏仁宗朝的大臣，在朝刚介直言，抵制外戚任得敬专权和分国，后被擢为中书令，又任国相，辅佐仁宗稳定政局，发展文化，为相十数年，家无私蓄，藏书甚多。死后仁宗图画其像，从祀于学宫，并使郡县遵行。斡道冲成了西夏儒学的一代宗师。他不是凉州人，是灵州人。因凉州文庙中有斡道冲从祀孔子的像，甚至西夏灭亡后至元代仍然保存。其后人朵儿赤在元代为官，奉诏出使途经凉州时，见文庙殿庑有其祖斡道冲从祀孔子的遗像，唏嘘流涕，求人临摹画像而藏之于家。可见凉州注重传承儒学，崇敬前代宗师。

2. 武威民间优良习俗

元代党项人余阙，其父沙刺藏卜从武威到庐州（今安徽合肥）做官，是党项人。余阙本人进士及第，官至淮西宣慰副使，能诗善文，号青阳先生，著有《青阳先生文集》。他所在的庐州驻军都是原西夏故地人。余阙记录了他们的风俗习惯："其性大抵质直而上义，平居相与，虽异姓如亲姻。凡有所得，虽箪食豆羹，不以自私，必招其朋友。朋友之间有无相共，有余，即以与人，无，即以取诸人，亦不少以属意。……少长相坐，以齿不以爵，献寿拜舞，上下之情怡然相欢。醉，即相与道其乡邻亲戚，各相持涕泣以为常。予初以为，此异乡相亲乃尔，及以问夏人，凡国中之俗，莫不皆然。"这里反映庐州驻军西夏子弟的风俗，也是余阙的老家武威地区的淳朴风俗。笔者在1981年

---

①史金波：《西夏文〈大白伞盖陀罗尼经及发愿文〉考释》，《世界宗教研究》2015年第5期。史金波：《凉州会盟与西夏藏传佛教——兼释新见西夏文〈大白伞盖陀罗尼经〉发愿文残叶》，《中国藏学》2016年第2期。

到合肥一带调查西夏余氏后裔时，早已经成为汉族的余氏族人都记得过去过年时门口挂的灯笼上面还写着"武威郡"，以不忘远祖家乡。可见中国各民族在长期交流交往过程中水乳交融的强大力量，同时也看到传统文化、传统基因仍然绳绳继继，连绵不绝。

3. 武威学者张澍的求知精神

清代著名西北史地研究学者张澍是武威人。他身上有很多故事，母亲有维吾尔族血统，他14岁中举人，19岁中进士，少年得志。他崇信儒学，性格刚直，在官场上并不如意，然而他一生钟情学问，探索不已，遍访古迹，长于记录。他曾到安徽安庆，拜谒其乡人元代西夏后裔余阙的古迹。后返回家乡凉州，于嘉庆甲子年（1804年）与好友游大云寺时，发现被砖封砌的碑亭。在其执着请求下，终于打开了被封存了数百年的凉州碑，此碑一面刻汉文，一面刻类似汉文的不知名文字。张澍由汉文碑文得知，背面文字当为消失已久的西夏文。[①]这使他成为世上第一个发现死文字西夏文的人，为后世提供了识别西夏文的标杆。

嘉庆二十三年（1818年）张澍任代理大足知县，他游览大足县的宝顶山、北山和南山，摩挲金石，考察石窟，写有20余篇文章。他是关注和研究大足石刻的第一位学者。他高度评价大足石刻"古今所未有"，并把大足石刻部分内容记入嘉庆《大足县志》。其所作《前游宝顶山记》，还被同治年间任大足知县的王德嘉书刻在今圣寿寺三世佛殿内。张澍对荒山中大足石刻的发现未能很快引起重视，直至一百多年后的1945年，由学者杨家骆、马衡、顾颉刚等组成考察团进行科学考察时，大足石刻才为学界所重。

现凉州碑和大足石刻都已列为全国重点文物保护单位，大足石刻还进入世界文化遗产。张澍先生敏锐的学术眼光和执着的追求精神，是武威的一笔宝贵的精神财富，值得发扬光大。

（原载《人文甘肃》拾，甘肃教育出版社，2022年6月）

---

①张澍：《书天祐民安碑后》，《养素堂文集》卷19。

族际通婚：出土西夏文文献证实民族间的深度融合

中国是一个多民族国家，自古以来各民族间交流频繁，关系密切。各民族之间往往交错杂居，来往频繁，相互帮助，亲密无间，形成你中有我、我中有你的胶着态势，自然而然地发生相互通婚的深度交融现象。

对于各民族之间的通婚，传统历史文献记载较多的是民族上层的和亲和赐婚。这些族际婚姻贯穿于中国古代历史的长期发展过程中，对历史发展有着一定影响。

实际上，各民族间的通婚更大量地发生在民间。民间的族际婚姻更为真实、更为广泛地显示出民族间水乳交融的亲密关系。而这种重要历史现象，传统历史文献则缺乏记载。

古代的户籍簿之类的文书档案等，可能会保留不少这方面的原始资料。可惜这类重要文献多难以保存下来，特别是明代以前的档案资料更是寥若晨星。近代出土的古代文献中，有一些反映古代民族之间通婚的资料，显得十分珍贵。出土的西夏文文献中的户籍、契约等档案资料，就包含着具体而生动的有关事例，值得重视。

出土西夏文户籍账反映民族间的通婚

20世纪初，俄国的一支探险队在中国北部的黑水城遗址（今属内蒙古自治区额济纳旗）发现了大量西夏文献、文物，遂席卷而走，至今仍藏于俄国的圣彼得堡。20世纪90年代中国社会科学院民族研究所和俄国圣彼得堡东方学研究所合作，将藏于俄国的黑水城出土文献陆续在中国整理出版。已出版的《俄藏黑水城文献》汇聚了8000多编号的西夏文文献，其中包括大量基层社会文书。

西夏文社会文书中的户籍账表明，在西夏的基层确实存在不同民族间的通婚现象。6342-1号西夏文草书户籍账残卷，存有一个乡里30户的资料。每一户首先记户主姓名，然后分男、女记大人和小孩的人数、与户主的关系和姓名。其中凡姓氏后带有"氏"字者皆为已婚女性。

西夏出土文献中有西夏文和汉文《杂字》，其中分别记录了西夏的"番姓"和"汉姓"。番姓即西夏主体民族党项族姓氏，汉姓即汉族姓氏。以户籍账中人名的姓氏检索《杂字》中的姓氏，便可知其民族属性。这样可看到该户籍账中有的家庭夫妻皆为党项族，也有的家庭夫妻双方都是汉族，还有的家庭是党项族与汉族为夫妻的家庭。其中族际婚姻家庭如：

第6户
一户千叔讹吉二口
　　男一
　　　　大一讹吉
　　女一
　　　　大一妻子焦氏兄导盛

此户户主名千叔讹吉，千叔是党项族姓，他是党项人，其妻子姓焦，是汉族。

第9户（图1）
一户觅移雨鸟五口
　　　男二
　　　　大一雨鱼鸟
　　　　小一子正月有
　　　女三
　　　　大一妻子罗氏有有
　　　　小二女白面黑　金?

此户户主名觅移雨鸟，觅移是党项族姓，他是党项人。其妻子姓罗，是汉族。

第11户
一户卜显令二口
　　　男一
　　　　大一　显令
　　　女一
　　　　大一　妻子律移氏兄令

此户户主名卜显令，卜是汉族姓，他是汉族。其妻子姓律移，律移是党项族姓，她是党项人。

第27户
一户千玉吉祥有四口
男一
　　　　大一吉功［祥］有
　　　女三
　　　　大三妻子瞿氏五月金
　　　　　　妻子梁氏福事
　　　　　　女铁乐

此户户主名千玉吉祥，千玉是党项族姓，他是党项人。其妻子姓瞿，是汉族。

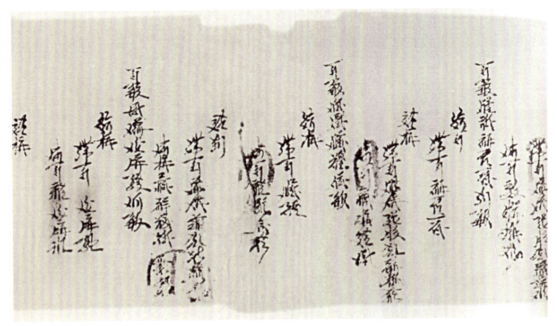

图1　西夏文户籍账（中间一户为第9户）

以上4户显示，各户中夫妻二人是不同民族结婚。有3户丈夫是党项族，妻子是汉族，1户丈夫是汉族，妻子是党项族。从上述户籍账中已经能确定的不同民族的夫妻关系看，30户中至少有4户是党项族和汉族相互通婚，共同组成家庭，反映出当地普通民众中族际婚姻已不是个别现象，显示出民族间密切交往中的自然深度交融。

出土西夏文契约反映民族间的通婚

黑水城遗址出土的文献中还发现了一批契约。这些契约在正文中及最后的契尾有当事人的署名。通过署名的姓氏可以查检到他们的族属。

在一些借贷契约中为了保障借贷者还贷，除借贷者本人要署名画押外，还要有同立契者也即同借者签名画押。同立契者多为借贷者的家人、亲属或至近的朋友。若借贷者不能按时还贷时，同立契者有还贷的责任。一些同立契者的姓名前明确记载与借贷者是夫妻关系，其中有的夫妻显然是不同的民族。

如4696-3（8）号西夏光定申年（1212年）曹肃州贷粮典物契，其契尾的签署画押为：

立契者曹肃州（画押）
同立妻子讹七氏酉宝（指押）
同立契□羊金（画押）
证人梁老房宝（画押）
证人老房有（画押）（图2）

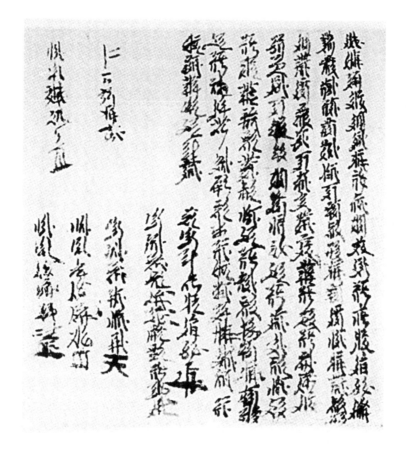

图2 西夏光定申年（1212年）曹肃州贷粮典物契

立契者曹肃州是汉族，同立契者妻了姓讹匕，是党项族，两人为不同民族通婚。

又如7741（15）号西夏天庆寅年（1194年）积力善宝贷粮契，其契尾的签署画押为：

　　立契者善宝（画押）
　　同立契者妻子肃氏尔嘎金（画押）

立契者积力善宝是党项族，同立契者妻子肃氏尔嘎金，是汉族，两人也是不同民族通婚。

有的契尾中的同立契者未明确记录妻子的身份，但从其性别和在契尾的位置可判定为立契者的妻子。

如7741（1）号西夏天庆寅年（1194年）石狗狗子贷粮契，其契尾的签署画押为：

　　立契者石狗狗子（画押）
　　同立契铺力氏弟引（画押）

立契者石狗狗子是汉族，同立契者为铺力氏弟引，铺力为党项族姓，她是第一位同立契者，是与立契者关系最密切者的异性，应是立契者的妻子。

又如5949-21（1）号西夏光定申年（1212年）嵬移吉祥盛贷粮抵押契，其契尾的签署画押为：

立契者嵬移吉祥盛（画押）

同借浑氏乐引（指押）

立契者嵬移吉祥盛是党项族，同立契者浑氏乐引，浑为汉族姓，她是与立契者关系最密切者的异性，应是立契者的妻子。

以上例证证实在民间借贷的契约中，也显示出西夏时期不同民族间相互结亲，组成族际婚姻家庭的真实情景。

其实党项族在未立国前，在西北地区就与其他民族杂相聚处，《宋史·太宗纪》记载，宋至道元年（995年）八月"禁西北缘边诸州民与内属戎人昏娶"。这里所谓"戎人"即指党项人。宋朝禁止党项族和沿边的宋朝人民结为婚姻，反映出当时宋朝沿边百姓和党项族通婚已不是个别现象。在西夏时期政府并不限制不同民族之间通婚，各民族之间的通婚更加顺畅，更为普遍。

双姓氏名字反映民族间的通婚

在西夏文文献中，有的人名的姓氏是两个姓氏叠加在一起，形成双姓氏名字。这种特殊的姓氏往往是两个不同民族的姓氏的相加，也显示出不同民族通婚的事实。

在所见人名中有汉姓和番姓两个姓氏时，多是汉姓在前，番姓在后。如西夏《凉州重修护国寺感通塔碑铭》中，记载书写西夏文碑铭的为西夏切韵博士浑嵬名遇；莫高窟第61窟众僧人供养人旁皆有西夏文、汉文合璧题记（图3），其中一名僧人旁记"住缘僧翟嵬名九像"；榆林窟第12、13窟之间的题记有"张讹三茂"等。以上姓氏第1个字分别为浑、翟、张，皆为汉姓，第2、3字分别是嵬名、讹三，为党项族姓。这种双姓氏现象是不同民族的父姓与母姓共用，表明不同民族间的通婚关系。在西夏党项族作为主体民族，地位较高。有的汉人与党项人结为婚姻后，便在自己的汉姓之后加上妻族的姓氏，或在所生儿子的名字内于父姓之后再加上党项族的母姓，以显示出有党项族血统，有较高的地位。这种特殊的姓名透露出党项族和汉族互通婚姻、民族之间自然同化的明显印痕。

以上出土文书、文物中的两个不同民族姓氏叠加在一起的现象，从一个新的侧面反映出民族间密切交流，自然通婚，深度交融的史实。

民族名称变成姓氏反映民族融合

在西夏还有一种特殊现象，即有的在融合进程中的民族被纳入党项族中，以民族名称作为姓氏，更突出地反映出民族间的融合现象。在西夏文《杂字》"番姓"中有"鲜卑"一姓。

图3　莫高窟第61窟僧人供养人有西夏文、汉文合璧
题记（左上为翟嵬名九像）

在中国历史上有重要影响的鲜卑族，其中一部分在西夏时期由于和党项族长期共同生活，已经相互融合。进入番族的鲜卑人不用原来的拓跋、独孤等姓，也不用北魏时期改的元姓等，而是直接以鲜卑为姓。在榆林窟第29窟中有西夏供养人像，其中首位即真义国师鲜卑智海。在《圣胜慧到彼岸功德宝集偈》的题款中记载法师鲜卑宝源担任汉译。

更令人惊叹的是在西夏灭亡270多年后，于明弘治十五年（1502年）迁徙到保定府（今河北省保定市）的西夏后裔，在寺庙所立西夏文和汉文合璧的经幢铭文中，记录了立幢和随喜的众多人名，其中不仅有包括西夏皇族嵬名氏在内的很多党项族，也有很多汉族，其中也有以鲜卑为姓者多人，如鲜卑丰多仁、鲜卑三鸠、鲜卑由保、鲜卑富成，此外还有鲜卑氏文束等女性。由此可见，鲜卑氏的一些人与其他党项族后裔一起，自西北辗转到华北，虽仍保留着原民族的痕迹，但随着岁月的流逝，后来他们都融入当地的汉族之中了。

西夏汉文本《杂字》的"番姓"中，有一姓是"绲纥"。"绲纥"即"回纥"或"回鹘"。在此《杂字》中把回鹘作为番族的一姓，也表明像"鲜卑"姓那样，一部分回鹘人已进入番族，表明西夏人有时把回鹘看成是一个番族的姓氏。而在西夏法典《天盛改旧新定律令》中规定："任职人番、汉、西番、回鹘等共职时，位高低名事不同者，当依各自所定高低而坐。"表明在西夏政府中有党项人、汉人、吐蕃人和回鹘人，回鹘人还被看作是一个民族。但在实际生活中，回鹘往往被归入被称为番人的党项族内。

如西夏光定未年（1211年）李犬盛借骆驼契中的证人回鹘吉祥有，即以回鹘为姓氏。此外，在西夏社会文书中的名字的党项族姓氏后，加上"回鹘"二字，表明此人家庭有不同民族通婚。如天盛二十二年（1170年）寡妇耶和氏宝引母子卖地房契中北界土地的主人耶和回鹘盛，乾祐戌年（1190年）盛犬贷粮抵押契中的同借者居地回鹘金，天庆寅年（1194年）只移回鹘后贷粮契的立契者，天庆卯年（1195年）居地吉宝贷粮契中同借者康回鹘子，天庆亥年（1203年）恶恶老房男贷粮抵押契中的同立契者梁回鹘张。以上三人名中，首两字皆为党项族姓氏，后面的回鹘姓氏表明他们的家庭与回鹘人有婚姻关系，很大可能是他们的母亲是回鹘人。

西夏皇族的异族通婚

传统文献中记载了西夏皇室异族通婚的事实。如太祖李继迁、景宗元昊和崇宗乾顺曾先后娶契丹皇室女义成公主、兴平公主和成安公主为妻。毅宗谅祚时，曾以宗室女嫁给归降西夏的吐蕃族首领禹藏花麻，并封其为驸马都尉。崇宗时，又以宗室女嫁给吐蕃首领赵怀德。西夏皇帝娶汉族女为妻者更多，如崇宗乾顺之妃曹氏为汉族，生子仁孝，是为仁宗；仁宗妃罗氏也为汉族，生子纯祐，是为桓宗，西夏两代皇帝的母亲都是汉族。这样西夏皇族中汉族的血统成分越来越多了。

西夏立国前元昊将皇族改为嵬名氏，经过长期的繁衍、分化，至西夏后期，其中有不少成为生活在基层的普通百姓。在西夏借贷文书中不乏姓嵬名的人，有的是借贷者，也有的是放贷者，其中也有的人名有两个民族姓氏，反映出在西夏民间西夏皇族的后代也与其他民族结亲。如天庆寅年（1194年）嵬名赵小狗贷粮契，立契者名字嵬名赵小狗包含了皇族嵬名姓和汉族赵姓。近代发现了一些西夏文首领印，印背皆镌刻持印者人名，其中也发现有一个姓名包括两个民族姓氏的，如吴嵬名山。

总之，以上资料是宋辽夏金时期民族大融合的具体实例，这些仅是当时千千万万族际婚姻中若干存留于世的典型，反射出中国历史上不断发生的普遍现象，反映出民族交往中自然融合的大趋势，因而显得十分珍贵。不同民族成员生活在同一家庭中，通过共同的经济、文化生活，在语言、习俗、心理等方面，互相影响，互相渗透，融合成一体。这种族际婚姻是民族间密切交往的自然结果,加深了各民族之间的密切关系,有利于统一的多民族国家的巩固和发展。当今随着社会的高速发展,各民族会有更加广泛、更为深刻的交流,相互融合会更为显著,我们应该正确的理解、促进和加强民族间的自然交融,为加强民族团结,增强国家的凝聚力作出更多贡献。

(原载《光明日报》2022年8月1日)

一部深度反映民族间交往交流交融的奇书

——《番汉合时掌中珠》

【摘　要】西夏时期刊印的党项族和汉族互相学习语言的词语集《番汉合时掌中珠》，是民族间深度交往交流交融的产物，是在中华民族共同体形成和发展过程中民族关系愈趋密切的历史见证。其序言明确提倡民族间要互相学习语言，掌握双语以达到深入交流，表现出作者促进民族团结的精神和责任感。其体例采用了两种语言、文字四项对照的方法，使党项族和汉族都能方便地学习对方语言，是中国乃至世界上最早的、成系统的双义双音对照词典。在内容上作为西夏最重要的蒙书反映出民族间文化互鉴互融的事实，展现出中华民族主流文化对少数民族的巨大影响，表现出西夏对中国的高度认同。此书适应当时社会上双语学习的需求，曾多次刊行，并在西夏不同地区广泛流传，为进一步推动民族间的交融发挥了积极作用。近代此书出土后成为揭开死文字西夏文奥秘的钥匙和学习西夏文的入门书籍。此书为认识中华民族共同体形成和发展过程中民族间日益密切的关系提供了典型资料，有助于深刻认识和铸牢中华民族共同体意识。

【关键词】番汉合时掌中珠；西夏文；汉文；双语；交往交流交融；中华民族共同体意识

西夏时期刊印了一部西夏文和汉文对照的书籍，名为《番汉合时掌中珠》（以下简称《掌中珠》）。这部特殊典籍是西夏时期民族间深度交往交流交融的产物，是在中华民族共同体形成和发展过程中民族关系愈趋密切的历史见证。

西夏王朝（1038—1227年）是中国古代一个重要王朝，前期与北宋、辽朝并立，后期与南宋、金朝鼎足，皇族为番族，即党项族，境内还有汉族、藏族、回鹘等族。

乾祐二十一年（1190年）西夏的党项族文人骨勒茂才编纂刊印了杂字体《掌中珠》，全书37页，蝴蝶装，高23厘米，宽15.5厘米，版框高18.7厘米，宽12厘米，四周双栏，版心页码用汉文标记。[①]这部西夏时期的古籍是一部用于番、汉民族学习对方语言、文字的通俗著作，既有蒙书的性质，又有辞书的特点。当时民族间的密切交往营造了编写这种特殊蒙书的环境，而富有才华的西夏人适时地编辑、出版了这样实用的书籍，在番汉人民之间架起了一座互通文化的桥梁，给社会上更多的人掌握双语提供了实用的工具书。这部书显露出当时西夏独创性的编辑能力和卓越的学术水

---

①俄罗斯科学院东方研究所圣彼得堡分所、中国社会科学院民族研究所、上海古籍出版社编，史金波、魏同贤、克恰诺夫主编：《俄藏黑水城文献》，第10册，上海古籍出版社，1999年，第1—37页，编号俄 Инв.No.214、215、216、217、218、685、4777，为甲、乙两种版本。

平，在辞书编辑、出版史上具有重要地位。

一、序言——提倡民族交流的深刻理念

西夏是以党项族为主体建立的王朝，境内除党项族外，汉族是最主要的民族，人数众多，文化发达。《掌中珠》的书名中的"番汉合时"，本身就明确地反映出作者对当时西夏境内两个主要民族密切关系的认知，特别是书的封面为汉文和西夏文两种文字的书名并列，这种形式也显示出当时番、汉两个民族文化热络交流的关系，这种封面形式在当时也是十分稀见的（图1）。

该书卷首有西夏文序、汉文序各一篇，两序各为1页2面，内容基本相同，言简意赅，现将汉文序抄录于后：

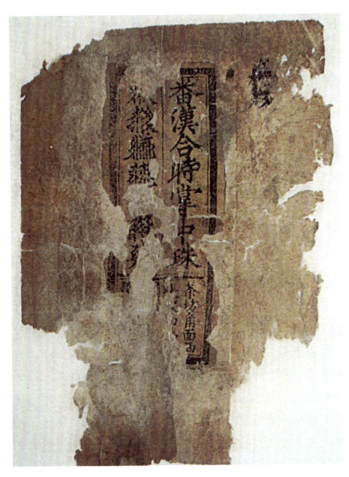

图1　《番汉合时掌中珠》封面

《番汉合时掌中珠》序

凡君子者，为物岂可忘己，故未尝不学；为己亦不绝物，故未尝不教。学则以智成己，欲袭古迹；教则以仁利物，以救今时。兼番汉文字者，论末则殊，考本则同。何则先圣后圣其揆未尝不一故也。然则今时人者，番汉语言，可以俱备。不学番言，则岂和番人之众；不会汉语，则岂入汉人之数。番有智者，汉人不敬；汉有贤士，番人不崇。若此者由语言不通故也。如此则有逆前言。故愚稍学番汉文字，曷敢默而弗言，不避惭怍，准三才集成番汉语节略一本，言音分辨，语句昭然，言音未切，教者能整。语句虽俗，学人易会，号为《合时掌中珠》。贤者觑斯，

幸莫晒焉。时乾祐庚戌二十一年月日骨勒茂才谨序。[1]（图2）

由此序言不难看出这是当时中原王朝地区常用的文体，不时有对仗工整的骈体语句。据此可知作者深受汉学熏陶，有很好的儒学功底。在"教则以仁利物，以救今时"这样强烈的经世致用思想驱动下，提出了至今仍令人赞叹的认识："兼番汉文字者，论末则殊，考本则同。"中国是一个多民族国家，各民族所操语言包括多语系语言，其使用文字也是多系统文字，这些语言、文字都是中华民族文化的组成部分。西夏文于11世纪初期借鉴汉字而创制，用以记录西夏党项族的语言。党项族语言是汉藏语系中的一种，与汉语有着亲缘关系。作者所谓"考本则同"，无论是从两种语言上

---

①甲种本西夏文序、汉文序下部稍残，乙种本西夏文序右面残，汉文序全，今录乙种本汉文序。

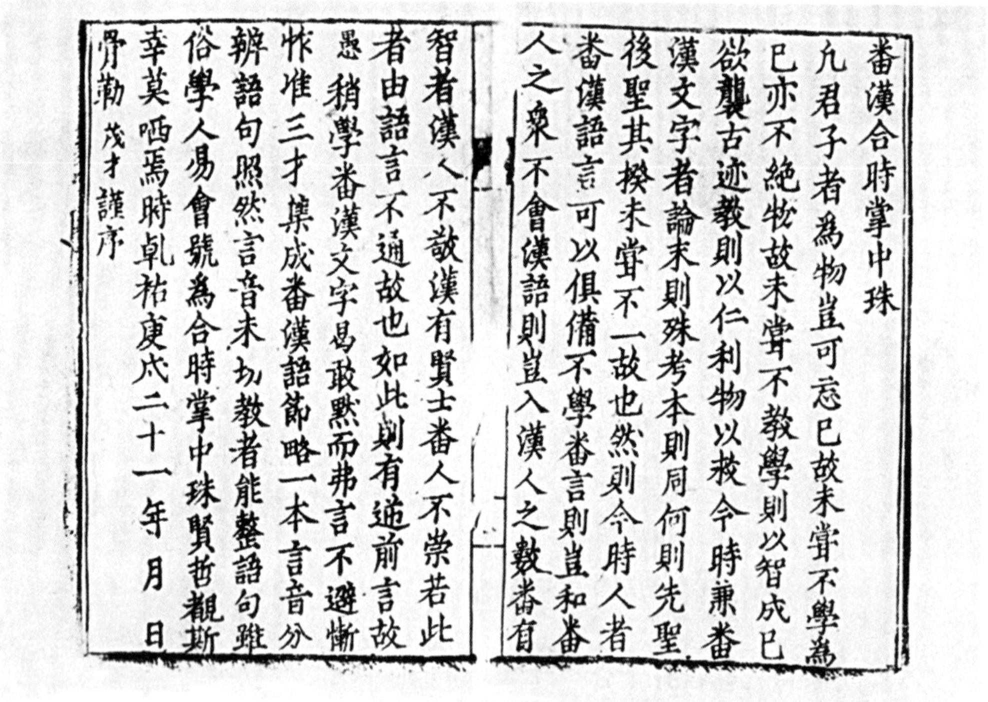
番漢合時掌中珠
凡君子者為物豈可忘己故未嘗不學為己亦不絶牧故未嘗不教學則以智成己欲襲古迹教則以仁利物以救今時兼番漢文字者論末則殊考本則同何則先聖後聖其揆未嘗不一故也然則今時人者番漢語言可以俱備不學番言則豈和番人之衆不會漢語則豈入漢人之數番有智者漢人不敬漢有賢士番人不崇若此者由語言不通故也如此則有逆前言故愚稍學番漢文字曷敢默而弗言不避慚怍准三才集成番漢語節略一本言音分辨語句照然言音未切教者能整語句雖俗學人易會號為合時掌中珠賢哲睹斯幸莫哂焉時乾祐庚戌二十一年　月　日
骨勒茂才謹序

图2 《番汉合时掌中珠》汉文序

看，还是从两种文字上看，都是非常恰当的结论。作者又进一步指出先圣、后圣的道理是一致的。西夏提倡儒学，尊崇孔子，并于人庆三年（1146年）也即在骨勒茂才印行此书的前45年，尊孔子为文宣帝。①西夏人也将创制西夏文的野利仁荣看成是字圣，在其死后的仁宗天盛十四年（1162年）被封为广惠王。②可能作者将中原文化的代表人物作为先圣，而将西夏文化的代表人物视为后圣，来提示源远流长的中原文化和后来的西夏文化都是一水之源流，是相通的文化，有共同的理念。

接着作者笔锋一转，写出具体的主张“今时人者，番汉语言，可以具备”，直接提出了在西夏的党项族和汉族应掌握双语的主张。这反映了作者对西夏社会现状的深刻认识，也反映出汉语在西夏社会中的特殊地位，理性地认识到双语教育是西夏社会文化发展的需要，也是当时民族关系密切交往的大势所趋。以下作者又进一步论述为何番、汉两族应学习对方的语言，强调语言交流的重要。明确提出“不学番言，则岂和番人之众；不会汉语，则岂入汉人之数”，认为要通过学习对方的语言，汉人要和番人之众，番人要入汉人之数，主张民族间要跨越民族间的畛域深入交流，和合共生。作者还进一步论证，若不这样就会造成番人有智者，汉人不尊敬；汉人有贤士，番人不崇信的后果，实际上是主张通过语言的沟通达到心灵、文化上的交流和相互认同。

此序言表明作者编写这部书具有明确的“以仁利物”的理念，目的是加强民族间的交往交流交融，其促进民族团结的精神和责任感跃然纸上。作者以编纂此书的实际行动践行了其促进民族交流的主张。在800多年前西夏王朝一位少数民族的文人能有这样深刻的认识和胸怀，足证中华民族密切联系、共同进步发展的理念深入人心。

①[元]脱脱等：《宋史》卷486《夏国传下》，中华书局校订本，第14025页。
②[元]脱脱等：《宋史》卷486《夏国传下》，中华书局校订本，第14025页。

二、体例——促进民族交往的特殊形式

《掌中珠》的作者为达到便于番人、汉人互相学习对方语言文字的目的，内容上意图将西夏社会中的常用词语分类编选入书，在形式上则创造性地采用了两种语言、文字四项对照的方法，即每一词语都列有四项，中间两项字稍大，右行为西夏文，左行为相应意义的汉文。在中间西夏文的右边为较小的汉字，是对西夏文字的汉字注音；在中间汉字的左边为较小的西夏文，是对中间汉字的注音（图3）。

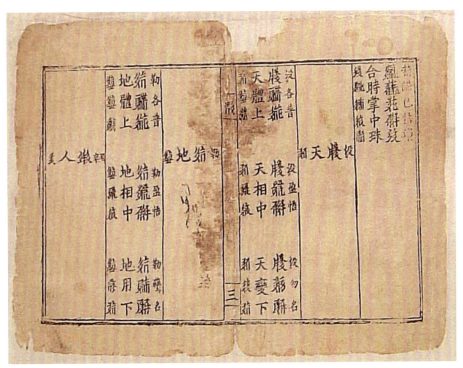

图3　《番汉合时掌中珠》正文首页

该书正文每半叶3栏，每栏根据词语字数多少放置多少不同的词语。如上图第二栏中间两字右面是西夏文䐄，左面是此西夏文的汉译"天"。在西夏文䐄字的右面有一较小的汉字"没"，是为该西夏文的汉字注音，"没"字左下角有一小圆圈，表示在读音时与汉语的"没"字稍有不同。在汉字"天"的左边有一较小的西夏文䍐，此字在西夏语中读音为"天"，是为右边的汉字"天"注音。其他各词语无论字数多少，都以此种体例形式编纂。

这种每一词语四项对照的布局，使懂得西夏语文不懂汉语文的番人，可以从中间两行中的西夏文找到左边对应的汉文，从而可以学习汉字的写法，又可以通过最左面的西夏文读出该汉字的读音，可以方便地学习该字的汉语读音，这样既学习了汉字的写法，也能学到汉字的读音，若坚持将此书学完，便初步掌握了汉语、汉文的常用词语，基本达到能与汉族进行交际的目的。反之也一样，懂汉语文不懂西夏语文的汉族，可通过此书的词语学习西夏语文，以达到与党项人交际的能力。

《掌中珠》标注字音不是随意、紊乱的，而是科学、系统的，合乎语音体系的规范。汉语和西夏语虽然是同一语系的亲属语言，但在语音上各有一些特点。汉文和西夏文都是表意文字，一个方块文字是一个音节，因此用汉字和西夏字为对方注音时，有时难以找到准确的对音字。《掌中珠》

作者为能准确注音，便别出心裁地采用了一些特殊的标注符号和标注方法。如有时用两个汉字为一个西夏字注音，其中有的是表示该西夏字读音为汉语中没有的鼻冠音或浊音；有的则是用反切法表示该西夏字声母和韵母；有的在汉字的左部加一小口字；有的在汉字不同部位加小圆圈；有的在汉字下加"轻"或"重"字；有的在汉字下加"合"字，都表示一定的语音特点。用西夏文注汉字音时，附加符号较少，有个别用两个西夏字注同一汉字，为该汉字读音的反切上下字。作者力求准确注音的认真态度，使此书的注音准确性大大提高。在所见一些西夏文文献中翻译汉文典籍人名、地名、物品名称时，其注音的准确性应以《掌中珠》水平最高。

在《掌中珠》中因为部分内容采取了叙事的形式，便超出了词的范围，而扩充至短语甚至完整的句子。从这些短语和句子中，可以看到西夏语各种句子成分主语、谓语、宾语、状语、补语的语序，其间还有很多表示语法意义的虚词。这样此书就增加了语法知识，超出了一般辞典只能识词不能说话的局限，具有从词到语句全方位的语言学习的功能。

《掌中珠》作者谙熟西夏语言、文字，又有汉语文的深厚功力，能用这种特有的体例编纂出中国乃至世界上最早的、成系统的双语双解词语集，给汉族和党项族人提供了自学对方语言的双语教科书，实为难能可贵。当然此书也可以作为老师教授学生的课堂教材。此书是中国辞书园地中一朵奇葩，在世界辞书史上也占有重要地位。

在西夏不同民族间民众的自然交往非常密切，双语需求十分显著。若从政府层面看双语教育更为重要。西夏从中央至地方政府机构中有各民族的官员，特别是党项族和汉族的官员较多，双方语言沟通和文书的行用都非常重要。最重要的西夏王朝法典《天盛改旧新定律令》不仅有西夏文版本，还翻译成汉文本。①此外很多汉文典籍都被翻译成西夏文，特别是数千卷佛经也有西夏文译本，这些都需要大量掌握两种语言、文字的翻译人才。因此像《掌中珠》这样的书籍对西夏王朝培养双语人才能起到重要作用。

三、内容——反映民族间文化互鉴互融的事实

《掌中珠》作为西夏最主要的蒙书，也效法中原王朝一些蒙书结构，首以天、地、人三才分部，每一部又分上、中、下三品，将社会上常用词语按天体上、天相中、天变下、地体上、地相中、地用下、人体上、人相中、人事下分为九类，其中以"人事下"内容最多。

《掌中珠》的"天"部中包括日月星辰、雷雨风云、四季五行、天干地支、日月年岁等。从其内容看，与中原地区所用词语几乎一样。如在"天相中"星宿名称中有中原地区当时应用的全部九曜、二十八宿。中国古代天文学又把二十八宿分为四组，称为四相，各以一动物名称标志：青龙、白虎、玄武、朱雀。《掌中珠》有全部四相。中国古代天文学上的十二星宫基本也能在《掌中珠》中找到。可见西夏丰富的天文学知识来源于中原地区，继承了中原地区的天文学知识。②

在《掌中珠》中的"地"部，包括四方四隅、大地山海、江河沟洫、宝物矿藏、花果蔬菜、五谷杂粮、野兽家畜、禽鸟鱼虫等，其中一些名物远超越了西夏王朝范围，而在此书也将其列入，如"地相中"中的"八山、四海"（图4）。八山是中国对著名山岳的总括称呼，一般指"三山五岳"八座大山。其中五岳即东岳泰山、南岳衡山、西岳华山、北岳恒山、中岳嵩山；"三山"为安徽的黄山、江西庐山和浙江雁荡山，皆不在西夏境内。四海是中国对所临海洋不同海域的称呼，包括东

---

①在《天盛改旧新定律令》颁律表后，记载了4位"合汉文者"和"译汉文者"的职官人名，可见西夏时期有汉文本《天盛改旧新定律令》。见史金波、聂鸿音、白滨：《天盛改旧新定律令》，法律出版社，2000年，第107—108页。

②陈久金、王渝生：《从〈番汉合时掌中珠〉看西夏天文学》，《中国少数民族科技史研究》第五辑，1990年。

图4 《番汉合时掌中珠》中"地相中"的"八山、四海"

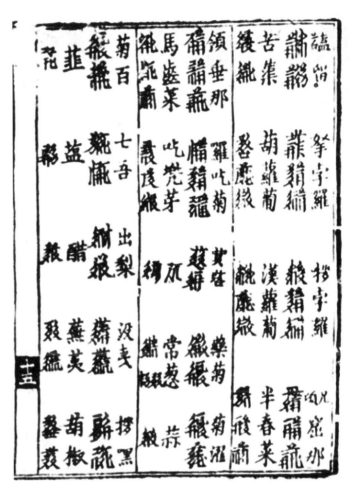

图5 《番汉合时掌中珠》中"地用下"的"胡萝卜、汉萝卜"等

海、西海（今称黄海）、南海、北海（今称渤海）。西夏是内陆地区，不临海洋。《掌中珠》收入这些中国范围的重要地理名称，显示出作者有着超出西夏范围，囊括中原王朝的大中国观，也折射出西夏对大中国认同的理念。

其他词语也都与中原地区相同或相近。有的还强调了多民族的特性，如在蔬菜部分有胡萝卜、汉萝卜之分（图5）。在果木类中不但有西夏地区和中原地区常见的水果，如栗、杏、梨、樱桃、胡桃、蒲桃、柿子、枣、石榴等，还有西夏地区没有而在中国南部地区才有的水果，如龙眼、荔枝、橘子等。这同样反映出这部西夏常用词语集，视野开阔，将仅在中原地区才有而在西夏也需要了解的词语纳入书中。

在《掌中珠》更加贴近社会生活的"人"部，包括了人体部位、人事生活等，特别是书中第九部分"人事下"占了全书差不多一半的篇幅，内容为人生的日常生活，从人的出生、学文业、道亲属、作佛法、作活业、买田地、学文字、被加官、审案件、作消遣、宴宾客、为婚姻、明世事、归佛法等一系列社会活动，系连到亲属称谓、佛教用语、房舍结构、造房工具、屋内陈设、炊事餐具、衣服妆饰、农耕用具、文房四宝、职官称谓、审判程序、乐器名称、食物种类、马具鞍鞯、婚姻嫁娶、世俗用语、佛法佛事等词语，几乎囊括了多数日常所用社会词语。

在《掌中珠》"人事下"中有"学习文业、仁义忠信、五常六艺"等词语，这证明在西夏学习文业的内容是仁义忠信、五常六艺。五常包括仁、义、礼、智、信，是中国儒家伦理文化中的重要思想，对维护中国的封建社会起到了极为重要的作用。六艺包括礼、乐、射、御、书、数，是中国儒学教育体系要求学生掌握的六种基本技能。可见西夏完全继承了中华主流文化的精髓。后面还有"学习圣典、立身行道、世间扬名"等词语。在中国漫长的封建社会中，儒学不断发展，成为封建社会的思想基础和精神支柱。西夏同样把儒学作为治国的指导理念。西夏立国前后，儒学已成为西夏社会和文化的主导思想。西夏初创制西夏文字后，首先翻译的文献主要是儒家典籍"教国人纪事用蕃书，而译《孝经》《尔雅》《四言杂字》为蕃语"①。出土文献中有《论语》《孟子》《孝经》的西夏文译本。②第二代皇帝毅宗谅祚都五年（1061年）向宋朝求儒家书籍："求《九经》《唐史》《册府元龟》及宋正至朝贺仪。诏赐《九经》，还所献马。"③西夏早期向宋朝求索《九经》等儒家经典，表明对中原文化传统的刻意吸收继承，而中原王朝也借此宣扬大朝教化，慷慨赐予，成为中华民族主流文化不断延展、少数民族王朝向中原王朝借鉴学习的友好往来佳话。西夏崇宗时进一步发展儒学，建立学校，设养贤务，特建国学（汉学），采取了一系列发展文化，促进儒学的措施。④前述西夏仁宗重视儒学，尊孔子为文宣帝，这是中国历史上对孔子空前绝后的尊号，证明西夏崇儒之盛，将儒学推上了上层建筑的顶端。而在《掌中珠》中，"圣人""圣典""圣道"的"圣"字系直接借自汉语，在西夏文刻（圣）字右面注音的汉字为"圣"字。在这样的儒学氛围下撰著的《掌中珠》多处反映出当时对中华民族主流文化深度的认同和汲取。

更值得重视的是在"人事下"中还集中列举了西夏的职司名称，有中书、枢密、经略司、正统司、统军司、殿前司、御史、皇城司、宣徽、三司、内宿司、巡检司、工院、马院、陈告司、磨堪司、审刑司、大恒历院、农田司、群牧司、受纳司、阁门司、监军司、州主、通判、正听、承旨、都案案头、司吏都监等，包括了西夏大部分职司称谓，其中有的重要职司的名称系直接借自汉语，如仅次于中书、枢密的经略司，在"经略"二字右部的汉字注音为"京六"，显系汉语借词。从上不难看出，西夏的职司结构几乎全部借鉴中原王朝的体制，在西夏王朝的政治层面效法中原的成熟制度，达到高度交融、趋同（图6）。

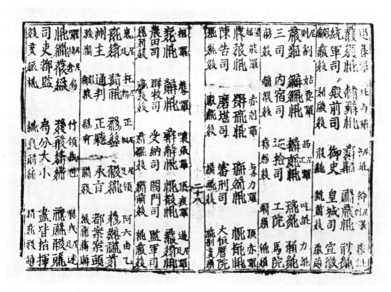

图6 《番汉合时掌中珠》中"人事下"的职司名称

---

①《宋史》卷485《夏国传上》，第13995页。
②《俄藏黑水城文献》第11册，1999年，第2—46页，第47—59页，第60—82页。
③《宋史》卷485《夏国传上》，第14002页。史金波：《西夏社会》（上册），上海人民出版社，2007年，第396页。
④《宋史》卷486《夏国传下》，第14019页。

在"人事下"中又记录了西夏对案件的审理过程："接状只关、都案判凭、司吏行遣、医人看验、踪迹见有、知证分白、追干连人、不说实话、事物参差、枷在狱里、出与头子、令追知证、立便到来、仔细取问、与告者同、不肯招承、凌持打拷、大人指挥、愚蒙小人、听我之言、孝经中说、父母发身、不敢毁伤也、如此打拷、心不思惟、可谓孝乎、彼人分析、我乃愚人、不晓世事、心下思惟、我闻此言、罪在我身、谋智清人、此后不为、伏罪入状、立便断止。"可以看出，西夏的审案程序，与中原王朝也完全相同。在说服当事人认罪时，还以《孝经》的内容为理论依据，更可见当时西夏社会的主流思想为儒家理论。

此外，从"男女长大，遣将媒人，诸处为婚，索与妻眷，室女长大，嫁与他人……儿女了毕，方得心定"等有关西夏婚姻的词语，可知西夏的婚俗已与中原地区毫无二致。在中原王朝风习的影响下，西夏党项族已摆脱了早期原始状态的婚姻习俗，与境内汉族一样实行中原地区封建社会的婚俗。①

总之，一部《掌中珠》多方位地反映了西夏社会，多角度地展示出西夏境内番、汉民族间的兄弟般的关系，同时也多层次地显现出西夏和中原王朝水乳交融的密切交往，西夏社会对中原地区社会文化的趋同，表现出中华民族主流文化对少数民族的巨大影响，是中华民族共同体形成和发展过程的典型现象例证。作为党项族的文人，作者骨勒茂才有着超越本民族界限，具有更为广阔的对中华主流文化认同的思维方式。

西夏地处西陲，虽是一体制完善的王朝，但很多文献表明西夏自认为是中国的一代王朝，是中国历史的继承者之一，是中国的一个组成部分，表现出对中国的高度认同。②《掌中珠》表明西夏这个以少数民族为主体的王朝与中原王朝文脉衣钵相承，对中华民族文化高度认同，表现出多民族国家中民族间密切交往的精神力量。

四、流传——顺应民族交往的历史潮流

《掌中珠》编纂于西夏后期。作者骨勒茂才，其姓氏"骨勒"为西夏番姓之一，因此知其为番族（党项族）。此外，对其生平事迹，有无其他著作概无资料可稽。通过分析《掌中珠》一书的版本，或可了解一些此书在西夏流传的蛛丝马迹。

在《掌中珠》的封面上，于汉文书名的下部可见两行汉字，第1行为"茶坊角面西"，第2行大部分残失，上部第1字据其残存笔画应为"张"字。据这两行字所在的位置和所存文字看，应是刻印此书张氏书坊的标识，具有牌记性质，可惜部分文字残缺，不能尽解。其左边西夏文书名下可能是相应的西夏文牌记，惜全残。

西夏的书籍有印本和写本。印本又包括雕版印刷和活字印刷。西夏时期学习中原王朝先进的印刷技术，雕版印刷和活字印刷都十分发达。在目前所能见到的西夏印本中，既有国家刻字司印行的官刻本，也有坊间刻印的坊刻本。坊刻本印行的书籍在传播文化的同时，多以盈利为目的，因此要选取文化价值高、社会需求量大、易于销售流行的书籍刻印售卖。宋、辽、夏、金时期，坊刻事业兴盛，坊刻本流通范围很广，使用人数很多，文化影响很大，在传播大众文化方面发挥了重要作用。大概西夏张氏书坊看中了《掌中珠》潜在的文化价值，便不避有两种文字刊刻的繁难而刊印此书。事实证明此书也确实发挥了普及文化知识、促进民族间文化密切交往的目的。

---

① 《隋书》卷83《党项传》记载："淫秽蒸报，于诸族中最为甚。"《旧唐书》卷198《党项羌传》"妻其庶母及伯叔母、嫂、子弟之妇，淫秽丞袭，诸夷中最为甚，然不婚同姓"。
② 史金波：《论西夏对中国的认同》，《民族研究》2020年第4期。

　　通过对《掌中珠》版本的进一步分析，可知此书曾多次刊印。在甲种本第7页左侧有汉文和西夏文对照的两行字"此掌中珠者三十七面内更新添十句"，在第8页又见右侧栏外有西夏文一行，多字残失，从所存文字看也是关于增补新句的记载。可见在甲种本之前早已有一种版本，甲种本是一个增补本（图7）。

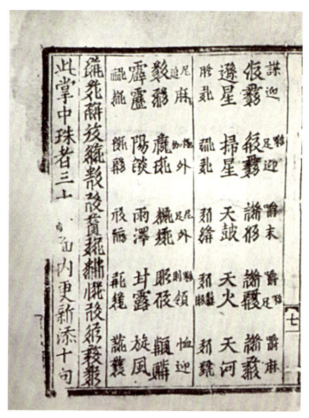

图7　《番汉合时掌中珠》中关于增补的记载

　　再将甲种本和乙种本内容进行对照，可以发现多处有些许不同，确为两种刻本。如序中第2面第3行作者自称，在甲种本中无论西夏文序还是汉文序，都称为"茂才"，而在乙种本中西夏文序和汉文序都谦称为"愚"。又如第3页的类别名称上，甲种本中的"天形上""地形上"，在乙种本中分别为"天体上""地体上"。在此后"天形上""天相中""天变下"等9个标题，在甲种本与正文一样为普通的阳文，而在乙种本则为墨底阴文，且字框上覆荷叶，下托莲花。此外两种版本在"天相中"内的星宿排列上，乙种本比甲种本更为合乎星宿序列。以上可以推论乙种本为甲种本的修订本。这样看来《掌中珠》至少应有三种版本，可见其社会需求量大，多次刊印流行。

　　此外，乙种本第21页右端题有手写西夏文草书题款一行，有些字模糊不清，可识者为"属者？光定丑年二月"。第22页左端也有手写西夏文草书题款一行，可识者为"光定寅年四月……"。西夏光定丑年、寅年分别为西夏晚期神宗丁丑七年（1217年）、戊寅八年（1218年）。所谓"属者"即持有此书的所有者。此人能熟练地写西夏文草书，是一位懂得西夏文的人，因此可推想他是用此书学习汉语、汉文的党项人。他先后两年在此书上题字，或可表明他一直在用此书学习汉语文，是一个希求掌握双语的党项族人。这也是此书促进民族间文化交往、培养双语人才得到实用的证明。

　　《掌中珠》的两种刻本同时于20世纪初出土于黑水城遗址（今属内蒙古自治区额济纳旗）。1989年敦煌研究院对莫高窟北区进行清理时，在B184号窟发现了《掌中珠》的1面残页，为第14

页的左面（图8）。①1990年宁夏考古所维修银川市贺兰县境内的宏佛塔时，在天宫也发现了附在泥块上的《掌中珠》残片。②

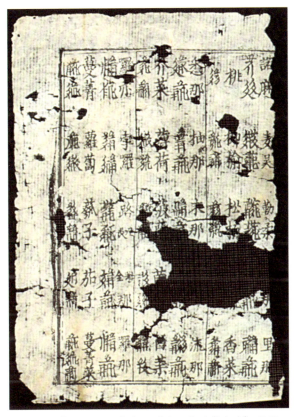

图8　敦煌莫高窟北区石窟出土《番汉合时掌中珠》残页

这样在西夏首都中兴府（今宁夏回族自治区银川市）地区、河西走廊的沙州（今甘肃省敦煌市），以及北部的黑水城地区都发现了《掌中珠》的刻本。这说明此书不仅多次刊刻，而且在西夏流传地域范围广泛，显示出这部双语教学书籍当时受到读者的青睐，得到广泛流传，并进一步推动了民族间的交融。可以想象，因此书而掌握双语的人才会增加不少。

五、再生——揭开西夏文奥秘的锁匙

13世纪初，西夏为蒙古军灭亡。在元代时期，尽管党项族被归为色目人，仍有一定的政治地位，但已经从西夏时全境内的强势地位变成元代大国中的局部、弱势地位。在元代，西夏文文献仍在一定范围使用，但也已风光不再，在历史上曾有一定地位和影响的党项族已逐渐被融汇于汉族及其他民族之中。③明代仅见于前中期个别西夏文刻石，记录了党项民族最后走向消亡的足迹。④此后党项族消亡了，其语言成为死语言，文字成为无人可识的死文字。

1908年、1909年俄国以柯兹洛夫（П.К.Козлов）为首的探险队，从我国的黑水城遗址城外的一座塔中掘走大批文献、文物，其中包括大量西夏文文献、很多汉文文献和部分藏文文献等，其中就

①史金波：《敦煌莫高窟北区出土西夏文文献初探》，《敦煌研究》2000年第3期。
②雷润泽、于存海、何继英编著：《西夏佛塔》，文物出版社，1995年，第67、212页。
③史金波：《蒙、元时期党项上层人物的活动》，《民族史论丛》，中华书局，1987年。
④史金波：《西夏社会》（下册），上海人民出版社，2007年，第834—889页。

有上述《掌中珠》。此书与大量黑水城出土文献现藏苏联科学院东方文献研究所（圣彼得堡）。黑水城是西夏北部的一座城市，是西夏黑水监军司的所在地。黑水城大量古代珍贵文献的发现，是中国近代继殷墟甲骨文、汉魏简牍、敦煌遗书三次重大文献发现后的又一次震惊学坛重要文献收获。这使黑水城及其所出土文献声名鹊起，享誉海内外。

当年面对从黑水城获得的大量西夏文文献，专家们感到难以释读。然而俄国汉学家伊凤阁（А.И.Иванов）从中发现了这部有西夏文—汉文对译的文献，不啻发现了一部西夏文、汉文对照的辞典，如获至宝，随即向学术界介绍这部重要书籍。[1]由于该书是西夏文和汉文对照、既释义又标音的词语集，便俨然成为揭开西夏语言文字奥秘、打开西夏文献宝库的钥匙，同时又是认识西夏社会名物和制度的津梁。

这部作为初学西夏语文最便利的入门工具书，一经发现便引起学者们的重视。1912年，中国著名学者罗振玉在日本会见伊凤阁时，得见一页《掌中珠》，深知该书对解读西夏文的重要学术价值，次年即向伊凤阁借得《掌中珠》9页照片，影印发行，始在学术界流传。1922年，罗氏又向伊凤阁借得全书照片，即命其子罗福成抄写印行。[2]此后欲了解、学习西夏文的人，无不从《掌中珠》入手。

然而，当时流行的《掌中珠》系模抄本，有不少欠准确之处。数十年来，学界深以为未能得见《掌中珠》影印件全貌为憾。20世纪70年代末，美国学者陆宽田访问苏联，拍摄了《掌中珠》全部照片，经其初步整理研究于1982年将《掌中珠》两种版本的影印件以《合时掌中珠》为书名刊布，使此书以原貌的形式刊布。[3]

中国西夏研究学者一直未见陆宽田的影印本。1986年笔者访问日本期间，购得此书，始见《掌中珠》庐山真面。回国后即与同事黄振华、聂鸿音依此书影印件对《掌中珠》进行整理，并做西夏文和汉文两种索引，连同影印件一同刊布。[4]这样使国内同行皆能方便地使用此书的原书影印本。此后中、俄两国学者合作整理出版全部俄藏黑水城出土文献，1999年出版的《俄藏黑水城文献》第10册中，将《掌中珠》以更清晰的图版刊布于蒙书类之首。

《掌中珠》有不同的西夏文1000多字，在全部西夏文6000多字中仅占少部分，但因其多是常用字，故对于识读西夏文仍能起到基础性的关键作用。现在尽管已经有了西夏学专家撰写的系统西夏文教科书和多种西夏文字典、辞典，但在培养西夏文学生时《掌中珠》仍然是引导学子入门的必备教科书。此书不愧是有利当时、泽被后世的一部珍贵古籍。

当前，从铸牢中华民族共同体意识的角度重新审视此书，更深刻认识到该书是反映历史上中华各民族深度交融的具体例证。此书展示出古代少数民族地区的少数民族中的有识之士，积极主动地提倡双语，编撰双向交流、沟通的双语教材的生动情景，反映了当时民间深度交往交流交融的趋势，为认识中华民族共同体形成和发展过程中民族间日益密切的关系提供了典型资料，有助于深刻认识和铸牢中华民族共同体意识。

（原载《中华民族共同体研究》2022年第3期）

①［俄］伊凤阁著，江桥译：《西夏语言资料》，孙伯君编《外国早期西夏学论集》（一），民族出版社，2005年，第152—157页。
②罗福成抄印：《番汉合时掌中珠》，《绝域方言集》第一种，贻安堂经籍铺印，1924年。
③Luckwanten, The Timely Pearl, A 12th Century Tangut Chinese Glossery, Bloomington, 1982.
④［西夏］骨勒茂才著，黄振华、史金波、聂鸿音整理：《番汉合时掌中珠》，宁夏人民出版社，1989年。

与剑桥大学彼得·科尼基教授商榷
西夏对中国的认同

中国西夏语言研究专著《西夏文教程》英译本（*Tangut Language and Manuscripts: An Introduction*, Leiden: Brill, 2020）付梓一年后，剑桥大学亚洲与中东研究系荣休教授、英国学术院院士、研究日本书籍史卓有建树的彼得·科尼基教授（Peter Kornicki）在《东亚出版与社会》（*East Asian Publishing and Society*）学刊上发表了一篇视域宽宏、见解精到，但又"时而不章""时而可商"的书评，梳理了西夏学的过去与现状，也对西夏研究的释译、西夏王朝的中国认同问题提出了意见。科尼基教授在伦敦疫情期间笔耕不辍，令人感佩。作者与译者亦撰此文，对科尼基教授表示感谢，并试与科尼基教授商榷。

一、科尼基教授对《西夏文教程》的总体评价

科尼基教授对西夏学的定位显示出了他作为书籍史专家的独到视域。他认为，西夏文献的重要性不限于西夏学，也超越了亚洲书籍史的范围。近一百年来相继现世的西夏文本包括迄今为止全世界最早的活字印刷书籍，是全球书籍史的重要一章。目前，西夏学对国际文化史的影响仍具尚未完全开发的潜力，其主要制约来自多数学者对西夏语言的陌生。填补这一空白，正是此书外译之初衷。

科尼基教授的另一洞见是：西夏学术文献的多语言特性也为学者增加了研究难度。这一多语种特性归因于西夏学近数十年来作为一个学科崎岖多艰的发展史。西夏学者来自世界各国：伊凤阁（А.И.Иванов）、聂历山（Н.А.Невский）、克恰诺夫（Е.И.Кычанов）、克平（К.Б.Кепинг）、捷连基耶夫-卡坦斯基（А.П.Терентьев-Катанский）、索罗宁（К.Ю.Солонин）等数代俄罗斯学者，英国之格林斯蒂德（Eric Grinstead）、美国之邓如萍（Ruth Dunnell）、日本之西田龙雄、荒川慎太郎，以及剑桥学者高奕睿（Imre Galambos）和法国史语学者向柏霖（Guillaume Jacques）等。因此，在西方学界"若欲治西夏学，必须通晓中、日、俄、法、英"诸语文，令人"望而生畏"。科尼基教授话锋一转道："毫无疑问，最近二十年，中国学者主宰了这一领域。"科尼基教授称赞本书作者史金波是研究西夏佛教史、印刷术与西夏社会"最多产的学者之一"，也认为此书是目前关于"西夏语言和档案最全面的介绍"。科尼基教授从书籍史专家的角度，着重介绍了第二章"西夏文献"，认为这部分是西夏书籍和文献色彩鲜明、内容丰富的大语料库。

科尼基教授还强调了西夏学发展史中那一段帝国主义与殖民主义遗产。他认为西夏学史料散布在世界各地——从柏林、伦敦、巴黎到圣彼得堡与斯德哥尔摩，是"掳掠"（looting）的后果，使用这个词"完全合理"。诚然，中国西夏学遗产受到了数代西方探险家贪婪地掠夺和严重地破坏。近数十年来，中国学者一直在呼吁重视这段历史的同时，致力于与各国学者一道发展西夏学。科尼基教授指出书中图版"大多来源于中国图书馆藏"，实际上便是中俄合作出版的《俄藏黑水城文

献》，这套大型文献丛书现已出版30册，对推动西夏学发展起到了基础和关键作用。我们由衷希望世界西夏学者既铭记历史也积极合作，推动世界学术融合发展，共创新知。

作为涉猎广泛的东亚研究者，科尼基教授的日本文化史背景起到了"他山之石，可以攻玉"的效果。作为书籍史家，科尼基教授的兴趣主要在西夏活字印刷、书籍装帧、书写格式、书籍插图等方面。他尤其感兴趣西夏的类书、辞书、韵书和法典，特意列举了西夏文《孝经》手稿：此书译自北宋吕惠卿注本，而吕注汉文本早已失传，因此弥足珍贵。教授也强调了西夏市场中流传的西夏文、藏文木刻文本，以及西夏人出版多卷本、大部头书籍的出众能力。

科尼基教授还向国际学者简明介绍了第四章以后的主要内容：西夏文字分析、西夏语中的音韵、词类、语序、句法、格助词、存在动词、动词前置词、人称呼应及专有名词等。他指出这些章节都提供了西夏文例句，以及译者提供的中、英译文。他热情称赞"本书把西夏文化的巨大财富带到了英语阅读世界，非常值得欢迎"。

二、科尼基教授对《西夏文教程》英译的评价

科尼基教授研读此书后认为译者李汉松的英文通达晓畅，《译者序》颇有帮助："承担英译此部重要著作的艰巨任务，应得我们的感谢。"他圈点了英译本的独特之处：译者为首次出现的西夏字附加了国际拟音，"对西方读者而言，这一特点增加了本书的价值"。

他还赞赏译者在英译西夏文例句时，逐一查证了西夏原字的释译，保证了译文不受中文阅读的先见干扰，进一步增加了翻译的准确性。

科尼基教授也就两处翻译提出了具体意见：第三十一至三十四幅图版应为正式出版的印刷本，笼统套用了通常用于表示未出版文本的manuscript，有欠妥当。当然，译者明确注明了"刻本"（block-printed）一词，因此不可能指狭义上的"手稿"。此外，图版四十三、四十四明显是两块雕版模板，英文被动译作"雕印"，亦有表示"印刷品"之嫌。我们由衷感谢科尼基教授的明察秋毫和慷慨指正。

三、与科尼基教授商榷西夏对中国的认同

科尼基教授自称唯一要对原著发的一句抱怨（gripe）和牢骚（grouse）是将西夏归入古代中国。他声称"西夏是中国古代的一个重要王朝"这句话有失公允，因为"西夏帝国不属于中国"而"独立于中国"。西夏为何不属于"中古中国"这一广阔范畴呢？科尼基教授认为"它经常与宋代中国（Song-Dynasty China）发生战争"。科尼基教授刻意将"宋"作为定语限制"中国"，从他使用的"宋夏战争"来看，科尼基教授实际上已经认可了辽宋夏金时期中国多元一体的基本事实。

科尼基教授还认为同一问题也适用于其他的"异族朝代"（Alien Dynasties）。显而易见，科尼基教授所指的是与"中国的汉族朝代"相对的"中国的异族朝代"，即以少数民族为主体建立的中国古代王朝。

科尼基教授的异议引出了一个更具深意的话题：中古中国的概念和西夏的中国认同。同时，他的介入也显示出，我们在书中强调指出"西夏是中国古代的一个重要王朝"仍有其实际意义，它有利于澄清国外部分学者在此问题上模糊甚至谬误的认识。

在此，我们从西夏的帝统观念、华夷意识、制度文化、民族认知等角度，论证西夏是中国的一部分，以供科尼基教授和关心此问题的专家们参考（详见史金波《论西夏对中国的认同》，《民族研究》2020年第5期）。

帝统沿承

西夏攀附元魏，追认唐朝，推崇唐尧、汉祖，认可古代中国帝统，自认为是其继承者之一。元昊向宋朝进表："臣祖宗本出帝胄，当东晋之末运，创后魏之初基。远祖思恭，于唐季率兵拯难、受封赐姓"——元昊自称党项拓跋氏与北魏拓跋氏有亲缘关系，尔后先是党项领袖拓跋赤辞归唐，太宗赐姓李，后来拓跋思恭讨伐黄巢有功，僖宗封夏国公。这段叙述反映了西夏皇族的历史记忆和自我认知。

同样，西夏大庆三年八月十日（1038年）《大夏国葬舍利碣铭》记曰："我圣文英武崇仁至孝皇帝陛下，敏辨迈唐尧，英雄□汉祖"（英雄后字缺，应为"等""同""超""越"之类）。唐尧位列"五帝"，是中华正统的象征。而"汉承尧运，德祚已盛"，"自然之应，得天统矣"，亦是中国王朝之典范。凡此种种，可见西夏皇族在对外、对内的修辞之中，都自认为是中国正统。

再看外交辞令：西夏前期，宋辽互称"南朝""北朝"，而称西夏为"西夏"。金灭辽后，西夏遵辽例以事金。西夏后期，宋金互称"南朝""北朝"，仍称西夏为"西夏"。有趣的是，西夏大安七年（1081年），时值宋夏战争，凉州感通塔碑的西夏铭文因西夏地处西陲，用"东汉"称呼宋朝。而在该碑的汉文碑铭却用"南国"称呼宋朝。可见在近两个世纪中，西夏一直保持着三分天下有其一的座位，而"南""北""东""西"这些方位词都明显表示了其中任意一家都只是中国帝统的一部分。

华夏概念

欲知西夏人对中国概念的认知，可以考察西夏文献如何翻译"中国""华夏"诸语。首先，西夏人尽量淡化"夏""夷"之别。不论指京城还是中原，西夏直译"中国"为"中间之国"。而在翻译"夏""夷"字样时，西夏文韵书《文海》注释道："夷者夷九姓回鹘、契丹等之谓"，明确把西夏主体民族党项族排除在外。此外，西夏文类书《类林》中音译"夷""戎""蛮""狄"，或将"四夷"译为"四部""四类""四小国""小地寡姓"，尽量淡化"夏""夷"之分。

西夏还将自己控制的疆土包含在广义的"中华"之内。在黑水城遗址出土的西夏文文献中有佛学著作《禅源诸诠集都序》，系唐朝佛教大师宗密所作，在该序中有"达摩受法天竺，躬至中华"之语，西夏文译为"达摩受西天心法，来到东国"。这里西夏译者将"中华"译为"东国"，与"天竺"相对。而唐朝裴休为此序作述，有"故天竺、中夏其宗实繁"之语，西夏文意译为"故西天、东国此宗实多"，亦将"西天"与"东国"相对，可见西夏人对"中华""中夏"广义放大到宋朝以前，包括西夏地区在内的中国古代王朝，而非只是北宋朝廷一家的势力范围。

典章制度

在制度上，西夏推崇儒学，实行科举。西夏法典《天盛改旧新定律令》继承《唐律》《宋刑统》等中华法系，尤其是其中的"十恶""八议"等主要内容，与中原皇朝法典如出一辙。

西夏仿效中原官制。西夏仁宗时编著的西夏文、汉文辞书《番汉合时掌中珠》记载了西夏自中书、枢密以下23个职司。《天盛改旧新定律令》卷十"司序行文门"系统地记载了西夏五等司职的一系列职官名称，多与中原王朝相同或相近。通过汉文和西夏文资料可知，西夏基本采纳了中原皇朝职官制度，甚至西夏文官印文也采用与汉文官印同样的九叠篆。

社会文化

西夏仁宗尊儒，于人庆三年（1146年）尊孔子为文宣帝。在中国封建社会中，孔子的地位不断攀升，但封谥的尊号最高是文宣王，唯有西夏仁宗时尊为文宣帝，这是中国历史上对孔子空前绝后的尊号，充分证明西夏崇儒之盛。西夏自始至终，皆以中国传统儒学作为社会和治国的指导思想，这是中国文化认同的根基。

西夏贞观元年（1101年）西夏御史中丞薛元礼上书，建议重视汉学："士人之行，莫大乎孝廉；经国之模，莫重于儒学。昔元魏开基，周齐继统，无不尊行儒教，崇尚 《诗》《书》，盖西北之遗风，不可以立教化也。"此处，西夏大臣仍以西夏继承了中国北魏、周齐的正统来论证儒家文化的合理性。

西夏境内，佛学广为流传，而佛经中的叙述也能论证西夏人的华夏意识。西夏文《过去庄严劫千佛名经》发愿文叙述了佛教在中土流传和译经过程：首记汉孝明帝因梦派蔡愔西寻佛法，迦叶摩腾和竺法兰东来传教，至三国、晋、宋、齐、梁、周、隋、唐八朝先后译经，五代至宋再译佛经，又在总结佛教兴衰之后，继而重点叙述西夏之译经、校经史。如此，从佛教流传史的视角把西夏认定为中国的一代王朝，是中国历史的继承者之一，当是中国的一个组成部分。

西夏民间信仰佛教，有死后转生的观念。在榆林窟第15窟前室东壁甬道口北壁上方有墨书西夏天赐礼盛国庆五年（1074年）汉文题记，内记阿育王寺赐紫僧惠聪弟子共七人在榆林窟住持四十余日，最后记"愿惠聪等七人及供衣粮行婆真顺小名安和尚，婢行婆真善小名张你，婢行婆张听小名朱善子，并四方施主普皆命终于后世，不颠倒兑离地狱，速转生于中国"。这样的地理用词，也直接表明当时西夏人认为西夏疆土属于更广泛意义上的"中国"。

民族身份

前述西夏淡化"华夷"界限，把党项族纳入"中华"范畴。尤其值得关注的是：西夏本身也是多民族王朝，不可如科尼基教授一般，概以"唐古特人"视之。西夏境内有党项羌、汉、藏、回鹘、契丹居民，不同民族之间通婚、结社、交易（详见最新出版的《西夏经济文书研究》）。西夏多种文献都平行记述了不同民族的特点，如《新集碎金置掌文》高度概括道："弥药（党项）勇健行，契丹步行缓，羌（吐蕃）多敬佛僧，汉皆爱俗文。"西夏法典第十"司序行文门"规定"任职人番、汉、西番（吐蕃）、回鹘等共职时，位高低名事不同者，当依各自所定高低而坐"，说明了西夏职官也民族不一。如辽、金一样，西夏境内的民族成分多元。可以说，辽宋夏金时期的民族融合也为元朝以中华正统身份承袭中国做了理论和实践的铺垫，打下了中国多民族一体的观念基础。

结　语

辽宋夏金时期，以少数民族为主体的多民族王朝逐渐倡导"华夷同风"，或否认本身为"夷"，或模糊"华夷"界限，或以民族、方位称呼王朝，甚至将本民族及其他非主体民族纳入更广义的"中华"范畴之内，进而在民族融合的基础上探索新的正统观念。这是自南北朝时期以来，又一次的民族大融合。研究文化史，必以史料为鉴，客观看待中国的多民族交流与发展史，而非认定"古代中国史"只能是以汉民族为主体的历史。只有摆脱这种狭隘的中国史观，才能"脱心志于俗谛之桎梏"，以严谨的态度、包容的精神寻求在世界范围内推动学术进步。

（史金波、李汉松合著，《澎湃新闻》2021年7月31日）

砥砺奋进　发展繁荣

——中华人民共和国成立70年来西夏学"三大体系"建设刍议

【摘　要】中华人民共和国成立70年来，西夏学研究经过几代学者不懈地努力取得了显著成就。在这一过程中，西夏学学科体系、学术体系和话语体系逐步确立。从研究工作的艰难展开到教学工作的奠定发展，再到专门研究机构的设置，最后到国家层面对学科的肯定，西夏学不断突出优势，拓展领域，补充短板，形成了以语言文字学、历史学、文献学和考古学为主体的西夏学学科体系。在构建学术体系过程中，中国西夏学在指导思想、研究方法上初步形成了值得继续总结和提高的学术体系特点。西夏学专家薪火相传，不断发力，西夏研究有了长足进展，话语权不断增加，西夏学已经成为一门国际显学。

【关键词】西夏学；学科体系；学术体系；话语体系

中华人民共和国成立70年来，西夏学经历了恢复、发展时期，目前成果累累，人才辈出，逐步进入繁盛时期，受到学界和社会的瞩目。西夏学界在构建西夏学学科体系、学术体系和话语体系方面，取得显著进展，展示出中国西夏学的特色，在学科发展中作出了多方面的贡献。

由于元朝修前朝历史时，只修了《宋史》《辽史》和《金史》，而未修西夏史，因此关于西夏的历史资料未能大量保存下来，使西夏成为神秘的王朝。

近代由于出土大量西夏文献、文物，西夏重新映入人们的眼帘，特别是1908年、1909年在黑水城发现的西夏文献和文物数量巨大、内容丰富、价值贵重，改变了西夏资料匮乏的局面。对出土西夏文献的介绍和研究在20世纪二三十年代已有初始成绩，其中以中国、苏联、日本成就较为突出。王静如先生以《西夏研究》三辑（1932年、1933年）成为中国西夏学的代表人物。1932年中国出版的《国立北平图书馆馆刊》（西夏文专号）集中地展示了当时的研究成果。但此后因第二次世界大战的影响，各国西夏研究都处于停滞状态。

一、筚路蓝缕，逐步建立健全西夏学学科体系

中华人民共和国成立后，涉及民族研究的专家多参与当时的民族识别和民族调查，像西夏文研究这类古文字研究未能及时恢复。而第二次世界大战后的苏联、日本恢复了西夏研究，有新一代专家参与研究，特别是苏联专家利用近水楼台之便，独享文献资料之利，获得不菲成绩，中国学者望洋兴叹。

（一）研究工作的艰难展开和持续进展

中华人民共和国在开始20多年中仅有不足20篇有关西夏的论文发表，其中有唐嘉弘的《关于西夏拓跋氏的族属问题》（1955年），杨志玖的《西夏是不是羌族？》（1956年），吴天墀的《关于西

夏岁赐茶的大小斤问题》（1958年），王忠的《论西夏的兴起》（1962年）等。

20世纪60年代初期，中国科学院民族研究所请王静如先生恢复西夏研究工作。王先生跟踪苏联、日本西夏研究的进展，搜集资料，继续进行深入研究。他在恢复西夏研究的同时，招收了一名西夏文研究生，并配备两名助手协助工作。

1964年，由中国科学院民族研究所和敦煌文物研究所共同组成敦煌西夏洞窟调查研究小组，对敦煌莫高窟、安西榆林窟的西夏洞窟进行系统考察，由常书鸿、王静如二位主持，北京大学宿白先生作顾问，李承仙先生任秘书长，民族所史金波、白滨，敦煌文物研究所万庚育、刘玉权参加，甘肃博物馆的陈炳应也参与调查。这是西夏研究和敦煌研究相结合，西夏历史研究和艺术研究相结合，中国科学院和地方研究机构相结合的一次合作，双方互联互补，为西夏学和敦煌学建设开辟了新的路径。此次考察大大改变了对莫高窟、榆林窟洞窟布局的认识，对西夏研究和敦煌研究都起到了促进作用。

1966年后，西夏研究被迫停止。1970年王静如先生从干校回到北京，不久便恢复西夏研究。史金波在干校回家探亲时，带回了部分西夏文资料，在1970年也悄悄恢复了西夏业务。1972年史金波返回北京后，便到北京图书馆、中国科学院图书馆、中国历史博物馆搜集有关西夏资料，并对北京图书馆藏的一百多部西夏文佛经进行系统整理。

1971年，宁夏博物馆对宁夏贺兰山东麓的西夏陵进行了考察，并向国家文物局进行汇报。1972年经国家文物局批准，对西夏陵的8号陵（今6号陵）进行发掘，发掘工作持续进行至1975年，对帝陵碑亭和4座陪葬墓做了发掘。这是在国家文物部门的组织领导下，第一次自主地、有计划地对西夏重点文物的科学考察和发掘。

1972年，在甘肃省武威发现了一些西夏文物、文献。王静如、史金波和黄振华对这批文献进行考证，1974年先后发表在《考古》杂志上。《文物》和《考古》杂志是当时社会科学为数不多的刊物。

1975年，中国科学院哲学社会科学部（中国社会科学院前身）恢复业务，西夏研究被列入民族所科研计划。当年史金波、白滨去河北省保定市调查在韩庄出土的西夏文经幢。1976年，两人又到西北西夏故地对西夏历史、文化、文物进行广泛考察，历时3个月，收获颇丰。这是中国西夏研究者首次对西夏故地进行系统考察。在"文化大革命"后期西夏研究在艰难条件下默默进行，不绝如缕。

1978年后，西夏研究与其他学科一样，也迎来了科学的春天。在中国社会科学院民族研究所西夏研究课题正式列入科研计划。王静如先生虽年事已高，仍殚精竭虑，探讨西夏的文物和文献，发表多篇研究专论，为西夏研究作出重要贡献，后分别出版《王静如民族研究文集》（1998年）和《王静如文集》（2013年）。史金波、白滨和历史所的黄振华合作攻关翻译西夏文韵书《文海》，同时对西夏文化、佛教和文物开展研究。1981年史金波、吴峰云到安徽等地调查西夏后裔近两个月。

1979年，蔡美彪主编的《中国通史》第六册出版，其中有"西夏的兴亡"一章；同年钟侃、吴峰云、李范文合著的《西夏简史》问世。这些成果适应了当时社会的需要，起到了很好的作用。1980年吴天墀著的《西夏史稿》问世。该书历经多年积淀、精心研究而成，是利用传统史料研究西夏的奠基之作。

此后30年来，在国内外西夏文献大量刊布和西夏文物考古不断进展的基础上，西夏研究快速发展，成果累累，近些年来每年出版著作数十部，论文数百篇，令学界侧目。

（二）教学工作的奠基和发展是学科形成的重要标志

一个学科的发展有传承、有教学，才能形成稳固的学科体系。1962年，中国科学院的哲学社会科学学部下辖哲学、历史、近代史、考古、法学、民族等研究所，根据学科发展需要，共招收20名研究生，这是学部的首批研究生。民族所招收2名，其中一名是王静如先生的西夏文专业研究生史金波。在科研部门招收研究生是学科建设的一项重要举措。当时将西夏学科培养人才纳入国家研究部门的计划，使西夏研究走上学科建设的轨道。王先生还吸收助手应琳、白滨协助工作。中国科学院民族研究所逐渐形成西夏研究基地。

改革开放后随着西夏学的发展，中国的西夏研究受到国外的重视。1986年，美国邓如萍（RuthW.Dunnell）博士申请到中国社会科学院做为期一年的研修，向民族研究所史金波学习西夏文。史金波编写西夏文教学讲义，为其开设西夏文课程，开始了西夏文系统教学。

随着大量西夏文资料的刊布，亟须更多懂得西夏文的研究人才。中国社会科学院民族所从20世纪90年代王静如、史金波陆续招收西夏文博士生。后来宁夏大学也开设西夏文课，培养西夏文人才。2006年、2007年，中国人民大学国学研究院院长冯其庸先生邀请史金波到人民大学两次开西夏文选修课，每次授课一学期。中国社会科学院西夏文化研究中心和宁夏大学西夏学研究院自2011年连续3年联合举办西夏文研习班，有很多西夏专业人员参加，在培养西夏文研究人才方面创建了新的模式，起到了重要作用。2013年《西夏文教程》正式出版，这是西夏学科建设的一项标志性成果。

近年来，陕西师范大学、北方民族大学、河北大学、首都师范大学等院校，在培养西夏研究人才、西夏学科建设中都发挥了重要作用。

在相关西夏研究机构的多年运作中，在多项国家和省部级西夏重点科研项目的实施过程中，培养和锻炼了西夏学的科研组织人才，使一些既有专业知识，又有组织才干的专家发挥了两方面的特长。这也是西夏学学科建设趋于成熟的重要体现。西夏研究后继有人，欣欣向荣，学界对西夏研究的前景抱持乐观期待。

（三）专门研究机构的设立是学科确立的又一重要标志

1980年，成立中国民族古文字研究会，包括西夏文在内的20多种中国古代民族文字研究有了共同的专业学会。在研究会中相关老专家为名誉会员，王静如先生是其中一位。史金波、黄振华、白滨都是研究会班子成员，李范文、陈炳应等是经常参加研究会学术讨论的骨干。中国民族古文字研究会对西夏学科的建设起到了很大的促进作用。

1981年，宁夏社会科学院成立，其中的历史研究所重点开展西夏学研究工作，韩荫晟、李范文等专家从事西夏研究工作。宁夏社会科学院也逐渐成为西夏研究基地之一。同年宁夏社会科学院与宁夏史学会联合召开了首届西夏学国际学术会议，对西夏学起到积极推进作用。

20世纪90年代是西夏学科建设的重要时期。宁夏大学开展西夏研究工作，在高等院校首先建立西夏研究机构。1991年在历史系建立"西夏历史研究所"，在中文系建立"西夏文化研究所"，由王天顺、张迎胜分别任所长。1993年两所合并为西夏研究所。

1993年，中国社会科学院民族研究所与俄罗斯科学院东方学研究所圣彼得堡分所达成合作协议，从1996年开始陆续出版《俄藏黑水城文献》。由于此项目产生的良好学术影响，中国社会科学院于1997年成立中国社会科学院西夏文化研究中心，由史金波任主任。中心成立后，先后承担国家和中国社会科学院的多项重大或重点研究项目，与国内研究单位如宁夏大学西夏学研究院等合作开展大型项目的研究，与国外存藏西夏文献文物的部门进行交流和合作出版，联合举办大型和中小型西夏学术研讨会，与研究和出版部门合作编纂出版《西夏文献文物丛书》《西夏学》《西夏学文库》《辽夏金研究年鉴》等，在西夏学科建设中发挥了专业性、灵活性特点，为西夏学学科建设不断作出新贡献。

2000年初，围绕教育部人文社科重点研究基地建设，宁夏大学进一步整合研究队伍，成立西夏学研究中心。2001年4月，教育部批准西夏学研究中心为省属高校人文社会科学重点研究基地，省部共建。2009年，更名为"西夏学研究院"，陈育宁任学术委员会主任，杜建录任院长。宁夏大学西夏学研究院是中国高校中第一个融西夏研究和教学为一体的实体机构。该院有20多位研究人员，老中青形成学术梯队，有博士点和硕士点，承担了多种国家社科基金和教育部的重要项目，形成大量研究成果，主编出版《西夏研究丛书》（陈育宁主编），主办学术集刊《西夏学》（杜建录主编），越来越多地担负起中国西夏研究的主体责任，是当前实力最强的西夏研究基地，在中国西夏学学科建设中发挥着越来越重要的作用。

（四）国家有关部门对西夏学学科体系的确认

2007年，中国社会科学院将西夏文纳入"特殊学科"建设，2016年实施登峰战略"特殊学科"建设，西夏文再次被遴选为"特殊学科"建设项目。

近些年来，越来越多的西夏研究专家申请到国家社会科学基金、教育部重点项目、中国社会科学院重点项目，以及其他各领域不同层级的项目。2011年，国家社会科学基金领导小组批准"西夏文献文物研究"为国家社会科学基金特别委托项目，首席专家为史金波，项目确定由中国社会科学院西夏文化研究中心和宁夏大学西夏学研究院共同承担，第二责任人为杜建录。项目组织全国近百位专家，设立32个子课题，使学科专业范围进一步扩大，经过八年来的共同努力，取得了丰硕成果，也使西夏学学科建设迈上一个新的台阶。

全国哲学社会科学工作办公室发布的《2019年国家社科基金冷门"绝学"和国别史等研究专项申报公告》的"资助领域"中，历数多项一级学科后，特别提到"包括但不限于敦煌学、藏学、西夏学、蒙古学、少数民族史、少数民族语言文字研究……"等，共有20多项学科，西夏学名列第三。这显示出西夏学作为一个新兴学科已跻身于有深厚学术基础的敦煌学、藏学、蒙古学中间，得到国家哲学社会科学管理部门的认可和重视。

总之，中华人民共和国成立70年来，西夏研究由个体专家断断续续的研究，发展成国家最高研究机关和教育机关重视的学科，不断突出优势，拓展领域，补充短板，以语言文字学、历史学、文献学和考古学为主体的西夏学学科体系逐步健全，形成数以百计的科研、教学人员队伍，学科从冷趋热，实力由弱转强，从过去鲜为人知的偏僻学问，变成知名度颇高的新兴学科。

二、创新发展，突出特点，构筑西夏学学术体系

学术体系是一个学科的基础和根本依托。中华人民共和国成立70年来，经过几代学者的不懈努力，无论是西夏研究的思想理念，还是研究方法都在不断进展，西夏学学术体系已逐步确立。

（一）明确研究目的，树立正确指导思想

1. 确立为弘扬国家优秀文化遗产的历史责任感

20世纪60年代在国家科研部门组织下的西夏研究人员，面对国外专家有关西夏研究的进展和成果，认真学习、吸收和借鉴其成果和经验，同时也认识到西夏是中国历史上一个王朝，且是社会历史不清晰的王朝，探索西夏的历史，揭开西夏的神秘面纱，传承祖国的这项重要文化遗产，中国专家有义不容辞的主体责任。这种理念增强了专家们不畏艰难研究西夏的学术志向。因此，在"文化大革命"时期顶着压力，在没有任何功利可求的环境中，仍能不离不弃地进行西夏研究。后来陆续加入西夏研究队伍的专家们，也多具有为国家传承文化遗产的历史责任感，在资料稀缺、学习西夏文十分艰难、西夏文物考古非常辛苦的条件下，都能孜孜不倦地投身西夏研究，也是这种精神的继承和发扬。对神秘现象力图解破，对未解问题深入探索，对学术难题执意攻坚，对专业创新不断追求，也是中国西夏学家们前进的动力。

2. 增强研究中国学问的学术自信和爱国情怀

中国的西夏学家在起步研究西夏时就清楚地知道，20世纪初在黑水城遗址出土的大量西夏资料被掠往国外，主要部分藏于苏联。苏联的专家们利用这些资料进行研究，刊布资料很少。那时包括中国专家在内的西夏学专家们，只能利用苏联专家已刊布的资料进行再研究。中国的西夏学家们认识到将流失国外的西夏资料调查清楚并刊布出来，首先实现珍贵资料再生性回归，是中国西夏学家们的一个强烈的心结，是我们必须要完成的一项历史使命。这既是开展西夏研究所必要，也体现出专家们传承中国文化血脉的拳拳爱国情怀。

西夏是中国古代与宋、辽、金并立的王朝，是中国不可分割的一部分。与有的国外专家将西夏归入所谓中亚历史范围不同，中国学者一直坚持西夏是中国的一个王朝，党项族是中国历史上一个民族，西夏历史文化是中华民族历史文化的有机组成部分。西夏本身也是多民族王朝。这样具有典型意义的历史文化对深入探讨中国多民族国家的历史具有特殊价值。西夏的历史史实是怎样的？西夏社会、文化特色是什么？西夏文化是怎样接受、弘扬和丰富中华民族文化的？西夏在王朝分立的状态中是怎样认同为中国的继承者之一的？我们在研究大量西夏具体问题时，会在更为宏观的层面上探讨、挖掘更为深层次的学术价值。这也使西夏研究专家们逐渐形成得更为宏阔、深邃的学术理念和价值追求。

以上的理念促使中国西夏学家们在建设西夏学学术体系时，有坚持不懈指导思想和攻坚克难的勇气和决心。

3. 注重学风建设成为主流共识

端正的学风是一个学科学术体系建设的灵魂。鉴于一些曾经出现的学风问题，我们十分注重强调学风，比如我们对参加国家社会科学基金特别委托项目"西夏文献文物研究"的专家们提出八项学术要求，规范学术作风，树立为人民进行科研的精神。近些年来，中国西夏学界的学风良好向上。老专家们老骥伏枥，严格要求，积极奉献，不断进取；中青年专家多尊重前人成果，铸牢学术志向，遵守学术规范，积极参加团队项目，刻苦钻研，新著、新见迭出。

（二）在研究方法上形成学术特色

1. 具有专业门类多的综合性学科特点

西夏是一个延续近两个世纪的王朝，外部关系错综复杂，内部典章制度齐备，因此西夏研究包括诸多专业，如语言、文字、政治、经济、军事、法律、宗教、文化、艺术等，甚至还涉及自然科学的建筑、医学、历法等。

西夏以党项族为主体民族，创制了记录党项族语言的文字西夏文。西夏语随着党项族的消亡而成为死语言，西夏文成为后世无人可识的死文字。随着黑水城遗址等地西夏文献的发现，西夏语言文字的探索成为西夏研究的一项重要内容。且因其已经失去传承，研究人员面临着解读死文字、构拟死语言的艰难挑战。在西夏学学术体系中语言学和文字学占据重要地位。西夏语言、文字不仅是研究的对象，还因为有大量西夏文文献亟待解读，也是解读西夏文文献，进而研究西夏历史的特殊而必要的手段。

文献学在西夏学学术体系中占有特殊位置。西夏文献包括传统历史文献和出土文献。清代、民国时期和当代对西夏传统历史文献都进行过汇集、整理，取得了很好的成就。出土文献涵盖了西夏历史文化的方方面面，是反映西夏社会历史的第一手新资料，是复原西夏历史文化、深化西夏研究的基础资料，是西夏学突破性发展的主要源泉，引起专家们更多的重视，特别是西夏文献中发现的大批西夏社会文书，直接反映了西夏社会特别是基层的真实面貌，对复原西夏社会起到了关键作用。西夏社会文书属于文书学范围，近年来中国文书学受到学界重视，其中西夏文书因数量大，价值高，研究成果显著，对中国文献学也作出了重要贡献。

西夏学一开始即与考古学结下不解之缘。西夏虽早已经灭亡，但还存留下很多遗址。这些遗址及从中出土的大量西夏文献、文物，成为西夏学发轫的基础。可以说，没有考古学就没有西夏学的诞生与辉煌。除享誉海内外的内蒙古黑水城遗址外，在甘肃省武威有西夏文、汉文合璧的凉州感通塔碑，张掖有汉文、藏文合璧的甘州黑水建桥碑，酒泉有汉文、回鹘文合璧的大元肃州路达鲁花赤世袭碑，还有亥母洞西夏藏传佛教遗址，窑子湾西夏瓷器遗址等。在西夏腹心地区的宁夏，有西夏都城中兴府遗址（今银川市），有承天寺塔、海宝塔、宏佛塔、拜寺口双塔、一百零八塔、安庆寺塔等，以及西夏灵武窑址等，特别是坐落在银川市西、贺兰山东麓的西夏陵，规模宏大，是国家重点文物保护单位，现在正在积极筹备申报世界文化遗产。文物考古是西夏学学术体系中的重要组成部分。

西夏学科的综合性，需要多领域人才参与。一方面根据新的西夏学资料的门类通过设立研究项目填补空缺，通过培养硕士生、博士生和吸收博士后培养所需各领域人才，另一方面还请与西夏研究相关的著名学者参与西夏研究，如语言学家孙宏开，史学家孙继民、李华瑞，藏学家沈卫荣等教授，参与并指导学术体系建设。

一个学科的建设还特别需要具有多学科能力的综合性人才，这样的人才对学科体系和学术体系建设可以起到占据前沿、冲击难点、提升水平、全面推动学术发展的重要作用。

2. 具有与其他学科互补，形成交叉学科的特点

西夏学与很多学科搭界交融，形成交叉学科，其中比较典型的是与敦煌学、藏学形成交叉学科。

敦煌学产生于20世纪初，因敦煌莫高窟藏经洞大量文书的发现和对敦煌莫高窟等洞窟群的考察、研究而显于学林。敦煌学历经百余年，参与研究的国内外专家众多，硕果累累，是享誉世界的成熟学科。西夏统治敦煌近两个世纪，在莫高窟、榆林窟及河西一带的中小洞窟中，留下了大量形象和文字资料。因此敦煌学中包含了部分西夏学内容，西夏学中也有一部分敦煌学的资料。黑水城西夏资料的发现与敦煌石室资料的发现时间相差不多，但因黑水城发现文献中大多是当时难以识读的西夏文，加之俄国至苏联时期将黑水城文献秘藏于馆库，未能及时公布，因此研究滞后近半个世纪。敦煌学因为起步早，方法成熟，成果丰厚，而成为西夏学专家们学习借鉴的对象。

藏学也是较早形成的学科。西夏主要信仰佛教，开始从中原地区接受佛教，中后期又从藏族地区接受、发展藏传佛教。西夏用西夏文和汉文翻译藏传佛教佛经，接受藏传佛教仪轨和绘画，建设藏传佛教寺庙，礼聘藏族僧人为帝师，成为第一个全盘接受藏传佛教的王朝。现存的西夏藏传佛教的文献、绘画和宗教遗址不仅是研究西夏佛教的宝贵资料，也是藏学家研究12—13世纪藏族历史文化的珍贵遗产。新发现的西夏文资料还表明，西夏时期河西地区藏传佛教的广泛流传，使蒙古宗王阔端这样的关键人物能先期接受藏传佛教，为吐蕃正式归入元朝版图的凉州会谈做了宗教信仰方面的铺垫，产生了积极、正面的影响。

3. 具有开发大量新资料，夯实学术基础的特点

中国历史上有关西夏的资料，因未修西夏史而显得稀少和零散。吴天墀先生的《西夏史稿》已比较充分地利用了其中的主要资料。韩荫晟先生对传统汉文资料系统搜集整理，于1983年出版《党项与西夏资料汇编》上卷第1、2册，后又于2000年出版全部9册，为西夏学研究作出了很重要的贡献。

西夏研究的瓶颈仍是缺乏新资料，要有新的突破，就需要新的资料。国学大师王国维先生指

出："古来新学问起，大都由于新发现。"陈寅恪先生也指出："一代之学术，必有其新材料与新问题。"西夏研究就属于既有新发现的材料，又存在很多尚难解明问题的学术领域。

中国的西夏学家在获取新资料方面有重要突破。20世纪90年代，在中国社会科学院领导的直接关怀下，中国社会科学院民族研究所与俄罗斯科学院东方学研究所圣彼得堡分所合作，整理、出版俄藏黑水城出土的全部西夏文、汉文及其他民族文字文献。从1996年开始陆续出版《俄藏黑水城文献》，截至2011年，其中的汉文部分1—6册，西夏文世俗文献部分7—14册已经问世，至今佛教典籍部分15—29册也已出版。这一大型文献丛书基本上涵盖了流失到俄国资料的全部内容，为西夏研究提供了大量崭新、重要的资料，开辟了广阔的科研前景。当代西夏研究的重要成就和主要突破点多来源于这批黑水城出土的文献。

21世纪初，西北第二民族学院、上海古籍出版社、英国国家图书馆编纂的《英藏黑水城文献》5册（2005—2010年）出版，西北第二民族学院、上海古籍出版社编的《法藏敦煌西夏文文献》（2007年）和《日本藏西夏文文献》（上下册，2011年）也相继出版。这都为西夏研究增添了新资料。

中国国内也有不少部门存藏有西夏文献，共一万余面，是除《俄藏黑水城文献》以外数量最多的出土西夏文献。这些文献历时时间长，包括党项族早期、西夏、元代、明代几个历史时期。由于分别存藏于各地图书、文博部门，既存藏在宁夏、甘肃、内蒙古、陕西、新疆等西夏故地，也存藏于北京、天津、河北等地区，研究人员查找、借阅十分不便。21世纪初宁夏大学西夏研究中心、国家图书馆、甘肃五凉古籍整理研究中心、西夏文化研究中心联合十几个存藏单位，编纂出版《中国藏西夏文献》（20册，2005—2007年），又为西夏研究提供了一批可资利用的新资料。

西夏文物中不可移动文物和可移动文物都很丰富，学术价值很高，其中以宁夏、甘肃、内蒙古等西夏故地最为集中，也有不少文物存藏于其他地区。其中可移动文物多藏于各文博部门，查看、使用不易。将这些西夏文化遗产调查清楚，整理编纂出版是西夏研究专家们的又一心愿。国家社会科学基金特别委托项目"西夏文献文物研究"立项后，设立重大课题，在全国范围内系统普查西夏文物，分5卷出版《西夏文物》丛书。八年来在国家文物局的关怀和支持下，顺利推进。先后于2015年、2016年、2017年出版塔拉主编的《内蒙古编》（4册），俄军主编的《甘肃编》（6册），李进增主编的《宁夏编》12册。樊锦诗主编的《石窟编》，杜建录主编的《综合编》也已基本编纂完成。各编分10类编纂，每一种文物收录多幅图版，并有详明文字叙录。这是首次建立完整的西夏文物资料体系，并形成西夏文物数据库，是一项具有开创性和基础性的重要学术工程。

上述大批西夏研究新资料的出版，为西夏学深入研究提供了大批原始资料，突出了新资料优势，夯实了学术发展的基础。在近些年中国各朝代历史研究中，西夏研究新资料的收获成就显著，受到学界的赞赏。

4. 具有攻坚克难，不断登峰的特点

中华人民共和国成立后的西夏研究是在国外领先、国内基础薄弱的条件下进行的。当时对西夏文字的构造处于探讨阶段，所能认识的西夏字在六千多字中不足三分之一，很多西夏文基本字词尚不能解释，很多重要语法现象不清，难以翻译西夏人撰著的原始文献。

中国的西夏学者没有选择容易译释、容易出成果、有汉文文献对照的文献研究，而是不畏艰难，瞄准解释西夏文字形、字音和字义的《文海》进行全面翻译、研究。史金波首先开始了艰难的翻译工作，后来两位同事白滨、黄振华陆续加盟。当时做成数万张卡片，以字系条，做出全文索引，解析推敲，识读未解文字能力大大提高。经过五年的攻关，1983年《文海研究》出版，使西夏文字绝大部分得到解释。后来李范文利用大量《文海研究》的资料和成果及其他资料，编纂出版

《夏汉字典》，方便西夏文字的查找。

20世纪80年代末，苏联西夏学专家克恰诺夫用俄文翻译出版了西夏文法典《天盛改旧新定律令》，刊布了原文并进行了研究。此部长达20卷（缺1卷）的法典，内容极为丰富，负载着西夏王朝的政治、经济、军事、文化、宗教、社会等重要资料。鉴于其无可替代的学术价值，史金波、聂鸿音、白滨、黄振华共同承担起翻译此法典的艰巨任务。由于此法典涉及西夏历史社会方方面面，有很多不熟悉的事物，不像译自汉文的典籍和佛经那样有汉文文献可以参考，难度很高。他们知难而上，集体攻关，经过五年的努力，于1994年《西夏天盛律令》作为《中国珍稀法律典籍集成》中的一种出版，为西夏学界提供了很多难得的重要的关键资料。此后西夏学家们以此书内容为基础所做的学术研究著作和论文层出不穷，推动了西夏学的进展。如杜建录于2002年出版的《西夏经济史》即利用《西夏天盛律令》中的大量资料，成功地对西夏经济做了系统解读。

在俄罗斯整理黑水城出土文献时，我们发现了一大批西夏文社会文书，计有1000余号，包括户籍、账籍、契约、军籍、告牒、书信等。这些西夏文草书文献，多是直接反映西夏社会的珍贵原始资料，无论在数量上还是在内容上皆可与敦煌石室发现的社会文书相媲美，对研究、认识西夏社会有极高的学术价值。释读西夏文文献本来就很困难，解读西夏文草书难度更大，而且这些文书多是残页，或缺头少尾，或字迹不清，不少文书两面皆书写文字，笔画透墨，相互叠压，难以辨认。面对这样一批资料，投入很多精力去解读并无必胜的把握。但我选择了迎难而上，决心啃这块硬骨头。经过七八年的摸索、探讨，西夏文草书的奥秘逐渐被解读，不仅整理出文书目录，还对西夏经济、军事文书进行深入研究，陆续发表论文，先后于2007年、2018年出版《西夏社会》和《西夏经济文书研究》，《西夏军事文书研究》也即将付梓，对揭示鲜为人知的西夏社会、经济、军事状况提供了新资料和新认识。

在出土文献中有不少汉文文献，数量很多，价值不菲。这些汉文文献也多是残页或残片，整理研究难度很大。专家们利用熟悉文献和研究方法的优势，克服文献残碎、字体潦草难认、时代跨度大、涉及王朝和民族多、内容驳杂的诸多繁难，组织团队攻关，终于收获重大成果。2008年，由塔拉、杜建录、高国祥主编的《中国藏黑水城汉文文献》10册原始文献，被分类整理出版。2012年，由孙继民等著的《俄藏黑水城汉文非佛教文献整理与研究》被选入国家社会科学基金文库出版，将俄藏黑水城汉文非佛教文献研究提升到新的水平。由杜建录主编的《中国藏黑水城汉文文献释录》10册，作为"西夏文献文物研究"的重大项目于2016年出版，对中国藏黑水城出土4000余件汉文文书，逐一进行录文、叙录、校勘和注释，着力文献的解读研究是黑水城汉文文献整理研究的又一重要成果。同年，杜建录著的《中国藏黑水城汉文文献整理研究》也入选国家社会科学基金成果文库出版，进一步提升了黑水城出土汉文文献的研究水平。

中国的西夏学家多能够选择学术价值高、突破难度大的课题，奋力冲击一个个学术制高点，使西夏学学术体系建设不断创新，不断完善。

5. 具有广泛实行合作，集体攻关的特点

以古代文化遗产为研究对象的西夏学，既需要专家个人努力钻研，不断奋进，展示学术智慧和才华，取得创新成果，同时也需要专家们共同合作，集体攻关，特别是一些工作量大、花费精力和时间更多、学术界和社会期待早出成果的课题，更需要合作完成。

西夏学的很多重要成果是在本部门内专家合作完成的，如中国社会科学院民族研究所出版的《文海研究》《类林研究》《西夏天盛律令》等，宁夏大学西夏学研究院的《中国藏黑水城汉文文献释录》，河北省社会科学院出版的《俄藏黑水城汉文非佛教文献整理与研究》等。

有的西夏学的重大项目需要更多部门的更多专家参与，如《中国藏西夏文献》（20册），即全国各地十几个部门共同参的项目，是西夏学术界团结协作成功的典型事例。李范文主编的《西夏通史》也属于多部门、多位专家合作完成的重要项目。

国家社会科学基金的特别委托项目"西夏文献文物研究"，要多领域、多方位地冲击西夏研究的前沿，出版《西夏文献文物研究》丛书、《西夏文物》丛书、《西夏学文库》丛书等，更需要联合多地区、多部门的西夏学专家通力合作。此项目联合了国内30多个部门的近百位专家，在统一布局下，各展所长，形成合力，进展顺利，成果丰硕，在学术界产生了良好影响，使西夏学跃上了一个新的台阶，在西夏学学术体系建设中作出了新的贡献。

集体合作可以加强西夏学各领域之间的联系和互补。西夏学是多领域、多专业的学科，而西夏学专家往往是熟悉一两个或几个领域。参加合作项目可使专家们了解更多的西夏学专业，相互学习、交流、借鉴，取长补短，共同进步，更快地提高专业水平和综合、宏观研究能力。集体项目中资深历史学家、语言学家、文献学专家、藏学家、敦煌学家等，或主持项目，或参加指导学术会议，通过言传身教，把治学理念、治学方法和专深的学识传授给西夏学界同仁，是对学术发展更为可贵的贡献。

集体合作对培养年轻一代西夏学人才能起到推动作用。年轻的西夏学研究者通过承担集体项目具体任务，身上压了担子，能尽快进入研究角色，打牢专业基础，提高科研能力。同时也便于就近向老一辈西夏学专家学习、请益，潜移默化地增长专业知识，提升搜集、整理、运用资料的能力和进行学术钻研的科学方法，使年轻人尽快成熟，担当更重要的科研任务。

中国的西夏学研究者与国外同行建立了密切的合作关系。专家们不仅与过去西夏研究有良好基础的俄国、日本的有关部门和专家建立和发展了密切交流与合作的关系，近些年来，又与英国、法国、德国、瑞典、波兰等国发展了学术交流和合作关系，特别是对流散于海外的大量西夏文献、文物进行系统调查，中外合作编纂在中国出版，实现了多项流失海外文化遗产的再生性回归，增添了大量新资料，成就突出，口碑极好。此外，中国的西夏研究成果也开始实现双向交流，走出国门，彰显中国的学术进展和文化自信。《西夏经济文书研究》获得2017年国家社会科学基金中华学术外译项目，《西夏文教程》获得2018年中国社会科学院学术外译项目，将由国外有资质的出版社出版。

总之，中国西夏学在构建学术体系过程中，初步形成了值得继续总结和提高的学术体系特点。

三、创新成果，全面发展，加强西夏学话语体系

中华人民共和国成立70年来，特别是改革开放以来，西夏研究越来越受到国内外的重视。几代西夏学专家薪火相传，不断发力，西夏研究有了长足进展，话语权不断增加。

（一）各领域成果累累，取得越来越明显的学术话语权

当今的西夏学与新中国成立初期成果很少、声音很小的落后局面相比，在诸多领域创造了很多高水平、原创性的成果，跻身学术前沿，从难度中获得高度，取得越来越多的话语权，对国际西夏学发展作出了实实在在的贡献。

在语言文字方面，有史金波、白滨、黄振华著《文海研究》（1983年），李范文著《同音研究》（1986年），李范文等著《西夏语比较研究》（1999年），韩小忙著《〈同音文海宝韵合编〉整理与研究》（2008年）和《〈同音背隐音义〉整理研究》（2011年），史金波、中嶋幹起等著《〈文海宝韵〉研究》（2000年），张竹梅著《西夏语音研究》（2004年）。台湾西夏学家龚煌城先生深入研究西夏语言，构拟西夏语音，被西夏学界广泛采用，成就十分突出。他的西夏语言文字研究成果集中刊布于《西语文研究论文集》（2002年）。近年还有史金波著《西夏文教程》（2013年）和贾常业著

《西夏文字揭要》等。

在历史方面，有吴天墀著《西夏史稿》（1980年），白滨著《元昊传》（1988年），周伟洲著《唐代党项》（1988年），白滨著《党项史研究》（1989年），王天顺主编的《西夏战史》（1993年），杜建录著《西夏与周边民族关系史》（1995年），李蔚著《简明西夏史》（1997年），李华瑞著《宋夏关系史》（1998年），王天顺主编的《西夏地理研究》（2002年），李锡厚、白滨、周峰著《辽西夏金史研究》（2005年），李范文主编的《西夏通史》（2005年），汤开建著《党项西夏史探微》（2005年），史金波著《西夏社会》（2007年），杨蕤著《西夏地理研究》（2008年），杨浣著《辽夏关系史》（2010年），鲁人勇著《西夏地理志》（2012年），杨福学、陈爱峰著《西夏与周边关系研究》（2012年）等。

在法律方面，有史金波、聂鸿音、白滨译的《西夏天盛律令》（1995年），陈炳应著《贞观玉镜将研究》（1995年），王天顺主编的《西夏天盛律令研究》（1998年），史金波、聂鸿音、白滨译注的《天盛改旧新定律令》（2000年），杨积堂著《法典中的西夏文化——西夏〈天盛改旧新定律令〉研究》（2003年），杜建录著《〈天盛律令〉与西夏法制研究》（2005年），陈永胜著《西夏法律制度研究》（2006年），周峰著《西夏文〈亥年新法第三〉研究》（2016年），刘双怡、李华瑞著《〈天盛律令〉与〈庆元条法事类〉比较研究》（2018年）等。

在经济方面，有漆侠、乔幼梅著《辽夏金经济史》（1994年），杜建录著《西夏经济史研究》（1998年），杜建录、史金波著《西夏社会文书研究》（2010年），史金波著《西夏经济文书研究》（2017年），潘洁著的《西夏的农业》（2019年）等。

在文化方面，有史金波著《西夏文化》（1986年），张迎胜主编《西夏文化概论》（1995年），张廷杰著《西夏战事诗研究》（2002年），于光建著《神秘的河陇西夏文化》（2014年）等。

在风俗方面，有克恰诺夫、李范文、罗矛昆著《圣立义海研究》（1995年），佟建荣著《西夏姓氏辑考》（2013年）和《西夏姓名研究》（2015年），史金波著《西夏风俗》（2017年）等。

在宗教方面，有史金波著《西夏佛教史略》（1988年），韩小忙著《西夏道教初探》（1998年），谢继胜著《西夏藏传绘画——黑水城出土西夏唐卡研究》（2002年），林英津著《西夏语译〈真实名经〉释文研究》（2006年）。近些年又有杨志高著《西夏文〈经律异相〉整理研究》（2014年），王培培著《西夏文〈维摩诘经〉整理研究》（2015年），孙昌盛著《西夏文佛经〈吉祥遍至口合本续〉整理研究》（2015年），崔红芬著《西夏汉传密教文献研究》（2015年）和沈卫荣著《西夏藏传佛教文化研究》（2018年）等。

在艺术方面，有孙星群著的《西夏辽金音乐史稿》（1988年），韩小忙、孙昌盛、陈悦新著《西夏美术史》（2001年），宁夏博物馆编、汤晓芳主编的《西夏艺术》（2003年），上海艺术研究所、宁夏民族艺术研究所著的《西夏艺术研究》（2009），陈育宁、汤晓芳著的《西夏艺术史》（2010年）等。

在文物考古方面，有宁夏博物馆发掘整理、李范文编释的《西夏陵墓出土残碑粹编》（1984年），陈炳应著《西夏文物研究》（1985年），史金波、白滨、吴峰云著《西夏文物》（1988年），马文宽著《宁夏灵武窑》（1988年），雷润泽、于存海、何继英编著的《西夏佛塔》（1995年），许成、杜玉冰著《西夏陵》（1995年），中国国家博物馆、宁夏回族自治区文化厅编《大夏寻踪——西夏文物辑萃》（2004年）。后宁夏文物考古研究所编著一系列重要著作，如《闽宁村西夏墓地》（2004年），《拜寺沟西夏方塔》（2005年），《山嘴沟西夏石窟》（2007年），又与银川市西夏陵管理处合作出版《西夏三号陵》（2007年），《西夏六号陵》（2013年）。牛达生先后出版《西夏考古论稿》（2013年）、《西夏钱币研究》（2013年）、《西夏考古论稿》（二）（2018年）等。

在科学技术方面，有史金波、雅森·吾守尔著《中国活字印刷术的发明和早期传播——西夏回鹘活字印刷术研究》（2000年），牛达生著《西夏活字印刷研究》（2004年），陈育宁、汤晓芳、雷润泽著《西夏建筑研究》（2016年），梁松涛著《黑水城出土西夏文医药文献整理与研究》（2015年），彭向前著《俄藏西夏历日文献整理研究》（2018年）等。

此外还有大量汉文和西夏文文献整理、译释、研究著作。如陈炳应著《西夏谚语——新集锦成对谚语》（1993年），李范文、中岛干起编著《西夏文杂字研究》（1997年），聂鸿音著《西夏文德行集研究》（2002年），孙伯君编《国外早期西夏学论集》（2005年），克恰诺夫、聂鸿音著《〈孔子和坛记〉研究》（2009年），孙伯君著《西夏文献丛考》（2015年），梁继红著《武威出土西夏文献研究》（2015年），惠宏、段玉泉编《西夏文献解题目录》（2015年），周峰编《21世纪西夏学论著目录（2001—2015）》（2019年）等。近年来，《西夏学文库》又陆续推出一批新的西夏研究成果。

传统汉文文献整理也不断有新的成果问世，如罗矛昆校点《西夏纪》（1988年），龚世俊等的《西夏书事校证》（1995年），胡玉冰的《西夏志略校证》（1988年）、《汉文西夏文献丛考》（2002年）、《传统典籍中汉文西夏文献研究》（2007年）和《西夏书校补》（2014年）。

西夏研究形成了整体推进的态势，已经发表的西夏学学术论文数以千计，出版的西夏学著作数以百计，近些年每年问世的西夏学著述呈不断上升趋势。以上所列仅是部分著作，囿于个人经历，难免轻重偏颇，挂一漏万。

中国的西夏学受到出版部门的大力支持。自20世纪80年代以来，国内很多知名的出版社都出过西夏研究著作，如中国社会科学出版社、社会科学文献出版社、宁夏人民出版社、上海古籍出版社、上海人民出版社、甘肃人民出版社、甘肃文化出版社、天津古籍出版社、中华书局、商务印书馆、文物出版社、人民出版社等。由于西夏研究成果不少是资料新、用力勤、质量好的作品，往往由出版社通过申请出版基金补贴出版，西夏学优秀成果出版难的问题已基本解决。目前甘肃文化出版社又以大手笔、大规划支持西夏学，集中优秀编辑人才，倾力推进出版《西夏学文库》，将这一项目申请列入"十三五"国家重点图书出版规划，并入选国家出版基金项目。

近些年来，大型西夏学术研讨会不断举办，特别是两年一度的西夏国际学术论坛已经举办了6次，成为西夏学交流平台的知名品牌。

习近平总书记指出："要系统梳理传统文化资源，让收藏在禁宫里的文物、陈列在广阔大地上的遗产、书写在古籍里的文字都活起来。"琳琅满目的西夏学著述标志着西夏学的繁荣发展，是使西夏文献、文物"活起来"的典型例证，显示出中国西夏学话语权越来越多。

（二）恢复西夏的历史地位，为完善中国历史体系作贡献

由于元代修前朝历史未修西夏史，后来的历史著作中指称10—13世纪这一历史时代时，往往称为"宋代"或"宋辽金时期"，西夏王朝被忽视甚至无视。

中华人民共和国成立后，以马克思主义历史唯物主义思想做指导，实行各民族一律平等的政策，实事求是地看待历史上少数民族建立的王朝，西夏王朝逐渐有了一席之地。1957年，张家驹和袁英光二位先生分别发表了《我对"宋辽夏金元"一段教学的几点体会》《关于辽宋夏金元史中的几个问题》，把西夏和宋、辽、金并列，可谓有先见之明。随着西夏研究的明显进展，学术界对西夏王朝的了解越来越多，将那一时期称为"辽宋夏金时期"，把西夏排入王朝序列。1979年，蔡美彪主编的《中国通史》第六册（1979年）中，西夏史与辽、金史并列为其中的一章，在中国通史中确立了西夏史的地位。此后编纂的《中国历史大词典》中，《辽夏金元史》（1986年）为其中一卷。翁独健先生主编的《中国民族关系史纲要》中第三编为"五代宋辽金西夏元的统一"（1990年）。白

寿彝先生主编多卷本《中国通史》中，白滨撰写西夏史部分，收入第七卷《中古时代五代辽宋夏金时期》（1999年），西夏历史更多的内容进入中国通史。史金波、关志国著的《中国民族史学史纲要》第五章为"辽、宋、夏、金时期的民族史学"（2018年）。

过去中国的通史性专门史皆无西夏内容。由于西夏研究的深入，特别是西夏法典《天盛改旧新定律令》内容的发表，大大丰富了西夏社会的内容，不少门类的通史性著作开始将西夏纳入其中。如《中国古代社会生活史》中朱瑞熙等著的《辽宋西夏金社会生活史》（1998年）为一册，其中将西夏社会生活的部分内容收入书中。张树栋主编的《中华印刷通史》（1999年），列专节论述西夏的刻书事业和活字版印刷。《中国风俗通史》（1999年）中有"西夏的饮食"一章。《中国服饰通史》（2002年）有"西夏的服饰"一章。在《中国妇女通史》有《辽金西夏卷》（2011年），其中有西夏部分。在《中国殡葬史》中第六卷为《辽夏金元》（2017年），其中也有西夏部分。总之，越来越多的专门史将西夏作为一个王朝给予应有的历史地位，特别是现在国家编印的中学历史教材中，在中国历史部分的第三单元为"辽宋夏金多民族政权的并立与元朝的统一"，更加明确了西夏王朝在当时的历史地位。

西夏历史地位的恢复和确定，理顺了辽宋夏金时期的各政权的关系，对完善中国历史体系作出了贡献。

（三）将获得的专业西夏知识传向社会，服务人民

西夏历史文化是中华优秀传统文化的重要组成部分。西夏学专家们早就注意将专业的科研成果以简明、通俗的笔触写成通俗性著作，揭开西夏神秘的面纱，发挥历史学的知识功能，使西夏研究曲高和众，让更多关心、喜爱中国优秀传统文化的民众了解历史上真实的西夏。史金波在1986年出版《西夏文化》，简明而比较全面地介绍了西夏的历史和文化，利用了新发现的西夏文资料，归纳了西夏文化的特点。1992年聂鸿音出版了《塞北三朝》，雅俗共赏地描绘了辽、夏、金的历史和文化。1997年史金波、黄艾榕出版了《西夏用兵史话》，通俗地描绘了西夏的军争战事。近些年来，关于西夏的通俗作品不断推出，有宁夏大学西夏学研究院的《说西夏》（2009年），聂鸿音的《打开西夏文字之门》（2014年），史金波的《西夏文珍贵典籍史话》（2015年）。2016年宁夏大学西夏学研究院推出了《正说西夏》系列丛书，包括《话说西夏》《解密西夏》《还原西夏》和《西夏文明》，既科学反映了西夏的历史又通俗易懂。

用西夏文物展览宣示西夏文化，是利用形象资料达到普及西夏文化知识的重要手段。银川市的宁夏博物馆早期曾主持西夏陵的发掘工作，存有大量珍贵西夏文物，常年举办西夏文物展览，接待了大量参观者。在银川市西夏陵区附近建有西夏博物馆，专门展出西夏文物。2019年6月12日在国家文物局和银川市政府的支持下，西夏博物馆新馆落成开馆，展览规模扩大，吸收了更多的新的研究成果，用现代化的手段向观众展示更为生动的西夏。

西夏文物展览还走进首都北京，2002年8月1日在国家图书馆举行了西夏珍贵文献文物展览，由国家图书馆、宁夏西夏博物馆和中国社会科学院西夏文化研究中心共同主办，展出了国家图书馆珍藏的、平时难以见到的西夏时期、蒙古时期和元代的西夏文文献及珍贵的西夏文物。

2004年，由中国国家博物馆和宁夏文化厅联合举办的"大夏寻踪——西夏文物特展"在中国国家博物馆展出，其中包括西夏陵出土的鎏金铜牛等国宝级文物和国家一级文物一百余件，从西夏文字、西夏工艺、西夏佛教、西夏建筑等方面展示西夏文化的独特魅力。此后宁夏博物馆利用这一品牌在全国很多省区举办展览，成功地推介了有特色的西夏文化。2018年6月9日"文化和自然遗产日"，贵州省博物馆与宁夏博物馆合作展出西夏文物和当地播州土司文物，创意地推出"对话，西夏与播州"，请西夏学专家和贵州土司遗址考古专家进行别开生面的对话，解读两种文化的交汇与

碰撞。

西夏文物展览还曾走出国门到国外展览。1988年3—8月，宁夏博物馆应邀在日本东京等地举办"西夏文物展"，展示了中国这个古代王朝的文化魅力，引起很大轰动。

利用影视手段记录、介绍西夏是西夏学在新阶段的新发展。在20世纪80年代，宁夏电视台就拍摄了电视纪录片《西夏文物》，首次以影视的手法展示西夏文物，介绍人们不熟悉的西夏王朝，令人耳目一新。不久中央新闻电影制片厂制作发行了电影纪录片《黑水城遗址》，又一次以形象的手法展示黑水城遗址，介绍西夏。20世纪90年代，宁夏电视台拍摄40集电视连续剧《贺兰雪》，艺术地再现了西夏前期的历史，使西夏历史受到社会各界关注。2001年中央电视台10频道开播后，"探索·发现"栏目播出的丝绸之路系列节目中有《黑水城》1集。2002年中央电视台一套节目播出了科学纪录片《寻找西夏》，同年10频道《科学历程》节目播出了《西夏文字》两集。2004年中央电视台"探索·发现"栏目连续播出5集电视纪录片《尘封不住的西夏》，总时长达200多分钟，利用大量西夏文物、文献并聘请专家分专题解读流光溢彩的西夏历史文化，增强人们了解西夏的热度。2011年中央电视台"大家"栏目第19期，通过介绍西夏学家，展示西夏历史文化和新的研究进展。

2015年，中央电视台和宁夏省委宣传部联手推出10集大型历史纪录片《神秘的西夏》，在中央电视台热播，又一次掀起了西夏热。电视片以现代化手段将多年来丰硕的研究成果用影视手法形象地转化为大众知识，使观众通过鲜活的画面和深入浅出的解说增进对西夏历史文化的认识，进一步了解中国历史上各民族交往交流交融的真实状况。以上多种类型的西夏影视作品都有西夏学家积极参与，或进行策划，或撰写脚本，或现场解说，或担任顾问。如在电视片《神秘的西夏》有四位西夏学家史金波、李范文、陈育宁、杜建录担任顾问，史金波还在《人民日报》发表影评，进行推介。

用影视片展示西夏，不仅可以向社会介绍、宣传西夏各方面的科学知识，使人们了解西夏、关注西夏，还大量记录西夏的文物、文献，起到积存资料、方便利用、促进科研的重要作用，是学科建设的需要和发展必然。通过影视手段使西夏研究成果走进千家万户，满足了大众的精神文化需求，弘扬了历史文化，扩大了西夏学的话语影响，使人们更深刻地理解中华民族一体多元的丰富内涵，践行了学术为人民服务的初心。

（四）提炼历史精髓，为中国的繁荣发展和团结统一作贡献

中国是统一的多民族国家，历史上各民族在交往交流交融中，对中华民族的形成和发展都作出了重要贡献，形成了多种多样的优秀文化遗产，丰富和发展了中华民族的优秀传统文化。

1. 发掘西夏在中国历史上的贡献

经过专家们研究，西夏在历史上有诸多可圈可点的独特贡献，简介数项于下：

——接受中原地区文化，尊崇儒学，其他王朝尊孔子为"文宣王"，西夏是唯一尊孔子为"文宣帝"的王朝。

——在借鉴和吸收中原文化的基础上，创制了记录党项民族语言的文字西夏文，并遗存有大量丰富多彩的文献。

——西夏文法典《天盛改旧新定律令》是中国古代继《唐律》《宋刑统》之后流传下来的一部王朝法典，也是唯一保存当时版本的法典。

——重视王朝内各民族的交往，编纂了中国乃至世界上第一部双语双解词典《番汉合适掌中珠》。

——西夏文字的使用直达基层，存留有大量社会文书，其中的军籍文书是中国最早的军籍实

物。

——承续和发展中原印刷事业，是中国历史上唯一设刻字司的王朝。西夏开创了少数民族文字印刷，保存有大量珍贵早期木雕版，首创草书雕版印刷。

——继承泥活字印刷，成功实践木活字印刷，保存有多种中国最早的活字印刷品。

——保存有多种西夏文、汉文写本、刻本、活字本历书，其中有连续八十多年的历书，为历史上罕见。

——崇信佛教，用西夏文翻译汉文佛经，是第一个将汉文《大藏经》翻译成少数民族文字的王朝，还保存着中国历史上唯一一幅反映译经场面的译经图。

——开创帝师制度，改变了过去认为元世祖忽必烈封八思巴为帝师是首封帝师的认识。

——西夏陵出土的鎏金大铜牛，重达188公斤，比例匀称，造型逼真，是罕见的艺术珍品，为国宝级文物，反映出西夏青铜铸造工艺的高超水平。

——坐落于丝绸之路的凉州感通塔碑、甘州黑水建桥碑和肃州达鲁花赤世袭碑，是西夏时期和元代西夏后裔所建，分别用西夏文和汉文、藏文和汉文、回鹘文和汉文镌刻，典型地反映出当时多民族文化的交融和汉文化的主体地位。

——西夏陵园占地50多平方公里，各帝陵陵台为密檐式塔形，为西夏独创。西夏陵是全国重点文物保护单位，已列入申请世界文化遗产预备名单。

——黑水城遗址是西夏王朝另一座大型文化遗存，出土了大量西夏文物、文献，使西夏研究峰回路转，别开生面。

西夏研究嘉惠学林的贡献远不止上述。继续挖掘西夏对中国历史的贡献，讲好西夏故事，是服务大众、服务国家的善举。

2. 为维护和弘扬中国传统文化作贡献

西夏学专家还在维护和弘扬中国传统文化方面作出实际贡献。中国是活字印刷术的发明国，在11世纪有明确的文献记载。前些年有的国外专家借口未见到中国早期活字印刷实物，而对中国活字印刷术的发明提出质疑甚至否定。中国的西夏学家史金波、牛达生、孙寿龄等根据掌握的新资料，挺身而出，展示出经过挖掘和研究的多种西夏活字印本，填补了中国早期活字印刷实物的空白。后史金波又与回鹘研究专家联合研究西夏文活字本和回鹘文木活字，产生了认识上的飞跃，出版了《中国活字印刷术的发明和早期传播——西夏和回鹘活字印刷术研究》，论述活字印刷从中原向西传入西夏和回鹘地区，并进一步改进、发展，证明中国活字印刷术的发明、传播与使用是当时中华文明高度发展的必然结果，融合了中原与边疆地区各族人民的智慧，显示出中国各民族共同发展优秀文化，进一步确认了中国首创活字印刷的地位，为活字印刷术西传欧洲提供了新证据，维护了中国活字印刷术的发明权。2000年6月4日中国社会科学院举办《中国活字印刷术的发明和早期传播》成果座谈会，中央电视台第一套节目新闻联播对该书出版研讨会做了报道。

1900年八国联军入侵中国北京时，法国驻北京领事馆官员和伯希和将中国唯一传世的珍贵西夏文泥金写本《妙法莲华经》6册趁乱掠往法国，后分藏于法国和德国。此文献具有文献学和版本学的重要价值。查找这些流失海外的国宝级文献，是中国西夏学家义不容辞的责任。史金波在中国社会科学院的支持下，于2011年专程到法国、德国调查，在法国吉美博物馆找到3册。后中法双方于2018年合作将藏于法国的3册出版，使流失100多年的珍籍魂归故土。后又委托留学法国、德国和美国的专家继续查找。后在海外华人学者的帮助下，得知原藏于德国的文献有一册藏于波兰时，史金波又于2018年只身飞到波兰，终于在雅盖隆大学图书馆见到此文献，全部拍摄照片带回。

3. 总结历史经验，为国家的繁荣发展和团结统一作贡献

　　西夏也是多民族共居王朝，由于其所处地理位置、建国经历、民族构成等因素，加之统治者对各民族相对比较平和的态度，使其未划分辽、金和元代那样的民族等级、实行明显的民族压迫政策，西夏境内民族关系比较缓和。其法典中规定，在西夏朝中各族官员以职务高低排列，不以民族分等。依据现有的资料看，整个西夏时期没有民族起义的记载。历史经验证明，民族和睦、民族团结对社会的发展，对人民的幸福至关重要。包括西夏在内的辽宋夏金时期的民族关系和民族政策研究有助于拂拭历史，总结历史经验教训、权衡利弊得失、参酌制定政策。

　　作为一个多民族国家，中国历史上有全国性的统一时期，也有在中国范围内的政权分立时期。西夏所处的辽宋夏金时期就属于政权分立时期。前期宋朝与以契丹族为主体建立的辽朝、以党项族为主体建立的西夏三足鼎立，后期南宋与女真族为主体建立的金朝、西夏并立。经过对多种西夏文献、文物研究得知，尽管西夏与宋朝分庭抗礼，但西夏不自外于中国，与宋、辽、金一样认为是继承了中国的历史传统。在西夏文《过去庄严劫千佛名经》发愿文中叙述佛教发展时，从汉朝叙及三国、晋、宋、齐、梁、陈、隋、唐，后至五代、宋朝，然后叙及西夏，看来西夏承认上述中国各王朝，当是中国的一个组成部分。不止西夏，当时少数民族建立的王朝都有这样认同中国的华夏正统观念。中国历代王朝讲究德运，各王朝以金、木、水、火、土五德传承，是华夏正统观的重要体现。在西夏文《圣立义海》中，有"国属金"的记载。当时辽、宋、夏、金各朝自诩中国正统，德运分别为水、火、土、金，证明当时各朝虽主体民族不同，但都认同中国的帝统，视本朝为其支脉，这是对中华民族政治和文化的高度共同认知。这些关键的资料对理解中国政权分立时期各民族对中国的认同、对中华民族文化传统的认同具有重要现实意义。

　　回顾中华人民共和国70年来中国的西夏学在多数专业领域居于前沿，在研究成果上硕果频出，创作出不少高质量的、标志性成果，有7项成果先后纳入国家社会科学基金成果文库，有多种著作获国家省部级奖项，在西夏学学科体系、学术体系和话语体系建设中，取得了越来越多的显著成就，为国家、为人民作出了应有的贡献。

　　西夏学是一门新兴学科，也是一项国际化学问，需要各国专家各展其长，通力合作。但西夏在中国，西夏是中国的文化遗产，中国的专家在西夏研究中担负起历史赋予的主体责任是分内之事。当前西夏研究方兴未艾，为更好地推动西夏学的发展，我们应该厚植为民情怀，争学术之"名"，求国家之"利"，戒骄戒躁，再接再厉，顺应学术发展规律和趋势，瞄准学术发展前沿，开拓新视域，继续打造学术名牌，在创新中传承，在传承中创新，在成绩面前找差距，在优势面前找弱点，在长项面前找短板，防止只追求数量不注重质量的功利主义，防止避难就易的畏难情绪，防止缺乏宏观考量的碎片化倾向，防止不下功夫的投机取巧行径，防止一味夸大渲染的猎奇做法，防止弄虚作假的抄袭侵权行为。

　　我们在新时代要继续增强科研工作历史担当，牢记使命，既要高瞻远瞩，又要踏实苦干，既要夯实基础研究，又要提升宏观视野，为弘扬这份中华民族的优秀传统文化尽责尽力，在加快、深化、完善西夏学三大体系建设中，取得更新的成就。

（原载《西夏学》第二十辑，甘肃文化出版社，2020年10月）